ARQUITETURA DO PLANEJAMENTO SUCESSÓRIO

Tomo III

FSC
www.fsc.org
MISTO
Papel | Apoiando o manejo florestal responsável
FSC® C092828

2021
CARBON NEUTRAL
SAVE cerrado

DANIELE CHAVES TEIXEIRA

Coordenadora

Prefácio

Rolf Madaleno

ARQUITETURA DO PLANEJAMENTO SUCESSÓRIO

Tomo III

2ª reimpressão

Belo Horizonte

FÓRUM
CONHECIMENTO JURÍDICO

2023

2022 1ª reimpressão
2023 2ª reimpressão

FÓRUM
CONHECIMENTO JURÍDICO

Luís Cláudio Rodrigues Ferreira
Presidente e Editor

Coordenação editorial: Leonardo Eustáquio Siqueira Araújo
Aline Sobreira de Oliveira

Rua Paulo Ribeiro Bastos, 211 – Jardim Atlântico – CEP 31710-430
Belo Horizonte – Minas Gerais – Tel.: (31) 99412.0131
www.editoraforum.com.br – editoraforum@editoraforum.com.br

Técnica. Empenho. Zelo. Esses foram alguns dos cuidados aplicados na edição desta obra. No entanto, podem ocorrer erros de impressão, digitação ou mesmo restar alguma dúvida conceitual. Caso se constate algo assim, solicitamos a gentileza de nos comunicar através do *e-mail* editorial@editoraforum.com.br para que possamos esclarecer, no que couber. A sua contribuição é muito importante para mantermos a excelência editorial. A Editora Fórum agradece a sua contribuição.

Dados Internacionais de Catalogação na Publicação (CIP) de acordo com a AACR2

T266a Teixeira, Daniele Chaves
Arquitetura do planejamento sucessório / Daniele Chaves Teixeira (Coord.). 2. reimpressão. – Belo Horizonte : Fórum, 2022.
670p. : il. ; 17cm x 24cm

Inclui bibliografia.
ISBN: 978-65-5518-291-0
Tomo III

1. Direito civil. 2. Direito de família. 3. Direito sucessório. 4. Contabilidade. 5. Direito empresarial. I. Título.

2021-3784

CDD: 347
CDU: 347

Elaborado por Odilio Hilario Moreira Junior - CRB-8/9949

Informação bibliográfica deste livro, conforme a NBR 6023:2018 da Associação Brasileira de Normas Técnicas (ABNT):

TEIXEIRA, Daniele Chaves (Coord.). *Arquitetura do Planejamento Sucessório.* 2. reimpr. Belo Horizonte: Fórum, 2022. 670 p. Tomo III. ISBN 978-65-5518-291-0.

Aos meus filhos, Vitória e Antônio, como sempre, com todo o meu amor.

planejar

1. Elaborar o plano ou a planta de;

2. Organizar plano ou roteiro de; programar;

3. Ter a intenção de; tencionar

(Dicionário Houaiss da Língua Portuguesa)

SUMÁRIO

PREFÁCIO

Quem vive no mundo do direito, e me refiro particularmente ao direito das famílias e ao direito das sucessões, vive sempre em sobressalto e em verdadeiro estado de alerta, por vezes porque envolvido com seus afazeres profissionais de bem julgar, opinar e requerer; por vezes emocionalmente afetado pela carga sempre pesada desta imensa responsabilidade que representa trabalhar nestes sensíveis campos do direito civil, que se movimentam sempre no norte da preservação das relações de família, mesmo quando casais se apartam pela separação ou pelo inevitável chamado da natureza.

Mantida ou negada nossa existência física, nutridos ou rompidos nossos afetos, parte de nossa estrutura emocional tem e mantém estreita conexão com esta sempre nobre e difícil arte da boa e salutar convivência, não soando nem um pouco estranho que, como operadores das relações jurídicas de família e sucessões, todos nós, de alguma forma e de uma forma inevitável, carregamos sempre uma aura que combina sentimentos de apreensão e exultação.

Faço referência às pessoas que atuando no campo do direito das famílias e das sucessões pulsam diante da dinâmica das relações pessoais afetivas e dos seus reflexos na vida em família e de cujo vínculo não escapamos. É um inevitável modo de viver em sociedade e pela sociedade e, neste espectro, buscamos inspiração para quase sempre que possível darmos o nosso melhor, muito embora em contextos adversos revertemos nossa brandura e extraímos da nossa existência o que de pior também aprendemos a cultivar.

Depôs Terêncio que como homem nada lhe era indiferente, como nada pode ser indiferente aos nossos sentimentos e à nossa indissociável sensibilidade, que algumas vezes se deixa ludibriar embora em outras ela embaça aos que nos estão próximos e até mesmo aos mais distantes. A cada impressão que recebemos de movimentos e ações exteriores, respondemos com movimentos que são o reflexo do nosso prazer ou do nosso ódio, mas a nada ficamos indiferentes.

Como visto da leitura e compreensão das razões deste breve e introdutório texto, quis com ele exaltar o valor pessoal, jurídico, acadêmico e profissional de cada um dos livros coordenados pela Doutora e Professora Daniele Chaves Teixeira, com a marca da sua clássica e consagrada coleção da *Arquitetura do planejamento sucessório*, agora em seu terceiro tomo, para dizer que não tem como ficar indiferente a este trabalho de excelência e o qual me foi dada a subida honra de prefaciar.

Acredito então que talvez agora façam sentido as divagações iniciais de que o ser humano vive sempre em sobressalto, e que suas emoções mais afloram quando verberam sentimentos ou quando ampliam horizontes, como sucede com a trajetória de cada edição precedente ou presente, como no caso deste seu Tomo III. Como serão sempre impactantes os próximos tomos e as novas edições, verdadeiras obras-primas que solidificam o conhecimento e a compreensão de quem está de um modo ou outro plenamente envolto com o direito das famílias e com o direito das sucessões. É obra que guarda, na dicção do substantivo "arquitetura", a construção e planejamento de um mais bem elaborado direito, como nos brindam seus autores também com este Tomo III, os quais agora nomino, a começar pela Parte I – Direito das sucessões: novas perspectivas e direitos correlatos, com a excelência de: André Arnt Ramos; Caroline Pomjé; Daniele Chaves Teixeira e Danielle Tavares Peçanha; Giselda Maria Fernandes Novaes Hironaka e João Ricardo Brandão Aguirre; Joyceane Bezerra de Menezes e Patrícia K. de Deus Ciríaco; Karin Regina Rick Rosa; Marcos Ehrhardt Junior e Gustavo Henrique Baptista de Andrade; Maria Goreth Macedo Valadares e Thais Câmara Maia Fernandes Coelho; Maria Rita Holanda; Patrícia Ferreira Rocha; Paula Moura Francesconi de Lemos Pereira e Vitor Almeida; Renata Vilela Multedo e Waldirene Dal Molin; Sérgio Marcos Carvalho de Ávila Negri e Carolina Fiorini Ramos Geovanini; Silvia Felipe Marzagão e Francisco José Cahali e Virginia Viana Arrais.

Como na contagiante sequência escreveram em sua Parte II – Momentos patológicos: Ana Paula Oliveira Antunes; Conrado Paulino da Rosa e Fernanda Coelho; Daniel Bucar; Leandro Reinaldo da Cunha; Viviane Girardi e Maici Barboza dos Santos Colombo.

E não menos empolgante quando o cativo e fiel leitor se depara com a Parte III deste Tomo III, com os autores igualmente festejados, como: Ana Carolina Brochado e Alexandre Miranda Oliveira; Ana Luiza Maia Nevares; Anderson Schreiber e Felipe Ribas; Carolina Ducci Maia Barcelos; Cláudio Tessari, Marcelo Coletto Pohlmann e Camila Bandel N. Pinheiro; Daniela de Carvalho Mucilo; Daniele Chaves Teixeira e Caroline Pomjé; Felipe Quintella Machado de Carvalho; Gabriel Honorato e Raphael Arnaud; Laís Machado Lucas e Fernanda Borghetti Cantali; Luana Maniero Moreira, Patrícia Bressan Linhares Gaudenzi e Marcio Alban Salustino; Luciana Mota; Luciana Pedroso Xavier; Luis Paulo Vieira de Carvalho; Marília Pedroso Xavier; Mário Luiz Delgado; Rita Bervig Rocha; Roberta Mauro Medina Maia; Simone Tassinari Cardoso Fleischmann e Fernando René Graeff.

Seria uma demasia se ao lado destes grandes nomes também fossem declinados os títulos de seus textos, mas a tanto não é necessário, muitos deles já participaram dos tomos precedentes, são todos eles autores consagrados, que escrevem para a eternidade, como eterno é tudo aquilo que nos transcende, que é sólido e rixoso, como revolucionária tem sido esta obra da melhor literatura jurídica, mais uma vez coordenada por Daniele Chaves Teixeira, e que simplesmente conquistou o ávido e exigente leitor de direito das famílias e de direito das sucessões, e que quer estar sempre em permanente sobressalto, atônito, perplexo, reflexivo, como igualmente me sinto enquanto escrevo estas apagadas linhas, embevecido por uma dose adicional de sentimento, este exarado do fato de ter sido honrado com a primazia de poder prefaciar este Tomo III, e assim dele tomando prévio e privilegiado conhecimento.

Parabéns e gratidão a todos os autores.

Porto Alegre, primavera de 2021.

Rolf Madaleno
@rolfmadaleno
Advogado pela UFRGS. Professor de Direito de Família e Direito das Sucessões na Pós-Graduação da PUCRS. Diretor nacional e cofundador do IBDFAM. Autor de *Direito de família* (11. ed.), *Manual de direito de família* (3. ed.), e *Fraude no direito de família e sucessões*, todos pela Editora Forense.

APRESENTAÇÃO

A obra *Arquitetura do planejamento sucessório* surgiu devido à demanda doutrinária, e obteve reconhecimento como um marco e uma marca na doutrina nacional.

Esse sucesso se deu não somente pela qualidade dos autores que participam do livro, mas também pela constante necessidade de capacitação profissional e pela escassez de publicações sobre a temática.

A carência de obras sobre planejamento sucessório decorre da pouca doutrina existente e da relevância que passou a ter o tema na atualidade do ordenamento jurídico brasileiro. Com efeito, o direito das sucessões está enrijecido perante as drásticas transformações sociais ocorridas ao longo do século XX, que tiveram marcante impacto no direito civil, principalmente, no direito das sucessões. Vale destacar que os pilares do direito sucessório são a família e a propriedade e que ambos sofreram grandes modificações em suas funções na sociedade contemporânea.

Por isso, buscou-se preparar um livro que abrangesse o planejamento sucessório, sob uma perspectiva didática, que englobasse a estrutura dos institutos e seus temas correlatos, mas que lhes fosse impressa uma visão contemporânea, problemática e crítica, sem abandonar as perspectivas doutrinárias e jurisprudencial. Por esses critérios, foram convidados coautores de vários estados brasileiros para integrar esta obra.

O objetivo do livro, portanto, é apresentar as várias perspectivas que envolvem um planejamento sucessório, que se percebe, inicialmente, como algo que abrange várias áreas do direito civil, além do direito das sucessões. O planejamento sucessório tem por característica própria envolver outras áreas do direito, como o direito processual, o direito societário, o direito tributário e o direito internacional privado, entre outros ramos do direito. Cabe ressaltar que se buscou abarcar vários temas, inclusive, de legislações e problemáticas atuais.

O Tomo II, fruto do desejo de dar continuidade à discussão do tema, aliado à recepção positiva dos operadores do direito em relação à obra, contou com vários artigos sobre temas emblemáticos e atuais.

A empreitada continua e é com enorme prazer que apresento o Tomo III, em que estudiosos e profissionais de todo o país se debruçaram sobre o planejamento sucessório, trazendo ao leitor trabalhos de imensa qualidade técnica e valia prática.

Ao identificar temas ainda pouco explorados sobre o planejamento sucessório, o convite a cada coautor materializou o sonho de continuação da obra. Temos, neste tomo, 39 artigos de renomados juristas, altamente dedicados, concentrando mais uma importante compilação de trabalhos sobre o grande tema que é o planejamento sucessório.

O livro continua sendo dividido em três eixos. No primeiro, *Direito das sucessões: novas perspectivas e direitos correlatos*, são abordados os aspectos gerais do direito das sucessões, defrontando-se com situações ainda pouco abordadas na doutrina, relativas aos novos paradigmas do direito sucessório, como: influência dos princípios constitucionais no direito sucessório, relação de gênero, sucessão de bens digitais, aspectos da colação, partilha em vida, proteção de pessoas vulneráveis, sucessão entre irmãos, reprodução assistida *post mortem*, proteção de dados pessoais, ganho de capital na sucessão, práticas colaborativas e extrajudicialização do inventário, conforme os artigos escritos pelos professores André Arnt Ramos; Caroline Pomjé; Daniele Chaves Teixeira; Danielle Tavares Peçanha; Giselda Maria Fernandes Novaes Hironaka e João Ricardo Brandão Aguirre; Joyceane Bezerra de Menezes e Patrícia K. de Deus Ciríaco; Karin Regina Rick Rosa; Marcos Ehrhardt Junior e Gustavo Henrique Baptista de Andrade; Patrícia Ferreira Rocha; Maria Goreth Macedo Valadares e Thais Câmara Maia Fernandes Coelho; Maria Rita Holanda; Paula Moura Francesconi de Lemos Pereira e Vitor Almeida; Renata Vilela Multedo e Waldirene Dal Molin; Sérgio Marcos Carvalho de Ávila Negri e Carolina Fiorini Ramos Geovanini; Silvia Felipe Marzagão e Francisco José Cahali e Virginia Viana Arrais

No segundo eixo, sobre os desafios atinentes às "situações patológicas", são abordados os limites, as vedações e as possibilidades da utilização de institutos e instrumentos controvertidos no planejamento sucessório, bem como as consequências daí advindas, segundo as lições dos professores Ana Paula Oliveira Antunes; Conrado Paulino da Rosa e Fernanda Coelho; Daniel Bucar; Leandro Reinaldo da Cunha; Viviane Girardi e Maici Barboza dos Santos Colombo.

No terceiro e último eixo, sob o título *Instrumentos de planejamento sucessório*, são apresentados diversos mecanismos jurídicos em seus múltiplos aspectos, com o objetivo de expor meios para um eficaz planejamento sucessório para atender às demandas da sociedade contemporânea brasileira, entre eles: contratos intrafamiliares, doações remuneratórias, testamento, pacto pós-nupcial, previdência privada, governança corporativa e sucessão empresarial, usufruto de cotas, posse, codicilo, adiantamento de herança, contrato de namoro, fideicomisso. Assinam os artigos da Parte III os professores Ana Carolina Brochado e Alexandre Miranda Oliveira; Ana Luiza Maia Nevares; Anderson Schreiber e Felipe Ribas; Carolina Ducci Maia Barcelos; Cláudio Tessari, Marcelo Coletto Pohlmann e Camila Bandel N. Pinheiro; Daniela de Carvalho Mucilo; Daniele Chaves Teixeira e Caroline Pomjé; Felipe Quintella Machado de Carvalho; Gabriel Honorato e Raphael Arnaud; Laís Machado Lucas e Fernanda Borghetti Cantali; Luana Maniero Moreira, Patrícia Bressan Linhares Gaudenzi e Marcio Alban Salustino; Luciana Mota; Luciana Pedroso Xavier; Luis Paulo Vieira de Carvalho; Marília Pedroso Xavier; Mário Luiz Delgado; Rita Bervig Rocha; Roberta Mauro Medina Maia; Simone Tassinari Cardoso Fleischmann e Fernando René Graeff.

Agradeço a todos os autores que participaram deste tomo, a Gláucio Nascimento Alvares, que foi essencial no auxílio da organização desta obra, e à Editora Fórum, por ter acreditado e recepcionado meu projeto.

Espero que o leitor aproveite a leitura e que todo o esforço de cada coautor possa contribuir para a prática profissional e acadêmica dos interessados em um direito sucessório contemporâneo, atualizado e consentâneo com a ordem jurídica constitucional vigente.

Rio de Janeiro/RJ, 2021.

Daniele Chaves Teixeira
@danielecteixeira
Coordenadora.

PARTE I

DIREITO DAS SUCESSÕES: NOVAS PERSPECTIVAS E DIREITOS CORRELATOS

PLANEJAMENTO SUCESSÓRIO E GÊNERO: ALGUMAS REFLEXÕES

DANIELE CHAVES TEIXEIRA
ANDRÉ LUIZ ARNT RAMOS

1 Introdução

O direito das sucessões disciplina a destinação do patrimônio deixado por um indivíduo quando de sua morte. Falar sobre este importante ramo do direito civil é, então e necessariamente, lidar com um tema sensível e indesejado. Entretanto, trata-se da única certeza que temos na vida, ao lado dos impostos, na anedótica frase costumeiramente atribuída a Benjamin Franklin. E, sobretudo hoje, com o despertar que a pandemia de Covid-19 impôs quanto à proximidade da morte, não se pode deixar tal assunto para ser debatido "depois".

A atualidade e a relevância da sucessão e de seus caminhos, conquanto enfatizadas pela trágica peste que assola a humanidade, não são tributárias de males passageiros. Deve-se, antes e também, à composição da sociedade contemporânea, moldada por sensíveis transformações sociodemográficas, ilustrada pelos processos de industrialização, urbanização, redimensionamento das organizações familiares, mobilidade social e incorporação da mulher ao mercado de trabalho (CARBONERA, 2013), entremeados a leituras e releituras dos institutos fundamentais de direito civil (RUZYK, 2011).

As necessidades de maior atenção ao direito sucessório – e, principalmente, ao crescimento e à importância dessa área – são realidades hoje. No passado, o impacto do direito sucessório era mais restrito. E isso se vislumbra por diversos prismas. A um, o desenho do modelo sucessório brasileiro apresenta maior aderência às peculiaridades de uma sociedade predominante agrária, de baixas expectativas médias de vida e na qual o recorte jurídico da família é tendencialmente monista e hierarquizado. A dois, até meados do século XX, eram raríssimas as ocasiões em que a sucessão se espraiava para fora das fronteiras nacionais – e a grande preocupação do próprio direito se circunscrevia às fronteiras de seus respectivos Estados. A três, a composição da riqueza das famílias era timbrada pela prevalência da propriedade imobiliária, que é, no mais das vezes, indiferente à passagem do tempo. A quatro, enfim, os umbrais da economia e do direito favoreciam a concentração de patrimônio imobilizado, o que tornava a preocupação com a sucessão *mortis causa* problema de uns poucos.

Hoje, as funções tradicionalmente atribuídas ao direito sucessório – conservação da família transpessoal por meio da mantença, no tronco familiar, da propriedade privada, sobretudo imobiliária (BEVILAQUA, 1978, p. 68-69) – perdem sentido à luz do estado do governo jurídico das relações entre particulares. Da mesma forma, o propósito de proteção aos desamparados pela morte de um provedor se decompõe ante o vertiginoso aumento da expectativa média de vida, a igualmente sensível redução do número de filhos por mulher e a difusão de mecanismos de amparo mais eficazes do que a sucessão, a exemplo de arranjos de seguridade social e previdência complementar. A própria família perde seus traços institucionais, para se convolar em uma comunidade de afeto e solidariedade, responsável pelo desenvolvimento de seus integrantes (MORAES, 2013, p. 593).

No plano patrimonial, a riqueza se desmaterializa. Não mais a propriedade imobiliária, mas a *informação*, apresenta-se como o ativo de maior significância econômica. E ela não conhece fronteiras, bem assim as possibilidades, clareadas por aceleradíssimos fluxos informacionais de aquisição de bens móveis e imóveis no exterior. Enfim, o sucesso de programas de inclusão e a maior divisão social do trabalho permitem, senão uma melhor distribuição, ao menos um maior acúmulo de riqueza, mesmo por quem se considerava nas dobras do direito e da economia de outrora. A sucessão, pode-se dizer, torna-se tópico de interesse comum.

A tendência, nas próximas décadas, diante disso tudo e de outras características da sociedade líquida, globalizada e conectada dos dias atuais, é de que haja brutais incrementos na transmissão de riqueza pela via sucessória *mortis causa*.

Nessa ordem de ideias, o despertar da sociedade contemporânea para o direito das sucessões vem acompanhado da necessidade de uma maior atenção ao planejamento sucessório. E, exatamente pelas referidas mudanças socioeconômicas, com a inserção da mulher no mercado de trabalho e as consequências da vulnerabilidade de gênero em várias áreas, como a violência doméstica, a discriminação salarial e acadêmica, torna-se oportuna a conjugação de um escrutínio dos mecanismos de planejamento sucessório[1] a uma leitura atenta à temática de gênero.

Deve-se observar que o direito sucessório no Brasil passou muito tempo ao largo das preocupações da comunidade jurídica especializada. Esse distanciamento associa-se à dificuldade técnica, intensificada por duas peculiaridades. Uma, a de que o direito das sucessões não comporta noções imprecisas; outra, a de que todos os problemas dos demais ramos do direito civil se refletem no estudo das sucessões – as quais consistem em normativa de síntese, como já se teve oportunidade de enaltecer (CORTIANO JUNIOR; RAMOS, 2019, p. 767).

Diante desse pano de fundo, este trabalho objetiva fazer uma contextualização do direito sucessório brasileiro na sociedade contemporânea. Demonstra-se de que maneira os efeitos das transformações socioeconômicas desestruturaram os pilares do direito das

---

1 Segundo Daniele Teixeira (2019, p. 65), "Destaca-se que a finalidade do planejamento está exatamente na flexibilização dos instrumentos jurídicos de que se vale para adequar-se às variáveis das situações fáticas. Não existe um modelo padrão; pode-se até ter instrumentos mais utilizados conforme a complexidade do patrimônio, visto que cada pessoa tem relações familiares e patrimoniais diversas uma das outras".

sucessões, que são a família e a propriedade. Analisa-se, também, a questão de gênero e sua vulnerabilidade na sociedade e na aplicação de um planejamento sucessório.

2 Direito sucessório na sociedade contemporânea

A percepção dos brasileiros sobre a morte, com as cautelas que generalizações requerem, pode ser sintetizada pelo célebre verso de Gonzaguinha: "Ninguém quer a morte; só saúde e sorte". Ela é, no entanto, inexorável e infalível. Como tal, merece enfrentamento sereno. Nesse giro, abordar esse tabu é um esforço que demanda atitude de compreensão íntima e de observação externa, para além da singela, mas certeira lição da teoria do direito civil, de que a morte é evento futuro e certo – termo, portanto – mas de impossível precisão – o que lhe confere o qualificador *indeterminado*.

A sucessão, que é a transmissão de direitos, pode ocorrer durante a vida (*inter vivos*) ou após a morte (*causa mortis*). Nesse contexto, o direito sucessório é todo dedicado à sucessão *causa mortis* que, por seu turno, pode ocorrer a título universal ou singular. No primeiro caso, há a herança, e quem a recebe é o herdeiro; já a título singular, há o legado, e quem o recebe é o legatário. A função do direito das sucessões é estabelecer o destino das situações jurídicas transmissíveis do autor da herança, conforme os ditames constitucionais e legais. Com a morte, ocorre a abertura da sucessão, e é nesse momento que nascem os direitos hereditários.

O vigente Código Civil brasileiro pouco avançou na parte do livro do direito das sucessões, pois ainda reflete institutos que correspondiam às peculiaridades da sociedade predominantemente agrária do Brasil de fins do século XIX e início do século XX. É dizer: os enunciados normativos atinentes à sucessão no Código Civil de 2002 não se coadunam com a sociedade contemporânea, com todas as complexidades sociais, porque, em geral, o sistema atual das sucessões não atende aos anseios finais dos indivíduos, detenham eles vastos patrimônios ou não. Pior: o Código se baseia numa família que não corresponde ao perfil das famílias da atual sociedade brasileira.

Pode-se afirmar que, no novo diploma, poucas mudanças foram registradas quanto ao direito das sucessões, diferentemente do que ocorreu em outras áreas do direito civil. Constata-se, dessa maneira, que o direito sucessório, dentro do direito civil, é esquecido pela doutrina, e que os legisladores do Código Civil de 2002 perderam uma ótima oportunidade para esclarecer e atualizar institutos do direito sucessório, tornando-os mais coerentes com as demandas do mundo contemporâneo.

A expansão do direito das sucessões decorre do mundo globalizado, tecnológico, imediatista, consumista e fluido em que vive a sociedade contemporânea (TEIXEIRA, 2019, p. 30). Para Anthony Giddens (1996, p. 64), a globalização se define como "a intensificação em escala mundial de relações sociais que conectam localidades distantes, de tal maneira, que acontecimentos locais são moldados por eventos ocorrendo a muitas milhas de distância e vice-versa".[2]

[2] Tradução livre. No original: "Globalisation can thus be defined as the intensification of worldwide social relations which link distant localities in such a way that local happenings are shaped by events occurring many miles away and vice versa".

Deve-se dar destaque para a questão do desenvolvimento tecnológico e, consequentemente, da velocidade das novas técnicas de comunicação eletrônica. Isso levou à unificação de espaços, ou seja, à intercomunicação dos lugares que, embora geograficamente distantes, tornaram-se próximos.

Zygmunt Bauman também retrata precisamente essa sociedade instantânea e fluida.[3] O autor considera que "o derretimento dos sólidos levou à progressiva libertação da economia de seus tradicionais embaraços políticos, éticos e culturais. Sedimentou uma nova ordem, definida principalmente em temos econômicos" (BAUMAN, 2001, p. 10). Seria imprudente negar a mudança que a "modernidade fluida" produziu na condição humana, alterando, dessa forma, a condição política-vida de um modo radical e, consequentemente, fazendo com que seja necessário repensar os velhos conceitos.

Até este ponto, buscou-se contextualizar a sociedade contemporânea, demonstrar o descompasso com o direito sucessório brasileiro e ressaltar a necessidade de adequar o direito das sucessões a essa nova sociedade. Cabe ressaltar que, por serem fatores que envolvem a sociedade contemporânea, vários ordenamentos jurídicos, como a França, a Alemanha, entre outros, efetuaram reformas na legislação relativas ao direito das sucessões. Nesse prisma, a conjugação aparentemente aporética entre as preocupações contemporâneas com a sucessão e a desatualização do direito sucessório conduz à busca pelo planejamento sucessório. Daniele Teixeira afirma:

> [...] a relevância do planejamento sucessório e sua respectiva demanda são crescentes nos dias de hoje, em razão de diversos motivos. Entre eles, então: as transformações das famílias e seus desdobramentos jurídicos; a valorização e fluidez dos bens; a economia no pagamento de impostos; a possibilidade de maior autonomia do autor de herança; a celeridade da sucessão; a prevenção de litígios futuros; e o evitamento da dilapidação do patrimônio. (TEIXEIRA, 2019, p. 67)

Pode-se compreender que isso decorre da cunhagem de mecanismos conformes ao direito que permitam abrandar eventuais conflitos sucessórios, assegurar o cumprimento dos desígnios do titular do patrimônio a ser sucedido, reduzir os custos da sucessão de situações jurídicas *mortis causa* e ajustar o corpulento tempo do direito ao cada vez mais fugaz tempo da vida.

3 Gênero e planejamento sucessório

O direito, não sem algum atraso, apresenta, em nível mundial, grande tendência à mirada de grupos sociais para além das lentes do individualismo. Sem maniqueísmos, trata-se de um giro que remete a pressupostos epistemológicos da generalidade das ciências sociais. Isso vai muito para além da categoria marxiana de *classe* e dos critérios pretensamente assépticos de *agregação*.

---

3 O autor denomina como "'fluidez' a principal metáfora para o estágio presente da era moderna". Segundo ele, os fluidos não fixam o espaço nem prendem o tempo; já para os sólidos, o que conta é o tempo mais do que o espaço que ocupa. As "descrições de líquidos são fotos instantâneas, que precisam ser datadas [...] A extraordinária mobilidade dos fluidos é o que os associa à ideia de 'leveza' [...]". Por isso, "fluidez" ou "liquidez" são metáforas adequadas quando se quer capturar "a natureza da presente fase, nova de muitas maneiras, na história da modernidade" (BAUMAN, 2001, p. 8-9).

A noção, propriamente dita, de *grupo social* é explicada por Young (2011, p. 43) como "uma coletividade de pessoas diferenciada de pelo menos um outro grupo por aspectos culturais, práticas ou estilos de vida"[4] de ordem identitária, que exprime relações sociais. Nessa qualidade, grupos são constitutivos de individualidades, não o contrário. Assim:

> [...] as pessoas se descobrem como membros de um grupo, ao qual experimentam como se dele sempre tivessem pertencido. É assim porque nossas identidades se definem em relação ao modo com que outros nos identificam, e eles o fazem em termos de grupos que são sempre associados a atributos específicos, estereótipos e normas.[5] (YOUNG, 2011, p. 46)

A delimitação da categoria do grupo social é fundamental não apenas pela proliferação contemporânea de estatutos protetivos a diversos tipos de vulnerabilidades compartilhadas por determinadas coletividades humanas, mas também pelo impacto que eles têm na reordenação do debate em torno da igualdade e da justiça social. Mais precisamente: estas se realizariam, no dizer da professora da Universidade de Chicago, pela superação de opressões[6] e dominações[7] a grupos sociais, para além das soluções distributivas e formal-igualitárias caras ao direito moderno. Com maior refinamento, trata-se de superar a indizível injustiça consistente em tratar igualmente os desiguais (MENGER, 1908, p. 30).

No que toca ao gênero, não se pode olvidar o fato de que este "não é um termo exaustivo, visto que nem sempre se constitui de maneira coerente ou consistente nos diferentes contextos históricos" (BARBOZA, 2010, p. 40). Mas é certo que, nas palavras de Butler (2019, p. 21), "o gênero estabelece interseções com modalidades raciais, classistas, étnicas, sexuais e regionais de identidades discursivamente constituídas". As intersecções políticas e culturais que produzem e mantêm o gênero como categoria de análise[8] também respaldam seu emprego como critério de identificação de grupo social.

Nessa senda, a condição feminina, compartilhada pelo grupo social *mulheres*, é particularmente sensível em matéria sucessória, pela visceral conexão que esta tem com o regime jurídico da família. Esse, bem se sabe, foi, por longo tempo, um conjunto de instrumentos a serviço da dominação de mulheres e filhos,[9] assim como de justificação

---

4 Tradução livre. No original: "A social group is a collective of persons differentiated from at least one other group by cultural forms, practices and way of life".

5 Tradução livre. No original: "one finds oneself as a member of a group, which one experiences as always having been. For our identities are defined in relation to how others identify us, and they do so in terms of groups which are always already associated with specific attributes, stereotypes, and norms".

6 A categoria *opressão*, em Young, é composta por cinco facetas: exploração, marginalização, carência de poder, imperialismo cultural e violência. Para uma exposição minudente do sentido de cada uma delas, v.: Young (2011, p. 48-63).

7 Dominação consiste, também Segundo Young (2011, p. 82 e ss.), na impossibilidade de participação do sujeito na determinação de suas ações ou das consequências delas.

8 Em seu entender, o gênero não resulta do sexo nem é aparentemente tão fixo quanto o sexo biológico. É uma construção cultural, elaborada para questionar o determinismo biológico e para contestar a unidade do sujeito, ao abrir espaço para múltiplas interpretações do sexo: gênero são significados culturais assumidos pelo corpo sexuado e, consequentemente, não decorre de um sexo de maneira predeterminada (BUTLER, 2003, p. 24).

9 A tríade do privatismo doméstico, cunhada por Capistrano de Abreu (1954, p. 303), diz muito: "pai soturno, mulher submissa, filhos aterrados".

de modelos patriarcais de organização social. Um corpo, portanto, de instrumentos de exclusão explícita (RÉAUME, 1996, p. 274 e ss.), como relata Lôbo (2005, p. 634):

> No Brasil, foram necessários 462 anos [...] para a mulher casada deixar de ser considerada relativamente incapaz [...]; foram necessários mais 26 anos para consumar a igualdade de direitos e deveres na família [...], pondo fim, em definitivo, ao antigo pátrio poder e ao poder marital.

A derrocada das exclusões explícitas, embora mereça festejo, não foi suficiente. Há práticas discriminatórias arraigadas nas sociedades contemporâneas, tributárias ou não daquelas, que reproduzem, mais veladamente, exclusões e dominações. A propósito:

> Entre as muitas revoluções que marcaram o século XX, poucas terão o relevo da iniciada pelas mulheres, na luta pelo reconhecimento de sua igualdade, formal e material, com os homens. Não se trata, por certo, de obra acabada. É, antes, realidade imperfeita e ainda em andamento, apesar das mudanças legislativas [...]. [N]ão se remove tão facilmente o que tem sobre si o peso do tempo, nem se estanca de um golpe o carro da história, com toda a sua carga de preconceitos, de estereótipos, de gestos repetidos, de hábitos e comportamentos que, irracionais ou não, chegaram a cristalizar-se e deitaram fundas raízes na sociedade e na cultura dos povos. (SILVA, 2015, p. 501)

Trata-se das chamadas *exclusões implícitas*, que "operam por meio de regras ou decisões que têm uma face neutra relativamente ao sexo, mas que assumem normas masculinas, isso é, assumem que tudo o que for [...] valorado pelos homens será, automaticamente, suficiente para as mulheres"[10] (RÉAUME, 1996, p. 278). Em miúdos, apesar da supressão das discriminações oficiais às mulheres e a outros grupos sociais,[11] a diferença de tratamento existente entre mulheres e homens ainda é expressiva.[12] Isso é comprovado por dados contundentes,[13] tal como os do IBGE – Instituto Brasileiro de Geografia e Estatística.[14] Essa circunstância é captada por Réaume (1996, p. 271), que

---

[10] Tradução livre. No original: "Implicit exclusion operates through rules or decisions that are sex-neutral on their face, but which nevertheless assume a male norm, that is, assume that whatever [...] is valued by men automatically suffices for women".

[11] Segundo Djamila Ribeiro (2019, p. 13), "Ao nomear as opressões de raça, classe e gênero, entende-se a necessidade de não hierarquizar opressões".

[12] Ligia Ziggiotti de Oliveira (2016, p. 26-27) afirma: "É certo que a concepção estratificada da família não se originou no imaginário moderno, mas nele se manteve presente. Passou a ser reproduzida pelo Estado, desde então entendido, como, se não única, principal fonte irradiadora de Direito, e que passa a se apresentar como responsável por disciplinar também a realidade afetiva. Esta interferência se deu, em primeiro lugar, através de requisitos legais fechados a recepção de modalidades familiares destoantes do ideário dominante. Sintomático de um pensamento redutor do plural, o trato civilista delimitou, historicamente, *os espaços público e privado como para homens e mulheres*, respectivamente, restando claro, porém, que a superioridade deles também na esfera doméstica se dava pela voz de império, pela última palavra e pela sujeição de outros personagens, o que se explicava, pela mais acurada doutrina, como expressão de mero dado natural" (grifos nossos).

[13] O número de famílias chefiadas por mulheres mais que dobrou em uma década e meia. De acordo com estudo elaborado pelos demógrafos Suzana Cavenaghi e José Eustáquio Diniz Alves, coordenado pela Escola Nacional de Seguros, o contingente de lares em que elas tomam as principais decisões saltou de 14,1 milhões, em 2001, para 28,9 milhões, em 2015 – avanço de 105% (Disponível em: https://epocanegocios.globo.com/Economia/noticia/2018/03/em-15-anos-numero-de-familias-chefiadas-por-mulheres-mais-que-dobra.html. Acesso em: 13 jul. 2019).

[14] Em 2018, o rendimento médio das mulheres ocupadas com entre 25 e 49 anos de idade (R$2.050) equivalia a 79,5% do recebido pelos homens (R$2.579) nesse mesmo grupo etário. Considerando-se a cor ou raça, a proporção de rendimento médio da mulher branca ocupada em relação ao do homem branco ocupado (76,2%) era menor que essa

circunscreve o fio condutor do *approach* feminista à teoria do direito à "análise da exclusão de (alguns) interesses, aspirações, necessidades ou atributos de mulheres no desenho ou na aplicação do Direito",[15] no bojo de um amplo compromisso com a igualdade, a percepção de que as injustiças enfrentadas pelas mulheres são sistemáticas, e uma mirada crítica às estruturas de poder que timbram o *statu quo* (RÉAUME, 1996, p. 271).

Justamente por isso, investidas sobre as feições contemporâneas do direito sucessório não podem passar ao largo de preocupações com a condição feminina, mormente no contexto de um direito civil que se pretende plural. E isso é revelado, com bastante eloquência, por Monk, que acusa o esmagamento de identidades tidas como desviantes pelas regras gerais da sucessão *ab intestato*, assim como pelos critérios normais de interpretação da vontade testamentária (MONK, 2011, p. 236), haja vista que "o ideal de imparcialidade encoraja a universalização do particular" (YOUNG, 2011, p. 205)[16] e se convola, justamente por isso, em mecanismo de controle e normação, ainda que não deliberada.

No mesmo trilho, e em estreita correspondência com a abordagem aqui proposta, Matos e Hümmelgen (2018, p. 57) afirmam que, "Como a intenção do planejamento sucessório é garantir maior autonomia na disposição do patrimônio, abre-se a possibilidade de agravar ainda mais a condição de desigualdade das mulheres no processo de sucessão, devido à perpetuação dos reflexos do patriarcalismo".

Um rápido inventário dos instrumentos mais usuais de planejamento sucessório, testamento e constituição de *holdings* familiares, dá conta de exprimir a preocupação com opressões e dominações estruturais; com "desvantagem e injustiça sofrida por algumas pessoas não por causa de constrangimentos por poderes tirânicos, mas por conta de práticas cotidianas de sociedades liberais bem-intencionadas" (YOUNG, 2011, p. 41).[17] Nesse giro:

> [O]pressão refere às vastas e profundas injustiças que alguns grupos sofrem como consequência de assunções e reações não raro inconscientes de pessoas bem-intencionadas em interações ordinárias, mídia e estereótipos culturais, bem assim de aspectos estruturais de hierarquias burocráticas e mecanismos de mercado – em resumo, os processos normais do dia-a-dia. (YOUNG, 2011, p. 41)[18]

---

razão entre mulher e homem de cor preta ou parda (80,1%) (Disponível em: https://agenciadenoticias.ibge.gov.br/agencia-sala-de-imprensa/2013-agencia-de-noticias/releases/23923-em-2018-mulher-recebia-79-5-do-rendimento-do-homem. Acesso em: 13 jul. 2019). O indicador utilizado para analisar a contribuição do rendimento monetário das mulheres foi a média do percentual do rendimento monetário das mulheres, de 10 anos ou mais de idade, em relação ao rendimento monetário familiar total. No Brasil, este indicador foi 40,9%, enquanto para os homens a média da contribuição foi 59,1%, em 2010. Para as mulheres residentes em áreas rurais, a contribuição monetária no rendimento familiar total foi ligeiramente maior (42,4%) em comparação àquelas residentes em áreas urbanas (40,7%). E, enquanto no Nordeste o valor chegou a 46,8%, no Centro-Oeste foi o mais baixo entre as regiões, 37,8% (Disponível em: https://agenciadenoticias.ibge.gov.br/agencia-sala-de-imprensa/2013-agencia-de-noticias/releases/14691-asi-estatisticas-de-genero-mostram-como-as-mulheres-vem-ganhando-espaco-na-realidade-socioeconomica-do-pais. Acesso em: 13 jul. 2019).

15 Tradução livre. No original: "[F]eminist jurisprudence is an analysis of the exclusion of (some) women's needs, interests, aspirations, or attributes from the design or application of the law".

16 Tradução livre. No original: "the ideal of impartiality encourages the universalization of the particular".

17 Tradução livre. No original: "oppression designates the disadvantage and injustice some people suffer not because a tyrannical power coerces them, but because of the everyday practices of a well-intentioned liberal society".

18 Tradução livre. No original: "oppression refers to the vast and deep injustices some groups suffer as a consequence of often unconscious assumptions and reactions of well-intended people in ordinary interactions, media and

Mais especificamente, não são raras as situações em que o privilégio da primogenitura seja empregado como justificativa para a sustentação de deixas testamentárias excludentes às mulheres de determinada família, protegido sob os auspícios da liberdade (formal) de disposição patrimonial do testador. É, aliás, o que revela o acórdão com o qual a 12ª Câmara Cível do Tribunal de Justiça do Estado do Paraná julgou a Apelação Cível nº 0001130-63.2015.8.16.0071, tirada de ação declaratória de nulidade de testamento:

> As apelantes também afirmam, nas razões recursais, haver necessidade do que designam como uma "correção axiológica da disposição de última vontade", pretendendo com isso questionar a validade do testamento com base no fato de estar justificado, como a sentença, no gênero do filho beneficiado. Teria havido, com isso, violação dos arts. 5º, 227, §6º, da Constituição Federal, e 1.596 do Código Civil. [...]
>
> Admitindo-se, porém, o debate na perspectiva de que a violação a princípio constitucional induziria nulidade a ser apreciada de ofício, é preciso dizer que a sentença, a rigor, não se fundamenta no gênero, mas nos predicados do filho: "era seu filho homem quem estava ao seu lado para lhe auxiliar na construção do patrimônio". Isso está muito claro quando o juízo a quo repele a proposta de que a gratidão do pai fosse ofuscada por um "pensamento machista e/ou injusto". Por outro lado, não é possível extrair dos autos que a vontade do testador tenha violado o princípio da igualdade, impositivo da indistinção da pessoa humana pelo gênero ou sexo, quando pretendeu beneficiar o filho homem pela disposição de última vontade.[19]

A decisão, vê-se bem, leva em conta os *predicados* do filho homem, os quais se resumem, em larga medida, à idade e ao sexo. E a questão é tratada com naturalidade, seja pela intangibilidade do mérito do testamento, seja pela não superação da cultura patriarcal brasileira, a despeito da inclinação igualitária do direito positivo.

Circunstâncias semelhantes são escrutinadas por Monk, a partir da análise de decisões judiciais estadunidenses, nas quais disposições restritivas à liberdade matrimonial de descendentes homoafetivos foram mantidas a despeito de contrariarem a *public policy* ou tidas por ineficazes não por seu caráter discriminatório, mas por serem demasiadamente genéricas. Por essa via, "falha-se em reconhecer que a liberdade testamentária tem impacto não apenas em indivíduos privados, mas também desempenha importante papel na manutenção de desigualdades e de uma ordem econômica particular" (MONK, 2011, p. 238).[20]

O mesmo se pode dizer em relação a organizações societárias que se prestam a facilitar a administração do patrimônio familiar e a azeitar sua continuidade, conforme a participação societária livremente conferida a parentes sucessíveis. Acerca desse tópico, Matos e Hümmelgen (2018, p. 63-64) alertam:

> Percebe-se, nesse âmbito, portanto, a grande autonomia conferida ao fundador para que disponha de seu patrimônio, inclusive de forma desigual entre seus herdeiros. Por um lado, consagra-se o princípio da autonomia privada e reconhece-se a importância de um

---

cultural stereotypes, and structural features of bureaucratic hierarchies and market mechanisms – in short, the normal processes of everyday life".

19 TJPR. AC nº 0001130-63.2015.8.16.0071. Rel. Alexandre Gomes Gonçalves, 12ª Câmara Cível, j. 9.5.2018.

20 Tradução livre. No original: "failing to acknowledge that testamentary freedom impacts not just on private individuals but plays an important role in sustaining inequalities and a particular economic order".

> espaço de liberdade no planejamento sucessório para evitar os conflitos familiares e a judicialização das questões sucessórias. Por outro, contudo, devem-se levar em consideração as estruturas discriminatórias existentes na sociedade que podem acarretar uma divisão desigual do patrimônio entre as herdeiras mulheres e os herdeiros homens, tanto por meio de disposição testamentária quanto pela concessão do controle acionário da *holding* familiar em função de seu gênero. [...]
>
> Na sociedade brasileira contemporânea, conforme já mencionado, a posição de muitas mulheres ainda está condicionada ao papel social do cuidado com o espaço doméstico. Desse modo, estruturalmente, há uma dificuldade de inserção no mundo dos negócios, mesmo em empresas familiares. Percebe-se, por conseguinte, que elas teriam seus papéis restritos a dar suporte para a família, não sendo consideradas aptas para assumirem o de gestoras da sociedade empresarial familiar.

A preocupação externada pelas autoras tem grande aderência à realidade de boa parte das mulheres integrantes de organizações familiares que optaram por planejar a sucessão por meio de modelos societários. É o que confirma o acórdão proferido pela 7ª Câmara de Direito Privado do Tribunal de Justiça do Estado de São Paulo, quando do julgamento da Apelação Cível nº 1005871-46.2014.8.26.0602:

> Em que pese o inconformismo da autora pelo tratamento dispensado a ela pelo genitor, não é possível acolher sua pretensão, pois como bem pontuou o juiz a quo, na sentença proferida:
>
> "Não pode a autora, querendo antecipar legítima e herança, devassar a vida dos outros requeridos, o que feriria o direito à intimidade deles.
>
> Ademais, o pai ainda está vivo e tem o direito de incluir na sua empresa, quem ele quiser como sócio, tanto uma pessoa estranha, como um determinado parente. Tem livre escolha.
>
> Impor ao pai uma determinada conduta, como se ele fosse relativamente incapaz ou não tivesse o direito de dispor dos seus bens em vida e administrá-lo da forma que entender melhor e mais correto, é ferir a sua dignidade humana e tentar limitar o seu direito de ir, vir e ficar.
>
> A autora já fez tudo que estava ao seu alcance e que tinha direito. Foi reconhecida como filha e em outra ação, conseguiu a declaração de nulidade na transação de bens.
>
> Agora, impor ao seu pai determinada conduta, em relação aos seus negócios, não há como prosperar tal desejo".
>
> Ademais, verifica-se que a finalidade da autora com a presente demanda é punir o genitor, buscando obriga-lo a inseri-la como sócia, muito mais pela atenção, carinho e afeto que não dispensou a ela desde o seu nascimento, ou seja, por questões afetivas, o que é inadmissível.[21]

Embora a decisão tenha se ancorado em outras razões suficientes para rejeição do recurso – desatenção à dialeticidade recursal, com a consequente inadmissão da insurgência –, o excerto transcrito, ancorado em normativas vigentes, finda por perpetuar históricos agravos aos filhos (mais ainda às filhas) extramatrimoniais. Isso a despeito de o Código Civil, em estrita correspondência ao texto constitucional, consagrar a plena igualdade de direitos entre os filhos de todas as origens.

Essa percepção recomenda, no prisma do direito civil contemporâneo, repensar a dimensão funcional do planejamento sucessório. Isso é: levar em conta fatores estruturais

21 TJSP. Apelação Cível nº 1005871-46.2014.8.26.0602. Rel. Des. José Rubens Queiroz Gomes, 7ª Câmara de Direito Privado, j. 9.2.2018.

de opressão e dominação, para o fim de direcionar a sucessão à proteção dos vulnerados. Em miúdos, brecar práticas discriminatórias em concreto, justificadamente, bem assim cogitar, como fazem Matos e Hümmelgen, de possíveis inovações legislativas que confiram a proteção de que carecem grupos sociais *diferentes*. Junto a isso, e conquanto tardiamente, é tempo, como se vem sustentando alhures (CORTIANO JUNIOR; RAMOS, 2019; TEIXEIRA, 2015), de reconsiderar o modelo autoritário de limitação em abstrato à liberdade de disposição patrimonial em vida e para depois da morte. Trata-se, enfim, de utilizar o planejamento sucessório tendo em mente os valores e princípios constitucionais em uma perspectiva da família democrática, conferindo a maior igualdade possível aos herdeiros e herdeiras.

4 Conclusão

A temática do planejamento sucessório se insere no universo do direito das sucessões, o qual, além de tardar em assimilar as viragens que marcam os demais ramos do direito civil, ainda ecoa ruídos do patriarcalismo do direito de família. Assim, embora os instrumentos de planejamento possam ser concebidos como vetores de liberdade, ingerências indevidas podem aflorar e perpetuar exclusões de mulheres e outros grupos sociais vulneráveis. Nesses casos, juízos de validade e eficácia atentos às contribuições de abordagens de gênero ao direito simbolizam caminho para controlar, em concreto, o exercício da liberdade, segundo os parâmetros normativos estabelecidos pelo ordenamento jurídico em vigor. Essa percepção da interferência do gênero no planejamento sucessório pode, ademais, contribuir para o afastamento de limitações abstratas à liberdade de disposição patrimonial (inclusive com mirada *post mortem*), em prol de avaliações concretas, consentâneas com a promoção (e a preservação) de liberdade(s).

Referências

ABREU, Capistrano. *Capítulos de história colonial*. Rio de Janeiro: Briguiet, 1954.

BAUMAN, Zygmunt. *Modernidade líquida*. Tradução de Plínio Dentzien. Rio de Janeiro: Jorge Zahar, 2001.

BEVILAQUA, Clóvis. *Direito das sucessões*. Rio de Janeiro: Editora Rio, 1978.

BUTLER, Judith P. *Problemas de gênero*: feminismo e subversão da identidade. Tradução de Renato Aguiar. 17. ed. Rio de Janeiro: Civilização Brasileira, 2019.

CARBONERA, Silvana Maria. Aspectos históricos e socioantropológicos da família brasileira. *In*: MENEZES, Joyceane Bezerra de; MATOS, Ana Carla Harmatiuk (Org.). *Direito das famílias por juristas brasileiras*. São Paulo: Saraiva, 2013.

CORTIANO JUNIOR, Eroulths; RAMOS, André Luiz Arnt. Diálogos: o direito das sucessões e os institutos fundamentais de direito civil. *In*: EHRHARDT JUNIOR, Marcos; CORTIANO JUNIOR, Eroulths (Coord.). *Transformações no direito privado nos 30 anos da Constituição*: estudos em homenagem a Luiz Edson Fachin. Belo Horizonte: Fórum, 2019.

GIDDENS, Anthony. *The consequences of modernity*. Stanford: Polity Press, 1996.

LÔBO, Paulo Luiz Netto. Do pátrio poder ao poder familiar. *In*: TORRES, Heleno Taveira (Coord.). *Direito e poder nas instituições e nos valores do público e do privado contemporâneos*. Barueri: Manole, 2005.

MATOS, Ana Carla Harmatiuk; HÜMMELGEN, Isabela. Notas sobre as relações de gênero no planejamento sucessório. *In*: TEIXEIRA, Daniele Chaves (Coord.). *Arquitetura do planejamento sucessório*. Belo Horizonte: Fórum, 2019.

MENGER, Anton. *Das bürgerliche Recht und die besitzlosen Volksklassen*. 4. ed. Tübigen: H. Laupp'schen Buchhandlung, 1908.

MONK, Daniel. Sexuality and Succession Law: beyond formal equality. *Feminist Legal Studies*, v. 19, p. 231-250, 2011.

MORAES, Maria Celina Bodin de. A nova família, de novo – Estruturas e função das famílias contemporâneas. *Pensar*, v. 18, n. 2, p. 587-628, maio/ago. 2013.

OLIVEIRA, Ligia Ziggiotti de. *Olhares feministas sobre o direito das famílias contemporâneo*: perspectivas críticas sobre o individual e o relacional em família. Rio de Janeiro: Lumen Juris, 2016.

RÉAUME, Denise. What's distinctive about Feminist Analysis of the Law?: a conceptual analysis of women's exclusion from the Law. *Legal Theory*, v. 2, p. 265-299, 1996.

RIBEIRO, Djamila. *Lugar de fala*. São Paulo: Sueli Carneiro; Pólen, 2019.

RUZYK, Carlos Eduardo Pianovski. *Institutos fundamentais de direito civil e liberdade(s)*: repensando a dimensão funcional do contrato, da propriedade e da família. Rio de Janeiro: GZ, 2011.

SILVA, Almiro do Couto e. Casamento e a posição jurídica da mulher no direito de família romano do período clássico. *In*: SILVA, Almiro do Couto e. *Conceitos fundamentais do direito no Estado constitucional*. São Paulo: Malheiros, 2015.

TEIXEIRA, Daniele Chaves. A necessidade de revisitar o instituto da legítima. *In*: MONTEIRO, Carlos Edison do Rêgo; RIBEIRO, Ricardo Lodi (Org.). *Direito civil*. Rio de Janeiro: Freitas Bastos Editora, 2015.

TEIXEIRA, Daniele Chaves. *Planejamento sucessório*: pressupostos e limites. 2. ed. Belo Horizonte: Fórum, 2019.

YOUNG, Iris Marion. *Justice and the politics of difference*. Princeton: Princeton University Press, 2011.

Informação bibliográfica deste texto, conforme a NBR 6023:2018 da Associação Brasileira de Normas Técnicas (ABNT):

TEIXEIRA, Daniele Chaves; RAMOS, André Luiz Arnt. Planejamento sucessório e gênero: algumas reflexões. *In*: TEIXEIRA, Daniele Chaves (Coord.). *Arquitetura do planejamento sucessório*. Belo Horizonte: Fórum, 2022. p. 27-37. Tomo III. ISBN 978-65-5518-291-0.

CAMINHOS PARA A TUTELA DOS BENS DIGITAIS NO PLANEJAMENTO SUCESSÓRIO[1]

DANIELE CHAVES TEIXEIRA
CAROLINE POMJÉ

1 Introdução

Entendido como o "instrumento jurídico que permite a adoção de uma estratégia voltada para a transferência eficaz e eficiente do patrimônio de uma pessoa após a sua morte",[2] o planejamento sucessório tem como objeto as situações jurídicas ativas e passivas que serão transferidas aos sucessores do titular do patrimônio, quando do seu falecimento. Para além das situações patrimoniais, pode ter por escopo a regulamentação prévia das situações existenciais, voltando-se à concretização da autonomia privada do sujeito titular daquelas situações jurídicas ativas e passivas, mesmo após seu óbito.

A conformação das situações jurídicas que serão tuteladas por ocasião do falecimento do autor da herança representa ponto sujeito a inúmeras discussões no contexto jurídico. Conforme restará demonstrado na sequência, parte-se de um paradigma no qual o ser é vinculado ao ter, de modo que a propriedade – em especial a propriedade imobiliária – é representativa das condições financeiras do sujeito, devendo tal patrimônio ser resguardado quando da sucessão. A transformação desse cenário, com a superveniência de valorização de bens móveis – corpóreos e incorpóreos – modificou substancialmente tal concepção, do mesmo modo que a necessidade de tutela das situações jurídicas existenciais dos sujeitos, em especial a partir da superveniência da Constituição da República Federativa do Brasil de 1988.[3]

---

1 Artigo publicado originalmente em TEIXEIRA, Ana Carolina Brochado; LEAL, Livia Teixeira. *Herança digital.* Controvérsias e alternativas. Indaiatuba: Foco, 2021. p. 289-302.

2 TEIXEIRA, Daniele Chaves. Noções prévias do direito das sucessões: sociedade, funcionalização e planejamento sucessório. *In*: TEIXEIRA, Daniele Chaves (Coord.). *Arquitetura do planejamento sucessório*. Belo Horizonte: Fórum, 2019. p. 23-40. p. 35.

3 "A Constituição Federal considera a dignidade da pessoa humana como fundamento da República (art. 1º, CF/1988), alçando as situações jurídicas não patrimoniais ou existenciais ao vértice da hierarquia dos interesses juridicamente tutelados. Para expressar a tábua axiológica (conjunto de valores) estabelecidos no direito positivo brasileiro,

As modificações, no entanto, não cessaram. O crescente desenvolvimento das tecnologias, com a ampliada valorização dos bens digitais, trouxe consigo a indispensabilidade de reflexão sobre o modo pelo qual se dá a sucessão dos ativos digitais (também denominados herança digital), em especial diante das peculiaridades inerentes a tais bens, conforme se verá na sequência.

Mais do que a dúvida sobre a inclusão ou não de tais ativos – cuja natureza patrimonial e/ou existencial será igualmente abordada ao longo do estudo – quando da sucessão *mortis causa* de seu titular, deve-se verificar quais os mecanismos à disposição do usuário/titular para fins de que sua vontade em relação à destinação de tais bens por ocasião de seu falecimento seja efetivamente cumprida. Nesse cenário, o presente artigo visa a identificar e a indicar quais os caminhos para a efetiva tutela dos bens digitais por ocasião do planejamento sucessório de seu titular, buscando averiguar quais os instrumentos à disposição do usuário para que sua vontade em relação à destinação dos ativos digitais (sejam eles imbuídos de caráter patrimonial, existencial ou híbrido) seja efetivamente cumprida quando da sua sucessão.

Para tanto, parte-se de breve explanação em relação aos pilares do direito das sucessões, considerando seu tradicional desenvolvimento em torno da família e da propriedade imóvel. Na sequência, considerando a mudança de paradigma propiciada pelo avanço tecnológico, passa-se à análise específica sobre os bens digitais, questionando-se sua natureza e classificação contemporânea. A partir das questões teóricas apresentadas parte-se, por fim, à elaboração de arquétipo contendo pontos de reflexão e caminhos possíveis para efetiva inclusão dos bens digitais no contexto do planejamento, identificando situações na jurisprudência nacional em que a discussão em torno da questão já foi levada à apreciação dos tribunais.

2 Pensando sobre os pilares do direito sucessório: a família e a propriedade

Maria Celina Bodin de Moraes ressalta que a família foi acusada, ao longo de parte do século XX, de ser uma instituição em crise, decadente e destinada a desaparecer;[4] contudo, o que estava morrendo não era a família em si, e, sim, o respectivo modelo. É com a transformação da própria sociedade que se está lidando, com a transformação de um modelo "quer se trate de sexualidade, da família monoparental, dos filhos ilegítimos ou legítimos".

---

pode-se dizer, em linguagem comum, que, para o constituinte, o *ser* é mais importante que o *ter*. Dito de outra forma, nas situações jurídicas patrimoniais, o interesse protegido, sendo economicamente mensurável, recebe tutela correspondente e limitada ao montante pecuniário que representa. Nas situações jurídicas existenciais ou não patrimoniais, ao revés, reúnem-se bens insuscetíveis de avaliação econômica, os quais, por tangerem a pessoa humana e a sua personalidade, são inidôneos à conversão em pecúnia, devendo ser mantidos, prioritariamente, em sua integridade" (TEPEDINO, Gustavo; MONTEIRO FILHO, Carlos Edison do Rêgo; RENTERIA, Pablo. *Direitos reais*. Rio de Janeiro: Forense, 2020. p. 3).

[4] Na verdade, nos últimos decênios, a família transformou-se, passando a responder a muitas das aspirações individuais presentes no mundo ocidental. Isso porque, "quase quarenta anos depois do movimento cultural de jovens que a consideravam a principal fonte de repressão e de conformismo social, a família tem sido vista como um espaço privilegiado de solidariedade e de realização pessoal" (MORAES, Maria Celina Bodin de. A família democrática. *In*: MORAES, Maria Celina Bodin de. *Na medida da pessoa humana* – Estudos de direito civil-constitucional. Rio de Janeiro: Renovar, 2010. p. 208).

Enfim, pode-se dizer que "a 'foto' da família da pós-modernidade retrata muito além de suas funções simplesmente sociais, econômicas, ideológicas, reprodutivas, religiosas, morais".[5] Além disso, retrata os projetos pessoais de cada um dos seus membros, na busca de sua realização, mas sem perder de vista a mesma projeção para o todo familiar.

Admite-se contemporaneamente "a liberdade da pessoa adulta de constituir o tipo de família que melhor corresponda a seus anseios e projetos",[6] [7] o que enseja a necessidade de afastamento dos contornos clássicos atribuídos à estrutura familiar.[8] Contornos estes que, conforme bem pontuado por Michelle Perrot, são recusados pelos sujeitos: "não é a família em si que nossos contemporâneos recusam, mas o modelo excessivamente rígido e normativo que assumiu no século XIX. Eles rejeitam o nó, não o ninho. A casa é, cada vez mais, o centro da existência".[9]

A função da família, assim, deixa de ser considerada em si mesma, como algo superior à vontade de seus integrantes, e passa a ser entendida a partir dos interesses de seus membros, constituindo aquilo que Pietro Perlingieri denomina *função serviente da família*:

> A função serviente da família deve ser realizada de forma aberta, integrada na sociedade civil, com uma obrigatória colaboração com outras formações sociais: não como uma ilha, mas como um autônomo território, que é parte que não pode ser eliminada de um sistema de instituições civis predispostas para um escopo comum; todas essas formações sociais serão merecedoras de tutela se a regulamentação interna for inspirada no respeito da igual dignidade, na igualdade moral e jurídica dos componentes e na democracia. Valores que representam, juntamente com a solidariedade, o pressuposto, a consagração e a qualificação da unidade dos direitos e dos deveres no âmbito da família.[10]

---

5 HIRONAKA, Giselda Maria Fernandes Novaes. A incessante travessia dos tempos e a renovação dos paradigmas: a família, seu status e seu enquadramento na pós-modernidade. *In*: BASTOS, Eliene Ferreira; DIAS, Maria Berenice (Coord.). *A família além dos mitos*. Belo Horizonte: Del Rey, 2008. p. 65.

6 MULTEDO, Renata Vilela; MORAES, Maria Celina Bodin de. A privatização do casamento. *Civilistica.com*, Rio de Janeiro, ano 5, n. 2, 2016. p. 6. Disponível em: http://civilistica.com/a-privatizacao-do-casamento/. Acesso em: 7 dez. 2020.

7 No mesmo sentido, Paulo Lôbo assevera que "Não se pode enxergar na Constituição o que ela expressamente repeliu, isto é, a proteção de tipo ou tipos exclusivos de família ou da família como valor em si, com desconsideração das pessoas que a integram. Não há, pois, na Constituição, modelo preferencial de entidade familiar, do mesmo modo que não há família de fato, pois contempla o direito à diferença. Quando ela trata de família está a referir-se a qualquer das entidades possíveis. Se há família, há tutela constitucional, com idêntica atribuição de igualdade" (LÔBO, Paulo Luiz Netto. Entidades familiares constitucionalizadas: para além do LÔBO, Paulo Luiz Netto. *Entidades familiares constitucionalizadas*: para além do numerus clausus. p. 19. Disponível em: http://www.ibdfam.org.br/_img/congressos/anais/193.pdf. Acesso em: 7 dez. 2020).

8 "L'abbandono della visione istituzionale della famiglia ed il crescente riconoscimento dei diritti individuali costituiscono i motivi che hanno guidato i mutamenti del diritto di famiglia; così, i diritto del singolo hanno ricevuto una protezione sempre più estesa, a scapito delle ragioni dell'istituto familiare in sé e per sé considerato" (SESTA, Michele; GRAZIOSI, Andrea. La composizione dei conflitti familiari nell'esperienza italiana. *Rivista Trimestrale di Diritto e Procedura Civile*, Milano, ano 59, n. 2, p. 575-611, giugno 2005. p. 576). Em tradução livre: "O abandono da visão institucional da família e o crescente reconhecimento dos direitos individuais constituem os motivos que guiaram as mudanças no direito de família; assim, os direitos do indivíduo têm recebido proteção cada vez mais extensa, em detrimento dos motivos da instituição familiar em si mesma e por si mesma considerada".

9 PERROT, Michelle. O nó e o ninho. *Veja 25 anos: Reflexões para o futuro*, São Paulo, p. 75-81, 1993. p. 81.

10 PERLINGIERI, Pietro. *Perfis do direito civil*. Introdução ao direito civil constitucional. 3. ed. Tradução de Maria Cristina De Cicco. Rio de Janeiro: Renovar, 2007. p. 245-246.

Mas não apenas a entidade familiar sofreu mudanças significativas nas últimas décadas. Outro pilar do direito sucessório igualmente foi alvo de consideráveis modificações.

A propriedade, tradicionalmente identificada com os bens imóveis, igualmente foi alvo de profundas mudanças e ressignificações. A conformação da entidade familiar caracterizava-se, sob a égide do Código Civil de 1916, a partir de um aspecto patrimonial, de modo que "o patrimônio familiar representava, a um só tempo, necessidade econômica e afirmação simbólica, garantia de moralidade natural, afinal, a família era célula base da sociedade".[11] [12]

O paradigma que vigorou durante parte do século XX no ordenamento jurídico brasileiro vinculava-se à proteção primordial do patrimônio do sujeito, considerando a necessidade de resguardo dos bens da família a fim de garantir sua transmissão às futuras gerações. Entretanto, as novas situações decorrentes da realidade social e econômica brasileira ensejaram o envelhecimento do próprio diploma civil, de modo que tais situações igualmente não puderam ser atendidas pelo legislador especial por meio de sua atividade legiferante. Com isso, o papel desempenhado a partir do final da década de 1980 pela Constituição Federal de 1988 foi imprescindível para possibilitar a resolução de conflitos, pelos julgadores, referentes "às situações ainda não regulamentadas, com base nos valores constitucionais".[13] E, nessa mudança de perspectiva possibilitada pelo advento da Constituição Federal de 1988, verifica-se a prevalência do sujeito em detrimento unicamente de seu patrimônio. Isso porque o objeto central da tutela estatal deslocou-se do patrimônio para a pessoa, o que trouxe consigo a necessidade de reconhecimento de que a pessoa é, simultaneamente, "o sujeito titular do direito e o ponto de referência objetivo da relação".[14]

Para além dessa mudança de perspectiva considerando a prevalência da tutela sobre as situações jurídicas existenciais – comparativamente às situações jurídicas patrimoniais –, reconhece-se a superveniência de novos bens, característicos da sociedade de informação que se desenvolve. Assim, não apenas o patrimônio imobiliário é objeto de tutela jurídica, mas também o patrimônio móvel, seja ele corpóreo seja incorpóreo.[15]

---

[11] CARDOSO, Simone Tassinari. Do contrato parental à socioafetividade. *In*: ARONNE, Ricardo (Org.). *Estudos de direito civil-constitucional*. Porto Alegre: Livraria do Advogado, 2004. p. 19-110. p. 28-29.

[12] "The sociological study of the Brazilian Family in its historical perspective must be based upon the study of the changes in familial structure, changes which were produced by the simplification forced upon it by the reduction of its functions. Changes in the economic functions, in the modes of cultural participation, and in the types of domination and subordination bring about corresponding changes in the total relationships of the familial group, and new forms of solidarity emerge. Alongside the changes in structure proper are those which take place in the system of values and in the definition of a new moral situation. Thus the problem must be faced from a triple point of view; in its structural, functional and moral aspects" (CANDIDO, Antonio. The Brazilian family. *In*: SMITH, T. Lynn (Ed.). *Brazil*: portrait of a half continent. Nova York: Marchant Genereal, 1951. p. 1. Disponível em: https://docgo.net/detail-doc.html?utm_source=the-brazilian-family-antonio-candido-pdf. Acesso em: 7 dez. 2020).

[13] TEPEDINO, Gustavo. Normas constitucionais e relações de direito civil na experiência brasileira. *In*: TEPEDINO, Gustavo. *Temas de direito civil*. Rio de Janeiro: Renovar, 2006. t. II. p. 21-47. p. 33.

[14] PERLINGIERI, Pietro. *O direito civil na legalidade constitucional*. Tradução de Maria Cristina De Cicco. Rio de Janeiro: Renovar, 2008. p. 764.

[15] Insere-se nesse contexto a necessária tutela aos direitos autorais e à propriedade intelectual em geral.

Encarado o direito de propriedade como uma situação jurídica complexa, na medida em que referido direito é composto por limites e obrigações que o constituem,[16] é imprescindível a concomitante análise de tal direito a partir de um prisma constitucionalizado, ou seja, compatível com as diretrizes presentes na Constituição Federal de 1988. A interpretação do direito de propriedade a partir da Constituição traz consigo a indispensabilidade de que o centro dos interesses protetivos do sistema jurídico seja o ser humano, "em sua antropomórfica dimensão intersubjetiva",[17] resguardando-se à propriedade e às suas manifestações "um papel instrumental".[18]

O avanço tecnológico das últimas décadas ensejou fenômeno de ampliação dos bens digitais, trazendo consigo a necessidade de tutela sobre tais bens – os quais, conforme se verá adiante, podem ser caracterizados a partir de sua natureza patrimonial, existencial ou híbrida. A mudança de paradigma propiciada pelo advento da Constituição de 1988, aliada à necessidade de repersonalização das relações privadas, com a prevalência dos interesses existenciais dos sujeitos sobre aqueles meramente patrimoniais, projeta-se igualmente sobre a tutela dos direitos digitais. Mais do que isso, porém, enseja questionamentos sobre o modo pelo qual se dará a transmissão dos bens digitais por ocasião do óbito de seu titular e sobre os meios à disposição do usuário para que sua vontade em relação à destinação daquele acervo (existencial e/ou patrimonial) seja efetivada quando da sua ausência.

3 Da mudança de paradigma e da indispensável tutela sobre os bens digitais

A propriedade digital (ou os ativos digitais) corresponde a bens, "fruto de uma revolução tecnológica digital, com incontestáveis efeitos econômicos, tal como ocorre com os bens corpóreos do mundo não virtual",[19] sendo precisa a conceituação apresentada por Ana Carolina Brochado Teixeira e Livia Teixeira Leal ao afirmarem que os bens digitais "podem ser configurados como todos aqueles conteúdos constantes na rede, passíveis ou não de valoração econômica, que proporcionem alguma utilidade para o seu titular".[20] Exemplos de tais bens são extraídos do cotidiano nas redes sociais e na internet, em geral: contas por meio das quais seus titulares angariam remunerações (como perfis no Instagram e no Facebook), canais no YouTube com monetização, além de perfis em redes nas quais não se verifica um conteúdo patrimonial *prima facie*, como é o caso do WhatsApp e do Telegram, por exemplo. Ainda, a crescente cultura do *streaming*, "por meio da qual não há a aquisição do produto em si, mas sim da possibilidade de acessar diversos produtos contidos em uma plataforma, como ocorre no Netflix, Spotify

---

[16] PERLINGIERI, Pietro. *Perfis do direito civil*. Introdução ao direito civil constitucional. 3. ed. Tradução de Maria Cristina De Cicco. Rio de Janeiro: Renovar, 2007. p. 224-225.

[17] ARONNE, Ricardo. *Direito civil-constitucional e teoria do caos*. Estudos preliminares. Porto Alegre: Livraria do Advogado, 2006. p. 103.

[18] ARONNE, Ricardo. *Direito civil-constitucional e teoria do caos*. Estudos preliminares. Porto Alegre: Livraria do Advogado, 2006. p. 103.

[19] MADALENO, Rolf. *Sucessão legítima*. Rio de Janeiro: Forense, 2019. p. 31.

[20] TEIXEIRA, Ana Carolina Brochado; LEAL, Livia Teixeira. Tutela jurídica dos bens digitais ante os regimes de bens comunheiros. *In*: EHRHARDT JÚNIOR, Marcos; CATALAN, Marcos; MALHEIROS, Pablo (Coord.). *Direito civil e tecnologia*. Belo Horizonte: Fórum, 2020. p. 332-346. p. 336-337.

e Kindle unlimited",[21] demonstra a fluidez da realidade contemporânea,[22] avançando inclusive sobre a possibilidade de que as contas de usuário em *sites* de jogos virtuais (como é o caso da plataforma Steam) sejam caracterizadas como bens digitais.[23]

A crescente utilização de tais aplicativos representa fenômeno que não escapa aos impactos jurídicos incidentes por ocasião do falecimento do titular da respectiva conta. Assim, o primeiro questionamento que se coloca condiz com a viabilidade ou não de que contas/perfis sejam transferidos aos sucessores quando do óbito de seu titular.

Inexistindo regulamentação legislativa a respeito no ordenamento jurídico brasileiro,[24] cabe à doutrina, em um momento inicial, a estipulação de parâmetros em relação a essa transmissibilidade *causa mortis*.

A premissa fundamental em torno das construções vinculadas à transmissão do patrimônio digital vincula-se ao reconhecimento de que

> as informações e os conteúdos circulados por intermédio destes aplicativos dizem respeito ao domínio pessoal-patrimonial de cada ser humano, visto que, consoante supramencionado, trata-se de acervos produzidos pelos usuários e, portanto, pertencentes a estes.[25]

A transmissibilidade pura e simples de tal patrimônio por ocasião do falecimento de seu titular esbarra, no entanto, em peculiaridades dos bens digitais.

Isso porque, conforme destaca Lívia Teixeira Leal, os termos de uso de diversos provedores (como Facebook, Instagram, Yahoo Mail, WhatsApp, Telegram, iCloud, iTunes e Kindle) "preveem a impossibilidade de transferência irrestrita das contas e das senhas dos usuários",[26] o que por si só no mínimo dificultaria o acesso aos bens digitais do *de cujus* pelos seus sucessores.[27]

---

21 TEIXEIRA, Ana Carolina Brochado; LEAL, Livia Teixeira. Tutela jurídica dos bens digitais ante os regimes de bens comunheiros. *In*: EHRHARDT JÚNIOR, Marcos; CATALAN, Marcos; MALHEIROS, Pablo (Coord.). *Direito civil e tecnologia*. Belo Horizonte: Fórum, 2020. p. 332-346. p. 334.

22 BAUMAN, Zygmunt. *Vida líquida*. 2. ed. Tradução de Carlos Alberto Medeiros. Rio de Janeiro: Zahar, 2009. p. 9.

23 Nesse sentido, "para além de valores monetários como investimentos bancários, biblioteca no iTunes, códigos de acesso as mais variadas redes de 'social networking', nomes de domínio, milhas aéreas, pontos de recompensa, contas de 'PayPal' e 'Bitcoin', há também a nossa 'memória sentimental' nas redes sociais" (ROSENVALD, Nelson. A sucessão no Facebook. *In*: ROSENVALD, Nelson. *O direito civil em movimento*. Desafios contemporâneos. 3. ed. rev., ampl. e atual. Salvador: JusPodivm, 2019. p. 318-320. p. 318).

24 "A problemática em torno da questão passa pela própria desorganização da armazenagem das informações digitais, bem como pela ausência de lei específica sobre o tema. Não raro, encontram-se casos nos quais a família da pessoa falecida trava batalhas judiciais para ter acesso ao sito ou ao perfil de seu ente querido, nem sempre com razão, em virtude da necessidade de se tutelar a personalidade da pessoa falecida diante do que se passou a chamar de 'herança digital'" (TEPEDINO, Gustavo; NEVARES, Ana Luiza Maia; MEIRELES, Rose Melo Vencelau. *Direito das sucessões*. Rio de Janeiro: Forense, 2020. p. 153).

25 CARVALHO, Gabriel Honorato de; GODINHO, Adriano Marteleto. Planejamento sucessório e testamento digital: a proteção dinâmica do patrimônio virtual. *In*: TEIXEIRA, Daniele Chaves (Coord.). *Arquitetura do planejamento sucessório*. Belo Horizonte: Fórum, 2019. p. 141-158. p. 145.

26 LEAL, Livia Teixeira. Tratamento jurídico do conteúdo disposto na Internet após a morte do usuário e a denominada herança digital. *In*: TEIXEIRA, Daniele Chaves (Coord.). *Arquitetura do planejamento sucessório*. Belo Horizonte: Fórum, 2019. p. 175-190. p. 180.

27 A validade de tais disposições poderia ser questionada, como bem apontam Gabriel Honorato de Carvalho e Adriano Marteleto Godinho: "sobre as plataformas digitais amparadas na cláusula de intransmissibilidade de seus conteúdos, a solução não soa tão simples, especialmente sopesando-se alguns fatores: a relação de consumo que há entre usuário e plataforma; a constatação dos termos de uso, que se enquadram na modalidade de contratos de adesão; e a possibilidade de enquadramento daquelas cláusulas nas hipóteses de nulidades decorrentes da abusividade, nos termos do art. 51 do Código de Defesa do Consumidor [...]" (CARVALHO, Gabriel Honorato de; GODINHO, Adriano Marteleto. Planejamento sucessório e testamento digital: a proteção dinâmica do patrimônio

Para além dos termos de uso das diferentes plataformas, cabe salientar as características inerentes a cada modalidade de bem digital, considerando sua própria natureza. Bruno Torquato Zampier Lacerda, tratando sobre a temática, apresenta classificação segundo a qual os bens digitais podem ser divididos em bens digitais patrimoniais; bens digitais existenciais; e bens digitais patrimoniais-existenciais (ou híbridos).[28]

A partir de tal classificação, sobreleva recordar que os direitos personalíssimos se extinguem com o falecimento de seu titular, "não sendo objeto de sucessão, não integrando o acervo sucessório por ele deixado".[29] Considerando a classificação dos bens digitais no que se refere aos de cunho existencial, tem-se que estes não integram a sucessão do falecido; nesse sentido, "como a herança refere-se ao acervo patrimonial do *de cujus*, as situações existenciais, ressalvadas as situações dúplices em alguns aspectos, não vão integrar o conceito de herança".[30] Dentro de tal cenário podem ser inseridas, por exemplo, as conversas mantidas em aplicativos pelo falecido com terceiras pessoas – as quais, inclusive, poderiam se opor ao franqueamento de acesso aos sucessores do *de cujus*, considerando a privacidade tanto do falecido quanto das pessoas com quem ele mantinha conversas em aplicativos. O mesmo se aplica aos perfis mantidos pela pessoa falecida em aplicativos de relacionamento e em redes sociais, salvo se estas forem destinadas à atividade econômica.

Por outro lado, em se tratando de perfis mantidos em *sites* e em aplicativos com caráter patrimonial

> como dados vinculados a transações financeiras, senhas de acesso a aplicações em bancos, etc., ou mesmo a exploração econômica dos atributos da personalidade, por estarem contidos na esfera da patrimonialidade, poderiam ser transmitidos aos herdeiros, que passarão a ser os administradores de tal patrimônio.[31] [32]

---

virtual. *In*: TEIXEIRA, Daniele Chaves (Coord.). *Arquitetura do planejamento sucessório*. Belo Horizonte: Fórum, 2019. p. 141-158. p. 147).

28 LACERDA, Bruno Torquato Zampier. *Bens digitais*. Indaiatuba: Foco Jurídico, 2017. p. 58.

29 LEAL, Livia Teixeira. Tratamento jurídico do conteúdo disposto na Internet após a morte do usuário e a denominada herança digital. *In*: TEIXEIRA, Daniele Chaves (Coord.). *Arquitetura do planejamento sucessório*. Belo Horizonte: Fórum, 2019. p. 175-190. p. 183.

30 LEAL, Livia Teixeira. Tratamento jurídico do conteúdo disposto na Internet após a morte do usuário e a denominada herança digital. *In*: TEIXEIRA, Daniele Chaves (Coord.). *Arquitetura do planejamento sucessório*. Belo Horizonte: Fórum, 2019. p. 175-190. p. 183.

31 LEAL, Livia Teixeira. Tratamento jurídico do conteúdo disposto na Internet após a morte do usuário e a denominada herança digital. *In*: TEIXEIRA, Daniele Chaves (Coord.). *Arquitetura do planejamento sucessório*. Belo Horizonte: Fórum, 2019. p. 175-190. p. 185.

32 Em síntese, "a doutrina costuma dividir o patrimônio digital da seguinte forma: (i) *bens digitais patrimoniais*, aqueles conteúdos que gozam de valor econômico, como milhas aéreas, bibliotecas musicais virtuais, acessórios de videogames e outros; (ii) *bens digitais personalíssimos*, que compreendem aquela parte do acervo dotado de valor existenciais, seja do titular, seja de terceiros com os quais se envolveu, a exemplo de correios eletrônicos, redes sociais como o WhatsApp e o Facebook, e outros; (iii) por fim, os *bens digitais híbridos*, cujo núcleo seria abrangido tanto por conteúdo personalíssimo como patrimonial, como contas do YouTube de pessoas públicas que são monetizadas pela elevada quantidade de acessos. Sobre tais pontos, existem três correntes vistas na atualidade. A primeira, que aparenta ser majoritária no direito brasileiro, também defendida por estes autores, entende que deve haver um fracionamento do patrimônio digital, compreendendo a aplicação da regra geral do direito sucessório para a transmissão dos bens digitais de natureza patrimonial – ressalvando-se aqueles bens nos quais, na oportunidade da aquisição, restou claro e evidente que o consumidor estava adquirindo o direito de uso e não a propriedade do bem – e também para a proteção dos bens digitais existenciais e híbridos quando houver consentimento, em vida, pelo usuário, e, além disso, quando tal transmissão não gere prejuízos à personalidade de terceiros ou a aspectos da personalidade do falecido que permanecem sob tutela jurídica após a morte. A segunda corrente proclama a aplicação da regra geral de transmissão sucessória para todos e quaisquer bens

4 Planejamento de sucessões contendo bens digitais

Diante da inexistência de regulação específica acerca da sucessão de conteúdos digitais no direito brasileiro,[33] tem-se a necessidade tanto de análise acerca da viabilidade de sucessão dos assim considerados bens digitais quanto dos mecanismos disponíveis aos sujeitos a fim de garantir que sua vontade seja minimamente respeitada por ocasião do óbito em relação aos bens digitais que titularizava em vida. Ou seja, para além do questionamento quanto à inclusão dos bens digitais na sucessão e aos impactos em termos materiais e processuais de tal adição, deve-se atentar para quais são os instrumentos disponibilizados pelo ordenamento jurídico contemporâneo a fim de viabilizar um planejamento sucessório que tenha como objeto os bens digitais.

A análise pretendida no presente momento divide-se em duas etapas. A primeira, referente à identificação dos bens digitais que podem ser considerados passíveis de inclusão para fins de sucessão *mortis causa*, com base na doutrina acerca da temática; a segunda, quanto aos meios disponíveis atualmente para fins de planejamento sucessório incluindo os bens digitais titularizados pelo sujeito que pretende referida organização patrimonial.

Entende-se pela viabilidade de transmissão sucessória dos bens digitais de conteúdo patrimonial, exemplificado pelas milhas aéreas, *e-books* adquiridos e salvos nas plataformas respectivas e moedas virtuais. A ressalva a ser realizada vincula-se com a impossibilidade de inclusão na partilha dos bens cuja propriedade não tiver sido adquirida pelo *de cujus*, mas apenas o direito de uso.[34] É o que ocorre, por exemplo, na plataforma Kindle unlimited, na qual, por meio da assinatura, o consumidor tem acesso ilimitado às publicações disponibilizadas. Da mesma forma em relação aos conhecidos serviços de *streaming* – como Netflix, Spotify e Deezer.

O mesmo não se aplica àqueles bens de conteúdo híbrido, concomitantemente patrimonial e existencial. É o caso das contas mantidas pelos sujeitos em redes sociais (inicialmente com conteúdo exclusivamente existencial, portanto) e que passam a viabilizar remuneração ao seu titular (seja em virtude de contratos firmados em parceria, seja em decorrência do número de visualizações – o que é comum no YouTube, por exemplo). Na última hipótese, tem-se concomitantemente um conteúdo existencial

---

digitais, sem diferenciação quanto às categorias destes, seguindo o entendimento do Tribunal Constitucional alemão que, na apreciação do emblemático caso envolvendo o pleito de dois genitores que postulavam o direito de acesso à conta da filha falecida no Facebook, deferiu o pleito destes, garantindo irrestrito acesso à rede social da morta. A terceira corrente, comumente aclamada pelas plataformas digitais, defende a impossibilidade de projeção tanto de bens digitais patrimoniais como existenciais, aduzindo, no mais das vezes, que se tratam de contratos personalíssimos e intransferíveis, e que não geram titularidade, mas apenas o direito de uso, o que tem ensejado uma discussão sobre os direitos consumeristas dos usuários, ponderando-se, entre outros fatores, a quebra do dever de informação e o princípio da vinculação da oferta, conforme apregoam os arts. 30 e 31 do Código de Defesa do Consumidor" (HONORATO, Gabriel; LEAL, Livia Teixeira. Propostas para a regulação da herança digital no direito brasileiro. *In*: EHRHARDT JÚNIOR, Marcos; CATALAN, Marcos; MALHEIROS, Pablo (Coord.). *Direito civil e tecnologia*. Belo Horizonte: Fórum, 2020. p. 379-394. p. 380-381).

[33] NEGRI, Sergio Marcos Carvalho de Ávila; KORKMAZ, Maria Regina Detoni Cavalcanti Rigolon. Autonomia privada, portabilidade de dados pessoais e planejamento sucessório. *In*: TEIXEIRA, Daniele Chaves (Coord.). *Arquitetura do planejamento sucessório*. Belo Horizonte: Fórum, 2021. t. II. p. 659-674. p. 663.

[34] HONORATO, Gabriel; LEAL, Livia Teixeira. Propostas para a regulação da herança digital no direito brasileiro. *In*: EHRHARDT JÚNIOR, Marcos; CATALAN, Marcos; MALHEIROS, Pablo (Coord.). *Direito civil e tecnologia*. Belo Horizonte: Fórum, 2020. p. 379-394. p. 380-381.

vinculado à pessoa daquele sujeito que mantém a rede social e um conteúdo patrimonial decorrente da utilização daquele perfil com fins econômicos. A consequência jurídica de tal conteúdo híbrido – da mesma forma que se entende em relação aos bens digitais de conteúdo exclusivamente existencial – vincula-se à possibilidade de transmissão sucessória "quando houver consentimento, em vida, pelo usuário, e, além disso, quando tal transmissão não gere prejuízos à personalidade de terceiros ou a aspectos da personalidade do falecido que permanecem sob tutela jurídica após a morte".[35]

À necessidade de consentimento, em vida, pelo usuário, relaciona-se a viabilidade de utilização de determinados instrumentos para fins de definição dos rumos dos bens digitais – patrimoniais e existenciais – quando do falecimento de seu respectivo titular. Nesse contexto sobreleva a necessidade de observância da manifestação de vontade, consciente e autônoma, deixada pelo usuário, avaliando-se se a vontade eventualmente indicada nas autorizações junto aos próprios aplicativos alinha-se com aquela manifestada no âmbito dos instrumentos sucessórios específicos para tanto.[36]

O Código Civil brasileiro disponibiliza dois diferentes instrumentos que podem ser utilizados pelos indivíduos com a finalidade de indicar a destinação pretendida aos seus bens digitais, sejam eles de cunho patrimonial ou existencial.

Em primeiro lugar, tem-se a viabilidade de inclusão de cláusula testamentária específica acerca dos bens digitais. Em tal hipótese, o ordenamento jurídico contemporâneo viabiliza a utilização de testamento público (arts. 1.864 a 1.867, CCB/2002), particular (arts. 1.876 a 1.880, CCB/2002) ou cerrado (arts. 1.868 a 1.875, CCB/2002), sendo possível a inclusão de disposição testamentária tanto em relação à destinação desejada aos bens digitais existenciais (com a autorização de acesso a redes sociais, com a indicação acerca do desejo do testador de que a rede social seja excluída, transformada em memorial ou mantida por determinada pessoa etc.) quanto aos bens digitais de cunho patrimonial. Em relação aos bens digitais dos quais se extrai conteúdo econômico, importante mencionar a necessidade de quantificação do conteúdo financeiro de tal parcela do patrimônio do testador, a fim de que seja viável estabelecer em que medida a destinação daquele bem a determinado herdeiro impactará os limites estabelecidos pelo ordenamento para a legítima.

Para além da utilização do testamento (em suas diversas modalidades), verifica-se a viabilidade de emprego do instituto do codicilo para fins de planejamento sucessório vinculado à transmissão de bens digitais que não possuam conteúdo financeiro ou que contenham baixo valor econômico. Previsto entre os arts. 1.881 e 1.885, do Código

---

35 HONORATO, Gabriel; LEAL, Livia Teixeira. Propostas para a regulação da herança digital no direito brasileiro. *In*: EHRHARDT JÚNIOR, Marcos; CATALAN, Marcos; MALHEIROS, Pablo (Coord.). *Direito civil e tecnologia*. Belo Horizonte: Fórum, 2020. p. 379-394. p. 380-381.

36 "Havendo, simultaneamente, a lavratura de testamento e o registro de determinadas escolhas feitas pelo usuário na própria plataforma (como a designação de um contato herdeiro, por exemplo), deve-se buscar a solução que permita o máximo aproveitamento das duas vontades, sobretudo quando ambas não conflitarem. Contudo, diante de eventual conflito entre a vontade constante em testamento e aquela manifestada da plataforma, deve-se considerar que as modalidades testamentárias previstas no Código Civil possuem maior garantia quanto á veracidade da declaração feita pelo *de cujus*, diante dos requisitos para a elaboração de tais documentos. Assim, a princípio, a vontade manifestada em testamento deve prevalecer, não se podendo, por outro lado, olvidar que se deve sempre primar pelo resguardo da vontade do testador" (HONORATO, Gabriel; LEAL, Livia Teixeira. Propostas para a regulação da herança digital no direito brasileiro. *In*: EHRHARDT JÚNIOR, Marcos; CATALAN, Marcos; MALHEIROS, Pablo (Coord.). *Direito civil e tecnologia*. Belo Horizonte: Fórum, 2020. p. 379-394. p. 387).

Civil brasileiro de 2002, o codicilo corresponde a um instrumento escrito contendo disposições de última vontade, que "não tem as formalidades do testamento solene e não se confunde com a sucessão testamentária",[37] sendo possível sua utilização para objetos absolutamente limitados, "de alcance restrito, apartando-o definitivamente de um testamento".[38]

Considerando a limitação imposta pelo próprio art. 1.881, do CCB/2002, no sentido da aplicabilidade do codicilo às disposições de última vontade referentes a "esmolas de pouca monta a certas e determinadas pessoas, ou, indeterminadamente, aos pobres de certo lugar, assim como legar móveis, roupas ou jóias, de pouco valor, de seu uso pessoal", fundamental questionar o modo como deve se dar a avaliação para fins de identificação da caracterização dos bens deixados como sendo "de pouco valor". Como a lei não contém parâmetro para a quantificação da "disposição de pequeno valor", tem-se a necessidade de verificação do limite do codicilo na situação concreta, a partir do monte hereditário.[39] No entanto, como pontuam Conrado Paulino da Rosa e Marco Antonio Rodrigues, as disposições codicilares, para que possam ser consideradas válidas, não podem superar "valores significativo, em geral nunca superiores a 10% ou 20% do tamanho do patrimônio líquido a ser inventariado".[40]

Transpondo tal necessária análise ao contexto da herança digital, a problemática se torna ainda mais evidente em decorrência da dificuldade de avaliação de diversos bens digitais. Nesse sentido, embora possa ser relativamente fácil identificar o valor correspondente a milhas aéreas ou a criptomoedas, o mesmo não pode ser afirmado em relação a bens digitais entendidos a partir de seu caráter concomitantemente patrimonial e existencial. Logo, a atribuição de valor a tais bens apresenta-se como complexa e apta a ensejar disputas judiciais relevantes, sendo indispensável a definição de parâmetros para a avaliação nas hipóteses em que a atribuição de valores pelos próprios herdeiros não se mostrar possível.

Em sendo necessária a judicialização das questões referentes à transmissão dos bens digitais *mortis causa*, destaca-se desde logo o entendimento pela indispensabilidade de que tal demanda seja submetida aos procedimentos previstos pelo direito sucessório. Em outras palavras, entende-se pela necessidade de que a transmissão dos bens digitais por ocasião do falecimento de seu titular seja apreciada no âmbito do processo judicial de inventário,[41] pelo juízo competente para tanto – ou seja, por vara especializada em direito das sucessões, quando houver tal divisão no Judiciário local.[42]

---

[37] DIAS, Maria Berenice. *Manual das sucessões*. 4. ed. rev., atual. e ampl. São Paulo: Revista dos Tribunais, 2015. p. 384.

[38] FARIAS, Cristiano Chaves de; ROSENVALD, Nelson. *Curso de direito civil*. Sucessões. 4. ed. rev., ampl. e atual. Salvador: JusPodivm, 2018. p. 458.

[39] TEPEDINO, Gustavo; NEVARES, Ana Luiza Maia; MEIRELES, Rose Melo Vencelau. *Direito das sucessões*. Rio de Janeiro: Forense, 2020. p. 152.

[40] ROSA, Conrado Paulino da; RODRIGUES, Marco Antonio. *Inventário e partilha*. Teoria e prática. 2. ed. rev., atual. e ampl. Salvador: JusPodivm, 2020. p. 259.

[41] HONORATO, Gabriel; LEAL, Livia Teixeira. Propostas para a regulação da herança digital no direito brasileiro. *In*: EHRHARDT JÚNIOR, Marcos; CATALAN, Marcos; MALHEIROS, Pablo (Coord.). *Direito civil e tecnologia*. Belo Horizonte: Fórum, 2020. p. 379-394. p. 391.

[42] "A respeito das decisões judiciais brasileiras, chama a atenção o fato de terem sido prolatadas por juízos cíveis comuns, inclusive sendo uma emanada por um Juizado Especial Cível, o que gera reflexões quanto à competência processual para apreciação de tais demandas. De tal observação surge a seguinte provocação: se estamos

5 Considerações finais

Por meio do presente estudo foram possíveis a análise e a problematização em torno dos pilares do direito das sucessões contemporâneo, considerando seu tradicional desenvolvimento em torno da família e da propriedade imóvel. Diante da mudança paradigmática proporcionada pelo avanço tecnológico, o surgimento de novas categorias de bens, em especial os bens digitais, a demandar tutela jurídica específica, foi objeto de análise.

A partir da doutrina especializada sobre a temática, verificou-se o atual entendimento sobre as diferentes formas de tutela da herança digital a partir do conteúdo predominante dos bens que a integram. Assim, enquanto os bens digitais de cunho existencial não integram a sucessão do falecido,[43] os perfis mantidos em *sites* e em aplicativos com caráter patrimonial estão inseridos na esfera da patrimonialidade, sendo transmitidos aos herdeiros quando do falecimento de seu titular.[44]

Apesar da inexistência de regulação específica quanto à sucessão de conteúdos digitais no direito brasileiro,[45] verificou-se a necessidade de estudo sobre os instrumentos disponibilizados pelo ordenamento jurídico contemporâneo para fins de viabilizar um planejamento sucessório que tenha, entre seus objetos, bens digitais. Nesse cenário, concluiu-se pela viabilidade de transmissão sucessória dos bens digitais de conteúdo patrimonial, exemplificado pelas milhas aéreas, *e-books* adquiridos e salvos nas plataformas respectivas e moedas virtuais, ressalvando-se as hipóteses em que o *de cujus* tenha adquirido apenas o direito de uso sobre os bens em questão, e não o direito de propriedade.

Por outro lado, em se tratando de bem digital que possua conteúdo híbrido, ou seja, patrimonial e existencial, a transmissão sucessória será possível "quando houver consentimento, em vida, pelo usuário, e, além disso, quando tal transmissão não gere prejuízos à personalidade de terceiros ou a aspectos da personalidade do falecido que permanecem sob tutela jurídica após a morte".[46]

---

discorrendo sobre heranças (digitais), seriam estas matérias de competência de tais órgãos judicantes ou seria mais apropriado que tais demandas fossem recebidas e julgadas por Varas de Sucessões? Sobre este ponto, insta ressaltar que a doutrina majoritária tem elevado o princípio da autodeterminação informativa para patamar de grande importância na perspectiva sucessória, especialmente em se tratando de acervo digital. Perceba-se, destarte, que, se o intento do processo judicial é discutir manutenção ou exclusão/transmissão ou não de bens digitais, como redes sociais, mister recordar que, através dos trâmites ordinárias das Varas das Sucessões, é possível se verificar fatores decisivos, como a ordem hereditária – a fim de analisar a legitimidade processual – e até mesmo a manifestação de vontade do falecido, deixada ou não através de testamentos públicos ou particulares, codicilos etc., sem falar nas manifestações perante as próprias redes sociais" (HONORATO, Gabriel; LEAL, Livia Teixeira. Propostas para a regulação da herança digital no direito brasileiro. *In*: EHRHARDT JÚNIOR, Marcos; CATALAN, Marcos; MALHEIROS, Pablo (Coord.). *Direito civil e tecnologia*. Belo Horizonte: Fórum, 2020. p. 379-394. p. 390).

43 LEAL, Livia Teixeira. Tratamento jurídico do conteúdo disposto na Internet após a morte do usuário e a denominada herança digital. *In*: TEIXEIRA, Daniele Chaves (Coord.). *Arquitetura do planejamento sucessório*. Belo Horizonte: Fórum, 2019. p. 175-190. p. 183.

44 LEAL, Livia Teixeira. Tratamento jurídico do conteúdo disposto na Internet após a morte do usuário e a denominada herança digital. *In*: TEIXEIRA, Daniele Chaves (Coord.). *Arquitetura do planejamento sucessório*. Belo Horizonte: Fórum, 2019. p. 175-190. p. 185.

45 NEGRI, Sergio Marcos Carvalho de Ávila; KORKMAZ, Maria Regina Detoni Cavalcanti Rigolon. Autonomia privada, portabilidade de dados pessoais e planejamento sucessório. *In*: TEIXEIRA, Daniele Chaves (Coord.). *Arquitetura do planejamento sucessório*. Belo Horizonte: Fórum, 2021. t. II. p. 659-674. p. 663.

46 HONORATO, Gabriel; LEAL, Livia Teixeira. Propostas para a regulação da herança digital no direito brasileiro. *In*: EHRHARDT JÚNIOR, Marcos; CATALAN, Marcos; MALHEIROS, Pablo (Coord.). *Direito civil e tecnologia*. Belo Horizonte: Fórum, 2020. p. 379-394. p. 380-381.

Como visto, o Código Civil brasileiro disponibiliza dois diferentes instrumentos que podem ser utilizados pelos indivíduos com a finalidade de indicar a destinação pretendida aos seus bens digitais, sejam eles de cunho patrimonial ou existencial: o testamento e o codicilo.

Tratando-se de temática envolvendo novos direitos, tem-se a impossibilidade momentânea de definição do modo pelo qual as questões serão apreciadas pelo Poder Judiciário. No entanto, alguns caminhos podem ser desde logo previstos, especialmente a partir das distinções aplicáveis à herança digital no que se refere ao conteúdo dos direitos envolvidos.

Referências

ARONNE, Ricardo. *Direito civil-constitucional e teoria do caos*. Estudos preliminares. Porto Alegre: Livraria do Advogado, 2006.

BAUMAN, Zygmunt. *Vida líquida*. 2. ed. Tradução de Carlos Alberto Medeiros. Rio de Janeiro: Zahar, 2009.

CANDIDO, Antonio. The Brazilian family. *In*: SMITH, T. Lynn (Ed.). *Brazil*: portrait of a half continent. Nova York: Marchant Genereal, 1951. Disponível em: https://docgo.net/detail-doc.html?utm_source=the-brazilian-family-antonio-candido-pdf. Acesso em: 7 dez. 2020.

CARDOSO, Simone Tassinari. Do contrato parental à socioafetividade. *In*: ARONNE, Ricardo (Org.). *Estudos de direito civil-constitucional*. Porto Alegre: Livraria do Advogado, 2004. p. 19-110.

CARVALHO, Gabriel Honorato de; GODINHO, Adriano Marteleto. Planejamento sucessório e testamento digital: a proteção dinâmica do patrimônio virtual. *In*: TEIXEIRA, Daniele Chaves (Coord.). *Arquitetura do planejamento sucessório*. Belo Horizonte: Fórum, 2019. p. 141-158.

DIAS, Maria Berenice. *Manual das sucessões*. 4. ed. rev., atual. e ampl. São Paulo: Revista dos Tribunais, 2015.

FARIAS, Cristiano Chaves de; ROSENVALD, Nelson. *Curso de direito civil*. Sucessões. 4. ed. rev., ampl. e atual. Salvador: JusPodivm, 2018.

HIRONAKA, Giselda Maria Fernandes Novaes. A incessante travessia dos tempos e a renovação dos paradigmas: a família, seu status e seu enquadramento na pós-modernidade. *In*: BASTOS, Eliene Ferreira; DIAS, Maria Berenice (Coord.). *A família além dos mitos*. Belo Horizonte: Del Rey, 2008.

HONORATO, Gabriel; LEAL, Livia Teixeira. Propostas para a regulação da herança digital no direito brasileiro. *In*: EHRHARDT JÚNIOR, Marcos; CATALAN, Marcos; MALHEIROS, Pablo (Coord.). *Direito civil e tecnologia*. Belo Horizonte: Fórum, 2020. p. 379-394.

LACERDA, Bruno Torquato Zampier. *Bens digitais*. Indaiatuba: Foco Jurídico, 2017.

LEAL, Livia Teixeira. Tratamento jurídico do conteúdo disposto na Internet após a morte do usuário e a denominada herança digital. *In*: TEIXEIRA, Daniele Chaves (Coord.). *Arquitetura do planejamento sucessório*. Belo Horizonte: Fórum, 2019. p. 175-190.

LÔBO, Paulo Luiz Netto. *Entidades familiares constitucionalizadas*: para além do numerus clausus. Disponível em: http://www.ibdfam.org.br/_img/congressos/anais/193.pdf. Acesso em: 7 dez. 2020.

MADALENO, Rolf. *Sucessão legítima*. Rio de Janeiro: Forense, 2019.

MORAES, Maria Celina Bodin de. A família democrática. *In*: MORAES, Maria Celina Bodin de. *Na medida da pessoa humana* – Estudos de direito civil-constitucional. Rio de Janeiro: Renovar, 2010.

MULTEDO, Renata Vilela; MORAES, Maria Celina Bodin de. A privatização do casamento. *Civilistica.com*, Rio de Janeiro, ano 5, n. 2, 2016. Disponível em: http://civilistica.com/a-privatizacao-do-casamento/. Acesso em: 7 dez. 2020.

NEGRI, Sergio Marcos Carvalho de Ávila; KORKMAZ, Maria Regina Detoni Cavalcanti Rigolon. Autonomia privada, portabilidade de dados pessoais e planejamento sucessório. *In*: TEIXEIRA, Daniele Chaves (Coord.). *Arquitetura do planejamento sucessório*. Belo Horizonte: Fórum, 2021. t. II. p. 659-674.

PERLINGIERI, Pietro. *O direito civil na legalidade constitucional*. Tradução de Maria Cristina De Cicco. Rio de Janeiro: Renovar, 2008.

PERLINGIERI, Pietro. *Perfis do direito civil*. Introdução ao direito civil constitucional. 3. ed. Tradução de Maria Cristina De Cicco. Rio de Janeiro: Renovar, 2007.

PERROT, Michelle. O nó e o ninho. *Veja 25 anos: Reflexões para o futuro*, São Paulo, p. 75-81, 1993.

ROSA, Conrado Paulino da; RODRIGUES, Marco Antonio. *Inventário e partilha*. Teoria e prática. 2. ed. rev., atual. e ampl. Salvador: JusPodivm, 2020.

ROSENVALD, Nelson. A sucessão no Facebook. *In*: ROSENVALD, Nelson. *O direito civil em movimento*. Desafios contemporâneos. 3. ed. rev., ampl. e atual. Salvador: JusPodivm, 2019. p. 318-320.

SESTA, Michele; GRAZIOSI, Andrea. La composizione dei conflitti familiari nell'esperienza italiana. *Rivista Trimestrale di Diritto e Procedura Civile*, Milano, ano 59, n. 2, p. 575-611, giugno 2005.

TEIXEIRA, Ana Carolina Brochado; LEAL, Livia Teixeira. Tutela jurídica dos bens digitais ante os regimes de bens comunheiros. *In*: EHRHARDT JÚNIOR, Marcos; CATALAN, Marcos; MALHEIROS, Pablo (Coord.). *Direito civil e tecnologia*. Belo Horizonte: Fórum, 2020. p. 332-346.

TEIXEIRA, Daniele Chaves. Noções prévias do direito das sucessões: sociedade, funcionalização e planejamento sucessório. *In*: TEIXEIRA, Daniele Chaves (Coord.). *Arquitetura do planejamento sucessório*. Belo Horizonte: Fórum, 2019. p. 23-40.

TEPEDINO, Gustavo. Normas constitucionais e relações de direito civil na experiência brasileira. *In*: TEPEDINO, Gustavo. *Temas de direito civil*. Rio de Janeiro: Renovar, 2006. t. II. p. 21-47.

TEPEDINO, Gustavo; MONTEIRO FILHO, Carlos Edison do Rêgo; RENTERIA, Pablo. *Direitos reais*. Rio de Janeiro: Forense, 2020.

TEPEDINO, Gustavo; NEVARES, Ana Luiza Maia; MEIRELES, Rose Melo Vencelau. *Direito das sucessões*. Rio de Janeiro: Forense, 2020.

Informação bibliográfica deste texto, conforme a NBR 6023:2018 da Associação Brasileira de Normas Técnicas (ABNT):

TEIXEIRA, Daniele Chaves; POMJÉ, Caroline. Caminhos para a tutela dos bens digitais no planejamento sucessório. *In*: TEIXEIRA, Daniele Chaves (Coord.). *Arquitetura do planejamento sucessório*. Belo Horizonte: Fórum, 2022. p. 39-51. Tomo III. ISBN 978-65-5518-291-0.

IMPRESCINDIBILIDADE DOS PRINCÍPIOS CONSTITUCIONAIS NA INTERPRETAÇÃO DO DIREITO SUCESSÓRIO CONTEMPORÂNEO

DANIELE CHAVES TEIXEIRA
DANIELLE TAVARES PEÇANHA

1 Introdução

O presente artigo visa projetar, à luz da metodologia do direito civil constitucional, a emersão de valores e princípios estatuídos na Constituição da República, ao direito das sucessões, tendo em mira o primado da pessoa humana e os princípios constitucionais, que devem se irradiar a todas as áreas do direito. Vale dizer, as normas infraconstitucionais hão de ser interpretadas em conformidade com os valores e princípios constitucionais, fruto da identidade cultural da sociedade, e não será diferente no âmbito sucessório, evidenciado em constrangedora incompatibilidade com os avanços e conquistas sociais.

Consequentemente, o direito das sucessões, cujas regras se encontram em manifesto descompasso com a sociedade contemporânea, ancorando-se em normas obsoletas e desatualizadas, encontra nos mandamentos constitucionais a necessária renovação pela via hermenêutica, própria do ordenamento complexo e unitário, em satisfatória resposta diante da ausência de reforma legislativa. Como solução a diversos problemas diuturnamente apresentados aos estudiosos desse ramo do direito, propugna-se pela atualização axiológica do direito sucessório, inserido no tecido normativo próprio da legalidade constitucional, e em resposta à aparência de neutralidade de seus institutos.

2 Crise do direito das sucessões: descompasso com a sociedade contemporânea

O direito das sucessões volta-se à análise de questão muito delicada, da qual normalmente as pessoas buscam se esquivar, que é, exatamente, encarar a finitude humana: a própria morte. Como a morte é fato inexorável, e comum a todos, abordar esse tema tabu requer esforço que demanda atitude de compreensão íntima e de observação externa.[1] A única certeza que se pode ter na vida é a de que todo ser humano morrerá; e tal certeza vem acompanhada de uma incerteza, que é a de se precisar o momento exato do fim.[2]

Como se sabe, a sucessão pode ocorrer durante a vida (*inter vivos*) ou após a morte (*causa mortis*),[3] ficando a cargo do direito sucessório disciplinar a sucessão *causa mortis*, que, por seu turno, pode ocorrer a título universal, em que se fala em herança, a ser recebida pelos herdeiros, ou a título singular, em que há o legado, e quem o recebe é o legatário. Em poucas palavras, a função precípua do direito das sucessões é estabelecer o destino das situações jurídicas transmissíveis do autor da herança, conforme os ditames constitucionais. Com a morte, ocorre a abertura da sucessão e é nesse momento que nascem os direitos hereditários.

O Código Civil brasileiro, todavia, pouco avançou na parte do livro do direito das sucessões, refletindo institutos que não se coadunam com a sociedade contemporânea, com todas as complexidades sociais, porque, em geral, o sistema atual das sucessões não atende aos anseios finais dos indivíduos, detenham eles vastos patrimônios ou não. Pode-se afirmar que, no atual diploma, poucas mudanças foram registradas quanto ao direito das sucessões, diferentemente do que ocorreu em outras áreas do direito civil.

A bem da verdade, o Código, no que concerne ao direito sucessório, baseia-se numa família tradicional, que não corresponde ao perfil das famílias da atual sociedade brasileira. Isso porque se assistiu à paradigmática mudança de perspectiva do próprio conceito de família, com efeitos diretos no âmbito das sucessões. Novas entidades familiares passaram a ser admitidas em igualdade de condições, atribuindo-se efeitos sucessórios à união estável e às famílias homoafetivas, sem falar do reconhecimento das famílias simultâneas e das relações plúrimas que envolvem o poliamor.[4] Como consequência do atraso da legislação específica, o direito sucessório acaba sendo esquecido ou renegado pela doutrina, tendo o legislador perdido a oportunidade de esclarecer e atualizar seus institutos, tornando-os mais coerentes com a sociedade contemporânea.

A renovação da realidade sucessória decorre também do mundo globalizado, tecnológico, imediatista, consumista e fluido vivenciado atualmente, apresentando, inclusive, com frequência cada vez maior, sucessões hereditárias com componentes complexos e internacionais.[5] A globalização é normalmente associada a processos

---

1 ARIÈS, Philippe. *História da morte no Ocidente*. Tradução de Priscila Viana de Siqueira. Rio de Janeiro: Ediouro, 2003. p. 8.

2 Permita-se remeter a TEIXEIRA, Daniele Chaves. Noções prévias do direito das sucessões: sociedade, funcionalização e planejamento sucessório. *In*: TEIXEIRA, Daniele Chaves (Coord.). *Arquitetura do planejamento sucessório*. Belo Horizonte: Fórum, 2019. p. 29-46.

3 A sucessão *inter vivos* trata da transferência de direitos e obrigações entre pessoas vivas, como exemplo, a doação. Na segunda forma, da sucessão *causa mortis*, em que ocorre morte, os direitos e obrigações de uma pessoa são transferidos a seus herdeiros legítimos, testamentários e legatários (TEIXEIRA, Silvia Maria Benedetti. Planejamento sucessório: uma questão de reflexão. *Revista Brasileira de Direito de Família*, Porto Alegre, ano VIII, n. 31, p. 5-18, ago./set. 2005).

4 TEPEDINO, Gustavo. Solidariedade e autonomia na sucessão entre cônjuges e companheiros – Editorial. *Revista Brasileira de Direito Civil – RBDCivil*, Belo Horizonte, v. 114, p. 11-13, out./dez. 2017.

5 V. TEIXEIRA, Daniele Chaves. Sucessão internacional com ativos no exterior na perspectiva do direito brasileiro. *In*: TEIXEIRA, Daniele Chaves (Coord.). *Arquitetura do planejamento sucessório*. Belo Horizonte: Fórum, 2021. t. II. p. 119-130.

econômicos, como a circulação de bens e capitais, a ampliação dos mercados e, ainda, a integração produtiva em escala mundial.[6] Para Anthony Giddens, a globalização se define como "a intensificação de relações sociais em escala mundial que ligam localidades distantes de tal maneira, que acontecimentos locais são modelados por eventos ocorrendo a muitas milhas de distância e vice-versa".[7]

Destaquem-se, nesse sentido, o intenso desenvolvimento tecnológico e, consequentemente, a velocidade das novas técnicas de comunicação eletrônica, que importam na unificação de espaços, ou seja, na intercomunicação dos lugares, que se tornaram próximos.[8] Zygmunt Bauman retrata precisamente essa sociedade instantânea e fluida,[9] destacando que "o derretimento dos sólidos levou à progressiva libertação da economia de seus tradicionais embaraços políticos, éticos e culturais. Sedimentou-se, assim, uma nova ordem, definida principalmente em temos econômicos".[10]

Outra característica da sociedade atual é o consumismo, o que nos leva de volta à teoria de Bauman. Para o autor, a vida líquida, assim como a sociedade líquido-moderna, não pode permanecer em seu curso por muito tempo, ou seja, a vida líquida é uma vida precária, vivida em condições de incerteza constante.[11] Seria imprudente negar a mudança que a "modernidade fluida" produziu na condição humana, alterando, dessa forma, a condição política-vida de um modo radical e, consequentemente, fazendo com que seja necessário repensar os velhos conceitos.

Desse contexto, extrai-se o desconcertante descompasso observado entre a sociedade contemporânea e o direito sucessório brasileiro, que importa na necessidade de adequar o direito das sucessões a essa nova realidade, em cotejo com a renovação de seus fundamentos, à luz da tábua axiológica constitucional, como se pretende demonstrar no item subsequente.

---

6 A globalização também é descrita como fenômeno da esfera social. Assim, o processo relaciona-se à criação de instituições supranacionais, à universalização de padrões culturais e de questões relacionadas ao planeta, como o meio ambiente, o desarmamento nuclear, o crescimento populacional e os direitos humanos. Pode-se dizer que o termo "globalização" tem significado uma crescente transnacionalização, com as cinco dimensões que compõem o conceito: econômicas, políticas, sociais, ambientais e culturais. Entre as principais transformações decorrentes da globalização, encontram-se a organização econômica, as relações sociais, os padrões de vida e cultura, o Estado e a política. Podem-se constatar também outros aspectos, que são as migrações e as viagens internacionais, como também o aumento dos contatos e das redes de comunicações, o crescimento de relações e organizações interestatais, o aumento de redes de organizações não governamentais, a difusão de novas tecnologias, a internacionalização do conhecimento social e as novas formas de interdependência mundial (VIEIRA, Liszt. *Cidadania e globalização*. 5. ed. Rio de Janeiro: Record, 2001. p. 72-74).

7 GIDDENS, Anthony. *The consequences of modernity*, Stanford: Stanford University Press, 1990. p. 27.

8 VIEIRA, Liszt. *Cidadania e globalização*. 5. ed. Rio de Janeiro: Record, 2001. p. 98.

9 Em sua obra *Modernidade líquida*, ele denomina "'fluidez' a principal metáfora para o estágio presente da era moderna". Segundo ele, os fluidos não fixam o espaço nem prendem o tempo; já para os sólidos, o que conta é o tempo mais do que o espaço que ocupam. As "descrições de líquidos são fotos instantâneas, que precisam ser datadas [...] A extraordinária mobilidade dos fluidos é o que os associa à ideia de 'leveza' [...]". Por isso, "fluidez" ou "liquidez" são metáforas adequadas quando se quer capturar "a natureza da presente fase, nova de muitas maneiras, na história da modernidade" (BAUMAN, Zygmunt. *Modernidade líquida*. Tradução de Plínio Dentzien. Rio de Janeiro: Jorge Zahar, 2001. p. 8-9).

10 BAUMAN, Zygmunt. *Modernidade líquida*. Tradução de Plínio Dentzien. Rio de Janeiro: Jorge Zahar, 2001. p. 10.

11 BAUMAN, Zygmunt. *Vida líquida*. Tradução de Carlos Alberto Medeiros. Rio de Janeiro: Jorge Zahar, 2007. p. 7-8.

3 A metodologia civil constitucional aplicada à lógica sucessória

Em panorama assim delineado, mais e mais se entreveem pessoas ciosas de exercerem sua liberdade para ditarem o próprio destino também em termos sucessórios, pondo em xeque os antigos dogmas da predominância do poder masculino, da monogamia, da indissolubilidade da vida a dois, da heterossexualidade etc. Formulam-se diariamente estatutos privados de convivência, com base nos interesses concretos dos indivíduos, mediante pactos antenupciais e contratos atípicos de união estável, de namoro, e assim por diante, em concretização à autonomia privada das pessoas.

De outro lado, o desenvolvimento intenso das novas tecnologias, em cenário já delineado, cria novas realidades objetivas com as quais se chocam os ultrapassados institutos de outrora. Não é possível cogitar que o direito sucessório passe imune a tais modificações, apresentando-se de forma absolutamente neutra quanto aos bens que integram a herança, garantia fundamental disposta no art. 5º, inc. XXX da Constituição da República,[12] à figura do sucessor, à vontade do falecido, bem como às inquietantes relações existentes entre todos esses elementos.

Diante de tamanha diversidade, para que o sistema se compatibilize com a legalidade constitucional, sem banalizar a elevada proteção conferida às famílias, deve-se trazer ao centro das discussões todas as necessárias reflexões sobre o direito das sucessões, sem perder de vista as modificações substanciais por que passaram seus fundamentos. Vale dizer, ante o hiato entre a realidade social contemporânea e a legislação que se tem disponível, na falta da esperada reforma pelo legislador, há que se fomentar a revisitação desse ramo do direito segundo seu perfil funcional e conforme os princípios disponíveis no ordenamento jurídico.

Cumpre mencionar a relevância, tanto teórica quanto prática, que a metodologia civil constitucional[13] simboliza, em especial, também, ao direito das sucessões. Situa-se a Constituição da República no ápice do ordenamento jurídico, sendo elementar que todas as normas inferiores não a contrariem, além de que sejam interpretadas e aplicadas com base nela, maximizando a eficácia dos princípios, cuja força normativa é hoje reconhecida. Adjetiva-se, nessa esteira, o direito civil e seus institutos, inserindo-os no tecido normativo constitucional e tendo em mira prioritariamente valores não patrimoniais, em especial, a realização da personalidade e a tutela da dignidade da

---

[12] Sobre o direito à herança, previsto expressamente na Constituição da República, cfr. LÔBO, Paulo. Direito constitucional à herança, saisine e liberdade de testar. *In*: PEREIRA, Rodrigo da Cunha; DIAS, Maria Berenice (Coord.). *Família*: pluralidades e felicidade – Anais do IX Congresso de Direito de Família. Belo Horizonte: IBDFAM, 2014. p. 35-46, para quem: "Quando uma Constituição introduz uma garantia tem por finalidade proteger uma categoria de pessoas, o que redunda em contenção do legislador infraconstitucional e na imposição de respeito a esses direitos por parte de todos. As categorias protegidas pela Constituição de 1988 foram os herdeiros dos nacionais e os herdeiros nacionais de estrangeiros".

[13] "O direito civil constitucional pode ser definido como a corrente metodológica que defende a necessidade de permanente releitura do direito civil à luz da Constituição. O termo 'releitura' não deve, contudo, ser entendido de modo restritivo. Não se trata apenas de recorrer à Constituição para interpretar as normas ordinárias de direito civil (aplicação indireta da Constituição), mas também de reconhecer que as normas constitucionais podem e devem ser diretamente aplicadas às relações jurídicas estabelecidas entre particulares. A rigor, para o direito civil constitucional não importa tanto se a Constituição é aplicada de modo direto ou indireto (distinção nem sempre fácil). O que importa é obter a máxima realização dos valores constitucionais no campo das relações privadas" (SCHREIBER, Anderson. Direito civil e Constituição. *In*: SCHREIBER, Anderson; KONDER, Carlos Nelson (Coord.). *Direito civil constitucional*. São Paulo: Atlas, 2016. p. 1-24).

pessoa humana, prevista no art. 1º, III, da Constituição da República, que impõe uma transformação radical na dogmática do direito civil.[14]

Tal evolução conceitual implica o necessário afastamento daquele direito civil de outrora, fiel ao método da subsunção[15] e ao direito subjetivo conforme concebido por Savigny, o qual não mais traduz o objeto de investigação dos civilistas modernos. Impõe-se, ao revés, atento estudo dos objetivos específicos dos institutos em cotejo, sem que se apegue cegamente a seus elementos estruturais. Este cuidado é indispensável à formação de uma renovada dogmática do direito privado, dentro da qual se situa o direito sucessório.

Embora não se deva perder de vista o valor desempenhado pela guinada estruturalista, cujos esforços se deram em outro contexto, principalmente com fins de secularização do direito, assiste-se cada vez maior destaque à "função promocional do direito", conforme largamente difundido por Norberto Bobbio.[16] Desta sorte, importa averiguar a função dos institutos, atentando-se à principiologia constitucional, que deve servir como parâmetro interpretativo das múltiplas situações fáticas que se colocam ao operador do direito diuturnamente, sem que isso signifique reduzir o espaço de aplicação do direito privado ao âmbito público, ainda que em searas em que princípios de ordem pública se coloquem com alguma frequência, como o direito de família e sucessório.[17]

Vislumbra-se possível que um mesmo instituto, cuja estrutura esteja já vastamente consignada em sede legal, assuma valor diferente daqueles que o caracterizavam em

---

[14] TEPEDINO, Gustavo. Premissas metodológicas para a constitucionalização do direito civil. *In*: TEPEDINO, Gustavo. *Temas de direito civil*. 4. ed. Rio de Janeiro: Renovar, 2008. p. 22, de cujas lições se pode extrair que "a adjetivação atribuída ao direito civil, que se diz *constitucionalizado, socializado, despatrimonializado*, se por um lado quer demonstrar, apenas e tão-somente, a necessidade de sua inserção no tecido normativo constitucional e na ordem pública sistematicamente considerada, preservando, evidentemente, a sua autonomia dogmática e conceitual, por outro lado poderia parecer desnecessária e até errônea. [...] Trata-se, em uma palavra, de estabelecer novos parâmetros para a definição de ordem pública, relendo o direito civil à luz da Constituição, de maneira a privilegiar, insista-se ainda uma vez, os valores não-patrimoniais e, em particular, a dignidade da pessoa humana, o desenvolvimento da sua personalidade, os direitos sociais e a justiça distributiva, para cujo atendimento deve se voltar a iniciativa econômica privada e as situações jurídicas patrimoniais". Sobre as situações existenciais em comparação às patrimoniais, Pietro Perlingieri ensina: "No ordenamento dito privatístico encontram espaço sejam as situações patrimoniais e entre essas a propriedade, o crédito, a empresa, a iniciativa econômica privada; sejam aquelas não patrimoniais (os chamados direitos da personalidade) às quais cabe, na hierarquia das situações subjetivas e dos valores, um papel primário" (PERLINGIERI, Pietro. *Perfis do direito civil*: introdução ao direito civil-constitucional. Rio de Janeiro: Renovar, 2002. p. 106).

[15] Acerca do tema, v. TEPEDINO, Gustavo. *O ocaso da subsunção*. *In*: TEPEDINO, Gustavo. *Temas de direito civil*. Rio de Janeiro: Renovar, 2009. t. III. p. 443-445, em que se afirma que a subsunção parte de duas premissas equivocadas, quais sejam: "(i) a separação do mundo abstrato das normas e o mundo dos fatos, no qual aqueles devem incidir; (ii) a separação entre o momento da interpretação da norma abstrata (premissa maior) e o momento da aplicação ao suporte fático concreto (premissa menor)". Explica o autor, então, que tal raciocínio reduz a aplicação do direito a procedimento mecânico, especialmente se a primeira etapa concluir que a regra é clara, subtraindo o intérprete do poder-dever de utilização dos princípios e valores constitucionais. Além disso, diante dessa ótica, a norma infraconstitucional se tornaria a protagonista do processo interpretativo, reduzindo-se drasticamente a força normativa da Constituição.

[16] BOBBIO, Norberto. *Da estrutura à função*: novos estudos de teoria do direito. São Paulo: Manole, 2007. p. 53-113. Para o autor, uma teoria funcional do direito caracteriza-se como "uma teoria geral que busca o elemento caracterizador do direito não na especificidade da estrutura, como ocorrera até agora por obra dos maiores juristas teóricos, mas, sim, na especificidade da função" e, embora não se confunda com a teoria estrutural do direito, ambas deveriam avançar lado a lado, sem que uma objetivasse eclipsar a outra (p. 112-113).

[17] TEPEDINO, Gustavo. Premissas metodológicas para a constitucionalização do direito civil. *In*: TEPEDINO, Gustavo. *Temas de direito civil*. 4. ed. Rio de Janeiro: Renovar, 2008. p. 21.

sua origem.[18] Assim, dentro da nova ordem constitucional, que atribui prevalência à proteção da personalidade, é possível que figuras que assumiram tradicionalmente uma função de certo tipo adquiram nova roupagem funcional na ordem constitucional, com fins de implementar a proteção máxima à tutela da pessoa humana.

No âmbito da metodologia civil constitucional, Pietro Perlingieri, ao tratar da função social do direito sucessório, destaca o fato de que a perspectiva funcional do direito hereditário vem sendo ignorada pela literatura jurídica e de que o esforço reconstrutivo deve ser realizado diante da transformação no contexto social e econômico. Quando se fala de sucessão *mortis causa*, não se pode deixar de considerar que a morte é um fato natural, não obstante a sucessão seja um produto da política legislativa.[19]

Nessa direção, os fundamentos basilares do direito sucessório, tradicionalmente associados às noções de *propriedade* (art. 5º, *caput* e inc. XXII, da CR) e *família* (art. 226, da CR), passam também por intensas transformações qualitativas segundo a nova ordem constitucional e as mudanças sociais vislumbradas, impactando diretamente toda a normativa, composta por regras e princípios, aplicáveis a esse setor do direito. Conforme afirma Inocêncio Galvão Telles, "o fenômeno sucessório, com efeito, depende, em medida muito estreita, de fatores que jogam com o próprio cerne das instituições sociais e que são amparo e esteio de conservação da coletividade: a família e a propriedade".[20]

À luz das importantes alterações axiológicas introduzidas nas relações familiares pela atual Constituição da República, impediu-se "que se pudesse admitir a superposição de qualquer estrutura institucional à tutela de seus integrantes, mesmo em se tratando de instituições com *status* constitucional".[21] Deixa a família, assim, de ter valor intrínseco, e passa a ser valorada de forma instrumental, merecedora de proteção apenas na medida em que sirva ao desenvolvimento da personalidade daqueles que a integram.[22]

---

18 PERLINGIERI, Pietro. La personalità umana nell' ordinamento giuridico. *In*: PERLINGIERI, Pietro. *La persone e i suoi diritti*: Problemi del diritto civile. Napoli: Edizioni Scientifiche Italiane, 2005. p. 8. Em sua exímia lição, afirma que: "Il significato che, in una prospettiva di studio del diritto civile, assume il fenomeno della 'funzionalizzazione degli instituti giuridici' si rinciene, nell'àmbito dell'ordenamento giuridico, a livello di ferarchia delle fonti; proprio il valore della personalità è di ausilio per comprendere che taluni istituti, talune strutture presenti nel codice civile e nelle legislazioni speciali assumono un significato, una funzione, un valore diversi da quelli che li caratterizzavano alla loro origine. Portare la personalità al primo posto nell'àmbito della gerarchia dei valori significa anche che molti degli instituti, que avevano assunto originariamente una funzione di un certo tipo, nel nuovo assetto costituzionale, proprio per attuare il massimo valore dell'ordinamento (ossia la tutela della personalità), vengono ad assumere dimensioni, funzioni molto diverse da quelle originarie. Il tema della funzionalizzazione come fenomeno, in generale, degli instituti giuridici è strettamente collegato ai valori fondamentali dell'ordinamento, quindi, in primo luogo, al valore dei valori, la tutela, appunto, della persona umana".

19 Apesar de a morte ser natural, a disciplina das consequências jurídicas é deixada à discricionariedade do legislador. Entretanto, a discricionariedade normativa encontra um forte limite nos valores fundamentais da carta constitucional, em particular no modo pelo qual se fundamenta no dever de solidariedade familiar, que, por sua vez, encontra expressão no princípio da contribuição, no qual se deve inspirar para reler todo o sistema de sucessão (PERLINGIERI, Pietro. La funzione sociale del diritto sucessorio. *In*: PERLINGIERI, Pietro. *Rassegna di diritto civile*. Napoli: Edizioni Scientifiche Italiane, 2009. p. 131-132).

20 TELLES, Inocêncio Galvão. Apontamentos para a história do direito das sucessões português. *Revista da Faculdade de Direito da Universidade de Lisboa*, Lisboa, v. XV, 1963.

21 TEPEDINO, Gustavo. A disciplina civil-constitucional das relações familiares. *In*: TEPEDINO, Gustavo. *Temas de direito civil*. 4. ed. Rio de Janeiro: Renovar, 2008. p. 422.

22 Contemporaneamente, afirma a doutrina que "a principal função da família e sua característica de meio para a realização dos nossos anseios e pretensões. Não é mais a família um fim em si mesmo, conforme já afirmamos, mas, sim, o meio social para a busca de nossa felicidade na relação com o outro" (GAGLIANO, Pablo Stolze; PAMPLONA FILHO, Rodolfo. *Novo curso de direito civil*. Direito de família. São Paulo: Saraiva, 2011. v. VI. p. 98).

A família, hoje, traduz-se em tipo aberto, possível de infinitas espécies: é, sociológica e juridicamente, plural. O casamento é apenas mais um tipo, que não é o mais importante ou determinante para constituir a família.[23]

Com isso, o direito sucessório é imediatamente impactado pela nova e atualizada concepção de família, uma vez que, como se sabe, o legislador determina o rol de sucessores segundo os laços estabelecidos pelo falecido dentro da comunidade familiar, com as regras específicas sobre a vocação hereditária. A instituição familiar como instrumento de promoção da dignidade da pessoa humana de cada um dos seus membros, merecedora de tutela na medida em que promova seus interesses, deve, portanto, ser também absorvida por esse ramo do direito, produzindo efeitos também quando da sucessão.

Nessa mesma toada, o conceito e os contornos da propriedade, essencial ao exame do direito de herança, são substancialmente alterados. Em primeiro lugar, passa-se a admitir que a sucessão possa abranger bens de diferentes naturezas,[24] a englobar tanto os tradicionais direitos dominiais, quanto a propriedade incorpórea, que ganha cada vez mais destaque na sociedade contemporânea, com figuras como a propriedade literária, científica, artística e industrial,[25] os títulos de crédito, e tantos outros bens, constituindo patrimônios cada vez mais complexos e variados.

Além disso, como se sabe, a propriedade deve vincular-se, segundo os mandamentos constitucionais, ao cumprimento de sua função social, sendo dever do proprietário atender a interesses socialmente relevantes. A função social funciona como elemento interno da propriedade, condicionando o seu exercício ao atingimento de determinados fins, como a tutela do meio ambiente, e afastando-a da noção de um direito de usar e dispor da coisa de maneira absoluta.[26] Com isso, a transmissão *causa mortis* da situação

---

Nessa direção, também: "Verifica-se, do exame dos arts. 226 a 230, C.R., que o centro da tutela constitucional se desloca do casamento para as relações familiares dele (mas não unicamente dele) decorrentes; e que a milenar proteção da família como instituição, unidade de produção e reprodução dos valores culturais, éticos, religiosos e econômicos, dá lugar à tutela essencialmente funcionalizada à dignidade de seus integrantes e ao desenvolvimento da personalidade dos filhos" (TEPEDINO, Gustavo. A família entre autonomia existencial e tutela de vulnerabilidade. *Revista Brasileira de Direito Civil – RBDCivil*, v. 6, n. 4, 2015. p. 6). Na mesma direção, Maria Helena Diniz, ao analisar a polissemia própria da palavra "família", acentua: "deve-se, portanto, vislumbrar na família uma possibilidade de convivência, marcada pelo afeto e pelo amor, fundada não apenas no casamento, mas também no companheirismo, na adoção e na monoparentalidade. É ela o núcleo ideal do pleno desenvolvimento da pessoa. É o instrumento para a realização integral do ser humano" (DINIZ, Maria Helena. *Curso de direito civil brasileiro*. 25. ed. São Paulo: Saraiva, 2010. v. 5. p. 13).

23 TEIXEIRA, Ana Carolina Brochado. Novas entidades familiares. *Revista Trimestral de Direito Civil – RTDC*, Rio de Janeiro. v. 16, p. 3-30, out./dez. 2003. p. 13.

24 Como ressalta Pierre Catala, os direitos privados se modificam. Afirma o autor, ainda, que os "novos bens" são complexos e imateriais; não somente em razão de sua substância material composta, mas também porque a pessoa e a atividade de seu titular são os próprios apoios. A atividade humana é fonte de riqueza, como demonstram, entre outras, as atividades criativas, artísticas e industriais (CATALA, Pierre. *La transformation du patrimoine dans le droit civil moderne*. Septième Congrès Internacional de Droit Compare. Paris: l'Université de Paris, 1966. p. 162). E complementa o autor: "Existem bens como o ouro que valem por sua própria substância. Outros como os domínios agrícolas, podem ter seu valor acrescentado a partir de uma boa exploração. A riqueza do solo é o elemento preponderante de seu valor O valor da exploração pode valorizar ainda mais sobre seu valor intrínseco. A exploração do solo é, às vezes, um imperativo jurídico, sob pena de perder os direitos caso não o faça" (p. 164-165).

25 PEREIRA, Caio Mário da Silva. *Instituições de direito civil*. 27. ed. Rio de Janeiro: Forense, 2014. v. 1. p. 342-343.

26 Referindo-se à Constituição italiana, mas em lição de todo aplicável ao direito brasileiro, adverte Pietro Perlingieri que "a conclusão pela qual é preciso falar de conteúdos mínimos da propriedade deve ser interpretada não em chave jusnaturalista, mas em relação à reserva de lei prevista na Constituição, a qual garante a propriedade

proprietária assume especial destaque, na medida em que a modificação de seu titular poderá influenciar diretamente no cumprimento da função social da propriedade.

Convém destacar, ainda, que há que se afastar da visão superficial e deturpada que poderia induzir o investigador à conclusão de que o direito sucessório se prestaria em intensidade menor que as demais áreas do direito civil à abordagem da metodologia civil constitucional. De fato, a Constituição de 1988 pouco tratou expressamente sobre o direito das sucessões, e, quando o fez, parece ter se limitado a cuidar de questões essencialmente patrimoniais, como o fez no já mencionado art. 5º, XXX, estabelecendo o direito à herança, ou no inc. XXXI do mesmo dispositivo, determinando que a sucessão de bens de estrangeiros situados no país será regulada pela lei brasileira em benefício do cônjuge ou dos filhos brasileiros, sempre que não lhes seja mais favorável a lei pessoal do falecido.

Todavia, conforme constatado em doutrina, esse caráter predominantemente patrimonialista do direito sucessório não inibe o intérprete de identificar, em muitas de suas normas, a inspiração de princípios e regras da Constituição da República, inclusive plasmados por caráter existencial, dos quais deve o intérprete valer-se na interpretação dos dispositivos, adotando-se, em cada caso, a solução que melhor realize os ditames constitucionais, em sua completude.[27]

4 A via principiológica como resposta à insuficiência legal e a propalada intangibilidade da legítima

Nesse cenário, os princípios constitucionais são imprescindíveis à necessária renovação da disciplina sucessória,[28] através de uma reforma pela via hermenêutica que não se limite a modificações setoriais, mas abranja a matéria em toda a sua complexidade, adequando seu conteúdo às transformações macroscópicas ocorridas no plano social e econômico.[29] A evolução histórica, cultural e econômica das últimas décadas – que influenciou tanto a estrutura quanto a função da família, estabelecendo uma nova solidariedade plurifamiliar, *continuum* de vida e afeto no interior do qual se realiza a personalidade de forma plena – aliada à transformação do perfil dos bens, não deve ser preterida nesse processo de renovação.

Devem-se ponderar autonomia e solidariedade, para que a família e seus componentes singularmente considerados não sejam deixados à margem de uma consideração

---

atribuindo à lei a tarefa de determinar os modos de aquisição, de gozo e os limites, com o objetivo de assegurar a função social e de torná-la acessível a todos (art. 42, §2)" (PERLINGIERI, Pietro. *Perfis do direito civil*: introdução ao direito civil-constitucional. Rio de Janeiro: Renovar, 2002. p. 231).

27 MOREIRA, Carlos Roberto Barbosa. Princípios constitucionais e o direito das sucessões. *Revista Trimestral de Direito Civil (RTDC)*, v. 8, n. 29, p. 35-51, 2007.

28 A matéria sucessória compreende problemáticas imponentes de teoria geral do direito, como o longo debate sobre o conceito de sucessão que, superada a abordagem estruturalista da perpetuação do interesse econômico, alcançou soluções mais persuasivas com a mudança do fenômeno sucessório para o externo da relação, no plano da imputação subjetiva e da qualificação vinculada no caso particular operado pelo ordenamento jurídico. Nesse sentido, ver a doutrina italiana em: MIRAGLIA, Caterina. Successioni e Costituizione. *In*: PERLINGIERI, Pietro (A cura di). *Temi e problemi della civilistica contemporânea.* Venticinque anni della Rassegna di diritto civile. Collana: Quaderni della Rassegna. Napoli: Scientifiche Italiane, 2005. p. 256.

29 PERLINGIERI, Pietro. La funzione sociale del diritto sucessorio. *In*: PERLINGIERI, Pietro. *Rassegna di diritto civile*. Napoli: Edizioni Scientifiche Italiane, 2009. p. 135.

atenta aos perfis econômicos. Para tanto, é necessário revisitar o sistema hereditário em viés constitucional, desmembrando seus conteúdos de modo decidido a valorizar a autonomia negocial, devidamente equilibrada com o dever de solidariedade; prestar maior atenção às necessidades e possíveis vulnerabilidades da pessoa no interior da família; e elaborar critérios para a detecção dos legitimados mais flexíveis que a mera proximidade do grau de parentesco.

O confronto entre a reconhecidamente obsoleta disciplina sucessória atual e a realidade corrente, sobretudo na ausência de alteração legislativa, reforça a convicção de que o direito hereditário reclama uma reforma eficaz, que não se limite a modificações meramente setoriais e desordenadas de uma ou outra disposição singularmente considerada, mas que aspire, corajosamente, a remodelar a matéria em sua complexidade, para garantir solução adequada aos problemas, pronta a desenvolver sua função em conformidade à sociedade em constante modificação.[30]

Exemplo eloquente da necessária aplicação dos princípios reconduzidos ao ambiente sucessório se dá no âmbito da análise da propalada intangibilidade da legítima no ordenamento jurídico brasileiro.[31] Ao indicar a possibilidade de o testador dispor livremente de metade de seus bens, a legislação civil permite o exercício de seu direito de propriedade garantido no art. 5º, inc. XXVII, da Constituição da República, à luz da autonomia privada. De outra parte, garante-se a salvaguarda de metade dos bens por meio da figura da legítima, que visa garantir que a família não fique desamparada em razão da morte do testador.[32]

Segundo Carlos Maximiliano, verifica-se a intangibilidade do instituto da legítima, porque esta não pode ser diminuída na essência por nenhuma cláusula testamentária.[33] Entende-se em doutrina majoritária que o princípio da intangibilidade da legítima[34] constitui premissa do direito sucessório. Na atualidade, contudo, o instituto deve ser lido segundo a tábua axiológica constitucional, em sua complexidade e unidade que lhe são próprias, bem como à luz do princípio da solidariedade familiar.

Apesar de a legítima não estar tutelada expressamente na Constituição da República, pois somente o direito de herança é consagrado no art. 5º, XXX, da CRFB,[35] entende-se que os princípios pilares atinentes à consagração do instituto estão inseridos na Lei Maior. São eles: os princípios constitucionais de proteção à família (art. 226, da CR);[36]

---

30 PERLINGIERI, Pietro. La funzione sociale del diritto sucessorio. *In*: PERLINGIERI, Pietro. *Rassegna di diritto civile*. Napoli: Edizioni Scientifiche Italiane, 2009. p. 146.

31 Sobre o tema, permita-se remeter a TEIXEIRA, Daniele Chaves; COLOMBO, Maici Barboza dos Santos. Faz sentido a permanência do princípio da intangibilidade da legítima no ordenamento jurídico brasileiro? *In*: TEIXEIRA, Daniele Chaves. *Arquitetura do planejamento sucessório*. Belo Horizonte: Fórum, 2019. p. 155-170.

32 TEPEDINO, Gustavo; NEVARES, Ana Luiza Maia; MEIRELES, Rose Melo Vencelau. *Fundamentos do direito civil*: sucessões. Rio de Janeiro: Forense, 2020. v. 7. p. 22-23.

33 MAXIMILIANO, Carlos. *Direito das sucessões*. Rio de Janeiro: Freitas Bastos, 1937. v. 1. p. 361.

34 NEVARES, Ana Luiza Maia. O princípio da intangibilidade da legítima. *In*: MORAES, Maria Celina Bodin de (Coord.). *Princípios do direito civil contemporâneo*. Rio de Janeiro: Renovar, 2006. p. 496.

35 CR: "Art. 5º Todos são iguais perante a lei, sem distinção de qualquer natureza, garantindo-se aos brasileiros e aos estrangeiros residentes no País a inviolabilidade do direito à vida, à liberdade, à igualdade, à segurança e à propriedade, nos termos seguintes: [...] XXX - é garantido o direito de herança".

36 CR: "Art. 226. A família, base da sociedade, tem especial proteção do Estado".

da solidariedade (art. 3º, I, da CR);[37] de garantia da propriedade privada (art. 5º, XXII, da CR);[38] e de livre iniciativa (art. 1º, IV, da CR).[39]

Nesse sentido, afirma autorizada doutrina que "a reserva hereditária realiza um princípio ainda mais amplo, que é a dignidade da pessoa humana, fundamento da República, enunciado no art. 1º, III,[40] da Carta Magna".[41] Não por outro motivo, ao concretizar no direito sucessório os valores constitucionais da dignidade da pessoa humana, da proteção à família, da solidariedade, da livre iniciativa e da propriedade privada, o princípio da intangibilidade da legítima encontra-se em consonância com o ordenamento constitucional vigente.[42]

Reconhece-se, portanto, segundo a metodologia civil-constitucional, a relevante função desempenhada pela legítima, que importa em grande aceitação social e consagração prática, como instrumento de proteção da dignidade dos membros da família. Sua disciplina, todavia, não pode se furtar do devido cotejo com os preceitos constitucionais como um todo, definidos segundo a identidade cultural da sociedade atual, sob pena de que sua utilização pretensamente neutra sacrifique valores relevantes do ordenamento jurídico brasileiro.[43]

Como já restou demonstrado, a família não mais se resume a modelo único, matrimonializado e hierarquizado, que permita ao legislador deduzir abstratamente as necessidades de cada membro de modo genérico e abstrato. Com isso, a presunção absoluta de afeto proveniente do vínculo de parentesco que fundamenta a legítima mostra-se excessivamente abstrata, deixando de contemplar circunstâncias concretas que podem exigir maior ou menor proteção patrimonial dos membros da família, como a existência de vulnerabilidade ou a comprovada independência financeira.

Em situações de tal monta, a liberdade de testar, amparada por ferramentas próprias do planejamento sucessório,[44] tem o mérito de instrumentalizar a igualdade material dos herdeiros, na medida em que permite corrigir distorções decorrentes

---

37 CR: "Art. 3º Constituem objetivos fundamentais da República Federativa do Brasil: I - construir uma sociedade livre, justa e solidária".

38 CR: "Art. 5º Todos são iguais perante a lei, sem distinção de qualquer natureza, garantindo-se aos brasileiros e aos estrangeiros residentes no País a inviolabilidade do direito à vida, à liberdade, à igualdade, à segurança e à propriedade, nos termos seguintes: [...] XXII - é garantido o direito de propriedade".

39 CR: "Art. 1º A República Federativa do Brasil, formada pela união indissolúvel dos Estados e Municípios e do Distrito Federal, constitui-se em Estado Democrático de Direito e tem como fundamentos: [...] IV - os valores sociais do trabalho e da livre iniciativa".

40 CR: "Art. 1º A República Federativa do Brasil, formada pela união indissolúvel dos Estados e Municípios e do Distrito Federal, constitui-se em Estado Democrático de Direito e tem como fundamentos: [...] IV - dignidade da pessoa humana".

41 NEVARES, Ana Luiza Maia. O princípio da intangibilidade da legítima. *In*: MORAES, Maria Celina Bodin de (Coord.). *Princípios do direito civil contemporâneo*. Rio de Janeiro: Renovar, 2006. p. 537.

42 NEVARES, Ana Luiza Maia. O princípio da intangibilidade da legítima. *In*: MORAES, Maria Celina Bodin de (Coord.). *Princípios do direito civil contemporâneo*. Rio de Janeiro: Renovar, 2006. p. 539.

43 Para uma análise atenta do instituto da legítima, v. OLIVEIRA, Alexandre Miranda; TEIXEIRA, Ana Carolina Brochado. Qualificação e quantificação da legítima: critérios para partilha de bens. *In*: TEIXEIRA, Daniele Chaves (Coord.). *Arquitetura do planejamento sucessório*. Belo Horizonte: Fórum, 2021. t. II. p. 27- 40.

44 Sobre o tema, cfr. TEIXEIRA, Daniele Chaves. *Planejamento sucessório*: pressupostos e limites. Belo Horizonte: Fórum, 2017, item 1.3, em que se afirma: "o planejamento sucessório é instrumento jurídico que permite a adoção de uma estratégia voltada para a transferência eficaz e eficiente do patrimônio de uma pessoa após a sua morte. Vale ressaltar, ainda, que o planejamento é realizado em vida e que sua completa aplicabilidade de efeitos ocorrerá com a morte. Ele é essencial para quem quer a realização de sua vontade após sua morte e pode ser realizado por meio de diversos instrumentos jurídicos: o testamento é apenas um deles".

da igualdade formal com que são tratados os herdeiros legítimos abstratamente pela lei.[45] Sem descurar da necessária proteção aos herdeiros legítimos, sobretudo quando concretamente considerados, impõe-se que se levem em conta todos os ditames constitucionais pertinentes nessa análise, com especial destaque aos princípios constitucionais de proteção à família, da solidariedade, da livre iniciativa e da propriedade privada, todos lidos como corolários diretos da dignidade da pessoa humana.

Vale dizer, o direito sucessório "precisa se encaixar na configuração da família atual, que é plural, igualitária e democrática, com atenção voltada aos vulneráveis, em especial às crianças, aos incapazes e aos idosos".[46] Destaque-se, assim, a necessidade de que se revejam antigos dogmas do direito sucessório em razão das transformações pelas quais passaram as famílias nas últimas décadas e que demandam atualizações da legislação sucessória, em atenção às realidades plurais tuteladas pela Constituição, de tal modo que se atenda às singularidades próprias dos herdeiros diante da (in)capacidade e dos vínculos com os bens da herança e, dessa forma, à liberdade do testador, quando não se verificam, na família, aqueles que necessitem de especial proteção patrimonial diante da morte do familiar.

5 Notas conclusivas

Em panorama assim delineado, constata-se que as regras específicas de direito sucessório disponíveis no diploma privado se encontram em dissonância com o atual estágio da sociedade brasileira. As transformações socioeconômicas experimentadas nas últimas décadas abalaram diretamente os tradicionais alicerces do direito das sucessões, consubstanciados em grande medida nas ideias de família e propriedade, adequando-os aos ditames constitucionais. A falta de autonomia no direito das sucessões, todavia, enrijece-o, conservando-o com perfil compatível com uma sociedade oitocentista que, felizmente, já não mais se vislumbra.

---

[45] Nessa mesma linha, quando da análise do RE nº 646.721, que considerou inconstitucional o regime sucessório diferenciado entre cônjuge e companheiro, previsto pelo art. 1.790 do Código Civil, afirmou o Professor Gustavo Tepedino: "Diante de tamanha diversidade, para que o sistema se compatibilize com a legalidade constitucional, sem banalizar a elevada proteção conferida às famílias, o princípio da solidariedade, com a responsabilidade que lhe é ínsita, deve ser acompanhado da autonomia que alicerça a dignidade humana. Vale dizer, há que se fomentar a responsabilidade pelas escolhas de vida e a autonomia dos conviventes, inclusive no que tange à liberdade testamentária. [...] Solidariedade, nesse caso, não pode ser tomada como exclusão da autonomia, de modo a impor a comunicação de aquestos ou a sucessão causa mortis entre não vulneráveis. Entre pessoas livres e iguais, reclama-se o direito de organizar a sucessão entre conviventes, casados ou não, da maneira que lhes aprouver" (TEPEDINO, Gustavo. Solidariedade e autonomia na sucessão entre cônjuges e companheiros – Editorial. *Revista Brasileira de Direito Civil – RBDCivil*, Belo Horizonte, v. 114, p. 11-13, out./dez. 2017).

[46] NEVARES, Ana Luiza Maia. A proteção da família no direito sucessório: necessidade de revisão? *IBDFAM*, 20 maio 2015. p. 2. Disponível em: http://www.ibdfam.org.br/artigos/1033/A+prote%C3%A7%C3%A3o+da+fam%C3%ADlia+no+Direito+Sucess%C3%B3rio%3A+necessidade+de+revis%C3%A3o%3F. Acesso em: 22 nov. 2020. A autora, entretanto, recentemente publicou breve texto com o seguinte questionamento: "A proteção da família no direito sucessório: necessidade de revisão?". Nele, a autora apresenta a pertinência da discussão de o ordenamento jurídico garantir, para certos parentes, parte da herança de forma obrigatória, limitando a liberdade de testar. Propõe um debate mais amplo sobre: a) imposição de uma legítima para certos parentes, demonstrando uma procura por uma ampliação da liberdade de testar; e b) por uma revisão da posição neutra do direito sucessório em relação às singularidades dos chamados à sucessão. Fundamenta sua proposta nos seguintes fatores: a) a igualdade entre os cônjuges na família; b) a maior expectativa de vida das pessoas – consequentemente filhos já em idade adulta e produtiva e os pais muito idosos e dependentes; c) o fenômeno frequente das famílias recompostas.

Diante desse cenário, impõe-se a necessidade de superação de certos dogmas do direito sucessório em razão das transformações sociais e das famílias, que demandam atualizações da legislação sucessória segundo a tábua axiológica constitucional; bem como dos bens, que sofreram grandes modificações, com o eclodir de novos bens merecedores de tutela, que constituem hoje o patrimônio de diversas formas de riquezas, pautado não só na propriedade como tradicionalmente concebida, mas voltado à exigência de realização de sua função social.

Não apenas, mas especialmente, na ausência de reforma legislativa comprometida com a renovação e atualização das regras de direito sucessório disponíveis em nosso ordenamento, propugna-se pela funcionalização do direito das sucessões em consonância aos ditames constitucionais. Vale dizer, mesmo à míngua da atuação positiva do legislador em prol da atualização por lei infraconstitucional das regras atinentes ao regime sucessório, não se deve perder de vista a necessidade de revisitação da matéria e unificação do sistema pelo caminho da interpretação, segundo os valores e princípios constitucionais, que se irradiam por todo o ordenamento jurídico.

Afinal de contas, não parece condizente com a sociedade contemporânea, diante de tantos modelos familiares, que se impeça os interessados, mediante planejamento sucessório, de exercerem sua liberdade na escolha do modelo mais adequado a regular a sucessão hereditária entre pessoas não vulneráveis, que pretendam separar as relações afetivas e de parentalidade dos direitos sucessórios. Ilustrativamente, o pacto sucessório, em contexto de partes não vulneráveis, mostra-se benfazejo e condizente com a realidade contemporânea, afastando-se, desse modo, reversões de expectativas e conflitos familiares desnecessários, permitindo-se a afirmação dos princípios da igualdade e solidariedade de modo mais consentâneo com a legalidade constitucional.

Em exemplo eloquente, conclui-se também que a ampla aceitação social da legítima é fator que confere legitimidade à restrição da liberdade de testar do autor da herança, mas, no ordenamento jurídico contemporâneo, deve ela assumir função diversa daquela originalmente exercida, ou seja, deve atentar-se mais à concretização dos valores constitucionais, sobretudo a solidariedade familiar e a tutela das vulnerabilidades em concreto. As regras gerais sucessórias mostram-se excessivamente abstratas, o que, ao lado da também excessiva restrição na liberdade de testar, pode causar situações iníquas, que não atendem às realidades plurais tuteladas pela Constituição da República. Assim, a permanência da legítima no ordenamento brasileiro se justifica na medida em que realize em concreto a matriz axiológica constitucional, a partir da releitura do instituto conformada à nova realidade e às demandas sociais contemporâneas.

Referências

ARIÈS, Philippe. *História da morte no Ocidente*. Tradução de Priscila Viana de Siqueira. Rio de Janeiro: Ediouro, 2003.

BAUMAN, Zygmunt. *Modernidade líquida*. Tradução de Plínio Dentzien. Rio de Janeiro: Jorge Zahar, 2001.

BAUMAN, Zygmunt. *Vida líquida*. Tradução de Carlos Alberto Medeiros. Rio de Janeiro: Jorge Zahar, 2007.

BOBBIO, Norberto. *Da estrutura à função*: novos estudos de teoria do direito. São Paulo: Manole, 2007.

CATALA, Pierre. *La transformation du patrimoine dans le droit civil moderne*. Septième Congrès Internacional de Droit Compare. Paris: l'Université de Paris, 1966.

DINIZ, Maria Helena. *Curso de direito civil brasileiro*. 25. ed. São Paulo: Saraiva, 2010. v. 5.

GAGLIANO, Pablo Stolze; PAMPLONA FILHO, Rodolfo. *Novo curso de direito civil*. Direito de família. São Paulo: Saraiva, 2011. v. VI.

GIDDENS, Anthony. *The consequences of modernity*, Stanford: Stanford University Press, 1990.

LÔBO, Paulo. Direito constitucional à herança, saisine e liberdade de testar. *In*: PEREIRA, Rodrigo da Cunha; DIAS, Maria Berenice (Coord.). *Família*: pluralidades e felicidade – Anais do IX Congresso de Direito de Família. Belo Horizonte: IBDFAM, 2014.

MAXIMILIANO, Carlos. *Direito das sucessões*. Rio de Janeiro: Freitas Bastos, 1937. v. 1.

MIRAGLIA, Caterina. Successioni e Costituizione. *In*: PERLINGIERI, Pietro (A cura di). *Temi e problemi della civilistica contemporânea*. Venticinque anni della Rassegna di diritto civile. Collana: Quaderni della Rassegna. Napoli: Scientifiche Italiane, 2005.

MOREIRA, Carlos Roberto Barbosa. Princípios constitucionais e o direito das sucessões. *Revista Trimestral de Direito Civil (RTDC)*, v. 8, n. 29, p. 35-51, 2007.

NEVARES, Ana Luiza Maia. A proteção da família no direito sucessório: necessidade de revisão? *IBDFAM*, 20 maio 2015. Disponível em: http://www.ibdfam.org.br/artigos/1033/A+prote%C3%A7%C3%A3o+da+fam%C3%ADlia+no+Direito+Sucess%C3%B3rio%3A+necessidade+de+revis%C3%A3o%3F. Acesso em: 22 nov. 2020.

NEVARES, Ana Luiza Maia. O princípio da intangibilidade da legítima. *In*: MORAES, Maria Celina Bodin de (Coord.). *Princípios do direito civil contemporâneo*. Rio de Janeiro: Renovar, 2006.

OLIVEIRA, Alexandre Miranda; TEIXEIRA, Ana Carolina Brochado. Qualificação e quantificação da legítima: critérios para partilha de bens. *In*: TEIXEIRA, Daniele Chaves (Coord.). *Arquitetura do planejamento sucessório*. Belo Horizonte: Fórum, 2021. t. II.

PEREIRA, Caio Mário da Silva. *Instituições de direito civil*. 27. ed. Rio de Janeiro: Forense, 2014. v. 1.

PERLINGIERI, Pietro. La funzione sociale del diritto sucessorio. *In*: PERLINGIERI, Pietro. *Rassegna di diritto civile*. Napoli: Edizioni Scientifiche Italiane, 2009.

PERLINGIERI, Pietro. La personalità umana nell' ordinamento giuridico. *In*: PERLINGIERI, Pietro. *La persone e i suoi diritti*: Problemi del diritto civile. Napoli: Edizioni Scientifiche Italiane, 2005.

PERLINGIERI, Pietro. *Perfis do direito civil*: introdução ao direito civil-constitucional. Rio de Janeiro: Renovar, 2002.

PERLINGIERI, Pietro. *Rassegna di diritto civile*. Napoli: Edizioni Scientifiche Italiane, 2009.

SCHREIBER, Anderson. Direito civil e Constituição. *In*: SCHREIBER, Anderson; KONDER, Carlos Nelson (Coord.). *Direito civil constitucional*. São Paulo: Atlas, 2016.

TEIXEIRA, Ana Carolina Brochado. Novas entidades familiares. *Revista Trimestral de Direito Civil – RTDC*, Rio de Janeiro. v. 16, p. 3-30, out./dez. 2003.

TEIXEIRA, Daniele Chaves. Noções prévias do direito das sucessões: sociedade, funcionalização e planejamento sucessório. *In*: TEIXEIRA, Daniele Chaves (Coord.). *Arquitetura do planejamento sucessório*. Belo Horizonte: Fórum, 2019.

TEIXEIRA, Daniele Chaves. *Planejamento sucessório*: pressupostos e limites. Belo Horizonte: Fórum, 2017.

TEIXEIRA, Daniele Chaves. Sucessão internacional com ativos no exterior na perspectiva do direito brasileiro. *In*: TEIXEIRA, Daniele Chaves (Coord.). *Arquitetura do planejamento sucessório*. Belo Horizonte: Fórum, 2021. t. II.

TEIXEIRA, Daniele Chaves; COLOMBO, Maici Barboza dos Santos. Faz sentido a permanência do princípio da intangibilidade da legítima no ordenamento jurídico brasileiro? *In*: TEIXEIRA, Daniele Chaves. *Arquitetura do planejamento sucessório*. Belo Horizonte: Fórum, 2019.

TEIXEIRA, Silvia Maria Benedetti. Planejamento sucessório: uma questão de reflexão. *Revista Brasileira de Direito de Família*, Porto Alegre, ano VIII, n. 31, p. 5-18, ago./set. 2005.

TELLES, Inocêncio Galvão. Apontamentos para a história do direito das sucessões português. *Revista da Faculdade de Direito da Universidade de Lisboa*, Lisboa, v. XV, 1963.

TEPEDINO, Gustavo. A disciplina civil-constitucional das relações familiares. *In*: TEPEDINO, Gustavo. *Temas de direito civil*. 4. ed. Rio de Janeiro: Renovar, 2008.

TEPEDINO, Gustavo. A família entre autonomia existencial e tutela de vulnerabilidade. *Revista Brasileira de Direito Civil – RBDCivil*, v. 6, n. 4, 2015.

TEPEDINO, Gustavo. *O ocaso da subsunção*. *In*: TEPEDINO, Gustavo. *Temas de direito civil*. Rio de Janeiro: Renovar, 2009. t. III.

TEPEDINO, Gustavo. Premissas metodológicas para a constitucionalização do direito civil. *In*: TEPEDINO, Gustavo. *Temas de direito civil*. 4. ed. Rio de Janeiro: Renovar, 2008.

TEPEDINO, Gustavo. Solidariedade e autonomia na sucessão entre cônjuges e companheiros – Editorial. *Revista Brasileira de Direito Civil – RBDCivil*, Belo Horizonte, v. 114, p. 11-13, out./dez. 2017.

TEPEDINO, Gustavo; NEVARES, Ana Luiza Maia; MEIRELES, Rose Melo Vencelau. *Fundamentos do direito civil*: sucessões. Rio de Janeiro: Forense, 2020. v. 7.

VIEIRA, Liszt. *Cidadania e globalização*. 5. ed. Rio de Janeiro: Record, 2001.

Informação bibliográfica deste texto, conforme a NBR 6023:2018 da Associação Brasileira de Normas Técnicas (ABNT):

TEIXEIRA, Daniele Chaves; PEÇANHA, Danielle Tavares. Imprescindibilidade dos princípios constitucionais na interpretação do direito sucessório contemporâneo. *In*: TEIXEIRA, Daniele Chaves (Coord.). *Arquitetura do planejamento sucessório*. Belo Horizonte: Fórum, 2022. p. 53-66. Tomo III. ISBN 978-65-5518-291-0.

QUAIS OS PARÂMETROS VIGENTES PARA A REALIZAÇÃO DAS COLAÇÕES DAS DOAÇÕES REALIZADAS EM ADIANTAMENTO DA LEGÍTIMA?

GISELDA MARIA FERNANDES NOVAES HIRONAKA
JOÃO RICARDO BRANDÃO AGUIRRE

1 Conceito, fundamento e caracterização[1]

"Colação é o ato pelo qual os herdeiros descendentes, concorrendo à sucessão do ascendente comum, são obrigados a conferir, sob pena de sonegados, as doações e os dotes, que dele em vida receberam, a fim de serem igualadas as respectivas legítimas".[2]

Excetuando situações em que o próprio Código Civil determina o desequilíbrio entre as quotas-partes cabíveis a cada herdeiro – como é o caso, exemplificativamente, do cônjuge supérstite que concorra com mais de três descendentes seus, em comum com o autor da herança (CC, art. 1.832); como é o caso, e ainda exemplificativamente, dos ascendentes que sucederem em igualdade de grau, porém em diversidade de linhas, havendo um numa linha e dois na outra (CC, art. 1.836, §2º) –, excetuando, então, situações legalmente estabelecidas, a normalidade dos princípios determina a igualdade e o equilíbrio nominal entre as quotas que cada um dos herdeiros receberá. O descendente que não trouxer à colação o bem que recebeu em doação se submeterá a uma pena civil de sonegados (CC, art. 2.002).

Os casos mais corriqueiros, na ambiência da sucessão legítima, se dão pela sucessão dos descendentes do falecido, muitas vezes em concorrência com o cônjuge sobrevivo ou o companheiro sobrevivo.[3] Os autores – seguindo doutrina consistente, como a de

---

1 Confira-se o Capítulo 24 – Colações, da obra de HIRONAKA, Giselda Maria Fernandes Novaes; CAHALI, Francisco José. *Direito das sucessões*. 4. ed. São Paulo: RT, 2012.

2 OLIVEIRA, Arthur Vasco Itabaiana de. *Tratado de direito das sucessões*. São Paulo: Max Limonad, 1952. v. III. p. 824.

3 CC, art. 1.829, I, com a leitura extensiva derivada do julgamento paradigmático do RE nº 878.694-MG, pelo STF, em maio deste ano de 2017, dando pela inconstitucionalidade do art. 1.790, que albergava os direitos sucessórios da pessoa que vivera em união estável.

Paulo Lôbo,[4] entre outros – entendem que o companheiro é herdeiro necessário já por força do princípio da igualdade, que impôs idêntico tratamento ao que é deferido ao cônjuge, mormente hoje, após o julgamento do RE nº 878.694-MG e do RE nº 676.721-RS, pelo Supremo Tribunal Federal, ao apreciar o Tema nº 809 de repercussão geral, em 10.5.2017, decidindo pela inconstitucionalidade do art. 1.790 do CC, dispositivo que, até então, albergou os direitos sucessórios da pessoa que vivera em união estável. Os direitos sucessórios do cônjuge sobrevivo, pois, encontram-se agora acolhidos pelo art. 1.829 do CC, e esta paridade se estende por todo o Livro V do Código Civil – Direito das Sucessões. E, por força de ser o companheiro sobrevivo herdeiro necessário, pelas mesmas letras e fundamentações que consideram adiantamento de legítima a doação que foi realizada entre cônjuges, assim também se considerará a doação que foi realizada entre companheiros. Por conclusão, ambos – cônjuge ou companheiro sobrevivos que tenham sido beneficiados por liberalidade do cônjuge ou companheiro agora mortos – têm o dever de colação.

Prosseguindo, o legislador presume que o amor do morto era em igual medida externado por todos os seus descendentes, razão pela qual determina a lei que "os descendentes da mesma classe têm os mesmos direitos à sucessão de seus ascendentes" (CC, art. 1.834). Esta declaração explícita do legislador é a grande nota de fundamentação do instituto da *colação*, segundo o qual, com o intuito de igualar as legítimas de cada descendente chamado à sucessão (e, na proporção estabelecida no Código, também a quota concorrente do cônjuge ou do companheiro sobrevivos), devem aqueles que foram beneficiados com prévias doações, isto é, os donatários, trazer à conferência, nos autos do inventário, o valor das liberalidades que, durante a vida do ascendente comum, tenham recebido (CC, arts. 2.002, 2.003 e 2.005, parágrafo único). Igualam-se as quotas hereditárias, evitando que a desproporção se perpetue.

A colação se justifica, então – como bem escreve Flávio Tartuce –,[5] na hipótese de doação do ascendente ao descendente, ou mesmo na hipótese de doação entre cônjuges (ou entre companheiros),[6] transformando esta liberalidade em adiantamento da legítima.[7] Observa-se assim que, embora não prescrito no art. 2.002 do CC, a melhor doutrina[8] tem entendido que o cônjuge sobrevivo (ou o companheiro sobrevivo) beneficiado com doação também deve trazer o bem à colação (como os descendentes). O fundamento

---

4 LÔBO, Paulo. *Direito civil*: direito das sucessões. São Paulo: Saraiva, 2016. v. 6. p. 95.

5 TARTUCE, Flávio. *Direito civil*: Direito das sucessões. 10. ed. Rio de Janeiro: Forense, 2017. v. 6. p. 595.

6 Por força da leitura extensiva derivada do julgamento paradigmático do RE nº 878.694-MG, pelo STF, em maio deste ano de 2017, dando pela inconstitucionalidade do art. 1.790 do CC.

7 Proposta apresentada pelo Deputado Ricardo Fiuza durante o período de *vacatio legis* do Código Civil aprovado em 2002 já previa a alteração do *caput* do art. 2.002, tornando obrigatória a colação dos bens recebidos em doação pelo cônjuge supérstite, uma vez que este sucessível acedeu à categoria de herdeiro necessário e se encontra arrolado na primeira ordem de vocação hereditária, juntamente com os descendentes. Bem andou o deputado, neste ponto. Sua justificativa baseava-se no fato de que o cônjuge foi bastante beneficiado no direito sucessório, colocando-se numa posição privilegiada. E como diz, em suas próprias palavras, "não é razoável e justo que ele não fique obrigado a trazer à colação os valores de bens que recebeu em doação do *de cujus*, enquanto os descendentes têm este dever".

8 Zeno Veloso, Maria Helena Diniz, Paulo Lôbo, Maria Berenice Dias, Flávio Tartuce, Luiz Paulo Vieira de Carvalho e a coautora deste estudo.

desta posição encontra-se na letra do art. 2.003 combinado com o art. 544 do CC,[9] e sempre somando a estas leituras de dispositivos legais do direito das sucessões (Livro V da Parte Especial do Código Civil) a interpretação extensiva derivada do julgamento do RE nº 878.694-MG e do RE nº 676.721-RS, pelo STF, dando pela inconstitucionalidade do art. 1.790 do CC.

Os bens trazidos à colação não têm o condão de aumentar a parte disponível do acervo hereditário, pelo que não vão beneficiar os herdeiros testamentários, mas beneficiarão apenas os sucessores legítimos. A parte disponível é calculada tendo-se em conta o patrimônio do morto no momento mesmo de seu falecimento, ou seja, na abertura da sucessão. Neste momento estará determinada a parte atribuível a eventuais herdeiros testamentários.

Os bens colacionados, portanto, acrescerão a legítima dos herdeiros necessários, de modo que se possa igualar a quota de cada herdeiro legítimo descendente e, consequentemente, a quota de eventual herdeiro concorrente. A "desproporção" entre a parte disponível e a indisponível assim obtida não implica injustiça (CC, art. 2.002, parágrafo único).

À guisa de visibilidade jurisprudencial, anota-se o REsp nº 730.483-MG (2005/0036318-3), relatoria da Ministra Nancy Andrighi, cuja ementa é a seguinte:

> Recurso especial. Sucessões. Inventário. Partilha em vida. Negócio formal. Doação. *Adiantamento de legítima. Dever de colação.* Irrelevância da condição dos herdeiros. Dispensa. Expressa manifestação do doador. – Todo ato de liberalidade, inclusive doação, *feito a descendente e/ou herdeiro necessário nada mais é que adiantamento de legítima,* impondo, portanto, o dever de trazer à colação, sendo irrelevante a condição dos demais herdeiros: se supervenientes ao ato de liberalidade, se irmãos germanos ou unilaterais. É necessária a expressa aceitação de todos os herdeiros e a consideração de quinhão de herdeira necessária, de modo que a inexistência da formalidade que o negócio jurídico exige não o caracteriza como partilha em vida. – *A dispensa do dever de colação só se opera por expressa e formal manifestação do doador, determinando que a doação ou ato de liberalidade recaia sobre a parcela disponível de seu patrimônio.* Recurso especial não conhecido. (Grifos nossos)

2 Distinção entre colação ou conferência e redução das doações inoficiosas[10]

Diferem a colação e a redução das doações, posto que uma tem por escopo garantir a observância do equilíbrio entre as quotas dos sucessores descendentes, ao passo que a outra objetiva reintegrar a parte indisponível do patrimônio do falecido que foi desfalcada pela excessiva doação. Assim, quem deseja efetuar uma doação deverá sempre ter em mente que esta não poderá ultrapassar a metade de seu patrimônio, posto que a outra metade deve ser resguardada aos herdeiros do futuro autor da herança. Dois, e distintos, são os momentos, então: aquele que verifica a invasão da parte indisponível,

[9] CC: "Art. 2.003. A colação tem por fim igualar, na proporção estabelecida neste Código, as legítimas dos descendentes e do cônjuge sobrevivente, obrigando também os donatários que, ao tempo do falecimento do doador, já não possuírem bens doados"; "Art. 544. A doação de ascendente a descendente, ou de um cônjuge a outro, importa adiantamento do que lhes cabe por herança".

[10] Ver nota de rodapé n. 3.

determinando a redução da doação, e aquele atinente ao equilíbrio das legítimas, determinando a colação do bem.

Colação de bens doados, portanto, não se confunde com *redução de doação inoficiosa*, quer dizer, aquela doação que excedeu à parte que poderia ser disposta, conforme dispõe o art. 2.007 do CC. Este dispositivo deve ser lido e interpretado em consonância com o art. 549 do CC, que considera nula a doação inoficiosa, na parte que exceder o que o doador poderia ter disponível para testar.

Por conseguinte, é possível estabelecer a seguinte distinção entre as duas formas de doação e os seus respectivos efeitos: a) a *doação em adiantamento sobre a legítima* está prevista no art. 544 do CC e impõe aos descendentes, aos cônjuges e, na opinião dos coautores, aos companheiros o dever de trazer os bens doados à *colação*, quando da abertura da sucessão, nos termos do art. 2.002 do CC; b) a *doação inoficiosa* está expressa pela regra do art. 549 do CC, e torna nulo o ato de liberalidade quanto à parte que exceder à de que o doador poderia dispor em testamento, acarretando a necessidade de se promover sua *redução*, a teor do disposto no art. 2.007 do CC.

A *colação*, destarte, possui como fundamento garantir a igualdade dos direitos sucessórios de determinados herdeiros necessários, ao passo que a *redução da doação inoficiosa* tem como preceito resguardar a legítima dos herdeiros necessários, repondo ao acervo hereditário a parte excedente que não poderia ser disposta pelo doador no momento da liberalidade. Na clássica lição de Orosimbo Nonato, "uma coisa é a colação e al a redução. A primeira somente se faz para medir a extensão do adiantamento da legítima, a fim de se não quebrar a igualdade entre os herdeiros; a última quando a outorga se deu além das forças da metade disponível".[11]

Outra importante distinção reside no fato de o dever de colacionar obrigar alguns herdeiros necessários: os descendentes, o cônjuge e o companheiro. A redução da doação inoficiosa, a seu turno, compele herdeiros necessários ou facultativos, e, até mesmo, sujeitos estranhos à sucessão, eis que imposta aos donatários beneficiados com a parte excedente daquilo que o doador estava autorizado a dispor no momento da liberalidade.

Outrossim, a doação em adiantamento sobre a legítima não constitui causa de invalidade do negócio jurídico, mas impõe ao descendente, cônjuge ou companheiro o dever de colacionar, quando da abertura da sucessão do doador.[12] Diversamente, a doação inoficiosa torna nulo o ato de liberalidade quanto à parte que exceder a que o doador poderia dispor em testamento. Trata-se de hipótese de nulidade textual, posto estar expressamente prevista pela norma do art. 549 do CC. Contudo, como bem salienta Flávio Tartuce, consiste em "nulidade diferente das demais, eis que atinge tão somente a parte que excede a legítima (nulidade parcial)".[13] Assim, esta nulificação não alcança todo o negócio jurídico (doação), mas o afeta apenas parcialmente, isto é, justamente

---

[11] NONATO, Orosimbo. *Estudos sobre sucessão testamentária*. Rio de Janeiro: Revista Forense, 1957. v. II. p. 381.

[12] Sobre o tema, interessante ressaltar o seguinte trecho do acórdão proferido pelo Superior Tribunal de Justiça no REsp nº 1.298.864/SP: "para efeito de cumprimento do dever de colação, é irrelevante o fato de o herdeiro ter nascido antes ou após a doação, de todos os bens imóveis, feita pelo autor da herança e sua esposa aos filhos e respectivos cônjuges. O que deve prevalecer é a ideia de que a doação feita de ascendente para descendente, por si só, não é considerada inválida ou ineficaz pelo ordenamento jurídico, mas impõe ao donatário obrigação protraída no tempo de, à época do óbito do doador, trazer o patrimônio recebido à colação, a fim de igualar as legítimas, caso não seja aquele o único herdeiro necessário (arts. 2.002, parágrafo único e 2.003 do CC/2002)".

[13] TARTUCE, Flávio. *Direito civil*: Direito das sucessões. 10. ed. Rio de Janeiro: Forense, 2017. v. 6. p. 36.

nesta parte que excede o limite até o qual poderia ter ido. Nos termos do §1º do art. 2.007 do Código Civil, o excesso deve ser apurado tomando-se por base o valor que os bens doados tinham na data da liberalidade, efetivando-se a redução com a restituição do excedente ao monte-mor partilhável.

Questão interessante diz respeito à hipótese de o doador realizar diversos atos de liberalidade em distintos momentos, o que acarretaria a dúvida sobre como aferir possível invasão à legítima. Nestes casos, como bem decidiu o STJ, nos autos do REsp nº 1.642.059/RJ, "doação anterior, feita a herdeiros legítimos, deve ser computada como efetivo patrimônio do doador para efeitos de aferição de possível invasão da legítima, em nova doação, sob pena de se beneficiarem, os primeiros donatários, para além da primazia que já tiveram".

3 Critério de valoração do bem objeto da colação

Um clássico debate acerca do critério a ser utilizado para calcular o valor do bem trazido à colação voltou à cena, provavelmente para retrotrair percursos de avanço, renovando critério que já havia sido deixado para trás, antes.

São quatro os diplomas legais que, ao longo do tempo, praticamente se digladiam à busca do melhor critério para atender a este desiderato, no direito sucessório: o Código Civil de 1916, o Código de Processo Civil de 1973, o Código Civil de 2002 e o Código de Processo Civil de 2015. O histórico legislativo ocorreu da seguinte maneira:

- Em 1916, o Código Civil então vigente estabelecia, em seu art. 1.792:

> Os bens doados, ou dotados, imóveis ou móveis, serão conferidos pelo *valor certo, ou pela estimação que deles houver sido feita na data da doação*. §1º Se do ato de doação, ou do dote, não constar valor certo, nem houver estimação feita naquela época, os bens serão conferidos na partilha pelo que então se calcular valessem ao tempo daqueles atos. §2º Só o valor dos bens doados ou dotados entrará em colação; não assim o das benfeitorias acrescidas, as quais pertencerão ao herdeiro donatário, correndo também por conta deste os danos e perdas, que eles sofrerem. (Grifos nossos)

- Em 1973, o Código de Processo Civil então vigente estabeleceu, em seu art. 1.014:

> No prazo estabelecido no art. 1.000, o herdeiro obrigado à colação conferirá por termo nos autos os bens que recebeu ou, se já os não possuir, trar-lhes-á o valor. Parágrafo único. Os bens que devem ser conferidos na partilha, assim como as acessões e benfeitorias que o donatário fez, *calcular-se-ão pelo valor que tiverem ao tempo da abertura da sucessão*. (Grifos nossos)

- Em 2002, o Código Civil hoje vigente estabelece (retomando a regra do Código Civil de 1916), em seu art. 2.004:

> *O valor de colação dos bens doados será aquele, certo ou estimativo, que lhes atribuir o ato de liberalidade*. §1º Se do ato de doação não constar valor certo, nem houver estimação feita naquela época, os bens serão conferidos na partilha pelo que então se calcular valessem ao tempo da liberalidade. §2º Só o valor dos bens doados entrará em colação; não assim

o das benfeitorias acrescidas, as quais pertencerão ao herdeiro donatário, correndo também à conta deste os rendimentos ou lucros, assim como os danos e perdas que eles sofrerem. (Grifos nossos)

- Em 2015, o Código de Processo Civil hoje vigente estabelece (também retomando a regra anterior do Código de Processo Civil de 1973), em seu art. 639:

> No prazo estabelecido no art. 627, o herdeiro obrigado à colação conferirá por termo nos autos ou por petição à qual o termo se reportará os bens que recebeu ou, se já não os possuir, trar-lhes-á o valor. Parágrafo único. Os bens a serem conferidos na partilha, assim como as acessões e as benfeitorias que o donatário fez, *calcular-se-ão pelo valor que tiverem ao tempo da abertura da sucessão.* (Grifos nossos)

São duas as teorias, como se observa dos textos legislativos: a *teoria da substância*, acolhida pelos diplomas de direito processual, e a *teoria da estimação*, esta acolhida pelos diplomas de direito material.[14] [15] Pela *teoria da substância*, o bem objeto da doação deverá ser trazido ele próprio à colação, desde que ainda esteja na posse do donatário que agora confere (caso contrário – se já não o possuir –, trar-lhe-á o valor, conforme a regra do art. 639 do CPC/2015). Pela *teoria da estimação*, o bem objeto da doação, e agora trazido à colação, o será pelo valor estimado à época da liberalidade (conforme a regra do art. 2.004 do CC/2002).

Essas questões relacionadas à indagação sobre o modo pelo qual se realiza a colação – se em substância ou por estimação – e por qual valor – se o da época da liberalidade ou se o da abertura da sucessão – claramente dizem respeito ao Direito civil e não ao direito processual civil. A este competiria estabelecer as regras acerca de como conduzir a colação no procedimento do inventário. Mas, como se vê, a legislação instrumental também estabeleceu e estabelece regras a respeito do "modo" de se realizar a colação e a respeito do tempo de "valoração" do bem a ela trazido.

Analisando cada um dos quatro momentos legislativos antes citados, é possível melhor entender.

No que diz respeito ao Código Civil de 1916, certa polêmica doutrinária se estabeleceu à época de sua vigência, dividindo o pensamento dos civilistas de então.[16] A primeira corrente[17] entendeu que a codificação de 1916 manteve o padrão da anterior codificação – as Ordenações Filipinas –, isto é, o da teoria da substância, como regra (leitura do *caput* do art. 1.786, CC/1916, *a contrario sensu* do parágrafo único do mesmo

[14] "Colação em substância é a reposição, no monte partível, do bem doado; por estimação, é a imputação do valor do objeto doado sobre o quinhão do donatário, ou a adjudicação em favor dos herdeiros não beneficiados por doações, de um valor igual ao adiantamento recebido pelo donatário" (BEVILAQUA, Clóvis. *Direito das sucessões*. Salvador: Livraria Magalhães, 1899. p. 418).

[15] "A colação pode ser feita por dois modos: I – Em substância – quando o herdeiro donatário, ou dotado, repõe à massa geral da herança, para serem partilhados, os mesmos bens que lhe foram doados. [...] II – Por estimação – quando se imputa no valor do quinhão do herdeiro, conferente, apenas o valor dos bens doados" (OLIVEIRA, Arthur Vasco Itabaiana de. *Tratado de direito das sucessões*. 5. ed. rev. e atual. Rio de Janeiro: Freitas Bastos, 1986. p. 403-404).

[16] Conforme lições de CARVALHO, Luiz Paulo Vieira de. *Direito das sucessões*. 2. ed. São Paulo: Atlas, 2015. p. 940-942.

[17] Washington de Barros Monteiro, Carlos Maximiliano e, ainda, Caio Mário da Silva Pereira, Orlando Gomes e Arnoldo Wald.

dispositivo), e apenas como exceção adotou a teoria da estimação (parágrafo único do art. 1.786, CC/1916). A segunda corrente[18] entendeu que o Código de 1916 adotou, na verdade, como regra, a teoria da estimação (leitura do art. 1.972, CC/1916). Esta primeira corrente foi a que prevaleceu, contudo, durante o tempo de vigência do Código Civil, quer na doutrina, quer na voz dos tribunais.

Com o advento do Código de Processo Civil de 1973, manteve-se (como era no Código de Processo Civil de 1939) a regra da colação em substância, admitindo, excepcionalmente, a colação por estimativa, se o bem já não mais estivesse com o donatário. Contudo, diferentemente do Código de Processo Civil anterior (1939), a lei processual de 1973 alterou o tempo sob o qual o valor do bem devesse ser apreciado. Isto é, se no Código de 1939 a regra excepcional da colação por estimação devesse ser feita pelo valor do bem *ao tempo da doação*, agora, no Código de 1973, esta mesma excepcionalidade dar-se-ia *ao tempo da abertura da sucessão*. Desta forma, a lei processual de 1973 revogou a lei processual de 1939 e também derrogou (revogou tacitamente) a lei civil de 1916 (o art. 1.792 determinava que a colação se faria levando em conta o valor do bem doado ao tempo da liberalidade).[19]

Em 2002, por sua vez, foi promulgado o Código Civil que está em vigor, colocando um ponto-final na divergência que antes existia, quer na legislação processual, quer na própria maneira de interpretar doutrinariamente a legislação civil, adotando, sem dúvida alguma, a regra da colação por estimação (art. 2.002, CC). A regra, para o direito brasileiro, passou a ser esta, então, a que acolheu a teoria da estimação. Excepcionalmente, a colação se dará em substância se os bens remanescentes no patrimônio do autor da herança forem insuficientes para assegurar a igualdade das legítimas dos descendentes e do cônjuge (como prescreve o parágrafo único do art. 2.003, CC). Além disso, o Código Civil de 2002, em seu destacado art. 2.004, determinou que a valoração da colação – feita por valor real, ou por estimativa – se dará ao tempo da doação. E a inversão do regime da valoração da colação aconteceu, mais uma vez, até a promulgação do Código de Processo Civil de 2015.

A lei processual que se encontra em vigor – Código de Processo Civil de 2015 – disciplinou outra vez o assunto, de modo completamente oposto ao que constava do Código Civil de 2002, mais uma vez invertendo a forma pela qual devesse ocorrer a atribuição de valor ao bem doado de ascendente a descendente, e agora trazido à colação. O art. 639 e parágrafo único desta lei, à semelhança do que prescrevia o art. 1.014 da lei anterior, determinou que a regra quanto ao modo de se atribuir valor ao bem trazido à colação deva ser por substância. Excepcionalmente, aplica-se (como outrora) a colação por estimativa, devendo esta ser feita ao tempo da abertura da sucessão. E, assim, a disciplina e as prescrições do Código Civil de 2002 foram derrogadas, neste tema, porque se tornaram incompatíveis com a disciplina e as prescrições do novo Código de Processo Civil.[20]

---

18 Pontes de Miranda e Silvio Rodrigues.

19 Conforme o §1º do art. 2º da LINDB – Lei de Introdução às Normas do Direito Brasileiro (Decreto nº 4.657/1942): "A lei posterior revoga a anterior quando expressamente o declare, quando seja com ela incompatível ou quando regule inteiramente a matéria de que tratava a lei anterior".

20 Idem à nota de rodapé anterior.

As alterações legislativas e as sucessivas revogações de uma lei pela outra produziram este "vai e vem [que] parece um cabo de guerra entre civilistas e processualistas, um revogando a escolha feita pelo outro".[21] Este autor (Flávio Pereira Lima) entende que a fixação da data da abertura da sucessão como sendo aquela pela qual agora se faz a valoração do bem trazido à colação é a mais justa, dado que não importa o valor na data da liberalidade, ainda que o bem, ao tempo do falecimento do autor da herança, estivesse valorizado ou mesmo que estivesse desvalorizado.

Em sentido contrário, João Ricardo Brandão Aguirre[22] que entende *ser mais justa a teoria da estimação*:

> posto trazer para o momento da abertura da sucessão o valor estimado do bem ao tempo da liberalidade, evitando a ocorrência de fatos que possam resultar em uma vantagem exagerada ou em um prejuízo extremado para os herdeiros que não foram beneficiados pelo ato. Isso porque, fixando-se o valor do bem ao tempo da liberalidade, eventuais intercorrências decorrentes da desídia do beneficiário da liberalidade ou, pelo contrário, benefícios ocasionais decorrentes do labor do donatário, não serão capazes de prejudicar ou beneficiar os demais herdeiros.

E este autor busca explicar sua posição com dois exemplos bem esclarecedores:

- Imaginemos que o beneficiário da liberalidade recebe um imóvel em doação no ano de 2014 pelo valor estimado de R$1.000.000,00 e o deixa em completo abandono. Ao tempo da abertura da sucessão, no ano de 2017, o bem doado encontra-se deteriorado e o seu atual valor de mercado não ultrapassa R$600.000,00. Se nos servirmos da teoria da estimação, do Código Civil, será trazido à colação o valor do bem à época da liberalidade – R$1.000.000,00. Porém, aplicando-se a teoria da substância, do Novo CPC, deve ser trazido à colação o próprio bem, bastante desvalorizado em virtude da desídia do donatário e que hoje vale R$600.000,00, em inegável prejuízo aos demais herdeiros.
- Imagine-se, por outro lado, que o beneficiário da liberalidade recebe em doação quotas de uma sociedade limitada, no mesmo ano de 2014, avaliadas à época em R$500.000,00. Contudo, passados três anos, em virtude do intenso trabalho e dedicação do donatário e do seu inegável tino para o negócio em questão, a empresa encontra-se hoje muito mais valorizada do que antes, o que faz com que o valor de suas quotas esteja avaliado em R$2.000.000,00. Neste caso, a adoção da teoria da estimação não resultaria em vantagem exagerada para os demais herdeiros, ao passo que a teoria da substância obrigaria o donatário a trazer as quotas da empresa à colação e os demais herdeiros seriam beneficiados, indevidamente, pelo resultado exclusivo do labor do beneficiário da liberalidade, tendo direito à valorização das quotas.

Como se vê, a questão é bastante significativa, ampliada pelo fato de o Código de Processo Civil de 2015 – mantendo a disposição do CPC de 1973 –, além de impor a conferência dos bens em substância, determinar que também sejam conferidas as

[21] LIMA, Flávio Pereira. Reflexões sobre o novo CPC: o vai e vem da colação. *Jota*, 4 ago. 2015. Disponível em: https://jota.info/artigos/reflexoes-sobre-o-novo-cpc-o-vai-e-vem-da-colacao-04082015. Acesso em: 10 nov. 2017.

[22] Conforme mencionado em correspondência virtual trocada com a coautora (*e-mail*) em 6.9.2017.

acessões e as benfeitorias que o donatário houver realizado no bem trazido à colação, as quais serão calculadas pelo valor que tiverem ao tempo da abertura da sucessão. Essa regra difere daquela prevista pelo Código Civil de 2002, em que, pela teoria da estimação, apenas o valor dos bens doados seria trazido à colação, devidamente atualizado, consoante se verifica pela disposição do §2º de seu art. 2.004, ao estabelecer de forma expressa que "só o valor dos bens doados entrará em colação; não assim o das benfeitorias acrescidas, as quais pertencerão ao herdeiro donatário, correndo também à conta deste os rendimentos ou lucros, assim como os danos e perdas que eles sofrerem".

No entanto, pela teoria da substância, reacendida pelo Novo CPC, as benfeitorias e acessões realizadas pelo donatário devem ser trazidas à colação, somadas ao próprio bem. Isso significa, na opinião deste coautor, mais uma vantagem indevida para os demais herdeiros, em detrimento do donatário cioso e diligente. Como exemplo de situações iníquas que podem decorrer da disposição do novel Código de Processo Civil, pensemos numa situação em que um pai, ainda em vida, doa seu patrimônio, composto por três casas de igual valor (R$100.000,00 cada uma), a seus três filhos, julgando fazer uma partilha equilibrada e evitar possíveis litígios quando de seu falecimento. O primeiro donatário, laborioso, cuida do bem havido por doação e nele realiza benfeitorias e acessões, que fazem com que o imóvel, ao tempo da abertura da sucessão, esteja avaliado em R$200.000,00. De igual forma, o segundo donatário, também industrioso, implementa benfeitorias e acessões no imóvel recebido por doação, fazendo com que seu valor de mercado no momento da abertura da sucessão importe em R$170.000,00. Já o terceiro donatário, desidioso, jamais se preocupou com a manutenção do imóvel doado, deixando-o em abandono, resultando em sua deterioração e na consequente depreciação do bem, que, por ocasião da morte de seu progenitor, vale R$50.000,00.

Pela *teoria da estimação*, aberto o inventário do pai e trazido à colação o valor dos bens ao tempo da liberalidade, chega-se à conclusão de que os quinhões estavam devidamente equilibrados e de que a partilha equitativa da legítima foi devidamente respeitada. Contudo, adotada a *teoria da substância*, devem ser trazidos à colação os próprios bens existentes quando da abertura da sucessão, somadas as benfeitorias e acessões, ou seja: a casa de R$200.000,00 do primeiro donatário; a casa de R$170.000,00 do segundo e a casa de R$50.000,00 do terceiro, totalizando um patrimônio de R$420.000,00, o qual deve ser dividido de forma igualitária entre os três herdeiros necessários, resultando em um quinhão de R$140.000,00 para cada um. Como consequência, seria o terceiro donatário titular de um crédito com relação aos demais herdeiros correspondente a R$90.000,00, consistente na diferença entre o valor de sua casa e o valor do quinhão a que teria direito pela aplicação da teoria adotada pelo CPC/2015?

Por certo que o valor das benfeitorias e acessões deve ser deduzido dessa conta, eis que, para a hipótese em comento, deve ser aplicada a norma do art. 1.218 do Código Civil, impondo-se que sejam indenizadas as benfeitorias necessárias e úteis realizadas pelo possuidor de boa-fé, casos do primeiro e do segundo donatários, além de lhes garantir o direito de levantar as benfeitorias voluptuárias que não lhes forem pagas, quando o puderem sem detrimento da coisa. Esse mesmo direito à indenização deve ser estendido às acessões, conforme disposição do art. 1.255 do Código Civil.[23]

---

[23] "Art. 1.255. Aquele que semeia, planta ou edifica em terreno alheio perde, em proveito do proprietário, as sementes, plantas e construções; se procedeu de boa-fé, terá direito a indenização".

Entretanto, impõe-se a ressalva acerca da complexidade envolvida na apuração dessa indenização, que opera em favor do donatário desidioso, posto ser corriqueiro o fato de os donos das obras, ou os responsáveis pelo pagamento das despesas com a coisa, não conservarem em seu poder os comprovantes das despesas realizadas. De fato, não raro esses valores são pagos em dinheiro, diretamente a empreiteiros, pedreiros, eletricistas, encanadores e outros tantos prestadores de serviços, ou mesmo em lojas de materiais de construção, e os respectivos recibos, quando existentes, acabam por se perder ao longo do tempo. Some-se a isso o fato de a valorização do imóvel não possuir exata correlação com os custos para a efetivação da benfeitoria ou da acessão, pois o acréscimo de um cômodo ou de uma garagem em um imóvel, por exemplo, significa um aumento no seu valor de mercado muito superior ao valor despendido para a sua construção. Como consequência dessa falta de provas, aliada à dificuldade na aferição da valorização do imóvel levada a efeito pelo donatário, o herdeiro que nada contribuiu para esse incremento acaba dele se beneficiando indevidamente, o que, na opinião deste coautor, caracteriza o enriquecimento indevido, vedado por nosso ordenamento.

Mas não é só, posto existir outro agravante decorrente da imposição de se colacionar o próprio bem e não seu valor, consubstanciado pela tangível possibilidade de se colacionar o imóvel que representa a moradia do donatário. Essa contingência é capaz de significar, pois, afronta ao direito social à moradia (art. 6º, CF), além de dar guarida a ações deletérias de outros herdeiros que, eventualmente, exijam a partilha desse imóvel e não aceitem que ele permaneça sob o domínio do destinatário da liberalidade. Deveras, nos casos em que o donatário utiliza o imóvel como sua moradia – e, também, de sua família –, a imposição legal de se colacionar o bem em substância prenuncia a possibilidade de ser instado a desocupar o imóvel doado apenas por emulação dos demais herdeiros, os quais, não se conformando com a liberalidade realizada pelos pais em vida, impelem a constituição de um condomínio sobre referido imóvel, mesmo havendo outros bens componentes do acervo hereditário, suficientes para se fazer a devida compensação de quinhões.

Em casos como estes, avulta a garantia fundamental do direito à moradia (art. 6º, *caput*, CF), impondo-se a ressalva de que a tutela dos direitos à vida digna e à moradia e a garantia do mínimo existencial, além de constituírem princípios fundamentais de nosso ordenamento (art. 1º, III, CF), objetivos da República (art. 3º, III, CF), constituem direitos fundamentais (art. 5º, CF) de indiscutível caráter social e, também, indisponível. Nesse contexto, evidencia-se o papel do Estado na promoção dos direitos fundamentais tutelados pelo ordenamento jurídico constitucional, porque as relações intersubjetivas não estão alheias aos ditames impostos pela base axiológica de nosso ordenamento.

Por conseguinte, cabe ao Estado promover a tutela da pessoa humana, visando à garantia de acesso a uma vida digna, propiciando sua real proteção, no sentido de tornar efetivas as condições que permitam o desenvolvimento das relações pessoais. Nesse contexto, torna-se necessária a intervenção estatal no âmbito das relações privadas, com vistas a garantir o bem-estar social, a dignidade humana e a efetivação dos direitos sociais, para a concretização dos fundamentos do Estado Democrático de Direito, cuja concepção é bastante diferente daquela característica do Estado Liberal, pois o desenvolvimento e a amplitude da tutela dos direitos fundamentais impõem "a harmonização entre direitos de liberdade e direitos econômicos, sociais e culturais".[24]

Na hipótese em tela também se alteia a função social do direito sucessório, compelindo-se à necessária releitura do direito privado, para se afastar do cânone do antigo sistema clássico, esteado na proteção primaz do patrimônio, em direção à diretriz humanística constitucional em que se privilegia a tutela da pessoa, não mais em uma perspectiva materialista, mas através de um propósito personalista e solidarista. Neste quadro, imprescindível a funcionalização dos institutos do direito civil, com vistas ao cumprimento das diretrizes da ordem jurídica constitucional, a fim de que "a função social atribuída a determinada situação jurídica seja a que melhor atenda e concretize os objetivos constitucionais".[25]

O direito das sucessões não se encontra infenso a essas premissas, como uma ilha em que imperam os direitos patrimoniais, pois seus fundamentos ultrapassam o simples regramento acerca da destinação do patrimônio do autor da herança, para ascender à tutela dos direitos existenciais, em consonância com a ordem de valores insculpida em nossa Constituição Federal. A dignidade humana e a solidariedade social constituem, dessarte, os pilares de nosso sistema jurídico e, por conseguinte, também norteiam as situações jurídicas decorrentes do decesso. Há no direito sucessório situações jurídicas patrimoniais cuja função está voltada, em última análise, à promoção dos valores existenciais, e existem, também, situações jurídicas existenciais, funcionalizadas por meio da cláusula geral de tutela da personalidade e da dignidade humana. É sob esses fundamentos que se deve proceder à análise das questões atinentes à sucessão e, em especial, ao dever e à forma de se colacionar, tema objeto do presente estudo.

Partindo dessas premissas, é importante acentuar a disposição do parágrafo único do art. 647 do atual Código de Processo Civil, autorizando o juiz a deferir, antecipadamente e em decisão fundamentada, a qualquer dos herdeiros, "o exercício dos direitos de usar e de fruir de determinado bem, com a condição de que, ao término do inventário, tal bem integre a cota desse herdeiro, cabendo a este, desde o deferimento, todos os ônus e bônus decorrentes do exercício daqueles direitos". Trata-se de previsão legal que traduz a irradiação dos princípios constitucionais ao direito sucessório, revelando a vinculação das relações entre particulares aos direitos fundamentais. A previsão do dispositivo processual em comento possui fundamento existencial-material humanamente digno e permite ao julgador promover a garantia do mínimo existencial de determinado herdeiro. Em nosso sentir, essa mesma norma deve ser aplicada para o caso do donatário que usa o imóvel doado como moradia, ainda que seja obrigado a trazer esse bem à colação.

Ademais, como complemento da tutela do direito à moradia deste donatário, trazemos a disposição do art. 648 do Novo CPC, o qual, em seu inc. III, estabelece que, ao se partilhar os bens, deve ser observada "a máxima comodidade dos coerdeiros, do cônjuge ou do companheiro, se for o caso". Além disso, também o inc. I desse mesmo artigo pode ser usado para a tutela dos interesses deste herdeiro, posto determinar

---

[24] MIRANDA, Jorge. *Manual de direito constitucional*: direitos fundamentais. 3. ed. Coimbra: Ed. Coimbra, 2000. t. IV. p. 27.

[25] TEIXEIRA, Ana Carolina Brochado; KONDER, Carlos Nelson. Situações jurídicas dúplices: controvérsias na nebulosa fronteira entre patrimonialidade e extrapatrimonialidade. *In*: TEPEDINO, Gustavo; FACHIN, Luiz Edson (Coord.). *Diálogos sobre direito civil*. Rio de Janeiro: Renovar, 2012. v. III. p. 7.

a prevenção de futuros litígios como diretriz para a partilha. É senso comum que a instituição de condomínio entre herdeiros significa, no mais das vezes, fonte de dissenso e de contendas intermináveis.

4 Divergências em relação aos casos aos quais se aplicam as regras da nova disciplina sobre a valoração do bem trazido à colação

A dúvida que aqui se instala – não resolvida completamente, nem mesmo pelos processualistas – é saber se as alterações produzidas pela nova legislação processual (CPC/2015) aplicar-se-ão apenas às sucessões abertas após a entrada em vigor desta legislação; ou se alcançam também as sucessões anteriormente abertas, mas cujos inventários só foram abertos depois que entrou em vigor o Novo Código de Processo; ou, ainda, mesmo nas hipóteses de inventários abertos antes da vigência da nova lei processual, estes só alcançaram o momento de proceder à colação após a vigência do CPC atual.[26]

Parece não restar muita dúvida a respeito de ter o Novo CPC derrogado, ou revogado tacitamente, o Código Civil de 2002, no que respeita ao modo de se proceder à colação e ao valor a ser levado em conta nos casos de colação por estimação.[27] Ainda que civilistas não concordem com esta alteração, julgando ser ela um verdadeiro retrocesso legislativo –[28] dado que a lei processual deveria disciplinar apenas o procedimento da colação e não o seu modo –, a verdade é que o sistema de aplicação das normas sobre a vigência e a revogação das leis (LINDB – Lei de Introdução às Normas do Direito Brasileiro – Decreto nº 4.657/1942) determina esta derrogação, para se aplicar, então, a nova regra contida no CPC/2015.

Acompanhamos um importante segmento doutrinário, neste momento, que registra que as alterações assim promovidas só se aplicam às sucessões abertas após a entrada em vigor do novo diploma processual civil. Mesmo porque, sempre é bom relembrar, as regras aplicáveis à sucessão hereditária são aquelas vigentes à época da abertura da sucessão e não à época da abertura do inventário judicial ou extrajudicial. Contudo, o

---

[26] Recomenda-se a leitura do cuidadoso trabalho de Felipe Quintella Machado de Carvalho, denominado *O NCPC e o direito das sucessões: a nova disciplina dos modos de se proceder à colação*, apresentado durante o XXV Congresso Nacional do Conpedi em Curitiba, em 2016, para o Grupo de Trabalho em Direito de Família e Sucessões II, cuja banca examinadora foi composta pela coautora do presente estudo e pelas professoras dras. Luciana Costa Poli e Samyra Haydêe Dal Farra Naspolini Sanches (CARVALHO, Felipe Quintella Machado de. O NCPC e o direito das sucessões: a nova disciplina dos modos de se proceder à colação. *In*: CONGRESSO NACIONAL DO CONPEDI, XXV. *Trabalho*... Curitiba, 2016. Disponível em: https://www.conpedi.org.br/publicacoes/02q8agmu/8v3pu3uq/l5C0cI2LDX1oE44x.pdf).

[27] Ver as conclusões finais do estudo referido na nota de rodapé imediatamente anterior.

[28] Por exemplo, Carlos Eduardo Pianovski Ruzyk manifestou-se, assim, em correspondência virtual trocada com esta coautora em 6.9.2.017: "Minha leitura sobre o tema: o CCB 2002 privilegiou a liberdade do doador, a segurança jurídica e a previsibilidade do donatário, a higidez dos planejamentos sucessórios e, até mesmo, o valor social do trabalho de poupança (uma vez que prestigia quem conserva o bem em seu patrimônio). O CPC 2015 volta ao apego dogmático (em seu pior sentido), à igualdade absoluta das legítimas, desprestigiando a segurança jurídica das doações realizadas, e dificultando sobremaneira os planejamentos sucessórios. Resta saber a que sucessões a regra do novo CPC se aplica. Uma vez que se trata de norma de direito material, ainda que constante do diploma processual (já que define a extensão dos quinhões dos herdeiros necessários), parece-me que só se aplica o critério do novo CPC às sucessões abertas após a sua vigência".

assunto está em pauta e o curto período de vigência do CPC (dois anos apenas) ainda não foi suficiente para firmar entendimento seguro por parte da resposta judicial.

No entanto, ressalvam os coautores que, apesar do entendimento pela aplicação das normas do Código de Processo Civil para as sucessões abertas após a sua entrada em vigor, a adoção da teoria da substância nos termos do art. 639 do CPC deve se dar em estreita consonância com a ordem de valores insculpida em nossa Constituição Federal.

5 Conclusão

Herdeiros, cônjuges e companheiros possuem o dever legal de conferir, sob pena de sonegados, as doações que em vida receberam do ascendente comum ou do outro consorte ou companheiro, a fim de serem igualadas as respectivas legítimas. Os bens colacionados acrescerão à legítima dos herdeiros necessários, de modo que se possa igualar a quota de cada herdeiro legítimo e, consequentemente, a quota de eventual herdeiro concorrente.

Em histórico dissenso atinente aos parâmetros a serem utilizados para o cálculo do valor do bem trazido à colação, o atual Código Civil estabelece (retomando a regra do Código Civil de 1916) que "o valor de colação dos bens doados será aquele, certo ou estimativo, que lhes atribuir o ato de liberalidade" (art. 2.004), adotando a denominada teoria da estimação. O Código de Processo Civil de 2015, por sua vez, determina (reacendendo a regra do Código de Processo Civil de 1973) que o herdeiro obrigado à colação conferirá os bens que efetivamente recebeu (art. 639), em adoção da chamada teoria da substância.

Na opinião dos coautores, as questões relacionadas à indagação sobre o modo pelo qual se realiza a colação – se em substância ou por estimação – e por qual valor – se o da época da liberalidade ou se o da abertura da sucessão – são, inequivocamente, afetas ao direito civil e não ao direito processual civil. Contudo, a legislação instrumental possui dispositivos de natureza bifronte, como é o caso do mencionado art. 639, e, por se tratar de norma que regula inteiramente a matéria de que tratava a lei anterior, deve ser respeitado o sistema de aplicação das normas sobre a vigência e a revogação das leis estabelecido pela Lei de Introdução às Normas do Direito Brasileiro – Decreto nº 4.657/1942, derrogando-se regra do Código Civil de 2002 para se adotar a nova regra contida no CPC/2015 e a consequente incidência da teoria da substância.

Porém, a regra trazida pela norma procedimental só se aplica às sucessões abertas após a entrada em vigor do novo diploma processual civil e deve se dar em estreita consonância com a ordem de valores insculpida em nossa Constituição Federal. Isso porque a ordem constitucional reconhece, expressamente, a tutela dos direitos sociais, não se limitando, porém, a regular a relação Estado-indivíduo, mas se estendendo, também, às relações entre particulares, na denominada eficácia dos direitos fundamentais nas relações privadas, que consiste na irradiação das normas ou princípios constitucionais aos diversos ramos do direito, em especial ao direito sucessório, tema objeto do presente estudo.

Deste modo, tanto as regras atinentes à colação como aquelas afetas à partilha devem passar pelo crivo da função social do direito sucessório, justificadora do sacrifício de direitos em prol do solidarismo social e da tutela das situações jurídicas existenciais decorrentes da abertura da sucessão.

Referências

BEVILAQUA, Clóvis. *Direito das sucessões*. Salvador: Livraria Magalhães, 1899.

CARVALHO, Felipe Quintella Machado de. O NCPC e o direito das sucessões: a nova disciplina dos modos de se proceder à colação. *In*: CONGRESSO NACIONAL DO CONPEDI, XXV. *Trabalho*... Curitiba, 2016. Disponível em: https://www.conpedi.org.br/publicacoes/02q8agmu/8v3pu3uq/l5C0cI2LDX1oE44x.pdf.

CARVALHO, Luiz Paulo Vieira de. *Direito das sucessões*. 2. ed. São Paulo: Atlas, 2015.

HIRONAKA, Giselda Maria Fernandes Novaes; CAHALI, Francisco José. *Direito das sucessões*. 4. ed. São Paulo: RT, 2012.

LIMA, Flávio Pereira. Reflexões sobre o novo CPC: o vai e vem da colação. *Jota*, 4 ago. 2015. Disponível em: https://jota.info/artigos/reflexoes-sobre-o-novo-cpc-o-vai-e-vem-da-colacao-04082015. Acesso em: 10 nov. 2017.

LÔBO, Paulo. *Direito civil*: direito das sucessões. São Paulo: Saraiva, 2016. v. 6.

MIRANDA, Jorge. *Manual de direito constitucional*: direitos fundamentais. 3. ed. Coimbra: Ed. Coimbra, 2000. t. IV.

NONATO, Orosimbo. *Estudos sobre sucessão testamentária*. Rio de Janeiro: Revista Forense, 1957. v. II.

OLIVEIRA, Arthur Vasco Itabaiana de. *Tratado de direito das sucessões*. 5. ed. rev. e atual. Rio de Janeiro: Freitas Bastos, 1986.

OLIVEIRA, Arthur Vasco Itabaiana de. *Tratado de direito das sucessões*. São Paulo: Max Limonad, 1952. v. III.

TARTUCE, Flávio. *Direito civil*: Direito das sucessões. 10. ed. Rio de Janeiro: Forense, 2017. v. 6.

TEIXEIRA, Ana Carolina Brochado; KONDER, Carlos Nelson. Situações jurídicas dúplices: controvérsias na nebulosa fronteira entre patrimonialidade e extrapatrimonialidade. *In*: TEPEDINO, Gustavo; FACHIN, Luiz Edson (Coord.). *Diálogos sobre direito civil*. Rio de Janeiro: Renovar, 2012. v. III.

Informação bibliográfica deste texto, conforme a NBR 6023:2018 da Associação Brasileira de Normas Técnicas (ABNT):

HIRONAKA, Giselda Maria Fernandes Novaes; AGUIRRE, João Ricardo Brandão. Quais os parâmetros vigentes para a realização das colações das doações realizadas em adiantamento da legítima? *In*: TEIXEIRA, Daniele Chaves (Coord.). *Arquitetura do planejamento sucessório*. Belo Horizonte: Fórum, 2022. p. 67-80. Tomo III. ISBN 978-65-5518-291-0.

BREVES NOTAS SOBRE A SUCESSÃO CONTRATUAL NO DIREITO BRASILEIRO: O INSTRUMENTO DA PARTILHA EM VIDA

MARCOS EHRHARDT JUNIOR
GUSTAVO HENRIQUE BAPTISTA ANDRADE

I Introdução

A temática do planejamento sucessório, que a presente obra carrega em mais de um volume, assume importante pauta para o direito e traz consigo uma necessária rediscussão acerca de diversos institutos do direito das sucessões. Os vários estudos e pesquisas que têm o tema por objeto ou dele decorrem revisitam as relações sucessórias, arejando o pensamento do operador do direito e a interpretação de dispositivos legais às vezes dissociados da realidade ou mesmo das normas do sistema constitucional vigente.

O planejamento sucessório surge para promover debates e fomentar mudanças que se desenvolvem para além de um instrumento jurídico voltado para a organização de acervos hereditários. Promove um novo olhar sobre a legislação vigente, procurando harmonizar as normas do sistema ou discuti-las com vistas ao seu aperfeiçoamento.

Uma questão que subjaz a essa temática é a pré-compreensão por parte de alguns estudiosos de que o planejamento sucessório é uma concepção elitista, já que parcela ínfima da população brasileira acumula patrimônio em vida e é muito menor o número de pessoas que fazem testamento.

É bem verdade que, em virtude de circunstâncias de ordem histórico-cultural e socioeconômica, é bem significativo o pouco interesse do brasileiro acerca da elaboração de um testamento. No entanto, tal constatação empírica vem sendo paulatinamente modificada, em parte pelo advento da pandemia sanitária da Covid-19, que impulsionou um aumento no número de testamentos em nosso país.[1]

---

1 De acordo com pesquisa levada a efeito pela Seção do Estado de São Paulo do Colégio Notarial do Brasil, e divulgada pela Associação dos Notários e Registradores do Brasil (Anoreg), com o advento da pandemia da Covid-19, o aumento do número de testamentos realizados no país nos seis primeiros meses de 2021 em comparação com o mesmo período de 2020 foi de 41% (quarenta e um por cento), segundo o mesmo Colégio Notarial (Disponível

O planejamento sucessório é um instrumento de democratização das relações sucessórias. A uma, porque ele não se dá apenas por intermédio da realização de testamento. A duas, porque o tema tem aproximado consideravelmente a preocupação com a sucessão *causa mortis* de uma parcela da população que antes não tinha acesso às vantagens desse tipo de delineamento patrimonial ou mesmo conhecimento delas. Exemplos não faltam e, a despeito de questões complexas, o simples custo que a decisão por tal ato jurídico ou qual praticar, por vezes, é determinante para pessoas que possuem um único bem ou até mesmo um patrimônio razoável.

Gladston e Eduarda Cotta Mamede[2] anotam que uma das grandes vantagens do planejamento sucessório é o afastamento das dúvidas acerca da destinação dos bens, bem como a formação de condomínios indesejados – esvaziado o inventário –, embora advirtam que, pela irreversibilidade que lhe é característica, melhores resultados seriam alcançados quando todos os contemplados pela sucessão participassem das decisões, o que apenas seria possível se o autor da herança admitisse o envolvimento de todos os herdeiros presuntivos na definição dos melhores rumos para todos.

Entre os inúmeros instrumentos que podem ser utilizados num planejamento sucessório, encontra-se o instituto da partilha em vida. Com permissão expressa no art. 2.018 do Código Civil,[3] o que permite o estímulo à sua utilização, atualmente não é tão significativa a realização prática desse instrumento.

Talvez a possibilidade de a partilha em vida ser objeto de testamento traga ao autor da herança o conforto de evitar os desgastes naturais que a divisão patrimonial pode acarretar ao se utilizar a modalidade feita por atos *inter vivos* por meio de um negócio jurídico plurilateral, a que Paulo Lôbo atribui a designação de "genuína partilha em vida".[4]

O presente artigo, mediante pesquisa bibliográfica e documental, apresenta a partilha em vida como uma das alternativas do planejamento sucessório, sem antes deixar de se debruçar sobre as doutrinas clássica e contemporânea quanto à concepção do instituto, e apontar seus aspectos positivos e negativos, as controvérsias existentes acerca do tema e as preocupações ou focos de atenção que deverá o autor da herança ter quando optar por esse modo de organizar a sua sucessão.

II A partilha em vida na doutrina brasileira

Ao autor da herança que deseja antecipar em vida a partilha de seu patrimônio, o Código Civil reservou o art. 2.018, permitindo a sua realização desde que respeitada a legítima dos herdeiros necessários. Percebe-se na redação do dispositivo o apego à ordem de ideias que concebeu a intangibilidade da legítima, o que vem sendo amplamente

---

em: https://www.anoreg.org.br/site/2017/10/19/cresce-42-o-numero-de-testamentos-lavrados-no-brasil-nos-ultimos-cinco-anos/. Acesso em: 20 ago. 2021. Sobre o tema, remete-se a https://www.istoedinheiro.com.br/procura-por-testamentos-aumenta-41-com-pandemia-da-covid-19/. Acesso em: 20 ago. 2021).

2 MAMEDE, Gladston; MAMEDE, Eduarda Cotta. *Planejamento sucessório*. São Paulo: Atlas, 2015. p. 96-97.

3 "Art. 2.018. É válida a partilha feita por ascendente, por ato entre vivos ou de última vontade, contanto que não prejudique a legítima dos herdeiros necessários".

4 LÔBO, Paulo. *Direito civil*. Sucessões. São Paulo: Saraiva, 2021. p. 324.

debatido na doutrina,[5] em especial no que concerne à sua dissociação da compreensão da família contemporânea, diversa do modelo patriarcal e matrimonializado do início do século XX, quando editado o Código de 1916.

Em artigo publicado no volume I desta coleção, André Arnt Ramos tece crítica acerca da própria expressão "legítima", que traduz odioso resquício do direito de família que inspirou a codificação brasileira, a "família legítima", fundada no casamento e que excluía qualquer outra forma de constituição de entidade familiar, negando-se tutela, por exemplo, àqueles que se vinculavam à família por laços de afeto.[6]

E assim os atos de autonomia relacionados ao patrimônio, quer no direito das sucessões, quer no direito das famílias, sempre estiveram ligados a restrições cuja origem remonta ao modelo de família do século XIX, o mesmo que aportou no Brasil com o primeiro Código Civil, já na segunda década do século XX, mantendo a concentração do patrimônio nas famílias.

As referências são muitas e relacionam os atos de autonomia a desregramentos. Protegida estaria a família que concentrasse em seu poder o patrimônio amealhado pelo autor da herança por toda a sua vida.[7] A realização pessoal, a experiência de vida, a entrega a paixões – que fora do modelo matrimonial tinham a pecha de violentas – eram consideradas intemperanças ou mesmo libertinagem.[8]

Em sua origem, a partilha em vida remonta ao direito romano. Segundo Pontes de Miranda, a partilha feita pelo pai não tinha o intuito de evitar discórdias futuras, mas o seu fundamento seria de ordem econômica, *in verbis*:

> Conservou-se no direito português para se assegurar a permanência das famílias em certos bens ou indústrias; e dela usavam muito, nos séculos XVIII e XIX, os comerciantes, para fazer os seus sucessores na casa comercial. À base está o patriarcalismo romano, despótico, absorvente; na camada histórica posterior, ressalta a sustentação do prestígio econômico familiar. Raríssimas são as partilhas pelo testador ou por ato *inter vivos*, que têm por fito evitar discórdias.[9]

Desde o início da disciplina legislativa sobre o tema, não havia claro consenso entre os doutrinadores acerca da utilidade da inclusão do referido instituto na codificação

---

5 Ver, entre outros, ANDRADE, Gustavo Henrique Baptista. *O direito de herança e a liberdade de testar*. Um estudo comparado entre os sistemas jurídicos brasileiro e inglês. Belo Horizonte: Fórum, 2019; e MADALENO, Rolf. O fim da legítima. *Revista IBDFAM: Famílias e sucessões*, Belo Horizonte, v. 16, p. 31-72, jul./ago. 2016.

6 RAMOS, André Luiz Arnt. Invalidade da partilha feita em vida e a necessidade de revisitar o texto do art. 2.028 do Código Civil? *In*: TEIXEIRA, Daniele Chaves (Coord.). *Arquitetura do planejamento sucessório*. Belo Horizonte: Fórum, 2019. p. 303.

7 Neste sentido, Antônio de Pádua Nunes, citando Ferreira Alves em sua obra *Da sucessão testamentária*, assim se manifesta: "Em vida do pai, nenhum direito o filho tem à legítima. "O herdeiro necessário, não tem como descendente, durante a vida do ascendente, direito à legítima, mas sim uma expectativa de direito, tanto assim que não pode o filho, em vida, haver a legítima exigindo-a; e não se pode considera-lo como um co-proprietário ou condômino de uma comunhão familiar" (NUNES, Antônio de Pádua. Partilha em vida. *In*: CAHALI, Yussef Said; CAHALI, Francisco José (Org.). *Doutrinas essenciais*: família e sucessões. São Paulo: Revista dos Tribunais, 2011. v. VI. p. 1.099).

8 FONSECA, Tito Prates da. *Successão testamentaria*. São Paulo: [s.n.], 1928. p. 24.

9 MIRANDA, Francisco Cavalcanti Pontes de. *Tratado de direito privado*. Direito das sucessões. Testamenteiro. Inventário e partilha. Atualização de Giselda Hironaka, Paulo Lôbo e Euclides de Oliveira. São Paulo: Revista dos Tribunais, 2012. t. LX. p. 335.

civil pátria. Em seus comentários ao Código Civil de 1916, Darcy Arruda Miranda[10] apresenta o pensamento de Astolpho Rezende e Clóvis Beviláqua sobre o tema – dois juristas fundamentais para a elaboração e interpretação daquele código –, o que permite uma melhor compreensão das características distintivas do instituto da partilha em vida em nosso sistema.

Segundo as lições de Astolpho Rezende:

> na elaboração do Código Civil, o Projeto Beviláqua não continha disposição a respeito; e não continha, porque o seu eminente autor era contrário a essa modalidade de partilha. As razões de ordem histórica e autoritária, dizia o preclaro jurisconsulto brasileiro, não me convencem das vantagens que se possam colher da execução da partilha, em vida do ascendente, ou de outra pessoa de cuja sucessão se trate. É ilusória a razão – *ut paterno certamine eos preservent* – a que alude a lei romana, como é ilusória a razão econômica invocada pelos tratadistas. Já não quero colher argumento em fatos dolorosos, como esses que nos pinta Emilio Zola em *La Terre*, e que são mais frequentes do que pensariam talvez os otimistas da psicologia humana; mas, não posso desconhecer a inutilidade da partilha, quando a vida se pode prolongar e, com esse prolongamento abrir-se a possibilidade de novas aquisições. Como quer que seja, em direito pátrio essas partilhas, em vida do *de cujus*, poderiam valer entre maiores, como doações entre vivos, sujeitas à insinuação, à reserva de usufruto, à colação, e à anulabilidade, sob fundamento de fraude aos credores.

Já Beviláqua, referindo-se ao art. 1.776 do Código de 1916, dispositivo legal que disciplinava o instituto, explicava:

> A *partilha em vida* pode ser considerada uma doação, quando feita por ato entre vivos. É um instituto muito antigo, em favor do qual alegam que evita as contestações, que se costumam levantar entre os herdeiros, *ut fraterno certamine eos preservent*, porém que, na realidade, segundo o depoimento de quantos estudaram a matéria, é uma fonte fecunda de questões. Além disso, os filhos aquinhoados em vida, muitas vezes, mostram-se ingratos e deixam o pai em completo abandono. Já o sentia Loyseul, como se vê de sua máxima; *Qui le sien donne avant mourir, bientôt s'appreste à moult souffrir*[11] [...]. Entre nós é planta exótica, apesar da tradição romana, que, provavelmente, não medrará.[12]

Percebe-se que as críticas e dúvidas acerca do instituto remontam a período anterior à elaboração do CC/16. Além dos embates acerca de seu fundamento e utilidade, ainda existiam críticas sobre a redação do citado art. 1.776. Pontes de Miranda, em seus comentários acerca do instituto, anota a infelicidade do codificador ao empregar a palavra "pai" para se referir ao legitimado a partilhar os bens: "o que logo se tem de frisar é que a expressão 'pai' foi infeliz. Seria absurdo que pudesse o pai fazer a partilha, e não o pudesse a mãe. Ainda mais: em vez de pai, havemos de entender ascendente, uma vez que se não prejudique a porção necessária".[13]

---

10 MIRANDA, Darcy Arruda. *Anotações ao Código Civil brasileiro*. 3. ed. São Paulo: Saraiva, 1993. v. 3. p. 812.

11 Tradução livre: "Quem se dá antes de morrer, logo aprende a sofrer muito".

12 MIRANDA, Darcy Arruda. *Anotações ao Código Civil brasileiro*. 3. ed. São Paulo: Saraiva, 1993. v. 3. p. 813.

13 MIRANDA, Francisco Cavalcanti Pontes de. *Tratado de direito privado*. Direito das sucessões. Testamenteiro. Inventário e partilha. Atualização de Giselda Hironaka, Paulo Lôbo e Euclides de Oliveira. São Paulo: Revista dos Tribunais, 2012. t. LX. p. 333.

Independentemente das críticas e do intenso debate sobre sua utilidade e, especialmente, sobre a sua natureza jurídica, o instituto passou a integrar o rol de possibilidades disponíveis ao autor da herança que desejasse, no pleno exercício de sua autonomia privada, disciplinar o destino de seus bens, desde que ressalvada a legítima, consoante bem sintetiza o já citado Pontes de Miranda em seu *Tratado de direito privado*:

> É erro dizer-se que a partilha em vida é doação aos herdeiros necessários, de modo que o sucedendo perde sempre desde logo, a propriedade [...]. Se foi atribuída a propriedade aos herdeiros houve adiantamento da legítima e partilha, como poderia só ter havido adiantamento de legítima sem qualquer referência a partilha da herança necessária. Nem os adiantamentos de legítima, nem as partilhas podem ofender a porção indisponível [...]. Se advém herdeiro necessário além dos que foram contemplados, ineficaz tornou-se a partilha em vida.[14]

Na esteira da doutrina clássica, também merecem destaque os comentários de Orlando Gomes sobre a origem da partilha em vida. Anota o autor a existência de grande dissenso doutrinário,[15] motivado pelo fato de o legislador não ter previsto expressamente, no texto de nossa codificação, a obrigatoriedade de observância das regras atinentes às doações nas hipóteses de *divisio inter liberos*.

Carlos Maximiliano, por sua vez, assegura a natureza de adiantamento da legítima atribuída à partilha em vida:

> A partilha efetuada em vida, por escritura pública, é, de fato, adiantamento da legítima; equivale a uma doação; porque o pai, ou a mãe, faculta aos filhos o gozo imediato dos bens, o aproveitarem-se dos frutos naturais e civis colhidos em plena existência do progenitor. Por isso, o denominam *antecipação da legítima* e, também, *doação-partilha*, isto é, uma doação toda especial que se reveste dos atributos das outras, contém peculiaridades próprias, e, portanto, com elas não se confunde.[16]

A natureza de doação *inter vivos* também foi a defendida por Carvalho Santos, como se observa na transcrição abaixo:

> trata-se, antes, de uma doação *inter vivos*, que redunda em partilha, precisamente porque os beneficiados são todos filhos do doador. Desde logo, porém, o pai perde a propriedade dos bens que passam aos filhos, não havendo, por conseguinte, nada de imoral nem que justificasse a proibição, essa em nada fica dependente da morte do doador, sendo, por isso mesmo, perfeitamente lícito, não podendo ser considerada como o pacto sucessório.[17]

---

[14] MIRANDA, Francisco Cavalcanti Pontes de. *Tratado de direito privado*. Direito das sucessões. Testamenteiro. Inventário e partilha. Atualização de Giselda Hironaka, Paulo Lôbo e Euclides de Oliveira. São Paulo: Revista dos Tribunais, 2012. t. LX. p. 334.

[15] Seja permitido transcrever os comentários do referido autor: "Sua natureza jurídica, por outro lado, continua objeto de intermináveis discussões entre os civilistas, os quais se dividem em diversas correntes na preferência manifestada pelas várias teorias que procuram explicá-la, desde a que considera a *divisio inter liberos* uma sucessão antecipada à que reputa simplesmente, como doação, havendo ainda quem lhe conteste ambos os caracteres e a classifique como autêntica e verdadeira partilha de caráter provisório, e quem lhe reconheça, outrossim, a dupla natureza de doação e partilha, conforme o momento" (GOMES, Orlando. *Questões de direito civil (pareceres)*. 5. ed. São Paulo: Saraiva, 1988. p. 294).

[16] *Apud* FERREIRA, Pinto. *Tratado das heranças e dos testamentos*. 2. ed. São Paulo: Saraiva, 1990. p. 185.

[17] *Apud* FERREIRA, Pinto. *Tratado das heranças e dos testamentos*. 2. ed. São Paulo: Saraiva, 1990. p. 185-186.

Entre as diversas interpretações acerca da natureza jurídica da *divisio inter liberos*, merece destaque a síntese que Antônio de Pádua Nunes apresenta sobre o entendimento do já citado Astolpho Rezende sobre o tema:

> Astolpho Rezende considera a partilha-doação "um instituto especial que não se pode reger pelas regras da doação"; mas o insigne jurisconsulto reconhece que "para a maioria dos escritores franceses e italianos, a partilha per ato entre vivos é uma verdadeira doação pela substância e pela forma" ("Direito das Sucessões" n. 145) O mesmo tratadista adota, nestes têrmos, a opinião de Troplong: "A partilha não tem todos os caraterísticos da doação propriamente dita. Menos é um adiantamento de" legítima. A doação, por adiantamento de legítima está sujeita a colação, e esta colação presume a partilha. Mas o lote ou quinhão recebido pelo filho, é a própria partilha; foi definitivamente adquirido por êle e longe de dever entrar na massa, é uma fração destacada da massa. Troplong tem razão; a partilha do ascendente criada pelo Código Civil brasileiro é um instituto jurídico especial, um instituto a sé como conceituou Laurent. Bastará dizer que a doação é revogável e a partilha não pode ser A partilha do ascendente não é uma liberalidade; é uma renúncia; o ascendente renuncia ao domínio e à posse dos seus bens transmitindo-os divididamente a seus filhos. A partilha não pode ser nem condicional nem onerosa; a doação pode ser feita sob condições várias.[18]

Em texto recente, Heloísa Helena Barboza sintetiza a divergência da doutrina ao longo do tempo, indicando caminho interpretativo apto a dirimi-la:

> As divergências doutrinárias sobre a partilha em vida se apresentam a partir de sua designação: doação-partilha, partilha-doação, partilha em vida. Adota-se no presente a última denominação, que contém os termos utilizados no Código Civil (artigo 2.018) e na lei civil anterior (artigo 1.776), além de ter a virtude de indicar a presença de elementos de dois outros institutos que se conjugam em negócio jurídico peculiar e complexo, sem se confundirem. Consoante a melhor doutrina, partilha em vida não se confunde com doação.[19]

Com previsão expressa no art. 2.018 do Código vigente, dúvida não subsiste quanto à antecipação da partilha do patrimônio do autor da herança. A partilha em vida pode ser realizada por testamento (negócio jurídico unilateral), por doação (negócio jurídico bilateral) ou por negócio jurídico plurilateral, a que Paulo Lôbo denomina de "partilha *inter vivos*", representando, segundo ele e como afirmado anteriormente, a genuína partilha em vida.[20]

De utilidade e natureza jurídica controvertidas desde a sua introdução na experiência jurídica brasileira, o instituto da partilha em vida segue motivando dúvidas e incertezas, as quais serão apresentadas a seguir.

---

[18] NUNES, Antônio de Pádua. Partilha em vida. *In*: CAHALI, Yussef Said; CAHALI, Francisco José (Org.). *Doutrinas essenciais*: família e sucessões. São Paulo: Revista dos Tribunais, 2011. v. VI. p. 1.099.

[19] BARBOZA, Heloisa Helena. A disciplina jurídica da partilha em vida: validade e efeitos. *Civilistica.com*, Rio de Janeiro, ano 5, n. 1, 2016. Disponível em: http://civilistica.com/a-disciplina-juridica-da-partilha-em-vida/. Acesso em: 16 ago. 2021.

[20] LÔBO, Paulo. *Direito civil*. Sucessões. São Paulo: Saraiva, 2021. p. 324. Ao comentar o disposto no art. 2.018, José Fernando Simão assim sintetiza: "A partilha em vida, quer seja por doação (negócio jurídico bilateral que produz efeitos imediatos), quer seja por testamento (negócio jurídico unilateral que só produz efeitos após a morte do testador), quer seja por acordo entre todos os herdeiros e o proprietário dos bens (negócio jurídico plurilateral, pois terá a vontade do titular dos bens e de seus futuros herdeiros), é admitida pelo sistema" (SCHREIBER, Anderson; TARTUCE, Flávio; SIMÃO, José Fernando; MELO, Marco Aurélio Bezerra; DELGADO, Mário Luiz. *Código Civil comentado*. Rio de Janeiro: Forense, 2021. p. 1.696).

III Aspectos controvertidos da partilha em vida

No item anterior, restou evidente que a interpretação conferida pela maioria da doutrina nacional ao art. 2.018 do Código Civil vigente admite que alguém disponha sobre seu patrimônio, nos limites conferidos pelo direito sucessório, vale dizer, respeitada a legítima dos herdeiros necessários, através de doação, testamento ou negócio jurídico plurilateral, partilhando em vida seus bens.

Iniciamos este item, dedicado à apresentação dos pontos controvertidos que recaem sobre a utilização do instrumento da partilha em vida, com uma indagação bastante comum de quem inicia o estudo do direito das sucessões: Não estaria o instituto da partilha em vida vedado por conta da disposição expressa contida no art. 426 do CC/02, que impede a celebração de negócios que tenham por objeto a herança de pessoa viva? Estar-se-ia diante de um pacto sucessório não permitido pelo nosso ordenamento?

Ao comentar sobre a proibição dos pactos sucessórios e do contrato de herança em nosso sistema jurídico, Pinto Ferreira, em trabalho voltado ao Código Civil de 1916, justifica tal vedação destacando o caráter unipessoal e personalíssimo do testamento, por natureza revogável *ad nutum*.

Fazendo referência ao revogado art. 1.089 do CC/16, o citado autor define pacto sucessório como uma autêntica sucessão contratual, "na qualidade de contrato, prevendo a sucessão de uma pessoa a outra", proibida pela vedação expressa da codificação (que não permitia que a herança de pessoa viva não fosse objeto de contrato). Aponta que tal possibilidade já era vedada pelas Ordenações do Reino (Liv. IV, Título 60), tanto na forma de pactos *de sucedendo* (quando algum dos contratantes promete instituir ou se obriga a aceitar a herança) quanto na forma de pactos *de non sucedendo* (quando promete não instituir ou não aceitar).

Citando Felício dos Santos e a experiência romana, Pinto Ferreira destaca a nulidade de tais acordos, que atentariam contra "a decência e a moral pública", "esperando a morte de uma pessoa". Finaliza com a máxima *hujusmodi pactiones odiosae esse videntur et plenae tristissimi et periculosi eventus*. Segue seu raciocínio, citando Ferrari, que entendia que os romanos consideravam imorais tais formulações por encerrarem um *votum mortis captandae*.

Em suma, é na intrínseca possibilidade de revogação dos negócios jurídicos unilaterais de testamento que repousa a principal fundamentação para afastar de nosso sistema jurídico os denominados pactos sucessórios, sejam simultâneos, recíprocos ou correspectivos. Não se pode confundir a *divisio parentum inter liberos*, ou seja, a partilha em vida, com os pactos sucessórios. Sua natureza jurídica, embora controvertida, costuma ser relacionada a uma doação e/ou partilha.

Tal instituto não deve ser confundido com a doação, pois, ao contrário dela, não admite a possibilidade de revogação, uma vez que não deve ser considerada uma liberalidade do titular dos bens, mas uma renúncia de sua titularidade em benefício de seus sucessores. Estes, no momento da abertura da sucessão, estão dispensados da colação, já que o quinhão por eles recebido não se consubstancia em antecipação, mas sim na própria partilha dos bens. Nesse sentido, corroborando os argumentos apresentados:

A partilha em vida não se confunde com a doação, uma vez que representa ato definitivo de separação do patrimônio em prol dos herdeiros e não mero adiantamento da legítima. A sua integridade dependerá unicamente da participação de todos os herdeiros necessários na sua elaboração, bem como o respeito à legítima. A partilha em vida torna desnecessária a partilha dentro do inventário, uma vez que os bens já foram anteriormente transmitidos. Todavia, ela não elimina o procedimento de inventário. Aos herdeiros bastará a menção de que a partilha já foi realizada e que não existem bens a serem distribuídos. Na hipótese de não ser realizada a partilha em relação a todos os herdeiros, atribuição do quinhão será tida como doação antecipada e estará sujeita à colação, sob pena de sanção de sonegados.[21]

Importante anotar que não se trata de partilha no sentido de fase final do processo de inventário, tampouco poderia ser considerada uma divisão amigável, pois, como ensinam Francisco Cahali e Giselda Hironaka, "não são os herdeiros que assim se compõem, mas o *de cujos*, que, em vida, assim impõe", o que permite "que se promova a transferência antecipada do patrimônio aos futuros sucessores, evitando-se, assim, o processo de inventário ou arrolamento, definindo se as eventuais diferenças entre o valor dos quinhões serão objeto de colação ou não entre os herdeiros necessários".[22]

A desnecessidade de abertura de processo de inventário, apontada por Francisco Cahali e Giselda Hironaka no parágrafo anterior,[23] não é pacífica, especialmente quando se considera que, no caso concreto, é possível que existam bens adquiridos em momento posterior à realização do ato de destinação dos bens aos sucessores, que ficarão sujeitos às regras gerais da sucessão legítima *ab intestato*.

Não nos parece necessário exigir a abertura de inventário quando se verificar disposição integral dos bens aos sucessores em vida, ou ainda quando basta assegurar o cumprimento do testamento para garantir a disposição sobre a integralidade dos bens que compõem o espólio. Neste ponto reside a crítica quanto à localização do art. 2.018 do Código Civil no título dedicado ao procedimento de inventário. Acontece que, a depender dos desdobramentos fáticos ocorridos após o ato de destinação dos bens, é possível a realização do procedimento do inventário, motivo pelo qual a resposta para tal situação depende da análise das circunstâncias do caso concreto.

Importante ressaltar a possibilidade de realizar a partilha em vida por mais de um modo. Desde que respeitados os limites da herança legítima, a pessoa pode partilhar seus bens na forma testamentária,[24] indicando, na forma do art. 2.014 do Código Civil, os bens, valores e direitos que devem compor a parte de cada herdeiro legítimo ou testamentário. Pela adoção do testamento como instrumento da partilha, esta somente

---

21 MEDINA, José Miguel Garcia; ARAÚJO, Fábio Caldas de. *Código Civil comentado*. São Paulo: RT, 2018. p. 1.348.

22 CAHALI, Francisco José; HIRONAKA, Giselda Maria Fernandes Novaes. *Direito das sucessões*. 5. ed. São Paulo: Revista dos Tribunais, 2014. p. 483.

23 Neste sentido, Giselda Hironaka e Francisco Cahali citam decisão do TJSP (*RT* 662/83), ainda durante a vigência do CC/16, que considera injustificada qualquer providência de colação de bens diante da realização de partilha em vida (*vide* o revogado art. 1.776 da codificação anterior), com distribuição equânime dos bens entre os herdeiros, chegando os julgadores, no caso concreto, a considerar desnecessária a expressão "dispensa da colação", pelo doador, no ato da liberalidade (CAHALI, Francisco José; HIRONAKA, Giselda Maria Fernandes Novaes. *Direito das sucessões*. 5. ed. São Paulo: Revista dos Tribunais, 2014. p. 483, nota de rodapé 36).

24 Para Sílvio Rodrigues, "esse tipo de partilha só devia ser permitido quando efetuado por testamento. Aí, com as formalidades garantidoras de sua autenticidade e da liberdade do testador, é facultado a este declaração como devem seus bens ser partilhados" (FRANÇA, Limongi. *Enciclopédia Saraiva do Direito*. São Paulo: Saraiva, 1982. v. 57. p. 207).

produzirá seus efeitos com a abertura da sucessão. Necessário é também que o testador não modifique o seu patrimônio após expressar suas disposições de última vontade.[25]

Se o ato de disposição dos bens for parcial, ou novos bens ingressarem no patrimônio do autor da herança após a realização da partilha em vida, necessária será a partilha judicial ou extrajudicial após a morte do titular do patrimônio.

O que é imprescindível para caracterizar a partilha em vida, seja em que modalidade for, é a determinação ou individualização dos bens destinados a cada herdeiro.[26] Nesse sentido, afirma Pontes de Miranda:

> A partilha em vida do decujo tem de respeitar os quinhões necessários. O patrimônio, de que hão de calcular, é o do momento em que se lavra a partilha em vida. Têm-se de levar em conta as doações já feitas aos descendentes e as despesas necessárias, como as de funerais [...]. Ao abrir-se a sucessão, hão de ser computados os bens adquiridos depois.[27]

Ainda sobre o tema, Francisco Ferreira França assim se manifesta:

> Dado o fallecimento, feito o inventario, verificado que a partilha a que procedeu o pae de família não prejudica ás legitimas dos herdeiros, mandal-a-á o juiz cumprir e guardar, homologando-a por sentença, ao envez de mandar os autos aos partidores. Claro que, si o patrimonio paterno augmentou, os bens a elle sobrevindos devem ser partilhados, melhor sobrepartilhados pelos herdeiros; si bens sahiram desse patrimônio, desfalcando-o, de duas uma: ou a legitima dos herdeiros com eles aquinhoados fica prejudicada, e rompe-se a partilha feita, nos termos daquelle artigo, ou não fica prejudicada, e o pae entendeu de diminuir de facto o quinhão daquellés filhos, só cabendo á justiça acatar-lhe a vontade.[28]

Não se pode perder de vista que é possível que ocorra o nascimento de herdeiros necessários após a realização da partilha em vida. Nessa hipótese, aplica-se o mesmo tratamento dispensado aos casos em que a partilha foi feita sem a presença de algum dos herdeiros necessários: "a transmissão dos bens será tida como adiantamento de legítima,[29] com o consequente dever de colação (não produzindo efeitos em relação ao herdeiro que dela não participou)".[30]

---

[25] LÔBO, Paulo. *Direito civil*. Sucessões. São Paulo: Saraiva, 2021. p. 323.

[26] LÔBO, Paulo. *Direito civil*. Sucessões. São Paulo: Saraiva, 2021. p. 325.

[27] MIRANDA, Francisco Cavalcanti Pontes de. *Tratado de direito privado*. Direito das sucessões. Testamenteiro. Inventário e partilha. Atualização de Giselda Hironaka, Paulo Lôbo e Euclides de Oliveira. São Paulo: Revista dos Tribunais, 2012. t. LX. p. 334.

[28] FRANÇA, Francisco Ferreira. Inventário, distribuição de bens em vida quando há herdeiro menores. *In*: CAHALI, Yussef Said; CAHALI, Francisco José (Org.). *Doutrinas essenciais*: família e sucessões. São Paulo: Revista dos Tribunais, 2011. v. VI. p. 1.076.

[29] No mesmo sentido a jurisprudência do Superior Tribunal de Justiça: "Todo ato de liberalidade, inclusive doação, feito a descendente e/ou herdeiro necessário nada mais é que adiantamento de legítima, impondo, portanto, o dever de trazer à colação, sendo irrelevante a condição dos demais herdeiros: se supervenientes ao ato de liberalidade, se irmãos germanos ou unilaterais. É necessária a expressa aceitação de todos os herdeiros e a consideração de quinhão de herdeira necessária, de modo que a inexistência da formalidade que o negócio jurídico exige não o caracteriza como partilha em vida. A dispensa do dever de colação só se opera por expressa e formal manifestação do doador, determinando que a doação ou ato de liberalidade recaia sobre a parcela disponível de seu patrimônio. Recurso especial não conhecido" (REsp nº 730.483/MG. Rel. Min. Nancy Andrighi, Terceira Turma, j. 3.5.2005. *DJ*, 20 jun. 2005. p. 287).

[30] ROSENVALD, Nelson; BRAGA NETTO, Felipe. *Código Civil comentado*. Salvador: JusPodivm, 2021. p. 2.037.

Imperioso também destacar que, não obstante a redação do dispositivo legal (art. 2.018, CC), o qual menciona expressamente a classe dos ascendentes, não há impedimento à efetivação da partilha em vida por qualquer pessoa, observadas as regras próprias.[31]

Importante destacar ressalva formulada por Zeno Veloso,[32] de que embora a partilha em vida não possa ferir direitos dos herdeiros necessários, não obsta a "distribuição de quinhões diferentes, seguindo a regra geral de liberdade de disposição da parte [disponível] não compreendida pela legítima".[33]

Tema pouco explorado na doutrina contemporânea diz respeito ao impacto do regime de bens do casamento para a realização da partilha em vida. Nos comentários de atualização do *Tratado de direito privado* de Pontes de Miranda, Giselda Hironaka, Paulo Lôbo e Euclides de Oliveira sustentam:

> Se o ascendente é casado no regime da comunhão de bens, será impossível a partilha-doação por um só dos cônjuges. A escritura deverá ser celebrada por ambos, de comum acordo, porquanto nenhum deles tem a propriedade exclusiva dos bens, nem é possível determinar, antes da dissolução da sociedade conjugal, os que constituem a meação.[34]

A decisão do titular dos bens de realizar a partilha em vida deve ser tomada após sopesar todos os pontos acima apontados, evitando que o instrumento do planejamento sucessório seja comprometido por sua inadequação às circunstâncias do caso concreto. Desde que preenchidos todos os requisitos para a concretização do suporte fático suficiente à garantia da eficácia do ato, a partilha em vida se consubstancia como mais um dos instrumentos à disposição do titular dos bens que deseja exercer de modo pleno a sua autonomia privada patrimonial.

IV Considerações finais

Será que assiste razão a Darcy Arruda Miranda quando afirma que "a ingratidão e a deslealdade proliferam de tal arte na vida dos indivíduos que a partilha em vida, ou adiantamento da legítima como querem outros, tem sido pomo de discórdias nas famílias, e fontes de lamentáveis desavenças entre irmãos para a tristeza e desilusão de seus progenitores"?[35]

---

[31] ROSENVALD, Nelson; BRAGA NETTO, Felipe. *Código Civil comentado*. Salvador: JusPodivm, 2021. p. 2.037.

[32] VELOSO, Zeno. *Comentário ao Código Civil*. São Paulo: Saraiva, 2003. v. 21. p. 437.

[33] FARIAS, Cristiano Chaves de; FIGUEIREDO, Luciano L.; EHRHARDT JR., Marcos; DIAS, Wagner Inácio Freitas. *Código Civil para concursos*. 7. ed. Salvador: JusPodivm, 2018. p. 1.800.

[34] MIRANDA, Francisco Cavalcanti Pontes de. *Tratado de direito privado*. Direito das sucessões. Testamenteiro. Inventário e partilha. Atualização de Giselda Hironaka, Paulo Lôbo e Euclides de Oliveira. São Paulo: Revista dos Tribunais, 2012. t. LX. p. 340. Ainda sobre o tema, Orlando Gomes anota que "casado sob o regime da comunhão universal não lhe é dado, por isto, partilhar em vida, isoladamente, os bens dos quais é comunheiro. A razão é mui simples. Enquanto perdura a comunhão, nenhum dos consortes tem propriedade exclusiva sobre os bens do casal, e a comunhão, como se sabe, só se dissolve pela morte de um dos cônjuges, pela anulação do casamento, ou pelo desquite [...]. Antes da separação do patrimônio, cada cônjuge possui metade ideal do acervo comum, não se podendo, pois, individualizar bens para o fim de atribuir a propriedade de alguns ao marido e a propriedade dos demais á mulher. O consentimento desta não altera a situação [...]" (GOMES, Orlando. *Questões de direito civil (pareceres)*. 5. ed. São Paulo: Saraiva, 1988. p. 294).

[35] MIRANDA, Darcy Arruda. *Anotações ao Código Civil brasileiro*. 3. ed. São Paulo: Saraiva, 1993. v. 3. p. 813.

Assim como qualquer instrumento empregado para a realização do planejamento sucessório, é necessário avaliar os prós e os contras, vale dizer, as particularidades dos objetivos do titular dos bens, seu momento de vida e a constatação de que se está vivendo cada vez mais, permitindo novos ciclos de relacionamentos e, eventualmente, a geração de novos filhos. Isso deve ser sopesado ao se decidir por um instrumento como a partilha em vida e a forma como esta seria implementada, se por ato *inter vivos* ou *mortis causa*.

Dúvidas, desconfianças e incertezas sobre como realizar o planejamento sucessório sempre acompanharam o titular do acervo de bens durante toda a nossa história. O trecho a seguir, extraído de artigo da lavra de Francisco Ferreira França, publicado na *Revista dos Tribunais* em 1923, bem ilustra isso:

> Dahi e do extranhado amor do brasileiro á prole o defrontamos a cada passo com o chefe de família que pretende ao morrer deixar os seus a coberto de difficuldades, explicita e claramente apontadas entre ellas, sem rebuços, as decorrentes do futuro inventario; não ha muito que, ao assignar em cartório a escriptura que suppunha por-lhe a família a salvo de complicações com a gente do foro, por sua morte, dizia pessoa de posição social nesta zona: "agora posso morrer socegado, que a ladra 'não me entre em casa': a ladra era a justiça, a mesma justiça que lhe garantia a propriedade dos bens de que dispunha...".[36]

Revela-se aqui a importância dos estudos sobre os mais diversos instrumentos destinados à concretização do planejamento sucessório, que não pode ser encarado como uma decisão isolada, senão como um complexo de decisões sujeitas à dinâmica da vida, dos relacionamentos e dos afetos, e que deve permitir aos atingidos por suas disposições o respeito às normas cogentes do ordenamento, sem afastar o exercício da liberdade assegurada nas relações particulares.

Referências

ANDRADE, Gustavo Henrique Baptista. *O direito de herança e a liberdade de testar*. Um estudo comparado entre os sistemas jurídicos brasileiro e inglês. Belo Horizonte: Fórum, 2019.

BARBOZA, Heloisa Helena. A disciplina jurídica da partilha em vida: validade e efeitos. *Civilistica.com*, Rio de Janeiro, ano 5, n. 1, 2016. Disponível em: http://civilistica.com/a-disciplina-juridica-da-partilha-em-vida/. Acesso em: 16 ago. 2021.

CAHALI, Francisco José; HIRONAKA, Giselda Maria Fernandes Novaes. *Direito das sucessões*. 5. ed. São Paulo: Revista dos Tribunais, 2014.

FARIAS, Cristiano Chaves de; FIGUEIREDO, Luciano L.; EHRHARDT JR., Marcos; DIAS, Wagner Inácio Freitas. *Código Civil para concursos*. 7. ed. Salvador: JusPodivm, 2018.

FERREIRA, Pinto. *Tratado das heranças e dos testamentos*. 2. ed. São Paulo: Saraiva, 1990.

FONSECA, Tito Prates da. *Successão testamentaria*. São Paulo: [s.n.], 1928.

FRANÇA, Francisco Ferreira. Inventário, distribuição de bens em vida quando há herdeiro menores. *In*: CAHALI, Yussef Said; CAHALI, Francisco José (Org.). *Doutrinas essenciais*: família e sucessões. São Paulo: Revista dos Tribunais, 2011. v. VI.

36 FRANÇA, Francisco Ferreira. Inventário, distribuição de bens em vida quando há herdeiro menores. *In*: CAHALI, Yussef Said; CAHALI, Francisco José (Org.). *Doutrinas essenciais*: família e sucessões. São Paulo: Revista dos Tribunais, 2011. v. VI. p. 1.074.

FRANÇA, Limongi. *Enciclopédia Saraiva do Direito*. São Paulo: Saraiva, 1982. v. 57.

GOMES, Orlando. *Questões de direito civil (pareceres)*. 5. ed. São Paulo: Saraiva, 1988.

LÔBO, Paulo. *Direito civil*. Sucessões. São Paulo: Saraiva, 2021.

MADALENO, Rolf. O fim da legítima. *Revista IBDFAM: Famílias e sucessões*, Belo Horizonte, v. 16, p. 31-72, jul./ago. 2016.

MAMEDE, Gladston; MAMEDE, Eduarda Cotta. *Planejamento sucessório*. São Paulo: Atlas, 2015.

MEDINA, José Miguel Garcia; ARAÚJO, Fábio Caldas de. *Código Civil comentado*. São Paulo: RT, 2018.

MIRANDA, Darcy Arruda. *Anotações ao Código Civil brasileiro*. 3. ed. São Paulo: Saraiva, 1993. v. 3.

MIRANDA, Francisco Cavalcanti Pontes de. *Tratado de direito privado*. Direito das sucessões. Testamenteiro. Inventário e partilha. Atualização de Giselda Hironaka, Paulo Lôbo e Euclides de Oliveira. São Paulo: Revista dos Tribunais, 2012. t. LX.

NUNES, Antônio de Pádua. Partilha em vida. *In*: CAHALI, Yussef Said; CAHALI, Francisco José (Org.). *Doutrinas essenciais*: família e sucessões. São Paulo: Revista dos Tribunais, 2011. v. VI.

RAMOS, André Luiz Arnt. Invalidade da partilha feita em vida e a necessidade de revisitar o texto do art. 2.028 do Código Civil? *In*: TEIXEIRA, Daniele Chaves (Coord.). *Arquitetura do planejamento sucessório*. Belo Horizonte: Fórum, 2019.

ROSENVALD, Nelson; BRAGA NETTO, Felipe. *Código Civil comentado*. Salvador: JusPodivm, 2021.

SCHREIBER, Anderson; TARTUCE, Flávio; SIMÃO, José Fernando; MELO, Marco Aurélio Bezerra; DELGADO, Mário Luiz. *Código Civil comentado*. Rio de Janeiro: Forense, 2021.

VELOSO, Zeno. *Comentário ao Código Civil*. São Paulo: Saraiva, 2003. v. 21.

Informação bibliográfica deste texto, conforme a NBR 6023:2018 da Associação Brasileira de Normas Técnicas (ABNT):

EHRHARDT JUNIOR, Marcos; ANDRADE, Gustavo Henrique Baptista. Breves notas sobre a sucessão contratual no direito brasileiro: o instrumento da partilha em vida. *In*: TEIXEIRA, Daniele Chaves (Coord.). *Arquitetura do planejamento sucessório*. Belo Horizonte: Fórum, 2022. p. 81-92. Tomo III. ISBN 978-65-5518-291-0.

DIRETO À MORTE DO CORPO VIRTUAL: (IM) POSSIBILIDADE DE UM DIREITO À SUCESSÃO DE BENS VIRTUAIS EXISTENCIAIS

JOYCEANE BEZERRA DE MENEZES
PATRÍCIA K. DE DEUS CIRÍACO

Introdução

Nos dias atuais, cerca de 4,66 bilhões de pessoas estão conectadas na *World Wide Web*, conforme os dados apresentados pela União Internacional de Telecomunicações da Organização das Nações Unidas.[1] Esse número corresponde à 59% (cinquenta e nove por cento) da população terrestre e compõe a chamada sociedade da informação. São pessoas que conversam e trocam mídias por meio de aplicativos, *e-mails* e redes sociais, pulverizando os seus dados em uma produção continuada de conteúdo. Armazenam-se fotos, músicas e livros nas "nuvens"; colecionam-se escritos em blocos de notas virtuais; acumulam-se moedas digitais e milhas aéreas. A cada fração de segundo, esse conteúdo imaterial é produzido em quantidade inimaginável e armazenado nos grandes bancos de dados, em um processo que desafia a tradicional lógica de espaço e tempo.

São os tempos líquidos anunciados por Bauman (2001), demarcando a passagem da *modernidade pesada* para a *modernidade leve*, na qual os avanços tecnológicos impactam a vida das pessoas e as formas de sua interação social. Nessa ambiência, a informação alcança notável valor e justifica a emergência de mecanismos específicos de regulação e proteção de dados. Mudam-se as regras de proteção à privacidade, que passa a enfatizar a necessidade de regras voltadas para a garantia do bom funcionamento da circulação dessas informações (RODOTÀ, 2008, p. 60). Sempre com o escopo de estender a tutela da pessoa ao seu *corpo eletrônico*, expressão cunhada por Rodotà (2004) para se referir ao

1 Informações extraídas do *site* da agência da Organização das Nações Unidas, especializada em tecnologias de informação e comunicação, União Internacional de Telecomunicações (UIT). Estima-se que, até 2030, a partir de investimentos do setor público e privado, a internet será expandida para mais 3 bilhões de pessoas ainda sem acesso à rede mundial (ONU..., 2020).

conjunto das informações pessoais existentes sobre nós e o modo como nos apresentamos em rede (RODOTÀ, 2010, p. 96).

Nesse mundo virtual, o trânsito dos bens imateriais de natureza patrimonial e/ou existencial tem suscitado questionamentos de variada ordem à comunidade jurídica. Toca ao direito das sucessões responder sobre o destino desses bens virtuais após a morte do usuário titular, razão pela qual se passou a falar em *herança digital* e sobre os parâmetros norteadores de uma possível sucessão.

Primariamente, reitera-se que o objeto da sucessão *post mortem* são as situações jurídicas de conteúdo patrimonial que podem envolver bens materiais ou imateriais, fungíveis ou infungíveis, de existência real/concreta ou virtual. Sendo suficiente que repercutam interesse econômico para que possam ser transmitidos. Quanto às situações jurídicas existenciais, cujo objeto são os interesses pertinentes à personalidade, como intransmissíveis que são, não se sujeitam ao direito das sucessões (art. 11, CC/02).

Embora inerentes à pessoa finda, certos bens da personalidade perseveram, após a morte, como interesse legítimo a ser tutelado por meio da atuação de terceiros, nos moldes dos arts. 12, parágrafo único, e 20, parágrafo único, do Código Civil. Mas, nesse último caso, a fundamentação jurídica se extrai do direito de personalidade e não do direito das sucessões. Dito isso, não se pode aplicar aos bens existenciais o mesmo regime que orienta a transmissão dos bens patrimoniais, sejam esses bens virtuais ou não.

Na ausência de legislação específica, a destinação dos bens digitais no *post mortem* deve seguir a regra geral acima estabelecida, sem olvidar da possibilidade que tem a pessoa de estabelecer, por meio de testamento, disposições específicas sobre questões existenciais.

Este artigo se propõe à análise desta problemática, assim o fazendo mediante a subdivisão do texto em três partes: a primeira parte trata da sociedade da informação, contexto no qual exsurge a ideia de corpo eletrônico ou virtual e de bens digitais; a segunda parte analisa o conceito e classificação de bens digitais, para sustentar que serão sucessíveis apenas aqueles bens de natureza patrimonial, excluindo-se da sucessão os bens digitais existenciais, haja vista o imperativo da intransmissibilidade comum aos direitos de personalidade. A terceira e última parte apresenta as propostas e tendências legislativas na realidade brasileira.

1 Sociedade da informação, corpo virtual e perfil funcional dos bens digitais

Com a popularização da internet e o surgimento do que se denomina *World Wide Web* ou *Web* 2.0,[2] as relações sociais ultrapassaram os parâmetros comuns ao mundo

---

[2] Importante esclarecer que a internet se originou, na década de 1960, a partir do projeto desenvolvido pela Arpanet, esta responsável pela elaboração de protocolos que viabilizassem uma integração de redes, àquela época, com finalidades militares. Trata-se, portanto, de uma rede que liga máquinas entre si, recebendo as designações de LAN – "rede local" ou intranet – "redes internas de empresas e organizações" (THINK..., 2002). Já o termo *Web 2.0* se refere à segunda geração da *World Wide Web*, a qual permite o compartilhamento de informações entre os usuários de internet, designando um processo ativo em que os internautas colaboram com o fornecimento e organização de conteúdo (O'REILLY, 2005). Contudo, já se fala em *Web 3.0* (ou *web* semântica), denominação que designa a alta performance dos sistemas de busca, além do conteúdo disponível em rede ter se tornado cada vez mais personalizado (LEE; HENDLER; LASSILA, 2001).

moderno,[3] para estampar o que a doutrina sociológica começou a designar como sociedade pós-moderna ou sociedade da informação.[4] Em poucas décadas, a tecnologia da informação e seus avanços promoveram o surgimento de um novo conceito de interação social que ressignificou, inclusive, a concepção de tempo e espaço.

No mundo digital, não cabe a oposição entre o real e o virtual como se a realidade evocasse uma *efetuação material*, uma *presença tangível*, enquanto o virtual suscitasse a ausência de existência (LÉVY, 1996, p. 48). No atual estágio, o virtual já é o constituído, é mais do que a mera potência – ideia que traspassa o termo *virtualis*, na origem, derivado de *virtus*.

O processo de virtualização é um movimento dinâmico que consiste na mutação de identidade, "um deslocamento do centro de gravidade ontológico do objeto considerado", de sorte a fluidificar seus elementos que já não ocupam uma posição geográfica específica e também não mais se apresentam nos mesmos moldes estruturais ordinariamente apreendidos (LÉVY, 1996, p. 17-18). Essa desterritorialização, contudo, não compromete a existência do objeto, e menos ainda os efeitos que pode produzir na vida "real" e "presente".

O apogeu da indústria ampliou o domínio do espaço, permitindo ao homem viajar pela terra, rompendo distâncias longínquas em um tempo cada vez mais breve. Na sociedade em rede intersecionada com a modernidade líquida de Bauman (2001, p. 105-106), o tempo se converte no parceiro dinâmico na relação *tempo-espaço*. Como um fator disruptivo, permite que a informação viaje à velocidade da luz, facilitando a interação síncrona e imediata entre sujeitos posicionados entre os extremos da Terra. Cancela a tradicional diferença entre longe e perto. À medida que o espaço, cada vez mais colonizado pela ambição humana, transcende à dimensão territorial geográfica para alcançar uma interface virtual, onde a sua existência se descola da ideia de uma circunscrição física. Temos o espaço da *web*.

Relações de amizade e vínculos amorosos se formam nesse mesmo espaço onde se desenvolvem múltiplas atividades empresariais que compõem o chamado *e-commerce*, ambiente no qual a informação vale ouro e circula rapidamente. Nesse mundo de interações virtuais, a tutela da personalidade também se estende ao corpo virtual ou

3 Em caráter informativo, pontua-se a crítica de Giddens (1991, p. 8-9) quanto às nomenclaturas: "Uma estonteante variedade de termos tem sido sugerida para esta transição, alguns dos quais se referem positivamente à emergência de um novo tipo de sistema social (tal como a 'sociedade de informação' ou a 'sociedade de consumo'), mas cuja maioria sugere que, mais que um estado de coisas precedente, está chegando a um encerramento ('pós-modernidade', 'pós-modernismo', 'sociedade pós-industrial', e assim por diante). [...] Em vez de estarmos entrando num período de pós-modernidade, estamos alcançando um período em que as consequências da modernidade estão se tornando mais radicalizadas e universalizadas do que antes. Além da modernidade, devo argumentar, podemos perceber os contornos de uma ordem nova e diferente, que é 'pós-moderna'; mas isto é bem diferente do que é atualmente chamado por muitos de 'pós-modernidade'".

4 Para melhor compreender o termo: "The origins and causes of information societies lie in two interrelated developments: long-term economic development and technological change. [...] We have seen that it is possible to identify some common characteristics of information societies, but it is not at all easy to go beyond generalized definitions, such as: an information society is one in which information is used intensively as an aspect of economic, social, cultural and political life. [...] It is possible to define the information sector of the economy. Broadly it consists of the organizations, in both the private and public sector, that create the information content, or intellectual property; those that provide the facilities to deliver the information to the consumers; and those that produce the hardware and software that enable us to process information. It is more difficult, however, to defin and measure the information activity that takes place within organizations outside the information sector" (MOORE, 2007, p. 272; 274).

corpo eletrônico que, na definição de Rodotà (2010, p. 90), corresponde ao conjunto das informações pessoais que circulam sobre o sujeito e o modo como ele se apresenta na rede.

A interação em rede é uma realidade própria desta *sociedade* que tem na *informação* um recurso econômico de acesso massivo, apto a impulsionar o desenvolvimento de um setor específico da economia incumbido de satisfazer a demanda geral por informações, instalações e serviços (MOORE, 2007, p. 271-272). Entre as diversas modalidades de informação, os dados pessoais funcionam como chave de acesso a muitos dos serviços disponibilizados na *web* (RODOTÀ, 2004, p. 93). Para garantir proteção à pessoa, a privacidade ganha novos contornos para incluir o direito à proteção de dados, alçados a uma fundamentalidade constitucional. À medida que esses dados se convertem em moeda de troca, a pessoa é considerada matéria-prima de um ciclo produtivo altamente rentável (SCHULMAN, 2016, p. 336).

O corpo virtual, acervo de informações pessoais alocadas na *big data*,[5] é a virtualização da corporeidade que coexiste ao corpo físico e, por isso, reivindica a tutela adequada. Aquele corpo aprisionado à carne que transita na dimensão geográfica convive com sua versão virtualizada, composta pelo conjunto dos dados pessoais que circulam na web mesmo após a morte do corpo físico (RODOTÀ, 2004, p. 92-93). Por vezes, o corpo físico se conforma como uma mera "senha" de acesso, verificável pelos dados biométricos, aos serviços virtuais (RODOTÀ, 2004, p. 95).

Essa conjunção entre corpo físico e o corpo eletrônico impacta a antropologia do humano que, em sua unidade funcional, passa a demandar formas adequadas de tutela, a exemplo do direito ao pleno controle das informações que constituem o corpo eletrônico (RODOTÀ, 2010, p. 100). Assim é que a privacidade se expande para também albergar o direito fundamental à proteção de dados e a autodeterminação informativa. A malversação dos dados pessoais é a malversação do próprio corpo e, consequentemente, uma lesão à privacidade e à dignidade da pessoa (RODOTÀ, 2004, p. 97).

Nessa toada, cientes que estamos da expansão do corpo para o meio virtual, a disciplina jurídica dos bens virtuais não pode ser reduzida à lógica patrimonialista. O conjunto dos bens digitais pode envolver interesses jurídicos existenciais e patrimoniais que, em comum, têm apenas o ambiente no qual se desenvolvem e/ou a figura do seu titular.

Informações pessoais, acervo de mensagens privadas, fotos e vídeos não comerciais são diferentes de mensagens, vídeos e filmes de cunho comercial e reclamam tratamento distinto. Em atenção a isso, qual o destino do acervo digital da pessoa que vem a óbito? Seus bens virtuais passam a constituir a sua herança e se sujeitarão à transmissão nos termos do direito das sucessões? Para responder a esses questionamentos, revolvemos ao conteúdo virtual deixado pelo usuário após a morte, o qual tem recebido a denominação de "herança digital", "legado digital", "patrimônio digital" e "ativo digital", para reafirmar a inadequação das soluções reducionistas pautadas na ótica meramente patrimonial (LEAL, 2018, p. 190). Insiste-se que os bens digitais existenciais não estão sujeitos ao mesmo regime jurídico aplicável aos bens digitais patrimoniais.

---

[5] "Grandes dados é um termo que descreve o armazenamento e a análise de grandes e/ou conjuntos de dados complexos usando uma série de técnicas, incluindo, mas não se limitando a: NoSQL, MapReduce and machine learning" (WARD; BARKER, 2013, tradução livre).

Considera-se bem jurídico (ou interesse jurídico) aquilo que pode ser objeto de uma relação jurídica, não importando sua materialidade ou patrimonialidade (PEREIRA, 2017, p. 331). Para Perlingieri (2002, p. 238), "as coisas corpóreas – em si abstratamente úteis ao homem – são sempre bens jurídicos mesmo quando não sejam objeto atual de direitos, já que são sempre idôneas para sê-lo". As coisas incorpóreas, por seu turno, só serão consideradas bens jurídicos se demonstrada a sua utilidade social, aferível quando possa ser objeto de interesse de um sujeito determinado ou da própria comunidade.

A "informação" como um bem incorpóreo será relevante para o direito conforme a sua utilidade social (PERLINGIERI, 2010, p. 238-239). Conforme o seu conteúdo, poderá ser qualificada como bem jurídico e receber a tutela adequada. Catalogados como "informação", os arquivos armazenados na web são os bens incorpóreos, nominados genericamente de *bens digitais* (LACERDA, 2021).[6] Segundo o conceito formulado por Teixeira e Leal (2020, p. 336), "os bens digitais podem ser configurados como todos aqueles conteúdos constantes na rede, passíveis ou não de valoração econômica, que proporcionem alguma utilidade para o seu titular".

Ativos digitais como criptomoedas, milhas aéreas, contas comerciais em redes sociais etc., são exemplos de bens incorpóreos de agregado valor econômico que são passíveis de transmissão sucessória após a morte do usuário-titular. Mas há outros bens digitais que, embora relevantes para o titular quando vivo, não carregam qualquer valor econômico, como é o caso do conjunto de mensagens particulares não comerciais trocadas entre os usuários da *web*. Embora se possa distinguir os bens digitais quanto à sua natureza, há uma tendência de se reduzir a sua disciplina à abordagem patrimonial, induzindo à falsa ideia de que todo o acervo virtual da pessoa (todo o *big data*) é, como um todo, transmissível aos herdeiros.

A resolução do problema no campo do direito das sucessões dependerá da análise do perfil funcional desses *bens digitais*, "conceito contextual e socialmente construído" (TEIXEIRA; KONDER, 2012, p. 6) a partir da realidade apreendida na sociedade presente. Para Teixeira e Konder (2012, p. 6), é fundamental compreender o perfil funcional do instituto em pauta – a fim de perscrutar sobre a sua finalidade em dado contexto espaço/temporal e, assim, a partir do diálogo entre norma e realidade, identificar a interpretação e aplicação mais adequada aos valores de justiça assentados na Constituição.[7] Nessa inferência hermenêutica, a abordagem dos bens digitais após a morte do titular requer atenção à tutela da personalidade e ao trânsito da propriedade.

Considerem-se as três espécies de bens digitais apontadas por Teixeira e Leal (2020, p. 337): "(i) os bens digitais patrimoniais; (ii) os bens digitais existenciais; e (iii) os bens

---

[6] O autor explica que países como os Estados Unidos se utilizam das denominações *digital assets* e *digital property*, tratando como ativos e propriedades digitais aquilo que é armazenado em rede. No caso do Brasil, a opção mais acertada é a de denominar esses ativos como bens, para o qual: "em sendo bens, como se apresentam em um ambiente diferente do convencionalmente tratado por nossa legislação, o melhor seria considera-los bens digitais, como fruto de verdadeira revolução tecnológica e digital operada em nossa sociedade nas últimas décadas" (LACERDA, 2021, p. 43).

[7] Em última publicação conjunta, os autores reforçam o argumento: "Funcionalizar um instituto é descobrir sob qual finalidade ele serve melhor para o cumprimento dos objetivos constitucionais, qual seja, a tutela da pessoa humana na perspectiva não apenas individual, mas também solidarista e relacional. Por isso, descobrir a função de um instituto é mais importante do que investigar seus aspectos estruturais" (TEIXEIRA; KONDER, 2021, p. 26).

digitais híbridos".[8] Os primeiros requerem a tutela do direito de propriedade, porque possuem valoração econômica; os segundos vinculam-se à esfera existencial da pessoa e, revestidos de extrapatrimonialidade, atraem os direitos de personalidade; os últimos possuem uma característica híbrida, sendo necessário perquirir sobre a possibilidade de transmissão sucessória no que é pertinente à patrimonialidade, sem malferimento aos aspectos existenciais.

A priori, a identificação dessas situações parece óbvia, porque consiste na delimitação do objeto ou interesse presente na situação jurídica (quer patrimonial quer existencial), mas a dificuldade se apresenta em face dos bens digitais híbridos. É nesse momento que a identificação do perfil funcional se torna ainda mais relevante para o fim de descolar o interesse patrimonial passível de transmissão, sem que isso resvale em lesão ao interesse existencial correlacionado.

2 Direto à morte do corpo virtual: (im)possibilidade de um direito à sucessão de bem digital existencial

A transmissão de direitos e deveres aos herdeiros legítimos e testamentários decorre da previsão legislativa dos arts. 1.784 e 1.788 do Código Civil, e ecoa a garantia fundamental resguardada pelo art. 5º, inc. XXX da Constituição Federal (BRASIL, 1988). Constituem herança as situações jurídicas de conteúdo patrimonial (TEPEDINO; NEVARES; MEIRELES, 2021, p. 13). São situações jurídicas patrimoniais aquelas que têm por objeto um interesse de natureza econômica, inclusive as que foram estabelecidas no meio virtual. Com a morte do titular, esses bens ou interesses comporão a universalidade de bens e direitos (art. 91, CC/02) que a lei chama de herança (art. 1.791, CC/02), bem de natureza imóvel conforme o art. 80, II, CC/02, de indubitável valor econômico e utilidade social que, uma vez, líquida, será partilhada entre os herdeiros legítimos e/ou testamentários.

É da natureza dos bens a sua valoração econômica, independentemente de sua materialidade ou fungibilidade. Embora "não presentes" no espaço geográfico, há bens como as milhas aéreas e os *bitcoins*, que são suscetíveis de avaliação econômica do mesmo modo como o são os bens imóveis, razão pela qual não se pode vetar a sua transmissão por via sucessória. Mas nem tudo o que tem sido englobado sob a expressão "bem digital" pode ser transmissível por herança.

Com a *supervirtualização*, é possível que em poucos anos aqueles escritos em diários e cartas, livros, fotos, discos, CDs, filmes, entre outros, sejam substituídos pelos arquivos digitais. Teremos o bloco de notas do *iPhone* ou *Android* ("diário"); conversas em redes sociais: *WhatsApp* e *Facebook* ("cartas"); fotos armazenadas no *iCloud* ("álbuns de fotografia"); e livros, mídias de áudio e audiovisual, todos armazenados nas nuvens ("discos, CDs e DVDs"). A administração desses interesses e das redes sociais, em si, pelo acesso e manuseio das senhas de *e-mails* e outros aplicativos, poderá (ou deverá) ser transmitida aos herdeiros chamados pela ordem de vocação hereditária do falecido?

---

[8] Essa classificação é compartilhada por Bruno Zampier Lacerda (2017, p. 111-112), para quem os bens digitais são: "patrimoniais, existenciais, e patrimoniais-existenciais".

Como já antecipamos, os bens existenciais não se sujeitarão às regras da sucessão *post mortem*, ao passo que os bens virtuais patrimoniais a elas se submeterão e passarão a compor a herança. Embora não se transmitam por herança, os bens existenciais podem ser objeto de disposição testamentária, facultando ao titular dispor de algumas de suas consequências, em testamento. Nada obsta que o titular desses dados possa confiar, a um sujeito específico, o acesso a seus escritos, fotografias e vídeos pessoais.

De outra banda, quando esses bens digitais interseccionam interesses de terceiros, como nos casos de mensagens íntimas ou profissionais por *e-mail* ou por meio de redes sociais, a privacidade do interlocutor tem que ser preservada. Considere-se, por analogia, o exemplo das cartas (de papel), em que há um remetente, um destinatário e um conteúdo. Conquanto o destinatário seja o proprietário da carta, o conteúdo pode repercutir a esfera íntima do remetente – o autor criativo.

Mas como inferir se a carta traz interesse protegido de terceiro? Se é ou não confidencial? Há teorias específicas, oferecendo respostas distintas, mas, a considerar a tutela da personalidade e o dever profissional de sigilo ou de segredo concernente às relações mais íntimas, é possível concluir pelo dever de se respeitar a esfera jurídica do remetente.[9] O próprio teor da mensagem e, mais especificamente, a expressa declaração de que o seu conteúdo é privado e sigiloso justificam a sua preservação do olhar intrusivo e injustificado. Tal declaração expressa de confidencialidade não seria vinculativa se contivesse, por exemplo, o anúncio da prática de um crime ou informações relevantes para a elucidação de um fato criminoso (MENEZES; COLAÇO, 2020, p. 157). Em suma, os bens digitais podem tocar a privacidade de terceiro, desautorizando o acesso a tais conteúdos pelos herdeiros do falecido.

Teriam os herdeiros algum interesse legítimo para reivindicar o acesso a tais bens existenciais, com a intenção de compreender as razões da morte do titular? Entendemos que não.[10] Essas próprias razões podem, elas mesmas, reclamar proteção à privacidade. Se houver dúvidas quanto à causa da morte e/ou suspeita de crime, seja o caso submetido às autoridades.

Aos parentes, caberia apenas a legitimidade ativa, nos moldes dos parágrafos únicos dos arts. 12 e 20, do CC/02, para requerer a providência tendente a fazer cessar a ameaça ou a lesão aos interesses protegidos. De modo genérico, diz o art. 12 que "pode-se exigir que cesse a ameaça, ou a lesão, a direito da personalidade, e reclamar

---

9 Menezes e Colaço (2020, p. 157) explicam: "Assim, para determinar se a carta é ou não confidencial, teorias distintas podem ser aplicadas: a primeira, de orientação subjetivista, diz que a confidencialidade dependerá da vontade declarada do autor; a segunda, de orientação objetivista, diz que a confidencialidade se deduz do teor da carta, independentemente da vontade declarada de quem escreveu o texto. Uma terceira e última teoria, a do direito de personalidade, impõe a confidencialidade a partir do seu teor e de alguma intervenção do autor".

10 Ao contrário do defendido neste artigo, no julgamento do *leading case* BGH III ZR 183/17, de 12.7.2018, proferido pela Corte alemã *Bundesgerichtshof*, foi reconhecida a transmissibilidade da herança digital aos herdeiros dos usuários de redes sociais. O caso consistiu no pedido de acesso à conta pessoal do Facebook de adolescente falecida, uma vez que, após o óbito, fora transformada em memorial. Os pais, que argumentavam a necessidade de acesso para esclarecer a morte da adolescente, mediante a suspeita de suicídio, defenderam se tratar de direito sucessório a ser transmitido aos herdeiros. Em deferimento ao pleito, a Corte determinou que o Facebook liberasse o acesso à conta da falecida, sob o argumento de que a herança digital pertence aos herdeiros do morto, mediante a aplicação da regra geral vigente no ordenamento jurídico alemão. Conforme a Corte, apenas se o *de cujus* tivesse indicado herdeiro específico ou manifestado a vontade pela vedação da transmissão é que, em garantia aos princípios da autonomia privada e autodeterminação, os bens digitais não seriam transmitidos (BGH v. 12.7.2018, III ZR 183/17) (MENDES; FRITZ, 2019).

perdas e danos, sem prejuízo de outras sanções previstas em lei". Segundo o parágrafo único, "em se tratando de morto, terá legitimação para requerer a medida prevista neste artigo o cônjuge sobrevivente, ou qualquer parente em linha reta, ou colateral até o quarto grau" (BRASIL, 2002).

Se o acesso aos bens digitais existenciais do falecido for indispensável para o exercício da pretensão assinalada no parágrafo único do art. 12, seria plausível a sua apreciação e deferimento. Mas, nesse caso, a finalidade justificaria e limitaria o acesso.

O art. 20 dispõe sobre o direito de requerer a proibição de divulgação de escritos, a transmissão da palavra ou a publicação, a exposição ou a utilização da imagem de uma pessoa, a seu requerimento e sem prejuízo da indenização que couber, se lhe atingirem a honra, a boa fama ou a respeitabilidade, ou se se destinarem a fins comerciais, salvo quando necessárias à administração da justiça ou à manutenção da ordem pública (BRASIL, 2002). Nesse caso, a legitimidade para requerer a providência é do titular do direito de personalidade. Finda a sua existência pela morte, o que era direito subjetivo se conforma como um interesse jurídico merecedor de tutela de titularidade dos parentes indicados no parágrafo único. Mesmo assim não se estima que a providência correspondente possa evocar o acesso aos bens digitais existenciais do morto. De toda sorte, caberá ao juízo competente, uma vez provocado, avaliar a pertinência e adequação deste acesso para o fim assinalado no dispositivo.

Mas não há que se falar em transmissão sucessória dos dados, mas no excepcional acesso a tais elementos para fins específicos, resguardados pela lei. Sob a metodologia do direito civil constitucional, é possível responder sobre a possibilidade do acesso de tais bens pelos herdeiros, considerando o perfil funcional dos institutos do direito civil e os valores de justiça assinalados pela Constituição da República, entre os quais se destaca a proeminência da pessoa humana.

Maria Celina Bodin de Moraes e Thamis Dalsenter Viveiros de Castro (2014, p. 784) ensinam que a dignidade da pessoa humana assume um papel unificador do ordenamento jurídico, impondo uma reinterpretação (ou reformulação) dos instrumentos jurídicos de cunho patrimonial que se veem funcionalizados à realização das situações jurídicas existenciais.[11] Nessa medida, é possível inferir que:

(a) se o bem digital possuir valor econômico, ingressará na sucessão como os demais bens materiais, fungíveis e infungíveis. Essa conclusão deriva da aplicação das regras já previstas para o direito sucessório, haja vista que os bens digitais de feição patrimonial são espécies de bens e por isso compõem a herança do *de cujus*. A título ilustrativo, tem-se as criptomoedas descentralizadas, como as famosas *bitcoins*; as milhas aéreas; as pontuações em programas de fidelidade;

[11] Moraes e Castro (2014, p. 793) explicam a "despatrimonialização" ou repersonalização do direito privado como "uma tendência que coloca o personalismo como superação do individualismo que orientou a produção jurídica liberal, em equilíbrio com o patrimonialismo, rompendo com a posição de supremacia antes ocupada por este". E destacam que "despatrimonializar não significa esvaziar a carga valorativa da tutela dos interesses patrimoniais, mas sim funcionalizá-la de modo que sejam asseguradas as condições materiais para o desenvolvimento da personalidade. O perfeito equilíbrio dessa nova equação depende de uma troca essencial de papéis: a patrimonialidade deixa de ser um valor em si mesmo, passando a ser um instrumento para a realização dos interesses pessoais e sociais [...]".

as contas comerciais que geram rentabilidade, como é o caso dos perfis dos digitais *influencers – youtubers* e *instagramers;*

(b) se os bem digitais evocarem interesses de natureza extrapatrimonial, sequer poderíamos designá-los como *bens*, sendo mais adequado referir-se a eles como interesses juridicamente protegidos. Mas, utilizando a linguagem corrente, tais *bens* digitais extrapatrimoniais, a exemplo do conteúdo pessoal publicado nos perfis das redes sociais como o *Twitter, Instagram, Facebook, WhatsApp, Telegram,* ou mesmo as informações pessoais, sem valor econômico, armazenados nas "nuvens", não poderão receber o mesmo tratamento atribuído aos bens digitais patrimoniais. Não compõem a herança e, portanto, não serão destinados aos herdeiros. Contudo, se houver disposição testamentária válida do autor da herança, esta será cumprida como uma cláusula testamentária não patrimonial, ressalvados os interesses de terceiros;

(c) na hipótese dos bens digitais de natureza híbrida, será necessário separar aquilo que exara valor econômico daquilo que representa apenas direito de personalidade ou toca a este. Nesta classe, pode-se incluir a conta pessoal de *Instagram/YouTube* que é, simultaneamente, utilizada para fins pessoais e de exploração comercial. Nessa situação, seria imprescindível a separação dos frutos econômicos, os quais deverão integrar o espólio do falecido, das informações personalíssimas armazenadas no perfil virtual, caracterizadas pela intransmissibilidade. Ademais, impende considerar que, no acervo das mensagens atreladas a tais contas, pode haver informações privadas pertinentes a terceiros, com os quais o falecido interagia, dignas de proteção.

Para Teixeira e Leal (2020), os bens digitais existenciais não são partilháveis e os bens digitais híbridos somente o serão quanto aos seus aspectos patrimoniais. Ao analisarem a possibilidade (ou não) de partilha dos bens digitais existenciais em separação/divórcio, qualificam-nos como particulares: "Se o bem digital desempenha função existencial, independente do regime de casamento, ele é particular" (TEIXEIRA; LEAL, 2020, p. 341).

Será que os bens digitais existenciais cabem mesmo no conceito de bens particulares – assim considerados aqueles bens de natureza econômica, herméticos ao regime de bens do casal? Entendemos que não. São interesses existenciais que sequer poderiam ser qualificados como bens.

Ainda que pudessem ser capitulados entre os bens particulares, não seriam partilháveis entre o casal, por ocasião do desfazimento matrimonial por separação ou divórcio; mas integrariam a herança (como todos bens particulares) para fins de sua transmissão *post mortem*. É mais oportuno enquadrá-los como bens existenciais intransmissíveis, em virtude do seu caráter personalíssimo.

Rememora-se a expansão do conteúdo da privacidade ao longo do tempo. Se esteve cingida às garantias liberais da tutela da imagem, do sigilo profissional, de comunicações e bancário, e da inviolabilidade de domicílio (KONDER, 2013, p. 356-367), na sociedade da informação, expande-se para albergar "o direito de ter controle sobre os dados pessoais" e, com isso, o direito de "impedir a sua circulação indesejada" (MULHOLLAND, 2012, p. 3). Ou seja, o que era visto apenas como direito a ser deixado só passou a ser uma das facetas da privacidade, porque o instituto teve seu conceito ampliado. Hodiernamente, "a prerrogativa do titular deixa a esfera íntima para ir onde os dados estão; protege não apenas contra o invasor da casa, o *voyeur*, mas contra o acesso a qualquer banco de dados que contenha informações pessoais" (KONDER, 2013, p. 374). O perfil funcional da privacidade justifica, portanto, o "direito de manter o controle sobre as próprias informações" e, a partir da noção progressiva de ampliação da esfera privada, também se identifica como a tutela das escolhas existenciais (RODOTÀ, 2008, p. 92-95).

Considerar que os bens digitais de natureza existencial se incluem no conjunto dos bens sucessíveis do *de cujus* é admitir que o "núcleo-duro" da privacidade possa ser transferido para os parentes vocacionados a sucedê-lo. Ou seja, se o "núcleo-duro" consiste na esfera mais íntima da pessoa, e se "o *Big Data* somos nós" (MAGRANI; OLIVEIRA, 2019, p. 345),[12] não podem ser tratados como *res*.

Mais ainda, com a ampliação da privacidade – que vai desde a garantia jurídica de isolamento à autodeterminação informativa, cabe ao titular o controle sobre a circulação dos seus dados pessoais, inclusive, no período que se segue à morte. Se o corpo virtual não é sepultado com o corpo físico, mais que razoável é respeitarem-se as escolhas existenciais do titular quanto ao destino dos seus dados após a sua morte. Existindo diretiva quanto a essa questão, ela há que ser respeitada.

Esse poder de decisão sobre o destino dos bens digitais existenciais pode se materializar por meio de disposições testamentárias ou no termo de uso firmado com a rede social, *e-mail* etc. Traçando um paralelo com o destino do corpo físico, a despeito de a previsão da Lei nº 9.434/97 (Lei de Transplante) condicionar a doação de órgãos *post mortem* à autorização do cônjuge ou parente sucessível; sabe-se que a vontade previamente manifesta do *de cujus* prevalece sobre a dos familiares (BRASIL, 1997). Assim, o mesmo raciocínio deve se aplicar ao corpo virtual.

Nada dispondo a pessoa sobre o destino *post mortem* dos seus dados e demais bens digitais existenciais, a solução oferecida pela lei de transplante quanto ao corpo físico, conferindo a decisão aos familiares, não pode se aplicar, eis que o dispositivo da Lei de Transplante reporta uma motivação filantrópica e solidarista que não alcança os dados pessoais. Além disso, não se pode interpretar a lei para restringir direito ou restringir proteção a interesse especificamente tutelado.

Embora a morte fulmine a personalidade jurídica e já não se possa falar em direitos de personalidade, remanesce-se a tutela jurídica de determinados interesses correlacionados à pessoa defuntada.[13] É o que se extrai dos já comentados arts. 12 e 20 e respectivos parágrafos únicos, do Código Civil, conferindo a determinados herdeiros do morto a legitimidade ativa para a propositura de medidas aptas a fazer cessar lesão ou ameaça de lesão à privacidade.

---

12 O termo faz referência às constatações de Magrani e Oliveira (2019, p. 346): "Diante da volumosa quantidade de dados produzida diariamente, isso se torna ainda mais preocupante, sobretudo porque o fenômeno do '*Big Data*' vai muito além de um emaranhado de dados, sendo essencialmente relacional. É preciso termos em mente que o *Big Data* somos nós e, portanto, devemos ter uma consciência crítica sobre isso e pensar sobre possibilidades de retomar o controle sobre nossos dados pessoais".

13 "a morte extingue a personalidade, a subjetividade e há perda da titularidade. Em consequência, extintas estarão as situações jurídicas personalíssimas, que não admitem modificação subjetiva" (BARBOSA; ALMEIDA, 2021, p. 6-7).

Não que o *de cujus* tenha direito fundamental ou de personalidade à privacidade. A privacidade, na qual se inclui a proteção aos dados, reverbera um interesse que logra proteção jurídica específica. Conforme ensina Perlingieri (2002, p. 115), é a relevância social de interesses que merece ser tutelada e, nesse caso, o sujeito não constituiria elemento essencial.[14] Aspectos da privacidade do *de cujus* passam a configurar interesse juridicamente protegido, cuja tutela pode ser reivindicada pelos legitimados descritos na lei, sem que isso implique direito sucessório ou direito subjetivo do morto (que sem personalidade também não tem direito).

Em suma, e em resposta às indagações inicialmente levantadas neste tópico, a despeito de a morte da pessoa atingir, em profundidade, seus familiares e amigos próximos, e que os dados armazenados na *web* e, em especial nas redes sociais, possam oferecer um refúgio à saudade; não há como garantir, por meio do direito sucessório, a sua transmissão. Os bens digitais de caráter personalíssimos devem ser extintos com a morte da pessoa, salvo prévia manifestação expressa em sentido contrário pela transmissão desses bens à herdeiro por ela determinado.[15]

3 Tendências legislativa(s) no Brasil

O ordenamento jurídico traz alguns instrumentos que visam à proteção de dados pessoais e da privacidade, em termos mais gerais. Na norma constitucional, é garantida a proteção à intimidade, à vida privada (art. 5º, X, CF/88) e à inviolabilidade de dados

[14] No mesmo sentido: "A tutela póstuma, frise-se, fundamenta-se no interesse social e juridicamente relevante de prover um escudo em favor do núcleo afirmativo da personalidade após o decesso do titular" (COLOMBO, 2021, p. 117).

[15] Conquanto não seja objeto deste artigo, vale ressaltar a importância da manifestação volitiva do testador por meio de disposição de última vontade ou dos recursos fornecidos por algumas redes sociais. A tendência é que, em breve, seja possível realizar a instrumentalização dessa vontade por meio do chamado testamento virtual, ou até mesmo por uma declaração virtual de última vontade, cujo objeto seja exclusivamente a definição do destino de determinados bens digitais existenciais. Algumas redes sociais já apresentam essas soluções, e viabilizam a "autodeterminação" do usuário nesse sentido. O *Facebook* apresenta duas dessas possibilidades, no campo das "configurações gerais da conta": (i) configurações de transformação da conta em memorial, oportunizando ao usuário designar um contato "herdeiro", ao qual se confiará o gerenciamento da sua conta no *post mortem*. Após a designação do legatário, o usuário titular poderá decidir se permitirá (ou não) a realização do *download* de todo o conteúdo da conta; (ii) a decisão pela exclusão da conta, sendo necessário que alguém informe e comprove à rede social quanto ao falecimento, ocasião em que todas as informações do perfil serão removidas (POLÍTICA..., [s.d.]b). Os demais produtos do *Facebook*: *Instagram*, *Messenger*, e *WhatsApp*, ainda não oferecem a prerrogativa de escolha para a designação de "herdeiro". Especificamente quanto ao *Instagram*, é apenas possível a solicitação, por parte de um interessado, da exclusão da conta ou da transformação em memorial, mas, nesse último caso, preserva-se a privacidade do antigo titular, porque não se permite a transferência da senha do usuário morto (POLÍTICA..., [s.d.]c). Já a empresa *Google* oferece o recurso "gerenciador de contas inativas", possibilitando ao próprio usuário titular da conta a escolha de compartilhamento (ou exclusão do perfil) no período *post mortem*. O primeiro passo é escolher o tempo de inatividade que deverá alertar a *Google*, assim, após esse período, a empresa tentará contatar o usuário titular e, em caso de insucesso, entrará em contato com os "herdeiros" anteriormente indicados por ele. Comprovado o falecimento do titular, o usuário herdeiro poderá fazer o *download* do conteúdo em até três meses depois de a conta ter sido considerada inativa. Em seguida, a conta será excluída. A exclusão incluirá, portanto, todos os dados públicos compartilhados, além dos dados armazenados no *Google Fotos, Chrome, Google Drive, Play Store, YouTube* e *Maps*. Para o caso de o usuário falecer sem a eleição do destino póstumo de sua conta, a *Google* oferece a possibilidade de "solicitação de exclusão de conta de pessoa falecida", mediante preenchimento de formulário pelo interessado e envio de documento comprobatório da morte (POLÍTICA..., [s.d.] a). A empresa *Apple* possui um documento intitulado "acordo legal", cujo "item D", deixa clara a inexistência de direito de sucessão, ao destacar que nenhum dos serviços e dados armazenados, na conta *iCloud*, será transferido, ressalvada expressa disposição de lei. Após o envio de cópia da certidão de óbito do titular, a empresa procede ao encerramento da conta e consequente exclusão de todo o conteúdo (TERMO..., [s.d.]).

(art. 5º, XII, CF/88), além de ter sido eleito o *habeas data* como remédio constitucional de proteção de informações (art. 5º, LXXII, CF/88).

Na legislação infraconstitucional, o Código Civil de 2002 assegura a proteção da vida privada, conforme art. 21, além da defesa dos direitos de personalidade (arts. 12 e 20); o Código de Defesa do Consumidor prevê, nos arts. 43 e 44, a proteção dos bancos de dados e cadastros dos consumidores. E o Marco Civil da Internet (Lei nº 12.965, em vigor desde 23.4.2014) estabelece princípios, garantias, direitos e deveres para o uso da internet no Brasil, incluindo a proteção de dados como um dos princípios norteadores (art. 3º, incs. II e III), além das previsões específicas nos arts. 7º e 10. A Lei Geral de Proteção de dados (Lei nº 13.709/2018, em vigor desde 18.9.2020), alterou os arts. 7º e 16 do Marco Civil da Internet, e traz regulamentação específica sobre tratamento de dados pessoais, por pessoa natural e jurídica, de direito público ou privado, "com o objetivo de proteger os direitos fundamentais de liberdade e de privacidade e o livre desenvolvimento da personalidade da pessoa natural" (BRASIL, 2020).

Dada a importância da proteção dos dados, o Senado Federal apresentou uma Proposta de Emenda à Constituição (PEC nº 17/2019), visando incluir a proteção de dados pessoais entre os direitos e garantias fundamentais e fixar a competência privativa da União para legislar sobre a matéria (BRASIL, 2019a). A proposta está pendente de apreciação do Plenário da Câmara dos Deputados. Mas o próprio Supremo Tribunal Federal já afirmou a fundamentalidade constitucional material deste direito, ao apreciar a validade da Medida Provisória nº 954 (ADIs nºs 6.387, 6.388, 6.389, 6.390 e 6.393).

Especificamente em relação à disciplina da herança digital (ou sucessão de bens digitais), foram apresentados 9 projetos de lei, sendo que quatro deles foram arquivados. O Projeto de Lei nº 4.099, apresentado em 20.6.2012, visava alterar o art. 1.788 do Código Civil, para "garantir aos herdeiros a transmissão de todos os conteúdos de contas e arquivos digitais" (BRASIL, 2012). Arquivado em abril de 2019, foi o primeiro projeto a versar sobre o tema, apresentando a solução generalizante que atribuía o mesmo regime patrimonial a todos os bens digitais.

Em dezembro de 2012, o Projeto de Lei nº 4.847 pretendia acrescentar o Capítulo II-A com os arts. 1.797-A a 1.797-C ao Código Civil, para o fim de regulamentar a herança digital. Arquivado em 30.1.2014, este PL apresentava algum avanço em relação ao anterior, na medida em que definia o rol de conteúdo dos bens intangíveis que compunham a herança digital, prevendo, no caso de inexistência de testamento, a sua transmissão para os herdeiros legítimos. Previa a possibilidade de decisão quanto à matéria, em testamento.

O Projeto de Lei nº 7.742, de 30.5.2017, visava acrescentar o art. 10-A ao Marco Civil da Internet, para dispor sobre a destinação das contas de aplicações[16] após a morte do titular. Pela regra geral, excluíam-se as contas após a comprovação do óbito, garantindo-se a possibilidade de sua manutenção e gerenciamento por terceiro, mediante autorização prévia do titular (BRASIL, 2017). O projeto foi arquivado em 31.1.2019, nos termos do art. 105 do Regimento Interno da Câmara dos Deputados.[17]

---

[16] O termo faz referência às redes sociais, como *Facebook*, *Twitter*, *Instagram* (BRASIL, 2017).

[17] O arquivamento, nos termos do art. 105 do Regimento Interno da Câmara dos Deputados, ocorre porque: "Finda a legislatura, arquivar-se-ão todas as proposições que no seu decurso tenham sido submetidas à deliberação

O Projeto de Lei nº 8.562/2017, apensado ao PL nº 7.742/2017, visava acrescentar o Capítulo II-A e os arts. 1.797-A a 1.797-C ao Código Civil, com a finalidade de regulamentar a herança digital, reproduzindo as disposições do PL nº 4.847/2012. Foi arquivado na mesma data e sob a mesma justificativa aplicada para arquivar o PL nº 7.742/2017.

A matéria voltou a ser objeto de atenção dos parlamentares nos anos de 2020 e 2021, com a propositura de cinco projetos de lei, entre os quais quatro tramitam em apenso junto à Comissão de Constituição e Justiça e Cidadania (CCJC) da Câmara dos Deputados: 1) o Projeto de Lei nº 3.050/2020; 2) o Projeto de Lei nº 3051/2020, com a finalidade de alterar o art. 1.788 do Código Civil e acrescer o art. 10-A ao Marco Civil da Internet, respectivamente; 3) o Projeto de Lei nº 410, que propõe o acréscimo de artigo à Lei do Marco Civil da Internet; 4) o Projeto de Lei nº 1.144, de 30.3.2021, que dispõe sobre os dados pessoais virtuais após a morte do usuário, e, por fim; 5) o Projeto de Lei nº 1.689, apresentado em 4.5.2021, que "Altera a Lei 10.406, de 10 de janeiro de 2002, para dispor sobre perfis, páginas contas, publicações e os dados pessoais de pessoa falecida, incluindo seu tratamento por testamentos e codicilos" (BRASIL, 2021a), e propor alteração à Lei nº 9.610/1998 de direitos autorais.

Entre esses PLs atualmente em trâmite, destacam-se o PL nº 3.050/2020, que sugere o acréscimo do parágrafo único ao art. 1.788 do Código Civil, com a seguinte redação: "Serão transmitidos aos herdeiros todos os conteúdos de qualidade patrimonial contas ou arquivos digitais de titularidade do autor da herança" (BRASIL, 2020); e o PL nº 1.144/2021, que propõe o acréscimo do art. 1.791-A ao Código Civil:

> Art. 1.791-A. Integram a herança os conteúdos e dados pessoais inseridos em aplicação da Internet de natureza econômica.
>
> §1º Além de dados financeiros, os conteúdos e dados de que trata o caput abrangem, salvo manifestação do autor da herança em sentido contrário, perfis de redes sociais utilizados para fins econômicos, como os de divulgação de atividade científica, literária, artística ou empresária, desde que a transmissão seja compatível com os termos do contrato.
>
> §2º Os dados pessoais constantes de contas públicas em redes sociais observarão o disposto em lei especial e no Capítulo II do Título I do Livro I da Parte Geral.
>
> §3º Não se transmite aos herdeiros o conteúdo de mensagens privadas constantes de quaisquer espécies de aplicações de Internet, exceto se utilizadas com finalidade exclusivamente econômica. (BRASIL, 2021)

Esses são os únicos projetos que mostram alguma preocupação em distinguir os bens digitais e limitar a transmissibilidade àqueles que ostentam conteúdo patrimonial. A crítica persiste em relação a todos os demais projetos elencados porque descuidam da intransmissibilidade das situações jurídicas existenciais. Cumpre ressaltar que, (i) de uma forma geral, os projetos tratam os direitos de personalidade como se fossem

---

da Câmara e ainda se encontrem em tramitação, bem como as que abram crédito suplementar, com pareceres ou sem eles, salvo as: I - com pareceres favoráveis de todas as Comissões; II - já aprovadas em turno único, em primeiro ou segundo turno; III - que tenham tramitado pelo Senado, ou dele originárias; IV - de iniciativa popular; V - de iniciativa de outro Poder ou do Procurador-Geral da República. Parágrafo único. A proposição poderá ser desarquivada mediante requerimento do Autor, ou Autores, dentro dos primeiros cento e oitenta dias da primeira sessão legislativa ordinária da legislatura subsequente, retomando a tramitação desde o estágio em que se encontrava" (BRASIL, 2019b).

interesses patrimoniais, generalizando a regulamentação da herança digital sem distinguir o seu perfil funcional, à exceção dos PLs nºs 3.050/2020 e 1.144/2021; (ii) ressalvados os PLs nºs 7.742/2017 e 1.144/2021, os demais não condicionam a transmissão dos bens digitais existenciais à manifestação de última vontade do falecido, ignorando a vontade declarada do morto e a proteção de seus direitos de personalidade que, na fase *post mortem*, persistem como interesse merecedor de tutela; (iii) a transmissão sucessória dos bens digitais, genericamente considerados, pode invadir a esfera de terceiros e comprometer-lhe a privacidade.

Quanto a esse último ponto, destaque-se o PL nº 1.144/2021, que faz previsão expressa sobre impossibilidade de transmissão do conteúdo de mensagens privadas não comerciais aos herdeiros (BRASIL, 2021b). Em sentido inverso é a solução generalizante proposta pelo PL nº 1.689, que considera herança digital os direitos autorais, dados pessoais e demais publicações e interações do falecido em provedores de aplicações de internet (BRASIL, 2021a).

Pelo extrato descritivo dos projetos de lei sobre o tema da herança digital, vê-se a carência de regulamentação específica sobre o trato dos bens digitais após a morte do titular e a necessidade de se demarcar tratamento específico para os interesses existenciais. A despeito da ausência de norma dirigida especificamente à transmissão dos bens digitais, entendemos que as regras gerais do direito das sucessões e do direito da personalidade podem oferecer o balizamento geral.[18]

Conclusão

1. Os avanços tecnológicos que visam otimizar as relações sociais e delineiam a chamada sociedade da informação, sociedade hiperconectada em rede, exsurgem inúmeros desafios que demandam respostas efetivas. Analisamos, em específico, a possibilidade de sucessão dos bens digitais existenciais.
2. Os chamados bens digitais incluem situações jurídicas patrimoniais, situações jurídicas existenciais e aquelas que tocam interesses patrimoniais e existenciais. Em virtude disso, a eles não se pode aplicar o mesmo regime jurídico destinado à sucessão patrimonial *post mortem*, pois os interesses existenciais que importam

[18] Embora ainda carente de legislação que regulamente o tema, a jurisprudência tem indicado, atualmente, a tendência pela proteção dos direitos de personalidade do morto. Foi o que decidiu o TJSP ao julgar pela improcedência de ação ajuizada por herdeiros sucessores em face de rede social que impediu a família de ter acesso à conta personalíssima do *de cujus*. A decisão certeira prezou pelo direito personalíssimo do usuário, uma vez que o "bem" não tinha nenhum caráter de patrimonialidade, portanto não sucessível. A seguir: "AÇÃO DE OBRIGAÇÃO DE FAZER E INDENIZAÇÃO POR DANOS MORAIS – SENTENÇA DE IMPROCEDÊNCIA – EXCLUSÃO DE PERFIL DA FILHA DA AUTORA DE REDE SOCIAL (FACEBOOK) APÓS SUA MORTE – QUESTÃO DISCIPLINADA PELOS TERMOS DE USO DA PLATAFORMA, AOS QUAIS A USUÁRIA ADERIU EM VIDA – TERMOS DE SERVIÇO QUE NÃO PADECEM DE QUALQUER ILEGALIDADE OU ABUSIVIDADE NOS PONTOS ANALISADOS – POSSIBILIDADE DO USUÁRIO OPTAR PELO APAGAMENTO DOS DADOS OU POR TRANSFORMAR O PERFIL EM 'MEMORIAL', TRANSMITINDO OU NÃO A SUA GESTÃO A TERCEIROS – INVIABILIDADE, CONTUDO, DE MANUTENÇÃO DO ACESSO REGULAR PELOS FAMILIARES ATRAVÉS DE USUÁRIO E SENHA DA TITULAR FALECIDA, POIS A HIPÓTESE É VEDADA PELA PLATAFORMA – DIREITO PERSONALÍSSIMO DO USUÁRIO, NÃO SE TRANSMITINDO POR HERANÇA NO CASO DOS AUTOS, EIS QUE AUSENTE QUALQUER CONTEÚDO PATRIMONIAL DELE ORIUNDO – AUSÊNCIA DE ILICITUDE NA CONDUTA DA APELADA A ENSEJAR RESPONSABILIZAÇÃO OU DANO MORAL INDENIZÁVEL - MANUTENÇÃO DA SENTENÇA – RECURSO NÃO PROVIDO" (TJSP. AC nº 11196886620198260100/SP 1119688-66.2019.8.26.0100. Rel. Francisco Casconi, 31ª Câmara de Direito Privado, j. 9.3.2021, public. 11.3.2021).

ao direito de personalidade são intransmissíveis. Ao passo que o patrimônio constitui a herança e se devolve aos herdeiros legítimos e testamentários.

3. Os dados pessoais integram o corpo virtual ou eletrônico repercutindo uma proteção jurídica própria, assim como as mensagens não comerciais, fotos e vídeos privados. Conquanto não sejam transmissíveis por sucessão, podem ser objeto de disposição testamentária não patrimonial, em especial, quanto a algumas de suas consequências jurídicas.
4. Entende-se que a pessoa do titular é quem cabe decidir, no exercício da sua autodeterminação, quanto ao destino desses bens e interesses após a sua morte, respeitada a esfera jurídica de terceiros.
5. Na eventualidade de o titular vir a falecer sem deixar manifestação quanto à transferência desses bens digitais existenciais, há que se garantir a "morte do corpo virtual".
6. Não há regulamentação específica quanto ao destino dos bens digitais, mas as normas gerais do direito das sucessões afastam a transmissibilidade dos interesses afetos ao direito de personalidade.
7. O tema da herança digital atraiu a atenção dos parlamentares, mas ainda não se verifica uma abordagem segura sobre o tema, nos projetos de lei em trâmite.

Referências

BARBOSA, Heloisa Helena; ALMEIDA, Vitor. Tecnologia, morte e direito: em busca de uma compreensão sistemática da "herança digital". *In*: TEIXEIRA, Ana Carolina Brochado; LEAL, Livia Teixeira (Coord.). *Herança digital*. Indaiatuba: Foco, 2021.

BAUMAN, Zygmunt. *Modernidade líquida*. Rio de Janeiro: Jorge Zahar, 2001.

BICKERT, Monika. Questões complexas: o que deve acontecer com a identidade digital de uma pessoa quando ela morre? *Facebook*, 18 ago. 2017. Disponível em: https://about.fb.com/br/news/2017/08/questoes-complexas-o-que-deve-acontecer-com-a-identidade-digital-de-uma-pessoa-quando-ela-morre/. Acesso em: 6 dez. 2020.

COLOMBO, Maici Barbosa dos Santos. Tutela póstuma dos direitos da personalidade e herança digital. *In*: TEIXEIRA, Ana Carolina Brochado; LEAL, Livia Teixeira (Coord.). *Herança digital*. Indaiatuba: Foco, 2021.

CORDEIRO, António Menezes. *Tratado de direito civil* – Parte geral, pessoas. Coimbra: Almedina, 2011. v. IV.

GIDDENS, Anthony. *As consequências da modernidade*. Tradução de Raul Fiker. São Paulo: Editora Unesp, 1991.

KONDER, Carlos Nelson. Privacidade e corpo: convergências Possíveis. *Pensar*, Fortaleza, v. 18, n. 2, p. 354-400, maio/ago. 2013.

LACERDA, Bruno Torquato Zampier. *Bens digitais*. Indaiatuba: Foco Jurídico, 2017.

LACERDA, Bruno Torquato Zampier. Bens digitais: em busca de um microssistema próprio. *In*: TEIXEIRA, Ana Carolina Brochado; LEAL, Livia Teixeira (Coord.). *Herança digital*. Indaiatuba: Foco, 2021.

LEAL, Livia Teixeira. Internet e morte do usuário: a necessária superação do paradigma da herança digital. *Revista Brasileira de Direito Civil – RBDCivil*, Belo Horizonte, v. 16, p. 181-197, abr./jun. 2018. Disponível em: https://rbdcivil.ibdcivil.org.br/rbdc/article/view/237. Acesso em: 30 nov. 2020.

LEE, Tim Berners; HENDLER, James; LASSILA, Ora. The Semantic Web: A new form of Web content that is meaningful to computers will unleash a revolution of new possibilities. *Scientific American*, maio 2001. Disponível em: https://www.scientificamerican.com/article/the-semantic-web/. Acesso em: 24 ago. 2020.

LÉVY, Pierre. *O que é o virtual?* Tradução de Paulo Neves. São Paulo: Ed. 34, 1996.

MAGRANI, Eduardo; OLIVEIRA, Renan Medeiros de. Big data somos nós: novas tecnologias e gerenciamento pessoal de dados. *In*: BELLI, Luca; CAVALLI, Olga (Org.). *Governança e regulações da internet na América Latina*:

análise sobre infraestrutura, privacidade, cibersegurança e evoluções tecnológicas em homenagem aos dez anos da South School on Internet Governance. Rio de Janeiro: Escola de Direito do Rio de Janeiro da FGV, 2019.

MENDES, Laura Schertel Ferreira; FRITZ, Karina Nunes. Case report: Corte alemã reconhece a transmissibilidade da herança digital. *Direito Público*, v. 15, n. 85, abr. 2019. ISSN 2236-1766. Disponível em: https://www.portaldeperiodicos.idp.edu.br/direitopublico/article/view/3383. Acesso em: 10 ago. 2021.

MENEZES, Joyceane Bezerra; COLAÇO, Hian Silva. Quando a Lei Geral de Proteção de Dados não se aplica? *In*: TEPEDINO, Gustavo; FRAZÃO, Ana (Org.). *Lei Geral de Proteção de Dados Pessoais e suas repercussões no direito privado brasileiro*. São Paulo: Revista dos Tribunais, 2020.

MIRANDA, Pontes de. *Tratado de direito privado*. São Paulo: Revista dos Tribunais, 2012. t. LV.

MOORE, Nick. The information society. *In*: UNESCO. *World information*. Report 1997/1998. Chapter 20. Paris: Unesco, 2007. Disponível em: https://files.dnb.de/EDBI/www.unesco.org/webworld/wirerpt/wirenglish/chap20.pdf. Acesso em: 5 dez. 2020.

MORAES, Maria Celina Bodin; CASTRO, Thamis Dalsenter Viveiros. A autonomia existencial nos atos de disposição do próprio corpo. *Pensar*, Fortaleza, v. 19, n. 3, p. 779-818, set./dez. 2014.

MULHOLLAND, Caitlin. O direito de não saber como decorrência do direito à intimidade – Comentário ao REsp 1.195.995. *Civilistica.com*, Rio de Janeiro, ano 1, n. 1, p. 1-11, jul./set. 2012. Disponível em: http://civilistica.com/direito-de-nao-saber/. Acesso em: 5 dez. 2020.

O'REILLY, Tim. What is Web 2.0: design patterns and business models for the next generation of software. *O'Reilly*, 30 set. 2005. Disponível em: https://www.oreilly.com/pub/a/web2/archive/what-is-web-20.html. Acesso em: 4 dez. 2020.

ONU – ORGANIZAÇÃO DAS NAÇÕES UNIDAS. *União Internacional de Telecomunicações (UIT)*. Disponível em: https://news.un.org/pt/story/2019/11/1693711. Acesso em: 6 dez. 2020.

ONU: mundo precisará de US$428 bilhões para conectar todos à internet até 2030. *Nações Unidas*, 18 set. 2020. Disponível em: https://news.un.org/pt/story/2020/09/1726652. Acesso em: 18 ago. 2021.

PEREIRA, Caio Mário da Silva. *Instituições de direito civil*. 30. ed. Rio de Janeiro: Forense, 2017. v. I.

PERLINGIERI, Pietro. *Perfis do direito civil*: introdução ao direito civil constitucional. 3. ed. Tradução de Maria Cristina De Cicco. Rio de Janeiro: Renovar, 2002.

POLÍTICA de privacidade da Google. *Google*, [s.d.]a. Disponível em: https://myaccount.google.com/u/0/inactive. Acesso em: 6 dez. 2020.

POLÍTICA de privacidade do Facebook. *Facebook*, [s.d.]b. Disponível em: https://www.facebook.com/settings?tab=account&section=account_management&view. Acesso em: 6 dez. 2020.

POLÍTICA de privacidade do Instagram. *Facebook*, [s.d.]c. Disponível em: https://www.facebook.com/help/instagram/264154560391256. Acesso em: 6 dez. 2020.

RODOTÀ, Stefano. *A vida na sociedade da vigilância*: a privacidade hoje. Organização de Maria Celina Bodin de Moraes. Tradução de Danilo Doneda e Luciana Cabral Doneda. Rio de Janeiro: Renovar, 2008.

RODOTÀ, Stefano. *La vida y las reglas*. Entre el derecho y el no derecho. Tradução de Andrea Greppi. Madrid: Trotta, 2010.

RODOTÀ, Stefano. Transformações do corpo. Tradução de Maria Celina Bodin de Moraes. *Revista Trimestral de Direito Civil – IBDCivil*, Belo Horizonte, v. 19, p. 91-107, jul./set. 2004.

SCHULMAN, Gabriel. www.privacidade-em-tempos-de-internet.com: O espaço virtual e os impactos reais à privacidade das pessoas. *In*: TEPEDINO, Gustavo; TEIXEIRA, Ana Carolina Brochado; ALMEIDA, Vitor (Coord.). *O direito civil entre o sujeito e a pessoa*: estudos em homenagem ao professor Stefano Rodotà. Belo Horizonte: Fórum, 2016.

TEIXEIRA, Ana Carolina Brochado; KONDER, Carlos Nelson. O enquadramento dos bens digitais sob o perfil funcional das situações jurídicas. *In*: TEIXEIRA, Ana Carolina Brochado; LEAL, Livia Teixeira (Coord.). *Herança digital*. Indaiatuba: Foco, 2021.

TEIXEIRA, Ana Carolina Brochado; KONDER, Carlos Nelson. Situações jurídicas dúplices: controvérsias na nebulosa fronteira entre patrimonialidade e extrapatrimonialidade. *In*: TEPEDINO, Gustavo; FACHIN, Luiz Edson. *Diálogos sobre direito civil*. Rio de Janeiro: Renovar, 2012. v. III.

TEIXEIRA, Ana Carolina Brochado; LEAL, Livia Teixeira. Tutela jurídica dos bens digitais ante os regimes de bens comunheiros. *In*: EHRHARDT JÚNIOR, Marcos; CATALAN, Marcos; MALHEIROS, Pablo (Coord.). *Direito civil e tecnologia*. Belo Horizonte: Fórum, 2020.

TEPEDINO, Gustavo; NEVARES, Ana Luiza; MEIRELES, Rose Melo Vencelau. *Fundamentos do direito civil*: direito das sucessões. 2. ed. Rio de Janeiro: Forense, 2021.

TERMO de acordo legal da Apple. *Apple*, [s.d.]. Disponível em: https://www.apple.com/legal/internet-services/icloud/br/terms.html#:~:text=A%20menos%20que%20exigido%20por,terminam%20com%20a%20sua%20morte. Acesso em: 6 dez. 2020.

THINK Protocols team. A technical history of Cyclades. *The University of Texas at Austin*, Austin, 11 jun. 2002. Disponível em: https://web.archive.org/web/20130901092641/http://www.cs.utexas.edu/users/chris/think/Cyclades/index.shtml. Acesso em: 5 dez. 2020.

WARD, Jonathan Stuart; BARKER, Adam. Undefined by data: a survey of big data definitions. *School of Computer Science University*, St Andrews, v. 1, 20 set. 2013. Disponível em: https://arxiv.org/pdf/1309.5821.pdf. Acesso em: 5 dez. 2020.

Informação bibliográfica deste texto, conforme a NBR 6023:2018 da Associação Brasileira de Normas Técnicas (ABNT):

MENEZES, Joyceane Bezerra de; CIRÍACO, Patrícia K. de Deus. Direto à morte do corpo virtual: (im) possibilidade de um direito à sucessão de bens virtuais existenciais. *In*: TEIXEIRA, Daniele Chaves (Coord.). *Arquitetura do planejamento sucessório*. Belo Horizonte: Fórum, 2022. p. 93-109. Tomo III. ISBN 978-65-5518-291-0.

GANHO DE CAPITAL NA SUCESSÃO

KARIN REGINA RICK ROSA

1 O que é ganho de capital e quais são as hipóteses de incidência

Ganho de capital define-se como a diferença apurada entre o valor de alienação de um bem ou direito e o seu custo de aquisição. O ganho de capital passou a figurar como hipótese de incidência para tributação pelo imposto de renda na Lei nº 8.981, publicada em 20.1.1995, que alterou a legislação tributária federal. O art. 7º dispõe:

> Art. 7º A partir de 1º de janeiro de 1995, a renda e os proventos de qualquer natureza, inclusive os rendimentos e ganhos de capital, percebidos por pessoas físicas residentes ou domiciliadas no Brasil, serão tributados pelo Imposto de Renda na forma da legislação vigente, com as modificações introduzidas por esta lei.

A Instrução Normativa SRF nº 84, de 11.10.2001, em seu art. 3º, elenca as operações que se sujeitam à apuração de ganho de capital:

> Art. 3º. Estão sujeitas à apuração de ganho de capital as operações que importem:
>
> I - alienação, a qualquer título, de bens ou direitos ou cessão ou promessa de cessão de direitos à sua aquisição, tais como as realizadas por compra e venda, permuta, adjudicação, desapropriação, dação em pagamento, procuração em causa própria, promessa de compra e venda, cessão de direitos ou promessa de cessão de direitos e contratos afins;
>
> II - *transferência a herdeiros e legatários na sucessão causa mortis*, a donatários na doação, inclusive em adiantamento da legítima, ou atribuição a ex-cônjuge ou ex-convivente, na dissolução da sociedade conjugal ou união estável, *de direito de propriedade de bens e direitos adquiridos por valor superior àquele pelo qual constavam na Declaração de Ajuste Anual do de cujus*, do doador, do ex-cônjuge ou ex-convivente que os tenha transferido. (Grifos nossos)

No sítio da Receita Federal[1] também estão elencadas como operações sujeitas à tributação pelo ganho de capital, as seguintes:

1 Disponível em: https://www.gov.br/receitafederal/pt-br/acesso-a-informacao/perguntas-frequentes/declaracoes/dirpf/pr-irpf-2021-v-1-0-2021-02-25.pdf.

(i) alienação, a qualquer título, de bens ou direitos ou cessão ou promessa de cessão de direitos à sua aquisição, como exemplo, compra venda, permuta, adjudicação, dação em pagamento, procuração em causa própria, promessa de compra e venda, cessão de direitos ou promessa de cessão de direitos e contratos de alienação;

(ii) transferência a herdeiros ou legatários na sucessão *causa mortis*, a donatários na doação, inclusive em adiantamento de legítima, ou atribuição a ex-cônjuge ou ex-convivente, na dissolução de sociedade conjugal ou da união estável, de bens e direitos por valor superior àquele pelo qual constavam na declaração de ajuste anual do *de cujus*, do doador, do ex-cônjuge ou ex-convivente que os tenha transferido;

(iii) alienação de bens ou direitos e liquidação ou resgate de aplicações financeiras, de propriedade de pessoa física, adquiridos, a qualquer título, em moeda estrangeira.

Para o presente estudo interessa examinar o inc. II, do art. 3º, correspondente ao item (ii), que estabelece, como hipótese de incidência do imposto de renda sobre ganho de capital a transmissão de bens e direitos por sucessão *causa mortis*. Integram o mesmo grupo as transmissões feitas por ato de liberalidade *inter vivos*, abrangendo inclusive as doações que acarretem adiantamento de legítima, ou seja, aquelas em que o doador não dispensa a colação ou não refere expressamente que a liberalidade recai sobre a parte disponível do patrimônio. Por último, são referidas como hipótese de incidência aquelas diferenças resultantes da dissolução da sociedade conjugal, por separação ou divórcio, ou da união estável.

De acordo com o art. 1.784 do Código Civil, a transmissão dos bens e direitos aos herdeiros e sucessores se dá na abertura da sucessão, que, por sua vez, ocorre com a morte, quando se extingue a personalidade civil. Por consequência, não é o formal expedido no processo ou a escritura pública de inventário, em si, que operam a transmissão do patrimônio para os herdeiros e sucessores, tendo eles a finalidade tão somente de formalizar a transmissão já havida no momento da morte, em razão da aplicação do princípio da *saisine*.

No tocante à incidência do ganho de capital por sucessão *causa mortis*, destaca-se que é indiferente a opção dos herdeiros e sucessores pelo inventário judicial ou pela escritura pública lavrada por tabelião de notas. Entretanto, para o propósito deste estudo convém traçar algumas informações sobre o inventário extrajudicial, principalmente porque o tabelião de notas tem a obrigação legal de comunicar à Receita Federal a transmissão por inventário, que se caracteriza como operação imobiliária, sendo relevante verificar se essa comunicação tem alguma interferência no lançamento a ser feito pelo herdeiro ou sucessor em sua declaração e na apuração do ganho de capital, assunto que será visto adiante.

No tocante às alíquotas para apuração do ganho de capital por pessoa física, o art. 21 da Lei nº 8.981/95 a fixou em quinze por cento. Posteriormente, a Medida Provisória nº 692, de 22.9.2015, convertida em lei pela Lei nº 13.259, de 16.3.2016, alterou referido artigo, estabelecendo quatro faixas de alíquotas:

(i) 15% sobre a parcela dos ganhos até R$5.000.000,00;
(ii) 17,5% sobre a parcela de ganhos excedente de R$5.000.000,00 até R$10.000.000,00;
(iii) 20% sobre a parcela de ganhos excedente a R$10.000.000,00 até R$30.000.000,00;
(iv) 22,5% sobre a parcela de ganhos que ultrapassar R$30.000.000,00.

O §3º do mesmo artigo ressalva que, no caso de alienação do mesmo bem ou direito em partes, a partir da segunda operação, desde que ela ocorra até o final do ano-calendário seguinte ao da primeira operação, o ganho de capital deverá ser somado aos ganhos auferidos nas operações anteriores, para definição da alíquota aplicável, com a dedução do valor do imposto pago nas operações anteriores.

Portanto, havendo diferença a maior entre o valor constante na última declaração do falecido e o valor lançado na declaração do herdeiro ou do legatário, incidirá o imposto de renda pelo ganho de capital, a ser calculado de acordo com as alíquotas previstas no regulamento.

2 O inventário extrajudicial e suas implicações para o ganho de capital

O inventário extrajudicial figura como uma faculdade sempre que houver consenso entre herdeiros capazes. A opção foi introduzida pela Lei nº 11.441, publicada em 4.1.2007, que alterou a Lei nº 5.869/73 – Código de Processo Civil. A Lei nº 13.105/15, atual Código de Processo Civil, trata do inventário extrajudicial no art. 610, estabelecendo, como requisito à lavratura da escritura pública, o consenso, a capacidade entre os herdeiros, e a inexistência de testamento. Em que pese a previsão legal, em vários estados da Federação vigoram normas administrativas editadas pelas corregedorias de justiça, órgãos do Poder Judiciário responsáveis pela fiscalização da atividade notarial e de registro, e precedente do Superior Tribunal de Justiça, autorizando a lavratura de escritura pública de inventário, mesmo diante da existência de testamento.[2] Outro requisito imprescindível para a opção extrajudicial é a presença de advogado, que atua como assistente dos herdeiros e participa do ato, sendo qualificado e assinando o instrumento público juntamente com os interessados e o tabelião.

O inventário extrajudicial apresenta vantagens importantes em relação ao judicial, como a celeridade, a possibilidade de escolha do tabelião de notas de confiança dos herdeiros, e os custos dos emolumentos, que normalmente são menores do que as taxas judiciais. No que diz respeito à celeridade, os trâmites extrajudiciais são incomparáveis com os judiciais. O relatório *Justiça em Números*, publicado pelo Conselho Nacional de Justiça, apontou que em dezembro de 2019 o número de processos em tramitação no Poder Judiciário era de 77,1 milhões, e a taxa de congestionamento, que foi a menor da série histórica, atingiu 68,5%.[3]

---

[2] Atualmente, em apenas quatro estados da Federação não existe norma autorizando a lavratura de escritura de inventário quando houver testamento. São eles: Amapá, Piauí, Roraima e Tocantins. A questão foi objeto de análise pela 4ª Turma do STJ, por ocasião do julgamento do REsp nº 1.808.767-RJ, de relatoria do Ministro Luis Felipe Salomão, julgado em 15.10.2019, nos seguintes termos: "É possível o inventário extrajudicial, ainda que exista testamento, se os interessados forem capazes e concordes e estiverem assistidos por advogado, desde que o testamento tenha sido previamente registrado judicialmente ou haja a expressa autorização do juízo competente".

[3] Disponível em: https://www.cnj.jus.br/wp-content/uploads/2020/08/WEB_V2_SUMARIO_EXECUTIVO_CNJ_JN2020.pdf.

Em que pese não ser objeto específico do presente estudo, cabe destacar, também, que desde maio de 2020, com a publicação do Provimento nº 100 pelo Conselho Nacional de Justiça, é possível a realização de inventário extrajudicial de forma eletrônica, por meio da plataforma *e-notariado* – www.enotariado.org.br, novidade que facilita ainda mais a formalização da transmissão, dispensando o deslocamento dos interessados até o tabelionato de notas. É importante salientar que, caso os interessados optem pelo meio eletrônico para lavrar o inventário, deverão atentar às regras de competência territorial, fixadas no art. 19 do referido provimento, aplicáveis sempre que houver a transmissão de bens imóveis.[4] Para assinatura do instrumento público eletrônico, exige-se que os interessados possuam certificado digital emitido pela Infraestrutura de Chaves Públicas – ICP-Brasil ou certificado digital notarizado, este último emitido pelo próprio tabelião. O certificado digital notarizado é emitido gratuitamente, mediante cadastro feito no tabelionato, e se destina exclusivamente à prática dos atos eletrônicos na plataforma *e-notariado*. O certificado notarizado tem a vantagem de ser instalado e armazenado diretamente no dispositivo móvel (aparelho celular) do seu titular por meio de aplicativo disponível para *download* nos sistemas operacionais IOS e Android. A emissão é feita a partir da coleta e conferência de dados pessoais, inclusive biométrica, sendo possível, até mesmo a emissão remota.

A opção pelo inventário eletrônico deve levar em consideração a facilidade para realização do ato nos casos em que os herdeiros tenham domicílio em diferentes municípios e até estados, e mesmo assim façam questão de estar presentes no momento da assinatura, sem a necessidade de nomeação de um procurador. O ato notarial eletrônico se diferencia do ato notarial tradicional por ser composto, além do documento contendo a manifestação da vontade assinado com certificado digital, de videoconferência gravada, que permanecerá armazenada no sistema do tabelião de notas. Nela, além dos requisitos de identificação do próprio ato notarial, deverá constar a qualificação e a manifestação de vontade dos interessados, concordando com o ato.

O inventário eletrônico também poderá adotar a forma híbrida, permitindo que algum ou alguns dos herdeiros ou sucessores, ou até mesmo o advogado assistente, compareçam fisicamente no tabelionato de notas para assinar o instrumento público, enquanto os demais assinam com certificado digital.

Quando a escritura pública for lavrada pelo meio tradicional, ou seja, mediante o comparecimento dos interessados nas dependências físicas do tabelionato de notas, vige o princípio da liberdade de escolha, previsto no art. 8º da Lei nº 8.935/94, não havendo restrição por limitação territorial. De modo que os herdeiros e sucessores poderão eleger qualquer tabelião de notas do território brasileiro para lavrar a escritura pública de inventário.

---

[4] "Art. 19. Ao tabelião de notas da circunscrição do imóvel ou do domicílio do adquirente compete, de forma remota e com exclusividade, lavrar as escrituras eletronicamente, por meio do e-Notariado, com a realização de videoconferência e assinaturas digitais das partes. §1º Quando houver um ou mais imóveis de diferentes circunscrições no mesmo ato notarial, será competente para a prática de atos remotos o tabelião de quaisquer delas. §2º Estando o imóvel localizado no mesmo estado da federação do domicílio do adquirente, este poderá escolher qualquer tabelionato de notas da unidade federativa para a lavratura do ato. §3º Para os fins deste provimento, entende-se por adquirente, nesta ordem, o comprador, a parte que está adquirindo direito real ou a parte em relação à qual é reconhecido crédito".

Do ponto de vista dos requisitos formais do ato notarial e dos procedimentos para lavratura da escritura pública, não há distinção entre o meio físico e o meio digital. Em qualquer um dos casos, havendo sucessão *causa mortis*, assim como em outras situações que caracterizam operação imobiliária, os tabeliães de notas são obrigados a enviar comunicação à Receita Federal por meio da DOI – Declaração de Operação Imobiliária.

A DOI é o instrumento pelo qual, via internet, os tabeliães de notas e os registradores de imóveis e de títulos e documentos prestam as informações sobre as operações imobiliárias realizadas por pessoas físicas e jurídicas, consignadas nos documentos por eles lavrados, anotados, matriculados, registrados e averbados, e que se enquadrem nos parâmetros estabelecidos pelos dispositivos legais.[5] Referida obrigação foi instituída pela Lei nº 10.426, publicada em 24.4.2002, posteriormente alterada pela Lei nº 10.865, de 30.4.2004.[6]

Na escritura pública de inventário constará o envio da declaração, devendo o tabelião informar, quando do preenchimento da DOI, entre outros, o valor de alienação do bem imóvel, que consistirá no valor indicado pelas partes no formal de partilha ou no valor que serviu de base para o cálculo do ITCD/ITCMD, conforme previsto no art. 130 do Regulamento do Imposto de Renda – RIR/2018, aprovado pelo Decreto nº 9.560/18.[7]

Oportuno ressaltar que, se de um lado é certo que o envio da DOI pelo tabelião à Receita Federal do Brasil acontece apenas nos inventários extrajudiciais, já que tal exigência não existe em relação ao inventário judicial; de outro, é importante esclarecer que o valor informado na DOI não vincula o herdeiro ou legatário para fins de lançamento na sua declaração e não interfere na apuração do ganho de capital, como se verá adiante.

5 Disponível em: http://www.receita.fazenda.gov.br/historico/srf/boaspraticas/fiscalizacao/Doi.htm.

6 "Art. 8º Os serventuários da Justiça deverão informar as operações imobiliárias anotadas, averbadas, lavradas, matriculadas ou registradas nos Cartórios de Notas ou de Registro de Imóveis, Títulos e Documentos sob sua responsabilidade, mediante a apresentação de Declaração sobre Operações Imobiliárias (DOI), em meio magnético, nos termos estabelecidos pela Secretaria da Receita Federal. §1º A cada operação imobiliária corresponderá uma DOI, que deverá ser apresentada até o último dia útil do mês subseqüente ao da anotação, averbação, lavratura, matrícula ou registro da respectiva operação, sujeitando-se o responsável, no caso de falta de apresentação, ou apresentação da declaração após o prazo fixado, à multa de 0,1% ao mês-calendário ou fração, sobre o valor da operação, limitada a um por cento, observado o disposto no inciso III do §2º. §2º A multa de que trata o §1º: I - terá como termo inicial o dia seguinte ao término do prazo originalmente fixado para a entrega da declaração e como termo final a data da efetiva entrega ou, no caso de não-apresentação, da lavratura do auto de infração; II - será reduzida: a) à metade, caso a declaração seja apresentada antes de qualquer procedimento de ofício; b) a setenta e cinco por cento, caso a declaração seja apresentada no prazo fixado em intimação; III - será de, no mínimo, R$500,00 (quinhentos reais). III - será de, no mínimo, R$20,00 (vinte reais). (Redação dada pela Lei nº 10.865, de 2004) §3º O responsável que apresentar DOI com incorreções ou omissões será intimado a apresentar declaração retificadora, no prazo estabelecido pela Secretaria da Receita Federal, e sujeitar-se-á à multa de R$50,00 (cinqüenta reais) por informação inexata, incompleta ou omitida, que será reduzida em cinqüenta por cento, caso a retificadora seja apresentada no prazo fixado".

7 "*137 – O que deve ser considerado valor de alienação para fins de preenchimento da DOI?* R: Como regra geral o valor de alienação é o valor informado pelas partes ou, na ausência deste, o valor que serviu de base para o cálculo do ITBI ou do ITCD, conforme o caso. Nos casos a seguir, considera-se valor de alienação: [...] h) herança, legado, meação e partilha amigável ou litigiosa: o valor declarado pelas partes e, na ausência deste, o constante no documento de partilha ou o que servir de base de cálculo do ITBI ou do ITCD; [...]".

3 O tratamento tributário na transferência de bens por herança ou legado e a forma de lançamento pelos herdeiros ou legatários

Na transferência de bens por herança ou legado o tratamento tributário encontra previsão no Regulamento do Imposto sobre a Renda – RIR/2018, aprovado pelo Decreto nº 9.580/2018. De acordo com o art. 130, *caput*, há duas possibilidades para lançamento na declaração de bens do herdeiro. Os bens e direitos poderão ser avaliados e lançados de acordo com o valor de mercado ou pelo valor apresentado na última declaração de bens do falecido.[8]

No caso de os bens e direitos serem declarados pelos herdeiros ou legatários por valor superior àquele constante na última declaração do falecido, a diferença positiva entre o valor de transmissão e aquele, ou o custo de aquisição serão tributados como ganho de capital, incidindo a alíquota de 15% até o ano-calendário 2016 e pela alíquota progressiva, a partir do ano-calendário 2017.[9]

O contribuinte do imposto devido pelo ganho de capital é o espólio, e deverá ser preenchido o Demonstrativo da Apuração dos Ganhos de Capital disponível no sítio da Receita Federal do Brasil, que depois deverá ser exportado para a Declaração Final do Espólio. A Receita Federal do Brasil disponibiliza programa para *download*, que calcula o ganho de capital e aplica os redutores que incidem, de acordo com as informações lançadas e a legislação vigente aplicável.

A guia de pagamento do imposto deverá ser preenchida em nome do espólio, e o imposto deverá ser pago pelo inventariante até a data prevista para a entrega da Declaração Final de Espólio. Esta declaração corresponde ao ano-calendário da decisão judicial da partilha, sobrepartilha, adjudicação ou lavratura da escritura pública de inventário e partilha de bens, correspondendo ao período de 1º de janeiro à data da decisão judicial ou da lavratura da escritura pública.[10]

Caso a transmissão seja lançada na declaração dos herdeiros ou legatários pelo mesmo valor constante na última declaração do falecido, não haverá ganho de capital no ato da transferência. Trata-se de hipótese de não incidência do imposto. Esta opção

---

8 "Art. 130. Na transferência de direito de propriedade por sucessão, nas hipóteses de herança, legado ou doação em adiantamento da legítima, *os bens e os direitos poderão ser avaliados a valor de mercado ou pelo valor apresentado na declaração de bens do de cujus ou do doador* (Lei nº 9.532, de 1997, art. 23, caput). §1º *Se a transferência for efetuada a valor de mercado, a diferença a maior entre o referido valor e o valor pelo qual constavam da declaração de bens do de cujus ou do doador ficará sujeita à apuração do ganho de capital e à incidência de imposto sobre a renda, observado o disposto no art. 148 ao art. 153* (Lei nº 9.532, de 1997, art. 23, §1º). §2º O herdeiro, o legatário ou o donatário deverá incluir os bens ou os direitos na sua declaração de bens correspondente à declaração de ajuste anual do ano-calendário da homologação da partilha ou do recebimento da doação pelo valor pelo qual houver sido efetuada a transferência (Lei nº 9.532, de 1997, art. 23, §3º). §3º *Para fins de apuração de ganho de capital na alienação dos bens e dos direitos de que trata este artigo, será considerado pelo herdeiro, pelo legatário ou pelo donatário como custo de aquisição, o valor pelo qual houverem sido transferidos* (Lei nº 9.532, de 1997, art. 23, §4º). §4º As disposições deste artigo aplicam-se, também, aos bens ou aos direitos atribuídos a cada cônjuge, na hipótese de dissolução da sociedade conjugal ou da unidade familiar (Lei nº 9.532, de 1997, art. 23, §5º)".

9 Art. 130, §1º c/c art. 153 do RIR/2018.

10 "Art. 11. Homologada a partilha, a sobrepartilha, feita a adjudicação dos bens ou registrada em cartório a escritura pública, deverá ser apresentada, pelo inventariante, no prazo, na forma e nas condições estabelecidos pela Secretaria da Receita Federal do Brasil do Ministério da Fazenda, a declaração dos rendimentos correspondentes ao período de 1º de janeiro até a data da homologação, da adjudicação ou do registro em cartório (Lei nº 9.250, de 1995, art. 7º, §4º; Lei nº 9.779, de 19 de janeiro de 1999, art. 16; e Lei nº 13.105, de 2015, art. 610)".

poderá ser interessante, se o herdeiro ou legatário tiver a intenção de não se desfazer do bem ou do direito em curto ou médio prazo.

Outra informação relevante constante no sítio da Receita Federal do Brasil é a de que a opção do herdeiro ou legatário pelo lançamento do valor constante na última Declaração de Bens e Direitos do falecido ou por valor superior a este deverá ser feita pelo herdeiro em relação a cada um dos bens transferidos.[11] Isso significa que na declaração do herdeiro ou legatário alguns bens poderão ser lançados pelo valor de mercado e outros pelo valor declarado pelo falecido. Se o herdeiro ou legatário optar pelo lançamento do valor constante na última declaração feita pelo falecido, em uma alienação futura será considerada data de aquisição dos bens ou direitos a data da abertura da sucessão, e o valor atribuído na Declaração de Bens e Direitos constituirá custo para efeito de apuração do ganho de capital. Por isso, é necessário avaliar o recolhimento do ganho de capital pelo espólio se houver intenção de alienação do bem em curto ou médio prazo.

Existe outra situação que merece análise cuidadosa no momento do lançamento da transmissão na declaração do herdeiro ou legatário, diante da possível vantagem econômica significativa ao sucessor, a depender da forma de lançamento. Trata-se da hipótese de redução de 100% do ganho de capital para os imóveis adquiridos ou incorporados até 1969.

4 Redução do percentual para os imóveis adquiridos ou incorporados até 1969

O Regulamento do Imposto de Renda/2018 – aprovado pelo Decreto nº 9.580/2018 estabelece hipóteses de não incidência e de isenção do ganho de capital no art. 133. São situações que levam em consideração o valor do imóvel, a alienação para aquisição de outro bem da mesma natureza em determinado prazo, entre outras.

Já o art. 149 do mesmo regulamento contempla a previsão de aplicação de redução de cem por cento para os bens e direitos adquiridos ou incorporados até 1969, além de uma tabela de redução para as aquisições e incorporações ocorridas entre os anos de 1970 e 1988, com variação de 5% até 95%:

ANO DE AQUISIÇÃO OU INCORPORAÇÃO	PERCENTUAL DE REDUÇÃO	ANO DE AQUISIÇÃO OU INCORPORAÇÃO	PERCENTUAL DE REDUÇÃO
Até 1969	100%	1979	50%
1970	95%	1980	45%
1971	90%	1981	40%
1972	85%	1982	35%
1973	80%	1983	30%
1974	75%	1984	25%
1975	70%	1985	20%
1976	65%	1986	15%
1977	60%	1987	10%
1978	55%	1988	5%

[11] Ver item 574, "c" (Disponível em: https://www.gov.br/receitafederal/pt-br/acesso-a-informacao/perguntas-frequentes/declaracoes/dirpf/pr-irpf-2021-v-1-1-2021-03-05.pdf).

Assim, caso o herdeiro ou legatário receba a propriedade de um bem ou direito, cuja aquisição pelo falecido tenha ocorrido antes de 1969, o que não é incomum, podendo acontecer com propriedades rurais[12] que passam de pais para filhos, e, também, com propriedades urbanas que estão na esfera patrimonial da família há longa data, a opção de lançamento da transmissão por valor de mercado pelo herdeiro ou legatário deve ser considerada, pois neste caso não haverá ganho de capital a recolher, e em uma alienação futura por valor de mercado tampouco incidirá ganho de capital, se o valor for o mesmo da aquisição. Esta alternativa pode representar uma significativa vantagem econômica para o sucessor quando a intenção é alienar o bem em curto ou médio prazo, pois o custo de aquisição para efeitos de apuração do ganho de capital na alienação dos bens e dos direitos havidos por herança será considerado pelo herdeiro ou pelo legatário o valor pelo qual houverem sido transferidos.[13]

Imaginemos um inventário por adjudicação, no qual o falecido tenha deixado três bens imóveis, dos quais dois foram adquiridos antes de 1969 e um foi adquirido em 1988, que os valores constantes na última declaração de renda apresentada pelo falecido sejam, respectivamente, imóvel 1: R$30.000,00, imóvel 2: R$20.000,00 e imóvel 3: R$100.000,00 e que os valores de mercado sejam R$400.000,00, R$900.000,00 e R$650.000,00. Utilizando o programa disponível no sítio da Receita Federal do Brasil, foi feita a simulação do imposto sobre ganho de capital para os três imóveis, com o lançamento pelo valor de mercado (anexos 1, 2 e 3). Observa-se que, para o imóvel 3, o imposto devido pelo ganho de capital na hipótese de lançamento pelo valor de mercado na declaração do herdeiro é de R$19.941,18. No Anexo 4, foi feita a simulação de alienação do imóvel 3, considerando o lançamento na declaração do herdeiro pelo valor constante na última declaração do falecido e uma alienação futura pelo valor de mercado. Neste caso, o imposto a ser recolhido será de R$82.212,25. Ou seja, mesmo com a incidência de ganho de capital para o espólio, o lançamento pelo herdeiro ou legatário por valor de mercado se mostrou vantajoso, acarretando uma economia de R$62.271,07.

Considerando que o regulamento prevê outras hipóteses de reduções, inclusive cumulativas, além daquelas previstas para aquisições ocorridas a partir de 14.10.2005, esta mediante a aplicação de fatores, é imprescindível uma análise individualmente para cada bem, que pode ser feita por simulação no programa disponibilizado pela Receita Federal do Brasil, com auxílio de profissional contábil.

5 Conclusões

A transmissão de bens e direitos aos herdeiros e legatários opera-se automaticamente quando da morte do titular. No entanto, o inventário é necessário para formalizar essa transmissão. Atualmente, o ordenamento jurídico oferece aos herdeiros e sucessores, quando preenchidos os requisitos, a opção pela via judicial ou extrajudicial. A avaliação sobre a viabilidade de realização do inventário pela via extrajudicial e a construção de um acordo neste sentido quando o consenso entre os interessados não é preexistente

12 Para os imóveis rurais há outras hipóteses de redução do ganho de capital, que deverão ser examinadas, caso a caso.

13 Art. 130, §3º do RIR/2018 c/c art. 23, §4º, da Lei nº 9.532/97.

são aspectos que merecem atenção, diante das vantagens que o extrajudicial apresente em relação ao judicial, inclusive no que se refere aos custos. O inventário extrajudicial é formalizado por escritura pública lavrada no tabelionato de notas, e desde maio de 2020 existe a possibilidade de lavratura por meio eletrônico. A transferência dos bens formalizada pelo inventário precisa ser informada na declaração de bens e rendimentos dos herdeiros e sucessores. Quando essa transferência apresenta diferença a maior daquela constante na última declaração do falecido, tem-se configurada uma das hipóteses de incidência do imposto de renda por ganho de capital. A apuração do ganho de capital não se dá no inventário, seja ele judicial ou extrajudicial, mas em momento posterior, quando é feita a Declaração Final do Espólio e o lançamento na declaração dos herdeiros. Logo, nem o juiz nem o tabelião de notas tem a responsabilidade de fiscalizar o recolhimento do referido imposto.

Finalizado o inventário, o herdeiro ou legatário terá outra decisão a tomar, relativamente ao lançamento do patrimônio recebido em sua declaração de bens. Aqui também terá duas opções: fazer a declaração mantendo os valores que constam na última declaração do falecido, hipótese que afasta a incidência do ganho de capital; ou lançar os bens por valor de mercado, podendo resultar em uma diferença a maior, sobre a qual incidirá o ganho de capital, em alíquota progressiva de 15% a 22,5%, sendo contribuinte o espólio. Em alguns casos, o herdeiro ou legatário poderá adotar o valor de mercado na sua declaração e ainda assim se beneficiar das hipóteses de não incidência, ou da redução do percentual, que nos casos de aquisição ou incorporação feitas até 1969 alcança 100%. Para as aquisições e incorporações ocorridas no período de 1970 a 1988 a redução é progressiva, com diferença de 5% ao ano até chegar em 95%. Para as aquisições a partir de outubro de 2005, também são aplicados fatores de redução, havendo, inclusive, sobreposição de benefícios, conforme a data da aquisição. A apuração dos valores devidos pode ser feita por meio de programa disponibilizado pela Receita Federal do Brasil, que permite a simulação antes da exportação do demonstrativo. A análise cuidadosa e a realização desta simulação pode proporcionar uma economia significativa, eventualmente até nos casos em que haja imposto a recolher. A opção de lançamento para o herdeiro ou legatário se aplica a cada um dos bens.

Finaliza-se concluindo que a apuração do ganho de capital na sucessão é um tema complexo, que exige uma análise detalhada de cada situação para verificação da forma mais adequada e menos onerosa para herdeiro, sendo importante a participação do profissional contábil em um trabalho conjunto, não existindo uma fórmula ou receita universal a ser aplicada.

6 Anexos

Anexo 1 – Imóvel 1 – Lançamento pelo valor de mercado

NOME: ████
CPF: ████ **Telefone:**
GANHOS DE CAPITAL
ANO-CALENDÁRIO: 2021
DEMONSTRATIVO DA APURAÇÃO DOS GANHOS DE CAPITAL - IMÓVEL
PAÍS: Brasil **DATA INICIAL: 01/01/2021** **DATA FINAL: 31/12/2021**

ADQUIRENTE

CPF/CNPJ	Nome

APURAÇÃO DO CUSTO DE AQUISIÇÃO

Data de Aquisição: 01/01/1969		
Custo de aquisição		(R$) 30.000,00

APURAÇÃO DOS GANHOS DE CAPITAL

Valor da Alienação	(R$)	400.000,00
Custo de Corretagem	(R$)	0,00
Valor Líquido da Alienação	(R$)	400.000,00
Custo de Aquisição	(R$)	30.000,00
Ganho de Capital - Resultado 1	(R$)	370.000,00
Percentual de Redução (Lei n. 7.713, de 1988)	(%)	100,000000
Valor de Redução (Lei n. 7.713, de 1988)	(R$)	370.000,00
Ganho de Capital - Resultado 2	(R$)	0,00
Percentual de Redução (Lei n. 11.196, de 2005 - FR1)	(%)	50,927262
Valor de Redução (Lei n. 11.196, de 2005 - FR1)	(R$)	0,00
Ganho de Capital - Resultado 3	(R$)	0,00
Percentual de Redução (Lei n. 11.196, de 2005 - FR2)	(%)	48,151863
Valor de Redução (Lei n. 11.196, de 2005 - FR2)	(R$)	0,00
Ganho de Capital - Resultado 4	(R$)	0,00
Percentual de Redução - Aplicação em Outro Imóvel	(%)	0,000000
Valor de Redução - Aplicação em Outro Imóvel	(R$)	0,00
Ganho de Capital - Resultado 5	(R$)	0,00

CÁLCULO DO IMPOSTO - ALIENAÇÃO À VISTA

Ganho de Capital Total	(R$)	0,00
Alíquota Média	(%)	0,000000
Imposto Devido	(R$)	0,00
Imposto Pago	(R$)	0,00

CONSOLIDAÇÃO DO BEM

IMPOSTO A PAGAR

Diferido de anos anteriores	(R$)	0,00
Referente à alienação em 2021	(R$)	0,00
Total	(R$)	0,00
IR na fonte (Lei 11033/2004)	(R$)	0,00
Devido em 2021	(R$)	0,00
Diferido para anos posteriores	(R$)	0,00

IMPOSTO PAGO

Total	(R$)	0,00

RENDIMENTOS ISENTOS E NÃO TRIBUTÁVEIS

Total	(R$)	370.000,00

RENDIMENTOS SUJEITOS À TRIBUTAÇÃO DEFINITIVA

Total	(R$)	0,00

Anexo 2 – Imóvel 2 – Lançamento pelo valor de mercado

ADQUIRENTE

CPF/CNPJ	Nome

APURAÇÃO DO CUSTO DE AQUISIÇÃO

Data de Aquisição: 01/09/1969	
Custo de aquisição	(R$) 20.000,00

APURAÇÃO DOS GANHOS DE CAPITAL

Valor da Alienação	(R$)	900.000,00
Custo de Corretagem	(R$)	0,00
Valor Liquido da Alienação	(R$)	900.000,00
Custo de Aquisição	(R$)	20.000,00
Ganho de Capital - Resultado 1	(R$)	880.000,00
Percentual de Redução (Lei n. 7.713, de 1988)	(%)	100,000000
Valor de Redução (Lei n. 7.713, de 1988)	(R$)	880.000,00
Ganho de Capital - Resultado 2	(R$)	0,00
Percentual de Redução (Lei n. 11.196, de 2005 - FR1)	(%)	50,927262
Valor de Redução (Lei n. 11.196, de 2005 - FR1)	(R$)	0,00
Ganho de Capital - Resultado 3	(R$)	0,00
Percentual de Redução (Lei n. 11.196, de 2005 - FR2)	(%)	48,151863
Valor de Redução (Lei n. 11.196, de 2005 - FR2)	(R$)	0,00
Ganho de Capital - Resultado 4	(R$)	0,00
Percentual de Redução - Aplicação em Outro Imóvel	(%)	0,000000
Valor de Redução - Aplicação em Outro Imóvel	(R$)	0,00
Ganho de Capital - Resultado 5	(R$)	0,00

CÁLCULO DO IMPOSTO - ALIENAÇÃO À VISTA

Ganho de Capital Total	(R$)	0,00
Aliquota Média	(%)	0,000000
Imposto Devido	(R$)	0,00
Imposto Pago	(R$)	0,00

CONSOLIDAÇÃO DO BEM

IMPOSTO A PAGAR

Diferido de anos anteriores	(R$)	0,00
Referente à alienação em 2021	(R$)	0,00
Total	(R$)	0,00
IR na fonte (Lei 11033/2004)	(R$)	0,00
Devido em 2021	(R$)	0,00
Diferido para anos posteriores	(R$)	0,00

IMPOSTO PAGO

Total	(R$)	0,00

RENDIMENTOS ISENTOS E NÃO TRIBUTÁVEIS

Total	(R$)	880.000,00

RENDIMENTOS SUJEITOS À TRIBUTAÇÃO DEFINITIVA

Total	(R$)	0,00

Anexo 3 – Imóvel 3 – Lançamento pelo valor de mercado

CÁLCULO DO IMPOSTO - ALIENAÇÃO À VISTA

Ganho de Capital Total	(R$)	132.941,25
Alíquota Média	(%)	15,000000
Imposto Devido	(R$)	19.941,18
Imposto Pago	(R$)	0,00

CONSOLIDAÇÃO DO BEM

IMPOSTO A PAGAR

Diferido de anos anteriores	(R$)	0,00
Referente à alienação em 2021	(R$)	19.941,18
Total	(R$)	19.941,18
IR na fonte (Lei 11033/2004)	(R$)	0,00
Devido em 2021	(R$)	19.941,18
Diferido para anos posteriores	(R$)	0,00

IMPOSTO PAGO

Total	(R$)	0,00

RENDIMENTOS ISENTOS E NÃO TRIBUTÁVEIS

Total	(R$)	417.058,75

RENDIMENTOS SUJEITOS À TRIBUTAÇÃO DEFINITIVA

Total	(R$)	132.941,25

CÁLCULO DO IMPOSTO - ALIENAÇÃO À VISTA

Ganho de Capital Total	(R$)	132.941,25
Alíquota Média	(%)	15,000000
Imposto Devido	(R$)	19.941,18
Imposto Pago	(R$)	0,00

CONSOLIDAÇÃO DO BEM

IMPOSTO A PAGAR

Diferido de anos anteriores	(R$)	0,00
Referente à alienação em 2021	(R$)	19.941,18
Total	(R$)	19.941,18
IR na fonte (Lei 11033/2004)	(R$)	0,00
Devido em 2021	(R$)	19.941,18
Diferido para anos posteriores	(R$)	0,00

IMPOSTO PAGO

Total	(R$)	0,00

RENDIMENTOS ISENTOS E NÃO TRIBUTÁVEIS

Total	(R$)	417.058,75

RENDIMENTOS SUJEITOS À TRIBUTAÇÃO DEFINITIVA

Total	(R$)	132.941,25

Anexo 4 – Imóvel 3 – Lançamento pelo valor da última declaração do falecido

DADOS DA OPERAÇÃO

Natureza da operação	Valor de Alienação - (R$)
Venda	650.000,00
Data de Alienação	Custo de Corretagem - R$
15/07/2021	0,00

PERGUNTAS

A alienação foi a prazo/prestação?	Não
Houve no imóvel alienado edificação, ampliação, reforma ou trata-se de imóvel adquirido em partes e em datas diferentes?	Não

ADQUIRENTE

CPF/CNPJ	Nome

APURAÇÃO DO CUSTO DE AQUISIÇÃO

Data de Aquisição: 15/07/2021			
Custo de aquisição		(R$)	100.000,00

APURAÇÃO DOS GANHOS DE CAPITAL

Valor da Alienação	(R$)	650.000,00
Custo de Corretagem	(R$)	0,00
Valor Líquido da Alienação	(R$)	650.000,00
Custo de Aquisição	(R$)	100.000,00
Ganho de Capital - Resultado 1	(R$)	550.000,00
Percentual de Redução (Lei n. 7.713, de 1988)	(%)	0,000000
Valor de Redução (Lei n. 7.713, de 1988)	(R$)	0,00
Ganho de Capital - Resultado 2	(R$)	550.000,00
Percentual de Redução (Lei n. 11.196, de 2005 - FR1)	(%)	0,000000
Valor de Redução (Lei n. 11.196, de 2005 - FR1)	(R$)	0,00
Ganho de Capital - Resultado 3	(R$)	550.000,00
Percentual de Redução (Lei n. 11.196, de 2005 - FR2)	(%)	0,348779
Valor de Redução (Lei n. 11.196, de 2005 - FR2)	(R$)	1.918,28
Ganho de Capital - Resultado 4	(R$)	548.081,72
Percentual de Redução - Aplicação em Outro Imóvel	(%)	0,000000
Valor de Redução - Aplicação em Outro Imóvel	(R$)	0,00
Ganho de Capital - Resultado 5	(R$)	548.081,72

Já houve alienação parcial desse bem? Sim ( ) Não ( )

Soma dos Ganhos de Capital de alienações anteriores: R$ 0,00

Ganho de Capital da alienação atual: R$ 548.081,72

		Ganho de Capital Distribuído - (R$)		
Faixa de Ganho de Capital	Alíquota - (%)	TOTAL	Anterior	Atual
Até R$ 5.000.000,00	15	548.081,72	0,00	548.081,72
De R$ 5.000.000,01 Até R$ 10.000.000,00	17,5	0,00	0,00	0,00
De R$ 10.000.000,01 Até R$ 30.000.000,00	20	0,00	0,00	0,00
Acima de R$ 30.000.000,00	22,5	0,00	0,00	0,00
TOTAL		548.081,72	0,00	548.081,72

CÁLCULO DO IMPOSTO - ALIENAÇÃO À VISTA

Ganho de Capital Total	(R$)	548.081,72
Alíquota Média	(%)	15,000000
Imposto Devido	(R$)	82.212,25
Imposto Pago	(R$)	0,00

CONSOLIDAÇÃO DO BEM

IMPOSTO A PAGAR

Diferido de anos anteriores	**(R$)**	**0,00**
Referente à alienação em 2021	**(R$)**	**82.212,25**
Total	**(R$)**	**82.212,25**
IR na fonte (Lei 11033/2004)	**(R$)**	**0,00**
Devido em 2021	**(R$)**	**82.212,25**
Diferido para anos posteriores	**(R$)**	**0,00**

IMPOSTO PAGO

Total	**(R$)**	**0,00**

RENDIMENTOS ISENTOS E NÃO TRIBUTÁVEIS

Total	**(R$)**	**1.918,28**

RENDIMENTOS SUJEITOS À TRIBUTAÇÃO DEFINITIVA

Total	**(R$)**	**548.081,72**

Informação bibliográfica deste texto, conforme a NBR 6023:2018 da Associação Brasileira de Normas Técnicas (ABNT):

ROSA, Karin Regina Rick. Ganho de capital na sucessão. *In*: TEIXEIRA, Daniele Chaves (Coord.). *Arquitetura do planejamento sucessório*. Belo Horizonte: Fórum, 2022. p. 111-124. Tomo III. ISBN 978-65-5518-291-0.

MECANISMOS DE PLANEJAMENTO SUCESSÓRIO PARA PROTEÇÃO DAS PESSOAS VULNERÁVEIS

MARIA GORETH MACEDO VALADARES
THAIS CÂMARA MAIA FERNANDES COELHO

O que se opõe ao descuido e ao descaso é o cuidado. Cuidar é mais que um ato; é uma atitude. Portanto, abrange mais que um momento de atenção. Representa uma atitude de ocupação, preocupação, de responsabilização e de envolvimento afetivo com o outro.
(Leonardo Boff)

1 Introdução

A responsabilidade por uma pessoa vulnerável deve ser pensada não só para um momento presente, mas em especial para um momento futuro, quando o responsável não mais estiver presente, afinal de contas, a morte inevitavelmente chegará para todos. E a grande questão tratada no presente artigo é exatamente a proteção dos vulneráveis quando da ausência ou mesmo incapacidade do cuidador e responsável legal, de modo a garantir a permanência dos cuidados e da proteção que até então vinham sendo garantidos.

Dessa forma, foram apresentadas situações práticas atreladas ao que é possível fazer juridicamente de modo a proteger de forma eficaz os interesses não só daqueles que apresentam alguma vulnerabilidade, como também dos responsáveis legais, para que tenham a segurança de que, mesmo com sua partida, aqueles que deles dependem ficarão bem assistidos.

Assim, o presente trabalho apresentou mecanismos de proteção das pessoas vulneráveis que devem ser de iniciativa dos cuidadores e responsáveis legais. Para tanto, apresentou a possibilidade da nomeação de tutor e curador, inclusive pelo atual curador para o exercício desse múnus no caso de sua ausência ou impossibilidade, apresentou-se a ideia da doação com reserva de usufruto e com encargo, de modo a evitar em especial o ônus de qualquer tipo de pagamento de imposto pelo vulnerável e ao mesmo tempo garantir que outrem exerça os cuidados para com ele. Também se noticiaram as inúmeras possibilidades de cláusulas protetivas em um testamento e, por fim, o trabalho trouxe ao debate a previdência privada e o seguro de vida, como mecanismos de proteção do vulnerável.

2 A proteção futura das pessoas vulneráveis quando da morte ou incapacidade do cuidador/responsável legal

Com a promulgação da Constituição Federal de 1988, a pessoa humana se torna o centro do ordenamento jurídico, devendo as ações do Estado, da sociedade e da família buscar a efetivação do princípio da dignidade da pessoa humana. Nas palavras de Ana Carolina Brochado Teixeira e Gustavo Tepedino,[14] "a pessoa humana assumiu a centralidade dos sistemas jurídicos, de modo a se tornar fim último do Direito, e não meio para conseguir outros fins".

E uma das formas de se buscar a tão propalada dignidade é através de mecanismos que busquem garantir a proteção e promoção das pessoas que por alguma razão se encontram em situação de vulnerabilidade, as tornando dependentes de outra, que, por sua vez, se vê com a responsabilidade de zelar por aquela. Heloísa Helena Barboza defende:

> Justificam-se por mais essa razão, plenamente, a tutela geral (abstrata) da pessoa humana, ontologicamente vulnerável, não só nas relações econômicas, como as de consumo, mas em todas as suas relações, especialmente as de natureza existencial, e a tutela específica (concreta), de todos os que se encontrem em situação de desigualdade, por força de circunstâncias que potencializem sua vulnerabilidade, o já os tenham vulnerado, como forma de assegurar a igualdade e a liberdade, expressões por excelência da dignidade humana.[15]

O Estatuto da Pessoa com Deficiência (Lei nº 13.146/2015) modificou profundamente o regime das incapacidades até então vigente. Os absolutamente incapazes se reduziram aos menores de 16 (dezesseis) anos, sendo determinado pelo Estatuto que a deficiência não importaria em incapacidade civil. A curatela, forma de proteção dos maiores incapazes, tornou-se uma exceção e deve ser pormenorizada, sendo requisito da sentença[16] o detalhamento das possibilidades dos atos que podem ou não ser praticados pelo curatelado. Mas um ponto é certo: a curatela só atinge os atos negociais e patrimoniais.[17]

A restrição dos efeitos da curatela aos atos negociais e patrimoniais é objeto de inúmeras críticas, já que não há dúvidas de que muitas pessoas são absolutamente incapazes e continuarão sendo, ainda que o Estatuto traga uma previsão em sentido contrário. É o que acontece por exemplo com uma pessoa que, embora tenha alcançado

[14] TEIXEIRA, Ana Carolina Brochado; TEPEDINO, Gustavo. *Direito de família*. Rio de Janeiro: Forense, 2020. p. 11.

[15] BARBOZA, Heloísa Helena. Vulnerabilidade e cuidado: aspectos jurídicos. *In*: PEREIRA, Tânia da Silva; OLIVEIRA, Guilherme (Coord.). *Cuidado e vulnerabilidade*. São Paulo: Atlas, 2009. p. 111.

[16] "Art. 755. Na sentença que decretar a interdição, o juiz: I - nomeará curador, que poderá ser o requerente da interdição, e fixará os limites da curatela, segundo o estado e o desenvolvimento mental do interdito; II - considerará as características pessoais do interdito, observando suas potencialidades, habilidades, vontades e preferências".

[17] "Art. 85. A curatela afetará tão somente os atos relacionados aos direitos de natureza patrimonial e negocial".

a maioridade, tem uma deficiência mental grave que a impede de exercer sozinha os atos da vida civil de maneira geral e não só os atos afetos à sua vida patrimonial.

O intuito do legislador de tentar proteger e promover as pessoas com deficiência foi louvável, mas pecou por excesso, partindo do pressuposto de que incapacidade e deficiência seriam sinônimos. Ora, existem pessoas com deficiência que são incapazes e existem pessoas com deficiência que são plenamente capazes. O equívoco cometido pelo legislador foi trazer essa equiparação como se regra fosse, quando o mais aconselhável seria a análise de cada caso concreto.

Assim, tem-se hoje um critério objetivo para a averiguação da incapacidade, que é o critério etário: como absolutamente incapazes temos os menores de 16 (dezesseis) anos e, como relativamente incapazes, aqueles que têm entre 16 e 18 anos. Essas pessoas estão em fase de formação do caráter e da personalidade, sendo em sua maioria dependentes emocional e financeiramente dos pais ou de seus representantes legais.

Lado outro, o legislador trouxe para a averiguação da incapacidade de uma pessoa que já alcançou a maioridade um critério subjetivo: aqueles que não puderem exprimir sua vontade, seja em razão de uma causa permanente seja transitória.[18]

Para além dos menores e dos maiores incapazes, em certas situações, podemos nos deparar com uma situação de vulnerabilidade ou de uma iminente vulnerabilidade, como é o caso dos idosos que não são incapazes simplesmente em razão da idade, mas que demandam cuidado e atenção maiores dos filhos e demais familiares. É o que acontece, por exemplo, com uma mãe que é dependente financeiramente de um filho ou um irmão que é assistido por outro.

Nesses casos, tanto dos menores absoluta ou dos relativamente incapazes, seja em razão da idade, seja em razão de não poderem exprimir sua vontade, como também no caso de um filho que tem receio de uma morte precoce e quer proteger um pai idoso, um planejamento sucessório para o caso de uma eventual ausência dos responsáveis legais ou financeiros se mostra de extrema utilidade, para garantir inclusive os estudos desse menor incapaz, de modo que ele possa ter autonomia no futuro. No mesmo caminho, justifica-se um planejamento sucessório para aqueles que são responsáveis por alguém maior, vulnerável ou totalmente incapaz, de modo a garantir um futuro qualitativo no caso de falecimento ou mesmo incapacidade do responsável legal/financeiro, evitando-se assim o aumento de sua vulnerabilidade.

3 O planejamento sucessório feito como forma de proteção aos vulneráveis

O planejamento sucessório permite que uma pessoa crie regras futuras para a gestão de seu patrimônio, podendo, a partir de então, beneficiar certas e determinadas pessoas. Nas palavras de Danielle Chaves Teixeira, é o

> instrumento jurídico que permite a adoção de uma estratégia voltada para a transferência eficaz e eficiente do patrimônio de uma pessoa após a sua morte. Vale ressaltar, ainda, que

[18] "Art. 4º São incapazes, relativamente a certos atos ou à maneira de os exercer: [...] III - aqueles que, por causa transitória ou permanente, não puderem exprimir sua vontade; [...]".

o planejamento é realizado em vida e que sua completa aplicabilidade de efeitos ocorrerá com a morte.[19]

Nada mais razoável do que a possibilidade de se criar regras e mecanismos de proteção das pessoas que são dependentes e que precisarão de um suporte pessoal e financeiro no caso de falecimento dos responsáveis legais. É desse responsável legal que se espera o planejamento sucessório, com o intuito de proteger aqueles que dele são dependentes, não só emocional, mas também financeiramente. A seguir, têm-se alguns exemplos de mecanismos de planejamento sucessório aptos a beneficiar pessoas que por um critério objetivo ou subjetivo se encontram vulneráveis e, por isso, dependentes em menor ou maior grau do auxílio de outrem, que, por sua vez, é, no presente, o responsável por esse vulnerável. É exatamente em razão desse binômio responsabilidade e vulnerabilidade que tais instrumentos jurídicos se mostram tão relevantes.

3.1 Tutela e curatela *post mortem*

A tutela é uma forma de proteção dos menores incapazes que não estão sob o poder familiar de nenhum dos genitores. A bem da verdade, é um instrumento incompatível com o poder familiar e, por isso, só há que se falar em tutela no caso de órfãos ou de filhos dos quais os pais decaíram do poder familiar.[20]

A legislação civil oferece aos pais a possibilidade de nomear previamente os tutores de seus filhos menores, através de testamento ou de outro ato autêntico. Assim, a tutela testamentária é, a um só tempo, uma ferramenta de exercício da autonomia privada e, também, uma ferramenta de proteção dos filhos menores, no caso de morte dos genitores. Ora, ninguém melhor do que os pais para escolher quem cuidar de seus filhos, caso eles faleçam na menoridade daqueles: "A possibilidade de os pais indicarem tutor aos filhos também se compreende nos deveres assistenciais, na medida em que a tutela visa precipuamente atribuir o cuidado de uma criança ou adolescente".[21]

É uma oportunidade ímpar de decidir de antemão quem são as pessoas de confiança dos genitores para exercer os cuidados com a prole no caso de uma prematura morte dos pais. A nomeação do tutor pelos pais não está isenta de passar pelo crivo do Judiciário, mas direciona o juiz em sua decisão.

A atuação do tutor é uma atuação limitada, já que a lei traz os contornos dos atos que por ele podem ser praticados. De toda forma, ter o filho ao lado de alguém indicado pelos próprios pais é uma atitude que acalenta os envolvidos e, por isso, é uma atitude não necessariamente ligada ao planejamento patrimonial, mas, de forma geral, ao planejamento sucessório.

A curatela por sua vez é um instituto de proteção dos maiores incapazes. Em regra, a nomeação de um curador se dá após a constatação de uma incapacidade que impede

---

[19] TEIXEIRA, Daniele Chaves. *Planejamento sucessório*: pressupostos e limites. Belo Horizonte: Fórum, 2019. p. 65.

[20] Art. 1.728 do CC: "Os filhos menores são postos em tutela: I - com o falecimento dos pais, ou sendo estes julgados ausentes; II - em caso de os pais decaírem do poder familiar".

[21] CRUZ, Elisa Costa. A tutela como instrumento de proteção sucessória de crianças e adolescentes. *In*: TEIXEIRA, Daniele Chaves (Coord.). *Arquitetura do planejamento sucessório*. Belo Horizonte: Fórum, 2021. t. II. ISBN 978-65-5518-117-3.

o curatelado de exprimir sua vontade.[22] O pedido depende de autorização judicial e o curador se torna o guardião do curatelado.

No entanto, o que se pretende aqui é defender a ideia de que um familiar pode, através de testamento ou de outro ato autêntico, nomear um curador para um membro de sua família ou mesmo requerer a sua substituição, enquanto curador, por ocasião de sua morte. Imaginem que um filho é o curador de seu pai que, por sua vez, tem diagnóstico de Alzheimer em grau avançado. Pela ordem natural da vida, o filho morreria após seu genitor, mas como o único critério para a morte é estar vivo, esse filho busca de forma preventiva planejar os cuidados com o pai para o caso de uma morte prematura.

Não há uma previsão expressa na lei sobre a possibilidade de nomeação do curador para outrem em testamento ou outro ato autêntico. Mas, fazendo uso do art. 1.781 do Código Civil, que dispõe que as regras a respeito da tutela serão também aplicadas à curatela, defendemos a ideia de que um filho que exerça os cuidados com um dos genitores ou mesmo com um irmão ou outro familiar possa nomear outro curador para o caso de sua morte ou mesmo de sua incapacidade. Tal possibilidade se faz ainda mais factível quando for do atual curador a nomeação de sua substituição.

Também interessante é a determinação através de testamento ou outro ato autêntico, não só de uma nomeação futura de tutor ou curador, como também uma remuneração para que a pessoa escolhida exerça essa função. A própria legislação civil[23] traz a previsão dessa remuneração, mas se sugere que ela seja determinada por aquele que está instituindo a tutela ou a curatela, definindo de antemão valores, forma e prazo de pagamento para o exercício da tutela ou da curatela.

3.2 Doação com reserva de usufruto e com encargo

A doação é um dos institutos mais usuais quando se pensa em planejamento sucessório. Doar significa uma diminuição no patrimônio do doador que por um ato de liberalidade projeta um aumento no patrimônio do donatário. As doações feitas em vida por um ascendente a um descendente são chamadas de adiantamento de legítima e, em regra, devem ser colacionadas quando da morte do doador, salvo dispensa expressa no documento da doação.

Embora usual, a doação deve ser feita com muita ressalva, já que implica redução do patrimônio de alguém, sendo, em regra, definitiva.[24] No caso de filhos incapazes ou de outras pessoas que são dependentes do doador, a doação é uma saída interessante porque possibilita que o próprio doador arque com os custos da transação, evitando discussões futuras e pagamentos a posterior, como é o caso do ITCD *causa mortis*. Assim, quando do falecimento dos doadores, o patrimônio já seria de titularidade do donatário, sem que recaiam sobre ele os ônus fiscais.

---

22 "Art. 1.767. Estão sujeitos a curatela: I - aqueles que, por causa transitória ou permanente, não puderem exprimir sua vontade; [...]".

23 Art. 1.752 do CC: "O tutor responde pelos prejuízos que, por culpa, ou dolo, causar ao tutelado; mas tem direito a ser pago pelo que realmente despender no exercício da tutela, salvo no caso do art. 1.734, e a perceber remuneração proporcional à importância dos bens administrados".

24 A doação poderia ser revertida se contivesse a cláusula de reversão e em casos de nulidade ou anulabilidade.

E como forma de preservar a autonomia dos pais e/ou representantes legais em relação ao patrimônio doado, enquanto vivos estiverem, a reserva de usufruto é uma medida muito interessante, embora também onerosa.[25]

O usufruto nada mais é do que um "direito real temporário concedido a uma pessoa para desfrutar um objeto alheio como se fosse próprio, retirando suas utilidades e frutos, contudo sem alterar-lhe a substância".[26] Assim, o beneficiário da doação se manteria como proprietário do bem, mas o usufrutuário teria a posse, o uso, a administração e a percepção dos frutos.[27]

Outra saída também interessante para resguardar a pessoa que por qualquer razão seja dependente do doador e que se enquadra em uma situação de vulnerabilidade seria a doação para um terceiro, com o encargo de que esse terceiro assuma os cuidados com a pessoa dependente, no caso de morte ou mesmo incapacidade superveniente do doador. É uma obrigação imposta ao donatário, *no interesse geral ou no particular do próprio doador ou de um terceiro*.[28] Com isso, o filho incapaz ou o pai idoso seria resguardado, já que o genitor/filho estabeleceria alguém de antemão para assumir os cuidados na sua falta e, de outro lado, o doador teria um incentivo material para a assunção de tal responsabilidade.

Imaginem um casal com três filhos, sendo um deles incapaz para os atos da vida civil. Os pais podem doar determinado bem para dois filhos, com o ônus de que eles cuidem do irmão incapaz, garantindo, por exemplo o plano de saúde e uma cuidadora mensal para o irmão. Obviamente, tal doação deve estar dentro da parte disponível, de modo a respeitar a legítima. Não há necessariamente uma contraprestação por parte do donatário, já que a ideia é a de que o bem doado supere o encargo imposto, sendo o caso de *uma imposição de obrigação, de uma onerosidade*.[29]

3.3 O testamento como instrumento de cláusulas protetivas

Um outro instrumento ainda não tão usual no Brasil, mas que vem ganhando cada vez mais a atenção das pessoas, é o testamento. O testamento é um ato solene, cujos requisitos estão devidamente determinados pela lei. Para Conrado Rosa e Marco Antônio Rodrigues, é "um negócio jurídico formal, por conta das exigências e formalidades estabelecidas em lei e que exigem atendimento, sob pena de nulidade. Ao lado do casamento é um dos negócios mais solenes do sistema jurídico brasileiro".[30]

---

25 A título exemplificativo, em Minas Gerais o valor do imposto de doação é de 5% sobre o valor do bem e o valor para a instituição do usufruto é de 1/3 calculado em cima de 5% do valor do bem doado. Art. 10 da Lei nº 14.941/2003: "O imposto será calculado aplicando-se a alíquota de 5% (cinco por cento) sobre o valor total fixado para a base de cálculo dos bens e direitos recebidos em doação ou em face de transmissão causa mortis".

26 FARIAS, Cristiano Chaves de; BRAGA NETTO, Felipe; ROSENVALD, Nelson. *Manual de direito civil* – Volume único. Salvador: JusPodivm, 2017. p. 1569.

27 Art. 1.394 do CC: "O usufrutuário tem direito à posse, uso, administração e percepção dos frutos".

28 FARIAS, Cristiano Chaves de; BRAGA NETTO, Felipe; ROSENVALD, Nelson. *Manual de direito civil* – Volume único. Salvador: JusPodivm, 2017. p. 1060.

29 FARIAS, Cristiano Chaves de; BRAGA NETTO, Felipe; ROSENVALD, Nelson. *Manual de direito civil* – Volume único. Salvador: JusPodivm, 2017. p. 1061.

30 RODRIGUES, Marco Antônio; ROSA, Conrado Paulino da. *Inventário e partilha*. Salvador: JusPodivm, 2019. p. 196.

De outro lado, é o instrumento que oferece um enorme ângulo de exercício da autonomia privada, já que permite ao testador planejar e expressar sua última manifestação de vontade, em regra, de forma ampla, só sofrendo limitação se houver herdeiros necessários.[31]

O leque de possibilidades conferido ao testador é infinito, já que o instrumento permite a redação de cláusulas patrimoniais e não patrimoniais, como a partilha de determinado bem entre pessoas escolhidas pelo autor da herança, assim como o reconhecimento de um filho ou a nomeação de um tutor e, como aqui já defendido, também de um curador.

Dessa forma, múltiplas são as possibilidades de proteção àqueles que apresentam alguma vulnerabilidade através do testamento. Entre elas está a destinação de um patrimônio para uma pessoa da confiança do testador com o encargo de que ele cuide do filho incapaz, tal como na doação com encargo.

O Código Civil apresenta a possibilidade na nomeação de um curador especial[32] para quem instituir um menor herdeiro, ou legatário seu, ainda que o beneficiário se encontre sob o poder familiar ou sob tutela. Com isso, o curador especial seria o responsável pela administração do patrimônio deixado em prol da pessoa com vulnerabilidade, de modo que a administração seria exercida de acordo com os ditames do testador. Esse é mais um mecanismo de proteção, em especial quando o testador não confia plenamente nos pais do menor, mas o quer beneficiar.

A instituição de um legado de alimentos no testamento é também algo muito interessante, já que o art. 1.920 do CC determina que o legado de alimentos abrange o sustento, a cura, o vestuário e a casa, enquanto o legatário viver, além da educação, se ele for menor. Nada impede uma disposição em outro sentido, como exemplo, a imposição de que seja garantido ao incapaz o pagamento de um curso por determinado período ou um plano de saúde, além dos demais itens que já compõem o legado de alimentos.

Também é sugerido que se determine eventual valor a ser pago e a periocidade para evitar discussões acerca da vontade do testador:

> Na falta de fixação pelo testador da quantia devida, aplica-se ao legado de alimentos o binômio necessidade do legatário alimentando e possibilidade das forças da herança. O juiz deverá fixar as prestações alimentícias consoante a presumível intenção do testador, que será de fácil elucidação quando esse já pagava em vida alimentos ao legatário.[33]

A imposição de uma cláusula instituindo o direito real de habitação em favor de determinada pessoa é um outro exemplo de planejamento sucessório e protecional. Para tanto, sugere-se ainda a inclusão de uma cláusula no sentido de que seria incabível eventual pleito de aluguéis pelos herdeiros. Salienta-se que tal direito real de habitação

---

31 Art. 1.789 do CC: "Havendo herdeiros necessários, o testador só poderá dispor da metade da herança".

32 "Art. 1.733. [...] §2º Quem institui um menor herdeiro, ou legatário seu, poderá nomear-lhe curador especial para os bens deixados, ainda que o beneficiário se encontre sob o poder familiar, ou tutela".

33 TEPEDINO, Gustavo; NEVARES, Ana Luiza Maia; MEIRELES, Rose Melo Vencelau. *Direito das sucessões*. Rio de Janeiro: Forense, 2020. p. 182.

deve constar em imóvel que esteja dentro da parte disponível do testador, a fim de evitar qualquer discussão com os herdeiros necessários.[34]

Também relevante para a proteção dos vulneráveis pode ser a inclusão de cláusulas restritivas de direito, seja na parte disponível, seja na parte legítima. Como sabido, para a inclusão das respectivas cláusulas na legítima, deve haver uma justa causa.[35] A inalienabilidade, a incomunicabilidade e a impenhorabilidade devem ser gravadas, apenas *quando apostas no verdadeiro interesse do sucessor, e não do instituidor*.[36]

Marcelo Truzzi salienta que se referidas cláusulas realmente beneficiarem o interesse do sucessor, elas são um interessante instrumento de planejamento sucessório, em especial pela praticidade, baixo custo e ausência de burocracia.

É o caso, por exemplo, de um filho portador de alguma deficiência grave que o impede de gerir seu patrimônio, ou o caso de uma pessoa que quer proteger outra, que por sua vez é incapaz. Para tanto, é importante que quando da imposição das referidas cláusulas se tenha em mente que elas podem ser usadas de forma isolada ou de forma cumulativa, sendo que apenas a cláusula de incomunicabilidade gera também as outras duas, não sendo o reverso verdadeiro. Na prática, colocar um termo final objetivo para a referida cláusula e, o mais importante, não deixar de salientar os motivos pelos quais parte do patrimônio está sendo clausulada, em especial, em se tratando se bens que compõem a legítima também é muito válido.

A explicitação dos motivos das cláusulas pode, inclusive, direcionar o Judiciário, em casos futuros de questionamento, já que, em regra, a vontade do testador deve ser considerada.

Outra cláusula importante, em especial quando o responsável pelo vulnerável não tem um familiar ou outra pessoa de sua confiança para assumir os cuidados futuros com a pessoa que requer cuidados, é a escolha de uma clínica ou outro local em que deseja deixar o curatelado quando de sua ausência. A nomeação desse lugar bem como a forma de pagamento podem constar no testamento, sendo mais uma forma de garantia não só da vontade do testador, mas, em especial, da garantia de assistência à pessoa com vulnerabilidade que depende de cuidados e que sozinha não tem como se manter.

3.4 Previdência privada e seguro de vida

Os planos de previdência privada e seguro de vida são uma saída interessante para beneficiar certas e determinadas pessoas escolhidas pelo autor da herança, em especial,

---

[34] "EMENTA: AGRAVO DE INSTRUMENTO - AÇÃO DE INVENTÁRIO - SUCESSÃO LEGÍTIMA E TESTAMENTÁRIA - IMÓVEL - USUFRUTO DO BEM A MENOR - RESPEITO À VONTADE MANIFESTADA PELO TESTADOR - DIFERENÇAS SALARIAIS - CONCEITO DE ATIVOS FINANCEIROS PREVISTOS NO TESTAMENTO - PARTILHA DE 50% - DECISÃO DE PRIMEIRO GRAU MANTIDA" (TJMG. Agravo de Instrumento-Cv nº 1.0024.14.138451-1/004. Rel. Des. Audebert Delage, 6ª Câmara Cível, j. 18.4.2017, pub. 26.4.2017).

[35] Conceito indeterminado, a justa causa deve ser compreendida como o motivo sério, concreto e lícito, apontado pessoalmente pelo autor da liberalidade no instrumento de doação ou no testamento, os quais, persistentes ao tempo da abertura da sucessão, justificam a inalienabilidade, impenhorabilidade e incomunicabilidade impostas sobre a legítima do herdeiro necessário, a bem dos interesses deste herdeiro (OTERO, Marcelo Truzzi. As cláusulas restritivas de propriedade como instrumento de planejamento sucessório. *In*: TEIXEIRA, Daniele Chaves (Coord.). *Arquitetura do planejamento sucessório*. Belo Horizonte: Fórum, 2021. t. II. ISBN 978-65-5518-117-3. p. 589).

[36] OTERO, Marcelo Truzzi. As cláusulas restritivas de propriedade como instrumento de planejamento sucessório. *In*: TEIXEIRA, Daniele Chaves (Coord.). *Arquitetura do planejamento sucessório*. Belo Horizonte: Fórum, 2021. t. II. ISBN 978-65-5518-117-3. p. 589.

quando ele tem sob sua responsabilidade pessoas vulneráveis. A regra até então vigente é de que os planos de previdência privada não entram na sucessão, o que permitiria que o futuro autor da herança e atual responsável pelos cuidados com outrem destine parte de seu patrimônio fazendo um plano de previdência privada para, na sua ausência, o beneficiado se manter, sem ter o ônus de um processo de inventário.

Quando da instituição de um plano de previdência privada ou de um seguro de vida, tem-se que ter bastante cautela para que o uso de tal mecanismo realmente seja efetivo quando da morte do contratante do plano. Isso porque a jurisprudência começa a se posicionar no sentido de que, embora a previdência privada não perpasse o inventário, se o contratante quando de sua instituição extrapolou a metade do seu patrimônio ou se desfez de patrimônio para a aquisição de um plano para beneficiar certa e determinada pessoa, tal montante perderá o caráter de previdência privada, retornando para o monte mor.

Foi o que aconteceu em um caso julgado pelo Tribunal de São Paulo, que determinou que a previdência privada da falecida tinha feição de ativo financeiro e, por isso, deveria ser incluída no rol dos bens inventariados:

> AGRAVO DE INSTRUMENTO - Inventário - Planos de previdência privada VGBL - Inclusão em partilha - Contratação se deu quando a falecida já contava com mais de oitenta anos de idade - Valores depositados que, no caso, possui feição de ativo financeiro - Saldo dos planos que devem integrar a partilha - Colação de doações efetuadas aos herdeiros-agravados - Necessidade - Inexistência de cláusula de dispensa de colação seja no testamento seja no ato de liberalidade - Obrigatoriedade da colação nos termos do art. 2.002 e sgs. do CC - Valor da colação que deverá observar o disposto no art. 2.004 e deve ser atualizado até a data da abertura da sucessão - Decisão reformada nesse ponto, mantendo-se, contudo, o indeferimento no que toca à realização de avaliações judicial e contábil a fim de se apurar o valor atribuído pela inventariante ao bem imóvel e ao crédito que aludem as primeiras declarações - Recurso parcialmente provido. (TJSP. Agravo de Instrumento nº 2011776-70.2017.8.26.0000. Rel. José Roberto Furquim Cabella, 6ª Câmara de Direito Privado, Foro de Piracicaba, 2ª Vara de Família e Sucessões, j. 28.9.2017, registro 29.9.2017)

Lado outro, o TJMG vem considerando que a previdência privada tem natureza de contrato de seguro de vida[37] e, por isso, não poderia se enquadrar como herança, o que impediria o pagamento do ITCD. Isso porque o estado de Minas Gerais incluiu na Lei nº 14.491/2003 a previdência privada ou contrato misto que envolva capitalização de aportes financeiros e seguro de vida na base de cálculo do imposto:

> EMENTA: REEXAME NECESSÁRIO. APELAÇÃO CÍVEL. MANDADO DE SEGURANÇA. PRELIMINAR DE CARÊNCIA DA AÇÃO REJEITADA. MÉRITO. VGBL. NATUREZA SECURITÁRIA. INCLUSÃO NA BASE DE CÁLCULO DO ITCD. IMPOSSIBILIDADE. DIREITO LÍQUIDO E CERTO COMPROVADO. PRECEDENTES DO STJ E DESTE TJMG. SENTENÇA MANTIDA. - O objetivo do presente "mandamus" não é a declaração da inconstitucionalidade do artigo 20-A da Lei 14.941/2003 (causa de pedir), mas a verificação da incidência, ou não, do Imposto sobre Transmissão Causa Mortis e Doação de Quaisquer Bens ou Direitos - ITCD - sobre a previdência privada VGBL (pedido final), não estando a

[37] "Art. 794. No seguro de vida ou de acidentes pessoais para o caso de morte, o capital estipulado não está sujeito às dívidas do segurado, nem se considera herança para todos os efeitos de direito".

inicial amparada em fundamentos genéricos e abstratos, razão pela qual deve ser rejeitada a preliminar de carência de ação neste mandado de segurança. - O Plano Vida Gerador de Benefício Livre - VGBL - possui natureza jurídica de contrato de seguro de pessoas, não podendo ser enquadrado como herança por força do disposto no art. 794 do Código Civil, motivo pelo qual deve ser mantida a sentença que determinou a sua exclusão da base de cálculo do ITCD. Precedentes do STJ e deste Tribunal de Justiça. - As hipóteses de incidência previstas nos arts. 4º, §§6º e 7º, e 20-A da Lei Estadual nº 14.491/2003, introduzidas respectivamente pelas Leis Estaduais nº 22.796/2017 e 22.549/2017, contrariam o disposto nos arts. 109 e 110 do CTN, em razão de alterarem e redefinirem conceitos e o alcance de instituto de direito privado, com a finalidade de superar o óbice do art. 794 do Código Civil, viabilizando o exercício de competência tributária. - Sentença mantida no reexame necessário. (TJMG. Ap. Cível/Rem Necessária nº 1.0000.21.081134-5/001. Rel. Des. Wander Marotta, 5ª Câmara Cível, j. 24.6.2021, pub. 24.6.2021)

Como se percebe, o tema é polêmico e vem ganhando destaque no cenário jurídico. Mas o que vem prevalecendo até então, inclusive com o aval do STJ,[38] é que não haverá incidência de ITCD quando da previdência privada e do seguro de vida. Assim, poderia o cuidador preocupado com o futuro daqueles que dele dependem e que por alguma razão se encontram em situação de vulnerabilidade instituir uma previdência privada ou um seguro de vida a fim de garantir o sustento com dignidade do vulnerável quando de sua ausência. E mais, poderia, ainda, através de testamento, nomear um curador para administrar os valores a serem recebidos pelo beneficiado enquanto ele viver ou enquanto durar a situação de vulnerabilidade.

Outra saída também interessante, mas que vai depender muito da relação de confiança do contratante com outra pessoa, é a instituição dessa terceira pessoa como beneficiário do contrato de vida, para que ela possa se tornar responsável pelos cuidados com o vulnerável, cuja responsabilidade sempre fora do contratante.

É o que pode acontecer, por exemplo, com um pai e um dos irmãos do filho vulnerável. O pai elege um dos filhos para ser seu beneficiário em uma previdência privada ou no seguro de vida, com a confiança de que esse filho usará o valor recebido em prol do irmão que por qualquer motivo tem uma vulnerabilidade. A vantagem aqui é desnecessidade de uma prestação de contas em uma ação de curatela e a ausência de qualquer burocracia para o uso do dinheiro, como exemplo, uma autorização judicial.

Lado outro, essa relação tem que ser de extrema confiança, já que não haverá nenhum ato formal que obrigue o beneficiário a custear as despesas do irmão, como no exemplo acima.

---

38 "AGRAVO EM RECURSO ESPECIAL Nº 1847351 - RS (2021/0057588-7) DECISÃO TRIBUTÁRIO. AGRAVO EM RECURSO ESPECIAL. MANDADO DE SEGURANÇA. COBRANÇA DE ITCMD SOBRE PLANO VGBL. IMPOSSIBILIDADE. NATUREZA JURÍDICA DE SEGURO DE VIDA. IMPOSSIBILIDADE DE REVISÃO. SÚMULA 7/STJ. AGRAVO CONHECIDO PARA NEGAR PROVIMENTO AO RECUSO ESPECIAL DO ESTADO" (STJ. AREsp nº 1.847.351. Min. Manoel Erhardt, pub. 7.6.2021).

3.5 A necessária alteração legislativa no instituto da substituição fideicomissária como mais uma forma de proteção das pessoas vulneráveis

A substituição fideicomissária é um instituto previsto no Código Civil que traz a possibilidade de o testador beneficiar duas pessoas em relação ao mesmo patrimônio, mas em momentos distintos. Para tanto,

> o testador entrega determinado bem ou herança total ou parte dela a uma pessoa determinada, chamada de fiduciário ou gravado com a obrigação de, por sua morte, a certo tempo, ou sob certa condição, transmitir ao outro, chamado de fideicomissário, a herança ou o legado.[39]

Essa é uma possibilidade muito interessante para proteger um ente querido e que por qualquer razão se encontre em uma situação de vulnerabilidade. Imagine um irmão que cuida do outro em razão de uma incapacidade. Não havendo herdeiros necessários, o irmão aqui chamado de cuidador pode deixar seu imóvel residencial para o irmão enquanto ele viver, quando então o referido bem será do fideicomissário, segundo beneficiado, também a ser escolhido pelo testador/cuidador. No entanto, deve ser salientado que a substituição fideicomissária atualmente só é válida em se tratando de prole eventual, o que retiraria a eficácia do exemplo acima.

Também na mesma linha de pensamento destas autoras, Daniela de Carvalho Mucilo defende uma alteração legislativa para a ampliação do instituto do fideicomisso:

> Em mais um exemplo da utilização do fideicomisso, poder-se-ia pensá-lo como forma de salvaguardar um indivíduo (aqui o fiduciário) cuja premência em ser amparado, por sua vulnerabilidade, seja transitória ao tempo de sua existência sem que, com isso, o bem a ele confiado seja-lhe outorgado em definitivo; atende-se à vontade do testador que desse bem extraia todo seu uso para este que vulnerável, para que depois de certo tempo, ou com sua morte, siga o destino de uma outra sucessão, repassando-se ao fideicomissário.[40]

A ideia defendida acima seria de grande valia para o planejamento sucessório que tem como foco a proteção de alguém que tenha, ainda que momentaneamente, uma vulnerabilidade. No entanto, chama-se a atenção para o risco de uma cláusula testamentária nesse sentido ser considerada ineficaz, diante da exigência legal de que haja a prole eventual para se caracterizar a substituição fideicomissária.

E apenas na substituição fideicomissária poder-se-ia trabalhar com a possibilidade de duas pessoas receberem o mesmo patrimônio, em momentos distintos, já que na substituição vulgar um beneficiado só recebe se o primeiro favorecido não puder ou quiser receber.

A discussão sobre a eficácia de uma cláusula de substituição fideicomissária que desconsidera a obrigação legal da prole eventual é de suma importância quando muito se fala em autonomia privada do testador e proteção dos vulneráveis: poderia a lei ser reinterpretada considerando esses dois princípios?

---

39 CATEB, Salomão. *Direito das sucessões*. São Paulo: Atlas, 2015. p. 307.

40 MUCILO, Daniela de Carvalho. Ressignificando o fideicomisso para o planejamento sucessório. *In*: TEIXEIRA, Daniele Chaves (Coord.). *Arquitetura do planejamento sucessório*. Belo Horizonte: Fórum, 2021. t. II. ISBN 978-65-5518-117-3. p. 535.

E aí estaria em xeque a disposição legal que restringe o fideicomisso à prole eventual[41] com a disposição também legal de que deve ser assegurada a observância da vontade do testador,[42] em especial quando este não tiver herdeiros necessários ou, os tendo, respeitado a legítima.

4 Conclusão

Muitas vezes nos tornamos responsáveis por pessoas que em razão de determinadas causas se enquadram no conceito de vulnerabilidade, tal como ocorre com os menores e os maiores que por algum motivo não podem exercer por si só os atos da vida civil. Essas pessoas se tornam em maior ou menor grau dependentes de outrem, que por sua vez se tornam responsáveis daquelas.

No entanto, a morte é um fato inevitável e pode acontecer para qualquer um: seja para aquele que se encontra em situação de vulnerabilidade, seja para aquele que se encontra na posição de responsável.

E é exatamente em razão dessa responsabilidade e da solidariedade que permeiam essas relações que o planejamento sucessório se torna tão relevante. É através de mecanismos de planejamento sucessório que o princípio da dignidade da pessoa humana vai ser concretizado.

Os instrumentos trabalhados no presente trabalho buscam trazer soluções futuras para que os responsáveis legais/cuidadores tenham um leque de opções para proteger aqueles que deles são dependentes. Importante salientar que os mecanismos de planejamento sucessório aqui descritos que buscam beneficiar as pessoas em situação de vulnerabilidade podem ser cumulativos, devendo ser feita uma análise cuidadosa de cada caso concreto para uma avaliação do que melhor se adequaria para os envolvidos e, em especial, para dar eficácia aos princípios da dignidade da pessoa humana e da proteção familiar quando da morte do responsável legal/cuidador.

Referências

BARBOZA, Heloísa Helena. Vulnerabilidade e cuidado: aspectos jurídicos. *In*: PEREIRA, Tânia da Silva; OLIVEIRA, Guilherme (Coord.). *Cuidado e vulnerabilidade*. São Paulo: Atlas, 2009.

CATEB, Salomão. *Direito das sucessões*. São Paulo: Atlas, 2015.

CRUZ, Elisa Costa. A tutela como instrumento de proteção sucessória de crianças e adolescentes. *In*: TEIXEIRA, Daniele Chaves (Coord.). *Arquitetura do planejamento sucessório*. Belo Horizonte: Fórum, 2021. t. II. ISBN 978-65-5518-117-3.

FARIAS, Cristiano Chaves de; BRAGA NETTO, Felipe; ROSENVALD, Nelson. *Manual de direito civil* – Volume único. Salvador: JusPodivm, 2017.

MUCILO, Daniela de Carvalho. Ressignificando o fideicomisso para o planejamento sucessório. *In*: TEIXEIRA, Daniele Chaves (Coord.). *Arquitetura do planejamento sucessório*. Belo Horizonte: Fórum, 2021. t. II. ISBN 978-65-5518-117-3.

---

[41] "Art. 1.952. A substituição fideicomissária somente se permite em favor dos não concebidos ao tempo da morte do testador".

[42] "Art. 1.899. Quando a cláusula testamentária for suscetível de interpretações diferentes, prevalecerá a que melhor assegure a observância da vontade do testador".

OTERO, Marcelo Truzzi. As cláusulas restritivas de propriedade como instrumento de planejamento sucessório. *In*: TEIXEIRA, Daniele Chaves (Coord.). *Arquitetura do planejamento sucessório*. Belo Horizonte: Fórum, 2021. t. II. ISBN 978-65-5518-117-3.

RODRIGUES, Marco Antônio; ROSA, Conrado Paulino da. *Inventário e partilha*. Salvador: JusPodivm, 2019.

TEIXEIRA, Ana Carolina Brochado; TEPEDINO, Gustavo. *Direito de família*. Rio de Janeiro: Forense, 2020.

TEIXEIRA, Daniele Chaves. *Planejamento sucessório*: pressupostos e limites. Belo Horizonte: Fórum, 2019.

TEPEDINO, Gustavo; NEVARES, Ana Luiza Maia; MEIRELES, Rose Melo Vencelau. *Direito das sucessões*. Rio de Janeiro: Forense, 2020.

Informação bibliográfica deste texto, conforme a NBR 6023:2018 da Associação Brasileira de Normas Técnicas (ABNT):

VALADARES, Maria Goreth Macedo; COELHO, Thais Câmara Maia Fernandes. Mecanismos de planejamento sucessório para proteção das pessoas vulneráveis. *In*: TEIXEIRA, Daniele Chaves (Coord.). *Arquitetura do planejamento sucessório*. Belo Horizonte: Fórum, 2022. p. 125-137. Tomo III. ISBN 978-65-5518-291-0.

A SUCESSÃO ENTRE IRMÃOS BILATERAIS E UNILATERAIS: SUBSISTEM OS MOTIVOS PARA SEU TRATAMENTO DIFERENCIADO?

PATRICIA FERREIRA ROCHA

Introdução

O presente artigo busca analisar a adequação da construção legal do art. 1.841 do Código Civil de 2002, que atribui quinhões diferenciados na sucessão legítima a parentes sucessíveis da mesma classe e grau, seguindo um critério de vinculação simples ou dupla de ancestralidade que se estabelece entre os irmãos unilaterais e bilaterais, respectivamente, quando ambos concorrem à mesma herança.

Neste sentido, preceitua o dispositivo legal citado que "concorrendo à herança do falecido irmãos bilaterais com irmãos unilaterais, cada um destes herdará metade do que cada um daqueles herdar". Tal distinção somente não terá cabimento entre os colaterais de 2º grau – e também aos sobrinhos – quando todos os irmãos legitimados a suceder forem bilaterais ou todos forem unilaterais, caso em que a herança será repartida em partes iguais.

O questionamento a que se propõe responder com esta pesquisa se mostra atual e relevante diante de um modelo familiar contemporâneo plural, afetivo e solidário, com todas as complexidades sociais relacionadas à formação de núcleos recompostos e multiparentais, aliado à necessidade de coerência entre os dispositivos legais que impõem ônus e bônus aos vínculos de parentesco, em especial quando relacionados à legitimidade passiva alimentar e sucessória, ambas fundadas na ideia de reciprocidade.

Este artigo pretende ainda indagar acerca dos limites dos efeitos do princípio constitucional que estabeleceu a igualdade da filiação, qualquer que seja a sua origem, destacando sua eventual propagação por arrastamento para outras relações familiares, a exemplo da colateralidade. E mais, examinará se há justificativa em atribuir quinhões diferenciados aos irmãos e sobrinhos em função da procedência dos bens da herança, se oriundos do patrimônio da linha materna ou da linha paterna do autor da sucessão.

Com o escopo de se chegar ao resultado esperado, que reflita a temática abordada, a metodologia adotada será, quanto à natureza, básica, já que objetiva gerar conhecimentos novos e úteis ao avanço da ciência jurídica. A abordagem do problema será qualitativa, porquanto preocupada com aspectos da realidade que não podem ser quantificados. Com relação ao procedimento técnico, a pesquisa será bibliográfica, utilizando livros e artigos jurídicos publicados em meios convencionais e eletrônicos, além dos dispositivos legais em vigor sobre a matéria.

1 Considerações iniciais sobre parentesco e seus efeitos

Diante da historicidade dos institutos jurídicos e das transformações significativas sofridas pela família, é imperioso contextualizar o conceito e a organização do parentesco, especialmente a partir da perspectiva da filiação, na realidade brasileira contemporânea, para então aprofundar a análise de um dos seus efeitos, a saber, a atribuição dos direitos hereditários no âmbito da sucessão legítima.

Como ponto de partida iremos tomar o conceito de parentesco trazido por Gustavo Tepedino e Ana Carolina Brochado, para quem este representa "o liame jurídico entre pessoas do mesmo tronco ancestral ou estabelecido pela lei ou por decisão judicial, que vincula pessoas de uma mesma família e gera uma série de efeitos jurídicos".[1] Em outras palavras, o parentesco revela a relação jurídica estabelecida entre pessoas que pertencem a um mesmo grupo social, denominado família, ao qual é atribuído um conjunto de direitos e deveres aos seus membros.

O parentesco é medido e determinado, em primeiro lugar, pela linha, que pode ser reta ou colateral, conforme os vínculos de parentesco sejam estabelecidos através de uma relação de ascendência e descendência direta; por vínculos consanguíneos ou civis; ou por meio da identificação de um ancestral em comum, sem que as pessoas descendam umas das outras.

Em seguida, identificam-se as classes de parentes: na linha reta estão presentes as classes dos ascendentes e dos descendentes, conforme se identifiquem as gerações anteriores ou posteriores da pessoa cujo parentesco se quer identificar, enquanto na linha colateral se encontram os parentes da classe dos colaterais.

Sob a perspectiva da ascendência, há uma nova divisão de linhas: a linha materna, que estabelece o vínculo parental procedente da mãe, e a linha paterna, cuja origem deriva do pai. Em que pese nosso sistema tenha, a princípio, adotado um modelo biparental, a partir do julgamento do Recurso Extraordinário nº 898.060/SC, o Supremo Tribunal Federal reconheceu a possibilidade jurídica de famílias multiparentais, ou seja, da constituição de relações de filiação com mais de um pai e/ou mais de uma mãe, simultânea ou sucessivamente.

O parentesco leva em consideração ainda os graus, marcados pela distância genealógica entre os integrantes de uma mesma classe de parentes. Na linha reta, seja ela ascendente seja descendente, cada geração, para cima ou para baixo, representa

---

[1] TEIXEIRA, Ana Carolina Brochado; TEPEDINO, Gustavo. *Fundamentos do direito civil*: direito de família. 1. ed. Rio de Janeiro: Forense, 2020. v. 6. p. 200.

um grau. Já na linha colateral, os graus são contados subindo-se de um dos parentes até o ancestral em comum e descendo até encontrar o parente que se quer identificar.

Esclarece Paulo Lôbo que, "culturalmente, o parentesco não considera a limitação jurídica, considerando-se parente todo aquele que ostente o mesmo sobrenome, ou nome de família, desde que se identifiquem os ancestrais comuns, ainda que distantes".[2] O Código Civil de 2002, contudo, limita o parentesco na linha colateral ao quarto grau, em que pese na legislação anterior este tivesse sido reconhecido até o décimo grau. À época em que o legislador admitia o parentesco colateral até o sexto grau, Washington de Barros Monteiro já advertia que, para depois desse limite, presumia-se que o afastamento era tão grande que o afeto e a solidariedade não ofereciam mais base ponderável para servir de apoio às relações jurídicas.[3]

Na classe dos colaterais, é possível ainda identificar se o parentesco é duplo ou simples, conforme derive da ascendência materna e paterna ao mesmo tempo ou somente de uma das linhas ancestrais. Nesse sentido, ensina José Luiz Gavião:

> O legislador tratou desigualmente os irmãos, conforme ostentem eles parentesco completo ou parcial. Diz-se completo o parentesco se os irmãos vêm de mesmo pai e mesma mãe. São os chamados irmãos germanos ou bilaterais. O parentesco é simples ou incompleto quando os irmãos têm por ascendentes apenas o pai ou a mãe. São os irmãos unilaterais: consanguíneos se o parentesco se dá pela linha paterna e uterinos quando ele acontece pela linha materna.[4]

Entre as relações de parentesco destacam-se as relações de filiação, traduzidas na vinculação que se desenvolve entre a ascendência e sua descendência imediata, atribuindo a um deles a função da maternidade ou da paternidade, e ao outro a de filho(a).

No estudo da filiação, é preciso considerar que a família se constituiu, inicialmente, com base num modelo patriarcal e hierarquizado, no qual se legitimou o exercício dos poderes masculinos sobre a mulher e a prole, poder marital e pátrio poder, respectivamente. O Código Civil de 1916 retratou a família da época da sua promulgação, que tinha o homem como chefe da família e tutelava o tratamento desigual da filiação.[5]

Este diploma legal trazia, em seu bojo, a classificação dos filhos com base na presença ou na ausência de relação conjugal de seus pais, dividindo-os em legítimos e ilegítimos. Os legítimos eram os filhos concebidos na constância de um casamento válido, putativo e até mesmo anulável, levando-se em consideração as presunções de união sexual entre os cônjuges e de duração da gestação da esposa; já os ilegítimos, os que nasciam da relação extramatrimonial, poderiam ser naturais ou espúrios, sendo estes últimos subdivididos em adulterinos ou incestuosos.

---

2 LÔBO, Paulo. *Direito civil*: famílias. 10. ed. São Paulo: Saraiva Educação, 2020. v. 5. p. 218.

3 MONTEIRO, Washington de Barros. *Curso de direito civil* – Direito de família. 15. ed. São Paulo: Saraiva, 1976. p. 215.

4 ALMEIDA, José Luiz Gavião de. *Código Civil comentado*: direito das sucessões, sucessão em geral, sucessão legítima: arts. 1.784 a 1.856. Coordenação de Álvaro Vilaça Azevedo. São Paulo: Atlas, 2003. v. XVIII. p. 241.

5 ROSA, Conrado Paulino da. *Desatando nós e criando laços*: os novos desafios da mediação familiar. Belo Horizonte: Del Rey, 2012. p. 30-31.

Explica Clóvis Bevilaqua:

> Filhos ilegítimos são todos aqueles que procedem de união sexual, a que o direito não presta seu reconhecimento. Se o pai ou a mãe, ao tempo da concepção ou do parto, se achava ligado por matrimônio com outrem, o filho se diz adulterino; se os progenitores são, entre si, parentes em grau tão próximo, que não se poderiam, validamente, casar, o filho se denomina incestuoso. Estas duas espécies, a dos adulterinos e a dos incestuosos, formam a espécie dos bastardos, ou antes, espúrios. Aqueles cujos procriadores estavam em condição de realizar matrimônio legal entre si, ao tempo da concepção ou do parto, por outros termos, aqueles que não forem adulterinos, nem incestuosos, tomam o nome de simplesmente naturais.[6]

A filiação natural, no entanto, poderia vir a ser legitimada pelo casamento posterior ao nascimento do filho, uma vez que não havia nenhum obstáculo que impedisse a união matrimonial do homem e da mulher que o geraram. Neste sentido, ensinava Clóvis Bevilaqua que a "legitimação é o meio de tornar legítimos os filhos que não o são".[7] Mas foi somente em 1941, com a edição do Decreto-Lei nº 3.200,[8] que restou proibida qualquer menção nas certidões de registro civil sobre a origem da filiação natural.

Em relação aos filhos espúrios, o art. 358 do Código Civil de 1916, ao vedar completamente o seu reconhecimento, acabava por negar a existência da relação de paternidade, desconsiderando, inclusive, a vontade do pai. Esta realidade foi paulatinamente alterada em nosso ordenamento jurídico. Neste sentido, o Decreto-Lei nº 4.737, de 1942, estabeleceu que o filho havido pelo cônjuge fora do casamento poderia, depois do desquite, ser reconhecido ou demandar que se declarasse a filiação.

Em 1949, houve nova alteração legislativa na matéria, permitindo a Lei nº 833[9] que os filhos havidos fora do casamento pudessem ser reconhecidos, depois do desquite, e que se pudesse investigar a paternidade extraconjugal, "mas só para fins de alimentos e em segredo de justiça, ou seja, o pai tinha o dever de pagar alimentos, mas não podia registrar o filho".[10] O registro, portanto, permanecia subordinado à dissolução do casamento.

Somente em 1977, com a promulgação da Lei nº 6.515, mais conhecida como Lei do Divórcio, foi autorizado o reconhecimento da paternidade ainda na constância do casamento, desde que em testamento cerrado.[11] Em 1984, a Lei nº 7.250 permitiu o reconhecimento de filho adulterino, mediante sentença transitada em julgado, se o pai estivesse separado de fato de seu cônjuge por mais de cinco anos contínuos.[12] Finalmente,

---

6 BEVILAQUA, Clóvis. *Direito da família*. 7. ed. São Paulo: Livraria Editora Freitas Bastos, 1943. p. 321.

7 BEVILAQUA, Clóvis. *Direito da família*. 7. ed. São Paulo: Livraria Editora Freitas Bastos, 1943. p. 323.

8 BRASIL. *Decreto-Lei nº 3.200, de 19 de abril de 1941*. Disponível em: http://www.planalto.gov.br/ccivil_03/Decreto-Lei/Del3200.htm. Acesso em: 25 abr. 2021.

9 BRASIL. *Lei nº 833, de 21 de outubro de 1949*. Disponível em: http://www.planalto.gov.br/ccivil_03/LEIS/1930-1949/L0883.htm. Acesso em: 25 abr. 2021.

10 PEREIRA, Rodrigo da Cunha. *Direito das famílias*. Rio de Janeiro: Forense, 2020. p. 367.

11 BRASIL. *Lei nº 6.515, de 26 de dezembro de 1977*. Disponível em: http://www.planalto.gov.br/ccivil_03/LEIS/L6515.htm. Acesso em: 25 abr. 2021.

12 BRASIL. *Lei nº 7.250, de 14 de novembro de 1984*. Disponível em: http://www.planalto.gov.br/ccivil_03/LEIS/1980-1988/L7250.htm. Acesso em: 25 abr. 2021.

em 1989, a Lei nº 7.841 revogou expressamente o art. 358 do Código Civil de 1916, que vedava o reconhecimento de filhos incestuosos e adulterinos, embora o dispositivo já estivesse tacitamente revogado pela Constituição Federal de 1988.[13]

Foi somente com a Carta Constitucional de 1988 que ocorreu uma verdadeira despenalização dos filhos extraconjugais, em decorrência do reconhecimento da isonomia da filiação, independentemente de sua origem, consignada no art. 227, §6º, nos seguintes termos: "Os filhos, havidos ou não da relação do casamento, ou por adoção, terão os mesmos direitos e qualificações, proibidas quaisquer designações discriminatórias relativas à filiação".[14]

Não sendo justificado mais qualquer tratamento desigual entre a filiação, é preciso identificar os seus efeitos jurídicos, tanto de ordem pessoal quanto patrimonial, que acabam por se espraiar nas demais relações parentais, "variando a sua intensidade de acordo com a proximidade entre os parentes".[15]

Ensinam Cristiano Chaves de Farias e Nelson Rosenvald:

> Ilustrando os variados efeitos do parentesco, vale lembrar que, no âmbito do Direito das Famílias, ele impõe impedimentos matrimoniais (proibindo a celebração de casamento entre determinadas pessoas ligadas pelo parentesco), instaura o poder familiar e gera o dever de prestar alimentos. Já no âmbito sucessório, confere o direito à herança. Em sede familiarista, ainda, é possível falar em regulamentação de guarda e visita entre parentes. Já há alusão expressa no parágrafo único do art. 1.589 da Codificação Civil à visitação por avós (visita avoenga), sendo crível admiti-la também em relação aos tios, aos irmãos e, igualmente, ao padrasto e a madrasta.[16]

Em razão da delimitação estabelecida no tema proposto por este artigo, vamos nos ater a analisar os efeitos do parentesco na outorga de direitos hereditários, com ênfase na sucessão dos parentes colaterais, especificamente de irmãos e sobrinhos, pois, como alerta Euclides de Oliveira: "Embora se trate de questão atinente ao direito de família, o parentesco tem direta influência no direito sucessório, porque nele se baseia a atribuição de bens na sucessão legítima".[17]

Passaremos, então, a analisar as regras sobre a sucessão legítima, traçando um paralelo entre o Código Civil de 1916 e o de 2002.

---

13 BRASIL. *Lei nº 7.841, de 17 de outubro de 1989*. Disponível em: http://www.planalto.gov.br/ccivil_03/Leis/L7841.htm. Acesso em: 25 abr. 2021.

14 BRASIL. *Constituição Federal de 1988*. Disponível em: https://www.planalto.gov.br/ccivil_03/Constituicao/Constituicao.htm. Acesso em: 25 abr. 2021.

15 FARIAS, Cristiano Chaves de; ROSENVALD, Nelson. *Curso de direito civil*: famílias. 10. ed. rev., ampl. e atual. Salvador: JusPodivm, 2018. v. 6. p. 556.

16 FARIAS, Cristiano Chaves de; ROSENVALD, Nelson. *Curso de direito civil*: famílias. 10. ed. rev., ampl. e atual. Salvador: JusPodivm, 2018. v. 6. p. 557.

17 OLIVEIRA, Euclides Benedito de. *Direito de herança*: a nova ordem da sucessão. 2. ed. São Paulo: Saraiva, 2009. p. 66.

2 As transformações na família e na sucessão legítima desde o Código Civil de 1916 até o Código Civil de 2002

O Código Civil de 1916 trazia em seu art. 1.603 a ordem de vocação hereditária nos seguintes termos:

> Art. 1.603. A sucessão legítima defere-se na ordem seguinte:
>
> I - aos descendentes;
>
> II - aos ascendentes;
>
> III - ao cônjuge sobrevivente;
>
> IV - aos colaterais;
>
> V - aos Estados, ao Distrito Federal ou à União.[18]

Em primeiro lugar no chamamento dos herdeiros à sucessão legítima, encontravam-se os descendentes, estabelecendo o art. 1.604 daquele diploma civil que estes parentes poderiam suceder por cabeça ou por estirpe, conforme se achassem, ou não, no mesmo grau.

Acontece que o legislador não reconhecia iguais direitos hereditários aos filhos, levando em consideração a sua qualificação em legítimos, legitimados, ilegítimos e adotivos. O §1º do art. 1.605 do Código Civil de 1916 estabelecia que, havendo filhos legítimos e legitimados, estes últimos herdariam apenas a metade do que àqueles coubesse em herança, desde que o filho natural houvesse sido reconhecido na constância do casamento. Aos filhos ilegítimos incestuosos ou adulterinos era vedado o reconhecimento, ainda que esta fosse a vontade do seu ascendente casado (art. 358), o que, por consequência, importava na ausência de atribuição de direitos hereditários.

A possibilidade deste reconhecimento somente foi introduzida no ordenamento jurídico brasileiro com o advento do Decreto-Lei nº 4.737/1942, desde que realizado após o desquite do ascendente casado, sem, contudo, atribuir a tais filhos direitos à herança. Esta realidade foi modificada por meio da Lei nº 833/1949, que, além de ampliar a possibilidade de reconhecimento dos filhos espúrios ainda na vigência do casamento, desde que por meio de testamento cerrado, garantiu-lhes "o direito, a título de amparo social, à metade da herança que vier a receber o filho legítimo ou legitimado". A igualdade sucessória entre a filiação legítima e ilegítima, contudo, somente foi alcançada com a promulgação da Lei nº 6.515/1977, mas não abrangeu a filiação adotiva.

Sobre esse aspecto, o §2º do mesmo art. 1.605 do Código Civil de 1916 determinava que, "ao filho adotivo, se concorrer com legítimos, supervenientes à adoção (art. 368), tocará somente metade da herança cabível a cada um destes". Isso significava que, se o adotante possuísse filho legítimo ou natural concebido no momento da adoção, ao filho adotivo não eram reconhecidos direitos sucessórios.

É importante consignar que o instituto da adoção somente era deferido, inicialmente, aos maiores de cinquenta anos e sem prole legítima, como recurso para se criar o vínculo de filiação artificialmente e dar filhos a quem não os tinha, como uma espécie de imitação

---

[18] BRASIL. *Lei nº 3.071, de 01 de janeiro de 1916*. Código Civil brasileiro. Disponível em: http://www.planalto.gov.br/ccivil_03/LEIS/L3071impressao.htm. Acesso em: 25 abr. 2021.

da filiação legítima, mas que, entretanto, estabelecia duplicidade de vínculo – com o adotante e sem excluir a família de origem –, ao tempo que não instituía relação alguma com os demais membros da família adotiva, salvo quanto aos impedimentos matrimoniais, de acordo com o art. 376 do Código Civil de 1916.

Em 1957, a Lei nº 3.133 diminuiu a idade exigida para a adoção, que passou a ser permitida para os maiores de trinta anos. Sendo casado o adotante, a adoção somente seria possível após cinco anos da celebração do casamento. Esta mesma lei passou a permitir a adoção quando o adotante tivesse filhos legítimos, legitimados ou reconhecidos; neste caso, a relação de adoção ainda não envolveria a sucessão hereditária, o que somente fora suplantado com a promulgação da Constituição Federal de 1988.

Não havendo herdeiros da classe dos descendentes, o Código Civil de 1916 prescrevia que deveriam ser chamados à sucessão os ascendentes, de acordo com a proximidade do parentesco e sem distinção de linhas, repartindo-se a herança entre as duas linhas meio a meio, caso houvesse ao menos um representante de cada linha no mesmo grau.

Reforçando os argumentos quanto à limitação dos vínculos criados pela adoção, o art. 1.609 do Código Civil de 1916 estabelecia que, "falecendo sem descendência o filho adotivo, se lhe sobreviverem os pais e o adotante, àqueles tocará por inteiro a herança". Assim, mesmo estando inserido num novo núcleo familiar, à sua sucessão concorriam preferencialmente os pais biológicos, somente sendo atribuída a herança ao adotante na falta daqueles, em que pese existissem outros ascendentes.

Em terceiro lugar na ordem de vocação hereditária, encontrava-se o cônjuge sobrevivente, a quem era reconhecido o direito à herança na falta de descendentes e ascendentes, desde que, ao tempo da morte do outro, não estivesse desquitado, sendo este marco posteriormente alterado para a não dissolução da sociedade conjugal, com a promulgação da Lei nº 6.515/1977.

A Lei nº 64.121/1962, por sua vez, conferiu ao cônjuge sobrevivente casado sob o regime da comunhão universal, enquanto vivesse e permanecesse viúvo, sem prejuízo da sua participação na herança, o direito real de habilitação relativamente ao imóvel destinado à residência da família, desde que fosse o único bem daquela natureza a inventariar. Se o casamento estivesse subordinado a outro regime de bens, ao cônjuge sobrevivente seria assegurado, enquanto durasse a viuvez, o usufruto da quarta parte dos bens do cônjuge falecido, caso houvesse filho deste ou do casal, e à metade se não houvesse filhos, embora sobrevivessem ascendentes do *de cujus*.

Na sua falta ou estando desquitado ao tempo da abertura da sucessão do falecido, o art. 1.612 do Código Civil de 1916 determinava que a herança fosse atribuída aos colaterais até o sexto grau, de acordo com a proximidade deste parentesco em relação ao autor da sucessão, salvo o direito de representação concedido aos filhos de irmãos. Sobre essa situação, explicava Itabaiana de Oliveira que "os irmãos se acham, para com o *de cujus*, em 2º grau, e os sobrinhos em 3º grau; mas, pelo direito de representação, os sobrinhos, filhos de irmãos se aproximam do falecido um grau, ficando, fictamente, no 2º grau".[19]

[19] OLIVEIRA, Arthur Vasco Itabaiana de. *Tratado de direito das sucessões*: da sucessão em geral e da sucessão legítima. 4. ed. rev. e atual. São Paulo: Max Limonad, 1952. v. 1. p. 211.

O Decreto-Lei nº 1.907/1939 restringiu o direito hereditário ao segundo grau na classe dos colaterais, sendo este critério alterado em 1945, por meio do Decreto-Lei nº 8.207, para o terceiro grau e ampliado ao quarto grau no ano seguinte, através do Decreto-Lei nº 9.461/1946. É de se ressaltar, contudo, que o art. 1.618 do Código Civil não reconhecia direito de sucessão entre o adotado e os parentes do adotante, independentemente do grau de parentesco.

No art. 1.614, o Código revogado previa que "concorrendo à herança do falecido irmãos bilaterais com irmãos unilaterais, cada um destes herdará metade do que cada um daqueles herdar". Cumpre consignar que, quando do advento deste diploma civil, a possibilidade de existência de irmãos unilaterais estava circunscrita à situação de filhos naturais legitimados ou de filhos decorrentes de segundas núpcias em decorrência da morte do primeiro cônjuge, já que o casamento era indissolúvel por vontade das partes. O surgimento do parentesco colateral unilateral de 2º grau, decorrente da filiação espúria, somente foi possível por meio da Lei nº 833/1949.

A referida distinção de direitos sucessórios alcançava ainda os filhos de irmão unilateral ou bilateral, que, quando concorriam com tio(s) do autor da sucessão, herdariam, por direito de representação, a parte que caberia ao pai ou à mãe, se vivo fossem, herdando por cabeça se todos fossem filhos de irmãos unilaterais ou todos fossem filhos de irmãos bilaterais, ou sendo atribuído quinhão pela metade aos filhos de irmãos unilaterais que concorressem com filhos de irmãos bilaterais.

O art. 1.616 do Código Civil de 1916, por sua vez, atribuía iguais direitos hereditários aos irmãos unilaterais quando não concorressem à sucessão irmãos germanos. Assim, se somente existissem irmãos bilaterais ou unilaterais, a sucessão seria "por direito próprio, partilhando-se a herança por cabeça, sem se distinguir se os irmãos unilaterais são paternos (consanguíneos), ou maternos (uterinos)".[20]

Quanto aos colaterais de 4º grau, o legislador não fazia nenhuma distinção entre esses parentes, seja em razão de "sexo, idade ou linha, atendendo-se, apenas, à proximidade de grau de parentesco para com o *de cujus*, consoante a regra geral do art. 1.613".[21]

Por fim, o art. 1.619 do Código Civil de 1916 reconhecia como derradeiro sucessor o estado ou o Distrito Federal, na falta de cônjuge sobrevivente ou qualquer outro parente sucessível, ou tendo eles renunciado à herança, levando-se em consideração o último domicílio do falecido nas respectivas circunscrições, salvo se o falecido tivesse sido domiciliado em território federal, situação em que a herança era deferida à União. Em 1990, por meio da Lei nº 8.049, a legitimidade sucessória do estado foi substituída pela do município.

Com a promulgação do Código Civil de 2002, houve algumas mudanças quanto à sucessão legítima, que passou a ser organizada nos termos do art. 1.829, *in verbis*:

> Art. 1.829. A sucessão legítima defere-se na ordem seguinte:
> I - aos descendentes, em concorrência com o cônjuge sobrevivente, salvo se casado este com o falecido no regime da comunhão universal, ou no da separação obrigatória de bens

[20] OLIVEIRA, Arthur Vasco Itabaiana de. *Tratado de direito das sucessões*: da sucessão em geral e da sucessão legítima. 4. ed. rev. e atual. São Paulo: Max Limonad, 1952. v. 1. p. 214.

[21] OLIVEIRA, Arthur Vasco Itabaiana de. *Tratado de direito das sucessões*: da sucessão em geral e da sucessão legítima. 4. ed. rev. e atual. São Paulo: Max Limonad, 1952. v. 1. p. 217.

(art. 1.640, parágrafo único); ou se, no regime da comunhão parcial, o autor da herança não houver deixado bens particulares;

II - aos ascendentes, em concorrência com o cônjuge;

III - ao cônjuge sobrevivente;

IV - aos colaterais.

Em primeiro lugar na ordem de vocação hereditária, foram mantidos os descendentes da pessoa falecida, estando o chamamento à sucessão subordinado à proximidade do grau de parentesco, salvo a hipótese de direito de representação, sem distinção de qualquer natureza quanto à origem do parentesco, sendo acrescida à divisão dos bens com estes parentes, em determinadas situações, a figura do cônjuge sobrevivente. Foi inserido no nosso ordenamento jurídico, portanto, o instituto da concorrência sucessória do cônjuge sobrevivente, o qual, havendo descendentes, será também chamado a suceder, a depender do regime de bens do casamento e, quanto ao regime da comunhão parcial de bens, a origem dos bens da herança, ou seja, se fruto do patrimônio comum do casal ou particular do *de cujus*.

Uma vez reconhecido o direito de concorrência do cônjuge sobrevivente, a este caberá "quinhão igual ao dos que sucederem por cabeça, não podendo a sua quota ser inferior à quarta parte da herança, se for ascendente dos herdeiros com que concorrer". Desta forma, a definição do *quantum* da herança atribuída ao cônjuge sobrevivente dependerá da origem da filiação dos descendentes com os quais concorrer, se comum, exclusiva do autor da sucessão ou híbrida.

Na falta de descendentes, o art. 1.836 do Código Civil de 2002 estabelece que serão chamados à sucessão os ascendentes, em concorrência com o cônjuge sobrevivente. Quanto a estes parentes, foram mantidos os critérios de chamamento sequencial e excludente no que diz respeito ao grau de parentesco, sem distinção de linhas, mas sendo inserido o cônjuge sobrevivente para com eles concorrer.

Nesse sentido, ao cônjuge tocará um terço da herança se concorrer com ambos os ascendentes de 1º grau do autor da sucessão, cabendo-lhe a metade da herança se houver um só ascendente de 1º grau ou o(s) ascendente(s) for(em) de grau superior, não sendo relevante para a definição do seu direito à herança qualquer inquirição quanto ao regime de bens do casamento ou acerca da origem do acervo hereditário.

Em terceiro lugar, a sucessão legítima é deferida por inteiro ao cônjuge sobrevivente, desde que, ao tempo da morte do outro, não esteja separado judicialmente nem separado de fato há mais de dois anos, salvo prova, neste caso, de que essa convivência se tornara impossível sem culpa do sobrevivente. Em razão do implemento do direito de concorrência do cônjuge sobrevivente com os descendentes ou com os ascendentes, restou revogado o seu direito ao usufruto vidual, mas foi mantido, qualquer que seja o regime de bens e sem prejuízo da participação que lhe caiba na herança, o direito real de habitação relativamente ao imóvel destinado à residência da família, desde que seja o único daquela natureza a inventariar.

Em que pese o companheiro sobrevivente não se achar inserido originalmente no texto dos incisos do art. 1.829 do Código Civil de 2002, tendo a sua sucessão sido regulamentada de forma apartada no art. 1.790 do mesmo diploma legal, o Supremo Tribunal Federal, no julgamento do Recurso Extraordinário nº 878.694/MG, firmou a Tese de Repercussão Geral nº 809, segundo a qual foi declarada inconstitucional a distinção de regimes sucessórios entre cônjuges e companheiros, determinando-se que, a partir de então, deverá ser aplicado, tanto nas hipóteses de casamento quanto nas de união estável, o regime do art. 1.829 do Código Civil.

Na falta dos sucessores das classes de herdeiros acima mencionadas, serão chamados a suceder os colaterais até o quarto grau, conforme a proximidade do parentesco, com exceção do direito de representação reconhecido aos filhos de irmãos.

O art. 1.841 do Código Civil de 2002 acabou por reproduzir a norma anterior, que conferia direitos hereditários distintos aos irmãos quando, na mesma sucessão, concorrerem irmãos bilaterais com irmãos unilaterais, atribuindo aos últimos a metade do que cada um daqueles herdar. Ensinam Gustavo Tepedino, Ana Luiza Nevares e Rose Vencelau Meireles que "na sucessão entre irmãos, há de se considerar se descendem do mesmo pai e da mesma mãe ou se têm em comum apenas a linha paterna ou a linha materna".[22]

Em complemento, aduz Maria Berenice Dias que "os filhos do mesmo pai e da mesma mãe são chamados de irmãos germanos ou bilaterais por terem parentesco bilateral. Os filhos apenas do mesmo pai ou somente da mesma mãe são irmãos unilaterais, chamados equivocadamente de meio irmão".[23] A herança somente será repartida em partes iguais entre os colaterais de 2º grau quando todos os irmãos legitimados a suceder forem bilaterais ou todos forem unilaterais.

Os mesmos critérios serão observados quando da sucessão dos sobrinhos, que passaram, contudo, a ter preferência na sucessão em relação aos tios. O art. 1.843 prescreve que, "na falta de irmãos, herdarão os filhos destes e, não os havendo, os tios". Já em relação aos colaterais de 4º grau, o legislador não estabeleceu nenhum critério diferenciador, sendo chamados a suceder todos os primos, sobrinhos-netos e tios-avôs quantos tenha o *de cujus*, em igualdade de condições.

Por fim, o art. 1.844 do Código Civil de 2002 reconhece a vacância da herança quando o autor da herança não tiver deixado cônjuge ou companheiro sobrevivente, nem parente algum sucessível, ou tendo eles renunciado à herança, ocasião em que seu patrimônio será devolvido ao município ou ao Distrito Federal, se localizado nas respectivas circunscrições, ou à União, quando situado em território federal, com a diferença de que o Poder Público não é mais considerado herdeiro legítimo, mas apenas sucede na falta ou renúncia destes.

Percebe-se, de acordo com Daniele Chaves Teixeira, que o Código Civil de 2002 não avançou significativamente quanto ao direito sucessório, refletindo "institutos que não se coadunam com a sociedade contemporânea, com todas as complexidades sociais", já que se baseia "numa família que não corresponde ao perfil das famílias da atual sociedade brasileira".[24] A citada autora ainda observa que "quando se fala de sucessão *causa mortis*, não se pode deixar de considerar que a morte é um fato natural,

---

[22] NEVARES, Ana Luiza Maia; TEPEDINO, Gustavo; MEIRELES, Rose Melo Vencelau. *Fundamentos do direito civil*: direito das sucessões. Rio de Janeiro: Forense, 2020. v. 7. p. 80.

[23] DIAS, Maria Berenice. *Manual de direito das famílias*. 13. ed. rev., ampl. e atual. Salvador: JusPodivm, 2020. p. 198.

[24] TEIXEIRA, Daniele Chaves. Noções prévias do direito das sucessões: sociedade, funcionalização e planejamento sucessório. *In*: TEIXEIRA, Daniele Chaves (Coord.). *Arquitetura do planejamento sucessório*. 2. ed. Belo Horizonte: Fórum, 2019. p. 29.

não obstante a sucessão seja um produto da política legislativa".[25] Nesse contexto, cumpre questionar se não seria possível estabelecer novos contornos à sucessão legítima dos irmãos e, por consequência, também à dos sobrinhos, diante do novo cenário jurídico brasileiro familiar.

3 A sucessão entre irmãos bilaterais e unilaterais: subsistem os motivos para o seu tratamento diferenciado?

Como visto, o sistema adotado pelo Brasil quanto à sucessão dos colaterais de 2º grau, desde o Código Civil de 1916 e mantido na atual legislação, estabelece um tratamento diferenciado aos irmãos bilaterais e unilaterais que concorrerem à mesma herança, estendendo-se a atribuição de quinhões distintos também aos sobrinhos. Mas nem sempre foi assim. Felipe Quintela[26] ensina que tais regras sobre a sucessão dos irmãos unilaterais em concorrência com os bilaterais provieram do *Projeto do Código Civil* elaborado entre 1878 e 1881 por Joaquim Felicio dos Santos; antes disso, vigorava no Brasil o sistema que excluía os irmãos unilaterais quando existissem bilaterais, regras essas oriundas do direito romano.

Além desses dois sistemas sucessórios, Clóvis Bevilaqua esclarece que há mais duas espécies de partilha dos bens deixados pelo *de cujus* aos colaterais de 2º grau: "um sistema que distingue a origem dos bens, devolvendo aos irmãos uterinos os bens de procedência materna e aos consanguíneos os de procedência paterna" e um "sistema da completa igualdade entre irmãos de vínculo simples ou duplo".[27]

O tratamento discriminatório entre os irmãos adotado pela legislação brasileira foi justificado por Felicio dos Santos em sua obra de comentários ao projeto do Código Civil, publicada em 1886 e citada por Felipe Quintela:

> O sistema do art. 1.425 do projeto é mais conforme à razão. Se a afeição entre os irmãos germanos é mais viva, não é inteiramente nula a afeição entre estes e seus irmãos unilaterais. Procedendo todos do mesmo pai ou da mesma mãe, não pode deixar de haver afeição entre eles. Assim o art. 1.425 não os exclui da sucessão, e confere-lhes a metade do que herdarem os irmãos germanos.[28]

Autores contemporâneos, como Conrado Paulino da Rosa, também defendem a manutenção do referido tratamento diferenciado entre os irmãos, sob o argumento de que deve ser prestigiada a maior vinculação parental do irmão bilateral, pois o irmão unilateral, "sendo de uma segunda relação pode ser ausente qualquer vínculo, afora o

25 TEIXEIRA, Daniele Chaves. Noções prévias do direito das sucessões: sociedade, funcionalização e planejamento sucessório. *In*: TEIXEIRA, Daniele Chaves (Coord.). *Arquitetura do planejamento sucessório*. 2. ed. Belo Horizonte: Fórum, 2019. p. 37.

26 CARVALHO, Felipe Quintella Machado de; MAFRA, Tereza Cristina Monteiro. Apontamentos sobre a sucessão dos colaterais do segundo e do terceiro graus. *In*: CARDIM, Valéria Silva Galdino; SILVA, João Vitor Penna e (Coord.). *Direito de família e das sucessões*. Florianópolis: Conpedi, 2019. p. 84.

27 BEVILAQUA, Clóvis. *Direito das sucessões*. 4. ed. rev. e ampl. Rio de Janeiro: Livraria Editora Freitas Bastos, 1945. p. 158-159.

28 CARVALHO, Felipe Quintella Machado de; MAFRA, Tereza Cristina Monteiro. Apontamentos sobre a sucessão dos colaterais do segundo e do terceiro graus. *In*: CARDIM, Valéria Silva Galdino; SILVA, João Vitor Penna e (Coord.). *Direito de família e das sucessões*. Florianópolis: Conpedi, 2019. p. 85.

sanguíneo em relação ao único ascendente em comum".[29] O citado autor entende que os vínculos afetivos entre os irmãos estariam necessariamente atrelados à completa ou parcial similitude de sua ascendência.

O saudoso Zeno Veloso também justificava a solução dada pelo art. 1.841 do Código Civil de 2002 sob o mesmo fundamento de que "o irmão bilateral é irmão duas vezes; o vínculo parental que une os irmãos germanos é duplicado. Por este fato, o irmão bilateral deve receber quota hereditária dobrada da que couber ao irmão unilateral".[30]

Por outro lado, Luciano Figueiredo e Roberto Figueiredo acreditam que o art. 1.841 do Código Civil de 2002 "se afasta por completo do critério da afetividade, pautando-se por um anacronismo discriminatório",[31] entendimento compartilhado por Daniel Santana, para quem "a engessada norma infraconstitucional deve ser flexibilizada no mesmo ritmo da consolidação dos novos paradigmas acerca da instituição familiar".[32]

Acerca desses novos paradigmas, é preciso considerar, diante da realidade social em que o surgimento e o desfazimento de núcleos familiares se operam, o aumento da incidência de famílias recompostas, "assim entendidas as que se constituem entre um cônjuge ou companheiro e os filhos do outro, vindos de relacionamento anterior".[33]

De acordo com dados do último censo (IBGE), realizado no ano de 2010, 16,3% das famílias contemporâneas são resultado de recasamento, o que representa cerca de "11 milhões de famílias que se formam contemplando um maior entrelaçamento de pessoas e relações". Este maior entrelaçamento se justifica diante do fato de que "há 2,5 milhões de enteados que moram com seus padrastos e madrastas, constituindo, eventualmente, relações socioafetivas que podem ter reflexos patrimoniais", acrescido da circunstância de que "46,1% dos divórcios no país ocorrem enquanto os casais ainda têm filhos menores de idade".[34] Além do aumento quantitativo de famílias recompostas, o perfil deste modelo familiar indica que as relações entre irmãos unilaterais surgem desde a infância dos filhos de pais recasados, permitindo a construção de uma maior afetividade nesta relação parental.

Paulo Lôbo assevera que "essa convivência envolve, às vezes, relações transversais entre filhos oriundos dos relacionamentos anteriores de cada pai e os comuns, dentro do mesmo ambiente familiar, o que provoca incertezas acerca dos possíveis direitos e deveres emergentes".[35] Assim, mesmo diante da clareza do texto legal sobre a concorrência vantajosa dos irmãos bilaterais em relação aos unilaterais, cabe questionar a adequação desta norma discriminatória à realidade social e familiar contemporânea.

---

29 ROSA, Conrado Paulino da; RODRIGUES, Marco Antonio. *Inventário e partilha*. Salvador: JusPodivm, 2019. p. 170.

30 TARTUCE, Flávio. *Direito civil*: direito das sucessões. 13. ed. Rio de Janeiro: Forense, 2020. v. 6. p. 274.

31 FIGUEIREDO, Luciano; FIGUEIREDO, Roberto. *Direito civil*: família e sucessões. Salvador: JusPodivm, 2014. v. 14. Coleção Sinopse. p. 636.

32 CRUZ, Daniel Santana. Sucessões entre irmãos unilaterais e bilaterais: uma isonomia constitucional ferida? *IBDFAM*, 2012. Disponível em: https://www.ibdfam.org.br/artigos/851/Sucess%C3%B5es+entre+irm%C3%A3os+unilaterais+e+bilaterias%3A+uma+isonomia+constitucional+ferida%3F. Acesso: 27 out. 2020.

33 LÔBO, Paulo. *Direito civil*: famílias. 10. ed. São Paulo: Saraiva Educação, 2020. v. 5. p. 93.

34 MATTOS, Eleonora G. Saltão de Q.; MARGAZÃO, Silvia Felipe. A imprescindível análise jurídica das relações familiares e as providências correlatas ao direito de família como pressuposto de um planejamento sucessório eficiente. *In*: TEIXEIRA, Daniele Chaves (Coord.). *Arquitetura do planejamento sucessório*. Belo Horizonte: Fórum, 2021. t. II. p. 132.

35 LÔBO, Paulo. *Direito civil*: famílias. 10. ed. São Paulo: Saraiva Educação, 2020. v. 5. p. 93.

Outro aspecto a se discutir sobre a temática diz respeito à propagação por arrastamento da vedação ao tratamento discriminatório entre filhos aos demais parentes integrantes de um mesmo núcleo familiar, ainda que sua vinculação seja simples, isto é, decorrente de um único tronco ancestral comum.

Antes da Constituição Federal de 1988, o único modelo de família reconhecido em nosso ordenamento jurídico era aquele advindo do casamento, vínculo indissolúvel e que projetava sua legitimidade para a prole dele decorrente. Sob a égide do Código Civil de 1916, os filhos oriundos de relações não matrimoniais eram considerados ilegítimos, aos quais não era atribuído, de início, nenhum direito sucessório. Passaram a receber, a partir de 1949, a título de amparo social – e não de herança –, metade do quinhão do filho legítimo ou legitimado, vindo a alcançar a igualdade sucessória somente com a Lei nº 6.515/1977, que também passou a permitir o divórcio no Brasil.

Neste contexto, a distinção da filiação acabava por ter reflexos na sucessão dos irmãos, inicialmente para reconhecer apenas direitos hereditários aos irmãos bilaterais oriundos do mesmo casamento e, em seguida, atribuindo quinhões diferenciados sob títulos jurídicos também diversos. Neste ponto, destaca Maria Berenice Dias que "outrora, ter irmãos unilaterais era escandaloso e pejorativo, porque, em regra, indicava filiação ilegítima no âmago familiar".[36] Acontece que, mesmo após 1977, ocasião em que a legislação afastou o tratamento discriminatório quanto à filiação na sucessão, foi mantida a distinção no que diz respeito à herança atribuída aos irmãos bilaterais e unilaterais.

Sobre o assunto, Paulo Lôbo ensina que "não podendo haver discriminação entre filhos, não poderá haver, consequentemente, discriminação entre irmãos, pois estes são filhos do mesmo genitor".[37] Assim, a eliminação da desigualdade de tratamento aos filhos, independentemente de sua origem, faria desaparecer não apenas os efeitos jurídicos diferenciados nas relações pessoais e patrimoniais entre pais e filhos, mas também entre os irmãos e no que concerne aos demais laços de parentesco desta relação decorrentes.[38]

Manifestando entendimento similar, Eduardo de Oliveira Leite defende que o legislador deveria "resgatar o princípio da igualdade da filiação projetando-o devida e justamente no terreno sucessório", promovendo a releitura do art. 1.841 do Código Civil de 2002 nos seguintes termos: "Concorrendo à sucessão irmãos germanos e irmãos consanguíneos ou uterinos, tocará a todos quinhão igual, bem como àqueles que representem".[39]

Em sentido contrário, aduzem Gustavo Tepedino, Ana Luiza Nevares e Rose Vencelau Meireles:

> O princípio da igualdade entre os filhos não é alcançado nessa hipótese, uma vez que não se trata da sucessão dos descendentes do *de cujus*, mas sim da sucessão de seus parentes

---

[36] DIAS, Maria Berenice. *Manual das sucessões*. 4. ed. rev., atual e ampl. São Paulo: Revista dos Tribunais, 2015. p. 153.

[37] LÔBO, Paulo. *Direito civil*: famílias. 10. ed. São Paulo: Saraiva Educação, 2020. v. 5. p. 218.

[38] LÔBO, Paulo. *Direito civil*: famílias. 10. ed. São Paulo: Saraiva Educação, 2020. v. 5. p. 225-226.

[39] TARTUCE, Flávio. *Direito civil*: direito das sucessões. 13. ed. Rio de Janeiro: Forense, 2020. v. 6. p. 273.

colaterais, não se podendo confundir os princípios que regem uma e outra devolução hereditária.[40]

Na esteira da mesma interpretação, ensinam Cristiano Chaves de Farias e Nelson Rosenvald que "a solução legal prestigia, entusiasticamente, a isonomia entre os irmãos, afinal a igualdade substancial consiste em tratar desigualmente quem se encontra em situação fática desigual",[41] posicionamento do qual ousamos discordar, afinal, as relações de parentesco dos filhos não se limitam aos seus ascendentes, fazendo brotar relações jurídicas também com os parentes colaterais, que, por esta razão, também deveriam se submeter à igualdade de direitos estabelecida na norma constitucional do art. 227, §6º.

Ademais, o nosso ordenamento não cogita da procedência dos bens, se oriundos do patrimônio da linha materna ou da linha paterna, razão pela qual os direitos conferidos aos irmãos não deveriam estar subordinados à ligação simples ou dupla com a ascendência do autor da sucessão. Por esta razão, discordamos do posicionamento de Rolf Madaleno quando este autor expõe:

> Em realidade, quando morre um irmão e deixa bens, seu espólio é composto por bens que construiu durante a sua vida e usualmente também recebe bens provenientes do patrimônio de seus pais, e é esse o acervo a ser inventariado entre seus irmãos, mostrando-se justo que os irmãos bilaterais recebam o dobro porque descendem, como acontece com o falecido, do mesmo pai e da mesma mãe, ao passo que o irmão unilateral consanguíneo ou uterino herdará sobre os bens do genitor comum, e no futuro, se já não o foi, sucederá da sua outra origem igualmente unilateral, paterna ou materna e que não guarda vínculos de parentesco ou tronco comum com o meio-irmão autor da herança que agora recebe por metade.[42]

De acordo com essa linha de raciocínio, não seria justo que algum dos ascendentes do autor da sucessão herdasse bens provenientes da outra linha ancestral, ainda mais quando ausente ou encerrado qualquer vínculo afetivo familiar entre os pais do falecido, na hipótese de este não ter deixado descendentes legitimados a suceder. Da mesma forma, na sucessão dos tios não se aplica igual raciocínio. Assim, por exemplo, um tio paterno poderia herdar, sem distinção alguma em relação ao tio materno, os bens provenientes da linha materna do autor da sucessão, ou vice-versa.

Acrescente-se, ainda, que ao sobrinho-neto, que é neto do irmão do autor da sucessão, o privilégio do duplo vínculo fraternal resta simplesmente ignorado. É o que observa Rolf Madaleno sobre a sucessão dos colaterais de quarto grau:

> nesse caso a regra do duplo vínculo desaparece, pois, prescreve o §3º do art. 1.843 do Código Civil que todos receberão por cabeça e, portanto, idênticos quinhões, desconsiderando a qualidade de seus pais, que entre si e tanto faz, podem ser irmãos germanos ou unilaterais.[43]

---

[40] NEVARES, Ana Luiza Maia; TEPEDINO, Gustavo; MEIRELES, Rose Melo Vencelau. *Fundamentos do direito civil*: direito das sucessões. Rio de Janeiro: Forense, 2020. v. 7. p. 81.

[41] FARIAS, Cristiano Chaves de; ROSENVALD, Nelson. *Curso de direito civil*: sucessões. 4. ed. rev., ampl. e atual. Salvador: JusPodivm, 2018. v. 7. p. 385.

[42] MADALENO, Rolf. *Sucessão legítima*. 2. ed. Rio de Janeiro: Forense, 2020. p. 475.

[43] MADALENO, Rolf. *Sucessão legítima*. 2. ed. Rio de Janeiro: Forense, 2020. p. 477.

Diante desse contexto, não há como não questionar: por que somente aos irmãos – e aos sobrinhos – a origem dos bens da herança teria relevância para o reconhecimento de mais ou menos direitos hereditários?

Parece, além disso, incoerente atribuir quinhões hereditários diferenciados aos irmãos bilaterais e unilaterais, quando, para efeitos de obrigação alimentar, o legislador não fez nenhuma distinção quanto à legitimidade passiva para suportar tal encargo familiar. Esclarecem Cristiano Chaves de Farias e Nelson Rosenvald que "o dever alimentar entre colaterais independe do número de vínculos estabelecido, existindo tanto entre os irmãos bilaterais (também chamados de germanos), quanto entre os unilaterais (CC, art. 1.697)".[44]

O *quantum* da obrigação alimentar imposta a cada um dos irmãos bilaterais e dos unilaterais levará em consideração, exclusivamente, a possibilidade de cada um, ou seja, a sua capacidade contributiva no auxílio ao parente necessitado, sem cogitar da linha de origem desse parentesco. Há, portanto, reciprocidade alimentar em relação aos irmãos, qualquer que seja a origem da ascendência que os une, mas a mesma reciprocidade não é verificada na sucessão.

Deveria, portanto, haver equivalência entre os dispositivos legais que impõem ônus e bônus às relações de parentesco, fazendo com que àquele a quem fosse imposto o dever de alimentar fosse reconhecido o direito à herança, nas mesmas condições.

De acordo com Maria Berenice Dias:

> Especifica a lei (CC 1.697) que os irmãos, parentes em segundo grau, têm obrigação alimentar independentemente de serem irmãos germanos ou bilaterais (filhos de mesmo pai e mãe) ou unilaterais (identidade somente com relação a um dos pais) [...]. A obrigação alimentar de ambos é igual (CC 1.697), mas o irmão unilateral recebe metade da herança quando concorre com irmão bilateral.[45]

Em consonância com tais argumentos, Rolf Madaleno observa que essa desarmonia entre os irmãos germanos ou unilaterais no direito sucessório não prevalece no direito de família, já que "o valor da pensão alimentar entre irmãos ou meio-irmãos não tem nenhuma diferença por esta razão", embora esses dois ramos pertençam ao mesmo sistema, "tanto que o próprio artigo 1.698 do Código Civil manda guardar a ordem de vocação na obrigação alimentar".[46]

Não há como desconsiderar os reflexos da decisão do Supremo Tribunal Federal no julgamento do Recurso Extraordinário nº 898.060/SC, que reconheceu, em sede de repercussão geral (Tese nº 622), a possibilidade de cumulação das parentalidades biológica e socioafetiva, já que os múltiplos vínculos de descendência e ascendência repercutem na atribuição dos direitos hereditários, inclusive quanto à sucessão dos colaterais. Isso implica que a multiparentalidade abriu a possibilidade de configuração de uma "irmandade múltipla", ou seja, além de irmãos unilaterais e bilaterais, poderia haver também os irmãos trilaterais, quadrilaterais e outros.

---

[44] FARIAS, Cristiano Chaves de; ROSENVALD, Nelson. *Curso de direito civil*: famílias. 10. ed. rev., ampl. e atual. Salvador: JusPodivm, 2018. v. 6. p. 780.

[45] DIAS, Maria Berenice. *Manual de direito das famílias*. 13. ed. rev., ampl. e atual. Salvador: JusPodivm, 2020. p. 809.

[46] MADALENO, Rolf. *Sucessão legítima*. 2. ed. Rio de Janeiro: Forense, 2020. p. 936-938.

A respeito dessa situação, expõe André Borges de C. Barros:

> Com a redação atual do Código Civil são defensáveis, ao menos, três orientações: a primeira no sentido de que os plurilaterais e os bilaterais devem ser equiparados, por não haver previsão legal para a hipótese [...]. Uma segunda orientação pode ser proposta no sentido de não aplicação das regras presentes nos §§2º e 3º do art. 1.843 do Código Civil, quando verificada a multiparentalidade na sucessão de irmãos e sobrinhos. Dessa forma, as quotas dos irmãos e sobrinhos unilaterais, bilaterais e plurilaterais passariam a ser idêntica em todas as ocasiões possíveis. Como terceira orientação, pode ser defendida a manutenção do espírito da norma, criando-se um escalonamento entre todos conforme a quantidade de pais em comum. Deste modo, havendo irmãos ou sobrinhos trilaterais, bilaterais e unilaterais, cada um dos trilaterais terá direito a uma quota cheia, cada um dos bilaterais terá direito a uma quota equivalente à 2/3 daquela atribuída aos trilaterais, e cada um dos unilaterais terá direito a uma quota equivalente a 1/3 daquela atribuída aos trilaterais.[47]

Se a ideia de uma afetividade presumida superior do irmão bilateral em face do irmão unilateral justifica o tratamento sucessório distinto, o que dizer sobre as relações parentais múltiplas? O irmão trilateral ou quadrilateral seria ainda "mais irmão" do que o irmão bilateral e, portanto, teria direito de receber um quinhão hereditário superior ao deste? Entendemos que não. Na verdade, o reconhecimento da multiparentalidade somente veio reforçar a orientação de que na sucessão dos irmãos, extensível à dos sobrinhos, "a existência de dois ou mais vínculos parentais não deve acarretar em atribuição diferenciada de quinhão hereditário",[48] equiparando-se todos os irmãos, sejam eles unilaterais, bilaterais ou multilaterais.

Por fim, embora os irmãos sejam herdeiros facultativos e, portanto, o autor da sucessão tivesse ampla liberdade de beneficiar por testamento quem lhe aprouvesse, podendo, portanto, atribuir quinhões equivalentes aos irmãos bilaterais e unilaterais, é sabido que o brasileiro não tem o hábito de elaborar sua manifestação de última vontade, razão pela qual eventual equiparação dos direitos sucessórios dos irmãos – e dos sobrinhos – não deveria ser relegada exclusivamente à sucessão testamentária.

Leciona Giselda Hironaka:

> *O fato é que se testa pouco no Brasil*. Em verdade, testa-se pouco no mundo: o testamento está longe de ser uma prática sempre presente nos atos de cada pessoa. Contudo, no Brasil, parecem ser ainda mais raras as hipóteses de sucessão testamentária [...]. No Brasil, o testamento é envolto numa aura de mistério, de distanciamento ou simplesmente de intocabilidade [...]. Há um tabu em torno do testamento, ou melhor, do ato de testar, da mesma maneira que há um tabu em torno da própria morte, por mais que seja algo natural, inevitável, presente todo momento em nossas vidas [...]. Ora, se nós, humanos, temos tamanho talento para falar da morte e articular os seus signos, por que não temos a mesma habilidade para pensa-la de modo sério, a fim de agir responsavelmente diante ou por conta desta? Por que os instrumentos do direito das sucessões são tão difíceis de

---

[47] BARROS, André Borges de Carvalho. Multiparentalidade e sucessão: aplicabilidade das regras sucessórias do código civil em face do reconhecimento da multiparentalidade pelo Supremo Tribunal Federal. *Revista Nacional de Direito de Família e Sucessões*, Porto Alegre, n. 23, p. 69-105, mar./abr. 2018. p. 117.

[48] ROCHA, Patrícia Ferreira; FRANCO, Karina Barbosa. Multiparentalidade: uma análise dos seus reflexos no direito sucessório. *In*: ROCHA, Patrícia Ferreira; FRANCO, Karina Barbosa (Coord.). *Pessoa e patrimônio no entendimento dos tribunais superiores*: os desafios de estudar temas de direito civil na complexidade do mundo contemporâneo. Rio de Janeiro: Lumen Juris, 2019. p. 316-137.

serem tocados por nós, tão espinhosos para serem articulados? Seja qual for o motivo, esta dificuldade não apenas de falar seriamente sobre a morte, mas, sobretudo, de se programar para saber como agir a partir da morte – para herdar, para deixar herança, para testar, para legar, para concorrer na sucessão, – só traz problemas para todos os envolvidos, incluído aí o autor da herança.[49]

Diante de todo o exposto, há que se reconhecer a necessidade de reforma ou, no mínimo, de uma releitura dos dispositivos do Código Civil de 2002 que disciplinam a transmissão patrimonial em razão da sucessão *causa mortis* a partir do novo suporte fático das relações familiares contemporâneas. O ordenamento jurídico brasileiro deveria consagrar, portanto, a plena igualdade de tratamento de todos os interessados na herança, sejam os sucessores legitimados da classe dos descendentes, dos ascendentes ou dos colaterais, sem distinção alguma decorrente da origem da filiação.[50]

Em resumo, defendemos que a origem do parentesco não deveria ser fator definidor dos direitos sucessórios dos irmãos – e por extensão, dos sobrinhos –, devendo ser garantido o direito de herança a todos os colaterais em igualdade de condições. Como aduz Maria Berenice Dias, "se ninguém tem meio pai ou meia tia, não há por que chamar alguém de meio irmão",[51] e, por consequência, atribuir-lhe "meia herança".

Conclusão

Este artigo se propôs a analisar a adequação da norma relativa à atribuição de quinhões hereditários distintos na sucessão legítima dos colaterais de 2º grau, quando concorrentes irmãos bilaterais e unilaterais, extensível também aos sobrinhos, diante da realidade social e familiar contemporânea.

Justificando as conclusões a que aqui se chegou, primeiro foi identificado um aumento significativo na quantidade de arranjos familiares organizados sob a modalidade de famílias recompostas, a partir de dados obtidos do último censo (IBGE), realizado em 2010, a demonstrar que o perfil deste modelo familiar indica que as relações entre irmãos unilaterais surgem desde a infância dos filhos de pais recasados. Isso permitiria a construção de uma maior afetividade nesta relação parental.

Em segundo lugar, a eliminação da desigualdade de tratamento da filiação, independentemente de sua origem, que foi incorporada ao nosso ordenamento jurídico após a Constituição Federal de 1988, deveria propagar, por arrastamento, qualquer distinção de efeitos jurídicos nas relações pessoais e patrimoniais dos demais vínculos de parentesco dela decorrentes, nos quais se incluiria a sucessão na colateralidade.

Acrescente-se o argumento de que a legislação pátria não leva em consideração, para a atribuição do direito à herança, a procedência dos bens do patrimônio do autor da sucessão, ou seja, se oriundos do patrimônio da sua linha materna ou da sua linha

49 HIRONAKA, Giselda Maria Fernandes Novaes. *Morrer e suceder*: passado e presente da transmissão sucessória concorrente. 2. ed. rev. São Paulo: Revista dos Tribunais, 2014. p. 21-22.

50 OLIVEIRA, Euclides Benedito de. *Direito de herança*: a nova ordem da sucessão. 2. ed. São Paulo: Saraiva, 2009. p. 66.

51 DIAS, Maria Berenice. *Manual de direito das famílias*. 13. ed. rev., ampl. e atual. Salvador: JusPodivm, 2020. p. 198.

paterna, motivo por que os direitos conferidos aos irmãos e aos sobrinhos não deveriam estar subordinados à ligação simples ou dupla com a ascendência do *de cujus*.

Seria preciso ainda dar coesão aos dispositivos do Código Civil de 2002, pois, para efeitos de obrigação alimentar, o legislador não fez nenhuma distinção quanto à legitimidade passiva dos irmãos para suportar tal encargo familiar, considerando-se tão somente a possibilidade desses parentes, sejam eles bilaterais ou unilaterais. Assim, a mesma reciprocidade alimentar reconhecida aos irmãos, independentemente da origem da ascendência que os une, deveria também ser verificada na sucessão.

A partir de setembro de 2016, quando o Supremo Tribunal Federal reconheceu a faculdade de estabelecimento de múltiplos vínculos parentais, cumulando-se as parentalidades biológica e socioafetiva, abriu-se também a possibilidade de configuração de uma "irmandade múltipla", ou seja, além de irmãos unilaterais e bilaterais, poderia haver também os irmãos trilaterais, quadrilaterais e outros. Examinando os efeitos desta decisão na sucessão dos irmãos e dos sobrinhos, entendemos que a melhor solução seria desconsiderar a quantidade de vínculos parentais na atribuição dos quinhões hereditários, equiparando-se todos os irmãos – e sobrinhos –, sejam eles unilaterais, bilaterais ou multilaterais.

Por derradeiro, ainda que consideremos que, sendo herdeiros facultativos e, como tais, o autor da sucessão tivesse ampla liberdade de beneficiar por testamento quem lhe aprouvesse, podendo, portanto, atribuir quinhões equivalentes aos irmãos – e sobrinhos – bilaterais e unilaterais, não podemos relegar o tratamento equitativo desses parentes ao exercício da autonomia da vontade por meio da sucessão testamentária, já que o brasileiro não tem o hábito de elaborar testamento, o que somente perpetuaria uma odiosa distinção.

Em síntese, concluímos que aos irmãos – e aos sobrinhos – não devem ser atribuídos quinhões maiores ou menores pelo simples fato de estarem vinculados ao autor da sucessão por laços simples ou duplos de ancestralidade. Irmãos devem ser, simplesmente, irmãos, e a estes, sejam unilaterais ou bilaterais, devem ser reconhecidos os mesmos direitos hereditários.

Referências

ALMEIDA, José Luiz Gavião de. *Código Civil comentado*: direito das sucessões, sucessão em geral, sucessão legítima: arts. 1.784 a 1.856. Coordenação de Álvaro Vilaça Azevedo. São Paulo: Atlas, 2003. v. XVIII.

BARROS, André Borges de Carvalho. Multiparentalidade e sucessão: aplicabilidade das regras sucessórias do código civil em face do reconhecimento da multiparentalidade pelo Supremo Tribunal Federal. *Revista Nacional de Direito de Família e Sucessões*, Porto Alegre, n. 23, p. 69-105, mar./abr. 2018.

BEVILAQUA, Clóvis. *Direito da família*. 7. ed. São Paulo: Livraria Editora Freitas Bastos, 1943.

BEVILAQUA, Clóvis. *Direito das sucessões*. 4. ed. rev. e ampl. Rio de Janeiro: Livraria Editora Freitas Bastos, 1945.

BRASIL. *Constituição Federal de 1988*. Disponível em: https://www.planalto.gov.br/ccivil_03/Constituicao/Constituicao.htm. Acesso em: 25 abr. 2021.

BRASIL. *Decreto-Lei nº 3.200, de 19 de abril de 1941*. Disponível em: http://www.planalto.gov.br/ccivil_03/Decreto-Lei/Del3200.htm. Acesso em: 25 abr. 2021.

BRASIL. *Lei nº 10.406, de 10 de janeiro de 2002*. Código Civil brasileiro. Disponível em: http://www.planalto.gov.br/ccivil_03/leis/2002/L10406compilada.htm Acesso em: 25 abr. 2021.

BRASIL. *Lei nº 3.071, de 01 de janeiro de 1916*. Código Civil brasileiro. Disponível em: http://www.planalto.gov.br/ccivil_03/LEIS/L3071impressao.htm. Acesso em: 25 abr. 2021.

BRASIL. *Lei nº 6.515, de 26 de dezembro de 1977*. Disponível em: http://www.planalto.gov.br/ccivil_03/LEIS/L6515.htm. Acesso em: 25 abr. 2021.

BRASIL. *Lei nº 7.250, de 14 de novembro de 1984*. Disponível em: http://www.planalto.gov.br/ccivil_03/LEIS/1980-1988/L7250.htm. Acesso em: 25 abr. 2021.

BRASIL. *Lei nº 7.841, de 17 de outubro de 1989*. Disponível em: http://www.planalto.gov.br/ccivil_03/Leis/L7841.htm. Acesso em: 25 abr. 2021.

BRASIL. *Lei nº 833, de 21 de outubro de 1949*. Disponível em: http://www.planalto.gov.br/ccivil_03/LEIS/1930-1949/L0883.htm. Acesso em: 25 abr. 2021.

CARVALHO, Felipe Quintella Machado de; MAFRA, Tereza Cristina Monteiro. Apontamentos sobre a sucessão dos colaterais do segundo e do terceiro graus. *In*: CARDIM, Valéria Silva Galdino; SILVA, João Vitor Penna e (Coord.). *Direito de família e das sucessões*. Florianópolis: Conpedi, 2019.

CRUZ, Daniel Santana. Sucessões entre irmãos unilaterais e bilaterais: uma isonomia constitucional ferida? *IBDFAM*, 2012. Disponível em: https://www.ibdfam.org.br/artigos/851/Sucess%C3%B5es+entre+irm%C3%A3os+unilaterais+e+bilaterias%3A+uma+isonomia+constitucional+ferida%3F. Acesso: 27 out. 2020.

DIAS, Maria Berenice. *Manual das sucessões*. 4. ed. rev., atual e ampl. São Paulo: Revista dos Tribunais, 2015.

DIAS, Maria Berenice. *Manual de direito das famílias*. 13. ed. rev., ampl. e atual. Salvador: JusPodivm, 2020.

ESPÍNOLA, Eduardo. *A família no direito civil brasileiro*. Rio de Janeiro: Conquista, 1957.

FARIAS, Cristiano Chaves de; ROSENVALD, Nelson. *Curso de direito civil*: famílias. 10. ed. rev., ampl. e atual. Salvador: JusPodivm, 2018. v. 6.

FARIAS, Cristiano Chaves de; ROSENVALD, Nelson. *Curso de direito civil*: sucessões. 4. ed. rev., ampl. e atual. Salvador: JusPodivm, 2018. v. 7.

FIGUEIREDO, Luciano; FIGUEIREDO, Roberto. *Direito civil*: família e sucessões. Salvador: JusPodivm, 2014. v. 14. Coleção Sinopse.

HIRONAKA, Giselda Maria Fernandes Novaes. *Morrer e suceder*: passado e presente da transmissão sucessória concorrente. 2. ed. rev. São Paulo: Revista dos Tribunais, 2014.

LÔBO, Paulo. *Direito civil*: famílias. 10. ed. São Paulo: Saraiva Educação, 2020. v. 5.

MADALENO, Rolf. *Direito de família*. 7. ed. rev., atual e ampl. Rio de Janeiro: Forense, 2017.

MADALENO, Rolf. *Sucessão legítima*. 2. ed. Rio de Janeiro: Forense, 2020.

MATTOS, Eleonora G. Saltão de Q.; MARGAZÃO, Silvia Felipe. A imprescindível análise jurídica das relações familiares e as providências correlatas ao direito de família como pressuposto de um planejamento sucessório eficiente. *In*: TEIXEIRA, Daniele Chaves (Coord.). *Arquitetura do planejamento sucessório*. Belo Horizonte: Fórum, 2021. t. II.

MONTEIRO, Washington de Barros. *Curso de direito civil* – Direito de família. 15. ed. São Paulo: Saraiva, 1976.

NEVARES, Ana Luiza Maia; TEPEDINO, Gustavo; MEIRELES, Rose Melo Vencelau. *Fundamentos do direito civil*: direito das sucessões. Rio de Janeiro: Forense, 2020. v. 7.

OLIVEIRA, Arthur Vasco Itabaiana de. *Tratado de direito das sucessões*: da sucessão em geral e da sucessão legítima. 4. ed. rev. e atual. São Paulo: Max Limonad, 1952. v. 1.

OLIVEIRA, Euclides Benedito de. *Direito de herança*: a nova ordem da sucessão. 2. ed. São Paulo: Saraiva, 2009.

PEREIRA, Rodrigo da Cunha. *Direito das famílias*. Rio de Janeiro: Forense, 2020.

ROCHA, Patrícia Ferreira; FRANCO, Karina Barbosa. Multiparentalidade: uma análise dos seus reflexos no direito sucessório. *In*: ROCHA, Patrícia Ferreira; FRANCO, Karina Barbosa (Coord.). *Pessoa e patrimônio no entendimento dos tribunais superiores*: os desafios de estudar temas de direito civil na complexidade do mundo contemporâneo. Rio de Janeiro: Lumen Juris, 2019.

ROSA, Conrado Paulino da. *Desatando nós e criando laços*: os novos desafios da mediação familiar. Belo Horizonte: Del Rey, 2012.

ROSA, Conrado Paulino da; RODRIGUES, Marco Antonio. *Inventário e partilha*. Salvador: JusPodivm, 2019.

TARTUCE, Flávio. *Direito civil*: direito das sucessões. 13. ed. Rio de Janeiro: Forense, 2020. v. 6.

TEIXEIRA, Ana Carolina Brochado; TEPEDINO, Gustavo. *Fundamentos do direito civil*: direito de família. 1. ed. Rio de Janeiro: Forense, 2020. v. 6.

TEIXEIRA, Daniele Chaves. Noções prévias do direito das sucessões: sociedade, funcionalização e planejamento sucessório. *In*: TEIXEIRA, Daniele Chaves (Coord.). *Arquitetura do planejamento sucessório*. 2. ed. Belo Horizonte: Fórum, 2019.

Informação bibliográfica deste texto, conforme a NBR 6023:2018 da Associação Brasileira de Normas Técnicas (ABNT):

ROCHA, Patricia Ferreira. A sucessão entre irmãos bilaterais e unilaterais: subsistem os motivos para seu tratamento diferenciado? *In*: TEIXEIRA, Daniele Chaves (Coord.). *Arquitetura do planejamento sucessório*. Belo Horizonte: Fórum, 2022. p. 139-158. Tomo III. ISBN 978-65-5518-291-0.

OS DESAFIOS DA REPRODUÇÃO ASSISTIDA *POST MORTEM* E O ALCANCE DO TESTAMENTO GENÉTICO: AMPLIANDO AS FORMAS DE DISPOSIÇÃO DO PRÓPRIO CORPO APÓS A MORTE

PAULA MOURA FRANCESCONI DE LEMOS PEREIRA
VITOR ALMEIDA

Notas introdutórias

Em 8.6.2021, a Quarta Turma do Superior Tribunal de Justiça (STJ), por maioria, deu provimento ao Recurso Especial nº 1.918.421, interposto pelos filhos de um homem falecido, reformando a decisão proferida pela 9ª Câmara de Direito Privado do Tribunal de Justiça de São Paulo, no sentido de não autorizar a esposa do finado a realizar implantação de embriões formados com material genético do casal. O principal argumento que impediu o uso do material genético após a morte foi a inexistência de manifestação de vontade prévia, inequívoca, expressa e formal do falecido para efetivação da reprodução, o que, segundo o entendimento do Ministro Luis Felipe Salomão, acompanhado pelos ministros Raul Araújo e Antonio Carlos Ferreira, se fazia necessário, já que implica a expressão da autodeterminação com efeitos para além da vida do sujeito de direito, com repercussões existenciais e patrimoniais.

Esse julgado trouxe à baila algumas discussões acerca do uso das técnicas de reprodução humana assistida *post mortem*, em especial dos limites do exercício da autonomia reprodutiva prospectiva e os instrumentos jurídicos utilizados para efetivar o planejamento familiar que repercutem diretamente no campo da filiação e sucessório, além de revisitar a discussão que ainda persiste acerca da natureza jurídica de partes do corpo.

A recente decisão que entendeu pela impossibilidade de implantação de embriões de um casal após a morte de um dos cônjuges sem manifestação inequívoca, expressa e formal descortinou velhos dilemas e ampliou o debate sobre os limites da disposição do material genético após a morte para fins de procriação. A própria divergência de posicionamento no âmbito do STJ, com o voto vencido do relator, Ministro Marco Buzzi, e da Ministra Maria Isabel Gallotti, no sentido de permitir a implantação de embriões *post mortem*, demonstra a acesa controvérsia sobre o assunto, bem como revela a importância de uma investigação mais profunda acerca das possíveis formas de disposição dos materiais genéticos (como gametas e embriões) envolvidos na reprodução humana e seus limites. Isso porque, em primeiro lugar, a matéria não é regulada por lei específica e tem relevantes consequências quanto ao exercício da autonomia existencial, com reflexos no campo dos direitos da personalidade, negocial, filiatório e sucessório. Por outro turno, o exercício da autonomia reprodutiva prospectiva interfere de forma central no âmbito da existência de futura pessoa a porvir, eis que descortina a heterodeterminação nas escolhas do futuro filho, o que, por si só, já reclama reflexões necessárias sobre a condição humana e o "fim da inocência genética".[1]

O Código Civil de 2002, apesar dos traços ainda fortemente patrimonialista e individualista, avançou na proteção existencial da pessoa humana, sobretudo ao disciplinar pioneiramente os chamados direitos da personalidade, ainda que com técnica legislativa rígida e distante da realidade, bem como com fortes tintas paternalistas. Reforçou, contudo, a autonomia para depois da morte ao prever no art. 14 a validade da disposição gratuita do próprio corpo, no todo ou em parte, com objetivo científico ou altruístico. Não cogitou de outras finalidades como as culturais, artísticas e instrutivas,[2] nem mencionou especificamente a disposição de material genético/biológico, embora mencione partes do corpo humano. Assegura, ainda, a plena revogabilidade, a qualquer tempo, de tal manifestação de vontade.

No campo da reprodução humana assistida, fenômeno que propicia a formação de embriões em laboratório e a crioconservação de gametas, a lei civil apenas a disciplinou de forma superficial no art. 1.597, incs. III, IV e V, que trata da presunção de filiação decorrente da aplicação dessas técnicas, sem adentrar expressamente na forma como deve ocorrer o processo autorizatório.[3] E, no que diz respeito à forma como ocorrem os registros de nascimento e emissão da respectiva certidão dos filhos havidos de técnica de reprodução, aplica-se o disposto no Provimento nº 63/2017 do Conselho Nacional de Justiça (CNJ), entre os arts. 16 a 19, que especifica a documentação necessária para o ato.

---

1 São bons exemplos os testes genéticos e modificações embrionárias que acendem o debate sobre a eugenia, bem como a expectativa parental, e que envolve os limites éticos na seleção intencional de embriões sem deficiência ou mesmo a prática de seleção genética com diagnóstico de má-formação fetal ou intervenções no campo da autonomia reprodutiva para esse fim. V., por todos, HARBERMAS, Jürgen. *O futuro da natureza humana*: a caminho de uma eugenia liberal? Tradução de Karina Jannini. 2. ed. São Paulo: WMF Martins Fontes, 2010. p. 115-117. Sobre os confins do humano e as pessoas com deficiência na era da inteligência artificial, permita-se remeter a BARBOZA, Heloisa Helena; ALMEIDA, Vitor. Pessoas com (d)eficiência e inteligência artificial: primeiras reflexões. *In*: TEPEDINO, Gustavo; SILVA, Rodrigo da Guia (Org.). *O direito civil na era da inteligência artificial*. São Paulo: Thomson Reuters Brasil, 2020. p. 83-102.

2 SCHREIBER, Anderson. *Direitos da personalidade*. 2. ed. São Paulo: Atlas, 2013. p. 50.

3 "[...] contemplou a nova Lei Civil (Lei 10.406, de 10.01.2002) três hipóteses de procriação artificial, incluindo na presunção de paternidade resultante do casamento os filhos: a) havidos por fecundação artificial homóloga, mesmo que falecido o marido; b) havidos, a qualquer tempo, quando se tratar de embriões excedentários, decorrentes de concepção artificial homóloga; e c) havidos por inseminação artificial heteróloga, desde que tenha havido prévia autorização do marido (art. 1.597, III, IV e V)" (BARBOZA, Heloisa Helena. Direito à procriação e às técnicas de reprodução assistida. *In*: LEITE, Eduardo de Oliveira (Coord.). *Grandes temas da atualidade*: bioética e biodireito. Rio de Janeiro: Forense, 2004. p. 153).

A partir da perspectiva da autonomia corporal, investiga-se a legitimidade e viabilidade dos instrumentos jurídicos para concretizar os atos de disposição do próprio corpo ou partes deles, inclusive material genético, para após a morte sob o marco da legalidade constitucional. Tal questão assume relevo intrincado quando tal ato importa na possibilidade de futuro nascimento de uma pessoa, o que desafia dilemas no campo familiar e das sucessões. A Constituição da República assegura o exercício do planejamento familiar (art. 226, §7º) que tem como fundamento a liberdade de constituir família, mas para isso é necessário que o exercício da autonomia ocorra de forma plena e efetiva, bem como respeito aos limites da parentalidade responsável e da dignidade humana. A partir de pesquisa bibliográfica e jurisprudencial, mediante abordagem indutiva-hipotética, o objetivo do presente artigo é analisar alguns instrumentos viáveis para manifestação prévia de vontade acerca do destino do material genético *post mortem*, entre eles, especialmente, o chamado testamento genético.

1 Reprodução humana assistida: o silêncio legislativo e as prescrições deontológicas

A reprodução humana assistida é um conjunto de técnicas paliativas para auxiliar pessoas e casais que têm dificuldade ou impossibilidade de procriar para concretizar o projeto parental biologicamente vinculado, cujo uso é amplamente disseminado, apesar das restrições ao acesso em razão dos elevados custos financeiros. Enquanto o Congresso Nacional não delibera sobre a matéria, apesar de vários projetos de lei em tramitação para regular a reprodução humana,[4] desde 1992, o Conselho Federal de Medicina (CFM) se encarregou de estabelecer diretrizes nesse sentido. A primeira resolução editada pelo CFM que estabeleceu normas éticas a serem observadas na utilização das técnicas de reprodução humana assistida foi a de nº 1.358/1992, de 19.11.1992. Após 18 anos de vigência, essa resolução foi revogada pela Resolução nº 1.957/2010, de 6.1.2011, que veio a ser substituída pela Resolução nº 2.013/2013, de 9.5.2013, que, por sua vez, foi, posteriormente, revogada pela Resolução nº 2.121/2015, de 24.9.2015. Após quase 2 anos de vigência, foi substituída pela Resolução nº 2.168/2017, de 10.11.2017, atualizada pela Resolução nº 2.283/2020. Atualmente, vigora a Resolução nº 2.294, de 27.5.2021, publicada em 15.6.2021, e que revogou as resoluções anteriores.[5]

[4] Existem alguns projetos de lei do Senado: (*i*) Projeto Original nº 90 de 1999, que foi aprovado e destinado para a Câmara, convertendo-se em Projeto de Lei nº 115/2015 – que institui o Estatuto da Reprodução Assistida, para regular a aplicação e utilização das técnicas de reprodução humana assistida e seus efeitos no âmbito das relações civis sociais; (*ii*) Projeto de Lei nº 1.184, de 2003, que define normas para realização de inseminação artificial e fertilização *in vitro*, proibindo a gestação de substituição (barriga de aluguel) e os experimentos de clonagem radical; (*iii*) Projeto de Lei nº 4892/2012, que institui o Estatuto da Reprodução Assistida para regular a aplicação e utilização das técnicas de reprodução humana assistida e seus efeitos no âmbito das relações civis sociais (apensado ao PL nº 1.184/2003); (*iv*) Projeto de Lei nº 7.591/2017, que acrescenta parágrafo único ao art. 1.798 da Lei nº 10.406, de 10.1.2002 (Código Civil), para conferir capacidade para suceder aos concebidos com o auxílio de técnica de reprodução assistida após a abertura da sucessão (apensado ao PL nº 4.892/2012). Recentemente, o PL nº 1.184/2003, que estava parado na Câmara dos Deputados, recebeu parecer favorável de alguns parlamentares, e seguirá para Comissão de Constituição e Justiça e de Cidadania (Disponível em: https://www.camara.leg.br/. Acesso em: 30 ago. 2021).

[5] A respeito da nova Resolução nº 2.294/2021 do Conselho Federal de Medicina sobre reprodução humana assistida, seja consentido remeter a PEREIRA, Paula Moura Francesconi de Lemos; ALMEIDA, Vitor. A reprodução humana assistida e a atuação do Conselho Federal de Medicina: as repercussões da nova resolução 2.294/21. *Migalhas*.

Em vigor, a Resolução nº 2.294/2021 do CFM regula a utilização das técnicas de reprodução assistida, adentrando, inclusive em questões que são próprias da lei civil, já que prevê instrumentos para viabilizar a manifestação de vontade das partes envolvidas, as formas, tanto no que diz respeito aos requisitos para submissão ao procedimento de inseminação e fertilização, necessidade de termo de consentimento livre e esclarecido escrito, quanto no caso de cessão de útero, em que prevê para as hipóteses de gestação de substituição a apresentação de termos de compromisso entre o paciente e a cedente temporária de útero e a aprovação por escrito do cônjuge ou companheiro(a), se a cedente temporária do útero for casada ou viver em união estável.[6] Em relação à reprodução *post mortem*, estabelece que esta apenas é permitida caso haja a autorização específica do falecido para o uso do material biológico criopreservado, observada a legislação vigente, que, *in casu*, é omissa.

O silêncio legislativo tem propiciado o uso quase que exclusivo dessas referidas resoluções por médicos, clínicas e tribunais. Todavia, a natureza da norma, de cunho deontológico, impõe sua interpretação à luz da legalidade constitucional e de forma sistemática, pois em alguns preceitos acaba por colocar em xeque o exercício de direitos humanos fundamentais assegurados na Constituição Federal, além de adentrar em matéria de competência exclusiva do legislador (art. 22, I, CF). A ausência de lei sobre o tema acaba por provocar insegurança jurídica em terreno sensível que envolve os direitos da personalidade e o direito ao planejamento familiar, o que se acentua com a evolução das técnicas de reprodução, o aumento do interesse da própria sociedade e da ampliação dos arranjos familiares e da fundamentalidade do direito à parentalidade.[7]

A possibilidade de utilização de materiais biológicos, com carga genética, incluindo embriões humanos, é fruto do desenvolvimento das técnicas de reprodução assistida inicialmente criada como um método de tratamento da infertilidade e/ou esterilidade, e hoje utilizadas também para atender aos mais diversos propósitos e projetos parentais, não

---

Disponível em: https://www.migalhas.com.br/coluna/migalhas-de-vulnerabilidade/348647/a-reproducao-humana-assistida-e-a-atuacao-do-cfm. Acesso em: 25 ago. 2021.

6 Essa previsão merece ser revista, haja vista o direito à autonomia da mulher em relação à disposição do seu próprio corpo, não podendo vincular a cessão de seu útero à aprovação de cônjuge ou companheiro. Essa temática já está sendo objeto de apreciação pelo Supremo Tribunal Federal na ADI nº 5.097/2014 e ADI nº 5.911/2018, que versam sobre matéria semelhante em que se arguiu a inconstitucionalidade do art. 10, §5º, da Lei nº 9.263/96, que regula o §7º do art. 226 da Constituição Federal, que trata do planejamento familiar, por estabelecer a necessidade de consentimento expresso de ambos os cônjuge para esterilização na vigência da sociedade conjugal, violando os princípios da dignidade da pessoa humana (art. 1º, III, da CF/1988) e da liberdade individual, bem como do direito à autonomia privada e ao livre planejamento familiar (arts. 5º, *caput*, e 226, §7º, da CF/1988).

7 Já se teve a oportunidade de registrar: "O silêncio legislativo, além de provocar insegurança jurídica em terreno sensível que envolve o direito ao planejamento familiar, a autonomia reprodutiva, o uso de material genético e a crioconservação de embrião humano, permitiu a hipertrofia do Conselho Federal de Medicina na regulamentação da temática. [...] A edição de mais uma resolução – a quinta em 11 anos – descortina a precariedade de somente normas deontológicas regularem tal assunto, bem como revela a necessidade de discutir, uma vez mais, os limites da atuação do Conselho Federal de Medicina (CFM) e a constitucionalidade das normas de natureza ética como indispensável imperativo dos direitos fundamentais em jogo. Se, por um lado, é louvável o esforço do Conselho profissional de constantemente atualizar suas prescrições sobre o tema, visando balizar as atuações dos médicos de forma segura e dentro de parâmetros eticamente aceitáveis, em outro giro, ressente-se de um debate amplo deliberativo sobre a disciplina da matéria em seus mais diferentes efeitos, o que afastaria o atual déficit democrático e resguardaria os múltiplos interesses existentes" (PEREIRA, Paula Moura Francesconi de Lemos; ALMEIDA, Vitor. A reprodução humana assistida e a atuação do Conselho Federal de Medicina: as repercussões da nova resolução 2.294/21. *Migalhas*. Disponível em: https://www.migalhas.com.br/coluna/migalhas-de-vulnerabilidade/348647/a-reproducao-humana-assistida-e-a-atuacao-do-cfm. Acesso em: 25 ago. 2021).

só por aqueles que não podem ter filhos por problemas atrelados à saúde, mas também aos que possuem interesse por uma produção independente (famílias monoparentais), ou os que encontram impedimentos naturais (famílias homoafetivas).[8]

As técnicas de reprodução humana assistida são utilizadas como métodos para auxiliar e facilitar o processo da prática reprodutiva por meio da manipulação de gametas, feminino e masculino, e embriões.[9] Em perspectiva jurídica, elas[10] se dividem em: (*i*) inseminação artificial,[11] que ocorre quando a fecundação se dá de forma intracorpórea, ou seja, dentro do corpo da mulher, podendo utilizar a amostra de sêmen do marido, de companheiro da paciente (inseminação artificial homóloga), ou de terceiro, "doador" (inseminação artificial heteróloga); e (*ii*) fertilização *in vitro*,[12] introduzida no ano de 1978, com o nascimento do primeiro bebê de proveta, Louise Brown, na Inglaterra, que acontece quando a fecundação intercorre de manipulação em laboratório, portanto, de forma extracorpórea,[13] podendo ser homóloga, quando o material genético empregado na fecundação for exclusivamente do casal que assumiu o projeto parental, ou heteróloga, quando parte ou todo o material genético for de terceiro, "doador" anônimo.

Na fertilização *in vitro* heteróloga, o embrião a ser transferido para o útero materno ou de terceira, no caso de gestação de substituição, poderá ser resultado da combinação: (i) óvulo de doadora anônima + sêmen do pai; (ii) óvulo da mãe + sêmen de doador anônimo; (iii) óvulo de doadora anônima + sêmen de doador anônimo.

Em quaisquer das modalidades de reprodução assistida é possível que o homem e a mulher possam concretizar seu projeto parental amparado no direito reprodutivo positivo, que, embora não previsto expressamente na Constituição Federal, encontra amparo no princípio da dignidade da pessoa humana (art. 1º, III, CF), nos direitos à

---

8 A respeito do tema: BARBOZA, Heloisa Helena. Direito dos transexuais à reprodução. *In*: DIAS, Maria Berenice (Org.). *Direito das famílias*. Contributo do IBDFAM em homenagem a Rodrigo da Cunha Pereira. São Paulo: Revista dos Tribunais, 2009. p. 264-279; BARBOZA, Heloisa Helena; ALMEIDA, Vitor. (Des)igualdade de gênero: a mulher como sujeito de Direito. *In*: TEPEDINO, Gustavo; TEIXEIRA, Ana Carolina Brochado; ALMEIDA, Vitor (Coord.). *O direito civil entre o sujeito e a pessoa*: estudos em homenagem ao professor Stefano Rodotà. Belo Horizonte: Fórum, 2016. p. 163-189; ALMEIDA, Vitor. O direito ao planejamento familiar e as novas formas de parentalidade na legalidade constitucional. *In*: HIRONAKA, Giselda Maria F. Novaes; SANTOS, Romualdo Baptista dos (Org.). *Direito civil*: estudos I Coletânea do XV Encontro dos Grupos de Pesquisa – IBDCIVIL. São Paulo: Blucher, 2018. p. 419-448.

9 "A Reprodução Humana Assistida (RHA) é, basicamente, a intervenção do homem no processo de procriação natural, com o objetivo de possibilitar que pessoas com problemas de infertilidade e esterilidades satisfaçam o desejo de alcançar a maternidade ou a paternidade" (FREITAS, Márcia de; SIQUEIRA, Arnaldo A. F.; SEGRE, Conceição A. M. Avanços em reprodução assistida. *Revista Brasileira de Crescimento Desenvolvimento Humano*, ano 18, n. 1, p. 93-97, 2008. p. 93).

10 Enunciado nº 105 da I Jornada de Direito Civil, do Conselho de Justiça Federal (CJF): "As expressões 'fecundação artificial', 'concepção artificial' e 'inseminação artificial' constantes, respectivamente, dos incs. III, IV e V do art. 1.597 deverão ser interpretadas como 'técnica de reprodução assistida'".

11 É o método por meio do qual um cateter atravessa o colo do útero e "injeta no interior do órgão uma quantidade de aproximadamente um mililitro de meio de cultura com espermatozoides tratados" (OLMOS, Paulo Eduardo. *Quando a cegonha não vem*: os recursos da medicina moderna para vencer a infertilidade. São Paulo: Carrenho Editorial, 2003. p. 187).

12 "[...] é um método que promove em laboratório o encontro entre os espermatozoides e um óvulo colhido após tratamento com indutores" (OLMOS, Paulo Eduardo. *Quando a cegonha não vem*: os recursos da medicina moderna para vencer a infertilidade. São Paulo: Carrenho Editorial, 2003. p. 189).

13 Cf. BARBOZA, Heloisa Helena. Reprodução assistida e o novo Código Civil. *In*: SÁ, Maria de Fátima Freire de; NAVES, Bruno Torquato de Oliveira (Coord.). *Bioética, biodireito e o Novo Código Civil de 2002*. Belo Horizonte: Del Rey, 2004. p. 226.

liberdade, à privacidade (art. 5º, *caput* e inc. X, da CF), à saúde (art. 6º) e ao planejamento familiar, disposto no art. 226, §7º, calcado na paternidade responsável.

Os limites atualmente impostos ao uso das técnicas de reprodução humana assistida pela Resolução nº 2.294/2021 do CFM não são poucos. A título de exemplo, constituem critérios limitadores a idade para se submeter ao procedimento (50 anos – item I, 3.1); a idade do doador que varia pelo sexo (37 anos mulher e 45 anos homem – item IV, 3); as restrições ao número de embriões gerados em laboratório (8 – item V, 2) e ao número de embriões que podem ser implantados (ex., até 2 embriões na mulher de 37 anos – item I, 7); as restrições para quebra do anonimato – saúde e doação de gametas entre parentes até 4º grau (item IV, 2); limites à gestação por substituição no que tange à pessoa que cede o útero (item VII); o descarte de embriões, que só pode ocorrer após três ou mais anos de criopreservação e mediante autorização judicial.

Para além desses limites, que devem ser analisados casuisticamente para fins de salvaguardar direitos, também é preciso estabelecer quais instrumentos jurídicos gozam de validade para esse tipo de manifestação de vontade, o que vai desde a disposição de gametas, óvulos, sêmen, até do próprio embrião, que é composto de material genético de duas pessoas.

Nesse cenário, indispensável refletir sobre a forma como deve ser disciplinada e tratada a disposição para depois da morte de gametas, femininos e masculinos, do embrião, já que compõem parte do corpo humano sem enquadramento jurídico próprio e que podem ser criopreservados por vários anos, como foi o caso dos embriões congelados por 24 e 27 anos, respectivamente, que deram origem às crianças Emma Gibson, nascida em 25.11.2017, e Molly Gibson, nascida em outubro de 2020, decorrentes de fertilização *in vitro* (FIV).[14]

Logo, há uma gama de possibilidades de uso do material genético para depois da morte com reflexos no campo existencial e patrimonial. Em um primeiro momento, a reflexão passa pelo uso de embrião ou de gametas para fins de procriação, no entanto, é plenamente possível cogitar sobre a utilização de materiais de cunho biológico com finalidades distintas. A título de exemplo de formas de uso de material biológico, cabe relembrar o caso noticiado em 2016 em que a estudante de moda Tina Gorjanc criou com DNA biológico do *designer* Alexander McQueen couros artificiais de uma linha de roupas e acessórios batizada de Pure Human, o que evidencia a ausência de legislação quanto aos limites do "uso comercial de material genético humano". Outra utilidade já noticiada é criar diamantes a partir das cinzas de pessoas que foram cremadas, o que decorreu de tecnologia desenvolvida em um laboratório na Suíça,[15] e permite obter pedras com características únicas de coloração, que variam de acordo com os elementos químicos encontrados nos restos cremados. Há, ainda, a possibilidade de fazer tatuagens

---

[14] Disponível em: https://super.abril.com.br/ciencia/nasce-bebe-que-passou-24-anos-como-embriao-congelado/; https://www.terra.com.br/noticias/ciencia/embriao-congelado-por-27-anos-como-casal-escolheu-o-bebe-que-quebrou-recorde,649e4c33acdb1583362d0b7a517f0f413j4m0enm.html. Acesso em: 26 ago. 2021.

[15] Disponível em: http://g1.globo.com/rs/rio-grande-do-sul/meu-negocio-meu-emprego/noticia/2013/11/diamante-feito-partir-de-cinzas-de-mortos-pode-custar-ate-r-121-mil.html. Acesso em: 23 ago. 2021.

que utilizam tinta produzida com os "restos mortais" de parentes falecidos, bem como discos de vinil à base do pó que resulta da cremação do corpo.[16]

O material genético também pode ser utilizado para fins de pesquisa, como exemplo, auxiliar a cura de determinadas doenças. Neste caso, seria possível obter vantagens patrimoniais a partir da patente de medicamentos ou tratamentos a partir de material genético de pessoas já falecidas, como no famoso caso das células HeLa.

E os questionamentos persistem: qual a natureza jurídica do material genético? É possível livremente dispor de partes de corpo *post mortem*? O material genético seria um bem jurídico inventariável? Qual é o instrumento jurídico cabível para dispor do corpo após a morte? Existe uma forma predeterminada em lei para disposição do material genético? Questões tormentosas e ainda sem definição legal que serão enfrentadas no tópico a seguir.

2 Disposição de material genético para depois da morte: o chamado testamento genético

O testamento, negócio jurídico unilateral que "regula a sucessão de uma pessoa para o momento posterior à sua morte",[17] é um dos instrumentos jurídicos possíveis para versar sobre o destino de material biológico/genético, em que se incluem gametas e embriões para fins de reprodução póstuma, até porque o Código Civil é expresso quanto à possibilidade de disposições testamentárias de caráter não patrimonial (art. 1.857, §3º). Nesses casos, a doutrina tem utilizado a expressão "testamento genético". Na visão de Jones Figueirêdo Alves, o material genético constitui um bem de inventário destinado à procriação do falecido e explica que ocorre

> quando os futuros pai ou mãe, doadores de sêmens ou óvulos, deixam instruções inscritas no sentido de o material genético congelado ser utilizado para a concepção e nascimento de seus filhos, após suas mortes, com escolha pessoal de quem os utilize. Escolha feita pelo próprio testador ou pessoa por ele indicada.[18]

Em se tratando de destinação específica do material genético para fins reprodutivos após a morte, a questão vai enfrentar não só os obstáculos decorrentes da ausência de previsão legal sobre a espécie de negócio jurídico viável para concretizar a expressão autêntica da vontade, bem como os problemas no campo sucessório em razão do longo tempo que pode permanecer congelado o material, o que pode afetar a divisão patrimonial de bens eventualmente deixados pelo falecido e a que faria jus o filho fruto da reprodução assistida *post mortem*.[19]

---

[16] Disponível em: https://www.revistaencontro.com.br/canal/atualidades/2017/02/que-tal-morrer-e-virar-um-disco-de-vinil.html. Acesso em: 23 ago. 2021.

[17] TEPEDINO, Gustavo; NEVARES, Ana Luiza Maia; MEIRELES, Rose Melo Vencelau. *Fundamentos do direito civil*: direito das sucessões. Rio de Janeiro: Forense, 2020. v. 7. p. 123.

[18] ALVES, Jones Figueirêdo. *Testamento genético*. Disponível em: Divida#:~:text=%C3%89%20o%20denominado%20%E2%80%9Ctestamento%20gen%C3%A9tico,pessoal%20de%20quem%20os%20utilize. Acesso em: 23 ago. 2021.

[19] Sobre o tema da reprodução assistida *post mortem* e seus dilemas no campo do direito das sucessões, seja consentido remeter a BARBOZA, Heloisa Helena; ALMEIDA, Vitor. *Os desafios da reprodução assistida post mortem e seus efeitos sucessórios*. No prelo. Na oportunidade, sublinhou-se que: "O substancial aumento na importação de material genético e as demandas judiciais que envolvem pedidos de autorização para utilização de material genético

Abalizada doutrina defende ainda que o testamento, diante da necessidade de autorização prévia específica da pessoa falecida para utilização de seu material genético crioconservado, conforme admitida pelo CFM, pode

> ser o veículo para a expressão de tal autorização, diante de sua eficácia múltipla. Apesar de não ser o testamento o instrumento exclusivo para tanto, é inegável a sua vantagem, pois o ato de última vontade conta com a formalidade e publicidade, a partir de seu processo de abertura, registro e cumprimento.[20]

Nada impede, ainda, que o testador estabeleça no ato de última vontade as condições em que ele deseja que seu material genético seja utilizado após a sua morte, como exemplo, estipular um prazo para que o material congelado seja utilizado, bem como vedar a reprodução assistida *post mortem* caso ele já tenha tido um filho ou mais em vida. Tais condições não podem contrariar as normas deontológicas editadas pelo CFM, como aquelas que impedem a seleção de sexo ou outra característica biológica do filho, salvo quando se tratar de casos em que se evitem doenças no possível descendente. Nesse sentido, já se alertou que tais "condições, uma vez em consonância com os valores constitucionais, deverão ser respeitadas, por dizerem respeito a aspecto inerente à dignidade do testador, em relação ao qual deve prevalecer sua liberdade".[21]

Apesar de tais possíveis diretrizes, ainda são muitas as indagações que a reprodução assistida *post mortem* levanta e as formas idôneas de expressão da vontade para tais fins. A resposta a essas indagações resultará de uma interpretação sistemática que parte de uma leitura pela lente dos princípios constitucionais e das demais fontes normativas vigentes, como o Código Civil, a Lei de Biossegurança, entre outras. O importante é diante de uma infinidade de possibilidades de manifestação de vontade estabelecer critérios que confiram maior segurança jurídica sem violar direitos, garantindo a eficácia jurídica dos atos de disposição de vontade *post mortem*.

2.1 Os limites à implantação de embriões *post mortem*: o julgamento do REsp nº 1.918.421-SP

O julgamento do REsp nº 1.918.421-SP no âmbito do STJ decorreu de ação proposta pelos filhos do falecido em face de uma instituição hospitalar e da esposa, objetivando o reconhecimento e declaração de inexistência do direito de utilização *post mortem* de embriões deixados pelo genitor dos autores e que se encontravam sob custódia do hospital, proibindo a implantação.

---

de pessoas falecidas revelam novos desafios, especialmente em razão da inexistência de lei específica sobre o assunto. Diante desse cenário, dilemas sobre o direito ao conhecimento da ascendência genética transnacional e os direitos sucessórios dos embriões crioconservados se colocam como novas fronteiras rompidas pelas técnicas de reprodução assistida. A legitimidade sucessória dos embriões congelados, o direito ao material genético deixado pelo autor da herança, assim como as controvérsias a respeito do prazo prescricional, examinados acima, são problemas que integram o rol de situações que reclamam solução urgente do legislador".

[20] TEPEDINO, Gustavo; NEVARES, Ana Luiza Maia; MEIRELES, Rose Melo Vencelau. *Fundamentos do direito civil*: direito das sucessões. Rio de Janeiro: Forense, 2020. v. 7. p. 174.

[21] TEPEDINO, Gustavo; NEVARES, Ana Luiza Maia; MEIRELES, Rose Melo Vencelau. *Fundamentos do direito civil*: direito das sucessões. Rio de Janeiro: Forense, 2020. v. 7. p. 174.

A decisão de primeiro grau proferida pelo juízo da 42ª Vara Cível do Foro Central de São Paulo confirmou a tutela de urgência antecedente deferida e proibiu que os demandados realizassem a implantação do material biológico do falecido, notadamente, os dois embriões que se encontram sob custódia do hospital. Inconformados com a sentença, foi interposto recurso de apelação pelos réus com fundamentos diversos. Em relação ao hospital, este sustentou, entre outros fundamentos, sua ilegitimidade passiva, eis que apenas atua como depositário, cabendo-lhe a guarda e conservação do material biológico, não tendo interesse na lide, já que a questão não envolve discussão das cláusulas do contrato celebrado com o *de cujos* e sua esposa. A viúva, por sua vez, em sua tese recursal defende, entre outros pontos, a ilegitimidade ativa dos filhos, em razão de não lhes competir intervir no planejamento familiar do casal, e que a matéria deveria ser julgada em vara de família por envolver direito de nascituro, e, no mérito, que a decisão recorrida violou a dignidade humana, a vontade dos genitores e o direito ao planejamento familiar, tendo o falecido deixado expressa sua vontade no contrato celebrado com o hospital ao conceder a seu favor a custódia dos embriões, acrescido ao fato de ter se submetido às técnicas cirúrgicas para a obtenção de espermatozoides, o que evidencia sua vontade.

O recurso foi julgado pela 9ª Câmara de Direito Privado do Tribunal de Justiça de São Paulo, que rejeitou as preliminares suscitadas considerando as partes legítimas já que todas serão afetadas pelo *decisum*, e que é competente a vara cível em razão da diferença entre embrião e recém-nascido como estabelecido na ADI nº 3.510, que versou sobre a constitucionalidade da pesquisa com células tronco-embrionárias. No mérito, foi dado provimento aos recursos. No que tange ao recurso da esposa, este foi provido para declarar a validade da vontade do falecido de procriação após a morte sob o fundamento de ter ocorrido a manifestação em vida ao se submeter ao procedimento de fertilização *in vitro*, ocasião em que deixou expressa em formulário preenchido do hospital a custódia dos embriões à mulher em caso de morte. Um dos fundamentos do acórdão foi que, não havendo lei que determinasse que a autorização fosse feita por instrumento público, é válida a forma utilizada, ressalvando que não prevalece o previsto no Provimento nº 63/2017 do CNJ por não constituir lei, não sendo necessário firma reconhecida, já que não houve dúvida quanto à autenticidade da assinatura, acrescido ao fato de o art. 107 do Código Civil só exigir forma específica quando previsto em lei. Logo, reconheceu o direito de a viúva dispor dos embriões a ela confiados, implantando-os em seu ventre.

No entanto, a decisão acima referida da 9ª Câmara de Direito Privado do Tribunal de Justiça de São Paulo foi reformada pela Quarta Turma do STJ, que restabeleceu a sentença e afastou a possibilidade de implantação de embriões após morte do falecido sob principal fundamento da ausência de manifestação inequívoca, expressa e formal. A decisão não foi unânime, tendo o ministro relator, Marco Buzzi, votado no "sentido de permitir a implantação, destacando ser incontroverso que o falecido nutria o desejo, em vida, em ter filhos com sua esposa, pois a realização da inseminação artificial não serviria a outro fim", da mesma forma a Ministra Maria Isabel Gallotti, que interpretou o termo "custódia" como "única e exclusiva finalidade de deixar a mão do cônjuge sobrevivente decidir se pretende implantá-los e quando fazê-lo". Mas prevaleceu o voto do Ministro Luis Felipe Salomão, que em sua fundamentação "destacou que o ordenamento jurídico brasileiro possui regulamentação insuficiente para a resolução de conflitos sobre reprodução assistida", sendo o Código Civil de 2002 omisso quanto à possibilidade de utilização do material genético de pessoa falecida, aplicando a Resolução nº 2.168/2017 do CFM, que prevê a reprodução assistida póstuma, desde que haja autorização prévia específica do falecido para o uso do material biológico criopreservado, e o Provimento nº 63/2017 do CNJ, segundo

> o qual, na reprodução assistida após a morte, deverá ser apresentado termo de autorização prévia específica da pessoa falecida para o uso de seu material genético, lavrado por instrumento público ou particular com firma reconhecida – mesma linha adotada pelo Enunciado 633 do Conselho da Justiça Federal (CJF).[22]

A decisão do STJ descortina a grande discussão na seara dos negócios jurídicos quanto à validade das manifestações de vontade no âmbito existencial com efeito *post mortem* e que afeta diretamente o exercício da autonomia reprodutiva prospectiva e do planejamento familiar com reflexos diretos nas relações familiares e repercussões no âmbito sucessório que clamam por uma regulamentação jurídica específica para além dos aspectos éticos voltados à atuação do médicos, clínicas e hospitais. A questão é de grande relevo social e deve ser interpretada de modo a promover os valores constitucionais. Afinal, quais seriam os meios viabilizados pelo ordenamento jurídico para concretizar a vontade da pessoa quanto à disposição de partes do seu corpo, do seu material genético e que pode interferir no planejamento familiar póstumo? Como a vontade de cunho predominantemente existencial, que envolve o destino do material genético, pode ser manifestada de forma segura?

2.2 A autonomia reprodutiva e o alcance dos testamentos genéticos para fins de reprodução assistida *post mortem*

O material genético é proveniente do corpo humano, que goza de valor jurídico e constitui parte de uma de suas múltiplas facetas, podendo ser enquadrado como um bem jurídico existencial. Consoante já advertiu Stefano Rodotà,[23] contemporaneamente, o corpo humano assume nova feição, sobretudo em razão da perda de sua unidade. Tornou-se possível, a partir dos recentes avanços tecnológicos, sua decomposição em partes cada vez menores (órgãos, tecidos, sangue, gametas, células), a permitir sua circulação e utilização em corpos diversos dos que lhes deram origem, além da dimensão virtual e eletrônica e dados genéticos e biométricos.

No entanto, a estrutura contratual não comporta a disposição de partes do corpo, já que não são objeto de circulação de riquezas, muito menos gozam de patrimonialidade, a despeito de seu enquadramento em alguns ordenamentos como coisas reguláveis pelo direito de propriedade e livremente comercializado.

---

[22] Disponível em: https://www.stj.jus.br/sites/portalp/Paginas/Comunicacao/Noticias/15062021-Implantacao-de-embrioes-congelados-em-viuva-exige-autorizacao-expressa-do-falecido--decide-Quarta-Turma.aspx. Acesso em: 27 ago. 2021.

[23] Cf. RODOTÀ, Stefano. Transformações do corpo. *Revista Trimestral de Direito Civil*, v. 5, n. 19, p. 65-107, jul./set. 2004.

A Constituição Federal, ao mesmo tempo que assegura a autonomia, limita a disposição corporal e estabelece a gratuidade como princípio no art. 199, §4º, devendo o ato ser pautado na solidariedade[24] (art. 3º, I). Por sua vez, a lei civil prevê no art. 14 a disposição gratuita do próprio corpo para depois da morte. As técnicas de reprodução humana assistida permitem a separação laboratorial do corpo por meio de extração do material genético (óvulo e sêmen), que é criopreservado para uso em qualquer momento, inclusive, após morte da pessoa (inseminação ou fertilização *post mortem*),[25] e armazenado pelas clínicas e bancos de óvulos, sêmens e embriões. Esses materiais por serem classificados como bens jurídicos existenciais demandam um tratamento jurídico especial, em razão de conterem potencial de vida e por fazerem parte da autonomia existencial do próprio corpo.

Thamis Dalsenter aborda a autonomia corporal como "uma das vertentes da autonomia existencial que se refere, precisamente, à capacidade de autodeterminação da pessoa em relação ao seu próprio corpo ou a partes dele".[26] Ana Carolina Brochado Teixeira defende que a autonomia se perfaz na manifestação da subjetividade, no autogoverno e na elaboração de normas particulares definidas pela própria pessoa, em conjunto com as leis ditadas pelo Estado. É o reconhecimento da possibilidade de o indivíduo decidir livre e racionalmente sobre temas de seu próprio interesse, com a ressalva de que não prejudique interesses de terceiros.[27]

Nesse contexto, Luiz Edson Fachin sustenta que "o sujeito moderno é concebido enquanto ser que se autodetermina, que decide livremente sobre a sua vida, com vistas ao autodesenvolvimento da personalidade, já que este possui capacidade de dominar a si e à natureza através da razão".[28]

A disposição de gametas e de embriões pode se dar em vida ou para após a morte. E ocorre em razão de diversos propósitos, como exemplo, para pesquisa científica, em benefício da coletividade, ou em proveito de outrem, que se dá por meio de "doação", ou para uso próprio e para fins reprodutivos. No caso de destinação do material genético para após a morte, duas possibilidades se apresentam: (*i*) deixar o gameta feminino ou masculino para ser utilizado por outrem após a morte ou (*ii*) o embrião composto por material genético do falecido para futura implantação, o que encontra amparo na autonomia existencial reprodutiva e no direito ao planejamento familiar póstumo.[29]

---

24 V., por todos, MORAES, Maria Celina Bodin de. O princípio da solidariedade. *In*: PEIXINHO, Manoel Messias; GUERRA, Isabela Franco; NASCIMENTO FILHO, Firly (Org.). *Os princípios da Constituição de 1988*. Rio de Janeiro: Lumen Juris, 2001. p. 167-190.

25 Sobre o tema, consultar: BERALDO, Anna de Moraes Salles. *Reprodução humana assistida e sua aplicação post mortem*. Rio de Janeiro: Lumen Juris, 2012, *passim*.

26 CASTRO, Thamis Dalsenter Viveiros de. *Bons costumes no direito civil brasileiro*. São Paulo: Almedina, 2017. p. 211.

27 TEIXEIRA, Ana Carolina Brochado. Corpo, liberdade e construção da vida privada. *In*: TEIXEIRA, Ana Carolina Brochado; DADALTO, Luciana (Coord.). *Dos hospitais aos tribunais*. Belo Horizonte: Del Rey, 2013. p. 521.

28 FACHIN, Luiz Edson. Fundamentos, limites e transmissibilidade. Anotações para uma leitura crítica, construtiva e de índole constitucional na disciplina dos direitos da personalidade no Código Civil brasileiro. *Revista da EMERJ*, v. 8, n. 31, 2005. p. 62.

29 Cabe ressaltar que em Portugal existe uma restrição para uso do material *post mortem*, conforme dispõe o art. 22 da Lei nº 32/2006: "Artigo 22.º - Inseminação post mortem - 1 - Após a morte do marido ou do homem com quem vivia em união de facto, não é lícito à mulher ser inseminada com sémen do falecido, ainda que este haja consentido no ato de inseminação. 2 - O sémen que, com fundado receio de futura esterilidade, seja recolhido para fins de inseminação do cônjuge ou da mulher com quem o homem viva em união de facto é destruído se aquele vier a falecer durante o período estabelecido para a conservação do sémen. 3 - É, porém, lícita a transferência *post*

Mas qual a forma necessária para que o ato de disposição tenha validade? O Código Civil não é expresso no art. 1.597, que versa sobre a presunção de paternidade nos casos de filiação decorrente do uso das técnicas de reprodução assistida,[30] o que abre ao intérprete a análise do instrumento cabível. Em virtude do previsto na Resolução nº 2.294/2021, o principal instrumento utilizado, além de contratos de prestação de serviços médicos especializados em reprodução, é o termo de consentimento livre e esclarecido elaborado por meio de formulário escrito como instrumento obrigatório a ser firmado pelos pacientes para legitimar os procedimentos médicos realizados. No termo constam informações sobre o ato médico, as etapas envolvidas, os riscos e benefícios, entre outros dados (item I.4). Em caso de criopreservação de gametas e embriões, a referida norma estabelece que deve haver manifestação de vontade por escrito quanto ao destino dos embriões em caso de divórcio, dissolução de união estável e o falecimento de um dos pacientes (item V.3). Por essa razão, geralmente nos termos assinados pelos pacientes constam opções objetivas quanto ao destino do material genético, se será descartado, o que poderia ser feito após três ou mais anos de congelamento se for a vontade expressa dos pacientes e mediante autorização judicial (item V.4); doado para uso de terceiros ou para fins de pesquisa; bem como deixado aos cuidados de outrem para definir seu destino.

A natureza do termo de consentimento livre e esclarecido é alvo de controvérsia na doutrina, havendo quem defenda ser um contrato, muito embora o melhor enquadramento é que se trata de uma autorização, um negócio jurídico unilateral, o qual autoriza a prática do procedimento médico a que se submete o paciente. O instituto da autorização goza de uma autonomização no ordenamento jurídico, a despeito de pouco explorada. A autorização prescinde do assentimento ou aceitação do autorizado,[31] é um fato jurídico humano, mais especificamente, um negócio jurídico unilateral,[32] fruto de uma declaração de vontade que dispensa outra manifestação. A vontade do autorizado é irrelevante para a perfeição da autorização, embora assuma uma posição ativa, mas tão somente, para ingressar na esfera do autorizante, sua concordância em agir não descaracteriza a unilateralidade.

A autorização ganha contornos próprios quando envolve a esfera da autonomia negocial existencial.[33] É por meio da autorização que se levanta a barreira protetora que resulta da autonomia privada e que impede a atuação de terceiro na esfera jurídica do

---

mortem de embrião para permitir a realização de um projeto parental claramente estabelecido por escrito antes do falecimento do pai, decorrido que seja o prazo considerado ajustado à adequada ponderação da decisão".

30 "Art. 1.597. Presumem-se concebidos na constância do casamento os filhos: III - havidos por fecundação artificial homóloga, mesmo que falecido o marido; IV - havidos, a qualquer tempo, quando se tratar de embriões excedentários, decorrentes de concepção artificial homóloga; V - havidos por inseminação artificial heteróloga, desde que tenha prévia autorização do marido".

31 MIRANDA, Francisco Cavalcanti Pontes de. *Tratado de direito privado*: parte geral –Negócios jurídicos, representação, conteúdo, forma e prova. 3. ed. Rio de Janeiro: Borsoi, 1970. t. III. p. 142.

32 "Diz-se unilateral o negócio jurídico quando a manifestação de vontade de alguém entra no mundo jurídico e se faz negócio jurídico sem que precise ou venha a precisar de qualquer manifestação de vontade de outrem para o completar" (MIRANDA, Francisco Cavalcanti Pontes de. *Tratado de direito privado*: parte especial – Direito das obrigações: negócios jurídicos unilaterais, denúncia, revogação, reconhecimento, promessas unilaterais, traspasso bancário, promessa de recompensa, concurso. 3. ed. Rio de Janeiro: Borsoi, 1970. t. XXXI. p. 5).

33 Pietro Perlingieri afirma que só a autonomia negocial é capaz de descrever o fenômeno da regulamentação dos interesses na sua dimensão integral, à medida que aproveita uma vasta gama de exteriorizações da autonomia, referentes tanto aos negócios bi ou plurilaterais de conteúdo patrimonial, quanto aos negócios unilaterais de

titular autorizante. A autorização não atribui poderes ao autorizado, mas apenas lhe confere a possibilidade de atuação, legitimando a intervenção. Nada impede que, além da autorização, seja necessária a celebração de um contrato, de um negócio jurídico bilateral, ampliando o poder criativo das partes, das clínicas de reprodução, inclusive, constituindo posições jurídicas na esfera tanto dos doadores quanto dos receptores; a título de exemplo, os contratos de prestação de serviço especializado de reprodução, de criopreservação, de exames, de anestesia, entre outros.

No entanto, esses termos de consentimento utilizados como formulários-padrão não esclarecem questões de repercussões jurídicas relevantes, o que sequer compete às clínicas de reprodução fazer, e muitas vezes utilizam alternativas para manifestação de vontade com utilização de expressões que nem sempre contemplam seu real significado.[34]

Desse modo, a disposição do material genético deve se dar em instrumento próprio, por meio de um negócio jurídico unilateral, mas de cunho específico para o caso de reprodução póstuma, pois a despeito da liberdade de forma para os casos não previstos em lei (art. 107 do Código Civil), recomenda-se que a vontade seja manifesta de forma expressa, por escrito, em razão do bem jurídico envolvido, do potencial de vida do material genético. É o que ocorre no caso da doação de órgão por expressa disposição legal (Lei nº 9.434/1997), acrescido da presença de duas testemunhas, e apesar de não se aplicar para esperma e óvulo (art. 1º, parágrafo único), é uma referência de que a lei confere formalidade para o ato a fim de afastar dúvidas acerca da real intenção da pessoa.

O negócio jurídico unilateral para disposição do corpo ou de suas partes, de índole existencial, pode apresentar várias espécies, entre elas o testamento, que pode conter disposições testamentárias acerca do destino dos gametas e do embrião, em função de sua múltipla eficácia. No caso do uso do material genético (gametas e embriões) para fins reprodutivos para após a morte, deve-se verificar que forma a pessoa deve utilizar para manifestar sua vontade, eis que, embora silente a lei sobre tal formalidade, suas repercussões no campo da família e das sucessões são complexas e repercutem em diversos centros de interesse merecedores de tutela, o que reforça a necessidade de segurança jurídica em tais situações.

O direito ao planejamento familiar está diretamente atrelado ao direito reprodutivo e ao livre exercício da parentalidade, incluindo a possibilidade do projeto parental póstumo. Esses direitos estão alicerçados no princípio da dignidade da pessoa humana e na autonomia reprodutiva, que constitui um direito humano fundamental,[35] consagrado

---

conteúdo não patrimonial (PERLINGIERI, Pietro. *Perfis do direito civil*: introdução ao direito civil constitucional. Tradução de Maria Cristina De Cicco. 2. ed. Rio de Janeiro: Renovar, 2002. p. 96).

34 Essa foi a interpretação do Ministro Luis Felipe Salomão em seu voto condutor do REsp nº 1.918.421-SP ao concluir: "Nessa ordem de ideias, a meu ver, os contratos de prestação de serviço de reprodução assistida firmados por J. L. Z e T. DA C. R. Z. são instrumentos absolutamente inadequados para legitimar a implantação post mortem de embriões excedentários, cuja autorização, expressa e específica, deveria ter sido efetivada por testamento, ou por documento análogo, por tratar de disposição de cunho existencial, sendo um de seus efeitos a geração de vida humana" (Disponível em: https://scon.stj.jus.br/SCON/pesquisar.jsp. Acesso em: 30 ago. 2021).

35 "O direito à reprodução sexual integra tanto o rol dos chamados direitos humanos, analisando-o sob a perspectiva de um 'direito das gentes', quanto dos direitos fundamentais, se examinado sob a ótica do exercício desse direito no âmbito de cada Estado, e, por fim, dos direitos de personalidade, no sentido de cada pessoa poder reproduzir-se livremente. Neste sentido, então, o exercício de sua autonomia é exercido em todos os níveis: internacional (direitos humanos), nacional (direitos fundamentais), e pessoal (direitos de personalidade)" (GOZZO, Débora. Bioética, direitos fundamentais e a reprodução humana. *Revista do Instituto dos Advogados de São Paulo*, v. 30, p. 469-496, jul./dez. 2012. p. 471-472).

não só na Constituição Federal como em normas e instrumentos internacionais.[36] Ao lado do reconhecimento do direito ao planejamento familiar, também não se pode deixar de ressaltar os princípios do melhor interesse da criança e da paternidade/maternidade responsável (art. 227, *caput*, da Constituição Federal), que devem ser observados em conjunto com o direito reprodutivo.

Sob tais lentes, a manifestação de vontade sobre a destinação de gametas e embriões após a morte deve submeter-se a rigoroso processo de ponderação, eis que, se de um lado, a autorização do declarante é fundamental para sua utilização póstuma, por outro, os efeitos em relação à futura filiação e os direitos sucessórios, que escapam aos estreitos limites do presente trabalho, impõem restrições à plena expressão volitiva como único fator determinante para a futura concepção de uma pessoa.

Considerações finais

A partir de tais considerações, impõe-se que as disposições testamentárias a respeito do destino do material genético após a morte submetem-se a rigoroso processo de merecimento de tutela a partir dos valores eleitos pela Constituição. A vontade do testador não é de todo soberana, eis que se trata de um bem de natureza existencial e fora do comércio jurídico, logo sujeito às particularidades do estatuto jurídico extrapatrimonial. Em especial, a autorização do uso de material genético após a morte para fins de reprodução assistida exige forte trabalho de ponderação em respeito aos valores constitucionais. Desse modo, com base na autonomia reprodutiva prospectiva, ancorada na liberdade existencial, é válido o projeto parental póstumo, desde que previamente autorizado por meio de instrumento legítimo e idôneo de manifestação de vontade.

A rigor, "testamento genético" não se trata de nova espécie testamentária, muito menos de instrumento exclusivo de autorização para uso de material genético após a morte. Com base no art. 1.857, §2º, do Código Civil, são válidas disposições testamentárias de caráter não patrimonial, em razão da múltipla eficácia do testamento, ainda que o testador somente a elas se tenha limitado. O recurso à expressão "testamento genético" não constitui nova categoria jurídica, mas a importância de se construirem instrumentos válidos de disposição de partes do corpo humano com material genético para depois da morte, notadamente nas hipóteses de finalidade procriativa póstuma.

Nessa linha, a vontade do testador pode definir o tempo em que autoriza a utilização do seu material genético após a morte e quem poderá levar a cabo tal projeto parental, se o cônjuge supérstite ou outros parentes, como os avós, por exemplo. Tais disposições testamentárias condicionam-se, ainda, às prescrições deontológicas e eventualmente às futuras normas que restrinjam o uso das técnicas de reprodução assistida, eis que são questões que transcendem o espaço de vontade do testador e alcançam interesses de terceiros e de toda a coletividade.

[36] Convenção Americana dos Direitos Humanos (Pacto de São José de Costa Rica); Convenção sobre a Eliminação de todas as formas de Discriminação contra a Mulher de 1979, ratificada pelo Brasil em 1º.2.1984; Declaração e o Programa de Ação de Viena, resultantes da II Conferência Mundial sobre Direitos Humanos, realizada no ano de 1993 (art. 18); Relatório final da Conferência Internacional sobre População e Desenvolvimento – Plano de Ação do Cairo, 1994 (princípio 8); Conferência Mundial de Beijing (art. 17.2).

Muito embora o testamento genético revele-se como interessante alternativa, uma vez que atende à formalidade e à publicidade necessárias à segurança tão almejada nesses casos, por outro lado, a autorização para fins de utilização de material genético após o falecimento não se confina à via testamentária. Com efeito, o excesso de solenidade ainda é um obstáculo à utilidade do testamento como instrumento exclusivo, bem como a inexigibilidade por lei não pode obrigar as pessoas a utilizarem tal via como expressão de sua última vontade.

A decisão recente da Quarta Turma do Superior Tribunal de Justiça que, por maioria, decidiu, em sede de Recurso Especial nº 191.842-SP, pela impossibilidade de implantação de embriões de um casal após a morte de um dos cônjuges sem manifestação inequívoca, expressa e formal, tende, inclusive, a fortalecer o testamento genético, uma vez que propicia a segurança jurídica esperada. Por outro lado, a sisudez do entendimento do STJ contraria a própria dinâmica do projeto parental, que não se estabelece por meio de um ato jurídico, mas por força de uma decisão construída de forma compartilhada ou não, expressa por meio de comportamentos contínuos, como o recurso às técnicas de reprodução assistida. A possibilidade de reconstrução da vontade em vida da pessoa, embora dificílima em sede probatória, atende melhor aos desígnios constitucionais de livre planejamento familiar, sem violar, *a priori*, a dignidade da pessoa humana e a parentalidade responsável.

Cabe, por fim, sublinhar que o "testamento genético" não se resume à possibilidade de autorização do uso de gametas e embriões após a morte para a concretização do projeto parental, mas permite também a destinação para fins de pesquisa, doação ou mesmo descarte. Ademais, nada impede que outros usos do corpo ou partes dele, com carga genética, possam ser realizados, desde que altruísticos, como para fins artísticos e culturais.

Referências

ALMEIDA, Vitor. O direito ao planejamento familiar e as novas formas de parentalidade na legalidade constitucional. *In*: HIRONAKA, Giselda Maria F. Novaes; SANTOS, Romualdo Baptista dos (Org.). *Direito civil*: estudos I Coletânea do XV Encontro dos Grupos de Pesquisa – IBDCIVIL. São Paulo: Blucher, 2018.

ALVES, Jones Figueirêdo. *Testamento genético*. Disponível em: Divida#:~:text=%C3%89%20o%20denominado%20%E2%80%9Ctestamento%20gen%C3%A9tico,pessoal%20de%20quem%20os%20utilize. Acesso em: 23 ago. 2021.

BARBOZA, Heloisa Helena. Direito à procriação e às técnicas de reprodução assistida. *In*: LEITE, Eduardo de Oliveira (Coord.). *Grandes temas da atualidade*: bioética e biodireito. Rio de Janeiro: Forense, 2004.

BARBOZA, Heloisa Helena. Direito dos transexuais à reprodução. *In*: DIAS, Maria Berenice (Org.). *Direito das famílias*. Contributo do IBDFAM em homenagem a Rodrigo da Cunha Pereira. São Paulo: Revista dos Tribunais, 2009.

BARBOZA, Heloisa Helena. Reprodução assistida e o novo Código Civil. *In*: SÁ, Maria de Fátima Freire de; NAVES, Bruno Torquato de Oliveira (Coord.). *Bioética, biodireito e o Novo Código Civil de 2002*. Belo Horizonte: Del Rey, 2004.

BARBOZA, Heloisa Helena; ALMEIDA, Vitor. (Des)igualdade de gênero: a mulher como sujeito de Direito. *In*: TEPEDINO, Gustavo; TEIXEIRA, Ana Carolina Brochado; ALMEIDA, Vitor (Coord.). *O direito civil entre o sujeito e a pessoa*: estudos em homenagem ao professor Stefano Rodotà. Belo Horizonte: Fórum, 2016.

BARBOZA, Heloisa Helena; ALMEIDA, Vitor. *Os desafios da reprodução assistida post mortem e seus efeitos sucessórios*. No prelo.

BARBOZA, Heloisa Helena; ALMEIDA, Vitor. Pessoas com (d)eficiência e inteligência artificial: primeiras reflexões. *In*: TEPEDINO, Gustavo; SILVA, Rodrigo da Guia (Org.). *O direito civil na era da inteligência artificial*. São Paulo: Thomson Reuters Brasil, 2020.

BERALDO, Anna de Moraes Salles. *Reprodução humana assistida e sua aplicação post mortem*. Rio de Janeiro: Lumen Juris, 2012.

CASTRO, Thamis Dalsenter Viveiros de. *Bons costumes no direito civil brasileiro*. São Paulo: Almedina, 2017.

FACHIN, Luiz Edson. Fundamentos, limites e transmissibilidade. Anotações para uma leitura crítica, construtiva e de índole constitucional na disciplina dos direitos da personalidade no Código Civil brasileiro. *Revista da EMERJ*, v. 8, n. 31, 2005.

FREITAS, Márcia de; SIQUEIRA, Arnaldo A. F.; SEGRE, Conceição A. M. Avanços em reprodução assistida. *Revista Brasileira de Crescimento Desenvolvimento Humano*, ano 18, n. 1, p. 93-97, 2008.

GOZZO, Débora. Bioética, direitos fundamentais e a reprodução humana. *Revista do Instituto dos Advogados de São Paulo*, v. 30, p. 469-496, jul./dez. 2012.

HARBERMAS, Jürgen. *O futuro da natureza humana*: a caminho de uma eugenia liberal? Tradução de Karina Jannini. 2. ed. São Paulo: WMF Martins Fontes, 2010.

MIRANDA, Francisco Cavalcanti Pontes de. *Tratado de direito privado*: parte geral –Negócios jurídicos, representação, conteúdo, forma e prova. 3. ed. Rio de Janeiro: Borsoi, 1970. t. III.

MIRANDA, Francisco Cavalcanti Pontes de. *Tratado de direito privado*: parte especial – Direito das obrigações: negócios jurídicos unilaterais, denúncia, revogação, reconhecimento, promessas unilaterais, traspasso bancário, promessa de recompensa, concurso. 3. ed. Rio de Janeiro: Borsoi, 1970. t. XXXI.

MORAES, Maria Celina Bodin de. O princípio da solidariedade. *In*: PEIXINHO, Manoel Messias; GUERRA, Isabela Franco; NASCIMENTO FILHO, Firly (Org.). *Os princípios da Constituição de 1988*. Rio de Janeiro: Lumen Juris, 2001.

OLMOS, Paulo Eduardo. *Quando a cegonha não vem*: os recursos da medicina moderna para vencer a infertilidade. São Paulo: Carrenho Editorial, 2003.

PEREIRA, Paula Moura Francesconi de Lemos; ALMEIDA, Vitor. A reprodução humana assistida e a atuação do Conselho Federal de Medicina: as repercussões da nova resolução 2.294/21. *Migalhas*. Disponível em: https://www.migalhas.com.br/coluna/migalhas-de-vulnerabilidade/348647/a-reproducao-humana-assistida-e-a-atuacao-do-cfm. Acesso em: 25 ago. 2021.

PERLINGIERI, Pietro. *Perfis do direito civil*: introdução ao direito civil constitucional. Tradução de Maria Cristina De Cicco. 2. ed. Rio de Janeiro: Renovar, 2002.

RODOTÀ, Stefano. Transformações do corpo. *Revista Trimestral de Direito Civil*, v. 5, n. 19, p. 65-107, jul./set. 2004.

SCHREIBER, Anderson. *Direitos da personalidade*. 2. ed. São Paulo: Atlas, 2013.

TEIXEIRA, Ana Carolina Brochado. Corpo, liberdade e construção da vida privada. *In*: TEIXEIRA, Ana Carolina Brochado; DADALTO, Luciana (Coord.). *Dos hospitais aos tribunais*. Belo Horizonte: Del Rey, 2013.

TEPEDINO, Gustavo; NEVARES, Ana Luiza Maia; MEIRELES, Rose Melo Vencelau. *Fundamentos do direito civil*: direito das sucessões. Rio de Janeiro: Forense, 2020. v. 7.

Informação bibliográfica deste texto, conforme a NBR 6023:2018 da Associação Brasileira de Normas Técnicas (ABNT):

PEREIRA, Paula Moura Francesconi de Lemos; ALMEIDA, Vitor. Os desafios da reprodução assistida post mortem e o alcance do testamento genético: ampliando as formas de disposição do próprio corpo após a morte. *In*: TEIXEIRA, Daniele Chaves (Coord.). *Arquitetura do planejamento sucessório*. Belo Horizonte: Fórum, 2022. p. 159-174. Tomo III. ISBN 978-65-5518-291-0.

PRÁTICAS COLABORATIVAS E PLANEJAMENTO SUCESSÓRIO: UMA CONVERSA NECESSÁRIA

RENATA VILELA MULTEDO
WALDIRENE DAL MOLIN

> *Quando é verdadeira, quando nasce da necessidade de dizer, a voz humana não encontra quem a detenha. Se lhe negam a boca, ela fala pelas mãos, ou pelos olhos, ou pelos poros, ou por onde for.*
> *Porque todos, todos, temos algo a dizer aos outros, alguma coisa, alguma palavra que merece ser celebrada ou perdoada.*
> (GALEANO, Eduardo. *Livro dos abraços*)

Introdução

Alda é uma empresária que já conta com seus 71 anos. Possui um patrimônio composto por imóveis, quotas em sociedades, fazendas e boas aplicações financeiras. Alda é viúva e possui dois filhos. Um de seus filhos é sócio em uma de suas empresas. Outro de seus filhos explora uma de suas fazendas. A vida em família é boa e os natais sempre alegres.

Os últimos exames médicos de Alda noticiam as delicadezas e os efeitos do tempo em sua saúde. É a finitude a lhe dizer olá. Como empresária esclarecida que é, Alda sabe que precisa planejar a sua ausência de um modo eficaz e juridicamente adequado. Como matriarca afetuosa, Alda deseja que, na sua falta, as conversas boas e o relacionamento tão sincero entre seus filhos sigam presentes, até onde possível. A desejada harmonia em família.

Alda então se socorre de uma excelente assessoria jurídica em sua cidade. São profissionais competentes que lhe esclarecem e lhe apresentam diversos caminhos possíveis para a realização de um trabalho técnico repleto de expedientes sofisticados. Instrumentos unilaterais, plurilaterais, ideias de partilha em vida, *holding* familiar, seguros, testamento, entre outros.

Cuidadosa, a equipe que assessora Alda se preocupa sobremaneira com a validade e a eficácia do planejamento em andamento.

Tudo corre bem até que em uma das reuniões já de finalização do trabalho, o sócio da assessoria jurídica, muito assertivo e seguro, comunica à cliente: "Dona Alda, é esse trabalho técnico eficaz que lhe dará boas garantias de que seus filhos não litigarão no futuro". Sem exatamente entender as razões, a afirmação lhe causa desconforto. Alda então decide suspender os trabalhos até que possa compreender os motivos do estranhamento. A descoberta acontece numa dessas noites de reunião em família, quando um dos filhos compartilha com mãe e irmão um momento difícil na vida conjugal, pede conselhos, chora e agradece o apoio e o privilégio de ter nascido em uma família aberta ao diálogo.

Com mais clareza sobre seus interesses, Alda retorna à sua assessoria jurídica para comunicar o desejo de reiniciar os trabalhos. Só que desta vez com a inclusão e escuta dos filhos. "Não estou certa de que um possível conflito entre os meus filhos possa ser evitado tão somente com um bom trabalho técnico", ela diz. "Precisamos falar sobre nós, nos escutar, como sempre fizemos. Não posso planejar e decidir sobre eles, sem eles".

Esta história, construída unicamente com intuito lúdico de nos convocar a uma reflexão, ilustra bem os objetivos pensados para o presente artigo: partindo da premissa de que um dos grandes motivadores e valores do planejamento sucessório envolve o desejo de se evitar conflitos.[1]

As dificuldades enfrentadas para erguer todo um renovado arcabouço jurídico com vistas a proteger não mais apenas o patrimônio dos sujeitos, mas, sim, e hoje muito mais relevante, a autonomia, o protagonismo das pessoas na realização de seus próprios projetos de vida e o sistema em que estão inseridos têm pautado.

Nesse contexto, os pactos em direito de família e das sucessões, embora tradicionalmente utilizados como instrumentos tipicamente patrimoniais, têm se mostrado potenciais espaços para a promoção de valores existenciais.

Com o presente artigo, pretende-se apresentar e acrescentar, ao lado do universo de soluções técnicas disponíveis no mundo jurídico, as práticas colaborativas, como um meio eficiente e preventivo de conflitos no direito das sucessões e no âmbito do planejamento sucessório.

O estudo buscou, ainda, investigar os limites da intervenção estatal no âmbito desse cenário, tendo como norte a priorização dos métodos consensuais de resolução de conflitos, instaurada como política pública no Brasil desde a Resolução nº 125 do Conselho Nacional de Justiça e já consolidada desde o preâmbulo da Constituição Federal como em diversos diplomas legais.[2]

---

[1] Como elucida Ana Luiza Nevares: "Inicialmente, devemos responder à indagação sobre os valores positivos que o planejamento sucessório realiza na vida social. Evitar conflitos, permitir que desejos sobre aspectos fundamentais da vida da pessoa sejam manifestados e executados, garantir a continuidade de empresas e dos negócios, bem como fomentar uma melhor distribuição da herança, conforme as pessoas dos herdeiros e os bens integrantes do monte [...]" (NEVARES, Ana Luiza Maia. Perspectivas do planejamento sucessório. *In*: TEIXEIRA, Daniele Chaves. *Arquitetura do planejamento sucessório*. 2. ed. rev., ampl. e atual. Belo Horizonte: Fórum, 2019. p. 387).

[2] CF/88, Preâmbulo: "Nós, representantes do povo brasileiro, reunidos em Assembleia Nacional Constituinte para instituir um Estado Democrático, destinado a assegurar o exercício dos direitos sociais e individuais, a liberdade, a segurança, o bem-estar, o desenvolvimento, a igualdade e a justiça como valores supremos de uma sociedade fraterna, pluralista e sem preconceitos, fundada na harmonia social e comprometida, na ordem interna e internacional, com a *solução pacífica das controvérsias*, promulgamos, sob a proteção de Deus, a seguinte Constituição da República Federativa do Brasil". CPC, 2015: "Art. 168. As partes podem escolher, de comum acordo, o conciliador, o mediador ou a câmara privada de conciliação e de mediação. §1º O conciliador ou mediador escolhido pelas partes poderá ou não estar cadastrado no tribunal. [...] Art. 190. Versando o processo sobre direitos que admitam autocomposição, é lícito às partes plenamente capazes estipular mudanças no

Por fim, destaca-se que a potencialidade da utilização das práticas colaborativas na seara do direito das sucessões envolve a necessária reflexão sobre o poder de transação acerca de direitos indisponíveis e deve levar em conta as necessidades, os interesses e os valores de cada sistema familiar e da sociedade em que ele se insere, tendo como limites os princípios da dignidade da pessoa humana e a solidariedade familiar.

1 Breve histórico das práticas colaborativas no Brasil

As práticas colaborativas são um método negocial de solução de conflitos, extrajudicial, voluntário e interdisciplinar, adotado pelas partes e pelos profissionais por elas contratados por meio de um termo de participação.

Transparência, não litigância e a retirada da equipe na hipótese de litígio são as cláusulas pétreas do termo de participação.

Seu surgimento remonta ao início dos anos 1990, nos Estados Unidos, por meio das ações visionárias dos advogados familiaristas Stuart Webb, Pauline Tesler e da psicóloga Peggy Thompson.

No Brasil, as práticas colaborativas têm início em 2011, sopradas pelos bons ventos de movimentos calcados na pacificação social e pelo fomento de grupos de estudos localizados em São Paulo e Rio de Janeiro.

A metodologia se consolida e ganha corpo quando é agraciada como Prática Vencedora da X Edição do Prêmio Innovare na categoria Advocacia, no ano de 2013, bem como no ano seguinte, quando então é fundado o Instituto Brasileiro de Práticas Colaborativas, instituição responsável pela formação e capacitação de profissionais, segundo os princípios éticos colaborativos.

No contexto atual é possível afirmar que as práticas colaborativas no Brasil estão consolidadas como um método sofisticado que privilegia o diálogo, a ética, a transparência e a preservação do vínculo entre as partes envolvidas, bem como pelos braços e abraços de mais de 1000 profissionais capacitados, distribuídos entre advogados e advogadas colaborativos, profissionais da saúde e de finanças, ambos colaborativos.

2 O direito colaborativo como instrumento de prevenção e resolução de conflitos

A experiência de recorrer ao Judiciário é traumática para a maioria dos grupamentos de pessoas e, no caso da família, essa experiência é especialmente indesejável. No âmbito familiar, as partes geralmente estão de tal modo envolvidas no conflito que não conseguem enxergar uma saída. Não à toa, foi constatado que o aumento da judicialização dos conflitos familiares ocasionou um aumento proporcional da insatisfação com as

procedimento para ajustá-lo às especificidades da causa e convencionar sobre os seus ônus, poderes, faculdades e deveres processuais, antes ou durante o processo. Parágrafo único. De ofício ou a requerimento, o juiz controlará a validade das convenções previstas neste artigo, recusando-lhes aplicação somente nos casos de nulidade ou de inserção abusiva em contrato de adesão ou em que alguma parte se encontre em manifesta situação de vulnerabilidade".

soluções judiciais. Questões exógenas ao direito podem representar um desvio da prestação jurisdicional.

A lide põe fim ao processo, mas raramente põe fim ao conflito. É preciso tratar do conflito doloroso, é preciso minimizar a dor. A promoção dos métodos não adversariais de resolução de conflitos, como a mediação e as práticas colaborativas, tem se mostrado muito mais eficiente para o resgate da relação e a real autoimplicação e responsabilização de todos os envolvidos na construção de uma solução sustentável no tempo e em um processo de inventário não é diferente.

Como já ressaltado, a adoção de uma política judiciária nacional de tratamento adequado dos conflitos, pela qual se criou um sistema de justiça multiportas, tal como ocorrido nos Estados Unidos na década de 1970, veio a concretizar essa preocupação com a mudança de cultura, promovendo a cultura da paz em substituição à cultura do litígio.[3]

Comparando o direito material com o desenrolar dos processos judiciais, o que se verifica é justamente a insuficiência destes e a demora na resolução dos conflitos envolvidos. Fala-se, ao término de um processo, em vencedores e perdedores; mas, no fundo, só há tempo gasto, energia consumida, amargor gerado no íntimo de cada um dos envolvidos, perdas sem ganhos.[4] Se, por um lado, o acesso ao Judiciário permite a garantia dos direitos tutelados pelo ordenamento, por outro, permitir a utilização dessa mesma jurisdição como meio de satisfações individuais e privadas advindas de questões exógenas ao direito pode vir a representar um grande desvio da prestação jurisdicional.[5]

O direito assumiu hoje, mais do que nunca, um papel transformador, sobretudo de fomento a condutas socialmente desejadas. Essa insatisfação com a abordagem judicial dos conflitos familiares tem identificado os métodos consensuais como a melhor saída para "a transformação dos conflitos de forma pacífica, para que se resolvam os problemas com menor custo emocional, econômico e social".[6] Na busca da melhor solução para o caso concreto, à luz do diálogo e das recíprocas concessões, em vez da substituição da vontade das partes pela imposição do Estado-Juiz, os métodos consensuais mostram-se, na maioria das vezes, uma escolha muito mais vantajosa. Ao contrário da lógica do ganhar e perder, ínsita aos processos judiciais, busca-se que as partes em conflito identifiquem por si mesmas, e com o auxílio de profissionais capacitados, opções de benefício mútuo.[7]

---

3 AWAD, Dora Rocha; TELLES, Marília Campos Oliveira e. Mediação após o Novo Código de Processo Civil e a Lei de Mediação – Avanço ou retrocesso? *Revista de Arbitragem e Mediação*, v. 57, p. 355-372, abr./jun. 2018.

4 LAGO, Pablo Antonio. O princípio da solidariedade familiar: importância e eficácia. *In*: TEPEDINO, Gustavo; FACHIN, Luiz Edson (Org.). *Diálogos sobre direito civil*. Rio de Janeiro: Renovar, 2012. v. 3. p. 281.

5 OLIVEN, Leonora Roizen Albek. A judicialização da família. *Revista do Mestrado em Direito da Universidade Católica de Brasília*, v. 4, n. 2, 2010. Disponível em: http://portalrevistas.ucb.br/index.php/rvmd/article/view/2546/1550. Acesso em: 4 jan. 2015.

6 DIAS, Maria Berenice; GROENINGA, Giselle Câmara. A mediação no confronto entre direitos e deveres. *IBDFAM*. Disponível em: http://www.ibdfam.org.br/?artigos&artigo=42. Acesso em: 8 nov. 2014.

7 Segundo Águida Arruda Barbosa, "no Brasil, a mudança de comportamento, visando a uma nova ética no trato dos conflitos familiares, depende do primeiro profissional que recebe o sujeito do conflito. Culturalmente, recorre-se ao advogado que pode agir como incentivador do litígio, ou pela ética da inclusão, promovendo o encontro dos sujeitos do conflito, ou indicando um mediador" (BARBOSA, Águida Arruda. Educação para mediar; não mais para litigar. *IBDFAM*. Disponível em: http://www.ibdfam.org.br/?boletim&artigo=293. Acesso em: 10 nov. 2015).

A importância de uma escolha adequada para a resolução de conflitos pode ser demonstrada pela sua crescente adoção por diversos países, como Canadá,[8] França[9] e Estados Unidos,[10] sendo ainda a mediação a prática mais adotada – não à toa, já que desde o início da vida em sociedade sempre foi pela negociação direta ou pela mediação de um terceiro que as resoluções de conflitos se pautaram.[11] Mas, com a mediação, abriram-se novos horizontes e acesso a outros métodos. Percebeu-se que acesso à justiça não é sinônimo de acesso ao Judiciário, e a própria Lei da Mediação alude ao cabimento do procedimento mediatório para a resolução de conflitos que envolvam direitos indisponíveis passíveis de transação.

De fato, essa é uma questão tormentosa na medida em que a adjudicação pública de todo e qualquer conflito envolvendo direitos indisponíveis sempre foi a tônica do sistema de Justiça brasileiro. Entretanto, é preciso saldar o momento histórico em que vive hoje o Brasil com a utilização de diferentes técnicas de autocomposição possivelmente utilizáveis em procedimentos resolutórios consensuais (que podem corresponder a negócios jurídicos processuais ou materiais).[12] Além da mediação, a conciliação, a negociação e as práticas colaborativas, como métodos que objetivam conquistar soluções consensuais para questões familiares, podem assumir as mais variadas formas, incidindo sobre as próprias pretensões materiais em disputa ou tão somente sobre as pretensões processuais.[13]

Nesse sentido, Elton Venturi assinala que o mero fato de um interesse ou direito ser considerado indisponível não pode implicar sua automática inegociabilidade. Ressalta-se que, embora não se desconsiderem "as razões de interesse público fundantes da noção de indisponibilidade dos direitos, muito menos os supremos e humanistas valores que conduziram à teoria constitucional da proteção estatal dos direitos fundamentais essenciais, até mesmo contra ou apesar da vontade dos seus titulares",[14] não se pode olvidar da especial dinâmica destes temas, que impõe constantes reavaliações sob contextos históricos e os interesses individuais, sociais e espaciais em jogo.

---

[8] No Canadá e na França, onde a prática é desenvolvida há bastante tempo, a mediação não objetiva o acordo em si, este é uma consequência lógica da transformação do conflito pelas mãos dos mediandos, sob o olhar atento e imparcial do mediador (ANDRADE, Gustavo. Mediação familiar. *In*: ALBUQUERQUE, Fabíola Santos *et al.* (Coord.). *Famílias no direito contemporâneo*: estudos em homenagem a Paulo Luiz Netto Lôbo. Salvador: JusPodivm, 2010. p. 494).

[9] A presidente da Comissão de Mediação do IBDFAM, Águida Arruda Barbosa, destaca que "na França, onde a mediação está no plano de excelência tanto de fundamentação teórica como na organização da prática social, as pessoas já conhecem e reconhecem este meio de acesso à justiça e procuram os centros privados de prestação desse serviço especializado. Já houve mudança de comportamento dos jurisdicionados que buscam a justiça doce, como costumam qualificar a mediação" (BARBOSA, Águida Arruda. Educação para mediar; não mais para litigar. *IBDFAM*. Disponível em: http://www.ibdfam.org.br/?boletim&artigo=293. Acesso em: 10 nov. 2015).

[10] Nos Estados Unidos, a mediação é voltada predominantemente para a resolução de um conflito estabelecido, com vistas a evitar uma demanda judicial e cumprir seu papel de método alternativo de resolução de conflitos, objetivando a obtenção de um acordo (ANDRADE, Gustavo. Mediação familiar. *In*: ALBUQUERQUE, Fabíola Santos *et al.* (Coord.). *Famílias no direito contemporâneo*: estudos em homenagem a Paulo Luiz Netto Lôbo. Salvador: JusPodivm, 2010. p. 494).

[11] TARTUCE, Fernanda. *Mediação nos conflitos civis*. 2. ed. rev., atual. e ampl. Rio de Janeiro: Forense; São Paulo: Método, 2015.

[12] VENTURI, Elton. Transação de direitos indisponíveis? *Revista de Processo*, v. 251.

[13] VENTURI, Elton. Transação de direitos indisponíveis? *Revista de Processo*, v. 251.

[14] VENTURI, Elton. Transação de direitos indisponíveis? *Revista de Processo*, v. 251.

Assim, destaca o autor:

> Admitindo-se não apenas a validade e legitimidade da teoria liberal dos direitos fundamentais, mas sobretudo as relevantes pragmáticas perspectivas que abre para a resolução de conflitos sociais, então a indisponibilidade – mesmo que idealizada como decorrência da inalienabilidade e da irrenunciabilidade dos direitos assim qualificados –, não pode implicar presunção de inegociabilidade, ao menos por três motivos: A transação não importa necessariamente renúncia ou alienação dos direitos. Há diferentes modelos negociais que redundam, evidentemente, consequências distintas relativamente à cessão de direito material que caracteriza os processos de transação. Ao contrário do que se poderia pensar, a titularidade dos direitos indisponíveis não é afastada – senão reafirmada – por conta do respeito à autonomia das vontades direcionadas à realização de eventuais transações sobre os mesmos. Ainda que assim não fosse, não parece mais razoável que o Estado simplesmente restrinja ou impeça o pleno exercício das titularidades sobre os direitos indisponíveis – e, portanto, de eventualmente se negociá-los – sob abstratas presunções de que estaria tutelando toda a sociedade ou os seus titulares contra si mesmos, na medida da sua incapacidade de livre manifestação de vontades.[15]

A nova legislação brasileira, embora bastante comemorada, demanda grande empenho para que se implemente uma efetiva mudança cultural, não só dos intérpretes e dos aplicadores do direito, mas da sociedade como um todo. A necessidade de se ter credibilidade e consciência, por parte de toda a sociedade, dos reais benefícios trazidos pelos métodos adequados de solução de conflitos é essencial para a construção de um novo modelo de justiça cooperativa, colaborativa e democrática.

A imposição de um inventário como a única forma de se planejar a sucessão, acaba por inevitavelmente afunilar as opções, dando grande enfoque aos reflexos patrimoniais da sucessão, ao passo que as questões de ordem existencial acabam sendo ignoradas.

O resultado é um processo não apenas custoso, como também desgastante e pouco proveitoso às partes. Em um modelo colaborativo, como na mediação e nas práticas colaborativas, as relações continuadas têm muito a ganhar, na medida em que não se pretende promover o consenso absoluto entre as partes, mas, sim, possibilitar entre elas um efetivo ajuste, tornando possível o convívio.[16]

Assim, a principal característica dos métodos não adversariais é a transformação do conflito em prol da salvaguarda do vínculo entre as partes, bem como a construção de uma "responsabilização mútua pelo sucesso de uma solução, viabilizando parâmetros que tornem possível a negociação futura".[17] Nesse novo olhar preventivo para o conflito, busca-se a preservação das relações e a construção conjunta das soluções.[18] Isso porque, no direito colaborativo, tal ação somente pode se dar diante do outro e em consideração ao outro.[19]

---

15 VENTURI, Elton. Transação de direitos indisponíveis? *Revista de Processo*, v. 251.

16 POMPEU, Renata Guimarães. A mediação nos conflitos familiares: convite ao exercício dialógico da autonomia privada. *In*: TEIXEIRA, Ana Carolina Brochado; RIBEIRO, Gustavo Pereira Leite (Org.). *Problemas da família no direito*. Belo Horizonte: Del Rey, 2012. p. 105.

17 RODRIGUES JÚNIOR, Walsir Edson. *A prática da mediação e o acesso à justiça*. Belo Horizonte: Del Rey, 2006. p. 79.

18 CALCATERRA, Rubén A. *Mediación estratégica*. Barcelona: Gedisa, 2002.

19 POMPEU, Renata Guimarães. A mediação nos conflitos familiares: convite ao exercício dialógico da autonomia privada. *In*: TEIXEIRA, Ana Carolina Brochado; RIBEIRO, Gustavo Pereira Leite (Org.). *Problemas da família no direito*. Belo Horizonte: Del Rey, 2012. p. 109.

É neste contexto que se descortinam uma série de oportunidades a serem exploradas e a potencialidade da utilização das práticas colaborativas para o planejamento sucessório.

3 A potencialidade da utilização das práticas colaborativas no planejamento sucessório

Como já mencionado, as práticas colaborativas são um método não adversarial e multidisciplinar de resolução de conflitos que busca atender às necessidades dos clientes, principalmente por intermédio da negociação baseada em interesses, visando à construção de acordos equilibrados e sustentáveis no tempo.

A advocacia colaborativa surgiu na década de 1990, nos Estados Unidos, por um advogado que atuava no campo do direito de família e não via mais sentido no tradicional processo litigioso, diante das infindáveis batalhas judiciais enfrentadas por famílias, que litigavam de forma destrutiva, sem respaldo emocional e, principalmente, ocasionando graves danos aos filhos.[20]

Nesse contexto, as práticas colaborativas nasceram para propor uma nova forma de resolução do conflito, por meio da construção do consenso pela facilitação e restauração do diálogo, podendo se valer de uma equipe multidisciplinar que conta, além dos advogados, com a ajuda de profissionais das áreas de saúde e de finanças.

Mediante a assinatura de um acordo de participação, também denominado termo de não litigância, as partes e seus advogados concordam, voluntariamente, em participar em conjunto e com boa-fé, transparência e confidencialidade da construção de soluções de benefícios mútuos.

Assim como a mediação, as práticas colaborativas utilizam o consenso como solução, elevando as partes ao protagonismo, pois estas são diretamente envolvidas e se tornam corresponsáveis pela construção da nova dinâmica familiar. Como uma das principais diferenças do processo colaborativo, percebe-se o fato de os advogados trabalharem conjuntamente, engajados, e na forma de assessoramento de seus clientes para que assim atinjam a melhor solução possível, almejando-se a preservação das relações parentais e a sustentabilidade do acordo no tempo.

Cabe ainda aos profissionais colaborativos, nos processos construtivos e na elaboração dos pactos, mapear o conflito, evitar seu escalonamento, detectar as questões urgentes, dominar as ferramentas procedimentais, de comunicação e de negociação[21] e, de suma importância, criar um ambiente seguro para a negociação.

Mas, sejamos realistas, nem sempre um ambiente seguro é sinônimo de confiança. Adam Kahane, em sua abordagem de colaboração estendida, delineia processos de negociação entre pessoas que possuem um histórico de divergências, incompatibilidade de objetivos, antipatia mútua e desconfiança, mas que necessitam de um futuro alternativo. Em verdade, ressalta que essas pessoas, para atingir um acordo, apenas precisam concordar que determinada situação precisa mudar.[22] Sob essa perspectiva, Marília Telles, a partir dos ensinamentos de Nancy Cameron, nos instiga à reflexão:

---

20 WEBB, Stuart G.; OUSKY, Ronald. *The collaborative way to divorce*. New York: Plume, 2007.

21 Ver por todos ALMEIDA, Tania. *Caixa de ferramentas em mediação*. São Paulo: Dash, 2014.

22 KAHANE, Adam. *Trabalhando com o inimigo*. São Paulo: Senac, 2018. p. 15.

> Ninguém colabora para chegar a um acordo porque quer. Muito provavelmente se a pessoa pudesse ter imposto sua vontade para resolver o conflito, teria feito. Ainda, se pudesse ter se adaptado à situação, igualmente provável que tivesse preferido. Inclusive se pudesse ter simplesmente saído daquele conflito, muito capaz que o tivesse feito. Todavia, viram-se obrigadas a chegar a uma resolução e, ao invés de permitir que um terceiro decidisse por elas, as pessoas preferiram iniciar um processo colaborativo para resolver sua disputa. Assim, somos a melhor solução para um problema que elas não gostariam que existisse. Além disso é frequente que nossos clientes concordem em apenas um ponto: que aquela condição incomoda a todos os envolvidos e, portanto, precisam modificá-la.[23]

Nancy Cameron[24] destaca a importância de se informar aos clientes, de forma privada, sobre a lei, para que saibam se devem concordar com compromissos adicionais ou se devem encerrar suas negociações e encaminhar-se ao Tribunal, onde eles possam ter uma melhor chance de obter um resultado mais favorável do que se aceitarem as opções trabalhadas no processo colaborativo. É dever do advogado informar aos clientes sobre a lei no que se refere aos fatos da disputa, para que estes possam não apenas tomar uma decisão, mas tomar uma decisão informada.

Tal não significa dizer que os clientes não possam estar dispostos a fazer muito mais do que a lei exige. O importante é que devem estar claros os limites legais e o que se está disposto a conceder para uma construção que gere benefícios mútuos. Esta é a razão pela qual uma da tônicas dos acordos colaborativos está ligada à passagem de uma abordagem centrada em direitos para uma abordagem centrada nas pessoas.

Sob essa ótica, o domínio das ferramentas de negociação baseada em interesses da Escola de Harvard, desenvolvidas por Roger Fisher, Willian Ury e Bruce Patton,[25] estruturadas em quatro princípios fundamentais: (i) separar as pessoas do problema; (ii) separar posições de interesses; (iii) construir soluções de benefício mútuo; e (iv) estabelecer critérios objetivos, mostra-se essencial.

No âmbito da teoria contratual, o pacto de não litigância e coração da metodologia colaborativa é regido pelos princípios contratuais que envolvem o comprometimento com a tríplice função da boa-fé,[26] a preservação da autonomia e responsabilidade dos

---

[23] TELLES, Marília Campos Oliveira e. *Reflexões sobre o workshop Repensar radicalmente a colaboração. Ministrado por Nancy Cameron, em outubro de 2020, no Fórum Internacional da International Academy of Collaborative Professionals (IACP)*. Escritos colaborativos. No prelo.

[24] CAMERON, Nancy J. *Práticas colaborativas*: aprofundando o diálogo. Tradução de Alexandre Martins. São Paulo: IBPC, 2019.

[25] FISHER, Roger; URY, William; PATTON, Bruce. *Como chegar ao sim* – A negociação de acordos sem concessões. Rio de Janeiro: Imago Ed., 2005.

[26] Como ressalta Judith Martins-Costa, "A função desempenhada pela boa-fé objetiva a partir do dispositivo no art. 422 é, sem dúvida, a sua atuação mais comentada pela doutrina e da qual mais se vale a jurisprudência dos tribunais nacionais. São os denominados deveres anexos de conduta. O motivo pelo qual a terceira função da boa-fé objetiva recebeu tamanho destaque deriva justamente do seu próprio conteúdo: impor às partes contratantes deveres objetivos de conduta, que não necessariamente precisam constar do instrumento contratual para que possam ser cobrados e cumpridos. Trata-se dos chamados anexos, aos quais todas as partes de um negócio devem manter estrita observância. Essa caracterização da boa-fé objetiva como a disposição de deveres de conduta que as partes devem guardar difere frontalmente daquela concepção clássica de boa-fé subjetiva, ligada a um estado psicológico do agente. Os deveres secundários impostos pelo art. 422 foram gradativamente sendo construídos pela doutrina e pela jurisprudência, podendo-se mesmo falar em quatro deveres básicos: (i) dever de informação, esclarecimento e transparência; (ii) dever de cooperação e lealdade; (iii) deveres de proteção e cuidado; (iv) dever de segredo ou sigilo. A imposição desses deveres se reveste de papel fundamental para a ordenação dos contratos na prática, uma vez que se busca, com a sua afirmação, proteger um bem que se encontra na própria essência da contratação: a confiança" (MARTINS-COSTA, Judith. *A boa-fé no direito privado*. São Paulo: RT, 1999).

contratantes e o equilíbrio contratual, tanto nas fases pré-negociais e contratuais como nas de execução, cabendo aos profissionais envolvidos o monitoramento dos instrumentos realizados e a elaboração de cláusulas que previnam e resolvam futuros litígios.[27]

Importante, ainda, fazer destaque à cláusula de retirada, pois, caso uma das partes não mais pretenda prosseguir com o processo colaborativo, por qualquer razão que seja, e desejar a instauração de um processo litigioso, os advogados colaborativos e os demais membros da equipe devem se retirar do processo e os clientes devem contratar novos advogados para representá-los no litígio. Realiza-se, assim, um termo de encerramento e retirada da equipe dos profissionais, que tem o dever de sigilo, sob o manto da confidencialidade de todos os documentos e informações compartilhados naquele processo.

É dever do advogado colaborativo realizar uma triagem prévia com objetivo de entender e mapear o perfil do cliente, levantando as questões que são mais importantes. Em seguida, o foco passa a ser o conflito em si, perquirindo-se os motivos que o ocasionaram. Busca-se, assim, descobrir o que realmente as partes almejam, suas necessidades e interesses mais profundos.

A flexibilidade, a escolha de diferentes métodos, o auxílio de profissionais de outras áreas do saber, a autonomia e a responsabilidade dos clientes na construção dos pactos revelam também uma tendência no direito norte-americano, hoje denominada desmembramento de serviços (*unbundled services*).[28] Essa nova abordagem de atendimento visa a atender melhor e de maneira mais acessível às famílias, bem como auxiliar tribunais sobrecarregados, fornecendo informações e apoio a essas famílias para ajudar a reduzir os conflitos familiares e a promover e desenvolver, separadamente, diferentes serviços e métodos para cada família e para cada conflito, de forma customizada e para a fase do processo que estiverem atravessando,[29] aprimorando-se as melhores práticas de advocacia fora dos tribunais.

Bem compreendidos os benefícios da metodologia, tomando-se por base os valores positivos de um planejamento sucessório e o que se pretende assegurar à família de todo

---

Em outras palavras: "Boa-fé significa, pois, lealdade no cumprimento do contrato, nas negociações preliminares, transparência na redação dos pactos e equilíbrio econômico, pois o contrato deve ter uma equação econômica justa. Exige comportamentos que não causem surpresa a outros e que não rompam presunções ou expectativas nascidas na mente de outro pelo seu próprio comportamento, ou seja, proíbe comportamentos contraditórios. Impõe ainda deveres de cuidado e segurança, de aviso e esclarecimento, de prestar contas, de colaboração e cooperação, e de proteção e cuidado com a pessoa e o patrimônio da contraparte" (DINIZ, Carlos Eduardo Iglesias. *A boa-fé objetiva no direito brasileiro e a proibição de comportamentos contraditórios.* Rio de Janeiro: EMERJ, 2013. v. I. Série Aperfeiçoamento de Magistrados 13, 10 Anos de Código Civil – Aplicação, Acertos, Desacertos e Novos Rumos).

27 Sobre a potencialidade dos pactos no direito de família ver MULTEDO, Renata Vilela. A potencialidade dos pactos consensuais no fim da conjugalidade. *In*: TEIXEIRA, Ana Carolina Brochado; RODRIGUES, Renata de Lima (Coord.). *Contratos, família e sucessões* – Diálogos complementares. São Paulo: Foco, 2021. p. 237-258.

28 MOSTEN, Forrest S. Unbundled services to enhance peacemaking for divorcing families. *Family Court Review*, v. 53, n. 3, p. 439-448, jul. 2015. Disponível em: https://iaals.du.edu/sites/default/files/documents/publications/unbundled_services_to_enhance_peacemaking_for_divorcing_families.pdf. Acesso em: 2 nov. 2020.

29 Para uma abordagem sobre as fases e dinâmicas do divórcio, v. por todos KASLOW, Florence; SCHWARTZ, Lita. *As dinâmicas do divórcio* – Uma perspectiva do ciclo vital. São Paulo: Psy, 1995.

aquele que se propõe a pensar a sua ausência, parece seguro afirmar que a utilização da abordagem colaborativa é uma alternativa bastante eficiente para prevenção de conflitos sucessórios.

Decidir o destino de uma casa, um carro, uma empresa ou uma biblioteca é um ato permeado de afeto, no sentido mais preliminar da palavra. Afeta quem decide, quem recebe e quem não recebe ou não merecia receber. Envolve antes de tudo interesses e emoções. São elementos que devem encontrar lugar e acolhimento no âmbito do planejamento sucessório, sob pena de, ao fim e ao cabo, os natais e os bens deixarem de existir, na ausência do "planejador".

Para melhor entendimento desta afirmação, pensemos o campo de incidência da autonomia privada na área dos interesses sucessórios a partir do seguinte rol exemplificativo de possibilidades em progressiva construção: (i) *holdings* familiares; (ii) doações; (iii) usufruto; (iv) partilha em vida; e (v) testamento. Exceto por este último, todos os demais instrumentos "são constituídos por declarações receptícias de vontade entre os envolvidos no fenômeno sucessório".[30]

Sob novas lentes colaborativas, já sabemos que tais declarações não devem se revestir de mera formalidade. É preciso uma escuta e um espaço de qualidade para a tomada de decisões. Sejam elas para aceitar ou recusar tornar-se sócio de uma *holding* familiar. Ou, ainda, na condição de filho já sócio e atuante, para aceitar aquele irmão a tanto tempo distante, agora na condição de sócio, apenas capitalista. *E de que valeu todo o meu esforço até aqui?* Essa "pergunta-gatilho" pode muito bem disparar a tão temida demanda judicial entre irmãos, sendo capaz de transformar um trabalho iniciado para pacificar em objeto do mais triste e severo litígio judicial.

Não por outro motivo, é comum nos depararmos com clientes que evitam o envolvimento de seus sucessores no planejamento, optando pela adoção de instrumentos unilaterais, a exemplo do testamento. Percebe-se que, a depender dos arranjos de partilhas pensados, também nesta modalidade, os tão almejados valores positivos de um planejamento sucessório podem não restar garantidos.

Atentos às pautas subjetivas, Mario Luiz Delgado e Jânio Urbano Marinho Junior[31] apontam a importância de se observar as peculiaridades do caso concreto para o sucesso do planejamento sucessório:

> Por isso que, ocasionalmente, o planejamento sucessório pode não ser muito executado, resultando em uma inadequação entre os fins almejados e os meios utilizados e, por conseguinte, o indesejado conflito entre os herdeiros. A acurada observação das peculiaridades do caso concreto é fundamental para o seu sucesso, até mesmo porque os aspectos subjetivos podem ser relevantes, e inclusive decisivos, como o afeto por determinada pessoa ou mesmo a confiança de que aquele outro parente terá a capacidade para bem gerir e dar continuidade aos negócios da família.

---

[30] NEVARES, Ana Luiza Maia. Perspectivas do planejamento sucessório. *In*: TEIXEIRA, Daniele Chaves. *Arquitetura do planejamento sucessório*. 2. ed. rev., ampl. e atual. Belo Horizonte: Fórum, 2019. p. 391.

[31] DELGADO, Mario Luiz; MARINHO JUNIOR, Jânio Urbano. Fraudes no planejamento sucessório. *In*: TEIXEIRA, Daniele Chaves. *Arquitetura do planejamento sucessório*. 2. ed. rev., ampl. e atual. Belo Horizonte: Fórum, 2019. p. 329.

É nesse cenário (e em muitos outros possíveis) que compreendemos a potencialidade das práticas colaborativas. Mas como instrumentalizá-las ou implementá-las no bojo de um planejamento sucessório?

Imagine a possibilidade de oferecer ao cliente uma equipe multi e interdisciplinar não só de profissionais habilitados tecnicamente para pensar as questões contábeis e as multifacetárias de direito, típicas de um planejamento sucessório, mas também de profissionais colaborativos, equipados com uma escuta ativa e empática tanto do direito como área da saúde mental com notória habilidade para acolher e lidar com as questões emocionais.

Imagine que os sucessores estejam verdadeiramente envolvidos desde o início dos trabalhos e sejam também representados por seus advogados, que assumem o compromisso contratual de colaborar com um ambiente de transparência e de livre de ameaças de litígio e apoiá-lo. E, a partir desse solo de confiança, franqueza, abertura ao diálogo e livre da ameaça de litígios, esta família decida dar início ao desenho de um planejamento sucessório.

Essa é a potência da metodologia. Acrescentar a um trabalho técnico-jurídico eficiente, que todos somos capazes de executar, o cuidado e o acolhimento das emoções, dando lugar aos reais interesses dos envolvidos.

Considerações finais

As práticas colaborativas são um método negocial de resolução de conflitos, não adversarial e multidisciplinar, pautado na preservação das relações e na abertura de espaços dialógicos para a construção de soluções eficientes, com as quais os envolvidos possam conviver. Envolve trabalho técnico sofisticado e atento às questões existenciais.

Como procuramos demonstrar ao longo deste artigo, seu uso pode se dar tanto diante de um conflito já instaurado como pela via preventiva.

Enquanto meio eficiente e preventivo de conflitos, a abordagem é perfeitamente cabível no âmbito de um planejamento sucessório, ao lado das diversas soluções técnicas disponíveis no mundo jurídico.

A efetivação de um planejamento sucessório objetiva exatamente minimizar ou prevenir litígios futuros. Sua eficiência futura, no entanto, deve passar pela estrita observância ao ordenamento jurídico brasileiro e pela conciliação entre os desejos do planejador e de seus herdeiros.

No âmbito da segurança jurídica, são muitas as ferramentas e os institutos disponíveis em um planejamento, mas no âmbito dos desejos e das questões existenciais parece seguro afirmar a carência do alcance de tais ferramentas e institutos, ainda que se considere a importância de uma investida atenta às peculiaridades do caso concreto para a consecução de tais instrumentos.

Com efeito, são outros os aportes e equipamentos necessários, para além das questões legais. Escuta ativa, empática, técnicas de negociação da Escola de Harvard – tudo com a finalidade de abrir um espaço de qualidade para a tomada de decisões.

Como já exposto, decidir o destino de uma casa, um carro, uma empresa ou uma biblioteca é um ato permeado de afeto, no sentido mais preliminar da palavra. Afeta quem decide, quem recebe e quem não recebe ou não merecia receber. Envolve antes de tudo interesses e emoções. São elementos que devem encontrar lugar e acolhimento no âmbito do planejamento sucessório sob pena de, ao fim e ao cabo, os natais e os bens deixarem de existir, na ausência do "planejador".

Eis a potencialidade das práticas colaborativas: acrescer e conciliar segurança jurídica aos desejos almejados, às emoções em jogo e aos reais interesses dos envolvidos, tudo por meio de profissionais capacitados e efetivamente preparados para tal fim.

Informação bibliográfica deste texto, conforme a NBR 6023:2018 da Associação Brasileira de Normas Técnicas (ABNT):

MULTEDO, Renata Vilela; MOLIN, Waldirene Dal. Práticas colaborativas e planejamento sucessório: uma conversa necessária. *In*: TEIXEIRA, Daniele Chaves (Coord.). *Arquitetura do planejamento sucessório*. Belo Horizonte: Fórum, 2022. p. 175-186. Tomo III. ISBN 978-65-5518-291-0.

TUTELA PÓSTUMA DE DADOS PESSOAIS E PLANEJAMENTO SUCESSÓRIO

SERGIO MARCOS CARVALHO DE ÁVILA NEGRI
CAROLINA FIORINI RAMOS GIOVANINI

1 Introdução

No documentário *Roadrunner*, sobre a vida e morte de Anthony Bourdain, há um trecho no qual nos deparamos com a voz do famoso *chef* e apresentador narrando um *e-mail* que havia sido enviado, ainda em vida por ele, para um amigo. Questionado sobre a reprodução da fala de Bourdain, morto em 2018, o diretor Morgam Neville afirmou que contratou uma empresa de inteligência artificial (IA) com o objetivo de recriar a voz do apresentador. Neville também comentou que a utilização da IA foi feita sempre com a concordância dos parentes do falecido. Após a divulgação da entrevista, Ottavia Busia, que foi casada com o apresentador, usou as suas redes sociais para questionar a opção do diretor no filme, acrescentando ainda que em nenhum momento consentiu com a reprodução da voz no documentário.[1]

Em dezembro de 2020, o *US Patent and Trademark Office* (USPTO) concedeu uma patente à Microsoft[2] para criação de um *chatbot* que replica a personalidade de uma pessoa em conversas e interações a partir da utilização de "imagens, dados de voz, postagens em mídias sociais, mensagens eletrônicas e cartas escritas", podendo, inclusive, gerar um modelo 2D/3D da pessoa.[3]

A patente informa que o *chatbot* poderá ser utilizado para representar pessoas já falecidas, como um amigo ou um parente. Há, ainda, a possibilidade de que pessoas possam treinar uma versão digital de si mesmas antes de morrer.

---

1 GERSHGORN, Dave. New Anthony Bourdain documentary deepfakes his voice. *The Verge*, 15 jul. 2021. Disponível em: https://www.theverge.com/2021/7/15/22578707/anthony-bourdain-documentary-deepfake-voice.

2 ESTADOS UNIDOS. *Patente nº US 10.853.717 B2*.

3 COLLINS, Barry. Microsoft could bring you back from the dead... as a chat bot. *Forbes*, 4 jan. 2021. Disponível em: https://www.forbes.com/sites/barrycollins/2021/01/04/microsoft-could-bring-you-back-from-the-dead-as-a-chat-bot/?sh=68a020f15f70. Acesso em: 26 jul. 2021.

A criação do *chatbot* começa com o recebimento da solicitação e, posteriormente, há acesso aos "dados sociais" da pessoa, para posterior criação de um "índice de personalidade" e treinamento deste. Evidentemente, a criação do *chatbot* só será possível mediante acesso aos dados pessoais, que identificam a pessoa natural, de forma direta ou indireta.

Os casos relatados demonstram a importância de se pensar a tutela póstuma de dados pessoais. A Lei Geral de Proteção de Dados (Lei nº 13.709/2018,[4] abreviada como LGPD) busca proteger os direitos fundamentais de liberdade e de privacidade e o livre desenvolvimento da personalidade da pessoa natural, regulamentando o tratamento de dados pessoais, em meio físico ou digital, por pessoa natural ou por pessoa jurídica de direito público ou privado.

Ainda que a LGPD não tenha apresentado uma disciplina para a tutela póstuma de dados pessoais, existem instrumentos – direitos e remédios – que podem ser utilizados, em vida, como forma de assegurar o planejamento, a gestão e o controle sobre informações pessoais, de modo a reduzir a assimetria informacional que marca a relação entre pessoas e agentes do mercado.

A partir de uma abordagem exploratória, que visa estabelecer uma investigação geral da temática da tutela póstuma de dados pessoais – ainda incipiente no Brasil –, o presente trabalho busca apresentar os atuais modelos existentes para a gestão da informação e para o planejamento do ciclo de vida informacional, e evidenciar a importância do planejamento sucessório.

2 Governança de dados e ciclo de vida da informação

A pesquisa *TIC Domicílios 2019*[5] apontou que 134 milhões de brasileiros são usuários de internet (74% da população). Os indicadores demonstram que as pessoas usam a internet para comunicação, busca de informações, trabalho, compras, pagamentos, produção de conteúdo próprio e diversas outras atividades. O cenário de hiperconexão e as interações em plataformas e ferramentas conectadas potencializam o fluxo de informações, inclusive de dados pessoais.

Os dados pessoais são informações que identificam uma pessoa natural de modo direto ou indireto. As informações de *login* e senha, interações em postagens e o conteúdo em trocas de mensagens são exemplos de dados pessoais que podem identificar uma pessoa.[6]

Os dados pessoais sensíveis referem-se à origem racial ou étnica, convicção religiosa, opinião política, filiação a sindicato ou à organização de caráter religioso, filosófico ou

---

[4] BRASIL. *Lei n. 13.709, de 14 de agosto de 2018*. Lei Geral de Proteção de Dados Pessoais. Disponível em: http://www.planalto.gov.br/ccivil_03/_ato2015-2018/2018/lei/L13709.htm. Acesso em: 12 maio 2020.

[5] COMITÊ GESTOR DA INTERNET NO BRASIL. *Pesquisa sobre o uso das tecnologias de informação e comunicação nos domicílios brasileiros*: TIC Domicílios 2019. São Paulo: CGI.br, 2020.

[6] "O dado estaria associado a uma espécie de 'pré-informação', anterior à interpretação e ao processo de elaboração. [...] Sem aludir ao significado ou conteúdo em si, na informação já se pressupõe uma fase inicial de depuração de seu conteúdo [...]" (DONEDA, Danilo. *Da privacidade à proteção de dados pessoais*: elementos da Lei Geral de Proteção de Dados. 2. ed. São Paulo: Thomson Reuters Brasil, 2019. p. 152).

político, dado referente à saúde ou à vida sexual, dado genético ou biométrico, quando vinculado a uma pessoa natural, conforme art. 5º, inc. II, da LGPD.

No Brasil, a Lei Geral de Proteção de Dados regulamenta o tratamento de dados pessoais, em meio físico ou digital, por pessoa natural ou por pessoa jurídica de direito público ou privado. Cabe ressaltar que tratamento é, nos termos do art. 5º, X, da LGPD, toda operação realizada com dados pessoais, como as que se referem a coleta, produção, recepção, classificação, utilização, acesso, reprodução, transmissão, distribuição, processamento, arquivamento, armazenamento, eliminação, avaliação ou controle da informação, modificação, comunicação, transferência, difusão ou extração. Desse modo, o simples acesso e a visualização de dados pessoais são considerados tratamento para os efeitos da lei.

A legislação é fundamentada por princípios, bases legais, direitos dos titulares e mecanismos que auxiliam na governança da informação. Para Rodotà,[7] a proteção de dados demanda a implementação de estratégias integradas, capazes de regular a circulação de informações em conjunto, pois a defesa da privacidade deve superar a lógica puramente proprietária e integrar controles individuais e coletivos.

A regulação em matéria de proteção de dados pessoais possui o difícil objetivo de assegurar que indivíduos tenham controle do fluxo informacional que lhes diz respeito e, simultaneamente, orientar as condutas dos agentes de mercado, revelando a tensão existente entre a proteção da pessoa e o mercado.[8]

A LGPD abre espaço para que diversas ferramentas de governança sejam utilizadas para planejar o ciclo de vida dos dados pessoais. Barbieri[9] define a governança de dados como o "conjunto de práticas, dispostas em um framework, com o objetivo de organizar o uso e o controle adequado dos dados como um ativo organizacional".

Para viabilizar esse planejamento, é necessário desenhar os fluxos informacionais e mapear quais dados são utilizados (*data mapping*), elaborando registros das operações (instrumento conhecido como *ROPA – Record of Processing Activities*) e identificando eventuais pontos de atenção, como desconformidades e riscos, para posterior entrega de um plano de ação que seja implementado na organização.

A partir do mapeamento dos fluxos e tratamentos, será possível obter visibilidade acerca do ciclo de vida dos dados, tendo em vista a determinação da sua origem, natureza, a forma com que são integrados às bases da organização e a previsão de descarte.[10]

Sérgio Alves Jr.,[11] ao analisar as obrigações decorrentes do término do tratamento de dados pessoais, aponta que, do ponto de vista dos agentes de tratamento, são

---

7 RODOTÀ, Stefano. *A vida na sociedade da vigilância*: a privacidade hoje. Organização, seleção e apresentação de Maria Celina Bodin de Moraes. Tradução de Danilo Doneda e Luciana Cabral Doneda. Rio de Janeiro: Renovar, 2008. p. 50.

8 NEGRI, Sergio Marcos Carvalho de Ávila; KORKMAZ, Maria Regina Detoni Cavalcanti Rigolon; FERNANDES, Elora Raad. Portabilidade e proteção de dados pessoais: tensões entre pessoa e mercado. *Civilistica.com*, v. 10, n. 1, p. 1-39, maio 2021.

9 BARBIERI, Carlos. *Governança de dados*: práticas, conceitos e novos caminhos. Rio de Janeiro: Alta Books, 2021. p. 62.

10 A verificação de que a finalidade do tratamento de dados pessoais foi alcançada é uma das hipóteses de término do tratamento, conforme art. 15, I, da LGPD. Após o término do tratamento, os dados pessoais devem ser eliminados, no entanto, existem hipóteses que autorizam a conservação dos dados, nos termos do art. 16, da LGPD.

11 ALVES JR., Sérgio. Fechando um ciclo: do término do tratamento de dados pessoais (arts. 15 e 16 da LGPD). *In*: MENDES, Laura Schertel *et al.* (Org.). *Tratado de proteção de dados pessoais*. Rio de Janeiro: Forense, 2021. p. 228.

deveres de considerável complexidade de ordem técnica e de gestão, mas passíveis de auxiliar na mitigação de riscos inerentes ao tratamento de dados pessoais obsoletos ou desconformes.

Desse modo, os instrumentos de governança previstos pela LGPD para planejar o ciclo informacional podem ser adaptados a uma atuação voltada para a pessoa natural, com o objetivo de constituir um mapeamento dos dados pessoais de determinado titular. Isso significa que nos próximos anos, temas como direito de acesso, portabilidade de dados, anonimização e pseudonimização podem impactar a atuação do advogado que atua com o direito sucessório. Seria possível, por exemplo, constituir um registro dos tratamentos de dados nos quais este titular está envolvido e organizar a forma de exercício dos direitos referentes à proteção de dados pessoais. Atualmente, nota-se também uma tendência com a contratação de serviços especializados na realização da gestão póstuma de dados pessoais.[12] Mesmo com a confirmação dessa tendência nos próximos anos, a tutela póstuma de dados pessoais levanta questões ainda não respondidas acerca da fronteira entre o direito das sucessões e os direitos da personalidade. No atual contexto de indefinição, é importante, como será visto, fortalecer o controle dos dados pessoais com instrumentos que reforcem o exercício da autonomia privada.

3 Morte digital e tutela póstuma da personalidade

Floridi e Öhman[13] apontam para a existência de uma indústria digital pós-vida (*Digital Afterlife Industry* – DAI), que lida com: (i) gerenciamento de informações e ativos digitais; (ii) serviços de mensagens póstumas; (iii) memoriais *on-line*; e (iv) recriação de comportamento por meio do uso de dados pessoais, utilizados para gerar novos conteúdos e replicar o comportamento social da pessoa falecida. Diante desse cenário, os autores apontam que a capitalização de vestígios digitais pode ter consequências de longo alcance, além de levantar importantes questões éticas e revelar, novamente, a tensão entre a pessoa e o mercado. Floridi e Öhman[14] entendem que os vestígios digitais deixados por uma pessoa falecida não devem ser compreendidos a partir de uma lente patrimonial, mas como algo constitutivo da personalidade, representando um corpo humano informativo.

No âmbito da União Europeia, o GDPR não traz normas acerca da matéria, mas determina que os Estados-Membros podem estabelecer regras para o tratamento

---

[12] Os serviços de gerenciamento de informações podem auxiliar usuários a organizar e planejar o destino de ativos digitais em caso de morte. Geralmente, tais serviços de gestão póstuma de informações são fornecidos como *software as a service* (Saas). A título de exemplificação, é possível citar o *Cake*, serviço que possibilita que o usuário defina como deseja ser lembrado digitalmente e oferece gerenciamento e fechamento de contas digitais. O aplicativo *My Digital Afterlife* (MDA) permite que o usuário armazene senhas, *pins*, nomes de usuário, IDs e quaisquer outras informações que desejar e, após o falecimento do usuário, a pessoa indicada por ele poderá obter acesso aos dados utilizando um código gerado pelo aplicativo.

[13] ÖHMAN, Carl; FLORIDI, Luciano. An ethical framework for the digital afterlife industry. *Nature Human Behaviour*, v. 2, n. 5, 2018. p. 318.

[14] ÖHMAN, Carl; FLORIDI, Luciano. An ethical framework for the digital afterlife industry. *Nature Human Behaviour*, v. 2, n. 5, 2018. p. 319.

dos dados pessoais de pessoas falecidas, conforme o Considerando nº 27 do referido regulamento.[15]

Nesse sentido, países como França,[16] Hungria,[17] Espanha[18] e Itália buscaram regulamentar, internamente, o tratamento de dados pessoais de pessoas falecidas. Por outro lado, o Reino Unido[19] não aplica a legislação interna aos dados de pessoas falecidas.

No Brasil, o tema permanece em aberto e ainda não há um marco regulatório específico sobre a sucessão de conteúdos digitais, embora o tema já esteja sendo enfrentado nos tribunais e existam iniciativas legislativas no Congresso Nacional, como o Projeto de Lei nº 5.820[20] de 2019 e o Projeto de Lei nº 6.468 de 2019.[21]

Malgieri[22] aponta para a existência de três cenários envolvendo a tutela póstuma de dados pessoais: (i) o cenário de "liberdade de dados", no qual a mercantilização total dos dados pessoais do falecido é possível, sem qualquer proteção para este e para os enlutados; (ii) o cenário de "quase bens", em que os dados pessoais de uma pessoa falecida são "herdados"; e (iii) o cenário de privacidade *post mortem*, no qual a privacidade do titular dos dados é protegida mesmo após a sua morte, por meio de instrumentos específicos, como "delegações" e diretivas antecipadas.

Um dos instrumentos que alcança o planejamento sucessório é o testamento. Nesse sentido, Tepedino, Nevares e Meireles[23] apontam que, no campo existencial, o testamento é especialmente relevante porque possibilita livres escolhas quanto aos aspectos da personalidade. Além do testamento em suas diversas modalidades, Daniele Chaves Teixeira e Caroline Pomjé destacam também a importância do codicilo para o planejamento sucessório de bens digitais que não apresentem conteúdo patrimonial

---

15 Considerando nº 27: "O presente regulamento não se aplica aos dados pessoais de pessoas falecidas. Os Estados-Membros poderão estabelecer regras para o tratamento dos dados pessoais de pessoas falecidas" (Disponível em: https://eur-lex.europa.eu/eli/reg/2016/679/oj. Acesso em: 29 jul. 2021).

16 Permite que os titulares dos dados estabeleçam instruções para a gestão dos seus dados pessoais após a morte, conforme será explicado adiante (FRANÇA. *La loi Informatique et Libertés – Loi nº 78-17 du 6 janvier 1978 relative à l'informatique, aux fichiers et aux libertés*).

17 O *InfoAct* prevê que uma pessoa nomeada pelo titular dos dados durante a sua vida ou um familiar próximo poderá exercer os direitos do titular dos dados após a sua morte (HUNGRIA. *Act CXII of 2011 on the Right of Informational Self-Determination and on Freedom of Information*).

18 A lei espanhola permite que pessoas ligadas ao falecido por motivos familiares ou de fato, pessoas ou instituições expressamente designadas pelo falecido e herdeiros possam solicitar o acesso aos dados pessoais do falecido e, se for caso disso, a sua retificação ou eliminação, podendo o falecido expressamente proibir este exercício (ESPANHA. *Ley Orgánica 3/2018, de 5 de diciembre, de Protección de Datos Personales y garantía de los derechos digitales*).

19 "The UK GDPR only applies to information which relates to an identifiable living individual. Information relating to a deceased person does not constitute personal data and therefore is not subject to the UK GDPR" (INFORMATION COMISSIONER'S OFFICE. *What is personal data?*).

20 O PL nº 5.820, de iniciativa do Depurado Elias Vaz (PSB/GO), busca alterar o art. 1.881 do Código Civil para possibilitar que o codicilo possa ser feito em meio eletrônico e, ainda, possa comportar disposições acerca da herança digital, sendo esta definida como "vídeos, fotos, livros, senhas de redes sociais, e outros elementos armazenados exclusivamente na rede mundial de computadores, em nuvem".

21 O PL nº 6.468, de iniciativa do Senador Jorginho Mello (PL/SC), busca acrescentar parágrafo único ao art. 1.788 do Código Civil, estabelecendo a transmissão, aos herdeiros, de todos os conteúdos de contas ou arquivos digitais de titularidade do autor da herança.

22 MALGIERI, Gianclaudio. R.I.P.: rest in privacy or rest in (quasi-)property? Personal data protection of deceased data subjects between theoretical scenarios and national solutions. *In*: LEENES, Ronald; VAN BRACKEL, Rosamunde; GUTWIRTH, Serge; DE HERT, Paulo. *Data protection and privacy*: the internet of bodies. Bruxelas: Hart, 2018. p. 3.

23 TEPEDINO, Gustavo; NEVARES, Ana Luiza Maia; MEIRELES, Rose Vencelau. *Fundamentos do direito civil*. Rio de Janeiro: Gen, 2021. v. VII. p. 139.

ou que apresentem baixo valor financeiro.[24] Embora o testamento possa abranger situações extrapatrimoniais, conforme dispõe o art. 1.857, §2º, do Código Civil,[25] os instrumentos do direito sucessório, como acontece também com o codicilo, podem se mostrar insuficientes para promover a tutela *post mortem* da personalidade.

No âmbito da tutela da privacidade e da proteção de dados pessoais, o planejamento sucessório, além de concretizar a vontade manifestada em vida, é um instrumento que pode auxiliar na governança dos dados, possibilitando o planejamento do ciclo informacional por meio do exercício de direitos e da aplicação de remédios previstos no ordenamento jurídico. O planejamento sucessório surge como um modelo procedural que permite reunir diversas medidas que buscam organizar, ainda em vida, a sucessão hereditária de bens e direitos do titular, de modo a evitar conflitos e garantir que a vontade manifestada em vida seja concretizada após o falecimento.

No entanto, é importante ressaltar, desde já, que o exercício de direitos em nome do titular falecido assume, na prática, função muito diversa em caráter *post mortem*, abrindo espaço para riscos e potenciais conflitos de interesse.[26] Além disso, o atual cenário revela a existência de diferentes modelos regulatórios, o que deve ser considerado no momento do planejamento da sucessão.

4 Modelos: intransmissibilidade, herança digital e tutela póstuma de dados pessoais

Considerando que o conteúdo legislativo acerca do tema é ainda incipiente e não há contornos claros da aplicação destes parâmetros, surgem diferentes modelos a serem aplicados: (i) o modelo da intransmissibilidade, marcado pela atuação de diversas plataformas, que definem as possibilidades de gerenciamento do conteúdo digital após a morte em suas políticas e termos de uso, colocando em evidência a regulação por arquitetura; (ii) o modelo da herança digital, permeado pelo debate acerca da natureza jurídica existencial, patrimonial e híbrida dos bens digitais;[27] e (iii) o modelo da tutela póstuma de dados pessoais, que surge como uma terceira via, ao tutelar aspectos existenciais por meio do exercício de direitos referentes à proteção de dados.

É importante notar que os modelos não são propriamente excludentes. A tutela póstuma dos dados pessoais não esgota o debate dos bens digitais e da própria herança digital. Nesse sentido, a separação apresentada cumpre a função de ressaltar aspectos

---

[24] TEIXEIRA, Daniele Chaves; POMJÉ, Caroline. Caminhos para a tutela dos bens digitais no planejamento sucessório. *In*: TEIXEIRA, Ana Carolina Brochado; LEAL, Livia Teixeira. *Herança digital*. Controvérsias e alternativas. Indaiatuba: Foco, 2021.

[25] "Art. 1.857. Toda pessoa capaz pode dispor, por testamento, da totalidade dos seus bens, ou de parte deles, para depois de sua morte. [...] §2º São válidas as disposições testamentárias de caráter não patrimonial, ainda que o testador somente a elas se tenha limitado" (BRASIL. *Lei n. 10.406, de 10 de janeiro de 2002. Código Civil*. Brasília, 2002. Disponível em: http://www.planalto.gov.br/ccivil_03/leis/2002/l10406.htm. Acesso em: 24 jul. 2021).

[26] NEGRI, Sergio Marcos Carvalho de Ávila; KORKMAZ, Maria Regina Detoni Cavalcanti Rigolon. Autonomia privada, portabilidade de dados pessoais e planejamento sucessório. *In*: TEIXEIRA, Daniele Chaves (Coord.). *Arquitetura do planejamento sucessório*. Belo Horizonte: Fórum, 2021. t. II. p. 659-674.

[27] TEIXEIRA, Ana Carolina Brochado; LEAL, Livia Teixeira. *Herança digital*. Controvérsias e alternativas. Indaiatuba: Foco, 2021; TEIXEIRA, Ana Carolina Brochado; KONDER, Carlos Nelson. Situações jurídicas dúplices: controvérsias na nebulosa fronteira entre patrimonialidade e extrapatrimonialidade. *In*: TEPEDINO, Gustavo; FACHIN, Luiz Edson. *Diálogos sobre direito civil*. Rio de Janeiro: Renovar, 2012. v. IIII.

centrais do debate, como acontece com o modelo da tutela póstuma dos dados, organizado, prioritariamente, a partir do impacto dos fluxos informacionais na vida das pessoas, mesmo após a morte.

No que diz respeito ao modelo de plataformas, observa-se que a tecnologia emerge como uma forma de regulação. Nesse sentido, Lawrence Lessig[28] aponta que a arquitetura também condiciona o comportamento das pessoas, determinado a forma como as interações ocorrem. A tecnologia sempre incorpora certas regras, que permitem determinado comportamento e inibem outro. Quando há uma prevalência dos interesses comerciais das próprias plataformas, os efeitos "normativos" da tecnologia podem não se mostrar, contudo, legítimos.

Nesse sentido, Tepedino[29] aponta que é necessário refletir acerca da abusividade de cláusulas contratuais presentes nos contratos de adesão celebrados pela internet que, por vezes, sobrepõem-se à liberdade de testar e de escolha do próprio interessado, concedendo às plataformas o poder de controle e gestão do perfil do falecido. Da mesma forma, a existência de diferentes políticas de privacidade e termos de uso gera um cenário de insegurança jurídica, pois cada plataforma pode adotar procedimentos, obrigações e direitos distintos diante de situações essencialmente semelhantes.

A política do Facebook[30] está baseada na transformação da conta da pessoa falecida em memorial, na qual amigos e familiares podem compartilhar conteúdos após o falecimento da pessoa. É possível que a pessoa, em vida, estabeleça um "contato herdeiro", que poderá administrar a conta memorial.

O contato herdeiro poderá escrever uma publicação fixada no memorial, responder a novas solicitações de amizade e alterar a imagem de perfil e a foto da capa. No entanto, não é permitido que contatos herdeiros façam *login* no memorial, removam ou alterem publicações, fotos e demais conteúdos compartilhados pelo usuário ainda em vida, removam amigos e tenham acesso às mensagens enviadas pelo perfil na rede social.

De acordo com o Facebook,[31] em regra, não é possível fornecer as informações de *login* da conta de outra pessoa, mesmo diante de uma situação de falecimento, pois isso violaria as políticas da rede social. Contudo, em determinados casos, a política da rede social informa que poderá avaliar solicitações relativas a conteúdo ou informações adicionais sobre a conta caso sejam apresentados uma ordem judicial e um comprovante de que o solicitante é um representante autorizado.

Além da solicitação de transformação da conta em memorial, familiares próximos verificados podem solicitar a remoção da conta do Facebook. Nesse caso, é necessário fornecer a certidão de óbito ou um comprovante emitido por autoridade (como procuração, certidão de nascimento, testamento e letra de crédito) e uma prova do falecimento (por exemplo, obituário e cartão do memorial).

[28] LESSIG, Lawrence. *Code and other laws of cyberspace*: version 2.0. New York: Basic Books, 2006. p. 77.

[29] TEPEDINO, Gustavo. Pacta corvina em versão digital? *Revista Brasileira de Direito Civil – RBDCivil*, Belo Horizonte, v. 28, p. 11-12, 2021.

[30] COMO administrar a conta de uma pessoa falecida. *Facebook*. Disponível em: https://www.facebook.com/help/275013292838654/?helpref=hc_fnav. Acesso em: 5 jul. 2021.

[31] COMO administrar a conta de uma pessoa falecida. *Facebook*. Disponível em: https://www.facebook.com/help/275013292838654/?helpref=hc_fnav. Acesso em: 5 jul. 2021.

Em março de 2021, a 31ª Câmara de Direito Privado do Tribunal de Justiça de São Paulo discutiu, nos autos do Processo Judicial nº 1119688-66. 2019.8.26.0100, a exclusão de perfil de usuária falecida, tendo o Facebook negado acesso à herdeira (mãe), que ingressou com ação objetivando indenização por danos morais.[32]

No caso em tela, a decisão de primeiro grau foi mantida, tendo os desembargadores entendido que a conduta da plataforma foi legítima, não havendo abusividade ou falha na prestação dos serviços. Desse modo, os termos de uso da rede social – que impedem acesso ao perfil do usuário falecido – prevaleceram.

O Google,[33] por sua vez, criou um gerenciador de contas inativas, possibilitando que o usuário, em vida, estabeleça parâmetros para que o Google considere sua conta como inativa (3 a 18 meses sem uso). Nesse caso, o usuário deverá indicar o que deve ser feito com seus dados, sendo possível compartilhá-los com alguém (até 10 pessoas) ou solicitar que sejam excluídos.

Caso o usuário opte por compartilhar seus dados pessoais com determinadas pessoas, o gerenciador de contas inativas oferece granularidade nesta manifestação de vontade, uma vez que é possível selecionar quais dados serão compartilhados (por exemplo, dados da agenda e de contatos, dados do *e-mail*, dados extraídos do *Google Maps* etc.). Nesse caso, as pessoas escolhidas pelo usuário poderão realizar o *download* do conteúdo por até três meses antes da exclusão da conta.

Por meio do gerenciador de contas, ainda é possível escrever e configurar uma resposta automática a ser enviada para todos que tentarem contato via *e-mail* após a conta se tornar inativa. Por fim, o gerenciador possibilita que o usuário opte pela exclusão da conta três meses depois que esta se tornar inativa. Nesse caso, faz-se necessário destacar que dados compartilhados publicamente – por exemplo, vídeos postados no YouTube – também serão excluídos.

Em junho de 2021, a Apple anunciou o *Apple Digital Legacy*,[34] que estará disponível para determinados usuários ainda neste ano. Por meio da ferramenta, será possível estabelecer, em vida, um "contato legado" que receberá uma chave de acesso. Após a morte do usuário, o contato legado poderá solicitar acesso à conta e remover o bloqueio de ativação de dispositivos, mediante apresentação da chave de acesso e de certidão de óbito do usuário.

O contato legado poderá ter acesso e realizar o *download* de dados como mensagens, fotos, notas, contatos, eventos de calendário, aplicativos comprados pelo usuário e *backup* do dispositivo. Dados referentes a informações de pagamento, assinaturas e mídia licenciada não poderão ser acessados. Ao conceder acesso, a Apple fornecerá uma data de expiração e, posteriormente, a conta e dados serão excluídos.[35]

---

32 SÃO PAULO. Tribunal de Justiça do Estado de São Paulo. 31ª Câmara de Direito Privado. *Apelação Cível n. 1119688-66.2019.8.26.0100*. Rel. Des. Francisco Casconi, j. 9.3.2021.

33 GERENCIADOR de contas inativas. *Google*. Disponível em: https://myaccount.google.com/inactive. Acesso em: 24 jul. 2021.

34 SOLICITAR acesso à conta de um amigo ou familiar falecido. *Apple*. Disponível em: https://digital-legacy.apple.com/. Acesso em: 27 jul. 2021.

35 TILLMAN, Maggie. O que é Apple Digital Legacy e como funcionam os contatos legacy? *Pocket-lint*, 10 jun. 2021. Disponível em: https://www.pocket-lint.com/pt-br/aplicativos/noticias/apple/157285-o-que-e-legado-digital-da-apple-e-como-adicionar-um-contato-legado-no-iphone. Acesso em: 27 jul. 2021.

A partir da descrição de algumas políticas adotadas por grandes plataformas, observa-se que, em regra, este modelo foi originariamente pautado na ideia da intransmissibilidade do conteúdo, ou seja, a plataforma não confere ao usuário um espaço de gestão de suas próprias informações. O modelo anunciado pela Apple parece, contudo, afastar-se da lógica inicial da intransmissibilidade, ao reforçar o controle e a gestão da pessoa sobre as suas informações, podendo inclusive determinar quais dados serão acessíveis e passíveis de *download* após sua morte.

No que diz respeito ao modelo baseado na herança digital, faz-se necessário destacar que o termo remete à busca pela transmissibilidade do conteúdo digital via direito sucessório. Como se observou no famoso caso julgado na Alemanha, critica-se o argumento apresentado pelas plataformas no sentido de que a exclusão do perfil, com a perda de todos os dados, seria uma forma de tutelar a privacidade do falecido. O termo "herança digital" não é propriamente utilizado em um sentido técnico, mas representa um atalho mental usado para indicar, por exemplo, a possibilidade de os herdeiros simplesmente acessarem o conteúdo digital de uma pessoa falecida. Nesse caso, não se fala exclusivamente em dados pessoais, mas em uma série de ativos digitais armazenados em servidores particulares. Além da heterogeneidade dos bens digitais, o problema da adoção da solução via direito sucessório estaria na determinação do destino do conteúdo digital que não apresenta natureza patrimonial, como ocorre, por exemplo, com os dados pessoais.

Burille, Honorato e Leal[36] apontam que bens digitais de cunho existencial somente poderiam ser transmitidos aos herdeiros mediante duas condições: (i) por consentimento manifestado em vida pelo titular e (ii) por ausência de violação à intimidade e/ou a privacidade de terceiros. Há, ainda, autores que sustentam a transmissão geral de todos os bens digitais, independentemente da natureza existencial ou patrimonial, exceto disposição de vontade contrária do titular, conforme Karina Fritz e Laura Mendes,[37] em consonância com a decisão proferida pelo *Bundesgerichtshof* (BGH), na Alemanha, em 2018.[38]

Por fim, surge um modelo que pode ser considerado uma terceira via: a tutela póstuma de dados pessoais. Nesse modelo, reforça-se também a manifestação da vontade em vida para o exercício qualificado da autonomia privada da pessoa.

5 A terceira via: autonomia privada e a tutela póstuma de dados pessoais

Na Itália, o *Codice in materia di protezione dei dati personali* –[39] integrado com as modificações introduzidas pelo Decreto Legislativo de 10.8.2018, nº 101 – possibilita

---

[36] BURILLE, Cítina; HONORATO, Gabriel; LEAL, Lícia Teixeira. Danos morais por exclusão de perfil de pessoa falecida? Comentários ao acórdão proferido na Apelação Cível nº 1119688-66. 2019.8.26.0100 (TJSP). *Revista Brasileira de Direito Civil – RBDCivil*, Belo Horizonte, v. 28, 2021. p. 213.

[37] FRITZ, Karina Nunes; MENDES, Laura Schertel. Case report: corte alemã reconhece a transmissibilidade da herança digital. *Revista de Direito da Responsabilidade*, Coimbra, ano 1, p. 525-555, 2019.

[38] ALEMANHA. *Bundesgerichtshof*. v. 12.07.2018, III ZR 183/17.

[39] ITALIA. *Decreto legislativo 30 giugno 2003, n. 196*. Integrato con le modifiche introdotte dal Decreto Legislativo 10 agosto 2018, n. 101, recante "Disposizioni per l'adeguamento della normativa nazionale alle disposizioni del regolamento (UE) 2016/679 del Parlamento europeo e del Consiglio, del 27 aprile 2016, relativo alla protezione delle persone fisiche con riguardo al trattamento dei dati personali, nonchè alla libera circolazione di tali dati

o exercício dos direitos dos titulares (i) por parte de quem tenha interesse próprio; (ii) por parte de quem atue como mandatário, agindo para a proteção do interessado; e (iii) por razões familiares merecedoras de tutela.

Cabe destacar que o titular, ainda em vida, poderá proibir expressamente o exercício dessas prerrogativas, ainda que de forma parcial, por meio de manifestação escrita e qualificada como inequívoca, específica, livre e informada, sendo esta revogável. Trata-se de manifestação de vontade revogável e que não poderá prejudicar o exercício de direitos patrimoniais de terceiros derivados da morte ou o exercício do direito de defesa em juízo.[40]

A manifestação de vontade em vida, qualificada como "inequívoca, específica, livre e informada", remete ao consentimento do titular de dados, enquanto uma das bases legais que autorizam o tratamento de dados pessoais.

O adjetivo "livre" está relacionado à possibilidade de o titular negar a sua concordância, isto é, quando há uma efetiva possibilidade de escolha. Além disso, é necessário fornecer informações prévias suficientes e claras, que permitam a formação do convencimento do titular e, consequentemente, uma manifestação "informada". Ainda, é necessário que a manifestação seja "inequívoca", isto é, que se traduza em uma ação afirmativa por parte do titular. Por fim, a manifestação "específica" pressupõe que a disposição com a qual o titular está concordando esteja disposta de modo individualizado das demais.

O consentimento somente será considerado uma manifestação válida se preencher todas as qualidades mencionadas, garantindo que o titular esteja fazendo uma escolha genuína.

Verifica-se que o modelo italiano não concede um direito de acesso absoluto aos herdeiros da pessoa falecida, uma vez que seu exercício está condicionado a uma avaliação prévia da existência de interesse merecedor de tutela. À título de exemplificação, é possível citar a decisão proferida pelo Tribunal de Milão, em 9.2.2021,[41] em caso envolvendo acidente de carro no qual o iPhone da pessoa falecida foi destruído, mas todos os dados haviam sido armazenados na nuvem da Apple. Nesse caso, os pais solicitaram acesso aos dados junto à Apple, mas as solicitações foram negadas pela empresa.

Por tal razão, os pais ingressaram com medida cautelar objetivando o acesso aos dados, uma vez presentes os requisitos do *fumus boni iuris* (art. 2-terdecies do *Codice in materia di protezione dei dati personali)* e do *periculum in mora*, evidenciado pelo fato de que a Apple havia apontado que, após um período de inatividade, a conta seria destruída automaticamente.

O pedido dos pais foi acolhido, tendo o Tribunal de Milão pontuado que a possibilidade de recuperar parte das imagens relativas à última fase da vida da pessoa

---

e che abroga la direttiva 95/46/CE (regolamento generale sulla protezione dei dati)" (in G.U. 4 settembre 2018 n.205). Codici in materia di protezione dei dati personali. 2003.

40 Em recente artigo publicado, Cristiano Colombo e Guilherme Goulart analisaram também o tema. Defendem, ao contrário do presente artigo, a possibilidade de os herdeiros revogarem o consentimento prestado em vida pelo falecido (COLOMBO, Cristiano; GOULART, Guilherme Damasio. Inteligência artificial em softwares que emulam perfis de falecidos e dados pessoais de mortos. *In*: SARLET, Gabrielle Bezerra Salles *et al. Proteção de dados*: temas controvertidos. Indaiatuba: Foco, 2021).

41 SE muoio a chi vanno le foto nel cloud? *La Legge Per Tutti*. Disponível em: https://www.laleggepertutti.it/467018_se-muoio-a-chi-vanno-le-foto-nel-cloud. Acesso em: 27 jul. 2021.

falecida, a vontade de realizar um projeto em homenagem à sua memória e o vínculo existente entre pais e filhos são elementos que levam a reconhecer a existência das razões familiares merecedoras de tutela, conforme exigido por lei.

Patti e Bartolini[42] destacam que um potencial problema não resolvido no quadro jurídico italiano é o possível conflito entre as diferentes pessoas que podem ter um interesse legítimo nos dados do falecido. Nesses casos, é importante relembrar que a valoração de um ato não pode estar limitada ao mero juízo de licitude, devendo compreender também os valores e princípios fundamentais expressos na Carta Constitucional, ou seja, nem sempre um interesse lícito será considerado merecedor de tutela à luz do ordenamento jurídico.[43]

Na França, *La loi Informatique et Libertés (Loi nº 78-17 du 6 janvier 1978 relative à l'informatique, aux fichiers et aux libertés)* –[44] a lei de proteção de dados francesa, atualizada pelo Decreto nº 2019-536, publicado em 30.5.2019 – apresenta um capítulo específico com disposições acerca do tratamento de dados pessoais de falecidos, estabelecendo que a pessoa pode, em vida, definir diretrizes relativas ao armazenamento, à eliminação e à comunicação dos dados pessoais após a sua morte.

Tais diretrizes podem ser gerais, tratando de todos os dados pessoais, e podem ser registradas com um terceiro de confiança, certificado pela autoridade francesa, a *Commission Nationale de l'informatique et des Libertés* (CNIL). É possível estabelecer diretrizes específicas, registradas junto aos controladores e sujeitas ao consentimento do interessado, com disposições acerca da forma como a pessoa pretende exercer, após a sua morte, os direitos referentes à proteção de dados pessoais.

Na ausência de diretivas ou de menção em contrário, os herdeiros podem exercer, após a sua morte, os direitos do titular, caso necessário para: (i) organização e liquidação dos bens do falecido, incluindo comunicações de bens digitais ou dados que lembram memórias de família, transmissíveis aos herdeiros; e (ii) encerramento de contas, oposição à continuidade de tratamentos de dados ou atualizações.

A ausência de regras sobre a tutela póstuma de dados pessoais no Brasil pode acarretar dois problemas. A princípio, o direito sucessório, mesmo sem uma disciplina voltada para tutela dos direitos da personalidade, pode ser utilizado como única solução possível. Ao contrário das legislações de proteção de dados, o direito sucessório não apresenta ainda um instrumental pensado para o controle da informação e dos dados pessoais.

Outro problema está em se pensar que a tutela póstuma de dados pessoais significa a aplicação automática das LGPD aos dados de pessoas falecidas. O exercício de direitos, remédios e demais instrumentos apresentados pela LGPD não pode ser

---

[42] PATTI, Francesco Paolo; BARTOLINI, Francesca. Digital inheritance and post mortem data protection: the Italian Reform. *European Review of Private Law – ERPL*, Forthcoming, Bocconi Legal Studies Research Paper n. 3397974, 2019. p. 4.

[43] PERLINGIERI, Pietro. *O direito civil na legalidade constitucional*. Rio de Janeiro: Renovar, 2008. p. 650.

[44] "Article 85. I. - Toute personne peut définir des directives relatives à la conservation, à l'effacement et à la communication de ses données à caractère personnel après son décès. Ces directives sont générales ou particulières. Les directives générales concernent l'ensemble des données à caractère personnel se rapportant à la personne concernée et peuvent être enregistrées auprès d'un tiers de confiance numérique certifié par la Commission nationale de l'informatique et des libertés. [...]" (FRANÇA. *La loi Informatique et Libertés – Loi nº 78-17 du 6 janvier 1978 relative à l'informatique, aux fichiers et aux libertés*).

estendido de forma automática para tutela póstuma, sob pena de gerar conflitos de interesse. A portabilidade de dados não deve, por exemplo, ser equiparada ao simples acesso, principalmente quando verificado o falecimento do titular. A autodeterminação informacional da pessoa falecida pode ser violada se houver mudanças indesejadas ou não intencionais em sua identidade ou, ainda, os interesses dos enlutados (como amigos e família) podem ser especialmente afetados em situações nas quais os dados pessoais da pessoa falecida são utilizados.

O debate da tutela póstuma exige uma análise funcional dos direitos estipulados para a proteção de dados, com uma correta valoração das suas finalidades e diferenças. Isso pode significar que nem todos os direitos pensados para a tutela em vida poderão ser exercidos com a morte da pessoa. No Brasil, a LGPD prevê os direitos dos titulares nos arts. 18 e 20, incluindo a confirmação do tratamento e o acesso, que se apresentam como instrumentos de extrema relevância para o planejamento e para a gestão do ciclo informacional ainda em vida.

Os titulares têm o direito de ser informados sobre a coleta e o uso de seus dados pessoais, especialmente à luz dos princípios da transparência e da finalidade, previstos, no art. 6º, respectivamente, I e VI, da LGPD, dos quais se extrai que a finalidade deve ser informada ao titular desde o início do tratamento e as práticas de transparência devem ser mantidas durante todo o ciclo do tratamento, com informações claras, acessíveis e precisas.

Para concretizar o princípio do livre acesso, previsto no art. 6º, IV, da LGPD, o art. 9º estabelece que o titular deve ter acesso facilitado às informações sobre o tratamento de seus dados, incluindo a finalidade específica, a forma e a duração do tratamento, informações sobre o uso compartilhado dos dados, responsabilidades dos agentes, identificação e informações de contato do controlador e menção explícita aos direitos dos titulares. O art. 9º pode ser implementado por meio de um *aviso de privacidade*, a ser disponibilizado, pelo controlador, em meio físico ou digital, de forma facilmente acessível e com linguagem clara.

O acesso aos dados poderá ser solicitado pelo titular ou representante legalmente constituído mediante requerimento expresso. A confirmação de existência e o acesso aos dados pessoais podem ser concretizados de duas formas: (i) em formato simplificado, informando se há ou não tratamento ou (ii) em formato completo, indicando a origem dos dados, a inexistência de registro, os critérios utilizados e a finalidade do tratamento, observados os segredos comercial e industrial, nos termos do art. 19 da LGPD.

Quanto ao prazo para resposta, o controlador deve observar que a solicitação em formato completo deve ser atendida no prazo máximo de 15 dias, enquanto o requerimento em formato simplificado deve ser atendido imediatamente. Posteriormente, a Autoridade Nacional de Proteção de Dados – órgão responsável por zelar pela proteção de dados no país – poderá regulamentar os prazos de forma diferenciada para setores específicos.[45]

[45] "Art. 19. A confirmação de existência ou o acesso a dados pessoais serão providenciados, mediante requisição do titular: I - em formato simplificado, imediatamente; ou II - por meio de declaração clara e completa, que indique a origem dos dados, a inexistência de registro, os critérios utilizados e a finalidade do tratamento, observados os segredos comercial e industrial, fornecida no prazo de até 15 (quinze) dias, contado da data do requerimento

As informações e os dados devem ser disponibilizados em formato eletrônico ou impresso, cabendo a escolha ao titular. Por tal razão, o art. 19, §1º, da LGPD determina que os dados sejam armazenados em formato que favoreça o exercício do direito de acesso. Nesse sentido, cabe destacar que o *Relatório Anual de Governança em Privacidade* da International Association of Privacy Professionals (IAPP)[46] demonstra que, em 2020, 71% das solicitações de titulares estavam relacionadas ao exercício do direito de acesso.

Desse modo, verifica-se que a tutela póstuma de dados pessoais possui particularidades, uma vez que as informações que constituem o corpo eletrônico se projetam para um uso futuro. O exercício de direitos dos titulares e aplicação dos demais remédios previstos pela LGPD para proteção do titular em vida não podem ser simplesmente transpostos para um cenário *post mortem*.

Conforme aponta Rodotà,[47] a defesa da privacidade requer a distinção da disciplina de acordo com as funções para as quais são destinadas as informações coletadas, sendo necessário implementar operações integradas, com capacidade para regular a circulação de informações em conjunto. Desse modo, a função da proteção da personalidade após a morte do titular assume contornos essencialmente distintos da proteção da personalidade da pessoa em vida.

Tal cenário coloca em evidência a importância de o titular de dados fornecer, ainda em vida, disposições acerca do tratamento póstumo de seus dados de modo a planejar o ciclo das informações que lhe dizem respeito e evitar conflitos de interesse no futuro. Da mesma forma, a manifestação em vida poderá também determinar quais direitos relacionados à proteção de dados poderão ser exercidos após a morte. Além da determinação das circunstâncias, prazos e pessoas que poderão exercê-los, permite-se também vetos, como exemplo, a proibição da utilização de dados pessoais por sistemas de inteligência artificial, seja para a emulação da voz seja de outros atributos do falecido. Ainda que exista uma crise do consentimento na proteção de dados, é possível observar que o modelo da tutela póstuma de dados pessoais está fortemente fundamentado na efetiva e inequívoca manifestação de vontade do titular, reforçando a autonomia privada.

No contexto de tutela póstuma de dados pessoais, o exercício da autonomia informacional assume ainda maior relevância quando materializado por meio do planejamento sucessório/informacional. Embora a cultura de planejar em vida a destinação do conteúdo digital ainda não seja expressiva no Brasil, revela-se como uma tendência, capaz de fortalecer a autonomia privada e o controle da pessoa sobre suas informações.

6 Conclusão

A Lei Geral de Proteção de Dados apresenta uma tensão marcante entre a tutela da pessoa e a promoção de um mercado digital, uma vez que busca reforçar o controle do titular de dados e, simultaneamente, estimular a circulação de informações.

---

do titular. [...] §4º A autoridade nacional poderá dispor de forma diferenciada acerca dos prazos previstos nos incisos I e II do caput deste artigo para os setores específicos".

46 IAPP. *Privacy Governance Report 2020.*

47 RODOTÀ, Stefano. *A vida na sociedade da vigilância*: a privacidade hoje. Organização, seleção e apresentação de Maria Celina Bodin de Moraes. Tradução de Danilo Doneda e Luciana Cabral Doneda. Rio de Janeiro: Renovar, 2008. p. 50.

Conforme buscamos demonstrar, o debate ainda é incipiente no Brasil e, até o momento, não há um marco regulatório para a tutela póstuma de dados pessoais, embora diversas plataformas estabeleçam regras sobre o tema por meio de políticas e termos de uso. É justamente no cenário de incerteza que o planejamento sucessório ganha relevância como instrumento apto a superar os desafios apresentados.

O planejamento do ciclo informacional e a mobilização de instrumentos e remédios previstos na LGPD, ainda em vida, possuem o potencial de reforçar e, futuramente, concretizar a manifestação de vontade do titular, estabelecendo o exercício total ou parcial de prerrogativas relacionadas à proteção de dados após a morte.

Buscamos demonstrar, contudo, que a tutela póstuma de dados pessoais não deve ser confundida com a tutela de dados pessoais prevista na Lei Geral de Proteção de Dados, devendo ser analisada de acordo com suas peculiaridades e conforme a função que exerce no ordenamento jurídico brasileiro, equilibrando valores como a autonomia privada e a solidariedade.

A importância crescente do planejamento informacional e das ferramentas de governança de dados demanda maior atenção por parte dos profissionais que atuam no planejamento da sucessão. O cenário de utilização massiva de plataformas digitais para armazenamentos, comunicações e criação de conteúdos também levanta preocupações relacionadas a questões existenciais, especialmente no que diz respeito à formação do corpo eletrônico e de sua projeção para o futuro.

Referências

ALVES JR., Sérgio. Fechando um ciclo: do término do tratamento de dados pessoais (arts. 15 e 16 da LGPD). *In*: MENDES, Laura Schertel *et al.* (Org.). *Tratado de proteção de dados pessoais*. Rio de Janeiro: Forense, 2021.

BARBIERI, Carlos. *Governança de dados*: práticas, conceitos e novos caminhos. Rio de Janeiro: Alta Books, 2021.

BURILLE, Cítina; HONORATO, Gabriel; LEAL, Lícia Teixeira. Danos morais por exclusão de perfil de pessoa falecida? Comentários ao acórdão proferido na Apelação Cível nº 1119688-66. 2019.8.26.0100 (TJSP). *Revista Brasileira de Direito Civil – RBDCivil*, Belo Horizonte, v. 28, 2021.

COLLINS, Barry. Microsoft could bring you back from the dead... as a chat bot. *Forbes*, 4 jan. 2021. Disponível em: https://www.forbes.com/sites/barrycollins/2021/01/04/microsoft-could-bring-you-back-from-the-dead-as-a-chat-bot/?sh=68a020f15f70. Acesso em: 26 jul. 2021.

COLOMBO, Cristiano; GOULART, Guilherme Damasio. Inteligência artificial em softwares que emulam perfis de falecidos e dados pessoais de mortos. *In*: SARLET, Gabrielle Bezerra Salles *et al*. *Proteção de dados*: temas controvertidos. Indaiatuba: Foco, 2021.

COMITÊ GESTOR DA INTERNET NO BRASIL. *Pesquisa sobre o uso das tecnologias de informação e comunicação nos domicílios brasileiros*: TIC Domicílios 2019. São Paulo: CGI.br, 2020.

COMO administrar a conta de uma pessoa falecida. *Facebook*. Disponível em: https://www.facebook.com/help/275013292838654/?helpref=hc_fnav. Acesso em: 5 jul. 2021.

DONEDA, Danilo. *Da privacidade à proteção de dados pessoais*: elementos da Lei Geral de Proteção de Dados. 2. ed. São Paulo: Thomson Reuters Brasil, 2019. 352 p.

FRITZ, Karina Nunes; MENDES, Laura Schertel. Case report: corte alemã reconhece a transmissibilidade da herança digital. *Revista de Direito da Responsabilidade*, Coimbra, ano 1, p. 525-555, 2019.

GERENCIADOR de contas inativas. *Google*. Disponível em: https://myaccount.google.com/inactive. Acesso em: 24 jul. 2021.

LESSIG, Lawrence. *Code and other laws of cyberspace*: version 2.0. New York: Basic Books, 2006.

MALGIERI, Gianclaudio. R.I.P.: rest in privacy or rest in (quasi-)property? Personal data protection of deceased data subjects between theoretical scenarios and national solutions. *In*: LEENES, Ronald; VAN BRACKEL, Rosamunde; GUTWIRTH, Serge; DE HERT, Paulo. *Data protection and privacy*: the internet of bodies. Bruxelas: Hart, 2018.

NEGRI, Sergio Marcos Carvalho de Ávila; KORKMAZ, Maria Regina Detoni Cavalcanti Rigolon. Autonomia privada, portabilidade de dados pessoais e planejamento sucessório. *In*: TEIXEIRA, Daniele Chaves (Coord.). *Arquitetura do planejamento sucessório*. Belo Horizonte: Fórum, 2021. t. II.

NEGRI, Sergio Marcos Carvalho de Ávila; KORKMAZ, Maria Regina Detoni Cavalcanti Rigolon; FERNANDES, Elora Raad. Portabilidade e proteção de dados pessoais: tensões entre pessoa e mercado. *Civilistica.com*, v. 10, n. 1, p. 1-39, maio 2021.

ÖHMAN, Carl; FLORIDI, Luciano. An ethical framework for the digital afterlife industry. *Nature Human Behaviour*, v. 2, n. 5, 2018.

PATTI, Francesco Paolo; BARTOLINI, Francesca. Digital inheritance and post mortem data protection: the Italian Reform. *European Review of Private Law – ERPL*, Forthcoming, Bocconi Legal Studies Research Paper n. 3397974, 2019.

RODOTÀ, Stefano. *A vida na sociedade da vigilância*: a privacidade hoje. Organização, seleção e apresentação de Maria Celina Bodin de Moraes. Tradução de Danilo Doneda e Luciana Cabral Doneda. Rio de Janeiro: Renovar, 2008.

SOLICITAR acesso à conta de um amigo ou familiar falecido. *Apple*. Disponível em: https://digital-legacy.apple.com/. Acesso em: 27 jul. 2021.

TEIXEIRA, Ana Carolina Brochado; KONDER, Carlos Nelson. Situações jurídicas dúplices: controvérsias na nebulosa fronteira entre patrimonialidade e extrapatrimonialidade. *In*: TEPEDINO, Gustavo; FACHIN, Luiz Edson. *Diálogos sobre direito civil*. Rio de Janeiro: Renovar, 2012. v. IIII.

TEIXEIRA, Ana Carolina Brochado; LEAL, Livia Teixeira. *Herança digital*. Controvérsias e alternativas. Indaiatuba: Foco, 2021.

TEIXEIRA, Daniele Chaves; POMJÉ, Caroline. Caminhos para a tutela dos bens digitais no planejamento sucessório. *In*: TEIXEIRA, Ana Carolina Brochado; LEAL, Livia Teixeira. *Herança digital*. Controvérsias e alternativas. Indaiatuba: Foco, 2021.

TEPEDINO, Gustavo. Pacta corvina em versão digital? *Revista Brasileira de Direito Civil – RBDCivil*, Belo Horizonte, v. 28, p. 11-12, 2021.

TEPEDINO, Gustavo; NEVARES, Ana Luiza Maia; MEIRELES, Rose Vencelau. *Fundamentos do direito civil*. Rio de Janeiro: GEN, 2021. v. VII.

Informação bibliográfica deste texto, conforme a NBR 6023:2018 da Associação Brasileira de Normas Técnicas (ABNT):

NEGRI, Sergio Marcos Carvalho de Ávila; GIOVANINI, Carolina Fiorini Ramos. Tutela póstuma de dados pessoais e planejamento sucessório. *In*: TEIXEIRA, Daniele Chaves (Coord.). *Arquitetura do planejamento sucessório*. Belo Horizonte: Fórum, 2022. p. 187-201. Tomo III. ISBN 978-65-5518-291-0.

HÁ LIMITES À VONTADE DO PLANEJADOR PARA DISPOR SOBRE A TRANSMISSÃO OU DESTRUIÇÃO DE BENS DIGITAIS HÍBRIDOS?

FRANCISCO JOSÉ CAHALI
SILVIA FELIPE MARZAGÃO

[...] *Eu quero entrar na rede*
Pra manter o debate
Juntar via Internet
Um grupo de tietes de Connecticut.
(GIL, Gilberto. *Pela internet*)

1 Introdução: a vida virtual e seu impacto na organização da sucessão patrimonial

Assumindo que a vida atual é essencialmente virtual, este estudo tem por objetivo analisar a existência ou não de limites à vontade do planejador quando este, em organização patrimonial sucessória, quer dispor acerca de bens digitais com características *híbridas*, assim considerados aqueles que envolvam, em alguma medida, tanto elementos existenciais, quanto patrimoniais.

Tendo em vista que no cotidiano contemporâneo parece ser absolutamente impossível dissociar mundo real (e a materialidade que contempla esse conceito) e mundo virtual, mostra-se necessário analisar até que ponto a vontade do planejador para o *post mortem* é plena e ilimitada quando dispõe de bens digitais com a natureza *supra*. A discussão ganha corpo e importância quando imaginamos também a hipótese de o planejador desejar, após a sua morte, a total destruição de bens digitais híbridos, atentando-se exclusivamente ao caráter existencial deste acervo, sem considerar o impacto patrimonial que esta iniciativa pode gerar.

Além disso, tal análise também abordará o fato de que, diante dessa nova realidade, todo e qualquer planejamento sucessório em alguma medida compreenderá disposições que contenham o alinhamento de expectativas e direitos decorrentes de patrimônio composto por bens digitais, sendo esperada a existência de disposições que contemplem aquilo que se tem convencionado chamar *herança digital*.

Há, de fato, considerável dificuldade nas definições que envolvem o tema. E isso porque, além de a herança digital ser composta por novos bens e tecnologias, é ela, ainda, resultado de recente mudança social e cultural ligada à forma de acúmulo de riqueza e patrimônio.

E como nitidamente o tempo da vida é muito mais veloz que o tempo do direito (especialmente o do processo legislativo, diga-se), ainda se está longe de obter consenso não só quanto à destinação dos bens digitais no âmbito sucessório, mas também – e o que é ainda mais angustiante – quanto à própria categorização e funcionalidade deste patrimônio, especialmente quando se trata daqueles bens digitais que recolham em si características patrimoniais e existenciais, como os bens digitais híbridos.

Não podemos deixar de pontuar que tal dificuldade, mola propulsora de parte deste estudo, decorre da clara resistência em nossa legislação codificada civil em reconhecer bens e direitos extracorpóreos, como bem nos lembra Everilda Brandão Guilhermino:

> A resistência do Código Civil em abarcar o que não seja corpóreo se mostra latente. Projetado para uma propriedade corpórea, sempre delegou à legislação extravagante qualquer tipo de tutela. Basta visualizar as leis que cuidam da propriedade intelectual, do meio ambiente e mais recentemente dos dados digitais.[1]

O tema torna-se desafiador à medida que há uma série de questionamentos não só sobre a possibilidade da disponibilidade para transmissão dos bens digitais híbridos – e, consequentemente, a inclusão deste patrimônio no planejamento sucessório –, como também sobre a operacionalização técnica dessa transmissão e a possibilidade de valoração desse patrimônio.

Para fins de pesquisa e estudo, como o tema é novo e, neste momento, conta com mais perguntas que respostas, estabeleceremos algumas premissas à construção do raciocínio acadêmico (ainda que, de fato, não estejam totalmente esgotadas na produção doutrinária as discussões sobre os temas, tampouco sejam essas necessariamente as posições definitivas e terminativas desses autores sobre os aspectos pontuados).

A primeira delas é que os bens digitais podem ser transmitidos aos herdeiros, compreendendo patrimônio inserido no objeto de ajustes e previsões em planejamentos sucessórios. De fato, há bens digitais em que a compreensão da transmissão é mais simples, como exemplo, os *bitcoins*, e outros em que é mais complexa, como páginas pessoais. Adotaremos, desde logo, a premissa da *possibilidade da transmissão* tanto para os simples, quanto para os complexos:

> a solução mais acertada, em respeito aos direitos fundamentais e aos cânones do direito sucessório, é permitir que haja transmissão de seu patrimônio digital aos herdeiros, seja pela via testamentária ou legítima. Para tanto, há que se ter o cuidado de arrolar tais bens nos inventários que forem abertos, permitindo-se que o Estado chancele tal transmissibilidade.[2]

---

[1] GUILHERMINO, Everilda Brandão. Para novos bens, um novo direito sucessório. *In*: TEIXEIRA, Daniele Chaves (Coord.). *Arquitetura do planejamento sucessório*. Belo Horizonte: Fórum, 2020. t. II. p. 163.

[2] ZAMPIER, Bruno. *Bens digitais*: cybercultura, redes sociais, e-mails, músicas, livros, milhas aéreas, moedas virtuais. 2. ed. Indaiatuba: Foco, 2021. p. 130.

A segunda premissa que será basilar para este estudo é a possibilidade técnica de operacionalizar a vontade do planejador quanto à transmissão. Deste modo, ainda que se discuta sobre a obrigatoriedade ou não de as plataformas digitais seguirem a vontade do usuário, por ser isso incompatível com os termos e condições de uso firmados para a disponibilização do serviço, partiremos do pressuposto de que isso *sempre será possível de ser exigido*: "Desse modo, mesmo diante de cláusulas expressas constantes nos termos de serviços dos provedores, estas podem ser afastadas pelo Poder Judiciário caso revelem incompatibilidade com preceitos previstos pelo ordenamento".[3]

Por fim, muito embora a valoração de conteúdos digitais seja um desafio enorme para o direito sucessório,[4] mormente em razão da inexistência de órgãos governamentais ou não governamentais que façam tal avaliação,[5] adotaremos também como premissa ser *possível aferir contábil e mercantilmente o valor real* de um bem digital.

Esclarecidos tais pontos, partiremos para a análise da (in)existência de limites à vontade do planejador quando estiver ele buscando dispor livremente de patrimônio digital que tenha natureza híbrida. Vejamos.

2 Patrimônio digital e planejamento sucessório: realidades contemporâneas indissociáveis

Com a migração da vida humana para o mundo digital, natural que a riqueza acompanhasse também esse movimento. De fato, se antes a sociedade tinha verdadeira fixação por bens corpóreos – metais valiosos, pedras preciosas, imóveis –, hoje a riqueza circula intensamente naquilo que não se vê – perfis digitais, criptomoedas, cotas em *startups*.

Das dez maiores fortunas mundiais, seis são associadas à tecnologia e internet,[6] e o brasileiro considerado mais rico no mundo hoje é o cofundador do *Facebook*,[7] de modo que é totalmente ingênuo pensarmos que diante da mudança mundial do tipo de riqueza será possível, em poucos anos, fazer algum planejamento patrimonial sucessório que não contemple bens digitais.

Do mesmo modo, a própria mudança nos estilos e modo de viver das famílias tem levado cada vez mais pessoas a pensarem num planejamento patrimonial para a sua partida, instrumentalizando as disposições construídas para que a sucessão se dê de modo mais tranquilo e menos custoso.

---

3 LEAL, Livia Teixeira. *Internet e a morte do usuário*: propostas para o tratamento jurídico post mortem do conteúdo inserido na rede. 2. ed. Rio de Janeiro: GZ, 2020. p. 137.

4 HONORATO, Gabriel; LEAL, Livia Teixeira. Exploração econômica de perfis de pessoas falecidas: reflexões jurídicas a partir do caso Gugu Liberato. *Revista Brasileira de Direito Civil – RBDCivil*, Belo Horizonte, ano 4, v. 23, jan./mar. 2020. p. 169.

5 HONORATO, Gabriel; LEAL, Livia Teixeira. Exploração econômica de perfis de pessoas falecidas: reflexões jurídicas a partir do caso Gugu Liberato. *Revista Brasileira de Direito Civil – RBDCivil*, Belo Horizonte, ano 4, v. 23, jan./mar. 2020. p. 169.

6 DOLAN, Kerry A.; WANG, Jennifer; PETERSON-WITHORN, Chase (Ed.). Forbes – World's billionaires list. The Richest in 2021. *Forbes*, 2021. Disponível em: https://www.forbes.com/billionaires/. Acesso em: 3 jun. 2021.

7 Cf. CASTRO, Mariangela. Eduardo Saverin ultrapassa Jorge Lemann e se torna brasileiro mais rico do mundo. *Forbes*, 5 jul. 2021. Disponível em: https://forbes.com.br/negocios/2021/07/eduardo-saverin-ultrapassa-jorge-lemann-e-se-torna-brasileiro-mais-rico-do-mundo/. Acesso em: 12 jul. 2021.

Imaginando o planejamento sucessório como o instrumento jurídico que permite a adoção de uma estratégia voltada para a transferência patrimonial eficaz de uma pessoa após a sua morte,[8] só fará sentido ao planejador ajustar a transferência de seu patrimônio se ele puder, de fato, aparar todas as arestas necessárias para tanto, não deixando (ou ao menos minimizando os riscos) questões em aberto que possam ser objeto de desgastantes questionamentos e litígios.

Daí porque é preciso pensar no planejamento como instrumento operacional para ajustar questões não só ligadas aos bens materiais patrimoniais (de mais simples transmissão e aferição de conteúdo econômico), como também permitir previsões que ajustem também objetos de direito de humanidade que podem formar o acervo em virtude do qual eventual planejamento sucessório tenha lugar.[9]

A eficácia do planejamento patrimonial sucessório depende, assim, de uma análise pormenorizada e ampla não só da realidade familiar em que se encontra o patrimônio de que se pretende planejar a sucessão, mas também – e principalmente – de verdadeira anamnese no patrimônio do planejador, aí incluído todo aquele que possa estar contido no mundo virtual.

Em alguma medida, portanto, os profissionais que estão auxiliando o planejador na árdua tarefa de pensar a transmissão patrimonial – que serve, muitas vezes como verdadeiro instrumento de comunicação entre a pessoa que morreu e as que ficaram –[10] deverão pensar em meios para categorização e disponibilização destes bens.

3 A imprescindível conceituação e categorização dos bens digitais e as implicações dessas características em sua transmissibilidade

Como o tema central deste trabalho é a disponibilidade de bens digitais para após a morte do seu titular, mostra-se pertinente a rápida passagem pela conceituação e categorização deste patrimônio. A legislação em vigor não traz definição específica sobre os bens digitais, tendo cabido à doutrina criar parâmetros que atribuam a esse patrimônio uma definição que passe por sua valoração para o campo jurídico econômico, bem como analise a sua funcionalidade. De fato:

> A análise dos novos bens deve estar umbilicalmente atrelada à relação jurídica na qual eles se inserem, ou seja, a específica função que ele desempenha na situação jurídica. Afinal, "o significado do bem jurídico depende essencialmente do interesse que o qualifica e sua classificação há de ser apreendida na esteira da função que o bem desempenha na relação jurídica. Além disso, assim como a realidade mostrou que a difusão de valores imobiliários e participações societárias, com o crescimento das atividades empresariais, superou em valor econômico os bens imóveis, tradicionalmente tidos pelo direito como mais valiosos, também

---

8 TEIXEIRA, Daniele Chaves. Noções prévias do direito das sucessões: sociedade, funcionalização e planejamento sucessório. *In*: TEIXEIRA, Daniele Chaves (Coord.). *Arquitetura do planejamento sucessório*. Belo Horizonte: Fórum, 2019. p. 35.

9 NERY, Rosa Maria de Andrade. *Instituições de direito civil*. Direitos da personalidade (direitos da humanidade). São Paulo: Revista dos Tribunais, 2017. v. VII. p. 291.

10 ANDRADE, Gustavo Henrique Baptista. *O direito de herança e a liberdade de testar*: um estudo comparado entre os sistemas jurídicos brasileiro e inglês. Belo Horizonte: Fórum, 2019. p. 75.

os bens digitais parecem que vão superar a importância de bens materiais: moedas virtuais, *e-commerces, sites, blogs,* são alguns exemplos cujo valor tem aumentado exponencialmente".[11]

Bruno Zampier define bens digitais como aqueles "bens incorpóreos, os quais são progressivamente inseridos na internet por um usuário, consistindo em informações de caráter pessoal que trazem alguma utilidade àquele, que tenha ou não conteúdo econômico".[12] Já Ana Carolina Teixeira e Livia Leal precisamente os definem como "todos aqueles conteúdos constantes na rede passíveis ou não de valoração econômica, que proporcionem alguma utilidade para o seu titular".[13]

Diante desses parâmetros, podemos conceituar bem digital como patrimônio imaterial útil que resulta da geração ou inserção de informações, conteúdos ou dados na internet, tornando-se bem incorpóreo de interesse econômico e/ou existencial para quem o detém.

Ao lado da questão da conceituação, faz-se necessária a categorização dos bens digitais. É fato que categorizar faz parte da atividade humana desde os primórdios da humanidade. É, aliás, característica essencialmente do *homo sapiens*, situação que não só permitiu avanço da espécie, como, ao que tudo indica, permitiu que não fosse extinta. Ao categorizar algo, por exemplo, o homem primitivo tinha condições de saber se era a ele positivo (como um alimento), ou prejudicial (como algo venenoso), além de facilitar seu processo de compreensão e análise:

> A mente inconsciente transforma diferenças difusas e nuances sutis em distinções nítidas. Seu objetivo é apagar detalhes irrelevantes enquanto mantém a informação importante. Quando isso é feito de uma forma bem-sucedida, nós simplificamos nosso ambiente e tornamos a navegação mais fácil e rápida. Quando isso não é feito da forma adequada, distorcemos nossas percepções, às vezes com resultados prejudiciais para os outros ou até para nós mesmos.[14]

Assim é que a efetiva categorização será também de extrema valia e de imprescindível importância para que possamos seguir no nebuloso campo que envolve a discussão sobre o tema. E isto porque será justamente a caracterização desse patrimônio que permitirá pensarmos na existência ou não de limitadores à sua fruição e disponibilidade.

Aliás, nota-se na doutrina que as conceituações são diversas, mas as categorizações acabam se assemelhando ao dividir os bens digitais preponderantemente em três categorias: bens digitais *existenciais*, bens digitais *patrimoniais* e bens digitais de caráter dúplice, que convencionamos chamar neste estudo de bens digitais *híbridos*.

---

[11] TEIXEIRA, Ana Carolina Brochado; KONDER, Carlos Nelson. O enquadramento dos bens digitais sob o perfil funcional das situações jurídicas. *In*: TEIXEIRA, Ana Carolina Brochado; LEAL, Livia Teixeira (Coord.). *Herança digital*: controvérsias e alternativas. Indaiatuba: Foco, 2021. p. 29.

[12] ZAMPIER, Bruno. *Bens digitais*: cybercultura, redes sociais, e-mails, músicas, livros, milhas aéreas, moedas virtuais. 2. ed. Indaiatuba: Foco, 2021. p. 64.

[13] TEIXEIRA, Ana Carolina Brochado; LEAL, Livia Teixeira. Tutela jurídica dos bens digitais ante os regimes de bens comunheiros. *In*: EHRHARDT JÚNIOR, Marcos; CATALAN, Marcos; MALHEIROS, Pablo (Coord.). *Direito civil e tecnologia*. Belo Horizonte: Fórum, 2020. p. 336-337.

[14] MLODINOW, Leonard. *Subliminar*: como o inconsciente influencia nossas vidas. Tradução de Cláudio Carina. Rio de Janeiro: Zahar, 2014. p. 202.

Acaba, por fim, que a categorização dos bens digitais (existentes no plano virtual) assemelha-se bastante à categorização dos bens existentes no plano material, de modo que a definição trazida por Heloísa Helena Barboza em todo se presta a definir também a categorização que ora se está a fazer no mundo virtual:

> os bens são patrimoniais ou não patrimoniais. Normalmente, o enquadramento se dá conforme o interesse: abrindo ou fechando uma categoria limitativa ou criando-se uma terceira categoria mais adaptada. Essa técnica, contudo, não esgota a diversidade de situações, na medida em que pressupõe que os conceitos jurídicos em questão são suscetíveis de se inserir sempre em uma distinção bipartida, o que nem sempre se verifica.[15]

Assim é que os bens digitais existenciais, como o próprio nome sugere, são os resultantes das informações, dados ou conteúdos criados ou inseridos em internet, com alguma utilidade, que possuam correlação direta com os direitos da personalidade de quem os titula. Exemplificativamente podemos dizer que são bens digitais existenciais as contas de mídia social não monetizadas, os aplicativos para captura e catalogação de fotografias, os perfis sociais para construção de identidade virtual, as conversas privadas trocadas em dispositivos de comunicação.

Vale ponderar que muito embora a tutela do *ter* seja de extrema importância ao direito brasileiro, especialmente ao direito civil, o vértice do ordenamento jurídico pátrio está no *ser*, quando se tem como valor máximo no sistema a tutela da pessoa humana, expresso no art. 1º, III, da Constituição da República.[16]

Tendo em vista que a tutela da existência e de todos os seus meandros se reveste de *status* constitucional, aqueles bens ligados aos direitos da personalidade, essencialmente aqueles listados no inc. X, do art. 5º, da Constituição Federal (intimidade, vida privada, honra e imagem das pessoas), terão proteção plena.

Deste modo, considerando o disposto no art. 6º do Código Civil, como a personalidade termina com a morte, natural, primeiro momento, concluirmos ser morte material coincidente com a morte virtual, levando à necessidade de destruição e apagamento de bens digitais exclusivamente existenciais, de modo que eles teriam, com o passamento do falecido, o mesmo fim de seu titular.

Faz muito sentido pensarmos assim quando consideramos haver bens digitais existenciais que não devem ser acessíveis a terceiros, mesmo sendo herdeiros ou legatários do morto:

> tem-se os bens digitais inacessíveis aos herdeiros, como conversas privadas em salas virtuais ou contas de e-mails, que devem resguardar a privacidade do morto. Muitas vezes nessas conversas surgem assuntos que o falecido não queria ver divulgação, a exemplo de relações amorosas ou relações comerciais duvidosas.[17]

---

15 Heloísa Helena Barboza, citada por MEIRELES, Rose Melo Venceslau. *Autonomia privada e dignidade humana*. Rio de Janeiro: Renovar, 2009. p. 52.

16 MEIRELES, Rose Melo Venceslau. *Autonomia privada e dignidade humana*. Rio de Janeiro: Renovar, 2009. p. 3.

17 GUILHERMINO, Everilda Brandão. Direito de acesso e herança digital. *In*: TEIXEIRA, Ana Carolina Brochado; LEAL, Livia Teixeira (Coord.). *Herança digital*: controvérsias e alternativas. Indaiatuba: Foco, 2021. p. 101.

Ocorre, todavia, que muitas vezes isso não acontece, havendo verdadeira relação de convivência de dados entre pessoas vivas e mortas, realidade a ser enfrentada pelo ser humano na utilização da rede, remodelando a sua própria forma de enxergar a finitude da vida.[18]

Daí a importância da tutela plena e completa dos bens digitais existenciais. Nesse sentido, inclusive, tem andado o legislador ao propor projetos de lei que tutelam os bens existenciais pertencentes ao morto. O PL nº 410/21,[19] por exemplo, prevendo a inclusão do art. 10-A à Lei do Marco Civil da Internet, estabelece que os provedores de aplicações de internet devem excluir as respectivas contas de usuários brasileiros mortos imediatamente após a comprovação do óbito. Assim, em regra, todas as contas de usuários falecidos deverão ser excluídas, havendo a possibilidade de manutenção exclusivamente em caso de manifestação expressa da vontade do morto neste sentido.

Outro projeto legislativo existente sobre o assunto, o PL nº 1.144/21,[20] prevê a alteração do Código Civil para a inclusão do art. 1791-A (com definição de herança digital), prevendo expressamente que não se transmite aos herdeiros o conteúdo de mensagens privadas constantes de quaisquer espécies de aplicações de internet, tutelando a privacidade oriunda de bens existenciais, ressalvando, contudo, a transmissão em caso de uso das contas com finalidade exclusivamente econômica.

A tutela, portanto, quando se fala de bens digitais puramente existenciais é plena e a sua transmissão, em regra, não é possível. Os bens existenciais morrem com o falecido, sendo possível apenas a possibilidade de os sucessores protegerem os direitos de personalidade do *de cujus*.

Esse tem sido, inclusive, o entendimento em nossos tribunais. Em recente decisão do E. Tribunal de Justiça de São Paulo, uma mãe, após o falecimento de sua filha, vinha fazendo uso da página da jovem usando seu *login* e senha, mantendo livre acesso aos seus conteúdos privativos, como fotografias e mensagens, e ainda interagindo com os contatos da falecida. Tão logo a plataforma teve conhecimento do fato, excluiu o perfil de seus cadastros, impedindo o acesso dos familiares.

A genitora da falecida, assim, promoveu ação judicial para voltar a ter acesso à página, o que foi negado pelo Tribunal especialmente pelo fato de ter a usuária, quando fez seu cadastro na rede de relacionamento, optado pela exclusão da conta em caso de seu falecimento.[21]

---

18 LEAL, Livia Teixeira. *Internet e a morte do usuário*: propostas para o tratamento jurídico post mortem do conteúdo inserido na rede. 2. ed. Rio de Janeiro: GZ, 2020. p. 144.

19 Em tramitação na Câmara dos Deputados, tendo como último andamento remessa à Comissão de Constituição e Justiça em 26.4.2021 (Disponível em: https://www.camara.leg.br/propostas-legislativas/2270016).

20 Em tramitação perante a Câmara dos Deputados em conjunto com o PL nº 3050/20, tendo como última movimentação a remessa para a Comissão de Constituição e Justiça em 3.12.2020 (Disponível em: https://www.camara.leg.br/proposicoesWeb/fichadetramitacao?idProposicao=2275941).

21 "AÇÃO DE OBRIGAÇÃO DE FAZER E INDENIZAÇÃO POR DANOS MORAIS SENTENÇA DE IMPROCEDÊNCIA. EXCLUSÃO DE PERFIL DA FILHA DA AUTORA DE REDE SOCIAL (FACEBOOK) APÓS SUA MORTE. Questão disciplinada pelos termos de uso da plataforma, aos quais a usuária aderiu em vida. [...] Possibilidade do usuário optar pelo apagamento dos dados ou por transformar o perfil em 'memorial', transmitindo ou não a sua gestão a terceiros. Inviabilidade, contudo, de manutenção do acesso regular pelos familiares através de usuário e senha da titular falecida, pois a hipótese é vedada pela plataforma. Direito personalíssimo do usuário, não se transmitindo por herança no caso dos autos, eis que ausente qualquer conteúdo patrimonial dele oriundo. Ausência de ilicitude na conduta da apelada a ensejar responsabilização ou dano moral indenizável" (TJSP – 1119688-66.2019.8.26.0100).

Parece-nos absolutamente acertada a decisão, mormente pelo respeito à vontade da falecida quanto à exclusão da conta e da completa ausência de valor patrimonial que justificasse a transferência do bem em questão para os herdeiros.

De fato, alguns direitos são personalíssimos e, portanto, intransmissíveis, extinguindo-se com a morte do titular, não sendo objeto de sucessão, não integrando o acervo sucessório por ele deixado.[22]

Já os bens digitais patrimoniais, por sua vez, são aqueles que guardam em si conteúdo estritamente econômico-financeiro, sem qualquer elemento ligado à personalidade de quem o possui. Neste campo, falamos, por exemplo, de moedas digitais e créditos em aplicativos virtuais. A sua natureza patrimonial, ainda que incorpórea, dá a tal patrimônio plena possibilidade de transmissão e disponibilidade, sendo simples compreender tal bem como mais um a ser acoplado à universalidade da herança.

Especificamente sobre criptoativos, há em tramitação o PL nº 2.060/19,[23] que busca regulamentar e estabelecer normas para circulação desses bens, que englobam ativos utilizados como meio de pagamento, reserva de valor, utilidade e valor mobiliário. Nessa proposta legislativa há clara previsão da possibilidade de emissão e transmissão de criptoativos (aqui incluídas, portanto, as criptomoedas), tornando ainda mais legítimos os planejamentos sucessórios que disponham deste acervo.

O problema maior, quanto à conceituação e disponibilidade, reside nos bens digitais que tenham características existenciais, mas também valor patrimonial agregado. É que a dificuldade de aferição e determinação acerca de questões envolvendo bens digitais híbridos decorre da existência de variações, em bens aparentemente semelhantes (contas digitais pessoais, por exemplo), do conteúdo existencial e do patrimonial, sendo distinta para cada pessoa e dentro da dimensão de microcosmo de cada qual a proporcionalidade de cada característica.

Decorrerá deste fato, assim, a necessidade de pensarmos em alguma medida para justamente apontar dissociação entre partes desses bens, dissociando seus conteúdos num fracionamento – e eventual valorização – da parte patrimonial e existencial. Neste sentido se posiciona magistralmente Maici Barboza dos Santos Colombo:

> Nada obstante, determinadas situações decorrentes de direitos extrapatrimoniais não se mostram absolutamente incompatíveis com a transferência de seu exercício a terceiros. Para tanto, o primeiro critério vislumbrado pela doutrina atine aos reflexos patrimoniais das situações jurídicas existenciais, de modo que aqueles poderiam ser alienados por sucessão *inter vivos* ou *causa mortis* sem prejuízo à manutenção da titularidade do direito existencial do sucedido. Assim, os direitos patrimoniais de autor, por exemplo, podem ser cedidos em vida pelo seu titular ou podem ser transferidos aos seus herdeiros, o que não ocorre com o direito – extrapatrimonial – moral decorrente da autoria.[24]

---

22 LEAL, Livia Teixeira. Internet e morte do usuário: a necessária superação do paradigma da herança digital. *Revista Brasileira de Direito Civil – RBDCivil*, Belo Horizonte, v. 16, p. 181-197, abr./jun. 2018.

23 Em tramitação junto à Câmara dos Deputados apensado ao PL nº 2.303/15, tendo como última movimentação a remessa para a Câmara Especial em 26.5.2021.

24 COLOMBO, Maici Barboza dos Santos. Tutela póstuma dos direitos da personalidade e herança digital. *In*: TEIXEIRA, Ana Carolina Brochado; LEAL, Livia Teixeira (Coord.). *Herança digital*: controvérsias e alternativas. Indaiatuba: Foco, 2021. p. 115.

A categoria à qual pertence o bem digital, não há dúvida, influenciará diretamente os eventuais limites a serem considerados quando se pensa na possibilidade de o planejador dispor de seu patrimônio em planejamento sucessório, seja na instrumentalização em vida, seja nas definições estabelecidas para depois do falecimento do dono do bem. De todos, pensamos ser os bens digitais híbridos os que apresentem maior complexidade e necessitem da imposição de limites na transferência.

4 Limites à vontade do planejador ao dispor de bens digitais híbridos

Quando falamos em disponibilidade de bens digitais híbridos – imaginando, portanto, ação deliberada e consciente de seu titular para a transferência,[25] e não a transferência pura e simples pela *saisine* –, são decantadas duas situações distintas.

Na primeira delas, um pouco menos complexa, o falecido determina a transferência desse patrimônio a terceiro. Na segunda hipótese, mais sensível, o planejador pretende que os bens híbridos sejam imediatamente destruídos/deletados após a sua morte, desconsiderando por completo o aspecto patrimonial agregado potencialmente ao bem, ainda que seja esse um valor significativo.

Imaginemos primeiramente a hipótese de transmissão. Nesse caso, o raciocínio nos parece fluir mais facilmente: respeitados os limites objetivos da legítima e a questão ligada à privacidade não só do *de cujus*, como também de terceiros que com ele tenham interagido, fica totalmente factível e possível dispor deste conteúdo e planejar acerca dele.

De fato, a privacidade é amplamente tutelada não só em vida, como também no pós-morte. A determinação legal nesse sentido é clara quando se lê, no art. 21 do Código Civil, que é inviolável a vida privada da pessoa natural, proteção esta que, fincada nos direitos da personalidade, é extensiva aos mortos (art. 12, parágrafo único do Código Civil):

> A vida privada tem um estatuto constitucional de *inviolabilidade*, como termo que se deferem as garantias individuais fundamentais do direito à vida, à liberdade, à igualdade, à segurança e à propriedade. Afirma o CF 5º X que *"são invioláveis a intimidade, a vida privada, a honra e a imagem das pessoas, assegurado o direito a indenização pelo dano material ou moral decorrente de sua violação"*.[26]

A privacidade de terceiros também é uma questão de destaque. De fato, ainda que o planejador, de alguma maneira, abra mão da proteção de seus dados e mensagens quando da transferência de conteúdo híbrido, não se pode deixar de pontuar que é intransigível a tutela dos terceiros com quem eventualmente o morto tenha se comunicado em caráter privativo.

---

25 Pondere-se, por oportuno, que a autonomia privada também no contexto de planejamento sucessório precisa ser encarada em sua mais moderna tradução, que perpassa sempre sua análise associada sob o viés da dignidade e da responsabilidade, já que é somente com essa trilogia que será possível que cada pessoa construa, de fato, autonomia em todas as suas potencialidades (TEIXEIRA, Ana Carolina Brochado. Autonomia existencial. *In*: TEPEDINO, Gustavo; OLIVA, Milena Donato. *Teoria geral do direito civil*. Questões controvertidas. Belo Horizonte: Fórum, 2019. p. 159).

26 NERY, Rosa Maria de Andrade. *Instituições de direito civil*. Direitos da personalidade (direitos da humanidade). São Paulo: Revista dos Tribunais, 2017. v. VII. p. 196.

Como solução para a situação, parece-nos suficiente a proposta apontada por Ana Carolina Brochado Teixeira, que sugere a configuração de nova senha de acesso ao bem digital híbrido, permitindo a transferência do patrimônio, mas limitando o acesso dos herdeiros ao conteúdo sensível (neste ponto também nos valendo da premissa acadêmica no sentido de que os provedores sejam obrigados tecnicamente a acatar plenamente o determinado pelo planejador e o possam fazer).

Além da observância da questão atinente à privacidade do morto e de terceiros, há a intangibilidade da legítima. Como cediço, as disposições patrimoniais que envolvem e esbarram em questões sucessórias têm como verdadeiro limitador a legítima:

> A legítima consiste em limitação à liberdade de testar do autor da herança, que se verifica quando houver herdeiros que a lei – portanto, herdeiros legítimos – considera inafastáveis por ato de vontade imotivado do autor da herança: são eles os herdeiros necessários ou reservatários, assim considerados por manterem estreitos laços familiares com o falecido.[27]

Assim, quando do planejamento sucessório, não são possíveis transferências e previsões de transferências que, de algum modo, afrontem a reserva da legítima. Deste modo, partindo da premissa preestabelecida quanto à possibilidade de aferição do valor real do bem digital híbrido, torna-se possível avalizar ou não a transferência do bem de acordo com o seu posicionamento financeiro patrimonial *versus* legítima.

A problemática parece muito maior, no entanto, na questão da destruição do bem. Haverá, não restam dúvidas, relevante conflito entre pontos sensíveis e igualmente importantes, o que nos levará a uma análise mais profunda da temática.

Primeiramente, vamos imaginar uma listagem simples de todos os pontos favoráveis à possibilidade de destruição e todos os contrários, para que depois possamos fazer uma ponderação de valores e com isso apresentarmos uma conclusão que nos pareça mais acertada. Vejamos.

O acatamento pleno da vontade do planejador quanto à destruição do bem digital híbrido garantiria, não há como negar, a plena proteção aos elementos existenciais (privacidade de conteúdo sensível e mensagens íntimas, proteção à sua imagem etc.).

Neste ponto da imagem é preciso que façamos uma importante distinção entre pessoa anônima e pessoa pública e notória. Pessoa pública é aquela cuja obra tenha alcançado uma projeção que a torne reconhecida socialmente. Significa dizer que a pessoa possui uma imagem pública.[28]

Para essas pessoas, o entendimento é no sentido de que o direito à privacidade é mitigado em razão da exposição da imagem. Essa mitigação fica ainda mais evidente quando tratamos de figuras públicas voluntárias, assim entendidas aquelas que obtiveram fama e são reconhecidas em decorrência de sua atividade e por atos deliberados. Quer nos parecer serem estas pessoas as titulares de bem digital *híbrido*, com preponderância patrimonial sobre a existencial.

---

[27] TEIXEIRA, Daniele Chaves; COLOMBO, Maici Barboza dos Santos. Faz sentido a permanência do princípio da intangibilidade da legítima no ordenamento jurídico brasileiro? *In*: TEIXEIRA, Daniele Chaves (Coord.). *Arquitetura do planejamento sucessório*. 2. ed. Belo Horizonte: Fórum, 2019. p. 159.

[28] BARBOSA, Fernanda Nunes. *Biografias e liberdade de expressão*. Critérios para a publicação de histórias de vida. Porto Alegre: Arquipélago Editorial, 2016. p. 241.

De fato, o que faz um bem digital híbrido ser monetizado, muitas vezes, é o poder de persuasão e influência que a pessoa que está por trás dele tem consigo. Desse modo, de todo improvável que uma pessoa sem notoriedade em seu meio seja capaz de monetizar algo ligado aos seus direitos de personalidade.

O entendimento quanto ao direito à privacidade dessas pessoas tem sido no sentido de que, em razão da exposição voluntária, há evidente diminuição à proteção constitucional que o tema merece. Parece acertado algum estreitamento da proteção, até mesmo porque, em se tratando de internet, a exposição acaba por afastar aquele caráter mais intimista e protegido que outrora existiu:

> A barreira física dos portões fechados não é mais suficiente para fornecer a tutela plena das relações íntimas. A ideia de que a vida privada encontra guarida intra muros torna-se insípida e desatualizada a partir do momento em que o advento da internet e de todas as interações permitidas por ela trouxeram o campo das relações sociais para o interior do lar, levando a uma demolição das fronteiras espaciais da privacidade (tal qual concebidas por Warren e Brandeis), ou, quando ao menos, exigindo sua reestruturação.[29]

Ainda assim, mesmo quando falamos de pessoas públicas, temos que ponderar o direito que o planejador, mesmo sendo pessoa pública e conhecida, tenha de ser esquecido. Não há como negarmos que, em se tratando de vida virtual e era da exposição, o direito ao esquecimento apresenta-se como uma das principais ferramentas jurídicas para o exercício da privacidade na sociedade contemporânea.[30]

De alguma maneira, pode o planejador compreender que a sua exposição só faz sentido se for contemporânea à sua existência. Para ele, assim, partindo deste mundo, é razoável que sua imagem e as questões ligadas à sua vida exposta na rede também se retirem do plano. É legítimo, mesmo que pareça um tanto quanto incompreensível diante da exposição existente em vida, que o ordenamento jurídico tutele tal vontade como desdobramento direto do direito ao esquecimento.

Para compreensão do tema, podemos pensar num paralelo à vontade do autor quanto à destruição ou não publicação de obras literárias inéditas. Ainda que num primeiro momento possa parecer uma vontade um tanto quanto egoísta do autor, não se pode negar que é manifestação de vontade legítima, mormente quando se pensa na profundidade e complexidade de todos os elementos ligados aos direitos da personalidade: "Em linhas gerais, sob a perspectiva do autor da obra, a restrição testamentária quanto à forma de utilização post mortem da obra pelos seus sucessores é legítima, como expressão da tutela da personalidade".[31]

O fato é que, não raras vezes, os bens digitais híbridos – especialmente aqueles em que há exploração constante da imagem e vida privada de seu detentor – carregam consigo valor patrimonial bastante significativo, muitas vezes atrelado ao poder de

29 LACERDA, L. A. C. B. de; FILPO, K. P. L. Proteção do direito à vida privada na sociedade da hiperexposição: paradoxos e limitações empíricas. *Civilistica.com*, v. 7, n. 1, p. 1-31, 5 maio 2018.

30 EHRHARDT JR., Marcos; ACIOLI, Bruno de Lima. Privacidade e os desafios de sua compreensão contemporânea: do direito de ser deixado em paz ao direito ao esquecimento. *In*: TEPEDINO, Gustavo; MENEZES, Joyceane Bezerra de. *Autonomia privada, liberdade existencial e direitos fundamentais*. Belo Horizonte: Fórum, 2019. p. 163.

31 TEPEDINO, Gustavo; OLIVEIRA, Camila Helena Melchior Baptista de. Streaming e herança digital. *In*: TEIXEIRA, Ana Carolina Brochado; LEAL, Livia Teixeira (Coord.). *Herança digital*: controvérsias e alternativas. Indaiatuba: Foco, 2021. p. 78.

persuasão e força do conteúdo criado a partir do próprio usuário (como é o caso da conta digital associada a número sem fim de seguidores e capacidade de monetização do perfil).

Haverá, nesses casos, evidente dilema quanto à determinação de exclusão. E isso porque a herança carrega em si elementos atrelados não só ao princípio da solidariedade, como também à função social da propriedade.

De fato, nos termos o art. 5º, inc. XXX, da Constituição Federal, a herança possui função social, pois valoriza a propriedade e o interesse individual na formação e avanço patrimonial, estimulando a poupança e o desempenho pessoal no progresso econômico, fatos que, direta ou indiretamente, propulsionam o desenvolvimento da própria sociedade.[32]

Diante dessa circunstância, permitir a destruição de bem digital híbrido significa, de certa maneira, ferir a função social que traz consigo o bem e a herança, de modo que se porá fim a riqueza amealhada pelo morto para tutelar sua vontade.

A questão parece mais clara ao transportarmos a situação para bens materiais. Imaginemos que Pablo Picasso, que por ocasião de sua morte deixou 45 mil obras de arte, estabelecesse em seu testamento a vontade explícita de que toda a sua produção artística fosse imediatamente queimada quando de seu passamento, afirmando que aquelas obras retratam suas angústias e aflições e, por esse motivo, têm elementos de sua personalidade nelas impressas.

Podemos até admitir que as obras, de alguma maneira, tenham elementos existenciais do artista, mas o relevante valor patrimonial levaria ao certeiro questionamento sobre a possibilidade ou não de destruição desse patrimônio.

Da mesma forma ocorre com os bens digitais híbridos: ainda que contenham elementos existenciais, parece bastante complexa a permissão da destruição pura e simples, com comprometimento patrimonial do que se transmitirá aos herdeiros, especialmente pensando na obrigatoriedade de observância da legítima.

Pensar o contrário é desconsiderar por completo não só a função social da herança e o princípio da solidariedade, mas também que o direito sucessório precisa ser considerado exaltando os valores da dignidade da pessoa humana, para assegurar a destinação dos bens em função da dignidade, segurança e solidariedade.[33]

Fica claro, assim, que se fará imprescindível a dissociação e o fracionamento dos conteúdos (existenciais e patrimoniais) quando se falar na disponibilidade e destruição de bens digitais híbridos, de modo que se possa, num juízo de ponderação, analisar até que ponto o bem pode ou não ser objeto da vontade plena e ilimitada do planejador.

De fato, se a tutela da vontade do planejador de resguardar seu direito personalíssimo se faz com a destruição do patrimônio digital híbrido e essa vontade, de alguma maneira, extrapola os limites que garantam a observância dos pontos acima, parece existir e estar aí o limite.

---

[32] CAHALI, Francisco José; HIRONAKA, Giselda Maria Fernandes Novaes. *Direito das sucessões*. 5. ed. São Paulo: Revista dos Tribunais, 2014. p. 25.

[33] TEPEDINO, Gustavo; NEVARES, Ana Luiza Maia; MEIRELES, Rose Melo Vencelau. *Fundamentos do direito civil*. Direito das sucessões. Rio de Janeiro: Forense, 2020. v. 7. p. 12.

Mas presente deve estar, também, a cindibilidade do conteúdo, de tal forma a afastar da transmissão aquela parcela estritamente contida na esfera personalíssima, sem conteúdo econômico ou patrimonial puro.

5 Considerações finais

A morte é um momento que, a despeito de ser certo, ainda nos apavora e intriga. Todo ser humano já se perguntou (ou irá se perguntar): o que acontece quando partimos daquilo que conhecemos como vida?

Por ser assunto tão desconhecido e intrigante, tudo que se relaciona à morte traz inquietações, estigmas e aflições. Por temer a morte sobremaneira, o ser humano não só evita pensar nela, como busca, há muito, formas de prolongar a sua existência e a permanência neste plano eternamente.

De fato, a busca pela vida eterna é algo que fascina o ser humano. Manuscritos revelados na década de 30 do século passado dão conta de que o físico e matemático britânico Isaac Newton (1643-1727), em suas pesquisas paralelas, buscava elementos químicos que pudessem ajudá-lo a criar a pedra filosofal, lendária substância da alquimia da Idade Média, que serviria como remédio contra todos os males físicos e morais, além de conter os segredos do rejuvenescimento, o elixir da vida e a imortalidade.

Muito embora ainda não se tenha conseguido êxito na busca pela imortalidade física, o ser humano já conseguiu desenvolver meios de sobreviver, ao menos virtualmente, por muitos e muitos anos (quiçá pela eternidade).

De fato, o que parecia a concretização de um sonho pode ter virado verdadeiro pesadelo: será que todos, sem exceção, querem viver eternamente e não ser esquecidos? E quando esse meio de manutenção de *vida eterna* advier, justamente, de um bem que possa, além de trazer aspectos existenciais, agregar rentabilidade para eventuais herdeiros?

Concluímos que, diante de um bem que funde elementos existenciais e patrimoniais em si, seja legítimo e compreensível que o planejador deseje a sua transferência ou a sua destruição e seu apagamento.

Todavia, como isso pode impactar financeiramente o legado que o morto deixar para transferir aos seus herdeiros, também é legítimo que esses herdeiros, invocando o princípio da solidariedade, da função social da herança e da necessidade de observância da legítima, se oponham à destruição do bem, exigindo que a continuidade da vida, ainda que no plano digital, se perpetue.

Concluímos, portanto, que em certa medida, quanto aos bens digitais híbridos, chegará um momento em que será necessário avaliar quais dos aspectos (existencial ou patrimonial) precisará ter a tutela um tanto flexibilizada. Considerando o alargamento do viés existencial quase que se confundindo com o viés patrimonial feito pelo próprio usuário, talvez a opção do julgador tenha que ser tutelar os princípios da solidariedade, a função social da herança e a inatingível legítima, não permitindo que o desiderato de destruição do bem seja concretizado. E não se afaste a ideia de cindibilidade de conteúdo, quando possível, como forma de facilitar o direcionamento da questão.

O caminho é longo, as discussões são muitas, mas de algo se tem certeza: entrar na rede pode ser um caminho sem volta. Um caminho para a imortalidade, ainda que essa não seja a imortalidade há muito desejada.

Referências

ANDRADE, Gustavo Henrique Baptista. *O direito de herança e a liberdade de testar*: um estudo comparado entre os sistemas jurídicos brasileiro e inglês. Belo Horizonte: Fórum, 2019.

BARBOSA, Fernanda Nunes. *Biografias e liberdade de expressão*. Critérios para a publicação de histórias de vida. Porto Alegre: Arquipélago Editorial, 2016.

CAHALI, Francisco José; HIRONAKA, Giselda Maria Fernandes Novaes. *Direito das sucessões*. 5. ed. São Paulo: Revista dos Tribunais, 2014.

CASTRO, Mariangela. Eduardo Saverin ultrapassa Jorge Lemann e se torna brasileiro mais rico do mundo. *Forbes*, 5 jul. 2021. Disponível em: https://forbes.com.br/negocios/2021/07/eduardo-saverin-ultrapassa-jorge-lemann-e-se-torna-brasileiro-mais-rico-do-mundo/. Acesso em: 12 jul. 2021.

COLOMBO, Maici Barboza dos Santos. Tutela póstuma dos direitos da personalidade e herança digital. *In*: TEIXEIRA, Ana Carolina Brochado; LEAL, Livia Teixeira (Coord.). *Herança digital*: controvérsias e alternativas. Indaiatuba: Foco, 2021.

DOLAN, Kerry A.; WANG, Jennifer; PETERSON-WITHORN, Chase (Ed.). Forbes – World's billionaires list. The Richest in 2021. *Forbes*, 2021. Disponível em: https://www.forbes.com/billionaires/. Acesso em: 3 jun. 2021.

EHRHARDT JR., Marcos; ACIOLI, Bruno de Lima. Privacidade e os desafios de sua compreensão contemporânea: do direito de ser deixado em paz ao direito ao esquecimento. *In*: TEPEDINO, Gustavo; MENEZES, Joyceane Bezerra de. *Autonomia privada, liberdade existencial e direitos fundamentais*. Belo Horizonte: Fórum, 2019.

GUILHERMINO, Everilda Brandão. Direito de acesso e herança digital. *In*: TEIXEIRA, Ana Carolina Brochado; LEAL, Livia Teixeira (Coord.). *Herança digital*: controvérsias e alternativas. Indaiatuba: Foco, 2021.

GUILHERMINO, Everilda Brandão. Para novos bens, um novo direito sucessório. *In*: TEIXEIRA, Daniele Chaves (Coord.). *Arquitetura do planejamento sucessório*. Belo Horizonte: Fórum, 2020. t. II.

HOMEM, Maria. *Lupa da alma*. Quarentena-revelação. Luto e morte: a sua e a minha. São Paulo: Todavia, 2020. *E-book*.

HONORATO, Gabriel; LEAL, Livia Teixeira. Exploração econômica de perfis de pessoas falecidas: reflexões jurídicas a partir do caso Gugu Liberato. *Revista Brasileira de Direito Civil – RBDCivil*, Belo Horizonte, ano 4, v. 23, jan./mar. 2020.

LACERDA, L. A. C. B. de; FILPO, K. P. L. Proteção do direito à vida privada na sociedade da hiperexposição: paradoxos e limitações empíricas. *Civilistica.com*, v. 7, n. 1, p. 1-31, 5 maio 2018.

LEAL, Livia Teixeira. *Internet e a morte do usuário*: propostas para o tratamento jurídico post mortem do conteúdo inserido na rede. 2. ed. Rio de Janeiro: GZ, 2020.

LEAL, Livia Teixeira. Internet e morte do usuário: a necessária superação do paradigma da herança digital. *Revista Brasileira de Direito Civil – RBDCivil*, Belo Horizonte, v. 16, p. 181-197, abr./jun. 2018.

LOBO, Paulo. *Direito civil* – Sucessões. 3. ed. São Paulo: Saraiva, 2016.

MEIRELES, Rose Melo Venceslau. *Autonomia privada e dignidade humana*. Rio de Janeiro: Renovar, 2009.

MLODINOW, Leonard. *Subliminar*: como o inconsciente influencia nossas vidas. Tradução de Cláudio Carina. Rio de Janeiro: Zahar, 2014.

NERY, Rosa Maria de Andrade. *Instituições de direito civil*. Direitos da personalidade (direitos da humanidade). São Paulo: Revista dos Tribunais, 2017. v. VII.

NERY, Rosa Maria de Andrade. *Instituições de direito civil*. Teoria geral do direito de sucessões – Processo judicial e extrajudicial de inventário. São Paulo: Revista dos Tribunais, 2017. v. VI.

NEVARES, Ana Luiza Maia. Testamento virtual: ponderações sobre a herança digital e o futuro do testamento. *Civilistica.com*, v. 10, n. 1, p. 1-20, 2 maio 2021.

NEVARES, Ana Luiza Maia; XAVIER, Marília Pedroso; MARZAGÃO, Silvia Felipe. *Coronavírus*: impactos no direito de família e sucessões. Indaiatuba: Foco, 2020.

TEIXEIRA, Ana Carolina Brochado. Autonomia existencial. *In*: TEPEDINO, Gustavo; OLIVA, Milena Donato. *Teoria geral do direito civil*. Questões controvertidas. Belo Horizonte: Fórum, 2019.

TEIXEIRA, Ana Carolina Brochado; KONDER, Carlos Nelson. O enquadramento dos bens digitais sob o perfil funcional das situações jurídicas. *In*: TEIXEIRA, Ana Carolina Brochado; LEAL, Livia Teixeira (Coord.). *Herança digital*: controvérsias e alternativas. Indaiatuba: Foco, 2021.

TEIXEIRA, Ana Carolina Brochado; LEAL, Livia Teixeira. Tutela jurídica dos bens digitais ante os regimes de bens comunheiros. *In*: EHRHARDT JÚNIOR, Marcos; CATALAN, Marcos; MALHEIROS, Pablo (Coord.). *Direito civil e tecnologia*. Belo Horizonte: Fórum, 2020.

TEIXEIRA, Daniele Chaves. Noções prévias do direito das sucessões: sociedade, funcionalização e planejamento sucessório. *In*: TEIXEIRA, Daniele Chaves (Coord.). *Arquitetura do planejamento sucessório*. Belo Horizonte: Fórum, 2019.

TEIXEIRA, Daniele Chaves; COLOMBO, Maici Barboza dos Santos. Faz sentido a permanência do princípio da intangibilidade da legítima no ordenamento jurídico brasileiro? *In*: TEIXEIRA, Daniele Chaves (Coord.). *Arquitetura do planejamento sucessório*. 2. ed. Belo Horizonte: Fórum, 2019.

TEPEDINO, Gustavo; NEVARES, Ana Luiza Maia; MEIRELES, Rose Melo Vencelau. *Fundamentos do direito civil*. Direito das sucessões. Rio de Janeiro: Forense, 2020. v. 7.

TEPEDINO, Gustavo; OLIVEIRA, Camila Helena Melchior Baptista de. Streaming e herança digital. *In*: TEIXEIRA, Ana Carolina Brochado; LEAL, Livia Teixeira (Coord.). *Herança digital*: controvérsias e alternativas. Indaiatuba: Foco, 2021.

ZAMPIER, Bruno. *Bens digitais*: cybercultura, redes sociais, e-mails, músicas, livros, milhas aéreas, moedas virtuais. 2. ed. Indaiatuba: Foco, 2021.

Informação bibliográfica deste texto, conforme a NBR 6023:2018 da Associação Brasileira de Normas Técnicas (ABNT):

CAHALI, Francisco José; MARZAGÃO, Silvia Felipe. Há limites à vontade do planejador para dispor sobre a transmissão ou destruição de bens digitais híbridos? *In*: TEIXEIRA, Daniele Chaves (Coord.). *Arquitetura do planejamento sucessório*. Belo Horizonte: Fórum, 2022. p. 203-217. Tomo III. ISBN 978-65-5518-291-0.

A EXTRAJUDICIALIZAÇÃO DO INVENTÁRIO

VIRGÍNIA VIANA ARRAIS

1 Uma visão geral da Lei nº 11.441/2007

A Lei nº 11.441/2007 alterou completamente o panorama do direito brasileiro com relação aos temas que veio regular – a separação, o divórcio, o inventário – que, desde então, puderam ser feitos por via administrativa, por intermédio de escritura pública lavrada em tabelionato de notas, observados os requisitos trazidos pela própria lei.

Os negócios jurídicos entabulados possuem eficácia plena, por si mesmos e independentemente de homologação judicial, abrindo-se, pois, a faculdade de serem resolvidas essas questões fora do Poder Judiciário. Houve, inequivocamente, a extrajudicialização da matéria.

Mencionada lei deu nova redação ao art. 982 do antigo Código de Processo Civil (CPC), que ficou com a seguinte redação:

> Havendo testamento ou interessado incapaz, proceder-se-á ao inventário judicial; se todos forem capazes e concordes, poderá fazer-se o inventário e a partilha por escritura pública, a qual constituirá título hábil para o registro imobiliário.

Os poucos artigos da Lei nº 11.441/2007 geraram efeitos incontáveis e regeram situações diversas, motivo pelo qual surgiram inúmeras divergências acerca da sua aplicação prática. Assim, o Conselho Nacional de Justiça (CNJ) interveio e editou a Resolução nº 35, de 24.4.2007[1] para uniformizar procedimentos em todo o território nacional.

A referida resolução alcançou o objetivo de pacificar a matéria e superar as dificuldades que surgiram nos mais diversos tabelionatos de notas do Brasil. A Resolução nº 35/2007 trouxe 54 artigos para regulamentar apenas 3 artigos substanciais da Lei nº 11.441/2007. Dessa forma, recebeu fortes críticas por conter, visivelmente, normas de direito material.

---

[1] Disponível em: https://atos.cnj.jus.br/atos/detalhar/atos-normativos?documento=179. Acesso em: 2 set. 2021.

Zeno Veloso afirma:

> A Resolução n. 35 do CNJ alcançou o objetivo de pacificar a matéria, superando as dificuldades que surgiram com a descoincidência entre os provimentos estaduais, mas, sem dúvida, algumas regras que ela contém são de direito material, autênticas normas substanciais, que só poderiam ser emitidas pelo Congresso Nacional, e com a sanção do Presidente da República.[2]

Com a Lei nº 11.441/2007, o cidadão passou a ter razoável certeza do momento em que começa e acaba o procedimento, a solução de seu problema, embora mantida a possibilidade de se recorrer ao Judiciário.

A lei veio facilitar, baratear, simplificar, descomplicar, desburocratizar a realização de inventário em que os interessados são capazes e concordes, permitindo, assim, que o Poder Judiciário ganhe um tempo maior para se dedicar às decisões de questões mais complexas.

A mencionada lei tem origem no Projeto de Lei do Senado nº 155, de 2004, de autoria do Senador baiano César Borges, que na ocasião justificou o seu objetivo como permitir a desburocratização do procedimento de inventário, agilizando-o e reduzindo custos.

1.1 Escritura pública de inventário

A normatização do inventário por via administrativa está, atualmente, no art. 610, §§1º e 2º, do CPC de 2015. Nos termos desse dispositivo, o inventário e a partilha por escritura pública só podem ser feitos se todos os interessados (herdeiros/meeiro) forem capazes e concordes, devendo estar assistidos por advogado ou por defensor público.

Entretanto, a utilização desse expediente extrajudicial não pode ocorrer se o falecido deixou testamento. Não importa a forma do testamento – ordinário ou especial – ou da natureza das disposições testamentárias, ou de o testamento já ter sido aprovado e registrado em juízo, nos termos do procedimento previsto nos arts. 735 a 737 do CPC.[3]

Vale ressaltar, o falecido pode ter morrido sem testamento, mas ter deixado um codicilo, ou seja, uma disposição de última vontade, de conteúdo e de objeto limitados. Nesse caso, a doutrina tem admitido a realização do inventário extrajudicial por escritura pública.[4]

Assim, dada a expressa vedação legal, não há como fugir à conclusão de que a existência do testamento impede a utilização do inventário extrajudicial. Isso ocorre porque afirma, desenganadamente, o art. 610, *caput*, do CPC que: "havendo testamento ou interessado incapaz, proceder-se-á ao inventário judicial".[5]

---

2 VELOSO, Zeno. Separação, extinção de união estável, divórcio, inventário e partilha consensuais – De acordo com o novo CPC. *Boletim do Instituto de Registro Imobiliário do Brasil – IRIB – em Revista*, São Paulo, n. 35, set. 2016. Separata. p. 13.

3 VELOSO, Zeno. Separação, extinção de união estável, divórcio, inventário e partilha consensuais – De acordo com o novo CPC. *Boletim do Instituto de Registro Imobiliário do Brasil – IRIB – em Revista*, São Paulo, n. 35, set. 2016. Separata. p. 49.

4 BONATES, Juliana da Fonseca. *Separação, divórcio, partilhas e inventários extrajudiciais*. São Paulo: Método, 2007. p. 318.

5 BONATES, Juliana da Fonseca. *Separação, divórcio, partilhas e inventários extrajudiciais*. São Paulo: Método, 2007. p. 318.

Referida previsão legal tem sido mitigada pelas corregedorias de alguns estados que vêm opinando que a matéria deve receber temperamento, admitindo-se o inventário por escritura pública, mesmo havendo testamento, desde que ele tenha sido previamente aprovado pelo processo judicial de abertura, aprovação e registro, de que participa, por sinal, o Ministério Público, nos termos dos arts. 735 a 737 do CPC. Devidamente aprovado e registrado, o testamento é cumprido pelo tabelião de notas no inventário extrajudicial. Da mesma forma, a existência de testamento revogado, caduco ou anulado não poderia ser impeditivo para a lavratura do inventário extrajudicial, exceto se existir disposição reconhecendo filho ou qualquer outra declaração irrevogável, quando então a lavratura da escritura pública de inventário e partilha ficará vedada.

Essa tese já foi encampada, por exemplo, pelas corregedorias-gerais de justiça de São Paulo[6] e do Rio de Janeiro.[7]

Assim, a extrajudicialização do inventário e partilha poderia ser ainda maior se a normatização fosse nacional, ou seja, se o CNJ alterasse a Resolução nº 35/2007, que regulamenta o procedimento do inventário extrajudicial nacionalmente, para incluir tal possibilidade.

De outro norte, vale ressaltar que a mesma tese adotada pelas corregedorias estaduais também é duramente criticada pelo jurista Zeno Veloso:

> Já externei, acima, a leitura que faço, a interpretação que dou ao art. 610, §1º, do Novo CPC. Permitir que o tabelião lavre escritura de inventário e partilha, desde que o testamento do *de cujus* já tenha ultrapassado o procedimento de jurisdição voluntária de abertura, registro e "cumpra-se" do testamento, é plenamente justificável, e devia ser assim, mesmo, mas tinha de ser estabelecido por alteração legislativa. Todavia, não sou e tenho horror dos que pensam que são "donos da verdade".[8]

Entretanto, vários enunciados têm sido publicados abordando o tema e defendendo a realização de inventário extrajudicial, ainda que o falecido tenha feito testamento em vida.

---

[6] Normas de Serviço da Corregedoria-Geral da Justiça de São Paulo, Capítulo XIV, item 130: "Diante da expressa autorização do juízo sucessório competente, nos autos do procedimento de abertura e cumprimento de testamento, sendo todos os interessados capazes e concordes, poderão ser feitos o inventário e a partilha por escritura pública, que constituirá título hábil para registro imobiliário. 130.1. Poderão ser feitos o inventário e a partilha por escritura pública, também, nos casos de testamento revogado ou caduco, ou quando houver decisão judicial, com trânsito em julgado, declarando a invalidade do testamento, observadas a capacidade e a concordância dos herdeiros. 130.2. Na hipótese do subitem 130.1, o Tabelião de Notas solicitará, previamente, a certidão do testamento e, constatada a existência de disposição reconhecendo filho ou qualquer outra declaração irrevogável, a lavratura de escritura pública de inventário e partilha ficará vedada, e o inventário far-se-á judicialmente".

[7] Código de Normas da Parte Extrajudicial do Rio de Janeiro, Livro III, Capítulo II, item 297: "[...] §1º Diante da expressa autorização do juízo sucessório competente, nos autos do procedimento de abertura e cumprimento de testamento, sendo todos os interessados capazes e concordes, poderá far-se-á o inventário e a partilha por escritura pública, que constituirá título hábil para o registro. §2º Será permitida a lavratura de escritura de inventário e partilha nos casos de testamento revogado ou caduco, ou quando houver decisão judicial, com trânsito em julgado, declarando a invalidade do testamento. §3º Nas hipóteses previstas no parágrafo anterior, o Tabelião solicitará, previamente, a certidão do testamento e, constatada a existência de disposição reconhecendo filho ou qualquer outra declaração irrevogável, a lavratura de escritura pública de inventário e partilha ficará vedada e o inventário deverá ser feito judicialmente".

[8] VELOSO, Zeno. Separação, extinção de união estável, divórcio, inventário e partilha consensuais – De acordo com o novo CPC. *Boletim do Instituto de Registro Imobiliário do Brasil – IRIB – em Revista*, São Paulo, n. 35, set. 2016. Separata. p. 52.

Nesse sentido, o Enunciado nº 600 da VII Jornada de Direito Civil:

> Após registrado judicialmente o testamento e sendo todos os interessados capazes e concordes com os seus termos, não havendo conflito de interesses, é possível que se faça o inventário extrajudicial.

No mesmo sentido, o Enunciado nº 77 da I Jornada de Solução e de Prevenção Extrajudicial de Conflitos:

> Havendo registro ou expressa autorização do juízo sucessório competente, nos autos do procedimento de abertura e cumprimento de testamento, sendo todos os interessados capazes e concordes, o inventário e partilha poderão ser feitos por escritura pública, mediante acordo dos interessados, como forma de pôr fim ao procedimento judicial.

Ainda, o Enunciado nº 51 da I Jornada de Direito Processual Civil:

> Havendo registro judicial ou autorização expressa do juízo sucessório competente, nos autos do procedimento de abertura, registro e cumprimento de testamento, sendo todos os interessados capazes e concordes, poderão ser feitos o inventário e a partilha por escritura pública.

Por fim, o Enunciado nº 15 do Instituto Brasileiro de Direito das Famílias:

> Mesmo quando houver testamento, sendo todos os interessados capazes e concordes com os seus termos, não havendo conflito de interesses, é possível que se faça o inventário extrajudicial.

Diante do exposto, verifica-se que a extrajudicialização do inventário e partilha seria completa e sem discussão se, por alteração legislativa, houvesse modificação do art. 610 do CPC para autorizar o procedimento administrativo ainda que o falecido tenha deixado testamento, desde que tenha sido previamente aprovado e registrado pelo juízo competente para ser cumprido pelo tabelião de notas no momento da lavratura do inventário. Nos casos de testamento revogado ou caduco, o reconhecimento seria efetuado pelo próprio tabelião no corpo da escritura de inventário, sem necessidade de qualquer intervenção judicial. Em sendo caso de testamento anulado, o tabelião faria menção da sentença de nulidade e seu trânsito em julgado também na escritura pública de inventário.

1.2 A visão do Superior Tribunal de Justiça

O Superior Tribunal de Justiça, no julgamento do REsp nº 1.808.767/RJ/STJ,[9] julgado em 15.10.2019, entendeu que é possível o inventário extrajudicial, ainda que o falecido tenha deixado testamento.

[9] "RECURSO ESPECIAL. CIVIL E PROCESSO CIVIL. SUCESSÕES. EXISTÊNCIA DE TESTAMENTO. INVENTÁRIO EXTRAJUDICIAL. POSSIBILIDADE, DESDE QUE OS INTERESSADOS SEJAM MAIORES, CAPAZES E CONCORDES, DEVIDAMENTE ACOMPANHADOS DE SEUS ADVOGADOS. ENTENDIMENTO DOS ENUNCIADOS 600 DA VII JORNADA DE DIREITO CIVIL DO CJF; 77 DA I JORNADA SOBRE PREVENÇÃO E SOLUÇÃO EXTRAJUDICIAL DE LITÍGIOS; 51 DA I JORNADA DE DIREITO PROCESSUAL CIVIL DO CJF; E 16 DO IBDFAM. 1. Segundo o art. 610 do CPC/2015 (art. 982 do CPC/73), em havendo testamento ou

O relator do recurso especial, Ministro Luis Felipe Salomão, afirmou:

> De uma leitura sistemática do *caput* e do parágrafo 1º do artigo 610 do CPC/2015, penso ser possível o inventário extrajudicial, *ainda que exista testamento*, se os interessados forem capazes e concordes e estiverem assistidos por advogados, *desde que o testamento tenha sido previamente registrado judicialmente ou se tenha a expressa autorização do juízo competente.* (Grifos nossos)

Disse ainda o ministro Salomão: "Se a via judicial é prescindível, não há razoabilidade em se proibir, na ausência de conflito de interesses, que herdeiros, maiores e capazes, se socorram da via administrativa para dar efetividade *a um testamento já tido como válido pela Justiça*" (grifos nossos).

Vale ressaltar que o ministro apontou ainda em seu voto, na linha do que foi antes abordado:

> Esse posicionamento tem sido amplamente aceito pela doutrina especializada e pela jurisprudência, como se observa em diversos enunciados e provimentos de corregedoria dos tribunais brasileiros, bem como a partilha amigável feita pelos serviços notariais e registrais, além de aprimorar a justiça colaborativa, representa ganho de tempo e redução de custos.

O ministro frisou, por fim, que, no caso em análise, quanto à parte disponível da herança, verificou-se que todos os herdeiros são maiores, com interesses harmoniosos e concordes, representados por advogados, e que o testamento público foi devidamente aberto, processado e concluído perante a Vara de Órfãos e Sucessões competente.

---

interessado incapaz, proceder-se-á ao inventário judicial. Em exceção ao caput, o §1º estabelece, sem restrição, que, se todos os interessados forem capazes e concordes, o inventário e a partilha poderão ser feitos por escritura pública, a qual constituirá documento hábil para qualquer ato de registro, bem como para levantamento de importância depositada em instituições financeiras. 2. O Código Civil, por sua vez, autoriza expressamente, independentemente da existência de testamento, que, "se os herdeiros forem capazes, poderão fazer partilha amigável, por escritura pública, termo nos autos do inventário, ou escrito particular, homologado pelo juiz" (art. 2.015). Por outro lado, determina que 'será sempre judicial a partilha, se os herdeiros divergirem, assim como se algum deles for incapaz' (art. 2.016) - bastará, nesses casos, a homologação judicial posterior do acordado, nos termos do art. 659 do CPC. 3. Assim, de uma leitura sistemática do caput e do §1º do art. 610 do CPC/2015, c/c os arts. 2.015 e 2.016 do CC/2002, mostra-se possível o inventário extrajudicial, ainda que exista testamento, se os interessados forem capazes e concordes e estiverem assistidos por advogado, desde que o testamento tenha sido previamente registrado judicialmente ou haja a expressa autorização do juízo competente. 4. A mens legis que autorizou o inventário extrajudicial foi justamente a de desafogar o Judiciário, afastando a via judicial de processos nos quais não se necessita da chancela judicial, assegurando solução mais célere e efetiva em relação ao interesse das partes. Deveras, o processo deve ser um meio, e não um entrave, para a realização do direito. Se a via judicial é prescindível, não há razoabilidade em proibir, na ausência de conflito de interesses, que herdeiros, maiores e capazes, socorram-se da via administrativa para dar efetividade a um testamento já tido como válido pela Justiça. 5. Na hipótese, quanto à parte disponível da herança, verifica-se que todos os herdeiros são maiores, com interesses harmoniosos e concordes, devidamente representados por advogado. Ademais, não há maiores complexidades decorrentes do testamento. Tanto a Fazenda estadual como o Ministério Público atuante junto ao Tribunal local concordaram com a medida. Somado a isso, o testamento público, outorgado em 2/3/2010 e lavrado no 18º Ofício de Notas da Comarca da Capital, foi devidamente aberto, processado e concluído perante a 2ª Vara de Órfãos e Sucessões. 6. Recurso especial provido. Vistos, relatados e discutidos estes autos, os Ministros da Quarta Turma do Superior Tribunal de Justiça acordam, por unanimidade, dar provimento ao recurso especial, nos termos do voto do Sr. Ministro Relator. Os Srs. Ministros Raul Araújo, Antonio Carlos Ferreira e Marco Buzzi (Presidente) votaram com o Sr. Ministro Relator. Ausente, justificadamente, a Sra. Ministra Maria Isabel Gallotti" (STJ. REsp nº 1.808.767/RJ 2019/0114609-4. Rel. Min. Luis Felipe Salomão (1140), Quarta Turma, j. 15.10.2019, pub. 3.12.2019).

1.3 Peculiaridades da escritura pública de inventário

O inventário judicial fica submetido às regras de competência estabelecidas no art. 48 do CPC, ou seja, em regra, o foro do domicílio do autor da herança, no Brasil, é o competente para o inventário e a partilha judicial.

Por outro lado, no caso de inventário extrajudicial por escritura pública, a escolha do tabelião é livre, conforme art. 8º da Lei nº 8.935/94 (Lei dos Notários e dos Registradores).

Referido dispositivo consagra o princípio da plena liberdade das partes na escolha do tabelião, limitado este apenas à norma do art. 9º da referida Lei nº 8.935/94, que proíbe o tabelião de praticar atos de seu ofício fora do município para o qual recebeu a delegação.

Assim, independentemente do domicílio do autor da herança ou da situação dos bens hereditários ou do local do óbito ou do domicílio das partes, os interessados podem escolher o notário de sua confiança de qualquer município do Brasil para lavrar a escritura pública de inventário e de partilha, desde que efetuada de forma presencial.[10]

Nesse sentido também se posicionou o CNJ ao publicar a Resolução nº 35/2007. Diz seu art. 1º: "para a lavratura dos atos notariais de que trata a Lei nº 11.441/07, é livre a escolha do tabelião de notas, não se aplicando as regras de competência do CPC".

Essa regra tem possibilitado aos advogados não só efetuarem planejamento tributário, uma vez que o imposto de transmissão dos bens móveis, conforme art. 155, §1º, II, CF,[11] será recolhido para o estado onde for lavrada a escritura de inventário (processado o inventário), como também planejarem o custo da própria escritura, já que os emolumentos dos atos notariais são fixados por leis estaduais e as tabelas não são uniformes em todo o país.

O tabelião de notas não pode inventariar e partilhar bens do falecido localizados no exterior. Sebastião Amorim e Euclides de Oliveira enunciam que a competência para escrituras de inventário e de partilha no Brasil cinge-se aos bens situados no território nacional: "[...] os bens situados no estrangeiro não podem ser aqui partilhados. Devem ser objeto de procedimentos autônomos, no país onde se situem. Essa é a regra para o inventário judicial, que se aplica igualmente à escritura pública".[12]

Nesse sentido também o art. 29 da Resolução nº 35/2007 do CNJ: "é vedada a lavratura de escritura pública de inventário e partilha referente a bens localizados no exterior".

Importante lembrar que a existência desses bens não impede o inventário e a partilha extrajudicial do patrimônio do *de cujus* localizado no Brasil. O patrimônio localizado no exterior deve ser arrolado na escritura pública, para evitar sonegação de bens, mas não será partilhado.

---

10 A escritura de inventário e partilha eletrônica fica condicionada às regras de competência estabelecidas pelo Provimento nº 100 de 26.5.2020 do CNJ.

11 "Art. 155. Compete aos Estados e ao Distrito Federal instituir impostos sobre: I - transmissão causa mortis e doação, de quaisquer bens ou direitos [...] §1º O imposto previsto no inciso I: [...] II - relativamente a bens móveis, títulos e créditos, compete ao Estado onde se processar o inventário ou arrolamento, ou tiver domicílio o doador, ou ao Distrito Federal".

12 AMORIM, Sebastião; OLIVEIRA, Euclides de. *Inventários e partilhas*. 21. ed. São Paulo: Leud, 2008. Separata. p. 11.

As partes podem ser representadas por procurador constituído por instrumento público e dotado de poderes especiais (sem prazo de validade), e o mesmo procurador pode representar simultaneamente mais de uma das partes. Diz o art. 12 da Resolução nº 35/2007 do CNJ: "admitem-se inventário e partilha extrajudiciais com viúvo(a) ou herdeiro(s) capazes, inclusive por emancipação, representado(s) por procuração formalizada por instrumento público com poderes especiais".

Ademais, o citado art. 12 da Resolução nº 35/2007 teve sua redação original alterada pela Resolução nº 179 do CNJ, de 3.10.2013, que suprimiu a parte final do art. 12 que tinha o seguinte texto: "vedada a acumulação de funções de mandatário e de assistente das partes".

Assim, atualmente, o advogado pode ser representante da parte e seu assistente jurídico ao mesmo tempo. Também importante consignar que a parte que seja advogado pode advogar em causa própria, conforme permite o parágrafo único do art. 103 do CPC. A parte que advogada em causa própria também pode ser assistente jurídica dos demais interessados no inventário extrajudicial, desde que o tabelião não vislumbre nenhum prejuízo nessa assistência jurídica aos demais.

Se o(a) falecido(a) deixou companheiro(a), é possível proceder o inventário e a partilha extrajudicial desde que o autor da herança tenha deixado outro sucessor que reconheça a união estável. Em outras palavras, se todos os herdeiros do *de cujus* estiverem de acordo e reconhecerem a existência da união estável, o problema fica resolvido e o companheiro comparece à escritura pública como herdeiro ou meeiro, conforme o caso.

Entretanto, se não houver consenso entre os herdeiros ou se o falecido não deixou outro sucessor, o que se apresenta como companheiro sobrevivente terá que ingressar com ação judicial para provar essa qualidade e obter o reconhecimento judicial da união estável.

A possibilidade de reconhecer a união estável do falecido no momento da lavratura da escritura de inventário extrajudicial, com o consequente reconhecimento de direitos sucessórios e de família à união, está prevista nos arts. 18 e 19 da Resolução nº 35/2007 do CNJ, com o seguinte teor:

> Art. 18. O(A) companheiro(a) que tenha direito à sucessão é parte, observada a necessidade de ação judicial se o autor da herança não deixar outro sucessor ou não houver consenso de todos os herdeiros, inclusive quanto ao reconhecimento da união estável.
>
> Art. 19. A meação de companheiro(a) pode ser reconhecida na escritura pública, desde que todos os herdeiros e interessados na herança, absolutamente capazes, estejam de acordo.

Assim, há no ordenamento jurídico brasileiro, atualmente, apenas duas formas de reconhecer a situação de fato da união estável: pela via judicial, por intermédio de ação própria; pela via extrajudicial, no momento da lavratura da escritura de inventário do falecido que morreu na constância de uma união estável.

Vale lembrar que se o falecido não deixou outro sucessor, o companheiro sobrevivente, após obter a sentença de reconhecimento da união estável, poderá efetuar o inventário extrajudicial por escritura pública. Da mesma forma, se os demais sucessores não reconheceram a união estável, mas após o reconhecimento judicial resolvem obter consenso acerca da partilha, o inventário também poderá ser efetuado por escritura pública.

Erro muito comum da comunidade jurídica é achar que a lavratura de uma escritura pública declaratória de união estável, em vida, pelos companheiros, é suficiente para o reconhecimento da existência de união estável. Assim, muitas vezes, o companheiro sobrevivente comparece na serventia extrajudicial para lavrar o inventário do seu companheiro falecido, que não deixou outros sucessores, e apresenta referida escritura pública lavrada em vida por ele.

Ocorre que essa declaração vincula apenas as partes e serve para pactuar o regime de bens diverso do legal e como indício de prova. A existência dos requisitos objetivos e subjetivos da união estável, previstos no art. 1.723 do CC, será reconhecida apenas pelas duas formas já mencionadas: judicial ou na escritura pública de inventário. Dessa forma, o companheiro de posse da escritura pública declaratória de união estável terá que buscar o Judiciário para obter sentença favorável de reconhecimento da existência de sua união estável.

A sucessão entre companheiros sofreu uma profunda mudança com o julgamento do Recurso Extraordinário nº 878.694/15 (MG) – Relator Ministro Luís Roberto Barroso – que reconheceu repercussão geral, *declarou a inconstitucionalidade incidental do art. 1.790 do CC e assentou a seguinte tese*: "É inconstitucional a distinção de regimes sucessórios entre cônjuges e companheiros prevista no art. 1.790 do CC/2002, devendo ser aplicado, tanto nas hipóteses de casamento quanto nas de união estável, o regime do art. 1.829 do CC/2002" (grifos nossos).

O ministro também apresentou a seguinte modulação de efeitos: (i) deixa de restabelecer a validade do regime estabelecido nas leis nº 8.971/94 e nº 9.278/96 para aplicar o regime traçado no art. 1.829 do CC/2002, garantindo regimes sucessórios iguais a cônjuges e companheiros de modo a não promover uma diferenciação ilegítima das duas formas de constituição familiar; (ii) a decisão deve ser aplicada *apenas aos processos judiciais em que ainda não tenha havido trânsito em julgado da sentença de partilha, assim como às partilhas extrajudiciais em que ainda não tenha sido lavrada escritura pública.*

Após a decisão, dúvidas surgiram.

Assim, por exemplo, parece claro que, falecido o companheiro na vigência do CC de 2002, aplica-se a regra sucessória do art. 1.829 do CC. Entretanto, falecido o companheiro antes da vigência do CC de 2002, por exemplo, no ano de 2000, qual regra sucessória aplicar? A decisão do Ministro Barroso foi silente, mas tudo indica que sejam as mesmas regras sucessórias do Código Civil de 1916 aplicadas ao cônjuge.

Ademais, ao reconhecer a inconstitucionalidade da distinção de regimes sucessórios, iguala-se cônjuge e companheiro em todas as regras do Livro V (Do Direito das Sucessões) do CC, tais quais: o companheiro também passa a ser herdeiro necessário, conforme art. 1.845 do CC? O companheiro passa a deter o direito real de habitação previsto no art. 1.831 do mesmo Código? Ao companheiro garante-se, também, a reserva da quarta parte da herança prevista no art. 1.832 do CC?

A doutrina não chegou a um consenso, o que fez com que o Instituto Brasileiro de Direito de Família (IBDFAM) impetrasse embargos de declaração no Recurso

Extraordinário nº 878.694/15 (MG), afirmando que o julgamento foi omisso quanto à equiparação do cônjuge e do companheiro em todas as regras do direito das sucessões.

O Ministro Barroso rejeitou os embargos de declaração com a seguinte decisão proferida em 26.10.2018:

> 1. Os embargos de declaração devem ser desprovidos, pois o acórdão recorrido não apresenta omissão a sanar. 2. No presente recurso extraordinário, a repercussão geral foi reconhecida nos seguintes termos: "possui repercussão geral a controvérsia acerca do alcance do artigo 226 da Constituição Federal, nas hipóteses de sucessão em união estável homoafetiva, ante a limitação contida no artigo 1.790 do Código Civil". Trata-se de analisar a constitucionalidade do art. 1.790 do Código Civil, que estabelece uma desequiparação para fins sucessórios entre cônjuges e companheiros. A questão constitucional foi decidida nos limites dos termos em que foi proposta, com a fixação da seguinte tese: "No sistema constitucional vigente, é inconstitucional a distinção de regimes sucessórios entre cônjuges e companheiros, devendo ser aplicado, em ambos os casos, o regime estabelecido no art. 1.829 do CC/2002". 3. Não há que se falar em omissão do acórdão embargado por ausência de manifestação com relação ao art. 1.845 ou qualquer outro dispositivo do Código Civil, pois o objeto da repercussão geral reconhecida não os abrangeu. Não houve discussão a respeito da integração do companheiro ao rol de herdeiros necessários, de forma que inexiste omissão a ser sanada. 4. Ante o exposto, rejeito os embargos.

Com essa decisão, o STF não resolveu o embate doutrinário, o que tem causado grande insegurança jurídica tanto para o Judiciário quanto para o extrajudicial, principalmente na lavratura e no cumprimento de testamentos públicos.

Para a vice-presidente da Comissão de Estudos Constitucionais das Famílias do IBDFAM, Ana Luiza Nevares, que é favorável à equiparação de regimes sucessórios para cônjuge e companheiro, quando o STF diz que o *regime sucessório* não pode ser diferente, automaticamente está dizendo que, se um é herdeiro necessário, o outro também é. Ela expõe:

> Para mim, a *ratio decidendi*, a razão de decidir do Supremo, foi muito clara: na sucessão hereditária, ambos são tratados de forma igual, se o cônjuge é herdeiro necessário o companheiro também deve ser. O Superior Tribunal de Justiça (STJ) já se manifestou no sentido de que a repercussão geral estabelecida pelo Supremo Tribunal Federal leva, necessariamente, a posição do companheiro como herdeiro necessário. Mas é verdade que essa manifestação ainda não se deu em sede de uma decisão vinculante, pode ser que o STJ mude a sua posição. Eu penso que a razão de decidir da repercussão geral foi a igualdade plena de direitos sucessórios entre cônjuge e companheiro, eu já tenho uma posição da corte superior a respeito da legislação infraconstitucional, já tenho uma posição do STJ no sentido de que o companheiro é herdeiro necessário, então, apesar da decisão do STF nos embargos, a posição que prevalece é a de que o companheiro é herdeiro necessário. Evidentemente, o debate está na mesa e seria muito importante que a gente tivesse uma decisão que resolvesse de uma vez essa questão.[13]

Por outro lado, Rodrigo da Cunha Pereira, presidente do IBDFAM, diz:

> se equiparar cônjuge e companheiro em todas as premissas, incluindo o de ser herdeiro necessário, estará tolhendo a liberdade das pessoas de escolherem esta ou aquela forma de

[13] Disponível em: http://www.ibdfam.org.br/noticias/6813. Acesso em: 2 set. 2021.

família. Poderia, na verdade, sucumbir o instituto da união estável. Se em tudo é idêntica ao casamento, ela deixa de existir, e só passa a existir o casamento. *Afinal, se a união estável em tudo se equipara ao casamento, tornou-se um casamento forçado*. Respeitar as diferenças entre um instituto e o outro é o que há de mais saudável para um sistema jurídico. Um dos pilares de sustentação do Direito Civil é a liberdade. *Se considerarmos o (a) companheiro (a) como herdeiro necessário estaremos acabando com a liberdade de escolha entre uma e outra forma de constituir família, já que a última barreira que diferenciava a união estável do casamento já não existiria mais.*[14]

Segundo o Professor Flávio Tartuce, diretor nacional do IBDFAM, o STF não apreciou a questão da distinção entre cônjuge e companheiro na sucessão, no julgamento dos embargos. Diz o professor:

> Entendo que o julgamento dos embargos de declaração pelo STF não mergulhou na análise de ser o companheiro herdeiro necessário ou não. Houve a sua rejeição (dos embargos) por uma razão processual e o debate continua nos âmbitos doutrinário e jurisprudencial. Na minha visão, predomina a resposta positiva na doutrina. Ademais, existem julgados do STJ na mesma linha. Porém, para que haja uma pacificação do tema e nos termos do art. 927 do CPC/2015, a questão precisa ser solucionada pela Segunda Seção do STJ ou pelo próprio STF em outro julgado.[15]

Nos termos do art. 1.830 do CC, somente é reconhecido direito sucessório ao cônjuge ou companheiro sobrevivente se, ao tempo da morte do outro, não estavam separados judicialmente nem separados de fato há mais de dois anos.

Ocorre que o art. 1.723, §1º, do CC,[16] permite a constituição de união estável da pessoa casada separada de fato. Assim, por exemplo, se o cônjuge varão se separa de fato e, um mês depois, inicia uma união estável com outra pessoa, o que ocorre se ele morrer após um ano e oito meses do início da união estável? Quem irá suceder os seus bens? A esposa, com quem ainda mantém vínculo matrimonial formal, ou a companheira, com quem viveu efetivamente até a morte no plano material?

O Conselho da Justiça Federal editou, em 2011, o Enunciado nº 525, da V Jornada de Direito Civil, com o seguinte teor:

> Os artigos 1.723, parágrafo 1º, 1.790, 1.829 e 1.830, do Código Civil Brasileiro, *admitem a concorrência sucessória entre cônjuge e companheiro sobreviventes na sucessão legítima*, quanto aos bens adquiridos onerosamente na união estável". (Última parte do enunciado passa a ser lida de acordo com a declaração de inconstitucionalidade do artigo 1.790 pelo Supremo Tribunal Federal acima tratada).

Dessa forma, os bens do falecido passam a ser atribuídos à esposa e à companheira na ordem e nos termos estabelecidos no art. 1.829 do CC e, se houver consenso entre os interessados, o inventário e a partilha poderão ser efetuados extrajudicialmente, perante o tabelião de notas de confiança das partes.

---

14 Disponível em: http://www.ibdfam.org.br/noticias/6813. Acesso em: 2 set. 2021.

15 Disponível em: http://www.ibdfam.org.br/noticias/6813. Acesso em: 2 set. 2021.

16 "Art. 1.723. É reconhecida como entidade familiar a união estável entre o homem e a mulher, configurada na convivência pública, contínua e duradoura e estabelecida com o objetivo de constituição de família. §1º A união estável não se constituirá se ocorrerem os impedimentos do art. 1.521; não se aplicando a incidência do inciso VI no caso de a pessoa casada se achar separada de fato ou judicialmente".

Ademais, a Resolução nº 35/2007 do CNJ ainda afirma em seu art. 11:

> É obrigatória a nomeação de interessado, na escritura pública de inventário e partilha, para representar o espólio, com poderes de inventariante, no cumprimento de obrigações ativas ou passivas pendentes, sem necessidade de seguir a ordem prevista no art. 990 do Código de Processo Civil.

Referido art. 990 era do CPC revogado e corresponde ao art. 617 do Novo CPC. Segundo Zeno Veloso:

> [...] a indicação do inventariante devia ser facultativa, não obrigatória... Se não existirem obrigações ativas e passivas pendentes, e tudo já ficou definido e bem resolvido na escritura pública – principalmente, a partilha dos bens –, não há razão para se nomear ainda um inventariante para representar o espólio.[17]

Entretanto, como mencionado, esse não foi o entendimento do CNJ e a nomeação do inventariante na escritura pública de inventário e de partilha é obrigatória.

Referida nomeação pode ocorrer antes da escritura de inventário e partilha, em uma escritura autônoma de nomeação de inventariante com a participação de todos os interessados (herdeiros/meeiro) e do advogado. Nesse momento, os mesmos documentos necessários para a lavratura da escritura definitiva de inventário e partilha, exceto os relacionados aos bens a serem partilhados, já devem ser apresentados, inclusive a certidão negativa de existência de testamento.

A nomeação é rotineiramente necessária para possibilitar acesso dos interessados aos extratos bancários do falecido, a regularização de pendências do falecido perante a Receita Federal, enfim, para representar o espólio e tomar todas as providências preliminares necessárias para a lavratura da futura escritura de inventário e partilha.[18]

Como é cediço, o espólio tem legitimidade ativa e passiva, judicial ou extrajudicial, e é representado pelo inventariante ou pelo administrador provisório (até o compromisso do inventariante), nos termos do art. 75, VII, do CPC.[19]

Dessa forma, o espólio tem capacidade para ser parte e o inventariante tem poder para representar o espólio, inclusive, no cumprimento de suas obrigações formais. Por esse motivo, a nomeação de inventariante em escritura pública autônoma, e com fundamento na Lei nº 11.441/2007 e na Resolução nº 35/2007 do CNJ, possibilita ao inventariante cumprir obrigação formal do falecido devidamente descrita e autorizada em referida escritura de nomeação.

Assim, por exemplo, se o falecido firmou um compromisso de venda e compra de um bem imóvel, recebeu todo o preço em vida, deu quitação, e não cumpriu com sua obrigação formal de outorgar a escritura pública de venda e compra definitiva antes de sua morte, o inventariante deve ser nomeado em escritura pública autônoma que

---

17 VELOSO, Zeno. Separação, extinção de união estável, divórcio, inventário e partilha consensuais – De acordo com o novo CPC. *Boletim do Instituto de Registro Imobiliário do Brasil – IRIB – em Revista*, São Paulo, n. 35, set. 2016. Separata. p. 60.

18 VELOSO, Zeno. Separação, extinção de união estável, divórcio, inventário e partilha consensuais – De acordo com o novo CPC. *Boletim do Instituto de Registro Imobiliário do Brasil – IRIB – em Revista*, São Paulo, n. 35, set. 2016. Separata. p. 60.

19 "Art. 75. Serão representados em juízo, ativa e passivamente: [...]; VII - o espólio, pelo inventariante".

o autorize, expressamente, a cumprir essa obrigação do falecido, qual seja, a outorga da escritura pública de venda e compra definitiva. Ato seguinte, a escritura pública de venda e compra deve ser lavrada, tendo como vendedor o espólio, representado pelo inventariante nomeado por escritura pública e devidamente autorizado por todos os interessados a cumprir essa obrigação formal do falecido.

Isso ocorre porque o bem imóvel está, apenas, formalmente na esfera patrimonial do falecido, mas, materialmente, foi alienado em vida por ele. Dessa forma, o que deve ser inventariado, se houver, é o dinheiro recebido pela venda e compra, e não o bem imóvel que, materialmente, não pertence mais ao falecido e deve ser transferido para o compromissário comprador.

O art. 3º da Lei nº 8.935/1994 esclarece que "notário, ou tabelião, e oficial de registro, ou registrador, são profissionais do direito, dotados de fé pública, a quem é delegado o exercício da atividade notarial e de registro". Assim, não é demais consignar que o tabelião de notas e o oficial registrador devem ser profundos conhecedores do direito sucessório.

Ademais, esses profissionais, na esfera administrativa, estão vinculados ao princípio da estrita legalidade e devem, na lavratura e no registro das escrituras públicas de inventário, ser exímios aplicadores das regras sucessórias de direito material. Isso ocorre porque a responsabilidade civil e administrativa deles é pessoal e eles respondem, com o próprio patrimônio, por prejuízos que causarem às partes em decorrência de erros na elaboração dos atos extrajudiciais.

A lavratura da escritura de inventário demanda, muitas vezes, profundo conhecimento do instituto da representação, uma vez que não é incomum o falecido ter deixado herdeiros pré-mortos. Dá-se o direito de representação, conforme consignado no art. 1.851 do CC, quando a lei chama certos parentes do falecido a suceder em todos os direitos em que ele sucederia, se vivo fosse.

Ocorre que, nos termos das regras de direito material previstas no CC, arts. 1.852 a 1.855, o direito de representação dá-se na linha reta descendente, nunca na ascendente; os representantes herdam, como tais, o que herdaria o representado, se vivo fosse; e o quinhão do representado partir-se-á por igual entre os representantes. Ademais, na linha descendente, os filhos sucedem por cabeça, e os outros descendentes (netos, bisnetos etc.), por cabeça ou por estirpe, conforme se achem ou não no mesmo grau.

Vale lembrar que também há o direito de representação na linha transversal, conforme art. 1.853 do CC, em favor dos filhos dos irmãos do falecido, quando com irmãos deste concorrerem, ou seja, na linha transversal há o direito de representação apenas dos sobrinhos do falecido, quando os irmãos do falecido são seus herdeiros e há algum irmão pré-morto.

A regra do art. 1.841 do CC estende-se ao sobrinho, ou seja, concorrendo à herança do falecido irmãos bilaterais e irmãos unilaterais, cada um destes herdará metade do que cada um daqueles herdar. Assim, o filho do irmão unilateral também herdará a metade do que cada filho de irmão bilateral herdar.

Os cônjuges dos herdeiros não são partes e não participam da escritura pública de inventário. Somente deverão comparecer ao ato se o herdeiro casado for renunciar à herança ou for transmitir direito hereditário por cessão e for casado com regime diverso da separação convencional de bens ou comunicação final dos aquestos, com pacto dispensando a anuência.

Isso ocorre porque a herança sem partilha tem natureza jurídica de bem imóvel,[20] aplicando-se a regra do art. 1.647 do CC, que menciona "ressalvado o disposto no art. 1.648, nenhum dos cônjuges pode, sem autorização do outro, exceto no regime da separação absoluta: I - alienar ou gravar de ônus real os bens imóveis. [...]". E a do art. 1.656 do mesmo código: "no pacto antenupcial, que adotar o regime de participação final nos aquestos, poder-se-á convencionar a livre disposição dos bens imóveis, desde que particulares".

É possível que seja feita, na mesma escritura de inventário, a cessão ou renúncia de direitos hereditários, seguida da partilha. Haverá incidência de imposto de transmissão *inter vivos*, quanto à cessão de direitos, e de transmissão *mortis causa*, em razão da sucessão hereditária. Saliente-se, não incide imposto sobre a renúncia abdicativa.

O imposto de transmissão que tem como fato gerador a cessão de direitos hereditários será estadual ou municipal, conforme a cessão seja gratuita (equivalente à doação com incidência do imposto sobre transmissão causa morte ou doação – ITCMD) ou onerosa (semelhante à compra e venda com incidência do imposto sobre transmissão de bens imóveis – ITBI), respectivamente. O imposto incidente sobre a transmissão *mortis causa* (ITCMD) é de competência estadual, conforme art. 155, I, CF.[21]

O tabelião é obrigado a fiscalizar o pagamento do imposto devido e mencionar a prova da sua quitação na escritura pública de inventário, ou seja, referida escritura não pode ser lavrada e assinada sem o pagamento prévio dos impostos devidos. Caso os interessados optem em parcelar o pagamento dos impostos de transmissão, a escritura pública apenas poderá ser lavrada após o pagamento da última parcela.[22] Nesse sentido também o art. 15 da Resolução nº 35/2007 do CNJ, que diz: "o recolhimento dos tributos incidentes deve anteceder a lavratura da escritura de inventário".

Apenas os débitos tributários impedem a lavratura da escritura pública. Assim, para lavrar a escritura pública de inventário o falecido não pode ter deixado débitos tributários em nenhuma das fazendas públicas, quais sejam, municipal, estadual ou federal. Por outro lado, a existência de dívidas não tributárias do falecido não configura impedimento para a lavratura da escritura de inventário e partilha. A dívida deverá ser arrolada juntamente com os bens do espólio, o que configura reconhecimento de dívida pelos herdeiros que assumem o pagamento delas até o limite da herança.[23] A respeito do assunto, a Resolução nº 35/2007 do CNJ, art. 27, dispõe: "A existência de credores do espólio não impedirá a realização do inventário e partilha, ou adjudicação, por escritura pública".

Vale consignar que é possível a promoção de inventário extrajudicial por cessionário de direitos hereditários. Se a cessão foi parcial, o cessionário e os demais herdeiros/ meeiro devem comparecer na escritura pública de inventário e partilha. Se a cessão foi

---

20 CC: "Art. 80. Consideram-se imóveis para os efeitos legais: [...]; II - o direito à sucessão aberta".

21 "Art. 155. Compete aos Estados e ao Distrito Federal instituir impostos sobre: I - transmissão causa mortis e doação, de quaisquer bens ou direitos [...]".

22 Ressalvam-se algumas decisões de corregedorias estaduais em sentido contrário, *e.g.*, da CGJ/PR.

23 CC: "Art. 1.997. A herança responde pelo pagamento das dívidas do falecido; mas, feita a partilha, só respondem os herdeiros, cada qual em proporção da parte que na herança lhe coube".

total, é possível que o cessionário compareça sozinho, sendo essa a correta interpretação a ser efetuada do art. 16 da Resolução nº 35/2007 do CNJ, que tem o seguinte teor:

> Art. 16. É possível a promoção de inventário extrajudicial por cessionário de direitos hereditários, mesmo na hipótese de cessão de parte do acervo, desde que todos os herdeiros estejam presentes e concordes.

A cessão de direitos hereditários apenas pode ser efetuada por instrumento público, ou seja, a forma pública é da essência do negócio jurídico, conforme art. 1.793 do CC. Já a renúncia abdicativa de herança pode ser efetuada por instrumento público ou por termo nos autos do processo, nos termos do art. 1.806 do mesmo código.

Como dito alhures, o espólio é um ente despersonalizado ou despersonificado, havendo uma universalidade jurídica, criada por ficção legal. Essa universalidade só termina com a partilha, ou seja, a herança é indivisível, conforme expressa determinação legal.[24] Por isso, há doutrinadores que afirmam não ser possível um coerdeiro ceder direitos hereditários sob um bem específico, mas ser possível ceder a totalidade ou um percentual da herança que do todo representa aquele bem específico.[25] Entretanto, no caso de haver somente um herdeiro, como não há outros interessados (coerdeiros), não é ineficaz a cessão de direitos que ele fizer a respeito de um bem singular, de determinado bem da herança.

Na opinião de Zeno Veloso, do mesmo modo, se todos os herdeiros fazem a cessão, é plenamente eficaz essa cessão de bens singularmente determinados.[26]

O art. 1.784 do CC consagra o princípio de regência da sucessão denominado *droit de saisine*, e afirma que, aberta a sucessão, a herança transmite-se, desde logo, aos herdeiros legítimos ou testamentários. Assim, o momento de abertura da sucessão é o momento da morte. Esse momento define a lei de regência da sucessão (civil e tributária) e a situação jurídica de cada herdeiro, em outras palavras, a sucessão e a legitimação para suceder devem ser reguladas pela lei vigente à época da abertura da sucessão, na forma do art. 1.577 do Código Civil de 1916 e dos arts. 1.787 e 2.041 do CC.

Dessa forma, o tabelião de notas deve ater-se que as escrituras públicas de inventário de pessoas que morreram a partir de 11.3.2003 devem observar as regras sucessórias do CC, arts. 1.829 a 1.844. Para as mortes ocorridas antes de 11.3.2003, a lei de regência sucessória a ser observada pelo tabelião deve ser o Código Civil de 1916, arts. 1.603 a 1.619.

Ainda, é importante consignar que, no momento da lavratura da escritura pública de inventário, o tabelião deve observar algumas situações que farão com que determinados bens do falecido não façam parte do inventário. As mais comuns são: (i)

---

[24] CC: "Art. 1.791. A herança defere-se como um todo unitário, ainda que vários sejam os herdeiros. Parágrafo único. Até a partilha, o direito dos coerdeiros, quanto à propriedade e posse da herança, será indivisível, e regular-se-á pelas normas relativas ao condomínio".

[25] CC: "Art. 1.793. O direito à sucessão aberta, bem como o quinhão de que disponha o coerdeiro, pode ser objeto de cessão por escritura pública [...]. §2º É ineficaz a cessão, pelo coerdeiro, de seu direito hereditário sobre qualquer bem da herança considerado singularmente".

[26] VELOSO, Zeno. Separação, extinção de união estável, divórcio, inventário e partilha consensuais – De acordo com o novo CPC. *Boletim do Instituto de Registro Imobiliário do Brasil – IRIB – em Revista*, São Paulo, n. 35, set. 2016. Separata. p. 69.

a doação com cláusula de reversão, conforme art. 547 do CC, que se resolve (reverte em favor do doador) com a simples averbação da morte do donatário na matrícula do imóvel, não sendo objeto de seu inventário; (ii) a doação conjuntiva para casal, art. 551, parágrafo único, do CC, que, com a morte de um dos cônjuges donatários, opera-se o direito de acrescer em favor do cônjuge donatário sobrevivente, e também se resolve com a averbação da morte de um dos cônjuges na matrícula do imóvel, não sendo objeto de seu inventário; (iii) bem localizado no exterior.

As regras a respeito do inventário conjunto regulado no art. 672 do CPC aplicam-se ao inventário extrajudicial.

Diz referido dispositivo legal:

> [...] é lícita a cumulação de inventários para a partilha de heranças de pessoas diversas quando houver:
>
> I - identidade de pessoas entre as quais devam ser repartidos os bens;
>
> II - heranças deixadas pelos dois cônjuges ou companheiros;
>
> III - dependência de uma das partilhas em relação à outra.

Assim, por exemplo, um imóvel urbano de propriedade de casal falecido, casado no regime da comunhão universal de bens com dois filhos em comum, deve ser inventariado e a escritura deve conter duas partilhas, ou seja, a partilha da primeira sucessão (de quem morreu primeiro) e a partilha da segunda sucessão (de quem morreu por último), respeitando o princípio de *droit de saisine*. Dessa forma, a escritura pública deverá, com a morte do primeiro cônjuge, atribuir 25% do imóvel a cada filho (1/2 da herança para cada filho) e 50% do imóvel para o espólio do cônjuge que morreu em segundo lugar, a título de meação, representado pelo seu inventariante nomeado na própria escritura pública. Após, em decorrência da segunda morte, atribui sua herança na proporção de 25% do imóvel para cada filho (metade da herança para cada filho). Ao final, o imóvel é metade para cada filho, mas há necessidade de se fazer os dois inventários na mesma escritura pública para garantir a continuidade registral.

Vale relembrar que os requisitos para a lavratura de inventário extrajudicial devem ser preenchidos em ambos os inventários e não se admite que o espólio fique com qualquer patrimônio, ou seja, a herança passa pelo espólio, mas deve ser atribuída aos herdeiros comparecentes.

Planejamento sucessório comum é fazer o inventário extrajudicial e atribuir herança ou meação com o direito real de usufruto, em especial em estados da Federação, a exemplo do Rio de Janeiro, cuja lei tributária estadual atribui 50% do valor do imóvel para o usufruto e 50% para a nua-propriedade. Assim, por exemplo, casal de idosos A e B, casados no regime da comunhão universal de bens, tem dois filhos e um apartamento comum avaliado em R$1.200.000,00 (um milhão e duzentos mil reais). A falece. Dessa forma, a meação de B pode ser paga com o direito real de usufruto avaliado em R$600.000,00 (seiscentos mil reais) e a herança dos filhos com 50% (metade) do direito real de nua-propriedade para cada um, equivalente, cada qual, a R$300.000,00 (trezentos mil reais).

A vantagem dessa operação é que, com a morte de B, cancela-se o usufruto com a simples averbação de seu óbito, sem a incidência de imposto, e os filhos já ficam com a propriedade plena do imóvel, sem precisar inventariá-lo.

O notário deve observar, na lavratura de escritura pública de inventário e partilha ou adjudicação, os requisitos formais de validade da escritura pública previstos no art. 215 do CC e nas normas da corregedoria-geral do estado de sua atuação. Ademais, deve observar ainda os requisitos da Resolução nº 35 do CNJ já tratados acima, bem como a lei estadual do ITCMD.

As partes capazes devem comparecer perante o tabelião de sua confiança munidos dos documentos exigidos pelas normas da corregedoria do estado onde se lavrará a escritura pública, bem como pelo art. 22, da Resolução nº 35 do CNJ, quais sejam: a) certidão de óbito do autor da herança e certidão de nascimento (se faleceu solteiro) ou de casamento (se faleceu em estado civil diverso de solteiro). Se o autor da herança era casado em regime diverso do legal, pacto antenupcial devidamente registrado no Livro 3 – Auxiliar do Cartório de Registro de Imóveis competente; b) documento de identificação e cadastro da pessoa física (CPF) dos interessados e do autor da herança; c) certidão de nascimento ou de casamento que comprove o vínculo de parentesco dos herdeiros absolutamente capazes; d) documentos comprobatórios da propriedade dos bens e dos direitos a serem inventariados; e) certidão negativa de tributos federal, estadual e municipal em nome do autor da herança; f) certidão negativa da central de testamento *on-line*; g) certificado de cadastro de imóvel rural – CCIR, se houver; h) número da OAB do advogado.

Preenchidos os requisitos mencionados e apresentados os documentos, a escritura pública de inventário será lavrada e, posteriormente, deverá ser apresentada ao cartório de registro de imóveis para registro ou a qualquer outro órgão ou instituição financeira, diretamente.

Referências

AMORIM, Sebastião; OLIVEIRA, Euclides de. *Inventários e partilhas*. 21. ed. São Paulo: Leud, 2008. Separata.

BARROSO, Luís Roberto. *O novo direito constitucional brasileiro* – Contribuições para a construção teórica e prática da jurisdição constitucional do Brasil. Belo Horizonte: Fórum, 2012.

BEZERRA, Márcia Fernandes. O direito à razoável duração do processo e a demora na outorga da prestação jurisdicional. *In*: WAMBIER, Teresa Arruda Alvim *et al.* (Org.). *Reforma do Judiciário*. Primeiras reflexões sobre a Emenda Constitucional n. 45/2004. São Paulo: Revista dos Tribunais, 2005.

BEZERRA, Paulo Cesar Santos. *O acesso aos direitos e à justiça*: um direito fundamental. Temas atuais de direitos fundamentais. Ilhéus: Editus, 2007.

BONATES, Juliana da Fonseca. *Separação, divórcio, partilhas e inventários extrajudiciais*. São Paulo: Método, 2007.

BRANDELLI, Leonardo. *Teoria geral do direito notarial*. 2. ed. São Paulo: Saraiva, 2007.

CAHALI, Francisco José; HERANCE FILHO, Antonio; ROSA, Karin Regina Rick; FERREIRA, Paulo Roberto Gaiger. *Escrituras públicas*: separação, divórcio, inventário e partilha consensuais: análise civil, processual civil, tributária e notarial. 2. ed. São Paulo: Revista dos Tribunais, 2009.

CÂMARA, Alexandre. *O novo processo civil brasileiro*. Rio de Janeiro: Atlas, 2015.

CASSETTARI, Christiano. *Separação, divórcio e inventário por escritura pública* – Teoria e prática. 2. ed. São Paulo: Método, 2007.

VELOSO, Zeno. Separação, extinção de união estável, divórcio, inventário e partilha consensuais – De acordo com o novo CPC. *Boletim do Instituto de Registro Imobiliário do Brasil – IRIB – em Revista*, São Paulo, n. 35, set. 2016. Separata.

ZANETI JR., Hermes; CABRAL, Trícia Navarro Xavier (Coord.). *Justiça multiportas*. Mediação, conciliação, arbitragem e outros meios adequados de solução de conflitos. Salvador: JusPodivm, 2018.

Informação bibliográfica deste texto, conforme a NBR 6023:2018 da Associação Brasileira de Normas Técnicas (ABNT):

ARRAIS, Virgínia Viana. A extrajudicialização do inventário. *In*: TEIXEIRA, Daniele Chaves (Coord.). *Arquitetura do planejamento sucessório*. Belo Horizonte: Fórum, 2022. p. 219-235. Tomo III. ISBN 978-65-5518-291-0.

PARTE II

MOMENTOS PATOLÓGICOS

PREVIDÊNCIA PRIVADA COMO FORMA DE BURLA DA LEGÍTIMA

ANA PAULA DE OLIVEIRA ANTUNES

Envelhecimento e proteção da pessoa idosa

No Brasil, assim como no mundo, nas duas últimas décadas, houve um crescente aumento da longevidade humana, em razão da soma de inúmeros fatores, como desenvolvimento de políticas sanitárias, melhoramento da infraestrutura básica e avanço da tecnologia médica, colocando em evidência as questões relacionadas ao envelhecimento e aos cuidados do idoso.

O envelhecimento, embora pouco referenciado nas décadas anteriores, faz parte do desenvolvimento e compreende um processo natural que decorre do nascimento até a morte, ao qual todos os indivíduos estão sujeitos, constituindo fato natural que impacta toda a sociedade, nos mais variados aspectos, seja biológico, social, mental, físico, a depender da estrutura biológica e do meio em que o indivíduo está inserido.

É evidente que o envelhecimento, além de ser um fato social e histórico, ultrapassa o universo individual de cada pessoa, gerando reflexos diretos na sociedade, tanto na esfera privada, quanto pública, vez que, segundo dados da Organização Mundial da Saúde,[1] até o ano de 2050, o número de pessoas idosas com idade superior a 60 anos ultrapassará 2 bilhões, o que corresponde a praticamente um quinto da população mundial. Nesta senda, o Brasil acompanha esta estatística e, conforme as estimativas do IBGE,[2] até o ano de 2060, um a cada quatro brasileiros terá 65 anos de idade ou mais, o correspondente a 58,2 milhões de pessoas, e, em percentuais, 25,5% do total da população, que significa que um quarto da população brasileira será idosa.

1 INSTITUTO DE PESQUISA ECONÔMICA APLICADA. *População idosa brasileira deve aumentar até 2060*. Disponível em: http://www.ipea.gov.br/portal/index.php?option=com_content&view=article&id=33875. Acesso em: 20 maio 2020.

2 ORGANIZAÇÃO PAN AMERICANA DE SAÚDE – BRASIL (OPAS-BRASIL). *Folha informativa*. Saúde. Disponível em: www.paho.org/bra/index.php?option=com_content&view=article&id=5661:folha-informativa-envelhecimento-e-saude&Itemid=820. Acesso: 20 maio 2020.

Por consequência, evidente que o crescimento populacional do grupo etário dos idosos fomentará visíveis transformações nos mais variados setores da vida social, impactando a necessidade de modificar o gerenciamento dos seus interesses, bens e direitos.

Contudo, a chamada melhor idade parece não trazer todos os benefícios imaginados pelos publicitários idealizadores dessa alcunha e alardeados por graciosas campanhas de marketing, eis que essa fase da vida representa, infelizmente, o período de degradação da higidez física e mental, com a consequente perda da capacidade laboral e a aguda diminuição das fontes de renda, além do cruel aumento dos custos para com a própria saúde.

Em nosso país, de constantes crises econômicas, outras tantas políticas e a mais recente acrescida de um contingente sanitário de reflexos absolutamente trágicos para os mais idosos, constitui verdadeiro desafio enfrentar o envelhecimento em condições dignas de sobrevivência. Poucos são os que têm a ventura de conseguir se preparar para esse momento, guardando recursos para fazer frente às dificuldades trazidas pelo inverno da existência humana.

Para piorar, alguns desses poucos afortunados que conseguiram fazer reservas para responder às vicissitudes trazidas pela velhice se veem na paradoxal situação em que são impedidos de delas usufruir por força de um vetusto sistema ainda ancorado em paradigma clássico de privilégio das questões patrimoniais em detrimento das existenciais.

Decerto, ainda que o sistema jurídico constitucional brasileiro mantenha sua base axiológica assentada em paradigma existencialista, cuja diretriz primeira se centra na tutela prioritária da pessoa humana e de sua dignidade, é evidente que o Código Civil de 2002 já nasceu velho, como dito por muitos, e contém, em parte de suas disposições, a mesma estrutura anosa de seu antecessor, especialmente no que se refere à tutela e à curatela, cujas disposições estão voltadas primordialmente à preservação da higidez patrimonial do tutelado e do curatelado e não na promoção de condições dignas para o seu envelhecimento.

Com os seus alicerces fincados no antigo sistema clássico, as regras atinentes ao direito assistencial dos códigos civis de 1916 e 2002 possuem destacada preocupação com a proteção do patrimônio do tutelado e do curatelado, com o fito de se evitar a sua dissipação. No que se refere, notadamente, à curatela, preservam de forma exageradamente rígida a higidez patrimonial do curatelado e acabam por dificultar, sobremaneira, o uso de recursos em benefício do próprio interdito e de seu bem-estar. Não raro, acabam gerando a paradoxal consequência de deixar o curatelado à míngua e garantir uma gorda herança para seus sucessores, em clara inversão aos fundamentos de um direito assistencial baseado na tutela prioritária da pessoa do assistido.

Relevância do tema e caso ilustrativo

Esse é o lamentável caso de O., um idoso, divorciado e pai de quatro filhas, que trabalhou por mais de cinco décadas como alfaiate e, com muito esforço, conseguiu amealhar algumas reservas capazes de lhe permitir enfrentar as dificuldades advindas do envelhecimento com certa dignidade e conforto. Viveu a vida de forma humilde e simplória, economizando cada centavo, ao passo que auxiliava financeiramente as filhas, principalmente aquela com quem decidiu morar dos 70 até os 87 anos e, ao final desse período, já mais velho, acabou por solicitar auxílio para que ela conjuntamente administrasse os seus recursos que somavam quase meio milhão de reais.

Buscando uma melhor remuneração para as finanças de seu pai e uma alternativa a evitar futuro inventário, a filha aplicou todas as economias guardadas ao longo de uma vida inteira em um plano de previdência privada, orientada por um gerente de banco certamente mais interessado em atingir as suas metas, e acabou por colocar todos os recursos em um VGBL, cuja retirada em médio prazo implicaria a incidência do imposto de renda à alíquota de 35%, o que, por si só, já inviabilizava o projeto de O. de usar seus recursos para uma maior comodidade em sua velhice, eis que em qualquer situação de necessidade seria tolhido de mais de um terço de seus rendimentos, aos 85 anos de idade.

Tal escolha não impactou imediatamente na saúde financeira de O., uma vez que, somada à sua aposentadoria no valor de 1,5 salários mínimos, ainda obtinha renda mensal eventual, decorrente de sua atividade profissional que desempenhava como alfaiate de grandes juristas e advogados na cidade de São Paulo.

Porém, aos 87 anos de idade, após uma internação às pressas em razão de um câncer de próstata, seguido de uma dilatação da bexiga, O. sofreu demência temporária em reação à forte medicação ministrada equivocadamente, apresentando um quadro de agressividade por quase vinte e quatro horas. A filha que com ele residia, ignorando a sua condição médica, promoveu a internação compulsória do pai em clínica psiquiátrica e imediatamente ingressou com pedido de "interdição", para gerir sozinha todos os recursos de seu genitor.

Considerando a existência de outras três filhas, o magistrado determinou a citação de todas e, com o apoio da filha que residia em outro estado, O. apresentou defesa justificando: a) que o episódio de demência foi ocasionado pelo efeito colateral à medicação ministrada para o tratamento da próstata; b) que se encontrava na plenitude de sua capacidade civil, juntando atestado médico de sanidade mental, laudos médicos, exames neurológicos e perícia médica; c) por fim, que a filha há muito se valia do seu auxílio financeiro e, portanto, desejava tão somente ter acesso às suas reservas financeiras, beneficiando-se com exclusividade.

Além disso, ingressou com pedido de tomada de decisão apoiada,[3] nos termos do art. 1.783-A do Código Civil, requerendo ao magistrado que homologasse o seu

[3] "Art. 1.783-A. A tomada de decisão apoiada é o processo pelo qual a pessoa com deficiência elege pelo menos 2 (duas) pessoas idôneas, com as quais mantenha vínculos e que gozem de sua confiança, para prestar-lhe apoio na tomada de decisão sobre atos da vida civil, fornecendo-lhes os elementos e informações necessários para que possa exercer sua capacidade. (Incluído pela Lei nº 13.146, de 2015) (Vigência) §1º Para formular pedido de tomada de decisão apoiada, a pessoa com deficiência e os apoiadores devem apresentar termo em que constem os limites do apoio a ser oferecido e os compromissos dos apoiadores, inclusive o prazo de vigência do acordo e o respeito à vontade, aos direitos e aos interesses da pessoa que devem apoiar. (Incluído pela Lei nº 13.146, de 2015) (Vigência) §2º O pedido de tomada de decisão apoiada será requerido pela pessoa a ser apoiada, com indicação expressa das pessoas aptas a prestarem o apoio previsto no caput deste artigo. (Incluído pela Lei nº 13.146, de 2015) (Vigência) §3º Antes de se pronunciar sobre o pedido de tomada de decisão apoiada, o juiz, assistido por equipe multidisciplinar, após oitiva do Ministério Público, ouvirá pessoalmente o requerente e as pessoas que lhe prestarão apoio. (Incluído pela Lei nº 13.146, de 2015) (Vigência) §4º A decisão tomada por pessoa apoiada

pedido, determinando que a filha A., com quem passou a residir, fosse nomeada sua apoiadora, para tomar todas as decisões necessárias no que diz respeito às questões de saúde e financeiras, quando eventualmente começasse a lhe faltar discernimento, em razão da idade avançada. Precavido, dirigiu-se sozinho ao banco e colocou a filha A. como a única beneficiária de todos os seus rendimentos aplicados integralmente na previdência privada.

A disputa levou mais de dois anos e o magistrado da causa acolheu o pedido de tomada de decisão apoiada, homologando-o, e julgou improcedente a ação de interdição, determinando a sua extinção e arquivamento. No caso específico do O., tal medida se mostrava absolutamente coerente, pois visivelmente se enquadrava em situação intermediária em que enfrentava, com 87 anos, a senilidade decorrente da idade avançada que não lhe retirava a sua capacidade negocial, mas que progressivamente o impediria de realizar atos por si mesmo, de modo que a tomada de decisão apoiada propiciaria que se valesse de terceiros de sua escolha – a filha com quem residia atualmente e a melhor amiga – com confiança para a execução de atos de seu interesse.

Ocorre que, meses após o término das disputas judiciais e homologação da tomada de decisão apoiada, O. se submeteu novamente a tratamentos médicos invasivos em razão do câncer de próstata e sofreu impacto violento na sua saúde física e mental, necessitando de internações de urgência, tratamentos caros, uso de medicamentos contínuos, cuidadores 24 horas, fraldas geriátricas e alimentação através de sonda, aumentando o seu custo mensal abruptamente, ultrapassando o limite de sua aposentadoria, que equivalia a 1,5 salários mínimos mensais, para 15 mil reais por mês.

Em razão disso, a filha A., com quem residia e a quem confiou a tomada de decisão apoiada, viu-se na posição de gerenciar as suas finanças aplicadas na previdência privada, para custear as suas despesas médicas e de saúde, desempenhando as funções que lhe foram atribuídas na tomada de decisão apoiada homologada judicialmente, no entanto, neste momento, começou a sua *via crucis*.

Temos que, se a Lei nº 13.145 de 2015, conhecida como Estatuto da Pessoa com Deficiência, introduziu o art. 1.783-A no Código Civil, o qual positivou o instituto da tomada de decisão apoiada, com a finalidade de encontrar uma alternativa intermediária entre a capacidade plena e a curatela específica, conferindo autonomia a quem se depara com a eminente limitação de sua capacidade civil e permitindo a sua livre escolha e

terá validade e efeitos sobre terceiros, sem restrições, desde que esteja inserida nos limites do apoio acordado. (Incluído pela Lei nº 13.146, de 2015) (Vigência) §5º Terceiro com quem a pessoa apoiada mantenha relação negocial pode solicitar que os apoiadores contra-assinem o contrato ou acordo, especificando, por escrito, sua função em relação ao apoiado. (Incluído pela Lei nº 13.146, de 2015) (Vigência) §6º Em caso de negócio jurídico que possa trazer risco ou prejuízo relevante, havendo divergência de opiniões entre a pessoa apoiada e um dos apoiadores, deverá o juiz, ouvido o Ministério Público, decidir sobre a questão. (Incluído pela Lei nº 13.146, de 2015) (Vigência) §7º Se o apoiador agir com negligência, exercer pressão indevida ou não adimplir as obrigações assumidas, poderá a pessoa apoiada ou qualquer pessoa apresentar denúncia ao Ministério Público ou ao juiz. (Incluído pela Lei nº 13.146, de 2015) (Vigência) §8º Se procedente a denúncia, o juiz destituirá o apoiador e nomeará, ouvida a pessoa apoiada e se for de seu interesse, outra pessoa para prestação de apoio. (Incluído pela Lei nº 13.146, de 2015) (Vigência) §9º A pessoa apoiada pode, a qualquer tempo, solicitar o término de acordo firmado em processo de tomada de decisão apoiada. (Incluído pela Lei nº 13.146, de 2015) (Vigência) §10. O apoiador pode solicitar ao juiz a exclusão de sua participação do processo de tomada de decisão apoiada, sendo seu desligamento condicionado à manifestação do juiz sobre a matéria. (Incluído pela Lei nº 13.146, de 2015) (Vigência) §11. Aplicam-se à tomada de decisão apoiada, no que couber, as disposições referentes à prestação de contas na curatela. (Incluído pela Lei nº 13.146, de 2015) (Vigência)".

fiscalização dos atos de seu interesse que venha delegar a terceiros, que deveria ter eficácia inquestionável, o que, em verdade, não ocorreu.

Durante a internação médica de O. e ante todas as despesas de saúde que enfrentava, A. recorreu à instituição financeira para solicitar a baixa do investimento de previdência privada para a conta de seu pai, no intuito de suprir as suas necessidades e garantir a sua subsistência com dignidade, mas teve o seu pleito negado, justificado pela necessidade de ingresso de ação específica de curatela, posto que a referida instituição não reconhecia o termo de tomada de decisão apoiada como instrumento válido para o gerenciamento dos recursos, desrespeitando não só a vontade de O., como também decisão judicial transitada em julgado.

Ajuizada a ação de curatela e ignorando a urgência da situação de saúde de O., o magistrado da causa concedeu a curatela compartilhada entre todas as filhas, ainda que não houvesse pedido neste sentido, determinando-se a citação de todas, desconsiderando a sua própria decisão anterior que homologou o pedido de decisão apoiada. Irresignada e reiterando o histórico anterior, A. recorreu da decisão e teve seu recurso provido, revertendo a curatela a seu favor. Ato contínuo, o magistrado de primeiro grau negou-lhe a liberação do saldo total da previdência privada, determinando que mensalmente fossem comprovadas as despesas de O. para a expedição dos respectivos alvarás, correspondentes aos valores gastos.

Durante quase dezoito meses, enquanto a saúde física e mental de O. piorava e os seus gastos aumentavam, A. semanalmente pleiteava judicialmente alvará para a liberação dos valores constantes na previdência e, após meses de espera, tinha seu pleito parcialmente deferido, aguardando por outros tantos meses que a instituição financeira resolvesse cumprir as respectivas decisões judicias. Enquanto O. definhava em uma cama, afundado em dívidas, a instituição financeira mantinha a gestão de suas economias da vida inteira, ao passo que o Judiciário liberava pequenas quantias – a conta gotas, que supriam as suas despesas já vencidas de meses anteriores. Um ano e meio depois, na data de seu falecimento, o saldo da previdência ainda alcançava valores próximos de meio milhão de reais, enquanto O., sem acesso às suas economias, sobrevivia com o auxílio da filha A., professora aposentada que, por sua vez, recorria a empréstimos bancários para custear as despesas mensais de seu pai.

Quem pagou as despesas de funeral foi a filha A., pois todas as suas economias, dedicadas à sua velhice, dependiam de autorização judicial e do cumprimento moroso da instituição financeira, restando evidente que: a) não foi respeitada a vontade de O. que pretendia, por meio da tomada de decisão apoiada, salvaguardar os seus direitos; b) não foram observadas as normas voltadas à proteção do idoso e dos vulneráveis, c) a escolha da previdência privada para idoso, como forma de planejamento sucessório para evitar a necessidade de abertura de inventário, acabou por inviabilizar a utilização dos recursos economizados para serem destinados à sua sobrevivência; d) por fim, sendo o saldo da previdência único patrimônio de O., destinado a apenas uma das filhas como beneficiária, cogitar-se-ia, pelas outras filhas, a burla da legítima?

Curatela e a proteção das questões existenciais

O sistema da curatela atual ainda está voltado para as questões patrimoniais, afogando os direitos existenciais, reproduzindo as normas do sistema clássico característico da codificação de 1916, mostrando extrema preocupação com a gestão e administração de bens do curatelado e deixando marginalizadas as questões atinentes aos seus desejos e vontades.

Esse descompasso com a ordem de valores do ordenamento impõe uma leitura mais atenta aos dispositivos legais em consonância com a base axiológica de nosso sistema jurídico, fundada na dignidade humana e, especialmente, no que se refere à proteção integral da pessoa com deficiência e ao idoso.

A tomada de decisão apoiada e a curatela como instrumento de proteção do indivíduo que não se sente capaz para exercer integralmente os atos da vida civil tem como objetivo levar em consideração as questões existenciais, em sobreposição às questões de fundo, eminentemente patrimoniais.

Neste sentido, Nelson Rosenvald[4] destaca:

> curatela é uma medida de incapacitação judicial de pessoas desprovidas de autodeterminação (art. 4º., III, CC), cuja função precípua é a de proteção de quem necessita de representação ou assistência para a prática dos atos da vida civil. Em contrapartida, a TDA (art. 1.783-A) é uma medida de apoio a alguém que mantem a capacidade plena, sendo a sua funcionalidade primordialmente localizada na promoção, pelos apoiadores, dos espaços de autonomia da pessoa com deficiência em situação de vulnerabilidade.

Em síntese, em se tratando de pessoa idosa, faz-se necessária a análise perfunctória da situação fática para que o correto planejamento sucessório atenda às suas necessidades reais, prevendo inclusive os riscos futuros, com base nos diferentes estatutos de proteção, levando-se em conta, fundamentalmente, as questões existenciais, em detrimento da priorização do patrimônio.

Nesse sentido, temos que a previdência privada – investimento de médio/longo prazo, cuja natureza justifique o descarte da inventariança, não raras vezes, inviabiliza a utilização dos recursos caso haja necessidade de antecipação, seja pela incidência abusiva de alíquota de imposto de renda sobre o saque antecipado, seja pela impossibilidade de movimentação financeira sem a autorização judicial, em razão das regras específicas que a regulam.

Naturalmente, temos que a ofensa aos direitos fundamentais da pessoa idosa vulnerável (curatela ou apoiada) se mostra mais efetiva, se não observada com cautela a escolha do aporte de todos os recursos na previdência privada. Ademais, a legislação protetiva carece de uma atualização procedimental, hábil a substancializar a fruição de direitos fundamentais pela pessoa curatelada/apoiada, preservando ao máximo a sua autonomia, sob pena de submetê-la à imposição de restrições, como as do caso acima mencionado.

Para a análise mais profunda das questões atinentes à curatela/tomada de decisão apoiada, em consonância com a necessidade de escolha de um planejamento sucessório adequado, é fundamental a observância do art. 12, nº 4, da CDPD, que dispõe:

---

4 ROSENVALD, Nelson. A guarda de fato como terceira via entre a curatela e a TDA. *IBDFAM*, 28 out. 2019. Disponível em: https://ibdfam.org.br/artigos/1365/A+guarda+de+fato+como+terceira+via+entre+a+curatela+e+a+TODA.

Essas salvaguardas assegurarão que as medidas relativas ao exercício da capacidade legal respeitem os direitos, a vontade e as preferências da pessoa, sejam isentas de conflito de interesses e de influência indevida, sejam proporcionais e apropriadas às circunstâncias da pessoa, se apliquem pelo período mais curto possível e sejam submetidas à revisão regular por uma autoridade ou órgão judiciário competente, independente e imparcial.

Na mesma linha de raciocínio, o §2º do art. 85 da Lei nº 13.146/15 preceitua que "A curatela constitui medida extraordinária, devendo constar da sentença as razões e motivações de sua definição, preservados os interesses do curatelado".

Por fim, essencial é que a norma processual estruture o processo de curatela e de tomada de decisão apoiada, com o devido acatamento às suas excepcionalidades, aplicando-se eficazmente o critério da proporcionalidade em sua configuração concreta, prezando pela proteção real dos direitos individuais em sobreposição aos interesses patrimoniais, à luz dos arts. 747 a 758 do CPC.

Previdência privada: uma forma de burlar a legítima?

Planejamento sucessório pode ser definido como um conjunto de medidas e decisões tomadas com o objetivo de regularizar a transmissão hereditária de bens e direitos de uma pessoa antes de seu falecimento, prevendo uma maior organização, evitando disputas judiciais e reduzindo a incidência de impostos de grande monta sobre o patrimônio.

Nesta acepção, Ana Luiza Nevares[5] assevera:

> Nessa direção, são constantes as preocupações da família com um planejamento patrimonial, almejando segurança nos percalços da vida e na velhice e, ainda, uma transmissão sucessória que atenda aos interesses e afetos do titular do patrimônio. Para alcançar dito planejamento, diversas pessoas recorrem ao regime de previdência complementar, previsto na Constituição da República, em seu art. 202. Em atendimento à referida previsão constitucional, foi editada a Lei Complementar nº 109, de 29.5.2001, que dispõe sobre o Regime de Previdência Complementar e dá outras providências, prevendo em seu art. 4º que as entidades de previdência complementar são classificadas em fechadas e abertas, determinando em seu art. 73 que estas últimas serão reguladas também, no que couber, pela legislação aplicável às sociedades seguradoras, razão pela qual lhes são aplicáveis as resoluções do Sistema Nacional de Seguros (CNSP e Susep).

Para análise das questões sensíveis à possibilidade de burla da legítima, interessa-nos referir somente à previdência complementar aberta, cujos planos podem ser contratados por qualquer indivíduo e se dividem em VGBL e PGBL, e ambos se referem ao acúmulo de rendimentos para posterior fruição, após o encerramento do período de diferimento, através do recebimento de uma renda mensal vitalícia, por tempo determinado ou ainda por único pagamento do valor total calculado com base nas regras dispostas no plano contratado.

---

5 NEVARES, Ana Luiza Maia. Os planos de previdência privada (VGBL e PGBL) na perspectiva familiar e sucessória: critérios para sua compatibilização com a herança e a meação. *Revista Brasileira de Direito Civil – RBDCivil*, Belo Horizonte, v. 28, p. 257-274, abr./jun. 2021. Disponível em: https://rbdcivil.ibdcivil.org.br/rbdc/article/view/749/467.

Ocorre que os pagamentos são feitos diretamente ao titular participante e, na sua falta, ao beneficiário por ele indicado e, neste caso, o pagamento ao beneficiário é feito diretamente pela instituição contratada, sem a necessidade de constar no processo de inventário, marginalizando as normas da sucessão hereditária, obedecendo ao art. 794 do Código Civil, que dispõe que, em caso de morte, o capital estipulado referente ao seguro de vida ou de acidentes pessoais não se sujeita às dívidas do segurado e tampouco se considera herança.

Em decorrência, o VGBL mostra-se um instrumento interessante para o planejamento sucessório, uma vez que os recursos podem ser transferidos sem inventário e sem a incidência de imposto, com a vantagem da livre escolha de um ou vários beneficiários, sem a necessidade da reserva da legítima.

Por se tratar de investimentos sujeitos a regramentos próprios que não se compatibilizam com os instrumentos sucessórios, tampouco deles dependendo, acabam por desembocar em uma enxurrada de conflitos e incoerências, no que diz respeito à sua interpretação na sucessão *causa mortis*, principalmente quando inexistem bens outros a serem partilhados.

A exemplo de O. que, no momento da sua sucessão, obtinha todo o seu patrimônio aplicado em um plano de previdência – VGBL, cuja única beneficiária era a filha apoiadora, muito embora não tenha conseguido usufruir do valor reservado para garantir a sua velhice, em tese, poupou as quatro filhas de mais uma disputa judicial para a disputa de bens, privilegiando, todavia, somente uma delas. No entanto, tal assertiva se mostra debilitável, em razão da divergência de entendimentos dos nossos tribunais, acerca do tema, que tem causado desconforto constante entre os juristas, vejamos:

> APELAÇÃO. AÇÃO DECLARATÓRIA DE INEXISTÊNCIA DE RELAÇÃO JURÍDICO-TRIBUTÁRIA. ITCMD. INCIDÊNCIA SOBRE VERBA RECEBIDA POR BENEFICIÁRIA DE SEGURO VGBL CONTRATADO PELO DE CUJUS. IMPOSSIBILIDADE. ARTIGOS 13, INCISO II E PARÁGRAFO ÚNICO E 23 DA LEI ESTADUAL Nº 7.174/2015 DECLARADOS INCONSTITUCIONAIS PELO EG. ÓRGÃO ESPECIAL DESTE TRIBUNAL. NATUREZA DE SEGURO DO VGBL. VERBA NÃO INCLUÍDA NO PATRIMÔNIO DA HERANÇA. DESPROVIMENTO DO APELO. 1. A Lei Estadual nº 7.174/2015, em seu artigo 13, II, e parágrafo único, e artigo 23, prevê a incidência do ITCMD sobre valores e direitos relativos a planos de previdência complementar com cobertura por sobrevivência, estruturados sob o regime financeiro de capitalização, como o Plano Gerador de Benefício Livre (PGBL) e Vida Gerador de Benefício Livre (VGBL), transmitidos causa mortis. 2. Contudo, o Eg. Órgão Especial deste Tribunal de Justiça decidiu recentemente, por unanimidade, pela inconstitucionalidade de tais dispositivos na ação Direta de Inconstitucionalidade nº 0032730-06.2016.8.19.0000. 3. Precedentes deste Tribunal no sentido de que o VGBL ostenta natureza jurídica de seguro de pessoa, e não de investimento ou plano de capitalização, e, portanto, não integra o patrimônio da herança. 4. Acerto da R. Sentença de procedência. 5. Desprovimento do apelo.[6]

> Agravo de instrumento - Mandado de segurança - Preliminares - Interesse processual - Vício extra petita - Medida Liminar - Requisitos - Relevância da fundamentação - Risco de ineficácia - Plano de previdência privada - Modalidades VGBL e PGBL - Natureza jurídica - Seguro de vida - ITCD - Não Incidência - Recurso ao qual se nega provimento. 1. Demonstrado o justo receio da prática de ato ilegal ou abusivo da autoridade apontada como coatora, é cabível

6 TJRJ. Apelação nº 00213290220198190001. Rel. Des. Gilberto Clóvis Farias Matos, j. 18.6.2020.

a impetração de mandado de segurança preventivo. 2. O reconhecimento, de ofício, de nulidade é medida que se impõe quando uma decisão judicial tiver sido proferida em afronta ao princípio da congruência. 3. O deferimento de medida liminar, em sede de mandado de segurança, está adstrito à coexistência da relevância da fundamentação invocada pelo impetrante e do perigo da ineficácia da medida, caso deferida somente ao final. 4. Uma vez que os planos de previdência privada nas modalidades VGBL e PGBL possuem natureza de seguro de vida e não de patrimônio constitutivo de herança, é de rigor a manutenção da medida liminar que suspende a exigibilidade de ITCD sobre este montante. AGRAVO DE INSTRUMENTO 1.0000.21.036575-5/001 - COMARCA DE IPATINGA - VARA DA FAZENDA PÚBLICA E AUTARQUIAS - AGRAVANTE (S): ESTADO DE MINAS GERAIS - AGRAVADO (A)(S): BETSY MELLO PINHEIRO, OTAVIO PINHEIRO DA SILVA, PAULO PINHEIRO DA SILVA.[7]

Ocorre que, muito embora a jurisprudência equipare a previdência privada aos seguros e aponte para a sua exclusão da partilha de bens, com base no art. 694 do Código Civil e art. 79 da Lei nº 11.196/05, inexistem garantias, posto que, a depender do caso concreto, poderão os recursos destinados à previdência ser considerados partilháveis, vedada a possibilidade de se utilizar de sua natureza previdenciária ou securitária para, havendo real investimento, burlar as disposições sucessórias.

Tem se demonstrado que em casos concretos semelhantes ao de O., em que contratados os planos e realizados aportes pelo *de cujus* quanto já contava com mais de setenta anos de idade, indicando como beneficiários somente a companheira ou um dos filhos, em alguns casos, é possível aferir dos nossos tribunais que o recurso aos planos de previdência não pode caracterizar burla à legítima. Neste sentido, colaciona-se a instigante decisão proferida pelo Tribunal de Justiça do Estado de São Paulo, nos seguintes termos:[8]

> Agravo de Instrumento. Inventário. Decisão que excluiu da sucessão, por sua natureza, aplicações em VGBL e PGBL. Planos de previdência complementar com entidades abertas e seguros de pessoa com cobertura por sobrevivência que não se sujeitam à sucessão hereditária apenas se preservada a natureza própria dos ajustes. Inteligência do artigo 792 do Código Civil e 79 da Lei 11.196/05. Impossibilidade, porém, de se utilizar de sua natureza previdenciária ou securitária para, havendo real investimento, burlar as disposições sucessórias. Caso concreto em que contratados os planos e realizados aportes pelo de cujus quanto já contava com mais de setenta anos de idade e vivia de renda, indicando como beneficiários a companheira e apenas um dos filhos. Saldo dos planos que devem integrar a partilha. Decisão reformada. Recurso Provido.

> Na mesma toada, colacionamos:

> AGRAVO DE INSTRUMENTO – Partilha – Saldo de VGBL – Previdência privada complementar aberta contratada quando o de cujus já contava com 68 anos de idade com início da concessão da renda apenas ao completar 80 anos – Natureza de investimento e não de seguro – Julgados do STJ – Peculiaridades do caso que reforçam a natureza de aplicação financeira - Inaplicabilidade do disposto no art. 794 do Código Civil – Necessidade de colação pela viúva – Recurso provido.[9]

7 TJMG. Ag. de Instr. nº 10000210365755001. Rel. Marcelo Rodrigues, j. 29.6.2021.
8 TJSP. Ag. de Instr. nº 2013559-34.2016.8.26.0000. Rel. Des. Bueno de Godoy, j. 26.4.2016.
9 TJSP. Ag. de Instr. nº 2039205-70.2021.8.26.0000. Rel. Luiz Mário Galbetti, j. 10.6.2021.

Agravo de instrumento Inventário - Hipótese em que o VGBL tem natureza de aplicação financeira, devendo ser incluído no monte mor e partilhado. Recurso provido.[10]

Inventário valores de previdência privada contratação quando em idade avançada a finada – valores entendidos como herança depósito bem determinado – igualdade da legítima decisão mantida agravo improvido.[11]

No mesmo sentido, o STJ em decisão recente[12] sustentou a natureza preponderante de previdência privada aberta, mormente quando feita em idade avançada, com natureza de investimento e, portanto, sujeita à inventariança e partilha de bens, devendo o beneficiário trazer os valores pagos à colação.

Ainda para análise mais perfunctória acerca do reconhecimento da burla da legítima, vale a lição de Mauro Fiterman,[13] que assevera:

> Assim como os capitais decorrentes de seguros, tem-se que os valores que restam "aplicados" em contratos de previdência privada não integram a herança. Isso ocorre porque as entidades abertas de previdência privada são reguladas pela mesma legislação que se aplica as sociedades seguradoras, normatizadas como seguros de vida, e o art. 794 do CC/2002 brasileiro exclui expressamente essas verbas da condição de herança. A princípio, então, se um indivíduo, em vida, aportar valores em contratos de previdência privada, esses valores, no futuro, quando de sua morte, não integrarão a sua herança. Entretanto, esses complexos contratos de previdência privada, tem-se caracterizado, a cada novo momento, como multifacetários. Essas facetas todas acabam por retirar desses contratos a essência daquilo que os afastou da condição herança, com base em um exame do conteúdo material do tema, podendo, por vezes, servir a violação dos direitos decorrentes da necessariedade como principia, violando o instituto da colação. Observe-se que, pela análise formal do tema, um indivíduo poderia transferir valor superior a metade de seus bens, indicando como beneficiário desse valor um dos seus herdeiros necessários ou até mesmo terceiros. Por se tratar de uma previdência privada, esse valor recebido pelo herdeiro não estaria sujeito a colação. Evidente que tal postura rompe com a finalidade do instituto da colação antes explicitada, uma vez que, notadamente, a postura estaria violando a boa-fé objetiva como principia, consagrando-se o abuso do direito nos termos do disposto no art. 187 do CC/2002. [...] No plano das questões de família, em especial nas dissoluções de relações conjugais, o tema já restou enfrentado pela jurisprudência, sendo constada essa natureza mista da utilização de pianos de previdência privada. E no Direito das Sucessões que agora se verifica tal fenômeno. Quando restar caracterizado que o valor aportado em um plano de previdência privada deu-se como forma de desequilibrar a igualdade que hoje, mediante o principia da necessariedade, entende-se que deva existir, em respeito ao direito dos herdeiros necessários e da isonomia de tratamento que a eles deve ser dispensada, caberá ao interprete reprimir tal conduta, determinando que esse valor venha a colação.

Nesta linha, no que se refere à partilha de bens em inventário, se a totalidade dos recursos do *de cujus* estiver aplicada em previdência privada, em tese, não se pode afirmar que a regra geral será a exclusão destes recursos oriundos do VGBL e do PGBL

---

10 TJSP. Ag. de Instr. nº 2058139-76.2021.8.26.0000. Rel. Thomaz Corrêa Farqui, j. 14.7.2021.

11 TJSP. Ag. de Instr. nº 2222518-68.2020.8.26.0000. Rel. Giffoni. j. 9.7.2021.

12 REsp nº 1.698.774/RS. Rel. Min. Nancy Andrighi, j. 1º.9.2020.

13 FITERMAN, Mauro. Os complexos contratos de previdência privada e a colação: por um exame da teoria do abuso do direito. *Revista dos Tribunais*, ano 104, v. 953, p. 107-109, mar. 2015.

na herança, tendo os beneficiários obrigação de incluir tais verbas nas declarações de bens que compõem o patrimônio do espólio.

Assim, os valores que integram a previdência privada, via de regra, não devem ser inventariados em razão de sua natureza jurídica, porém, quando a previdência privada for visivelmente utilizada com a finalidade de burlar a legítima, ou quando ela atinge a reserva necessária de cinquenta por cento, pertencente aos herdeiros necessários, impõe-se declarar a sua ineficácia. Esse é o caso que comumente ocorre naquelas situações em que cem por cento do patrimônio do autor da herança está integralizado em um fundo de previdência privada, com um único beneficiário, em detrimento de demais herdeiros necessários.

De certa forma, a escolha de planos como o VGBL e o PGBL pode traduzir as disposições de última vontade do titular do patrimônio, evitando burocracias intermináveis e substituindo, muitas vezes, a elaboração de testamentos. No entanto, pairam dúvidas acerca da efetividade destes institutos como instrumento de planejamento sucessório, quando a integralidade do patrimônio for destinada à previdência privada e existirem herdeiros necessários que não foram contemplados como beneficiários, restando evidente que houve burla da legítima.

Neste sentido, em busca de uma solução equilibrada para questão tão controvertida, ilustra Ana Luiza Nevares:[14]

> [se] o titular dos recursos oriundos do VGBL e do PGBL tiver herdeiros necessários, devendo, portanto, respeitar a legítima em caso de disposição de bens causa mortis, a destinação para um terceiro beneficiário deverá ser imputada na cota disponível do autor da herança. Nessa direção, sendo o beneficiário um terceiro diverso dos herdeiros necessários, os recursos pagos pelo VGBL e pelo PGBL deverão caber na cota disponível do de cujus, devendo ser eventual testamento que disponha da disponível reduzido até que se alcance toda a cota livre do autor da herança contando o VGBL e o PGBL com as disposições testamentárias.

Por fim, via de regra, é possível concluir-se pela incomunicabilidade dos recursos depositados nos planos de previdência, não obstante, devemos observar os requisitos acima mencionados, que se adequam à exceção, porquanto, desrespeitada a legítima e, portanto, passíveis de declaração de sua ineficácia, acarretando o desequilíbrio de eventual planejamento sucessório.

Informação bibliográfica deste texto, conforme a NBR 6023:2018 da Associação Brasileira de Normas Técnicas (ABNT):

ANTUNES, Ana Paula de Oliveira. Previdência privada como forma de burla da legítima. *In*: TEIXEIRA, Daniele Chaves (Coord.). *Arquitetura do planejamento sucessório*. Belo Horizonte: Fórum, 2022. p. 239-249. Tomo III. ISBN 978-65-5518-291-0.

[14] NEVARES, Ana Luiza Maia. Os planos de previdência privada (VGBL e PGBL) na perspectiva familiar e sucessória: critérios para sua compatibilização com a herança e a meação. *Revista Brasileira de Direito Civil – RBDCivil*, Belo Horizonte, v. 28, p. 257-274, abr./jun. 2021. Disponível em: https://rbdcivil.ibdcivil.org.br/rbdc/article/view/749/467.

PACTA CORVINA E A IMPOSSIBILIDADE DE RENÚNCIA DA HERANÇA EM PACTO ANTENUPCIAL OU CONTRATO DE CONVIVÊNCIA

CONRADO PAULINO DA ROSA
FERNANDA ROSA COELHO

1 Considerações iniciais: limites ao planejamento sucessório no ordenamento jurídico brasileiro

A morte certamente não é um dos temas mais populares entre nós, "o brasileiro não gosta, em princípio, de falar a respeito da morte, e sua circunstância é ainda bastante mistificada e resguardada, como se isso servisse para 'afastar maus fluidos e más agruras'".[1] No entanto, para além das perdas afetivas e sentimentais que envolvem a morte de um familiar, "não se olvide que o processo sucessório implica em desgastes temporais, financeiros e emocionais, gerando, não raro, desavenças e conflitos entre os herdeiros e a deterioração ou mesmo o perecimento do patrimônio transmitido, ou de parte dele".[2]

Ocorre que, com a crise sanitária que assola o mundo, o tema está na ordem do dia e com ele vem a preocupação das pessoas com relação ao destino que seus bens irão tomar após a sua morte. Prova disso é que durante a pandemia de Covid-19 a procura por testamentos no Brasil aumentou cerca de 41,7%, sendo que em São Paulo, líder do *ranking* nacional, o número de testamentos do 1º semestre de 2020, que era de 3.933, passou para 5.335 no mesmo período de 2021. Nacionalmente, foram 17.538 documentos

---

[1] CAHALI, Francisco José; HIRONAKA, Giselda Maria Fernandes Novaes. *Direito das sucessões*. 3. ed. São Paulo: Revista do Tribunais, 2007. p. 215. Complementam, os autores: "Assim, por exemplo, não se encontra arraigado em nossos costumes o hábito de adquirir, por antecipação, o lugar destinado ao nosso túmulo ou sepultura, bem como não temos, de modo mais amplamente difundido, o hábito de contratar seguro de vida, assim como não praticamos, em escala significativa, a doação de órgãos para serem utilizados após a morte. Parece que essas atitudes, no dito popular, 'atraem o azar'".

[2] FARIAS, Cristiano Chaves de; ROSENVALD, Nelson. *Curso de direito civil*: sucessões. 4. ed. Salvador: JusPodivm, 2018. p. 85.

lavrados de janeiro a junho de 2021, contra 12.374 no mesmo período de 2020.[3] É nesse cenário que o planejamento sucessório acaba ganhando a cena.

O planejamento sucessório pode ser considerado um "conjunto de medidas empreendidas para organizar a sucessão hereditária de bens e direitos previamente ao falecimento de seu titular".[4] O que ele busca, precipuamente, é evitar conflitos, assegurar que o desejo da pessoa seja executado após o seu falecimento, garantir a continuidade de empresas e negócios, permitir uma melhor distribuição da herança entre os sucessores, além de buscar formas de gestão e de transmissão do patrimônio que tenham a menor carga tributária possível.[5] Existem diversos instrumentos aptos a estruturar o planejamento sucessório, que podem ser utilizados tanto de maneira individual quanto conjunta, comungando o uso de mais de um instrumento para contemplar a vontade dos interessados. Ressalta-se no ordenamento jurídico a possibilidade da elaboração de um testamento, a celebração de doações em vida e até mesmo a criação de empresa gestora dos bens familiares, a chamada *holding* patrimonial familiar.

A liberdade de planejamento sucessório, porém, não é irrestrita. Vale dizer, há limites legais que devem ser respeitados. No Brasil, são dois os principais limitadores do livre planejamento sucessório, também chamados de "regras de ouro" do planejamento sucessório:[6] a reserva da legítima aos herdeiros necessários e a proibição dos pactos sucessórios (*pacta corvina*). Justamente por representarem, em alguma medida, óbices ao atendimento completo da vontade do interessado, muito tem se questionado na doutrina e, em alguns casos, nos tribunais, a possibilidade de superação ou mitigação dessas normas.

Um dos debates mais marcantes tem sido a possibilidade de renúncia da herança por cônjuge ou convivente em pacto antenupcial e contrato de convivência, respectivamente, à luz da vedação do pacto sucessório estampada no art. 426 do Código Civil. Se, por um lado, importantes juristas entendem pela possibilidade dessa prática *de lege lata*, outros tantos, tão reconhecidos quanto os anteriores, posicionam-se de forma contrária, afirmando a nulidade de qualquer tipo de pactuação que tenha por objeto herança de pessoa viva. É nesse ponto que se insere o objeto do presente estudo.

2 Fundamentos para a vedação ao pacto sucessório (*pacta corvina*)

O art. 426 do Código Civil é claro ao determinar que "não pode ser objeto de contrato herança de pessoa viva". Trata-se da proibição do chamado *pacta corvina*, o pacto sucessório. Isso porque, até a morte do autor da herança, os sucessores apenas

---

3 LAUDARES, Raquel. Por causa da pandemia, procura por testamentos aumenta 41,7% em um ano no país; SP lidera ranking nacional. *G1*, São Paulo, 4 jul. 2021. Disponível em: https://g1.globo.com/sp/sao-paulo/noticia/2021/07/04/apos-pandemia-procura-por-testamentos-aumenta-417percent-em-um-ano-no-pais-sp-lidera-ranking-nacional.ghtml. Acesso em: 23 ago. 2021.

4 NEVARES, Ana Luiza Maia; MEIRELES, Rose Melo Vencelau; TEPEDINO, Gustavo. *Direito das sucessões*. Rio de Janeiro: Forense, 2020. p. 273.

5 NEVARES, Ana Luiza Maia; MEIRELES, Rose Melo Vencelau; TEPEDINO, Gustavo. *Direito das sucessões*. Rio de Janeiro: Forense, 2020. p. 273.

6 HIRONAKA, Giselda Maria Fernandes Novaes; TARTUCE, Flávio. Planejamento sucessório: conceito, mecanismos e limitações. *Revista Brasileira de Direito Civil – RBDCivil*, Belo Horizonte, v. 21, p. 87-109, jul./set. 2019. p. 90.

possuem expectativa de direito, não podendo, portanto, dispor ou fazer planos referentes aos bens que poderão ser alvo de herança futura.

De acordo com José Fernando Simão, o nome do pacto sucessório advém da palavra "corvo", designação comum de diversas grandes aves da espécie corvídeos, especialmente aquelas do gênero *corvus*, de plumagem negra e que são encontradas em todos os continentes, com exceção da América do Sul. O corvo é uma ave carnívora que se alimenta basicamente de seres mortos, sendo, portanto, necrófago. A analogia que se faz é justamente com relação aos hábitos alimentares do corvo (animais mortos) e o objeto do contrato (herança de pessoa viva). O negócio jurídico com tal objeto indicaria o desejo, os votos de morto para aqueles de quem a sucessão se trata. Tal como os corvos, que esperam a morte de suas vítimas para se alimentarem, os contratantes estariam avidamente aguardando o falecimento para se apossarem dos bens da herança.[7]

A doutrina costuma indicar três fundamentos distintos para justificar tal vedação: *i)* os bons costumes; *ii)* os sujeitos envolvidos no fenômeno hereditário; e *iii)* o objeto negociado.[8]

O primeiro deles reside na ideia de que os pactos sucessórios são, em essência, contrários aos bons costumes, dão origem a consequências prejudiciais e despertam sentimentos imorais, como o desejo da morte do autor da herança, podendo chegar ao extremo de uma tentação de atentar contra a sua vida.[9] Repousa a justificativa em tradição romana contrária ao chamado *votum captandare mortis*, ou seja, a possibilidade de especular sobre a morte de eventual autor de herança.[10]

Já o segundo aspecto se refere à incongruência do contrato ou renúncia, irrevogável, com o sistema sucessório vigente, em que a disposição de última vontade concedida ao testador é, de forma imprescindível, passível de mudança até o momento de sua morte.[11] Dito de outra forma, os pactos sucessórios contrariam o princípio da liberdade imprescindível às disposições de última vontade, que devem ser essencialmente revogáveis até o momento da morte do disponente.[12]

---

7 SIMÃO, José Fernando. Análise das regras do contrato de sociedade quando da morte dos sócios e a vedação da existência do pacto sucessório. *Revista Imes*, jan./jun. 2005. p. 47.

8 Contemporaneamente, nos dizeres de Rolf Madaleno, a aludida proibição se mantém por dois fundamentos: "i) resultaria odioso e imoral especular sobre a morte de alguém para obter vantagem patrimonial, podendo suscitar o desejo de morte pela cobiça de haver os bens; e ii) o pacto sucessório restringe a liberdade de testar". Cf. MADALENO, Rolf. Renúncia da herança no pacto antenupcial. *In*: PEREIRA, Rodrigo da Cunha; DIAS, Maria Berenice (Coord.). *Família e sucessões*: polêmicas, tendências e inovações. Belo Horizonte: IBDFAM, 2018. p. 71.

9 SANTOS, J. M. Carvalho. *Código Civil brasileiro interpretado*. 4. ed. Rio de Janeiro: Freitas Bastos, 1951. v. XV. p. 196-197 *apud* MADALENO, Rolf. Renúncia da herança no pacto antenupcial. *In*: PEREIRA, Rodrigo da Cunha; DIAS, Maria Berenice (Coord.). *Família e sucessões*: polêmicas, tendências e inovações. Belo Horizonte: IBDFAM, 2018.

10 BUCAR, Daniel. Pactos sucessórios: possibilidades e instrumentalização. *In*: TEIXEIRA, Ana Carolina Brochado; RODRIGUES, Renata de Lima (Coord.). *Contratos, família e sucessões*: diálogos interdisciplinares. Indaiatuba: Foco, 2020.

11 BUCAR, Daniel. Pactos sucessórios: possibilidades e instrumentalização. *In*: TEIXEIRA, Ana Carolina Brochado; RODRIGUES, Renata de Lima (Coord.). *Contratos, família e sucessões*: diálogos interdisciplinares. Indaiatuba: Foco, 2020.

12 SANTOS, J. M. Carvalho. *Código Civil brasileiro interpretado*. 4. ed. Rio de Janeiro: Freitas Bastos, 1951. v. XV. p. 196-197 *apud* MADALENO, Rolf. Renúncia da herança no pacto antenupcial. *In*: PEREIRA, Rodrigo da Cunha; DIAS, Maria Berenice (Coord.). *Família e sucessões*: polêmicas, tendências e inovações. Belo Horizonte: IBDFAM, 2018.

Por fim, afirma-se a impossibilidade de contratação da herança pelo fato de que ela só existe após a abertura da sucessão, ou seja, após a morte do detentor do patrimônio. Nesse aspecto, o objeto do contrato seria inexistente até que um dos contratantes venha a falecer, em momento futuro e incerto, ao ponto de tornar a avença impraticável, razão final para conveniência de proibição.[13]

Enfrentando esses argumentos, Daniel Bucar defende que a concepção atual de bons costumes aponta para uma compreensão da teoria da tríplice autonomia privada existencial,[14] de modo que qualquer disposição feita por partes dotadas de discernimento sobre seus eventuais direitos sucessórios não se encaixa nessa vedação. Ressalta, ainda, um evidente descompasso da vedação do art. 426 do Código Civil, sobretudo com base nos bons costumes, com o ordenamento jurídico atual, que permite amplamente negócios jurídicos embasados na morte, sendo o principal deles e mais cotidiano a contratação de seguro de vida.[15]

Nessa mesma linha, Carlos Edison do Rêgo Monteiro Filho e Rafael Cândido Silva sinalam que há diversas situações em que o evento morte não só é admitido, mas expressamente previsto na legislação como circunstância que determina a eficácia do negócio jurídico, como na substituição fideicomissária, na doação com cláusula de reversão, no usufruto por si só ou clausulado com direito de acrescer. Essa admissão da "esperança de morte" por parte do ordenamento jurídico demonstra uma incoerência do *votum alicujus mortis* como fundamento principal da vedação dos contratos de herança futura, questionando o sistema proibitivo.[16]

Quanto aos outros dois fundamentos, Daniel Bucar destaca haver certa pertinência, não obstante mereçam um olhar crítico. Com efeito, "admitir pactos sucessórios, revestidos da disciplina jurídica do contrato, onde é possível prever sua irrevogabilidade, poderia, aos mais desatentos, importar óbice justificador da proibição, por subverter a lógica da autonomia testamentária".[17] No entanto, a unidade do ordenamento jurídico permite a adaptação dos regramentos para o caso concreto, ainda porque a irrevogabilidade do contrato é apenas um dos seus aspectos.

> A *ratio* legislativa, ao tratar da liberdade no Direito das Sucessões, aparenta considerar de suma importância que qualquer disposição neste campo possa ser modificada. Se assim for,

---

13 BUCAR, Daniel. Pactos sucessórios: possibilidades e instrumentalização. *In*: TEIXEIRA, Ana Carolina Brochado; RODRIGUES, Renata de Lima (Coord.). *Contratos, família e sucessões*: diálogos interdisciplinares. Indaiatuba: Foco, 2020.

14 Em breve síntese pelo autor, tal teoria "afirma ser apenas possível emprestar sentido jurídico ao ato de autonomia existencial que 'atente a bons costumes', na lesão, risco real a interesse público ou risco de lesão à coletividade no direito apoiados". Cf. BUCAR, Daniel. Pactos sucessórios: possibilidades e instrumentalização. *In*: TEIXEIRA, Ana Carolina Brochado; RODRIGUES, Renata de Lima (Coord.). *Contratos, família e sucessões*: diálogos interdisciplinares. Indaiatuba: Foco, 2020. p. 351.

15 BUCAR, Daniel. Pactos sucessórios: possibilidades e instrumentalização. *In*: TEIXEIRA, Ana Carolina Brochado; RODRIGUES, Renata de Lima (Coord.). *Contratos, família e sucessões*: diálogos interdisciplinares. Indaiatuba: Foco, 2020. p. 351. O autor ainda afirma: "Ademais, a proibição sem hipótese de sanção seria desnecessária em ordenamento que apresenta remédios específicos ao amplo espectro que envolve desde o abandono ao autor da herança até o crime contra este: a deserdação e a indignidade".

16 MONTEIRO FILHO, Carlos Edison do Rêgo; SILVA, Rafael Cândido. A proibição dos pactos sucessórios: releitura funcional de uma antiga regra. *Revista de Direito Privado*, São Paulo, v. 72, p. 169-194, dez. 2016.

17 BUCAR, Daniel. Pactos sucessórios: possibilidades e instrumentalização. *In*: TEIXEIRA, Ana Carolina Brochado; RODRIGUES, Renata de Lima (Coord.). *Contratos, família e sucessões*: diálogos interdisciplinares. Indaiatuba: Foco, 2020. p. 352.

a incidência de uma ampla proibição prevista em isolado dispositivo (o art. 426, CC) não é consentânea com a ampla permissão ao contrato e outros negócios jurídicos *inter vivos*.[18]

Finalmente, reflete que o patrimônio que compõe a herança apresenta suas peculiaridades, e contratar especificamente a respeito dele, efetivamente, deporia contra todo o sistema sucessório, mormente ao fato de que os herdeiros apenas recebem o patrimônio líquido, o que decorre da necessária precedência do pagamento das dívidas do falecido.

> Justamente em razão de os herdeiros contratarem, especificamente, com valores ou porcentagens determinadas, sobre a "herança de pessoa viva" o conflito é iminente entre eventuais credores do falecido e a expectativa do maior e mais eficaz, adimplemento vinculado a uma expectativa de recebimento hereditário, já existente em vida do autor da herança.[19]

Conclui, então, que essa é a verdadeira faceta da vedação do art. 426 do Código Civil: "o que se veda é convencionar uma quantia certa a ser doada, a qual deverá ser descontada da herança do doador, posto que apenas será eficaz o contrato quando ocorrer a abertura da sucessão".[20] Nesse prisma, então, defende o autor que nem todos os pactos sucessórios se inserem na vedação legal: "é possível observar a inocorrência da proibição funcionalizada, principalmente na pacto sucessório renunciativo (*non sucedendo*)", ou seja, "a possibilidade de um herdeiro, durante a vida do autor da herança despir-se de tal posição, conforme acordo entre estas partes".[21] Tais assertivas, embora pertinentes, carecem de uma reflexão mais cuidadosa, realizadas no tópico seguinte deste trabalho.

Doutrinariamente, podem-se classificar os pactos sucessórios em três espécies conforme sua natureza: *i) renunciativos*, quando se renuncia a uma sucessão ainda não aberta; *ii) designativos*, quando são celebrados para regular a sucessão do próprio

---

[18] BUCAR, Daniel. Pactos sucessórios: possibilidades e instrumentalização. *In*: TEIXEIRA, Ana Carolina Brochado; RODRIGUES, Renata de Lima (Coord.). *Contratos, família e sucessões*: diálogos interdisciplinares. Indaiatuba: Foco, 2020. p. 352.

[19] BUCAR, Daniel. Pactos sucessórios: possibilidades e instrumentalização. *In*: TEIXEIRA, Ana Carolina Brochado; RODRIGUES, Renata de Lima (Coord.). *Contratos, família e sucessões*: diálogos interdisciplinares. Indaiatuba: Foco, 2020. p. 353.

[20] BUCAR, Daniel. Pactos sucessórios: possibilidades e instrumentalização. *In*: TEIXEIRA, Ana Carolina Brochado; RODRIGUES, Renata de Lima (Coord.). *Contratos, família e sucessões*: diálogos interdisciplinares. Indaiatuba: Foco, 2020. p. 353. E complementa: "Assim, a partir do último grupo de argumentos detectado para justificativa da proibição de pactos sucessórios existente no art. 426, CC, encontrou-se alguma razão diante da unidade do ordenamento para que esta vigore, não no espaço total e abstrato, mas sim reduzido: efetivamente, contratar sobre o 'objeto futuro' (herança) não por uma proibição advinda do formalismo técnico dos negócios jurídicos, mas sim pelo prejuízo iminente que tais atividades apresentariam ao sistema de primazia da liquidação sucessória e pagamento dos credores é um interdito funcional e coerente. Assim, dispor sobre quantias certas do patrimônio hereditário, como já exemplificado, seria às partes vedado".

[21] BUCAR, Daniel. Pactos sucessórios: possibilidades e instrumentalização. *In*: TEIXEIRA, Ana Carolina Brochado; RODRIGUES, Renata de Lima (Coord.). *Contratos, família e sucessões*: diálogos interdisciplinares. Indaiatuba: Foco, 2020. p. 353. "Não se está, especificamente, a contratar sobre nenhuma parte do patrimônio que compõe a herança, mas sim sobre a qualidade que o faz adquirir os bens, substituir o *de cujus*. Admitir essa possibilidade encontra-se no cerne da questão da autonomia sucessória; não pode o Estado, a partir de proibição pouco delineada como a do art. 426, CC, vedar tais pactos, pois trata-se aqui de situação jurídica dúplice, onde aspectos patrimoniais e existenciais confundem-se plenamente".

pactuante; e *iii) dispositivos*, por meio dos quais se dispõe de um eventual direito à herança, sendo todos eles, *a priori*, proibidos no Brasil por força do art. 426 do Código Civil.[22]

Na classificação de Jean Gauthier, o pacto sucessório *positivo ou de atribuição*, também chamado de *pacto de sucedendo*, é o ato bilateral em que o disponente institui outra pessoa (beneficiário) como herdeiro de toda ou parte da sucessão ou lhe atribui um legado, em caráter irrevogável (respectivamente, pacto de instituição de herdeiro ou instituição contratual e legado contratual). Há também os contratos relativos à sucessão de terceiro (*hereditati tertii)*, em que duas pessoas estabelecem disposição regulando a sucessão de um terceiro. Contudo, ressalta que a ausência de participação do autor da herança leva muitos autores a não qualificarem essa modalidade como um verdadeiro pacto sucessório. Por fim, o pacto negativo, abdicativo ou renunciativo (também chamado de pacto de *non succedendo*) é aquele em que um herdeiro presumido renuncia a seu direito de tomar parte à sucessão do autor da herança antes de seu falecimento. Difere do pacto positivo pois não cria um direito à sucessão, mas, sim, o suprime.[23]

Voltando ao regramento brasileiro, entendemos que a abrangência da norma legal contida no art. 426 do Código Civil alcança todos os tipos de pactos sucessórios, de modo que a contratação nesse sentido enseja a nulidade do ato.[24] Não apenas a redação do dispositivo citado mas, também, a leitura sistemática das normas sucessórias levam a essa mesma conclusão. Todavia, atualmente, vozes doutrinárias têm defendido uma espécie de mitigação dessa restrição, entendendo como possível, *de lege lata*, a renúncia da herança em pacto antenupcial ou contrato de convivência, o que, em alguma medida, acabaria refletindo numa maior autonomia patrimonial para o planejamento sucessório. As razões sobre as quais se fundam esses autores e a nossa posição, contrária a tal permissivo, são aprofundadas a seguir.

3 Renúncia da herança em pacto antenupcial ou contrato de convivência: uma possibilidade?

Entre os que defendem a possibilidade de renúncia ao direito concorrencial em pacto antenupcial, sendo um dos pioneiros a sustentar a tese, está Rolf Madaleno. O autor defende:

> [os] pactos matrimoniais devem atender, em respeito ao princípio da liberdade contratual, a todas as questões futuras, conquanto lícitas, recíprocas e suficientemente esclarecidas, acerca dos aspectos econômicos do casamento ou da união estável, permitindo que seus efeitos se produzam durante o matrimônio ou com sua dissolução pelo divórcio ou pela morte, conquanto as cláusulas imponham absoluta igualdade de direitos e obrigações entre os cônjuges e conviventes no tocante ao seu regime econômico familiar e sucessório,

---

[22] NEVARES, Ana Luiza Maia; MEIRELES, Rose Melo Vencelau; TEPEDINO, Gustavo. *Direito das sucessões*. Rio de Janeiro: Forense, 2020. p. 274.

[23] GAUTHER, Jean. *Le pacte successoral*. Lausanne: H. Jaunin, 1995 *apud* MONTEIRO FILHO, Carlos Edison do Rêgo; SILVA, Rafael Cândido. A proibição dos pactos sucessórios: releitura funcional de uma antiga regra. *Revista de Direito Privado*, São Paulo, v. 72, p. 169-194, dez. 2016.

[24] Nos termos dos incs. VI e VII do art. 166 do Código Civil, é nulo o negócio jurídico quando tiver por objeto fraudar lei imperativa, bem como quando a lei imperativa o declarar nulo, ou proibir-lhe a prática, sem cominar sanção.

merecendo profunda ponderação a constatação de que a *autonomia privada*, ao respeitar o livre desenvolvimento da personalidade da pessoa humana, confere amplo poder discricionário nas relações patrimoniais dos cônjuges e conviventes.[25]

Outro expoente no tema, Mário Delgado defende que nada impede, em regra, a renúncia dos direitos concedidos por lei, salvo se contrariar a ordem pública ou se for em prejuízo de terceiro, o que não ocorre na específica hipótese do direito à concorrência sucessória do cônjuge ou companheiro, que não se confunde com a hipótese de ser chamado sozinho à sucessão, como herdeiro único e universal. Assim, entende validamente renunciável o direito concorrencial nos casos em que o cônjuge é chamado a suceder em conjunto com descendentes ou ascendentes, porque não viola o princípio da intangibilidade da legítima.[26]

Rolf Madaleno, indo além, entende ser permitido o *pacto sucessório positivo* em que o cônjuge institui seu parceiro como sucessor e, também, o *pacto sucessório negativo* ou *de renúncia*, afastando essa condição. Para o doutrinador, tal postura em "nada afeta a vedação do art. 426 do Código Civil a despeito do *pacto de corvina*, haja vista que a renúncia hereditária por antecipação não abarca qualquer gesto abjeto de cobiça e expectativa pela morte do titular dos bens", em razão de que "a sua prévia abdicação não traz nenhum benefício ao herdeiro renunciante".[27]

Com efeito, vale aqui observar que a própria legislação civil já possui um instrumento cuja função precípua é de instituir qualquer pessoa como herdeiro ou legatário: o testamento.[28] Assim, se é permitido ao testador conceder direitos hereditários a sujeitos que com ele não possuem qualquer vínculo de parentesco, por meio do testamento, com mais razão poderia ele dispor em favor de seu cônjuge ou companheiro, sendo o primeiro, inclusive, considerado herdeiro necessário, o que reforça a sua inclusão na sucessão pela via do testamento. Desnecessário, portanto, um esforço hermenêutico maior para a aceitação do *pacto sucessório positivo*, uma vez que o testamento é o instrumento por excelência para instituição de sucessores.

[25] Para o autor, "estender o regime da separação de bens para adiante da meação e admitir a renúncia contratual da herança conjugal em pacto sucessório, externada a renúncia em ato de antecipada abdicação, nada apresenta de odioso e de imoral, como não é igualmente odioso e imoral renunciar à meação. O ato de renúncia pactícia da herança futura tampouco instiga a atentar contra a vida do cônjuge ou do convivente, e muito menos estimula a cobiça em haver os bens do consorte, como tampouco restringe a liberdade de testar. Muito pelo contrário, amplia esta liberdade ao permitir afastar um herdeiro irregular de um planejamento sucessório que o consorte se apressa em pôr em prática para excluir por outras vias legais o indesejado herdeiro concorrencial, sem deslembrar que os pactos renunciativos como negócios jurídicos bilaterais, são atos factíveis e irrevogáveis e diferem do testamento que é negócio unilateral e revogável". Cf. MADALENO, Rolf. Renúncia da herança no pacto antenupcial. *In*: PEREIRA, Rodrigo da Cunha; DIAS, Maria Berenice (Coord.). *Família e sucessões*: polêmicas, tendências e inovações. Belo Horizonte: IBDFAM, 2018. p. 38.

[26] DELGADO, Mário Luiz. Posso renunciar à herança em pacto antenupcial? *Revista IBDFAM*, Belo Horizonte, v. 31, jan./fev. 2019. p. 18-19.

[27] MADALENO, Rolf. Renúncia da herança no pacto antenupcial. *In*: PEREIRA, Rodrigo da Cunha; DIAS, Maria Berenice (Coord.). *Família e sucessões*: polêmicas, tendências e inovações. Belo Horizonte: IBDFAM, 2018. p. 90.

[28] Não olvidamos das restrições contidas no art. 1.801 do Código Civil acerca da impossibilidade de nomeação de determinadas pessoas como herdeiras, bem como do regramento do art. 1.857, §2º do mesmo diploma, que permite disposições testamentárias com caráter não patrimonial. No entanto, com foco no objeto principal do presente trabalho, temos no testamento o instrumento por excelência para constituição a inclusão de herdeiros, ainda que não tenham com o testador qualquer grau de parentesco, motivo que, em nosso sentir, enfraquece o chamado pacto sucessório positivo.

Em relação ao *pacto sucessório negativo* ou à possibilidade de renúncia à herança de forma antecipada, como já adiantado, temos que tal vedação encontra guarida não apenas no art. 426 do Código Civil. Com efeito, importante a observação de João Aguirre ao pontuar que os limites dessas disposições em pacto antenupcial impõem um exame mais abrangente de todo o ordenamento civil, "que têm por objetivo elidir os pactos sucessórios, sejam eles dispositivos, renunciativos ou aquisitivos, garantindo-se a intangibilidade da legítima e a preservação de direitos sucessórios de determinados herdeiros".[29]

Lembra, o autor, que o art. 1.808 do Código Civil veda a renúncia à herança sob condição ou a termo. Em relação à morte, por ser evento futuro e certo, constitui termo. Além disso, a renúncia prévia estaria condicionada à eventualidade de os cônjuges permanecerem casados até o momento da abertura da sucessão. Ambos os cenários demonstram a vedação contida no referido dispositivo legal.[30] Indica também que o Código Civil como um todo repele a renúncia prévia a direitos, citando a disposição do art. 191, que veda a renúncia antecipada à prescrição; o art. 424, que prevê a nulidade da cláusula que estipule a renúncia antecipada nos contratos de adesão; o art. 556, que não permite a renúncia antecipada ao direito de revogar a liberalidade por ingratidão do donatário; o art. 1.682, que veda a renúncia à meação antes do término da sociedade conjugal; e o art. 1.707, que impede a renúncia aos alimentos.[31]

Giselda Hironaka e Flávio Tartuce, igualmente, entendem pela impossibilidade da renúncia à herança por cônjuge ou companheiro no sistema jurídico atual, sobretudo por meio de um contrato. Lembram que o art. 1.655 do Código Civil estabelece a nulidade de pleno direito da cláusula em pacto antenupcial (aplicável também aos contratos de convivência) que contravenha disposição absoluta de lei, entendida a violação de normas cogentes ou de ordem pública. Assim, ao vedar os pactos sucessórios, o art. 426 da própria codificação privada encerra norma de ordem pública.[32]

---

[29] AGUIRRE, João Ricardo Brandão. Algumas reflexões sobre o planejamento sucessório: a escolha de algumas veredas pode não levar à terra prometida. *In*: TEIXEIRA, Daniele Chaves (Coord.). *Arquitetura do planejamento sucessório*. Belo Horizonte: Fórum, 2021. p. 376.

[30] AGUIRRE, João Ricardo Brandão. Algumas reflexões sobre o planejamento sucessório: a escolha de algumas veredas pode não levar à terra prometida. *In*: TEIXEIRA, Daniele Chaves (Coord.). *Arquitetura do planejamento sucessório*. Belo Horizonte: Fórum, 2021. O autor ainda traz alguns outros exemplos retirados do Código Civil, como "a prescrição do §1º do art. 1.857 que veda a inclusão em testamento da legítima dos herdeiros necessários; a previsão expressa do inciso I do art. 1.900, estabelecendo a nulidade das disposições que instituam herdeiro ou legatário sob a condição captatória de que este disponha, também, por testamento, em benefício do testador, ou de terceiros; a imposição da necessária indicação de justa causa para a aposição de cláusula de inalienabilidade, impenhorabilidade e de incomunicabilidade sobre os bens da legítima do art. 1.848; a proibição do testamento conjuntivo, seja simultâneo, recíproco ou correspectivo, expressa pelo art. 1.863; a disposição dos arts. 1.967 e 1.968 acerca da redução das disposições testamentárias; e, por óbvio, as próprias regras que garantem a legítima dos herdeiros necessários, dos arts. 1.798 e 1.845 a 1.849, além daquelas atinentes à colação, dos arts. 2.002 e seguintes" (AGUIRRE, João Ricardo Brandão. Algumas reflexões sobre o planejamento sucessório: a escolha de algumas veredas pode não levar à terra prometida. *In*: TEIXEIRA, Daniele Chaves (Coord.). *Arquitetura do planejamento sucessório*. Belo Horizonte: Fórum, 2021. p. 377).

[31] AGUIRRE, João Ricardo Brandão. Algumas reflexões sobre o planejamento sucessório: a escolha de algumas veredas pode não levar à terra prometida. *In*: TEIXEIRA, Daniele Chaves (Coord.). *Arquitetura do planejamento sucessório*. Belo Horizonte: Fórum, 2021. p. 378.

[32] HIRONAKA, Giselda Maria Fernandes Novaes; TARTUCE, Flávio. Planejamento sucessório: conceito, mecanismos e limitações. *Revista Brasileira de Direito Civil – RBDCivil*, Belo Horizonte, v. 21, p. 87-109, jul./set. 2019. p. 98.

Acrescentamos aos argumentos apresentados outra reflexão. Tanto as disposições gerais da sucessão,[33] quanto as relativas à aceitação e renúncia da herança,[34] levam à conclusão de que a herança e a condição de herdeiros dependem da abertura da sucessão. Justamente por essa razão, qualquer negócio jurídico realizado pelos pretensos herdeiros ou sobre eventual herança futura será inválido, seja pela ilegitimidade da parte, seja pela impossibilidade do objeto. Esse também é o entendimento do Superior Tribunal de Justiça, que em mais de uma oportunidade asseverou que "a renúncia da herança pressupõe a abertura da sucessão".[35] Mesma conclusão se chegou no processo de dúvida suscitado na Comarca de Piracicaba, acerca da possibilidade de lavratura de pacto antenupcial com renúncia à herança recíproca entre os cônjuges, assentando a nulidade da cláusula em razão da ilicitude de seu objeto e por consistir em pacto sucessório, vedado pelo nosso ordenamento jurídico.[36]

Apenas com a abertura da sucessão que se definem quem serão os herdeiros, havendo ainda a possibilidade de uma pessoa que *a priori* teria direitos sucessórios ser excluída da sucessão em razão da indignidade ou deserdação (CC, arts. 1.814 a 1.818). A renúncia à herança é ato reservado, por óbvio, aos herdeiros, de modo que a fazer em momento anterior à morte do autor da herança redunda na sua ilegitimidade, o que esbarra na condição de validade estipulada no art. 104, I, do Código Civil. Nas palavras de Cristiano Chaves de Farias e Nelson Rosenvald, "a legitimação é uma espécie de capacidade jurídica específica para certas situações elencadas em tipos normativos. Ou seja, é um requisito específico (normativamente exigido) para a prática de determinados atos específicos".[37] Vale ressaltar que a capacidade referida em tal dispositivo não diz respeito apenas àquela capacidade civil preconiza no art. 1º do diploma legal, mas também à capacidade específica para determinados, como é o caso: para renunciar à herança não basta que o sujeito seja civilmente capaz; deve, também, ser herdeiro.

Em relação ao objeto dos negócios jurídicos, conforme lição de Orlando Gomes:

> objeto *fisicamente impossível* é o que, por sua própria natureza, não pode integrar qualquer relação jurídica. Objeto *juridicamente impossível*, o bem ou a prestação sobre os quais não permite a lei que os particulares transacionem, como as coisas que estão fora do comércio ou os atos contrários à moral e aos bons costumes. Na impossibilidade jurídica compreendem-se as coisas ou prestações que não se prestam a ser objeto do negócio ou de certo negócio.[38]

---

33 Destaca-se o art. 1.784, ao dispor que, "*aberta a sucessão*, a herança transmite-se, desde logo, aos herdeiros legítimos e testamentários"; além da regra do art. 1.787, que determina a legislação vigente ao tempo da morte do autor da herança para regular a sucessão e a legitimação para suceder.

34 É o que se conclui da dicção do art. 1.804: "aceita a herança, torna-se definitiva a sua transmissão ao herdeiro, *desde a abertura da sucessão*. Parágrafo único: a transmissão tem-se por não verificada quando o herdeiro renuncia à herança".

35 STJ, Terceira Turma. REsp nº 1.196.992/MS. Rel. Min. Nancy Andrighi, j. 6.8.2013. *DJe*, 22 ago. 2013; STJ, Terceira Turma. REsp nº 1.591.224/MA. Rel. João Otávio de Noronha, j. 26. 4.2016. *DJe*, 29 abr. 2016.

36 RANALDO FILHO, Antonio. Processo de dúvida – pacto antenupcial (art. 198 da Lei Federal 6.015/1973). *Revista de Direito Imobiliário*, São Paulo, v. 79, p. 489-498, jul./dez. 2015.

37 FARIAS, Cristiano Chaves de; ROSENVALD, Nelson. *Curso de direito civil*: parte geral e LINDB. 19. ed. Salvador: JusPodivm, 2021. p. 388. Complementam os autores: "a legitimação é, portanto, um *plus* na capacidade. Trata-se de um requisito específico, extra, exigido para a prática de determinados atos específicos da vida civil".

38 GOMES, Orlando. *Introdução ao direito civil*. 22. ed. Rio de Janeiro: Forense, 2019. p. 266.

A inexistência de herança antes do falecimento do detentor do patrimônio ensejaria que a sua contratação fosse, em verdade, um negócio jurídico com objeto impossível, o que esbarra na condição de validade estipulada no art. 104, II, do Código Civil. Em reforço, o art. 166, II, determina a nulidade do negócio jurídico quando o seu objeto for impossível.

Outros fundamentos são suscitados para defender a renúncia prévia à herança. Mario Delgado distingue, conceitualmente, herança e sucessão para fim de se perquirir o que exatamente está proibido pela dicção do art. 426 do Código Civil. Segundo o autor, sucessão constitui o direito por força do qual a herança é devolvida a alguém, enquanto herança se refere ao acervo de bens transmitidos por ocasião da morte, de tal maneira que a vedação do ordenamento jurídico brasileiro alcança a herança, ou seja, o acervo de bens, mas não o direito sucessório em si.[39] E a inspiração para essa diferença conceitual se dá na Consolidação das Leis Civis de Teixeira Freitas, apresentada em 1858.[40]

Já Rolf Madaleno parte da distinção entre direito sucessório e o direito concorrencial que o cônjuge (e agora o companheiro, a partir da declaração de inconstitucionalidade do art. 1.790 do Código Civil) possui quando herda com os descendentes e ascendentes (CC, art. 1.829, I e II), que seria uma espécie de benefício vidual. Segundo o autor:

> a concorrência sucessória reflete típico direito vidual e não se confunde com o direito sucessório puro que é reservado ao cônjuge ou convivente e com direito à legítima intangível e sucessível, somente quando convocado na terceira e rigorosa ordem de vocação hereditária, obedecendo fielmente a hierarquia das classes de chamamento à herança.[41]

O doutrinador vai além. Afirma que o cônjuge apenas é herdeiro necessário "quando não existam descendentes e ascendentes e sua legítima será pelo menos correspondente à metade dos bens sucessíveis, sejam eles próprios ou comuns".[42] Conclui, então, que cônjuge e companheiro seriam herdeiros eventuais, irregulares, uma vez que quando

---

[39] DELGADO, Mário Luiz. Posso renunciar à herança em pacto antenupcial? *Revista IBDFAM*, Belo Horizonte, v. 31, jan./fev. 2019. p. 18.

[40] Nas palavras do jurista, "Na verdade, essa distinção já era levada em consideração desde a Consolidação das Lei Civis de Teixeira de Freitas, quando no seu artigo 352 estabelecia que "[a]s heranças de pessoas vivas não podem sêr igualmente objecto de contracto", mas no art. 353 previu que "[s]ão nullos todos os pactos successorios, para succedêr, ou não succedêr, ou sejão entre aquelles, que esperão sêr herdeiros; ou com a propria pessoa, de cuja herança se-trata" e no art. 354 afirmou que "[n] ão é applicavel a disposição do Art. antecedente aos pactos e condições em contractos matrimoniaes sobre a succession reciproca dos esposos".

[41] MADALENO, Rolf. Renúncia da herança no pacto antenupcial. *In*: PEREIRA, Rodrigo da Cunha; DIAS, Maria Berenice (Coord.). *Família e sucessões*: polêmicas, tendências e inovações. Belo Horizonte: IBDFAM, 2018. p. 61. E complementa: "Antes do cônjuge e do convivente antecedem em preferência como herdeiros necessários, os descendentes e ascendentes, com os quais o cônjuge ou o convivente concorrem na sucessão, e somente sobre os bens particulares do morto, onde não exista meação, assim como ambos são afastados da concorrência nos regimes da comunhão universal e no da separação legal de bens, sendo possível vislumbrar neste quadro de convocação uma exceção ao princípio da intangibilidade da legítima, expressado pelos artigos 1.84, §1º e 1.848 do Código Civil de 2002".

[42] MADALENO, Rolf. Renúncia da herança no pacto antenupcial. *In*: PEREIRA, Rodrigo da Cunha; DIAS, Maria Berenice (Coord.). *Família e sucessões*: polêmicas, tendências e inovações. Belo Horizonte: IBDFAM, 2018. p. 61. Para o autor: "fosse a concorrência um direito sucessório equivalente à legítima e, certamente, o seu pagamento não poderia ficar condicionado a determinados regimes de bens, como tampouco poderia ser limitado aos bens particulares do falecido e muito menos variar o valor do quinhão hereditário segundo a origem de filiação dos descendentes com os quais o cônjuge está concorrendo".

concorrem com descendentes dependem do regime de bens e da existência de bens particulares do sucedido.[43]

Novamente, João Aguirre critica ambos os argumentos. Inicialmente, salienta que tanto o Código Civil de 1916 quanto o de 2002 não trouxeram a distinção entre herança e sucessão feita por Teixeira de Freitas, mas sim adotaram uma concepção ampla de herança, que abrange os direitos sucessórios como um todo, a exemplo do que fez a Constituição Federal em seu art. 5º, inc. XXX. A partir disso, o direito à herança ganha significado muito mais amplo do que aquele que compreende apenas o acervo hereditário, os bens do falecido.[44]

Outrossim, afirma que o direito concorrencial do cônjuge e companheiro não se trata de "mero benefício vidual", tampouco eles ostentam a condição de sucessor irregular:

> posto constituir hipótese expressamente positivada de sucessão legítima, em que o cônjuge concorre à quinhão hereditário na qualidade de herdeiro legítimo, possuindo, em determinadas situações, direito à quota mínima superior àquela que caberá aos descendentes ou ascendentes com quem concorrer.[45]

Para corroborar seu entendimento, traz a exposição de motivos do Código Civil vigente, que apresenta as razões que levaram o cônjuge sobrevivente a ser alçado à condição de herdeiro legítimo e necessário, concorrendo com os descendentes e ascendentes do falecido.[46] Para o autor, em conclusão:

> o que se verifica nessas disposições antenupciais que visam afastar direitos sucessórios dos cônjuges ou dos companheiros, em especial no que se refere à concorrência sucessória com os descendentes do falecido, é a inequívoca caracterização da fraude a lei imperativa.[47]

Concordamos com o autor. É certo que o vocábulo "herança" sob o prisma constitucional ganha uma nova abrangência, que não justifica sua ruptura com a

---

43 MADALENO, Rolf. Renúncia da herança no pacto antenupcial. *In*: PEREIRA, Rodrigo da Cunha; DIAS, Maria Berenice (Coord.). *Família e sucessões*: polêmicas, tendências e inovações. Belo Horizonte: IBDFAM, 2018. p. 53.

44 AGUIRRE, João Ricardo Brandão. Algumas reflexões sobre o planejamento sucessório: a escolha de algumas veredas pode não levar à terra prometida. *In*: TEIXEIRA, Daniele Chaves (Coord.). *Arquitetura do planejamento sucessório*. Belo Horizonte: Fórum, 2021. p. 377.

45 AGUIRRE, João Ricardo Brandão. Algumas reflexões sobre o planejamento sucessório: a escolha de algumas veredas pode não levar à terra prometida. *In*: TEIXEIRA, Daniele Chaves (Coord.). *Arquitetura do planejamento sucessório*. Belo Horizonte: Fórum, 2021. p. 379. E completa: "Ademais, é importante ressaltar que o cônjuge sobrevivente não concorrerá com os descendentes na condição de titular de direito sobre um bem específico, característica dos legados, como faz crer a suscitada condição de favorecido por 'mero benefício vidual'. [...] o cônjuge concorre com os descendentes sobre a universalidade de bens que compõem o acervo hereditário do autor da herança e não sobre um bem certo e determinado. Trata-se de sucessão a título universal, o que afasta a ideia de um sucessor irregular, recebendo benefício vidual a título singular".

46 Diz a exposição de motivos: "Com a adoção do regime legal de separação parcial com comunhão de aquestos, entendeu a Comissão que especial atenção devia ser dada aos direitos do cônjuge supérstite em matéria sucessória. Seria, com efeito, injustificado passar do regime da comunhão universal, que importa a comunicação de todos os bens presentes e futuros dos cônjuges, para o regime da comunhão parcial, sem se atribuir ao cônjuge supérstite o direito de concorrer com descendentes e ascendentes. Para tal fim, passou o cônjuge a ser considerado herdeiro necessário, com todas as cautelas e limitações compreensíveis em questão tão delicada e relevante, a qual comporta diversas hipóteses que exigiram tratamento legal distinto".

47 AGUIRRE, João Ricardo Brandão. Algumas reflexões sobre o planejamento sucessório: a escolha de algumas veredas pode não levar à terra prometida. *In*: TEIXEIRA, Daniele Chaves (Coord.). *Arquitetura do planejamento sucessório*. Belo Horizonte: Fórum, 2021. p. 378.

sucessão em si, da forma proposta por Mario Delgado. Prova disso é que a renúncia à herança, nos exatos termos preconizados no Código Civil, não implica a simples rejeição do acervo hereditário, mas, sim, a "demissão da qualidade de herdeiro".[48] Isso se conclui da eficácia *ex tunc*[49] e da irrevogabilidade[50] do ato de renúncia, a partir da qual o renunciante passa a ser tratado como se nunca tivesse sido sucessível e não mais possui legitimidade para pleitear qualquer medida, judicial ou extrajudicial, em relação à sucessão à qual se tornou absolutamente estranho.[51]

Bem por isso, aqueles que abdicaram da sua qualidade de herdeiro, na esteira da decisão do Superior Tribunal de Justiça, sequer possuem interesse jurídico na decretação de nulidade ou anulação do negócio jurídico de qualquer bem que integre o acervo partilhável. Isso porque, de acordo com o relator, Ministro Luis Felipe Salomão, "com o ato da renúncia, considera-se como se nunca tivessem existido os renunciantes" e, dessa forma, nenhum direito teriam sobre o bem objeto do negócio acusado de nulo nem sobre bem algum do patrimônio.[52]

Ainda, em relação ao cônjuge, o art. 1.845 é de clareza solar ao considerá-lo, ao lado dos descendentes e ascendentes, como herdeiro necessário,[53] sem qualquer ressalva ou gradação, sendo inviável, assim, condicionar tal característica à inexistência dos demais herdeiros necessários. É bem de ver que essa classificação reflete também em outros aspectos patrimoniais, com efeitos em vida e *post mortem*, notadamente a realização de doações (CC, art. 549) e deixas testamentárias (CC, art. 1.846). Por isso, não se pode confundir a condição de herdeiro necessário com a ordem de vocação hereditária

---

[48] MALUF, Carlos Alberto Dabus; MALUF, Adriana Caldas do Rego Farias Dabus. *Curso de direito das sucessões*. São Paulo: Saraiva, 2013. p. 137.

[49] Conforme o parágrafo único do art. 1.804 do Código Civil, "a transmissão da herança tem-se por não verificada quando o herdeiro renuncia à herança".

[50] Conforme art. 1.812 do Código Civil, "são irrevogáveis os atos de aceitação ou de renúncia da herança".

[51] FARIAS, Cristiano Chaves de; ROSENVALD, Nelson. *Curso de direito civil*: sucessões. 4. ed. Salvador: JusPodivm, 2018. p. 254.

[52] STJ, Quarta Turma. REsp nº 1.433.650/GO. Rel. Min. Luis Felipe Salomão, j. 19.11.2019. *DJe*, 4 fev. 2020. A partir disso, entendemos pela impossibilidade também de que o renunciante pleiteie em juízo qualquer direito patrimonial ou existencial relativo à sucessão ou aqueles em que a lei determina expressamente a legitimidade dos herdeiros, como: i) a anulação de doação ao concubino (CC, art. 550); ii) a revogação da doação (CC, arts. 560 e 561); iii) a divisão periódica de lucros da sociedade do falecido (CC, art. 1.027); iv) o direito sobre a posse e superfície (CC, arts. 1.206 e 1.372); v) prosseguimento em ação de contestação da paternidade (CC, art. 1.601, parágrafo único); vi) ação de prova de filiação (CC, art. 1.606), entre outros. Mesmo raciocínio deve ser aplicado às obrigações impostas aos herdeiros e sucessores, como as decorrentes de mandato (CC, arts. 690 e 691), fiança (CC, art. 836) e eventuais dívidas e obrigações relativas ao espólio. Relembramos que a renúncia não pode ser parcial (CC, art. 1.808) de modo que, ao abdicar da condição de herdeiro, abdica também dos bônus e ônus daquela sucessão, não recebendo qualquer vantagem patrimonial, tampouco arcando com qualquer despesa.

[53] É sabido que o Supremo Tribunal Federal declarou a inconstitucionalidade do art. 1.790 do Código Civil, fixando a tese de que "no sistema constitucional vigente, é inconstitucional a distinção de regimes sucessórios entre cônjuges e companheiros, devendo ser aplicado, em ambos os casos, o regime estabelecido no art. 1.829 do Código Civil/2002". Todavia, o julgado nada falou sobre o companheiro ser ou não herdeiro necessário, o que acendeu o debate na doutrina. Embora em posição minoritária, defendemos que a não inclusão do companheiro no rol do art. 1.845 do Código Civil é medida que respeita a liberdade de escolha e autonomia privada dos conviventes. Cf. ROSA, Conrado Paulino da. "Liberdade! Liberdade! Abre as asas sobre nós": uma análise sobre o status jurídico do companheiro após a declaração de inconstitucionalidade do art. 1.790 do Código Civil. *In*: TEIXEIRA, Daniele Chaves (Coord.). *Arquitetura do planejamento sucessório*. Belo Horizonte: Fórum, 2021. p. 85-95.

disposta no art. 1.829 do Código Civil, que consagra os mesmos direitos sucessórios aos descendentes, ascendentes e cônjuges.[54]

Por opção legislativa, conforme justificado na exposição de motivos do Código Civil, já vista, há apenas uma alteração no *quantum* da participação do cônjuge na herança a depender do seu regime de bens e dos herdeiros com quem concorre. E a percepção de quinhões diferentes por herdeiros necessários não é exclusividade do cônjuge. É bem de ver que, na sucessão dos ascendentes, a herança defere-se para cada linha, não para cada ascendente.[55] Nessa hipótese, caso o autor da herança tenha como herdeiros dois avós paternos e um avô materno, por exemplo, aqueles receberão metade do valor que este receber. Nem por isso qualquer um deles deixou de ser herdeiro necessário ou teve questionada a natureza de seu direito sucessório, ainda que em concorrência com o cônjuge. Além de todas essas colocações, repetimos uma observação já feita e que parece servir para esses fundamentos também: só há direito sucessório (ou herança, ou sucessão, ou "benefício vidual") a partir da morte do sujeito, oportunidade em que será verificado quem de fato são seus herdeiros. Incabível, assim, a renúncia a uma qualidade que a parte sequer possui.

Indo um pouco além, Daniel Bucar, a partir da teoria do negócio jurídico indireto,[56] defende a possibilidade de instrumentalizar a contratação com reflexos sucessórios, tanto no planejamento *horizontal* (sucessão entre cônjuges e companheiros), quanto no *vertical* (de ascendentes para descendentes, ou ao contrário).

No aspecto horizontal, o pacto antenupcial, por apresentar-se na zona das situações jurídicas patrimoniais com grande influência de aspectos existenciais, seria campo fértil para demonstração de não incidência da vedação prevista no art. 426 do diploma civil. Isso porque

> inexiste qualquer interesse social contrário (a renúncia ao patrimônio hereditário não prejudica credores do possível falecido), não são feridos os bons costumes, ao contrário, as partes regulamentam entre si questão essencial para vivência de uma relação afetiva digna e solidária, além de estar contratada a condição de herdeiro, não parte ou cota em si do patrimônio hereditário.[57]

---

[54] Lembramos que os colaterais também figuram na vocação hereditária, mas dada sua ausência no rol de herdeiros necessários, podem ser afastados da sucessão por mera liberalidade testamentária do autor da herança, o que não ocorre com os demais. Mais uma vez, temos aqui outra marca importante da condição do cônjuge como herdeiro necessário, sem ressalvas.

[55] É o que expõe o art. 1.836, §2º do Código Civil: "Havendo igualdade em grau e diversidade em linha, os ascendentes da linha paterna herdam a metade, cabendo a outra aos da linha materna". O dispositivo reprisa a ideia trazida pelo art. 1.608 do Código Civil de 1916, *in verbis*: "Havendo igualdade em grau e diversidade em linha, a herança partir-se-á entre as duas linhas meio pelo meio".

[56] Tal teoria, disseminada por Tulio Ascarelli, consiste em adotar um negócio com objetivos diferentes daqueles que poderiam se auferir diretamente da estrutura do negócio adotado, obtidos por meio da forma e disciplina deste. "Diferente da simulação, aqui é declarado exatamente o que se quer, sem vícios de duas vontades (uma simulada, outra dissimulada). Adotar o mecanismo nem mesmo configura a fraude a lei imperativa do art. 426, Código Civil: as proposições que aqui serão feitas a consideram, na forma funcionalizada, como anteriormente evidenciado" (BUCAR, Daniel. Pactos sucessórios: possibilidades e instrumentalização. *In*: TEIXEIRA, Ana Carolina Brochado; RODRIGUES, Renata de Lima (Coord.). *Contratos, família e sucessões*: diálogos interdisciplinares. Indaiatuba: Foco, 2020. p. 356).

[57] BUCAR, Daniel. Pactos sucessórios: possibilidades e instrumentalização. *In*: TEIXEIRA, Ana Carolina Brochado; RODRIGUES, Renata de Lima (Coord.). *Contratos, família e sucessões*: diálogos interdisciplinares. Indaiatuba: Foco, 2020. p. 358.

Novamente, entendemos que a condição de herdeiro objeto do negócio jurídico apenas existirá com a morte, motivo que impede sua contratualização, na forma que já abordamos reiteradamente. Outrossim, digna de reflexão a ausência de "interesse social contrário" exposta pelo autor. Sendo a própria vedação prevista no art. 426 do Código Civil norma de ordem pública, como já defendemos aqui, a ofensa à sua disposição pode sim ser considerada contrária aos interesses sociais, uma vez que em tudo o descumprimento de preceitos legais é contrário à boa manutenção da ordem e segurança jurídicas, devendo, portanto, ser combatido.

Já no aspecto vertical, o autor reconhece maior dificuldade, especificamente em relação ao preceito constitucional de igualdade entre os filhos e a ampla aceitação social dos descendentes (e também dos ascendentes) enquanto herdeiros necessários. Não obstante, indica algumas formas em que a renúncia à condição de herdeiro poderia servir de instrumento para uma destinação do patrimônio de seu ascendente ou descendente que melhor atenda à solidariedade social: i) no caso de pessoa que deseja se comprometer com o ascendente e renunciar ao valor de seu quinhão na sucessão hereditária daquele *em favor de irmão pessoa portadora de deficiência* e que, por conta de certa condição, não disponha de capacidade laborativa; e ii) no caso de avença compartilhada entre o autor da herança e potenciais herdeiros, no sentido de afetar a *totalidade do patrimônio a uma fundação*, a qual apenas operaria *post mortem*.

Quanto à primeira hipótese, entendemos a renúncia como um ato puro e simples de abdicação da herança, de modo que é incompatível com sua natureza indicar um beneficiário. Justamente nesses casos, em que o herdeiro deseja agraciar alguém com sua cota hereditária, é que se aplica a cessão de direitos hereditários, seja ela gratuita seja onerosa. Assim, se é inviável, por todos os argumentos aqui já apresentados, renunciar ao título de herdeiro antes da abertura da sucessão do autor da herança, pior ainda seria que essa renúncia se desse em favor de alguém, por mais nobre que possa ser a motivação para o ato – seja ela o favorecimento ao irmão necessitado, seja ela a instituição de uma fundação. No caso exposto, sendo da vontade do genitor beneficiar um filho especificamente (por qualquer razão), poderá socorrer-se do testamento, dispondo de sua parte disponível em favor dele (o que também pode ser utilizado para instituição de uma fundação) ou, ainda, fazer um doação em vida para o descendente com dispensa de colação.[58]

Claro que todos esses mecanismos esbarram em outro limitador legal que não a vedação ao pacto sucessório: *a reserva da legítima*. Talvez mais polêmica que a própria previsão do art. 426 do Código Civil, a reserva de metade dos bens da herança aos herdeiros necessários tem sido alvo de grandes debates pela doutrina brasileira, havendo uma tendência pela redução ou, ao menos, alguma forma de mitigação dessa reserva.[59] Não obstante, mesma sorte destinada ao tema aqui tratado encontra a reserva da legítima: por se tratar de norma cogente, deve ser respeitada. Pelo menos até que haja uma mudança legislativa.

---

58 Conforme autoriza o art. 2.005 do Código Civil.

59 Detalhar mais o debate nesse ponto certamente nos tiraria do foco do presente estudo, motivo pelo qual para maiores reflexões sobre o tema sugere-se a leitura de TEIXEIRA, Daniele Chaves. *Planejamento sucessório*: pressupostos e limites. Belo Horizonte: Fórum, 2017.

4 À guisa de reflexão: revisão das restrições legais aos direitos sucessórios

O debate sobre as formas de planejamento sucessório vem ganhando cada vez mais espaço no direito contemporâneo. Com ele tomaram corpo também discussões sobre as limitações impostas pela legislação sucessória do país, notadamente a reserva da legítima e a vedação aos pactos sucessórios. Para Daniele Chaves Teixeira, o que se percebe é certo descompasso entre o sistema sucessório brasileiro e a sociedade contemporânea, o que torna necessária a análise de uma adequação do direito das sucessões às exigências sociais. Questiona-se se não estaria no momento de se verificar a justificação da vedação completa aos pactos sucessórios, ou se seria o caso de se admitir alguma exceção.[60]

Parece que a saída apontada por parte da doutrina que entende pela impossibilidade de renúncia da herança em pacto antenupcial ou contrato de convivência, inclusive por nós, passa necessariamente por uma reforma legislativa.

Giselda Hironaka e Flávio Tartuce concluem que a renúncia prévia à herança por cônjuge ou companheiro somente será possível se houver a efetiva alteração do sistema legal brasileiro, aludindo à reforma ocorrida em Portugal a respeito do casamento.[61] Também partindo de reflexões do direito português, José Fernando Simão sugere a inserção de um parágrafo único ao art. 426 da codificação civil, que admitisse a "conversão *mortis causa* do regime em razão de previsão do pacto antenupcial". Com isso, os cônjuges teriam dupla faculdade: adotar um regime restritivo como forma de se proteger de eventual divórcio e garantir uma proteção ao viúvo ou viúva que, em caso de morte do consorte, passariam a fazer jus à meação.[62] João Aguirre, por sua vez, embora compartilhe dos anseios de Rolf Madaleno e Mario Delgado sobre o tema, assentindo que se faz necessária uma revisão do sistema sucessório para bem albergar as transformações do trato social, entende que não é possível promover essa almejada transformação por meio de uma interpretação dilatada do princípio da autonomia privada, mas por meio da necessária reforma legislativa.[63]

Em nosso sentir, ausente alteração legislativa, não se mostra juridicamente possível a renúncia antecipada de direitos hereditários, principalmente em relação aos cônjuges. Isso porque, além de lhe conferir direitos sucessórios em concorrência com descendentes

---

[60] TEIXEIRA, Daniele Chaves. *Planejamento sucessório*: pressupostos e limites. Belo Horizonte: Fórum, 2017. p. 176.

[61] HIRONAKA, Giselda Maria Fernandes Novaes; TARTUCE, Flávio. Planejamento sucessório: conceito, mecanismos e limitações. *Revista Brasileira de Direito Civil – RBDCivil*, Belo Horizonte, v. 21, p. 87-109, jul./set. 2019. p. 97. Sobre a legislação portuguesa, complementam: "Naquele país, está em vigor, desde setembro de 2018, a Lei nº 48/2018. Com a nova redação dada ao art. 1.700, item 1, da codificação portuguesa, a 'convenção antenupcial pode conter: c) renúncia recíproca à condição de herdeiro legitimário do outro cônjuge'. Sem prejuízo de outras previsões, foi inserido um item 3 no dispositivo, passando a estabelecer que 'a estipulação referida na alínea c) do n. 1 apenas é admitida caso de regime de bens, convencional ou imperativo, seja o da separação'. Em suma, somente no regime da separação total de bens, seja legal ou convencional, é possível essa renúncia prévia, o que demonstra uma aplicação bem restrita".

[62] SIMÃO, José Fernando. Repensando a noção de pacto sucessório: de 'lege ferenda': divórcio e morte precisam produzir efeitos idênticos? *Carta Forense*, 2 fev. 2017. Disponível em: https://professorsimao.com.br/repensando-a-nocao-de-pacto-sucessorio-de-lege-ferenda/. Acesso em: 23 ago. 2021. A sugestão do autor é que o parágrafo único a ser incluído no art. 426 do diploma civil tenha a seguinte redação: "por meio de pacto antenupcial, os nubentes podem convencionar que em caso de dissolução do casamento por morte, a partilha se faça por qualquer dos regimes previstos no Código Civil, ainda que distinto daquele convencionado".

[63] AGUIRRE, João Ricardo Brandão. Algumas reflexões sobre o planejamento sucessório: a escolha de algumas veredas pode não levar à terra prometida. *In*: TEIXEIRA, Daniele Chaves (Coord.). *Arquitetura do planejamento sucessório*. Belo Horizonte: Fórum, 2021. p. 380.

e ascendentes, nosso ordenamento jurídico elevou o esposo supérstite ao *status* de herdeiro necessário, sendo imperiosa a reserva da legítima em seu favor. Dessa forma, não se trata de direito disponível passível de renúncia entre os cônjuges.[64] Entretanto, em se tratando de uniões estáveis, embora a concorrência sucessória não possa ser afastada, dada a aplicabilidade do art. 1.829 do Código Civil a esse modelo familiar, considerando a natureza jurídica diferenciada, comungamos ser possível o afastamento da herança por meio de disposição testamentária, a exemplo do que ocorre com os colaterais, herdeiros facultativos. Nesses casos, para excluir um herdeiro facultativo de uma sucessão em que não existam herdeiros necessários, basta ser redigido um testamento sem prestigiá-lo.[65]

Esse posicionamento se justifica sob a nossa ótica de que a decisão do Recurso Extraordinário nº 878.694, no qual o Supremo Tribunal Federal decidiu, por maioria, "reconhecer de forma incidental a inconstitucionalidade do art. 1.790 do Código Civil/2002 e declarar o direito da recorrente a participar da herança de seu companheiro em conformidade com o regime jurídico estabelecido no art. 1.829 do Código Civil de 2002", não elencou companheiro como herdeiro necessário. E a sua não caracterização como tal pode melhor acomodar eventuais interesses-alvo de planejamento sucessório. Todavia, entendemos que enquanto não realizada alteração legislativa sobre a vedação de pactos sucessórios e reserva da legítima, bem como assentada a situação do companheiro como herdeiro necessário ou não, todas as contratações e planejamentos envolvendo esses aspectos devem ser vistos com cautela, a fim de evitar desagradáveis surpresas futuras.

Referências

AGUIRRE, João Ricardo Brandão. Algumas reflexões sobre o planejamento sucessório: a escolha de algumas veredas pode não levar à terra prometida. *In*: TEIXEIRA, Daniele Chaves (Coord.). *Arquitetura do planejamento sucessório*. Belo Horizonte: Fórum, 2021.

BUCAR, Daniel. Pactos sucessórios: possibilidades e instrumentalização. *In*: TEIXEIRA, Ana Carolina Brochado; RODRIGUES, Renata de Lima (Coord.). *Contratos, família e sucessões*: diálogos interdisciplinares. Indaiatuba: Foco, 2020.

CAHALI, Francisco José; HIRONAKA, Giselda Maria Fernandes Novaes. *Direito das sucessões*. 3. ed. São Paulo: Revista do Tribunais, 2007.

DELGADO, Mário Luiz. Posso renunciar à herança em pacto antenupcial? *Revista IBDFAM*, Belo Horizonte, v. 31, jan./fev. 2019.

FARIAS, Cristiano Chaves de; ROSENVALD, Nelson. *Curso de direito civil*: sucessões. 4. ed. Salvador: JusPodivm, 2018.

FARIAS, Cristiano Chaves de; ROSENVALD, Nelson. *Curso de direito civil*: parte geral e LINDB. 19. ed. Salvador: JusPodivm, 2021.

GOMES, Orlando. *Introdução ao direito civil*. 22. ed. Rio de Janeiro: Forense, 2019.

HIRONAKA, Giselda Maria Fernandes Novaes; TARTUCE, Flávio. Planejamento sucessório: conceito, mecanismos e limitações. *Revista Brasileira de Direito Civil – RBDCivil*, Belo Horizonte, v. 21, p. 87-109, jul./set. 2019.

---

[64] ROSA, Conrado Paulino da; RODRIGUES, Marco Antonio. *Inventário e partilha*. 3. ed. Salvador: JusPodivm, 2021. p. 127-128.

[65] ROSA, Conrado Paulino da; RODRIGUES, Marco Antonio. *Inventário e partilha*. 3. ed. Salvador: JusPodivm, 2021. p. 209.

LAUDARES, Raquel. Por causa da pandemia, procura por testamentos aumenta 41,7% em um ano no país; SP lidera ranking nacional. *G1*, São Paulo, 4 jul. 2021. Disponível em: https://g1.globo.com/sp/sao-paulo/noticia/2021/07/04/apos-pandemia-procura-por-testamentos-aumenta-417percent-em-um-ano-no-pais-sp-lidera-ranking-nacional.ghtml. Acesso em: 23 ago. 2021.

MADALENO, Rolf. Renúncia da herança no pacto antenupcial. *In*: PEREIRA, Rodrigo da Cunha; DIAS, Maria Berenice (Coord.). *Família e sucessões*: polêmicas, tendências e inovações. Belo Horizonte: IBDFAM, 2018.

MALUF, Carlos Alberto Dabus; MALUF, Adriana Caldas do Rego Farias Dabus. *Curso de direito das sucessões*. São Paulo: Saraiva, 2013.

MONTEIRO FILHO, Carlos Edison do Rêgo; SILVA, Rafael Cândido. A proibição dos pactos sucessórios: releitura funcional de uma antiga regra. *Revista de Direito Privado*, São Paulo, v. 72, p. 169-194, dez. 2016.

NEVARES, Ana Luiza Maia; MEIRELES, Rose Melo Vencelau; TEPEDINO, Gustavo. *Direito das sucessões*. Rio de Janeiro: Forense, 2020.

RANALDO FILHO, Antonio. Processo de dúvida – pacto antenupcial (art. 198 da Lei Federal 6.015/1973). *Revista de Direito Imobiliário*, São Paulo, v. 79, p. 489-498, jul./dez. 2015.

ROSA, Conrado Paulino da. "Liberdade! Liberdade! Abre as asas sobre nós": uma análise sobre o status jurídico do companheiro após a declaração de inconstitucionalidade do art. 1.790 do Código Civil. *In*: TEIXEIRA, Daniele Chaves (Coord.). *Arquitetura do planejamento sucessório*. Belo Horizonte: Fórum, 2021.

ROSA, Conrado Paulino da; RODRIGUES, Marco Antonio. *Inventário e partilha*. 3. ed. Salvador: JusPodivm, 2021.

SIMÃO, José Fernando. Análise das regras do contrato de sociedade quando da morte dos sócios e a vedação da existência do pacto sucessório. *Revista Imes*, jan./jun. 2005.

SIMÃO, José Fernando. Repensando a noção de pacto sucessório: de 'lege ferenda': divórcio e morte precisam produzir efeitos idênticos? *Carta Forense*, 2 fev. 2017. Disponível em: https://professorsimao.com.br/repensando-a-nocao-de-pacto-sucessorio-de-lege-ferenda/. Acesso em: 23 ago. 2021.

TEIXEIRA, Daniele Chaves. *Planejamento sucessório*: pressupostos e limites. Belo Horizonte: Fórum, 2017.

Informação bibliográfica deste texto, conforme a NBR 6023:2018 da Associação Brasileira de Normas Técnicas (ABNT):

ROSA, Conrado Paulino da; COELHO, Fernanda Rosa. Pacta corvina e a impossibilidade de renúncia da herança em pacto antenupcial ou contrato de convivência. *In*: TEIXEIRA, Daniele Chaves (Coord.). *Arquitetura do planejamento sucessório*. Belo Horizonte: Fórum, 2022. p. 251-267. Tomo III. ISBN 978-65-5518-291-0.

PLANEJAMENTO E PACTOS SUCESSÓRIOS[1]

DANIEL BUCAR

1 Nota introdutória

É sabido que o direito apresenta dificuldade para se adaptar às incessantes transformações socioeconômicas, cujo desafio é refletido na atividade dos atores envolvidos em sua elaboração e interpretação. Tal descompasso ocasiona a situação paradoxal de uma lei antiga – que precisa de reformas profundas – sendo aplicada em casos que exigem resposta para novos anseios. Deste contexto, resulta a negativa de tutela, por parte do intérprete do direito, a certos interesses que, na verdade, são harmônicos ao atual ordenamento jurídico. E esse parece ser o estado da arte quando se fala das relações entre direito sucessório e autonomia privada.

Com efeito, há um tempo, de fato, a morte constituía um verdadeiro tabu na sociedade brasileira, ante baixíssima utilização do testamento no país (HIRONAKA; CAHALI, 2014, p. 263-264). Porém, hoje – principalmente, após as reflexões sobre a finitude da vida trazidas pela pandemia de Covid-19 (MUCILO; TEIXEIRA, 2020, p. 333-350; METRÓPOLES, 2020) –, o falecimento de um membro da família representa momento de ponderação jurídica quanto à destinação do patrimônio daquela pessoa, cuja preocupação não deixa de ser, também, advinda da acumulação de riqueza por parte da sociedade e dos novos arranjos familiares (TEIXEIRA, 2017, p. 35-46).

Assim, encontra-se em ascendência a utilização do planejamento sucessório por sua potencialidade funcional com o objetivo permitir, no campo das sucessões, maior autonomia privada. No entanto, permanecem rígidas as estruturas provenientes da pseudoneutralidade sucessória, fruto de uma segurança jurídica abstrata e formal, que entre seus pilares encontra a proibição dos pactos sucessórios proveniente do art. 426, Código Civil.

Ciente de que não comporta o direito sucessório digressões retóricas a noções imprecisas, o presente estudo busca apresentar, nos espaços concedidos pelo ordenamento,

[1] O autor agradece a relevante contribuição de Caio Ribeiro Pires para a pesquisa, sugestões e revisão do presente trabalho.

a instrumentalização da liberdade merecedora de tutela no direito das sucessões a partir da disciplina dos negócios jurídicos e dos contratos. De igual modo, também busca esboçar um limite (restritivo, como sabidamente se desenham as proibições) aos pactos na seara enunciada.

2 Pactos sucessórios: uma proibição, três fundamentações

Os pactos sucessórios, segundo conceito doutrinário "[...] são aqueles em que o objeto do acordo convencional é a sucessão de um dos pactuantes ou terceiro. Podem ser aquisitivos (de sucedendo) ou renunciativos (de non sucedendo)" (BEVILAQUA, 2000, p. 317). De outro giro, à luz da perspectiva de autores contemporâneos dedicados ao tema, faz-se a divisão dos pactos entre as espécies institutivo, dispositivo e renunciativo. O primeiro constitui-se quando por negócio jurídico bilateral uma das partes, o disponente, institui a outra, o beneficiário, como seu herdeiro ou lhe atribui um legado. Enquanto isso, o segundo ocorre na disposição entre duas pessoas sobre a sucessão de um terceiro, não participante da avença. Já o terceiro diz respeito à avença cujas partes renunciam à futura herança (SILVA, 2019, p. 115-155).

Embora presentes na literatura jurídica tais conceituações, o instituto é refutado sob o argumento de proibição severa, geral e abstrata por majoritária opinião dos autores que escreveram tratados e coleções de direito civil, com volumes sobre todas as disciplinas da matéria (WALD, 2012, p. 46; VENOSA, 2013, p. 49-50; TARTUCE, 2011, p. 232; PEREIRA, 2014, p. 169; MIRANDA, 2012, p. 154; GOMES, 2012, p. 90; GONÇALVES, 2012; BEVILAQUA, 2000, p. 319-321). Fundamenta-se a certeza desta proibição no art. 426, Código Civil (repetição do disposto no art. 1.089 da lei civil de 1916) que dispõe: "não pode ser objeto de contrato a herança de pessoa viva".[2] No mesmo sentido o entendimento do Superior Tribunal de Justiça, o qual, em cinco oportunidades e até o presente momento, tomou, como pressuposto da decisão, a manutenção do interdito dos pactos, declarado por tribunais estaduais.[3]

Interessante anotar que a amplitude de tal proibição nunca deixou de ser contestada por alguns autores. Sob este viés, Clóvis Bevilaqua entendia viável a exclusão de direitos sucessórios entre cônjuges no pacto antenupcial (BEVILAQUA, 2000, p. 321), no que foi seguido em recente tese de doutorado sobre o assunto (FRANK, 2017, p. 138).

Ademais, Silvio Venosa (2013) advoga sobre a possibilidade não de pacto renunciativo, mas, sim, de pacto dispositivo, concernente a doação *post mortem* estipulada entre cônjuges no pacto antenupcial, a qual, embora suprimida do atual diploma, vez que revogado o art. 314, CC 16, não encontraria óbice no atual ordenamento jurídico por ser a morte mera consequência, já subordinada a doação apenas ao casamento (VENOSA, 2013, p. 50). Contudo, a jurisprudência dos tribunais estaduais vem rechaçando esse

---

2 A única exceção, importante lembrar, é a disposição dos bens integrantes do patrimônio em vida, cuja possibilidade é expressamente prevista no art. 2.018, CC.

3 STJ. AgInt no REsp nº 1.622.459/MT. Rel. Min. Raul Araújo, 4ª Turma, j. 3.12.2019; STJ. REsp nº 1.294.404/RS. Rel. Min. Ricardo Villas Bôas Cueva, 3ª Turma, j. 20.10.2015; STJ. REsp nº 1.472.945/RJ. Rel. Min. Ricardo Villas Bôas Cueva, j. 23.10.2014; STJ. REsp nº 1.225.861/RS. Rel. Min. Nancy Andrighi, j. 22.4.2014; STJ. REsp nº 646.259/RS. Rel. Min. Luis Felipe Salomão, j. 22.6.2010.

entendimento ao proibir quaisquer doações com eficácia condicionada à morte, decisões cujo fundamento se encontra no art. 426, Código Civil.[4]

Diante de uma proibição com esse impacto detectado, torna-se importante conhecer os seus fundamentos, pois, só a partir deles, permite-se analisar a importância de tamanha proteção aos ditames do art. 426, Código Civil. E o estudo das razões para a proibição de "contrato sobre herança de pessoa viva" indica que, embora colocadas de diferentes formas, elas decorrem de três diferentes ordens: os bons costumes, os sujeitos envolvidos no fenômeno hereditário e o objeto negociado.

A primeira delas diz respeito a uma proibição de espécie moral, a qual adentra o direito por meio da ainda sobreviva cláusula geral dos bons costumes (prevista, inclusive, na disciplina dos negócios jurídicos, conforme art. 122, Código Civil, a impossibilitar determinadas condições). Repousa a justificativa do interdito em tal seara na tradição romana contrária ao chamado *votum captandae mortis*. Ou seja, temia-se a possibilidade de a celebração do contrato originar certa especulação sobre a morte de eventual autor de herança, seu abandono por eventuais herdeiros beneficiados pela sua morte conforme os ditames do pacto e, até mesmo, o receio da prática criminal endereçada a tornar a expectativa em um direito sem maiores delongas.

Quanto aos sujeitos envolvidos na relação jurídica sucessória, alega-se uma justificativa baseada na condição de autor da herança e outra naquela de herdeiro. A primeira seria a incongruência do contrato ou renúncia, irrevogável, com o sistema dual de delação sucessória (expressamente dividido em sucessão legal e testamentária, sem admitir aquela contratual) em que a disposição de última vontade concedida ao testador é personalíssima e, de forma imprescindível, passível de mudança até o momento de sua morte (art. 1.868, Código Civil). A segunda razão repousaria no receio do legislador quanto a disposições – por herdeiro eventual, segundo os termos de pacto dispositivo – pródigas ou eivadas de premente inexperiência neste âmbito.

Finalmente, afirma-se a impossibilidade de contratação da herança pelo fato de que essa só passa a existir quando aberta a sucessão, o que ocorre, precisamente, no momento da morte de seu eventual autor (art. 1.784, Código Civil). Dito de outra forma, o objeto seria inexistente até que um dos possíveis contratantes venha a falecer, em momento futuro e incerto ao ponto de tornar a avença impraticável, motivo final para a conveniência da proibição.

Traçados a existência de uma proibição à pactuação de heranças de pessoas vivas e o porquê de sua inclusão na topografia legislativa segundo a doutrina, faz-se necessário confrontar cada um desses argumentos com o ordenamento jurídico em que eles estão inseridos, principalmente ante seu centro: a Constituição da República. Após a realização de tal digressão, será possível perquirir efeitos que justifiquem a validade e a eficácia dos pactos sucessórios ante hipóteses concretas em que a incidência da regra do art. 426, Código Civil, se tornaria injustificada.

---

[4] TJMG. Ap nº 1.0011.03.003324-2/001. Rel. Des. Edilson Olímpio Fernandes, 6ª Câmara Cível, j. 17.1.2006P; TJRJ. Ag Inst nº 0029290-70.2014.8.19.0000. Rel. Des. Conceição Aparecida Mousnier Teixeira de Guimarães Pena, j. 27.10.2014; TJRJ. Ap nº 0065706-15.2006.8.19.0001. Rel. Des. Luciano Saboia Rinaldi de Carvalho, 7ª Câmara Cível, j. 5.10.2011.

3 Autonomia privada e direito das sucessões: uma análise funcional do "interdito aos pactos"

Com efeito, de modo a percorrer o itinerário supracitado, o primeiro argumento que sustenta a vedação a ser analisada repousa em aversão moral, proveniente do direito romano. Esta concepção, todavia, merece reflexão, seja em sede de contexto histórico, seja por justificativa do próprio direito vigente. O direito romano baseou-se, durante grande parte de sua vigência, na plena liberdade de testar, a qual era costumeiramente exercida, a ponto de considerar-se a morte *ab intestato* verdadeira desonra para o autor da herança. Diante de tais fatos, a organização familiar desenvolvia-se centrada na expectativa do recebimento do patrimônio *causa mortis* pela via testamentária, o que propiciava ambiente de desconfianças, tentativas de agrado, disputas e o dúbio sentimento de quem poderia amar ou odiar, a depender do que esperava de eventual falecido (HIRONAKA, 2014, p. 289-294).

Nesta organização, proibir-se especular sobre a morte por meio de uma norma destinada a acautelar conflitos, ou crimes ainda maiores, parece fazer sentido. Porém, não é o que se verifica nos tempos atuais. Em sentido contrário, alcançada alguma igualdade entre homens e mulheres no mercado de trabalho, pensadas as relações familiares como local funcionalizado ao livre desenvolvimento da personalidade (consequentemente, tornando-se comum o divórcio e a existência de mais de um casamento ao longo da vida) e o maior acesso a bens, a procura é pela liberdade quando se disciplinam as relações patrimoniais. Concernente a tal posição, afirma a doutrina especializada sobre o tema:

> A rigidez – com a autonomia restrita a ser exercida na parte disponível – do sistema sucessório brasileiro está em descompasso com a sociedade contemporânea, o que torna necessária a análise de uma adequação do direito das sucessões as exigências sociais. Questiona-se se não estaria no momento de se verificar a justificação de sua vedação completa, ou se seria o caso de se admitir alguma exceção. Os fundamentos da doutrina para justificar o art. 426 do CC podem estar em desacordo com a sociedade e com a legislação sucessória brasileira. Resta pacífico que sua vedação é um dogma do direito romano que poderia ter sido flexibilizado na redação do Código Civil de 2002, mas, como se percebe, não ocorreram maiores debates entre os civilistas. (TEIXEIRA, 2017, p. 176)

Ainda complementa:

> Os pactos sucessórios constituem expressão da autonomia das partes, pois ampliam o número de ferramentas e, consequentemente, as possibilidades pelas quais a transmissão de patrimônio pode ser organizada. Em geral, pactos sucessórios não privam os herdeiros da legítima de seus direitos sem seu consentimento. Nesse âmbito, são neutros em relação à proteção dos membros da família. Essa neutralidade não beneficia o herdeiro, que já era parte do pacto, e concordou em renunciar, inteiramente ou em partes, a seus direitos irrevogáveis. Entretanto, viabiliza outras possibilidades. (TEIXEIRA, 2017, p. 185)

Mais do que isso, ante a pluralidade de entidades familiares inseridas nos mais diferentes contextos socioeconômicos, o que se assiste é a uma maior preocupação em destinar bens para o momento da morte. Isto decorre da necessidade de gerenciar prováveis conflitos, melhor alocar seus usos e, até mesmo, privilegiar aqueles que mais necessitam de proteção dentro de um círculo social concreto, em justificado detrimento de outros. Não por outras razões, justifica-se a notoriedade, tanto no meio acadêmico quanto nas discussões práticas, do planejamento sucessório, estudado para oferecer ferramentas que conduzam o direito das sucessões no sentido dos supracitados anseios sociais (BUCAR; TEIXEIRA, 2020).

Justamente neste momento a manutenção da proibição dos livres acordos relativos ao direito sucessório, consubstanciados por meio de contratos, asfixia tais anseios, de modo anacrônico e paradoxal à realidade (SILVA, 2017, p. 129-130; 136). Afinal, a situação ora retratada não demonstra uma ampla aceitação social da proibição que o Código Civil incorporou, mas, sim, o contrário.

Também não coaduna o art. 426, Código Civil com a contemporânea teoria dos bons costumes, a qual opta por não considerar, do modo preliminar e arbitrário, tal cláusula geral, eivada de preconceitos. Pelo contrário, uma atual concepção dos bons costumes aponta para sua compreensão por meio da teoria da tríplice autonomia privada existencial, a qual, em brevíssima síntese, afirma ser apenas possível emprestar sentido jurídico à proibição de ato de autonomia existencial que "atente contra bons costumes", na lesão individual, risco real ao interesse público ou risco de lesão à coletividade (CASTRO, 2017, p. 108-109). Qualquer disposição, por partes dotadas de discernimento, sobre seus eventuais direitos sucessórios não se encaixa na referida formulação.[5]

Portanto, a ausência de relevância desta justificativa moral do art. 426, Código Civil, argumento que já era considerado vulnerável para defesa do dispositivo por Clóvis Bevilaqua (2000, p. 319), apenas reforça sua disfuncionalidade e sua falta de amparo na totalidade do ordenamento. Porém, há de se reconhecer pertinência quanto aos dois outros grupos de argumentos. Ainda assim, não para fins de confirmação da ampla e genérica hipótese de proibição dos pactos sucessórios, mas para a delimitação de espaço preciso em que a vedação deve atuar.

Desta forma, destaque-se que a autonomia testamentária, afora os limites da legítima e das hipóteses do art. 1.801, Código Civil,[6] é inspirada por forte liberdade, não se lhe aplicando, em larga medida, princípios contratuais contemporâneos, como exemplo, a contradição de comportamento anterior (neste sentido os arts. 1.858 e 1.969, Código Civil). Assim, admitir pactos sucessórios, revestidos da disciplina jurídica do contrato, em que é possível prever sua irrevogabilidade, poderia, aos mais desatentos, importar óbice justificador da proibição, por subverter a lógica da autonomia testamentária.

Porém, ser o contrato irrevogável, ou não, é apenas um de seus aspectos, que, embora relevante, não poderia justificar um desmerecimento *a priori* dos pactos ora em estudo. Com efeito, a unidade do ordenamento jurídico permite a adaptação dos regramentos

---

5 Ainda sobre este primeiro argumento, supostamente fundante da proibição, registre-se o descompasso da justificativa com o ordenamento jurídico atual, o qual amplamente permite negócios jurídicos embasados na morte. Neste sentido, o principal, e mais cotidiano, deles seria a contratação de seguro de vida. Ademais, a proibição sem hipótese de sanção seria desnecessária em ordenamento que apresenta remédios específicos ao amplo espectro de atentados contra a pessoa do autor da herança, o qual envolve desde o abandono ao autor da herança até o crime contra este: a deserdação e a indignidade (arts. 1.814 a 1.818, CC).

6 Art. 1.801: "Não podem ser nomeados herdeiros nem legatários: I - a pessoa que, a rogo, escreveu o testamento, nem o seu cônjuge ou companheiro, ou os seus ascendentes e irmãos; II - as testemunhas do testamento; III - o concubino do testador casado, salvo se este, sem culpa sua, estiver separado de fato do cônjuge há mais de cinco anos; IV - o tabelião, civil ou militar, ou o comandante ou escrivão, perante quem se fizer, assim como o que fizer ou aprovar o testamento".

para o caso concreto, de acordo com a complexa disciplina jurídica incidente, de forma que a proibição parece ser um ato desmensurado.

A *ratio* legislativa, ao tratar da liberdade no direito das sucessões, aparenta considerar de suma importância que qualquer disposição neste campo possa ser modificada. Se assim for, a incidência de uma ampla proibição prevista em isolado dispositivo (o art. 426, Código Civil) não é consentânea com a ampla permissão ao contrato e outros negócios jurídicos *inter vivos*.

Esta interpretação parece tornar o ordenamento jurídico assistemático. Uma melhor harmonia aponta para a adequação do regulamento contratual atípico aos paradigmas do direito das sucessões sem que haja interrupção do fluxo entre ambas as disciplinas (contrato e sucessões).[7]

Por fim, superar a concepção estritamente estrutural presente na proibição de o negócio jurídico versar sobre objeto inexistente resulta de uma análise do argumento à luz da funcionalidade e unidade do ordenamento.

Com efeito, o patrimônio que compõe a herança apresenta suas peculiaridades e contratar especificamente a respeito dele, de fato, deporia contra todo o sistema sucessório. No entanto, tal assertiva encontra-se embaraçada pela construção doutrinária de que a *saisine* é peça fundante do direito das sucessões brasileiro, quando, em verdade, é questionável sua própria existência. Para efeitos da questão aqui estudada, essencial evidenciar que os herdeiros apenas recebem o patrimônio líquido se e quando extinto o passivo, o que decorre por conta da necessária precedência do pagamento das dívidas do falecido (arts. 642 a 646, CPC).

A liquidação dos débitos, com efeito, evidencia um momento anterior à transferência patrimonial aos herdeiros, o qual é gerido de forma destacada, com a finalidade precípua de adimplir créditos do *de cujus* e transmitir apenas o acervo líquido. Clarividente aqui a opção legislativa, existente desde o Código Bevilaqua, de privilegiar o pagamento de credores, utilizadas as forças da herança ao revés do recebimento imediato pelos herdeiros e responsabilidade *intra vires hereditatis* diferente do sistema francês, típico de *saisine* (VILELA, 1971, p. 74-81).

Diante disto, a permissão para que os herdeiros contratem um pacto dispositivo,[8] ou até mesmo institutivo,[9] poderia ser geradora de impasses à liquidação do inventário e pagamento dos credores, devido à ânsia do herdeiro em receber a sua parte na posição de credor, quando não se apresentar como instrumento fértil para fraudes e simulações. Justamente, em razão de os herdeiros contratarem, especificamente, com valores ou porcentagens determinadas, sobre a "herança da pessoa viva", o conflito é iminente entre eles e eventuais credores do falecido.

---

[7] Em sentido contrário, contudo, é a posição de Silva (2017, p. 16; 89).

[8] É o que se observa, não raro, de alguns casos cujos julgados dos tribunais estaduais brasileiros expõem. Como exemplo, cite-se um deles em que houve a cessão onerosa cujo cedente era o filho de pessoa ainda viva e o objeto do negócio era o seu quinhão na futura herança do pai. Sublinhe-se que a avença foi considerada nula conforme o art. 426, CC (TJPR. Ap nº 0001496-50.2016.8.16.0174. Rel. Des. Angela Maria Machado Costa, 18ª Câmara Cível, j. 1º.3.2021).

[9] Aqui pode se exemplificar o ascendente que realiza doação a um de seus filhos, com expressa disposição de que o valor sairá da sua parte disponível e, após, institui, por meio de contrato, com seu outro filho, a sucessão *causa mortis* daquela mesma quantia, a ser descontada da parte disponível da herança.

Não se trata aqui de estipular inventivas presunções de má-fé, mas sim concluir que o contrato sobre o patrimônio hereditário que existirá quando da morte de eventual autor da herança seria um comprometedor da eficácia do objetivo pretendido pelo ordenamento jurídico, pelas expectativas pouco transparentes e maiores complicações na liquidação. Afinal, estruturas creditícias existentes em um pacto desta espécie apresentam seu adimplemento vinculado a uma expectativa de recebimento hereditário que, geralmente, antes da abertura da sucessão, nunca é certa e precisa submeter-se à preferência de recebimento por parte de outros credores, segundo a própria lei.

Parece ser esta a hipótese de verdadeira incidência do art. 426, Código Civil, pois se compatibiliza com a interpretação restritiva que deve incidir sobre as normas proibitivas, além de demonstrar plena coerência com a supressão do art. 314, Código Civil de 1916, no novo diploma. O que se veda é convencionar uma quantia certa a ser doada, cedida, gratuita ou onerosamente, a um terceiro, a qual deverá ser descontada da herança do doador, ou do quinhão do herdeiro, posto que apenas será eficaz o contrato quando ocorrer a abertura da sucessão.

No mesmo sentido, o entendimento de Francisco José Cahali: "[...] o patrimônio é de livre disposição pelo seu titular. Assim, não poderiam dele dispor eventuais sucessores, pois, até a aquisição do direito hereditário, a futura herança pode, licitamente, sofrer substanciais alterações [...]" (CAHALI, 2014, p. 42). Posteriormente conclui:

> [...] em prestígio à vontade das partes entendemos que a convenção afastando o direito sucessório recíproco é válida e deve ser buscada sua eficácia. E não se diga de pacta corvina, vedada em nosso sistema [...] pois não se está dispondo de direito sucessório em favor de terceiros, mas em benefício do próprio titular do patrimônio (potencial autor da herança), e com sua concordância, conferindo-lhe liberdade de dispor do acervo, respeitada a legítima de outros eventuais herdeiros necessários. (CAHALI, 2014, p. 195)

Assim, a partir do último grupo de argumentos detectado para justificativa da proibição de pactos sucessórios existente no art. 426, Código Civil, encontrou-se alguma razão, diante da unidade do ordenamento, para que esta vigore, não no espaço total e abstrato, mas sim reduzido: efetivamente, contratar sobre o "objeto futuro" (herança) não por uma proibição advinda da interpretação subsuntiva, literal, da lei, mas, sim, pelo prejuízo iminente que tais atividades apresentariam ao sistema de primazia da liquidação sucessória e pagamentos dos credores é um interdito funcional e coerente. Nestes termos, dispor sobre quantias certas do patrimônio hereditário, como já exemplificado, seria às partes vedado.

Inclusive, a manutenção do interdito nesses termos garante que a vedação não se torne uma letra morta, resultado que seria temerário sob a perspectiva da legalidade. Além disso, racionaliza-se a proibição contida no dispositivo, emprestando a ela utilidade prática, de forma a tutelar direitos cujo Poder Judiciário deve, efetivamente, defender, resguardando interesses concretos de terceiros no momento da transmissão *causa mortis*, ao invés de um senso de moralidade abstrato e nada universal.

Em tal direção, importante mencionar que parte expressiva dos julgados referentes à temática do pacto sucessório nos tribunais estaduais do país versam sobre a cessão antecipada de quinhão hereditário por herdeiro eventual de pessoa ainda viva. Conforme esse prisma, visualizam-se cessões sob a forma onerosa que aparentam ser "vendas" de parte da futura herança, transmissão de expectativa de direito hereditário como meio de pagamento de dívidas e assim por diante. Não por outro motivo, todos os julgados analisados, seja os referentes a cessões onerosas, gratuitas seja a doação individualizada de bens da futura herança, aplicaram, corretamente, a proibição desses pactos dispositivos, fundamentando-se no art. 426, Código Civil.[10]

Ainda quanto ao assunto dos pactos dispositivos, duas questões precisam ventilar-se. Primeiro, o fato de que a política legislativa de os censurar é compreensível e coerente ao ordenamento jurídico, mas não insuscetível de revisão. Ora, dentro da sociedade de consumo, caracterizada pela constante busca do crédito e pelo endividamento dos consumidores a fim de obter os valores necessários para adquirir bens duráveis e não duráveis (BUCAR, 2017, p. 41-46; 101-102), não é de se espantar que existam sujeitos dispostos a ceder seus futuros e incertos direitos hereditários, ou dá-los em garantia, com o objetivo de acessar vantagens econômicas no presente. De outro lado, também não se pode deixar de cogitar a existência de cessionários, além de credores com direito à garantia, interessados no objeto "herança futura" e cientes dos riscos assumidos.

E essa tendência só cresce quando se defronta um recente projeto de ampla reforma do direito das garantias, advindo de profunda discussão entre especialistas nomeados pelo Conselho Nacional de Justiça (CNJ), modificando diversos dispositivos do Código Civil. Dentro dessa conjuntura, pretende-se alterar o art. 1.421, Código Civil, e autorizar que bens a serem adquiridos futuramente sejam objeto de garantia real. Logo, caso a lei sucessória também se reforme e ofereça instrumentos – materiais e processuais – suficientes para garantir o pagamento dos credores do falecido antes do recebimento de quinhão por cessionário de herdeiro a título de pacto dispositivo anterior à abertura da sucessão, seria paternalismo desmedido impedir a alteração do art. 426, Código Civil, no intuito de permitir tais negócios celebrados por partes capazes e iguais, sem traço de vulnerabilidade.

Por fim, a segunda questão trata-se de verdadeira advertência. No sentido de construir uma interpretação restritiva do art. 426, Código Civil, também é censurável a postura do Poder Judiciário de considerar pacto sucessório negócios que apenas utilizam o valor de futura herança como parâmetro de remuneração e a abertura da sucessão como termo do cumprimento da obrigação pelo devedor. Enquadra-se nessa hipótese a cláusula de contrato de mandato advocatício, declarada nula em alguns julgados,[11] que prevê o pagamento de valor módico, por parte do cliente, no início ou final da ação de investigação de paternidade e, após, reconhecido o vínculo filial, o pagamento de um percentual do quinhão cujo representado herdará se estabelecido o vínculo familiar.

---

[10] Destaquem-se os seguintes julgados: TJES. Ap nº 0001499-18.2014.8.08.0038. Rel. Des. Eliana Junqueira Munhos Pereira, 3ª Câmara Cível, j. 30.3.2021; TJMG. Ap nº 1.0000.20.546230-2/001. Rel. Des. Fausto Bawden de Castro Silva, 9ª Câmara Cível, j. 9.2.2021; TJMG. Ap nº 2.0000.00.327700-5/000. Rel. Des. Dárcio Lopardi Mendes, j. 22.2.2001; TJMG. Ap nº 1.0011.03.003324-2/001. Rel. Des. Edilson Olímpio Fernandes, 6ª Câmara Cível, j. 17.1.2006; TJPR. Ap nº 0001496-50.2016.8.16.0174. Rel. Des. Angela Maria Machado Costa, 18ª Câmara Cível, j. 1º.3.2021; TJRS. ED nº 70069346856. Rel. Des. José Moreno Pomar, 18ª Câmara Cível, j. 16.6.2016; TJSC. Ag Inst nº 2010.015575-3. Rel. Des. Stanley da Silva Braga, 6ª Câmara Cível, j. 4.8.2011; TJSP. Ap nº 1021365-66.2017.8.26.0562. Rel. Des. Alcides Leopoldo, 4ª Câmara de Direito Privado, j. 26.9.2018; TJSP. Ap nº 1014481-60.2016.8.26.0625. Rel. Des. Mônica de Carvalho, 8ª Câmara Cível, j. 8.7.2020.

[11] A título de exemplo, mencione-se: TJMS. Ap nº 0802585-36.2016.8.12.0029. Rel. Des. Odemilson Roberto Castro Fassa, 3ª Câmara Cível, j. 17.6.2020.

Afinal, cuida-se de mera gestão dos riscos envolvidos no patrocínio das supracitadas demandas, envolvendo, muitas das vezes, pessoas que têm pouca, ou nenhuma, condição de pagar honorários antes do recebimento da herança. Outrossim, talvez deva se cogitar tão somente de impedir que o advogado exija parte certa da herança ao longo do inventário, mas não o direito de o advogado executar seu crédito no valor pactuado por meio da excussão do patrimônio do representado.[12]

De outro giro, importante consignar que a proibição de se realizar uma espécie de pacto sucessório não significa a impossibilidade de celebrar-se todo pacto sucessório: possível observar a inocorrência da proibição funcionalizada, principalmente, no pacto sucessório renunciativo (*non sucedendo*), sobre o qual se passa a melhor se debruçar. Aqui, o que será enviesado é a possibilidade de um herdeiro, durante a vida do autor da herança, despir-se de tal posição, conforme acordo entre estas partes, como já defendido, também, por outros autores (MADALENO, 2018; DELGADO, 2019).

Não se está, especificamente, a contratar sobre nenhuma parte do patrimônio que compõe a herança, mas, sim, sobre a qualidade que o faz adquirir os bens, substituir o *de cujus*. Admitir esta possibilidade encontra-se no cerne da questão da autonomia sucessória; não pode o Estado, a partir de proibição pouco delineada como a do art. 426, Código Civil, vedar tais pactos, pois trata-se aqui de situação jurídica dúplice, em que aspectos patrimoniais e existenciais se confundem plenamente.

Subsiste acordo sobre o patrimônio familiar, em regulamentação econômica essencial para um melhor desenvolver das personalidades em relacionamento, por diferentes razões que dizem respeito apenas à sua autonomia privada.[13] Aqui, possível invocar apenas, novamente, o principal limite em desfavor de certos pactos sucessórios: o pagamento de credores, como anteriormente aludido.[14] Contudo, questão que envolve, pelo menos parcialmente, a autonomia existencial das partes negocialmente envolvidas, apenas com consequências a elas mesmas, não poderá ser limitada. O ato seria configurado como paternalismo estatal indefensável.

Portanto, a proibição, a qual já foi combatida por anacrônica e assistemática em sua dominante acepção, mais do que isso, é óbice ao exercício de uma liberdade funcionalizada, refletida por meio de negócios dialéticos e solidários. Em última análise, por ser a vida econômico-patrimonial parte integrante da convivência familiar, descartar a possibilidade de tais arranjos é desarrazoado impedimento ao planejamento familiar previsto no art. 226, §7º, CF, que inclui também a responsabilidade como um dos seus atributos (FRANK, 2017, p. 186).

---

12 Neste sentido, parece correta a posição de julgado do Tribunal de Justiça do Rio de Janeiro, que negou um pedido de reserva de quinhão a um advogado que buscava executar contrato de honorários celebrado nos termos acima mencionados: TJRJ. Ag Inst. nº 0039883-51.2020.8.19.0000. Rel. Des. Mônica Maria Costa di Piero, 8ª Câmara Cível, j. 3.12.2020.

13 Na prática cotidiana, tal situação se torna candente nos casos de pessoas divorciadas que, após um período de relacionamento, decidem se casar e buscam uma regulamentação específica para seus patrimônios, a evitar disputas entre estas e filhos do casamento anterior em processos de inventário.

14 Realizar o negócio jurídico sobre parte desta qualidade incidiria na proibição de contratar sobre o próprio patrimônio da herança. Por tal razão, não há do que se cogitar da possibilidade de pacto sucessório apenas quanto à porção disponível, não encoberta pela intangibilidade da legítima: renuncia-se à condição de herdeiro, possibilidade aventada pelos fundamentos que serão delineados, o que se faz por inteiro. Ademais, diga-se novamente, o ordenamento jurídico já apresenta suficiente instrumento para deixa de qualquer parte disponível: a disposição testamentária.

Ao fim – e de volta aos argumentos da transformação social que fazem o instrumento estudado merecedor de tutela – não poderá a referida mudança esperar a *lege ferenda*. Subsiste, neste sentido, a teoria da constitucionalização prospectiva (força de ressignificação normativa atribuída a fatos ante o direito posto, por sua justificativa em relação aos princípios constitucionais) (FRANK, 2017, p. 185).

Estabelecido o espaço funcionalizado de atuação do art. 426, Código Civil, ainda se faz necessário delinear as possibilidades oferecidas, por meio da disciplina dos contratos e negócios jurídicos, de modo a tornar tais pactos hábeis para efetivação com alguma segurança jurídica.

4 O planejamento sucessório na instrumentalização dos pactos: entre o negócio direto e indireto

Afirmada a possibilidade de pactuação sobre o direito sucessório, nos limites e moldes supracitados, pretende-se, agora, fixar o tema dentro da crescente demanda pelo planejamento sucessório, o qual consiste em "instrumento jurídico que permite a adoção de uma estratégia voltada para transferência eficaz e eficiente do patrimônio de uma pessoa após a morte" (TEIXEIRA, 2016, p. 57). Realizar o negócio sucessório para fins de melhor definir a destinação de seus bens, e não o pagamento direto a herdeiros, como acima explanado, parece importante potencialidade funcional do instrumento estudado.

Os pactos de *non sucedendo*, quando contratados, apresentam-se como instrumentos possíveis de regulação das distorções provocadas pela sucessão legítima, até mesmo mais eficientes que o testamento, posto que debatidos e assumidos dentro da relação familiar, a criar maior relação entre autonomia e solidariedade, ou seja, responsabilidade recíproca. Mais do que isto, podem suscitar o merecimento de tutela de diversas questões não alcançadas adequadamente pelo testamento. Entre elas, mencione-se, a título de exemplo, a regulamentação de conflitos judiciais que se concretizam em prejuízo à coexistência familiar e ao aproveitamento dos bens. Ademais, a assunção de que a condição de herdeiro não se encaixa no modo que uma relação afetiva se estabeleceu e se desenvolveu, além da hipótese de ratificar-se o entendimento de que aquele patrimônio poderá apresentar outra função social prevalente.

Ante seu merecimento de tutela e não proibição automática já enunciados, defende-se a possibilidade de pactos diretos para a implementação *post mortem*. Porém, os advogados não devem aplicar tais estratégias sem a correta informação do cliente. Em que pese a releitura sugerida por doutrina contemporânea à proibição dos pactos de renúncia à sucessão, renovaram-se, ao mesmo tempo, as opiniões contrárias à validade e à eficácia desses negócios jurídicos sem alteração legislativa (AGUIRRE, 2021; HIRONAKA; TARTUCE, 2019). E em idêntico sentido, os tribunais estaduais – portanto, não só o Superior Tribunal de Justiça – quando chamados a analisar esses pactos de *non sucedendo* declaram, invariavelmente, sua nulidade.[15]

---

[15] Nesta direção, TJMG. Ag Inst nº 1.0000.19.013357-9/001. Rel. Des. Fábio Torres de Sousa, 8ª Câmara Cível, j. 7.11.2019. Ainda, mais uma vez, TJRS. Ap nº 70062265376, 8ª Câmara Cível. Rel. Des. Alzir Felippe Schmitz, j. 12.2.2015 (Disponível em: https://www.tjrs.jus.br/buscas/jurisprudencia/exibe_html.php).

Pensado este contexto da pragmática do cotidiano forense, cogita-se da possibilidade da utilização de outros instrumentos jurídicos eficazes, previstos no ordenamento, pois seus efeitos são aqueles pretendidos pelas partes e otimizadores de seus interesses merecedores de tutela que os apontou o planejamento sucessório, os quais serão efetuados de modo a não coincidir com a visão acrítica, geral e abstrata, que sofrem os negócios jurídicos bilaterais em direito das sucessões. Eis, aqui, a utilização da teoria do negócio jurídico indireto, disseminada por Túlio Ascarelli (2011).

Sua efetivação consiste em adotar um negócio com objetivos diferentes daqueles que poderiam se inferir diretamente da estrutura do negócio adotado, obtidos por meio da forma e disciplina deste. Nas palavras do autor:

> [...]em todos os sistemas jurídicos são muito frequentes os negócios indiretos. As partes estabelecem entre si um negócio jurídico, é certo, mas o objetivo prático final a que elas visam não é, de fato, o que normalmente decorre do negócio por ela adotado, e sim um objetivo diferente muitas vezes análogo ao de outro negócio, mas frequentemente sem forma típica própria num determinado ordenamento [...] Existe, portanto, um negócio indireto porque as partes recorrem a ele para atingirem, por seu intermédio, e de modo indireto, objetivos diferentes dos que se poderiam induzir da estrutura do negócio adotado. (ASCARELLI, 2011, p. 445)

Diferentemente da simulação, aqui é declarado exatamente o que se quer, sem vícios de duas vontades (uma simulada, outra dissimulada). Adotar o mecanismo nem mesmo configura a fraude à lei imperativa do art. 426, Código Civil: as proposições que aqui serão feitas a consideram, na forma funcionalizada, como anteriormente evidenciado.

Em verdade, a adoção de tais técnicas no planejamento sucessório pretende reforçar sua segurança jurídica, ao utilizar-se daquilo que o ordenamento permite expressamente para efetivar as funções que animam o pacto sucessório: autonomia e solidariedade na concreta transferência dos bens aos herdeiros.

Assim, serão apresentadas algumas possibilidades de instrumentalizar a contratação com reflexos no direito das sucessões (tanto do modo direito, quanto indireto), no planejamento horizontal (sucessão entre cônjuges e companheiros) e vertical (de ascendentes para descendentes, ou ao contrário).

4.1 Utilização de pactos para o fim de planejamento sucessório horizontal

Talvez a maior razão de procura do instrumento do planejamento sucessório no cotidiano, ao que concerne o estado das pessoas, seja exatamente a questão da conjugalidade em sentido amplo (cônjuges ou companheiros, o que se pode extrair da ampla igualdade entre a união estável e o casamento reconhecida pelo Supremo Tribunal Federal ao julgar o RE nº 878.694). Conforme outras palavras, a questão proposta por pessoas quanto à sua vida civil é sobre a possibilidade de se excluírem das respectivas sucessões na condição de herdeiros, normalmente de modo recíproco.

A polêmica advém de opção legislativa adotada pelo Código Civil, no sentido de elevar o cônjuge (e, segundo a *ratio* do supracitado voto e o posicionamento atual do

Superior Tribunal de Justiça, também o companheiro)[16] ao rol de herdeiros necessários do art. 1.845, o qual participa da sucessão do falecido em relação aos seus bens particulares (art. 1.829, inc. I, Código Civil).[17]

Não obstante a inovação trazida pelo legislador de 2002, fundamentada, sobretudo, na solidariedade familiar, não se pode deixar de registrar as críticas e perplexidades trazidas por famílias recompostas aos escritórios de advocacia, que bem concretizam a problemática. Assim, registre-se ser crescente o número de pessoas divorciadas – com filhos advindos de relação anterior –, que apresentam sustento e patrimônio próprios, as quais se casam ou estabelecem união estável, mas, sem desejar a comunhão de bens. Isso porque esse estado patrimonial, no momento da transmissão *causa mortis*, gera condomínios entre herdeiros não pertencentes à mesma entidade familiar, os quais são capazes de potencializar conflitos sucessórios. Em outras palavras, não desejam ser herdeiros um do outro, embora também sofram limitações tanto advindas da visão ampla do art. 426, Código Civil, quanto provenientes da proibição dos testamentos conjuntivos (art. 1.863, Código Civil).

Talvez, a forma mais direta e quase sintomática de regulamentar tal anseio, principalmente quando ele é pensado no momento anterior ao casamento, seja a aposição de cláusula *non sucedendo* no próprio pacto antenupcial. Até mesmo no aspecto sistemático é a disposição completamente ambientada, posto que a liberdade é a tonalidade maior do instituto conforme o art. 1.639, Código Civil, a partir do qual "abraça, com isso, o Direito Civil brasileiro o princípio da liberdade de escolha do regime de bens, conferindo aos esposos o direito de eleger o regramento norteador das relações econômicas que afloram da comunhão de vida" (ROSENVALD; FARIAS, 2015, p. 274).

Independentemente da diferenciação de negócio jurídico existencial, peculiar por sua relação com o direito de família ou um contrato com regramento e função diferenciada (inclusive, por, mesmo diante dessa teoria, apresentar-se na zona das situações jurídicas patrimoniais com grande influência de aspectos existenciais), o referido instrumento é campo fértil para demonstração de não incidência da proibição prevista no art. 426, Código Civil. Assim, pois inexiste qualquer interesse social contrário (a renúncia ao patrimônio hereditário não prejudica credores do possível falecido), não são feridos os bons costumes, ao contrário, as partes regulamentam entre si questão essencial para vivência de uma relação afetiva digna e solidária, além de estar contratada a condição de herdeiro, não parte ou cota em si do patrimônio hereditário.

Parece que aqui, sobretudo em situação de recomposição de famílias, dentro das quais cada cônjuge traz consigo bens próprios, é possível se cogitar em um pacto merecedor de tutela. Contudo, é preciso dizer que, ainda assim, a interpretação judicial precisa evoluir nesse sentido, para o que é essencial o trabalho de defesa advocatícia,

---

16 Ressalte-se que o Supremo Tribunal Federal ainda não se posicionou sobre o tema, pois rejeitou os embargos de declaração opostos contra o acórdão proferido no RE nº 878.694, alegando que fugiria ao tema do acórdão definir se o companheiro era, ou não, herdeiro necessário. Entendendo que o companheiro é herdeiro necessário na jurisprudência, STJ. AgInt nos EDcl no REsp nº 1.318.249/GO. Rel. Min. Luis Felipe Salomão, 4ª Turma, j. 24.9.2019.

17 Tal como restou finalmente asseverado pelo Superior Tribunal de Justiça no REsp nº 1.368.123/SP, ao definir este como o entendimento para a sucessão entre cônjuges casados sob o regime da comunhão parcial.

para além do momento consultivo, pois os tribunais tendem a declarar a nulidade de tais avenças.[18]

4.2 Dificuldades na utilização de pactos para o fim de planejamento sucessório vertical

Efetivamente, menores possibilidades de pactuação poderão ser desenvolvidas entre ascendentes e descendentes. Isso porque o estado de pai, mãe, filho(a) não será constituído por meio de negócio jurídico (até mesmo o reconhecimento da filiação e a adoção se constituem verdadeiros atos jurídicos *stricto sensu*) ao qual não se pode interpor condição, tampouco se extinguir pelo consenso e autonomia privada das partes.

Portanto, o vínculo sobre o qual incidiria eventual planejamento do recebimento hereditário se conclui mais estável. Constitucionalmente, outro óbice importante encontra-se no mandamento da igualdade entre os filhos, o qual não permite desarrazoados tratamentos em sentido contrário (art. 226, §6º, CR).[19]

Aqui se mantém a ordem de vocação hereditária do art. 1.829, inc. I, bem como o rol de herdeiros necessários, sem maiores críticas, de ampla aceitação social, considerada, doutrinariamente, exemplar expressão do afeto presumido e uma das razões da ainda pequena procura pelo testamento no país. Neste sentido:

> [...] há certamente outra razão a ser invocada para justificar a pouca frequência de testamentos entre nós. Esta razão estaria diretamente relacionada à excelente qualidade de nosso texto legislativo, a respeito da sucessão legítima. Quer dizer, o legislador brasileiro, quando produziu as regras gerais relativas à sucessão ab intestato, o fez de maneira primorosa, chamando a suceder exatamente aquelas pessoas que o de cujus elencaria se, na ausência de regras, precisasse produzir testamento. (HIRONAKA; CAHALI, 2014, p. 264)

Estas constatações tornam difícil encontrar no ordenamento jurídico situações em que o pacto sucessório na relação vertical significaria instrumento legítimo, destinado a impor condições que regulem especificamente a relação existente entre as partes.

Porém, tal estado de coisas não implica a inexistência de anseios de autonomia privada. Neste sentido, os instrumentos negociais podem ser merecedores de tutela quando se reconheça que renunciar a condição de herdeiro poderá servir de instrumento para uma destinação do patrimônio, de seu ascendente ou descendente, que melhor atenda à solidariedade social.

Seria o caso de pessoa que deseja se comprometer com o ascendente e renunciar ao valor de seu quinhão na sucessão hereditária daquele em favor de irmão pessoa portadora de deficiência e que, por conta de certa condição, não disponha de capacidade laborativa. Realizar o ato nesses termos seria empreender o contrato, dispositivo, gratuitamente, em favor de terceiro, sobre patrimônio hereditário. Logo, haveria um confronto da zona de incidência do art. 426, Código Civil. À luz deste viés, essa aparente renúncia tão abalizada não receberia segurança de manutenção ante o Poder Judiciário.

---

18 Comprovando a afirmativa, TJDF. Ap nº 20100110051558APC. Rel. Des. Esdra Neves, 6ª Turma Cível, j. 25.10.2017.

19 Neste esteio, não poderá ser considerado merecedor de tutela, por exemplo, o pacto de *non sucedendo* em que um pai busca afastar filho adulterino de sua herança, com cláusula de sigilo e promessa de recompensa a ser paga por terceiro pelo adimplemento.

Em outra direção, torna-se uma hipótese cogitar de avença compartilhada entre o autor da herança e os potenciais herdeiros no sentido de afetar a totalidade do patrimônio a uma fundação, a qual apenas operaria *post mortem*. Tal pacto, desde que não alteradas as condições de subsistência entre o momento do pacto e a abertura da sucessão, é plenamente merecedor de tutela, na medida em que prevalece a função social pretendida pela avença, destinatária de especial atenção pelo ordenamento.[20]

Ainda no âmbito de pactos na sucessão vertical, é possível havê-los em hipótese de partilha em vida (art. 2.018, CC). Basta imaginar a hipótese de um autor da futura herança, ascendente, ofertar doações que, em seu conteúdo, transferem os quinhões hereditários correspondentes à legítima de cada um de seus herdeiros. A eventual recusa de certo herdeiro assume forte característica de renúncia hereditária, e não de mera recusa à contratação, quando por todos os envolvidos pactuada.[21]

Como é possível depreender, a simples leitura estrutural da vedação do art. 426, Código Civil, impede sua aplicação funcional e até as estratégias patrimoniais suscitadas aparecem como novas ideias que precisaram repercutir mais para, talvez, serem aceitas no Poder Judiciário, constituindo estratégias de planejamento sucessório caracterizadas pelo alto risco. A necessidade da instrumentalização de pactos sucessórios, portanto, mais do que um esforço interpretativo, aponta para a urgente necessidade de revisão de verdadeiros dogmas, inclusive o estampado no texto do próprio dispositivo legal.

5 Conclusão

Desde a vigência do Código Civil de 1916 até o atual Código Civil de 2002, verificou-se que a proibição de pactos sucessórios nunca perdeu força. Pelo contrário, subsistiu, ao longo do tempo, a revogação do sistema de doação *post mortem* e o fortalecimento da construção doutrinária, que afirma a (im)possibilidade de realização de disposições sucessórias no pacto antenupcial. Contudo, em épocas mais recentes, parece construir-se um renovado movimento de contrariedade à vedação de contratos e outros negócios jurídicos a respeito da herança, revitalizando movimento existente no início da vigência do Código Civil de 1916 sob novos argumentos.

Neste sentido, detectou-se que tanto a sociedade quanto os estudiosos do direito sucessório vêm se manifestando contra a redução dos já reduzidos espaços de autonomia privada para que as pessoas possam exercer sua influência sobre o destino de seus bens após a morte, advinda da interpretação ampla, genérica e abstrata do art. 426, CC, que apenas repete o já disposto no art. 1.089, do Código Civil de 1916. A justificar a adoção de tal posicionamento, detectaram-se argumentos de três ordens na doutrina: contrariedade

[20] Basta pensar nos elevados interesses que pautam o objetivo de uma fundação (art. 62, I, CC).

[21] Estratégias como essa, de oferta e não aceitação da doação por um ou alguns dos herdeiros no momento da partilha em vida, muito próximas dos negócios jurídicos indiretos, já foram rechaçadas pelo Poder Judiciário. Nesta direção, o Tribunal de Justiça do Rio Grande do Sul julgou um caso negando procedência aos pedidos dos autores, herdeiros que buscavam, por meio de alvará, autorização judicial para renunciar sua herança, permitindo ao seu ascendente doar, sem inoficiosidade, todo o patrimônio a uma só das descendentes, que sempre cuidou dele e exercia, no momento da almejada doação, a função de curadora. O pleito foi considerado juridicamente impossível com fundamento no art. 426, CC (TJRS. Ap nº 70062265376, 8ª Câmara Cível, por qualificar seus pedidos como juridicamente impossíveis toca o caso concreto, Tribunal de Justiça do RS. Rel. Des. Alzir Felippe Schmitz, j. 12.2.2015).

aos bons costumes, prejuízos ao eventual autor da herança e seus potenciais herdeiros, além da inexistência do objeto "herança", sobre o qual não poderia se contratar.

Diante de tais observações, oferece-se uma interpretação que funcionalize a proibição dos pactos sucessórios, de modo a desmistificar a vinculação desta ao significado jurídico dos bons costumes e demonstrar que a segunda ordem de argumentos poderá se resolver com a negativa de aplicação da disciplina contratual permissiva da irrevogabilidade. Por último, foi possível constatar a existência de alguma razão para o interdito supracitado, tendo em vista que o negócio jurídico que objeta a disposição de porcentagens ou valores específicos sobre o inexistente patrimônio "herança" afeta a sistemática de primazia da liquidação e pagamentos dos credores.

A partir disto, foi possível traçar uma posição distintiva: o contrato que verse sobre herança, de forma específica, é alcançado pela função sistemática e coerente da proibição presente no art. 426, Código Civil, razão pela qual os pactos institutivos e dispositivos poderão sofrer maiores restrições. No entanto, aquele que envolve a renúncia à condição de herdeiro aparece como funcionalizado ao livre desenvolvimento da personalidade e solidariedade familiar, razão pela qual, somada à não disposição sobre o patrimônio hereditário, e sim a respeito da condição de herdeiro, o faz merecedor de tutela.

Os tempos contemporâneos, consubstanciados em novas perspectivas sobre os bens e a família, atestam a potencialidade funcional destes pactos. Afinal, proporcionam verdadeiro ambiente democrático, preocupado em realizar as melhores soluções para o caso concreto, no tocante ao planejamento eficaz da destinação de bens de eventual autor da herança.

Com efeito, no sentido destes aspectos positivos, foram enunciadas algumas formas de instrumentalização do planejamento sucessório, tanto horizontal (entre cônjuges e companheiros), quanto vertical (entre ascendentes e descendentes, mas de menor segurança jurídica), por meio de contratos e outros negócios jurídicos. Ciente da contrariedade, por parte de majoritária doutrinária e jurisprudência, à utilização dos negócios jurídicos bilaterais relativos ao direito das sucessões, estudaram-se, na esperança de fomentar o seu uso na prática forense, algumas opções que envolvem negócios diretos e outras que buscam resguardar a função de tais anseios, valorada positivamente pelo atual ordenamento jurídico brasileiro, mas que utilizam a estrutura e função de outros instrumento jurídicos, na forma preconizada pela teoria do negócio jurídico indireto.

Por fim, conclui-se que tais perspectivas e construções concretas, ora apresentadas, tornam possível verificar não só um anseio pela liberdade, que pode ser articulada por planejamento das questões relativas à transmissão de bens *causa mortis* entre potenciais herdeiros e eventuais autores de herança, inclusive, por meio de contratos e outros negócios jurídicos, os chamados pactos sucessórios. Para além, subsistem verdadeiros espaços em que o ordenamento jurídico reputa legítimo seu exercício e oferece instrumentos adequados à disciplina de tais questões pelos particulares.

Dessa maneira, pretendeu-se abrir o debate, a provocar o dialógico encontro em que a doutrina poderá servir de ferramenta à prática advocatícia e também oferecer subsídio ao juiz na superação de seu ônus argumentativo, em prol da unidade do ordenamento e da tutela dos valores expressos pela tábua axiológica constitucional. Também, não se descura de que se encontra à frente longo caminho para pavimentação dos pactos sucessórios, principalmente em seu momento de crise e recusa ao cumprimento.

Portanto, muito ainda precisa se desenhar sobre aplicação da contemporânea teoria das nulidades ao caso concreto, a mudança de realidades durante a vigência do pacto, até mesmo sobre as possibilidades de inadimplemento e pedido de finalização do contrato, posto tratar-se de aplicação completamente inovadora, a enfrentar os mais diversos estigmas. Porém, apenas novo estudo, especificamente dedicado a tais questões, poderá continuar a pretensão que, nesta sede, se espera tão somente encontrar começo.

Referências

AGUIRRE, João Ricardo Brandão. Algumas reflexões sobre o planejamento sucessório: a escolha de algumas veredas pode não levar à terra prometida. *In*: TEIXEIRA, Daniele Chaves (Org.). *Arquitetura do planejamento sucessório*. Belo Horizonte: Fórum, 2021. t. II.

ASCARELLI, Tullio. Contrato misto, negócio indireto, negotium mixtum cum donatione. *In*: TEPEDINO, Gustavo; FACHIN, Luiz Edson (Org.). *Doutrinas essenciais, obrigações e contratos* – Contratos: princípios e limites. São Paulo: Revista dos Tribunais, 2011. v. III.

AZEVEDO, Lilibeth; CRUZ, Elisa. Planejamento sucessório. *In*: TEPEDINO, Gustavo; FACHIN, Luiz Edson. *Diálogos sobre direito civil*. Rio de Janeiro: Renovar, 2012. v. III.

BARBOZA, Heloisa Helena. A disciplina jurídica da partilha em vida: validade e efeitos *Civilistica.com*, Rio de Janeiro, ano 5, n. 1, 2016.

BEVILAQUA, Clóvis. *Direito das sucessões*. Campinas: Red Livros, 2000.

BUCAR, Daniel. *Superendividamento reabilitação patrimonial da pessoa humana*. São Paulo: Saraiva, 2017.

BUCAR, Daniel; TEIXEIRA, Daniele Chaves. As armadilhas do planejamento sucessório. *Conjur*, 17 jul. 2020.

CASTRO, Thamis Dalsenter Viveiros de. A função da cláusula de bons costumes no direito civil e a teoria tríplice da autonomia privada existencial. *Revista Brasileira de Direito Civil*, Belo Horizonte, v. 14, p. 99-125, out./dez. 2017.

DELGADO, Mário. Da renúncia prévia ao direito concorrencial por cônjuges e companheiros. *Conjur*, 7 abr. 2019.

DIAS, Maria Berenice. Filhos, bens e a mor não combinam! Considerações sobre o novo instituto da concorrência sucessória. *In*: HIRONAKA, Giselda Maria Fernandes Novaes, PEREIRA, Rodrigo da Cunha (Coord.). *Direito das sucessões*. 2. ed. Belo Horizonte: Del Rey, [s.d.].

FRANK, Felipe. *Autonomia sucessória e pacto antenupcial*: problematizações sobre o conceito de sucessão legítima e sobre o conteúdo e os efeitos sucessórios das disposições pré-nupciais. Tese (Doutorado) – Universidade Federal do Paraná, Curitiba, 2017.

GOMES, Orlando. *Sucessões*. 15. ed. Atualização de Mario Roberto Carvalho de Faria. Rio de Janeiro: Forense, 2012.

GONÇALVES, Carlos Roberto. *Direito civil brasileiro*: direito das sucessões. 6. ed. São Paulo: Saraiva, 2012. v. 7.

HIRONAKA, Giselda Maria Fernandes Novaes. *Morrer e suceder*: passado e presente da transmissão sucessória concorrente. 2. ed. São Paulo: Revista dos Tribunais, 2014.

HIRONAKA, Giselda Maria Fernandes Novaes; CAHALI, Francisco José. *Direito das sucessões*. 5. ed. São Paulo: Revista dos Tribunais, 2014.

HIRONAKA, Giselda Maria Fernandes Novaes; TARTUCE, Flávio. Planejamento sucessório: conceito, mecanismos e limitações. *Revista Brasileira de Direito Civil –RBDCivil*, Belo Horizonte, v. 21, p. 87-109, jul./set. 2019.

KONDER, Carlos Nelson; TEIXEIRA, Ana Carolina Brochado. Situações jurídicas dúplices: Controvérsias na nebulosa fronteira entre patrimonialidade e extrapatrimonialidade. *In*: TEPEDINO, Gustavo; FACHIN, Luiz Edson. *Diálogos sobre direito civil*. Rio de Janeiro: Renovar, 2012. v. III.

LORENZETTI, Luis Ricardo. *Tratado de los contratos* – Parte general. Santa Fé: Rubinzal-Culzoni, 2004.

MADALENO, Rolf. Renúncia de herança no pacto antenupcial. *Revista IBDFAM*, v. 27, p. 9-58, maio/jun. 2018.

METRÓPOLES: Formalização de testamentos aumenta 1344% durante a pandemia de coronavírus. *Colégio Notarial do Brasil – Seção São Paulo*, 21 set. 2020. Disponível em: https://www.cnbsp.org.br/?url_amigavel=1&url_source=noticias&id_noticia=20080&lj=1366.

MIRANDA, Pontes de. *Direito das sucessões*: sucessão em geral, sucessão legítima. Atualização de Giselda Maria Fernandes Novaes Hironaka e Paulo Luiz Netto Lôbo. São Paulo: Revista dos Tribunais, 2012. t. LV.

MORAES, Maria Celina Bodin de. A causa do contrato. *Civilistica.com*, Rio de Janeiro, ano 2, n. 4, out./dez. 2013.

MUCILO, Daniela de Carvalho; TEIXEIRA, Daniele Chaves. Covid-19 e planejamento sucessório: não há mais momento para postergar. *In*: NEVARES, Ana Luiza; XAVIER, Luciana Pedroso; MARZAGÃO, Silvia Felipe. *Coronavírus*: impactos no direito de família e sucessões. Indaiatuba: Foco, 2020.

NEVARES, Ana Luiza Maia. *A função promocional do testamento* – Tendências do direito sucessório. Rio de Janeiro: Renovar, 2009.

NEVARES, Ana Luiza Maia. *A tutela sucessória do cônjuge e do companheiro na legalidade constitucional*. 1. ed. Rio de Janeiro: Renovar, 2004.

PEREIRA, Caio Mário da Silva. *Instituições de direito civil* – Direito das sucessões. Atualização de Carlos Roberto Barbosa Moreira. 21. ed. Rio de Janeiro: Forense, 2014. v. VI.

ROSENVALD, Nelson; FARIAS, Cristiano Chaves de. *Curso de direito civil*: famílias. 7. ed. São Paulo: Atlas, 2015. v. 7.

SCHREIBER, Anderson. *A proibição de comportamento contraditório* – A tutela da confiança e o venire contra factum proprium. 4. ed. rev. e atual. São Paulo: Atlas, 2016.

SILVA, Marcos Alves da. Cônjuge: herdeiro desnecessário? *LinkedIn*, 7 set. 2015. Disponível em: https://pt.linkedin.com/pulse/c%C3%B4njuge-herdeiro-desnecess%C3%A1rio-marcos-alves-da-silva. Acesso em: 20 jun. 2018.

SILVA, Rafael Cândido da. *Pactos sucessórios e contratos de herança* – Estudos sobre a autonomia privada na sucessão causa mortis. Salvador: JusPodivm, 2019.

SILVA, Rafael Cândido da. *Pactos sucessórios*: ensaio sobre a perspectiva funcional da autonomia privada na sucessão causa mortis. Dissertação (Mestrado em Direito) – Faculdade de Direito, Universidade Estadual do Rio de Janeiro, Rio de Janeiro, 2017.

SOUZA, Eduardo Nunes de. *Teoria geral das invalidades do negócio jurídico* – Nulidade e anulabilidade no direito civil contemporâneo. São Paulo: Almedina, 2017.

TARTUCE, Flávio. *Manual de direito civil*. Rio de Janeiro: Forense, 2011. v. único.

TEIXEIRA, Daniele Chaves. *Planejamento sucessório*: pressupostos e limites. Belo Horizonte: Fórum, 2017.

TEPEDINO, Gustavo. Controvérsias sobre a sucessão do cônjuge e do companheiro, *Revista Pensar*, Fortaleza, v. 17, n. 1, p. 138-160, jan./jun. 2012.

TEPEDINO, Gustavo. Solidariedade e autonomia na sucessão entre cônjuges e companheiros – Editorial. *Revista Brasileira de Direito Civil*, Belo Horizonte, v. 14, n. 4, 2017.

TEPEDINO, Gustavo; BARBOZA; Heloisa Helena; MORAES, Maria Celina Bodin de. *Código Civil interpretado conforme a Constituição da República IV*. Rio de Janeiro: Renovar, 2014.

VENOSA, Silvio. *Direito civil*: direito das sucessões. 13. ed. São Paulo: Atlas, 2013.

VILLELA, Anne Marie. *La Transmission d'hérédité en droit français et en droit brésilien*. Paris: Libraires Techniques, 1971.

WALD, Arnoldo. *Direito das sucessões*. 15. ed. São Paulo: Saraiva, 2012. v. 6.

Informação bibliográfica deste texto, conforme a NBR 6023:2018 da Associação Brasileira de Normas Técnicas (ABNT):

BUCAR, Daniel. Planejamento e pactos sucessórios. *In*: TEIXEIRA, Daniele Chaves (Coord.). *Arquitetura do planejamento sucessório*. Belo Horizonte: Fórum, 2022. p. 269-286. Tomo III. ISBN 978-65-5518-291-0.

COLAÇÃO E AS CONSEQUÊNCIAS DA NÃO CONFERÊNCIA PARA O PLANEJAMENTO SUCESSÓRIO

LEANDRO REINALDO DA CUNHA

Introdução

Os últimos anos têm se mostrado extremamente interessantes na seara do direito das sucessões, com o renascimento de discussões relevantes que durante muito tempo ficaram adormecidas e esquecidas pela doutrina, mormente a partir do crescimento do fluxo de estudos relacionados ao planejamento sucessório.

Toda essa virada do direito sucessório, que passou a assumir um *status* que há muito não possuía na seara jurídica, se deve a inúmeras questões que decorrem de alterações sociais que tangenciam elementos econômicos e de mobilidade social, e traz consigo a necessidade de que perspectivas e conceitos sejam revisitados e adequados ao atual momento do ordenamento jurídico.

Entre os institutos jurídicos basilares redescobertos estão as figuras da colação e dos sonegados, temas permeados de elevada complexidade técnica e um considerável número de celeumas, que têm recebido a atenção de alguns doutrinadores em artigos de extrema importância e qualidade, contudo, sem uma obra monográfica e abrangente desde antes do início da vigência do atual Código Civil.

Exatamente nesse vácuo que escrevemos o livro *Da colação e dos sonegados*, em 2021, discorrendo sobre essas questões com uma visão que não se limita a simplesmente repisar definições e concepções apresentadas pelos autores clássicos do direito das sucessões, mas, sim, trazendo uma visão amoldada aos preceitos que regem o direito civil brasileiro na atualidade.

Inserido nessa retomada do estudo de aspectos nucleares do direito das sucessões é de se asseverar que um dos equívocos mais elementares de um planejamento sucessório é ignorar (ou não dar a devida relevância) as doações realizadas pelo indivíduo, as quais podem ensejar a colação, já que tal desatenção pode conduzir à ruína as projeções arquitetadas por quem elaborou o planejamento, fazendo com que os objetivos esperados não sejam alcançados.

A determinação legal da colação impõe a quem elabora o planejamento sucessório não apenas um olhar para a atual condição patrimonial do sujeito ou uma projeção do destino desses bens, mas também uma séria, profunda e minuciosa pesquisa quanto a toda a vida negocial pregressa do autor da herança. O planejamento sucessório, graças ao instituto da colação, não se restringe a pensar no que se pode fazer para que a partilha futura seja da forma desejada, mas torna essencial que se atente a atos praticados no passado.

No presente texto a concepção da colação será desenvolvida seguindo as premissas construídas na obra citada, com um especial olhar para os fins colimados pelo planejamento sucessório.

1 Colação

Com origem no direto romano,[1] a colação tem por objetivo elementar propiciar a igualdade entre os herdeiros necessários, buscando garantir que todos venham a receber, de início, os mesmos montantes quando do falecimento do autor da herança, tocando, para tanto, nos atos de liberalidade realizados pelo sujeito em vida em favor desses sucessores.

Lastreado na ideia de recomposição das doações realizadas pelo falecido em benefício de certos herdeiros, o dever de colacionar assenta-se na obrigação de que os beneficiários de liberalidades venham a ter tal montante considerado adiantamento da herança.

Assim, a legislação, ao não trazer a necessidade de autorização ou anuência para a realização de doações em favor de descendentes e cônjuge, como ocorre em sede de compra e venda (art. 496 do Código Civil), em que se faz anulável o negócio jurídico em que não haja o consentimento expresso desses herdeiros presumidos, lhes impõe um dever de que tal bem ou direito retorne para a partilha, salvo manifestação expressa em contrário, já que a doação "de ascendentes a descendentes, ou de um cônjuge a outro, importa adiantamento do que lhes cabe por herança", nos termos do art. 544 do Código Civil.

Com isso, por exemplo, é de se entender que caso o pai tenha realizado a doação de uma casa em favor de um de seus filhos tal ato será considerado, no momento de sua morte, uma antecipação do que tal herdeiro teria direito naquele momento, sendo essa liberalidade abatida do que esse herdeiro/donatário tem a receber em razão do falecimento de seu pai.

O entendimento da questão como um todo depende ainda da compreensão de que o ordenamento vigente restringe a liberdade de disposição por meio de negócio jurídico gratuito a quem tem herdeiros necessários, nos termos do art. 1.789 do Código Civil, que garante a eles ao menos metade da herança. Ao garantir aos herdeiros necessários esse montante, ato contínuo, torna a liberdade de testar mitigada, sendo ofertada ao sujeito a discricionariedade de dispor como bem entender de apenas uma parcela (metade) de seu patrimônio.

[1] MOREIRA, José Carlos Alves. *Direito romano*. 18. ed. Rio de Janeiro: Forense, 2018. p. 840-842.

Não bastasse tal restrição atingir a liberdade para a disposição *post mortem*, traz ainda impactos nos negócios jurídicos de disposição patrimonial gratuita *inter vivos*, pois também impede, sob pena de nulidade, a realização de doações que superem o limite de 50% do patrimônio caso o sujeito tenha herdeiros necessários (art. 549 do Código Civil).

A existência de uma limitação quanto ao montante que pode ser doado por quem possui herdeiros necessários enseja a necessidade de que se estabeleça claramente a distinção entre dois institutos recorrentemente confundidos, quais sejam, a redução das doações inoficiosas e a colação. A imprecisão quando da apreciação de tais questões é recorrente, sendo curial que se estabeleça de forma sólida o que caracteriza cada um desses elementos, mormente ao se considerar que o próprio Código Civil trata desses temas no mesmo momento, aprofundando ainda mais a confusão existente.

Enquanto a redução das doações inoficiosas atinge as doações que ultrapassem o limite de disponibilidade que se atribui a quem tem herdeiros necessários, seja quem for o beneficiário de tal liberalidade, ensejando sua nulidade no que exceder à limitação imposta pela lei, o dever de colacionar apenas se destina às doações cujos beneficiários sejam descendentes ou cônjuge do doador, independentemente de qualquer valor.

As considerações até aqui apresentadas buscam traçar algumas linhas gerais concernentes à colação, com o fulcro de afastar qualquer falsa impressão de que se trata de uma questão de fácil trato. O instituto da colação apresenta uma série de nuances que tendem a tornar a sucessão um campo de enormes disputas, fato que não pode (nem deve) ser ignorado quando de um planejamento sucessório.

1.1 Herdeiros necessários e o dever de colacionar

Um dos mais evidentes descompassos a serem aferidos no que concerne à colação está exatamente na definição de quem está vinculado ao dever de colacionar, o que pode se atribuir, inquestionavelmente, a uma construção frágil da legislação vigente, que repetiu parte do texto do Código Civil anterior sem os devidos ajustes com os conceitos consignados no restante do próprio código, bem como no ordenamento jurídico como um todo.

Tudo isso se dá ao se considerar que a acepção tradicional pugna que a colação visa à equiparação das legítimas, contudo, o Código Civil não assevera de forma expressa que compete a todos os herdeiros necessários o dever de colacionar e, assim, atender ao escopo nuclear que permeia o instituto, gerando uma crise hermenêutica a ser superada.

O contraponto que se estabelece reside no fato de que os herdeiros necessários, nos termos do art. 1.845 do Código Civil, são os descendentes, os ascendentes e o cônjuge, a quem se garante a legítima, constituída da metade dos bens da herança (art. 1.846), enquanto o art. 2.002 impõe o dever de igualar as legítimas aos descendentes, e, o art. 2.003, aos descendentes e ao cônjuge.

Inquestionável é, portanto, o dever de colacionar imposto aos descendentes, sendo certo que tal obrigação apenas se faz presente se ele, ao tempo da liberalidade, efetivamente viesse a ser destinatário de herança caso o doador falecesse naquele momento, considerando a ordem de vocação hereditária. Dessa forma, o neto que doador, por exemplo, beneficiado por doação, não terá o dever de colacionar caso seu pai estivesse vivo quando da realização do contrato, vez que, naquele instante, não seria agraciado com herança caso o doador falecido fosse.

Ainda quanto aos descendentes, é importante consignar que somos pela inclusão dos filhos socioafetivos entre aqueles que têm o dever de colacionar, ante a impossibilidade constitucionalmente prevista de se estabelecer distinção entre os filhos.[2]

No que tange à figura do cônjuge, pouca celeuma se estabelece atualmente acerca do seu dever de colacionar, pois ainda que não conste expressamente no corpo do art. 2.002 do Código Civil, está indicado no art. 2.003, além de ser herdeiro necessário (art. 1.845) e haver a manifesta indicação de que a doação realizada em seu favor importa em adiantamento de herança (art. 544). Contudo, no atual momento da sociedade brasileira, é impossível se desvincular das discussões jurídicas que envolvem direitos/deveres do cônjuge o questionamento quanto à sua transposição também aos companheiros quando não há previsão expressa nesse sentido.

Aqui se faz imperativo trazer a lume que, ainda que não tenha se manifestado quanto à condição de herdeiro necessário do companheiro, o Supremo Tribunal Federal (STF) apresenta uma tendência pela equiparação de cônjuge e companheiro quanto aos direitos sucessórios, tendo sido esse o posicionamento adotado ao decidir pela inconstitucionalidade do art. 1.790 do Código Civil, no julgamento do RE nº 646.721 e do RE nº 878.694.[3]

Por partirmos da premissa lógica de que casamento e união estável geram para seus integrantes os mesmos direitos e deveres, entendemos pela imposição do dever de colacionar ao companheiro da mesma forma que se tem para o cônjuge, ainda que exista posicionamento doutrinário em contrário. Tampouco há que se estabelecer qualquer sorte de distinção em caso de casamentos ou uniões estáveis entre pessoas do mesmo sexo,[4] mormente após a decisão do Supremo Tribunal Federal (STF) na ADI nº 4.277.

Em sede de planejamento sucessório, por uma questão de prudência e ante a inclinação demonstrada pelo Supremo Tribunal Federal (STF), independentemente da corrente seguida, faz-se de boa técnica, portanto, considerar a possibilidade de que o dever de colacionar seja extensível também ao companheiro.

Nos resta, por fim, quanto aos herdeiros necessários, discorrer sobre a figura dos ascendentes. Apesar de destinatários da legítima, não há a expressa menção ao dever de colacionar em caso de doações realizadas em seu favor pelos descendentes, além de não estarem inseridos no corpo do art. 544 do Código Civil, o que pode conduzir à conclusão de que a colação não os atinge.

Todavia sustentamos[5] que lastreado em um preceito de igualdade, ante a imposição que toca aos demais herdeiros necessários, atrelado às novas realidades sociais que

---

[2] O IBDFAM, no Enunciado nº 33, também se manifesta quanto aos efeitos sucessórios do parentesco socioafetivo. "O reconhecimento da filiação socioafetiva ou da multiparentalidade gera efeitos jurídicos sucessórios, sendo certo que o filho faz jus às heranças, assim como os genitores, de forma recíproca, bem como dos respectivos ascendentes e parentes, tanto por direito próprio como por representação".

[3] O STF aprovou, com repercussão geral, a seguinte tese: "No sistema constitucional vigente é inconstitucional a diferenciação de regime sucessório entre cônjuges e companheiros devendo ser aplicado em ambos os casos o regime estabelecido no artigo 1829 do Código Civil".

[4] CUNHA, Leandro Reinaldo da. *Identidade e redesignação de gênero*: aspectos da personalidade, da família e da responsabilidade civil. Rio de Janeiro: Lumen Juris, 2018. p. 193.

[5] CUNHA, Leandro Reinaldo da. *Da colação e dos sonegados*. São Paulo: [s.n.], 2021. p. 43.

revelam uma expectativa de vida mais elevada da população e a maior incidência de doações realizadas por descendentes em favor dos ascendentes (muitas vezes vulneráveis e dependentes), o dever de colacionar nesses casos não deve ser totalmente ignorado quando da elaboração do planejamento sucessório. Mesmo sendo massivo o posicionamento doutrinário e jurisprudencial contrário ao dever de colacionar dos ascendentes, há de se ter consciência de que tais ventos podem mudar entre o momento da realização do planejamento e o falecimento do autor da herança.

Dessa forma, independentemente dos entendimentos atualmente postos e tidos como dominantes, vê-se como conduta respaldada pela prudência e boa técnica que se considere a possibilidade de imposição do dever de colacionar a todos os herdeiros necessários, bem como àqueles que podem vir a ser assim considerados, para a elaboração do planejamento sucessório.

1.2 Doações indiretas e o dever de colacionar

Segundo ponto que reputamos importante quanto à colação para a elaboração do planejamento sucessório reside no fato de que, em que pese o disposto no art. 544 do Código Civil asseverando que a doação realizada em favor de descendentes ou cônjuge importe em adiantamento de herança, o dever de colacionar não se impõe a todas as liberalidades que se efetivem entre tais indivíduos.

Nos termos do Código Civil, não se impõe o dever de colacionar aos "gastos ordinários do ascendente com o descendente, enquanto menor, na sua educação, estudos, sustento, vestuário, tratamento nas enfermidades, enxoval, assim como as despesas de casamento, ou as feitas no interesse de sua defesa em processo-crime" (art. 2.010), como também às doações remuneratórias (art. 2.011).

Inquestionável que o conhecimento do que não há de ser colacionado é relevante para a estruturação de um planejamento sucessório, contudo, em um primeiro instante, os atos praticados e aqui indicados passam ao largo da discussão do projeto a ser elaborado por serem ordinariamente entendidos mais como o cumprimento de um dever que o ascendente tem ante o descendente do que com uma doação em si.

Contudo, existem atos de liberalidade que são realizados de forma a gerar dúvidas quanto ao dever de colacionar, por não se caracterizarem como uma doação nos moldes clássicos. Mesmo que o texto legal tenha se referido à doação de forma expressa, não se pode afastar a imposição do dever de igualação da legítima em sede de liberalidades cujo elemento volitivo se assente no intento de transmitir bem ou direito sem que haja uma contrapartida, ainda que não apresente exatamente todos os parâmetros de uma doação, como em uma remissão de dívida, uma renúncia translativa, ou uma compra em nome do filho, entre outros,[6] posicionamento esse reiterado pela doutrina.[7]

Visando impedir a ocorrência de condutas que tenham o escopo de fraudar o dever de colacionar, consignava Pontes de Miranda que este se impõe quanto a qualquer

---

[6] CUNHA, Leandro Reinaldo da. *Da colação e dos sonegados*. São Paulo: [s.n.], 2021. p. 77.

[7] VELOSO, Zeno. Do direito das sucessões. *In*: TAVARES, Regina Beatriz (Coord.). *Novo Código Civil comentado*. 9. ed. São Paulo: Saraiva, 2013. p. 1933; FACHIN, Luiz Edson; PIANOVSKI, Carlos Eduardo. Uma contribuição crítica que se traz à colação. *In*: DELGADO, Mário Luiz; ALVES, Jônes Ribeiro (Coord.). *Questões controvertidas no direito de família e das sucessões*. São Paulo: Método, 2005. p. 448.

liberalidade realizada.[8] Todavia, não se pode ignorar o contraponto apresentado por Paulo Lôbo, que lembra que existem liberalidades que não trazem nuances de doação, como ocorre com o capital estipulado no seguro de vida ou acidentes pessoais,[9] sendo de se consignar que, em recente decisão, o Tribunal de Justiça de São Paulo (TJ-SP) se manifestou no sentido de que os valores alocados em VGBL não podem ser compreendidos como aplicações financeiras, apresentando contornos similares ao de um seguro de vida[10] e, portanto, imunes à colação.

Ainda no que concerne a doações indiretas, é de suma importância para o planejamento sucessório a discussão quanto à alocação de patrimônio destinado à criação de uma pessoa jurídica com o *animus* oculto de transmissão de bens beneficiando determinado herdeiro,[11] fato que, caso venha a gerar uma desproporção das legítimas, pode impor o dever de colacionar, passando pela desconsideração da personalidade jurídica,[12] se demonstrado o interesse de favorecimento de dado herdeiro.[13]

1.3 Dispensa do dever de colacionar

Ainda que se considere o conteúdo do art. 544 do Código Civil, o ordenamento pátrio confere ao doador a prerrogativa de determinar que o objeto daquela liberalidade específica não venha a ser entendido como uma antecipação de herança, conforme se vislumbra dos arts. 2.005 e 2.006, em inconteste atenção à autonomia,[14] afastando a cogência do dever de colacionar ante a manifestação de vontade expressa do doador.

Em linhas bastante singelas, é de se entender que ao realizar a doação em favor de descendentes ou cônjuge pode o doador nada dizer, o que conduzirá ao entendimento de que aquele ato revela um adiantamento de herança, impondo o dever de colacionar (i), ou expressamente asseverar que tal doação há de ser considerada retirada da parte disponível, o que afasta a imposição da conferência daquele bem (ii).

Caso seja interesse do doador que o bem doado seja extraído da parte disponível, conforme descrito no Código Civil, pode fazê-lo em sede de testamento ou no próprio título da liberalidade, como consignado no art. 2.006 do Código Civil, sendo nula a manifestação com tal objetivo realizada em outro instrumento,[15] mesmo que por escritura pública,[16] ainda que exista posicionamento em contrário, exigindo apenas que haja manifestação inequívoca no sentido de afastar o dever de colacionar.[17]

---

[8] MIRANDA, Francisco Cavalcanti Pontes de. *Tratado de direito privado*. Rio de Janeiro: Borsoi, 1954. t. LX. p. 137.

[9] LÔBO, Paulo. *Direito civil*: sucessões. 4. ed. São Paulo: Saraiva, 2018. v. 6. p. 68-74.

[10] AI nº 2082439-05.2021.8.26.0000, 9ª Câmara de Direito Privado.

[11] GONÇALVES, Carlos Roberto. *Direito civil brasileiro*: direito das sucessões. 8. ed. São Paulo: Saraiva, 2014. v. 7. p. 550.

[12] CAHALI, Francisco José; HIRONAKA, Giselda Maria Fernandes Novaes. *Direito das sucessões*. 5. ed. São Paulo: Revista dos Tribunais, 2014. p. 460.

[13] OLIVEIRA, Euclides Benedito de. Colação e sonegados. *In*: HIRONAKA, Giselda Maria Fernandes Novaes; PEREIRA, Rodrigo da Cunha (Coord.). *Direito das sucessões*. Belo Horizonte: Del Rey, 2007. p. 389.

[14] CUNHA, Leandro Reinaldo da. Comentários ao REsp. 1.298.864 do STJ. *RT*, n. 961, 2015. p. 504.

[15] OLIVEIRA, Euclides Benedito de. Colação e sonegados. *In*: HIRONAKA, Giselda Maria Fernandes Novaes; PEREIRA, Rodrigo da Cunha (Coord.). *Direito das sucessões*. Belo Horizonte: Del Rey, 2007. p. 390.

[16] VENOSA, Silvio de Salvo. *Direito civil* – Direito das sucessões. 11. ed. São Paulo: Atlas, 2011. v. VII. p. 390.

[17] RIZZARDO, Arnaldo. *Direito das sucessões*. 11. ed. Rio de Janeiro: Forense, 2019. p. 627; OLIVEIRA, Carlos E. Elias de. Escritura pública de dispensa de colação pós-doação. *Professor Flavio Tartuce – Direito Civil*, 13 ago. 2020.

Importante se consignar que, como a indicação de que a doação seja considerada como retirada da parte disponível pode se dar por meio de testamento e ante revogabilidade que lhe é peculiar, não se pode olvidar que caso esse venha a ser revogado a determinação de que está livre do dever de colacionar há de ser repetida no testamento revogador, sob pena de ser considerada revogada,[18] da mesma forma que ocorreria em sede de rompimento do testamento. Evidente, também, que se admite a revogação da dispensa determinada quando da doação ou mesmo em sede de disposição de última vontade ante a manifestação expressa nesse sentido em testamento posterior.[19]

2 Consequências do não colacionar

O inadimplemento do dever de colacionar encerra uma série de consequências, a qual vai além da sempre lembrada pena de sonegados. Para o profissional que se dedica à elaboração do planejamento sucessório, é imprescindível que saiba quais os desdobramentos do não colacionar.

O importante para o escopo do presente texto é que ao elaborar o planejamento sucessório há de se ter todo o cuidado para não se olvidar das doações realizadas pelo indivíduo, sendo imprescindível se considerar tais atos de liberalidade quando da construção de seu plano, sob pena de sofrer impactos severos.

Nesse sentido se fazem pertinentes algumas considerações acerca da figura dos sonegados e da obrigação de indenizar que podem emergir do descumprimento do dever de equiparar a legítima.

2.1 Da pena de sonegados

O Código Civil (arts. 1.992 a 1.996) fixa a figura dos sonegados, entendida como uma sanção de natureza sucessória que se impõe àquele que haveria de colacionar e não cumpre com o seu dever.

A pena de sonegados encerra em si uma consequência processual (perda da condição de inventariante) e outra patrimonial, sendo que, a nós, no momento, importa discorrer sobre esta última, ante a natureza elementar do planejamento sucessório. Ainda que seja uma pena aplicável apenas após o fim do processo de inventário, não pode o profissional deixar de considerar os seus enormes impactos aos herdeiros e ao planejado previamente.

Não colacionar pode ensejar um severo desdobramento de cunho econômico, vez que aquele que inadimplir tal obrigação poderá perder seus direitos sucessórios sobre o bem ou direito que lhe foi destinado pela doação realizada pelo falecido, ensejando, por fim, a perda do objeto da liberalidade.[20]

Disponível em: http://professorflaviotartuce.blogspot.com/2020/08/escritura-publica-de-dispensa-de.html. Acesso em: 15 jan. 2021; LÔBO, Paulo. *Direito civil*: sucessões. 4. ed. São Paulo: Saraiva, 2018. v. 6. p. 68.

18 CAHALI, Francisco José; HIRONAKA, Giselda Maria Fernandes Novaes. *Direito das sucessões*. 5. ed. São Paulo: Revista dos Tribunais, 2014. p. 461; LÔBO, Paulo. *Direito civil*: sucessões. 4. ed. São Paulo: Saraiva, 2018. v. 6. p. 69.

19 CATEB, Salomão de Araújo. *Direito das sucessões*. 8. ed. São Paulo: Atlas, 2015. p. 387.

20 CUNHA, Leandro Reinaldo da. *Da colação e dos sonegados*. São Paulo: [s.n.], 2021. p. 163.

Para que haja a imposição da pena de sonegados há de se demonstrar que havia de ser realizada a colação (elemento objetivo) e que o herdeiro donatário ciente do dever que se lhe impõe nada fez (elemento subjetivo), o que parcela da doutrina entende ser uma decorrência lógica do fato de nada ter feito quando instado a colacionar e ter se quedado silente.[21]

Fato é que o não colacionar pode fazer com que o herdeiro/donatário seja afastado da partilha daquele bem, perdendo, ao fim e ao cabo, o objeto da liberalidade em favor dos demais descendentes, o que pode alterar profundamente o que fora concebido quando do planejamento sucessório.

Ressalta-se, por fim, que ainda que a pena de sonegados não venha a ser aplicada, se verificado que o bem deveria ter sido colacionado e não foi se impõe que esse (ou seu valor) retorne para ser partilhado com os demais herdeiros.

2.2 Não colacionar e o lucro da intervenção

Além da pena de sonegados, sempre lembrada quando se fala em descumprimento do dever de colacionar, consideramos que tal omissão pode dar azo a outra consequência bastante importante, a qual não é considerada normalmente pela doutrina e jurisprudência.

Como tivemos a oportunidade de trazer em artigo publicado anteriormente,[22] cuja ideia elementar expomos aqui, o não cumprimento do dever de colacionar faz com que o inadimplente mantenha consigo um bem que não lhe pertence, beneficiando-se com o uso de patrimônio alheio sem a devida autorização para tanto, o que há de ser visto como um benefício indevido, a ser restituído ao proprietário do bem, diante do lucro obtido ante a intervenção.

Ainda que seja considerado um tema novo nas discussões sobre enriquecimento indevido, o tema já consolidado em outros países lastreia-se na ideia de que qualquer vantagem patrimonial, decorrente de exploração ou aproveitamento não autorizado, seja ela intencional ou não, que traga ao agente um benefício, enseja a figura do lucro da intervenção,[23] compelindo que o interventor seja privado do benefício auferido, reconduzindo-o à condição em que deveria estar caso o acréscimo patrimonial verificado não tivesse ocorrido.[24]

O lucro da intervenção já foi objeto de atenção do Centro de Estudos Judiciários do Conselho da Justiça Federal, que na VIII Jornada de Direito Civil elaborou o Enunciado nº 620:

---

21 CUNHA, Leandro Reinaldo da. *Da colação e dos sonegados*. São Paulo: [s.n.], 2021. p. 151.

22 Tivemos a oportunidade de discorrer brevemente sobre o tema em artigo publicado no portal *Migalhas*, sob o título "Para além dos sonegados, o lucro da intervenção em caso de não colação" (CUNHA, Leandro Reinaldo da. Para além dos sonegados, o lucro da intervenção em caso de não colação. *Migalhas*, 29 set. 2020. Disponível em: https://www.migalhas.com.br/coluna/migalhas-de-responsabilidade-civil/334014/para-alem-dos-sonegados--o-lucro-da-intervencao-em-caso-de-nao-colacao. Acesso em: 20 jun. 2021).

23 KONDER, Carlos Nelson. Dificuldades de uma abordagem unitária do lucro da intervenção. *Revista de Direito Civil Contemporâneo*, v. 13, n. 4, p. 231-248, out./dez. 2017. p. 233.

24 SILVA, Rodrigo da Guia. *Enriquecimento sem causa*: as obrigações restitutórias no direito civil. São Paulo: Thomson Reuters, 2018. p. 310.

Enunciado 620.

"A obrigação de restituir o lucro da intervenção, entendido como a vantagem patrimonial auferida a partir da exploração não autorizada de bem ou direito alheio, fundamenta-se na vedação do enriquecimento sem causa".

Com base no entendimento de que o sonegador está fazendo uso de um bem que não lhe pertence e auferindo as benesses daí decorrentes, sem que exista qualquer autorização do real proprietário, desde o momento que caracterizada tal condição, é patente a existência de um enriquecimento sem causa proscrito pelo ordenamento pátrio, como se pode verificar do disposto do art. 844 do Código Civil.

Note-se que a caracterização do enriquecimento sem causa decorrente do lucro da intervenção verifica-se independentemente da existência de uma condenação na pena de sonegados, a qual tem um escopo meramente sucessório. Em nosso sentir, não tendo o herdeiro/donatário cumprido com o seu dever de colacionar nos 15 dias que tem para se manifestar quanto às primeiras declarações, considera-se que já está a obter benefícios indevidos sobre bem que não é seu (ainda que parcialmente), dando lugar ao lucro da intervenção desde então.[25]

Importante que se tenha em mente que para a imposição do dever de indenizar oriundo do lucro da intervenção é desnecessário que se demonstre que o autor da ação tenha efetivamente experimentado um real dano, sendo suficiente que o réu tenha auferido vantagem patrimonial decorrente da interferência indevida sobre direito ou bem que não lhe pertence.[26] Em caso o lucro da intervenção e o enriquecimento sem causa emanam simplesmente de ter aproveitado, sem a autorização devida, de bem ou direito que não possui, independentemente de efetivamente ter coletado qualquer fruto de tal atitude.[27]

Pontue-se que no presente momento não se estabelece a discussão entabulada em sede de colação quanto ao dever de restituição do bem objeto da doação ou do valor a ele referente por já ter decorrido o momento de colacionar, pois como já se exauriu o tempo de colacionar, a lei não estabelece qualquer variável que não seja a restituição do bem, salvo em caso de impossibilidade.

2.3 Responsabilidade civil ante a ignorância do dever de colacionar

Como demonstrado o não colacionar gera um forte abalo no projeto de partilha do patrimônio projetado quando do planejamento sucessório, o que pode ensejar uma consequência bastante séria não só para os herdeiros, mas para o profissional que concebeu o planejamento conforme solicitado pelo indivíduo.

Tendo-se o planejamento sucessório como uma atividade que revela ao profissional uma obrigação-fim, impondo-lhe que o objetivo colimado pelo contratante seja alcançado,

---

25 CUNHA, Leandro Reinaldo da. *Da colação e dos sonegados*. São Paulo: [s.n.], 2021. p. 208.

26 FAJNGOLD, Leonardo; SALGADO, Bernardo; GUERRCHON, Dan. Lucro da intervenção: a disciplina e os julgamentos pioneiros no Superior Tribunal de Justiça. *Revista Brasileira de Direito Civil – RBDCivil*, Belo Horizonte, v. 21, jul./set. 2019. p. 166.

27 CUNHA, Leandro Reinaldo da. *Da colação e dos sonegados*. São Paulo: [s.n.], 2021. p. 210.

o fato de desconsiderar deveres elementares e previstos na lei, como o dever de colacionar, pode ensejar a sua responsabilidade.

Ao nosso ver o profissional que se olvida do dever de colacionar, não questionando quanto à existência de doações a serem conferidas ou ignorando a imposição legal de que elas sejam consideradas, age com imperícia, alicerçando os requisitos elementares para a sua responsabilização em havendo dano suportado pelos herdeiros, os quais são os destinatários e beneficiados com o planejamento sucessório engendrado pelo falecido.

Evidentemente que a vontade do falecido quando da contratação do profissional para a elaboração do planejamento sucessório há de ser atendida e, por óbvio, as consequências de uma imperícia apenas poderão ser efetivamente constatadas após o falecimento do contratante, o qual não terá, naturalmente, condições de questionar o planejamento realizado. Contudo, os herdeiros que haveriam de ser beneficiados nos termos queridos pelo falecido têm legitimidade para questionar os atos praticados e exigir a eventual indenização com base no que haveriam de ter recebido e não receberam pela atuação danosa do profissional contratado para a elaboração do planejamento sucessório.

Fato é que pode ser de alguma complexidade a produção de provas a demonstrar que o desejo do autor da herança não foi atendido pelo planejamento sucessório realizado, contudo, uma vez provado seu intento não atingido pela inépcia do profissional contratado é imperativo o dever de indenizar.

Conclusão

O planejamento sucessório é, sobejamente, um dos aspectos do direito das sucessões que acabou por ganhar enorme relevância nos últimos tempos, sendo uma das razões que impôs à doutrina pátria um revisitar conceitos clássicos há muito menosprezados ou esquecidos.

E, no bojo da revitalização dos estudos do direito das sucessões para a elaboração adequada de um planejamento sucessório, é imprescindível a exata compreensão quanto à doação, à colação e a sonegados, havendo de se ter o entendimento jurídico pleno quanto aos institutos em si, bem como as consequências decorrentes do não cumprimento do estatuído no ordenamento vigente.

É mister, para a elaboração de um planejamento sucessório, não apenas um olhar direcionado para o futuro, mas também uma viagem ao passado, buscando aferir se durante a vida do interessado não houve a realização de alguma liberalidade que venha a impor a realização da colação.

Ignorar a existência de uma liberalidade qualquer realizada pelo sujeito e que imponha o dever de colacionar pode colapsar totalmente a estrutura do planejamento realizado, afastando-se do que desejava a pessoa quando acorreu aos serviços do profissional, fato que pode ter impactos que extrapolarão os limites sucessórios, podendo até mesmo ensejar o dever de indenizar do profissional que, de forma culposa, não atendeu ao que lhe foi solicitado quando fora procurado para estruturar a sucessão do patrimônio de seu contratante.

Além de todo o cuidado técnico que lhe é inerente, não se pode deixar de ponderar que o planejamento sucessório não deve ser visto como um instrumento em que aquele que o elabora expõe suas convicções ou tenta fazer valer o seu entendimento do jurídico, havendo de laborar com toda a prudência a fim de garantir que o desejado pelo autor da herança seja alcançado.

É, certamente, o planejamento sucessório uma das mais complexas atividades jurídicas dos tempos atuais, exigindo amplo conhecimento das mais variadas áreas do direito, mas esse vasto passeio jurídico que pode perpassar o direito empresarial, direito tributário, entre outros, está sujeito a ruir se não houver a devida atenção aos alicerces primários do direito sucessório.

Referências

ANDRADE, Gustavo Henrique Baptista. *O direito de herança e a liberdade de testar*: um estudo comparado entre os sistemas jurídicos brasileiro e inglês. Belo Horizonte: Fórum, 2019.

BORGES, Roxana Cardoso Brasileiro; DANTAS, Renata Marques Lima. Direito das sucessões e a proteção dos vulneráveis econômicos. *Revista Brasileira de Direito Civil – RBDCivil*, Belo Horizonte, v. 11, p. 73-91, jan./mar. 2017.

BUCAR, Daniel; TEIXEIRA, Daniele. A colação no Código de Processo Civil de 2015. *In*: EHRHARDT JR., Marcos (Coord.). *Impactos do novo CPC e do EPD no direito civil brasileiro*. Belo Horizonte: Fórum, 2016.

CAHALI, Francisco José; HIRONAKA, Giselda Maria Fernandes Novaes. *Direito das sucessões*. 5. ed. São Paulo: Revista dos Tribunais, 2014.

CARVALHO, Luiz Paulo Vieira de. *Direito das sucessões*. 4. ed. São Paulo: Atlas, 2019.

CATALAN, Marcos. Direito das sucessões: por que e para quem? Reflexões a partir da realidade brasileira. *Revista Trimestral de Direito Civil*, Rio de Janeiro, ano 11, v. 44, out./dez. 2010.

CATEB, Salomão de Araújo. *Direito das sucessões*. 8. ed. São Paulo: Atlas, 2015.

CUNHA, Leandro Reinaldo da. Comentários ao REsp. 1.298.864 do STJ. *RT*, n. 961, 2015.

CUNHA, Leandro Reinaldo da. *Da colação e dos sonegados*. São Paulo: [s.n.], 2021.

CUNHA, Leandro Reinaldo da. *Identidade e redesignação de gênero*: aspectos da personalidade, da família e da responsabilidade civil. Rio de Janeiro: Lumen Juris, 2018.

CUNHA, Leandro Reinaldo da. Para além dos sonegados, o lucro da intervenção em caso de não colação. *Migalhas*, 29 set. 2020. Disponível em: https://www.migalhas.com.br/coluna/migalhas-de-responsabilidade-civil/334014/para-alem-dos-sonegados--o-lucro-da-intervencao-em-caso-de-nao-colacao. Acesso em: 20 jun. 2021.

DIAS, Maria Berenice. *Manual das sucessões*. 4. ed. rev., atual. e ampl. São Paulo: Revista dos Tribunais, 2015.

DINIZ, Maria Helena. *Curso de direito civil brasileiro*. Direito das sucessões. 25. ed. São Paulo: Saraiva, 2011. v. 6.

FACHIN, Luiz Edson; PIANOVSKI, Carlos Eduardo. Uma contribuição crítica que se traz à colação. *In*: DELGADO, Mário Luiz; ALVES, Jônes Ribeiro (Coord.). *Questões controvertidas no direito de família e das sucessões*. São Paulo: Método, 2005.

FAJNGOLD, Leonardo; SALGADO, Bernardo; GUERRCHON, Dan. Lucro da intervenção: a disciplina e os julgamentos pioneiros no Superior Tribunal de Justiça. *Revista Brasileira de Direito Civil – RBDCivil*, Belo Horizonte, v. 21, jul./set. 2019.

FARIAS, Cristiano Chaves de; ROSENVALD, Nelson. *Curso de direito civil*: sucessões. São Paulo: Atlas, 2015.

FERREIRA, Nelson Pinto. *Da colação no direito civil brasileiro e no direito civil comparado*. São Paulo: Editora Juarez de Oliveira, 2002.

FREITAS, Augusto Teixeira de. *Consolidação das leis civis*. Brasília: Senado Federal, 2008. 2 v. Ed. fac-sim.

GAGLIANO, Pablo Stolze. *Contrato de doação*. 2. ed. São Paulo: Saraiva, 2021.

GAGLIANO, Pablo Stolze; PAMPLONA FILHO Rodolfo. *Novo curso de direito civil*: direito das sucessões. 7. ed. rev. e atual. São Paulo: Saraiva, 2020.

GOMES, Orlando. *Sucessões*. 17. ed. rev. e atual. Rio de Janeiro: Forense, 2019.

GONÇALVES, Carlos Roberto. *Direito civil brasileiro*: direito das sucessões. 8. ed. São Paulo: Saraiva, 2014. v. 7.

GOZZO, Débora. A busca pela igualdade no direito fundamental de herança. *Revista Brasileira de Direitos Fundamentais & Justiça*, v. 9, n. 33, p. 101-122.

HIRONAKA, Giselda Maria Fernandes Novaes. Antecipação da legítima e colação no sistema brasileiro. Estado da arte depois de 2015. *In*: PEREIRA, Rodrigo da Cunha; DIAS, Maria Berenice (Coord.). *Família e sucessões*. Polêmicas, tendência e inovações. São Paulo: IBDFAM, 2018.

HIRONAKA, Giselda Maria Fernandes Novaes; AGUIRRE, João Ricardo Brandão. Quais os parâmetros vigentes para a realização das colações das doações realizadas em adiantamento da legítima? *Revista de Direito Civil Contemporâneo*, São Paulo, ano 5, v. 17, p. 219-238, out./dez. 2018.

KONDER, Carlos Nelson. Dificuldades de uma abordagem unitária do lucro da intervenção. *Revista de Direito Civil Contemporâneo*, v. 13, n. 4, p. 231-248, out./dez. 2017.

LISBOA, Roberto Senise. *Manual de direito civil*: direito de família e sucessões. 5. ed. São Paulo: Saraiva, 2009.

LÔBO, Paulo. *Direito civil*: sucessões. 4. ed. São Paulo: Saraiva, 2018. v. 6.

MAXIMILIANO, Carlos. *Direito das sucessões*. Rio de Janeiro: Freitas Bastos, 1952. v. 3.

MIRANDA, Francisco Cavalcanti Pontes de. *Tratado de direito privado*. Rio de Janeiro: Borsoi, 1954. t. LV.

MIRANDA, Francisco Cavalcanti Pontes de. *Tratado de direito privado*. Rio de Janeiro: Borsoi, 1954. t. LX.

MOREIRA, José Carlos Alves. *Direito romano*. 18. ed. Rio de Janeiro: Forense, 2018.

NADER, Paulo. *Direito civil*: direito das sucessões. 7. ed. rev., atual. e ampl. Rio de Janeiro: Forense, 2016. v. 6.

OLIVEIRA, Alexandre Miranda. Colação e sonegados. *In*: TEIXEIRA, Ana Carolina Brochado; RIBEIRO, Gustavo Pereira Leite (Coord.). *Manual de direito das famílias e das sucessões*. 3. ed. rev. e atual. Rio de Janeiro: Processo, 2017.

OLIVEIRA, Arthur Vasco Itabaiana de. *Tratado de direito das sucessões*. São Paulo: Max Limonad, 1952.

OLIVEIRA, Carlos E. Elias de. Escritura pública de dispensa de colação pós-doação. *Professor Flavio Tartuce – Direito Civil*, 13 ago. 2020. Disponível em: http://professorflaviotartuce.blogspot.com/2020/08/escritura-publica-de-dispensa-de.html. Acesso em: 15 jan. 2021.

OLIVEIRA, Euclides Benedito de. Colação e sonegados. *In*: HIRONAKA, Giselda Maria Fernandes Novaes; PEREIRA, Rodrigo da Cunha (Coord.). *Direito das sucessões*. Belo Horizonte: Del Rey, 2007.

OLIVEIRA, Euclides Benedito de. Indignidade e deserdação. Perfil dogmático e aspectos atuais relevantes. *In*: ESCOLA PAULISTA DA MAGISTRATURA. *Estudos em homenagem a Clóvis Beviláqua por ocasião do centenário do direito civil codificado no Brasil*. São Paulo: Escola Paulista da Magistratura, 2018. v. 2.

OLIVEIRA, Euclides Benedito de; AMORIM, Sebastião Luiz. *Inventários e partilhas*. Direito das sucessões: teoria e prática. 22. ed. São Paulo: Livraria e Editora Universitária de Direito, 2009.

OLIVEIRA, J. M. Leoni Lopes de. *Direito civil*: sucessões. 2. ed. Rio de Janeiro: Forense, 2019.

PEREIRA, Caio Mário da Silva. *Instituições de direito civil*. 21. ed. Rio de Janeiro: Forense, 2014. v. VI.

RAMOS, André Luiz Arnt; ALTHEIM, Roberto. Colação hereditária e legislação irresponsável: descaminhos da segurança jurídica no âmbito sucessório. *Revista Eletrônica Direito e Sociedades*, v. 6, n. 1, p. 33-46, 2018.

RIZZARDO, Arnaldo. *Direito das sucessões*. 11. ed. Rio de Janeiro: Forense, 2019.

SCHREIBER, Anderson; SILVA, Rodrigo da Guia. Aspectos relevantes para a sistematização do lucro da intervenção no direito brasileiro. *Pensar*, Fortaleza, v. 23, n. 4, p. 1-15, out./dez. 2018.

SILVA, Rodrigo da Guia. *Enriquecimento sem causa*: as obrigações restitutórias no direito civil. São Paulo: Thomson Reuters, 2018.

TARTUCE, Flávio. *Direito civil*, 5: direito das sucessões. 12. ed. Rio de Janeiro: Forense, 2019.

TEPEDINO, Gustavo; NEVARES, Ana Luiza Maia; MEIRELES, Rose Melo Vencelau. *Direito das sucessões*. Rio de Janeiro: Forense, 2020.

VELOSO, Zeno. Do direito das sucessões. *In*: TAVARES, Regina Beatriz (Coord.). *Novo Código Civil comentado*. 9. ed. São Paulo: Saraiva, 2013.

VENOSA, Silvio de Salvo. *Direito civil* – Direito das sucessões. 11. ed. São Paulo: Atlas, 2011. v. VII.

Informação bibliográfica deste texto, conforme a NBR 6023:2018 da Associação Brasileira de Normas Técnicas (ABNT):

CUNHA, Leandro Reinaldo da. Colação e as consequências da não conferência para o planejamento sucessório. *In*: TEIXEIRA, Daniele Chaves (Coord.). *Arquitetura do planejamento sucessório*. Belo Horizonte: Fórum, 2022. p. 287-299. Tomo III. ISBN 978-65-5518-291-0.

FRAUDE NA PARTILHA DE BENS

VIVIANE GIRARDI
MAICI BARBOZA DOS SANTOS COLOMBO

1 A fraude no fenômeno jurídico

A hermenêutica civil-constitucional teve o grande mérito de resgatar a análise do perfil funcional das situações jurídicas por meio de um aprofundamento da jurisprudência dos interesses. A "consideração excessiva reservada ao perfil estrutural",[1] ou seja, a investigação sobre o que é determinado fato jurídico em desatenção à sua função concreta, não se mostra mais satisfatória. Nas palavras de Perlingieri, "[n]a individuação da natureza jurídica dos institutos, concorre estrutura e função, mas é esta última, como síntese dos efeitos essenciais e característicos, produzidos ainda que de forma diferida, a tipificar a *fattispecie*".[2]

E por que iniciar um estudo sobre fraude à partilha com um ensinamento aparentemente tão teórico e abstrato? Porque diferentes esquemas fraudatórios se manifestam justamente pela disfuncionalização de institutos jurídicos, dos mais variados, cuja estruturas são aparentemente lícitas. Seria um esforço inócuo tentar elencar de forma exaustiva todos os mecanismos possíveis de praticar fraude aos direitos sucessórios, pois qualquer instituto jurídico pode servir a esse intento. Ao contrário, é preferível identificar o que todos têm em comum: a disfuncionalização.

Em linguagem corrente, o termo "fraude" se refere a qualquer ação ilícita, desonesta, ardilosa, que busca enganar ou ludibriar alguém. O sentido jurídico não se distancia dessa concepção: "fraude é o expediente, artifício, manobra, intentado com o objetivo de lesar terceiro".[3] De uma forma geral, a fraude à lei "se caracteriza por

---

1 PERLINGIERI, Pietro. *O direito civil na legalidade constitucional*. Rio de Janeiro: Renovar, 2008. p. 118.

2 PERLINGIERI, Pietro. *O direito civil na legalidade constitucional*. Rio de Janeiro: Renovar, 2008. p. 118.

3 NORONHA, F. Magalhães. Fraude (verbete). *In*: FRANÇA, Rubens Limongi. *Enciclopédia Saraiva do direito*. São Paulo: Saraiva, 1977. v. 38. p. 293.

violação disfarçada da norma imperativa", ou seja, "há respeito ostensivo a ela, mas desrespeito real e oculto".[4]

Os esquemas fraudulentos se servem, no mais das vezes, de institutos jurídicos *a priori* lícitos, cuja análise meramente estrutural conduziria a uma conclusão de que o ato observa a legalidade. Mas ao ampliar o conceito de legalidade, como faz o direito civil constitucional, para permeá-lo com o exame da conformidade a valores constitucionais e ao juízo de merecimento de tutela, pode-se chegar à conclusão que uma estrutura aparentemente lícita teve a sua função desviada para o cumprimento de intentos ilícitos e, assim, atrair mecanismos repressivos.

Ao ampliar a noção de legalidade para abranger não apenas a licitude, mas também o juízo de merecimento de tutela, Perlingieri explica que "[n]ão basta que o ato seja lícito, mas é necessário que ele, mesmo quando típico, seja merecedor de tutela naquele contexto particular", e completa: "[a]s particularidades e, portanto, as diversidades podem ter incidido sobre a função e o interesse contratual, de modo a tornar indispensável o controle de valor por parte do juiz".[5]

Portanto, a análise sobre a fraude à partilha deve transcender a verificação da licitude e tipicidade do esquema estrutural do ato praticado, seja por herdeiro, seja pelo viúvo, seja pelo próprio autor da herança, para contemplar também os efeitos concretos dele decorrentes e investigar se, com isso, houve prejuízo ao interesse positivamente valorado pelo ordenamento de algum envolvido na sucessão. A título exemplificativo, se uma pessoa aloca todos os seus recursos em um plano de previdência privada não há aparente ilicitude, mas confrontando a função sociojurídica desses contratos com a função concretamente exercida, pode ter havido prejuízo a herdeiros, ao viúvo, ou ao fisco, caracterizando-se a fraude.

Por isso a análise das fraudes e, particularmente, das fraudes ao inventário e à partilha não é simples. No direito sucessório, um fator complicador é a convivência de normas cogentes que garantem proteção especial a determinadas classes de herdeiros, de natureza preceptiva (que estabelecem comandos positivos) ou proibitiva (estabelecem comandos negativos) e derrogáveis. Diante disso, mesmo um ato de autonomia negocial, diante de direitos sucessórios, pode ser limitado por normas inderrogáveis, que escapam do âmbito de liberdade negocial do autor da herança.

Portanto, a repressão à fraude representa o esforço de tornar efetivos os direitos e interesses previstos no ordenamento jurídico e merecedores de tutela e expurgar de efeitos aqueles atos que pretendam burlar a aplicação da norma. O próprio direito positivo se incumbe de identificar e sancionar com invalidade alguns negócios que prejudicam direitos e interesses resguardados pelo ordenamento, como o instituto da fraude contra credores ou da fraude à execução. O objetivo do presente trabalho, no entanto, é se ocupar apenas da fraude no direito sucessório, delineando contornos para a identificação de condutas fraudatórias e propondo alguns mecanismos de repressão.

---

4 NORONHA, F. Magalhães. Fraude (verbete). *In*: FRANÇA, Rubens Limongi. *Enciclopédia Saraiva do direito*. São Paulo: Saraiva, 1977. v. 38. p. 293.

5 PERLINGIERI, Pietro. *O direito civil na legalidade constitucional*. Rio de Janeiro: Renovar, 2008. p. 370.

2 Fraudes no direito sucessório: fraude à legítima e fraude à partilha de bens

Diante das normas preestabelecidas do ordenamento jurídico, algumas, reforce-se, de caráter inderrogável, o planejamento sucessório exerce função importante para "a adoção de uma estratégia voltada para a transferência eficaz e eficiente do patrimônio de uma pessoa após a sua morte".[6] Trata-se da identificação dos objetivos do autor da herança, da situação familiar e patrimonial e da eleição dos instrumentos jurídicos adequados a alcançar a divisão patrimonial conforme a lei e a vontade do autor da herança.

Ao se referir à associação do planejamento sucessório como mecanismo de fraude, Daniele Teixeira é incisiva e precisa ao afirmar que "[é] preciso desconstruir a imagem que se faz desse projeto organizacional do patrimônio". Observados os limites de legalidade, assim como qualquer ato jurídico, o planejamento sucessório é instrumento adequado para efetivar a sucessão patrimonial *causa mortis*. Eventual fraude caracteriza evento excepcional e patológico que sofrerá os mecanismos sancionatórios do ordenamento.

O planejamento sucessório é, portanto, o complexo de atos estrategicamente praticados pelo autor da herança para que, após a sua morte, o seu patrimônio seja dividido entre os herdeiros da forma que julgar mais conveniente e atendendo às especificidades do caso concreto.

O princípio da intangibilidade da legítima representa o maior entrave ao exercício da autonomia patrimonial plena àqueles que possuam herdeiros necessários. Engana-se quem acredita se tratar de um preceito limitado ao direito sucessório, uma vez que há restrições em favor da proteção ao herdeiro necessário mesmo em atos praticados em vida pelo autor da herança. Veja-se, a título de exemplo, as limitações à celebração de contratos de doação (arts. 544 e 549, CC) e a anulabilidade da compra e venda de ascendentes a descendentes sem o consentimento do cônjuge e dos demais descendentes (art. 496, CC).

No entanto, mais do que um mero entrave ao exercício da autonomia patrimonial do autor da herança, o princípio da intangibilidade da legítima revela a preocupação do ordenamento jurídico com determinadas classes de herdeiros, que, supõe-se, guardam estreitos vínculos familiares com o falecido. A despeito das críticas que possam surgir da disciplina da liberdade testamentária no sistema jurídico pátrio, as normas que determinam a proteção da legítima têm caráter inderrogável, e furtar-se ao seu cumprimento por meio de subterfúgios caracteriza fraude à legítima.

Considera-se herdeiro necessário, nos termos do art. 1.845 do Código Civil e conforme tendências jurisprudenciais e doutrinárias, o descendente, o ascendente, o cônjuge e o companheiro.[7] Caso o autor da herança tenha vínculos familiares dessa natureza, essas pessoas terão o direito inderrogável de receber uma parcela da legítima.

---

[6] TEIXEIRA, Daniele Chaves. *Planejamento sucessório*: pressupostos e limites. 2. ed. Belo Horizonte: Fórum, 2019. p. 65.

[7] Sobre a situação sucessória do companheiro, Cf. XAVIER, Luciana Pedroso; XAVIER, Marília Pedroso. O planejamento sucessório colocado em xeque: o companheiro é herdeiro necessário? *In*: TEIXEIRA, Daniele Chaves (Coord.). *Arquitetura do planejamento sucessório*. 2. ed. Belo Horizonte: Fórum, 2019. t. I. p. 239-252.

Duas são as principais consequências do princípio da intangibilidade da legítima: a primeira é a já mencionada restrição na liberdade quantitativa de testar e de praticar atos de disposição por parte do autor da herança, e a segunda é a preservação da igualdade dos quinhões dos herdeiros necessários, que deverá ser observada no momento da partilha.[8]

Após aberta a sucessão com a morte do autor da herança, no âmbito do inventário apuram-se as dívidas, o monte hereditário e perfaz-se a partilha, ou seja, a "divisão dos bens da herança segundo o direito hereditário dos que sucedem".[9] É a partilha que faz cessar o estado de indivisibilidade do acervo hereditário inaugurado a partir da abertura da sucessão por força do princípio da *saisine*. Nas palavras de Silvio Rodrigues, "[a] partilha, na maioria dos casos, determina materialmente o que compõe cada quinhão hereditário, realizando a divisão dos bens".[10]

Sendo a partilha "a divisão dos bens da herança segundo o direito hereditário dos que sucedem", a fraude é configurada por meio de atos que pretendam frustrar a realização do direito hereditário dos herdeiros. A fraude na partilha é configurada, então, quando a divisão do acervo se faz em detrimento de direitos hereditários dos interessados, sejam aqueles assegurados em decorrência da legítima, ou a qualquer título sucessório. Ou seja, esse direito pode ter fundamento nas normas cogentes do ordenamento jurídico, como aquelas que visam à proteção do herdeiro necessário, em normas dispositivas ou mesmo em disposição testamentária.

3 Esquemas fraudatórios frequentes no direito sucessório: planos de previdência privada aberta e disfuncionalização da pessoa jurídica

Conforme anteriormente exposto, o princípio da intangibilidade da legítima confere aos herdeiros necessários parcela mínima no patrimônio do *de cujus*, cuja atribuição deverá observar as regras legais para a partilha. Quando o autor da herança se serve de meios para se furtar à transmissão de seus bens aos seus herdeiros necessários, caracteriza-se a fraude à legítima.

Detectam-se na experiência jurídica variados instrumentos para desviar o patrimônio do autor da herança do destino previsto na lei. Alerta-se, no entanto, que o único instrumento adequado para licitamente afastarem-se herdeiros necessários é por meio da deserdação,[11] instituto jurídico de caráter punitivo do herdeiro que não mantém

---

[8] Hironaka explica: "Salvo aquelas situações em que o próprio Código Civil determina o desequilíbrio entre as quotas-partes cabíveis a cada herdeiro, como é o caso do cônjuge supérstite que concorra com mais de três descendentes seus em comum com o autor da herança (CC, art. 1.832); [...], e como é o caso, apenas para se pôr fim a esse rol exemplificativo, dos ascendentes que sucederem em igualdade de grau, porém em diversidade de linhas, havendo um numa linha e dois na outra (CC, art. 1.836, §2º), salvo nessas situações legalmente estabelecidas, portanto, a normalidade dos princípios determina a igualdade, o equilíbrio nominal entre as quotas-partes cabíveis a cada herdeiro" (CAHALI, Francisco José; HIRONAKA, Giselda Maria Fernandes Novaes. *Direito das sucessões*. 5. ed. São Paulo: Atlas, 2014. p. 455).

[9] RODRIGUES, Silvio. *Direito civil*: direito das sucessões. 26. ed. Atualização de Zeno Veloso. São Paulo: Saraiva, 2007. p. 294.

[10] RODRIGUES, Silvio. *Direito civil*: direito das sucessões. 26. ed. Atualização de Zeno Veloso. São Paulo: Saraiva, 2007. p. 294.

[11] Cf. COLOMBO, Maici Barboza dos Santos. Deserdação como instrumento de planejamento sucessório. *In*: TEIXEIRA, Daniele Chaves (Coord.). *Arquitetura do planejamento sucessório*. Belo Horizonte: Fórum, 2020. t. II.

vínculo de solidariedade familiar em concreto com o autor da herança, nos limites das hipóteses legais previstas nos arts. 1.814, 1.961 a 1.963 do Código Civil.

Contudo, não raras vezes o autor da herança dispensa a deserdação porque o desafeto não se coaduna com as hipóteses legais ou em razão das dificuldades e incertezas que envolvem a eficácia do ato de deserdar. Frequentemente, nesses casos, entram em cena estruturas jurídicas com a (dis)função de ocultação de bens, como a constituição ou o esvaziamento patrimonial de pessoa jurídica, celebração de contratos de seguro de vida ou até mesmo de planos de previdência privada. Note-se que nenhuma dessas estruturas são consideradas *a priori* ilícitas, mas, usadas para prejudicar a implementação de direitos sucessórios de terceiros, configuram mecanismos de fraude. Portanto, a fraude à legítima não consiste em algum ato ou negócio jurídico específico, mas pode ocorrer, ao contrário, por meio de qualquer ato ou negócio que implique prejuízo para os herdeiros necessários.

Por se tratar de direito inderrogável dos herdeiros necessários, as vias de correção do desrespeito à legítima dispensam prova do elemento subjetivo intencional para sua invocação.

Contudo, a discussão a respeito da fraude à legítima pode não se limitar apenas à ocultação de determinados bens, mas também quanto à sua divisibilidade, como ocorre nos planos de previdência privada. O tema é pulsante na doutrina e na jurisprudência e decorre da plasticidade funcional desse tipo contratual, cuja função originária conduz à natureza previdenciária, a atrair a normativa legal do direito securitário. Assim, em regra, nas hipóteses que comportam o pagamento aos beneficiários ou sucessores após o óbito do participante, o saldo do plano de previdência privada não se sujeita às dívidas do falecido nem se considera herança para todos os efeitos legais.[12] Com isso, no âmbito da previdência privada aberta – aquela em que qualquer pessoa pode contratar diretamente com a entidade, os planos de previdência se tornaram um produto altamente flexível, sendo frequentemente utilizados como convenientes instrumentos de planejamento sucessório.

É importante ressaltar que, na linha da funcionalização do direito civil, a qualificação jurídica do contrato deve atentar mais à função concreta dos efeitos esperados pelas partes do que à tipologia contratual abstrata. Atentos a essa observação, os tribunais pátrios têm se aprofundado na análise das circunstâncias concretas da contratação para aferir se o efeito almejado seria de fato previdenciário ou, de outro modo, se a função concreta da previdência privada foi desviada para caracterizar verdadeiro investimento.[13]

Mais ainda: as circunstâncias concretas podem indicar que a previdência privada não apenas deixou de servir à sua função precípua, como foi utilizada como instrumento

---

12 CC, art. 794: "No seguro de vida ou de acidentes pessoais para o caso de morte, o capital estipulado não está sujeito às dívidas do segurado, nem se considera herança para todos os efeitos de direito".

13 A respeito do tratamento jurídico da previdência privada, confira-se o REsp nº 1.698.774-RS, da Terceira Turma do STJ, sob relatoria da Min. Nancy Andrighi, em que os planos de previdência privada aberta são analisados sob o ângulo dos regimes de bens do casamento e da união estável. Naquela ocasião, a Corte Especial definiu que a natureza jurídica desses planos é multifacetada e varia conforme o momento de execução do contrato: durante o período da contribuição, em razão da flexibilidade de resgate, evidencia-se uma natureza de investimento; o período de recebimento da renda acumulada marca, por outro lado, a natureza previdenciária e securitária desses planos. A conclusão da Corte foi pela comunicabilidade dos aportes se o motivo da partilha ocorrer antes da conversão em renda (STJ. REsp nº 1.698.774/RS. Rel. Min. Nancy Andrighi, Terceira Turma, j. 1º.9.2020).

para frustrar direitos sucessórios de terceiros. Em caso julgado pelo Tribunal de Justiça de São Paulo, os julgadores consideraram fraudulenta a contratação de previdência privada, indicando-se uma das filhas do falecido como única beneficiária, feita pouquíssimos dias antes do falecimento do participante, que já contava com mais de oitenta anos de idade, diagnosticado com Alzheimer, e que fez um único aporte substancial quando da contratação. Foram as circunstâncias dessa contratação suficientes para que o Tribunal afastasse a incidência da regra do art. 794 do Código Civil e determinasse a integração do valor investido entre os bens a inventariar.[14]

Por essa razão, a conclusão não poderia ser outra senão que "o instituto da previdência privada deve ser aplicado de modo a não se tornar um mecanismo apto a fraudar as normas cogentes de Direito Sucessório [...]".[15] O fator determinante para a caracterização do plano de previdência privada como fraude à legítima reside nas circunstâncias da contratação e nos efeitos concretos obtidos dessa contratação.

As fraudes também podem ser perpetradas por meio da disfunção do princípio da separação patrimonial da pessoa jurídica em relação às pessoas dos sócios. Algumas dessas possibilidades envolvem o esvaziamento patrimonial fictício de pessoas jurídicas de titularidade do *de cujus*, por meio da simulação de perdas e despesas[16] ou até mesmo por meio do desvio patrimonial para composição de capital social de empresa "de fachada", não raras vezes facilitadas pela interposição de pessoas.[17]

Nesses casos, identifica-se o abuso da subjetividade própria da pessoa jurídica. Mamede e Mamede elencam algumas das formas utilizadas para o esvaziamento patrimonial da empresa por meio do lançamento de falsas despesas na escrituração: simulação de custos operacionais (por meio da simulação de gastos que não existiram ou da elevação – superfaturamento – de custos existentes) e fraudes com folha de pagamento.[18] Nessas situações, os ativos que lastreavam a pessoa jurídica são transferidos para terceiros sem justa causa que os embase, prejudicando a liquidez das cotas sociais a cujo valor o herdeiro necessário faria jus.

Outra forma de fraude aos direitos hereditários é a transferência do patrimônio pessoal do autor da herança para pessoas jurídicas. Nessa hipótese, ocorre o esvaziamento do patrimônio pessoal e desvio para o capital da sociedade. Conforme observa Rolf Madaleno, transformam-se as riquezas pessoais do falecido em patrimônio de uma sociedade jurídica, "bastando que no transcurso dos anos o filho preterido e sócio minoritário promova por sucessivas alterações contratuais a aquisição onerosa da

---

14 TJSP. Apelação Cível nº 1001353-05.2018.8.26.0042. Rel. Des. João Pazine Neto, 3ª Câmara de Direito Privado, j. 28.1.2020.

15 GIRARDI, Viviane; MOREIRA, Luana Maniero. A previdência privada aberta como instrumento de planejamento sucessório. *In*: TEIXEIRA, Daniele Chaves (Coord.). *Arquitetura do planejamento sucessório*. 2. ed. Belo Horizonte: Fórum, 2019. p. 645.

16 MAMEDE, Gladston; MAMEDE, Eduarda Cotta. *Divórcio, dissolução e fraude na partilha de bens*: simulações empresariais e societárias. 4. ed. São Paulo: Atlas, 2014. p. 138.

17 DINAMARCO, Marina Pacheco Cardoso. Os mecanismos existentes para o combate à fraude patrimonial sejam no divórcio, da dissolução da união estável, como em decorrência da morte. *In*: TEIXEIRA, Daniele Chaves (Coord.). *Arquitetura do planejamento sucessório*. Belo Horizonte: Fórum, 2021. t. II. p. 392.

18 MAMEDE, Gladston; MAMEDE, Eduarda Cotta. *Divórcio, dissolução e fraude na partilha de bens*: simulações empresariais e societárias. 4. ed. São Paulo: Atlas, 2014. p. 138.

participação societária do sócio genitor".[19] Por consequência, reduz-se o montante do acervo paterno, em detrimento dos demais herdeiros necessários.[20]

Em outro formato possível, a fraude se caracteriza não pelo esvaziamento patrimonial da pessoa jurídica, mas, ao contrário, pela titularização formal de relações jurídicas cujo aproveitamento material é da pessoa natural. Em outras palavras, os bens que são de uso pessoal do autor da herança são passados para a propriedade de empresas, de modo a não integrarem o seu patrimônio pessoal no momento da abertura da sucessão. Para assegurar a ocultação desses bens, frequentemente o verdadeiro titular não integra a sociedade, fazendo-se uso de pessoas interpostas, que conhecem o esquema fraudulento ou os "testas de ferro" ou "laranjas", que não têm ciência da fraude.[21] Com acerto, aponta Rolf Madaleno que "a contribuição das pessoas interpostas, por vezes, é meramente de favor, [...], com a única finalidade de permitir que se efetuem, por seu intermédio, os negócios jurídicos que não podem ou não devem ser realizados de forma direta".[22]

Conforme exposto anteriormente, os esquemas fraudatórios podem assumir inúmeras formas jurídicas aparentemente lícitas, mas cujo intuito é prejudicar direitos de terceiros. Embora o foco do presente trabalho compreenda o prejuízo a direitos sucessórios, observa-se que essas fraudes são usualmente utilizadas em outras situações de direito civil como para frustrar a partilha decorrente de regime de bens ou para frustrar a satisfação de créditos de terceiros.

No direito sucessório, a incidência de fraudes é mais significativa para burlar a legítima, tendo em vista o caráter cogente do direito dos herdeiros necessários, mas não apenas o autor da herança pode protagonizar esquemas fraudulentos, a exemplo do caso supramencionado de contratação de previdência privada quando o autor da herança já estava acometido de doença degenerativa. Naquele caso, como em tantos outros, há intenção de algum ou alguns dos herdeiros de se favorecer em detrimento dos demais.

4 Remédios repressivos

4.1 Autonomia patrimonial e desconsideração da personalidade jurídica

A pessoa jurídica representa um instrumento[23] para limitação do risco empresarial por meio da autonomização de sua personalidade com relação às das pessoas dela integrantes, formando-se um "ponto de imputação de direitos e deveres distinto do dos sócios".[24]

---

19 MADALENO, Rolf. Desconsideração da personalidade jurídica no direito das sucessões. *In*: TEIXEIRA, Daniele Chaves (Coord.). *Arquitetura do planejamento sucessório*. 2. ed. Belo Horizonte: Fórum, 2019. p. 367.

20 MADALENO, Rolf. Desconsideração da personalidade jurídica no direito das sucessões. *In*: TEIXEIRA, Daniele Chaves (Coord.). *Arquitetura do planejamento sucessório*. 2. ed. Belo Horizonte: Fórum, 2019.

21 MADALENO, Rolf. *Sucessão legítima*. Rio de Janeiro: Forense, 2019. p. 118.

22 MADALENO, Rolf. *Sucessão legítima*. Rio de Janeiro: Forense, 2019. p. 118.

23 Sobre a natureza da pessoa jurídica, cf. LEONARDO, Rodrigo Xavier. A pessoa jurídica no direito privado brasileiro do século XXI. *In*: TEIXEIRA, Ana Carolina Brochado; RIBEIRO, Gustavo Pereira Leite Ribeiro. *Manual de teoria geral do direito civil*. Belo Horizonte: Del Rey, 2011. p. 285-426.

24 OLIVEIRA, J. Lamartine Corrêa de. *A dupla crise da pessoa jurídica*. São Paulo: Saraiva, 1979. p. 262.

A detecção das fraudes por meio de pessoas jurídicas pode ser complexa, motivo por que é recomendável o trabalho de auditorias específicas com a finalidade de analisar a regularidade e a veracidade da escrituração. Dessa forma, o esvaziamento fraudulento de pessoa jurídica pode ser identificado e adequadamente reprimido, a fim de se "condenar os beneficiados pelo autor da herança a restituírem ao acervo hereditário a quantidade de bens e valores suficientes para recompor os reais quinhões dos quais os demais herdeiros foram artificialmente privados".[25]

O enriquecimento de algum ou alguns dos sócios, herdeiros legítimos e necessários do autor da herança, em detrimento de outro ou outros que ostentam a mesma qualificação, a violar o princípio da intangibilidade da legítima, pode ser desvelado por meio do recurso ao instituto da desconsideração da personalidade jurídica, previsto no art. 50 do Código Civil:

> Em caso de abuso da personalidade jurídica, caracterizado pelo desvio de finalidade ou pela confusão patrimonial, pode o juiz, a requerimento da parte, ou do Ministério Público quando lhe couber intervir no processo, desconsiderá-la para que os efeitos de certas e determinadas relações de obrigações sejam estendidos aos bens particulares de administradores ou de sócios da pessoa jurídica beneficiados direta ou indiretamente pelo abuso.

Por meio da desconsideração da personalidade jurídica, excepcionam-se os efeitos do princípio da autonomia patrimonial entre a pessoa natural dos sócios e da pessoa jurídica ou da interposta pessoa natural. Na forma direta, os sócios são responsabilizados pelas obrigações da pessoa jurídica, enquanto na forma inversa, a pessoa jurídica é responsabilizada pelas obrigações dos sócios.

A desconsideração da personalidade jurídica, em regra, estabelece obrigações imperfeitas, nas quais a responsabilidade (*Haftung*) de uma dívida (*Schuld*) é atribuída a quem não contraiu diretamente a obrigação.[26] Assim, a sociedade responde pela dívida do sócio ou vice-versa. Nessas operações, a desconsideração tem a finalidade de responsabilizar um terceiro não devedor, vinculando o patrimônio desse terceiro ao pagamento da dívida. Segundo o Código de Processo Civil, o procedimento a ser adotado nesses casos é a apresentação de incidente de desconsideração da personalidade jurídica, nos termos dos arts. 133-137, resguardando-se os direitos processuais fundamentais à ampla defesa e ao contraditório à sociedade ou à pessoa atingida.

No direito sucessório, a compreensão da desconsideração da personalidade jurídica deve ser amplificada a fim de se conferir maior efetividade ao instituto como mecanismo de combate à fraude. Primeiramente, deve-se entender que a finalidade da desconsideração não se restringe a excepcionar os efeitos da autonomia patrimonial de uma pessoa natural participante de uma pessoa jurídica, mas também da separação patrimonial de pessoas naturais, quando interpostas para a fraude. Ou seja, o recurso à desconsideração desconstrói as barreiras da distinção da personalidade civil tanto

---

25 MADALENO, Rolf. Desconsideração da personalidade jurídica no direito das sucessões. *In*: TEIXEIRA, Daniele Chaves (Coord.). *Arquitetura do planejamento sucessório*. 2. ed. Belo Horizonte: Fórum, 2019. p. 369.

26 COLOMBO, Maici Barboza dos Santos. Proposta de releitura da desconsideração inversa da personalidade jurídica à luz dos interesses existenciais decorrentes da obrigação alimentar. *In*: TEPEDINO, Gustavo; TEIXEIRA, Ana Carolina Brochado; ALMEIDA, Vitor. *Da dogmática à efetividade no direito civil*. Belo Horizonte: Fórum, 2017. p. 346.

entre pessoas naturais e pessoas jurídicas, de forma direta ou invertida, quanto entre pessoas naturais.[27]

Com relação às pessoas naturais, convém assinalar que o art. 1.802 do Código Civil considera nulas as disposições testamentárias realizadas em favor das pessoas não legitimadas a suceder – as chamadas "pessoas suspeitas", previstas no art. 1.801 do mesmo diploma. No parágrafo único do art. 1.802, são consideradas presuntivamente pessoas interpostas "os ascendentes, os descendentes, os irmãos e o cônjuge ou companheiro do não legitimado a suceder".

No direito sucessório, outra particularidade da desconsideração é que não necessariamente esse mecanismo implicará a responsabilização de uma pessoa natural ou física por dívida de terceiro. O seu objetivo pode se limitar à imputação[28] de titularidades ao real beneficiário do esquema fraudulento, com a finalidade, por exemplo, de considerar determinada transação como antecipação de legítima a um herdeiro necessário e, com isso, atribuir-lhe o dever de colacionar, ainda que o bem não esteja (e nunca tenha ingressado) em seu patrimônio formal.

A Lei nº 13.874/2019 modificou a disciplina da desconsideração da personalidade jurídica, esclarecendo em seus parágrafos que "desvio de finalidade é a utilização da pessoa jurídica com o propósito de lesar credores e para a prática de atos ilícitos de qualquer natureza" e a confusão patrimonial, "a ausência de separação de fato entre os patrimônios".

O Código de Processo Civil de 2015 disciplinou os aspectos processuais da desconsideração da personalidade jurídica, admitindo expressamente a sua forma inversa, na qual a autonomia patrimonial é excepcionada para responsabilização da pessoa jurídica por obrigação contraída pessoalmente pelo sócio e que, apesar do silêncio do Código Civil, já vinha sendo admitida pela jurisprudência de forma pacífica.[29]

No direito sucessório, vislumbra-se a utilidade de ambas as expressões da desconsideração da personalidade jurídica: na forma direta, quando o objetivo for alcançar os bens que foram esvaziados da pessoa jurídica; enquanto na forma inversa, a intenção será restituir ao patrimônio do falecido os bens que foram transferidos para a pessoa jurídica em simulação ou fraude à legítima.

O STJ tem firmado o entendimento segundo o qual, na desconsideração da personalidade jurídica direta, a responsabilidade patrimonial deve recair sobre os bens dos sócios que detinham o poder de administração ou gerência da sociedade, excluído o sócio minoritário que não contribuiu para o ato fraudulento.[30] Nesse aspecto, caso a

[27] Nas palavras de Rolf Madaleno: "[t]anto a pessoa física como a forma societária têm servido como instrumentos de fraude ou de simulação no direito sucessório, podendo tanto uma como a outra se prestar perfeitamente a fraudar a proibição da lei, ambas tipificando a hipótese de desconsideração da interposta pessoa física ou jurídica, a primeira antevista pelo art. 1.802 e seu parágrafo único do Código Civil, em que o uso de parente como interposta pessoa tem sido prática corrente para aqueles que não podem contar com o véu societário para encenar sua falcatrua, e a segunda regulada pelo art. 50 do Código Civil" (MADALENO, Rolf. *Sucessão legítima*. Rio de Janeiro: Forense, 2019. p. 118).

[28] Trata-se da desconsideração da personalidade jurídica para fins de imputação. Sobre o tema, cf. OLIVEIRA, J. Lamartine Corrêa de. *A dupla crise da pessoa jurídica*. São Paulo: Saraiva, 1979. p. 332; e COLOMBO, Maici Barboza dos Santos. Proposta de releitura da desconsideração inversa da personalidade jurídica à luz dos interesses existenciais decorrentes da obrigação alimentar. *In*: TEPEDINO, Gustavo; TEIXEIRA, Ana Carolina Brochado; ALMEIDA, Vitor. *Da dogmática à efetividade no direito civil*. Belo Horizonte: Fórum, 2017. p. 339-353.

[29] STJ. Recurso Especial nº 948.117-MS. Rel. Min. Nancy Andrighi, 4ª Turma, j. 22.6.2010. *Informativo*, n. 440.

[30] STJ. Recurso Especial nº 1.861.306-SP. Rel. Min. Ricardo Villas Bôas Cueva, 3ª Turma, j. 2.2.2021.

fraude conte com a concorrência de sócios da sociedade, torna-se relevante identificar se os minoritários contribuíram de alguma forma para o desvio patrimonial, uma vez que, segundo a jurisprudência da Corte Superior, presume-se a sua não contribuição para o ato fraudulento, o que pode ser ilidido no transcurso da dilação probatória.

Importante observar que a desconsideração da personalidade jurídica é um recurso que visa a afastar a disfuncionalização da pessoa jurídica por meio da sustação episódica da eficácia do princípio da separação patrimonial. Suas consequências jurídicas são relativas e se restringem ao caso em que for aventada. Assim, difere da fraude à lei e da simulação do ato constitutivo da pessoa jurídica, que, ao contrário, são causas invalidantes que geram não a desconsideração episódica, mas a perda da personalidade, ou seja, a despersonalização da pessoa jurídica.[31] Esses mecanismos – ação pauliana e ação de nulidade por simulação – desconstituiriam a pessoa jurídica, o que, no caso concreto, pode se revelar mais difícil para aqueles que os pleiteiam. Por isso, pode-se dizer que a desconsideração da personalidade jurídica é uma forma mais factível para proteger os interesses das pessoas que tenham direitos sucessórios prejudicados pelo uso disfuncional de pessoa jurídica.

4.2 O dever de colação e a pena de sonegados

Na clássica definição de Orlado Gomes, "[s]onegação é a ocultação dolosa de bens do espólio"[32] e "[o]corre tanto se não descritos pelo inventariante com o propósito de subtraí-los à partilha como se não trazidos à colação pelo donatário".[33] O herdeiro que deliberadamente sonega bens da herança que estejam em seu poder ou no poder de terceiro com o seu consentimento pode perder os direitos hereditários[34] que lhe cabiam sobre esse bem com base no art. 1.992 do Código Civil. Quando a sonegação é praticada pelo inventariante ou testamenteiro não herdeiro, a consequência é a remoção do encargo[35] e a perda do prêmio.

Na síntese do autor, caracterizam sonegação:

a) a omissão intencional de bens na declaração a que está obrigado o inventariante;
b) a ocultação de bens da herança, em poder do herdeiro, ou de terceiro, com o conhecimento do inventariante;
c) a omissão dos bens doados pelo testador sujeitos à colação;

---

[31] "Importa, no entanto, distinguir entre despersonalização e desconsideração (relativa) da personalidade jurídica. Na primeira, a pessoa coletiva desaparece como sujeito autônomo, em razão da falta original ou superveniente das suas condições de existência, como, por exemplo, a invalidade do contrato social ou a dissolução da sociedade. Na segunda, subsiste o princípio da autonomia subjetiva da pessoa coletiva, distinta da pessoa de seus sócios ou componentes; mas essa distinção é afastada, provisoriamente e tão só, para o caso concreto" (COMPARATO, Fábio Konder; SALOMÃO FILHO, Calixto. *O poder de controle na sociedade anônima*. 6. ed. rev. e atual. Rio de Janeiro: Forense, 2014. p. 305).

[32] GOMES, Orlando. *Direito das sucessões*. 17. ed. Atualização de Edvaldo Brito. Rio de Janeiro: Forense, 2019. p. 238.

[33] GOMES, Orlando. *Direito das sucessões*. 17. ed. Atualização de Edvaldo Brito. Rio de Janeiro: Forense, 2019. p. 238.

[34] Importante ressaltar que somente os direitos sucessórios são atingidos pela pena de sonegados, de modo que não é possível reduzir ou eliminar o direito à meação do cônjuge ou companheiro sobrevivente em razão da ocultação de bens. Nesse sentido: STJ. Recurso Especial nº 1.567.276-CE. Rel. Min. Isabel Galotti, 4ª Turma, j. 11.6.2019.

[35] CPC, art. 622: "O inventariante será removido de ofício ou a requerimento: [...] VI - se sonegar, ocultar ou desviar bens do espólio".

d) a recusa do herdeiro, ou do inventariante, de restituir bens que devem ser inventariados;
e) a oposição do inventariante à descrição de bens indicados pelos herdeiros ou pelos credores.[36]

Por ato gratuito deve-se compreender não apenas os bens recebidos por doações diretas, mas também aqueles decorrentes de "liberalidades indiretas", ou seja, de atos cuja função concreta represente uma liberalidade do autor da herança, ainda que estruturalmente não assumam a forma do contrato de doação. É o caso do pagamento de dívidas do herdeiro que não estejam relacionadas ao dever de criação e sustento,[37] do perdão ou da inércia deliberada que conduz à usucapião de bem pelo herdeiro.[38] Essas situações acarretam, ainda que indiretamente, o decréscimo patrimonial do autor da herança em favor de um ou de alguns herdeiros em detrimento de outros.[39] Mais uma vez, para a qualificação do ato, importam mais os efeitos concretos por ele produzidos do que a forma estruturalmente assumida.

A jurisprudência do STJ consolidou-se no sentido de exigir a prova do dolo ou da má-fé na ocultação dos bens como condição para a aplicação da pena de sonegados.[40] Segundo a Corte, exige-se "a demonstração inequívoca de que o comportamento do herdeiro foi inspirado pela fraude, pela determinação consciente de subtrair da partilha bem que sabe pertencer ao espólio".[41] Esse requisito não deriva de exigência textual do Código Civil, mas se justifica pelo caráter punitivo da pena de sonegação, que acarreta a severa consequência da perda dos direitos sucessórios sobre os bens sonegados.

O dever de colacionar os bens recebidos por doação pode ser dispensado pelo autor da herança no ato negocial ou por testamento, desde que respeite a porção disponível no momento da liberalidade. Caso contrário, quando da abertura da sucessão, deve operar-se a redução, com a conferência em espécie ou em dinheiro, quando não mais integrar o patrimônio do beneficiário.[42]

Na hipótese de colação, o negócio jurídico entabulado entre o autor da herança e o descendente é considerado válido, subsistindo ao donatário o dever de colacionar oportunamente o recebido, o que não ocorre com a doação inoficiosa, que é considerada

---

36 GOMES, Orlando. *Direito das sucessões*. 17. ed. Atualização de Edvaldo Brito. Rio de Janeiro: Forense, 2019. p. 238.

37 CC, art. 2.010: "Não virão à colação os gastos ordinários do ascendente com o descendente, enquanto menor, na sua educação, estudos, sustento, vestuário, tratamento nas enfermidades, enxoval, assim como as despesas de casamento, ou as feitas no interesse de sua defesa em processo-crime".

38 SANTOS, Camila Ferrão dos; KONDER, Carlos Nelson. A doação como instrumento do planejamento sucessório. *In*: TEIXEIRA, Daniele Chaves (Coord.). *Arquitetura do planejamento sucessório*. Belo Horizonte: Fórum, 2021. t. II. p. 495.

39 SANTOS, Camila Ferrão dos; KONDER, Carlos Nelson. A doação como instrumento do planejamento sucessório. *In*: TEIXEIRA, Daniele Chaves (Coord.). *Arquitetura do planejamento sucessório*. Belo Horizonte: Fórum, 2021. t. II. p. 495.

40 Julgado mais recente nesse sentido: STJ. Agravo Interno no Recurso Especial nº 1.835.340-MG. Rel. Min. Luís Felipe Salomão, 4ª Turma, j. 4.5.2020.

41 STJ. Recurso Especial nº 1.267.264-RJ. Rel. Min. João Otávio de Noronha, 3ª Turma, j. 19.5.2015, p. 6.

42 CC, art. 2.007: "São sujeitas à redução as doações em que se apurar excesso quanto ao que o doador poderia dispor, no momento da liberalidade. [...] §2º A redução da liberalidade far-se-á pela restituição ao monte do excesso assim apurado; a restituição será em espécie, ou, se não mais existir o bem em poder do donatário, em dinheiro, segundo o seu valor ao tempo da abertura da sucessão, observadas, no que forem aplicáveis, as regras deste Código sobre a redução das disposições testamentárias".

nula segundo o art. 549 do Código Civil. Em suma, as liberalidades feitas aos descendentes devem ser colacionadas, a fim de igualar as legítimas, mantendo-se hígido o ato de doação. No entanto, as liberalidades feitas a qualquer pessoa, não apenas herdeiros, que ultrapassem a parte disponível, por serem inoficiosas, são inválidas pela nulidade absoluta.

Recorde-se que, embora o Código Civil imponha o dever de colacionar as doações recebidas em vida pelo descendente, a concepção de "doação" deve ser ampla, abrangendo qualquer liberalidade que implique decréscimo ou não acréscimo patrimonial, ainda que se faça mediante outras modalidades de atos ou negócios jurídicos.

4.3 A invalidação da partilha

A disciplina legal da invalidação da partilha não observa o rigor técnico exigido pela matéria, fazendo perdurarem controvérsias e contradições que já se verificavam mesmo sob a égide do Código Civil de 1916, conforme assinala Francisco Cahali.[43]

Feito esse alerta inicial, prevê o art. 2.027 do Código Civil: "[a] partilha é anulável pelos vícios e defeitos que invalidam, em geral, os negócios jurídicos". Ressaltam Tepedino, Nevares e Meireles que essa hipótese incide sobre a "partilha realizada por meio de acordo entre os herdeiros, com feição negocial, mesmo homologada judicialmente",[44] portanto, sobre a partilha amigável.

Na ausência de consenso entre os interessados, a partilha será decretada por sentença judicial, antecedida de despacho de deliberação de partilha, nos termos do art. 647 do Código de Processo Civil, em que o juiz decide sobre os dissensos das partes e designa os bens que deverão constituir o quinhão de cada herdeiro e legatário. De acordo com o art. 654, do diploma processual, somente após a decisão de deliberação de partilha, a oitiva dos interessados, o pagamento do imposto de transmissão e a juntada das certidões negativas perante a Fazenda Pública, o juiz julga a partilha litigiosa por sentença judicial, a qual poderá ser atacada pela via recursal ou por meio de ação rescisória,[45] nos termos do art. 658, do mesmo diploma.

Deve-se atentar ao prazo ânuo para a ação de anulação de partilha previsto no parágrafo único do art. 2.027 do Código Civil, que é aplicável às partes que participaram do negócio jurídico da partilha.[46] Nos casos de ação rescisória para desconstituir a partilha judicial litigiosa, o prazo será de dois anos, a contar do trânsito em julgado da última decisão proferida no processo, conforme determina o art. 975 do Código de Processo Civil.

---

[43] CAHALI, Francisco José. A partilha no inventário. *In*: CAHALI, Francisco José; HIRONAKA, Giselda Fernandes Novaes. *Direito das sucessões*. 5. ed. São Paulo: Revista dos Tribunais, 2014. p. 487.

[44] TEPEDINO, Gustavo; NEVARES, Ana Luiza Maia; MEIRELLES, Rose Melo Vencelau. *Fundamentos do direito civil*: direito das sucessões. Rio de Janeiro: Forense, 2020. v. 7. p. 276.

[45] NEVARES, Ana Luiza Maia. *A função promocional do testamento*: tendências do direito sucessório. Rio de Janeiro: Renovar, 2009. p. 188.

[46] Nos termos do entendimento jurisprudencial do STJ, o prazo ânuo aplica-se somente às partes que participaram da partilha a ser invalidada, pois "o herdeiro preterido, que não participou do inventário, não está sujeito à eficácia da coisa julgada, podendo promover a ação vintenária de nulidade de partilha (CPC, arts. 472 e 1.030, III)" (STJ. Agravo Regimento no Agravo nº 242.909-RJ. Rel. Min. Nilson Naves, 3ª Turma, j. 10.12.1999). Embora a decisão se refira à partilha judicial, deve-se considerar que o acórdão representativo desse entendimento foi proferido antes da vigência da Lei 11.441/2007, que inaugurou a possibilidade de inventários extrajudiciais.

No caso de partilha amigável extrajudicial, o cômputo do prazo de anulação está previsto no art. 657 do Código de Processo Civil e seu termo inicial depende do motivo da anulação: se por coação, do dia em que ela cessar; se por erro ou dolo, do dia em que foi celebrado o ato; quanto ao incapaz, quando cessar a incapacidade.[47] Percebe-se que, nessa modalidade, a partilha é orientada pela dinâmica negocial, razão que justifica a sua anulação em caso de ocorrência de vício congênito invalidante.

Apesar de o art. 657 do Código de Processo Civil não tratar expressamente de todas as causas de anulabilidade previstas no Código Civil, pois não faz referência à fraude contra credores, ao estado de perigo ou à lesão, é possível também adicionar essas hipóteses às causas de anulabilidade da partilha, em razão da prevalência do caráter negocial do ato, cujos possíveis vícios devem estar previstos na lei material. Nesses casos, o termo inicial para a contagem do prazo decadencial da ação anulatória deverá respeitar o momento em que o ato se torna público, portanto, a partir do registro da escritura pública de inventário. Justifica-se essa posição uma vez que publicidade faz presumir a ciência inequívoca do ato por parte do prejudicado.[48]

Ainda com relação à ação anulatória de partilha, convém esclarecer que os prazos são de natureza decadencial e a rigor recaem somente sobre as hipóteses de anulação (nulidade relativa), mas não sobre as hipóteses de nulidade absoluta. Segundo a melhor técnica, a ação declaratória de nulidade de partilha seria até mesmo insuscetível de prazo,[49] [50] dada a gravidade da invalidade, por força do art. 169 do Código Civil: "[o] negócio jurídico nulo não é suscetível de confirmação, nem convalesce pelo decurso do tempo".

Retomando a teoria geral das invalidades dos negócios jurídicos, recorda-se que a anulabilidade (ou nulidade relativa) é vício congênito, ou seja, nasce com a celebração do negócio jurídico, mas é menos grave e em geral está associado aos vícios de consentimento (erro, dolo, coação, estado de perigo, lesão ou fraude contra credores) e incapacidade relativa do agente.[51] Por outro lado, as nulidades absolutas, embora sejam também congênitas, representam uma afronta à lei e à ordem pública e, por isso, são consideradas

---

47 CPC, art. 657: "A partilha amigável, lavrada em instrumento público, reduzida a termo nos autos do inventário ou constante de escrito particular homologado pelo juiz, pode ser anulada por dolo, coação, erro essencial ou intervenção de incapaz, observado o disposto no §4º do art. 966. Parágrafo único. O direito à anulação de partilha amigável extingue-se em 1 (um) ano, contado esse prazo: I - no caso de coação, do dia em que ela cessou; II - no caso de erro ou dolo, do dia em que se realizou o ato; III - quanto ao incapaz, do dia em que cessar a incapacidade".

48 OLIVEIRA, Alexandre Miranda. Da colação e sonegados. *In*: TEIXEIRA, Ana Carolina Brochado; RIBEIRO, Gustavo Pereira Leite (Coord.). *Manual de direito das famílias e das sucessões*. 3. ed. rev. e atual. Rio de Janeiro: Processo, 2017. p. 768.

49 LEITE, Eduardo de Oliveira. *Comentários ao novo Código Civil*: do direito das sucessões (arts. 1.784 a 2.027). 5. ed. Rio de Janeiro: Forense, 2009. v. XXI. p. 984.

50 Apesar de haver fortes argumentos sistemáticos para a insuscetibilidade da declaração de nulidade a prazo, ver-se-á adiante que o entendimento jurisprudencial dominante é pela aplicação do prazo decenal. Sobre o tema, sintetiza Cahali: "Tratando-se de defeito previsto no art. 166 do Código Civil, por exemplo, incapacidade absoluta, a partilha será nula, e como tal pode ser invalidado o ato jurídico através de ação declaratória de nulidade, entendendo Pontes de Miranda, nesse caso, imprescritível a ação, embora deva ser considerada a prescrição de dez anos como regra para a provocação do Judiciário pelo interessado (art. 205, CC)" (CAHALI, Francisco José. A partilha no inventário. *In*: CAHALI, Francisco José; HIRONAKA, Giselda Fernandes Novaes. *Direito das sucessões*. 5. ed. São Paulo: Revista dos Tribunais, 2014. p. 489).

51 CC, art. 171: "Além dos casos expressamente declarados na lei, é anulável o negócio jurídico: I - por incapacidade relativa do agente; II - por vício resultante de erro, dolo, coação, estado de perigo, lesão ou fraude contra credores".

mais graves.[52] Como consequência, os vícios menos graves (anulabilidades) são passíveis de confirmação,[53] podem ser convalidados pelo decurso do tempo[54] e somente podem ser suscitados pelos interessados, enquanto os vícios mais graves (nulidades) não são passíveis de confirmação, não se convalescem com o decurso do tempo[55] e podem ser suscitados pelo Ministério Público ou pelo juiz, de ofício.[56]

São hipóteses de nulidade absoluta do negócio jurídico – e, portanto, da partilha amigável – a simulação, de acordo com o art. 167 do Código Civil e aquela que tenha por objetivo fraudar lei imperativa, conforme art. 166, VI do mesmo diploma.

Mas atenção: o rigor dogmático dessa distinção entre nulidades absolutas e relativas tem sido atenuado na jurisprudência e na doutrina, sobretudo quando do ato pretensamente nulo decorrer consequência patrimonial. Nesse contexto foi aprovado o Enunciado nº 536 das Jornadas de Direito Civil: "[r]esultando do negócio jurídico nulo consequências patrimoniais capazes de ensejar pretensões, é possível, quanto a estas, a incidência da prescrição".

Sobre o tema, a 4ª Turma do STJ proferiu decisão em junho de 2020, confirmando que, apesar de se tratar de nulidade absoluta, a hipótese de invalidade da partilha em inventário que contemplou pessoa que não era herdeira submete-se ao prazo prescricional residual do Código Civil.[57] Como no caso a abertura da sucessão havia se dado ainda sob a égide do diploma de 1916, aplicou-se o prazo vintenário, com base no art. 177 daquela lei, o que no Código Civil de 2002 corresponde ao prazo decenal constante no art. 205.

É importante registrar que ao sucessor preterido em partilha, seja judicial seja extrajudicial, que tenha contestada a sua condição de herdeiro, é assegurado o direito de fazer cumprir seus direitos sucessórios por meio da ação de petição de herança,[58] instrumento previsto no art. 1.824 do Código Civil e adequado à reinvindicação do direito hereditário.[59] Por meio da Súmula nº 149 do Supremo Tribunal Federal, fixou-se o entendimento de que a ação de petição de herança é prescritível e, não havendo prazo expresso no texto legal, aplica-se o prazo decenal do art. 205 do mesmo diploma. Em suma, se não houver prova pré-constituída sobre a condição de herdeiro, é cabível a ação de petição de herança.

O termo inicial da ação de petição de herança é tema que suscita intensos debates na jurisprudência, pois os reflexos patrimoniais da sucessão dependem do reconhecimento

---

52 Sobre as hipóteses de nulidade, cf. arts. 166 e 167 do Código Civil.

53 CC, art. 172: "O negócio anulável pode ser confirmado pelas partes, salvo direito de terceiro".

54 Os prazos de anulação são de natureza decadencial e estão previstos no art. 178, CC.

55 CC, art. 169: "O negócio jurídico nulo não é suscetível de confirmação, nem convalesce pelo decurso do tempo".

56 CC, art. 168: "As nulidades dos artigos antecedentes podem ser alegadas por qualquer interessado, ou pelo Ministério Público, quando lhe couber intervir. Parágrafo único. As nulidades devem ser pronunciadas pelo juiz, quando conhecer do negócio jurídico ou dos seus efeitos e as encontrar provadas, não lhe sendo permitido supri-las, ainda que a requerimento das partes".

57 STJ. Embargos de divergência em Recurso Especial nº 226.991-SP. Rel. Min. Ricardo Vilas Bôas Cueva, Quarta Turma, j. 10.6.2020.

58 TEPEDINO, Gustavo; NEVARES, Ana Luiza Maia; MEIRELLES, Rose Melo Vencelau. *Fundamentos do direito civil*: direito das sucessões. Rio de Janeiro: Forense, 2020. v. 7. p. 278.

59 Na explicação de Rolf Madaleno: "[...] sendo contestada a qualidade de herdeiro, ou no caso da herança vacante, necessitando o herdeiro reivindicar seu quinhão hereditário depois da sentença de vacância (CC, art. 1. 822), a ação de petição de herança é a que compete ao herdeiro preterido para demandar o reconhecimento de seu direito sucessório e obter o pagamento da sua herança ou de parte dela se concorre com outros coerdeiros" (MADALENO, Rolf. *Sucessão legítima*. Rio de Janeiro: Forense, 2019. p. 228).

da condição de herdeiro, o que é imprescritível nos termos da mesma Súmula nº 149 do STF. A 4ª Turma do STJ reafirmou o entendimento de que o início do prazo deve dar-se com a abertura da sucessão ou quando o herdeiro completar 16 anos em casos de incapacidade civil etária.[60] A questão, no entanto, não está pacificada, pois a 3ª Turma do mesmo Tribunal já entendeu pela fixação do termo inicial a partir do trânsito em julgado da ação investigatória de filiação.[61]

Por fim, consigne-se que, não havendo nulidade ou anulabilidade na partilha e havendo bens sonegados, prevê o Código Civil que sejam eles sobrepartilhados,[62] mantendo-se hígida a partilha anteriormente realizada.

5 Conclusão

A base comum aos esquemas fraudatórios no direito sucessório é a disfuncionalização de institutos jurídicos, a fim de se conferir aparência de legalidade a atos e negócios jurídicos que violam os direitos dos herdeiros.

A depender da qualidade do herdeiro como necessário, a proteção inderrogável da legítima permite que a mera constatação de liberalidades superiores à metade disponível do patrimônio do autor da herança enseja a redução ao limite legal, independentemente de dolo ou má-fé do autor da herança ou de terceiro.

Contudo, para a aplicação da pena de sonegados e mesmo para a efetivação da desconsideração da personalidade jurídica, percebe-se que a jurisprudência tem por orientação a exigência de comprovação do dolo, o que pode ser bastante dificultoso

---

[60] "AGRAVO INTERNO NO AGRAVO EM RECURSO ESPECIAL. PROCESSUAL CIVIL E CIVIL. AÇÃO DECLARATÓRIA DE NULIDADE DE DOAÇÃO CUMULADA COM PETIÇÃO DE HERANÇA. INÍCIO DO PRAZO PRESCRICIONAL. INTELIGÊNCIA DA SÚMULA 149/STF. ABERTURA DA SUCESSÃO. PRESCRIÇÃO. NÃO OCORRÊNCIA. AGRAVO INTERNO NÃO PROVIDO. 1. O termo inicial do prazo prescricional da pretensão de petição de herança conta-se da abertura da sucessão, ou, em se tratando de herdeiro absolutamente incapaz, da data em que completa 16 (dezesseis) anos, momento em que, em ambas as hipóteses, nasce para o herdeiro, ainda que não legalmente reconhecido, o direito de reivindicar os direitos sucessórios (actio nata). 2. Nos termos da Súmula 149 do Supremo Tribunal Federal: 'É imprescritível a ação de investigação de paternidade, mas não o é a de petição de herança.' 3. Diante da incidência das regras dispostas no art. 177 do CC/1916, c/c os arts. 205 e 2.028 do CC/2002, aberta a sucessão em 28.jul. 1995, o termo final para o ajuizamento da ação de petição de herança ocorreria em 11.jan.2013, dez anos após a entrada em vigor do Código Civil de 2002, de modo que foi ajuizada oportunamente a demanda, em 04.nov.2011. 4. Agravo interno a que se nega provimento" (STJ. AgInt no AREsp nº 479.648-MS, Rel. Min. Raul Araújo, 4ª Turma, j. 10.12.2019).

[61] "PROCESSUAL CIVIL. AGRAVO INTERNO NO AGRAVO EM RECURSO ESPECIAL. RECURSO MANEJADO SOB A ÉGIDE DO NCPC. AÇÃO DECLARATÓRIA DE PATERNIDADE SOCIOAFETIVA. ART. 2.027 DO CC/02. PETIÇÃO DE HERANÇA. TERMO INICIAL DA PRESCRIÇÃO. TRÂNSITO EM JULGADO DA INVESTIGATÓRIA. PRECEDENTES. RECURSO MANIFESTAMENTE INADMISSÍVEL. INCIDÊNCIA DA MULTA DO ART. 1.021, §4º, DO NCPC. AGRAVO INTERNO NÃO PROVIDO. 1. Aplica-se o NCPC a este julgamento ante os termos do Enunciado Administrativo nº 3, aprovado pelo Plenário do STJ na sessão de 9/3/2016: Aos recursos interpostos com fundamento no CPC/2015 (relativos a decisões publicadas a partir de 18 de março de 2016) serão exigidos os requisitos de admissibilidade recursal na forma do novo CPC. 2. Tratando-se de filho ainda não reconhecido, o início da contagem do prazo prescricional só terá início a partir do momento em que for declarada a paternidade, momento em que surge para ele a pretensão de reivindicar seus direitos sucessórios. 3. Em virtude do não provimento do presente recurso, e da anterior advertência em relação a aplicabilidade do NCPC, incide ao caso a multa prevista no art. 1.021, §4º, do NCPC, no percentual de 3% sobre o valor atualizado da causa, ficando a interposição de qualquer outro recurso condicionada ao depósito da respectiva quantia, nos termos do §5º daquele artigo de lei. 4. Agravo interno não provido, com imposição de multa" (STJ. AgInt no AREsp nº 1.273.921-GO. Rel. Min. Moura Ribeiro, 3ª Turma, j. 14.8.2018).

[62] CC, art. 2.022: "Ficam sujeitos a sobrepartilha os bens sonegados e quaisquer outros bens da herança de que se tiver ciência após a partilha".

à parte prejudicada. Nesse sentido, os indícios e as máximas de experiência podem contribuir para a formação da convicção judicial a respeito da ocorrência de fraude.

Entre os remédios repressivos das fraudes, foram destacadas (i) a desconsideração da personalidade jurídica, que é medida incidental que pode ser adotada nos autos da ação sucessória, (ii) a colação e a pena de sonegados e (iii) a anulação da partilha.

O dever de colacionar os bens recebidos por liberalidades em vida do autor da herança recai somente sobre os descendentes e o cônjuge ou companheiro sobrevivente e tem como objetivo igualar as legítimas. A doação feita a descendente não acarreta invalidade *a priori*, se respeitar a metade disponível do patrimônio do autor da herança no momento da liberalidade, mas é considerada antecipação de legítima e, por isso, não havendo dispensa expressa, cabe ao herdeiro beneficiado o dever de colacionar os bens recebidos nessas condições.

As doações inoficiosas, por outro lado, são nulas quando ultrapassam a metade disponível do patrimônio do autor da herança, ainda que celebradas em favor de terceiros não herdeiros, e estão sujeitas à redução, nos termos do art. 2.007, CC.

A pena de sonegados é aplicável a quem omite deliberadamente bens da herança sob o próprio poder ou sob poder de terceiro com seu consentimento. Podem incorrer em sonegação os herdeiros, o viúvo, o inventariante ou o testamenteiro, mas a sanção da perda de direitos recai somente sobre os direitos hereditários do sonegador, de modo que não atinge a meação. Com relação ao inventariante e ao testamenteiro, a sonegação implica também a remoção do encargo e a perda do respectivo prêmio, nos casos em que a remuneração se aplica.

A partilha pode resultar de consenso entre os interessados, materializada em escritura pública ou pela via judicial, mediante homologação judicial. Em ambos os casos a partilha é amigável ou consensual. No entanto, na ausência de consenso, a partilha é litigiosa e, portanto, decretada pelo juiz.

As partilhas amigáveis, judiciais ou extrajudiciais, são suscetíveis de anulação pelos vícios de consentimento no prazo ânuo, cujo termo inicial dependerá do motivo da invalidação. Esse prazo se aplica somente às partes que compuseram o acordo de partilha.

Terceiros que não tenham participado da partilha anulável podem buscar a invalidação por meio da ação anulatória no prazo decenal previsto no art. 205, CC com amparo na jurisprudência dominante do STJ.

Também de acordo com o entendimento da Corte Superior, se submete ao prazo decenal do art. 205, CC a pretensão declaratória de nulidade absoluta da partilha amigável, apesar de que, no rigor dogmático, tratar-se-ia de vício grave não passível de convalescimento pelo decurso do tempo.

Se a partilha houver sido realizada por provimento jurisdicional, caso em que é litigiosa, a via de desfazimento é a ação rescisória, a ser proposta no prazo de até dois anos da data do trânsito em julgado da última decisão.

Caso recaia dúvida sobre a condição de herdeiro, podem também propor ação de petição de herança a fim de reivindicar o quinhão hereditário pertinente.

Referências

CAHALI, Francisco José; HIRONAKA, Giselda Maria Fernandes Novaes. *Direito das sucessões*. 5. ed. São Paulo: Atlas, 2014.

COLOMBO, Maici Barboza dos Santos. Deserdação como instrumento de planejamento sucessório. *In*: TEIXEIRA, Daniele Chaves (Coord.). *Arquitetura do planejamento sucessório*. Belo Horizonte: Fórum, 2020. t. II.

COMPARATO, Fábio Konder; SALOMÃO FILHO, Calixto. *O poder de controle na sociedade anônima*. 6. ed. rev. e atual. Rio de Janeiro: Forense, 2014.

DINAMARCO, Marina Pacheco Cardoso. Os mecanismos existentes para o combate à fraude patrimonial sejam no divórcio, da dissolução da união estável, como em decorrência da morte. *In*: TEIXEIRA, Daniele Chaves (Coord.). *Arquitetura do planejamento sucessório*. Belo Horizonte: Fórum, 2021. t. II.

GIRARDI, Viviane; MOREIRA, Luana Maniero. A previdência privada aberta como instrumento de planejamento sucessório. *In*: TEIXEIRA, Daniele Chaves (Coord.). *Arquitetura do planejamento sucessório*. 2. ed. Belo Horizonte: Fórum, 2019.

GOMES, Orlando. *Direito das sucessões*. 17. ed. Atualização de Edvaldo Brito. Rio de Janeiro: Forense, 2019.

LEITE, Eduardo de Oliveira. *Comentários ao novo Código Civil*: do direito das sucessões (arts. 1.784 a 2.027). 5. ed. Rio de Janeiro: Forense, 2009. v. XXI.

LEONARDO, Rodrigo Xavier. A pessoa jurídica no direito privado brasileiro do século XXI. *In*: TEIXEIRA, Ana Carolina Brochado; RIBEIRO, Gustavo Pereira Leite Ribeiro. *Manual de teoria geral do direito civil*. Belo Horizonte: Del Rey, 2011.

MADALENO, Rolf. Desconsideração da personalidade jurídica no direito das sucessões. *In*: TEIXEIRA, Daniele Chaves (Coord.). *Arquitetura do planejamento sucessório*. 2. ed. Belo Horizonte: Fórum, 2019.

MADALENO, Rolf. *Sucessão legítima*. Rio de Janeiro: Forense, 2019.

MAMEDE, Gladston; MAMEDE, Eduarda Cotta. *Divórcio, dissolução e fraude na partilha de bens*: simulações empresariais e societárias. 4. ed. São Paulo: Atlas, 2014.

OLIVEIRA, Alexandre Miranda. Da colação e sonegados. *In*: TEIXEIRA, Ana Carolina Brochado; RIBEIRO, Gustavo Pereira Leite (Coord.). *Manual de direito das famílias e das sucessões*. 3. ed. rev. e atual. Rio de Janeiro: Processo, 2017.

OLIVEIRA, J. Lamartine Corrêa de. *A dupla crise da pessoa jurídica*. São Paulo: Saraiva, 1979.

RODRIGUES, Silvio. *Direito civil*: direito das sucessões. 26. ed. Atualização de Zeno Veloso. São Paulo: Saraiva, 2007.

TEPEDINO, Gustavo; NEVARES, Ana Luiza Maia; MEIRELLES, Rose Melo Vencelau. *Fundamentos do direito civil*: direito das sucessões. Rio de Janeiro: Forense, 2020. v. 7.

XAVIER, Luciana Pedroso; XAVIER, Marília Pedroso. O planejamento sucessório colocado em xeque: o companheiro é herdeiro necessário? *In*: TEIXEIRA, Daniele Chaves (Coord.). *Arquitetura do planejamento sucessório*. 2. ed. Belo Horizonte: Fórum, 2019. t. I.

Informação bibliográfica deste texto, conforme a NBR 6023:2018 da Associação Brasileira de Normas Técnicas (ABNT):

GIRARDI, Viviane; COLOMBO, Maici Barboza dos Santos. Fraude na partilha de bens. *In*: TEIXEIRA, Daniele Chaves (Coord.). *Arquitetura do planejamento sucessório*. Belo Horizonte: Fórum, 2022. p. 301-317. Tomo III. ISBN 978-65-5518-291-0.

PARTE III

INSTRUMENTOS DE PLANEJAMENTO SUCESSÓRIO

PLANEJAMENTO PATRIMONIAL E A AUTONOMIA PARA CONTRATAÇÃO DE PACTOS INTRAFAMILIARES

ANA CAROLINA BROCHADO TEIXEIRA
ALEXANDRE MIRANDA OLIVEIRA

1 Introdução

As demandas sociais pelo alargamento da autonomia privada no âmbito do direito de família e das sucessões crescem a cada dia. Se na seara familiar essa discussão vem sendo ampliada há mais tempo, o direito sucessório vem experimentando esse debate de forma mais acentuada com a pandemia da Covid-19, com a expansão de temas ligados ao planejamento sucessório, questionamentos sobre o engessamento da legítima e sobre os limites impostos pelos pactos sucessórios. Ao que tudo indica, as mudanças na família e a mobilização dos bens têm provocado uma reflexão sobre os contornos do princípio da solidariedade familiar na contemporaneidade.[1]

A expansão da autonomia no direito de família vem sendo uma constante há algum tempo, tendo como principal marco normativo a Constituição Federal de 1988, que priorizou a tutela da pessoa humana em todas as comunidades intermediárias nas quais ela se insere. A partir daí, com a progressiva facilitação do divórcio, notou-se a passagem do controle da (des)constituição da família do Estado para seus próprios membros, como se constata pela Lei nº 11.441/2007 e a posterior Emenda Constitucional nº 66/2010.[2] Assim, não tem mais o Estado que interferir nas razões pelas quais o casal decide se separar ou se divorciar, sendo essa questão de foro íntimo.

O que se constata é que a intervenção do Estado deve ocorrer quando alguma das partes for vulnerável, a fim de equilibrar uma relação jurídica que se presume

---

[1] FLEISCHMANN, Simone Tassinari Cardoso; TEIXEIRA, Ana Carolina Brochado. Futuros possíveis para o planejamento sucessório. *Revista Brasileira de Direito Civil – RBDCivil*, Belo Horizonte, v. 29, jul./set. 2021. No prelo.

[2] RODRIGUES, Renata de Lima; TEIXEIRA, Ana Carolina Brochado. A tensão entre ordem pública e autonomia privada no direito de família contemporâneo: da não interferência do Estado na (des)constituição familiar e na comunhão de vida. *In*: RODRIGUES, Renata de Lima; TEIXEIRA, Ana Carolina Brochado. *O direito de família entre a norma e a realidade*. São Paulo: Atlas, 2010.

assimétrica em razão de alguma fragilidade geradora de assimetria, seja informacional, psíquica, física ou de qualquer outra origem.[3] No entanto, quando as partes estiverem em semelhantes condições – forem livres e iguais – não há, a princípio, razões para que elas não pactuem as regras sobre seu convívio familiar, principalmente quando se referirem a aspectos patrimoniais.

Este artigo objetiva refletir sobre os contornos da própria autonomia privada patrimonial no direito de família: a potencialidade da autonomia nos pactos antenupciais é a mesma na mudança de regime de bens? É possível fazer ajustes acessórios ao regime de bens eleito antes do casamento?

2 Planejamento patrimonial e sucessório

Parece ainda não haver consenso sobre qual é a diferença entre planejamento patrimonial e sucessório. Alguns entendem que o patrimonial é mais amplo e por isso abrange o sucessório e outros, que o sucessório abrange o patrimonial. Fato é que o planejamento é o conjunto de ações com vistas a organizar o patrimônio para determinado fim, dentro dos limites legais.

Para fins deste estudo – arquitetado no âmbito das relações familiares e sucessórias –, entende-se que o planejamento patrimonial tem como função estabelecer um plano de ação cujo principal objetivo é gerar efeitos em vida dos planejadores sem objetivo prioritário de tratar de sucessão; por planejamento sucessório, compreende-se a planificação dos bens com o escopo de organização sucessória, ou seja, seu objetivo final é que esse plano – que pode compor inúmeras ações, inclusive com efeitos em vida – já resolva ou organize futura sucessão, por meio da destinação e ordenação de bens.

Ambos os planejamentos também podem implicar importantes movimentos na seara societária – a depender do tipo de bens titularizados pelo planejador – e devem essencialmente considerar aspectos tributários para qualquer movimento do patrimônio.

Constata-se, portanto, que há uma zona comum entre ambos, em razão da inegável repercussão de um no outro, em determinadas hipóteses, principalmente depois que o Código Civil atual estabeleceu que o regime de bens é determinante para a concorrência sucessória entre cônjuge/companheiro[4] sobrevivente e a classe dos descendentes. Para efeitos ilustrativos, entende-se que:

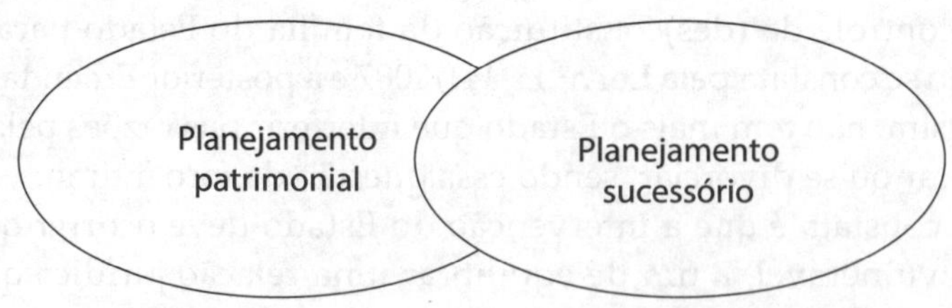

[3] KONDER, Carlos Nelson, Vulnerabilidade patrimonial e vulnerabilidade existencial: por um sistema diferenciador. *Revista de Direito do Consumidor – RDC*, v. 24, n. 99, p. 110, maio/jun. 2015.

[4] Não obstante o Código Civil tenha determinado que a sucessão do cônjuge e do companheiro siga regras sucessórias diversas, o STF entendeu que tal diferença sucessória é inconstitucional e firmou a seguinte tese: "No sistema constitucional vigente, é inconstitucional a distinção de regimes sucessórios entre cônjuges e companheiros, devendo ser aplicado, em ambos os casos, o regime estabelecido no art. 1.829 do CC/2002" (STF. RE nº 878.694/MG. Rel. Min. Luiz Roberto Barroso, j. 10.5.2017. *DJe*, 6 fev. 2018).

Por isso, a autonomia patrimonial de cônjuges e companheiros *inter vivos* pode gerar inegáveis repercussões sucessórias, pois o regime de bens eleito é decisivo para o cônjuge ou companheiro participar ou não da herança em conjunto com os descendentes. Assim, o exercício dessa mesma autonomia na constância do casamento ou da união estável – como ação de planejamento patrimonial intrafamiliar – pode repercutir sucessoriamente. O que se pretende frisar, portanto, é que ambos são conceitos conjugados e que não podem ser analisados separadamente, sob pena de o planejamento gerar efeitos indesejáveis.

3 Expansão da autonomia patrimonial durante o casamento?

Considerando que são naturais mudanças pessoais, no relacionamento e patrimoniais no curso da relação conjugal – podendo todas elas estar ligadas à realização da comunhão plena de vida –, é necessário que o direito acolha esse movimento de autonomia responsável dos cônjuges ou companheiros, para que o engessamento jurídico acabe por não prejudicar o núcleo essencial do vínculo afetivo. A possibilidade de novas pactuações durante o casamento, Dimitre Braga Soares de Carvalho tem chamado de contratos intramatrimoniais.[5] Não obstante o autor entenda que esse gênero abranja situações jurídicas existenciais e patrimoniais, o exame se deterá a estas últimas.

A possibilidade de redefinição das cláusulas patrimoniais da entidade familiar acontece para suprir, geralmente, três finalidades:

(i) mudança das aspirações patrimoniais no curso do casamento ou da união estável: com a transformação dos ambientes familiares com maior democracia e a ideia de que a família é instrumento para realização de seus membros, faz-se necessário sempre a busca pela readequação dos ajustes aos novos anseios do casal. Por isso, a flexibilidade é bastante salutar, de forma que os instrumentos jurídicos sirvam à pessoa e às suas necessidades;[6]

(ii) correção da rota de instrumentos deficientes feitos anteriormente: ainda acontecem situações formalizadas de forma destoante ou defeituosa com o que foi combinado entre as partes. Por exemplo, o art. 259 do Código Civil de 1916 estabelecia que, conquanto os nubentes optassem pelo regime da separação de bens, para os bens adquiridos na constância do casamento não se comunicarem, os nubentes deveriam consignar no pacto a incomunicabilidade dos aquestos. Então, os ajustes intrafamiliares podem esclarecer a real

---

[5] Partidário da substancial contratualização no direito de família, o referido autor expõe em seu *site* suas ideias sobre o tema: https://www.contratosfamiliares.com.br/contratos-intramatrimoniais/. Para maior aprofundamento: CARVALHO, Dimitre Braga Soares de. Contratos familiares: cada família pode criar seu próprio direito de família. *In*: TEIXEIRA, Ana Carolina Brochado; RODRIGUES, Renata de Lima (Coord.). *Contratos, família e sucessões*: diálogos interdisciplinares. 2. ed. Indaiatuba: Foco, 2021. p. 19-30.

[6] "Entre os motivos relevante está a alteração do regime legal de comunhão parcial para o de separação de bens, tendo em vista que os cônjuges passaram a ter vidas econômicas e profissionais próprias, sendo conveniente a existência de patrimônios próprios para garantirem obrigações que necessitam profissionalmente ou para incorporação em capital social de empresa. O juiz deve levar em conta as idades e a natural imaturidade dos cônjuges ao se casarem, quando as pessoas não dispõem de informações suficientes para tomada de decisão que determina tão fortemente o futuro do casal. A mudança de regime de bens pode significar a remoção de considerável obstáculo ao entendimento dos cônjuges, assegurando-se a permanência de sua convivência" (LÔBO, Paulo. *Famílias*. 2. ed. São Paulo: Saraiva, 2009. p. 298).

vontade dos cônjuges. No mesmo sentido, pessoas que se casaram em regime diverso do legal (o qual, inclusive, consta na certidão de casamento) que, por alguma razão, não fizeram pacto antenupcial, esse ajuste pode dizer qual a real vontade das partes.[7]

(iii) para fins de planejamento sucessório: tendo em vista que o regime de bens do casamento interfere na ordem de vocação hereditária quando em concorrência com os descendentes, ao fazer um planejamento familiar podem ser necessárias mudanças no regime de bens para adequá-lo aos objetivos do planejador.

A legislação atualizou-se nesse sentido. O Código Civil de 1916 previa, em seu art. 230, o princípio da imutabilidade do regime de bens, segundo o qual não era possível alterar o regime escolhido no momento da celebração do casamento. Essa regra modificou-se no Código Civil de 2002, por meio do art. 1.639, §2º, que estabeleceu a mutabilidade condicionada do regime durante o casamento.[8] Para a modificação:

(i) o pedido deve ser feito judicialmente, perante o juízo de família, naquelas comarcas em que há especialização de varas;

(ii) em conjunto, por ambos os cônjuges, de modo a demonstrar que se trata de exteriorização da vontade de ambos, razão pela qual segue o procedimento especial de jurisdição voluntária. Tendo em vista que as questões patrimoniais seguem a lógica do negócio jurídico, que pressupõem a exteriorização de uma vontade bilateral, não faria nenhum sentido que esse procedimento pudesse ser intentado por apenas um dos cônjuges, de forma litigiosa, pois desnaturaria totalmente a natureza jurídica do regime patrimonial de bens;

---

7 "APELAÇÃO CÍVEL. AÇÃO DE DIVÓRCIO. PARTILHA DOS BENS. NULIDADE DA COMUNHÃO UNIVERSAL. AUSÊNCIA DE PACTO ANTENUPCIAL. REGIME DE BENS LEGAL. SEPARAÇÃO PARCIAL. NÃO PROVIMENTO DO APELO. 1. Assim, exigindo a Lei que o pacto antenupcial se faça por escritura pública, a ausência de tal formalidade implica em nulidade do ato. O ato nulo, por sua vez, não é suscetível de confirmação, nem convalesce pelo decurso do tempo, nos termos do art. 169 do Código Civil de 2002. 2. Não tendo havido pacto antenupcial e sendo nula a declaração de regime de bens na certidão de casamento por não se revestir da forma prescrita em lei, há que se aplicar o regime legal de bens, o qual, na época do casamento, era o de separação parcial, nos termos do art. 258 do Código Civil de 1916, alterado pela Lei 6515/1977" (TJBA, 1ª CC. Ap. Civ. nº 0001900-74.2011.8.05.0080. Rel. Des. Maria da Purificação da Silva, j. 12.4.2021).

8 Logo depois da vigência do Código Civil atual, instaurou-se o debate para se definir se os cônjuges que se casaram na vigência do Código Civil de 1916 poderiam ou não mudar o regime de casamento, tendo em vista o teor do art. 2.039 do CC/02. A jurisprudência definiu pela possibilidade de mudança, independentemente da data do casamento, desde que obedecidos aos requisitos legais: "Direito civil. Família. Casamento celebrado sob a égide do CC/16. Alteração do regime de bens. Possibilidade. - A interpretação conjugada dos arts. 1.639, §2º, 2.035 e 2.039, do CC/02, admite a alteração do regime de bens adotado por ocasião do matrimônio, desde que ressalvados os direitos de terceiros e apuradas as razões invocadas pelos cônjuges para tal pedido. - Assim, se o Tribunal Estadual analisou os requisitos autorizadores da alteração do regime de bens e concluiu pela sua viabilidade, tendo os cônjuges invocado como razões da mudança a cessação da incapacidade civil interligada à causa suspensiva da celebração do casamento a exigir a adoção do regime de separação obrigatória, além da necessária ressalva quanto a direitos de terceiros, a alteração para o regime de comunhão parcial é permitida. - Por elementar questão de razoabilidade e justiça, o desaparecimento da causa suspensiva durante o casamento e a ausência de qualquer prejuízo ao cônjuge ou a terceiro, permite a alteração do regime de bens, antes obrigatório, para o eleito pelo casal, notadamente porque cessada a causa que exigia regime específico. - Os fatos anteriores e os efeitos pretéritos do regime anterior permanecem sob a regência da lei antiga. Os fatos posteriores, todavia, serão regulados pelo CC/02, isto é, a partir da alteração do regime de bens, passa o CC/02 a reger a nova relação do casal. - Por isso, não há se falar em retroatividade da lei, vedada pelo art. 5º, inc. XXXVI, da CF/88, e sim em aplicação de norma geral com efeitos imediatos. Recurso especial não conhecido" (REsp nº 821.807/PR. Rel. Min. Nancy Andrighi, 3ª T. *DJe*, 13 nov. 2006).

(iii) deve haver motivação a ser valorada pelo magistrado, que é exigência do art. 1.639, §2º, do Código Civil e ratificada pelo art. 734 do Código de Processo Civil que os cônjuges justifiquem as razões que os levaram a pleitear a mudança de regime. No entanto, a jurisprudência parece vacilar sobre essa exigência: uma parte sustenta a necessidade de se avaliar, rigidamente, os motivos indicados pelos cônjuges para a alteração do regime, não sendo possível efetuar a mudança com base em razões simplesmente pessoais,[9] outra parte afirma que a justificativa dos cônjuges não deve constituir objeto de ampla sindicância, bastando a afirmação de divergência conjugal quanto à condução financeira da família. Este último entendimento coaduna-se com a liberdade conferida pelo Código aos cônjuges para a escolha do regime de bens,[10] não havendo razão para a intervenção do Estado na profunda investigação dos motivos que ensejaram a mudança nas aspirações patrimoniais do casal, que acabam por interferir na comunhão plena de vida do casal (art. 1.511 CC), escopo último da relação conjugal. Além disso, o art. 1.513 CC prevê que nenhuma pessoa de direito público ou privado interferirá no interior da família, consagrando o princípio da autonomia da entidade familiar, o que deve ser excetuado quando houver vulnerabilidades; por isso, como a presunção (relativa) é de que os cônjuges são pessoas livres e iguais, deveria ser desnecessária a justificativa motivadora da mudança de regime, até mesmo em respeito à intimidade e privacidade de cada um deles;

(iv) os direitos de terceiros devem ser respeitados, uma vez que a mudança do regime não pode significar a chancela ou a permissão de fraudes a terceiros.

De acordo com a jurisprudência, verifica-se que as hipóteses de mudança de regime traduzem, na maioria das vezes, pleitos que acatam as regras dos novos regimes aos quais as partes aderem. Não se encontrou, até então, a possibilidade de os cônjuges elaborarem novas regras que traduzam, por exemplo, um regime híbrido – diferentemente do que ocorre em pactos antenupciais. Será que esse é um engessamento imposto pela

[9] No STJ, conquanto tenha sido aplicada Súmula nº 7, confirmou-se a negativa de alteração do regime se há prejuízo para um dos cônjuges, ressalvando-se, contudo, que a jurisprudência da Corte se direciona no sentido de "não se exigir dos cônjuges justificativas exageradas ou provas concretas do prejuízo na manutenção do regime de bens originário, sob pena de invasão da própria intimidade e vida privada dos consortes, por não se presumir a fraude". Constou da ementa: "3. No caso em exame, a alteração patrimonial foi pleiteada consensualmente por ambos os cônjuges ora recorrentes com base na justificativa genérica de independência financeira e patrimonial do casal, demonstrando a ausência de violação de direitos de terceiros. 4. As instâncias ordinárias, todavia, negaram a alteração do regime patrimonial por reputarem que a mera vontade de preservação e individualização dos patrimônios dos cônjuges não configura justo motivo, requisito legal indispensável" (STJ, 3ª T. REsp nº 1.427.639/SP. Rel. Min. Ricardo Villas Bôas Cueva, j. 10.3.2015. *DJe*, 16 mar. 2015).

[10] "Com o reconhecimento da mutabilidade do regime de bens pelo Código Civil houve, em verdade, uma otimização do princípio da autonomia da vontade do casal, consagrado no princípio da livre estipulação do pacto, de forma que não deve a Justiça ser por demais resistente no exame do requisito da motivação previsto no §2º do art. 1639 do Código Civil. Até porque, a esta exigência legal deve ser conferida uma conotação de ordem subjetiva, tendo em vista as inúmeras razões internas e externas que podem levar um casal a optar pela alteração do regime de bens. Ademais, não se pode olvidar que, quando da escolha do regime de bens por ocasião da celebração do casamento, não é exigido dos nubentes qualquer justificativa sobre o pacto eleito, motivo pelo qual, por mais esse fundamento, tal condição deve ser minimizada pelos julgadores" (TJRS, 7ª CC. Ap. Cív. nº 70012341715. Des. Maria Berenice Dias, j. 14.9.2005).

própria estrutura das regras sobre a mudança de regime, que acaba limitando os pactos intrafamiliares?

4 Possíveis ampliações dos espaços de autonomia intrafamiliar?

A reflexão que levou a este artigo teve como escopo investigar se a autonomia privada no momento de celebrar um pacto antenupcial é a mesma (em quantidade e qualidade) que existe para mudar as regras patrimoniais na constância do casamento. Ou seja, se no momento de elaboração do pacto é possível construir cláusulas de cunho patrimonial não contrárias à lei a fim de regular o regime patrimonial de bens de forma mais fiel às aspirações do casal, será possível regular da mesma forma, com a mesma riqueza de detalhes, quando se está a tratar de uma mudança de regime de bens?

A primeira diferença passa pela aparente maior liberdade das partes no momento da elaboração do pacto antenupcial, por meio de escritura pública, ao passo que a mudança de regime de bens precisa de autorização judicial. O que justifica a diferença é a proteção à família e eventuais vulnerabilidades existentes entre o casal e terceiros. Mas, em se tratando de partes maiores e capazes, presumidamente em condições de igualdade, é necessário esse tipo de tutela ao casal? Essa dita proteção se dá pelo controle estatal da motivação para a mudança de regime, que acaba sendo uma intervenção demasiada do Estado na família, como já observado. Em relação aos terceiros, a prova de que a mudança não os lesa se dá pela juntada de certidões, demonstrando a ausência de dívidas.

Nesse sentido, reflete-se se não seria mais adequado retirar da competência do Judiciário procedimentos que, como a alteração do regime de bens, poderiam ser ultimados diretamente pelas partes. Com a promulgação da Lei nº 11.441, de 2007, que permite separação e divórcio consensuais, além de inventários por meio de escritura pública, deve-se cogitar da possibilidade de mudança legislativa que autorize a alteração extrajudicial do regime de bens, desde que assegurada, evidentemente, a proteção de terceiros, por meio de certidões negativas atinentes a dívidas e execuções em face dos cônjuges. O tabelião ficaria responsável pela acurada análise das certidões e poderia acolher maior detalhamento da modificação da vontade patrimonial dos cônjuges por meio de escritura pública – mesmo instrumento exigido para lavratura dos pactos antenupciais (art. 1.653 CC). Além disso, a mudança de regime, seja ela judicial seja, como aqui se cogita, extrajudicial, não tem nem o escopo nem força jurídica suficientes para lesar terceiros, de modo que, mesmo que ela ocorra, será ineficaz em relação a dívidas preexistentes. Nesse sentido, a desjudicialização parece ser a tendência que vem se desenhando na linha da maior privatização da família, principalmente quando se trata de questões entre pessoas livres e iguais, tal qual os cônjuges.[11]

O Projeto de Lei do Senado nº 69 de 2016 – já arquivado – teve o escopo de modificar o Código Civil para esse fim. Parte da proposta de alteração legislativa tinha o seguinte teor:

---

[11] TEPEDINO, Gustavo; TEIXEIRA, Ana Carolina Brochado. *Fundamentos do direito civil* – Direito de Família. 2. ed. Rio de Janeiro: Forense, 2021. v. 6. p. 108.

> Art. 1.639-A. É admissível alteração do regime de bens, mediante escritura pública, ressalvados os direitos de terceiros.
>
> §1º A alteração do regime de bens do casamento será feita por meio de requerimento assinado conjuntamente pelos cônjuges dirigido ao tabelião de notas, que, atendidos os requisitos legais, lavrará a escritura pública independentemente da motivação do pedido.
>
> §2º O requerimento será acompanhado de:
>
> I - certidão de casamento atualizada;
>
> II - pacto antenupcial, se houver;
>
> III - declaração de domicílio atual do casal.
>
> §3º Os requerentes devem ser assistidos por advogado comum ou advogados separados, cuja qualificação e assinatura constarão da petição e do ato notarial.[12]

O projeto não questiona os motivos pelos quais o casal busca a modificação do regime, verificando-se exclusivamente se a vontade é conjunta e se os interesses de terceiros estão resguardados, o que parece ser uma iniciativa bastante adequada.

Na estrutura legislativa atual, o que deve ser objeto de cuidado são os direitos de terceiros, de modo que é recomendável a mais ampla publicidade, na linha do que estabelece o Enunciado nº 113 da I Jornada Direito Civil:

> É admissível a alteração do regime de bens entre os cônjuges, quando então o pedido, devidamente motivado e assinado por ambos os cônjuges, será objeto de autorização judicial, com ressalva dos direitos de terceiros, inclusive dos entes públicos, após perquirição de inexistência de dívida de qualquer natureza, exigida ampla publicidade.

É por isso que o art. 734 do Código de Processo Civil determina a remessa para o Ministério Público, bem como a publicação de edital previamente à sentença do juiz.

Essa é a razão justificadora para que a decisão que autoriza a mudança de regime não tenha efeitos retroativos, de modo a tutelar interesses de terceiros credores, cujos direitos estão sempre ressalvados e a mudança de regime só lhes é oponível após o trânsito em julgado da decisão. No entanto, será que em relação aos cônjuges, não seria possível admitir-se a eficácia *ex tunc* da sentença, na medida em que se trata de direito disponível?[13]

A tendência majoritária da jurisprudência é pela negativa a essa resposta.[14] A doutrina – embora minoritária –, faz uma advertência interessante:

---

12 Disponível em: https://legis.senado.leg.br/sdleg-getter/documento?dm=572322&ts=1593931937156&disposition=inline. Acesso em: 30 ago. 2021.

13 "1 Em relação a terceiros, no intuito de resguardar os interesses destes, os efeitos da sentença que altera o regime de bens na constância do casamento são, em regra, *ex nunc* (CC, art. 1.639, §2º). Já em relação aos cônjuges, salvo determinação em contrário disposta na decisão judicial autorizativa da alteração, os efeitos em regra são *ex tunc*. 2. A justificativa do pedido de alteração de regime de bens, que repousa no argumento de que houve equívoco no cartório de registro civil, pois a intenção dos nubentes desde o início era o regime para o qual pretendem ver alterado – comunhão universal de bens – é indicativo seguro de que a pretensão da modificação fosse operada com efeitos *ex tunc*" (TJSC, 5ª Câm. Dir. Civ. Ap. Cív. nº 20130256937. Rel. Des. Luiz Cézar Medeiros, j. 7.3.2016).

14 "RECURSO ESPECIAL. CIVIL E PROCESSUAL CIVIL. DIREITO DE FAMÍLIA. DISSOLUÇÃO DO CASAMENTO. ALTERAÇÃO DO REGIME DE BENS. TERMO INICIAL DOS SEUS EFEITOS. EX NUNC. ALIMENTOS. RAZOABILIDADE. BINÔMIO NECESSIDADE E POSSIBILIDADE. CONCLUSÕES ALCANÇADAS PELA CORTE DE ORIGEM. IMPOSSIBILIDADE DE REVISÃO NA VIA ELEITA. SÚMULA 7/STJ. 1 - Separação judicial de casal que, após período de união estável, casou-se, em 1997, pelo regime da separação de bens, procedendo a sua alteração para o regime da comunhão parcial em 2007 e separando-se definitivamente em 2008. 2 - Controvérsia

Ainda sobre a sentença, há grande dificuldade em apontar se os seus efeitos serão retroativos ou não-retroativos. Com efeito, imaginando se tratar de modificação de um regime de comunhão para uma separação absoluta, é de se lhe reconhecer efeitos *ex nunc*, não retroativos, sendo obrigatória a realização de partilha. De outro modo, hipoteticamente admitida a mudança de um regime separatório para a comunhão universal, naturalmente, vislumbra-se uma eficácia retroativa, *ex tunc*. Assim, entendemos que dependerá do caso concreto a retroação ou não dos efeitos da sentença. De qualquer modo, é certa a possibilidade dos interessados requererem, expressamente, ao juiz que estabeleça a retroação da eficácia do comando sentencial, optando pelos efeitos *ex tunc*. Outrossim, no que tange à esfera jurídica de interesses de terceiros, a eficácia, será, invariavelmente, *ex nunc*, não retroativa.[15]

Portanto, uma vez preservados os direitos de terceiros, é de se refletir se não seria o caso de potencializar os arranjos entre os cônjuges que melhor sirvam à realização de sua autonomia.

O que se constata do exame da jurisprudência é que a maioria dos casos se refere à mudança de regimes comunheiros para separatistas. Já se debateu se, nessas hipóteses, ficaria a critério dos cônjuges ou não a partilha dos bens, liquidando o regime de comunhão e definindo-se a situação patrimonial anterior dos cônjuges; ou, mesmo, se seria essencial a listagem dos bens no caso em que as partes optarem pela manutenção do patrimônio em mancomunhão.

Nota-se que o reconhecimento da autonomia nesse ponto deriva da premissa de que a mudança de regime gera efeitos *ex nunc* para todos: partes e terceiros. Assim, a autonomia para partilhar os bens, segundo o STJ, deriva da constatação de que a mudança não acarreta prejuízo para eles próprios e resguarda direitos de terceiros, além de o reconhecimento da eficácia *ex nunc* da alteração do regime não ser incompatível com a divisão dos bens adquiridos no período de vigência do regime comunheiro.[16] E acrescenta:

> Também não se discute que a alteração do regime de bens, na espécie, produz efeitos *ex nunc*, isso é indubitável. Ocorre que a partilha dos bens não é incompatível com essa natureza eficacial, apenas deve ser observado que a justa solução da controvérsia não pode prescindir da compatibilização do desejo dos autores, ora recorrentes, com o sistema normativo vigente, no qual não existe ressalva à pretensão ora deduzida, de realização da partilha dos bens comuns do casal como consequência da alteração do regime, independentemente da existência de separação judicial.

Sobre a autonomia dos cônjuges, uma observação do julgado é importante:

---

em torno do termo inicial dos efeitos da alteração do regime de bens do casamento ('ex nunc' ou 'ex tunc') e do valor dos alimentos. 3 - Reconhecimento da eficácia 'ex nunc' da alteração do regime de bens, tendo por termo inicial a data do trânsito em julgado da decisão judicial que o modificou. Interpretação do art. 1639, §2º, do CC/2002. 4 - Razoabilidade do valor fixado a título de alimentos, atendendo aos critérios legais (necessidade da alimentanda e possibilidade do alimentante). Impossibilidade de revisão em sede de recurso especial. Vedação da Súmula 07/STJ. 5 - Precedentes jurisprudenciais do STJ. 6 - RECURSO ESPECIAL PARCIALMENTE PROVIDO" (STJ, 3ª T. REsp nº 1.300.036/MT. Rel. Min. Paulo de Tarso Sanseverino. *DJe*, 20 maio 2014).

15 ROSENVALD, Nelson. *Direito das famílias*. Rio de Janeiro: Lumen Juris, 2008. p. 228.

16 "No caso, diante de manifestação expressa dos cônjuges, não há óbice legal que os impeça de partilhar os bens adquiridos no regime anterior, de comunhão parcial, na hipótese de mudança para separação total, desde que não acarrete prejuízo para eles próprios e resguardado o direito de terceiros. Reconhecimento da eficácia ex nunc da alteração do regime de bens que não se mostra incompatível com essa solução" (STJ, 3ª T. REsp nº 1.533.179/RS. Rel. Marco Aurélio Bellizze, j. 8.9.2015).

> Existe hoje um novo modelo de regras para o casamento, em que a autonomia da vontade dos nubentes, quanto aos seus bens, é percebida em sua mais ampla acepção, e a única ressalva apontada na legislação diz respeito a terceiros, ao dispor o §2º do art. 1.639 do CC de 2002, de forma categórica, que os direitos destes não serão prejudicados pela alteração do regime de bens.

Sob o fundamento da autonomia e boa-fé, entendeu-se, também, que é possível não partilhar os bens – nem os enumerar:

> Destarte, no particular, considerando a presunção de boa-fé que beneficia os consortes e a proteção dos direitos de terceiros conferida pelo dispositivo legal em questão, bem como que os recorrentes apresentaram justificativa plausível à pretensão de mudança de regime de bens e acostaram aos autos farta documentação (certidões negativas das Justiças Estadual e Federal, certidões negativas de débitos tributários, certidões negativas da Justiça do Trabalho, certidões negativas de débitos trabalhistas, certidões negativas de protesto e certidões negativas de órgãos de proteção ao crédito), revela-se despicienda a juntada da relação pormenorizada de seus bens.[17]

Decidiu-se que não é necessário aprofundar-se na justificativa motivadora tanto da mudança do regime quanto da ausência de partilha, mantendo-se os bens em mancomunhão:

> A melhor interpretação que se pode conferir ao §2º do art. 1.639 do CC é aquela no sentido de não se exigir dos cônjuges justificativas ou provas exageradas, desconectadas da realidade que emerge dos autos, sobretudo diante do fato de a decisão que concede a modificação do regime de bens operar efeitos ex nunc. 7. Isso porque, na sociedade conjugal contemporânea, estruturada de acordo com os ditames assentados na Constituição de 1988, devem ser observados – seja por particulares, seja pela coletividade, seja pelo Estado – os limites impostos para garantia da dignidade da pessoa humana, dos quais decorrem a proteção da vida privada e da intimidade, sob o risco de, em situações como a que ora se examina, tolher indevidamente a liberdade dos cônjuges no que concerne à faculdade de escolha da melhor forma de condução da vida em comum.

Discute-se, no âmbito da autonomia privada, se os cônjuges podem criar regras próprias, o que acaba por ultimar um regime híbrido, ou se a criação de regimes híbridos só é possível em pactos antenupciais ou convivenciais. Embora não tenha sido encontrado nenhum acórdão no STJ sobre o tema, entende-se pela possibilidade de adoção de um regime híbrido na constância do casamento. O desafio é a publicidade das cláusulas, uma vez que o processo judicial que autoriza a mudança de regime tramita em segredo de justiça. Uma solução seria a lavratura de um pacto pós-nupcial, contendo as mesmas regras patrimoniais, que fizeram parte do processo de mudança de regime e que foram autorizadas pelo juiz que, juntamente com a averbação da decisão judicial modificadora do regime, também registrada na certidão de casamento.

O pacto pós-nupcial ainda não é profundamente debatido. Define-se essa modalidade de contrato como "um acordo que rege o novo regime de bens vigente no casamento já celebrado, que no Brasil poderá ser feito após autorização judicial específica para

[17] STJ, 3ª T. REsp nº 1.904.498/SP. Rel. Min. Nancy Andrighi, j. 4.5.2021.

alteração do regime",[18] ou seja, é situação clássica de contrato intrafamiliar de cunho patrimonial. O que se constata é que as mudanças no regime patrimonial têm sido vinculadas à autorização judicial, como já se examinou. No entanto, há casos em que o escopo pode ser um esclarecimento ou mudança em cláusula específica do pacto antenupcial.

Em caso no qual se pretendia revogar cláusula do pacto antenupcial que previa doação de um cônjuge a outro no regime da separação total de bens – e não modificação do regime em si –, o TJSP entendeu necessário autorização judicial para que os cônjuges lavrassem outra escritura pública de "pacto antenupcial que deverá produzir efeitos *ex nunc*", determinando-se a expedição de alvará para efetivação do pacto junto ao tabelionato de notas.[19]

O pacto pós-nupcial foi mencionado uma única vez pelo STJ, em hipótese de casal que, conquanto tenha celebrado a cerimônia religiosa no Brasil, o casamento civil foi realizado na Espanha, mas foi transcrito no 1º Cartório de São Bernardo do Campo, além de registrado no Consulado Geral do Brasil. O casamento se deu na vigência do Código Civil de 1916. Logo que voltou ao Brasil, o casal resolveu se separar. Instaurou-se a discussão de qual seria o regime de bens aplicável, uma vez que a sentença decidiu que os bens deveriam ser partilhados pois viável a comunicação dos aquestos, não obstante o regime do casamento tenha sido o da separação total de bens.[20]

> A questão de o regime de casamento ser o de separação total de bens foi decidida à luz dos documentos trazidos pelas partes aos autos e não pode ser revista por esta Corte, conforme óbice da Súmula n. 7/STJ.
>
> Nesse mesmo sentido, apesar de insistir o recorrente em que houve alteração do pacto nupcial, para deixar claro que os bens adquiridos na constância do casamento também não se comunicaram, o Tribunal concluiu que se tratou de pacto pós-nupcial, que, em nossa legislação, depende de aprovação do Poder Judiciário para que seja válido.[21]

Constata-se que o STJ equivaleu o pedido de mudança de regime ao pacto pós-nupcial. Trata-se de assunto que ainda carece de aprofundamento, para explorar

---

[18] ASSUMPÇÃO, Letícia Franco Maculan; GRACIANO, Bernardo Freitas. O pacto pós-nupcial: na alteração de regime de bens após autorização judicial e na retificação de registro civil. *Colégio Notarial do Brasil*, 27 out. 2016. Disponível em: https://www.notariado.org.br/artigo-o-pacto-pos-nupcial-na-alteracao-de-regime-de-bens-apos-autorizacao-judicial-e-na-retificacao-de-registro-civil-leticia-franco-maculan-assumpcao-e-bernardo-freitas-graciano/. Acesso em: 1º set. 2021.

[19] Os fatos foram descritos na sentença da seguinte forma: "X e Y ajuizaram o presente pedido de alvará judicial, alegando, em apertada síntese, que são casados desde 9 de setembro de 2016 pelo regime da separação de bens, em razão de pacto antenupcial, em que estabeleceram cláusulas pelas quais o casal assentiu com obrigações específicas. Contudo, informam que essas cláusulas não se mostram mais razoáveis, diante do que ocorre na vida cotidiana do casal, pois a dinâmica financeira imaginada pelas partes antes do casamento não se instaurou, terminando por tornar injustos os compromissos de doações futuras imputados ao marido. Informam que mantém relação absolutamente harmônica, desejam permanecer casados e seguem anuindo com o regime de bens escolhido para o casamento. Em petição assinada por ambos os cônjuges, requerem seja autorizada a lavratura de novo pacto antenupcial de separação convencional de bens, ou, seja declarada a revogação do subitem III da cláusula quarta do pacto antenupcial lavrado, mantendo-se a integralidade das demais disposições. Juntaram documentos" (TJSP. Sentença nos autos nº 1007276-42.2017.8.26.0011. Juiz Ricardo Pereira Júnior, j. 5.8.2018).

[20] Essa discussão tinha cabimento em razão do art. 259 do Código Civil de 1916, que determinava que, quando os nubentes fossem escolher o regime da separação total de bens, deveria constar expressamente no pacto que os aquestos não se comunicavam.

[21] STJ. REsp nº 1.300.205/SP. Rel. Min. João Otávio de Noronha, j. 8.4.2015. *DJe*, 20 abr. 2015.

as suas possibilidades, tanto para esclarecer algum aspecto do regime que tenha ficado obscuro no pacto, quanto para eleger, escolher ou revogar cláusulas acessórias ao regime de bens. Será que, mesmo nesses casos, seria necessária a autorização judicial?

5 Conclusão

O objetivo deste texto foi investigar se a autonomia patrimonial dos nubentes é igual, em quantidade e qualidade, à dos cônjuges na constância do casamento – razão pela qual se denominou esse novo movimento patrimonial de contratos intrafamiliares – o que se exterioriza, na maioria dos casos, por meio da mudança do regime de bens.

A resposta parece ser negativa, em razão do controle jurisdicional que se exerce sobre a motivação para a mudança de regime, a fim de proteger a família. No entanto, olvida-se que se trata da vontade exteriorizada entre pessoas presumidamente livres e iguais, de modo que a intervenção do Estado nessa seara parece ser excessiva e paternalista. Por isso, o melhor seria que esse procedimento fosse transferido ao tabelionato de notas, na esteira da tendência à desjudicialização, inaugurada pela Lei nº 11.441/2007.

Por isso, defendeu-se maior liberdade dos cônjuges na construção de regras sobre o novo regime de bens no caso de uma mudança, ainda que se trate de um regime híbrido, desde que terceiros estejam protegidos. Para tanto, propôs explorar a potencialidade dos pactos pós-nupciais, um instrumento que pode formalizar o detalhamento dessas regras caso a mudança seja para um regime híbrido, bem como esclarecer, elucidar questões sobre o próprio regime de bens já adotado quando do casamento. Ficou em aberto para se refletir futuramente se nesta última hipótese é necessária a autorização judicial, vez que o regime em si não será modificado.

Referências

ASSUMPÇÃO, Letícia Franco Maculan; GRACIANO, Bernardo Freitas. O pacto pós-nupcial: na alteração de regime de bens após autorização judicial e na retificação de registro civil. *Colégio Notarial do Brasil*, 27 out. 2016. Disponível em: https://www.notariado.org.br/artigo-o-pacto-pos-nupcial-na-alteracao-de-regime-de-bens-apos-autorizacao-judicial-e-na-retificacao-de-registro-civil-leticia-franco-maculan-assumpcao-e-bernardo-freitas-graciano/. Acesso em: 1º set. 2021.

CARVALHO, Dimitre Braga Soares de. Contratos familiares: cada família pode criar seu próprio direito de família. *In*: TEIXEIRA, Ana Carolina Brochado; RODRIGUES, Renata de Lima (Coord.). *Contratos, família e sucessões*: diálogos interdisciplinares. 2. ed. Indaiatuba: Foco, 2021.

FLEISCHMANN, Simone Tassinari Cardoso; TEIXEIRA, Ana Carolina Brochado. Futuros possíveis para o planejamento sucessório. *Revista Brasileira de Direito Civil – RBDCivil*, Belo Horizonte, v. 29, jul./set. 2021. No prelo.

KONDER, Carlos Nelson, Vulnerabilidade patrimonial e vulnerabilidade existencial: por um sistema diferenciador. *Revista de Direito do Consumidor – RDC*, v. 24, n. 99, p. 110, maio/jun. 2015.

LÔBO, Paulo. *Famílias*. 2. ed. São Paulo: Saraiva, 2009.

RODRIGUES, Renata de Lima; TEIXEIRA, Ana Carolina Brochado. A tensão entre ordem pública e autonomia privada no direito de família contemporâneo: da não interferência do Estado na (des)constituição familiar e na comunhão de vida. *In*: RODRIGUES, Renata de Lima; TEIXEIRA, Ana Carolina Brochado. *O direito de família entre a norma e a realidade*. São Paulo: Atlas, 2010.

ROSENVALD, Nelson. *Direito das famílias*. Rio de Janeiro: Lumen Juris, 2008.

TEPEDINO, Gustavo; TEIXEIRA, Ana Carolina Brochado. *Fundamentos do direito civil* – Direito de Família. 2. ed. Rio de Janeiro: Forense, 2021. v. 6.

Informação bibliográfica deste texto, conforme a NBR 6023:2018 da Associação Brasileira de Normas Técnicas (ABNT):

TEIXEIRA, Ana Carolina Brochado; OLIVEIRA, Alexandre Miranda. Planejamento patrimonial e a autonomia para contratação de pactos intrafamiliares. *In*: TEIXEIRA, Daniele Chaves (Coord.). *Arquitetura do planejamento sucessório*. Belo Horizonte: Fórum, 2022. p. 321-332. Tomo III. ISBN 978-65-5518-291-0.

AS DOAÇÕES REMUNERATÓRIAS NO PLANEJAMENTO SUCESSÓRIO

ANA LUIZA MAIA NEVARES

1 Notas iniciais: desigualdade de gêneros e tutela do cuidado

Estas reflexões tiveram como ponto de partida texto de Ana Carla Harmatiuk Matos e Isabela Hummelgem, intitulado "Notas sobre as relações de gênero no planejamento sucessório", publicado no tomo I da obra *Arquitetura do planejamento sucessório*, coordenado por Daniele Chaves Teixeira.[1]

No referido artigo, Ana Carla Harmatiuk Matos e Isabela Hummelgem alertam para as condições de desigualdade entre homens e mulheres, demonstrando que o exercício da autonomia do titular dos bens no planejamento sucessório pode agravar ainda mais a condição de desigualdade das mulheres no processo de sucessão hereditária, devido à perpetuação dos reflexos do patriarcalismo, considerando, por outro lado, que exatamente essa mesma autonomia pode conceder proteção aos indivíduos vulneráveis no ambiente familiar.

Sem dúvida, a preocupação ora referida é mais do que legítima. De fato, apesar de a Constituição da República ser categórica quanto à igualdade de gêneros, prevendo que homens e mulheres são iguais perante a lei (CR, art. 5º, inc. I), bem como determinando que um dos objetivos da República é promover o bem de todos, sem preconceitos de origem, raça, sexo, cor, idade e quaisquer outras formas de discriminação (CR, art. 3º), a realidade é bem diversa.

A vulnerabilidade da mulher no âmbito doméstico é latente. Não por outra razão, viemos acompanhando a edição de leis que visam proteger as mulheres, como a Lei Maria da Penha (Lei nº 11.340/2006), que cria mecanismos para coibir e prevenir a violência doméstica e familiar contra a mulher, dispõe sobre a criação dos juizados de violência doméstica e familiar contra a mulher e estabelece medidas de assistência

[1] MATTOS, Ana Carla Harmatiuk, HUMMELGEN, Isabela. Notas sobre as relações de gênero no planejamento sucessório. *In*: TEIXEIRA, Daniele Chaves (Coord.). *Arquitetura do planejamento sucessório*. 2. ed. Belo Horizonte: Fórum 2019. p. 63-77.

e proteção às mulheres em situação de violência doméstica e familiar. Na mesma direção, recentemente, foi aprovada a Lei nº 14.188/21, que autoriza o Executivo, o Judiciário, o Ministério Público, a Defensoria Pública e demais órgãos de segurança pública a estabelecerem parcerias com estabelecimentos comerciais privados, por meio do programa Sinal Vermelho, que prevê, entre outras medidas, que a letra X escrita na mão da mulher, preferencialmente na cor vermelha, funcione como um sinal de denúncia de situação de violência em curso, prevendo a realização de ampla divulgação para informar a população sobre a aludida campanha, incluindo no Código Penal o crime de violência psicológica contra a mulher, a ser atribuído a quem causar dano emocional "que lhe prejudique e perturbe o pleno desenvolvimento ou que vise degradar ou controlar suas ações, comportamentos, crenças e decisões".

A vulnerabilidade da mulher no âmbito familiar não é só observada no campo da violência, mas também naquele de divisão das tarefas domésticas, em especial com o cuidado dos filhos, parentes incapacitados e idosos.

Dados do IBGE de 2019 apontam que as mulheres dedicam 21,4 horas semanais às tarefas domésticas, enquanto os homens destinam apenas 11,0 horas. A diferença de horas entre as médias masculina e feminina aumentou de 9,9 para 10,4 horas semanais, de 2016 para 2019,[2] sendo que a taxa de realização de cuidados com crianças, idosos e pessoas com deficiência é maior entre as mulheres, 36,8%, ou seja, 10,9 pontos percentuais acima da taxa de homens, que é de 25,9%.[3]

A toda evidência, diante da maior demanda da mulher no espaço privado, sua participação no mercado de trabalho resta prejudicada, alcançando menor remuneração em comparação com aquela dos homens, bem como maior dificuldade em ocupar posições de liderança.

A pandemia do coronavírus acentuou ainda mais esse quadro, havendo diversas pesquisas que apontam que, diante do isolamento social, cerca de 50% das mulheres passaram a se responsabilizar pelo cuidado de alguém na pandemia, sendo certo que, entre as que cuidam de crianças, cerca de 72% afirmaram que aumentou a necessidade de monitoramento dentro do domicílio.[4]

Para combater as desigualdades de gênero, são de fundamental importância políticas públicas que reconheçam a maior dedicação das mulheres ao cuidado com a família, valendo citar, apenas a título de exemplo, a possibilidade de inclusão dos períodos de licença-maternidade das mulheres no Currículo Lattes, bem como recente programa instituído em nosso país vizinho, a Argentina, que tem por objetivo considerar o cuidado materno como trabalho para fins de aposentadoria.

---

2 NOGUEIRA, Carol. Tarefas domésticas: mulheres dedicam quase o dobro de tempo que os homens, aponta IBGE. *Finanças Femininas*, 9 jun. 2020. Disponível em: https://financasfemininas.com.br/tarefas-domesticas-mulheres-dedicam-quase-o-dobro-de-tempo. Acesso em: 3 ago. 2021.

3 JÚNIA, Raquel. Pnad mostra que mulheres dedicam 10 horas mais a cuidados domésticos que homens. *Agência Brasil*, 4 jun. 2020. Disponível em: https://agenciabrasil.ebc.com.br/radioagencia-nacional/acervo/economia/audio/2020-06/pnad-continua-mostra-que-mulheres-dedicam-10-horas-mais-afazeres-e-cuidados. Acesso em: 3 ago. 2021.

4 CASTANHARI, Laíza. Pandemia reforça desigualdade de gênero no mercado de trabalho. *Feac*, 27 maio 2021. Disponível em: https://www.feac.org.br/pandemia-reforca-desigualdade-de-genero-no-mercado-de-trabalho%E2%80%AF/. Acesso em: 8 ago. 2021.

Se as aludidas políticas públicas são essenciais para que se caminhe em direção à igualdade de gênero, iniciativas no espaço privado são também muito bem-vindas, como reconhecido no já citado artigo de Ana Carla Harmatiuk Matos e Isabela Hummelgem quanto ao planejamento sucessório, que pode ser importante sede para mitigar situações recorrentes no âmbito familiar, quando um dos membros da família – na maior parte das vezes uma mulher – passa a ser o responsável pelo cuidado do familiar idoso ou incapacitado, assumindo responsabilidades e afazeres que lhe retiram tempo e dedicação ao mercado de trabalho.

Diante da pirâmide populacional envelhecida,[5] o direito de família e das sucessões vê-se perante a problemática do cuidado dos parentes idosos e dependentes, indagando-se se seria possível encontrar no direito sucessório algum mecanismo de fomento para tal cuidado. Com efeito, embora no mundo ideal se almeje espontaneidade no estabelecimento desse cuidado, um sistema de recompensa pode ter maior eficácia do que a espera por aqueles que se voluntariarão na referida tarefa.

Essas notas iniciais demonstram a importância em se investigar institutos do direito civil que possam desempenhar significativo papel na tutela de pessoas vulneráveis. Nesta sede, busca-se analisar em que medida as doações remuneratórias consistem em relevante ferramenta do planejamento sucessório, com fins de proteger aquele familiar que se dedica ao cuidado de pessoas idosas e dependentes.

2 Doações remuneratórias: conceito

Em 2018, o Tribunal de Justiça do Rio Grande do Sul analisou documento particular por meio do qual o marido cedeu à mulher a integralidade dos recursos oriundos de precatórios de que era titular, aduzindo que era

> pessoa doente e aposentada, necessitando permanentemente de cuidados especiais e que desde que casou com a cessionária recebia da mesma todo o amor e todos os cuidados que lhe dão razão de viver de modo feliz. Referiu que não tinha bens atuais e que a Cessionária, apesar disso, o tem acompanhado de modo fiel, sempre atuando como parceira dedicada. Ao final constou que fazia doação remuneratória em favor da agravante pelos serviços pessoais e emocionais que lhe tem prestado, inclusive no que se refere à saúde do Cedente [...].[6]

No caso em comento, o cedente, além de sua mulher, com quem havia casado pelo regime da separação obrigatória de bens em 2000, deixou uma única filha, herdeira necessária e, portanto, a quem caberia ao menos 50% (cinquenta por cento) da herança.

A cessionária pretendia a aplicação da previsão do art. 2.011 do Código Civil, que afasta as doações remuneratórias da colação, para que restasse com a integralidade dos recursos doados. O Tribunal afastou a incidência do referido dispositivo ao caso,

---

5 Segundo o Instituto Brasileiro de Geografia e Estatística (IBGE), em 2018, as estimativas apontaram para cerca de 28 milhões de idosos no país. Ademais, a instituição também ressaltou que as estimativas apontam que a partir de 2060 haverá mais idosos do que jovens no país (ENVELHECIMENTO populacional: o aumento da longevidade. *SBGG*, 28 nov. 2020. Disponível em: https://sbgg.org.br/envelhecimento-populacional-o-aumento-da-longevidade/. Acesso em: 8 ago. 2021).

6 Trecho do acórdão proferido pelo TJRS no Agravo de Instrumento nº 70076068881 (nº CNJ: 0371003- 39.2017.8.21.7000), 8ª Câmara Cível, Rel. Des. Luiz Felipe Brasil Santos, j. 12.4.2018.

ao argumento de que, "em que pese se revelar dos termos do documento de cessão da fl. 10 a intenção de o falecido amparar a agravada financeiramente, demonstrando ali seu reconhecimento pela atenção que a agravante lhe devotou, é certo que o emprego da expressão serviços pessoais e emocionais que lhe tem prestado, inclusive no que se refere à saúde do Cedente, não se amolda ao que pretendeu a lei contemplar no art. 2011 do CC", uma vez que "a doação remuneratória visa a pagar algo que alguém prestou ao doador graciosamente, sem que houvesse regra legal impositiva", argumentando que cuidados eventualmente prestados ao cônjuge não são passíveis de reembolso, remuneração ou indenização, porque derivam do dever matrimonial. Assim, determinou que os recursos oriundos dos precatórios fossem partilhados na proporção de 50% (cinquenta por cento) para a mulher e 50% (cinquenta por cento) para a filha do falecido.

Mas, afinal, em que consistem as doações remuneratórias? Foi correta a solução acima dada ao caso pelo Tribunal de Justiça do Rio Grande do Sul?

O art. 540 do Código Civil prevê que não perde o caráter de liberalidade a doação remuneratória no excedente ao valor dos serviços remunerados. Segundo Caio Mário da Silva Pereira:

> Doação remuneratória é aquela que se efetua com o propósito de recompensar serviços recebidos, pelos quais o donatário não se tornara credor de uma prestação juridicamente exigível. Não se trata, portanto, de pagamento, que pressupõe um crédito, nem constitui contraprestação. O doador transfere bens ou vantagens, porque quer, mas sob a afirmativa de uma causação, que, entretanto, não lhe retira o caráter de liberalidade naquilo em que a coisa doada exceder ao valor dos serviços remunerados (art. 540).[7]

Por conseguinte, para que reste configurada uma doação remuneratória, é imprescindível que tenha havido serviços prestados e que esses sejam o motivo determinante da transferência do patrimônio de forma gratuita, expressamente declarado no instrumento da doação.

Conforme Pontes de Miranda, "na doação remuneratória, o doador não deve ao donatário. Remunera sem dever", não havendo reciprocidade, "porque o que se remunera já foi prestado".[8]

Dessa forma, a questão assume contornos tortuosos, uma vez que, se por um lado a função prático-social da doação é a "transferência de bens ou vantagens do patrimônio do doador para o do donatário", consistindo em contrato unilateral por criar obrigações apenas para o doador, sendo certo que se trata de contrato gratuito porque a aludida transferência patrimonial ocorre sem contraprestação do donatário,[9] no caso da doação remuneratória, o donatário nada poderia cobrar do doador, mas se recebe uma dádiva por serviços que lhe prestou, esta não será considerada uma liberalidade que não no excedente ao valor dos serviços prestados.

---

7 PEREIRA, Caio Mário da Silva. *Instituições de direito civil*. 14. ed. Rio de Janeiro: Forense, 2010. v. III. p. 214.

8 PONTES DE MIRANDA, Francisco Cavalcanti. *Tratado de direito privado* – Parte Especial. Rio de Janeiro: Borsoi, 1964. t. XLVI. p. 203.

9 TEPEDINO, Gustavo; KONDER, Carlos Nelson; BANDEIRA, Paula Greco. *Fundamentos do direito civil*. 2. ed. Rio de Janeiro: Forense, 2021. v. 3. p. 202-203.

Os serviços, portanto, não podem ter natureza de dívida exigível, sendo dita doação realizada para recompensar serviços que não podem ser cobrados.[10]

Argumenta-se, assim, que o legislador fragmenta o negócio: até o valor dos serviços prestados, não há doação, que só ocorre quanto ao excedente. Há, assim, um sacrifício patrimonial do donatário, mas sem natureza de correspectividade por conta dos serviços dispendidos.[11] Agostinho Alvim sugere o seguinte exemplo: se os serviços valem dez e eu dou vinte, até dez haverá remuneração. Quanto aos dez excedentes, estes constituem doação. Assim, uma parte é remuneração, sem liberalidade, e outra parte é doação pura.[12]

No entanto, vale indagar com Eduardo Espínola: "se não é liberalidade é pagamento? A que título, porém? Em cumprimento de uma obrigação que não existe?". De acordo com o referido autor, o Projeto Bevilacqua dispunha que só não se considerava doação o excesso do valor do objeto doado sobre *o do encargo*. No entanto, no projeto revisto declarou-se que "é liberalidade o excesso do valor doado sobre o do encargo ou dos serviços" e, assim, se houver serviços prestados, mas sem compensação obrigatória, só será liberalidade o que exceder ao valor dos serviços prestados.[13]

De acordo com Agostinho Alvim, se houver dúvida, devem ser avaliados os bens ou vantagens transferidas e os serviços prestados para verificar o excedente. Nessa direção, "no caso de serviços cobráveis e estimáveis, como os dos profissionais, não há problema", uma vez que devem ser avaliados pelo valor do momento em que foram prestados. Já nas hipóteses de "atos de bondade, de abnegação, trabalhos e sacrifícios não estimáveis, nem cobráveis, mas também abrangidos na expressão serviços, a solução não apresenta a mesma simplicidade", podendo ser admitido que, nesses últimos casos, não há excesso, já que não se pode estimar as vantagens morais, o que impediria a discussão quanto ao valor do bem doado, por mais vultoso que seja, salvo se houver interesses de terceiros lesados, como a legítima dos herdeiros necessários e credores do doador, quando na parte do ato caracterizada como doação, terá que haver redução.[14]

Diante da previsão do art. 540 do Código Civil, se houver excesso do valor da doação em comparação aos serviços prestados, existirão dois atos com naturezas distintas, aos quais se aplicam suas respectivas disciplinas.

Assim, no caso das doações remuneratórias, admite-se que o doador responda pelos vícios redibitórios e pela evicção até o limite dos serviços prestados,[15] considerando o sacrifício patrimonial do donatário. Da mesma forma, as doações remuneratórias não

---

10 GOMES, Orlando. Doação remuneratória de ascendente a descendente. Validade. *In*: GOMES, Orlando. *Questões de direito civil* – Pareceres. 5. ed. São Paulo: Saraiva, 1988. p. 412.

11 TEPEDINO, Gustavo; KONDER, Carlos Nelson; BANDEIRA, Paula Greco. *Fundamentos do direito civil*. 2. ed. Rio de Janeiro: Forense, 2021. v. 3. p. 207.

12 ALVIM, Agostinho. *Da doação*. 2. ed. São Paulo: Saraiva, 1972. p. 48-49.

13 ESPÍNOLA, Eduardo. *Dos contratos nominados no direito civil brasileiro*. 1. ed. Atualização de Ricardo Rodrigues Gama. Campinas: Bookseller, 2002. p. 265.

14 ALVIM, Agostinho. *Da doação*. 2. ed. São Paulo: Saraiva, 1972. p. 52.

15 TEPEDINO, Gustavo; KONDER, Carlos Nelson; BANDEIRA, Paula Greco. *Fundamentos do direito civil*. 2. ed. Rio de Janeiro: Forense, 2021. v. 3. p. 207-208.

podem ser revogadas por ingratidão (CC, art. 564, I), porque o donatário recebeu um benefício pelo trabalho que realizou.[16]

O cônjuge casado por regime de bens diverso da separação absoluta pode fazer doação de bens comuns ou dos que possam integram futura meação sem a autorização do outro se se tratar de doação remuneratória (CC, art. 1.647, IV), exatamente porque a finalidade da dádiva foi compensar um serviço que, se beneficiou um dos consortes, se presume que se reverteu em proveito da família.

Por fim, prevê o disposto no art. 2.011 do Código Civil que as doações remuneratórias de serviços feitos aos ascendentes não estão sujeitas à colação, já que incrementam o patrimônio do donatário em compensação de esforços dispendidos por este último.

Importante registrar que, apesar de se destinar a remunerar um serviço prestado, a doação remuneratória é um ato de liberalidade,[17] já que há um sacrifício patrimonial do doador, "sem o qual não se poderia qualificar o negócio como tal".[18] Realmente, assiste razão à Orlando Gomes quando assinala que "é predominante a opinião de que constitui um ato gratuito, por não ser juridicamente devida a remuneração, nem haver, da parte de quem presta o serviço a intenção de cobrá-lo, não sendo diversa a sua causa da que é própria da doação típica".[19] Por essa razão, não há dúvidas de que o ato estará sujeito ao imposto estadual sobre transmissão *causa mortis* e doação, de competência privativa dos estados e do Distrito Federal, conforme prevê o disposto no art. 155, I, da Constituição da República.[20]

---

[16] "Propriedade e Direitos Reais Sobre Coisas Alheias. Apelação Cível. Ação de Revogação de doação por ingratidão, arts. 555 e 557, III do Código Civil. Não Comprovação. Ônus da Autora. Do Cerceamento de Defesa. Cerceamento de defesa não configurado, pois a parte-autora, intimada, não postulou o depoimento pessoal do demandado, cuja necessidade invoca nas razões recursais. Da Revogação da Doação. A revogação da doação, por se tratar de medida excepcional que não está ao alvitre das partes, exige, nos moldes na lei civil, a prova da ingratidão, que não ocorreu no caso concreto. A prova testemunhal, em verdade, aponta para a ocorrência de uma doação remuneratória, a qual não autoriza a revogação por ingratidão, a teor do disposto no artigo 564 do CC. Preliminar rejeitada. Apelação desprovida" (TJRS, 19ª CC. Apelação Cível nº 70069241537. Rel. Des. Voltaire de Lima Moraes, j. 16.6.2016).

[17] Quando não se trata de doação remuneratória: "Negócio Jurídico - Anulação - Doação de imóvel rural valioso a título de remuneração por serviços prestados - Prova oral demonstra que o autor não tinha a intenção de doar o imóvel aos réus, que acreditava estar assinando uma procuração para que eles administrassem os seus bens - Conclusão de que os réus, aproveitando-se da senilidade, da escassa instrução e da deficiência auditiva do autor, de maneira dolosa, o induziram em erro, para extorquir-lhe o imóvel - O valor do imóvel é muito superior ao valor dos pequenos serviços prestados, o que descaracteriza a doação como remuneratória - Locupletamento ilícito - Ação ordinária de anulação de negócio jurídico procedente, determinando-se seja oficiado ao Ministério Público e à Corregedoria Geral da Justiça, para a apuração de eventuais ilícitos penal e administrativo - Recurso provido, com determinação" (TJSP. Feito não especificado nº 9135170-78.2006.8.26.0000. Rel. Paulo Eduardo Razuk; Órgão julgador: órgão julgador não identificado; Foro de Ituverava - 2. Vara Cível, j: N/A; data de registro: 11.1.2007).

[18] TEPEDINO, Gustavo; KONDER, Carlos Nelson; BANDEIRA, Paula Greco. *Fundamentos do direito civil*. 2. ed. Rio de Janeiro: Forense, 2021. v. 3. p. 207.

[19] GOMES, Orlando. Doação remuneratória de ascendente a descendente. Validade. *In*: GOMES, Orlando. *Questões de direito civil* – Pareceres. 5. ed. São Paulo: Saraiva, 1988. p. 412.

[20] XAVIER, Alberto. A distinção entre doação remuneratória e doação em contemplação do merecimento para efeitos fiscais. *Revista Dialética de Direito Tributário*, n. 209, p. 141-149. O autor analisa o caso de um executivo que, na qualidade de diretor estatutário de uma companhia, bem como de diversas empresas controladas por essa mesma companhia, pretende se desligar integralmente de suas funções, de modo a não mais subsistir qualquer vínculo com a aludida companhia. Por ocasião de seu desligamento, está previsto no regulamento da companhia que ao referido diretor deve ser atribuída uma remuneração especial, sob a forma de bonificações, com fundamento nos resultados obtidos por sua atividade profissional. Ocorre que, para além desta remuneração a título de bonificação, a pessoa física do acionista controlador da companhia pretende atribuir ao executivo determinada quantia, a título de doação, tendo em vista "a amizade, o zelo, a lealdade e a dedicação que se revelaram ao longo

3 As doações remuneratórias como instrumento do planejamento sucessório

Em 1988, Orlando Gomes foi consultado sobre a validade e a inteligência de um contrato celebrado por escritura pública, em 28.9.1962 entre Dona Marcelina Alves de Souza e Francisco Martins de Almeida, mãe e filho, denominado doação, fundamentado no art. 1.176 do Código Civil de 1916, "declarando a doadora que a doação era feita em caráter remuneratório pelos serviços prestados pelo donatário", tendo como objeto a metade de um imóvel rural da doadora, sendo certo que esta se reservou o usufruto vitalício do bem e, ainda, dispensou o donatário de trazê-lo à colação, frisando que a dádiva saía de sua metade disponível.[21] De fato, o motivo do ato foi expressamente declarado: "por seu filho vir cuidando de sua pessoa e de seus bens".

É recorrente nas famílias que um dos filhos se sacrifique mais do que os outros para cuidar de ascendente idoso ou incapaz, não porque escolheu necessariamente esse caminho nem mesmo por conta de qualquer desídia dos demais, mas, sim, pela dinâmica que a vida impõe. Muitas vezes é o filho que dissolveu sua sociedade conjugal e voltou a viver na casa dos pais ou, ainda, aquele que reside mais perto ou que tem um trabalho mais flexível que assume os cuidados com o ascendente idoso. Com mais frequência, é a mulher que desempenha esse papel.

Não raras vezes, o filho que assume os cuidados com o ascendente idoso recebe dele uma procuração para administrar seus bens e sua pessoa, não sendo incomum que, ao fim e ao cabo, por ocasião do falecimento do genitor, seus irmãos venham lhe cobrar prestação de contas das quantias gastas, com disputas acirradas pelo modo pelo qual foram dispendidos os recursos da pessoa falecida.[22]

Mais angustiante é o caso do filho que passa a prestar cuidados exclusivos ao ascendente idoso, deixando de se dedicar a trabalhos lucrativos, que lhe confeririam uma independência financeira e que, por ocasião da sucessão *causa mortis* desse genitor,

---

de toda uma vida profissional para com a pessoa física do doador". O objeto principal da consulta foi saber se as quantias recebidas a título de doação seriam tributadas pelo imposto de renda, tendo o autor concluído pela negativa, registrando, no entanto, que no caso incidirá o imposto sobre transmissão *causa mortis* e doação.

21 GOMES, Orlando. Doação remuneratória de ascendente a descendente. Validade. *In*: GOMES, Orlando. *Questões de direito civil* – Pareceres. 5. ed. São Paulo: Saraiva, 1988. p. 411.

22 "Agravo interno no agravo em recurso especial. Ação de prestação de contas. Tese de ilegitimidade ativa da autora. Preliminar afastada pelo Tribunal de origem. Autora que é herdeira do mandante. Fundamento do acórdão recorrido não impugnado no recurso especial. Incidência da súmula 283/STF. Legitimidade dos herdeiros do mandante para ajuizarem a demanda de prestação de contas em desfavor do mandatário. Precedentes. Dever de prestar contas. Reexame de fatos e provas. Súmula 7/STJ. Dissídio jurisprudencial. Impossibilidade de apreciação dada a incidência da Súmula 7/STJ. Agravo interno desprovido. 1. É inadmissível o recurso especial nas hipóteses em que o acórdão recorrido assenta em mais de um fundamento suficiente e o recurso não abrange todos eles, sobretudo o argumento de legitimidade ativada recorrida para a propositura da ação de prestação de contas em desfavor da recorrente, porquanto herdeira do mandante. Aplicação do enunciado n. 283 da Súmula do STF. 2. Outrossim, ressalte-se que, embora o dever de prestar contas não estenda aos herdeiros do mandatário, em decorrência do caráter personalíssimo do contrato de mandato, esse entendimento não se aplica à situação oposta, em que ocorre a morte do mandante, sendo legítimos os herdeiros deste para requererem a prestação de contas por parte do mandatário. Precedentes. 3. É inviável transpor, nesta instância extraordinária, a modificação da conclusão delineada no acórdão recorrido e acolher atese da parte recorrente - acerca do dever de prestar contas por parte da recorrente -, pois tal providência exige inexoravelmente o reexame dos fatos e das provas dos autos, o que é vedado pelo disposto na Súmula 7/STJ. 4. Agravo interno desprovido" (STJ, 3ª T. REsp AgInt no AREsp nº 865.725/RS, Agravo Interno no Agravo em Recurso Especial nº 2016/0039254-0. Rel. Min. Marco Aurélio Bellizze, j. 1º.7.2019).

herdará em igualdade de condições com os demais filhos que não tiveram suas vidas profissionais em nada alteradas pela senilidade do ascendente.

Lucia Takase Hisako Gonçalves, Marinês Tambara Leite, Leila Mariza Hildebrandt, Silvana Cogo Bisogno, Sandra Biasuz e Bruna Liége Falcade realizaram pesquisa de campo para avaliar a dinâmica da família, a qualidade e o estilo de vida de idosos da quarta idade e de seus familiares cuidadores. A amostra se constituiu de 100 idosos com idade de 80 e mais anos e de seus respectivos familiares cuidadores, localizados com base nos registros existentes nas unidades básicas de saúde da área urbana de Palmeira das Missões-RS. A média de idade dos idosos entrevistados foi de 84 anos, com predomínio de mulheres (63%). A maioria dos octogenários (64%) estudou até a 4ª série e 33% deles não frequentaram o ensino formal. Em relação ao estado conjugal, predominam viúvos (60%), seguidos de casados (35%). A residência onde vivem é de propriedade dos idosos em 70% dos casos e dos cuidadores em 23%. Além disso, os familiares cuidadores participantes da pesquisa têm, em média, 50 anos (± 14,53), e a maioria é do sexo feminino (89%). Quanto à escolaridade, 41% deles estudaram até o equivalente ao ensino fundamental. Sobre a ocupação, 22% dos cuidadores possuem outras atividades, além de cuidar do idoso. A maioria (67%) mora no mesmo domicílio do idoso e 33% deles cuidam também de outros dependentes. O grau de parentesco do familiar cuidador com o idoso prevalente é filha (50%), seguido de cônjuge (19%).[23]

Segundo as autoras, que atuam nas áreas de enfermagem e ciências da saúde:

> Sabe-se que não há modelo estável de família que possa contar sempre com a disponibilidade de seus membros para assistir às necessidades dos idosos dependentes. É mister atentar para o cuidado familiar, em que se avalia a estrutura e dinâmica da família em seu contexto sociocultural particular. Em geral, a qualidade de vida do idoso e de seu cuidador está entrelaçada e caminham juntas, uma vez que, habitualmente, o familiar cuidador desafia-se com dedicação ao cuidado da pessoa idosa. Além disso, ao cuidar do idoso, por longo tempo, expõe os cuidadores a risco de adoecimento, principalmente daqueles que são únicos e que assumem total responsabilidade pelo cuidado da pessoa idosa. Destaca-se, contudo, que outros integrantes da família podem e devem auxiliar em atividades complementares, daí serem chamados de cuidadores secundários.
>
> Tão importante quanto o bem-estar do idoso é o do seu cuidador, pois um interfere no equilíbrio da vida e da saúde do outro. Embora a família cuidadora não tenha seu papel reconhecido, tal lacuna deve ser considerada pelas políticas públicas e sociais voltadas para a população idosa.[24]

Diante dessa realidade, a doação remuneratória assume importante papel, uma vez que, por meio dela, é possível ao genitor recompensar o descendente que lhe dedicou cuidados na velhice e na enfermidade, bem como que com ele trabalhou em conjunto,[25]

---

23 GONÇALVES *et al.* Convívio e cuidado familiar na quarta idade: qualidade de vida de idosos e seus cuidadores. *Revista Brasileira de Geriatria e Gerontologia,* Rio de Janeiro, v. 16, n. 2, p. 315-325. p. 318-320.

24 GONÇALVES *et al.* Convívio e cuidado familiar na quarta idade: qualidade de vida de idosos e seus cuidadores. *Revista Brasileira de Geriatria e Gerontologia,* Rio de Janeiro, v. 16, n. 2, p. 315-325. p. 317.

25 "Apelação. Ação de Sonegados. Doação Remuneratória. Colação. Desnecessidade. Ocultação dolosa de bens. Inocorrência. A doação feita pelo pai a um dos filhos, que com ele trabalhou a vida toda, ajudando a manter e aumentar o patrimônio, não é adiantamento de legítima, mas sim remuneratória. E como tal, está liberada de colação. Inteligência do art. 2.011 do CCB. Caso em que inexiste qualquer intenção dolosa de ocultar bens. Aliás, o próprio apelante participou de pedido de avaliação dos bens alegadamente sonegados, o que demonstra sequer

com transferência de bens que não virão à colação, nos termos do já citado art. 2.011 do Código Civil.

Trata-se, assim, de relevante ferramenta para o planejamento sucessório atento às vulnerabilidades e especificidades de cada herdeiro e sua relação com o autor da herança, permitindo que ao fim e ao cabo aquele descendente que cuidou do idoso ou que com ele trabalhou seja compensado.

A questão tortuosa é a quantificação da doação remuneratória. Como apontado acima, na esteira das lições de Agostinho Alvim, não é possível estimar o valor dos atos de bondade, de abnegação e de sacrifícios, sendo impossível quantificar as vantagens auferidas pelo doador nessas hipóteses, bem como a extensão do sacrifício do donatário, admitindo este autor que, nesses casos, não se poderia discutir o valor do bem doado, salvo se houvesse lesão a direitos de terceiros, como exemplo, credores do doador.[26] Realmente, apesar de haver serviços que merecem ser recompensados, essa obrigação não é exigível, razão pela qual as doações remuneratórias não podem justificar fraude contra credores.

Com efeito, aplicam-se às doações remuneratórias os mesmos limites quanto às demais disposições gratuitas do próprio patrimônio, não podendo o doador se privar do indispensável à sobrevivência, devendo, ainda, respeitar a legítima dos herdeiros necessários. É o que se depreende da jurisprudência:

> Civil. Processual civil. Ação de nulidade de escritura pública de doação. Julgamento fora do pedido. Inocorrência. Observância dos limites traçados pela causa de pedir e pelos pedidos. Reconhecimento incidental e de ofício de causa de nulidade do negócio não arguida. Possibilidade. Respeito ao contraditório, à ampla defesa e ao direito à prova. Doação remuneratória. Respeito aos limites de disposição delineados pelo legislador. Impossibilidade de disposição, a esse título, da totalidade do patrimônio ou de parte que afronte à legítima dos herdeiros necessários. Dissídio jurisprudencial. Ausência de cotejo analítico. 1- Ação proposta em 09/12/1998. Recurso Especial interposto em 06/06/2014 e atribuído à Relatora em 25/08/2016. 2- Os propósitos recursais consistem em definir: (i) se houve julgamento fora do pedido em virtude de ter havido o reconhecimento da nulidade da retificação da escritura pública de doação; (ii) se a doação remuneratória deve ou não respeitar a legítima dos herdeiros. [...] 4- A doação remuneratória, caracterizada pela existência de uma recompensa dada pelo doador pelo serviço prestado pelo donatário e que, embora quantificável pecuniariamente, não é juridicamente exigível, deve respeitar os limites impostos pelo legislador aos atos de disposição de patrimônio do doador, de modo que, sob esse pretexto, não se pode admitir a doação universal de bens sem resguardo do mínimo existencial do doador, nem tampouco a doação inoficiosa em prejuízo à legítima dos herdeiros necessários sem a indispensável autorização desses, inexistente na hipótese em exame. [...] 6- Recurso especial parcialmente conhecido e, nessa extensão, parcialmente provido.[27]

---

ter havido alguma ocultação. NEGARAM PROVIMENTO" (TJRS, 8ª CC. Apelação Cível nº 70026006635. Rel. Rui Portanova, j. 18.6.2009).

26 ALVIM, Agostinho. *Da doação*. 2. ed. São Paulo: Saraiva, 1972. p. 52.

27 STJ, 3ª T. REsp nº 1.708.951/SE. Rel. Min. Nancy Andrighi, j. 14.5.2019. *DJe*, 16 maio 2019. No mesmo sentido: "Apelação Cível. Ação De Nulidade De Doação Remuneratória. Disposição Da Totalidade Do Patrimônio Da Doadora Sem Resguardo Da Legítima. Art. 549 Do Código Civil. Doação Inoficiosa. Configuração. Nulidade Da Doação no que pertine a 50% do bem. Procedência Do Pedido Mantida. Hipótese dos autos em que a mãe das litigantes, mesmo tendo três filhos, doou a integralidade de seu único bem imóvel a apenas uma das filhas, por agradecimento aos cuidados desta e em decorrência da total ausência dos demais filhos. Para que dita doação fosse

Observam-se algumas manifestações quanto à necessidade de o doador, no instrumento da doação remuneratória, expressamente dispensar o donatário da colação, sob pena de reputar-se a dádiva como um adiantamento de legítima.[28] Essa, no entanto, não parece ser a melhor interpretação do disposto no art. 2.011 do Código Civil, que determina de forma expressa que a doação remuneratória não está sujeita à colação. Como exposto acima, para que reste configurada uma doação remuneratória, é imprescindível que tenha havido serviços prestados e que estes sejam o motivo determinante da transferência do patrimônio de forma gratuita, expressamente declarado no instrumento da doação. Diante dessa circunstância, não é necessário que ainda conste do instrumento a dispensa da colação, sob pena de fazer-se letra morta do citado art. 2.011 do Código Civil.

A toda evidência, considerando que este artigo tem por finalidade tratar do planejamento sucessório, ou seja, medida a ser tomada previamente ao falecimento do titular do patrimônio, visando organizar sua transmissão hereditária, recomenda-se que tal previsão conste do instrumento, para evitar discussões.

Assim, bem redigido estava o contrato de doação analisado por Orlado Gomes já citado nesta sede, aduzindo o autor que "teve a doadora a cautela de não expor o seu ato de doação a qualquer arguição de nulidade" à luz dos dispositivos que proíbem a disposição de bens de forma gratuita sem reserva de parte suficiente para a subsistência do doador, bem como daqueles que preveem a inoficiosidade da doação quando existem herdeiros necessários do doador, uma vez que, "mesmo fazendo uma doação remuneratória, reservou o usufruto do bem doado, dispensou expressamente o donatário de trazer à colação o bem doado, e esclareceu que a doação saía da parte disponível", concluindo o autor que "o bem doado foi transmitido plenamente ao donatário, quer seja remuneratória, quer seja pura a doação".[29]

---

válida, não poderia exceder os 50% de patrimônio disponível da doadora, restando os demais 50% reservados para a legítima, já que existentes herdeiros necessários, consoante o disposto nos artigos 549, 1.789, 1.845 do Código Civil. O fato de a doação ter ocorrido em caráter remuneratório não permite a disposição da totalidade do patrimônio. Ocorre, em casos tais, é que o objeto da doação remuneratória não precisará ser colacionado no inventário, consoante art. 2.011 da Legislação Civil. Ausência de indício ou prova no sentido do enquadramento da autora ou de seu irmão nos casos de deserdação ou exclusão da sucessão, nos termos previstos no art. 1.814 e 1.962 do Código Civil. Manutenção do julgamento que declarou a nulidade da doação no que pertine a 50% do bem imóvel. RECURSO DESPROVIDO À UNANIMIDADE" (TJRS, 17ª CC. Apelação Cível nº 70080945843. Rel. Liege Puricelli Pires, j. 13.6.2019).

[28] "Inventário - Bens Sonegados - Doação Aos Filhos Com Exclusão De Um Irmão - Pedido de Colação dos Bens Sonegados para o fim de igualar as legítimas - Alegada Doação Remuneratória não comprovada nos Autos - Procedência. O instituto jurídico dos sonegados tem por escopo assegurar aos herdeiros a integridade de seus direitos sucessórios (CC/1916, art. 1.780), constituindo-se sonegação a intencional omissão de bens nas declarações do inventariante. A doação feita pelo testador, antes de seu falecimento, aos filhos, com exclusão de um irmão, constitui, em regra, adiantamento de legítima. A doação remuneratória, que não está sujeita à colação, deve vir comprovada de plano nos autos, com expressa menção dos motivos e valor dos serviços que a liberalidade visou gratificar, sendo necessário, ainda, *a expressa menção no instrumento particular de doação da desnecessidade de colação daquela doação, sob pena de entendê-la como adiantamento de legítima*" (TJMG, 1ª CC. Apelação Cível nº 1.0016.00.011365-0/001. Rel. Des. Geraldo Augusto, j. 10.8.2004. Grifos nossos).

[29] GOMES, Orlando. Doação remuneratória de ascendente a descendente. Validade. *In*: GOMES, Orlando. *Questões de direito civil* – Pareceres. 5. ed. São Paulo: Saraiva, 1988. p. 416. Continua o autor: "De resto, a doadora preveniu impugnações ao seu gesto, tornando inatacável a doação, ao prescrever, no próprio título de liberalidade – a escritura – que o bem doado saíra de sua parte disponível e dispensado estava o donatário de trazê-lo à colação, cláusulas que supõem doação pura e simples, por supérfluas na doação remuneratória, certamente introduzidas para confirmação redundante do seu intento e subsistência do ato se decaísse na espécie pela qual optara" (p. 419).

4 Conclusão

Como acima exposto, o envelhecimento da população brasileira é cada vez mais crescente e, diante disso, para que o direito civil cumpra sua função de ser um ordenamento voltado para o exercício da cidadania, de forma digna, como determina o projeto constitucional, precisa ele estar atento à referida constatação.

Tal como a criança e o adolescente são tutelados, havendo uma evidente preocupação do direito de família com o desenvolvimento da infância, os mesmos olhares devem ser destinados à velhice.

Com muita sensibilidade, pondera Andrea Pachá:

> Não desejamos morrer jovens, naturalmente. No entanto, a maior longevidade possibilitada pela ciência nas últimas décadas tem introduzido conflitos complexos no dia a dia. [...]
>
> A velhice, um futuro distante e improvável, insiste em se mostrar naquilo que tem de pior. São problemas decorrentes do abandono, do desamor, do esquecimento, que se transformam em processos e me assombram noite e dia. Aprendi cedo que somos capazes de nos resignar com a morte, porque há nela um princípio inegociável de igualdade. Morremos todos. Não há luta de classes, de gênero, de religião que se sobreponha a tal realidade. A velhice, no entanto, não é igual. Muito menos coroa algum princípio de justiça.[30]

Nessa direção, é preciso compreender os cuidados com os idosos e suas demandas e reconhecer que, no mais das vezes, há aquele descendente que mais se dedica ao ascendente, seja pelo motivo que for. Não se trata de preferências, falta de amor ou desídia dos demais, mas sim da dinâmica da vida, que é imprevisível e circunstancial. Não devemos aqui apontar culpados e estar sempre na posição de julgadores, em especial da vida alheia.

Colocar-se no lugar do outro é um excelente exercício para a convivência social, em especial a familiar, sendo certo que, em regra, os atos dos pais estão permeados de amor, culpa, orgulho dos filhos e vontade de acertar.

Referências

ALVIM, Agostinho. *Da doação*. 2. ed. São Paulo: Saraiva, 1972.

CASTANHARI, Laíza. Pandemia reforça desigualdade de gênero no mercado de trabalho. *Feac*, 27 maio 2021. Disponível em: https://www.feac.org.br/pandemia-reforca-desigualdade-de-genero-no-mercado-de-trabalho%E2%80%AF/. Acesso em: 8 ago. 2021.

ENVELHECIMENTO populacional: o aumento da longevidade. *SBGG*, 28 nov. 2020. Disponível em: https://sbgg.org.br/envelhecimento-populacional-o-aumento-da-longevidade/. Acesso em: 8 ago. 2021.

ESPÍNOLA, Eduardo. *Dos contratos nominados no direito civil brasileiro*. 1. ed. Atualização de Ricardo Rodrigues Gama. Campinas: Bookseller, 2002.

GOMES, Orlando. Doação remuneratória de ascendente a descendente. Validade. *In*: GOMES, Orlando. *Questões de direito civil* – Pareceres. 5. ed. São Paulo: Saraiva, 1988.

GONÇALVES *et al*. Convívio e cuidado familiar na quarta idade: qualidade de vida de idosos e seus cuidadores. *Revista Brasileira de Geriatria e Gerontologia*, Rio de Janeiro, v. 16, n. 2, p. 315-325.

[30] PACHÁ, Andrea. *Velhos são os outros*. Rio de Janeiro: Intrínseca, 2018. p. 9-10.

JÚNIA, Raquel. Pnad mostra que mulheres dedicam 10 horas mais a cuidados domésticos que homens. *Agência Brasil*, 4 jun. 2020. Disponível em: https://agenciabrasil.ebc.com.br/radioagencia-nacional/acervo/economia/audio/2020-06/pnad-continua-mostra-que-mulheres-dedicam-10-horas-mais-afazeres-e-cuidados. Acesso em: 3 ago. 2021.

MATTOS, Ana Carla Harmatiuk, HUMMELGEN, Isabela. Notas sobre as relações de gênero no planejamento sucessório. *In*: TEIXEIRA, Daniele Chaves (Coord.). *Arquitetura do planejamento sucessório*. 2. ed. Belo Horizonte: Fórum 2019.

NOGUEIRA, Carol. Tarefas domésticas: mulheres dedicam quase o dobro de tempo que os homens, aponta IBGE. *Finanças Femininas*, 9 jun. 2020. Disponível em: https://financasfemininas.com.br/tarefas-domesticas-mulheres-dedicam-quase-o-dobro-de-tempo. Acesso em: 3 ago. 2021.

PACHÁ, Andrea. *Velhos são os outros*. Rio de Janeiro: Intrínseca, 2018.

PEREIRA, Caio Mário da Silva. *Instituições de direito civil*. 14. ed. Rio de Janeiro: Forense, 2010. v. III.

PONTES DE MIRANDA, Francisco Cavalcanti. *Tratado de direito privado* – Parte Especial. Rio de Janeiro: Borsoi, 1964. t. XLVI.

TEPEDINO, Gustavo; KONDER, Carlos Nelson; BANDEIRA, Paula Greco. *Fundamentos do direito civil*. 2. ed. Rio de Janeiro: Forense, 2021. v. 3.

XAVIER, Alberto. A distinção entre doação remuneratória e doação em contemplação do merecimento para efeitos fiscais. *Revista Dialética de Direito Tributário*, n. 209, p. 141-149.

Informação bibliográfica deste texto, conforme a NBR 6023:2018 da Associação Brasileira de Normas Técnicas (ABNT):

NEVARES, Ana Luiza Maia. As doações remuneratórias no planejamento sucessório. *In*: TEIXEIRA, Daniele Chaves (Coord.). *Arquitetura do planejamento sucessório*. Belo Horizonte: Fórum, 2022. p. 333-344. Tomo III. ISBN 978-65-5518-291-0.

A FUGA DO TESTAMENTO

ANDERSON SCHREIBER
FELIPE RIBAS

1 O testamento: suas limitações e desincentivos

Não é de hoje que se registra que o testamento é figura pouco frequente na prática brasileira. Há, naturalmente, diferentes razões para isso. Há razões de natureza econômica: os custos envolvidos na realização de um testamento somente costumam ser tidos como justificados diante de patrimônio relativamente amplo, a ser distribuído entre uma pluralidade de herdeiros. Há razões de natureza cultural: muitos brasileiros consideram que tratar da própria morte traz mau agouro, ou encaram o tema da morte como tabu ou, simplesmente, preferem não falar disso.[1] A essas razões econômicas e culturais somam-se também razões jurídicas, o que não deixa de ser curioso. De fato, a mesma ordem jurídica brasileira que, por um lado, oferece a possibilidade de celebração do testamento desestimula, por outros caminhos, a sua realização.

Os desincentivos jurídicos mais conhecidos ao testamento são aqueles inerentes ao próprio instrumento: há muito, já se denuncia, por exemplo, o excessivo formalismo do instrumento testamentário, além do risco de invalidade. Não são raras, na nossa prática judicial, ações que pretendem anular as disposições de última vontade do testador, com base em alegações que se centram ora em vícios formais, ora em uma alegada divergência entre o testamento e a vontade real do testador, ora, ainda, em estados de vulnerabilidade mental que podem ter, de algum modo, maculado a livre manifestação de vontade do testador. E, muito embora nossa jurisprudência venha mostrando um crescente rigor

---

1 Como destaca HIRONAKA, Giselda Maria Fernandes Novaes. *Direito das sucessões*. 4. ed. São Paulo: Revista dos Tribunais, 2012. p. 263-264: "o brasileiro não gosta, em princípio, de falar a respeito da morte, e sua circunstância é ainda bastante mistificada e resguardada, como se isso servisse para 'afastar maus fluidos e más agruras...'. Assim, por exemplo, não se encontra arraigado em nossos costumes o hábito de adquirir, por antecipação, o lugar destinado ao nosso túmulo ou sepultura, bem como não temos, de modo mais amplamente difundido, o hábito de contratar seguro de vida, assim como, ainda não praticamos, em escala significativa, a doação de órgãos para serem utilizados após a morte. Parece que essas atitudes, no dito popular, 'atraem o azar'".

na análise dessas pretensões,[2] o fato é que a simples propositura da demanda já cria um transtorno considerável aos demais herdeiros e abala, de certo modo, a segurança que o testamento, por definição, procura imprimir à transmissão *causa mortis*.

Outro desincentivo jurídico à celebração do testamento reside na exigência legal de abertura de processo judicial para o cumprimento do testamento, ainda que, posteriormente, o inventário possa tramitar de forma extrajudicial. O art. 610 do Código de Processo Civil chega a afirmar que, "havendo testamento ou interessado incapaz, proceder-se-á ao inventário judicial". A norma exprime um verdadeiro contrassenso: a celebração do testamento indica justamente a intenção do testador de organizar o próprio patrimônio e facilitar a sua futura partilha, evitando processos judiciais entre os herdeiros. Nesse contexto, a exigência legal deve e tem sido interpretada restritivamente, sendo admitido o processamento extrajudicial dos inventários após a ação judicial de cumprimento de testamento.[3] Apesar do avanço, a exigência de ação judicial prévia à fase extrajudicial continua importando em restrição excessiva e injustificável ao célere cumprimento das disposições testamentárias.

A verdade é que a disciplina jurídica do testamento está a merecer, já há algum tempo, reforma para reduzir a complexidade e o formalismo do instrumento, mas também para assegurar a eficiência e a celeridade do seu cumprimento. O maior desincentivo ao testamento não advém, contudo, da sua disciplina jurídica, mas de outras intervenções do Poder Legislativo e do Poder Judiciário. No próprio campo do direito sucessório, por exemplo, é inegável que as sucessivas alterações de entendimento na jurisprudência acerca das regras de sucessão legítima acabam minando a utilidade do testamento, na medida em que as declarações do testador ficam sujeitas ao sabor dos ventos nos tribunais, que modificam, sem muito pudor, a sua interpretação das regras que irão reger a distribuição coercitiva do patrimônio do testador, o que impacta necessariamente o modo como este prevê a distribuição da parcela disponível do seu patrimônio.

---

[2] Merece destaque o crescente afastamento de nulidades em virtude de vícios puramente formais, como se vê do seguinte acórdão do STJ: "Evidenciada, tanto a capacidade cognitiva do testador quanto o fato de que testamento, lido pelo tabelião, correspondia, exatamente à manifestação de vontade do *de cujus*, não cabe então, reputar como nulo o testamento, por ter sido preterida solenidades fixadas em lei, porquanto o fim dessas – assegurar a higidez da manifestação do *de cujus* –, foi completamente satisfeita com os procedimentos adotados" (STJ. REsp nº 1.677.931/MG. Rel. Min. Nancy Andrighi, j. 15.8.2017). Na mesma direção: "A regra segundo a qual a assinatura de próprio punho é requisito de validade do testamento particular, pois, traz consigo a presunção de que aquela é a real vontade do testador, tratando-se, todavia, de uma presunção *juris tantum*, admitindo-se, ainda que excepcionalmente, a prova de que, se porventura ausente a assinatura nos moldes exigidos pela lei, ainda assim era aquela a real vontade do testador. Hipótese em que, a despeito da ausência de assinatura de próprio punho do testador e do testamento ter sido lavrado a rogo e apenas com a aposição de sua impressão digital, não havia dúvida acerca da manifestação de última vontade da testadora que, embora sofrendo com limitações físicas, não possuía nenhuma restrição cognitiva" (STJ. REsp nº 1.633.254/MG. Rel. Min. Nancy Andrighi, j. 11.3.2020).

[3] Por exemplo, a Corregedoria-Geral da Justiça do Estado do Rio de Janeiro, por meio do Provimento nº 21/2017, adequou o art. 297 da Consolidação Normativa do Estado do Rio de Janeiro ao Enunciado nº 77 do Conselho Nacional de Justiça, para admitir a realização de inventário extrajudicial, quando aberto judicialmente o testamento: "Art. 297. §1º Diante da expressa autorização do juízo sucessório competente nos autos da apresentação e cumprimento de testamento, sendo todos os interessados capazes e concordes, poderá fazer-se o inventário e a partilha por escritura pública, a qual constituirá título hábil para o registro". O próprio Superior Tribunal de Justiça decidiu ser "possível o inventário extrajudicial, ainda que exista testamento, se os interessados forem capazes e concordes e estiverem assistidos por advogado, desde que o testamento tenha sido previamente registrado judicialmente ou haja a expressa autorização do juízo competente" (STJ. REsp nº 1.808.767/RJ. Rel. Min. Luis Felipe Salomão, j. 15.10.2019). A possibilidade foi também endossada pelo Enunciado nº 600 da VII Jornada de Direito Civil: "Após registrado judicialmente o testamento e sendo todos os interessados capazes e concordes com os seus termos, não havendo conflito de interesses, é possível que se faça o inventário extrajudicial".

Nesse contexto, já proliferam disposições testamentárias condicionadas ao entendimento que vier a prevalecer nos tribunais: "se os tribunais entenderam assim, distribuo assado... se entenderem o oposto, distribuo diversamente...". Esse fenômeno, verdadeira jabuticaba, representa, em larga medida, a antítese da ideia de um direito sucessório, que consiste precisamente em fornecer previsibilidade e segurança ao modo como o patrimônio do *de cujus* será distribuído após a sua morte. Sem essa previsibilidade e segurança, a própria realização de um testamento acaba se tornando uma (custosa) obra de ficção, incapaz de fornecer ao testador aquilo que mais deseja: deixar tudo já previamente definido para evitar disputas hereditárias.

O maior desincentivo à celebração de testamento na atualidade não reside, porém, no direito sucessório, nem mesmo no direito civil, mas advém do direito financeiro e tributário.

2 O custo tributário da transmissão *causa mortis*

A crise econômica vivenciada já há alguns longos anos no Brasil tem produzido efeitos severos no ambiente público, especialmente entre os Estados federados. Quer pelo próprio desenho do pacto federativo – que, reconhecidamente, acaba por atribuir fontes de receita mais generosas para a União Federal que para os estados federados –, quer pelo descompromisso continuado de diferentes governos estaduais com a austeridade fiscal, vive-se hoje uma crise que já foi denominada "crise dos estados". Diferentes estados do Brasil encontram-se em grave situação econômica, tendo Minas Gerais, Rio de Janeiro, Rio Grande do Sul, Roraima, Rio Grande do Norte, Goiás e Mato Grosso decretado estado de calamidade financeira nos últimos anos.[4]

Nesse contexto, muitos estados têm buscado ampliar suas receitas com base nos instrumentos que a legislação brasileira lhes oferece. Foi nessa esteira que diferentes secretarias estaduais de fazenda optaram e ainda vem optando pela majoração da alíquota do imposto de transmissão *causa mortis* e doação (ITCMD).[5] Tome-se, como exemplo, o estado do Rio Grande do Sul, que, em 2015, alterou as alíquotas do imposto, passando a prever percentuais progressivos de até 6% sobre o valor do patrimônio transferido.[6] O mesmo caminho foi seguido pelo estado do Sergipe, que, desde 2020, adota alíquotas progressivas do ITCMD, em percentuais que variam entre 3% e 8% do patrimônio transferido.[7]

Outro exemplo marcante tem-se no estado do Rio de Janeiro, que, por meio da Lei Estadual nº 7.786/2017, alterou a alíquota do referido tributo, que sofreu um aumento de

---

4 RIBEIRO, Mariana. 7 estados já decretaram calamidade financeira; entenda o que significa. *Poder 360*, 27 jan. 2019. Disponível em: https://www.poder360.com.br/economia/7-estados-ja-decretaram-calamidade-financeira-entenda-o-que-significa/. Acesso em: 2 maio 2021.

5 Reportagem publicada em maio de 2016 indicava que, desde o segundo semestre de 2015, era possível verificar o movimento de 13 estados, entre eles Piauí, Rio Grande do Norte, Rio Grande do Sul e Mato Grosso do Sul, para aumentar as alíquotas cobradas sobre a transmissão de heranças e doações a fim de alavancar a arrecadação (13 ESTADOS já aumentaram imposto sobre herança e doação. *Sindifisco*, 9 maio 2016. Disponível em: http://www.sindifisco.org.br/noticias/13-estados-ja-aumentaram-imposto-sobre-heranca-e-doacao. Acesso em: 6 nov. 2020).

6 Lei Estadual nº 14.741/2015.

7 Lei Estadual nº 8.729/2020.

4% para 8%, a depender do valor do patrimônio transferido.[8] Curioso notar, contudo, que, mesmo com a alteração legislativa que elevou a alíquota do ITCMD, a receita proveniente da tributação das transmissões *causa mortis* e doação vem diminuindo nos últimos anos no estado do Rio de Janeiro.[9]

Independentemente da diminuição de arrecadação verificada na experiência do estado do Rio de Janeiro, outros estados da Federação buscam, ainda, implementar tal aumento do ITCMD. É o caso do estado de São Paulo, onde tramita atualmente na Assembleia Legislativa o Projeto de Lei nº 250/2020, que prevê a instituição de uma alíquota progressiva do ITCMD que pode chegar também a 8%, conforme o valor do patrimônio transferido.[10]

A substancial elevação do imposto de transmissão *causa mortis* impacta diretamente o recurso ao testamento. Atualmente, cresce a cada dia o interesse pelo chamado *planejamento sucessório*, assim denominado o conjunto de técnicas jurídicas lícitas que permite à pessoa humana definir, ainda em vida, como se dará a distribuição do seu patrimônio, ou parte dele, evitando conflitos entre os seus sucessores e permitindo o melhor aproveitamento dos bens que angariou.[11] Idealmente, o testamento deveria ser o principal instrumento de planejamento sucessório, desempenhando o fim que

---

8 "Art. 3º Fica alterado o art. 26 da Lei nº 7.174, de 28 de dezembro de 2015, que passa a vigorar com a seguinte redação: 'Art. 26. O imposto é calculado aplicando-se, sobre o valor fixado para a base de cálculo, considerando-se a totalidade dos bens e direitos transmitidos, a alíquota de: I - 4,0% (quatro e meio por cento), para valores até 70.000 UFIR-RJ; II - 4,5% (quatro e meio por cento), para valores acima de 70.000 UFIR-RJ e até 100.000 UFIR-RJ; III - 5,0% (cinco por cento), para valores acima de 100.000 UFIR-RJ e até 200.000 UFIR-RJ; IV - 6% (seis por cento), para valores acima de 200.000 UFIR-RJ até 300.000 UFIR-RJ; V - 7% (sete por cento), para valores acima de 300.000 UFIR-RJ e até 400.000 UFIR-RJ; VI - 8% (oito por cento) para valores acima de 400.000 UFIR-RJ'".

9 Confira-se a reportagem "Aumento de alíquota do ITCMD não eleva arrecadação no Rio", publicada pelo *Valor Econômico*, segundo a qual "A arrecadação, no entanto, não acompanhou a escalada da alíquota. Em 2016, quando ainda eram cobrados 4%, o Estado arrecadou R$1,39 bilhão. No ano de 2017, com as novas alíquotas em vigor, R$1,19 bilhão. Já em 2014, contabilizou R$1,12 bilhão e em 2019, R$1,04 bihão" (BACELO, Joice. Aumento de alíquota do ITCMD não eleva arrecadação no Rio. *Valor Econômico*, 11 jan. 2021. Disponível em: https://valor.globo.com/legislacao/noticia/2021/01/11/aumento-de-aliquota-do-itcmd-nao-eleva-arrecadacao-no-rio.ghtml. Acesso em: 2 maio 2021).

10 "Artigo 16 - O imposto é calculado aplicando-se os porcentuais, a seguir especificados, sobre o valor fixado para a base de cálculo, esta convertida em UFESPs, na seguinte progressão; I - 0% (zero por cento) sobre a parcela da base de cálculo que for igual ou inferior a 10.000 UFESPs na hipótese de transmissão 'causa mortis' ou igual ou inferior a 2.500 UFESPs na hipótese de transmissão por doação; II - 4% (quatro por cento) sobre a parcela da base de cálculo que exceder 10.000 UFESPse for igual ou inferior a 30.000 UFESPs na hipótese de transmissão 'causa mortis' ou superior a 2.500 UFESP se igual ou inferior a 15.000 UFESPs na hipótese de transmissão por doação; III - 5% (cinco por cento) sobre a parcela da base de cálculo que exceder 30.000 UFESPs e for igual ou inferior a 50.000 UFESPs; na hipótese de transmissão 'causa mortis' ou superior a 15.000 UFESP se igual ou inferior a 50.000 UFESPs na hipótese de transmissão por doação; IV - 6% (seis por cento) sobre a parcela da base de cálculo que exceder 50.000 UFESPs e for igual ou inferior a 70.000 UFESPs seja na transmissão causa mortis ou doação; V - 7% (sete por cento) sobre a parcela da base de cálculo que exceder 70.000 UFESPs e for igual ou inferior a 90.000UFESPs seja na transmissão causa mortis ou doação; VI - 8% (oito por cento) sobre a parcela da base de cálculo que exceder 90.000 UFESPs seja na transmissão causa mortis ou doação". De acordo com informações extraídas do *site* da Assembleia Legislativa do Estado de São Paulo, o Projeto de Lei nº 250/2020 encontra-se na Comissão de Constituição, Justiça e Redação desde 26.6.2020. Nos últimos meses, as câmaras de vereadores de diversos municípios do estado de São Paulo registraram moção de protesto contra o referido projeto de lei.

11 Em sentido semelhante, ver PENA JÚNIOR, Moacir César. *Curso completo de direito das sucessões*: doutrina e jurisprudência. São Paulo: Método, 2009. p. 21: "em caráter preventivo, o planejamento sucessório permite ao titular do patrimônio definir, ainda em vida, o modo como deve ocorrer a transferência dos bens (imóveis, móveis, ações, aeronaves, fazendas, empresas, controles dos negócios, etc.) aos seus sucessores após sua morte, evitando, assim, eventuais conflitos, cujos reflexos negativos possam recair sobre o patrimônio deixado". Ver, ainda sobre o tema, TEIXEIRA, Daniele Chaves. *Planejamento sucessório*: pressupostos e limites. Belo Horizonte: Fórum, 2017.

a ordem jurídica lhe atribui, qual seja, permitir o pleno exercício da autonomia do testador na definição da distribuição do respectivo patrimônio no espaço que a lei reserva (parcela disponível da herança). Todavia, a prática advocatícia tem preferido se valer de outras técnicas, abandonando o testamento por completo ou o relegando a uma função secundária no âmbito do planejamento sucessório, como uma espécie de "rede de segurança" ou mecanismo subsidiário. E uma das principais razões para isso é justamente a elevada carga tributária representada pela majoração das alíquotas de imposto de transmissão *causa mortis*.

3 Planejamento sucessório e instrumentos "alternativos" ao testamento: seguros de vida, planos de previdência e *trust*

Se é verdade que o testamento é o negócio jurídico tradicionalmente associado ao planejamento da transmissão *causa mortis*, não se pode desdenhar o papel que sempre desempenhou neste campo o seguro de vida. Seguro é, como se sabe, o contrato por meio do qual o segurador se obriga, mediante pagamento do prêmio, a garantir interesse legítimo do segurado, relativo a pessoa ou coisa, contra riscos predeterminados (Código Civil, art. 757). O seguro de vida, em particular, tem como objetivo resguardar financeiramente os dependentes do contratante, chamados de beneficiários,[12] consistindo em verdadeira estipulação em favor de terceiros.[13] O art. 794 do Código Civil prevê, expressamente, que o valor pago a título de seguro de vida não é considerado herança,[14] razão pela qual não se sujeita à partilha[15] nem sofre a incidência do imposto de transmissão *causa mortis*.[16]

É evidente que o seguro de vida não é capaz, isoladamente, de solucionar todos os embaraços associados à sucessão. Não se trata de um meio viável para disposição de todo o patrimônio, por exemplo. A utilidade do seguro de vida está, na prática, mais associada a assegurar aos herdeiros o pronto recebimento de quantias que permitam realizar despesas pelos anos que se seguem imediatamente ao falecimento do segurado. Pense-se, por exemplo, em um pai cujos filhos ainda estejam em idade escolar. Para que os seus descendentes tenham suporte econômico, na eventual falta do pai, faz-se útil a

[12] Na definição de GOMES, Orlando. *Contratos*. 26. ed. Rio de Janeiro: Forense, 2009. p. 511: "[...] o seguro de vida é o contrato pelo qual uma parte, denominada segurador, em contraprestação ao recebimento de certa soma chamada prêmio, se obriga a pagar à outra parte, ou terceiro, intitulada aquela, segurado, uma quantia determinada, sob a forma de capital ou de renda, quando se verifique o evento previsto. O seguro de vida, quando privado, tem natureza contratual".

[13] "No direito moderno há uma grande aplicação do contrato em favor de terceiro. Basta que se pense [...] no seguro, onde muitas vezes se pactua em favor de terceiro, como nos seguros de vida" (DANTAS, San Tiago. *Programa de direito civil*. Rio de Janeiro: Rio, 1978. v. II. p. 212-213).

[14] "Art. 794. No seguro de vida ou de acidentes pessoais para o caso de morte, o capital estipulado não está sujeito às dívidas do segurado, nem se considera herança para todos os efeitos de direito".

[15] Veja-se, entre tantos acórdãos, TJMG. AC nº 1.0433.08.247021-5/001. Rel. Des. Dárcio Lopardi Mendes, j. 14.12.2017: "O art. 794 do Código Civil dispõe que no seguro de vida ou de acidentes pessoais para o caso de morte, o capital estipulado não se considera herança para todos os efeitos de direito. A indenização securitária não integra o espólio e, assim, não está sujeita à partilha em sede de inventário".

[16] Na jurisprudência, ver, entre outros, TJMG. AC nº 1.0000.18.037212-0/001. Rel. Des. Renato Dresch, j. 4.10.2018: "A exclusão do ITCMD sobre o seguro de vida decorre da previsão do art. 794 do Código Civil, pelo qual 'no seguro de vida ou de acidentes pessoais para o caso de morte, o capital estipulado não está sujeito às dívidas do segurado, nem se considera herança para todos os efeitos de direito'".

instituição de seguro de vida cuja indenização, na hipótese de falecimento, seja suficiente para arcar com as despesas dos filhos até, digamos, a conclusão do ensino superior.[17] Também é bastante frequente a instituição de seguro de vida em valor destinado a auxiliar os herdeiros com as próprias despesas de inventário.[18] Seja qual for a motivação de sua contratação, o seguro de vida, se comparado ao testamento, apresenta elevada liquidez e ausência de custos adicionais quando resgatado, em especial a ausência de incidência do ITCMD.

Por razões semelhantes, tem se tornado mais e mais frequente o recurso aos chamados planos de previdência privada, notadamente PGBL (Plano Gerador de Benefícios Livres) e VGBL (Vida Gerador de Benefícios Livres). Ambos são planos de previdência privada que, após um período de acumulação de recursos, proporcionam aos investidores uma renda mensal periódica ou um pagamento único, sendo habitualmente buscados como forma de complementação da aposentadoria do regime geral de previdência[19] ou do regime próprio (servidores públicos). Esses planos integram o patrimônio do próprio instituidor, responsável por operar esses recursos e por escolher o tipo de fundo previdenciário, com diferentes taxas de rendimento. Nesse sentido, trata-se de um capital de livre disposição do titular, visto que é ele quem detém o controle desses haveres, devendo apenas respeitar o período de carência mínimo a partir da contratação.[20]

Quanto à natureza jurídica, a maior parte da doutrina entende que, enquanto o VGBL consiste em um seguro de pessoa,[21] o PGBL constitui autêntico plano de previdência

---

[17] Ver, na jurisprudência, por exemplo, TJSP. AI nº 2214717-14.2014.8.26.0000. Rel. Des. Teixeira Leite, j. 26.3.2015: "Alvará. Seguro de vida deixado pelo falecido genitor das agravantes, menores, únicas beneficiárias. Medida inicialmente apresentada para o fim de quitar despesas escolares do ano de 2013. Opção por desarquivar o feito, com novo pedido, por mera petição, de levantamento dos valores necessários à quitação das despesas de 2014. Economia processual, evitando o ajuizamento de nova demanda autônoma. [...] Valor que é razoável. Agravantes que prestaram integrais e suficientes contas sobre o montante já levantado, demonstrando boa-fé. Decisão reformada. Recurso provido".

[18] São recorrentes os casos de herdeiros pegos desprevenidos pelos custos do inventário, como divulgado em reportagem do jornal *Folha de S.Paulo*: "[...] foi o caso do militar da reserva João Luiz dos Reis, 50. Em novembro de 2014, após a morte da mãe, a família (ele, cinco irmãos e o pai) se deparou com um valor de R$15.500 referente ao ITCMD (Imposto de Transmissão Causa Mortis e Doação, que é cobrado sobre heranças). Cada um precisou arcar com R$2.100. João ficou devendo R$1.000 para o pai. Em abril deste ano, quando Reis se preparava para quitar a dívida, sua esposa morreu. Com dois dos três filhos sem condições de pagar o imposto de R$4.500, o militar pegou um empréstimo de antecipação do 13º salário" (BRANT, Danielle. Custo de inventário pega herdeiro desprevenido e pode causar dívida. *Folha de S.Paulo*, 24 ago. 2015. Disponível em: https://m.folha.uol.com.br/mercado/2015/08/1672592-custo-de-inventario-pega-herdeiro-desprevenido-e-pode-causar-divida.shtml. Acesso em: 6 nov. 2020).

[19] MADALENO, Rolf. Planejamento sucessório. *In*: PEREIRA, Rodrigo da Cunha; DIAS, Maria Berenice (Coord.). *Famílias*: pluralidade e felicidade. Belo Horizonte: IBDFAM, 2014. p. 203: "Os planos de previdência privada funcionam como uma alternativa de investimento para garantir complementação à aposentadoria do INSS, oferecendo o mercado o Plano Gerador de Benefício Livre (PGBL) e o plano Vida Gerador de Benefício Livre (VGBL). Trata-se de um regime de capitalização, no qual o investidor decide como e quanto receberá, ficando à sua escolha o valor da contribuição e a realização de depósitos adicionais. Os recursos podem ser resgatados antecipadamente, no valor total ou em benefícios mensais até o final da vida".

[20] GIRARDI, Viviane; MOREIRA, Luana Maniero. A previdência privada aberta como instrumento ao planejamento sucessório. *In*: TEIXEIRA, Daniele Chaves (Coord.). *Arquitetura do planejamento sucessório*. Belo Horizonte: Fórum, 2019. p. 443.

[21] Em virtude da sua regulamentação pela Superintendência de Seguros Privados (Susep). O Regulamento do Plano VGBL pode ser acessado em SUSEP. *Seguro de pessoas*. Disponível em: http://www.susep.gov.br/menu/informacoes-ao-mercado/informacoes-tecnicas-e-planos-padroes/seguro-de-pessoas. Acesso em: 6 nov. 2020.

complementar.[22] Nenhum dos dois, todavia, é considerado parcela integrante da herança, tendo em vista sua natureza securitária ou previdenciária. Com isso, tornam-se instrumentos úteis ao planejamento sucessório, na medida em que escapam à incidência do imposto de transmissão *causa mortis* e são pagos independentemente de inventário, dotando os sucessores de recursos financeiros de disponibilidade imediata, que lhes permitem atender às despesas com a transmissão hereditária e aos dispêndios de sua própria subsistência.

Em alguns estados, o Fisco tem procurado qualificar esses planos como herança, cobrando dos beneficiários o ITCMD, postura que é rechaçada pela jurisprudência.[23] Isso não impede que, em determinadas situações excepcionais, os tribunais requalifiquem esses negócios, privando-lhes da natureza securitária ou previdenciária a depender do caráter que lhes emprestaram as próprias partes com seu comportamento. É emblemático caso julgado pelo Tribunal de Justiça do Estado de São Paulo, em que uma viúva havia ajuizado ação de restituição de enriquecimento sem causa em face de seus dois filhos, alegando que o plano VGBL contratado por ela e seu falecido marido havia sido erroneamente partilhado entre todos os herdeiros, em contrariedade à sua natureza securitária. A 1ª Câmara de Direito Privado daquele Tribunal entendeu, no entanto, que, naquele caso específico, em razão da realização de sucessivos resgates de valores expressivos desde a contratação do plano, teria restado desnaturada a natureza securitária dos planos, que configurariam mera aplicação revestida de intuito de investimento, devendo, portanto, compor o acervo hereditário.[24]

Registre-se, ainda sobre os planos de previdência complementar, que, no estado do Rio de Janeiro, foi editada a Lei Estadual nº 7.174/2015, que passou a determinar expressamente a incidência do imposto de transmissão *causa mortis* sobre os planos de VGBL e PGBL.[25] Em junho de 2019, porém, o Tribunal de Justiça do Estado do Rio de

---

22 Ver, por todos, MAIA JUNIOR, Mairan Gonçalves. A previdência privada como instrumento de planejamento sucessório. *Revista Pensar*, Fortaleza, v. 25, n. 14, jan./mar. 2020. p. 3-4: "O VGBL é classificado como seguro de pessoa. Por seu turno, o PGBL constitui plano de previdência complementar. Ambos, portanto, possuem natureza securitária, de acordo com a feição que a Lei Complementar n.º 109/01 lhes atribui. Em virtude da natureza securitária que apresentam, se lhes aplica o art. 794 CC02, o qual prescreve que, no seguro de vida ou de acidentes pessoais para o caso de morte, o capital estipulado não está sujeito às dívidas do segurado, nem se considera herança para todos os efeitos de direito. [...] Como as reservas constituídas nos planos VGBL e PGBL possuem natureza e finalidade securitárias, não são transmissíveis, por sucessão *mortis causa*, aos herdeiros legítimos ou testamentários do falecido, quando indicados beneficiários no plano de previdência privada. Ausente a indicação de beneficiários, a reserva constituída, como direito de crédito, será incorporada ao patrimônio transmissível do falecido e, nesse caso, transferida a seus herdeiros legítimos ou testamentários".

23 Veja-se, entre tantos outros: "[...] resta sedimentado o entendimento de que o VGBL tem natureza securitária, de modo que não se considera como herança (art. 794 do CC), não caracterizando, portanto, transmissão de valores por força da morte, inviabilizando a incidência do art. 2º, II da Lei Estadual 8.821/89. [...] Nesses termos, considerando que o VGBL não perde sua natureza securitária pelo fato de ser utilizado como espécie de previdência privada, bem assim que o patrimônio afetado, em caso de morte do contrate, não transita pelos bens do espólio, mas sim é alcançado diretamente ao beneficiário eleito pelo contratante, imperiosa a manutenção da decisão monocrática objurgada" (TJRS. AI nº 0076794-57.2020.8.21.7000. Rel. Des. Carlos Roberto Lofego Canibal, j. 30.9.2020).

24 O processo se encontra em segredo de justiça, tendo a decisão sido noticiada em reportagem do *site Jota* (COURA, Kalleo. TJSP: plano de previdência VGBL de idosa deve entrar na partilha com filhos. *Jota*, 3 ago. 2020. Disponível em: https://www.jota.info/justica/tjsp-plano-de-previdencia-vgbl-de-idosa-deve-entrar-na-partilha-com-filhos-03082020. Acesso em: 6 nov. 2020).

25 "Art. 23. Na transmissão causa mortis de valores e direitos relativos a planos de previdência complementar com cobertura por sobrevivência, estruturados sob o regime financeiro de capitalização, tais como Plano Gerador de Benefício Livre (PGBL) ou Vida Gerador de Benefício Livre (VGBL), para os beneficiários indicados pelo falecido ou pela legislação, a base de cálculo é: I - o valor total das quotas dos fundos de investimento, vinculados ao

Janeiro julgou a ADI nº 0032730-06.2016.8.19.0000, na qual se questionava a constitucionalidade da referida tributação, reconhecendo a procedência do pedido, ao fundamento de que, "não sendo considerado herança, no VGBL não há fato gerador que dê ensejo à incidência do ITCMD, devendo, por isso, ser declarada a inconstitucionalidade do artigo 23 da Lei nº 7.174/2015 quanto ao VGBL (Vida Gerador de Benefício Livre)".[26] O julgado está em linha com a jurisprudência do Superior Tribunal de Justiça, que tem reconhecido que "o Plano de Previdência Privada (VGBL), mantido pela falecida, tem natureza jurídica de contrato de seguro de vida e não pode ser enquadrado como herança, inexistindo motivo para determinar a colação dos valores recebidos".[27]

Aspecto que exige especial atenção é o risco de utilização de planos previdenciários como instrumento de burla à legítima, por meio da aplicação de integralidade do patrimônio em fundo que tenha como beneficiário apenas um dos herdeiros necessários, por exemplo. Sabe-se, com efeito, que é nulo o negócio jurídico que "tiver por objetivo fraudar lei imperativa" (Código Civil, art. 166, VI), mas o propósito fraudulento não pode ser simplesmente presumido, devendo-se, ao contrário, perquirir a existência de elementos concretos que comprovem a motivação ilícita.

Outro instrumento a que se tem recorrido para fins de planejamento sucessório, mesmo na ausência de previsão legal sobre o tema no Brasil, é o *trust*. Típico dos ordenamentos de *common law*, o *trust* viabiliza a divisão entre propriedade material e formal de um ou vários bens.[28] Assim, por meio do *trust*, um instituidor (*settlor*) atribui a titularidade material de certos bens ou direitos ao *trustee*, pessoa de confiança indicada para gerir o patrimônio com poderes de proprietário,[29] mas com vistas à realização de determinado fim ou interesse estabelecido pelo instituidor. Dessa forma, o instituidor permanece com uma propriedade meramente formal dos bens, que deixam de estar à disposição de seus credores.

---

plano de que o falecido era titular na data do fato gerador, se o óbito ocorrer antes do recebimento do benefício; ou II - o valor total do saldo da provisão matemática de benefícios concedidos, na data do fato gerador, se o óbito ocorrer durante a fase de recebimento da renda".

26 TJRJ. ADI nº 0032730-06.2016.8.19.0000. Rel. Des. Ana Maria Pereira de Oliveira, j. 10.6.2019.

27 STJ. AI nos EDcl no AREsp nº 947.006/SP. Rel. Min. Lázaro Guimarães, j. 15.5.2018.

28 Remete-se, aqui, à noção de *trust* trazida pela Convenção de Haia, em seu art. 2º: "Para os fins desta Convenção, termo 'trust' refere-se a relações jurídicas criadas – inter vivos e causa mortis – por uma pessoa, o settlor, por meio das quais ativos são colocados sob o controle de um trustee em proveito de um beneficiário ou para um propósito específico. O trust tem as seguintes características: a) os bens constituem massa separada, que não integra o patrimônio do trustee; b) a titularidade dos bens e trust fica em nome do trustee ou de outra pessoa por conta do trustee; c) o trustee tem o poder e o dever, do qual deve prestar contas, de administrar, gerir ou dispor dos bens, de acordo com os termos do trust e com os deveres específicos que lhe são impostos pela lei. O fato de o settlor se reservar certos direitos e poderes e o fato de o trustee poder ter direitos na qualidade de beneficiário não são necessariamente incompatíveis com a existência de um trust" (tradução livre).

29 Segundo WATERS, Donovan. The Hague Trust Convention twenty years on. *In*: GRAZIADEI, Michele; MATTEI, Ugo; SMITH, Lionel (Coord.). *Commercial Trusts in European Private Law*. Cambridge: Cambridge University Press, 2005. p. 57: "O trust é normalmente compreendido ao redor do mundo para se referir a noção legal por meio da qual a propriedade é mantida como um ativo segregado ou uma reserva de ativos, o benefício de que se acumula unicamente pessoas determinadas ou para a realização de propósito de caridade. [...] A reserva, segregada dos ativos do próprio trustee, é retida, administrada ou investida pelo trustee" (tradução livre). Confira-se, também, MAZZIERI, Andrea; NAPOLITANO, Gianfranco; NAPOLITANO, Diego. *Il 'project financing'*. Napoli: Jovene, 2006. p. 63-64: "O trust é o conjunto de relações jurídicas caracterizadas pela presença de um sujeito (settlor ou disponente) que transfere bens ou direitos a outro sujeito (o trustee) que assume o dever de empregar o quanto recebeu para a satisfação do interesse de um ou mais sujeitos (beneficiários) ou para um fim determinado" (tradução livre).

O *trust* não encontra guarida na ordem jurídica brasileira, embora nossa lei reconheça hipóteses específicas de afetação patrimonial.[30] Argumenta-se frequentemente que, na tradição romano-germânica, a propriedade é una, o que impediria a existência de duas propriedades separadas de um mesmo bem. Há, todavia, recente projeto de lei em trâmite no Congresso Nacional que visa estabelecer o chamado regime jurídico geral da operação de fidúcia,[31] iniciativa que permitira alcançar os mesmos efeitos do *trust*,[32] com base na experiência de países de tradição romano-germânica que passaram a incorporar o instituto, como Luxemburgo, Suíça, Itália, França e Holanda.[33]

Em que pese a ausência de disciplina no direito positivo brasileiro, pessoas que possuem patrimônio no Brasil, mas também em países que reconhecem o *trust*, têm se valido deste instrumento como meio de planejamento sucessório, constituindo patrimônios segregados para destinação futura a um ou mais de seus herdeiros. Mais uma vez, é preciso evitar a ocorrência de fraude à legítima, partindo-se da lei aplicável à sucessão *causa mortis* (LINDB, art. 10) e aos demais elementos do caso concreto.

4 Além do planejamento sucessório: instrumentos de efetiva antecipação da distribuição patrimonial como doação, compra e venda e constituição de *holding* familiar

A majoração das alíquotas de imposto de transmissão *causa mortis* não tem apenas despertado um crescente interesse por meios de planejamento sucessório alternativos ao testamento, mas tem, adicionalmente, suscitado busca por meios de efetiva antecipação

---

[30] O patrimônio de afetação encontra previsão neste sentido no direito brasileiro: "em outras palavras: determinados bens ou direitos podem ser destinados a finalidade especial e, para alcançá-la, seriam dotados da autonomia necessária à consecução desse fim. Para constituição desses patrimônios de afetação não é necessário que o bem seja excluído do patrimônio do titular, mas, sim, que seja submetido a regime especial para atender a determinada finalidade, sempre mediante expressa autorização legal. [...] A afetação não importa em cisão do patrimônio, mas implica atribuição de autonomia funcional a certos bens ou acervos para cumprimento de determinada função, sem se criar uma nova personalidade, continuando aqueles bens encravados no patrimônio do sujeito. Por isso, a expressão patrimônio separado, embora de uso corrente, deve ser tomada com reserva, pois, na verdade, o acervo segregado para fins especiais não é excluído do patrimônio do sujeito, continuando a integrá-lo, mas com destaque, em razão de tratamento especial compatível com sua função" (CHALUB, Melhim Naem. *Direitos reais*. 2. ed. São Paulo: Revista dos Tribunais, 2014. p. 31-32.)

[31] CHALHUB, Melhim; VILLELA FILHO, Gustavo Alberto; OLIVA, Milena Donato. Regime jurídico geral do contrato fiduciário. *Migalhas*, 2020. Disponível em: https://migalhas.uol.com.br/coluna/migalhas-edilicias/334443/regime-juridico-geral-do-contrato-fiduciario. Acesso em: 23 out. 2020.

[32] Como se sabe, para constituir um *trust* o proprietário de certo bem, denominado *settlor*, afeta-o a determinada finalidade e o transmite a um terceiro (*trustee*), que o recebe com o encargo de dar cumprimento a essa finalidade e, uma vez cumprida, transmiti-lo a um beneficiário (denominado *cestui que trust*), que pode ser o próprio transmitente (*settlor*). Nos sistemas de tradição romano-germânica, é possível alcançar esses efeitos jurídicos e econômicos mediante transmissão fiduciária, pois tanto o *trust* como a fidúcia produzem o mesmo efeito de definir uma destinação para o bem transmitido e vinculá-lo à realização desse escopo específico, excluindo-o dos efeitos de eventuais situações de crise do fiduciário (BRASIL. Congresso Nacional. *Projeto de Lei 4.758/2020*. Dispõe sobre a fidúcia e dá outras providências. Disponível em: https://www.camara.leg.br/proposicoesWeb/prop_mostrarintegra?codteor=193317. Acesso em: 23 out. 2020).

[33] "Os países que participaram da 15ª Sessão da Conferência de Direito Internacional Privado em Haia, realizada de 8 a 20 de outubro de 1984, em que se discutiu a Convenção em exame [de Haia], foram: Argentina, Austrália, Áustria, Bélgica, Canadá, Chipre, Tchecoslováquia, Dinamarca, Irlanda, Israel, Itália, Japão, Luxemburgo, Noruega, Países Baixos, Polônia, Portugal, Espanha, Suécia, Suíça, Suriname, Turquia, Reino Unido, Estados Unidos, Uruguai, Venezuela, Iugoslávia" (OLIVA, Milena. *Patrimônio separado*: herança, massa falida, securitização de créditos imobiliários, incorporação imobiliária, fundos de investimento imobiliário, trust. Rio de Janeiro: Renovar, 2009. p. 331).

da distribuição do patrimônio, de modo a se reduzir a parcela de bens e direitos que somente virá a ser transmitida com a morte.

Não se trata exatamente de uma novidade. Há muito, emprega-se o contrato de doação como meio de distribuição de bens em vida, evitando-se futura discussão em inventário.[34] Não raro, doações para este fim são realizadas com reserva de usufruto ao doador, transmitindo-se, desde logo, ao herdeiro tão somente a nua-propriedade. Isso permite que o doador preserve as faculdades de uso e gozo do bem, podendo, por exemplo, continuar a residir no imóvel doado ou dele auferir renda por meio de aluguel. Também é frequente a doação de ações com reserva de usufruto, que permite ao doador continuar a receber os dividendos advindos das mesmas ações ou reservar para si apenas os direitos políticos, continuando a exercer voto nas deliberações da respectiva sociedade empresária.[35]

O art. 544 do Código Civil determina, como se sabe, que "a doação de ascendentes a descendentes, ou de um cônjuge a outro, importa adiantamento do que lhes cabe por herança".[36] Assim, os bens doados por ascendente a descendente ou entre cônjuges devem ser colacionados no momento da abertura da sucessão, salvo se o doador tiver determinado que a doação saia da metade disponível da herança (art. 2.005).[37] E a doação não pode ultrapassar 50% do patrimônio do doador, sob pena de configurar doação inoficiosa, nula de pleno direito (art. 549).

Uma das vantagens da utilização da doação como instrumento de planejamento sucessório diz respeito à possibilidade de gravar os bens doados com cláusulas de incomunicabilidade, impenhorabilidade ou inalienabilidade.[38] Esses gravames precisam ser apostos com base em justificativa que não se afigure genérica, mas, ao contrário, se exprima de modo específico e detalhado.[39] Registre-se que a prática advocatícia

---

34 Deve-se recordar que há limites para a doação, sendo vedada, por exemplo, a doação universal: "Art. 548. É nula a doação de todos os bens sem reserva de parte, ou renda suficiente para a subsistência do doador". Sobre o tema, ver FACHIN, Luiz Edson. *Estatuto jurídico do patrimônio mínimo*. 2. ed. Rio de Janeiro: Renovar, 2006. p. 2: "Tal proposição parte de um fundamento que se pode extrair do Código Civil brasileiro, mediante legítimo recurso de hermenêutica. O dispositivo, focalizado especialmente, está contido no artigo 548 da nova codificação civil, do qual se pode inferir que a ordem jurídica, ao vedar, mediante regra cogente cuja violação comina com nulidade absoluta, a auto-redução à miserabilidade, faz emanar princípio que, também obsta a instauração de estado de paupérrimo por qualquer meio, voluntário ou forçado, judicial ou extrajudicial, de interesse público ou privado. Ali se garante o direito fundamental à subsistência e veicula princípio geral que não se restringe à hipótese enunciada".

35 O direito de voto das ações gravadas com usufruto é regulado pelo art. 114 da Lei nº 6.404/1976: "O direito de voto da ação gravada com usufruto, se não for regulado no ato de constituição do gravame, somente poderá ser exercido mediante prévio acordo entre o proprietário e o usufrutuário".

36 LÔBO, Paulo Luiz Netto. *Comentários ao Código Civil*: Parte Especial. São Paulo: Saraiva, 2003. v. VI. p. 544, ao comentar a previsão contida no art. 544 do Código Civil, afirma que "não se trata de impedimento, pois essas doações podem ser feitas, mas o legislador as inibe, na medida em que obriga os donatários à colação, reduzindo-se proporcionalmente o que lhes caberá como herança quando da abertura da sucessão do doador".

37 "Art. 2.005. São dispensadas da colação as doações que o doador determinar saiam da parte disponível, contanto que não a excedam, computado o seu valor ao tempo da doação. Parágrafo único. Presume-se imputada na parte disponível a liberalidade feita a descendente que, ao tempo do ato, não seria chamado à sucessão na qualidade de herdeiro necessário".

38 "A legítima pertence de pleno direito ao herdeiro necessário. Não obstante, pode o testador clausulá-la, impondo restrições, que atingem até o próprio poder de dispor dos bens herdados. As cláusulas restritivas permitidas são: a) inalienabilidade; b) incomunicabilidade; c) impenhorabilidade" (GOMES, Orlando. *Sucessões*. 15. ed. Rio de Janeiro: Forense, 2012. p. 181).

39 Ver, por exemplo, TJSP. AC nº 4004152-26.2013.8.26.0565. Rel. Des. Milton Carvalho, j. 23.10.2014: "Repisa-se que as cláusulas de inalienabilidade foram estabelecidas pelos doadores por tempo determinado e, ademais,

destaca, nesse campo, o uso frequente das cláusulas de incomunicabilidade, fruto de certa tentação de pais e mães em buscar proteger seus filhos de futuros cônjuges ou companheiros "oportunistas", interessados exclusivamente em seu patrimônio. Não raro, o titular de um patrimônio vasto acredita que seus filhos jamais brigariam pela herança, salvo em caso de má influência de maridos ou esposas animados por instintos mercenários.

Embora possa oferecer algumas vantagens em relação ao testamento, o uso de contratos de doação para a distribuição do patrimônio ainda em vida não tem sido buscado com tanta frequência, pois implica igualmente custo tributário. A maior parte dos estados tem majorado as alíquotas também para fins de doação, como ocorreu, por exemplo, nos estados do Rio Grande do Sul e do Rio de Janeiro.[40] Mesmo nos estados em que não houve a majoração, o recolhimento imediato do imposto sobre a doação pode funcionar como desestímulo ao seu emprego: afinal, se antecipa a distribuição, antecipa também o custo tributário, e isso nem sempre é visto como boa solução.

Nesse cenário, tem-se recorrido, por vezes, a operações de compra e venda que dependem, contudo, de disponibilidade patrimonial dos herdeiros para efetuar a aquisição.[41] A conversão do monte em pecúnia facilita a distribuição futura, mas também aqui há que se observar restrições legais como a necessária autorização de todos os descendentes e cônjuges na hipótese de venda de um bem pelo ascendente a um descendente, nos exatos termos do art. 496 do Código Civil.[42]

Há, além dos instrumentos contratuais, instrumentos societários que têm sido utilizados com frequência cada vez maior para obter a antecipação da distribuição patrimonial. Figura que tem se tornado usual nos debates sobre planejamento sucessório é a chamada *holding* familiar. A *holding* consiste, como se sabe, em pessoa jurídica constituída com o fim de adquirir e administrar participação societária em outras sociedades empresárias, conforme dispõe o art. 2º, §3º, da Lei das S.A. (Lei nº 6.404/76).[43]

---

cumpre salientar que a justificativa explicitada na escritura pública de doação para embasá-las (inserida apenas por cautela, para evitar futura anulação do ato) é genérica e não evidencia a existência de situação concreta que pudesse lesar o patrimônio dos donatários". No mesmo sentido, TJSP. AI nº 2061442-35.2020.8.26.0000. Rel. Des. João Pazine Neto, j. 20.4.20; TJSP. AC nº 1003647-28.2018.8.26.0269. Rel. Des. Rodolfo Pellizari, j. 30.7.2020.

40 No Rio Grande do Sul, o art. 19 da Lei Estadual nº 14.741/2015 elevou a alíquota do imposto de doação para 4%, para doação de bens com valor superior a 10.000 UPF-RS. Já no Rio de Janeiro, o art. 3º da Lei Estadual nº 7.786/2017 alterou o art. 26 da Lei nº 7.174/2015 e passou a prever alíquotas de até 8% para as doações.

41 Essa hipótese tem sido contornada muitas vezes por meio da conjugação da compra e venda com contratos de mútuo, no qual o descendente fica responsável pelo pagamento do preço de forma gradual ao longo do tempo. A celebração desses negócios de forma combinada pode acabar por configurar simulação relativa, nos termos do art. 167, *caput*, do Código Civil, especialmente quando se verifica, à luz das circunstâncias do caso concreto, que a compra e venda é utilizada para dissimular uma doação de ascendente a descendente.

42 "Art. 496. É anulável a venda de ascendente a descendente, salvo se os outros descendentes e o cônjuge do alienante expressamente houverem consentido. Parágrafo único. Em ambos os casos, dispensa-se o consentimento do cônjuge se o regime de bens for o da separação obrigatória". Como explica WALD, Arnoldo. *Direito civil*: contratos em espécie. 19. ed. São Paulo: Saraiva, 2012. v. III. p. 28: "Para evitar litígios na família, o Código Civil exige, sob pena de anulação do negócio, que na venda dos ascendentes para os descendentes haja o consentimento expresso dos outros descendentes e do cônjuge (art. 496), a fim de evitar que a doação seja simulada em compra e venda. Ressalta-se que o Código Civil de 1916 apenas exigia a manifestação favorável dos demais descendentes, e o atual Código passou a exigir também a concordância do cônjuge, que somente é dispensada se o regime de casamento for de separação obrigatória (art. 496, parágrafo único)".

43 "Art. 2º Pode ser objeto da companhia qualquer empresa de fim lucrativo, não contrário à lei, à ordem pública e aos bons costumes. [...] §3º A companhia pode ter por objeto participar de outras sociedades; ainda que não

Quando a *holding* reúne como sócios integrantes da mesma família e é constituída para fins de facilitar a sucessão, recebe a alcunha de *holding familiar*.[44]

Embora possa parecer, à primeira vista, que a constituição de uma *holding familiar* signifique economia tributária, isso nem sempre acontece, mesmo porque qualquer doação de quotas ou ações da *holding familiar* ensejará naturalmente a incidência do imposto de transmissão e suscitará as mesmas questões já abordadas em relação à doação. Além disso, recente julgado do Supremo Tribunal Federal (Tema nº 796 da Repercussão Geral) fixou o entendimento de que "a imunidade em relação ao ITBI, prevista no inciso I do §2º do art. 156 da Constituição Federal, não alcança o valor dos bens que exceder o limite do capital social a ser integralizado".[45] Significa dizer, ainda de acordo com o Supremo Tribunal Federal, que "sobre a diferença do valor dos bens imóveis que superar o capital subscrito a ser integralizado, incidirá a tributação pelo ITBI".

A utilização das *holdings familiares* pode, por outro lado, facilitar a celebração de compra e venda de quotas ou ações das *holdings* entre os partícipes do planejamento sucessório. Embora, tal como em qualquer compra e venda, seja necessária a autorização dos demais descendentes para esse tipo de negócio entre o ascendente e um filho ou neto (com base no já citado art. 496 do Código Civil), o pagamento parcelado do preço das quotas ou ações acaba sendo, por vezes, facilitado por eventuais resultados positivos da própria *holding*, distribuídos aos seus sócios. Também tem sido comum que o instituidor principal da *holding* se reserve uma *golden share*, ou seja, uma ação ou quota que lhe confere poderes especiais, como poder de veto sobre as matérias atinentes à sociedade. Também aqui avulta em importância a necessidade de se evitar fraude às regras cogentes da herança legítima.

5 Conclusão

A majoração de alíquotas de imposto de transmissão *causa mortis* talvez tenha sido capaz de ampliar, em um primeiro momento, a arrecadação dos estados e, nesse sentido, pode ter se revelado boa estratégia para lidar com emergências econômicas. Em médio prazo, contudo, a preservação de uma carga tributária elevada sobre a distribuição *post mortem* do patrimônio tende a incentivar o uso de instrumentos de

---

prevista no estatuto, a participação é facultada como meio de realizar o objeto social, ou para beneficiar-se de incentivos fiscais".

[44] Com relação à denominação *holding familiar*, TEIXEIRA, João Alberto Borges. *Holding familiar*: tipo societário e seu regime tributário. Disponível em: http://www.g-10.net/12_33.htm. Acesso em: 4 set. 2020: "A doutrina aponta, ainda, outras classificações para as empresas holding (tais como: holding administrativa, holding de controle, holding de participação, holding familiar etc.) Entre esses tipos é muito conhecido a holding familiar, que apresenta grande utilidade na concentração patrimonial e facilita a sucessão hereditária e a administração dos bens, garantindo a continuidade sucessória".

[45] "A Constituição de 1988 imunizou a integralização do capital por meio de bens imóveis, não incidindo o ITBI sobre o valor do bem dado em pagamento do capital subscrito pelo sócio ou acionista da pessoa jurídica (art. 156, §2º). A norma não imuniza qualquer incorporação de bens ou direitos ao patrimônio da pessoa jurídica, mas exclusivamente o pagamento, em bens ou direitos, que o sócio faz para integralização do capital social subscrito. Portanto, sobre a diferença do valor dos bens imóveis que superar o capital subscrito a ser integralizado, incidirá a tributação pelo ITBI. Recurso Extraordinário a que se nega provimento. Tema 796, fixada a seguinte tese de repercussão geral: 'A imunidade em relação ao ITBI, prevista no inciso I do §2º do art. 156 da Constituição Federal, não alcança o valor dos bens que exceder o limite do capital social a ser integralizado'" (STF. RE nº 796.376. Rel. Min. Marco Aurélio. Rel. p/ Acórdão Min. Alexandre de Moraes, j. 5.8.2020).

planejamento sucessório diversos do testamento, especialmente aqueles que permitem afastar a incidência do imposto de transmissão *causa mortis*.

O uso de tais instrumentos traz sempre alguma possibilidade de discussão sobre a sua legitimidade, especialmente no direito brasileiro, que se filia historicamente à proibição do chamado *pacta corvina*, consagrada no art. 426 do Código Civil, segundo o qual "não pode ser objeto de contrato a herança de pessoa viva". Mais que a subserviência a uma regra antiga, tem-se em vista aí uma vedação amparada em razões substanciais, como a proteção da solidariedade familiar,[46] a garantia de permanente revogabilidade das disposições patrimoniais para depois da morte (como ocorre no testamento), entre outras razões.[47] De outro lado, cresce a defesa de um espaço de autonomia para que a pessoa humana possa, nos limites da lei, dispor livremente e do modo mais eficiente possível de seu patrimônio, prevenindo, ademais, futuros litígios entre os potenciais herdeiros.[48]

Não há dúvida de que um planejamento sucessório adequado não pode se limitar a um único instrumento, mas deve combinar ferramentas jurídicas distintas de modo a atender ao desejo do titular do patrimônio na exata medida do espaço que a lei legitimamente confere para tanto. Parece certo, contudo, que outros campos do direito – especialmente o campo financeiro e tributário – devem ser chamados a desempenhar seu papel, de modo a não permitir que custos tributários demasiadamente elevados acabem por reduzir a sucessão *causa mortis* das grandes riquezas do país, esvaziando a solução legislativa habitual na mesma proporção em que oneram mais severamente a maioria das sucessões nacionais. É preciso que os diferentes ramos do direito se conjuguem em um sistema previsível, seguro e equilibrado para a transmissão do patrimônio em razão da morte, no qual se limitar a celebrar um testamento não seja visto como mera tolice ou falta de atualidade.

Referências

ALVES, João Luiz. *Código Civil da República do Estados Unidos do Brasil*. 3. ed. Rio de Janeiro: Borsoi, 1957. v. I.

BARBOZA, Heloisa Helena; ALMEIDA, Vitor. Partilha em vida como forma de planejamento sucessório. *In*: TEIXEIRA, Daniele Chaves (Coord.). *Arquitetura do planejamento sucessório*. Belo Horizonte: Fórum, 2019.

[46] "Essa sincronização, baseada igualmente na solidariedade familiar, tem justificado a manutenção da legítima, quota dos herdeiros necessários, em percentual fixo de 50%. E a legítima, sem dúvida alguma relacionada a citados fundamentos do Direito das Sucessões, impede, no atual sistema legislativo brasileiro, a tão mencionada 'contratualização' da matéria, que pode representar até o seu fim, com o afastamento da sua justificação" (TARTUCE, Flávio. *Os fundamentos do direito das sucessões e a tendência de 'contratualização' da matéria*. Disponível em: https://www.academia.edu/).

[47] "Os fundamentos acerca da proibição dos pactos sucessórios são os mais diversos. O principal deles é a característica dessas convenções de alimentar a esperança na morte alheia, o votum alicujus mortis, sendo ofensiva à moral e aos bons costumes. Além o contrato determinaria uma sucessão pactícia, em violação à ordem pública sucessória, que estabelece o regime dual de delação sucessória com base na lei e no testamento. Os pactos seriam atentatórios à liberdade de testar, pois as disposições de última vontade têm como traço marcante a revogabilidade do ato até o momento da morte do autor da herança. Por fim, esses negócios teriam potencial de criar situações lesivas ao herdeiro presuntivo, que não teria condições de avaliar e precificar o seu direito" (SILVA, Rafael Cândido da. *Pactos sucessórios e contratos de herança*. Salvador: JusPodivm, 2019. p. 242).

[48] Ainda uma vez, SILVA, Rafael Cândido da. A proibição dos pactos sucessórios: releitura funcional de uma antiga regra. *Revista de Direito Privado*, São Paulo, v. 72, 2016: "Associado a isso deve ser reconhecido o fato de que os pactos sucessórios teriam grande utilidade na prevenção de situações recorrentemente conflitivas".

BEVILÁQUA, Clóvis. *Código Civil comentado*. Rio de Janeiro: Francisco Alves, 1919. v. VI.

BEVILÁQUA, Clóvis. *Direito das obrigações*. 5. ed. Rio de Janeiro: Freitas Bastos, 1940.

CHALHUB, Melhim; VILLELA FILHO, Gustavo Alberto; OLIVA, Milena Donato. Regime jurídico geral do contrato fiduciário. *Migalhas*, 2020. Disponível em: https://migalhas.uol.com.br/coluna/migalhas-edilicias/334443/regime-juridico-geral-do-contrato-fiduciario. Acesso em: 23 out. 2020.

CHALUB, Melhim Naem. *Direitos reais*. 2. ed. São Paulo: Revista dos Tribunais, 2014.

DANTAS, San Tiago. *Programa de direito civil*. Rio de Janeiro: Rio, 1978. v. II.

FACHIN, Luiz Edson. *Estatuto jurídico do patrimônio mínimo*. 2. ed. Rio de Janeiro: Renovar, 2006.

FLEISCHMANN; Simone Tassinari Cardoso; TREMARIN JUNIOR, Valter. Reflexões sobre holding familiar no planejamento sucessório. *In*: TEIXEIRA; Daniele Chaves (Coord.). *Arquitetura do planejamento sucessório*. Belo Horizonte: Fórum, 2019.

GIRARDI, Viviane; MOREIRA, Luana Maniero. A previdência privada aberta como instrumento ao planejamento sucessório. *In*: TEIXEIRA, Daniele Chaves (Coord.). *Arquitetura do planejamento sucessório*. Belo Horizonte: Fórum, 2019.

GOMES, Orlando. *Contratos*. 26. ed. Rio de Janeiro: Forense, 2009.

GOMES, Orlando. *Sucessões*. 15. ed. Rio de Janeiro: Forense, 2012.

HIRONAKA, Giselda Maria Fernandes Novaes. *Direito das sucessões*. 4. ed. São Paulo: Revista dos Tribunais, 2012.

LEITE, Eduardo de Oliveira. *Comentários ao Novo Código Civil*. Rio de Janeiro: Forense, 2003. v. XXI.

LÔBO, Paulo Luiz Netto. *Comentários ao Código Civil*: Parte Especial. São Paulo: Saraiva, 2003. v. VI.

MADALENO, Rolf. Planejamento sucessório. *In*: PEREIRA, Rodrigo da Cunha; DIAS, Maria Berenice (Coord.). *Famílias*: pluralidade e felicidade. Belo Horizonte: IBDFAM, 2014.

MAIA JUNIOR, Mairan Gonçalves. A previdência privada como instrumento de planejamento sucessório. *Revista Pensar*, Fortaleza, v. 25, n. 14, jan./mar. 2020.

MAXIMILIANO, Carlos. *Direito das sucessões*. Rio de Janeiro: Freitas Bastos, 1937. v. II.

MAZZIERI, Andrea; NAPOLITANO, Gianfranco; NAPOLITANO, Diego. *Il 'project financing'*. Napoli: Jovene, 2006.

NEVARES, Ana Luiza Maia. Perspectivas para o planejamento sucessório. *In*: TEIXEIRA, Daniele Chaves (Coord.). *Arquitetura do planejamento sucessório*. Belo Horizonte: Fórum, 2019.

OLIVA, Milena. *Patrimônio separado*: herança, massa falida, securitização de créditos imobiliários, incorporação imobiliária, fundos de investimento imobiliário, trust. Rio de Janeiro: Renovar, 2009.

OLIVEIRA, Itabaiana de. *Tratado de direito das sucessões*. Rio de Janeiro: Max Limonad, 1952. v. III.

PENA JÚNIOR, Moacir César. *Curso completo de direito das sucessões*: doutrina e jurisprudência. São Paulo: Método, 2009.

PEREIRA, Caio Mário da Silva. *Instituições de direito civil*. 30. ed. Rio de Janeiro: Forense, 2017. v. I.

PERLINGIERI, Pietro. *Perfis do direito civil*: introdução ao direito civil constitucional. 3. ed. Renovar: Rio de Janeiro, 2007.

PONTES DE MIRANDA, Francisco Cavalcanti. *Tratado de direito privado*. 3. ed. Rio de Janeiro: Borsoi, 1970. t. I.

RUGGIERO, Roberto de. *Instituições de direito civil*. São Paulo: Saraiva, 1934. v. III.

SANTOS, J. M. de Carvalho. *Código Civil interpretado*. Rio de Janeiro: Freitas Bastos, 1981. v. XXIV.

SCHREIBER, Anderson. *Manual de direito civil contemporâneo*. 3. ed. São Paulo: Saraiva, 2020.

SILVA, Rafael Cândido da. A proibição dos pactos sucessórios: releitura funcional de uma antiga regra. *Revista de Direito Privado*, São Paulo, v. 72, 2016.

SILVA, Rafael Cândido da. *Pactos sucessórios e contratos de herança*. Salvador: JusPodivm, 2019.

TARTUCE, Flávio. *Os fundamentos do direito das sucessões e a tendência de 'contratualização' da matéria*. Disponível em: https://www.academia.edu/.

TEIXEIRA, Daniele Chaves. *Planejamento sucessório*: pressupostos e limites. Belo Horizonte: Fórum, 2017.

TEIXEIRA, João Alberto Borges. *Holding familiar*: tipo societário e seu regime tributário. Disponível em: http://www.g-10.net/12_33.htm. Acesso em: 4 set. 2020.

TEPEDINO, Gustavo; BARBOZA, Heloisa Helena; MORAES, Maria Celina Bodin de (Coord.). *Código Civil interpretado conforme a Constituição da República*. Rio de Janeiro: Renovar, 2014. v. IV.

TEPEDINO, Gustavo; NEVARES. Ana Luiza Maia; MEIRELES, Rose Melo Vencelau. *Fundamentos do direito civil*: direito das sucessões. Rio de Janeiro: Forense, 2020. v. VII.

VELOSO, Zeno. *Comentários ao Código Civil*. São Paulo: Saraiva, 2003.

VENOSA, Sílvio de Salvo. *Direito civil*. 4. ed. São Paulo: Atlas, 2004. v. VII.

WALD, Arnoldo. *Direito civil*: contratos em espécie. 19. ed. São Paulo: Saraiva, 2012. v. III.

WALD, Arnoldo. O regime jurídico da partilha em vida. *Revista dos Tribunais*, São Paulo, v. 7, n. 622, 1987.

WATERS, Donovan. The Hague Trust Convention twenty years on. *In*: GRAZIADEI, Michele; MATTEI, Ugo; SMITH, Lionel (Coord.). *Commercial Trusts in European Private Law*. Cambridge: Cambridge University Press, 2005.

Informação bibliográfica deste texto, conforme a NBR 6023:2018 da Associação Brasileira de Normas Técnicas (ABNT):

SCHREIBER, Anderson; RIBAS, Felipe. A fuga do testamento. *In*: TEIXEIRA, Daniele Chaves (Coord.). *Arquitetura do planejamento sucessório*. Belo Horizonte: Fórum, 2022. p. 345-359. Tomo III. ISBN 978-65-5518-291-0.

A POSSIBILIDADE DE ALTERAÇÃO DOS REGIMES DE BENS DO CASAMENTO POR MEIO DE PACTO PÓS-NUPCIAL – ALTERNATIVAS À ATUAL FORMA DE ALTERAÇÃO DE REGIME DE BENS DO CASAMENTO[1]

CAROLINA DUCCI MAIA BARCELOS

1 Introdução

Observa-se que o casamento gera efeitos pessoais e patrimoniais entre os cônjuges e terceiros. Os efeitos pessoais poderiam ser exemplificados com a possibilidade de se adotar o nome do outro cônjuge, de se alterar o estado civil, além de se respeitarem os deveres do casamento. Ainda, devem ser observados os efeitos patrimoniais, pois, a depender do regime de bens, haverá comunicação de bens entre os cônjuges. Se o casal tiver filhos, há efeitos patrimoniais na sucessão. Perante terceiros, os efeitos patrimoniais se mostram quando os cônjuges praticarem atos que dependem de outorga conjugal e forem responsabilizados por dívidas e contratos firmados por eles.

Assim, tendo o casal decidido celebrar o seu casamento, a escolha do regime de bens é a decisão mais relevante a ser tomada pelos nubentes, pois determinará as regras patrimoniais que regerão a união civil. Ocorre que, quando feita a opção por um dos regimes de bens descritos no Código Civil ou até pelo regime misto, o casal ainda não vislumbra as consequências da escolha, de modo que, durante o casamento, podem os cônjuges decidir modificar referidas regras.

E, em um contexto de planejamento sucessório, a questão do regime de bens escolhido, muitas vezes, vem à tona, e o casal, diante de novas diretrizes, pode querer alterá-lo. No entanto, a atual forma de alteração de regime de bens do casamento prevista no §2º do art. 1.639 do Código Civil condiciona a mudança ao pedido motivado,

---

1 Recorte da Dissertação de Mestrado – BARCELOS, Carolina Ducci Maia. *A possibilidade de alteração dos regimes de bens do casamento por meio de pacto pós-nupcial*: alternativas à atual forma de alteração de regime de bens do casamento prevista no §2º do artigo 1.639 do Código Civil. 2020. 160 p. Dissertação (Mestrado) – Faculdade de Direito, Universidade de São Paulo, São Paulo, 2020.

consensual, que não prejudique direitos de terceiros e mediante autorização judicial, o que, além de ferir o princípio da autonomia privada e da não intervenção do Estado nas relações privadas, pode dificultar o planejamento sucessório.

É que não deveria caber ao magistrado analisar os motivos dos cônjuges para alterar o seu regime de bens, tampouco restringir as alterações pretendidas nem decidir se deve haver uma partilha de bens e em que medida, pois assim não estariam sendo respeitados os direitos personalíssimos dos cônjuges, o seu direito à liberdade, à sua livre manifestação, à sua intimidade e à sua privacidade.

Desta forma, o objetivo deste artigo é analisar a atual forma de alteração de regime de bens do casamento e propor uma nova forma de modificação baseada na interpretação das regras vigentes, diante da tendência, no Brasil e em outros países, da *desjudicialização* quando não há conflitos, a permitir aos cônjuges a lavratura de escritura pública de pacto pós-nupcial, respeitando-se o direito de terceiros.

2 Os regimes de bens e o pacto antenupcial

O regime de bens determinará as regras patrimoniais do casamento, seja enquanto durar esse relacionamento, pois regulamentará como será a administração dos bens, se haverá necessidade do consentimento do outro cônjuge para prática de certos atos e a responsabilização pelas dívidas, seja em razão da dissolução do casamento, regrando como deverá ser a partilha dos bens.

O Código Civil contempla quatro tipos de regimes de bens: o regime legal da comunhão parcial de bens (arts. 1.658 a 1.666), o da comunhão universal de bens (arts. 1.667 a 1.671), o da participação final nos aquestos (arts. 1.672 a 1.686) e o da separação total de bens (arts. 1.687 e 1.688).

O regime legal da comunhão parcial de bens será vigente na ausência do pacto antenupcial e quando os cônjuges não forem obrigados, pela lei, a um regime de separação obrigatória, como prevê o art. 1.641 do Código Civil. Para a prevalência dos demais regimes de bens (comunhão universal, participação final nos aquestos e separação convencional total de bens), além de os cônjuges serem livres para escolher o regime que lhes aprouver, terão de fazê-lo mediante a lavratura de um pacto antenupcial.

O pacto antenupcial pode ser definido como um contrato solene, que deve ser efetivado antes do casamento para aqueles que pretendem adotar qualquer regime que não o regime legal da comunhão parcial bens. Dessa forma, o pacto faz-se necessário para que se adotem os regimes da comunhão universal de bens, da separação de bens e da participação final nos aquestos e para que se estabeleçam os regimes chamados de mistos ou híbridos.

Além disso, para ser válido, o pacto antenupcial precisa ser firmado por partes capazes (capacidade nupcial), ter sua forma prescrita em lei (escritura pública, perante o tabelionato de notas, não sendo possível que se faça a convenção por instrumento particular, sob pena de nulidade), não conter vício de consentimento, ter objeto lícito e não contrariar disposição absoluta em lei, a ordem pública, a moral e os bons costumes.

Ademais, eventual alteração do regime de bens após o casamento exige, como determina o art. 1.639, §2º, do Código Civil, autorização judicial, por meio de pedido conjunto e motivado, ressalvado o direito de terceiros,[2] que, aliás, é o principal objeto deste artigo.

3 A atual forma de alteração do regime de bens prevista no §2º do art. 1.639 do Código Civil

Sabe-se que a essência das relações econômicas dos cônjuges reside no regime matrimonial de bens,[3] e cada um deles possui normas especiais disciplinadoras. O *caput* do art. 1.639 do Código Civil dá aos nubentes ampla liberdade e faculdade na escolha das regras concernentes aos bens que vigorarão ao longo do casamento.

Diante da leitura desse artigo, apesar de não ser um entendimento uniforme,[4] a maioria da doutrina defende que os nubentes não só podem escolher um dos regimes previstos no Código Civil, como também estabelecer um regime misto – que contenha disposições de mais de um regime –, ou até mesmo formular um regime próprio com regras estipuladas pelo casal.[5]

Assim, tendo o casal decidido celebrar sua união civil, o regime de bens é a mais importante decisão que os nubentes terão de tomar, justamente por determinar os efeitos patrimoniais que se projetarão no casamento.

Ocorre que, muitas vezes, quando feita a opção pelo regime de bens, seja um dos preceituados pelo Código Civil ou o regime misto, o casal ainda não tem em vista todas as consequências daquela escolha. E, ainda que soubesse dessas consequências, não poderia prever o futuro, imaginando os caminhos que suas vidas traçariam.[6]

É por isso que, com o advento da pós-modernidade, foram sendo trazidas inovações à prática do direito, assimiladas aos poucos pelos legisladores. E isso fez com que introduzissem a mutabilidade justificada do regime matrimonial de bens no Código Civil de 2002, em contraposição ao princípio fundamental inscrito no Código Civil anterior, que vetava expressamente tal alteração.

---

2 MALUF, Carlos Alberto Dabus; MALUF, Adriana Caldas do Rego Freitas Dabus. *Curso de direito de família*. 2. ed. rev. e atual. São Paulo: Saraiva, 2016. p. 234.

3 ALMEIDA, José Luiz Gavião de. Regime de bens do casamento: questões controvertidas. *Cadernos de Direito*, Piracicaba, v. 1, n. 1, p. 55-62, 2001. Disponível em: https://www.metodista.br/revistas/revistas-unimep/index.php/cd/article/download/882/408. Acesso em: 27 maio 2018.

4 ALMEIDA, José Luiz Gavião de. *Direito civil*: família. Rio de Janeiro: Elsevier, 2008. p. 283-284.

5 DIDIER JÚNIOR, Fredie; FARIAS, Cristiano Chaves de. *In*: ALVIM, Arruda; ALVIM, Thereza (Coord.). *Comentários ao Código Civil brasileiro*: do direito de família – direito patrimonial. Rio de Janeiro: Forense, 2005. v. 15. p. 22-23; LÔBO, Paulo Luiz Netto. *Código Civil comentado*: direito de família, relações de parentesco, direito patrimonial: arts. 1.591 a 1.693. São Paulo: Atlas, 2003. Coleção Código Civil Comentado. v. 16. p. 231-232; CARVALHO FILHO, Milton Paulo de. Arts. 1.511 a 1.783-A – Família. *In*: PELUSO, Cezar (Coord.). *Código Civil comentado*: doutrina e Jurisprudência. Lei n. 10.406, de 10.01.2002. 6. ed. rev. e atual. Barueri: Manole, 2012. p. 1868-1869; CHINELLATO, Silmara Juny de Abreu. *Comentários ao Código Civil*: parte especial – Do direito de família. São Paulo: Saraiva, 2004. Coleção Comentários ao Código Civil. v. 18. p. 280.

6 Veja TJSP, 1ª Câmara Direito Privado. Apelação nº 1117400-53.2016.8.26.0100. Rel. Des. Rui Cascaldi, j. 7.3.2018; TJSP, 10ª Câmara Direito Privado. Apelação nº 0001704-88.2004.8.26.0396. Rel. Des. Elcio Trujillo, j. 2.12.2014; TJSP, 8ª Câmara Direito Privado. Apelação nº 990.10.236928-5. Rel. Des. Salles Rossi, j. 28.7.2010.

3.1 Os requisitos e as formalidades da alteração do regime de bens

O §2º do art. 1.639 prevê que "é admissível alteração do regime de bens, mediante autorização judicial em pedido motivado de ambos os cônjuges, apurada a procedência das razões invocadas e ressalvados os direitos de terceiros".

Ao analisar-se o artigo acima, observa-se que o legislador impôs requisitos para possibilitar a alteração do regime de bens estabelecido para o casamento, determinando que o pedido seja: (i) consensual; (ii) motivado; (iii) não prejudique direitos de terceiros; e (iv) concedido mediante autorização judicial.

3.1.1 A consensualidade do pedido

Com relação ao requisito de o pedido ser consensual, podemos dizer que é objetivo, e seu cumprimento decorre de ato relativamente simples: basta que ambos os cônjuges, de forma conjunta, requeiram sua alteração,[7] de tal sorte que referido ato não possa ser praticado de forma unilateral.

3.1.2 A motivação necessária

As partes precisarão informar ao juiz o motivo da alteração do regime de bens, sendo "apurada a procedência das razões invocadas".[8]

A lei foi omissa acerca das causas que podem autorizar a alteração do regime de bens. Não exigiu, por exemplo, a existência de um motivo grave a possibilitar a alteração do regime, como em outras jurisdições.

Flávio Tartuce traz alguns exemplos do motivo justo, entre eles o constante do Enunciado nº 262 do CJF/STJ, da IV Jornada de Direito Civil,[9] pois, com o eventual desaparecimento da causa suspensiva que fez com que os cônjuges se casassem pelo regime da separação obrigatória, as partes podem justificar o pedido de alteração do regime.[10]

Outro exemplo seria o caso em que o casal se vê diante do nascimento de um filho extraconjugal e há interesse de se preservarem os direitos da filha em comum em relação aos bens adquiridos pelo esforço da esposa.[11]

---

[7] TARTUCE, Flávio. Livro IV – Do Direito de Família. *In*: SCHREIBER, Anderson; TARTUCE, Flávio; SIMÃO, José Fernando; MELO, Marco Aurélio Bezerra de; DELGADO, Mário Luiz. *Código Civil comentado*: doutrina e jurisprudência. Rio de Janeiro: Gen Forense, 2019. Coleção Código Civil Comentado Interativo. p. 1266.

[8] NEVES, Daniel Amorim Assumpção. *Novo Código de Processo Civil comentado*. Salvador: JusPodivm, 2016. p. 1156.

[9] "A obrigatoriedade da separação de bens nas hipóteses previstas nos incs. I e III do artigo 1.641 do Código Civil não impede a alteração do regime, desde que superada a causa que o impôs", conforme BRASIL. Conselho da Justiça Federal e Superior Tribunal de Justiça. Enunciado 113 da I Jornada de Direito Civil. *In*: AGUIAR JR., Ruy Rosado de (Coord. Cient.). *Jornadas de Direito Civil I, III, IV e V*: enunciados aprovados. Brasília, DF: Conselho da Justiça Federal, Centro de Estudos Judiciários, 2012. Disponível em: https://www.cjf.jus.br/cjf/corregedoria-da-justica-federal/centro-de-estudos-judiciarios-1/publicacoes-1/jornadas-cej/EnunciadosAprovados-Jornadas-1345.pdf. Acesso em: 1º jun. 2018.

[10] STJ, 3ª Turma. REsp nº 821.807/PR. Rel. Min. Nancy Andrighi, j. 19.10.2006. *DJ*, 13 nov. 2006; TJSP, 3ª Câmara de Direito Privado. Apelação sem Revisão nº 552.439.4/9, Acórdão nº 2.630.948/São Vicente. Rel. Des. Beretta da Silveira, j. 27.5.2008. *DJESP*, 28 jul. 2008.

[11] TJMG. Apelação Cível nº 1.04339.09.112664-9/001. Rel. Des. Peixoto Henriques, j. 2.10.2012. *DJEMG*, 19 out. 2012.

Ainda, quando há interesse patrimonial específico de um dos cônjuges para firmar um contrato de financiamento imobiliário e este não consegue, pois o outro cônjuge possui dívidas.[12]

Diante do que seriam os "motivos justos" aceitos, entende-se que há uma intervenção desnecessária do Estado na vida privada do casal, "considerando até mesmo inconstitucionais as justificativas à mutabilidade, com principal fundamento na infringência aos direitos constitucionais da intimidade e da privacidade [...]".[13] Além disso, desrespeita-se o art. 1.513 do Código Civil, que prevê que nenhum ente, seja público seja privado, pode "[...] interferir na comunhão de vida constituída pela família".[14]

Tal intromissão indevida pode, inclusive, desestabilizar a relação conjugal, por trazer à tona questões extremamente delicadas e pessoais de cada um, que não precisaram ser trazidas no momento da escolha inicial do regime de bens, tampouco na elaboração do pacto antenupcial.

Silmara Juny Chinellato[15] expõe mais detalhadamente suas aflições e esclarece que, ao exigir a motivação, "a lei estaria entrando na vida íntima dos cônjuges", obrigando-os a trazer ao conhecimento dos magistrados "[...] a prodigalidade de um, a falta de cuidado com o patrimônio da família, a falta de controle nos gastos [...]", fatos esses que seriam aceitos como motivação para fundamentar o pedido de alteração.

No entanto, por outro lado, poderia prejudicar a relação do casal. O ideal seria que não fossem exigidos dos cônjuges tais detalhes a respeito do motivo que os leva a pleitear a alteração do regime de bens.

A jurisprudência[16] vem flexibilizando a exigência do §2º do art. 1.639 do Código Civil, "[...] o que vem em boa hora, pois são os cônjuges aqueles que têm a melhor consciência sobre os embaraços que o regime de bens adotado pode gerar em sua vida cotidiana".[17]

É que não deve caber ao magistrado analisar os motivos dos cônjuges para alterar o seu regime de bens, tampouco restringir as alterações pretendidas,[18] pois, dessa forma, não estariam sendo respeitados os direitos personalíssimos dos cônjuges, o seu direito à liberdade, à sua livre manifestação, à sua intimidade e à sua privacidade.[19]

---

12 TJSP, 1ª Câmara de Direito Privado. Apelação com Revisão nº 600.593.4/4, Acórdão nº 4.048.973/São Paulo. Rel. Des. Luiz Antonio de Godoy, j. 8.9.2009. *DJESP*, 6 nov. 2009.

13 CARDOSO, Fabiana Domingues. *Regime de bens e pacto antenupcial*. Rio de Janeiro: Forense; São Paulo: Método, 2010. p. 65.

14 TARTUCE, Flávio. Da ação de alteração de regime de bens no novo CPC – Parte I. *Migalhas*, 24 fev. 2016. Disponível em: http://www.migalhas.com.br/FamiliaeSucessoes/104,MI234466,31047Da+acao+de+alteracao+de+regime+de+bens+no+novo+CPC+Parte+I. Acesso em: 1º jun. 2018.

15 CHINELLATO, Silmara Juny de Abreu. *Comentários ao Código Civil*: parte especial – Do direito de família. São Paulo: Saraiva, 2004. Coleção Comentários ao Código Civil. v. 18. p. 286.

16 STJ, 4ª Turma. REsp nº 1.119.462-MG (2009/0013746-5). Rel. Min. Luis Felipe Salomão. *DJe*, 12 mar. 2013. No mesmo sentido, veja TJRS, 8ª Câmara Cível. Apelação Cível nº 172902-66.2011.8.21.7000. Rel. Des. Luiz Felipe Brasil Santos, j. 28.7.2011.

17 TARTUCE, Flávio. *Direito civil*: direito de família. 13. ed. rev., atual. e ampl. Rio de Janeiro: Forense, 2018. v. 5. p. 139.

18 Veja STJ, 3ª Turma. REsp nº 1.427.639-SP (2013/0417656-0). Rel. Min. Ricardo Villas Bôas Cueva. *DJe*, 10 mar. 2015.

19 BRANDÃO, Débora Vanessa Caús. *Regime de bens no novo Código Civil*. São Paulo: Saraiva, 2007. p. 16-21.

3.1.3 O não prejuízo aos direitos de terceiros

Diz o §2º do art. 1.639 do Código Civil que, para alterar o regime de bens, devem ser "ressalvados os direitos de terceiros", o que significa dizer que serão "respeitados os negócios jurídicos realizados pelos cônjuges na vigência do regime anterior".[20]

Restou clara a intenção do legislador de "proteger a boa-fé objetiva e desprestigiar a má-fé", de forma que a alteração do regime de bens não poderá, em hipótese alguma, ser usada com intuito de simulação ou fraude, inclusive fraude tributária,[21] mesmo porque "terceiros são totalmente estranhos à pretensão, sendo, pois, obstada a sua intervenção".[22]

Assim, é importante que ambos os cônjuges declarem e provem que não estão prejudicando direito de terceiros, por meio da apresentação de certidões[23] de distribuidores de cartórios cíveis, de execuções fiscais, criminais, trabalhistas, falências e protestos, certidões negativas de débitos com os fiscos municipal, estadual e federal, entre outras que possam vir a ser solicitadas pelo magistrado.[24]

"Em havendo prejuízo para terceiros de boa-fé, a alteração do regime deve ser reconhecida como meramente ineficaz em relação a esses,[25] o que não prejudica a sua validade e eficácia entre as partes".[26]

3.1.4 A forma judicial

O §2º do art. 1.639 do Código Civil determina que "é admissível alteração do regime de bens, mediante autorização judicial".

Questiona-se muito na doutrina se haveria certa contradição em exigir que a alteração do regime de bens do casamento seja feita pela via judicial. É que, por um lado, a lei, no *caput* do art. 1.639 do Código Civil, dá aos nubentes ampla liberdade de, no momento do casamento, estipular o que lhes aprouver quanto aos seus bens. É

---

20 PEREIRA, Caio Mário da Silva. *Instituições de direito civil*: direito de família. 27. ed. rev. e atual. por Tânia da Silva Pereira. Rio de Janeiro: Forense, 2019. v. 5. p. 225.

21 TARTUCE, Flávio. *Direito civil*: direito de família. 13. ed. rev., atual. e ampl. Rio de Janeiro: Forense, 2018. v. 5. p. 139-140.

22 CAHALI, Francisco José. A súmula nº 377 e o novo Código Civil e a mutabilidade do regime de bens. *Revista do Advogado*, São Paulo, v. 24, n. 76, p. 27-32, jun. 2004. Disponível em: http://www.cahali.adv.br/arquivos/CAHALI%20-%20S%C3%BAmula%20377%20e%20Mudan%C3%A7a%20de%20Regime%20de%20Bens.pdf. Acesso em: 26 nov. 2017.

23 "É admissível a alteração do regime de bens entre os cônjuges, quando então o pedido, devidamente motivado e assinado por ambos os cônjuges, será objeto de autorização judicial, com ressalva dos direitos de terceiros, inclusive dos entes públicos, após perquirição de inexistência de dívida de qualquer natureza, exigida ampla publicidade", conforme BRASIL. Conselho da Justiça Federal e Superior Tribunal de Justiça. Enunciado 113 da I Jornada de Direito Civil. *In*: AGUIAR JR., Ruy Rosado de (Coord. Cient.). *Jornadas de Direito Civil I, III, IV e V*: enunciados aprovados. Brasília, DF: Conselho da Justiça Federal, Centro de Estudos Judiciários, 2012. Disponível em: https://www.cjf.jus.br/cjf/corregedoria-da-justica-federal/centro-de-estudos-judiciarios-1/publicacoes-1/jornadas-cej/EnunciadosAprovados-Jornadas-1345.pdf. Acesso em: 1º jun. 2018.

24 Veja TJSP, 4ª Câmara Direito Privado. Agravo de Instrumento nº 0139350-52.2013.8.26.0000. Rel. Des. Maia da Cunha, j. 22.8.2013, TJSP, 10ª Câmara Direito Privado. Apelação nº 0001704-88.2004.8.26.0396. Rel. Des. Elcio Trujillo, j. 2.12.2014.

25 TJRS, 8ª Câmara Cível. Agravo de Instrumento nº 70038227633/Porto Alegre. Rel. Des. Rui Portanova, j. 24.8.2010. *DJERS*, 30 ago. 2010.

26 TARTUCE, Flávio. Da ação de alteração de regime de bens no novo CPC – Parte I. *Migalhas*, 24 fev. 2016. Disponível em: http://www.migalhas.com.br/FamiliaeSucessoes/104,MI234466,31047Da+acao+de+alteracao+de+regime+de+bens+no+novo+CPC+Parte+I. Acesso em: 1º jun. 2018.

facultado ao casal escolher um dos regimes de bens do Código Civil,[27] ou até mesmo estabelecer regras próprias para reger seu patrimônio durante o casamento, adotando o regime de bens misto ou híbrido.

Por outro lado, essa mesma lei obriga esses mesmos cônjuges, que estão em consenso e, muitas vezes, diante de um novo contexto financeiro, até mesmo em razão de planejamento sucessório, a ingressar com uma ação judicial, sendo submetidos a todos os requisitos acima citados, para alterar essas mesmas regras patrimoniais de seu matrimônio.

Diante disso, qual seria o motivo de a lei de não exigir tamanha formalidade para estabelecer as regras de escolha do regime de bens e até da lavratura do pacto antenupcial – que, apesar de público, as partes não precisam ser assessoradas por advogado – e exigir uma ação judicial com requisitos rígidos para alterá-las?

Grande parte da doutrina entende que "[...] o pedido de alteração poderia ser feito mediante procedimento extrajudicial, por escritura pública, ao modo do pacto antenupcial, no juízo competente para conhecer dos Registros Públicos [...]",[28] o que facilitaria, em muito, referida alteração, evitando uma ação judicial, ainda que de jurisdição voluntária, desnecessária.

É que, além do cumprimento dos requisitos acima, ainda temos a questão dos efeitos da sentença que autoriza a modificação do regime, pois os magistrados têm determinado que seus efeitos tenham eficácia somente após seu trânsito em julgado, não retroagindo à data do casamento, ou seja, o novo regime será aplicável somente quanto aos bens adquiridos após o trânsito em julgado da sentença que autorizar a alteração do regime de bens.[29]

Assim, seriam dois os regimes de bens que regeriam o casamento daqueles cônjuges que optaram por alterar suas regras: um regime "x", vigente da data do casamento até a data do trânsito em julgado da sentença de sua alteração; e um regime diverso "y", a viger do trânsito em julgado da sentença em diante. E tal regra se substanciaria no argumento de que a alteração de regime de bens deve ter efeitos apenas para o futuro, preservando-se sempre os interesses do casal e de terceiros.[30]

Há ainda quem entenda, como Maria Berenice Dias,[31] que os efeitos da alteração de regime de bens devem obedecer à vontade do casal e à autonomia privada, diante da ampla liberdade de estipulação prevista no Código Civil, desde que não prejudique terceiros. "Nada impede que sejam estabelecidos efeitos diversificados, referentes a bens determinados e em datas diversas".

---

27 HIRONAKA, Giselda Maria Fernandes Novaes. Casamento e regime de bens. *Jus.com.br*, maio 2003. Disponível em: https://jus.com.br/artigos/4095/casamento-e-regime-de-bens. Acesso em: 19 nov. 2019.

28 MALUF, Carlos Alberto Dabus; MALUF, Adriana Caldas do Rego Freitas Dabus. *Curso de direito de família*. 2. ed. rev. e atual. São Paulo: Saraiva, 2016. p. 282-283.

29 Veja STJ, 3ª Turma. REsp nº 1.300.036-MT (2011/0295933-5). Rel. Min. Paulo de Tarso Sanseverino. *DJe*, 13 maio 2014. No mesmo sentido, STJ, 3ª Turma. REsp nº 1.533.179-RS (2013/0367205-7). Rel. Min. Marco Aurélio Bellizze. *DJe*, 8 set. 2015, e STJ, 4ª Turma. REsp nº 1.379.728-SP (2013/0132409-4). Rel. Min. Maria Isabel Gallotti. *DJe*, 8 ago. 2017.

30 LÔBO, Paulo. *Direito civil*: famílias. 8. ed. São Paulo: Saraiva Educação, 2018. v. 5. p. 324.

31 DIAS, Maria Berenice. *Manual de direito das famílias*. 11. ed. rev., atual. e ampl. São Paulo: Revista dos Tribunais, 2016. p. 333-334. No mesmo sentido, PEREIRA, Sérgio Gischkow. A alteração do regime de bens: possibilidade de retroagir. *Revista Brasileira do Direito de Família*, Porto Alegre, v. 6, n. 23, p. 66-70, abr./maio 2004.

No entanto, quando a alteração for de um regime de bens abrangente (p. ex.: o regime da comunhão universal de bens) para um restritivo (p. ex.: o regime da separação de bens), para se efetivar a alteração, na visão de dita doutrinadora, deve haver uma pré-partilha dos bens comuns, do ativo e do passivo, a fim de delimitar de forma clara a atribuição da titularidade dos bens e a responsabilidade de cada um dos cônjuges em relação aos credores.

Apesar de a questão acerca dos efeitos da sentença, como já dito e diante dos julgados trazidos nesse sentido, já estar bem pacificada nos tribunais superiores, há julgado do TJSP que autorizou o pleiteado efeito *ex tunc* da sentença, haja vista que a alteração se tratava do regime da separação de bens para o da comunhão universal de bens, "quem [*sic*] importa em comunicação de todos os bens presentes e futuros (CC/2002, art. 1667)".[32]

Por outro lado, a questão da pré-partilha dos bens comuns ainda repercute de forma polêmica no Judiciário,[33] pois, de acordo com os arts. 1.571 e 1.575 do Código Civil, a partilha de bens é possível quando há o término da sociedade conjugal, e na hipótese da alteração do regime de bens, o vínculo do matrimônio permanecerá intacto, o que, em tese, poderia inviabilizar a partilha dos bens.

Na visão de alguns magistrados, o fato de o efeito da sentença que altera o regime de bens ser considerado *ex nunc* e de as partes permanecerem casadas após a alteração do regime de bens, não havendo o término da sociedade conjugal, já impediria a partilha, ainda que os cônjuges façam o pedido de forma expressa e a divisão ou delimitação dos bens comuns apresentada pelos cônjuges seja equilibrada, ressalvado, ainda, obviamente, o direito de terceiros.[34]

Outros magistrados, por sua vez, entendem ser possível a pré-partilha dos bens, desde que tal ato não prejudique os cônjuges e terceiros, pois não haveria qualquer restrição na legislação, além do fato de que negar a delimitação dos bens dos cônjuges "se contrapõe à própria autorização de mudança do regime de bens da comunhão parcial para a separação total".[35]

Como se vê, o entendimento da possibilidade de uma pré-partilha na hipótese de alteração de regime de bens não está ainda consolidado nos tribunais, mesmo tratando-se de alteração de regime de bens que estão previstos no Código Civil, o que cria certa insegurança jurídica aos cônjuges e a terceiros pela falta de parâmetros objetivos e previsíveis.

Logo, mesmo que o Código de Processo Civil de 2015 tenha trazido a "Alteração do Regime de Bens do Matrimônio", reafirmando a necessidade de uma demanda

---

32 Veja TJSP, 9ª Câmara Direito Privado. Apelação nº 0022493-03.2012.8.26.0405. Rel. Des. Alexandre Lazzarini, j. 1º.4.2014.

33 Veja STJ, 3ª Turma. REsp nº 1.533.179-RS (2013/0367205-7). Rel. Min. Marco Aurélio Bellizze. *DJe*, 8 set. 2015. No mesmo sentido, TJSP, 1ª Câmara Direito Privado. Apelação nº 1117400-53.2016.8.26.0100. Rel. Des. Rui Cascaldi, j. 7.3.2018.

34 Veja TJSP, 4ª Câmara Direito Privado. Apelação nº 0031746-28.2010.8.26.0100. Rel. Des. Francisco Loureiro, j. 24.3.2011.

35 Veja STJ, 3ª Turma. REsp nº 1.533.179-RS (2013/0367205-7). Rel. Min. Marco Aurélio Bellizze. *DJe*, 8 set. 2015. Ainda, veja TJSP, 10ª Câmara Direito Privado. Agravo de Instrumento nº 0000820-68.2013.8.26.0000. Rel. Des. Cesar Ciampolini, j. 21.5.2013; e TJSP, 6ª Câmara Direito Privado. Apelação nº 1040806-35.2015.8.26.0002. Rel. Des. Cristina Medina Mogioni, j. 7.3.2018.

judicial, entendemos que a redação na qual a via judicial seria a única possibilidade de se alterar o regime de bens já nasceu "desatualizada diante de outras projeções mais avançadas e da posição da doutrina".[36]

4 Desjudicialização. Tendências: soluções pela via extrajudicial quando não há conflitos

Nos Estados Unidos, além dos pactos antenupciais, as partes podem celebrar pactos pós-nupciais, os lá chamados *postnuptial agreements*,[37] por meio dos quais é possível estabelecer, mesmo após a celebração do casamento, regras sobre partilha de bens no caso de morte, separação, dissolução ou divórcio, disposições determinando a venda, doação, compra ou permuta de bens entre os cônjuges, cláusulas sobre valor de pensão alimentícia para o outro cônjuge e para os filhos do casal, normas para a criação dos filhos, sendo permitido, ainda, alterar regras já ajustadas em eventuais pactos antenupciais vigentes.[38] [39]

Lá, os pactos antenupciais somente serão reconhecidos como válidos se cumpridos alguns requisitos formais diferentes dos exigidos aqui no Brasil. É imprescindível que os noivos tenham pleno conhecimento de todos os bens e direitos existentes sob a titularidade do outro nubente (*fair provision*), para que possam saber exatamente do que cada um está "abrindo mão", principalmente nos casamentos realizados sob o regime de separação de bens. Além disso, é necessária representação de cada uma das partes envolvidas por advogados diversos.[40]

Se as partes desejarem incluir novas regras, excluí-las ou até mesmo alterá-las após o casamento, tal ato é possível por meio dos chamados *postnuptial agreements*. Entretanto, de forma coerente, deverão ser cumpridas exatamente as mesmas regras exigidas para a elaboração do pacto antenupcial.[41]

Muito semelhante ao que ocorre nos Estados Unidas, na Inglaterra há muitos anos os nubentes têm a mesma liberdade para pactuar sobre as regras dos regimes de bens em seus chamados acordos matrimoniais (*marriage settlement* ou *family settlement*), que também podem ser feitos antes ou depois da celebração do casamento, independentemente de ação judicial.[42]

---

[36] TARTUCE, Flávio. *Direito civil*: direito de família. 13. ed. rev., atual. e ampl. Rio de Janeiro: Forense, 2018. v. 5. p. 135.

[37] Não é o objetivo deste artigo esgotar a pesquisa sobre os *postnuptial agreements*. A finalidade é apenas demonstrar que tal instituto é aplicado em outro ordenamento jurídico.

[38] GREGORY, John DeWitt; SWISHER, Peter Nash; WILSON, Robin Fretwell. *Understanding family law*. 4. ed. Washington: LexisNexis, 2013. p. 105-112.

[39] Como esses pactos pós-nupciais ainda são considerados instrumentos recentes nos Estados Unidos, somente alguns estados já regulamentaram sua instituição, a exemplo do estado da Flórida e de Nova York, enquanto os estados da Carolina do Norte e de Louisiana ainda exigem que referidos contratos passem pela chancela judicial (GREGORY, John DeWitt; SWISHER, Peter Nash; WILSON, Robin Fretwell. *Understanding family law*. 4. ed. Washington: LexisNexis, 2013. p. 111-112).

[40] GREGORY, John DeWitt; SWISHER, Peter Nash; WILSON, Robin Fretwell. *Understanding family law*. 4. ed. Washington: LexisNexis, 2013. p. 112. *Caselaw*: Ansin *v*. Craven-Ansin, 929 N.E. 2d 955 (Mass. 2010).

[41] GREGORY, John DeWitt; SWISHER, Peter Nash; WILSON, Robin Fretwell. *Understanding family law*. 4. ed. Washington: LexisNexis, 2013. p. 105-112.

[42] BROMLEY, P. M.; LOWE, N. V. *Family law*. 7. ed. London: Butterworths, 1987. p. 597-600.

Na Alemanha, por meio do "contrato nupcial", os cônjuges podem escolher entre os regimes de "separação de bens" ou "comunhão de bens". Se não firmarem "contrato nupcial", o regime legal que deve prevalecer é o da "comunhão dos aquestos".[43] De acordo com as seções 1.410 e 1.408, do Código Civil alemão (BGB), o "contrato nupcial" pode ser feito antes e/ou durante o casamento, conforme definido pela lei: deve ser feito por escrito, passar pelo "protocolo" do tabelião de notas e ambas as partes, que devem ser capazes, necessitarão estar em consenso e presentes no ato ("presença simultânea").[44]

Na Itália, de acordo com o art. 163 do Código Civil italiano,[45] é possível alterar o regime de bens durante o casamento, desde que seja por instrumento público e os cônjuges estejam de acordo com a alteração.

No Brasil, temos regras e requisitos para a escolha do regime de bens diferentes das regras e requisitos de eventual alteração do regime de bens durante o casamento. Ou seja, aqui, além dos requisitos já acima descritos, há ainda a exigência do ingresso de uma ação judicial para modificar o regime de bens.

E, sendo necessária uma ação, ficará a critério de um juiz analisar se referido casal poderá alterar suas regras patrimoniais, ou seja, se o motivo apresentado pelos cônjuges configura motivo "justo". Após a análise dos documentos apresentados, o juiz vai verificar se efetivamente estão sendo resguardados os direitos de terceiros. Ainda, vai decidir como serão dirimidas as novas regras, eventualmente autorizando ou não a partilha dos bens e, até mesmo, a lavratura de um pacto "pós-nupcial". Por fim, o juiz vai definir a partir de quando as regras vão viger, sobre quais bens etc.

Diante desse cenário, será demonstrado que existe outra forma de alterar o regime de bens que não seja o ingresso de uma ação judicial, na qual referidos cônjuges deverão justificar a um magistrado suas mais íntimas razões para obter essa alteração.

Notem-se os exemplos acima trazidos de outras jurisdições, como nos Estados Unidos (alguns estados especificamente), na Inglaterra, na Alemanha e na Itália, países

---

43 SCHLUTER, Wilfried. *Código Civil alemão*. Direito de Família. BGB – Familienrecht. Tradução de Elisete Antoniuk. 9. ed. Porto Alegre: Sergio Antonio Fabris Editor, 2002. p. 156.

44 Código Civil alemão traduzido para o inglês pelo *Langenscheidt Translation Service* (*translation regularly updated by* Neil Mussett *and most recently by* Samson Übersetzungen GmbH, Dr. Carmen v. Schöning) (GERMANY. *German Civil Code*. Disponível em: http://www.gesetze-im-internet.de/englisch_bgb/englisch_bgb.html#p4999. Acesso em: 3 jun. 2018).

45 Código Civil italiano: "*Art. 163 Modifica delle convenzioni*. Le modifiche delle convenzioni matrimoniali, anteriori o successive al matrimonio, non hanno effetto se l'atto pubblico non è stipulato col consenso di tutte le persone che sono state parti nelle convenzioni medesime, o dei loro eredi. Se uno dei coniugi muore dopo aver consentito con atto pubblico alla modifica delle convenzioni, questa produce i suoi effetti se le altre parti esprimono anche successivamente il loro consenso, salva l'omologazione del giudice. L'omologazione può essere chiesta da tutte le persone che hanno partecipato alla modificazione delle convenzioni o dai loro eredi. Le modifiche convenute e la sentenza di omologazione hanno effetto rispetto ai terzi solo se ne è fatta annotazione in margine all'atto del matrimonio. L'annotazione deve inoltre essere fatta a margine della trascrizione delle convenzioni matrimoniali ove questa sia richiesta a norma degli artt. 2643 e seguenti" (ITALIA. *Il Codice Civile Italiano*. Disponível em: http://www.jus.unitn.it/cardozo/Obiter_Dictum/codciv/Lib1.htm. Acesso em: 21 nov. 2019). Tradução livre: "Art. 163 Alteração das convenções. As mudanças nas convenções de casamento, anteriores ou posteriores ao casamento, não terão efeito se a escritura pública não for concluída com o consentimento de todas as pessoas que foram partes das convenções ou de seus herdeiros. Se um dos cônjuges morre após ter permitido a modificação das convenções por escritura pública, este produz seus efeitos se as outras partes também expressarem seu consentimento a partir de então, sujeito à aprovação do juiz. A aprovação pode ser solicitada por todas as pessoas que participaram da modificação dos acordos ou de seus herdeiros. As emendas acordadas e a sentença de homologação só terão efeito em relação a terceiros se forem anotadas na certidão de casamento. A anotação também deve ser feita na margem da transcrição das convenções de casamento, se necessária, nos termos dos artigos 2643 e seguintes".

nos quais é possível alterar o regime de bens pela via administrativa. Aliás, tal alternativa mostra-se como uma tendência à *desjudicialização* ou *extrajudicialização*.

E aludida tendência não está prevalecendo somente em países estrangeiros, mas já está presente no Brasil. Tanto é que, em 2007, por meio da Lei nº 11.441, de 4 de janeiro, passou a ser possível "a realização de inventário, partilha, separação consensual e divórcio consensual por via administrativa", desde que as partes sejam capazes e estejam em consenso.[46]

Aliás, se analisarmos as justificativas e exposição de motivos utilizadas nos projetos de lei[47] que foram transformados na Lei nº 11.441/2007, podemos verificar que seria "simplificar o procedimento para realização de partilha amigável, envolvendo partes maiores e capazes" quando não há conflito, a fim de que seja feito "por meio de escritura pública", sendo dispensada a "homologação judicial". Uma vez dispensada a "necessidade de homologação judicial nesse procedimento, o ordenamento não prejudica nenhuma das partes, pelo contrário, contribui para que elas formalizem a partilha de modo mais célere e simplificado".[48]

É que, no caso do processo judicial, a atuação dos magistrados, quando não há incapazes, "geralmente limita-se à homologação do acordo de vontade firmado entre as partes" e "à verificação do cumprimento dos prazos legais".

Assim, como consta em aludida justificativa, caberá ao tabelião "a tarefa de verificar [...] se estão preenchidas as condições legais previstas para a realização desse procedimento, principalmente no que concerne ao prazo".

Ainda, para garantir que não seja firmado entre as partes "um acordo temerário" e sejam resguardadas as mesmas garantias "presentes no processo judicial", consta nas justificativas a necessidade de as partes serem "assistidas por advogados para a realização do inventário e da partilha consensual".

Como consequência, "o ordenamento reduzirá a demanda do Poder Judiciário, permitindo que sua atuação seja cada vez mais focada na resolução de verdadeiros conflitos, casos em que a tutela jurisdicional é imprescindível".[49]

---

46 O ministro do STJ, Luis Felipe Salomão, afirma que "a partilha extrajudicial é instituto crescente e tendência mundial. Na sua visão, no Brasil, a Lei 11.441/2007, seguindo a linha de *desjudicialização*, autorizou a realização de alguns atos de jurisdição voluntária pela via administrativa" (PARA Quarta Turma, existência de testamento não inviabiliza inventário extrajudicial. *Notícias STJ*, 17 out. 2019. Disponível em: http://www.stj.jus.br/sites/portalp/Paginas/Comunicacao/Noticias/Para-Quarta-Turma--existencia-de-testamento-nao-inviabiliza-inventario-extrajudicial.aspx. Acesso em: 15 dez. 2019).

47 No caso da Lei nº 11.441, de 4.1.2007, a proposição original é o PLS nº 155/2004, do Senado Federal, que recebeu o número 6.416/2005 na Câmara dos Deputados (BRASIL. Câmara dos Deputados. *Lei nº 11.441, de 4 de janeiro de 2007*. Disponível em: https://www2.camara.leg.br/legin/fed/lei/2007/lei-11441-4-janeiro-2007-549003-norma-pl.html. Acesso em: 15 dez. 2019 e https://www.camara.leg.br/proposicoesWeb/fichadetramitacao?idProposicao=310389).

48 "[...] *PROJETO DE LEI Nº 6.416-A, DE 2005 (Do Senado Federal) PLS Nº 155/04 OFÍCIO Nº 2.941/05 (SF) Altera as Leis nos 10.406, de 10 de janeiro de 2002 – Código Civil, e 5.869, de 11 de janeiro de 1973 – Código de Processo Civil*, admitindo a realização de inventário e partilha extrajudiciais; tendo parecer da Comissão de Constituição e Justiça e de Cidadania, pela constitucionalidade, juridicidade, técnica legislativa e, no mérito, pela aprovação deste, com substitutivo, e pela constitucionalidade, juridicidade, técnica legislativa e, no mérito, pela rejeição da emenda apresentada na Comissão (relator: Dep. Maurício Rands). [...] *Conseqüentemente, o ordenamento reduzirá a demanda do Poder Judiciário, permitindo que sua atuação seja cada vez mais focada na resolução de verdadeiros conflitos, casos em que a tutela jurisdicionai é imprescindível*. Diante disso, opinamos pela aprovação do Projeto de Lei nº 6.416, de 2005, na forma do substitutivo que apresentamos. – Brasilia 6 de Abril de 2006. – Maurício Rands, Relator. [...]" (cf. *Diário da Câmara dos Deputados*, de 19.5.2006).

49 "[...] PROJETO DE LEI Nº 6.416-A, DE 2005 (Do Senado Federal) PLS Nº 155/04 OFÍCIO Nº 2.941/05 (SF) Altera as Leis nos 10.406, de 10 de janeiro de 2002 – Código Civil, e 5.869, de 11 de janeiro de 1973 – Código de Processo Civil [...]" (cf. *Diário da Câmara dos Deputados*, de 19.5.2006).

Vê-se que as mesmas justificativas utilizadas nos projetos de lei que geraram a Lei nº 11.441/2007, para possibilitar a lavratura de escritura pública de separação consensual, divórcio consensual e inventário, quando as partes são maiores e capazes e estão em consenso, poderiam ser aproveitadas para permitir que a alteração do regime de bens também seja feita por escritura pública. Aliás, até mais, porque, para que se possa alterar o regime de bens, um dos requisitos, como visto, é justamente a consensualidade das partes.

Trazendo os motivos acima expostos para a alteração do regime de bens, verifica-se que, da mesma forma como no divórcio, na separação e no inventário, a via extrajudicial deixará o processo de alteração de regime de bens muito mais célere e simplificado. Como não há qualquer conflito entre as partes, por se tratar a alteração de ato necessariamente consensual e conjunto dos cônjuges, a atuação do magistrado pode facilmente ser substituída pela do tabelião, que irá verificar o cumprimento dos requisitos expressos no §2º do art. 1.639 do Código Civil. Além disso, para que sejam resguardadas as mesmas garantias do processo judicial, as partes necessariamente deverão ser assistidas por advogados,[50] que irão as aconselhar e as assistir no sentido de definirem as novas regras do regime de bens de forma consciente e não temerária.

Ainda, fazendo uma interpretação sistemática[51] do Código Civil, do Código de Processo Civil e da Lei nº 11.441/2007, conclui-se que se, para dissolver o casamento, segundo os requisitos de referida lei, é possível a via administrativa, não faz nenhum sentido, por igual lógica e coerência, ser possível modificar o regime de bens dos cônjuges, que continuarão a manter o vínculo conjugal, apenas pela via judicial.

Cristiano Chaves de Farias e Nelson Rosenvald[52] asseveram:

> Ora, se as partes podem dissolver o matrimônio em cartório (o chamado *divórcio administrativo*), certamente podem, por igual, deveriam modificar o regime de bens também em cartório, simplificando-se o procedimento e facilitando o exercício dos direitos.
>
> Até porque a alteração é consensual, sem conflitos endógenos, e sem prejuízo de terceiros por conta da não retroatividade eficacial (eficácia *ex nunc*). De nossa parte, entendemos ser possível que o casal possa alterar, consensual e voluntariamente, o regime de bens do casamento diretamente no cartório, a partir de uma interpretação sistêmica do Código Civil, com o Código de Processo Civil de 2015 e com a legislação que autoriza a dissolução do casamento em sede extrajudicial (CPC, 734). *O raciocínio é simples: se é possível o mais, que é a dissolução do matrimônio administrativamente (em cartório), por igual lógica e coerência deve-se admitir a simples alteração do regime de bens em cartório.* [...].

---

50 MORAIS, Ezequiel. A facultatividade do procedimento extrajudicial para divórcio, inventários e partilhas: considerações sobre o art. 1.124-A do CPC. *In*: COLTRO, Antônio Carlos Mathias; DELGADO, Mário Luiz (Coord.). *Separação, divórcio, partilhas e inventários extrajudiciais*. Rio de Janeiro: Forense; São Paulo: Método, 2010. p. 86.

51 MAXIMILIANO, Carlos. *Hermenêutica e aplicação do direito*. 21. ed. Rio de Janeiro: Forense, 2018. p. 115-117; DINIZ, Maria Helena. *Lei de Introdução ao Código Civil brasileiro interpretada*. 15. ed. rev. e atual. São Paulo: Saraiva, 2010. p. 181.

52 FARIAS, Cristiano Chaves de; ROSENVALD, Nelson. *Curso de direito de civil*: famílias. 10. ed. rev. e atual. Salvador: JusPodivm, 2018. p. 321. Na mesma linha, concorda TEPEDINO, Gustavo. As controvérsias sobre regime de bens no novo Código Civil. *Revista IBDFAM*, 29 jan. 2008. Disponível em: http://www.ibdfam.org.br/assets/upload/anais/186.pdf. Acesso em: 18 nov. 2019.

José Fernando Simão[53] também entende como questionável a Lei nº 11.441/2007 admitir o divórcio pela via extrajudicial e não autorizar a alteração do regime de bens pela mesma via.

Na mesma linha, Fabiana Domingues Cardoso[54] defende:

> [...] É alvo de crítica, ainda, o fato de a modificação do regime de bens ser possível apenas pela via judicial, quando tanto o casamento, razão de ser do regime de bens, é instituído por procedimento extrajudicial perante o Registro Civil e Notarial quanto na primeira escolha. Força maior ganhou esse debate, pois, desde janeiro de 2007, com a Lei 11.441, tanto o divórcio quanto a separação, a partilha e o inventário entre partes consentes, e desde que não existam incapazes, podem ser efetivados pelas vias cartoriais. Por que não poderia a modificação, que exige pedido conjunto e consensual das partes, ocorrer extrajudicialmente? [...].

Débora Gozzo,[55] muito antes da entrada em vigor do Código Civil de 2002, já defendia a mutabilidade do regime de bens do casamento e de certas cláusulas do pacto antenupcial, após a celebração do casamento. Na visão da autora, não fazia nenhum sentido não autorizar a alteração do contrato (pacto antenupcial) que o próprio casal firmou antes de se casar. Já naquela época, preceituava que a alteração do pacto antenupcial não deveria ser por meio de processo judicial, mas pela via extrajudicial, por escritura pública.

Como já dito, a imutabilidade do regime de bens, apesar de haver projetos anteriores não aprovados de Coêlho Rodrigues,[56] Clóvis Beviláqua[57] e Orlando Gomes,[58] prevaleceu até o Código Civil de 2002.

Como é sabido, foi o PL nº 634/1975,[59] proposto à Câmara dos Deputados em 1975, que gerou a Lei nº 10.406/2002, o Código Civil em vigor. Esse PL tramitou durou quase 30 anos, após inúmeras alterações, emendas e revisões, "recebendo sempre sugestões

---

[53] "[...] exigiu o Código Civil que a mudança se desse por meio de procedimento judicial de jurisdição voluntária. É essa a redação do dispositivo: 'mediante autorização judicial em pedido motivado de ambos os cônjuges'. O que se nota é a opção pelo controle do Estado quanto à mudança de regime, em nítida redução da autonomia privada. Esta opção é questionável, mormente após as mudanças sofridas que admitem o divórcio extrajudicial nos termos da lei 11.441/07. Se o próprio divórcio, inexistindo filhos menores ou incapazes, fica fora da alçada do Poder Judiciário, por que a simples mudança de regime passa por este crivo? Melhor seria mudar a lei. [...]" (SIMÃO, José Fernando. Mudança de regime de bens e pacto antenupcial: um diálogo necessário. *Carta Forense*, abr. 2014. Disponível em: http://professorsimao.com.br/artigos/artigo.aspx?id=165. Acesso em: 8 dez. 2019).

[54] CARDOSO, Fabiana Domingues. *Regime de bens e pacto antenupcial*. Rio de Janeiro: Forense; São Paulo: Método, 2010. p. 68.

[55] "Sob este prisma, pode-se cogitar de uma certa mobilidade quanto ao objeto do pacto, após a celebração do matrimônio, desde que não cause prejuízos a terceiros. *Daí a necessidade de que eventuais modificações sejam feitas por escritura pública e averbadas no Cartório de Registro de Imóveis no qual o pacto foi inscrito, a fim de que seus efeitos se produzam erga omnes* [...]" (GOZZO, Débora. *Pacto antenupcial*: direito civil. São Paulo: Saraiva, 1992. Grifos nossos).

[56] RODRIGUES, A. Coêlho. *Projecto do Código Civil brazileiro*: precedido de um projecto de lei preliminar. Rio de Janeiro: Imprensa Nacional, 1893. p. 241; 244. Disponível em: http://www2.senado.leg.br/bdsf/handle/id/518628. Acesso em: 3 nov. 2019.

[57] BEVILÁQUA, Clóvis. *Projecto de Codigo civil brazileiro*. Rio de Janeiro: Livraria Francisco Alves, 1906. Disponível em: http://www2.senado.leg.br/bdsf/handle/id/224223. Acesso em: 3 nov. 2019.

[58] GOMES, Orlando. *Anteprojeto de Código Civil, apresentado ao Exmo. Sr. João Mangabeira, Ministro da Justiça e Negócios Interiores, em 31 de março de 1963, pelo prof. Orlando Gomes*. Rio de Janeiro: Departamento de Imprensa Nacional, 1963. p. 24.

[59] BRASIL. Câmara dos Deputados. *PL 634/1975*. Disponível em: https://www.camara.leg.br/proposicoesWeb/fichadetramitacao?idProposicao=15675. Acesso em: 27 dez. 2019.

que, após o devido estudo, deram lugar a alterações que, progressivamente vieram aperfeiçoando e atualizando" a "proposta inicial, até as últimas mudanças feitas no Senado".[60]

Apesar de o referido projeto ter transformado o direito de família, trazendo "o novo Direito de Família", nas palavras de Miguel Reale, o que ficou "ainda mais acentuado na Constituição" de 1988 foi, entre outras inovações, a "igualdade dos cônjuges" e "alteração radical no tocante ao regime de bens".[61] Naquela época, as questões relacionadas ao direito de família eram feitas pela via judicial, de modo que a alteração do regime de bens também foi trazida por referido Código pela via judicial.

No entanto, quando da publicação do Código em 2002, já havia a movimentação da sociedade para a *desjudicialização*, o que nos leva a crer que o referido Código Civil já nasceu velho sob esse aspecto. Tanto é que em 2004 já existia o PLS nº 155/2004 do Senado Federal, que depois recebeu o número 6.416/2005 na Câmara dos Deputados, e se transformou na Lei nº 11.441/2007, que viabiliza separação, divórcio e inventário, quando não há conflito, tampouco incapazes, pela via extrajudicial. Assim, conclui-se que o legislador de 2007 se omitiu, pois acabou por deixar de inserir na Lei nº 11.441/2007 a hipótese da alteração do regime de bens.

Outro argumento que também justifica se proceder à alteração do regime de bens pela via extrajudicial seria a possibilidade de hoje realizar inventário por escritura pública, mesmo que o falecido tenha deixado testamento. A Lei nº 11.441/2007 alterou o art. 982 do Código de Processo Civil de 1973. Com a publicação do Código de Processo Civil de 2015, referido art. 982 foi substituído pelo art. 610 do novo CPC.

Apesar de o art. 610 do Código de Processo Civil de 2015 ainda estar em vigor, a depender da jurisdição competente, é possível hoje evitar o inventário judicial e fazer a partilha por escritura pública, mesmo havendo testamento. Tal alternativa foi viabilizada, em São Paulo, por meio do Provimento nº 37/2016, de 17.6.2016, da Corregedoria-Geral de Justiça do TJSP, que alterou o item 129, do Capítulo XIV, das Normas de Serviço da Corregedoria de Justiça.[62] Tal alteração prevê que se o testamento for submetido ao

---

60 REALE, Miguel. *Tramitação do projeto*. Comentários sobre o projeto do Código Civil brasileiro. Conselho da Justiça Federal, Centro de Estudos Judiciários; Tribunal Federal da 3ª Região. Brasília, DF: CJF, 2002.

61 "[...] sendo desnecessário recordar que anteriormente prevalecia o regime da comunhão universal, de tal maneira que cada cônjuge era meeiro, não havendo razão alguma para ser herdeiro. Tendo já a metade do patrimônio, ficava excluída a ideia de herança. Mas, desde o (sic) momento em que passamos do regime da comunhão universal para o regime parcial de bens com comunhão de aquestos, a situação mudou completamente. Seria injusto que o cônjuge somente participasse daquilo que é produto comum do trabalho, quando outros bens podem vir a integrar o patrimônio e ser objeto de sucessão. Nesse caso, o cônjuge, quando casado no regime da separação parcial de bens (note-se) concorre com os descendentes e com os ascendentes até a quarta parte da herança. De maneira que *são duas as razões que justificam esse entendimento: de um lado, uma razão de ordem jurídica, que é a mudança do regime de bens do casamento; e a outra, a absoluta equiparação do homem e da mulher, pois a grande beneficiada com tal dispositivo, é, no fundo, mais a mulher do que o homem*. [...]", cf. REALE, Miguel. *Tramitação do projeto*. Comentários sobre o projeto do Código Civil brasileiro. Conselho da Justiça Federal, Centro de Estudos Judiciários; Tribunal Federal da 3ª Região. Brasília, DF: CJF, 2002.

62 Com o Provimento nº 37/2016, de 17.6.2016, da Corregedoria-Geral de Justiça do TJSP, o item 129 do Capítulo XIV das Normas de Serviço da Corregedoria de Justiça passou a ter a seguinte redação: "129. Diante da expressa autorização do juízo sucessório competente, nos autos do procedimento de abertura e cumprimento de testamento, sendo todos os interessados capazes e concordes, poderão ser feitos o inventário e a partilha por escritura pública, que constituirá título hábil para o registro imobiliário. 129.1 Poderão ser feitos o inventário e a partilha por escritura pública, também, nos casos de testamento revogado ou caduco, ou quando houver decisão judicial, com trânsito em julgado, declarando a invalidade do testamento, observadas a capacidade e a concordância dos herdeiros. 129.2. Nas hipóteses do subitem 129.1, o Tabelião de Notas solicitará, previamente, a

juiz por meio da ação de abertura e cumprimento de testamento, todos os interessados forem "capazes e concordes" e houver autorização judicial expressa para a lavratura da escritura pública, o inventário poderá ser feito pela via administrativa.

Tribunais de outros estados, como Rio de Janeiro e Rio Grande do Sul, por meio dos provimentos nºs 21/2017 e 28/2019, respectivamente, seguiram linha semelhante, ao permitir a lavratura da escritura pública de partilha de bens após a apreciação do testamento pelo Poder Judiciário.[63]

Além disso, recentemente, a Quarta Turma do Superior Tribunal de Justiça, no julgamento do Recurso Especial nº 1.808.767, decidiu que a "existência de testamento não inviabiliza inventário extrajudicial", sendo "possível o processamento do inventário extrajudicial [...]" se os "interessados forem maiores, capazes e concordes", e "desde que o testamento tenha sido previamente registrado judicialmente ou se tenha a expressa autorização do juízo competente".[64]

O relator do referido recurso especial, Ministro Luis Felipe Salomão, afirmou que "a legislação atual fomenta a utilização de procedimentos que incentivem a redução de burocracia e formalidades quando se trata de atos de transmissão hereditária". Para ele, "se a via judicial é prescindível, não há razoabilidade em se proibir, na ausência de conflito de interesses, que herdeiros, maiores e capazes, se socorram da via administrativa para dar efetividade a um testamento já tido como válido pela Justiça".

Logo, seguindo as palavras do próprio ministro, que afirma terem a *desjudicialização* e a desburocratização sido amplamente aceitas pela doutrina e pela jurisprudência, "como se observa em diversos enunciados e provimentos de corregedoria dos tribunais brasileiros", entende-se que não seria preciso alterar a lei para possibilitar a modificação do regime de bens pela via administrativa.

Como se fez com a questão do testamento acima explicada, tal alternativa poderia ser apresentada por um simples provimento do Conselho Nacional de Justiça, utilizando-se a própria Lei nº 11.441/2007, e afirmando-se que o requisito "mediante autorização judicial", do §2º do art. 1.639, seria meramente exemplificativo da lei e não obrigatório, de modo que a via administrativa seria uma faculdade das partes.

Ainda, é de se ponderar que desde a publicação do Código Civil de 2002 até hoje se passaram muitos anos e, diante da demonstrada tendência à *desjudicialização*, não é razoável tampouco lógico que não se possa interpretar a lei de forma a permitir a alteração do regime de bens pela via administrativa. Para Luis Recaséns Siches, "a norma jurídica revive toda vez que é aplicada. O seu reviver concreto fundamenta,

---

certidão do testamento e, constatada a existência de disposição reconhecendo filho ou qualquer outra declaração irrevogável, a lavratura de escritura pública de inventário e partilha ficará vedada, e o inventário far-se-á judicialmente" (TRIBUNAL DE JUSTIÇA DE SÃO PAULO – TJSP. Corregedoria Geral. *Provimento 37/2016, de 17 de junho de 2016*. Disponível em: https://www.extrajudicial.tjsp.jus.br/pexPtl/visualizarDetalhesPublicacao.do?cdTipopublicacao=3&nuSeqpublicacao=211. Acesso em: 27 dez. 2019).

[63] SOLIMENE FILHO, Mario. É possível fazer inventário extrajudicial havendo testamento? *Jus.com.br*, jan. 2019. Disponível em: https://jus.com.br/artigos/71769/e-possivel-fazer-inventario-extrajudicial-havendo-testamento. Acesso em: 27 dez. 2019.

[64] PARA Quarta Turma, existência de testamento não inviabiliza inventário extrajudicial. *Notícias STJ*, 17 out. 2019. Disponível em: http://www.stj.jus.br/sites/portalp/Paginas/Comunicacao/Noticias/Para-Quarta-Turma--existencia-de-testamento-nao-inviabiliza-inventario-extrajudicial.aspx. Acesso em: 15 dez. 2019.

para ele, uma nova interpretação, pois a norma sofre modificações para ajustar-se à nova realidade que é revivida. [...]".[65]

Se aplicarmos a teoria *la lógica de lo razonable* de Luis Recaséns Siches, na qual a norma deve ser interpretada conforme a realidade em que está inserida, guiando-se pelas circunstâncias sociais, econômicas e políticas, sem se distanciar do ordenamento jurídico, objetivando a aplicação justa e razoável,[66] e diante do contexto de *desjudicialização* em que vivemos, do excesso de trabalho dos magistrados estaduais paulistas,[67] por exemplo, da inexistência de conflito na alteração do regime de bens, e das partes maiores e capazes envolvidas, não é razoável que não se possa alterar o regime de bens pela via extrajudicial.

Como demonstrado acima, em razão da *desjudicialização* e demais argumentos trazidos, há de prevalecer a interpretação de que a alteração do regime de bens também seja feita por escritura pública.

4.1 A alteração extrajudicial como alternativa, mantendo a via judicial

Está em tramitação na Câmara dos Deputados o Projeto de Lei nº 9.498/2018,[68] que visa a alterar os arts. 1.639 e 1.725 do Código Civil e a revogar o art. 734 do Código de Processo Civil. O objetivo é *desjudicializar* a alteração do regime de bens do casamento e dispor sobre a mudança do regime de bens na união estável. A proposta é modificar o Código Civil para que a alteração do regime de bens seja feita somente pela via administrativa, sendo a produção de seus efeitos não retroativa e "ineficaz em relação a terceiros de boa-fé".

Quanto à união estável, apenas a título ilustrativo, pois não é o objeto do presente artigo, não haveria exigência de escritura pública tampouco ação judicial, mas somente

---

[65] DINIZ, Maria Helena. *Lei de Introdução ao Código Civil brasileiro interpretada*. 15. ed. rev. e atual. São Paulo: Saraiva, 2010. p. 175.

[66] RECASÉNS SICHES, Luis. *Introducción al estudio del derecho*. 12. ed. México: Porruá, 1997. p. 216-219; 258-259.

[67] A Corregedoria Nacional de Justiça (CNJ) revela a classificação dos tribunais de justiça estaduais por porte. Foram considerados os processos que tramitaram no período; o número de magistrados; o número de servidores (efetivos, requisitados, cedidos e comissionados sem vínculo efetivo); e o número de trabalhadores auxiliares (terceirizados, estagiários, juízes leigos e conciliadores). A consolidação dessas informações forma um escore único, por tribunal de justiça, a partir do qual se procede ao agrupamento em três categorias, segundo o respectivo porte, quais sejam: tribunais de grande, médio ou pequeno porte. O Tribunal de Justiça de São Paulo é considerado de grande porte, no qual tramitavam 25.943.503 processos no ano de 2016, sendo que existiam apenas 2.735 juízes e 69.263 servidores e auxiliares, o que nos leva a crer que cada juiz é responsável, em média, por 9.485 processos (CNJ. *Justiça em Números 2017*: ano-base 2016. Brasília: Conselho Nacional de Justiça – CNJ, 2017. Disponível em: http://www.cnj.jus.br/files/conteudo/arquivo/2017/12/b60a659e5d5cb79337945c1dd137496c.pdf. Acesso em: 23 jul. 2018).

[68] Tramita na Câmara dos Deputados o Projeto de Lei nº 9.498/2018, da Comissão Mista Temporária de Desburocratização destinada a avaliar processos, procedimentos e rotinas realizados por órgãos e entidades da Administração Pública Federal, assim como as respectivas estruturas organizacionais, que visa alterar os arts. 1.639 e 1.725 do Código Civil e revogar o art. 734 do Código de Processo Civil para desjudicializar a alteração de regime de bens do casamento e para dispor sobre a alteração de regime de bens na união estável. O projeto está sob apreciação da Coordenação de Comissões Permanentes desde 20.2.2018, conforme BRASIL. Câmara dos Deputados. *Proposta de Alteração do Código Civil e Código de Processo Civil*. Altera os artigos 1.639 e 1.725 da Lei nº 10.406, de 10 de janeiro de 2002 (Código Civil), revoga o artigo 734 da Lei nº 13.105, de 16 de março de 2015 (Código de Processo Civil), para desjudicializar a alteração de regime de bens do casamento e para dispor sobre a alteração de regime de bens na união estável. Brasília, DF, 2018; BRASIL. Câmara dos Deputados. *PL 9498/2018*. Disponível em: https://www.camara.leg.br/proposicoesWeb/fichadetramitacao?idProposicao=2167744.

de "contrato escrito", com produção de efeitos após sua averbação, e a alteração seria "ineficaz em relação a terceiros de boa-fé".

Como visto, o Projeto de Lei nº 9.498/2018 apresenta proposta para que a alteração de regime de bens seja feita exclusivamente pela via administrativa. No entanto, diante de todo o exposto neste capítulo acerca da *desjudicialização* e da interpretação dada à Lei nº 11.441/2007, permanecemos defendendo a hipótese de que a escritura pública, que chamamos de "pacto pós-nupcial", seja alternativa mais célere e menos burocrática aos cônjuges, devendo ser mantida a via judicial, assim como ocorre com a separação, o divórcio e o inventário.

E tudo porque, por se tratar de direito patrimonial e disponível, "o Estado-juiz deve assegurar o direito das partes de optar pela via administrativa ou via judicial", garantindo-se aos cônjuges eleger o que for mais conveniente, a depender das suas necessidades. Existem razões para os cônjuges optarem por uma ou outra via. Quando preferem a via administrativa, normalmente, procuram por "rapidez", facilidade, eficiência, "menor onerosidade e desburocratização". Há quem escolha a via judicial, em razão da garantia ao "segredo de justiça" e da "maior confiança no Estado-juiz". A nosso ver, há de "prevalecer a liberdade de escolha".[69]

Além disso, a opção pela via administrativa se justifica não só para efetivamente alterar o regime de bens antes escolhido, mas também para modificar qualquer cláusula de eventual pacto antenupcial que tenham lavrado, podendo até manter o regime antes eleito. Ou ainda deixar de reger o casamento pelo regime legal e ter a oportunidade de lavrar um pacto pós-nupcial com as regras patrimoniais que, após o casamento, os cônjuges resolveram pactuar, sofisticar ou aperfeiçoar.

Vamos pensar na situação em que os cônjuges, antes da celebração do casamento, lavrem pacto antenupcial com a escolha do regime da separação convencional de bens, estabelecendo, por exemplo, que um se compromete a adquirir um imóvel em favor do outro em determinado período. Passados anos do casamento, ambas as partes entendem que a obrigação assumida não mais se coaduna diante do contexto em que vivem e pretendem manter o regime outrora estabelecido, mas excluir ou alterar referida obrigação do pacto antenupcial celebrado.

Dessa forma, considerando a situação acima, e se tivermos apenas a via judicial, haverá magistrados que, mesmo ausente previsão legal sobre alteração do pacto antenupcial, tampouco estudos doutrinários, autorizariam a lavratura de um novo pacto nupcial ou até mesmo sua alteração após o casamento.[70]

---

[69] MORAIS, Ezequiel. A facultatividade do procedimento extrajudicial para divórcio, inventários e partilhas: considerações sobre o art. 1.124-A do CPC. *In*: COLTRO, Antônio Carlos Mathias; DELGADO, Mário Luiz (Coord.). *Separação, divórcio, partilhas e inventários extrajudiciais*. Rio de Janeiro: Forense; São Paulo: Método, 2010. p. 95-96.

[70] Veja TJSP, 12ª Vara da Família e Sucessões do Foro Central da Comarca da Capital – SP. Procedimento Comum – Regime de Bens Entre os Cônjuges, Requerentes J.O.S. e seu marido M.F.S., Processo 1007276-42.2017.8.26.0011, Juiz Dr. Ricardo Pereira Junior, j. 5.2.2018, sentença na qual consta: "[...] ajuizaram o presente pedido de alvará judicial, alegando, em apertada síntese, que são casados desde [...] pelo regime da separação de bens, em razão de pacto antenupcial, em que estabeleceram cláusulas pelas quais o casal assentiu com obrigações específicas. Contudo, informam que essas cláusulas não se mostram mais razoáveis, diante do que ocorre na vida cotidiana do casal, pois a dinâmica financeira imaginada pelas partes antes do casamento não se instaurou, terminando por tornar injustos os compromissos de doações futuras imputadas ao marido. [...] requerem seja *autorizada a lavratura de novo pacto antenupcial de separação convencional de bens, ou, seja declarada a revogação do subitem* [...] *do*

No entanto, sabemos que se trata de exceção, justamente porque o §2º do art. 1.639 do Código Civil prevê a alteração do regime de bens, e não do pacto antenupcial, quando não se pretende alterar o regime de bens do casamento. Dessa forma, utilizando a via administrativa, por meio da lavratura do pacto pós-nupcial, os cônjuges terão mais liberdade e autonomia para alterar as regras patrimoniais de seu casamento, sempre respeitando as mesmas formalidades atinentes ao pacto antenupcial.

Com relação à motivação, o mencionado Projeto de Lei nº 9.498/2018 nada disse, o que nos faz acreditar que não haveria qualquer necessidade de justificar o motivo que levou os cônjuges a optar pela modificação do regime de bens ou de alguma cláusula do pacto antenupcial.

Quanto à assistência de advogado, o Projeto de Lei nº 9.498/2018 foi silente, mas entendemos que, em consonância com a Lei nº 11.441/2007 e a Resolução nº 35 do CNJ e alterações posteriores[71] que disciplinam a referida lei, os cônjuges devem estar assistidos por advogado (ou defensor público) no pacto pós-nupcial, mesmo que tal formalidade não seja necessária quando da elaboração e lavratura do pacto antenupcial.

É que é de extrema relevância a "orientação jurídica conferida por um advogado, que em momento prévio poderá explicar aos interessados todas as implicações"[72] e as consequências da modificação do regime de bens, inclusive na esfera sucessória. Assim, com a assistência de advogado e a presença do tabelião de notas, que está acostumado a lavrar pactos antenupciais e outros atos notariais de maior complexidade, os cônjuges estarão assegurados e protegidos de situações eventualmente temerárias.

4.1.1 Termo inicial e os efeitos da alteração

Como dito, o STJ pacificou o entendimento de que os efeitos tenham eficácia somente após o trânsito em julgado da sentença que deferir a alteração do regime de bens (efeito *ex nunc*), não retroagindo à data do casamento. Logo, o novo regime incidirá somente sobre os bens adquiridos após o trânsito em julgado da sentença.[73]

---

pacto antenupcial lavrado, mantendo-se a integralidade das demais disposições. [...] Destarte, havendo permissão legal para que o casal escolha livremente o regime de bens a ser adotado no casamento, prevendo a lei também a possibilidade de alteração do regime de bens após a celebração do matrimônio, mediante decisão judicial desde que, a 'pedido motivado de ambos os cônjuges, apurada a procedência das razões invocadas e ressalvados os direitos de terceiros', *não há razão para o impedimento à alteração das cláusulas estabelecidas em pacto antenupcial em respeito à autonomia das pessoas no que concerne à administração patrimonial, devendo, tão somente, haver o resguardo do direito de terceiros e serem respeitados os princípios de ordem pública, os fins e a natureza do matrimônio, com efeitos ex nunc* [...]. Assim, diante do exposto, cumpridas as formalidades legais e ressalvados direitos de terceiros, JULGO PROCEDENTE *o pedido formulado por* [...] *para autorizar a lavratura de nova escritura pública de pacto antenupcial, que deverá produzir efeitos ex nunc* [...]". O ALVARÁ expedido pelo juiz, em 05/04/2018, continha a seguinte redação, que cabe ser destacada: "Autoriza [...] a proceder a lavratura de novo pacto antenupcial de separação convencional de bens, em substituição à escritura lavrada em [...], com a ressalva de que devem ser feitas as demais exigências legais, podendo os autorizados a assinar todo e qualquer documento para o bom cumprimento do presente Alvará" (grifos nossos).

[71] CONSELHO NACIONAL DE JUSTIÇA – CNJ. Atos Normativos. *Resolução nº 35 de 24/04/2007*. Disponível em: https://atos.cnj.jus.br/atos/detalhar/179. Acesso em: 2 jan. 2020.

[72] PELLICANI, Roger Benites. Aspectos relevantes do inventário extrajudicial. *In*: AHUALLI, Tânia Mara; BENACCHIO, Marcelo (Coord.); SANTOS, Queila Rocha Carmona dos (Org.). *Direito notarial e registral*: homenagem às varas de Registros Públicos da Comarca de São Paulo. São Paulo: Quartier Latin, 2016. p. 279.

[73] Veja STJ, 3ª Turma. REsp nº 1.300.036-MT (2011/0295933-5). Rel. Min. Paulo de Tarso Sanseverino. *DJe*, 13 maio 2014. No mesmo sentido, STJ, 3ª Turma. REsp nº 1.533.179-RS (2013/0367205-7). Rel. Min. Marco Aurélio Bellizze.

Assim, aplicando referida regra à alteração do regime de bens pela via administrativa, conclui-se que o termo inicial do novo regime de bens se dará entre os cônjuges a partir da lavratura da escritura de pacto pós-nupcial, e os efeitos da alteração serão, a princípio, *ex nunc*, ou seja, não retroagirão à data do casamento.

No entanto, quando a alteração for de um regime em que há a comunicabilidade de bens (existindo bens comuns dos cônjuges), como nos regimes da comunhão parcial e universal de bens, para um regime em que não há a comunicabilidade de bens (existindo bens particulares de cada cônjuge), como no regime da separação de bens, entendemos que deverá haver uma partilha obrigatória dos bens comuns (adquiridos por ocasião do antigo regime de bens), a fim de delimitar de forma clara a atribuição da titularidade dos bens. Assim, após a alteração do regime de bens, cada cônjuge terá sob sua titularidade os respectivos bens particulares.[74]

Note-se que se a alteração se der especificamente do regime da separação de bens para o regime da comunhão universal de bens, no qual, salvo algumas exceções, há a comunicação de todos os bens, presentes ou futuros, que cada cônjuge já tenha, ou que vier a adquirir na constância do casamento, os efeitos da alteração naturalmente retroagirão à data do casamento. Nesse caso, serão *ex tunc*, mas não em razão da alteração em si, mas das próprias regras do novo regime de bens escolhido.

Ainda com relação aos efeitos *ex nunc* ou *ex tunc* da escritura de pacto pós-nupcial, por se tratar de direito patrimonial e disponível, sendo os cônjuges partes maiores, capazes e concordes (e que até poderiam pactuar partilha de bens de forma desproporcional aos seus quinhões legais, por exemplo), pensamos que poderiam escolher os efeitos *ex nunc* ou *ex tunc* da alteração do regime de bens que vigorará entre eles, cônjuges, devendo adotar solução mais conveniente ao casal.

Mas é preciso ficar claro que, ainda que as partes optem pelo efeito *ex tunc*, tal efeito somente vigorará entre os cônjuges (no caso de dissolução do casamento, por exemplo), pois, em relação a terceiros, os efeitos sempre serão *ex nunc*.[75] Isso significa dizer que o novo regime de bens escolhido pelos cônjuges prevalecerá, perante terceiros, somente após a lavratura da escritura pública de pacto pós-nupcial com seu devido registro.

4.1.2 O direito de terceiros

Em decorrência dessa ressalva em relação aos direitos de terceiros constante do §2º do art. 1.639 do Código Civil, para que fosse admitida a alteração do regime de bens judicial, entendeu-se importante os cônjuges comprovarem, por meio da apresentação de certidões, que não possuíam dívidas de qualquer espécie, tudo para provar que não estariam, com a alteração do regime dos bens, prejudicando direito de terceiros.

DJe, 8 set. 2015, e STJ, 4ª Turma. REsp nº 1.379.728-SP (2013/0132409-4). Rel. Min. Maria Isabel Gallotti. *DJe*, 8 ago. 2017.

[74] Para saber mais sobre, veja: FARIAS, Cristiano Chaves de; ROSENVALD, Nelson. *Curso de direito de civil*: famílias. 10. ed. rev. e atual. Salvador: JusPodivm, 2018. p. 325.

[75] TARTUCE, Flávio. Da ação de alteração de regime de bens no novo CPC – Parte II. *Migalhas*, 30 mar. 2016. Disponível em: https://www.migalhas.com.br/FamiliaeSucessoes/104,MI236681,51045-Da+acao+de+alteracao+de+regime+de+bens+no+novo+CPC+Parte+II. Acesso em: 22 nov. 2019.

Tal entendimento de ser preciso comprovar a inexistência de dívidas se estenderia, na visão de Gustavo Tepedino[76] e Carlos Roberto Gonçalves,[77] à alteração de regime de bens pela via administrativa, de forma que referidas certidões seriam exigidas e analisadas pelo tabelião de notas.

No entanto, esta não parece ser a melhor interpretação, pois a alteração de regime de bens é "possível e válida quando requerida e realizada pelos cônjuges, não podendo ser impedida por algum credor, mas caso venha a prejudicar terceiros será ineficaz em relação a estes, produzindo efeitos em relação aos cônjuges".[78]

Dessa forma, não faz sentido averiguar eventual fragilidade, exigindo dos cônjuges comprovação de inexistência de dívidas, tampouco a publicação de editais para dar publicidade a eventuais credores, se a modificação do regime de bens será ineficaz em relação a esses, e, por consequência, os direitos de terceiro restarão sempre ressalvados.

Além disso, como já definido pelo STJ e apontado no item anterior, em regra, não há retroatividade dos efeitos da alteração do regime de bens, sendo seu efeito *ex nunc*. Se os cônjuges optarem pelo efeito *ex tunc*, tal efeito somente vigorará entre eles; perante terceiros, o efeito sempre será *ex nunc*, e a alteração do regime de bens será ineficaz.

Nesse sentido, foi bem preciso o Projeto de Lei nº 9.498/2018 em trâmite, pois, na redação que propôs, preceituou, de forma clara, que "a alteração do regime de bens não terá eficácia retroativa e será ineficaz em relação a terceiros de boa-fé". Apenas deixou de fora eventual vontade de os cônjuges optarem, entre eles, pelo efeito *ex tunc*.

5 Conclusões

O regime de bens determinará as regras patrimoniais do casamento, de modo que, tendo o casal decidido celebrar o seu casamento, a escolha do regime de bens é a decisão mais relevante a ser tomada pelos nubentes. Ocorre que, quando feita a opção por um dos regimes de bens descritos no Código Civil ou até pelo regime misto, o casal ainda não vislumbra as consequências da escolha, de modo que, durante o casamento, diante de um novo contexto de um planejamento sucessório, por exemplo, podem os cônjuges decidir modificar referidas regras.

No entanto, para a alteração do regime de bens, viu-se que são necessários os seguintes requisitos: pedido consensual e motivado, que não prejudique direito de terceiros e seja concedido mediante autorização judicial. Quanto ao pedido consensual, verificou-se que referido ato não pode ser praticado de forma unilateral por meio de processo litigioso. Em relação à motivação, entendeu-se que sua exigência gera desnecessária intervenção do Estado na vida privada do casal, de modo que tal intromissão pode desestabilizar a relação conjugal. Tanto é que os tribunais superiores têm flexibilizado referida exigência, aceitando como justificativa a divergência conjugal

---

76 TEPEDINO, Gustavo. Contratos em direito de família. *In*: PEREIRA, Rodrigo da Cunha (Org.). *Tratado de direito das famílias*. Belo Horizonte: IBDFAM, 2015. p. 487.

77 GONÇALVES, Carlos Roberto. *Direito civil brasileiro*: direito de família. 16. ed. São Paulo: Saraiva Educação, 2019. v. 6. p. 450.

78 CAMARGO NETO, Mario de. Alteração administrativa de regime de bens, mediante escritura pública. Estatuto das famílias. *Professor Christiano Cassettari*, 2013. Disponível em: http://www.professorchristiano.com.br/ArtigosLeis/artigo_mario_regime_bens.pdf. Acesso em: 19 nov. 2019.

sobre a condução da vida financeira da família. Ainda, viu-se que, havendo eventual prejuízo para terceiros de boa-fé, a alteração do regime de bens deve ser reconhecida como ineficaz em relação a estes, o que não prejudica sua validade e eficácia entre os cônjuges.

Dando sequência, verificou-se que os efeitos da sentença que altera o regime de bens são *ex nunc*, de modo que o novo regime será aplicável somente quanto aos bens adquiridos após o trânsito em julgado da sentença, não retroagindo à data do casamento. Em razão disso, necessária se faz a pré-partilha dos bens, sobretudo se a alteração for de regime de comunhão (parcial ou universal) para de separação de bens, a fim de que haja a respectiva delimitação dos bens comuns de cada um dos cônjuges.

Identificou-se, ainda, que se interpretarmos a legislação vigente de forma diferente, e considerando a tendência, no Brasil e em outros países, da *desjudicialização* quando não há conflitos, é possível proceder à alteração do regime de bens pela via extrajudicial, mantendo a via judicial. Em uma interpretação sistemática do Código Civil, do Código de Processo Civil e da Lei nº 11.441/2007, observou-se que se, para dissolver o casamento, segundo os requisitos de referida lei, é possível a via administrativa, não faz nenhum sentido, por igual lógica e coerência, ser possível modificar o regime de bens dos cônjuges, que continuarão a manter o vínculo conjugal, apenas pela via judicial.

Deve-se interpretar o §2º do art. 1.639 do Código Civil de forma extensiva, pois quando preceitua ser "admissível alteração do regime de bens, mediante autorização judicial", entende-se que alteração do regime de bens "pode" ser feita pela via judicial – apenas uma das formas permitidas –, havendo outras formas possíveis.

Assim, diante da possibilidade de se alterar o regime de bens pela via administrativa, a escritura de pacto pós-nupcial deverá ser lavrada, perante tabelião de notas, por ambos os cônjuges, que estarão assistidos por advogado (ou defensor público), e obedecer a certas formalidades e requisitos. Por se tratar de pacto pós-nupcial, tal ato deverá cumprir as mesmas formalidades do pacto antenupcial, não havendo qualquer necessidade de os cônjuges apresentarem o motivo que os levou a optar pela modificação do regime de bens.

Conclui-se, ainda, que o termo inicial da alteração de regime de bens pela via administrativa se dá, entre os cônjuges, a partir da lavratura da escritura pública de pacto pós-nupcial; já perante terceiros, desde o devido registro da aludida escritura. Com relação aos efeitos da alteração de regime de bens extrajudicial, a regra geral é que o efeito seja *ex nunc* entre os cônjuges e perante terceiros, com a partilha obrigatória de bens, se houver bens comuns (adquiridos por ocasião do antigo regime de bens), a fim de delimitar de forma clara a atribuição da titularidade dos bens. Assim, após a alteração do regime de bens, cada cônjuge terá sob sua titularidade os respectivos bens particulares. No entanto, se as partes desejarem adotar o efeito *ex tunc*, será possível, desde que tal efeito vigore somente entre os cônjuges, pois, perante terceiros, os efeitos da alteração de regime de bens extrajudicial sempre serão *ex nunc*.

Verificou-se que, para a lavratura de referida escritura pública, não há qualquer necessidade de se averiguar a existência ou não de dívidas dos cônjuges, nem de apresentar ao tabelionato de notas quaisquer certidões negativas. É que eventual existência de dívidas dos cônjuges não impedirá a lavratura da aludida escritura pública, pois, perante terceiros, a alteração de regime de bens sempre será ineficaz.

Referências

ALMEIDA, José Luiz Gavião de. *Direito civil*: família. Rio de Janeiro: Elsevier, 2008.

ALMEIDA, José Luiz Gavião de. Regime de bens do casamento: questões controvertidas. *Cadernos de Direito*, Piracicaba, v. 1, n. 1, p. 55-62, 2001. Disponível em: https://www.metodista.br/revistas/revistas-unimep/index.php/cd/article/download/882/408. Acesso em: 27 maio 2018.

BEVILÁQUA, Clóvis. *Projecto de Codigo civil brazileiro*. Rio de Janeiro: Livraria Francisco Alves, 1906. Disponível em: http://www2.senado.leg.br/bdsf/handle/id/224223. Acesso em: 3 nov. 2019.

BRANDÃO, Débora Vanessa Caús. *Regime de bens no novo Código Civil*. São Paulo: Saraiva, 2007.

BRASIL. Câmara dos Deputados. *Lei nº 11.441, de 4 de janeiro de 2007*. Disponível em: https://www2.camara.leg.br/legin/fed/lei/2007/lei-11441-4-janeiro-2007-549003-norma-pl.html. Acesso em: 15 dez. 2019.

BRASIL. Câmara dos Deputados. *PL 634/1975*. Disponível em: https://www.camara.leg.br/proposicoesWeb/fichadetramitacao?idProposicao=15675. Acesso em: 27 dez. 2019.

BRASIL. Câmara dos Deputados. *PL 6416/2005*. Disponível em: https://www.camara.leg.br/proposicoesWeb/fichadetramitacao?idProposicao=310389. Acesso em: 15 dez. 2019.

BRASIL. Câmara dos Deputados. *PL 9498/2018*. Disponível em: https://www.camara.leg.br/proposicoesWeb/fichadetramitacao?idProposicao=2167744.

BRASIL. Conselho da Justiça Federal e Superior Tribunal de Justiça. Enunciado 113 da I Jornada de Direito Civil. *In*: AGUIAR JR., Ruy Rosado de (Coord. Cient.). *Jornadas de Direito Civil I, III, IV e V*: enunciados aprovados. Brasília, DF: Conselho da Justiça Federal, Centro de Estudos Judiciários, 2012. Disponível em: https://www.cjf.jus.br/cjf/corregedoria-da-justica-federal/centro-de-estudos-judiciarios-1/publicacoes-1/jornadas-cej/EnunciadosAprovados-Jornadas-1345.pdf. Acesso em: 1º jun. 2018.

BROMLEY, P. M.; LOWE, N. V. *Family law*. 7. ed. London: Butterworths, 1987.

CAHALI, Francisco José. A súmula nº 377 e o novo Código Civil e a mutabilidade do regime de bens. *Revista do Advogado*, São Paulo, v. 24, n. 76, p. 27-32, jun. 2004. Disponível em: http://www.cahali.adv.br/arquivos/CAHALI%20-%20S%C3%BAmula%20377%20e%20Mudan%C3%A7a%20de%20Regime%20de%20Bens.pdf. Acesso em: 26 nov. 2017.

CAMARGO NETO, Mario de. Alteração administrativa de regime de bens, mediante escritura pública. Estatuto das famílias. *Professor Christiano Cassettari*, 2013. Disponível em: http://www.professorchristiano.com.br/ArtigosLeis/artigo_mario_regime_bens.pdf. Acesso em: 19 nov. 2019.

CARDOSO, Fabiana Domingues. *Regime de bens e pacto antenupcial*. Rio de Janeiro: Forense; São Paulo: Método, 2010.

CARVALHO FILHO, Milton Paulo de. Arts. 1.511 a 1.783-A – Família. *In*: PELUSO, Cezar (Coord.). *Código Civil comentado*: doutrina e Jurisprudência. Lei n. 10.406, de 10.01.2002. 6. ed. rev. e atual. Barueri: Manole, 2012.

CHINELLATO, Silmara Juny de Abreu. *Comentários ao Código Civil*: parte especial – Do direito de família. São Paulo: Saraiva, 2004. Coleção Comentários ao Código Civil. v. 18.

CNJ. *Justiça em Números 2017*: ano-base 2016. Brasília: Conselho Nacional de Justiça – CNJ, 2017. Disponível em: http://www.cnj.jus.br/files/conteudo/arquivo/2017/12/b60a659e5d5cb79337945c1dd137496c.pdf. Acesso em: 23 jul. 2018.

CONSELHO NACIONAL DE JUSTIÇA – CNJ. Atos Normativos. *Resolução nº 35 de 24/04/2007*. Disponível em: https://atos.cnj.jus.br/atos/detalhar/179. Acesso em: 2 jan. 2020.

DIAS, Maria Berenice. *Manual de direito das famílias*. 11. ed. rev., atual. e ampl. São Paulo: Revista dos Tribunais, 2016.

DIDIER JÚNIOR, Fredie; FARIAS, Cristiano Chaves de. *In*: ALVIM, Arruda; ALVIM, Thereza (Coord.). *Comentários ao Código Civil brasileiro*: do direito de família – direito patrimonial. Rio de Janeiro: Forense, 2005. v. 15.

DINIZ, Maria Helena. *Lei de Introdução ao Código Civil brasileiro interpretada*. 15. ed. rev. e atual. São Paulo: Saraiva, 2010.

FARIAS, Cristiano Chaves de; ROSENVALD, Nelson. *Curso de direito de civil*: famílias. 10. ed. rev. e atual. Salvador: JusPodivm, 2018.

GERMANY. *German Civil Code*. Disponível em: http://www.gesetze-im-internet.de/englisch_bgb/englisch_bgb.html#p4999. Acesso em: 3 jun. 2018.

GOMES, Orlando. *Anteprojeto de Código Civil, apresentado ao Exmo. Sr. João Mangabeira, Ministro da Justiça e Negócios Interiores, em 31 de março de 1963, pelo prof. Orlando Gomes*. Rio de Janeiro: Departamento de Imprensa Nacional, 1963.

GONÇALVES, Carlos Roberto. *Direito civil brasileiro*: direito de família. 16. ed. São Paulo: Saraiva Educação, 2019. v. 6.

GOZZO, Débora. *Pacto antenupcial*: direito civil. São Paulo: Saraiva, 1992.

GREGORY, John DeWitt; SWISHER, Peter Nash; WILSON, Robin Fretwell. *Understanding family law*. 4. ed. Washington: LexisNexis, 2013.

HIRONAKA, Giselda Maria Fernandes Novaes. Casamento e regime de bens. *Jus.com.br*, maio 2003. Disponível em: https://jus.com.br/artigos/4095/casamento-e-regime-de-bens. Acesso em: 19 nov. 2019.

ITALIA. *Il Codice Civile Italiano*. Disponível em: http://www.jus.unitn.it/cardozo/Obiter_Dictum/codciv/Lib1.htm. Acesso em: 21 nov. 2019.

LÔBO, Paulo Luiz Netto. *Código Civil comentado*: direito de família, relações de parentesco, direito patrimonial: arts. 1.591 a 1.693. São Paulo: Atlas, 2003. Coleção Código Civil Comentado. v. 16.

LÔBO, Paulo. *Direito civil*: famílias. 8. ed. São Paulo: Saraiva Educação, 2018. v. 5.

MALUF, Carlos Alberto Dabus; MALUF, Adriana Caldas do Rego Freitas Dabus. *Curso de direito de família*. 2. ed. rev. e atual. São Paulo: Saraiva, 2016.

MAXIMILIANO, Carlos. *Hermenêutica e aplicação do direito*. 21. ed. Rio de Janeiro: Forense, 2018.

MORAIS, Ezequiel. A facultatividade do procedimento extrajudicial para divórcio, inventários e partilhas: considerações sobre o art. 1.124-A do CPC. *In*: COLTRO, Antônio Carlos Mathias; DELGADO, Mário Luiz (Coord.). *Separação, divórcio, partilhas e inventários extrajudiciais*. Rio de Janeiro: Forense; São Paulo: Método, 2010.

NEVES, Daniel Amorim Assumpção. *Novo Código de Processo Civil comentado*. Salvador: JusPodivm, 2016.

PARA Quarta Turma, existência de testamento não inviabiliza inventário extrajudicial. *Notícias STJ*, 17 out. 2019. Disponível em: http://www.stj.jus.br/sites/portalp/Paginas/Comunicacao/Noticias/Para-Quarta-Turma--existencia-de-testamento-nao-inviabiliza-inventario-extrajudicial.aspx. Acesso em: 15 dez. 2019.

PELLICANI, Roger Benites. Aspectos relevantes do inventário extrajudicial. *In*: AHUALLI, Tânia Mara; BENACCHIO, Marcelo (Coord.); SANTOS, Queila Rocha Carmona dos (Org.). *Direito notarial e registral*: homenagem às varas de Registros Públicos da Comarca de São Paulo. São Paulo: Quartier Latin, 2016.

PEREIRA, Caio Mário da Silva. *Instituições de direito civil*: direito de família. 27. ed. rev. e atual. por Tânia da Silva Pereira. Rio de Janeiro: Forense, 2019. v. 5.

PEREIRA, Sérgio Gischkow. A alteração do regime de bens: possibilidade de retroagir. *Revista Brasileira do Direito de Família*, Porto Alegre, v. 6, n. 23, p. 66-70, abr./maio 2004.

REALE, Miguel. *Tramitação do projeto*. Comentários sobre o projeto do Código Civil brasileiro. Conselho da Justiça Federal, Centro de Estudos Judiciários; Tribunal Federal da 3ª Região. Brasília, DF: CJF, 2002.

RECASÉNS SICHES, Luis. *Introducción al estudio del derecho*. 12. ed. México: Porruá, 1997.

RODRIGUES, A. Coêlho. *Projecto do Código Civil brazileiro*: precedido de um projecto de lei preliminar. Rio de Janeiro: Imprensa Nacional, 1893. Disponível em: http://www2.senado.leg.br/bdsf/handle/id/518628. Acesso em: 3 nov. 2019.

SCHLUTER, Wilfried. *Código Civil alemão*. Direito de Família. BGB – Familienrecht. Tradução de Elisete Antoniuk. 9. ed. Porto Alegre: Sergio Antonio Fabris Editor, 2002.

SIMÃO, José Fernando. Mudança de regime de bens e pacto antenupcial: um diálogo necessário. *Carta Forense*, abr. 2014. Disponível em: http://professorsimao.com.br/artigos/artigo.aspx?id=165. Acesso em: 8 dez. 2019.

SOLIMENE FILHO, Mario. É possível fazer inventário extrajudicial havendo testamento? *Jus.com.br*, jan. 2019. Disponível em: https://jus.com.br/artigos/71769/e-possivel-fazer-inventario-extrajudicial-havendo-testamento. Acesso em: 27 dez. 2019.

TARTUCE, Flávio. Da ação de alteração de regime de bens no novo CPC – Parte I. *Migalhas*, 24 fev. 2016. Disponível em: http://www.migalhas.com.br/FamiliaeSucessoes/104,MI234466,31047Da+acao+de+alteracao+de+regime+de+bens+no+novo+CPC+Parte+I. Acesso em: 1º jun. 2018.

TARTUCE, Flávio. Da ação de alteração de regime de bens no novo CPC – Parte II. *Migalhas*, 30 mar. 2016. Disponível em: https://www.migalhas.com.br/FamiliaeSucessoes/104,MI236681,51045-Da+acao+de+alteracao+de+regime+de+bens+no+novo+CPC+Parte+II. Acesso em: 22 nov. 2019.

TARTUCE, Flávio. *Direito civil*: direito de família. 13. ed. rev., atual. e ampl. Rio de Janeiro: Forense, 2018. v. 5.

TARTUCE, Flávio. Livro IV – Do Direito de Família. *In*: SCHREIBER, Anderson; TARTUCE, Flávio; SIMÃO, José Fernando; MELO, Marco Aurélio Bezerra de; DELGADO, Mário Luiz. *Código Civil comentado*: doutrina e jurisprudência. Rio de Janeiro: Gen Forense, 2019. Coleção Código Civil Comentado Interativo.

TEPEDINO, Gustavo. As controvérsias sobre regime de bens no novo Código Civil. *Revista IBDFAM*, 29 jan. 2008. Disponível em: http://www.ibdfam.org.br/assets/upload/anais/186.pdf. Acesso em: 18 nov. 2019.

TEPEDINO, Gustavo. Contratos em direito de família. *In*: PEREIRA, Rodrigo da Cunha (Org.). *Tratado de direito das famílias*. Belo Horizonte: IBDFAM, 2015.

TRIBUNAL DE JUSTIÇA DE JUSTIÇA DE SÃO PAULO – TJSP. Corregedoria Geral. *Provimento 37/2016, de 17 de junho de 2016*. Disponível em: https://www.extrajudicial.tjsp.jus.br/pexPtl/visualizarDetalhesPublicacao.do?cdTipopublicacao=3&nuSeqpublicacao=211. Acesso em: 27 dez. 2019.

Informação bibliográfica deste texto, conforme a NBR 6023:2018 da Associação Brasileira de Normas Técnicas (ABNT):

BARCELOS, Carolina Ducci Maia. A possibilidade de alteração dos regimes de bens do casamento por meio de pacto pós-nupcial – Alternativas à atual forma de alteração de regime de bens do casamento. *In*: TEIXEIRA, Daniele Chaves (Coord.). *Arquitetura do planejamento sucessório*. Belo Horizonte: Fórum, 2022. p. 361-384. Tomo III. ISBN 978-65-5518-291-0.

DA NÃO INCIDÊNCIA DO ITCMD NA TRANSMISSÃO DAS RESERVAS DE PREVIDÊNCIA PRIVADA PGBL E VGBL

CLÁUDIO TESSARI
MARCELO COLETTO POHLMANN
CAMILA BANDEL N. PINHEIRO

1 Introdução e delimitação do tema

O imposto incidente sobre a transmissão *causa mortis* e doação está previsto nas disposições constantes do art. 155 da Constituição Federal, o qual determina que "compete aos Estados e ao Distrito Federal instituir impostos sobre: I - transmissão 'causa mortis' e doação, de quaisquer bens ou direitos".

Verificam-se, ainda, no texto constitucional, certas disposições para definição da competência tributária das unidades da federação (estados e Distrito Federal), determinando, basicamente, duas regras de competência, de acordo com a natureza dos bens e direitos (se imóveis ou móveis): *a)* relativamente a bens imóveis e respectivos direitos, o ITCMD compete ao estado da situação do bem, ou ao Distrito Federal (inc. I, §1º, do art. 155, da Constituição Federal); e *b)* relativamente a bens móveis, títulos e créditos, o ITCMD compete ao estado onde se processar o inventário ou arrolamento, ou tiver domicílio o doador, ou ao Distrito Federal (inc. II, §1º, do art. 155, da Constituição Federal).[1]

A abertura do inventário permite aos sucessores – legítimos ou testamentários do *de cujus* – o recebimento dos bens, dos direitos e das obrigações que lhe caibam na partilha. Em ato contínuo, efetiva-se a transmissão e nessa fase ocorre a obrigatoriedade do recolhimento do ITCMD-*causa mortis*.

[1] BIAVA JÚNIOR, Roberto. A incidência do ITCMD quando o doador tiver domicílio ou residência no exterior, ou quando o de cujus possuía bens, era residente ou domiciliado ou teve o seu inventário processado no exterior – Análise de constitucionalidade das leis estaduais que instituíram o ITCMD nestas hipóteses. *Revista Direito Tributário Atual*, São Paulo, n. 26, 2011. p. 316.

A doação, por sua vez, é o ato pelo qual alguém, em vida, transfere seus bens e direitos para outro alguém – beneficiário –, de forma gratuita. O incremento patrimonial percebido pelo donatário deverá ser lançado em sua declaração de imposto de renda, momento em que ocorre a obrigatoriedade do recolhimento do ITCMD-*doação*.

Tanto na transferência por *causa mortis* como na doação deverá ser apresentada, para o ente tributante (estado ou Distrito Federal), a Declaração de Informações Tributárias – DIT, procedimento administrativo pelo qual se formaliza a solicitação para emissão de guia para o pagamento do ITCMD com o correspectivo pedido para que se proceda à avaliação dos bens e direitos.

Ao processar a DIT, o ente tributante estadual ou distrital avalia os bens e calcula o referido imposto ou a sua exoneração, devolvendo-a ao emitente, sendo que nessa fase o contribuinte deve informar a existência de saldo de planos de previdência privada e seguro de pessoas nas modalidades PGBL (Plano Gerador de Benefício Livre) e VGBL (Vida Gerador de Benefício Livre) em nome do inventariado e de todos os beneficiários.

Vários estados da Federação – Sergipe, Rio de Janeiro e mais recentemente Rio Grande do Sul – tentaram, em vão, reformular as suas legislações de regência do ITCMD (reformas tributárias) para, justamente, fazer incidir o referido imposto sobre planos de previdência privada como PGBL e VGBL.

Contudo, não há como vicejar a incidência do ITCMD na transmissão das reservas de previdência privada nas modalidades PGBL e VGBL, tendo em vista flagrantes ilegalidades e inconstitucionalidades que serão demonstradas a seguir.

2 Da natureza jurídica securitária das reservas de previdência privada nas modalidades PGBL e VGBL

Considerando que os entes tributantes no âmbito estadual vêm apurando "em maior ou menor escala *déficits* orçamentários bastante elevados", um jeitinho foi "encontrado pelo Poder Executivo para incrementar a receita", indo "totalmente de encontro à legislação pátria, mais especificamente ao Código Civil: trata-se do indevido recolhimento do [...] (ITCMD) sobre valores oriundos de planos de previdência privada".[2]

Para tanto demonstrar, é ver-se que a existência do regime de previdência privada de caráter complementar no Brasil está prevista na Constituição Federal de 1988, nos seguintes termos:

> Art. 202. O regime de previdência privada, de caráter complementar e organizado de forma autônoma em relação ao regime geral de previdência social, será facultativo, baseado na constituição de reservas que garantam o benefício contratado, e regulado por lei complementar.

---

[2] MARTINS, Gabriel Infante. Crise fiscal e aberrações jurídicas. *Jota*, mar. 2020. ISSN 2447-6323. Disponível em: https://www.jota.info/opiniao-e-analise/artigos/crise-fiscal-e-aberracoes-juridicas-01032020. Acesso em: 2 jul. 2021.

§1º A lei complementar de que trata este artigo assegurará ao participante de planos de benefícios de entidades de previdência privada o pleno acesso às informações relativas à gestão de seus respectivos planos.

Atendendo à disposição constitucional, foi editada a Lei Complementar nº 109, de 29.5.2001, que passou a dispor "sobre o Regime de Previdência Complementar", asseverando que "o regime de previdência complementar é operado por entidades de previdência complementar que têm por objetivo principal instituir e executar planos de benefício de caráter previdenciário" (art. 2º).

No Brasil, então, as entidades de previdência complementar são classificadas "em fechadas e abertas" (art. 4º da Lei Complementar nº 109/2001), sendo que os "planos de benefícios atenderão a padrões mínimos fixados pelo órgão regulador e fiscalizador" (art. 7º da Lei Complementar nº 109/2001), e as "entidades abertas serão regulamentadas também, no que couber, pela legislação aplicável às sociedades seguradoras" (art. 73 da Lei Complementar nº 109/2001).

Diante de tal realidade fática e jurídica, as entidades de previdência complementar se submetem à regulamentação do Conselho Nacional de Seguros Privados – CNSP e fiscalização da Superintendência de Seguros Privados – Susep.

A Susep, criada pelo Decreto-Lei nº 73, de 21.11.1966, é uma autarquia vinculada ao Ministério da Fazenda, com sede e foro no Rio de Janeiro/RJ e jurisdição em todo território nacional, e tem por objetivo intervir no setor de controle e fiscalização de mercados de seguro, previdência privada aberta, capitalização e resseguros, ou seja, executar a política traçada pelo Conselho Nacional de Seguros Privados (Resolução Susep nº 208, de 13.1.2020 e Decreto nº 7.049, de 23.12.2009). Dessa forma, a Susep recebe incumbências fiscalizatórias e regulatórias na área de mercados de seguro, previdência privada aberta, capitalização e resseguros.

A Resolução Susep nº 117/2004 regulamenta os seguros de pessoas e disciplina a possibilidade de instituição do regime de capitalização (arts. 8º, 48 e 49), com o resgate facultativo (art. 41), sendo que Resolução Susep nº 139/2005 dispõe sobre a cobertura de sobrevivência oferecida pelos planos de previdência complementar, estando o PGBL expressamente previsto nas disposições constantes do art. 7º, inc. I.[3] De outra ponta, a Resolução Susep nº 140/2005 trata da cobertura por sobrevivência nos seguros de pessoas, disciplinando o VGBL em seu art. 7º, inc. I.[4]

E, de acordo com a conceituação existente no sítio eletrônico da Superintendência de Seguros Privados – Susep, o VGBL (Vida Gerador de Benefícios Livres) e o PGBL (Plano Gerador de Benefícios Livres) são planos por sobrevivência de seguro de pessoas e de previdência complementar aberta, respectivamente, que, após um período de acumulação de recurso – período de diferimento –, proporcionam aos segurados e

[3] MAIA JUNIOR, Mairan Gonçalves. A previdência como instrumento de planejamento sucessório. *Revista de Ciências Jurídicas Pensar*, v. 25, n. 14, jan./mar. 2020.

[4] MAIA JUNIOR, Mairan Gonçalves. A previdência como instrumento de planejamento sucessório. *Revista de Ciências Jurídicas Pensar*, v. 25, n. 14, jan./mar. 2020.

participantes uma renda mensal que poderá ser vitalícia, por período determinado ou, ainda, na forma de pagamento único.[5]

Assim, pode-se dizer que o VGBL é classificado como um seguro de pessoa e o PGBL como um plano de previdência complementar.[6]

Dessa forma, forçoso é concluir que as aplicações em fundos de previdência privada têm natureza securitária e, portanto, não fazem parte do patrimônio do *de cujus*, não integrando o patrimônio do espólio, sendo totalmente aplicáveis, *in casu*, as disposições constantes no art. 794 do Código Civil, que asseveraram que, "no seguro de vida ou de acidentes pessoais para o caso de morte, o capital estipulado não está sujeito às dívidas do segurado, nem se considera herança para todos os efeitos de direito".

Confiram-se as opiniões especializadas de Sebastião Amorim e de Euclides de Oliveira:

> O capital do seguro de vida não pertence ao espólio, pois não faz parte do patrimônio constitutivo da herança. Cuida-se de benefício de jure próprio, como autêntica estipulação em favor de terceiro (artigo 436 e 790 a 794 do CC) [...] Atendem ao mesmo critério de atribuição legal as aplicações em fundos de previdência privadas, por terem natureza securitária, destinando-se à aposentadoria complementar do aplicador. Os investimentos em VGBL (Vida Gerador de Benefício Livre) e similares podem ter a mesma destinação, salvo se constituírem desvios fraudulentos de outras aplicações financeiras em detrimentos de herdeiros.[7]

No mesmo sentido, é a qualificada opinião de Mairan Gonçalves Maia Junior, Desembargador do Tribunal Regional Federal da 3ª Região:

> O VGBL é classificado como seguro de pessoa. Por seu turno, o PGBL constitui plano de previdência complementar. Ambos, portanto possuem natureza securitária, de acordo com a feição que a Lei Complementar n.º 109/01 lhes atribui. Em virtude da natureza securitária que apresentam, se lhes aplica o art. 794 CC02, o qual prescreve que, no seguro de vida ou de acidentes pessoais para o caso de morte, o capital estipulado não está sujeito às dívidas do segurado, nem se considera herança para todos os efeitos de direito.
>
> A Lei Complementar n.º 109/01, em diversos de seus dispositivos, reforça a natureza securitária dos referidos fundos. Assim, exemplificativamente, prevê: i) a possibilidade das entidades de previdência complementar contratarem operações de resseguro - art. 11; ii) a aplicação da legislação e regulamentação da profissão de corretor de seguros aos corretores de planos de benefício – art. 30, parágrafo único; iii) a possibilidade de as seguradoras autorizadas a operar exclusivamente no ramo vida a operar os planos de benefícios – art. 36, parágrafo único; iv) a aplicação da legislação das sociedades seguradoras às entidades abertas de previdência privada – art. 73.

---

5 SUSEP. *Seguros, previdência e capitalização.* Disponível em: https://www.meufuturoseguro.gov.br/seguros-previdencia-capitalizacao/seguros/vgbl-vgrgp-vagp-vrsa-vri-dotal/duvidas-especificas#:~:text=VGBL%20(Vida%20Gerador%20de%20Benef%C3%ADcios,aos%20investidores%20(segurados%20e%20participantes. Acesso em: 2 jul. 2021.

6 SUSEP. *Seguros, previdência e capitalização.* Disponível em: https://www.meufuturoseguro.gov.br/seguros-previdencia-capitalizacao/seguros/vgbl-vgrgp-vagp-vrsa-vri-dotal/duvidas-especificas#:~:text=VGBL%20(Vida%20Gerador%20de%20Benef%C3%ADcios,aos%20investidores%20(segurados%20e%20participantes. Acesso em: 2 jul. 2021.

7 AMORIM, Sebastião; OLIVEIRA, Euclides de. *Inventário e partilha*: teoria e prática. 26. ed. São Paulo: Saraiva Educação, 2020. p. 459-460.

É importante fixar a natureza jurídica dos planos de previdência privada abertos, por refletir, diretamente, na transmissibilidade ou não das reservas acumuladas aos seus herdeiros quando da morte do titular. Como as reservas constituídas nos planos VGBL e PGBL possuem natureza e finalidade securitárias, não são transmissíveis, por sucessão *mortis causa*, aos herdeiros legítimos ou testamentários do falecido, quando indicados beneficiários no plano de previdência privada.

Ausente a indicação de beneficiários, a reserva constituída, como direito de crédito, será incorporada ao patrimônio transmissível do falecido e, nesse caso, transferida a seus herdeiros legítimos ou testamentários.

Desse modo, a metade do capital será destinada ao cônjuge, a depender do regime de bens, e a outra parte aos herdeiros legítimos, observada a ordem legal de sucessão, conforme prevê o art. 792 CC02.

Ausentes os beneficiários legais, o parágrafo único do art. 792 CC02 estabelece que o capital irá "aos que provarem que a morte do segurado os privou dos meios necessários à subsistência".

Como regra geral, portanto, os valores depositados nos fundos de previdência privada não são transferíveis aos sucessores do titular em virtude de sua morte, mas são inteiramente direcionados aos beneficiários indicados nas apólices contratadas.[8]

Como bem asseverou Gabriel Infante Martins:

Demonstrado o caráter securitário do plano de previdência privada na modalidade VGBL, torna-se necessário explicitar duas constatações. A primeira consiste em uma conclusão: as aplicações em fundo de previdência privada na modalidade VGBL não fazem parte do patrimônio do falecido, haja vista a natureza jurídica de seguro de vida. A segunda se consubstancia em uma disposição legal: o art. 794 do Código Civil deixa claro que o seguro de vida não é considerado como herança para todos os fins de direito.

Vale realçar, ainda, a lição de Hugo de Brito Machado sobre o fato gerador do imposto em questão: *o fato gerador do ITCD é a transmissão, vale dizer, a mudança na propriedade do bem ou do direito. No caso da herança, ou do legado, essa transmissão ocorre no momento da morte do de cujus.*[9]

No mesmo sentido, é a opinião de Gustavo Yanase Fujimoto:

Com isso, essas previdências privadas acabam por captar recursos dos segurados no decorrer de determinado tempo e, durante este período, manter a maior rentabilidade possível, dentro de determinados padrões de segurança, mas sempre visando uma maior valorização.

Percebe-se então que neste regime não há preocupações diretas com os já explicados "riscos sociais", mas, somente, com a valorização do capital aportado. Assim, analisando a natureza do regime privado face ao regime social, fica evidente que este tem um caráter assecuratório do padrão econômico dos segurados e seus dependentes e não de fundo de investimento qualquer.

O que se percebe então é que este pode até ter certas características de um fundo de investimento, entretanto, analisando mais a fundo fica nítida a figura assecuratória deste

---

8 MAIA JUNIOR, Mairan Gonçalves. A previdência como instrumento de planejamento sucessório. *Revista de Ciências Jurídicas Pensar*, v. 25, n. 14, jan./mar. 2020. p. 4.

9 MARTINS, Gabriel Infante. Crise fiscal e aberrações jurídicas. *Jota*, mar. 2020. ISSN 2447-6323. Disponível em: https://www.jota.info/opiniao-e-analise/artigos/crise-fiscal-e-aberracoes-juridicas-01032020. Acesso em: 2 jul. 2021.

em relação aos seus contratados e seus dependentes, o que acaba por definir este como um seguro de vida em sua essência, até porque protege inclusive os dependentes em caso de morte e invalidez do segurado.

Tanto é verdade que as entidades que operam estas previdências privadas são controladas e fiscalizadas pela Superintendência de Seguros Privado (SUSEP), nos termos do art. 1º do Decreto-Lei nº 73/1966.[10]

Todas essas razões sobre a natureza jurídica securitária das reservas de previdência privada, seja PGBL seja VGBL, refletem diretamente na incidência do ITCMD e nos processos judiciais.

3 Da análise do conteúdo de decisões judiciais proferidas pelo Superior Tribunal de Justiça e pelos tribunais estaduais em relação à natureza jurídica securitária das reservas de previdência privada PGBL e VGBL

A natureza jurídica securitária das reservas de previdência privada PGBL e VGBL e, em decorrência, a impossibilidade de transferência dessas por não fazerem parte da herança para todos os efeitos de direito (art. 794 Código Civil), podendo ser excluídas da partilha em dissolução de união estável (art. 1.659, VII, do Código Civil), já vem sendo reconhecida há tempos pelos tribunais estaduais e pelo Superior Tribunal de Justiça.

A análise inicia-se pelo conteúdo do acórdão proferido nos autos do Recurso Especial nº 1.132.925-SP, por unanimidade de votos da 4ª Turma do Superior Tribunal de Justiça, em 3.10.2013, publicado no *DJe* de 6.11.2013 (Documento nº 1270842), transitado em julgado em 22.11.2013.[11]

No bojo de tal processo, a principal questão controvertida consistia "em saber se, em contrato de seguro de vida, cuja apólice designa beneficiário específico, tem o Espólio da segurada legitimidade para ajuizar ação de cobrança indenizatória securitária", sendo que, ao analisar a demanda, o referido Tribunal Superior, no que aqui importa, reconheceu que, "diante dos expressos termos do art. 794 do Código Civil/2002, no seguro de vida ou de acidentes pessoais para o caso de morte, o capital estipulado não está sujeito às dívidas do segurado, nem se considera herança para todos os efeitos de direito".[12]

No mesmo sentido é o Recurso Especial nº 1.477.937-MG, sob a relatoria do Ministro Ricardo Villas Bôas Cueva – acórdão proferido pela 3ª Turma do Superior Tribunal de Justiça, decidido por unanimidade de votos em 27.4.2017, publicado no *DJe* de 20.6.2017 (Documento nº 1595132) – transitado em julgado em 10.8.2017.[13] Em tal processo a

---

[10] FUJIMOTO, Gustavo Yanase. A cobrança do ITCMD nos planos de previdência VGBL. *Jota*, ago. 2016. ISSN 2447-6323. Disponível em: https://www.jota.info/opiniao-e-analise/artigos/cobranca-itcmd-nos-planos-de-previdencia-vgbl-11082016. Acesso em: 2 jul. 2021.

[11] SUPERIOR TRIBUNAL DE JUSTIÇA. *Recurso Especial nº 1.132.925 – SP*. Disponível em: https://ww2.stj.jus.br/processo/revista/documento/mediado/?componente=ITA&sequencial=1270842&num_registro=200900625236&data=20131106&formato=PDF. Acesso em: 2 jul. 2021.

[12] SUPERIOR TRIBUNAL DE JUSTIÇA. *Recurso Especial nº 1.132.925 – SP*. Disponível em: https://ww2.stj.jus.br/processo/revista/documento/mediado/?componente=ITA&sequencial=1270842&num_registro=200900625236&data=20131106&formato=PDF. Acesso em: 2 jul. 2021.

[13] SUPERIOR TRIBUNAL DE JUSTIÇA. *Recurso Especial nº 1.477.937 – MG*. Disponível em: https://ww2.stj.jus.br/processo/revista/documento/mediado/?componente=ITA&sequencial=1595132&num_registro=201402178557&data=20170620&formato=PDF. Acesso em: 2 jul. 2021.

controvérsia cingia-se em "identificar se o benefício de previdência privada fechada está incluído no rol das exceções do art. 1.659, VII, do CC/2002" e, portanto, caracterizada como "verba excluída da partilha em virtude de união estável, que observa, em regra, o regime geral de previdência social".[14]

Apenas para contextualizar, cabe asseverar que o referido artigo do Código Civil, inserido no Capítulo III – Do Regime da Comunhão Parcial de Bens assevera:

> Art. 1.659. Excluem-se da comunhão: [...]
>
> VII - as pensões, meios-soldos, montepios e outras rendas semelhantes.

Ao solver a controvérsia, a 3ª Turma do Superior Tribunal de Justiça firmou entendimento no sentido de que "as contas de previdência privada são incomunicáveis, nos termos do disposto no art. 1.659, VI e VII, do CC/02 [...] logo, não merece acolhida a preensão da autora de meação da previdência privada",[15] *verbis*:

> Portanto, é indubitável que a previdência complementar fechada possui natureza análoga aos supracitados institutos, incluindo-se, por isso, nos termos "outras rendas" do art. 1.659, VII, do CC/2002, uma espécie de pecúlio.
>
> No caso dos autos, o requerido é beneficiário de uma entidade fechada de previdência complementar (fundo de pensão) denominado FORLUZ, atualmente o 8º (oitavo) maior fundo de pensão do Brasil e o primeiro de Minas Gerais, cujos participantes são empregados ou ex-empregados de suas patrocinadoras, na espécie, CEMIG GT (e-STJ fls. 451; 454-457 e 454-457), visando complementar os recursos recebidos pelo INSS (https://www.forluz.org.br). [...]
>
> A previdência privada possibilita, portanto, a constituição de reservas de contingências futuras e incertas da vida por meio de entidades organizadas de forma autônoma em relação ao regime geral de previdência social, sem fins lucrativos. [...]
>
> O sistema previdenciário privado é previsto tanto constitucionalmente (art. 202 da CF/1988), com destaque para a EC nº 20/1998, como infraconstitucionalmente, por meio da edição da Lei Complementar nº 109/2001. *As entidades fechadas de previdência complementar*, diferentemente das abertas (tema alheio aos autos), disponibilizam os planos de benefícios de natureza previdenciária apenas aos empregados de uma empresa ou grupo de empresas aos quais os empregados estão atrelados, sem se confundir, contudo, com relação laboral.
>
> Nos fundos de previdência privada fechada ou fundos de pensão, a rentabilidade e o superávit revertem integralmente ao plano de previdência (§1º art. 35 Lei Complementar nº 109/2001) oferecidos por empresas públicas ou privadas, e fiscalizados pela Superintendência Nacional de Previdência Complementar - PREVIC, autarquia vinculada ao Ministério da Previdência Social. Sua contratação é facultativa, visando a constituição de reservas que garantam benefício de caráter previdenciário (art. 2º da LC 109/2001), consoante previsto em estatutos, regulamentos e planos de benefícios das entidades previdenciárias.

---

14 SUPERIOR TRIBUNAL DE JUSTIÇA. *Recurso Especial nº 1.132.925 – SP*. Disponível em: https://ww2.stj.jus.br/processo/revista/documento/mediado/?componente=ITA&sequencial=1270842&num_registro=200900625236&data=20131106&formato=PDF. Acesso em: 2 jul. 2021.
SUPERIOR TRIBUNAL DE JUSTIÇA. *Recurso Especial nº 1.477.937 – MG*. Disponível em: https://ww2.stj.jus.br/processo/revista/documento/mediado/?componente=ITA&sequencial=1595132&num_registro=201402178557&data=20170620&formato=PDF. Acesso em: 2 jul. 2021.

15 SUPERIOR TRIBUNAL DE JUSTIÇA. *Recurso Especial nº 1.477.937 – MG*. Disponível em: https://ww2.stj.jus.br/processo/revista/documento/mediado/?componente=ITA&sequencial=1595132&num_registro=201402178557&data=20170620&formato=PDF. Acesso em: 2 jul. 2021.

Assim, *o sistema da previdência complementar se insere, por analogia, na exceção posta no art. 1.659, VII, do Código Civil de 2002, cuja finalidade é similar àqueles institutos em sua maioria em pleno desuso.* [...]

A verba é incomunicável e pessoal porque versa acerca de direito que tem por objeto interesses personalíssimos.

Há, portanto, manifesta incomunicabilidade dos fundos de previdência privada fechada.

(iii) Do Dispositivo: Ante o exposto, nego provimento ao recurso especial.[16] (Grifos nossos)

Importantíssimo demonstrar, ainda, que o Superior Tribunal de Justiça, em 21.8.2018, negou provimento ao Agravo Interno nos Embargos de Declaração no Recurso Especial nº 1.618.680-MG, julgado pela 4ª Turma – acórdão publicado no *DJe* de 11.9.2018 –,[17] por entender que houve infringência ao enunciado da Súmula nº 83 do Superior Tribunal de Justiça,[18] visto que "o Tribunal de origem, ao analisar o contrato de VGBL [...] entendeu que o plano firmado pelo de *cujus* possui natureza jurídica de contrato de seguro de vida, de modo que não pode ser enquadrado como herança",[19] *verbis*:

Reitero, outrossim, que o Tribunal de origem decidiu em consonância com o entendimento pacificado nesta Corte, razão pela qual o recurso especial esbarraria no óbice sumular nº 83, do STJ, aplicável aos recursos interpostos com base em ambas as alíneas (AgInt no AREsp 720.037/SC, Rel. Ministra MARIA ISABEL GALLOTTI, QUARTA TURMA, julgado em 3/5/2016, DJe 11/5/2016).

Isso porque o Tribunal de origem, ao analisar o contrato de VGBL firmado pelo de cujus, as circunstâncias fáticas e as provas produzidas nos autos, entendeu que o plano firmado pelo de cujus possui natureza jurídica de contrato de seguro de vida, de modo que não pode ser enquadrada como herança e, portanto, não pode ser objeto de penhora e bloqueio nos autos do inventário para fins de partilha.

No mesmo sentido é a conceituação prevista no sítio eletrônico da Superintendência de Seguros Privados – SUSEP, que, alinhada à disposição contida no artigo 794, do Código Civil, não deixam dúvidas que o VGBL não deverá integrar o acervo hereditário do falecido e não responderá por suas dívidas: [...]

Os acórdãos tomados como paradigma, por outro lado, apenas afastaram a natureza alimentar da previdência complementar em razão da quantia elevada depositada, de forma a possibilitar a penhora no juízo competente, razão pela qual não se pode reconhecer a existência do dissídio jurisprudencial pretendido, haja vista se embasarem em premissas fáticas distintas e, também, versarem sobre questões diversas. [...]

Em face do exposto, nego provimento ao agravo interno.

É o voto.[20]

---

[16] SUPERIOR TRIBUNAL DE JUSTIÇA. *Recurso Especial nº 1.477.937 – MG*. Disponível em: https://ww2.stj.jus.br/processo/revista/documento/mediado/?componente=ITA&sequencial=1595132&num_registro=201402178557&data=20170620&formato=PDF. Acesso em: 2 jul. 2021.

[17] Decisão não transitada em julgado até o momento, contudo, também não reformada.

[18] "Súmula nº 83 – Não se conhece do recurso especial pela divergência, quando a orientação do Tribunal se firmou no mesmo sentido da decisão recorrida" (Disponível em: https://ww2.stj.jus.br/docs_internet/revista/eletronica/stj-revista-sumulas-2009_5_capSumula83.pdf. Acesso em: 2 jul. 2021).

[19] SUPERIOR TRIBUNAL DE JUSTIÇA. *Recurso Especial nº 1.618.680 – MG*. Disponível em: https://ww2.stj.jus.br/processo/revista/documento/mediado/?componente=ITA&sequencial=1742009&num_registro=201602039380&data=20180911&formato=PDF. Acesso em: 2 jul. 2021.

[20] SUPERIOR TRIBUNAL DE JUSTIÇA. *Recurso Especial nº 1.618.680 – MG*. Disponível em: https://ww2.stj.jus.br/processo/revista/documento/mediado/?componente=ITA&sequencial=1742009&num_registro=201602039380&data=20180911&formato=PDF. Acesso em: 2 jul. 2021.

Insta referir também o acórdão proferido pela 4ª Turma do Superior Tribunal de Justiça, que negou provimento ao Agravo Interno nos Embargos de Declaração no Agravo no Recurso Especial nº 947.006-SP, por unanimidade de votos, em que figurou como relator o Desembargador Convocado Lázaro Guimarães, julgado em 15.5.2018 e publicado no *DJe* de 21.5.2018, com trânsito em julgado em 22.8.2018,[21] *verbis*:

> AGRAVO INTERNO NO AGRAVO EM RECURSO ESPECIAL. INVENTÁRIO. VALORES DEPOSITADOS EM PLANO DE PREVIDÊNCIA PRIVADA (VGBL). DISPENSA DE COLAÇÃO. NATUREZA DE SEGURO DE VIDA. DECISÃO MANTIDA. RECURSO DESPROVIDO.
>
> 1. O Tribunal de origem, ao concluir que o Plano de Previdência Privada (VGBL), mantido pela falecida, tem natureza jurídica de contrato de seguro de vida e não pode ser enquadrado como herança, inexistindo motivo para determinar a colação dos valores recebidos, decidiu em conformidade com o entendimento do Superior Tribunal de Justiça.
>
> 2. Nesse sentido: REsp 1.132.925/SP, Rel. Ministro Luis Felipe Salomão, Quarta Turma, DJe de 06/11/2013; REsp 803.299/PR, Rel. Ministro Antonio Carlos Ferreira, Rel. p/ acórdão Ministro Luis Felipe Salomão, Quarta Turma, DJe de 03/04/2014; EDcl no REsp 1.618.680/MG, Rel. Ministra Maria Isabel Gallotti, DJe de 1º/08/2017. [...]
>
> 4. Agravo interno não provido.[22]

Não menos importantes são as decisões proferidas pelo Tribunal de Justiça do Estado do Rio Grande do Sul, corroborando e citando os referidos acórdãos do Superior Tribunal de Justiça. Nesse sentido, é o acórdão da Apelação Cível/Remessa Necessária nº 7007.967.902-3, CNJ nº 0333114-17.2018.8.21.7000, proferido pela 1ª Câmara Cível do Tribunal de Justiça do Estado do Rio Grande do Sul, de relatoria do Desembargador Irineu Mariani – acompanhado pela unanimidade dos votos –, julgado em 18.12.2018 e publicado no *DJe* de 18.1.2019:

> *APELAÇÃO REMESSA NECESSÁRIA. DIREITO TRIBUTÁRIO. MANDADO DE SEGURANÇA. ITCMD. INVENTÁRIO EXTRAJUDICIAL. APLICAÇÕES EM VGBL. NÃO INCIDÊNCIA DO TRIBUTO. PRECEDENTES DO STJ.*
>
> 1. Não incide ITCMD sobre as aplicações em VGBL, que se caracteriza como seguro de pessoas segundo a Superintendência de Seguros Privados – SUSEP, não se enquadrando nas hipóteses de incidência do tributo previstas no art. 1º do Decreto Estadual nº 33.156/1989.
>
> 2. Aplicabilidade do artigo 794 do Código Civil, por se tratar de seguros de pessoas.
>
> *RECURSO DESPROVIDO. SENTENÇA CONFIRMADA EM REMESSA NECESSÁRIA.* (Grifos no original)

Do voto condutor do v. aresto, extraem-se os seguintes importantes excertos:

> Todavia, vista não incide ITCMD sobre as aplicações em VGBL, que se caracteriza como seguro de pessoas segundo a Superintendência de Seguros Privados – SUSEP, não se

---

[21] SUPERIOR TRIBUNAL DE JUSTIÇA. *Consulta processual*. Disponível em: https://ww2.stj.jus.br/processo/pesquisa/?tipoPesquisa=tipoPesquisaNumeroRegistro&termo=201601718427&totalRegistrosPorPagina=40&aplicacao=processos.ea. Acesso em: 2 jul. 2021.

[22] SUPERIOR TRIBUNAL DE JUSTIÇA. AgInt nos EDcl no Agravo em Recurso Especial nº 947.006 – SP. Disponível em: https://ww2.stj.jus.br/processo/revista/documento/mediado/?componente=ITA&sequencial=1711494&num_registro=201601718427&data=20180521&formato=PDF. Acesso em: 2 jul. 2021.

> enquadrando nas hipóteses de incidência do tributo previstas no art. 1º do Decreto Estadual nº 33.156/1989.
>
> Ademais, como bem apontado pela douta Procuradora de Justiça Denise Maria Netto Duarte, "o contrário do que sustenta o Estado, aplicável ao caso em discussão o artigo 794 do Código Civil, vez que se trata de seguros de pessoas".
>
> Importa referir, por oportuno, que a sentença julgou a questão de acordo com o entendimento do STJ sobre a matéria, citando os seguintes julgados: [...].

Confira-se, agora, outra decisão colegiada proferida pela 1ª Câmara Cível do TJRS que, também por unanimidade de votos, reconheceu tanto o VGBL quanto o PGBL como modalidades de plano de previdência privada, nos autos da Apelação Cível nº 70.082.879.776,[23] CNJ 0259886-72.2019.8.21.7000, julgada em 12.11.2019 e publicada no *DJe* de 20.11.2019:

> APELAÇÃO CÍVEL. MANDADO DE SEGURANÇA. IMPOSTO DE TRANSMISSÃO *MORTIS CAUSA* E DOAÇÃO – ITCD. PLANO DE PREVIDÊNCIA PRIVADA. SEGURO DE PESSOAS. EXCLUSÃO DO INVENTÁRIO.
>
> 1. Tanto o VGBL (Vida Gerador de Benefício Livre), quanto o PGBL (Plano Gerador de Benefício Livre), são considerados modalidades de *plano de previdência privada*. Noutras palavras: são seguros de vida com cláusula de cobertura por sobrevivência. Na realidade, plano de previdência complementar, classificados pela SUSEP (Superintendência dos Seguros Privados) no ramo do *seguro de pessoas*. Portanto, conforme o art. 794 do CC, não integram a partilha, e por decorrência não há falar em imposto *mortis causa*.
>
> 2. Apelação desprovida e sentença confirmada em remessa necessária conhecida de ofício.

Do voto condutor do v. aresto, proferido pelo Desembargador Irineu Mariani, destacam-se as seguintes partes:

> A matéria já é conhecida. Há precedentes inclusive do STJ. Resumindo: tanto o VGBL (Vida Gerador de Benefício Livre), quanto o PGBL (Plano Gerador de Benefício Livre), são considerados modalidades de *plano de previdência privada*. Noutras palavras: são seguros de vida com cláusula de cobertura por sobrevivência. Na realidade, *plano de previdência complementar*, classificados pela SUSEP (Superintendência dos Seguros Privados) no ramo do *seguro de pessoas*.
>
> Portanto, conforme o art. 794 do CC, não integram a partilha, e por decorrência não há falar em imposto *mortis causa*.
>
> Assim já decidiu esta Câmara na Ap/RN 70 077 468 254 e a Ap/RN 70 079 679 023, ambas relatadas pelo eminente Des. Sérgio Luiz Grassi Beck, sendo que nesta constam precedentes do STJ. (Grifos no original)

Aliás, o Tribunal de Justiça do Rio Grande do Sul, via decisão monocrática, confirmou sentença que reconheceu a natureza jurídica de seguro de pessoas das aplicações em VBGL, como se pode conferir no despacho proferido nos autos da Remessa

[23] Em fase de AREsp nº 1.740.999. Decisão monocrática do dia 23.11.2020, publicada em 25.11.2020, de relatoria do Ministro Og Fernandes: "Em idêntica direção, destaco a decisão monocrática no REsp 1.822.675/MG, Rel. Min. Assusete Magalhães, DJe 19/8/2019, que deu provimento ao recurso especial da parte contribuinte, reconhecendo a impossibilidade de inclusão dos valores relativos ao VGBL na Declaração de Bens e Valores do de cujus, sendo incabível a incidência do ITCD". Decisão essa atacada por agravo interno pendente de julgamento.

Necessária nº 70077468254,[24] CNJ nº 0112037-33.2018.8.21.7000, pelo Desembargador Sérgio Luiz Grassi Beck, membro da 1ª Câmara Cível do TJRS, em 26.4.2018, publicada no *DJe* em 18.1.2019, nos seguintes termos:

> Destaco que é possível o julgamento, de plano, da remessa necessária, pelo princípio da prestação jurisdicional equivalente, quando há orientação sedimentada na Câmara sobre a matéria, de maneira que, levada a questão ao órgão colegiado, seria confirmada a decisão do Relator, consoante orientação já consagrada pelo e. STJ: AgRg no AREsp 657.093/MG, Rel. Ministro HUMBERTO MARTINS, SEGUNDA TURMA, julgado em 17/03/2016, DJe 22/03/2016; AgRg no AREsp 724.875/SC, Rel. Ministra ASSUSETE MAGALHÃES, SEGUNDA TURMA, julgado em 18/02/2016, DJe 29/02/2016; AgRg no AREsp 34.422/RS, Rel. Ministro RICARDO VILLAS BÔAS CUEVA, TERCEIRA TURMA, julgado em 18/06/2015, DJe 04/08/2015. [...].
>
> Com efeito, a sentença merece ser confirmada em sua integralidade, tendo em vista não incide ITCMD sobre as aplicações em VGBL, caracterizada como seguro de pessoas pela Superintendência de Seguros Privados – SUSEP, não se enquadrando nas hipóteses de incidência do tributo previstas no art. 1º do Decreto Estadual nº 33.156/1989.
>
> Assim, confirmo a sentença por seus próprios fundamentos [...].
>
> Diante do exposto, pelo que autoriza a Súmula 253 do STJ, em decisão monocrática, confirmo a sentença em remessa necessária.

Tal entendimento também já foi adotado no âmbito do Tribunal de Justiça do Estado de Minas Gerais, mais especificamente pela 8ª Câmara Cível, ao julgar a Apelação Cível nº 1.0000.21.051426-1/001, numeração única 5172901-13.2019.8.13.0024, em que o Desembargador Belizário de Lacerda figurou como relator, em processo julgado em 18.5.2021, cujo acórdão foi publicado no *DJ* 26.5.2021:[25]

> APELAÇÃO CÍVEL. REEXAME NECESSÁRIO. MANDADO DE SEGURANÇA. ITCMD INCIDÊNCIA SOBRE PLANO VGBL. IMPOSSIBILIDADE. NATUREZA DE CONTRATO DE SEGURO DE PESSOAS. ART. 794 DO CC. SENTENÇA CONFIRMADA NA REMESSA OBRIGATÓRIA. O VGBL (Vida Gerador de Benefícios Livres) é um plano por sobrevivência classificado como seguro de pessoas, aplicando-se o art. 794 do Código Civil, que o descaracteriza como herança, impedindo a sua tributação pelo ITCMD.

O Tribunal de Justiça do Estado do Rio de Janeiro também corrobora tal entendimento, o que pode ser confirmado com a análise das decisões colegiadas proferidas no âmbito do Agravo de Instrumento nº 003797617.2015.8.19.0000,[26] 17ª Câmara Cível, de relatoria da Desembargadora Flávia Romano Rezenda, julgado em 2.12.2015 e publicado no *DJ* de 3.12.2015, e do Agravo de Instrumento nº 003572356.2015.8.19.0000, 14ª Câmara Cível, de relatoria do Desembargador Juarez Fernandes Folhes, julgado em 27.1.2016 e publicado no *DJ* de 29.1.2016,[27] que mantiveram as decisões de primeira instância, respectivamente proferidas pela 11ª Vara da Fazenda Pública do Rio de Janeiro e 7ª Vara Cível de Niterói, no sentido de afastar a incidência do ITCMD do saldo de plano de

[24] O AREsp nº 1.554.646 não reformou o acórdão e transitou em julgado em 12.3.2020.

[25] Opostos embargos de declaração em 5.6.2021, aguardando julgamento.

[26] Transitou em julgado em 24.2.2016.

[27] AREsp nº 1.003.908 não conhecido e agravo interno em AREsp improvido. Transitado em julgado em 23.6.2017.

previdência privada na modalidade VGBL, justamente, por ser "um produto securitário, e, por tal razão, não considerado herança consoante dispõe a regra prevista no art. 794 do Código Civil".

4 Da análise do conteúdo de decisões judiciais proferidas pelos tribunais de justiça dos estados que julgaram inconstitucionais as legislações estaduais, na parte em que buscaram tributar as reservas de previdência privada pelo ITCMD e, ainda, da decisão proferida pelo Supremo Tribunal Federal

Cabe asseverar, nesse ponto, que a Fenaseg – Federação Nacional das Empresas de Seguros Privados ingressou com ação direta de inconstitucionalidade perante o Tribunal de Justiça do Estado de Sergipe, em que figuraram como interessados a Assembleia Legislativa do Estado de Sergipe e o próprio Estado de Sergipe, Processo nº 201800106463, em face do art. 2º, incs. I e III, da Lei Estadual nº 8.348, de 20.12.2017, na parte em que inseriram os arts. 13-A e 18-A, na Lei Estadual nº 7.724/2013, que disciplinam a incidência do ITCMD sobre o plano de previdência PGBL e responsabilidade pela sua retenção e recolhimento.

A referida federação defendeu a impossibilidade de incidência do ITCMD sob o citado plano de previdência privada, sustentando que:

a) o plano não integra o patrimônio do titular, tampouco se constitui em herança, mas ao revés, possui natureza de seguro de vida, não podendo haver a sua tributação a título de herança;
b) com a morte do titular do plano, nasce para o beneficiário previamente indicado um direito de crédito, mas não um direito decorrente de herança, tanto que o resgate dos valores acumulados independe do procedimento de inventário e das regras de sucessão hereditária, ou seja, trata-se de direito contratual e não sucessório;
c) não há como alargar as hipóteses de incidência elencadas no art. 140, I, "a", da Constituição Estadual, asseverando que o resgate do plano de previdência privada PGBL foge ao alcance da hipótese de incidência do tributo cobrado, porque não preenche os elementos do fato gerador do ITCMD: *causa mortis* e transmissão, tudo para pleitear a declaração de inconstitucionalidade dos dispositivos acima indicados.

Ao julgar a referida demanda, em 12.9.2018,[28] os membros do Tribunal de Justiça do Estado de Sergipe, por unanimidade de votos, julgaram a ação procedente para declarar "a inconstitucionalidade do art. 2º, incs. I e III, da Lei Estadual nº 8.348, de 20 de dezembro de 2017, na parte em que se inseriram os arts. 13-A e 18-A, da Lei Estadual nº 7.724/2013, o último por arrastamento", em decisão que restou assim ementada:

---

[28] O AREsp nº 1.630.128 não foi conhecido e aguarda julgamento do agravo interno.

> *Ação direta de inconstitucionalidade.* Artigo 2º, incisos I e III, da Lei Estadual nº 8.348, de 20 de dezembro de 2017, na parte em que se inseriram os artigos 13-A e 18-A, da Lei Estadual nº 7.724/2013. Disciplina a incidência do Imposto sobre Transmissão Causa Mortis e Doação de Quaisquer Bens ou Direitos – ITCMD sobre o Plano Gerador de Benefício Livre (PGBL). Plano de previdência com natureza de seguro de vida. Impossibilidade de incidência de ITCMD. Inteligência do art. 794, do Código Civil. *Inconstitucionalidade Material.* Previsão inconstitucional porque institui a incidência de imposto sobre operação que não preenche os requisitos do fato gerador do ITCMD, previstos no art. 140, I, da Constituição Estadual, quais sejam: o evento morte e a transmissão de bens dele decorrente. *Inconstitucionalidade Formal.* As hipóteses de incidência de tributos somente podem ser definidas por meio de Lei Complementar, de acordo com art. 136, II, da Constituição Estadual. Vício formal no processo legislativo. *Ação direta de inconstitucionalidade procedente. Decisão unânime.*[29]

Do voto proferido pelo relator, Desembargador Antônio Araújo Mendonça, destacam-se os seguintes excertos, por pertinentes à questão ora tratada:

> Outrossim, analisando as hipóteses de incidência e o fato gerador do ITCMD, previstos na Lei Estadual que regulamenta o imposto, percebe-se que a sua incidência pressupõe a transmissão de bens ou direitos, decorrente de sucessão legítima ou testamentária, ou seja, que possui como elementos ou requisitos a *causa mortis* e a transmissão de bens.
>
> A previdência complementar na modalidade PGBL, entretanto, não constitui patrimônio do titular do plano. Consiste numa espécie de investimento com regramento próprio em que o participante acumula recursos financeiros que lhe fornecerão uma fonte futura de renda.
>
> Os planos de previdência privada são regidos por entidades abertas que operam planos de benefícios de caráter previdenciário. Possuem natureza jurídica de seguro de vida e, portanto, nos termos do art. 794 do Código Civil, não podem sofrer incidência do ITCMD, porque não estão obrigados a honrar as dívidas do segurado, nem se consideram herança para os efeitos de direito, como se lê do dispositivo: [...]
>
> Por não ser considerado herança, o plano de previdência complementar PGBL, assim como o seguro de vida, a incidência do ITCMD sobre ele viola a Constituição do Estado de Sergipe, eis que, como dissemos, o seu resgate não pressupõe a *causa mortis*, nem tampouco se transmite aos herdeiros pelas regras de sucessão hereditária.
>
> Para fins de incidência do imposto sobre a transmissão *causa mortis*, deve-se entender por herança a parte de bens do falecido que se transmite aos seus sucessores legítimos ou testamentários, compreendendo todos os seus bens (móveis ou imóveis), e ainda direitos transmitidos em razão da morte do titular.
>
> Na previdência complementar sob a modalidade PGBL, no entanto, não ocorre a transmissão de patrimônio do *de cujus*. A um, porque não se trata de patrimônio. Ao aderir a um plano de previdência complementar, o titular passa a pagar contribuições, que vão sendo acumuladas, para constituir um direito futuro de complementação da aposentadoria; até o adimplemento das condições de elegibilidade, o titular do plano possui uma mera expectativa, que se converte em direito adquirido no marco determinado; ou seja, o beneficiário, por sua vez, somente adquire qualquer direito com a morte do participante do plano, mas ele não herda esse direito; nasce para ele um crédito, decorrente de direito contratual, e não sucessório. [...]
>
> A dois, como dissemos, porque não há qualquer transmissão de direitos, tanto que não é facultada, por exemplo, a transmissão da titularidade do plano para o beneficiário. Morto

[29] TRIBUNAL DE JUSTIÇA DO ESTADO DE SERGIPE. *Acórdão nº 201820993*. Disponível em: https://www.tjse.jus.br/tjnet/jurisprudencia/relatorio.wsp?tmp_numprocesso=201800106463&tmp_numacordao=201820993&tmp.expressao=>. Acesso em: 2 jul. 2021.

o titular, surge para o beneficiário indicado, contratualmente, o direito a um crédito, equivalente ao valor acumulado com as contribuições pagas pelo titular.

Ao fim, porque o titular pode, inclusive, indicar qualquer pessoa como beneficiário do plano, independentemente de sucessão legítima ou testamentária. A imaginar que os planos de previdência privada estivessem sujeitos à incidência do ITCMD, seria necessário que os valores acumulados fossem transmitidos aos herdeiros do titular, pelas regras de sucessão hereditária ou testamentária.

De mais a mais, observe-se que os planos de Previdência Privada são regulamentados pela Lei Complementar Federal nº 109/2001, que prevê em seu art. 73 que se aplica a tais planos, no que couber, a legislação aplicável às sociedades seguradoras, mais uma razão para se concluir que a eles se aplica o art. 794, do Código Civil.

Mais ainda, os planos de previdência complementar, neles incluindo aqueles na modalidade PGBL, são regulamentados pela Superintendência de Seguros Privados e pelo Conselho Nacional de Seguros, que os tratam como plano de seguro de pessoas, conforme consta do art. 2º, da Circular SUSEP nº 338/2007, *verbis*: [...].[30]

No mesmo sentido, o Órgão Especial do Tribunal de Justiça do Estado do Rio Janeiro declarou inconstitucional o art. 23 da Lei nº 7.174/2015, que estabeleceu que a incidência de ITCMD na transmissão *causa mortis* de valores e direitos relativos a planos de previdência complementar com cobertura por sobrevivência como PGBL e VGBL viola o art. 24, §§3º e 4º da Constituição Federal, o art. 74, §3º, da Constituição do Estado do Rio de Janeiro e o art. 794 do Código Civil, além da jurisprudência deste Tribunal de Justiça, pois os mencionados planos de previdência são transmitidos diretamente aos beneficiários em caso de morte do titular, sem necessidade de inventário e do pagamento do ITCMD, ao julgar a ação direta de inconstitucionalidade, Processo nº 0008135-40.2016.8.19000, em 10.6.2019,[31] que restou assim ementada:

> *Representação por inconstitucionalidade. Lei Estadual nº 7.174/2015 que dispõe sobre "imposto sobre a transmissão causa mortis e doação de quaisquer bens ou direitos (ITD), de competência do Estado do Rio de Janeiro".*
>
> Representante que alega a inconstitucionalidade dos artigos 5º, inciso II, alíneas b e c; artigo 12; artigo 23; artigo 24, inciso I, alíneas b, d, e e inciso III e artigo 42 da Lei Estadual nº 7.174/2015. Representante que indicou expressamente dispositivos da Constituição Estadual são os parâmetros por ele invocados para arguição de inconstitucionalidade, o que atende o requisito processual de fundamentação nas ações de controle concentrado e evidencia a competência deste Tribunal de Justiça. Preliminares rejeitadas. [...]
>
> Representante que aponta que o artigo 12 da Lei Estadual nº 7.174/2015 contraria o artigo 128 do CTN, o que evidencia que se verificada a inconstitucionalidade, seria reflexa, afastando a possibilidade de controle abstrato. Artigo 23 da Lei Estadual nº 7.174/2015 que prevê a incidência de ITD sobre valores oriundos de planos de previdência complementar (PGBL e VGBL). PGBL (Plano Gerador de Benefício Livre) que tem a natureza de aplicação financeira.
>
> Precedente do STJ. Dessa forma, no momento da morte de seu titular há fato gerador do ITCMD, pois haverá transmissão de direitos aos herdeiros ou beneficiários, não se verificando

[30] TRIBUNAL DE JUSTIÇA DO ESTADO DE SERGIPE. *Acórdão nº 201820993*. Disponível em: https://www.tjse.jus.br/tjnet/jurisprudencia/relatorio.wsp?tmp_numprocesso=201800106463&tmp_numacordao=201820993&tmp.expressao=. Acesso em: 2 jul. 2021.

[31] Protocolou-se AREsp e ARE, com remessa aos respectivos tribunais em 15.6.2021 – sem registro ainda.

> a inconstitucionalidade de sua incidência. VGBL (Vida Gerador de Benefício Livre) que tem a natureza de seguro, não estando, assim, incluído no acervo hereditário. Inteligência do artigo 794 do Código Civil. Precedente do STJ.
>
> Não constituindo herança, não há fato gerador que do ITD. Havendo efetiva transmissão de propriedade na doação, no fideicomisso e na enfiteuse, está presente o fato gerador de ITD, sendo assim, constitucional o disposto nas alíneas b, d, e do inciso I do artigo 24 da Lei Estadual nº 7.174/2015. Direitos reais que têm a natureza de ônus os quais, quando de sua extinção, não ensejam o fato gerador do ITD, sendo, assim, inconstitucionais o artigo 24, inciso III e o artigo 42 da Lei Estadual nº 7.174/2015. Inconstitucionalidade que deve ser declarada quanto à expressão "Vida Gerador de Benefício Livre (VGBL) constante no artigo 23, bem como quanto aos artigos 24, inciso III e 42, todos da Lei Estadual nº 7.174/2015.
>
> Procedência parcial do pedido.[32]

A Desembargadora Ana Maria Pereira de Oliveira, que figurou como relatora no referido julgamento, adotou os seguintes fundamentos para decidir pela procedência da referida ação de inconstitucionalidade:

> O referido dispositivo de lei estadual prevê a incidência do ITD nos casos de planos de previdência complementar, citando como exemplos, o Plano Gerador de Benefício Livre (PGBL) e o Vida Gerador de Benefício Livre (VGBL).
>
> Os planos de previdência complementar denominados PGBL (Plano Gerador de Benefício Livre) e VGBL (Vida Gerador de Benefício Livre) têm naturezas distintas, senão vejamos.
>
> O chamado PGBL (Plano Gerador de Benefício Livre) vem sendo tratado na jurisprudência com uma espécie de aplicação financeira de longo prazo, identificando o Superior Tribunal de Justiça nesse plano de previdência complementar a natureza de poupança previdenciária, como se vê do acordão cuja ementa a seguir se transcreve: [...]
>
> O denominado VGBL (Vida Gerador de Benefício Livre), no entanto, tem natureza diversa, sendo classificado como um seguro de pessoa, tanto que a Circular SUSEP nº 339/2007, em seu artigo 2º, o inclui entre os planos de seguro de pessoas com cobertura por sobrevivência. Dessa forma, sendo o VGBL considerado um produto securitário, não é considerado herança, nos termos do que dispõe o artigo 794 do Código Civil ("No seguro de vida ou de acidentes pessoais para o caso de morte, o capital estipulado não está sujeito às dívidas do segurado, nem se considera herança para todos os efeitos de direito.")
>
> E, não sendo considerado herança, no VGBL não há fato gerador que dê ensejo à incidência do ITCMD, devendo, por isso, ser declarada a inconstitucionalidade do artigo 23 da Lei nº 7.174/2015 tão somente quanto ao VGBL (Vida Gerador de Benefício Livre). [...]
>
> Dessa forma, deve ser declarada a inconstitucionalidade do artigo 23, no que diz respeito ao plano "ou Vida Gerador de Benefício Livre (VGBL)", do artigo 24, inciso III e do artigo 42 da Lei Estadual nº 7.174/2015.
>
> Diante do exposto, julga-se procedente, em parte, a presente ação direta de inconstitucionalidade, para declarar a inconstitucionalidade da expressão ou Vida Gerador de Benefício Livre

---

32 TRIBUNAL DE JUSTIÇA DO ESTADO DO RIO DE JANEIRO. *Ação Direta de Inconstitucionalidade* – Processo nº 0008135-40.2016.8.19.0000. Disponível em: http://www1.tjrj.jus.br/gedcacheweb/default.aspx?UZIP=1&GEDID=00045C890C5C476737C855844A372DBD0406C50A352E3F57&USER=. Acesso em: 2 jul. 2021.

(VGBL) prevista no artigo 23 da Lei Estadual nº 7.174/2015, bem como do artigo 24, inciso III, alíneas a e b e do artigo 42 da Lei Estadual nº 7.174/2015.[33]

Por fim, ao julgar a Ação Direta de Inconstitucionalidade nº 5.485-DF,[34] sob a relatoria do Ministro Luz Fux, em 5.6.2020 a 15.6.2020 – sessão virtual –, o Supremo Tribunal Federal na sua composição plenária, por unanimidade de votos (não obstante analisar questão completamente distinta da tratada no presente artigo), reconheceu que as alíquotas diferenciadas "da CSLL para empresas de seguros, resseguros, vida e previdência privada e saúde suplementar estabelecidas pela Medida Provisória 675/2015, convertida da Lei Federal 13.169/2015, convertida na Lei Federal 13.169/2015, não ofendeu o Texto Constitucional". Em nosso entender, reconheceu a natureza securitária das reservas de previdência privada PGBL e VGBL, no acórdão publicado no *DJe* de 6.7.2020, nos seguintes termos:

> 7. A consulta às informações divulgadas pela *Superintendência de Seguros Privados – SUSEP* – dá conta de que em alguns segmentos de seguros, como, por exemplo nos contratos de Plano Gerador de Benefícios Livres - PGBL e Vida Geradora de Benefícios Livres - VGBL, a concentração do mercado chega a 93% nas mãos das cinco maiores empresas do setor, todas instituições financeiras, *o que só demonstra a simbiose entre as empresas de seguros e as instituições financeiras em geral no exercício das respectivas atividades econômicas.* [...].[35]

Dessa forma, por força das disposições constantes do art. 102, §2º, da Constituição Federal,[36] a decisão referida anteriormente possui eficácia *erga omnes* e deverá, daqui para frente, influenciar (vincular) "aos demais órgãos do Poder Judiciário e à administração pública direta e indireta, nas esferas, estadual e municipal" inclusive, então, nas propostas de alteração legislativa no que concerne à incidência de impostos como o ITCMD.

5 Da análise do conteúdo da proposta de reforma tributária encaminhada pelo estado do Rio Grande do Sul, no que concerne à incidência do ITCMD sobre as reservas de previdência privada PGBL e VGBL

Ao entregar à Assembleia Legislativa do Estado do Rio Grande do Sul, em 10.8.2020, o Projeto de Lei nº 184/2020, o Governo gaúcho, em relação ao ITCMD, defendeu que "a proposta é adotar faixas de alíquotas progressivas para *causa mortis*, de 7% e 8%, e

---

[33] TRIBUNAL DE JUSTIÇA DO ESTADO DO RIO DE JANEIRO. *Ação Direta de Inconstitucionalidade* – Processo nº 0008135-40.2016.8.19.0000. Disponível em: http://www1.tjrj.jus.br/gedcacheweb/default.aspx?UZIP=1&GEDID=00045C890C5C476737C855844A372DBD0406C50A352E3F57&USER=. Acesso em: 2 jul. 2021.

[34] Transitada em julgado em 11.8.2020.

[35] SUPREMO TRIBUNAL FEDERAL. *Ação Direta de Inconstitucionalidade nº 5.485 – DF*. Disponível em: http://portal.stf.jus.br/processos/downloadPeca.asp?id=15343654834&ext=.pdf. Acesso em: 2 jul. 2021.

[36] CF/88: "Art. 102. Compete ao Supremo Tribunal Federal, precipuamente, a guarda da Constituição, cabendo-lhe: [...] §2º As decisões definitivas de mérito, proferidas pelo Supremo Tribunal Federal, nas ações diretas de inconstitucionalidade e nas ações declaratórias de constitucionalidade produzirão eficácia contra todos e efeito vinculante, relativamente aos demais órgãos do Poder Judiciário e à administração pública direta e indireta, nas esferas federal, estadual e municipal.

de alíquotas progressivas para doações, de 5% e 6%" e, também, "a incidência de ITCD, com substituição tributária, sobre planos de previdência privada como PGBL e VGBL".[37]

Confira-se, então, no bojo do referido projeto de lei, que deu ensejo à abertura do Processo Legislativo nº 20274.01.00/20-2, a íntegra das alterações propostas pelo estado gaúcho em relação à incidência do referido imposto sobre os planos de previdência privada e seguro de pessoas:

> *Projeto de Lei n. 184/2020*
>
> *Art. 12.* Ficam introduzidas as seguintes modificações na Lei nº 8.821, de 27 de janeiro de 1989, que institui o Imposto sobre a Transmissão, "Causa Mortis" e Doação, de quaisquer bens ou direitos:
>
> *III - fica acrescentado o art. 11-A com a seguinte redação:*
>
> "Art. 11-A As entidades de previdência complementar, seguradoras e Instituições financeiras são responsáveis pela retenção e pelo recolhimento do imposto devido a este Estado, na hipótese de transmissão "causa mortis" ou doação, de bem ou direito sob sua administração ou custódia, relativo a planos de previdência privada e seguro de pessoas nas modalidades de Plano Gerador de Benefício Livre (PGBL), Vida Gerador de Benefício Livre (VGBL) ou semelhante, observados a forma, os prazos e as condições previstos em regulamento.
>
> §1º A responsabilidade pelo cumprimento total ou parcial da obrigação de que trata o "caput" fica atribuída ao contribuinte em caráter supletivo.
>
> §2º O responsável apresentará à Receita Estadual declaração de bens e direitos contendo a discriminação dos respectivos valores e a identificação dos participantes e dos beneficiários, na forma estabelecida em regulamento.
>
> §3º Sem prejuízo do disposto no §2º, as entidades de previdência complementar, seguradoras e instituições financeiras prestarão à Receita Estadual, mediante solicitação, informações sobre os planos de previdência privada e seguro de pessoas nas modalidades de PGBL, VGBL ou Semelhante sob sua administração".[38]

O estado do Rio Grande do Sul justificou a apresentação para votação do referido projeto de lei, no que concerne ao ITCMD, nos seguintes termos:

> A alteração busca, também, detalhar a base de cálculo do ITCD na incidência sobre os planos de previdência privada, estruturados sob o regime financeiro de capitalização, tais como Plano Gerador de Benefício Livre (PGBL) ou Vida Gerador de Benefício Livre (VGBL) e definir as entidades de previdência complementar, seguradoras e instituições financeiras como substitutas tributárias nessas hipóteses, a fim de evitar a elisão fiscal desse imposto.
>
> Ressalte-se que a medida já foi adotada pelos Estados de Minas Gerais, Rio de Janeiro e Goiás. Estas alterações deverão aumentar a arrecadação do ITCD em aproximadamente R$ 92,7 milhões no ano subsequente ao da aprovação da mudança (2021) e R$ 123 milhões no ano seguinte a esse (2022).[39]

---

37 Disponível em: http://proweb.procergs.com.br/temp/PL_184_20201901202114O450_oficio.pdf?19/01/2021%20 14:04:51. Acesso em: 19 jan. 2021.

38 RIO GRANDE DO SUL. Assembleia Legislativa. *Proposição: PL 184 2020*. Disponível em: http://www.al.rs.gov.br/legislativo/ExibeProposicao/tabid/325/SiglaTipo/PL/NroProposicao/184/AnoProposicao/2020/Default.aspx. Acesso em: 2 jul. 2021.

39 Disponível em: http://proweb.procergs.com.br/temp/PL_184_20201901202114O957_jus.pdf?19/01/2021%2014:09:58. Acesso em: 2 jul. 2021.

Para obter a aprovação – parcial – da referida reforma tributária em 22.12.2020 – por meio da promulgação da Lei nº 15.576, de 29.12.2020 –[40] o Governo gaúcho fez adequações no Projeto de Lei nº 184/2020, e retirou a inserção proposta do art. 11-A, §§1º, 2º e 3º, na Lei nº 8.821, de 27.1.1989, em relação à incidência de ITCMD sobre as reservas de previdência privada PGBL e VGBL.

Contudo, mesmo diante de tal inequívoca realidade fática e jurídica, confiram-se, em relação à incidência do ITCMD, as seguintes orientações que constam no *site* da Secretaria da Fazenda do Estado do Rio Grande do Sul – Sefaz/RS, em relação ao preenchimento da DIT:

> *A DIT é um formulário eletrônico destinado à prestação das informações relativas às transmissões de bens ou direitos* ocorridos em processos de inventário, arrolamento, separação, divórcio e dissolução da união estável sujeitas à incidência do Imposto sobre a Transmissão Causa Mortis e Doação de quaisquer bens ou direitos (ITCD). [...]
>
> *A Receita Estadual procederá à avaliação dos bens e o cálculo do imposto ou a sua exoneração, devolvendo a DIT ao emitente, também via internet.* O próprio usuário poderá ainda emitir as guias de pagamento e a Certidão de Situação Fiscal. Todo o fluxo é feito via internet.[41] (Grifos nossos)

Ao abrir a DIT para preenchimento com *login* e senha previamente cadastrada no *site* da Sefaz/RS, conforme imagem a seguir – retirada do *site* da Sefaz/RS –, encontra-se o seguinte campo "Testamento e/ou Previdência Complementar do tipo PGBL/VGBL", e as instruções para as informações que devem ser prestadas são as seguintes:

> Tratando-se de plano de *previdência complementar do tipo PGBL/VGBL identifique o objeto (saldo do bem) e preencha o percentual que cabe a cada beneficiário.*
>
> * *Observação 1*: Caso tenha informado erroneamente alguma informação, poderá ser necessário "Excluir" o respectivo registro e incluí-lo novamente.
>
> * *Observação 2:* Caso deseje selecionar mais que um Legatário/Beneficiário, utilize a tecla "Ctrl".
>
> * *Observação 3:* Caso o *Plano PGBL/VLBL seja do tipo misto*, em que parte do valor é capitalizado na Provisão Matemática de Benefícios do titular e parte corresponde a saldo de seguro, declarar apenas o saldo correspondente ao primeiro.
>
> ** *Atenção:* Em todos os casos é obrigatório anexar o Testamento e/ou o extrato do plano de previdência complementar do tipo PGBL/VGBL! (Grifos no original)

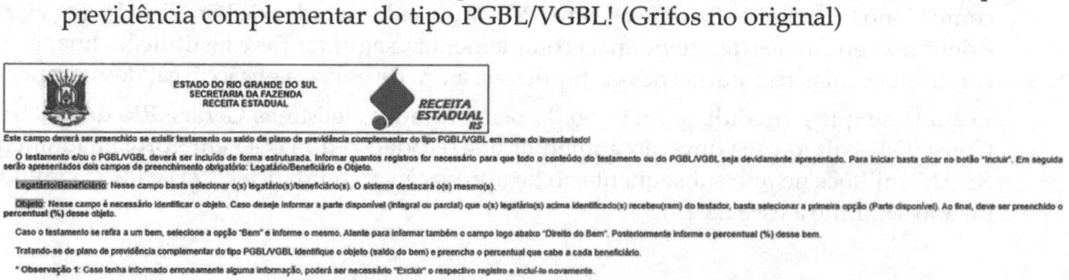
ESTADO DO RIO GRANDE DO SUL
SECRETARIA DA FAZENDA
RECEITA ESTADUAL

RECEITA ESTADUAL RS

Este campo deverá ser preenchido se existir testamento ou saldo de plano de previdência complementar do tipo PGBL/VGBL em nome do inventariado!

O testamento e/ou o PGBL/VGBL deverá ser incluído de forma estruturada. Informar quantos registros for necessário para que todo o conteúdo do testamento ou do PGBL/VGBL seja devidamente apresentado. Para iniciar basta clicar no botão "Incluir". Em seguida serão apresentados dois campos de preenchimento obrigatório: Legatário/Beneficiário e Objeto.

Legatário/Beneficiário: Nesse campo basta selecionar o(s) legatário(s)/beneficiário(s). O sistema destacará o(s) mesmo(s).

Objeto: Nesse campo é necessário identificar o objeto. Caso deseje informar a parte disponível (integral ou parcial) que o(s) legatário(s) acima identificado(s) recebeu(ram) do testador, basta selecionar a primeira opção (Parte disponível). Ao final, deve ser preenchido o percentual (%) desse objeto.

Caso o testamento se refira a um bem, selecione a opção "Bem" e informe o mesmo. Atente para informar também o campo logo abaixo "Direito do Bem". Posteriormente informe o percentual (%) desse bem.

Tratando-se de plano de previdência complementar do tipo PGBL/VGBL identifique o objeto (saldo do bem) e preencha o percentual que cabe a cada beneficiário.

* Observação 1: Caso tenha informado erroneamente alguma informação, poderá ser necessário "Excluir" o respectivo registro e incluí-lo novamente.

* Observação 2: Caso deseje selecionar mais que um Legatário/Beneficiário, utilize a tecla "Ctrl".

* Observação 3: Caso o Plano PGBL/VLBL seja do tipo misto, em que parte do valor é capitalizado na Provisão Matemática de Benefícios do titular e parte corresponde a saldo de seguro, declarar apenas o saldo correspondente ao primeiro.

** Atenção: Em todos os casos é obrigatório anexar o Testamento e/ou o extrato do plano de previdência complementar do tipo PGBL/VGBL!

Fechar

[40] Disponível em: https://secweb.procergs.com.br/doe/public/downloadDiario/diario-download-form.xhtml?dataPublicacao=2020-12-29&nroPagina=145. Acesso em: 2 jul. 2021.

[41] RIO GRANDE DO SUL. Secretaria da Fazenda. *ITCD* – Imposto sobre a Transmissão Causa Mortis e Doação. Disponível em: https://itcd.sefaz.rs.gov.br/apl/itcd/tab/ITC-Divulgacao_advogados.htm. Acesso em: 2 jul. 2021.

Assim, mesmo não conseguindo aprovar as alterações propostas na Lei nº 8.821, de 27.1.1989, em relação à incidência de ITCMD sobre as reservas de previdência privada PGBL e VGBL, o Governo do Estado do Rio Grande do Sul, conforme comprovado anteriormente, no preenchimento da DIT, continua exigindo que os contribuintes informem o valor daquelas para fins de tributação, infringindo os princípios da legalidade, razoabilidade, eficiência, finalidade, moralidade e segurança jurídica (arts. 100, inc. II, parágrafo único, do Código Tributário Nacional; 5º, incs. II e LXXVIII e 37, *caput*, da Constituição Federal).

6 Conclusões

De acordo com a conceituação existente no sítio eletrônico da Superintendência de Seguros Privados – Susep, o VGBL (Vida Gerador de Benefícios Livres) e o PGBL (Plano Gerador de Benefícios Livres) são planos por sobrevivência de seguro de pessoas e de previdência complementar aberta, respectivamente.

Assim, pode-se dizer que o VGBL é classificado como um seguro de pessoa e o PBGL como um plano de previdência complementar.

Dessa forma, forçoso é concluir que as aplicações em fundos de previdência privada têm natureza securitária e, portanto, não fazem parte do patrimônio do *de cujus*, não integrando o patrimônio do espólio, sendo totalmente aplicável, *in casu*, as disposições constantes do art. 794 do Código Civil, ao asseverar que, "no seguro de vida ou de acidentes pessoais para o caso de morte, o capital estipulado não está sujeito às dívidas do segurado, nem se considera herança para todos os efeitos de direito".

Como as reservas constituídas nos planos VGBL e PGBL possuem natureza e finalidade securitárias, não são transmissíveis, por sucessão *causa mortis*, aos herdeiros legítimos ou testamentários do falecido, quando indicados beneficiários no plano de previdência privada.

Contudo, "ausente a indicação de beneficiários, a reserva constituída, como direito de crédito, será incorporada ao patrimônio transmissível do falecido e, nesse caso, transferida a seus herdeiros legítimos ou testamentários".[42]

O sistema da previdência complementar se insere, por analogia, na exceção posta no art. 1.659, inc. VII, do Código Civil, por ser uma verba incomunicável e pessoal, porque versa acerca de direito que tem por objeto interesse personalíssimo, para exclusão da partilha na dissolução da sociedade conjugal.

Por não serem consideradas herança, as aplicações em fundos de previdência privada não podem sofrer a incidência do ITCMD, sob pena de violação às disposições constantes do art. 155, inc. I, da Constituição Federal c/c art. 145, inc. I, alínea "a", da Constituição do Estado do Rio Grande do Sul, eis que, como foi dito anteriormente, o seu resgate não pressupõe a *causa mortis*, tampouco se transmite aos herdeiros pelas regras de sucessão hereditária.

Para fins de incidência do imposto sobre a transmissão *causa mortis*, deve-se entender por herança a parte de bens do falecido que se transmite aos seus sucessores

[42] MAIA JUNIOR, Mairan Gonçalves. A previdência como instrumento de planejamento sucessório. *Revista de Ciências Jurídicas Pensar*, v. 25, n. 14, jan./mar. 2020. p. 4.

legítimos ou testamentários, compreendendo todos os seus bens (móveis ou imóveis), e ainda direitos transmitidos em razão da morte do titular.

Nas aplicações em fundos de previdência privada, no entanto, não ocorre a transmissão de patrimônio do *de cujus*, na medida em que:

a) não se trata de patrimônio, ao aderir a um plano de previdência complementar o titular passa a pagar contribuições, que vão sendo acumuladas, para constituir um direito futuro de complementação da aposentadoria; até o adimplemento das condições de elegibilidade, o titular do plano possui uma mera expectativa, que se converte em direito adquirido no marco determinado; ou seja, o beneficiário, por sua vez, somente adquire um direito com a morte do participante do plano, mas ele não herda esse direito; nasce para ele um crédito, decorrente de direito contratual, e não sucessório;
b) não há qualquer transmissão de direitos, tanto que não é facultada, por exemplo, a transmissão da titularidade do plano para o beneficiário. Falecido o titular, surge para o beneficiário indicado, contratualmente, o direito a um crédito, equivalente ao valor acumulado com as contribuições pagas pelo titular; ao fim,
c) porque o titular pode, inclusive, indicar qualquer pessoa como beneficiário do plano, independentemente de sucessão legítima ou testamentária, sendo que, se os planos de previdência privada estivessem sujeitos à incidência do ITCMD, seria necessário que os valores acumulados fossem transmitidos aos herdeiros do titular, pelas regras de sucessão hereditária ou testamentária.

Dessa forma, não há como vicejar a incidência do ITCMD na transmissão das reservas de previdência privada nas modalidades PGBL e VGBL, tendo em vista as flagrantes ilegalidades e inconstitucionalidades demonstradas no presente artigo.

Referências

AMORIM, Sebastião; OLIVEIRA, Euclides de. *Inventário e partilha*: teoria e prática. 26. ed. São Paulo: Saraiva Educação, 2020.

BIAVA JÚNIOR, Roberto. A incidência do ITCMD quando o doador tiver domicílio ou residência no exterior, ou quando o de cujus possuía bens, era residente ou domiciliado ou teve o seu inventário processado no exterior – Análise de constitucionalidade das leis estaduais que instituíram o ITCMD nestas hipóteses. *Revista Direito Tributário Atual*, São Paulo, n. 26, 2011.

FUJIMOTO, Gustavo Yanase. A cobrança do ITCMD nos planos de previdência VGBL. *Jota*, ago. 2016. ISSN 2447-6323. Disponível em: https://www.jota.info/opiniao-e-analise/artigos/cobranca-itcmd-nos-planos-de-previdencia-vgbl-11082016. Acesso em: 2 jul. 2021.

MAIA JUNIOR, Mairan Gonçalves. A previdência como instrumento de planejamento sucessório. *Revista de Ciências Jurídicas Pensar*, v. 25, n. 14, jan./mar. 2020.

MARTINS, Gabriel Infante. Crise fiscal e aberrações jurídicas. *Jota*, mar. 2020. ISSN 2447-6323. Disponível em: https://www.jota.info/opiniao-e-analise/artigos/crise-fiscal-e-aberracoes-juridicas-01032020. Acesso em: 2 jul. 2021.

REFORMA Tributária RS: veja as propostas do governo encaminhadas à Assembleia. *Gov RS – Novas Façanhas*, 10 ago. 2020. Disponível em: https://estado.rs.gov.br/reforma-tributaria-rs-veja-as-propostas-do-governo-encaminhadas-a-assembleia. Acesso em: 2 jul. 2021.

RIO GRANDE DO SUL. Assembleia Legislativa. *Proposição: PL 184 2020*. Disponível em: http://www.al.rs.gov.br/legislativo/ExibeProposicao/tabid/325/SiglaTipo/PL/NroProposicao/184/AnoProposicao/2020/Default.aspx. Acesso em: 2 jul. 2021.

RIO GRANDE DO SUL. Secretaria da Fazenda. *ITCD* – Imposto sobre a Transmissão Causa Mortis e Doação. Disponível em: https://itcd.sefaz.rs.gov.br/apl/itcd/tab/ITC-Divulgacao_advogados.htm. Acesso em: 2 jul. 2021.

SUPERIOR TRIBUNAL DE JUSTIÇA. AgInt nos EDcl no Agravo em Recurso Especial nº 947.006 – SP. Disponível em: https://ww2.stj.jus.br/processo/revista/documento/mediado/?componente=ITA&sequencial=1711494&num_registro=201601718427&data=20180521&formato=PDF. Acesso em: 2 jul. 2021.

SUPERIOR TRIBUNAL DE JUSTIÇA. *Consulta processual*. Disponível em: https://ww2.stj.jus.br/processo/pesquisa/?tipoPesquisa=tipoPesquisaNumeroRegistro&termo=201601718427&totalRegistrosPorPagina=40&aplicacao=processos.ea. Acesso em: 2 jul. 2021.

SUPERIOR TRIBUNAL DE JUSTIÇA. *Recurso Especial nº 1.132.925 – SP*. Disponível em: https://ww2.stj.jus.br/processo/revista/documento/mediado/?componente=ITA&sequencial=1270842&num_registro=200900625236&data=20131106&formato=PDF. Acesso em: 2 jul. 2021.

SUPERIOR TRIBUNAL DE JUSTIÇA. *Recurso Especial nº 1.477.937 – MG*. Disponível em: https://ww2.stj.jus.br/processo/revista/documento/mediado/?componente=ITA&sequencial=1595132&num_registro=201402178557&data=20170620&formato=PDF. Acesso em: 2 jul. 2021.

SUPERIOR TRIBUNAL DE JUSTIÇA. *Recurso Especial nº 1.618.680 – MG*. Disponível em: https://ww2.stj.jus.br/processo/revista/documento/mediado/?componente=ITA&sequencial=1742009&num_registro=201602039380&data=20180911&formato=PDF. Acesso em: 2 jul. 2021.

SUSEP. *Seguros, previdência e capitalização*. Disponível em: https://www.meufuturoseguro.gov.br/seguros-previdencia-capitalizacao/seguros/vgbl-vgrgp-vagp-vrsa-vri-dotal/duvidas-especificas#:~:text=VGBL%20(Vida%20Gerador%20de%20Benef%C3%ADcios,aos%20investidores%20(segurados%20e%20participantes. Acesso em: 2 jul. 2021.

TESSARI, Cláudio. RS erra ao cobrar ITCMD de participações societárias. *Revista Eletrônica Consultor Jurídico – Conjur*, 27 abr. 2017. ISSN 1809-2829. Disponível em: http://www.conjur.com.br/2017-abr-27/tessari-rs-erra.cobrar-itcmd-participacoes-societarias. Acesso em: 2 jul. 2021.

TRIBUNAL DE JUSTIÇA DO ESTADO DE SERGIPE. *Acórdão nº 201820993*. Disponível em: https://www.tjse.jus.br/tjnet/jurisprudencia/relatorio.wsp?tmp_numprocesso=201800106463&tmp_numacordao=201820993&tmp.expressao=>. Acesso em: 2 jul. 2021.

TRIBUNAL DE JUSTIÇA DO ESTADO DO RIO DE JANEIRO. *Ação Direta de Inconstitucionalidade* – Processo nº 0008135-40.2016.8.19.0000. Disponível em: http://www1.tjrj.jus.br/gedcacheweb/default.aspx?UZIP=1&GEDID=00045C890C5C476737C855844A372DBD0406C50A352E3F57&USER=. Acesso em: 2 jul. 2021.

Informação bibliográfica deste texto, conforme a NBR 6023:2018 da Associação Brasileira de Normas Técnicas (ABNT):

TESSARI, Cláudio; POHLMANN, Marcelo Coletto; PINHEIRO, Camila Bandel N. Da não incidência do ITCMD na transmissão das reservas de previdência privada PGBL e VGBL. *In*: TEIXEIRA, Daniele Chaves (Coord.). *Arquitetura do planejamento sucessório*. Belo Horizonte: Fórum, 2022. p. 385-405. Tomo III. ISBN 978-65-5518-291-0.

POSSE: DA AUTONOMIA AO PLANEJAMENTO SUCESSÓRIO

DANIELA DE CARVALHO MUCILO

Il solo punto pacifico nella controversa teoria possessória si può dire che sai il parallelismo fra il possesso e la proprietà.[1]

I Notas introdutórias

O termo "posse" pode trazer várias acepções. Desde a mais clássica, que é designar posse como sinônimo de propriedade (equivaler a ser dono), até para definir a situação econômica de uma pessoa ("fulano tem muitas posses"), ou, ainda, para significar a investidura de alguém em algum cargo ("o vereador foi empossado no cargo" ou o "síndico tomou posse do cargo") e até mesmo a previsão da posse do estado de filho ou posse do estado de casado que, por meio dos elementos (1) nome (*nomen*), (2) tratamento (*tractatus*) e (3) fama (*reputatio*), designa e prova a relação de filiação e conjugal, respectivamente.

De todos os significados e intenções provocados pelo instituto da posse, o mais utilizado (e talvez o que mais se aproxime da intenção do legislador civil) é efetivamente aquele no qual a posse carrega o significado de propriedade, trazendo a visão comum de que "dono" e "possuidor" são a mesma pessoa e a inarredável concepção popular de que "posse" é o mesmo que "propriedade".

Mas, sabemos que, legalmente, muito embora esta proximidade seja tratada, há, na exata dicção da lei, enorme e significativa diferença entre posse e propriedade.

A ideia de uma sociedade organizada pela forma proprietária deixou há muito de ser possível, muito embora este fosse o desejo do legislador civil de 1916, repetido no Código Civil de 2002. Isso porque a propriedade traz a ideia de segurança jurídica (ainda que aparente) e, com isso, a possibilidade de um maior estatal.

---

1 ALBERTARIA, Emilio. *Corso di Diritto Romano*. p. 5 *apud* ALVES, José Carlos Moreira. *Posse*. Evolução histórica. 2. ed. Rio de Janeiro: Forense, 1997. v. I. p. 1.

Entretanto, entre o *dever ser* e o *ser*, como lição básica de direito, há abissal distância e isso e as situações da vida real, que ganham coro nas demandas judiciais, são aquelas que obrigam ao enfrentamento da posse em seu cotejo com a propriedade.[2]

Estas linhas buscam adequar o planejamento sucessório, tão bem defendido nas lições de Daniele Chaves Teixeira,[3] quando trata do descompasso entre a matéria sucessória, tal como retratada em nossa legislação civil, e as implicações contemporâneas às novas famílias e, especialmente, à realidade de nossa sociedade, de um povo que convive com situações imobiliárias irregulares, muito embora tenha a absoluta certeza de que a sua posse o conduzirá em propriedade e precisa, ainda assim, organizar-se patrimonialmente, organizar seu patrimônio ainda que ele se revista – todo ele –, unicamente, da forma possessória.

Tratar da posse no planejamento sucessório é acima de tudo um olhar de igualdade para a realidade daqueles que reúnem seu patrimônio lastreado tão somente no poder de fato sobre a coisa, evitando-se que, com isso, sejam margeados seus direitos e fechadas as portas de sua sucessão, quer seja uma sucessão organizada, por um anterior planejamento sucessório, quer seja a obrigatória abertura da sucessão, nos termos da lei (art. 1.784, do CC).

II O contexto atual da posse no Brasil

Qual a relevância de tratar-se da posse no atual momento sucessório brasileiro? Por que ainda se confunde tanto posse com propriedade e por qual motivo a posse fica relegada a uma segunda categoria, supostamente, inferiorizada em relação à propriedade? Se a posse não é propriedade – e definitivamente não o é, qual seria a similitude entre os dois institutos capaz de causar tanta identificação, para não se dizer confusão?

A resposta a princípio parece ser simples: a posse é a aparência da propriedade; o comportamento do possuidor aparenta ser o comportamento compatível apenas com quem é dono da coisa.

Não é por outro motivo que o legislador civil no art. 1.196, do Código Civil (CC), optou pela definição da figura do possuidor (e não da posse em si) ao determinar que "considera-se possuidor todo aquele que tem de fato o exercício, pleno ou não, de algum dos poderes inerentes à propriedade".

Daniele Chaves Teixeira, ao tratar sobre os pilares do direito das sucessões – família e propriedade –, aduz:

> dessa maneira, faz-se necessária a análise das relações familiares, diante da conexão jurídica e social do Direito de Família com o Direito das Sucessões, somada à transformação enfrentada pela família com o reconhecimento jurídico de alguns novos modelos familiares.

---

[2] "L'effetto giuridico è um 'dover essere' [...]. L'effetto è strumento di valutazione dell'agire umano compreso secondo categorie. Il concetto generale di tali categorie è la situazione giuridica. L'effetto è dunque un insieme simplice o complesso di costituzione, modificazione o estinzione di situazioni giuridiche" (PERLINGIERI, Pietro. *Il diritto civile nella legalità costituzionale secondo il sitema italo-comunitario dele fonti*. 3. ed. Napoli: Edizioni Scientifiche Italiane, 2006. t. II. p. 629).

[3] TEIXEIRA, Daniele Chaves. Noções prévias do direito das sucessões: sociedade, funcionalização e planejamento sucessório. *In*: TEIXEIRA, Daniele Chaves (Coord.). *Arquitetura do planejamento sucessório*. 2. ed. Fórum: Belo Horizonte, 2019. p. 30.

Consequentemente, ocorre uma alteração substancial no Direito Sucessório em sua concepção da titularidade e da posse do patrimônio e no destino destes após a morte.[4]

Resta, portanto, inexorável, que a posse espelha a propriedade,[5] posto que nos poderes e no agir do proprietário, dentro do seu complexo feixe de direitos de usar, de gozar e de dispor da coisa, pode o possuidor tomar para si este mesmo agir, ostentando de fato[6] o exercício destes poderes (todos ou parcialmente), em contraponto ao proprietário que os tem por direito.

Esta aparência de dono, de proprietário, traz a certeza ao possuidor (de boa-fé) de que nada mais precisa ser feito do que continuar a assim agir, contando com todos os meios de proteção de sua posse (e, portanto, de sua coisa), certeza esta, como já se disse alhures, que atinge grande parte da sociedade brasileira quando o assunto é propriedade imobiliária, ou, melhor dizendo, posse sobre bens imóveis, firmes na crença de que o fato de estar e ter a coisa consigo é o quanto basta para que sua propriedade reste configurada.

Entretanto, como sabido, o art. 1.227, CC, não deixa dúvidas quanto à forma de aquisição dos direitos reais sobre imóveis, donde se inclui, a toda evidência, a propriedade: a necessidade do registro no competente cartório de registro de imóveis.

Mas, sendo a posse esse espelhamento da propriedade, por qual motivo o legislador se deteve tanto em distingui-la da do modelo-proprietário?

O estudo da posse conduz ao necessário olhar para tantas situações fáticas que, assim como o da propriedade, precisam da proteção da lei, que não apenas se ocupa de proteger situações de direito, mas também situações de fato (e o direito de família e das sucessões tem em seu maior exemplo desta proteção de fato as uniões estáveis).

Assim é que se estuda a posse para estudar e proteger os seus efeitos, entre os quais os seus mais importantes, quais sejam (i) a proteção possessória[7] e (ii) a possibilidade de a posse levar à aquisição da propriedade pela via da usucapião.

Então, em resumo, a posse é a relação de fato sobre a coisa que o possuidor mantém, para usar, fruir e dispor, agindo como se proprietário fosse (sem sê-lo), contando com efetiva proteção possessória que o mantém na posse, o restitui na posse, o protege contra ameaças contra ela e que, numa situação específica, o conduz à propriedade através da posse contínua e pacífica sobre a coisa, por determinado período prescritivo aquisitivo (a usucapião em suas diversas espécies).

A relevância de seu estudo decorre também de dados concretos: metade dos imóveis no país estão em situação irregular de registro decorrente de várias causas.[8]

---

4 TEIXEIRA, Daniele Chaves. Noções prévias do direito das sucessões: sociedade, funcionalização e planejamento sucessório. *In*: TEIXEIRA, Daniele Chaves (Coord.). *Arquitetura do planejamento sucessório*. 2. ed. Fórum: Belo Horizonte, 2019. p. 32.

5 "A posse, *enquanto escudo da propriedade*, se caracteriza pelo *corpus* [...]" (ARONNE, Ricardo. *Propriedade e domínio*. A teoria da autonomia. Titularidades e direitos reais nos fractais do direito civil-constitucional. 2. ed. Atualização de Simone Tassinari Cardoso. Porto Alegre: Livraria do Advogado, 2014. p. 185).

6 "Fato é, assim, um acontecimento, algo que se põe, que se coloca, que se realiza", conforme lição de Álvaro Villaça Azevedo em sua tese sobre concubinato e casamento de fato (AZEVEDO, Álvaro Villaça. *Do concubinato ao casamento de fato*. Belém: Cejup, 1986. p. 199), mostrando que as situações fáticas, como a posse e a união estável, se operam no tempo com um constante atuar do seu titular, com efeitos jurídicos merecedores de proteção legal.

7 Entenda-se, aqui, a utilização dos chamados "remédios possessórios"; as ações de reintegração de posse, de manutenção de posse e o interdito proibitório (art. 1.210, CC).

8 "Cerca de 50% dos imóveis no Brasil têm algum tipo de irregularidade, segundo o Ministério do Desenvolvimento Regional, que incorporou a pasta de Cidades. Dos 60 milhões de domicílios urbanos no país, 30 milhões não

Muito desta "irregularidade" decorre da falta de registro das transferências imobiliárias, decorrentes das mais variadas causas (alienações, sucessões, partilhas etc.).

Aduz-se desta problemática a realidade do patrimônio que pode ser formado também por bens digitais, e que, muito embora pareçam à primeira vista desmaterializados, contêm – ainda que parte deles – sua materialidade percebida através de meios digitais, além da utilidade e do conteúdo econômico que carregam.

Para ilustrar, poderiam ser as "milhas aéreas" acumuladas em determinado programa de pontos difundido por empresas aéreas em conjunto com instituições financeiras objeto de posse?

Ora, carregando tais "bens" a qualidade de corporeidade (aqui no sentido de possibilidade de representação e aferição material); funcionalidade (*rectius* utilidade) e significativa valoração econômica, sendo, como já é certo, passível de partilha (especialmente, em casos de divórcios), não seria possível também tratar da posse destes bens digitais (de cunho patrimonial, claro) ampliando o presente estudo?

"Se hoje as coisas incorpóreas são suscetíveis de posse, também o poderão ser de usucapião". Luciano de Camargo Penteado[9] complementa o raciocínio de Judith Martins-Costa, ao afirmar:

> Para a autora, em síntese, houve uma desmaterialização da propriedade, um corpóreo que se tornou incorpóreo e que permite, diante da contemporaneidade do fenômeno da era do virtual, a aplicação das categorias da propriedade, da posse e da usucapião a bens sem lastro corporal.

Este relevante contexto mostra que, diante do atual cenário, uma coisa (entenda-se aqui coisa como objeto de direito real e de direitos possessórios) para ser passível de transmissão e, portanto, objeto de um planejamento sucessório precisa definir-se em três aspectos: (i) possibilidade de apropriação; (ii) corporeidade (aqui entendida como possibilidade identificação) e (iii) valor econômico.

Gustavo Tepedino, citado por Daniele Teixeira, traz esta necessária revisão no conceito de bens:

> "o bem jurídico pode representar coisas imateriais, incorpóreas ou intangíveis, a exemplo dos direitos autorais, da clientela, da marca, da informação, dentre outras". Dessa forma, é preciso redimensionar a noção de bens, de relativa e mutável, para conformá-la ao contexto socioeconômico, pois eles "compõem o patrimônio dos sujeitos e consistem em objeto de aproveitamento econômico, a demandarem tutela por parte do ordenamento jurídico".[10]

Assim o planejamento sucessório, customizado como deve ser, precisará prever caminhos para a regularização da busca da "situação proprietária", sem se descuidar

---

têm escritura. A informalidade dos imóveis não distingue classes sociais: vai de favelas a condomínios de luxo. As causas da situação irregular também são diversas, indo desde as invasões a loteamentos que foram criados à revelia da lei; ou porque não foram aprovados e registrados, ou porque foram vendidos de forma ilegal" (Disponível em: https://www.correiobraziliense.com.br/app/noticia/brasil/2019/07/28/interna-brasil,774183/imoveis-irregulares-no-brasil.shtml. Acesso em: 2 ago. 2021).

9 PENTEADO, Luciano de Camargo. *Direito das coisas*. 3. ed. São Paulo: Revista dos Tribunais, 2014. p. 59.

10 TEIXEIRA, Daniele Chaves. Noções prévias do direito das sucessões: sociedade, funcionalização e planejamento sucessório. *In*: TEIXEIRA, Daniele Chaves (Coord.). *Arquitetura do planejamento sucessório*. 2. ed. Fórum: Belo Horizonte, 2019. p. 35.

de organizar a possibilidade de a transferência dar-se antes de que tal aconteça, diante de incidentes que podem surgir durante o longo processo do planejamento.

À guisa de sugestão, seria possível elaborar um espelho do planejamento sucessório focado na posse, mas já prevendo a sua futura conversão em propriedade.

Em outras palavras: o planejamento sucessório deve organizar a forma como se é possível transmudar-se de posse para propriedade a titularidade dos bens do seu autor, sem se descurar de pensar na hipótese de este mesmo titular falecer antes que o planejamento seja concluído.

E, havendo o falecimento do titular da posse antes que a propriedade seja regularizada, o que fazer? Este é o assunto que se propôs tratar, não apenas para desmistificar o secundarismo da posse ante a propriedade, como também para evidenciar que, ao operador de direito que se propõe ao brilhante estudo do planejamento sucessório, nem sempre serão postas regulares para que assim sejam organizados o estudo e o planejamento que se seguirão.

Muitas vezes, antes disso, é necessário dar um passo para trás, para organizar a transferência da posse, retratando-se fielmente à situação fática que se é posta pela pessoa que busca o aconselhamento profissional sobre o planejamento sucessório.

O *mundo do dever ser* em muitas circunstâncias distancia-se do *mundo do ser*.[11]

III Efeitos da posse na sucessão

O estudo da posse no direito romano pré-clássico direcionava à correspondência entre *usus* e posse, como se aquela fosse uma *denominação primitiva de possessio*. Felizmente, muito se avançou para contextualizar a posse como situação distante do *usus*, já que esta última era aplicada ao fato de alguém se servir de um móvel, de um imóvel, de mulheres casadas e de uma herança, conforme ensina José Carlos Moreira Alves,[12] em seu indispensável estudo sobre a posse que, entre outras ricas lições, traz a evolução na compreensão da posse.

Importante consignar que no direito romano a posse era intransmissível:[13]

> Os Códigos modernos, porém, consagraram o princípio da saisina – le mort saisit le vif –, de modo que, com a morte do possuidor, a posse transmite-se imediatamente e sem necessidade de apreensão da coisa pelos herdeiros. A transmissão da posse é ex lege, em razão única do título da sucessão hereditária.

Antes mesmo da promulgação do Código Civil brasileiro de 1916, a Consolidação das Leis Civis[14] de Teixeira de Freitas tratava da transmissão da posse do falecido aos

---

[11] "O legislador não se limita a descrever um fato tal como ele é, à maneira do sociólogo, mas baseando-se naquilo que é, determina que algo *deva ser*, com a previsão de diversas consequências, caso se verifique a ação ou omissão, a obediência à norma ou a sua violação" (REALE, Miguel. *Noções preliminares de direito*. 27. ed. 3. tir. São Paulo: Saraiva, 2003. p. 35).

[12] ALVES, José Carlos Moreira. *Posse*. Evolução histórica. 2. ed. Rio de Janeiro: Forense, 1997. v. I. p. 15.

[13] LOUREIRO, Francisco Eduardo. Comentários aos artigos 1.196 ao 1.510 do Código Civil. *In*: PELUSO, Cezar (Coord.). *Código Civil comentado*. 7. ed. São Paulo: Manole, 2013. p. 1.150.

[14] Trabalho confiado a Teixeira de Freitas, consolidando as normas de direito privado em vigor no Brasil, concluído e aprovado no ano de 1858.

seus herdeiros legítimos e testamentários,[15] mostrando, com isso, que esta situação fática já guarnecia de proteção do direito e, de tão importante, especialmente, por recair sobre bens imóveis, era resguardada sua transmissão aos herdeiros do possuidor.

Nesta linha da Consolidação das Leis Civis, a transmissibilidade da posse *causa mortis* vem confirmada no Código Civil de 1916, especificamente no art. 1.572:

> Art. 1.572. Aberta a sucessão, o domínio e a posse da herança transmitem-se, desde logo, aos herdeiros legítimos e testamentários.

E, assim, o princípio da *saisine* vem coroando não apenas as relações proprietárias, mas também as relações possessórias deixadas pelo falecido aos seus sucessores. A posse, assim, ganha autonomia ante a propriedade e diferencia-se, evidentemente, da detenção.

O Código Civil de 2002, entretanto, optou por tratar da transmissão da herança[16] e, não, necessariamente, da posse e da propriedade dos bens do falecido.

Neste sentido, o termo "herança" abarca não apenas a posse e a propriedade, mas também todo o conjunto de relações jurídicas transmissíveis do falecido e também aquelas não personalíssimas com evidente conteúdo patrimonial, no caso, a posse.

Não se ignoram as críticas em torno da transmissibilidade da posse como conteúdo do direito de *saisine*, porquanto a posse implicaria a apreensão física da coisa herdada.

Entretanto, certo é que o termo "herança" carrega o conteúdo geral de abranger a posse (indireta) e a propriedade, justamente, para que seja dada ao herdeiro a possibilidade de buscar a posse direta e de defender a sua posse através dos interditos possessórios:

> Não só domínio, como se vê, mas também a posse se transmite aos herdeiros no exato instante da morte, ainda que não saibam da morte e não detenham nenhum bem da herança. Tal afirmação não justifica perplexidade, pois a posse transmitida é a indireta, que não demanda apreensão física da coisa (cf. art. 1.197 sobre posse direta e indireta). A transmissão da posse, na abertura da sucessão, caracteriza o droit de saisine.[17]

Reforça a certeza da transmissão da posse (indireta) ao herdeiro a distinção feita pelo legislador ao tratar da transmissão da posse ao legatário, asseverando que este não terá acesso imediato à posse do bem legado (conforme art. 1.923, CC).

Mais ainda, o art. 1.204, CC, confirma que a aquisição da posse se dá quando o possuidor tem em nome próprio o exercício de qualquer dos poderes da propriedade.[18]

Mas, tamanha a importância e a certeza da transmissão da posse com a sucessão *causa mortis* e do modo como o planejamento sucessório tem que se debruçar sobre a realidade da posse do titular dos bens cuja organização precisa fazer, que o Código Civil

---

15 "a transmissão ex lege da posse do de cuius a seus herdeiros legítimos e testamentários (arts. 978 e 1.025), bem como a invocação da exceção de domínio nos interditos possessórios" (ALVES, José Carlos Moreira. *Posse*. Evolução histórica. 2. ed. Rio de Janeiro: Forense, 1997. v. I. p. 337).

16 "Art. 1.784. Aberta a sucessão, a herança transmite-se, desde logo, aos herdeiros legítimos e testamentários".

17 ANTONINI, Mauro. Comentários aos artigos 1.784 ao 2.026 do Código Civil. *In*: PELUSO, Cezar (Coord.). *Código Civil comentado*. 7. ed. São Paulo: Manole, 2013. p. 2.140.

18 "Art. 1.204. Adquire-se a posse desde o momento em que se torna possível o exercício, em nome próprio, de qualquer dos poderes inerentes à propriedade".

fez importantes intervenções, em matéria possessória, sobre a sua transmissibilidade *causa mortis*.

Nesta linha, importante destacar os arts. 1.206 e 1.207, ambos do Código Civil, quando tratam, especificamente, sobre a transmissibilidade da posse.

O art. 1.206, Código Civil ("a posse transmite-se aos herdeiros ou legatários do possuidor com os mesmos caracteres") traz duas importantes afirmações. A primeira delas faz a distinção entre a sucessão universal e a sucessão singular (herdeiro e legatário), especificamente, sobre a transmissão da posse ao herdeiro e ao legatário por força do princípio da *saisine*. A segunda diz respeito à classificação da posse; a posse mantida pelo falecido será a posse transmitida, tanto ao herdeiro, quanto ao legatário, porquanto o que os une é a sucessão *mortis causa*.

Sobre a classificação da posse, imperioso recordar o quão necessário é a classificar antes de qualquer outra medida. De fato, é a primeira lição do aplicador entender qual o *caráter* da posse que se está analisando e, portanto, que será objeto de transmissão.

Classificar a posse é, portanto, exercício inicial, mas de suma importância para sua compreensão e, assim, para a perfeita análise do conteúdo patrimonial que se procura organizar pela via do planejamento sucessório.

Esta classificação compreende a resposta às seguintes perguntas:

a) a posse é de boa-fé?[19]
b) a posse é justa?[20]
c) a posse é *ad interdicta* ou *ad usucapionem*?[21]

Sem prejuízo de outras questões, igualmente relevantes para se orientar na matéria possessória, como o desdobramento da posse e o estado de composse, além, é claro, de sua inicial distinção com a detenção, responder às três perguntas acima postas ajuda o intérprete a tratar da posse de maneira mais acurada e cautelosa.

A título de exemplo, é imperioso saber se se está a tratar de posse de boa-fé, pois, sendo de má-fé a proteção possessória (para dar apenas um único efeito), não estará disponível ao herdeiro que "receberá" a posse que, sabidamente, não deveria mais estar sob o poder de fato do falecido.

Em recente julgamento, a 3ª Turma do Eg. STJ tratou da transmissibilidade da posse para os herdeiros de usufrutuária falecida em contrato de arrendamento e a posse precária destes últimos (ainda que posse injusta pelo vício da precariedade) enquanto não reivindicada a posse pelo proprietário do bem, visto que o usufruto, sendo vitalício, caberá ao nu-proprietário, com o falecimento da usufrutuária, a retomada da posse (posse direta então da usufrutuária) outrora desdobrada:

> Conclui-se, portanto, que a morte da arrendadora/usufrutuária (causa de extinção do usufruto, nos termos do art. 1.410, I, do CC) durante a vigência do contrato de arrendamento rural, sem a respectiva restituição ou reivindicação possessória pelo proprietário, tornando

---

19 "Art. 1.201. É de boa-fé a posse, se o possuidor ignora o vício, ou o obstáculo que impede a aquisição da coisa".

20 "Art. 1.200. É justa a posse que não for violenta, clandestina ou precária".

21 A posse *ad interdicta* é aquela que goza da proteção dos chamados interditos possessórios, e a posse *ad usucapionem* é aquela que dá origem à possibilidade de o possuidor usucapir a coisa, vale dizer, pleitear a aquisição da propriedade pela usucapião (conforme mais se tratará adiante).

precária e injusta a posse exercida pelos sucessores daquela, não constitui óbice ao exercício dos direitos provenientes do contrato de arrendamento rural, no interregno da efetiva posse, pelo espólio da usufrutuária perante o terceiro arrendatário, porquanto diversas e autônomas as relações jurídicas de direito material de usufruto e de arrendamento.[22]

E o legislador continua, ainda tratando da transmissão da posse, no desdobramento de sua aquisição, ainda com base na aquisição a título universal e a título singular, já que o art. 1.207 do Código Civil reforça a ideia de que o sucessor universal (no caso em estudo, o herdeiro)[23] continua de direito à posse de seu antecessor (no caso, o falecido) e ao sucessor singular é facultado unir sua posse à posse do antecessor, para efeitos legais.

Neste ponto, pode surgir alguma dúvida quanto à posse do bem legado; estar-se-ia dentro da imposição do art. 1.206 do Código Civil ou na faculdade contida na 2ª parte do art. 1.207 do mesmo Código? Responde-se com a aplicação do art. 1.206, que trata, de forma específica, à *sucessio possessionis*.

O que importa é refletir sobre este caráter autônomo e independente da posse, que se mantém tanto quando desfrutada pelo possuidor, quanto quando é transmitida ao seu herdeiro, mas que não é impedida de ser tratada como acervo partilhável e, assim, também, objeto da preocupação de planejamento sucessório.[24]

Por fim, cumpre enfatizar que o Código Civil atual manteve na relação possessória a prevalência da teoria objetiva da posse tão defendida por Ihering, como se evidencia pelo teor do art. 1.196, CC. Não resta dúvida de que para ter posse o possuidor deve proceder como o proprietário se comportaria, já que "a posse não mais é que o modo por que a propriedade é utilizada; a relação de fato estabelecida entre a pessoa e a coisa pelo fim de sua utilização econômica; possuidor é – qui omnia ut dominium facit".[25]

Desta forma, dúvidas não restam sobre o conteúdo socioeconômico da posse como objeto do direito sucessório e da importância de seu tratamento no planejamento de igual teor.

IV A partilha da posse como forma de minimizar a vulnerabilidade do possuidor

Mas, na prática, como se aplicariam aos herdeiros os efeitos da posse, imaginando-se, neste momento, que a sucessão se deu em torno da posse dos bens e direitos encabeçados pelo falecido? Seria possível inventariar a posse ou apenas as coisas cuja titularidade esteja atrelada à propriedade?

---

22 STJ, 3ª Turma. REsp nº 1.758.946-SP. Rel. Min. Marco Aurélio Bellizze, j. 8.6.2021.

23 Importante frisar que não é apenas o herdeiro quem recebe a posse a título universal. Casos outros há que a posse é transferida *inter vivos* a título universal.

24 "Por outro lado, quanto à determinação de juntada de CRI atualizada do imóvel indicado na inicial, bem como as correspondentes certidões negativas de débito do Estado e Município, há indícios de que se trata de moradia irregular, sem o correspondente registro no cartório competente. Neste contexto, por força do artigo 1.206, CC, o qual dispõe que 'a posse transmite-se aos herdeiros ou legatários do possuidor com os mesmos caracteres', é possível se vislumbrar, ao menos em tese, que os herdeiros fazem jus à partilha dos direitos possessórios sobre o imóvel em questão, cuja divisão não pode ser impedida em razão da ausência dos documentos comprobatórios da propriedade" (TJSP. AI nº 1001486-36.2019.8.26.0002, j. 14.5.2019).

25 FULGÊNCIO, Tito. *Da posse e das ações possessórias*. Teoria legal – Prática. 11. ed. rev. e atual. por Marco Aurélio S. Viana. Rio de Janeiro: GEN/Forense, 2013. p. 16.

Antes disso: prevendo que as situações jurídicas[26] ostentadas pelo titular do planejamento sucessório contêm bens cuja titularidade é possessória e não petitória, seria possível desenhar-se uma organização sucessória com este acervo patrimonial?

A primeira resposta que deve se dar é afirmativa; ora, tratando-se a posse do exercício fático dos poderes de domínio, sobre bens e direitos de cunho patrimonial, que guardam em si relevância socioeconômica e circulação de riqueza, não resta dúvida de que tais bens ingressam no horizonte do planejamento sucessório com tanta ou maior importância sobre os bens cuja propriedade seja certa.

Ora, se se tem de fato o exercício de alguns ou todos os poderes de domínio (ter de fato opondo-se a ter de direito), maior preocupação ainda deve o titular destes bens ter em procurar sua imediata organização com vistas, se possível, à sua regularização ou, caso esta seja de tamanha complexidade, deverá fazer um "planejamento sucessório preliminar" como espelho de futuro planejamento quando a propriedade já esteja regularizada.

Garante-se, assim, que a vontade do titular do patrimônio seja resguardada, enquanto a propriedade não esteja alcançada. O que não se pode, repita-se, com mais preocupação ainda, é que situações fáticas – como a posse – fiquem à margem da organização sucessória e sem, portanto, a devida proteção que a lei não se olvida de trazer (vejam-se os diversos dispositivos aqui transcritos com vistas à proteção sucessória da posse).

Relevante trazer à baila o caráter social da posse que se reveste com instrumentos de proteção ao possuidor, justamente, para que seus direitos sejam assegurados, independentemente da propriedade, mas tão apenas como decorrência da proteção autônoma da posse.

Neste aspecto, os dois principais efeitos da posse são fortes instrumentos de proteção do possuidor vulnerável ante a falta da segurança jurídica que a propriedade (aparentemente) lhe traz. Estes efeitos são (i) o uso dos interditos possessórios e (ii) a usucapião.

A proteção possessória pelo manejo dos chamados "remédios possessórios" se dá por meio das ações de reintegração de posse, de manutenção de posse e de interdito proibitório, conforme previsão contida no art. 1.210, do Código Civil, assegurando-se que seja o possuidor reintegrado na posse em caso de esbulho, mantido em caso de turbação e, finalmente, afastado da iminente ameaça à posse.

Veja-se que, em tal aspecto, o legislador não faz qualquer interferência quanto à prerrogativa no uso dos interditos possessórios, delegando a qualquer possuidor (direto ou indireto, em composse com outros possuidores ou mesmo ao legatário) a possibilidade de, desde logo, assegurar-se neste poder de fato sobre a coisa que a posse representa.

Assim é que, se atribuindo, desde logo, a posse a determinada pessoa, passa esta a ostentar a qualidade de possuidor *ad interdicta* com acesso àquele que é um dos maiores efeitos da posse: a sua defesa em juízo através de célere procedimento especial.[27]

---

26 "Porém, não é só entre indivíduos que se estabelecem situações jurídicas. É dizer: podem surgir situações jurídicas não relacionais, com o acontece com frequência entre pessoas e as coisas de sua propriedade" (CALMON, Rafael. *Partilha de bens na separação, no divórcio e na dissolução de união estável*. Aspectos materiais e processuais. 2. ed. São Paulo: Saraiva Jur, 2019. p. 118).

27 Sobre as ações possessórias e seu procedimento, arts. 554 ao 568, todos do Código de Processo Civil.

A possibilidade da usucapião, vale dizer, de adquirir-se a propriedade pela via possessória[28] é outro (um dos mais importantes) efeito da posse. É forma de regularização proprietária através da prescrição aquisitiva da propriedade, pelo transcurso de considerável período possessório (*acessio possessionis*) ao lado de outros requisitos igualmente exigíveis.

Este efeito da posse não esconde a predileção do legislador pela propriedade, facilitando, por tal forma, o acesso à situação proprietária e, portanto, de maior controle estatal e segurança jurídica.

Na usucapião a transferência da posse pela sucessão *causa mortis* ganha ainda maior relevo. O herdeiro tem o direito de continuar o período aquisitivo do falecido e ocupar o lugar deixado como possuidor *ad usucapionem*, assumindo as mesmas características da posse do antecessor falecido (o mesmo "caráter" da posse, como mencionado alhures).

Assim é que, com o falecimento e, reunidos todos os demais requisitos para reconhecimento da usucapião, pode o herdeiro, continuando a posse de seu antecessor, propor respectiva ação de usucapião e pleitear o reconhecimento da propriedade sobre a coisa herdada.

Desta forma é que na sucessão e partilha da posse,

> Há continuação da posse do antecessor, de modo que o herdeiro simplesmente fica no lugar do defunto, como se fossem uma só pessoa. A posse se transmite como um todo, com os elementos objetivo e subjetivo que tinha o defunto. Disso decorre que herdeiros e locatários podem invocar a posse que tinha o defunto para ajuizar ações possessórias que este poderia propor, assim como para somar prazo necessário à usucapião.[29]

Ajustada a relevância econômica da posse que, repita-se, é assim considerada por ter impacto na circulação de bens e riqueza, o Código de Processo Civil, no art. 620, inc. IV, letra "g", impõe como dever do inventariante arrolar, nas primeiras declarações, os bens, os direitos e as ações do falecido.

Neste sentido, não há como se ignorar a obrigatoriedade de o inventariante incluir os bens transmitidos a título de posse pelo falecido: "A sucessão possessória na posse que fora exercida pelo finado é obrigatória, dando-se *ex vi legis*, aplicando-se para os herdeiros legítimos e testamentários o direito de *saisine* previsto no art. 1.784 do Código Civil ao passo que a união das posses é facultativa [...]".[30]

Da mesma forma, o art. 2.020, do Código Civil, impõe como dever dos herdeiros trazer ao acervo hereditário os frutos dos bens herdados, conferindo-lhe direito aos reembolsos das despesas (aqui tratando das benfeitorias realizadas nos bens do espólio) e respondendo pelos danos causados. A distribuição dos frutos, o pagamento das benfeitorias e a responsabilidade pelos danos são, todos, os demais efeitos da posse, previstos, especificamente, entre os arts. 1.214 e 1.222, todos do Código Civil.

---

28 Revestida de demais características específicas e exigíveis para cada uma das espécies de usucapião.

29 LOUREIRO, Francisco Eduardo. Comentários aos artigos 1.196 ao 1.510 do Código Civil. *In*: PELUSO, Cezar (Coord.). *Código Civil comentado*. 7. ed. São Paulo: Manole, 2013. p. 1.151.

30 MELO, Marco Aurélio Bezerra de. Comentários ao art. 1.207 do Código Civil. *In*: SCHREIBER, Anderson; TARTUCE, Flavio; SIMÃO, José Fernando; MELO, Marco Aurélio Bezerra de; DELGADO, Mario Luiz (Coord.). *Código Civil comentado*. 2. ed. Rio de Janeiro: Gen/Forense, 2020. p. 881.

Como se vê, o legislador civil preocupou-se em atribuir efeitos (além daqueles principais e mais importantemente destacados), mostrando que a posse tem impacto econômico significativo para esfera patrimonial do possuidor (quer direto, quer indireto) e, por isso, tem e merece proteção que independe da propriedade.

O que importa é reconhecer que o patrimônio de determinada pessoa é a sua *emanação* no plano econômico,[31] independentemente de se tratar de bens ou direitos, mas desde que sejam suscetíveis de avaliação econômica.

Pontes de Miranda, tratando da transmissão da posse e da propriedade da herança, tal como retratado pelo art. 1.572 do Código Civil de 1916, traz lição de extrema atualidade:

> Os direitos que automaticamente se transmitem a causa da morte são todos os direitos que se incluem na herança. O que pode acontecer é que se protraia a entrega do bem, mais em tais espécies o herdeiro incumbido da prestação é proprietário e possuidor até que ocorra a transmissão. Enquanto se procede a inventário, a posse imediata fica com o cônjuge, ou com algum herdeiro, que a tenha, ou com o inventariante. [...].
>
> A posse que passa aos herdeiros, automaticamente, não é a titulo provisório, é posse própria, definitiva, que pode ser mediata (e.g., o decujo alugara o bem), ou apenas imediata (e.g., o decujo era arrendatário das terras).[32]

Paulo Lôbo, na esteira do pensamento Pontes de Miranda, reforça este entendimento:

> Atendendo à crítica de Pontes de Miranda, o Código Civil de 2002 suprimiu as expressões "domínio e posse", existentes no Código anterior, resultando simplesmente na transmissão automática da herança – conjugando direitos reais, posses, dívidas, créditos e outros direitos – ao herdeiro legítimo (incluindo-se o ente estatal) ou legatário.[33]

Tanto é assim, por conter importante caráter econômico e social, também na composse herdada, que é possível a cada possuidor, individualmente, defender o seu quinhão possessório herdado, mostrando que a posse necessita ser trazida no acervo hereditário, justamente, para que esta legitimidade de atuação do compossuidor (tanto em face de terceiros quanto em face de outro compossuidor) possa ser exercida. Neste sentido:

> Herança. Condomínio pro indiviso. Atos possessórios. Direito de todos os herdeiros. A herança, com a morte de seu autor, forma um todo indivisível e enseja a formação de condomínio pro indiviso entre os herdeiros. Todos têm tudo da herança, de modo que nenhum deles pode exercer atos possessórios que excluam os direitos dos demais. Todos exercem posse sobre toda a herança. (TJMG, AI nº 1.0378.07.023944-7/001)
>
> Desse modo, o requisito exigido pela Corte originária – *o exercício fático da posse* – não encontra amparo no ordenamento jurídico, pois é indubitável que o herdeiro tem posse (mesmo que indireta) dos bens da herança, independentemente da prática de qualquer outro ato,

---

31 "o patrimônio não é uma soma de bens, considerados in concreto, mas, sim, uma representação econômica de uma pessoa, o que significa que o patrimônio é uma universalidade abstrata, integrada pelo ativo (bens e direitos) e, também, pelo passivo (obrigações e dívidas). Por isso, emana da personalidade, é uma emanação dela no plano econômico [...]. Daí vem, ainda segundo a teoria clássica do patrimônio, *que este é a emanação da representação econômica do homem*" (BESSONE, Darcy. *Direitos reais*. 2. ed. São Paulo: Saraiva, 1996. p. 106. Grifos nossos).

32 MIRANDA, Pontes de. *Tratado de direito privado*. Direito das sucessões. Rio de Janeiro: Borsoi, 1968. v. 55. p. 20.

33 LÔBO, Paulo. *Direito civil* – Sucessões. 3. ed. São Paulo: Saraiva, 2016. p. 48.

> visto que a transmissão da posse se dá ope legis, motivo pelo qual lhe assiste o direito à proteção possessória contra eventuais atos de turbação ou esbulho. Ante o exposto, dou provimento ao recurso especial, para julgar procedente a ação de reintegração de posse, a fim de restituir os autores da ação na composse da área recebida por herança, invertido os ônus da sucumbência. (REsp nº 537.363/RS)
>
> RESP. Ação Reivindicatória. Tutela de bem deixado do pelo de cujus. Partilha ainda não verificada. Coerdeiro. Legitimidade ativa reconhecida. 1. Sendo a herança uma universalidade, é de rigor reconhecer-se que sobre ela os herdeiros detêm frações ideais não individualizadas, pois, até a partilha. 2. Aberta a sucessão, cria-se um condomínio pro indiviso sobre o acervo hereditário, regendo-se o direito dos coerdeiros, quanto à propriedade e posse da herança, pelas normas relativas ao condomínio. 3. Tal como ocorre em relação a um condômino, ao coerdeiro é dada legitimidade ad causam para reivindicar, independentemente da formação de litisconsórcio com os demais herdeiros, a coisa comum que esteja indevidamente em poder de 3º. (REsp nº 1.192.027)

Portanto, não há como imaginar que o planejamento sucessório seja contrário ao tratamento de situações possessórias que, inarredavelmente, carregam conteúdo econômico e implicam circulação de bens e direitos.

Nesta linha de pensamento, não se torna menos importante ou menos urgente um planejamento sucessório que se volte tão somente à posse se destes bens é constituído o acervo patrimonial do titular. Não é demérito imaginar que a posse está aquém da propriedade, já que são institutos distintos, que se correlacionam, é certo, mas têm proteção e efeitos que lhes são próprios.

Há ainda que se destacar o aspecto social da posse, que muitas vezes representa a única relação da pessoa com seu patrimônio e que, por variáveis motivos, o impossibilitou de ter a propriedade daquele.

O planejamento que considera a posse como titularidade autônoma e representativa de um substrato econômico valoriza o esforço humano e reequilibra a vulnerabilidade daqueles que não tiveram acesso à propriedade, não apenas porque já adquiriram imóveis em situações irregulares, mas também por falta de condições financeiras de acesso ao registro imobiliário (talvez o principal ponto de distanciamento entre possuidor e proprietário).[34]

Poder-se-ia, então, afirmar que a vulnerabilidade do possuidor reside na falta de acesso à informação que condiciona a aquisição da propriedade ao registro no cartório de registro imobiliário, na falta de conhecimento sobre a forma de regularização de seu patrimônio que depende, no mais das vezes, do alinhamento de procedimentos administrativos junto aos entes administrativos municipais, tudo isso intensificado pela vulnerabilidade econômica de fazer frente a todas estas despesas (impostos, taxas, custas etc.), não permitindo ao possuidor tais gastos sem o comprometimento de sua sobrevivência.

Assim é que de geração em geração os bens vão sucedendo às pessoas da mesma família sem que os registros acompanhem estas transmissões.

---

[34] A necessidade do registro para assegurar a titularidade dos direitos reais sobre bens imóveis decorre da obrigatoriedade imposta pelo legislador civil no art. 1.227, CC (os direitos reais sobre imóveis constituídos, ou transmitidos por atos entre vivos, só se adquirem com o registro no Cartório de Registro de Imóveis dos referidos títulos (arts. 1.245 a 1.247), salvo os casos expressos neste Código).

O planejamento sucessório, assim, mostra-se como instrumento apto a reconhecer a vulnerabilidade no que toca à titularidade dos bens do autor do planejamento, preparando e organizando atos de transmissão da posse, quiçá preparatórios para a transmissão da propriedade.

V Considerações finais

A posse é assunto polêmico e que demanda muitas reflexões. Isso decorre como característica de todas as situações fáticas que demandam aguçado estudo para confirmação de seu conteúdo e do *animus* do possuidor, elemento imaterial que direciona a posse para a proteção possessória, além da possibilidade da aquisição da propriedade pela via da usucapião.

Esta situação de fato ostentada pelo possuidor só será posse se se verificarem seu conteúdo econômico e a utilidade que a coisa possuída traz para a pessoa, conforme lição de Tito Fulgêncio: "Ao que, pois se deve unir a posse? Ao elemento em que unicamente se funda sua importância: *o elemento econômico*. A posse é a relação de fato entre as pessoas e a coisa, tal como a dispõe o fim para que esta se utiliza sob o ponto de vista econômico".[35]

Tendo utilidade e traçando reflexos econômicos, parece ser possível transacionar sobre tal direito, o que inclui planejar a sua sucessão (do bem protegido pela posse de seu titular), quer seja *inter vivos*, quer seja *causa mortis*.

Não há dúvida de que a segurança jurídica almejada pelo legislador civil se concretiza na opção pela propriedade. Mas, da mesma forma, reconhecendo os efeitos jurídicos da posse, aqui especialmente apontados, a defesa da posse e a usucapião, verifica a vulnerabilidade do possuidor que precisa de sistemas de proteção da lei para garantir a permanência do bem e o acesso à propriedade e não como uma *capitis diminutio* no patrimônio do seu titular.

Não se trata de a pessoa ter "apenas" posse. Ela tem "a" posse. E a autonomia do instituto garante que seja ela tratada com a mesma importância, preservando-se os interesses do possuidor e permitindo sua sucessão.

Referências

ALVES, José Carlos Moreira. *Posse*. Evolução histórica. 2. ed. Rio de Janeiro: Forense, 1997. v. I.

ANTONINI, Mauro. Comentários aos artigos 1.784 ao 2.026 do Código Civil. *In*: PELUSO, Cezar (Coord.). *Código Civil comentado*. 7. ed. São Paulo: Manole, 2013.

ARONNE, Ricardo. *Propriedade e domínio*. A teoria da autonomia. Titularidades e direitos reais nos fractais do direito civil-constitucional. 2. ed. Atualização de Simone Tassinari Cardoso. Porto Alegre: Livraria do Advogado, 2014.

AZEVEDO, Álvaro Villaça. *Do concubinato ao casamento de fato*. Belém: Cejup, 1986.

BESSONE, Darcy. *Direitos reais*. 2. ed. São Paulo: Saraiva, 1996.

[35] FULGÊNCIO, Tito. *Da posse e das ações possessórias*. Teoria legal – Prática. 11. ed. rev. e atual. por Marco Aurélio S. Viana. Rio de Janeiro: GEN/Forense, 2013. p. 25.

CALMON, Rafael. *Partilha de bens na separação, no divórcio e na dissolução de união estável*. Aspectos materiais e processuais. 2. ed. São Paulo: Saraiva Jur, 2019.

FULGÊNCIO, Tito. *Da posse e das ações possessórias*. Teoria legal – Prática. 11. ed. rev. e atual. por Marco Aurélio S. Viana. Rio de Janeiro: GEN/Forense, 2013.

LÔBO, Paulo. *Direito civil* – Sucessões. 3. ed. São Paulo: Saraiva, 2016.

LOUREIRO, Francisco Eduardo. Comentários aos artigos 1.196 ao 1.510 do Código Civil. *In*: PELUSO, Cezar (Coord.). *Código Civil comentado*. 7. ed. São Paulo: Manole, 2013.

MELO, Marco Aurélio Bezerra de. Comentários ao art. 1.207 do Código Civil. *In*: SCHREIBER, Anderson; TARTUCE, Flavio; SIMÃO, José Fernando; MELO, Marco Aurélio Bezerra de; DELGADO, Mario Luiz (Coord.). *Código Civil comentado*. 2. ed. Rio de Janeiro: Gen/Forense, 2020.

MIRANDA, Pontes de. *Tratado de direito privado*. Direito das sucessões. Rio de Janeiro: Borsoi, 1968. v. 55.

PENTEADO, Luciano de Camargo. *Direito das Coisas*. 3° ed., São Paulo : Revista dos Tribunais, 2014.

PERLINGIERI, Pietro. *Il diritto civile nella legalità costituzionale secondo il sitema ítalo-comunitario dele fonti*. 3. ed. Napoli: Edizioni Scientifiche Italiane, 2006. t. II.

REALE, Miguel. *Noções preliminares de direito*. 27. ed. 3. tir. São Paulo: Saraiva, 2003.

TEIXEIRA, Daniele Chaves. Noções prévias do direito das sucessões: sociedade, funcionalização e planejamento sucessório. *In*: TEIXEIRA, Daniele Chaves (Coord.). *Arquitetura do planejamento sucessório*. 2. ed. Fórum: Belo Horizonte, 2019.

Informação bibliográfica deste texto, conforme a NBR 6023:2018 da Associação Brasileira de Normas Técnicas (ABNT):

MUCILO, Daniela de Carvalho. Posse: da autonomia ao planejamento sucessório. *In*: TEIXEIRA, Daniele Chaves (Coord.). *Arquitetura do planejamento sucessório*. Belo Horizonte: Fórum, 2022. p. 407-420. Tomo III. ISBN 978-65-5518-291-0.

CODICILOS E PLANEJAMENTO SUCESSÓRIO: LIMITES E POSSIBILIDADES

DANIELE CHAVES TEIXEIRA
CAROLINE POMJÉ

1 Considerações introdutórias

Compreender o planejamento sucessório na sociedade contemporânea significa entender quais os mecanismos disponíveis para "a adoção de uma estratégia voltada para a transferência eficaz e eficiente do patrimônio de uma pessoa após a sua morte",[1] sendo tal disciplina compreendida como o "conjunto de medidas empreendidas para organizar a sucessão hereditária de bens e direitos previamente ao falecimento de seu titular".[2]

Alguns mitos rondam a temática, especialmente o vinculado à ideia de que o planejamento sucessório seria aplicável somente àqueles que possuem grandes riquezas.[3] Deve ser destacado, no entanto, que qualquer pessoa que deseje exercer sua autonomia para fins de regular, em alguma medida, a transmissão de seu patrimônio quando de seu falecimento poderá utilizar os instrumentos disponibilizados pelo ordenamento jurídico brasileiro para fins de planejamento sucessório. Nesse sentido, pode-se afirmar que "muito da demanda por informação de um projeto patrimonial é oriundo de pessoas que possuem um patrimônio pequeno ou médio".[4] Essa circunstância se torna ainda mais presente na medida em que se recorda a alteração qualitativa dos bens: de

---

[1] TEIXEIRA, Daniele Chaves. Noções prévias do direito das sucessões: sociedade, funcionalização e planejamento sucessório. *In*: TEIXEIRA, Daniele Chaves (Coord.). *Arquitetura do planejamento sucessório*. Belo Horizonte: Fórum, 2019. p. 35.

[2] TEPEDINO, Gustavo; NEVARES, Ana Luiza Maia; MEIRELES, Rose Melo Vencelau. *Direito das sucessões*. Rio de Janeiro: Forense, 2020. p. 279.

[3] TEIXEIRA, Daniele Chaves. Noções prévias do direito das sucessões: sociedade, funcionalização e planejamento sucessório. *In*: TEIXEIRA, Daniele Chaves (Coord.). *Arquitetura do planejamento sucessório*. Belo Horizonte: Fórum, 2019. p. 36.

[4] TEIXEIRA, Daniele Chaves. Noções prévias do direito das sucessões: sociedade, funcionalização e planejamento sucessório. *In*: TEIXEIRA, Daniele Chaves (Coord.). *Arquitetura do planejamento sucessório*. Belo Horizonte: Fórum, 2019. p. 36.

um cenário de acumulação de riqueza baseado primordialmente na propriedade sobre bens imóveis, passa-se a uma titularidade sobre bens móveis e, especialmente, bens digitais – cuja tutela jurídica ainda é incipiente.[5]

Assume cada vez mais relevância, por conseguinte, o emprego de instrumentos que auxiliem na concretização da vontade do titular do patrimônio após o seu falecimento – cabendo ressaltar que a completa produção dos efeitos previstos quando do planejamento restará condicionada à morte do planejador.[6] Diferentes mecanismos alocados na legislação civil e processual civil podem ser cogitados com o objetivo de viabilizar referida organização patrimonial com efeitos futuros: a eleição do regime de bens no casamento e na união estável, considerando os efeitos patrimoniais *post mortem*; o testamento, em suas diversas modalidades (arts. 1.864 a 1.896, CCB/2002); a partilha em vida (art. 2.018, CCB/2002); as doações (art. 538 e ss., CCB/2002); os planos de previdência privada; o seguro de vida (art. 794, CCB/2002); e o codicilo (art. 1.881, CCB/2002), são exemplos retirados diretamente da legislação de instrumentos que podem ser empregados em um contexto de planejamento sucessório.

O objetivo do presente estudo reside em analisar em que medida o codicilo pode ser utilizado em planejamentos sucessórios, centrando-se a verificação nas decisões proferidas pelos tribunais de justiça brasileiros sobre a temática. Assim, partindo de uma breve exposição teórica sobre a conceituação do instituto e sobre aspectos tradicionalmente apresentados pela doutrina para fins de apresentação do instrumento, pretende-se avaliar qual o tratamento jurídico que tem sido destinado aos codicilos pelos tribunais estaduais. Com a efetivação da pesquisa jurisprudencial, pretende-se averiguar quais os parâmetros empregados pelo Poder Judiciário para reconhecimento da validade e eficácia das disposições codicilares, especialmente no que tange à limitação econômica de seu conteúdo comparativamente ao patrimônio total do *de cujus*.

Realizado o estudo jurisprudencial, proceder-se-á à indicação de parâmetros que devem ser observados para viabilizar a utilização dos codicilos de maneira minimamente segura em um ambiente de planejamento sucessório, prezando pela proteção dos valores existenciais dos sujeitos e alinhando-se à realização do programa constitucional.[7]

2 O codicilo na teoria

Previsto no art. 1.881, CCB/2002, segundo o qual "toda pessoa capaz de testar poderá, mediante escrito particular seu, datado e assinado, fazer disposições especiais sobre o seu enterro, sobre esmolas de pouca monta a certas e determinadas pessoas, ou, indeterminadamente, aos pobres de certo lugar, assim como legar móveis, roupas ou jóias, de pouco valor, de seu uso pessoal", o codicilo representa instrumento que contém disposições de última vontade.

---

[5] Nesse sentido, ver TEIXEIRA, Daniele Chaves; POMJÉ, Caroline. Caminhos para a tutela dos bens digitais no planejamento sucessório. *In*: TEIXEIRA, Ana Carolina Brochado; LEAL, Livia Teixeira (Coord.). *Herança digital.* Controvérsias e alternativas. Indaiatuba: Foco, 2021. p. 290-293.

[6] TEIXEIRA, Daniele Chaves. Noções prévias do direito das sucessões: sociedade, funcionalização e planejamento sucessório. *In*: TEIXEIRA, Daniele Chaves (Coord.). *Arquitetura do planejamento sucessório.* Belo Horizonte: Fórum, 2019. p. 35.

[7] TEPEDINO, Gustavo. Normas constitucionais e relações de direito civil na experiência brasileira. *In*: TEPEDINO, Gustavo. *Temas de direito civil.* Rio de Janeiro: Renovar, 2006. t. II. p. 42.

Para Orlando Gomes, representaria "pequeno testamento, que se tornou obsoleto";[8] empregando terminologia diversa, Maria Berenice Dias afirma que codicilo "testamento não é, ainda que ambos sejam instrumentos que trazem disposições de última vontade".[9] Trata-se, efetivamente, de instrumento diverso, que com o testamento não se confunde.

As disposições codicilares têm conteúdo restrito, como se extrai do art. 1.881, do CCB/2002. Assim, viável a prescrição de disposições referentes ao enterro, a esmolas de pouco valor a pessoas certas e determinadas ou aos pobres de certo lugar, e a determinação de legado de móveis, roupas ou joias, de pouco valor, de uso pessoal do instituidor. Entende-se, ainda, pela possibilidade de utilização do codicilo para fins de nomeação ou substituição de testamenteiro.[10] [11] Embora não seja possível a instituição de herdeiro por meio de disposição codicilar,[12] parte da doutrina afirma que seria possível o reconhecimento de filiação por meio do instrumento.[13]

A instrumentalização do codicilo ocorre via escrito particular, datado e assinado. Não se submete às formalidades testamentárias; no entanto, em se tratando de um codicilo fechado, deve ser executado da maneira prevista para a confirmação do testamento particular, por conta de disposição expressa do CPC/2015.[14] [15] Não sendo possível sua escrita a rogo do autor da herança, "o codicilo só poderá ser realizado por aqueles que saibam e possam escrever no momento de sua lavratura".[16]

Especificamente quanto à existência concomitante de mais de um codicilo e/ou testamento, algumas observações se fazem necessárias. A primeira delas se vincula à discussão quanto à possibilidade de que um testamento seja revogado por codicilo posterior. Para Orlando Gomes, o codicilo não representa meio idôneo à alteração ou revogação de testamento, entendendo referido autor que seria o codicilo revogado caso o testamento posterior não o confirmar;[17] Gustavo Tepedino, Ana Luiza Maia Nevares e Rose Melo Vencelau Meireles, por outro lado, assumem a viabilidade de revogação

---

8 GOMES, Orlando. *Sucessões*. 17. ed. rev. e atual. por Mario Roberto Carvalho de Faria. Rio de Janeiro: Forense, 2019. p. 82.

9 DIAS, Maria Berenice. *Manual das sucessões*. 4. ed. rev., atual. e ampl. São Paulo: Revista dos Tribunais, 2015. p. 384.

10 GOMES, Orlando. *Sucessões*. 17. ed. rev. e atual. por Mario Roberto Carvalho de Faria. Rio de Janeiro: Forense, 2019. p. 82.

11 "Outra função do codicilo é o de, após a realização de um testamento, nomear ou substituir testamenteiros, nos termos do artigo 1.883 do Código Civil. Essa figura, também chamada de executor testamentário, tem como função garantir o total cumprimento das disposições de última vontade" (ROSA, Conrado Paulino da; RODRIGUES, Marco Antonio. *Inventário e partilha*. Teoria e prática. 2. ed. rev., atual. e ampl. Salvador: JusPodivm, 2020. p. 260).

12 Nesse sentido, Orlando Gomes afirma expressamente que o codicilo "não é meio idôneo à instituição de herdeiro" (GOMES, Orlando. *Sucessões*. 17. ed. rev. e atual. por Mario Roberto Carvalho de Faria. Rio de Janeiro: Forense, 2019. p. 82).

13 "Mediante codicilo não se pode instituir herdeiro, mas é possível o reconhecimento de filho. Tem validade, se não para se proceder ao registro, ao menos como início de prova de filiação (CC 1.605 I) para subsidiar ação investigatória de paternidade" (DIAS, Maria Berenice. *Manual das sucessões*. 4. ed. rev., atual. e ampl. São Paulo: Revista dos Tribunais, 2015. p. 385).

14 Art. 737, §3º, CPC/2015.

15 GOMES, Orlando. *Sucessões*. 17. ed. rev. e atual. por Mario Roberto Carvalho de Faria. Rio de Janeiro: Forense, 2019. p. 82.

16 TEPEDINO, Gustavo; NEVARES, Ana Luiza Maia; MEIRELES, Rose Melo Vencelau. *Direito das sucessões*. Rio de Janeiro: Forense, 2020. p. 151.

17 "Revogam-se por atos iguais e se consideram revogados, se havendo testamento posterior este não os confirmar. Do mesmo modo, se modificá-los" (GOMES, Orlando. *Sucessões*. 17. ed. rev. e atual. por Mario Roberto Carvalho de Faria. Rio de Janeiro: Forense, 2019. p. 82).

testamentária tácita – parcial ou total – operada por codicilo posterior que, dentro de seu universo substancial específico, contenha "disposições incompatíveis com a cédula testamentária anterior".[18]

Relevante, por conseguinte, esmiuçar qual o conteúdo passível de inclusão, de maneira válida e eficaz, no codicilo. Isso porque, embora o art. 1.881, do CCB/2022, estabeleça que o codicilo pode regular questões envolvendo enterro, esmolas de pouca monta a certas e determinadas pessoas, ou, indeterminadamente, aos pobres de certo lugar, assim como legar móveis, roupas ou joias, de pouco valor, de uso pessoal do seu titular, fato é que pairam significativas dúvidas quanto ao alcance das expressões "pouca monta" e "pouco valor", de modo que um olhar sobre este ponto se apresenta como relevante. A lei não estabelece um parâmetro dentro do qual se insira a disposição de pequeno valor, ensejando a necessidade de que o limite das disposições codicilares seja "verificado na situação em concreto, conforme o monte hereditário".[19] [20]

Com o intuito de fornecer balizas mínimas para a aferição, Conrado Paulino da Rosa e Marco Antônio Rodrigues afirmam que a validade das disposições codicilares fica condicionada a não "ultrapassar valores significativos, em geral nunca superior a 10% ou 20% do tamanho do patrimônio líquido a ser inventariado".[21] A partir de tais considerações, resta analisar o modo como as disposições presentes em codicilos vêm sendo tratadas pelo Poder Judiciário nacional. Passa-se, assim, à apresentação da pesquisa jurisprudencial realizada e dos resultados obtidos.

3 O codicilo perante os tribunais de justiça brasileiros

A partir das considerações teóricas envolvendo o codicilo, passa-se à análise da jurisprudência pátria envolvendo o instituto em questão. Tendo como meio de pesquisa a busca nos repositórios virtuais de jurisprudência dos tribunais de justiça estaduais, a pesquisa realizada objetiva averiguar quais as principais modalidades de questionamentos que aportam ao Judiciário envolvendo o cumprimento de codicilos, para que, a partir de tal análise, seja possível projetar os cuidados que devem ser tomados no momento da utilização das disposições codicilares no planejamento sucessório.

---

18 TEPEDINO, Gustavo; NEVARES, Ana Luiza Maia; MEIRELES, Rose Melo Vencelau. *Direito das sucessões*. Rio de Janeiro: Forense, 2020. p. 152.

19 TEPEDINO, Gustavo; NEVARES, Ana Luiza Maia; MEIRELES, Rose Melo Vencelau. *Direito das sucessões*. Rio de Janeiro: Forense, 2020. p. 152.

20 "Nessa esteira, discute-se se é possível reduzir as disposições codicilares, quando estas últimas ultrapassam os limites legais. Já afirmou Zeno Veloso, em analogia às disposições testamentárias, ser possível a redução das disposições codicilares, preservando-se o possível e útil do codicilo excessivo. Orosimbo Nonato, por outro lado, nega tal hipótese, alegando que a analogia não pode ser aplicada na situação em tela, porquanto não existe limite legal estabelecido para as disposições codicilares, como acontece quanto às disposições testamentárias, limitadas à metade disponível do testador. Nesse mesmo sentido se posiciona Caio Mário da Silva Pereira" (TEPEDINO, Gustavo; NEVARES, Ana Luiza Maia; MEIRELES, Rose Melo Vencelau. *Direito das sucessões*. Rio de Janeiro: Forense, 2020. p. 152).

21 ROSA, Conrado Paulino da; RODRIGUES, Marco Antonio. *Inventário e partilha*. Teoria e prática. 2. ed. rev., atual. e ampl. Salvador: JusPodivm, 2020. p. 259.

3.1 Desenho metodológico

A pesquisa jurisprudencial realizada percorreu os repositórios virtuais dos tribunais de justiça dos vinte e seis estados da Federação, além do Tribunal de Justiça do Distrito Federal e territórios. Para fins de concretização da busca de julgados foi empregado o termo "codicilo", com filtragem dos resultados referentes ao período entre a entrada em vigor do Código Civil brasileiro de 2002 (em 11.1.2003) e a data da realização da pesquisa (8.8.2021).

Realizada a pesquisa com os critérios acima, a primeira verificação foi realizada com o intuito de filtrar os resultados que efetivamente tratassem sobre julgamentos envolvendo a aferição da validade ou eficácia de disposições codicilares – e não que contivessem apenas de passagem a utilização do termo de busca.

Concluída a primeira verificação, procedeu-se à separação dos julgados localizados em cada um dos tribunais de justiça e no Superior Tribunal de Justiça, totalizando trinta e nove julgados, com a seguinte distribuição: Tribunal de Justiça do Estado de Minas Gerais – 2; Tribunal de Justiça do Estado do Pará – 1; Tribunal de Justiça do Estado do Pernambuco – 1; Tribunal de Justiça do Estado do Paraná – 1; Tribunal de Justiça do Estado do Rio de Janeiro – 4; Tribunal de Justiça do Estado do Rio Grande do Sul – 13; e Tribunal de Justiça do Estado de São Paulo – 17.

A fase seguinte configurou-se com a análise específica de cada um dos julgados, procedendo-se à verificação da questão posta em julgamento e, consequentemente, à extração dos critérios utilizados pelo respectivo tribunal para fins de averiguação da validade ou não do codicilo submetido à apreciação judicial. Nesta etapa, portanto, procedeu-se à análise do conteúdo das decisões judiciais selecionadas – destacando-se, no entanto, que quando da realização da pesquisa junto ao Tribunal de Justiça do Estado de São Paulo não estavam disponíveis para acesso os acórdãos dos julgados localizados; por esta razão, procedeu-se unicamente à análise do teor das ementas disponibilizadas, ressalvando-se a necessidade de futura complementação da pesquisa com a verificação do inteiro teor de todos os julgados.

3.2 Limites e possibilidades envolvendo os codicilos

Entre os trinta e nove julgados localizados na pesquisa jurisprudencial, dez apresentavam questionamentos sobre a forma do codicilo; dois tratavam sobre a existência concomitante de disposições codicilares e testamentárias; e vinte e sete enfrentavam o conteúdo do codicilo submetido à apreciação judicial, avaliando a viabilidade ou não de cumprimento das deixas codicilares.

No que condiz com a forma estabelecida na legislação para a elaboração de codicilos – art. 1.881, do Código Civil brasileiro de 2002 –, verifica-se da análise jurisprudencial que o aporte de data e de assinatura representa elemento essencial à validade do ato. Nesse sentido, o Tribunal de Justiça do Estado de São Paulo, quando do julgamento da Apelação Cível nº 0037202-27.2007.8.26.0564, consignou que "declaração manuscrita, em pedaço de papel, sem data e sem testemunhas" não poderia ser compreendida como testamento particular e sequer como codicilo. Ainda de acordo com o Tribunal de Justiça paulista, um documento "rasgado e borrado" não seria passível de registro e cumprimento como se codicilo fosse.[22]

Embora um primeiro posicionamento jurisprudencial se alinhasse com a necessidade de que o codicilo fosse manuscrito (ou seja, hológrafo),[23] o entendimento contemporâneo filia-se à possibilidade de que seja datilografado, desde que conste, como referido acima, a assinatura e menção à data em que foi realizado.[24] A apresentação do documento original igualmente é indicada como requisito para fins de cumprimento das disposições codicilares.[25]

A dificuldade quanto ao estabelecimento de critérios objetivos para fins de averiguação da validade do conteúdo destinado aos beneficiários em sede de codicilo é uma primeira consideração que deve ser realizada. Nem mesmo a tendência doutrinária quanto à indicação de que o percentual de 10 a 20% do patrimônio do *de cujus* poderia ser destinado aos beneficiários via codicilo apresenta-se como segura na medida em que é possível retirar da jurisprudência exemplos em que tais parâmetros foram considerados excessivos, como no julgamento, pelo Tribunal de Justiça do Estado do Rio de Janeiro, dos Embargos Infringentes nº 0065706-15.2006.8.19.0001, em que o seguinte posicionamento do Desembargador Relator Eduardo Gusmão Alves de Brito Neto é retirado do inteiro teor do acórdão:

> Veja-se que a interpretação de disposições de maior ou menor expressão financeira, obviamente, irá depender da análise do patrimônio deixado pelo falecido, o que não significa dizer que parâmetros naturalmente objetivos e racionais devem ser ignorados. Explica-se. A quantia de R$5.000,00 para quem falece deixando patrimônio avaliado em R$50.000,00 não deve ser entendida como esmola de pouca monta. O mesmo já não se aplica para aquele que falece e deixa bens avaliados em R$5.000.000,00. Essa é a subjetividade que sobressai quando se interpreta o pouco valor do donativo.[26]

No exemplo indicado pelo julgador, disposição codicilar de valor correspondente a 10% do patrimônio total do falecido não poderia ser compreendida como "esmola de pouca monta", não se revestindo, portanto, de caráter de codicilo. Igualmente não tem sido aceita como codicilo a disposição por meio da qual se pretende a transferência de bem imóvel ao beneficiário. Por meio da pesquisa jurisprudencial foram localizados cinco julgamentos envolvendo disposições codicilares que pretendiam a transferência de bens imóveis após o falecimento do autor da herança; nos cinco casos o entendimento

---

22 TRIBUNAL DE JUSTIÇA DO ESTADO DE SÃO PAULO. *Apelação Cível nº 9172250-42.2007.8.26.0000*. Rel. Des. Elliot Akel, 1ª Câmara de Direito Privado, j. 25.10.2011, registro em 26.10.2011.

23 Nesse sentido: "Ademais, verifica-se dos autos que o codicilo foi datilografado, exigindo-se para a validade formal do mesmo que tenha sido manuscrito, ou seja, que tenha a forma hológrafa" (TRIBUNAL DE JUSTIÇA DO ESTADO DO RIO GRANDE DO SUL. *Apelação Cível nº 70006548143*. Rel. Des. Antônio Carlos Stangler Pereira, Oitava Câmara Cível, j. 9.6.2005).

24 "Ainda que admitido na forma datilografada, o codicilo em que há substanciais disposições sobre cerca de metade dos bens deixados é imprestável para fins de equiparação a testamento particular" (TRIBUNAL DE JUSTIÇA DO ESTADO DO RIO GRANDE DO SUL. *Embargos Infringentes nº 70014509715*. Rel. Des. Maria Berenice Dias, Quarto Grupo de Câmaras Cíveis, j. 14.7.2006).

25 TRIBUNAL DE JUSTIÇA DO ESTADO DE MINAS GERAIS. *Apelação Cível nº 1.0000.21.002393-3/001*. Rel. Des. Alexandre Santiago, Oitava Câmara Cível, j. 25.2.2021 e TRIBUNAL DE JUSTIÇA DO ESTADO DO RIO GRANDE DO SUL. *Agravo de Instrumento nº 70037939600*. Rel. Des. Rui Portanova, Oitava Câmara Cível, j. 9.8.2010.

26 TRIBUNAL DE JUSTIÇA DO ESTADO DO RIO DE JANEIRO. *Embargos Infringentes nº 0065706-15.2006.8.19.0001*. Rel. Des. Eduardo Gusmão Alves de Brito Neto, Décima Sexta Câmara Cível, j. 16.4.2013.

dos respectivos tribunais de justiça foi no sentido da impossibilidade de que os imóveis fossem considerados "esmolas de pouca monta".[27]

Ainda em se tratando de bens móveis, a aferição da viabilidade ou não de utilização do codicilo para fins de transmissão patrimonial futura resta condicionada à análise da totalidade do patrimônio do autor da herança. Isso porque, ao mesmo tempo em que se afirma a possibilidade de que joias, por exemplo, sejam objetos de disposições codicilares, são encontradas na jurisprudência situações em que a transmissão de tais bens, prevista em codicilo, é considerada excessiva, transbordando os limites do instrumento. Foi este o entendimento do Tribunal de Justiça do Estado do Rio Grande do Sul quando do julgamento da Apelação Cível nº 70015923808, em que se entendeu que "excluem-se do codicilo jóias e relógios – bens de alto valor – por serem incompatíveis com a natureza da disposição de vontade, restrita a bens móveis de reduzido valor".

A tendência jurisprudencial, no entanto, alinha-se com a imprescindibilidade de averiguação *in concreto* da possibilidade de utilização do codicilo para fins de transmissão de determinado patrimônio. São reiterados, assim, os julgamentos em que os tribunais estaduais consideram a necessidade de que a expressão "pequeno valor" seja "analisada em relação à fortuna do doador, pois em se tratando de pessoa abastada, mesmo as coisas de valor elevado podem ser doadas mediante simples doação manual".[28] A averiguação da dimensão do conceito "pequeno valor", assim, deve ocorrer nos autos de cada processo de inventário, especialmente por meio da prévia avaliação de todos os bens que compõem o acervo hereditário para que, a partir de então, seja possível avaliar se a disposição de patrimônio por meio de codicilo é válida.

Paradigmático o julgamento da Apelação Cível nº 2005.001.44055 pelo Tribunal de Justiça do Estado do Rio de Janeiro, em que restou destacado que "A definição de 'pequeno valor', contudo, não é a mesma para todo o universo das pessoas. Sendo o testador dono de grande fortuna, R$300.000,00 não podem ser, para ele, considerados grande valor", de modo que o codicilo em questão foi validado. Evidencia-se, assim, a necessidade de averiguação global sobre o patrimônio inventariado para que, então, possam ser estipulados os limites para as deixas codicilares.

Circunstância interessante vincula-se à impossibilidade de instituição de usufruto por meio de disposição codicilar[29] e, ainda, à ausência de caráter vinculante do codicilo que contenha previsão de destinação de benefício previdenciário. Quanto ao último caso, o Tribunal de Justiça do Estado de São Paulo, por ocasião do julgamento da Apelação

---

[27] Nesse sentido: TRIBUNAL DE JUSTIÇA DO ESTADO DE SÃO PAULO. *Agravo de Instrumento nº 2048190-62.2020.8.26.0000*. Rel. Des. Pedro de Alcântara da Silva Leme Filho, 8ª Câmara de Direito Privado, j. 23.5.2020, registro em 23.5.2020; TRIBUNAL DE JUSTIÇA DO ESTADO DE SÃO PAULO. *Agravo de Instrumento nº 2277050-26.2019.8.26.0000*. Rel. Des. A. C. Mathias Coltro, 5ª Câmara de Direito Privado, j. 12.2.2020, registro em 13.2.2020; TRIBUNAL DE JUSTIÇA DO ESTADO DE SÃO PAULO. *Apelação Cível nº 0321892-77.2009.8.26.0000*. Rel. Des. Salles Rossi, 8ª Câmara de Direito Privado, j. 26.9.2012, registro em 26.9.2012; TRIBUNAL DE JUSTIÇA DO ESTADO DE MINAS GERAIS. *Apelação Cível nº 1.0024.06.061978-0/002*. Rel. Des. Brandão Teixeira, 2ª Câmara Cível, j. 13.5.2008, publicação da súmula em 8.7.2008; e TRIBUNAL DE JUSTIÇA DO ESTADO DO RIO GRANDE DO SUL. *Apelação Cível nº 70077164614*. Rel. Des. Deborah Coleto Assumpção de Moraes, Décima Sexta Câmara Cível, j. 26.4.2018.

[28] TRIBUNAL DE JUSTIÇA DO ESTADO DE SÃO PAULO. *Agravo de Instrumento nº 2004377-53.2018.8.26.0000*. Rel. Des. Luis Mario Galbetti, 7ª Câmara de Direito Privado, j. 5.12.2018, registro em 16.1.2019.

[29] TRIBUNAL DE JUSTIÇA DO ESTADO DO RIO GRANDE DO SUL. *Apelação Cível nº 70069283380*. Rel. Des. Rui Portanova, Oitava Câmara Cível, j. 2.6.2016.

Cível nº 0001995-89.2009.8.26.0145, entendeu que a deliberação em codicilo dispondo sobre benefício previdenciário deve ser considerada nula, uma vez que "dependência econômica é conceito técnico jurídico que não pode ser alterado por disposição do titular do benefício que antes de morrer pretende ver regulado o direito à pensão que será devida por conta de seu óbito".

Por outro lado, a viabilidade de disposição codicilar reforçando o direito real de habitação da companheira sobrevivente foi indicada pelo Tribunal de Justiça do Estado do Rio Grande do Sul no julgamento do Agravo de Instrumento nº 70054067897, no qual a ratificação de tal direito no codicilo por parte do autor da herança foi mencionada pelo Judiciário gaúcho – ressaltando-se que se trata de direito que decorre de disposição legal específica, tendo o codicilo papel unicamente de reforço da posição da companheira sobrevivente para fins de reconhecimento do direito real.[30]

Especificamente quanto à superveniência de testamento – após a elaboração de codicilo por parte do autor da herança –, ressalta-se o entendimento do Tribunal de Justiça do Estado do Rio Grande do Sul quando do julgamento do Agravo de Instrumento nº 70008859803, em que se afirmou que "a superveniência do testamento, por si só, não invalida o codicilo uma vez que aquele não dispôs sobre os mesmos bens que este, não instituindo herdeiros, tampouco dispondo sobre a totalidade do patrimônio. Daí porque não está o codicilo maculado por qualquer nulidade". Deve ser avaliado, portanto, se as disposições contidas em cada um dos instrumentos são compatíveis/complementares entre si, a fim de avaliar a viabilidade de subsistência de ambos.

A partir das considerações acima, extraídas de julgamentos provenientes de diferentes tribunais de justiça brasileiros, algumas constatações podem ser apresentadas visando a conferir um grau mínimo de segurança quando da utilização do codicilo para fins de transmissão patrimonial *causa mortis*.

Um primeiro limite a ser indicado como necessário para fins de resguardo da validade do codicilo vincula-se à observância de aspectos formais. Assim, conforme estabelecido expressamente no art. 1.881, do Código Civil brasileiro de 2002, apresenta-se como imprescindível que o instrumento do codicilo seja datado e assinado pelo seu autor. O resguardo do documento, para fins de apresentação futura do original, igualmente pode ser apontado como um cuidado importante, haja vista a necessidade de registro prévio do codicilo para posterior cumprimento, na forma do art. 737, §3º, do CPC/2015.

Uma observação importante, que será aprofundada em seguida, vincula-se à possibilidade de que o codicilo se revista de forma diversa da escrita: ou seja, que o autor da herança proceda à manifestação de sua vontade em relação a bens de pequena monta por meio de gravação de áudio e/ou vídeo. O Tribunal de Justiça do Estado de São Paulo, quando do julgamento da Apelação Cível nº 9072169-90.2004.8.26.0000, reconheceu que uma fita VHS descrevendo os bens pudesse ser compreendida como

---

[30] "No mais, o fato de a companheira não concorrer na sucessão do falecido não afasta seu direito real de habitação, seja porque, no caso, este direito é expressamente disposto em codicilo, seja porque o art. 7º, parágrafo único, da Lei n.º 9.278/1996, garante o direito real de habitação ao companheiro sobrevivente, desde que o imóvel tenha sido destinado à residência da família, não havendo qualquer ressalva quanto à data de aquisição de tal bem – que pode ser inclusive anterior ao início do relacionamento" (TRIBUNAL DE JUSTIÇA DO ESTADO DO RIO GRANDE DO SUL. *Agravo de Instrumento nº 70054067897*. Rel. Des. Luiz Felipe Brasil Santos, Oitava Câmara Cível, j. 1º.8.2013).

um documento de interpretação complementar aos atos de última vontade manifestados pelo autor da herança; reformou, assim, a sentença do juízo *a quo* que considerara o documento como imprestável.[31] Com o crescimento exponencial da utilização de recursos tecnológicos, tem-se um acentuado aumento da importância das manifestações de vontade exaradas por meio de aplicativos e gravações. Assim, conforme restará pormenorizado na sequência, deve ser questionada a possibilidade de utilização de diferentes formas para fins de concretização do codicilo.

Quanto ao conteúdo do codicilo, a limitação de seu alcance está condicionada à avaliação de todo o acervo hereditário – que deve ocorrer em sede de inventário. Nesse sentido, pode ser aplicada a limitação trazida pela doutrina no sentido de que seriam passíveis de inclusão em codicilo transferências cujo valor se mantivesse entre 10 e 20% do patrimônio total do autor da herança. O entendimento jurisprudencial, no entanto, não tem indicado parâmetros objetivos, destacando-se inclusive situação em que, no voto do desembargador relator, constou a observação de que o percentual de 10% de patrimônio total de R$50.000,00 seria excessivo para fins de inclusão em codicilo.

Em se tratando de temática sobre a qual paira grande subjetivismo, demandando a apreciação casuística do acervo patrimonial em comparação com a dimensão econômica das deixas codicilares, impõe-se grande cautela por parte do operador do direito no momento da indicação de tal mecanismo para fins de planejamento sucessório. Assim, para além de não ser recomendada a utilização de codicilo para transmissão de patrimônio imóvel, o seu emprego para transferência de bens móveis deve ser prudentemente mensurado, sopesando-se qual a repercussão econômica dos bens contemplados em codicilo comparativamente à totalidade do patrimônio.

Ocorre que, contemporaneamente, a utilização do codicilo pode ser vislumbrada para além das tradicionais conformações dos bens. Pode-se cogitar, assim, da utilização das disposições codicilares com o objetivo de viabilizar a transmissão de bens digitais por ocasião do óbito do autor da herança. A propriedade digital (ou os ativos digitais) corresponde a bens, "fruto de uma revolução tecnológica digital, com incontestáveis efeitos econômicos, tal como ocorre com os bens corpóreos do mundo não virtual",[32] sendo precisa a conceituação apresentada por Ana Carolina Brochado Teixeira e Livia Teixeira Leal ao afirmarem que os bens digitais "podem ser configurados como todos aqueles conteúdos constantes na rede, passíveis ou não de valoração econômica, que proporcionem alguma utilidade para o seu titular".[33]

A depender de sua expressão econômica, as disposições codicilares se apresentam como um caminho viável para sua transmissão aos beneficiários escolhidos pelo autor da herança.[34] Nesse sentido, inclusive, é o entendimento de Everilda Brandão Guilhermino ao afirmar:

---

[31] TRIBUNAL DE JUSTIÇA DO ESTADO DE SÃO PAULO. *Apelação com Revisão nº 9072169-90.2004.8.26.0000*. Rel. Des. Joaquim Garcia, 8ª Câmara de Direito Privado, j. 11.2.2009, registro em 26.2.2009.

[32] MADALENO, Rolf. *Sucessão legítima*. Rio de Janeiro: Forense, 2019. p. 31.

[33] TEIXEIRA, Ana Carolina Brochado; LEAL, Livia Teixeira. Tutela jurídica dos bens digitais ante os regimes de bens comunheiros. *In*: EHRHARDT JÚNIOR, Marcos; CATALAN, Marcos; MALHEIROS, Pablo (Coord.). *Direito civil e tecnologia*. Belo Horizonte: Fórum, 2020. p. 336-337.

[34] "Para além da utilização do testamento (em suas diversas modalidades), verifica-se a viabilidade de emprego do instituto do codicilo para fins de planejamento sucessório vinculado à transmissão de bens digitais que não possuam conteúdo financeiro ou que contenham baixo valor econômico" (TEIXEIRA, Daniele Chaves; POMJÉ,

Contando com o atual sistema sucessório, pode uma pessoa planejar sua sucessão digital com base no art. 1.857 do Código Civil e, em especial, seu §2º, que prestigiam a autonomia da vontade do de cujus por meio do testamento, autorizando que nele sejam incluídas disposições de caráter não patrimonial. Nesse sentido, é possível registrar em documento escrito, seja codicilo ou testamento, o destino do conteúdo digital.[35]

Os limites quanto à abrangência das disposições constantes no codicilo, comparativamente ao patrimônio total do autor da herança, igualmente devem ser observados. Ainda em relação aos bens digitais e à possibilidade de sua inclusão em sede de codicilo, merece consideração o Projeto de Lei nº 5.820/2019, de autoria do Deputado Federal Elias Vaz de Andrade (PSB/GO), atualmente aguardando parecer do relator na Comissão de Constituição e Justiça e de Cidadania (CCJC), que pretende dar nova redação ao art. 1.881, do Código Civil brasileiro de 2002.

De acordo com o projeto apresentado, para além da viabilidade de assinatura eletrônica do codicilo, por meio de certificação digital (§1º),[36] ter-se-ia a possibilidade de que a disposição de vontade do autor da herança fosse registrada em sistema digital de som e imagem, "devendo haver nitidez e clareza nas imagens e nos sons, existir a declaração da data de realização do ato, bem como registrar a presença de duas testemunhas, exigidas caso exista cunho patrimonial na declaração" (§2º). Ainda conforme o projeto de lei, a gravação deve ocorrer em "formato compatível com os programas computadorizados de leitura existentes na data da efetivação do ato, contendo a declaração do interessado de que no vídeo consta seu codicilo, apresentando também sua qualificação completa e das testemunhas que acompanham o ato, caso haja necessidade da presença dessas" (§3º).

O projeto de lei alinha-se ao entendimento doutrinário que destaca a necessidade de reconhecimento de validade da manifestação de vontade gravada ou filmada pelo falecido:

> O certo é que a lei não pode mais se manter afastada da realidade da vida. As modernas técnicas eletrônicas e de comunicação, cada vez mais populares e portáveis, permitem gravar e filmar qualquer coisa com enorme margem de segurança. Assim, não há como não reconhecer a validade da manifestação de vontade gravada ou filmada pelo de cujus, momentos antes de sua morte, e encontrada, por exemplo, em seu telefone celular. Não há codicilo mais seguro. Nada justifica não se dar cumprimento ao último desejo manifestado.[37]

Especificamente quanto aos bens digitais, o projeto de lei avança ao prever a possibilidade de que o codicilo seja igualmente gravado em vídeo, com dispensa da presença de testemunhas: "Para a herança digital, entendendo-se essa como vídeos, fotos, livros, senhas de redes sociais, e outros elementos armazenados exclusivamente

Caroline. Caminhos para a tutela dos bens digitais no planejamento sucessório. *In*: TEIXEIRA, Ana Carolina Brochado; LEAL, Livia Teixeira (Coord.). *Herança digital*. Controvérsias e alternativas. Indaiatuba: Foco, 2021. p. 298).

35 GUILHERMINO, Everilda Brandão. Para novos bens, um novo direito sucessório. *In*: TEIXEIRA, Daniele Chaves (Coord.). *Arquitetura do planejamento sucessório*. Belo Horizonte: Fórum, 2021. t. II. p. 170.

36 PL nº 5.820/2019. Art. 1.881: "§1º A disposição de vontade pode ser escrita com subscrição ao final, ou ainda assinada por meio eletrônico, valendo-se de certificação digital, dispensando-se a presença de testemunhas e sempre registrando a data de efetivação do ato".

37 DIAS, Maria Berenice. *Manual das sucessões*. 4. ed. rev., atual. e ampl. São Paulo: Revista dos Tribunais, 2015. p. 386.

na rede mundial de computadores, em nuvem, o codicilo em vídeo dispensa a presença das testemunhas para sua validade" (§4º). Conforme se extrai da justificação do projeto, a proposta de codicilo digital pretende "facilitar e desburocratizar" a transmissão sucessória, sem modificar as diferentes modalidades de testamento atualmente previstas no ordenamento jurídico nacional.[38]

Dada a volatilidade dos bens digitais e as incertezas que pairam quanto à sua transmissão, o codicilo pode representar interessante mecanismo a ser considerado para fins de planejamento sucessório contendo patrimônio digital – atentando-se, ainda assim, à forma de valoração econômica dos bens e, consequentemente, aos limites impostos às disposições codicilares em comparação ao restante do patrimônio.

4 Considerações finais

Do exposto acima, algumas considerações a título conclusivo podem ser apresentadas. Para além dos requisitos e limites previstos na codificação civil para a elaboração do codicilo e sua utilização no âmbito da transmissão sucessória, a jurisprudência pátria tem destacado a impossibilidade de que as disposições codicilares avancem sobre bens imóveis e, ainda, que ultrapassem o limite de 10% do patrimônio total do autor da herança.

A possibilidade de elaboração de codicilo com a utilização de recursos tecnológicos – com a gravação de áudio e/ou vídeo – tem sido discutida, representando inclusive objeto de projeto de lei que almeja a facilitação da elaboração dos instrumentos pela forma digital. De se destacar, ainda, a viabilidade de que as disposições codicilares avancem sobre a transmissão de bens digitais, representando interessante instrumento para fins de planejamento sucessório.

Referências

CÂMARA DOS DEPUTADOS. *Projeto de Lei nº 5.820/2019*. Disponível em: https://www.camara.leg.br/proposicoesWeb/fichadetramitacao?idProposicao=2228037. Acesso em: 9 ago. 2021.

DIAS, Maria Berenice. *Manual das sucessões*. 4. ed. rev., atual. e ampl. São Paulo: Revista dos Tribunais, 2015.

GOMES, Orlando. *Sucessões*. 17. ed. rev. e atual. por Mario Roberto Carvalho de Faria. Rio de Janeiro: Forense, 2019.

GUILHERMINO, Everilda Brandão. Para novos bens, um novo direito sucessório. *In*: TEIXEIRA, Daniele Chaves (Coord.). *Arquitetura do planejamento sucessório*. Belo Horizonte: Fórum, 2021. t. II.

MADALENO, Rolf. *Sucessão legítima*. Rio de Janeiro: Forense, 2019.

ROSA, Conrado Paulino da; RODRIGUES, Marco Antonio. *Inventário e partilha*. Teoria e prática. 2. ed. rev., atual. e ampl. Salvador: JusPodivm, 2020.

TEIXEIRA, Ana Carolina Brochado; LEAL, Livia Teixeira. Tutela jurídica dos bens digitais ante os regimes de bens comunheiros. *In*: EHRHARDT JÚNIOR, Marcos; CATALAN, Marcos; MALHEIROS, Pablo (Coord.). *Direito civil e tecnologia*. Belo Horizonte: Fórum, 2020.

TEIXEIRA, Daniele Chaves. Noções prévias do direito das sucessões: sociedade, funcionalização e planejamento sucessório. *In*: TEIXEIRA, Daniele Chaves (Coord.). *Arquitetura do planejamento sucessório*. Belo Horizonte: Fórum, 2019.

---

[38] CÂMARA DOS DEPUTADOS. *Projeto de Lei nº 5.820/2019*. p. 4. Disponível em: https://www.camara.leg.br/proposicoesWeb/fichadetramitacao?idProposicao=2228037. Acesso em: 9 ago. 2021.

TEIXEIRA, Daniele Chaves; POMJÉ, Caroline. Caminhos para a tutela dos bens digitais no planejamento sucessório. *In*: TEIXEIRA, Ana Carolina Brochado; LEAL, Livia Teixeira (Coord.). *Herança digital*. Controvérsias e alternativas. Indaiatuba: Foco, 2021.

TEPEDINO, Gustavo. Normas constitucionais e relações de direito civil na experiência brasileira. *In*: TEPEDINO, Gustavo. *Temas de direito civil*. Rio de Janeiro: Renovar, 2006. t. II.

TEPEDINO, Gustavo; NEVARES, Ana Luiza Maia; MEIRELES, Rose Melo Vencelau. *Direito das sucessões*. Rio de Janeiro: Forense, 2020.

TRIBUNAL DE JUSTIÇA DO ESTADO DE MINAS GERAIS. *Apelação Cível nº 1.0000.21.002393-3/001*. Rel. Des. Alexandre Santiago, Oitava Câmara Cível, j. 25.2.2021.

TRIBUNAL DE JUSTIÇA DO ESTADO DE MINAS GERAIS. *Apelação Cível nº 1.0024.06.061978-0/002*. Rel. Des. Brandão Teixeira, 2ª Câmara Cível, j. 13.5.2008, publicação da súmula em 8.7.2008.

TRIBUNAL DE JUSTIÇA DO ESTADO DE SÃO PAULO. *Agravo de Instrumento nº 2048190-62.2020.8.26.0000*. Rel. Des. Pedro de Alcântara da Silva Leme Filho, 8ª Câmara de Direito Privado, j. 23.5.2020, registro em 23.5.2020.

TRIBUNAL DE JUSTIÇA DO ESTADO DE SÃO PAULO. *Agravo de Instrumento nº 2277050-26.2019.8.26.0000*. Rel. Des. A. C. Mathias Coltro, 5ª Câmara de Direito Privado, j. 12.2.2020, registro em 13.2.2020.

TRIBUNAL DE JUSTIÇA DO ESTADO DE SÃO PAULO. *Agravo de Instrumento nº 2004377-53.2018.8.26.0000*. Rel. Des. Luis Mario Galbetti, 7ª Câmara de Direito Privado, j. 5.12.2018, registro em 16.1.2019.

TRIBUNAL DE JUSTIÇA DO ESTADO DE SÃO PAULO. *Apelação Cível nº 0321892-77.2009.8.26.0000*. Rel. Des. Salles Rossi, 8ª Câmara de Direito Privado, j. 26.9.2012, registro em 26.9.2012.

TRIBUNAL DE JUSTIÇA DO ESTADO DE SÃO PAULO. *Apelação Cível nº 9172250-42.2007.8.26.0000*. Rel. Des. Elliot Akel, 1ª Câmara de Direito Privado, j. 25.10.2011, registro em 26.10.2011.

TRIBUNAL DE JUSTIÇA DO ESTADO DE SÃO PAULO. *Apelação com Revisão nº 9072169-90.2004.8.26.0000*. Rel. Des. Joaquim Garcia, 8ª Câmara de Direito Privado, j. 11.2.2009, registro em 26.2.2009.

TRIBUNAL DE JUSTIÇA DO ESTADO DO RIO DE JANEIRO. *Embargos Infringentes nº 0065706-15.2006.8.19.0001*. Rel. Des. Eduardo Gusmão Alves de Brito Neto, Décima Sexta Câmara Cível, j. 16.4.2013.

TRIBUNAL DE JUSTIÇA DO ESTADO DO RIO GRANDE DO SUL. *Agravo de Instrumento nº 70037939600*. Rel. Des. Rui Portanova, Oitava Câmara Cível, j. 9.8.2010.

TRIBUNAL DE JUSTIÇA DO ESTADO DO RIO GRANDE DO SUL. *Agravo de Instrumento nº 70054067897*. Rel. Des. Luiz Felipe Brasil Santos, Oitava Câmara Cível, j. 1º.8.2013.

TRIBUNAL DE JUSTIÇA DO ESTADO DO RIO GRANDE DO SUL. *Apelação Cível nº 70006548143*. Rel. Des. Antônio Carlos Stangler Pereira, Oitava Câmara Cível, j. 9.6.2005.

TRIBUNAL DE JUSTIÇA DO ESTADO DO RIO GRANDE DO SUL. *Apelação Cível nº 70077164614*. Rel. Des. Deborah Coleto Assumpção de Moraes, Décima Sexta Câmara Cível, j. 26.4.2018.

TRIBUNAL DE JUSTIÇA DO ESTADO DO RIO GRANDE DO SUL. *Apelação Cível nº 70069283380*. Rel. Des. Rui Portanova, Oitava Câmara Cível, j. 2.6.2016.

TRIBUNAL DE JUSTIÇA DO ESTADO DO RIO GRANDE DO SUL. *Embargos Infringentes nº 70014509715*. Rel. Des. Maria Berenice Dias, Quarto Grupo de Câmaras Cíveis, j. 14.7.2006.

Informação bibliográfica deste texto, conforme a NBR 6023:2018 da Associação Brasileira de Normas Técnicas (ABNT):

TEIXEIRA, Daniele Chaves; POMJÉ, Caroline. Codicilos e planejamento sucessório: limites e possibilidades. *In*: TEIXEIRA, Daniele Chaves (Coord.). *Arquitetura do planejamento sucessório*. Belo Horizonte: Fórum, 2022. p. 421-432. Tomo III. ISBN 978-65-5518-291-0.

DOAÇÃO E DESAFIOS DO ADIANTAMENTO DE HERANÇA: CUIDADOS NECESSÁRIOS PARA O PLANEJAMENTO

FELIPE QUINTELLA MACHADO DE CARVALHO

1 Considerações iniciais

O contrato de doação – que gera, quase sempre, como consectário legal, o *adiantamento de herança* – é, provavelmente, a ferramenta mais comum de planejamento sucessório utilizada no Brasil. Inclusive, muito frequentemente, é realizado sem que haja a *consciência*, tanto por parte do doador, quanto por parte do donatário, de que se trata de uma ferramenta de planejamento.

Por tal razão, o adiantamento de herança, como desdobramento legal do contrato de doação, gera significativos desafios, que requerem, por conseguinte, bastante cuidado, seja por parte de quem o celebra, seja por parte dos profissionais que trabalham com planejamento patrimonial.

Neste trabalho, o foco são os profissionais que se dedicam a essa área.

A proposta, aqui, é enfrentar os seguintes desafios, na tentativa de os tornar superáveis, por meio de esclarecimentos necessários e da indicação dos cuidados que devem ser tomados:

1) Em que casos o contrato de doação gera o efeito de adiantamento de herança?
2) O que quer dizer, exatamente, *adiantamento de herança*?
3) Como distinguir o *adiantamento de legítima* do *adiantamento de parte disponível*?
4) Qual a disciplina jurídica do adiantamento de legítima?
5) Qual a disciplina jurídica do adiantamento de parte disponível?

Nas cinco seções subsequentes, serão apresentados, com grande preocupação didática, as respostas e os comentários para esses cinco desafios, construídos a partir da legislação vigente, da doutrina e da experiência do autor na área.

Posteriormente, nas considerações finais, serão apresentados quadros esquemáticos sintéticos do conteúdo apresentado.

2 O que quer dizer, exatamente, adiantamento de herança?

Como se sabe, a herança surge, como figura jurídica, no momento em que se abre a sucessão do titular daquele patrimônio. Em outras palavras, quando morre a pessoa, seu patrimônio se transforma em sua herança.

A rigor, pois, não se deveria falar em herança de pessoa viva; a herança só surge com a morte.

No entanto, o direito brasileiro, seguindo a tradição romano-germânica, com a finalidade de proteger a futura sucessão dos herdeiros necessários – em especial, a dos descendentes – atribui, ao contrato de doação, o efeito de *adiantamento de herança*. Na seção subsequente, verificaremos quando isso ocorre.

Examinando a tensão entre a autonomia privada e a interferência do Estado nas relações privadas que se revela presente em tal sistemática, no contexto do direito contemporâneo, anotam Camila Ferrão dos Santos e Carlos Nelson Konder: "[t]rata-se de limitações apoiadas nos princípios da solidariedade e da dignidade da pessoa humana, visando a garantir a proteção aos familiares próximos do titular".[1]

Da sistemática estabelecida, conclui-se, pois, que a transmissão da propriedade decorrente do contrato de doação é considerada pela lei como uma antecipação de futura herança do donatário.

Adiantamento de herança, pois, é a transmissão de propriedade a título gratuito, em vida do titular do patrimônio, a uma pessoa que a lei passa a considerar futuro herdeiro do autor da liberalidade.

Em um primeiro momento, a ideia pode parecer singela; pode não deixar transparecer a complexidade que envolve. Mas, se a doação materializa uma antecipação de herança, é preciso que, ao celebrá-la, o exame contemple a futura sucessão do doador.

Antes, porém, é preciso verificar *em que casos o contrato de doação gera o efeito de adiantamento de herança*.

3 Em que casos o contrato de doação gera o efeito de adiantamento de herança?

No direito brasileiro, o contrato de doação gera o efeito de *adiantamento de herança* sempre que o doador falece deixando *herdeiros necessários*. Isso porque, como visto na seção antecedente, a finalidade da sistemática estabelecida pela lei é a proteção de tais herdeiros.

Herdeiros necessários – também denominados *reservatários* ou *legitimários* – são, conforme o art. 1.845 do Código de 2002, os *descendentes*, os *ascendentes* e o *cônjuge*.

---

1 SANTOS, Camila Ferrão; KONDER, Carlos Nelson. A doação como instrumento de planejamento sucessório. *In*: TEIXEIRA, Daniele Chaves. *Arquitetura do planejamento sucessório*. Belo Horizonte: Fórum, 2021. t. III. p. 491.

Quanto ao *companheiro*, é importante destacar que a tese de repercussão geral aprovada pelo Supremo Tribunal Federal (STF) por ocasião do julgamento do RE nº 878.694 e do RE nº 646.721, em 2017, mandou aplicar à sucessão do companheiro *o regime do art. 1.829*: "[n]o sistema constitucional vigente é inconstitucional a diferenciação de regime sucessório entre cônjuges e companheiros devendo ser aplicado em ambos os casos o regime estabelecido no artigo 1829 do Código Civil".

A ausência de menção a outros dispositivos legais acerca da sucessão do cônjuge levou alguns autores à conclusão, por *interpretação literal* da tese, no sentido de que o companheiro não teria se tornado herdeiro necessário. Outros, no entanto, fazendo *interpretação sistemática e teleológica*, chegaram à conclusão de que o companheiro deve ser considerado herdeiro necessário.[2] Foram opostos embargos de declaração às decisões do STF, os quais, no entanto, foram rejeitados; o Tribunal considerou que tal assunto não havia sido objeto do julgamento.

Nesse contexto, até que a polêmica se resolva por meio de lei, ou de decisão do STF – vez que o tema envolve matéria constitucional –, infelizmente, viveremos mais um embate hermenêutico no direito das sucessões, com grande insegurança jurídica – o que torna bastante desafiador o planejamento patrimonial das pessoas que vivem em união estável.

Pois bem.

É fundamental frisar que o que é determinante para que se verifique se as doações representam ou não *adiantamento de herança*, em caráter definitivo, é a existência ou não de herdeiros necessários no *momento da morte*.

No entanto, como é incerto se a pessoa morrerá deixando ou não herdeiros necessários, é altamente recomendável que as normas sobre adiantamento de herança sempre sejam consideradas ao se planejar uma doação, mesmo que, naquele momento, a pessoa não tenha ascendentes vivos, não tenha descendentes, não seja casada, nem viva em união estável.

Insista-se na importância do ponto: mesmo que, no momento da consulta, o cliente *não tenha herdeiros necessários*, até falecer poderá ter se casado, constituído união estável, tido – ou descoberto que já tinha – descendentes biológicos ou socioafetivos. Vale lembrar e destacar, ainda, que o reconhecimento de parentesco pode ocorrer até mesmo *depois da morte*.

Até aqui, então, já verificamos o que significa *adiantamento de herança*, e em que casos a doação gera tal efeito.

Na sequência, é preciso examinar o adiantamento de herança considerando a subdivisão desta, que a lei estabelece para garantir a sucessão mínima dos herdeiros necessários.

---

[2] CARVALHO, Felipe Quintella Machado de; MAFRA, Tereza Cristina Monteiro. A sucessão do companheiro depois da tese de repercussão geral do STF. *In*: LARA, Mariana Alves; ALMEIDA, Renata Barbosa; MAFRA, Tereza Cristina Monteiro; RODRIGUES JÚNIOR, Walsir Edson (Coord.). *Direito das famílias e das sucessões*: contribuições acadêmicas dos programas de pós-graduação em Direito da FDMC, PUC Minas, UFMG e UFOP. Belo Horizonte: Conhecimento, 2021. p. 59-77; DONIZETTI, Elpídio; QUINTELLA, Felipe. *Curso de direito civil*. 10. ed. São Paulo: Atlas, 2021. p. 1059-1060; CARVALHO, Luiz Paulo Vieira de. *Direito das sucessões*. 4. ed. São Paulo: Atlas, 2019. p. 521.

4 Como distinguir o adiantamento de legítima do adiantamento de parte disponível?

Conforme afirmado, a finalidade da atribuição do efeito de adiantamento de herança à doação é a proteção da futura sucessão dos herdeiros necessários do doador. Por esse motivo, naturalmente, a subdivisão da herança que a lei estabelece para garantir a sucessão mínima dos herdeiros necessários impacta a doação.

Dos arts. 1.789 e 1.846 do Código Civil de 2002, extrai-se o comando no sentido de que a herança de quem morre deixando herdeiros necessários se subdivide em duas partes iguais: a *legítima*, atribuída pela lei aos herdeiros necessários, conforme as regras da sucessão legítima; e a *parte disponível*, da qual pode livremente dispor o titular do patrimônio, conforme as regras da sucessão testamentária.

A título de curiosidade, vale anotar que nem sempre a lei subdividiu a herança em partes iguais; no direito precodificado, na vigência das Ordenações Filipinas, a legítima era de dois terços da herança, e a parte disponível de um terço (Ord. Liv. IV Tit. 82 §1º).[3] Por tal razão, a parte disponível era frequentemente chamada de *terça*.

Ante tal subdivisão, ao se examinar o efeito de uma doação como adiantamento de herança, é preciso verificar se a antecipação foi da legítima ou da parte disponível.

4.1 Quando ocorre adiantamento de legítima?

Conforme o art. 544 do Código Civil, são consideradas *adiantamento de legítima* as doações feitas *de ascendente a descendente* e *de um cônjuge a outro*.

Dependendo da interpretação sobre a situação do companheiro, também as doações *de um companheiro ao outro* terão que ser reputadas adiantamento de legítima. Tal fato, como explicado anteriormente, ainda é incerto. O mais recomendável, no planejamento, é imaginar e traçar estratégias acerca dos dois cenários futuros possíveis: o de, por alteração legislativa ou por jurisprudência dos Tribunais Superiores, o companheiro *vir a ser considerado* herdeiro necessário, e o de *não ser*.

Observe-se que, a despeito de o texto do art. 544 mencionar "adiantamento do que lhes cabe por herança", a interpretação adequada é no sentido de que se trata de *adiantamento de legítima*, especificamente. Tal conclusão – que nunca, aliás, vi disputada –, corrobora-se pelo art. 2.002 do Código, o qual determina a conferência de tais doações – procedimento tecnicamente denominado *colação* – "para igualar as legítimas".

É importante destacar que, curiosamente, o critério legal não foi o de considerar como adiantamento de legítima as doações feitas *a herdeiros necessários*, mas apenas as feitas *de ascendente a descendente* e *de um cônjuge a outro*. Quer dizer, a lei não considera adiantamento de legítima as doações feitas *de descendente a ascendente*, ainda que estes também sejam herdeiros necessários. Isso, certamente, em virtude de uma presunção, considerada pelo legislador, no sentido de que os ascendentes provavelmente morrerão antes dos descendentes.

---

3 ALMEIDA, Cândido Mendes de (Org.). *Código Philippino ou Ordenações e Leis do Reino de Portugal recopiladas por mandado d'El-Rey D. Philippe I*. 14. ed. Rio de Janeiro: Typographia do Instituto Philomático, 1870. p. 911-912.

4.2 Quando ocorre adiantamento de parte disponível?

Diferentemente do que ocorre com o adiantamento de legítima, o Código Civil não enumera, expressamente, quando a doação configura *adiantamento de parte disponível*. Todavia, considerando que a herança comporta apenas duas subdivisões, conclui-se, *a contrario sensu* da norma do art. 544, que configuram adiantamento de parte disponível as doações feitas *de descendente a ascendente, a colaterais do doador*, e *a todas as demais pessoas, naturais ou jurídicas*, não abrangidas pelo art. 544, que o doador queira beneficiar.

Ademais, o art. 2.005 do Código Civil expressamente permite ao doador considerar *adiantamento de parte disponível* as doações que seriam, pelo art. 544, consideradas adiantamento de legítima, bastando, para tanto, que assim o determine no próprio instrumento da liberalidade, ou em testamento. Trata-se da cláusula de *dispensa de colação*, conforme a ela se refere a doutrina.

5 Qual a disciplina jurídica do adiantamento de legítima?

Tendo visto, na primeira subseção da seção anterior, quando o adiantamento de herança implica adiantamento de legítima, cabe, agora, verificar a respectiva disciplina legal.

5.1 Obrigatoriedade da colação

Seguindo, nesse ponto, a tradição romano-germânica, o direito brasileiro determina a conferência, no *inventário* do doador, das doações feitas como adiantamento de legítima.

Nesse sentido, determina o art. 2.002 do Código Civil de 2002: "[o]s descendentes que concorrerem à sucessão do ascendente comum são obrigados, para igualar as legítimas, a conferir o valor das doações que dele em vida receberam, sob pena de sonegação".

Tal comando é complementado pelo art. 2.003, segundo o qual "[a] colação tem por fim igualar, na proporção estabelecida neste Código, as legítimas dos descendentes e do cônjuge sobrevivente, obrigando também os donatários que, ao tempo do falecimento do doador, já não possuírem os bens doados", e pelo art. 2.004, conforme o qual "[o] valor de colação dos bens doados será aquele, certo ou estimativo, que lhes atribuir o ato de liberalidade".

Daí se extrai que, *em vida do doador*, não se discutem as doações feitas como adiantamento de legítima. E não há regra específica, *do ponto de vista do adiantamento de herança*, acerca da *validade* de tais doações.

No entanto, aberta a sucessão do doador, essas doações precisam ser conferidas, por meio do procedimento denominado *colação*, no inventário do autor da liberalidade.

Antes de examinarmos o referido procedimento, cabe um esclarecimento acerca do que parece ter sido um erro técnico na redação do art. 2.002. Como se vê, por interpretação literal, somente estariam obrigados à colação os *descendentes* do doador, ainda que as doações de um cônjuge a outro também sejam consideradas por lei adiantamento de legítima.

Por interpretação *sistemática* e *teleológica*, no entanto, considerando-se os arts. 544 e 2.003 do Código de 2002, chega-se à conclusão – mais adequada, segundo me parece – no sentido de estar também o cônjuge obrigado à colação.

O equívoco provavelmente se explica pelo fato de que, na vigência do Código Civil de 1916, o cônjuge não era herdeiro necessário (art. 1.721); logo, não eram consideradas adiantamento de legítima as doações de um cônjuge a outro, com o que estas não estavam sujeitas à colação. O Código Civil de 2002, contudo, incluiu o cônjuge no rol dos herdeiros necessários (art. 1.845) e optou por considerar adiantamento de legítima as doações de um a outro (art. 544). Lembrou, também, de mencionar o cônjuge, ao tratar da finalidade da colação (art. 2.003). Mas acabou por se esquecer de incluir o cônjuge no comando do art. 2.002 – o qual trata dos donatários obrigados à colação –, cuja base foi o art. 1.786 do Código de 1916...

5.2 Modos de se proceder à colação

Do direito romano, herdamos dois modos de se proceder à colação: (a) conferência *do próprio bem doado*; (b) conferência do *valor* do bem doado.

O primeiro modo de se proceder à colação, denominado, pela doutrina, *colação em substância*, importa no retorno à herança dos bens doados pelo seu autor a título de adiantamento de legítima. O segundo, denominado, pela doutrina, *colação por estimação*, implica o cômputo, no montante da herança, do valor dos bens doados pelo seu autor a título de adiantamento de legítima.

Na lição clássica de Clovis Bevilaqua, ainda em tempos de direito precodificado:

> Colação em substância é a reposição, no monte partível, do bem doado; por estimação, é a imputação do valor do objeto doado sobre o quinhão do donatário, ou a adjudicação em favor dos herdeiros não beneficiados por doações, de um valor igual ao adiantamento recebido pelo donatário.[4]

Na igualmente clássica lição de Itabaiana de Oliveira, já na vigência do Código Civil de 1916:

> A colação pode ser feita por dois modos: I - *Em substância* – quando o herdeiro donatário, ou dotado, repõe à massa geral da herança, para serem partilhados, os mesmos bens que lhe foram doados. [...] II - *Por estimação* – quando se imputa no valor do quinhão do herdeiro, conferente, apenas o valor dos bens doados.[5]

Determinando a lei a colação em substância, resolve-se, com a abertura da sucessão do doador, a propriedade dos bens doados a título de adiantamento de legítima, os quais retornam ao patrimônio do doador, agora transformado em herança.

Determinando a lei a colação por estimação, mantêm-se, com a morte do doador, as doações feitas a título de adiantamento de legítima, mas se soma à herança o valor dos bens doados.

---

4 BEVILAQUA, Clovis. *Direito das sucessões*. Salvador: Livraria Magalhães, 1899. p. 418.

5 OLIVEIRA, Arthur Vasco Itabaiana de. *Tratado de direito das sucessões*. 5. ed. rev. e atual. Rio de Janeiro: Freitas Bastos, 1986. p. 403-404.

Ocorre que, infelizmente, o direito brasileiro digladia com relação aos modos de se proceder à colação.

Limitando o recorte ao direito codificado, verifica-se que o art. 1.786 do Código Civil de 1916 estabelecia, como regra geral, a colação em substância, ocorrendo a colação por estimação somente nos casos em que, ao tempo da abertura da sucessão, o donatário não mais tivesse o bem doado:

> Art. 1.786. Os descendentes, que concorrerem à sucessão do ascendente comum, são obrigados a conferir as doações e os dotes, que dele em vida receberam.
>
> Parágrafo único. Se ao tempo do falecimento do doador ou doadores, os donatários já não possuírem os bens doados, trarão à colação o seu valor.

Quando a colação tivesse que ser feita por estimação, determinava o art. 1.792 que o valor a ser considerado seria o da época da doação, certo ou estimado: "[o]s bens doados, ou dotados, imóveis, ou móveis, serão conferidos pelo valor certo, ou pela estimação que deles houver sido feita na data da doação".

A despeito da clareza dos comandos, a doutrina do século XX divergia sobre a interpretação das referidas normas.

Enquanto, por exemplo, Carlos Maximiliano e Washington de Barros Monteiro entendiam que o Código Civil adotara a regra da colação em substância, Silvio Rodrigues entendia que a regra adotada era a da colação por estimação.

Ensinava Carlos Maximiliano: "Em regra, a colação se dá *em substância*; o herdeiro confere a própria coisa doada, não o preço respectivo. Só é lícito levar ao monte partível o valor do objeto da liberalidade, se este foi alienado, ou perdido (em consequência de penhora, desastre etc.)".[6]

Na mesma linha, explicava Washington de Barros Monteiro:

> Por conseguinte, em face desses dispositivos legais, se o donatário ainda conserva o bem doado, por ocasião da morte do doador, deve colacioná-lo em substância. A conferência pelo seu valor só se fará se o bem doado já houver sido alienado.
>
> Realmente, se o citado art. 1.786 manda trazer à colação o valor dos bens doados, quando o donatário já não mais os possuir, segue-se *a contrario sensu* que, quando os bens ainda estiverem no patrimônio do beneficiado, devem vir em espécie, em substância, para recomposição da massa hereditária e oportuna partilha.[7]

Por outro lado, Silvio Rodrigues afirmava:

> Note-se que a colação não traz o bem para o espólio nem aumenta a parte disponível do testador. As liberalidades já foram feitas, já constituem negócios jurídicos perfeitos, que produziram suas consequências legais. Apenas são conferidas para apurar-se o seu valor, quer à época da doação, para os que assim a admitem, quer à época da abertura da sucessão, para os que entendem que a colação se faz em substância, pois, mesmo nesta última hipótese, o bem conferido em substância, reavaliado no inventário, será ordinariamente imputado no quinhão do donatário.[8]

---

6 MAXIMILIANO, Carlos. *Direito das sucessões*. 3. ed. Rio de Janeiro: Freitas Bastos, 1952. v. III. p. 464.

7 MONTEIRO, Washington de Barros. *Direito das sucessões*. 24. ed. São Paulo: Saraiva, 1988. p. 310.

8 RODRIGUES, Silvio. *Direito civil*: direito das sucessões. São Paulo: Saraiva, 1995. v. VII. p. 258.

Autores da mesma geração de Silvio Rodrigues e Washington de Barros Monteiro, Caio Mário da Silva Pereira, Orlando Gomes e Arnoldo Wald seguiam a mesma linha de Washington de Barros Monteiro.[9]

Vale destacar que o Código de Processo Civil de 1939, ao tratar da colação na disciplina do inventário (arts. 488 a 492), não alterou a regra da colação em substância nem a regra no sentido de que, na hipótese excepcional de colação por estimação, o valor a ser levado em conta, real ou estimado, seria o valor da coisa *ao tempo da doação*.

Por sua vez, o Código de Processo Civil de 1973, ao tratar da colação na disciplina do inventário (arts. 1.014 a 1.016), manteve, novamente, a regra da colação em substância – não obstante as divergências de interpretação que já haviam se estabelecido. Trouxe, porém, significativa alteração, determinando que, na hipótese de colação por estimação – quando o donatário não tivesse mais o bem doado ao tempo da morte do doador – o valor do bem a ser considerado seria o *do tempo da abertura da sucessão*:

> Art. 1.014. No prazo estabelecido no art. 1.000, o herdeiro obrigado à colação conferirá por termo nos autos os bens que recebeu ou, se já os não possuir, trar-lhes-á o valor.
>
> Parágrafo único. Os bens que devem ser conferidos na partilha, assim como as acessões e benfeitorias que o donatário fez, calcular-se-ão pelo valor que tiverem ao tempo da abertura da sucessão.

Assim, o Código de Processo de 1973 não apenas revogou o comando correspondente do Código de Processo de 1939, mas também derrogou o Código Civil de 1916. Afinal, o art. 1.792 deste Código, como vimos, estabelecia que o valor a ser considerado na colação era o valor do bem doado ao tempo da doação, real ou estimado. Tal comando ficou tacitamente revogado, ao entrar em vigor o Código de Processo de 1973.

Afinal, nos termos do §1º do art. 2º da Lei de Introdução às Normas do Direito Brasileiro (Decreto nº 4.657/42), "a lei posterior revoga a anterior quando expressamente o declare, quando seja com ela incompatível ou quando regule inteiramente a matéria de que tratava a lei anterior".

Mais tarde, o Código Civil de 2002 novamente alterou tais normas, ao estabelecer, no art. 2.002, como regra geral, a conferência do *valor* das doações – ou seja, *colação por estimação* –, e ao determinar, no art. 2.004, que o valor a ser considerado seria o da época da liberalidade: "[o] valor de colação dos bens doados será aquele, certo ou estimativo, que lhes atribuir o ato de liberalidade".

Novamente, então, em razão de incompatibilidade, houve revogação tácita das regras acerca do modo de se proceder à colação.

E eis que, em 2015, o Novo Código de Processo Civil voltou a alterar tais regras. Isso porque o art. 639 do referido diploma legal reproduziu, com algumas alterações de redação – e apenas duas mudanças significativas –, as normas do art. 1.014 do Código de Processo de 1973:

---

9 PEREIRA, Caio Mário da Silva. *Instituições de direito civil*. 19. ed. Rio de Janeiro: Forense, 2001. v. I. p. 297; GOMES, Orlando. *Sucessões*. 6. ed. Rio de Janeiro: Forense, 1986. p. 185.

Art. 639. No prazo estabelecido no art. 627, o herdeiro obrigado à colação conferirá por termo nos autos ou por petição à qual o termo se reportará os bens que recebeu ou, se já não os possuir, trar-lhes-á o valor.

Parágrafo único. Os bens a serem conferidos na partilha, assim como as acessões e as benfeitorias que o donatário fez, calcular-se-ão pelo valor que tiverem ao tempo da abertura da sucessão.

De um Código de Processo Civil para o outro, houve mudança apenas quanto ao prazo (art. 1.000 do Código de 1973, e art. 627 do Código de 2015), o qual passou de dez para quinze dias, e quanto à forma, vez que, além do termo nos autos do inventário, passou a ser admitida a petição, à qual o termo se reportará.

Todavia, alterou-se novamente a disciplina dos modos de se proceder à colação: a colação em substância voltou a ser a regra geral, e a colação por estimação voltou a ter aplicação subsidiária, apenas quando o donatário não mais tiver o bem doado ao tempo da morte do doador. Além disso, o valor a ser considerado, nos casos de colação por estimação, voltou a ser o da época da abertura da sucessão.

Vejamos alguns exemplos, para que o leitor possa visualizar as implicações das mudanças.

Imaginemos, primeiramente, que, em 2010, Carolina recebeu herança de seu pai, no valor de R$300.000,00, e que decidiu beneficiar cada um de seus três filhos com bens no valor de R$100.000,00. Léo escolheu um terreno, que a mãe comprou por R$100.000,00 e doou a ele. Théo escolheu um carro, que a mãe comprou por R$100.000,00 e doou a ele. Cléo, por fim, preferiu receber os R$100.000,00 em dinheiro, para abrir um negócio.

Nenhuma das doações feitas por Carolina foi dispensada da colação.

Quando Carolina faleceu, em 2014, as doações foram colacionadas. Cada um dos filhos comunicou ter recebido da mãe doação no valor de R$100.000,00. Afinal, o art. 2.002 do Código Civil de 2002, cujas regras estavam em vigor, à época, mandava proceder à colação por estimação, e, conforme o art. 2.004, o valor a ser considerado era o do bem doado à época da doação.

Consideremos que Carolina deixou R$600.000,00 de herança.

Somando-se o que foi adiantado ao que foi efetivamente deixado, a conclusão seria no sentido de ser a herança de Carolina de R$1.200.000,00. Considerando, no entanto, a igualdade nos adiantamentos, não haveria, quanto a estes, acerto a fazer entre os irmãos, e cada um herdaria R$200.000,00, dos R$600.000,00 efetivamente deixados.

Suponhamos agora, no entanto, que Carolina houvesse falecido em 2020. Já na vigência, pois, das regras acerca dos modos de se proceder à colação do Código de Processo Civil de 2015.

Verificou-se que, em 2020, Léo já não tinha mais o terreno, que vendeu, em 2012, por R$120.000,00. Théo, todavia, ainda tinha o carro. E Cléo já havia gastado a quantia recebida, no empreendimento em que investiu.

Nesse caso, Léo teria que proceder à colação por estimação, considerando o valor do terreno à época da abertura da sucessão da mãe (R$210.000,00, por exemplo). Théo levaria o carro, com o valor que tinha (à título de ilustração, R$40.000,00). Cléo, por fim, traria a quantia de R$100.000,00 atualizada (digamos, R$170.000,00).

Consideremos, ainda, que Carolina deixou R$600.000,00 de herança.

Por aplicação das regras do Código de Processo de 2015, teríamos que somar aos R$600.000,00 deixados os R$210.000,00 referentes ao terreno doado a Léo, o carro de Théo, com seu valor de R$40.000,00, e os R$170.000,00 referentes à quantia doada a Cléo.

O total da herança seria de R$1.020.000,00. A legítima de cada herdeiro, então, seria de R$340.000,00. Assim, Léo ficaria com os R$210.000,00 que se considera que recebeu antecipadamente, e ainda receberia R$130.000,00 (dos R$600.000,00 efetivamente deixados por Carolina). Théo, por sua vez, ficaria com seu carro, e ainda receberia R$300.000,00. Cléo, finalmente, ficaria com os R$170.000,00 que se considera que recebeu antecipadamente, e ainda receberia R$170.000,00.

Veja-se: em virtude dos acertos necessários, decorrentes dos adiantamentos de legítima, os R$600.000,00 efetivamente deixados por Carolina seriam assim divididos: R$130.000,00 para Léo, R$300.000,00 para Théo, e R$170.000,00 para Cléo.

E, note-se: tais resultados tão diferentes, em cada exemplo, não decorrem de alteração nas circunstâncias fáticas de cada exemplo, mas apenas na mudança da disciplina legal dos modos de se proceder à colação, do Código Civil de 2002 para o Código de Processo Civil de 2015.

5.3 Observações sobre as regras vigentes e sobre a colação em substância

Logo que foi promulgado o Código de Processo Civil de 2015, e que percebi a repristinação das regras do art. 1.014 do Código de 1973 pelo art. 639 do novo Código, debrucei-me sobre o estudo do fato, e enviei ao Congresso Nacional do Conpedi, em 2016, o resultado da pesquisa realizada. Aprovado, o trabalho foi apresentado no evento, ao grupo presidido pela Profa. Giselda Maria Fernandes Novaes Hironaka, da USP, e pela Profa. Luciana Costa Poli, da PUC Minas.

No artigo, publicado em 2021 na coletânea *Diálogos Inovadores: Direito civil, processo civil e empreendedorismo*, organizada por Marina Sillmann, Mônica Queiroz e Helena Barreto, explico que houve, de fato, derrogação tácita das regras sobre o modo de se proceder à colação do Código Civil pelo art. 639 do Código de Processo de 2015, e explico, também, que as novas regras somente devem ser aplicadas às mortes ocorridas após 18.3.2016, quando entrou em vigor o Código de 2015. Em síntese, pelo fato de que o art. 1.787 do Código Civil manda aplicar à sucessão a lei vigente ao tempo da abertura dela.[10]

Consequentemente, mesmo após a vigência do Novo Código de Processo Civil, a colação de doações feitas por doadores mortos *antes* de 18.3.2016 deve seguir as regras do Código Civil de 2002 – desde, é claro, que tais mortes tenham ocorrido após a entrada em vigor deste Código.

Cabe, também, advertir o leitor, ante o retorno da colação em substância, para as divergências interpretativas acerca de como esta deve ser realizada. É que os diferentes pontos de vista acerca do tema, que haviam surgido na vigência do Código Civil de 1916, continuam sendo encontrados na doutrina.

Penso, na verdade, que a divergência é menor do que, à primeira vista, pode parecer.

---

[10] CARVALHO, Felipe Quintella Machado de. A nova disciplina dos modos de se proceder à colação na vigência do CPC/2015. *In*: SILLMANN, Marina; QUEIROZ, Mônica; BARRETO, Helena. *Diálogos inovadores*: direito civil, processo civil e empreendedorismo. Belo Horizonte: D'Plácido, 2021. p. 220-223.

A despeito de aderir à corrente que entende que o comando legal é no sentido de se realizar a colação em substância, com o retorno do bem doado ao monte, entendo ter razão parcial Silvio Rodrigues ao afirmar que "o bem conferido em substância, reavaliado no inventário, será ordinariamente imputado no quinhão do donatário".[11]

De fato, *quando for possível* imputar no quinhão do donatário o bem doado, naturalmente que, para conservar o negócio jurídico outrora celebrado, tal deve ser feito (como vimos no exemplo de Carolina, quanto ao carro de Théo, na subseção anterior). Ocorre que, nem sempre, a herança deixada pelo doador permite referida imputação.

Vejamos um exemplo. Caio, pai de Bruno, Breno e Bruna, doou a Bruno uma casa. Ao tempo da morte de Caio, verificou-se que Bruno ainda tem a casa, e que esta vale R$500.000,00. Caio não deixou testamento, e deixou herança de R$1.000.000,00.

Ora, nesse caso, trazendo a casa à colação, como manda o art. 639 do Código de Processo Civil de 2015, conclui-se que a herança a ser partilhada é de R$1.500.000,00 (R$1.000.000,00 + a casa doada a Bruno, considerada com seu valor atual). Sendo assim, cada um dos filhos de Caio faz jus a R$500.000,00. Naturalmente que a casa deve ser mantida com Bruno, não havendo qualquer direito de Breno e Bruna sobre o bem. Estes receberão seu quinhão hereditário dividindo o restante da herança, sem qualquer prejuízo das legítimas. No fim, cada filho de Caio ficará com R$500.000,00; Bruno com a casa, Breno e Bruna com outros bens. Mas, cada um, com o mesmo valor.

Considerando esse exemplo, é compreensível o argumento de Silvio Rodrigues. Seria contrário ao princípio da conservação dos negócios jurídicos admitir que Breno e Bruna pretendessem uma fração ideal da casa, alegando se tratar do único bem imóvel integrante da herança. E não imagino que outros autores que sustentam a resolução da doação, no caso da colação em substância, defenderiam a alegação de Breno e Bruna, ao menos no direito contemporâneo, ante o princípio da conservação.

Ou seja, não obstante a resolução da doação, com o retorno do bem doado à herança, *sempre que possível*, o bem doado deve ser imputado no quinhão do donatário. Em termos práticos, portanto, é como se não tivesse havido alteração de titularidade do bem. Ainda que o bem doado, por força de lei, volte ao monte, acabará por ser restituído ao donatário, na partilha.

Mas é preciso pensar, também, em outras situações.

Tomemos o mesmo exemplo, considerando, porém, que Caio deixou apenas R$15.000,00 de herança, consistente esta em bens de uso pessoal.

Nesse caso, como seria possível preservar a doação feita a Bruno, sem ferir a legítima de Breno e Bruna? A única partilha possível seria de R$5.000,00 em bens de uso pessoal para cada filho, mais uma fração ideal de 1/3 sobre a casa doada a Bruno para cada um.

Esse exemplo destaca a importância do planejamento patrimonial sucessório, vez que a lei admite que o doador altere esse resultado.

Sabendo de sua redução patrimonial, e não desejando interferir na situação de Bruno quanto à casa – por exemplo, porque este lá constituiu, há anos, a residência de sua família –, poderia Caio, em testamento, dispensar Bruno da colação. Para tanto, precisaria, apenas, verificar se, à época da doação, esta não ultrapassou a metade do

[11] RODRIGUES, Silvio. *Direito civil*: direito das sucessões. São Paulo: Saraiva, 1995. v. VII. p. 258.

patrimônio que tinha, para evitar a configuração do excesso nulo – *doação inoficiosa* –, conforme veremos na seção a seguir.

Pode ser, todavia, que, ao refletir sobre a situação, Caio concorde com as regras sobre a colação, por entender que acabou por beneficiar Bruno quando podia mais, por ter patrimônio maior, mas não querendo que a sua redução patrimonial posterior prejudique a futura herança dos demais filhos.

À luz do princípio da autonomia privada, é importante que a decisão final fique a cargo do autor da liberalidade. Daí a lei admitir, no atual art. 2.005 do Código Civil, que o doador, caso queira, considere adiantamento de parte disponível o que seria adiantamento de legítima, e dando a ele a prerrogativa de decidir, no próprio momento em que a doação é celebrada, ou posteriormente.

6 Qual a disciplina jurídica do adiantamento de parte disponível?

Passemos, por fim, à disciplina legal do adiantamento de parte disponível.

A tais casos aplica-se, primeiramente, o disposto no art. 549 do Código Civil de 2002: "[n]ula é também a doação quanto à parte que exceder à de que o doador, no momento da liberalidade, poderia dispor em testamento".

Do comando se extrai que o Código Civil optou por tratar do adiantamento de parte disponível no plano da *validade*, estabelecendo um limite para o valor doado: o limite da parte disponível, calculado *no momento da doação*.

Três advertências, neste ponto, precisam ser feitas: (a) o limite do art. 549 aplica-se apenas ao *adiantamento de parte disponível*, não afetando o adiantamento de legítima – que tem disciplina legal própria, conforme visto; (b) o Código Civil não deixou o exame do adiantamento de parte disponível para depois da morte do doador, no plano da eficácia – como ocorre com o adiantamento de legítima –, mas disciplinou a sua *validade*, a qual se apura no exato momento em que o negócio é celebrado; (c) o adiantamento de parte disponível não se relaciona com a verdadeira parte disponível – calculada após a abertura da sucessão –, mas a uma parte disponível *hipotética*, como se o doador falecesse em seguida à doação.

Submetido o adiantamento de parte disponível ao preceito do art. 549, e constatado excesso, a doação fica sujeita à redução, até os limites da parte disponível hipotética. Tal redução se rege pelo art. 2.007 do Código Civil.

Por exemplo, se Francisco tem R$1.000.000,00, pode doar, a título de adiantamento de parte disponível, até R$500.000,00. Caso, no entanto, doe uma casa, no valor de R$600.000,00, haverá um excesso nulo de R$100.000,00 na doação.

Nas subseções subsequentes, examinaremos o excesso e a configuração da denominada *doação inoficiosa* e, em seguida, as normas acerca da respectiva redução.

6.1 Excesso no adiantamento de parte disponível e doação inoficiosa

O excesso na doação feita como adiantamento de parte disponível – aquilo que excede o limite legal – é nulo, conforme o art. 549 do Código Civil.

Veja-se, primeiramente, que a nulidade não atinge *toda a doação*, mas apenas o excesso.

O excesso no adiantamento de parte disponível configura o que tradicionalmente se denomina *doação inoficiosa.*

Tal expressão, conforme explica Luiz Paulo Vieira de Carvalho, tem origem no direito romano, e deriva do chamado *officium pietatis*, "que o futuro hereditando deveria ter em relação aos seus herdeiros necessários ou reservatários, isto é, os familiares que lhe são mais próximos".[12] A ideia do ofício de piedade, esclarece o referido autor, nasce em Roma nos tempos em que, por um lado, se admitia a ampla liberdade de testar, e, por outro, começou-se a admitir a discussão dos testamentos em que parentes próximos do testador eram preteridos:

> Nos fins da República e no início do Principado, 27 a.C., as pessoas afastadas da sucessão por vontade do hereditando passaram a ingressar com ação denominada *querela inofficiosi testamenti*, que, se acolhida, desconstituía o testamento inoficioso – *inofficiosum* –, qual seja, contrário ao *officium pietatis*, com eficácia retroativa, sob o argumento de que o falecido, ao testar, não estava em seu perfeito juízo – *quosi non sanal mentis juisse.*[13]

Importante destacar, mais uma vez, que a nulidade não atinge a *totalidade* da doação, mas, apenas, o *excesso*. Ou seja, ao se utilizar a vetusta expressão herdada do direito romano, é preciso ter em mente a metonímia empregada, vez que a doação inoficiosa é apenas a parte excessiva, e não toda a doação.

Vale lembrar que, ainda que o efeito de adiantamento de herança decorrente da doação somente se confirme por ocasião da morte do doador, é preciso, quando se trabalha com planejamento, considerar a possibilidade de a doação implicar adiantamento de parte disponível, mesmo que, à época da doação, o doador não tenha herdeiros necessários. Isso porque não se sabe se, quando falecer, os terá ou não.

Nesse sentido, imagine, por exemplo, que um cliente seu, Antônio, cujos ascendentes já são falecidos, que nunca se casou, e que afirma não ter descendentes e não viver em união estável, questione sobre a possibilidade de doar 60% de seu patrimônio para um irmão.

A rigor, naquele momento, Antônio pode celebrar a doação, vez que, naquele momento, o único limite incidente é o do art. 548 do Código Civil, o qual veda a doação universal.

Mas se, posteriormente, Antônio se casar, descobrir que seu namoro já havia configurado união estável, ter filhos ou descobrir que já os tinha ao tempo da doação, e se falecer deixando herdeiros necessários, entende-se que a doação ao irmão contém excesso nulo, porque aí, então, concluir-se-ia que houve adiantamento de parte disponível.

Concordo que a conclusão não soa bem, e esse é um dos motivos pelos quais, particularmente, sou contrário à manutenção dos herdeiros necessários e à atribuição de efeito de adiantamento de herança às doações. Todavia, considerando o direito em vigor, não tenho dúvida de que os herdeiros necessários de Antônio teriam êxito no pleito de declaração da nulidade da doação inoficiosa.

---

12 CARVALHO, Luiz Paulo Vieira de. *Direito das sucessões*. 4. ed. São Paulo: Atlas, 2019. p. 897.

13 CARVALHO, Luiz Paulo Vieira de. *Direito das sucessões*. 4. ed. São Paulo: Atlas, 2019. p. 8.

6.2 Redução do excesso nulo

No art. 2.007, o Código Civil de 2002, inovando, neste ponto, com relação a seu antecessor, disciplinou a redução do excesso nulo, nos casos de adiantamento de parte disponível – ou, em outras palavras, como mais frequentemente se diz, a *redução da doação inoficiosa*. Ao fazê-lo, no entanto, o Código foi descuidado. Assim, o assunto da redução do excesso nulo é objeto de insegurança jurídica no direito contemporâneo.

Eis o dispositivo legal:

> Art. 2.007. São sujeitas à redução as doações em que se apurar excesso quanto ao que o doador poderia dispor, no momento da liberalidade.
>
> §1º O excesso será apurado com base no valor que os bens doados tinham, no momento da liberalidade.
>
> §2º A redução da liberalidade far-se-á pela restituição ao monte do excesso assim apurado; a restituição será em espécie, ou, se não mais existir o bem em poder do donatário, em dinheiro, segundo o seu valor ao tempo da abertura da sucessão, observadas, no que forem aplicáveis, as regras deste Código sobre a redução das disposições testamentárias.
>
> §3º Sujeita-se a redução, nos termos do parágrafo antecedente, a parte da doação feita a herdeiros necessários que exceder a legítima e mais a quota disponível.
>
> §4º Sendo várias as doações a herdeiros necessários, feitas em diferentes datas, serão elas reduzidas a partir da última, até a eliminação do excesso.

Inicialmente, veja-se que o §1º do dispositivo determina que se deve apurar o excesso considerando o valor do bem doado *ao tempo da doação*. É preciso lembrar, ademais, que o art. 549 estabelece, como critério para se verificar a parte disponível, o patrimônio do doador *também ao tempo da doação*. Até aqui, tudo certo.

Como ensina atualmente Luiz Paulo Vieira de Carvalho, "para se chegar a um correto resultado, é de se fazer uma representação mental como se o doador viesse a falecer no momento seguinte à feitura da doação" (grifos no original).[14]

Ou seja, se Helena tem R$800.000,00, Helena pode, validamente, a título de adiantamento de parte disponível, doar até R$400.000,00. Se doar um bem no valor de R$400.000,00, a doação será válida, mesmo que, à época da morte de Helena, seu patrimônio fosse de R$150.000,00, e o bem doado valesse R$600.000,00.

Muito bem.

Conforme o §2º, se o donatário ainda tiver o bem doado, a redução deve ser feita *em espécie*, ou, mais propriamente, *em substância*; se o donatário não mais possuir o bem doado, faz-se a redução *em dinheiro*, com base no valor da coisa *ao tempo da abertura da sucessão*. Determina, ainda, o §2º, que devem se aplicar à redução das doações inoficiosas as regras do Código sobre a redução do excesso nas disposições testamentárias (arts. 1.967 e 1.968).

Questionava, neste ponto, o saudoso mestre Zeno Veloso: "[p]or que, aqui, a redução em substância, se o art. 2.002 sufraga, como regra geral, a conferência pelo valor? O

---

14 CARVALHO, Luiz Paulo Vieira de. *Direito das sucessões*. 4. ed. São Paulo: Atlas, 2019. p. 1061.

novo Código Civil, nessa matéria, devia ter regulado o assunto com mais segurança".[15] E prosseguia o autor na crítica – a meu ver, com toda razão:

> Mandando calcular o excesso, segundo o seu valor ao tempo da abertura da sucessão, o §2º está em contradição com o sistema que foi escolhido por este Código, que é o de igualar as legítimas através da conferência do valor das doações, valor este a ser verificado ao tempo do ato de liberalidade (cf. art. 2.003, parágrafo único; art. 2.004, *caput*, e §1º; art. 2.005, *caput*; art. 2.007, *caput* e §1º).[16]

Críticas doutrinárias à parte, como se aplicam, então, as regras do Código Civil de 2002 sobre como proceder à redução?

O primeiro passo, como ensina Luiz Paulo Vieira de Carvalho no trecho transcrito anteriormente, é verificar o patrimônio do doador ao tempo da doação, como se ele houvesse morrido em seguida, bem como o valor da doação. Dividindo-se por dois o montante do patrimônio, chega-se à parte disponível. O valor que a ultrapassar constitui o excesso a ser reduzido.

O segundo passo é verificar se, no momento da redução, o donatário ainda tem o bem doado. Se tiver, deduz-se o excesso com base nas regras sobre a redução do excesso nas disposições testamentárias, conforme as regras do art. 1.968 do Código.

Ou seja, consistindo em coisa *imóvel divisível* o objeto da doação, a redução se faz *pela divisão*.

Por sua vez, consistindo em coisa *imóvel indivisível*, compara-se o excesso a um quarto do valor do bem, nos termos do art. 1.968, §1º: (1) sendo o excesso superior a um quarto do valor do bem, perde o donatário a coisa, ficando com direito de receber o valor da parte disponível em dinheiro; (2) não sendo superior a um quarto, mantém o donatário a coisa, devendo repor o excesso em dinheiro. Ademais, se o donatário for herdeiro necessário, pode usar seu crédito na legítima para compensar o excesso, quanto puder haver compensação integral, e quando o donatário assim preferir (art. 1.968, §2º).

O Código Civil não se refere às coisas *móveis*, mas, ante a lacuna, parece-me que se devem aplicar, por analogia, as regras sobre as coisas *imóveis*, sem qualquer problema.

Impende destacar que as regras do Código não determinam a alienação da coisa doada nem o estabelecimento de condomínio.

Se, por outro lado, o donatário *não tiver mais o bem doado*, verifica-se, estimativamente – se for o caso, por meio de perícia – qual o valor do bem à época da abertura da sucessão; deduz-se tal valor da parte disponível *considerada à época da doação*, e chega-se ao valor a ser restituído. Que é estranho, não há dúvida, mas é a regra do Código, em pleno vigor.

O terceiro passo é verificar se a doação foi feita a herdeiro necessário chamado à sucessão, vez que, nesse caso, deve-se descontar do excesso apurado *ao tempo da doação* o valor do crédito do herdeiro na legítima, apurado *após a abertura da sucessão*. Que é confuso, não há dúvida, mas, novamente, é a regra do Código.

A regra do §4º, por fim, é teratológica, vez que trata da ordem em que devem ser feitas as reduções: "[s]endo várias as doações a herdeiros necessários, feitas em

---

15 VELOSO, Zeno. *Comentários ao Código Civil*. São Paulo: Saraiva, 2003. v. 21. p. 425.

16 VELOSO, Zeno. *Comentários ao Código Civil*. São Paulo: Saraiva, 2003. v. 21. p. 425.

diferentes datas, serão elas reduzidas a partir da última, até a eliminação do excesso". Tal regra foi mal copiada do direito europeu. No sistema do Código brasileiro, apura-se o excesso considerando o que seria a parte disponível *no momento da doação* (art. 549), e não no momento da abertura da sucessão. Mas o §4º do art. 2.007, que praticamente traduziu a parte final do art. 923 do Código Civil francês, esqueceu-se disso! Ocorre que, no sistema do Código francês, a parte disponível a ser considerada para verificação da ocorrência de excesso nas liberalidades é a verdadeira parte disponível, a que se calcula *após a abertura da sucessão*...[17]

Como se vê, há muitos problemas, e alguns de difícil resposta, relacionados à redução do excesso nulo das doações feitas à título de adiantamento de parte disponível, conforme sua disciplina pelo art. 2.007 do Código Civil de 2002.

Em pesquisa realizada juntamente com Matheus Siqueira Andrade, meu orientando no Mestrado da Faculdade de Direito Milton Campos, identificamos, por meio de pesquisa bibliográfica, com consulta a 15 diferentes obras de doutrina, publicadas ou atualizadas na vigência do Código Civil de 2002 e selecionadas aleatoriamente, cinco pontos sensíveis acerca das regras estabelecidas pelo art. 2.007 para a redução da doação inoficiosa: (1) se, para apuração da inoficiosidade, deve ser considerado o valor do bem doado ao tempo da doação, ou da abertura da sucessão; (2) como se deve proceder à redução – em substância, ou por estimação; (3) qual o momento de aferição do valor do bem quando a restituição se der em dinheiro, por estimação; (4) se a redução pode ser pleiteada em vida do doador, ou apenas após a sua morte; (5) se há prazo para se pleitear a redução.

O artigo foi submetido para publicação, mas, neste momento, ainda está em fase de avaliação pelo periódico. Assim que possível, darei notícia da publicação, indicarei a leitura e passarei a citar os resultados da investigação.

7 Considerações finais

Os desafios discutidos neste trabalho deixam clara a inegável necessidade de cuidados ao se celebrar um contrato de doação e, por parte dos profissionais da área de planejamento, ao se orientar a realização de uma doação, ou ao se pensar no seu uso como ferramenta de planejamento sucessório.

A despeito dos desafios e dos cuidados necessários, não resta dúvida sobre a grande importância prática do contrato de doação e da sua ampla utilização no Brasil.

Justamente por isso é que entendo serem tão importantes o aprofundamento dos estudos e as pesquisas acerca da temática, vez que, somente quando problemas são conhecidos, explicitados e explorados, é que se pode caminhar na construção de soluções.

Para auxiliar o leitor, os quadros a seguir sintetizam e esquematizam os conteúdos apresentados nas seções anteriores, com a proposta de ajudar na identificação das hipóteses em que a doação implica adiantamento de herança, distinguindo os casos

---

[17] Tal é a regra do art. 913 do Código Civil francês (tradução livre): "[a]s liberalidades, seja por ato entre vivos, seja por testamento, não poderão exceder a metade dos bens do disponente, se ele deixar um filho; a terça parte, se ele deixar dois filhos; e um quarto, se ele deixar três ou mais".

de *adiantamento de legítima* dos casos de *adiantamento de parte disponível*, e, ainda, com a indicação das normas aplicáveis em cada hipótese.

Atribuição de efeito de adiantamento de herança à doação	
Doador falece *deixando herdeiros necessários.*	As doações que fez são consideradas *adiantamento de herança*: ou *da legítima*, ou da *parte disponível*.
Doador falece *sem deixar herdeiros necessários.*	As doações que fez não são consideradas adiantamento de herança.

Herdeiros necessários – Art. 1.845 do Código Civil		
Descendentes	Ascendentes	Cônjuge *Controvérsia acerca do companheiro.

Doação	Adiantamento de herança	
Para herdeiros necessários, sem dispensa de colação.	*Adiantamento de legítima.* Observar arts. 544 e 2.002 e ss. do Código Civil, e art. 639 do Código de Processo Civil.	
Para *herdeiros necessários, com dispensa de colação.*		*Adiantamento de parte disponível.* Observar arts. 549, 2.005, 2.006 e 2.007 do Código Civil.
Para *outras pessoas*, naturais ou jurídicas.		*Adiantamento de parte disponível.* Observar arts. 549, 2.006 e 2.007 do Código Civil.

Este texto, conforme explicado nas considerações iniciais, pretendeu discutir cinco desafios relacionados ao adiantamento de herança, como efeito legal do contrato de doação, e discutir cuidados necessários referentes a cada qual.

Trata-se, naturalmente, de uma primeira leitura. Até mesmo em razão das limitações de extensão dos trabalhos que compõem esta obra – característica natural dos artigos –, não se pretendeu esgotar os assuntos ora examinados. Fica o convite para o debate, para o aprofundamento e para novas pesquisas.

Referências

ALMEIDA, Cândido Mendes de (Org.). *Código Philippino ou Ordenações e Leis do Reino de Portugal recopiladas por mandado d'El-Rey D. Philippe I*. 14. ed. Rio de Janeiro: Typographia do Instituto Philomático, 1870.

BEVILAQUA, Clovis. *Direito das sucessões*. Salvador: Livraria Magalhães, 1899.

CARVALHO, Felipe Quintella Machado de. A nova disciplina dos modos de se proceder à colação na vigência do CPC/2015. *In*: SILLMANN, Marina; QUEIROZ, Mônica; BARRETO, Helena. *Diálogos inovadores*: direito civil, processo civil e empreendedorismo. Belo Horizonte: D'Plácido, 2021.

CARVALHO, Felipe Quintella Machado de; MAFRA, Tereza Cristina Monteiro. A sucessão do companheiro depois da tese de repercussão geral do STF. *In*: LARA, Mariana Alves; ALMEIDA, Renata Barbosa; MAFRA, Tereza Cristina Monteiro; RODRIGUES JÚNIOR, Walsir Edson (Coord.). *Direito das famílias e das sucessões*:

contribuições acadêmicas dos programas de pós-graduação em Direito da FDMC, PUC Minas, UFMG e UFOP. Belo Horizonte: Conhecimento, 2021.

CARVALHO, Luiz Paulo Vieira de. *Direito das sucessões*. 4. ed. São Paulo: Atlas, 2019.

DONIZETTI, Elpídio; QUINTELLA, Felipe. *Curso de direito civil*. 10. ed. São Paulo: Atlas, 2021.

GOMES, Orlando. *Sucessões*. 6. ed. Rio de Janeiro: Forense, 1986.

MAXIMILIANO, Carlos. *Direito das sucessões*. 3. ed. Rio de Janeiro: Freitas Bastos, 1952. v. III.

MONTEIRO, Washington de Barros. *Direito das sucessões*. 24. ed. São Paulo: Saraiva, 1988.

OLIVEIRA, Arthur Vasco Itabaiana de. *Tratado de direito das sucessões*. 5. ed. rev. e atual. Rio de Janeiro: Freitas Bastos, 1986.

PEREIRA, Caio Mário da Silva. *Instituições de direito civil*. 19. ed. Rio de Janeiro: Forense, 2001. v. I.

RODRIGUES, Silvio. *Direito civil*: direito das sucessões. São Paulo: Saraiva, 1995. v. VII.

SANTOS, Camila Ferrão; KONDER, Carlos Nelson. A doação como instrumento de planejamento sucessório. *In*: TEIXEIRA, Daniele Chaves. *Arquitetura do planejamento sucessório*. Belo Horizonte: Fórum, 2021. t. III.

VELOSO, Zeno. *Comentários ao Código Civil*. São Paulo: Saraiva, 2003. v. 21.

Informação bibliográfica deste texto, conforme a NBR 6023:2018 da Associação Brasileira de Normas Técnicas (ABNT):

CARVALHO, Felipe Quintella Machado de. Doação e desafios do adiantamento de herança: cuidados necessários para o planejamento. *In*: TEIXEIRA, Daniele Chaves (Coord.). *Arquitetura do planejamento sucessório*. Belo Horizonte: Fórum, 2022. p. 433-450. Tomo III. ISBN 978-65-5518-291-0.

PLANEJAMENTO SUCESSÓRIO: GESTÃO, FRUIÇÃO E PARTILHA DE FRUTOS DA HERANÇA

GABRIEL HONORATO
RAPHAEL ARNAUD

1 Notas introdutórias

Um dos problemas comuns em administrações de heranças e em processos de inventário, sobretudo quando há litígio entre os herdeiros, diz respeito à partilha de frutos decorrentes de bens da herança deixada pelo falecido. Na maioria dos casos, a falta do titular do patrimônio (*de cujus*) – que exercia, em vida, os poderes de gestão sobre os bens e de liderança sobre a família –, aliada à ausência de um planejamento sucessório, acaba importando em disputas patrimoniais entre os sucessores que refletem no patrimônio e nos frutos advindos deste.

Como se sabe, do falecimento do autor da herança até a partilha dos bens entre os herdeiros, há um lapso temporal que pode variar de meses a décadas, a depender, precipuamente, do cenário de consenso ou de discordância entre os sucessores. Daí a razão da disputa entre frutos que pode recair sobre aluguéis de móveis e imóveis, colheitas de frutos de uma plantação, rendimentos de quotas sociais de uma sociedade empresária e até mesmo rendimentos de contas em redes sociais e outras espécies de bens digitais.

Frise-se que antes mesmo da disputa, há que se considerar um notório desconhecimento – por parte de herdeiros e muitas vezes até mesmo por parte de operadores do direito – quanto aos parâmetros legais a serem aplicados na definição dos sujeitos destinatários dos frutos em análise. Diante deste cenário, busca-se nestes escritos discorrer sobre a necessidade de partilha de bens entre herdeiros, desde a abertura da sucessão até a partilha do acervo hereditário.

Para tanto, optou-se metodologicamente por rememorar brevemente as categoriais dos frutos, como meio de compreensão de suas regras de transmissão, para em seguida enfrentar a pergunta sobre a quem serão devidos quando se estabelece a abertura da sucessão.

Posteriormente, este pequeno artigo apresenta soluções jurídicas passíveis de serem aplicadas ainda em vida através do, por infortúnio, ainda incipiente em terras brasileiras, planejamento sucessório. Como se verá, a fruição, poder costumeiramente intrínseco à propriedade, pode dela se deslocar por vontade dispositiva do doador ou testador, a depender da arquitetura sucessória planejada.

Cumpre registrar, no que tange à menção aos frutos de quotas sociais, que a gestão, fruição e partilha destes frutos da sociedade empresária – seja esta uma empresa comum seja uma *holding* patrimonial ou controladora – serão objetos de outro escrito acadêmico, já em esboço por estes autores, em virtude da necessidade de um espaço mais amplo para discorrer sobre tema tão complexo.

2 Bens reciprocamente considerados: um sucinto retorno à teoria geral para melhor compreensão da classe patrimonial dos frutos

Ao longo destes escritos, muito se falará sobre bens, sua transmissão *causa mortis* e o caráter acessório dos frutos em relação aos "bens principais", atraindo o chamado "princípio da gravitação jurídica", segundo o qual "os acessórios seguem à sorte do principal".

Parece-nos justificada, portanto, essa brevíssima passagem pela Parte Geral do Código Reale, com o intuito de relembrarmos a classe patrimonial na qual os frutos estão incluídos, como forma de melhor compreender a sistemática a eles deferida.

Insta recordar que a lei civil lança as regras gerais sobre "bens" no Livro II da Parte Geral, classificando-os segundo três critérios básicos, de que derivam subcritérios. O primeiro desses critérios busca estudar os bens *per se*, ou seja, classifica-os por sua própria condição existencial. Assim, no primeiro capítulo do mencionado Livro II, vemos as regras atinentes aos bens segundo a suas características intrínsecas de mobilidade, fungibilidade, consuntibilidade, divisibilidade e singularidade.

Antes que possa parecer mera "taxonomia" infrutífera, a compreensão dessas classes possui todo um sentido sistêmico para o que depois se averigua na parte especial do CC 2002. É que ao tratar, por exemplo, da propriedade, veremos que a aquisição, transmissão e perda dos bens que a compõem derivam de acordo com a sua qualificação. Assim, longe de ser um critério meramente físico, classificar um bem em móvel ou imóvel não é apenas uma questão de saber se ele se move ou não. Afinal, ao fim e a cabo, em movimento rotativo e translativo estamos todos nós e todas as coisas. O que legislador intenta com a qualificação de um bem como móvel ou imóvel é medir o grau de complexidade dos fluxos que envolvem a troca de sua titularidade, tanto é assim que, no inc. II, do art. 80, do diploma em apreço, considerou "o direito à sucessão aberta" como um bem imóvel. Todos devemos concordar que no plano físico não se questiona a possibilidade de um direito locomover-se, seja por força própria ou alheia.

Já no Capítulo II, os bens são classificados considerando-se a sua posição em relação a outros bens, daí porque o referido capítulo recebe o nome de "Dos Bens Reciprocamente Considerados". Aqui importa saber o que tem existência e utilidade própria – *bem principal* – e o que existe em função ou derivado desse bem principal – *bem acessório*. Entre os acessórios, contudo, visualizamos as pertenças – que não seguem a regra do *acessorium sequitur principale* – as partes integrantes, as benfeitorias, os produtos e, finalmente, os frutos.

Frutos, dessa maneira, traduzem-se por uma utilidade renovável que a coisa produz periodicamente, assim, sua retirada não reduz a substância do bem principal, que não perderá, em razão da colheita, a sua identidade. Os aluguéis percebidos pelos herdeiros, por exemplo, não desnaturalizam o imóvel deixado por herança do qual derivou a fruição. Aliás, pegando esse gancho, rememoremos que esse tipo de fruto recebe o nome de fruto civil, ainda existindo os frutos industriais e naturais, de acordo com a natureza da coisa acessória.

Quanto à ligação com o bem principal temos os frutos (i) colhidos ou percebidos: já destacados da coisa principal; (ii) pendentes: ainda não destacados do principal; (iii) estantes: já colhidos e armazenados; (iv) consumidos: o uso já ocasionou a sua destruição e (v) percipiendos: aqueles que já deveriam ter sido colhidos, mas por qualquer razão não o foram, a exemplo de rendas prescritas.

3 A quem cabe os frutos dos bens de herança?

Consagrado como direito fundamental, o direito de propriedade tem previsão expressa no art. 5º, inc. XXII,[1] e no art. 170, inc. II,[2] da Constituição Federal. Destaque-se que o reconhecimento constitucional da propriedade como direito humano "se prende à função de proteção pessoal de seu titular". Destarte, a propriedade possui função de "garantir a autonomia privada do ser humano e no desenvolvimento de sua personalidade, pois os direitos reais são outorgados a uma pessoa para a realização pessoal da posição de vantagem que exerce sobre a coisa".[3]

Neste sentido, Cristiano Chaves e Nelson Rosenvald ensinam que "a propriedade que representa a economia de mercado e a livre iniciativa será resguardada pelo sistema, como demonstração de apreço do Estado de Direito pela proteção dos contratos e segurança jurídica", concluindo que "qualquer intromissão não razoável no direito de propriedade representará uma violação à esfera de liberdade e privacidade de seu titular e/ou entidade familiar".[4]

Destaque-se, destarte, que o direito de propriedade é assegurado ao cidadão exatamente para salvaguardar os interesses patrimoniais dele decorrentes. Daí a dicção do art. 1.228 do Código Civil, que assinala caber ao proprietário o direito de usar, gozar, dispor e reaver a coisa. Consigne-se, neste linear, que fruir ou gozar tem sua significação mais ligada à percepção de frutos que a coisa puder proporcionar, sendo este poder de fruição mais bem compreendido com a leitura dos arts. 92, 93 e 1.232 do diploma civil,

---

1 "Art. 5º Todos são iguais perante a lei, sem distinção de qualquer natureza, garantindo-se aos brasileiros e aos estrangeiros residentes no País a inviolabilidade do direito à vida, à liberdade, à igualdade, à segurança e à propriedade, nos termos seguintes: [...] XXII - é garantido o direito de propriedade; [...]".

2 "Art. 170. A ordem econômica, fundada na valorização do trabalho humano e na livre iniciativa, tem por fim assegurar a todos existência digna, conforme os ditames da justiça social, observados os seguintes princípios: [...] II - propriedade privada; [...]".

3 SAMPAIO, José Adércio Leite; NARDY, Afrânio. Direito fundamental de propriedade, direito fundamental ao meio ambiente ecologicamente equilibrado e o princípio constitucional da precaução. *In*: FILOMENO, José Geraldo Brito; WAGNER JUNIOR, Luiz Guilherme da Costa; GONÇALVES, Renato Afonso (Org.). *O Código Civil e sua interdisciplinaridade* – Os reflexos do Código Civil nos demais ramos do direito. Belo Horizonte: Del Rey, 2004. p. 230.

4 FARIAS, Cristiano Chaves de; ROSENVALD, Nelson. *Curso de direito civil*: direitos reais. 13. ed. Salvador: JusPodivm, 2017. p. 284.

que disciplinam a regra geral de que os bens acessórios seguem a sorte do principal,[5] como antecipado no item anterior.

Insta ressaltar, neste diapasão, a literatura do art. 1.232 do referido diploma que preconiza que "os frutos e mais produtos da coisa pertencem, ainda quando separados, ao seu proprietário, salvo se, por preceito jurídico especial, couberem a outrem". Desta forma, pode-se concluir que os frutos civis, enquanto bens acessórios, seguem a propriedade e, por conseguinte, mantêm-se com o proprietário, motivo pelo qual se deve averiguar sobre quem recai a titularidade do bem para que se destinem os frutos. É assim no direito das obrigações (*vide* arts. 237 e 238 do CC) e também o é no fenômeno sucessório.

Dito isso, cumpre rememorar que, desde o falecimento do autor da herança, opera-se o princípio da *saisine*, insculpido no art. 1.784 do Código civilista: "aberta a sucessão, a herança transmite-se, desde logo, aos herdeiros legítimos e testamentários". O texto do dispositivo é de extrema importância e precisa ser compreendido em sua integralidade, visto que, com o evento morte, a herança projeta-se imediatamente para os sucessores, podendo ser os legítimos ou testamentários, a depender da realização de planejamento sucessório pelo falecido em vida.

Ocorre que o *droit de la saisine* provoca uma transmissão ficta da propriedade que somente se consolida ao término do inventário, com a individualização da herança entre seus herdeiros mediante expedição dos respectivos formais de partilha a serem averbados nos seus relativos registros gerais de imóveis. Neste meio tempo, forma-se o ente despersonalizado chamado "espólio", universalidade de direito composta por todos os bens, direitos e obrigações deixados pelo sujeito falecido e representado inicialmente pelo administrador provisório[6] até a nomeação do inventariante,[7] o que ocorre após a abertura do inventário, mediante processo judicial ou procedimento extrajudicial. Negrite-se que tanto o cargo de administrador provisório como o de inventariante importam na função de administração, de representação e não de exclusiva titularidade sobre a propriedade, como muitos passam a pensar, talvez em virtude da interpretação errônea do art. 618 do CPC, que assevera caber ao inventariante a administração do espólio, cuidando e representando os bens "como se seus fossem". Na verdade, quis o legislador enfatizar os deveres decorrentes do cargo da inventariança que devem ser cumpridos com máximo rigor, tal como se o bem fosse exclusivo e particular.

---

[5] MELO, Marco Aurélio Bezerra de. Comentários ao Livro III – Das Coisas – do Código Civil. *In*: SCHREIBER, Anderson *et al*. (Coord.). *Código Civil comentado* – Doutrina e jurisprudência. Rio de Janeiro: Forense, 2019. p. 857.

[6] O Código Civil enumerou em seu art. 1.797 o rol de administração da herança até a abertura do inventário e nomeação do inventariante: "Art. 1.797. Até o compromisso do inventariante, a administração da herança caberá, sucessivamente: I - ao cônjuge ou companheiro, se com o outro convivia ao tempo da abertura da sucessão; II - ao herdeiro que estiver na posse e administração dos bens, e, se houver mais de um nessas condições, ao mais velho; III - ao testamenteiro; IV - a pessoa de confiança do juiz, na falta ou escusa das indicadas nos incisos antecedentes, ou quando tiverem de ser afastadas por motivo grave levado ao conhecimento do juiz".

[7] Por seu turno, o Código de Processo Civil prevê ordem legal de nomeação do inventariante em seu art. 617: "O juiz nomeará inventariante na seguinte ordem: I - o cônjuge ou companheiro sobrevivente, desde que estivesse convivendo com o outro ao tempo da morte deste; II - o herdeiro que se achar na posse e na administração do espólio, se não houver cônjuge ou companheiro sobrevivente ou se estes não puderem ser nomeados; III - qualquer herdeiro, quando nenhum deles estiver na posse e na administração do espólio; IV - o herdeiro menor, por seu representante legal; V - o testamenteiro, se lhe tiver sido confiada a administração do espólio ou se toda a herança estiver distribuída em legados; VI - o cessionário do herdeiro ou do legatário; VII - o inventariante judicial, se houver; VIII - pessoa estranha idônea, quando não houver inventariante judicial".

O espólio, portanto, funciona, segundo dissemos, como uma universalidade de direito que representa a relação condominial existente entre os herdeiros sobre os referidos bens até que se individualizem as propriedades de cada sucessor. Distingue-se, deste modo, o espólio pela formação de um *condomínio pró-indiviso* no qual todos os condôminos são titulares (donos) do todo, de modo abstrato, mas nenhum é titular de forma singular, salvo se houver a instituição de legados, por meio de testamentos, conforme se tratará no tópico seguinte. É esta a inteligência extraída do art. 1.791, parágrafo único, do diploma civil, que disciplina que "Até a partilha, o direito dos co-herdeiros, quanto à propriedade e posse da herança, será indivisível, e regular-se-á pelas normas relativas ao condomínio".

Neste diapasão, cumpre registrar recentíssimo precedente do Tribunal de Justiça do Distrito Federal e Territórios – TJDFT:

> PROCESSO CIVIL. APELAÇÃO CÍVEL. COPROPRIEDADE EM RAZÃO DE HERANÇA. UTILIZAÇÃO DO IMÓVEL POR APENAS UM HERDEIRO. COBRANÇA DE ALUGUÉIS. 1. É devido aluguéis aos coproprietários do imóvel por aquele que utiliza o bem comum. 2. Tratando-se de herança, o beneficiário pelo uso do bem deve pagar aos requerentes a cota relativa ao quinhão de cada um. 3. Recurso não provido. (TJDF 07347955520198070001/DF 0734795-55.2019.8.07.0001. Rel. Mario-Zam Belmiro, 8ª Turma Cível, j. 4.8.2021. *DJe*, 13 ago. 2021)

Este é um entendimento que há muito está pacificado no Superior Tribunal de Justiça – STJ, que tem seguido o seu precedente a seguir esposado:

> Direito civil. Recurso especial. Cobrança de aluguel. Herdeiros. Utilização exclusiva do imóvel. Oposição necessária. Termo inicial. - Aquele que ocupa exclusivamente imóvel deixado pelo falecido deverá pagar aos demais herdeiros valores a título de aluguel proporcional, quando demonstrada oposição à sua ocupação exclusiva. - Nesta hipótese, o termo inicial para o pagamento dos valores deve coincidir com a efetiva oposição, judicial ou extrajudicial, dos demais herdeiros. Recurso especial parcialmente conhecido e provido. (STJ. REsp nº 570.723/RJ 2003/0153830-0. Rel. Min. Nancy Andrighi, Terceira Turma, j. 27.3.2007. *DJ*, 20 ago. 2007 p. 268)

Em regra, conforme apregoa o art. 1.326 do Código Civil, "os frutos da coisa comum, não havendo em contrário estipulação ou disposição de última vontade, serão partilhados na proporção dos quinhões". Assim, se determinado bem imóvel do espólio rende frutos civis no importe de R$20.000,00 (vinte mil reais) mensais e este mesmo bem detém 4 (quatro) proprietários (herdeiros) com quotas iguais de 25% (vinte e cinco por cento), caberá a cada sucessor o valor de R$5.000,00 (cinco mil reais) sobre os frutos civis. Havendo outra forma de divisão da propriedade, o respectivo raciocínio se aplicará aos aluguéis em suas proporcionalidades.

Insta ressaltar que o raciocínio acima esposado objetiva tornar mais didática a explanação. Contudo, ante o sistema bifásico que possuem os inventários,[8] não se pode desconsiderar que tais frutos somente serão recebidos pelos destinatários finais

---

8 Tem se atribuído aos inventários o sistema bifásico em virtude da existência de duas fases processuais distintas, sendo a primeira de apuração do ativo e liquidação do passivo e a segunda de partilha do saldo remanescente da primeira fase entre os herdeiros previstos no processo sucessório.

(herdeiros) caso superadas as dívidas e obrigações do espólio sem a necessidade de utilização – parcial ou integral – desta fonte de recursos para satisfação dos credores.

Retomando-se as ponderações, anote-se que, assim como os bens deixados pelo morto devem ser levados ao inventário, o mesmo se aplica aos frutos, estejam os bens na posse do herdeiro comum ou do inventariante, consoante normativa contida no art. 2.002 do CC que assim dispõe:

> Art. 2.002. Os herdeiros em posse dos bens da herança, o cônjuge sobrevivente e o inventariante são obrigados a trazer ao acervo os frutos que perceberam, desde a abertura da sucessão; têm direito ao reembolso das despesas necessárias e úteis que fizeram, e respondem pelo dano a que, por dolo ou culpa, deram causa.

Cumpre observar, todavia, que o herdeiro nomeado legatário possui tratamento distinto, não tendo obrigação alguma de colacionar os frutos do bem legado, conforme se passa a tratar no tópico seguinte.

4 A influência do planejamento sucessório na transmissão de bens e de frutos

O planejamento sucessório tem inestimável importância na projeção patrimonial do autor da herança para os seus herdeiros, sejam eles legítimos sejam testamentários, o que parece ter sido mais bem compreendido nestes últimos anos de 2020 e 2021, por ocasião da pandemia da Covid-19, que ensejou um notório aumento do número de testamentos nos cartórios brasileiros.[9] Como se sabe, tal planejamento surgiu exatamente para salvaguardar a vontade do *de cujus*, permitindo-lhe certa liberdade de autodeterminação que não se limite à sucessão legítima, conforme previsto no art. 1.829 do Código Civil. Basta dizer que o testador poderá designar herdeiros não previstos no dispositivo em escopo, destinando, por exemplo, 20% (vinte por cento) de seu patrimônio para um sobrinho ou um amigo que gostaria de agraciar. Doutra banda, pode ainda o testador designar herdeiros legatários para que sejam beneficiados com bens singulares ao invés de percentuais do acervo hereditário.

Neste linear, ensina Conrado Paulino da Rosa que "o legado constitui uma liberalidade, a título singular, realizada mediante testamento ou codicilo, a favor de um contemplado que é denominado como legatário, que pode abranger uma gama de situações". Ato contínuo, procede, com importante distinção para o presente estudo, ao ressaltar que "enquanto o herdeiro recebe um núcleo unitário – seja na sucessão legítima ou na testamentária – o legatário, ao inverso, é sempre um sucessor a título singular ou particular".[10]

---

[9] GREGORIO, Rafael. Registros de testamentos em cartórios aumentam 134% após a pandemia – Crescimento teve início em maio e ganhou força após disponibilização de plataforma digital que permite realização de atos por videoconferência. *Valor Investe*, 18 out. 2020. Disponível em: https://valorinveste.globo.com/objetivo/organize-as-contas/noticia/2020/10/18/registros-de-testamentos-em-cartorios-aumentam-134percent-apos-a-pandemia.ghtml. Acesso em: 15 jul. 2021.

[10] ROSA, Conrado Paulino da; RODRIGUES, Marco Antônio. *Inventário e partilha*. Salvador: JusPodivm, 2019. p. 262.

É esta a lição que se depreende do art. 1.923 do CC, que assevera que "desde a abertura da sucessão, pertence ao legatário a coisa certa, existente no acervo, salvo se o legado estiver sob condição suspensiva". Por seu turno, o §2º do dispositivo em espeque preceitua que "o legado de coisa certa existente na herança transfere também ao legatário os frutos que produzir, desde a morte do testador, exceto se dependente de condição suspensiva, ou de termo inicial".

Significa dizer, portanto, que se o falecido tiver instituído um bem imóvel, quotas sociais de uma sociedade empresária ou bem digital para o herdeiro testamentário João, diante da transmissão singular da propriedade projetar-se-ão, de igual forma, os frutos que não precisarão ser partilhados com os demais herdeiros.

Importa, contudo, destacar algumas observações: (i) o legado não se transmitirá diretamente ao legatário se pendente de condição suspensiva ou de termo inicial, consoante parte final do §2º acima esposado; (ii) o legado também será exercido se houver litígio sobre a validade do testamento, *vide* art. 1.924 do Código Civil,[11] negritando-se, todavia, que não se deve afastar e/ou suspender os direitos do legatário na hipótese de ação anulatória meramente especulativa, sem fundamentos (sem nenhum indício de nulidade testamentária), com finalidade "estratégica", o que viria a configurar abuso de direito (art. 187 do CC)[12] e litigância de má-fé (art. 80, inc. VI, do CPC);[13] (iii) a instituição de legado e sua eficácia dependem, obviamente, do respeito à legítima, cabendo ao testador a inteligência matemática para não ultrapassar sua quota disponível, no Brasil quantificada em 50% (cinquenta por cento) do patrimônio próprio (art. 1.846, *caput*,[14] e art. 1.857, §2º,[15] ambos do CC).

Neste norte, importa constatar a essencialidade de um olhar sobre os frutos dos bens que compõem a herança na oportunidade do planejamento sucessório, a fim de evitar lacunas que facilitem os conflitos sucessórios. Imagine-se, por exemplo, que o testador objetive partilhar seu patrimônio em frações iguais para seus filhos, únicos herdeiros, mas nada diga sobre o eventual pagamento de aluguel pelo filho que residia na mesma casa do falecido, então testador. Em tal hipótese o herdeiro pode terminar sendo compelido ao pagamento de aluguéis, mesmo que contra a vontade (não redigida no testamento) do autor da herança, caso os demais herdeiros procedam com tal cobrança. Para evitar tal pagamento e também o referido conflito, dois caminhos se mostram resolúveis pela sucessão testamentária: (i) a instituição do referido bem como um legado (transmitindo o bem singularmente sem a instituição do condomínio e, consequentemente, sem o dever de pagar aluguéis) em prol do filho, *vide* art. 1.923, *caput* e parágrafo único, do CC, acima tratado; (ii) a instituição do legado de usufruto, previsto no art. 1.921 do CC,[16] podendo ser estabelecido por determinado marco temporal, em prazo fixo (três

---

11 "Art. 1.924. O direito de pedir o legado não se exercerá, enquanto se litigue sobre a validade do testamento, e, nos legados condicionais, ou a prazo, enquanto esteja pendente a condição ou o prazo não se vença".

12 "Art. 187. Também comete ato ilícito o titular de um direito que, ao exercê-lo, excede manifestamente os limites impostos pelo seu fim econômico ou social, pela boa-fé ou pelos bons costumes".

13 "Art. 80. Considera-se litigante de má-fé aquele que: [...] VI - provocar incidente manifestamente infundado; [...]".

14 "Art. 1.846. Pertence aos herdeiros necessários, de pleno direito, a metade dos bens da herança, constituindo a legítima".

15 "Art. 1.857. [...] §2º A legítima dos herdeiros necessários não poderá ser incluída no testamento".

16 "Art. 1.921. O legado de usufruto, sem fixação de tempo, entende-se deixado ao legatário por toda a sua vida".

anos, por exemplo) ou com a instituição de um termo final, que poderia ser o término do inventário ou a alienação do bem. Como se percebe, são duas hipóteses que reduzem as lacunas e consequentemente os conflitos sucessórios, mas que precisam ser pensadas na oportunidade do planejamento sucessório e ser executadas para que se cumpra o propósito almejado.

É de bom alvitre realçar, igualmente, que a vontade intentada para a sucessão não pode estar divorciada dos preceitos legais, sobretudo de normas cogentes, isto é, de ordem pública, que não podem ser flexibilizadas por intermédio do exercício da autonomia privada. Ilustre-se, a este respeito, que não seria válida a cláusula testamentária que destinasse os frutos de um único bem imóvel do falecido quando, na verdade, este bem seria utilizado pela viúva, legítima detentora do direito real de habitação, insculpido no art. 1.831 do CC.[17]

Quesito importante para se planejar a destinação de frutos diz respeito aos bens digitais.[18] Importa ao presente estudo os bens digitais que projetam frutos, como contas na plataforma *YouTube*, que monetiza os seus titulares de acordo com o número de acessos, fato este que tem se notabilizado pelas significativas elevações de acessos e de seguidores após o falecimento, no caso de artistas e pessoas públicas, como o cantor Gabriel Diniz que após acidente de avião recebeu mais de um milhão de seguidores em apenas 24 horas.[19] Fato é que, consoante pontuado, algumas plataformas monetizam de acordo com o acesso, projetando frutos, rendimentos estes que passarão a ser partilhados entre os herdeiros legítimos e/ou testamentários, podendo ainda ser atribuídos individualmente aos legatários indicados no testamento, conforme dito alhures.

Pontue-se que muitos ainda não se atentaram aos valores que orbitam em torno destes bens digitais, que podem prospectar rendimentos superiores a mansões de luxo, fazendas, casas de praia e outros. Neste sentido, a *Revista Forbes Brasil* divulgou os *youtubers* mais bem pagos de 2019, ocupando a primeira posição Ryan Kaji, com U$26.000.000,00 (vinte e seis milhões de dólares) por ano, e Evan Fong, com receita de U$11.500.000,00 (onze milhões e quinhentos mil dólares) anualmente. Em que pese se tratar de cifras estratosféricas que fogem ao padrão comum, este mercado tem chamado atenção pelos números, conquistando um maior número de influenciadores. O portal *UOL Economia* recentemente apresentou matéria jornalística informando que o faturamento depende do número de seguidores. De acordo com a reportagem, os "influenciadores médios", que são aqueles que possuem entre 20 mil e 200 mil seguidores, chegam a faturar R$30.000,00 (trinta mil reais) mensais, enquanto os "microinfluenciadores" faturam até R$15.000,00 (quinze mil reais), números estes mais comuns nos dias atuais.[20]

---

[17] "Art. 1.831. Ao cônjuge sobrevivente, qualquer que seja o regime de bens, será assegurado, sem prejuízo da participação que lhe caiba na herança, o direito real de habitação relativamente ao imóvel destinado à residência da família, desde que seja o único daquela natureza a inventariar".

[18] "Bens digitais" ou "ativos digitais" (*digital assets*) são expressões que vêm sendo atribuídas aos bens intangíveis que existem em formato digital. Exemplo de tais bens são as bibliotecas virtuais, milhas aéreas, carteiras digitais, acessórios virtuais de jogos de videogame, contas de *e-mail*, redes sociais etc.

[19] PERFIL de Gabriel Diniz ganhou mais de 1 milhão de seguidores após morte. *Extra*, 28 maio 2019. Disponível em: https://extra.globo.com/tv-e-lazer/perfil-de-gabriel-diniz-ganha-mais-de-1-milhao-de-seguidores-apos-morte-23700720.html. Acesso em: 6 set. 2021.

[20] PEREIRA, Vinicius. Sabe quanto pode ganhar um influenciador digital por mês? *UOL*, 22 nov. 2019. Disponível em: https://economia.uol.com.br/noticias/redacao/2019/11/22/influenciadores-digitais-trabalho-faturamento-digital-influencer.htm. Acesso em: 6 set. 2021.

Sobre a sucessão de bens digitais, cumpre consignar que a maior parte das plataformas digitais do gênero tem indicado, para se permitir a transmissão da conta, a existência de manifestação do falecido, então titular, diretamente nas configurações da conta, a exemplo do Facebook, que permite espécie de testamento digital com indicação do herdeiro gestor após o falecimento, ou a elaboração de uma das espécies testamentárias (art. 1.862 do CC),[21] manifestando a transmissão desta para o herdeiro indicado.

Nesse sentido, parece-nos plenamente viável a indicação de determinado herdeiro como legatário do bem ou do usufruto do bem, aplicando-se o mesmo raciocínio defendido no início deste capítulo. O importante, como se demonstra neste estudo, é que o planejamento sucessório perpasse não apenas a transmissão patrimonial do autor da herança, mas também os frutos projetados por este acervo.

5 Notas conclusivas

Diante das premissas e dos argumentos apresentados ao longo deste escrito, uma primeira conclusão parece não apenas óbvia como também necessária: é preciso desmistificar a ideia de que o herdeiro que ocupa o imóvel deixado pelo *de cujus* terá obrigatoriamente de pagar aluguel aos demais herdeiros. É essa uma regra geral que, todavia, não se pode confundir com uma norma de caráter absoluto que não comporte exceção.

Necessária a compreensão do caso concreto em tela e de institutos eventualmente utilizados no planejamento em vida para apenas, posteriormente, à superação desta etapa, identificar a relação entre os herdeiros do falecido, isto é: (i) se há uma relação condominial tradicional, advinda do *condomínio pró-indiviso* formado pelo espólio, hipótese na qual caberia aos demais herdeiros a cobrança dos aluguéis, caso seja esta a vontade destes;[22] (ii) se há uma sucessão singular do bem e consequentemente dos frutos, pela instituição do legado da coisa, nos moldes do art. 1.923 do CC, hipótese repisada ao longo deste texto; (iii) ou, ainda, se haveria a instituição do legado de usufruto, nos termos do art. 1.921 do mesmo diploma civil, afastando qualquer dever de pagar aluguel durante o lapso temporal fixado no testamento para o usufrutuário.

---

[21] "Art. 1.862. São testamentos ordinários: I - o público; II - o cerrado; III - o particular".

[22] É salutar anotar que os coerdeiros também podem renunciar à cobrança de aluguéis ao herdeiro que reside no imóvel pertencente ao espólio. Nesta situação, sugere-se a elaboração de um contrato de comodato, com a finalidade de evitar eventual pleito futuro de usucapião da propriedade hereditária, demanda esta que vem se mostrando cada vez mais comum, especialmente diante do longo tempo que têm perdurado alguns inventários. Paralela a esta opção, que tem como objetivo afastar *animus domini*, caso se verifique a recusa do herdeiro à assinatura do contrato, outro mecanismo possível seria a utilização de notificações extrajudiciais ou outras formas legais para inibir a "posse mansa", requisito também necessário para a declaração da usucapião. Sobre o tema, segue precedente do Superior Tribunal de Justiça que ressalta a possibilidade de usucapião de bem de herança: "DIREITO RECURSO ESPECIAL. AÇÃO DE USUCAPIÃO EXTRAORDINÁRIA. PREQUESTIONAMENTO. AUSÊNCIA. SÚMULA 282/STF. HERDEIRA. IMÓVEL OBJETO DE HERANÇA. POSSIBILIDADE DE USUCAPIÃO POR CONDÔMINO SE HOUVER POSSE EXCLUSIVA. [...] 4. Aberta a sucessão, a herança transmite-se, desde logo, aos herdeiros legítimos e testamentários (art. 1.784 do CC/02). 5. A partir dessa transmissão, cria-se um condomínio pro indiviso sobre o acervo hereditário, regendo-se o direito dos co-herdeiros, quanto à propriedade e posse da herança, pelas normas relativas ao condomínio, como mesmo disposto no art. 1.791, parágrafo único, do CC/02. 6. O condômino tem legitimidade para usucapir em nome próprio, desde que exerça a posse por si mesmo, ou seja, desde que comprovados os requisitos legais atinentes à usucapião, bem como tenha sido exercida posse exclusiva com efetivo animus domini pelo prazo determinado em lei, sem qualquer oposição dos demais proprietários. [...]" (STJ. REsp nº 1631859/SP 2016/0072937-5. Rel. Min. Nancy Andrighi, Terceira Turma, j. 22.5.2018. *DJe*, 29 maio 2018).

Em razão de tais possibilidades, cumpre ao planejamento sucessório antever eventuais conflitos e dirimi-los, preventivamente, através de disposições testamentárias que possam suprimir o máximo de lacunas e evitar os conflitos entre os familiares, nos conformes da vontade do autor da herança.

De suma relevância também se mostra a percepção de todo o patrimônio que irá compor a sucessão e também dos mecanismos possíveis de serem utilizados no planejamento sucessório. Diz-se isto se sublinhando a atenção que se deve ter aos novos bens e aos novos frutos, especialmente os bens digitais que podem deter valor econômico e frutos extremamente superiores a alguns bens tradicionais de valor expressivo. Em mesmo linear, a fim de evitar conflitos sobre manifestações sucessórias, indica-se a realização do testamento público e a ratificação das disposições testamentárias por meio das ferramentas previstas nas plataformas digitais em que estiverem inseridos os bens digitais em escopo.

Por fim, insta ressaltar a importância e a magnitude do planejamento sucessório, que somente alcançará a arquitetura da vontade do autor da herança se realizado com o esmero e a cautela que são necessários ao êxito pretendido para a sucessão.

Referências

FARIAS, Cristiano Chaves de; ROSENVALD, Nelson. *Curso de direito civil*: direitos reais. 13. ed. Salvador: JusPodivm, 2017.

GREGORIO, Rafael. Registros de testamentos em cartórios aumentam 134% após a pandemia – Crescimento teve início em maio e ganhou força após disponibilização de plataforma digital que permite realização de atos por videoconferência. *Valor Investe*, 18 out. 2020. Disponível em: https://valorinveste.globo.com/objetivo/organize-as-contas/noticia/2020/10/18/registros-de-testamentos-em-cartorios-aumentam-134percent-apos-a-pandemia.ghtml. Acesso em: 15 jul. 2021.

MELO, Marco Aurélio Bezerra de. Comentários ao Livro III – Das Coisas – do Código Civil. *In*: SCHREIBER, Anderson *et al.* (Coord.). *Código Civil comentado* – Doutrina e jurisprudência. Rio de Janeiro: Forense, 2019.

PEREIRA, Vinicius. Sabe quanto pode ganhar um influenciador digital por mês? *UOL*, 22 nov. 2019. Disponível em: https://economia.uol.com.br/noticias/redacao/2019/11/22/influenciadores-digitais-trabalho-faturamento-digital-influencer.htm. Acesso em: 6 set. 2021.

PERFIL de Gabriel Diniz ganhou mais de 1 milhão de seguidores após morte. *Extra*, 28 maio 2019. Disponível em: https://extra.globo.com/tv-e-lazer/perfil-de-gabriel-diniz-ganha-mais-de-1-milhao-de-seguidores-apos-morte-23700720.html. Acesso em: 6 set. 2021.

ROSA, Conrado Paulino da; RODRIGUES, Marco Antônio. *Inventário e partilha*. Salvador: JusPodivm, 2019.

SAMPAIO, José Adércio Leite; NARDY, Afrânio. Direito fundamental de propriedade, direito fundamental ao meio ambiente ecologicamente equilibrado e o princípio constitucional da precaução. *In*: FILOMENO, José Geraldo Brito; WAGNER JUNIOR, Luiz Guilherme da Costa; GONÇALVES, Renato Afonso (Org.). *O Código Civil e sua interdisciplinaridade* – Os reflexos do Código Civil nos demais ramos do direito. Belo Horizonte: Del Rey, 2004.

Informação bibliográfica deste texto, conforme a NBR 6023:2018 da Associação Brasileira de Normas Técnicas (ABNT):

HONORATO, Gabriel; ARNAUD, Raphael. Planejamento sucessório: gestão, fruição e partilha de frutos da herança. *In*: TEIXEIRA, Daniele Chaves (Coord.). *Arquitetura do planejamento sucessório*. Belo Horizonte: Fórum, 2022. p. 451-460. Tomo III. ISBN 978-65-5518-291-0.

A GOVERNANÇA CORPORATIVA E A VALIA DO CONSELHO DE ADMINISTRAÇÃO PARA AS EMPRESAS FAMILIARES

LAÍS MACHADO LUCAS
FERNANDA BORGHETTI CANTALI

1 Introdução

Entende-se por empresa familiar aquela empresa cuja composição societária está nas mãos de uma ou algumas famílias.[1] Essa forma de composição do capital é bastante comum na realidade brasileira: 90% das empresas no Brasil pertencem a grupos familiares.[2] A forte presença de familiares nas empresas brasileiras justifica-se, entre outros fatores, por uma característica bastante peculiar do empreendedorismo nacional, que é o seu surgimento pela necessidade e não pelo planejamento; não é raro que, diante do desemprego ou da necessidade de se aumentar a renda, o núcleo familiar resolva empreender para a própria subsistência.

As empresas familiares são especialmente sensíveis aos problemas de sobrevivência; ademais de estarem sujeitas a todos os problemas financeiros, mercadológicos, concorrenciais e regulatórios que qualquer outra empresa também enfrenta, elas ainda possuem a delicada questão societária:[3] seus titulares não são só sócios em busca de retorno de um capital investido; são, antes de tudo, familiares. Essa condição, de ser sócio e familiar, que leva a uma mistura de questões afetivas, profissionais e financeiras, dá uma outra roupagem à relação, que, em caso de conflito em razão da empresa, não será

---

1 Segundo pesquisa realizada pelo IBGC, com 279 empresas familiares, no ano de 2019, 71,7% das empresas são consideradas unifamiliares e 28,3% multifamiliares (INSTITUTO BRASILEIRO DE GOVERNANÇA CORPORATIVA. *Governança em empresas familiares*: evidências brasileiras. São Paulo: IBGC, 2019. p. 25-26).

2 Disponível em: https://www.pwc.com.br/pt/sala-de-imprensa/artigos/empresas-familiares-e-plano-de-sucessao.html. Acesso em: 28 jul. 2021.

3 Os conflitos familiares são, em 41,9% dos casos, apontados como o principal motivo para a saída de sócios das empresas familiares pesquisadas (INSTITUTO BRASILEIRO DE GOVERNANÇA CORPORATIVA. *Governança em empresas familiares*: evidências brasileiras. São Paulo: IBGC, 2019. p. 30).

resolvida somente com bens e valores monetários, mas poderá afetar definitivamente aquele núcleo familiar.[4]

Diante deste cenário, há muito tempo se buscam caminhos para a preservação e perenidade das empresas familiares.

O presente trabalho objetiva apresentar a governança corporativa como um instrumento para a preservação das empresas familiares,[5] especificamente com a implementação da estrutura do conselho de administração, órgão que é considerado o principal agente de governança dentro das corporações.

2 Das dores e das delícias das empresas familiares

Conforme já referido, chama-se de empresa familiar aquela empresa cuja composição societária está nas mãos de uma ou algumas famílias,[6] e é essa característica que a destaca das demais empresas e faz com que ela seja merecedora de estudos próprios. Isso porque, quando se está trabalhando com aspectos jurídicos de empresas, há uma busca por uma maior objetividade, para se garantir a preservação daquela unidade produtiva, a segurança jurídica de todos os envolvidos e a previsibilidade das consequências, já que o resultado final esperado, de qualquer negócio jurídico em que um empresário esteja envolvido, é que ele seja lucrativo, mantendo a saúde financeira da empresa e distribuindo resultados para os seus titulares.

Nas empresas familiares, espera-se exatamente o mesmo, mas o caminho a ser percorrido para o resultado final encontra obstáculos adicionais. Imagine-se a seguinte situação: uma empresa fundada por um casal. Este casal teve cinco filhos que, desde adolescentes, trabalham na empresa. Com o falecimento do casal, os filhos assumem posições societárias na empresa da família, que cresce satisfatoriamente. Com o passar dos anos, esses cinco herdeiros também constituem as suas famílias e, por exemplo, para fins argumentativos, têm dois filhos cada. Neste momento, já se tem uma próxima geração[7] com, pelo menos, dez herdeiros. Esses dez herdeiros da 3ª geração também começam a trabalhar na empresa da família. Sete deles são excelentes profissionais, que contribuem para o desenvolvimento da empresa; já os outros três não têm o mesmo

---

4 "Toda a lisura é pouca no trato com o bem comum da empresa e da família. Conflitos entre sócios têm sua gênese no sistema interno de cada grupo familiar. Não é a deterioração da situação financeira da firma, nem a conjuntura do país, o que dá origem aos conflitos: é o comportamento ético entre os indivíduos" (LODI, João Bosco. Ética na empresa familiar. São Paulo: Pioneira, 1994. p. 11).

5 A adoção de práticas de governança é vista, por 54,8% das famílias pesquisadas, como um fator que contribui para a longevidade da empresa. Para 38% das famílias, a governança também pode auxiliar no processo sucessório (INSTITUTO BRASILEIRO DE GOVERNANÇA CORPORATIVA. *Governança em empresas familiares*: evidências brasileiras. São Paulo: IBGC, 2019. p. 30).

6 Neste sentido a lição de Roberta Nioac Prado: "A empresa familiar é aquela que se identifica com uma família há pelo menos duas gerações, pois é a segunda geração que, ao assumir a propriedade e a gestão, transforma a empresa em familiar; (ii) é familiar quando a sucessão da gestão está ligada ao fator hereditário; (iii) é familiar quando os valores institucionais e a cultura organizacional da empresa se identificam com os da família; (iv) é familiar quando a propriedade e o controle acionário estão preponderantemente nas mãos de uma ou mais famílias" (PRADO, Roberta Nioac (Coord.). *Direito, gestão e prática*: empresas familiares: governança corporativa, governança familiar e governança jurídica. São Paulo: Saraiva, 2011. p. 20). Sobre esta conceituação, ver também MAMEDE, Gladston. *Empresas familiares*: administração, sucessão e prevenção de conflitos entre sócios. São Paulo: Atlas, 2012. p. 11.

7 Considera-se a primeira geração a dos fundadores.

desempenho. Qual será o clima de uma reunião dos cinco sócios para decidir sobre o futuro destes três herdeiros na empresa da família? Como um tio ou o próprio pai irá "cortar a própria carne" para desligá-los? E, se eles não conseguiram se desenvolver na empresa da família, será que conseguirão colocação profissional em outro lugar? Como sobreviverão? Como ficará a relação entre os cinco sócios (que são irmãos) se alguns deles quiserem a saída dos três herdeiros em questão? Em os mantendo na empresa, como será a relação deles com os demais herdeiros que agregam valor? Considerando que esses três herdeiros serão futuros "proprietários" da empresa, como fazer para desligá-los sem que isso afete a relação futura que eles terão com a empresa? Ter-se-á uma disputa societária instalada pelo perfil não adequado de filhos/sobrinhos?

Analisando agora sob o ângulo dos sete herdeiros que agregam positivamente à empresa, quais serão os passos para torná-los os sucessores da 2ª geração? Considerando que atualmente existem cinco sócios em posições de comando, como serão alocadas as sete pessoas da futura geração? E se os atuais sócios não quiserem se desligar do negócio, a sucessão dos cargos ocupados por eles terá que aguardar o óbito?

Esses questionamentos dificilmente ocorrem em uma empresa não familiar, que tenha um mínimo de desenvolvimento organizacional. A inaptidão de colaboradores, a promoção de pessoas qualificadas, a aposentadoria ou realocação de profissionais seniores, a (não) tomada de decisão em situações conflituosas, são assuntos tratados objetivamente, via de regra, com normas claras sobre a conduta ideal a ser adotada.

A "dor e a delícia" da empresa familiar residem, incontestavelmente, nos laços afetivos oriundos da relação familiar. O objetivo da empresa, como unidade produtiva pertencente a um mercado, que deve atender às demandas deste e entregar resultado a seus titulares, é de fácil compreensão (em que pese nem sempre seja de fácil execução). No entanto, analisando a questão sob a perspectiva da família, devem-se considerar vários aspectos, como o objetivo da família como um todo, os objetivos de cada um de seus membros individualmente considerados (alguns podem ter interesse em continuar o negócio da família, enquanto outros, interesse em vender a sua participação societária para dedicar-se a outras atividades) e, não raro, o fato de ser a empresa o motivo de união daquela família, em que o desmantelamento da empresa ocasionará, também, a separação da família.[8] Essa pluralidade de nuances foi identificada por Tagiuri e Davis,[9] levando-os ao desenvolvimento do modelo dos três círculos, que traz a representação da multiplicidade de papéis dos indivíduos envolvidos na empresa familiar e a relação que estes podem manter com a empresa.

No modelo proposto por Tagiuri e Davis, a empresa familiar congrega três dimensões de relações, a saber: a propriedade, a família e a empresa (gestão). Quando individualmente consideradas, essas dimensões já criam três formas de vínculos dos indivíduos com a empresa: o proprietário (sócios, acionistas), o gestor (administradores,

[8] A doutrina de Gladston Mamede corrobora esta afirmação: "Muito se fala dos problemas das empresas familiares, seus desafios, de suas dificuldades. É um discurso crítico comum, mas que deixa de lado um aspecto importantíssimo: a empresa pode ser um instrumento para a unidade familiar, para a harmonia e a boa convivência entre os parentes" (MAMEDE, Gladston. *Empresas familiares*: administração, sucessão e prevenção de conflitos entre sócios. São Paulo: Atlas, 2012. p. 11).

[9] TAGIURI, Renato; DAVIS, John. Bivalent attributes of the family firm. *Family Business Review*, v. 9, n. 2, jun. 1996. Disponível em: https://www.sehity.com/uploads/4/2/2/4/42243697/1.pdf. Acesso em: 31 jul. 2021.

executivos) e o familiar que pertence àquela família empresária. Quando aproximadas ou sobrepostas essas dimensões, mais quatro possibilidades de vínculos se formam: o sócio/acionista familiar; o sócio/acionista gestor, mas não familiar; o gestor familiar, mas não sócio/acionista; e o sócio/acionista gestor e membro da família. Essa questão foi assim ilustrada pelos autores citados:

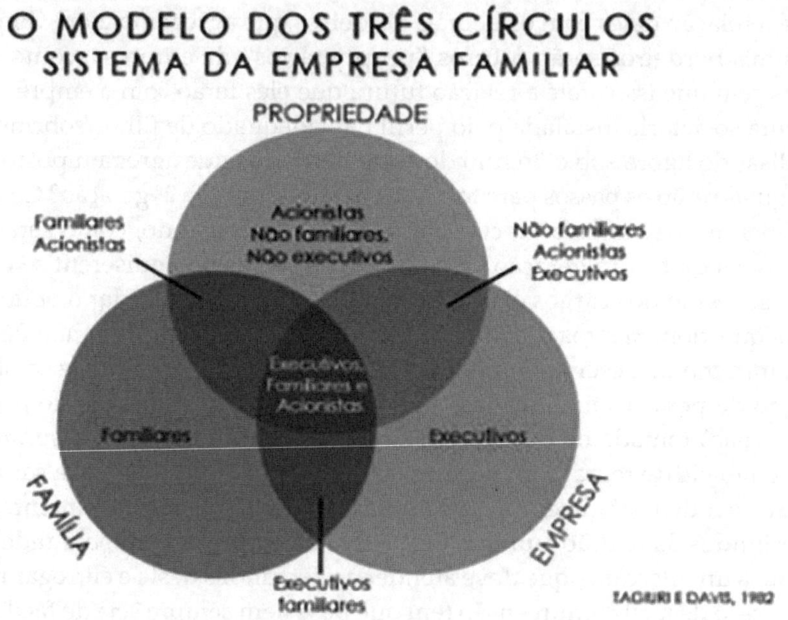

O emaranhado de relações e papéis têm vantagens e desvantagens.[10]

A empresa gestada no seio de uma família tende a ter cultura e valores mais arraigados, que proporcionam um melhor posicionamento e identidade no mercado e melhor engajamento dos seus colaboradores. Especificamente em relação a estes, há uma tendência de relações trabalhistas mais duradouras e ancoradas em premissas para além de financeiras e/ou legais, como sentimentos de lealdade e amizade. Nesta mesma linha de vantagens de ordem mais subjetiva, quando bem alinhada a relação entre as gerações, verifica-se que as gerações futuras tendem a engajar-se na causa da empresa da família para manter o legado construído pelas gerações anteriores.

Do ponto de vista econômico-financeiro, a empresa familiar também apresenta algumas vantagens, pois, com o intuito de fazer a empresa prosperar, a família aporta patrimônio próprio em eventuais momentos de dificuldades financeiras ou, quando necessário, investimentos para desenvolvimento, fazendo com que a empresa não precise recorrer ao sistema financeiro tradicional ou a outras formas de capitalização. Esses aportes financeiros familiares, que podem se dar através de aumento de capital, não distribuição de dividendos para reinvestimento, mútuo, utilização de patrimônio da

---

10 Sobre características, vantagens e desvantagens das empresas familiares, citam-se FLORIANI, Oldoni Pedro. *Empresa familiar ou inferno familiar?* 2. ed. Curitiba: Juruá, 2008; BERNHOEFT, Renato; GALLO, Miguel. *Governança na empresa familiar*. 3. ed. Rio de Janeiro: Elsevier, 2003; INSTITUTO BRASILEIRO DE GOVERNANÇA CORPORATIVA. *Governança corporativa em empresas familiares*. São Paulo: Saint Paul, 2011.

família para prestação de garantias, entre outros, oferecem vantagens como a prevenção de endividamento, a diminuição de custos financeiros e o acesso a recursos diferenciados.

As dificuldades das empresas familiares também são peculiares, especialmente aquelas de ordem pessoal. Citam-se, como exemplos, (i) dificuldade de comunicação de questões profissionais, pelo receio de macular a relação familiar e vice-versa (dificuldade de comunicar questões familiares, por receio de interferência na relação profissional); (ii) expectativa dos sucedidos[11] de que a empresa continue nas mãos da família, ante a ausência de sucessores interessados na continuidade do negócio; (iii) processo sucessório iniciado de forma abrupta, por morte ou doença dos sucedidos; (iv) ausência de sucessores preparados para assumir a empresa; (v) dificuldade dos sucedidos em deixar os cargos que ocupam para dar espaço aos sucessores; (vi) receio dos sucedidos de que a sua saída da empresa represente o fim da sua vida profissional e que cause impactos financeiros no negócio; (vii) divergência entre os sucedidos e sucessores quanto aos rumos que a empresa deve seguir; (viii) divergência entre os membros da família, sejam integrantes da empresa ou não, quanto à continuidade da empresa nas mãos da família; (ix) divergência entre os sucedidos sobre quem, entre os sucessores, deve ocupar os cargos de gestão; (x) sucessores que optam por trabalhar na empresa da família por falta de outras oportunidades e não por vontade de se dedicar ao negócio da família; (xi) dificuldade da família em aceitar a profissionalização da gestão (em todo ou em parte) e a contratação de consultorias especializadas (em qualquer área, não somente em relação às questões de sucessão da empresa familiar); (xii) conflito geracional sobre a forma de se trabalhar e os objetivos pessoais em relação ao trabalho; (xiii) disputas de egos entre os sucessores; (xiv) dificuldade dos sucessores em aceitar as estratégias traçadas pelos sucedidos; (xv) elevado número de sucessores, com diferentes visões e interesses pela empresa; (xvi) utilização de recursos da empresa para benefícios pessoais; (xvii) predileção dos sucedidos por um ou alguns sucessores, em detrimento dos demais; (xviii) discriminação de sucessores em razão de gênero, entre outros.

Nas questões econômico-financeiras, as mesmas situações que podem em determinados momentos soar como vantajosas, especialmente o financiamento da empresa familiar pela própria família, também podem se transformar na zona de perigo. A ânsia de manter o controle nas mãos do grupo familiar pode afastar potenciais investidores e impedir o crescimento da empresa, podendo levar até a sua inviabilidade. Também, dependendo da capacidade financeira da família, os aportes de recursos podem ser limitados e a má gestão destes na empresa pode levar a uma insuficiência patrimonial também do núcleo familiar.

Não obstante, os problemas pessoais referidos anteriormente, especialmente aqueles relacionados à gestão, podem obstaculizar a empresa de alcançar melhores investimentos e parceiros negociais importantes, ante a ausência de profissionalismo da gestão. É importante esclarecer que uma gestão profissionalizada não requer, necessariamente, membros externos à família; requer, sim, preparação dos profissionais, organização compatível com o porte e atividade da empresa e boas práticas de governança.

---

[11] Para facilitar a redação, serão chamados de "sucedidos" aqueles atuais ocupantes das posições acionárias e/ou de gestão da empresa, que sejam membros da família.

A governança das questões societárias, sucessórias e da família é essencial para a preservação e perenidade da empresa familiar. Inclusive, cabe a referência de que hoje não se fala somente em governança corporativa, mas, em um cenário de empresas familiares, também se discute muito a governança familiar,[12] que é o estabelecimento de regras, acordos e definição de papéis dos membros da família, inclusive com a confecção de documentos que reúnam esses pactos e contenham a declaração de comprometimento de toda a família como o protocolo familiar, por exemplo.

Neste trabalho, como se pretende apontar os benefícios do conselho de administração, centrar-se-á a análise na governança corporativa.

3 Aspectos gerais da governança corporativa

3.1 A origem da governança corporativa

A governança corporativa surge no Estados Unidos em meados da década de 1980. O estopim do movimento foram episódios de fraudes empresarial, especialmente manipulações contábeis realizadas e/ou corroboradas pelos principais executivos de relevantes corporações. Mas não só isso, o gigantismo e o poder das corporações, a diluição do capital e do controle, a separação entre propriedade e gestão, a globalização da economia, a ascensão dos investidores institucionais e a necessidade de se criar um sistema mais ágil de regulamentação que o processo legislativo estatal podem ser listados como alguns dos motivos propulsores da governança.[13] Neste contexto, urgia a necessidade de se criar mecanismos que aumentassem a confiança do mercado nas empresas.

O *leading case* da governança pode ser atribuído ao Fundo CalPERS *x* Texaco. O CalPERS é um fundo que congrega os funcionários públicos do estado da Califórnia, sendo um dos mais importantes investidores em companhias americanas. Ele detinha uma posição acionária na Texaco quando os administradores desta empresa, em 1984, utilizando-se da regra do *American Companies Act*, recompraram ações da companhia a um preço acima do valor de mercado, para evitar sua aquisição por parte de um acionista minoritário, *Bass Brothers*, visto como ameaça à posição corporativa de executivos. Essa operação denomina-se *greenmail operation*, uma espécie de chantagem financeira. A aquisição referida custou aos acionistas da Texaco US$137 milhões de ágio. O fundo manifestou-se repudiando essa tomada de decisão dos administradores da Texaco e alertou as demais empresas das quais era investidor de que não admitiria comportamento similar ao ocorrido em outras companhias do seu portfólio de investimentos, esperando ainda que essas adotassem práticas que resguardassem os direitos dos acionistas.

---

[12] Sobre este assunto, INSTITUTO BRASILEIRO DE GOVERNANÇA CORPORATIVA. *Governança da família empresária*: conceitos básicos, desafios e recomendações. São Paulo: IBGC, 2016.

[13] Sobre este tema ver ANDRADE, Adriana; ROSSETTI, José Paschoal. *Governança corporativa* – Fundamentos, desenvolvimento e tendências. 2. ed. São Paulo: Atlas, 2006. p. 29. Ainda sobre o surgimento da governança, Guillermo Guerra Martín refere que os acontecimentos do caso Watergate foram determinantes para o desenvolvimento do movimento a partir da década de 1980. Foi através das descobertas deste caso, que revelaram contribuições indevidas de empresas privadas para campanhas eleitorais, que a SEC (*Securities and Exchenge Commission*) passou a incentivar a existência de controles internos nas empresas que auxiliassem na prevenção, detecção e correção de ilícitos (GUERRA MARTÍN, Guillermo. El gobierno de las sociedades cotizadas estadounidenses. *Revista de Derecho de Sociedades*, Navarra, n. 20, 2003. p. 186).

A crise de confiança entre investidores e empresas encontra seu fundamento teórico na teoria dos conflitos de agência. A "relação de agência", axioma formulado por Jesen e Meckling,[14] prega a inexistência de agentes perfeitos. Os autores explicam que, em uma relação de agência, um "principal" utiliza-se de um "agente" para executar tarefas em seu nome, delegando, ademais da tarefa, poder para a tomada de decisões. Diante da realidade de "agentes imperfeitos", nem sempre as decisões tomadas pelo agente serão aquelas efetivamente queridas pelo principal. Na tentativa de coibir atitudes indevidas do agente, o principal acaba por arcar com custos de monitoramento e garantias para se resguardar. A esses custos os autores deram o nome de "custos de agência".

Essa teoria, como bem alertado por Berle e Means,[15] guarda muita pertinência com as relações entabuladas nas empresas, especialmente aquelas de capital aberto. A separação da gestão da propriedade pode levar a uma realidade de pessoas, sócios/acionistas e administradores, com interesses nem sempre alinhados.[16] Enquanto os proprietários querem maximizar seus lucros e garantir a perenidade da empresa, os administradores podem estar em busca de interesses pessoais, como a preservação do emprego ou o aumento da sua remuneração.

Identificados esses problemas e assimilada a necessidade de resolução deles, surgem inúmeros trabalhos com propostas de boas práticas de governança. Em 1994, o *American Law Institute* lança os *Principles of corporate governance: analysis and recommendations*,[17]

---

14 JENSEN, Michael C.; MECKLING, Wlliam H. Theory of the firm: managerial behavior, agency costs and ownership structure. *Journal of Financial Economics*, v. 3, sessão 4, p. 305-360, 1976. Disponível em: https://reader.elsevier.com/reader/sd/pii/0304405X7690026X?token=CF417BC3742D01A356F7B7B7D8B92CBF02DCDFEF9286D97BCC280735F596F5B2149CA49E537CC76BD0D8F08B55093B43&originRegion=us-east-1&originCreation=20210801125304. Acesso em: 31 jul. 2021.

15 BERLE, Adolf Augustus; MEANS, Gardiner C. *A moderna sociedade anônima e a propriedade privada*. Tradução de Dinah de Abreu Azevedo. 2. ed. São Paulo: Nova Cultural, 1987. p. 123-124.

16 Romero Castro e Piñeiro Chousa identificam pelo menos seis problemas na relação entre acionistas e administradores, a saber: "1. La insuficiente dedicación e implicación del directivo, que puede llevarle a eludir sus responsabilidades, incumplir alguna de sus funciones o, en general, no realizar los esfuerzos necesarios para optmizar su gestión; 2. El empeño en incrementar la autofinanciación y el consecuente riesgo de sobre-inversión, pues el directivo puede preferir retener el flujo de caja libre y destinarlo en ocasiones a proyectos que no incrementan el valor de la empresa en recurrir al mercado de capitales en busca de recursos financeiros (acciones o deuda) para no exponerse al control de los mercados o al riesgo de impago; 3. El enfoque en el corto plazo, motivado por su relación temporal con la empresa, que induce a los directivos a empreender proyectos de coste reducido y rapidos plazos de recuperación de la inversión frente a proyectos que, aun siendo más costosos, pueden contribuir a generar valor para los acionistas en el horizonte del largo plazo; 4. La toma de decisiones basadas en la propia percepción del riesgo del directivo, que depende fundamentalmente de su permanencia en el cargo y su remuneración, y que no tiene por qué coincidir con el riesgo percebido por los accionistas. En ocasiones los directivos son excesivamente conservadores, aumentando la diversificación del negocio o limitando el endeudamiento de la empresa o el reparto de dividendos para evitar la posibilidad de quiebra y retener financiación interna. En otras ocasiones toman decisiones demasiado arriesgadas para tratar de conseguir de modo rápido un buen resultado de gestión que afiance su posición en el cargo; 5. La perpetuación en el cargo a pesar de una gestión ineficiente, ya que para la empresa resulta muy costoso evaluar a los directivos y reemplazarlos para formar un nuevo equipo gestor, mientras que los directivos pueden realizar diversas acciones que dificulten su reemplazo, como invertir en proyectos estrechamente ligados a sus particulares competencias y habilidades; 6. La toma de decisiones o la utilización de activos de la empresa en beneficio propio o para uso privado, tanto con carácter material (utilización de coches de la empresa) como para mejorar su prestigio profesional (incrementar el tamaño de la empresa por encima del óptimo, mantener una plantilla sobredimensionada, o assegurar su sucesión en el cargo por una persona de confianza que no ponga en duda la gestión previa)" (ROMERO CASTRO, Noelia; PIÑEIRO CHOUSA, Juan. Prácticas de buen gobierno y creación de valor: retos para los administradores societarios. *In*: FERNÁNDEZ-ALBOR BALTAR, Ángel; PÉREZ CARRILLO, Elena F.; TORRES CARLOS, Marcos R. *Actores, actuaciones y controles del buen gobierno societario y financiero*. Madrid: Marcial Pons, 2018. p. 292-293).

17 THE AMERICAN LAW INSTITUTE. *Principles of corporate governance*: analysis and recommendations. Parts I – VI. Washington: St. Paul Minn. American Law Institute Publishers, 1994. v. 1.

focado em recomendações sobre a conduta da empresa, no que tange ao relacionamento com acionistas e com o mercado, bem como sobre a conduta de seus administradores, especialmente em relação aos seus deveres de diligência e de evitar conflitos de interesses. Outros países também se dedicaram à evolução da governança, sendo de grande expressão as contribuições do *Relatório Cadbury*,[18] da Inglaterra, que se centrou em analisar a conduta dos conselhos e diretores das empresas. Esse documento trouxe relevantes premissas no que tange à prestação de contas responsável e à transparência, bem como trouxe orientações quanto à separação de atividades e responsabilidades entre os órgãos diretivos de uma empresa.

Pode-se, contudo, afirmar que a governança se espraiou globalmente com a edição dos *Principles of Corporate Governance* da OCDE, em 1999. O documento da OCDE caracteriza-se por ser um guia de recomendações, que parte das premissas de "mobilização de mercados de capitais maduros e confiáveis", "crescimento dos negócios corporativos" e "desenvolvimento econômico das nações", para a elaboração das suas orientações. Dessas premissas, derivam seis princípios norteadores de condutas, a saber: (i) enquadramento das empresas nas boas práticas de governança; (ii) garantia dos direitos dos *shareholders*; (iii) tratamento equânime dos *shareholders*; (iv) garantia dos direitos dos *stakeholders*;[19] (v) políticas eficazes de divulgação e transparência; (vi) responsabilidade do conselho de administração.[20]

3.2 O desenvolvimento da governança corporativa no Brasil

No Brasil, a governança corporativa foi introduzida na década de 90, acompanhando as mudanças econômicas e políticas pelas quais o país passava. Os movimentos estratégicos que desencadearam essa nova tendência não foram distintos daqueles que deram origem ao movimento de forma global, destacando-se a inserção global, a integração regional, a abertura econômica, as privatizações, novos marcos regulatórios (criação de agências nacionais, por exemplo) e a desmonopolização.[21]

Em que pese os motivos do desenvolvimento da governança no Brasil não tenham destoado dos ocorridos em outros países, não se pode comparar as necessidades e os direcionamentos da governança pátria com a de outros estados; a estrutura empresarial

---

[18] Nesse sentido: SPIRA, Laura F.; SLINN, Judy. *The Cadbury Committee* – A history. Oxford: Oxford University Press, 2013 e ANDRADE, Adriana; ROSSETTI, José Paschoal. *Governança corporativa* – Fundamentos, desenvolvimento e tendências. 2. ed. São Paulo: Atlas, 2006. p. 164-169.

[19] *Stakeholder* é um termo da língua inglesa que tem como significado "grupo de interesse". Fazem parte deste grupo pessoas que possuem algum tipo de interesse nos processos e resultados da empresa. Um dos criadores do termo foi o filósofo Robert Edward Freeman. Ele definia a palavra *stakeholder* como os grupos que podiam afetar ou serem afetados pelos objetivos da organização. Esses interesses podem ser, além dos processos e resultados, no planejamento dos projetos ou negócios, positivos ou negativos. É importante considerar quem são os *stakeholders*, ou partes interessadas, quando se trata de organizar um empreendimento, pois o envolvimento destes pode não maximizar os processos da empresa, mas permitir achar um equilíbrio de forças e evitar grandes riscos e impactos ao sucesso dos negócios. Os *shareholders*, também conhecidos como *stockholders*, são constituídos apenas pelos proprietários e acionistas, ou seja, é a pessoa que possui participação no capital social de uma organização empresarial (Disponível em: https://www.dicionariofinanceiro.com/o-que-sao-stakeholders/. Acesso em: 31 jul. 2021).

[20] ANDRADE, Adriana; ROSSETTI, José Paschoal. *Governança corporativa* – Fundamentos, desenvolvimento e tendências. 2. ed. São Paulo: Atlas, 2006. p. 174.

[21] ANDRADE, Adriana; ROSSETTI, José Paschoal. *Governança corporativa* – Fundamentos, desenvolvimento e tendências. 2. ed. São Paulo: Atlas, 2006. p. 399.

brasileira é distinta, pautando-se por uma concentração de capital em mãos de famílias empresárias. Assim, a governança ganhou espaço no país não para minimizar a assimetria informacional entre administradores e sócios/acionistas, mas, sim, para proteger o acionista ou sócio minoritário, melhorar o padrão de prestação de contas e desenvolver a cultura de responsabilidade corporativa.

Não obstante, a governança brasileira trouxe para a prática empresarial uma série de instrumentos interessantes para resolver os problemas que efetivamente assolam as empresas brasileiras: acordos de sócios, regimentos internos, códigos de ética e conduta, estruturas organizacionais mais sofisticadas com a presença de conselhos, comitês, auditorias etc.

O IBGC – Instituto Brasileiro de Governança Corporativa, criado em 1995, lançou, em caráter oficial, o primeiro *Código de melhores práticas de governança corporativa* como sugestão de documento a ser seguido pelas empresas. Ademais da sua relevante atuação para a propagação da governança, o IBGC foi fundamental para a formação teórica e a construção de seu conceito, princípios e definições do que seriam as melhores práticas no contexto empresarial e mercadológico brasileiro.

A governança, que é definida como um "sistema pelo qual as empresas e demais organizações são dirigidas, monitoradas e incentivadas, envolvendo os relacionamentos entre sócios, conselho de administração, diretoria, órgãos de fiscalização e controle e demais partes interessadas", tem quatro princípios basilares: transparência, equidade, prestação de contas e responsabilidade corporativa.[22]

Esse "sistema" referido no conceito pode ser considerado um *modus operandi* da administração na gestão de uma empresa, que cria mecanismos de prevenção e combate daqueles elementos que podem levar aos desvios empresariais, quais sejam: o conflito de agência e a assimetria informacional. Na esteira do pensamento de Menezes Cordeiro, a governança corporativa não é definida em termos jurídicos, mas, sim, como medida a ser implementada na gestão da empresa, sendo que a sua "grande vantagem (é) a sua natureza não legalista. Lidamos com regras flexíveis, de densidade variável, adaptáveis a situações profundamente distintas e que não vemos como inserir num Código de Sociedades Comerciais".[23]

Em que pese a governança não tenha, *prima facie*, uma natureza jurídica, o direito brasileiro já se ocupou de inserir em alguns textos legislativos a sua principiologia. Vale citar a Lei nº 10.303, de 2001, que alterou dispositivos da Lei nº 6.404 de 1976, como exemplo, o art. 15, §2º, que preconiza que o número de ações preferenciais emitidas, sem direito a voto, não pode ultrapassar 50% (cinquenta por cento) do total de ações,

---

22 INSTITUTO BRASILEIRO DE GOVERNANÇA CORPORATIVA. *Código de melhores práticas de governança corporativa*. 5. ed. São Paulo: IBGC, 2015. Disponível em: https://ibgc.org.br/governanca/governanca-corporativa/principios-basicos. Acesso em: 24 set. 2018. De acordo com a doutrina de Fabio Ulhoa Coelho: "Equidade: caracteriza-se pelo tratamento justo de todos os sócios e demais partes interessadas (stakeholders). Atitudes ou políticas discriminatórias, sob qualquer pretexto, são totalmente inaceitáveis. Prestação de Contas (accountability): os agentes de governança (sócios, administradores, conselheiros de administração, executivos, gestores, conselheiros fiscais e auditores) devem prestar contas de sua atuação, assumindo integralmente as consequências de seus atos e omissões. Responsabilidade corporativa: Os agentes de governança devem zelar pela sustentabilidade das organizações, visando à sua longevidade, incorporando considerações de ordem social e ambiental na definição dos negócios e operações" (COELHO, Fábio Ulhoa. *Empresa familiar*: estudos jurídicos. São Paulo: Saraiva, 2014. p. 389).

23 MENEZES CORDEIRO, António. *Direito das sociedades*. Parte geral. 3 ed. Coimbra: Almedina, 2011. v. I. p. 901-902.

e o art. 254-A, que trata da aquisição do controle da companhia e da oferta pública de ações (OPA), que são concreções do princípio da equidade. Ainda, a Instrução Normativa nº 586/2017, da CVM – Comissão de Valores Mobiliários, que introduz o formulário "aplique ou explique" para as companhias abertas brasileiras. Esse formulário lista uma série de boas práticas de governança, descritas no *Código brasileiro de melhores práticas*, que as empresas obrigadas a lhe responder devem assinalar se a aplicam e, se não aplicam, explicar o porquê.

Não existe boa ou má governança. Existe a governança que é possível.[24] Tampouco é verdade que a governança só é possível em empresas de grande porte. Neste contexto, os documentos de referência que se têm quanto às práticas (*Código brasileiro de melhores práticas* e *Código de melhores práticas* do IBGC) são apenas norteadores de condutas para as empresas.[25] As empresas que desejam adotar um sistema de governança têm – e sempre devem ter – liberdade para eleger aquelas premissas que estão dispostas a cumprir e adaptar à sua realidade àquelas práticas que não se encaixam sob medida.[26] O importante é criar a consciência no meio empresarial de que as condutas de acordo com a governança têm muito a agregar para o bom desenvolvimento das empresas.

A governança tem um amplo espectro de destinatários. Todos aqueles envolvidos em uma empresa que adotar as melhores práticas sentirão seus impactos, em diferentes medidas. No entanto, não há dúvidas de que a governança é endereçada aos altos cargos de gestão de uma empresa, quais sejam, conselho de administração e diretoria executiva. São os ocupantes dessas posições que serão responsáveis por planejamento, implementação, monitoramento, revisão e, principalmente, cumprimento de um programa de governança corporativa. O famoso jargão "o tom que vem do topo" tem especiais contornos quando se está tratando de governança; a maioria das práticas são destinadas a nortear condutas dos administradores e, inclusive, é boa prática implementar uma estrutura de administração que contemple papéis distintos e definidos: planejar (conselho), executar (diretoria) e fiscalizar (conselho fiscal, auditorias).

As afirmações tornam-se mais relevantes quando se verifica o envolvimento de membros das famílias na gestão das empresas familiares: na pesquisa de 2019, realizada

---

24 COUTINHO DE ABREU, Jorge Manuel. *Governação das sociedades*. 2. ed. Coimbra: Almedina, 2010. p. 20.

25 São exemplos de boas práticas de governança, recomendadas pelo IBGC: "cada ação ou quota deve dar direito a um voto; previsão estatutária de eventuais mecanismos de proteção contra tomada de controle; previsão estatutária de adoção da arbitragem e/ou outras formas de resolução de conflitos para a solução de disputas societárias; realização de Oferta Pública de Ações (OPA) para as transações que implicarem alienação do controle, devendo ser ofertado o mesmo preço a todos os acionistas; Conselho de Administração formado prioritariamente por conselheiros independentes; separação entre presidente do Conselho e diretor-presidente; diretor-presidente não deve ser membro do Conselho de Administração; existência concomitante de comitê de auditoria e Conselho Fiscal; implementação de código de conduta que reflita princípios éticos, identidade e cultura organizacional e canal de denúncias para que sejam apurados descumprimentos desse documento; divulgação de informações, financeiras e quaisquer outras que possam afetar a companhia, de forma clara, objetiva e completa; desenvolvimento de política de prevenção e detecção de atos de natureza ilícita" (INSTITUTO BRASILEIRO DE GOVERNANÇA CORPORATIVA. *Código de melhores práticas de governança corporativa*. 5. ed. São Paulo: IBGC, 2015. Disponível em: https://ibgc.org.br/governanca/governanca-corporativa/principios-basicos. Acesso em: 24 set. 2018).

26 É importante referir que algumas empresas estão obrigadas a cumprir regras de governança preestabelecidas, não podendo se furtar a elas. São exemplos dessa situação as empresas listadas em níveis diferenciados da B3 (nível 1, nível 2 e Novo Mercado) e as empresas públicas e sociedades de economia mista, submetidas às regras da Lei nº 13.303/2016.

pelo IBGC, em 82,1% das empresas analisadas o diretor-presidente era oriundo da família proprietária da empresa.

O recorte temático proposto neste trabalho exigiu essas breves explicações sobre a governança para chegar-se no conselho de administração, pois é ele, inegavelmente, o principal órgão de governança. Passa-se a analisá-lo para posteriormente compreender como ele pode ser útil para a preservação das empresas familiares.

4 O protagonismo do conselho de administração em um modelo de governança corporativa

Primeiramente é importante ressaltar que o conselho de administração é órgão obrigatório somente nas sociedades anônimas de capital aberto, nas de capital autorizado e nas sociedades de economia mista. Contudo, pode ser utilizado em qualquer estrutura empresarial, eis que facultativo nas sociedades anônimas de capital fechado e nas sociedades limitadas regidas supletivamente pela Lei das Sociedades por Ações. Dessa forma, este trabalho visa salientar a importância do colegiado em toda e qualquer empresa, especialmente as de caráter familiar.

Segundo a lição de Marlon Tomazette, o conselho de administração pode ser instituído em empresas de qualquer tipo societário, e tem este órgão especial protagonismo nas empresas familiares, pois "ele representa uma das estruturas mais importantes para prevenir e solucionar os conflitos que surgem entre as várias esferas envolvidas na sociedade".[27]

Pelos dados da pesquisa realizada pelo IBGC, anteriormente referida, ainda há um longo caminho a ser trilhado. Somente 20,8% das empresas pesquisadas possuem conselho de administração estatutário; a presença desta modalidade de conselhos é mais comum em empresas em que não há a atuação do fundador (37% dos casos) do que em empresas em que o fundador ainda está atuante (11,7% dos casos). A pesquisa ainda evidencia que à medida que o diretor-presidente pertence à geração mais futura, há aumento de presença do conselho: quando o diretor presidente é da 1ª geração, há conselho em 5,7% dos casos; quando da 2ª geração, há conselho em 19,8% dos casos e quando da 3ª geração, há conselho em 48,4% dos casos.[28]

Antes de se trabalhar as potencialidades do conselho de administração para as empresas familiares, cumpre averiguar suas regras gerais de composição e funcionamento.

O conselho de administração está previsto pelo art. 140 da Lei nº 6.404/76 e trata-se de órgão de deliberação colegiada,[29] composto por, pelo menos, três membros, eleitos pela assembleia-geral de acionistas.

Até a entrada em vigor da Lei nº 12.431/2011, que, entre outras providências, alterou o art. 146 da Lei nº 6.404/76, era obrigatório que os membros do conselho de

27 TOMAZETTE, Marlon. O conselho de administração nas sociedades familiares. *In*: COELHO, Fabio Ulhoa; FÉRES, Marcelo Andrade. *Empresa familiar* – Estudos jurídicos. São Paulo: Saraiva, 2014. p. 299.

28 INSTITUTO BRASILEIRO DE GOVERNANÇA CORPORATIVA. *Governança em empresas familiares*: evidências brasileiras. São Paulo: IBGC, 2019. p. 20.

29 Cada conselheiro tem, individualmente, o dever de diligência de buscar as informações necessárias para instruir as deliberações do Conselho. Neste sentido, CARVALHOSA, Modesto. *Comentários à Lei de Sociedade Anônimas*. 6 ed. São Paulo: Saraiva, 2014. v. 3. p. 119.

administração fossem acionistas da companhia. Essa alteração legislativa atualiza a lei societária para deixá-la em consonância com as melhores práticas de governança corporativa, que sugerem a composição do conselho de administração pelo maior número de membros independentes[30] [31] possível em relação à companhia.[32] Seguindo esta mesma linha de diversificação dos membros do conselho de administração, a Medida Provisória nº 1.040/2021 inclui dois parágrafos no art. 140 para facultar a presença de empregados nos conselhos das sociedades e para obrigar as sociedades de capital aberto a manterem em seus *boards* conselheiros independentes.

As deliberações do conselho de administração são tomadas de forma colegiada, em regra por maioria, salvo se o estatuto dispuser de forma contrária em relação ao quórum. Não há, portanto, no conselho de administração competências individuais, sendo a tomada de decisão sobre a questão que lhe é submetida sempre emanada pelo órgão e não por qualquer conselheiro individualmente. A decisão do conselho tem eficácia interna na empresa, pois as decisões que afetam terceiros devem ser tomadas pela diretoria, órgão imbuído da representação da sociedade.

O conselho de administração deve tomar decisões de forma autônoma e independente, sempre no estrito interesse da sociedade. O *Código de melhores práticas de governança corporativa* do IBGC recomenda:

> os conselheiros devem atuar de forma técnica, com isenção emocional, financeira e sem a influência de quaisquer relacionamentos pessoais ou profissionais. Os conselheiros devem criar e preservar valor para a organização como um todo, observados os aspectos legais e éticos envolvidos.[33]

---

30 O IBGC – Instituto Brasileiro de Governança Corporativa divide os conselheiros em três categorias: internos, externos e independentes. Os conselheiros internos são aqueles que ocupam posição de diretores ou são empregados da empresa; os conselheiros externos são aqueles que não são empregados da empresa, mas também não independentes em relação a ela, pois mantêm ou mantiveram algum vínculo, tal como, ex-empregado, prestador de serviço, colaborador de outra empresa do mesmo grupo econômico, etc.; já o conselheiro independente é aquele não possui qualquer laço com a empresa ou seus sócios/acionistas nem em aspectos profissionais nem em aspectos pessoais/familiares (INSTITUTO BRASILEIRO DE GOVERNANÇA CORPORATIVA. *Código de melhores práticas de governança corporativa*. 5. ed. São Paulo: IBGC, 2015. Disponível em: https://ibgc.org.br/governanca/governanca-corporativa/principios-basicos. Acesso em: 24 set. 2018).

31 A recomendação de que os conselhos mantenham conselheiros independentes não é somente uma realidade brasileira. Coutinho de Abreu, referindo-se ao cenário português, esclarece que "Reclama-se a presença de administradores independentes para contrabalançar os poderes que têm dominado o conselho de administração. Nas sociedades de propriedade accionária dispersa, eles são vistos como contrapeso e instrumento de controlo dos administradores executivos; nas sociedades com acionistas de controlo, intenta-se que eles contrapesem a influência destes accionistas na administração e tenham também (ou mais) em conta, portanto, os interesses dos sócios minoritários – a independência é aqui definível em relação quer aos executivos quer aos sócios dominantes" (COUTINHO DE ABREU, Jorge Manuel. *Governação das sociedades*. 2. ed. Coimbra: Almedina, 2010. p. 81).

32 O IBGC – Instituto Brasileiro de Governança Corporativa sugere práticas de boa governança por meio do *Código de melhores práticas de governança corporativa*, sendo algumas delas direcionadas ao conselho de administração. Exemplificativamente, cita-se a sugestão de que o conselho seja composto por cinco a onze membros, o mandato não seja superior a dois anos e a eleição de conselheiros internos seja evitada, priorizando-se os conselheiros externos e independentes (INSTITUTO BRASILEIRO DE GOVERNANÇA CORPORATIVA. *Código de melhores práticas de governança corporativa*. 5. ed. São Paulo: IBGC, 2015. Disponível em: https://ibgc.org.br/governanca/governanca-corporativa/principios-basicos. Acesso em: 24 set. 2018).

33 INSTITUTO BRASILEIRO DE GOVERNANÇA CORPORATIVA. *Código de melhores práticas de governança corporativa*. 5. ed. São Paulo: IBGC, 2015. Disponível em: https://ibgc.org.br/governanca/governanca-corporativa/principios-basicos. Acesso em: 24 set. 2018.

Não obstante, o mesmo documento ainda orienta que os conselheiros devem sempre votar tendo em vista os interesses da organização, fazendo análise crítica de eventuais acordos de votos existentes entre os acionistas.

A independência dos conselhos de administração é tema que ocupa e preocupa não só a doutrina, mas também os estudiosos de governança corporativa. O ideal de independência de um conselho de administração funda-se na necessidade de esse órgão ser, de fato, um órgão de administração da sociedade, dentro das competências que lhe são atribuídas por lei e pelo estatuto social, e não somente um instrumento de homologação das decisões tomadas em assembleia.

As atribuições do conselho de administração estão previstas no art. 142 da Lei nº 6.404/76 e podem ser divididas em atribuições indelegáveis (determinar a orientação geral dos negócios da companhia, eleger e destituir diretores, fixar-lhes as atribuições, fiscalizar sua gestão, convocar a assembleia-geral, manifestar-se sobre o relatório da administração e as contas da diretoria, escolher e destituir os auditores independentes), atribuições conferidas mediante previsão estatutária (manifestar-se previamente sobre atos e contratos e deliberar sobre emissão de ações ou de bônus de subscrição) e atribuições conferidas se o estatuto não dispuser em contrário (alienar bens do ativo permanente, constituir ônus reais e prestar garantias a obrigações de terceiros).

De acordo com o preconizado pelas *melhores práticas governança corporativa*, o conselho de administração é o principal órgão da sociedade. As atribuições legais que lhe são impostas o tornam o protagonista no direcionamento estratégico de uma corporação, e as obrigações decorrentes das melhores práticas de governança o colocam no papel de guardião dos princípios, dos valores, do objeto social e do próprio sistema de governança corporativa. Afinal, compete ao conselho de administração pelo menos quatro tarefas de suma importância, que atingem diretamente a administração da sociedade: determinar a orientação geral dos negócios,[34] eleger e destituir diretores,[35] fixar as atribuições da diretoria e fiscalizar a gestão desta.[36] Assim, assume o conselho de

[34] Especificamente esta atribuição pode se materializar em preservar, reforçar ou, caso necessário, promover transformações na cultura e na identidade da organização; dar o direcionamento estratégico, monitorar e apoiar a diretoria na implementação das ações estratégicas; manter-se atento às mudanças no ambiente de negócios, buscando garantir a capacidade de adaptação da organização; entre outros (INSTITUTO BRASILEIRO DE GOVERNANÇA CORPORATIVA. *Código de melhores práticas de governança corporativa.* 5. ed. São Paulo: IBGC, 2015. Disponível em: https://ibgc.org.br/governanca/governanca-corporativa/principios-basicos. Acesso em: 24 set. 2018).

[35] Em relação à diretoria, apesar de o conselho a eleger e poder destituí-la, ainda deve se ocupar do planejamento sucessório daquela, bem como da política de remuneração e da avaliação de desempenho dos diretores (INSTITUTO BRASILEIRO DE GOVERNANÇA CORPORATIVA. *Código de melhores práticas de governança corporativa.* 5. ed. São Paulo: IBGC, 2015. Disponível em: https://ibgc.org.br/governanca/governanca-corporativa/principios-basicos. Acesso em: 24 set. 2020).

[36] Sobre este assunto, CARVALHOSA, Modesto. *Comentários à Lei de Sociedade Anônimas*. 6 ed. São Paulo: Saraiva, 2014. v. 3. p. 217. Ainda, no Processo Administrativo Sancionador RJ2017/3534, de relatoria do Diretor Gustavo Machado Gonzalez, a Comissão de Valores Mobiliários externou o entendimento de que os conselheiros de administração não possuem as funções executivas da diretoria, mas também não podem ficar passivos às ocorrências da companhia. Destacou-se, neste processo, que o conselho tem o dever de vigilância da gestão, o que compreende, minimamente, manter-se informado da atuação da diretoria (COMISSÃO DE VALORES MOBILIÁRIOS. *Processo Administrativo Sancionador RJ2017/3534*. Descumprimentos de normas previstas na legislação societária referentes aos livros sociais, à escrituração contábil e a não divulgação de informações devidas por uma companhia aberta. Descumprimento dos deveres de diligência e de fiscalização. Multas. Relator Gustavo Machado Gonzalez, j. 19.6.2018. Disponível em: http://www.cvm.gov.br/export/sites/cvm/sancionadores/sancionador/anexos/2018/RJ20173534_UTILIUM.pdf. Acesso em: 7 fev. 2020).

administração o papel de maestro da companhia, não sendo de sua alçada envolver-se com a operação das estratégias traçadas diretamente, tarefa esta destinada à diretoria.[37]

4.1 A valia do conselho de administração para as empresas familiares

Como visto, são inúmeras as atribuições do conselho de administração. Pode-se presumir a sua importância pelo fato de a legislação de sociedades anônimas tê-lo qualificado como órgão obrigatório naquelas empresas mais complexas, quais sejam, as companhias que negociam valores mobiliários. Assim, não havendo óbice legal para seu aproveitamento em outras estruturas societárias, cabe às empresas analisarem a implementação e adequação deste órgão às suas realidades.

Especificamente em relação às empresas familiares, tema deste trabalho, conclui-se que os conselhos de Administração podem ser de grande valia. Cabe destacar, ressalvadas as exigências previstas em lei para as sociedades anônimas de capital aberto, que as demais sociedades podem ir gradativamente se adequando aos padrões tidos como ideais. O importante é iniciar a trajetória rumo a um modelo de governança, e isso deve passar obrigatoriamente pela composição de um conselho.

Nesta linha, em que pese se defenda um conselho com bom número de membros independentes, nada obsta que o primeiro passo seja dado por membros da família, que tenham domínio do negócio. Lembre-se de que profissionalizar a gestão não significa, necessariamente, contratar profissionais externos à empresa; significa, sim, ter profissionais preparados e capacitados para exercício das atividades necessárias. Possuindo o membro da família qualificação e credenciais necessárias a um conselheiro, não há por que não o aproveitar para o cargo. Além disso, a vantagem visível de membros da família no conselho é a preservação dos valores e da cultura da família e da empresa. Viu-se anteriormente que um dos pontos fortes das empresas familiares são exatamente esses elementos, contribuindo diretamente para a sua perenidade.

Sendo o conselho um espaço de planejamento para o futuro e o órgão incumbido da defesa dos interesses da empresa, pode ser de grande valia contar com a experiência de profissionais que estiveram naquela empresa ao longo da vida. Conhecimento do negócio, do ramo de atividade, dos seus pontos fracos e potencialidade, são características muito valiosas em um conselheiro. A vivência contribui para os planejamentos futuros, inclusive em relação ao plano de sucessão, já que há a noção de qual o perfil necessário para a condução daquele negócio.

Especificamente em relação ao plano de sucessão, proporcionar um espaço vinculado à empresa, mas não de execução das tarefas diárias, pode ser, também, um incentivador para que os sucedidos sejam mais colaborativos com o processo de passagem. A permanência dos sucedidos próximos aos negócios, agora com tarefas mais estratégicas e em uma função de monitoramento da diretoria, certamente, diminui a

---

[37] Assim é a recomendação do *Código de melhores práticas de governança corporativa* do IBGC: "Para que o interesse da organização sempre prevaleça, o conselho deve prevenir e administrar situações de conflitos de interesses, administrar divergências de opiniões e prestar contas aos sócios. Deve solicitar todas as informações necessárias ao cumprimento de suas funções, inclusive a especialistas externos. Por outro lado, não deve interferir em assuntos operacionais" (INSTITUTO BRASILEIRO DE GOVERNANÇA CORPORATIVA. *Código de melhores práticas de governança corporativa*. 5. ed. São Paulo: IBGC, 2015. Disponível em: https://ibgc.org.br/governanca/governanca-corporativa/principios-basicos. Acesso em: 24 set. 2020).

insegurança de eventual crise do negócio em virtude do seu afastamento, bem como o anseio de inutilidade pelo encerramento do ciclo de vida profissional.

Esclareça-se, desde logo, que essa estratégia, de conduzir ao conselho algum ou alguns dos sucedidos somente deve ser adotada se for para o bem da empresa e nunca como tática de prorrogação para a sucessão da gestão.

Não obstante, estando a empresa já em condições de assumir um conselho mais robusto, com membros externos e independentes, igualmente se verificam ganhos. Os componentes de fora da empresa e da família podem trazer a oxigenação necessária para os potenciais conflitos e dissipar a carga familiar das relações profissionais.[38]

E, talvez o grande ganho da empresa familiar que adota uma estrutura de conselho seja a melhoria da sua imagem e reputação perante terceiros. A manutenção de uma estrutura de administração dual, com diretoria e conselho, funcionando com eficiência razoável, demonstra que a empresa possui um mínimo de governança. Essa situação se revela um sinalizador muito positivo para o mercado como um todo e pode se transformar em um grande ativo em uma operação de fusão ou aquisição.

5 Conclusões

Não há como pensar em mercado e economia no Brasil e não se deparar com as empresas familiares. Os dados trazidos na introdução deste texto, de que elas representam 90% das empresas brasileiras, revelam outras informações: são as principais empregadoras, pagadoras de tributos, produtoras e fornecedoras de bens e serviços. Só por esses fatos, a resolução das problemáticas que envolvem essas empresas deve estar na ordem de prioridade de qualquer administrador público e privado.

A estrutura societária brasileira fornece uma boa alternativa. A estruturação de conselhos pode contribuir significativamente para a melhoria da gestão das empresas familiares, assim como facilitar os planejamentos sucessórios. Neste trabalho, propôs-se que os conselhos de Administração possam funcionar como estratégia de planejamento sucessório do ponto de vista da gestão do negócio, mas não há óbices à criação de outras alternativas, como os conselhos consultivos e, para questões mais específicas da família, os conselhos de família.

O que as empresas familiares precisam, de forma geral, são fóruns de discussão e resolução de seus conflitos, espaços de fluidez de comunicação e de catarse de anseios. Afinal de contas, como bem leciona João Bosco Lodi:[39]

> toda a lisura é pouca no trato com o bem comum da empresa e da família. Conflitos entre sócios têm sua gênese no sistema interno de cada grupo familiar. Não é a deterioração da situação financeira da firma, nem a conjuntura do país, o que dá origem aos conflitos: é o comportamento ético entre os indivíduos.

---

38 A pesquisa do IBGC revela que, com o avanço da geração do diretor-presidente, há uma tendência de aumento de conselheiros independentes: quando o diretor-presidente é membro da 1ª geração, 50% do conselho é composto por independentes; quando o diretor-presidente é membro da 3ª geração, o percentual de independentes sobe para 64%. No entanto, o dado que mais impacta é o percentual de conselheiros internos: quando o diretor-presidente é membro da 1ª geração, 32,5% do conselho é composto por membros internos; já quando o diretor-presidente é membro da 3ª geração esse percentual cai para 8%.

39 LODI, João Bosco. *Ética na empresa familiar*. São Paulo: Pioneira, 1994. p. 11.

Talvez a maior dor dos sucedidos seja o dar-se conta de que é necessário transferir o bastão para os sucessores, mas uma das maiores delícias, certamente, será acompanhar o desenvolvimento e o sucesso dos seus descendentes. Esse planejamento garante não só o sucesso da empresa, mas também da família.

Referências

ANDRADE, Adriana; ROSSETTI, José Paschoal. *Governança corporativa* – Fundamentos, desenvolvimento e tendências. 2. ed. São Paulo: Atlas, 2006.

BERLE, Adolf Augustus; MEANS, Gardiner C. *A moderna sociedade anônima e a propriedade privada*. Tradução de Dinah de Abreu Azevedo. 2. ed. São Paulo: Nova Cultural, 1987.

BERNHOEFT, Renato; GALLO, Miguel. *Governança na empresa familiar*. 3. ed. Rio de Janeiro: Elsevier, 2003.

CARVALHOSA, Modesto. *Comentários à Lei de Sociedade Anônimas*. 6 ed. São Paulo: Saraiva, 2014. v. 3.

COELHO, Fábio Ulhoa. *Empresa familiar*: estudos jurídicos. São Paulo: Saraiva, 2014.

COUTINHO DE ABREU, Jorge Manuel. *Governação das sociedades*. 2. ed. Coimbra: Almedina, 2010.

FLORIANI, Oldoni Pedro. *Empresa familiar ou inferno familiar?* 2. ed. Curitiba: Juruá, 2008.

GUERRA MARTÍN, Guillermo. El gobierno de las sociedades cotizadas estadounidenses. *Revista de Derecho de Sociedades*, Navarra, n. 20, 2003.

INSTITUTO BRASILEIRO DE GOVERNANÇA CORPORATIVA. *Código de melhores práticas de governança corporativa*. 5. ed. São Paulo: IBGC, 2015. Disponível em: https://ibgc.org.br/governanca/governanca-corporativa/principios-basicos. Acesso em: 24 set. 2018.

INSTITUTO BRASILEIRO DE GOVERNANÇA CORPORATIVA. *Governança corporativa em empresas familiares*. São Paulo: Saint Paul, 2011.

INSTITUTO BRASILEIRO DE GOVERNANÇA CORPORATIVA. *Governança da família empresária*: conceitos básicos, desafios e recomendações. São Paulo: IBGC, 2016.

INSTITUTO BRASILEIRO DE GOVERNANÇA CORPORATIVA. *Governança em empresas familiares*: evidências brasileiras. São Paulo: IBGC, 2019.

JENSEN, Michael C.; MECKLING, Wlliam H. Theory of the firm: managerial behavior, agency costs and ownership structure. *Journal of Financial Economics*, v. 3, sessão 4, p. 305-360, 1976. Disponível em: https://reader.elsevier.com/reader/sd/pii/0304405X7690026X?token=CF417BC3742D01A356F7B7B7D8B92CBF02DCDFEF9286D97BCC280735F596F5B2149CA49E537CC76BD0D8F08B55093B43&originRegion=us-east-1&originCreation=20210801125304. Acesso em: 31 jul. 2021.

LODI, João Bosco. *Ética na empresa familiar*. São Paulo: Pioneira, 1994.

MAMEDE, Gladston. *Empresas familiares*: administração, sucessão e prevenção de conflitos entre sócios. São Paulo: Atlas, 2012.

MENEZES CORDEIRO, António. *Direito das sociedades*. Parte geral. 3 ed. Coimbra: Almedina, 2011. v. I.

PRADO, Roberta Nioac (Coord.). *Direito, gestão e prática*: empresas familiares: governança corporativa, governança familiar e governança jurídica. São Paulo: Saraiva, 2011.

ROMERO CASTRO, Noelia; PIÑEIRO CHOUSA, Juan. Prácticas de buen gobierno y creación de valor: retos para los administradores societarios. *In*: FERNÁNDEZ-ALBOR BALTAR, Ángel; PÉREZ CARRILLO, Elena F.; TORRES CARLOS, Marcos R. *Actores, actuaciones y controles del buen gobierno societario y financiero*. Madrid: Marcial Pons, 2018.

SPIRA, Laura F.; SLINN, Judy. *The Cadbury Committee* – A history. Oxford: Oxford University Press, 2013.

TAGIURI, Renato; DAVIS, John. Bivalent attributes of the family firm. *Family Business Review*, v. 9, n. 2, jun. 1996. Disponível em: https://www.sehity.com/uploads/4/2/2/4/42243697/1.pdf. Acesso em: 31 jul. 2021.

THE AMERICAN LAW INSTITUTE. *Principles of corporate governance*: analysis and recommendations. Parts I – VI. Washington: St. Paul Minn. American Law Institute Publishers, 1994. v. 1.

TOMAZETTE, Marlon. O conselho de administração nas sociedades familiares. *In*: COELHO, Fabio Ulhoa; FÉRES, Marcelo Andrade. *Empresa familiar* – Estudos jurídicos. São Paulo: Saraiva, 2014.

Informação bibliográfica deste texto, conforme a NBR 6023:2018 da Associação Brasileira de Normas Técnicas (ABNT):

LUCAS, Laís Machado; CANTALI, Fernanda Borghetti. A governança corporativa e a valia do conselho de administração para as empresas familiares. *In*: TEIXEIRA, Daniele Chaves (Coord.). *Arquitetura do planejamento sucessório*. Belo Horizonte: Fórum, 2022. p. 461-477. Tomo III. ISBN 978-65-5518-291-0.

PREVIDÊNCIA COMPLEMENTAR: UM RESGATE À NATUREZA JURÍDICA E SEUS EFEITOS DIANTE DO ÓBITO DO PARTICIPANTE

LUANA MANIERO MOREIRA
PATRICIA BRESSAN LINHARES GAUDENZI
MARCIO ALBAN SALUSTINO

1 Introdução

Há mais de quinze anos, o psicólogo Daniel Kahneman, teórico de finanças comportamentais (*behavioural*), apresentou um estudo que lhe conferiu o Nobel de Economia, no qual demonstrou que a maior parte dos indivíduos parece ser mais avessa a uma perda de determinado tamanho do que favorável a um ganho do mesmo tamanho.[1]

A partir desta constatação, diversos artigos de economistas e especialistas em comportamento ao redor do mundo apresentam a inércia (ou *status quo*) como um dos erros de avaliação mais comuns sobre investimentos – especialmente se as escolhas envolvem alguma medida de renúncia ao consumo ou risco.

Mais recentemente, a pesquisa de Richard Thaler, economista norte-americano, sobre irracionalidade do indivíduo para tomada de decisões financeiras também lhe rendeu o Nobel de Economia de 2017. Richard demonstrou que as escolhas dos indivíduos são fortemente influenciadas por questões subjetivas e culturais, e que este comportamento afeta movimentos na economia que não podem ser previstos ou explicados pelas teorias clássicas de economia.

Os reflexos dessas novas teorias podem ser diversos e colocar em xeque a eficácia das políticas públicas adotadas pelos governos, inclusive no Brasil, onde as medidas econômicas adotadas nos últimos anos visam estimular o crescimento do PIB para geração de emprego e aumento de demanda (bolsas assistencialistas, saque de contas do FGTS etc.).

1 Disponível em: http://www.nobelprize.org/nobel_prizes/economic-sciences/laureates/2002/kahnemann-lecture.pdf.

Ocorre que, enquanto o Estado se volta para estimular produção/produtividade e ocupação/renda real, a sociedade é informada sobre o déficit da previdência social, o fim do bônus demográfico e a limitação obrigatória do orçamento federal destinado ao pagamento das aposentadorias e pensões – trazendo à tona a fábula da cigarra e da formiga aos lares dos brasileiros.

Estudos realizados pelo economista José Roberto Afonso[2] em 2015 demonstram que o nível de poupança doméstica do setor privado é baixo e decrescente (sendo atualmente inferior ao registrado em 2002); entre os países da América Latina, o Brasil apresenta níveis inferiores a seus vizinhos, sendo que apenas 29% do PIB estão alocados em instrumentos de poupança de longo prazo[3] (com características previdenciárias) – enquanto que nos países europeus a média supera 100% do PIB.

Num cenário como esse, era de se esperar que já estivéssemos num ambiente de certeza ou mínima segurança jurídica quanto à natureza de instrumentos de poupança; mas não estamos. Em consulta jurisprudencial é possível observar um número crescente de demandas judiciais e decisões divergentes, que oscilam desde considerar a previdência privada como um instrumento de seguro de vida, até entendimentos de que se está diante de uma aplicação financeira – visões diferentes entre si, mas igualmente oblíquas.

Considerar que a acumulação previdenciária, segundo o regime de capitalização que lhe é constitucionalmente imposto,[4] corresponde a um patrimônio passível de sucessão, transmissão, cessão ou alienação é desnaturar a sua essência nuclear.

2 O instituto da previdência complementar no Brasil

Seguindo os três pilares da previdência complementar – facultatividade, contratualidade e atuação de órgão regulador –, é possível estabelecer uma melhor compreensão acerca da natureza desse instituto e seus aspectos jurídicos relativos à reserva de poupança e à operacionalização dos pagamentos.

A ideia central da previdência complementar, diferente do sistema financeiro da previdência social, é que o próprio participante, por meio de aportes de valores periodicamente depositados em um fundo, acumule um capital próprio que no futuro irá gerar seu benefício previdenciário.

Essa estrutura financeira, chamada de sistema financeiro de capitalização, é o que confere à previdência complementar a segurança econômico-financeira e atuarial,[5] sendo uma imposição da própria Constituição Federal (art. 202). Por isso, a previdência

---

2 AFONSO, José Roberto (Coord.). *Previdência complementar e poupança doméstica*: desafios gêmeos no Brasil. São Paulo: ABRAPP, 2015. Disponível em: www.joserobertoafonso.com.br/attachment/16344.

3 Disponível em: https://www.gov.br/previdencia/pt-br/dados-e-estatisticas/painel-estatistico-da-previdencia/regime-de-previdencia-complementar.

4 "Art. 202. O regime de previdência privada, de caráter complementar e organizado de forma autônoma em relação ao regime geral de previdência social, será facultativo, *baseado na constituição de reservas que garantam o benefício contratado*, e regulado por lei complementar".

5 "Com isso, tem-se diferenças essenciais na forma de tratamento financeiro das contribuições arrecadadas para o regime geral da previdência social e para o regime da previdência complementar, o que acaba por criar discrepâncias quanto ao equilíbrio atuarial e financeiro de suas contas. Enquanto a previdência privada tende a direcionar os recursos arrecadados com as contribuições dos seus participantes para o benefício a ser gozado, na fase de aposentadoria, por estes mesmos participantes, na previdência pública as contribuições arrecadadas destinam-se ao pagamento dos benefícios de terceiros num sistema de genuíno mutualismo e solidariedade"

complementar é qualificada pela doutrina como um novo esquema socioeconômico no campo previdenciário.[6]

Também por imposição legal, há que ser formalizada por um contrato formal, com as bases técnicas predefinidas pelo regulamento. Nesse sentido, esclarece Manuel Sebastião Soares Póvoas:

> [...] a natureza técnico-operacional da previdência privada leva os respectivos órgãos normativo e executivo a definir as bases técnicas a que as entidades têm de obedecer na elaboração de um plano de benefícios, e a exigir depois a sua aprovação, pelo que a pessoa interessada em se beneficiar desse plano, tem que inscrever-se nele, aceitando a sua composição através de formulários uniformes – as propostas de inscrição – que contém o respectivo regulamento, que se confunde com o clausulado geral do contrato previdenciário [...].[7]

Não obstante o caráter contratual privado, os planos de previdência complementar são geridos por entidades fiscalizadas pelo Poder Público, que somente poderão instituir e operar planos de benefícios para os quais tenham autorização específica, devendo os planos atender a padrões mínimos fixados pelo órgão regulador e fiscalizador, com o objetivo de assegurar transparência, solvência, liquidez e equilíbrio econômico-financeiro e atuarial.

Tudo isso porque se tem na previdência complementar um caráter eminentemente social, cuja finalidade primordial é a proteção supletiva do indivíduo aos riscos sociais, propiciando uma complementação de renda àqueles (*facultativo*) que buscam a manutenção de um padrão de vida seguro e economicamente razoável (*proteção supletiva dos riscos sociais*) na fase de inatividade profissional.

Há, portanto, na previdência complementar uma estrutura e operacionalidade que lhe diferenciam de outros institutos, de modo que comparações triviais com contratos similares (mas não idênticos) não podem nem devem ser feitas, sob pena de afronta a todo um sistema de seguridade social constitucionalmente previsto e assegurado.

Por isso os recursos de plano de previdência privada distanciam-se de meros investimentos passíveis de saque a qualquer tempo. Tanto é que o próprio Superior Tribunal de Justiça[8] já decidiu pela vedação a resgates fora dos limites contratuais e legais, pois tal prática compromete a coletividade e o próprio sistema de previdência que tem por objetivo proporcionar uma aposentadoria ou pensão justa quando do período de fruição.

Portanto, reduzir a reserva previdenciária a meros investimentos, como sói acontecer em algumas decisões judiciais, não é razoável e colide com o seu objetivo constitucional e com o próprio *animus* do contratante/participante que formou aquela reserva para se precaver para o futuro, notadamente num cenário em que a longevidade é crescente.

(GAUDENZI, Patrícia Bressan Linhares. *Tributação dos investimentos em previdência complementar privada* – Fundos de pensão, PGBL, VGBL, FAPI e outros. São Paulo: Quartier Latin, 2008. p. 31).

6 PÓVOAS, Manuel Sebastião Soares. *Previdência privada*: filosofia, fundamentos técnicos, conceituação jurídica. São Paulo: Quartier Latin, 2007. p. 30.

7 PÓVOAS, Manuel Sebastião Soares. *Previdência privada*: filosofia, fundamentos técnicos, conceituação jurídica. São Paulo: Quartier Latin, 2007. p. 275.

8 STJ. AgRg no AREsp nº 463.725/SC. Rel. Min. Luis Felipe Salomão, Quarta Turma, j. 1º.4.2014. *DJe*, 9 abr. 2014.

3 Patrimônio, bens e direitos passíveis de sucessão

O Código Civil, vigente no ordenamento jurídico nacional como lei geral do direito privado, trata de *propriedade* e de *bens* e *direitos*, com o fim de regular as relações jurídicas atinentes a estes institutos e não propriamente de dar-lhes conceito formal – ante a natureza deontológica das normas jurídicas. Não obstante, a doutrina e a jurisprudência reconhecem no Código Civil e nas demais leis do direito privado brasileiras conteúdos semânticos capazes de atribuir contornos de significação às expressões e termos neles utilizados.

Especificamente sobre a concepção de *bem*, civilistas como Cristiano Chaves e Nelson Rosenvald[9] demonstram tratar-se de elementos suscetíveis de valoração jurídica, isto é, que possam ser objeto de relações jurídicas, de direitos e deveres. Confira-se:

> Sob o enfoque jurídico, no entanto, bem tem significado próprio, específico, voltado para uma finalidade específica. São aqueles susceptíveis de uma valoração jurídica. Em outras palavras, bens jurídicos são aqueles que podem servir como objeto de relações jurídicas. São, nesse passo, as utilidades materiais ou imateriais que podem ser objeto de direitos subjetivos. [...]
>
> Averba-se, desse modo, que, de regra, todo direito subjetivo traz em seu objeto um bem jurídico. Explicitando, detalhadamente. A partir da ideia, já vista alhures, de que as relações jurídicas são formadas por três elementos (sujeitos, objeto e vínculo), é de se notar que o seu objeto é um bem sobre o qual recairá o direito subjetivo do sujeito ativo, permitindo-lhe exigir do sujeito passivo o comportamento esperado.

No mesmo sentido, Pablo Stolze e Rodolfo Pamplona:[10]

> Embora mais extensa do que a acepção meramente econômica – que se limita à suscetibilidade de apreciação pecuniária –, os bens jurídicos podem ser definidos como toda a utilidade física ou ideal, que seja objeto de um direito subjetivo. Nesse enfoque, podemos afirmar, sem dúvida, que todo bem econômico é bem jurídico, mas a recíproca, definitivamente, não é verdadeira, tendo em vista que há bens jurídicos que não podem ser avaliáveis pecuniariamente.

Nessa linha de raciocínio, é correto dizer que o bem jurídico, material ou imaterial, economicamente apreciável ou não, é objeto de direitos subjetivos (p. ex.: um terreno é objeto de meu direito de propriedade, a honra é objeto de meu direito da personalidade). Quer dizer, a todo direito subjetivo (faculdade de agir do sujeito) deverá corresponder determinado bem jurídico.

Por sua vez, o legislador brasileiro, ao se incumbir de tutelar o *patrimônio*, o fez na condição de conjunto de bens e direitos apreciáveis economicamente, corpóreos ou incorpóreos. O patrimônio, pois, engloba apenas uma faceta dos bens, qual seja aquela apreciável economicamente.

---

9 CHAVES, Cristiano; ROSENVALD, Nelson. *Curso de direito civil*: parte geral. 13. ed. São Paulo: Atlas, 2015. v. 1. p. 417.

10 STOLZE, Pablo; PAMPLONA, Rodolfo. *Novo curso de direito civil*: parte geral. São Paulo: Saraiva, 2007. v. I. p. 253-254.

Nas palavras de Luiz Edson Fachin:[11] "há, no plano do Direito, direitos subjetivos que podem se enquadrar na esfera jurídica, mas não no âmbito estrito do patrimônio".

Assim, por *transmissão de propriedade*, pode-se considerar a transposição de patrimônio, ou do conjunto de bens apreciáveis economicamente, entre duas ou mais pessoas.

A divisão mais nítida na classificação dos bens é feita pelo Código Civil quando distingue móveis e imóveis, segundo a sua capacidade de movimento próprio ou de remoção por força alheia.[12] Na lição de Ricardo Fiúza:[13]

> Pelo art. 83, I a III, serão móveis por determinação legal: as energias que tenham valor econômico, como, por ex., a elétrica, os direitos reais sobre objetos móveis e as ações correspondentes; os direitos pessoais de caráter patrimonial ou os de obrigação ou de crédito e as ações respectivas e os direitos de autor (Lei nº 9.610/98, art. 3º). Assim, p. ex., um escritor poderá ceder seus direitos autorais sem outorga uxória. A propriedade industrial, segundo o art. 5º da Lei. Nº 9.279/96, também é coisa móvel, abrangendo os direitos oriundos do poder de criação e invenção do indivíduo, assegurando a lei ao seu tutor as garantias expressas nas patentes de invenção, na exclusiva utilização das marcas de indústria e comércio e nome comercial, protegendo esses direitos contra utilização alheia e concorrência desleal.

Para além dos bens, também poderão integrar o patrimônio, e, portanto, a propriedade transmissível, os *direitos* – cuja acepção semântica é tarefa árdua, dada a diversidade de usos que a própria norma jurídica lhes confere,[14] conforme descreve André Franco Montoro:[15]

> Do exame que acabamos de fazer decorrem algumas conclusões, que devem se explicitadas: a) a palavra "direito" não designa apenas uma, mas várias realidades distintas; b) em consequência, não é possível formular uma definição única do direito; devem ser formuladas diferentes definições, correspondentes às realidades diversas; c) o estudo feito demonstra que o vocábulo "direito" não é unívoco, nem equívoco, mas análogo.

Apesar do caráter multifacetário, controvérsias doutrinárias à parte, os *direitos* hão de ser os direitos subjetivos, como ensina Savigny:[16]

> O direito considerado na vida real, envolvendo e penetrando por todos os lados nosso ser, nos parece como um poder do indivíduo. Nos limites desse poder, reina a vontade dos indivíduos, e reina com o consentimento de todos. A tal poder ou faculdade nós chamamos "direito" e alguns, "direito em sentido subjetivo".

---

11 FACHIN, Luiz Edson. *Teoria crítica do direito civil*. 2. ed. Rio de Janeiro: Renovar, 2003. p. 158.

12 Para além dessa classificação, a doutrina se debruça sobre uma série de divisões, como corpóreos e incorpóreos, fungíveis e infungíveis, principais e acessórios, públicos e privados etc. Todavia, esses aspectos não se reputam decisivos para análise do tema de fundo relativo ao ITCMD.

13 FIUZA, Ricardo. *Novo Código Civil comentado*. São Paulo: Saraiva, 2003. v. 1. p. 95.

14 Sobre essa dificuldade conceitual corroboram Pablo Stolze e Rodolfo Pamplona: "Conceituar direito, por incrível que pareça, não é tarefa das mais fáceis, dada a enorme quantidade de visões ideológicas que envolve a doutrina jusfilosófica na espécie, coexistindo uma infinidade de escolas de pensamento cada qual com sua própria teoria sobre a gênese do direito e seu papel social" (STOLZE, Pablo; PAMPLONA, Rodolfo. *Novo curso de direito civil*: parte geral. São Paulo: Saraiva, 2007. v. I. p. 2).

15 MONTORO, André Franco. *Introdução à ciência do direito*. 26. ed. São Paulo: Revista dos Tribunais, 2005. p. 65.

16 SAVIGNY, Friedrich Karl von. *Sistema del derecho romano actual, IV*. [s.l.]: [s.n.], [s.d.]. v. 1. p. 25.

Diante disso, tem-se que bens e direitos transmissíveis correspondem àquilo que seja apreciável economicamente, quer como bem, interesse ou como uma pretensão a eles vinculada (direito).

4 Da natureza jurídica da reserva previdenciária – Direito adquirido *versus* expectativa de direito

Não há, na doutrina, estudos específicos capazes de traduzir com precisão a relação que se propõe a examinar. Isso porque as particularidades legais e estruturais da previdência complementar requerem um exame eminentemente axiológico dos termos empregados pelos contratos firmados entre as partes envolvidas (entidade de previdência/participante, entidade de previdência/patrocinador, participante/patrocinador) e pela própria Lei Complementar nº 109, de 21.5.2001, que disciplina o regime da previdência complementar.

Ao disciplinar o regime da previdência complementar infraconstitucionalmente, a Lei Complementar nº 109/2001 dispõe que a atividade das entidades de previdência complementar está voltada à instituição e execução de planos de benefícios de caráter previdenciário, assim entendidos: benefício de complementação de aposentadoria ou de complementação de pensão.

O benefício de complementação de aposentadoria consiste no pagamento de uma renda continuada ou, então, de um recebimento único, ao qual fará jus o próprio titular do plano de benefício em razão da sua sobrevivência ao período contratado. Já a complementação de pensão reside no pagamento do benefício àqueles indicados no plano pelo titular, na hipótese de seu falecimento, que, segundo entendimento de Carlos André Guerra Barreiros,[17] é de "finalidade acessória" aos planos de benefício, já que a finalidade primordial dos planos de previdência, de fato, é a acumulação e garantia ao benefício previdenciário do próprio participante.

Diversamente da complementação de aposentadoria ou pensão asseguradas pelo plano de benefícios – que decorrem da manutenção do vínculo contratual com o plano de benefícios, seja na condição de participante ativo, autopatrocinado ou especial (benefício proporcional diferido) –, há o instituto do resgate, obrigatório nos termos dos arts. 14 e 27 da Lei Complementar nº 109/2001, característico da previdência complementar e reiteradamente considerado pela doutrina e jurisprudência como o grande fator para reduzir a reserva previdenciária à natureza de investimento.

No entanto, há que se fazer importante ressalva acerca do resgate, o qual se caracteriza, na verdade, em quebra do pacto previdenciário entre o participante e a entidade.

Conforme ensina Wagner Balera, o resgate é expressão do princípio da facultatividade, vez que tal princípio garante tanto a vontade de se inscrever, quanto a de

---

[17] BARREIROS, Carlos André Guerra. Previdência privada: vantagens de se aderir a este sistema. *Revista de Previdência*, Rio de Janeiro, n. 4, abr. 2006. p. 111.

permanecer e a de deixar de fazer parte da relação de previdência privada. Porém, complementa o autor, o resgate é a rescisão do contrato previdenciário pelo participante.[18]

Essa distinção entre o pagamento do benefício realizado pela entidade e o exercício do resgate é especialmente relevante para que se compreenda o real significado da reserva previdenciária num escopo amplo, porque o resgate, sendo rescisão contratual, faz desaparecer o caráter previdenciário dos recursos acumulados no fundo na medida em que retornam à titularidade imediata do participante.

De todo modo, sob o ângulo financeiro, ambos representam as únicas formas ordinárias de desembolso de recursos financeiros da entidade para o participante. O que significa dizer que qualquer parcela de reversão financeira assegurada pelos planos de benefícios terá, invariavelmente, natureza de resgate ou de benefício previdenciário.

O resgate, no entanto, é um direito concedido apenas ao participante (direito personalíssimo), titular do plano de previdência complementar, atrelado especificamente à escolha direta ou manifestação de vontade do participante, a rompimento do vínculo empregatício ou a desligamento do plano. De tal modo que, nas hipóteses em que contratualmente um terceiro – beneficiário – faça jus ao recebimento de determinados valores pelo plano, a sua natureza será de benefício previdenciário – mais especificamente de complementação de pensão.

Essa premissa, frise-se, é fundamental para a análise doravante sobre a qual nos debruçamos, pois, a despeito de regulamentos nomearem o pagamento ao beneficiário de "resgate", a terminologia está empregada de forma equivocada, na medida em que tais pagamentos não decorrem de escolha direta ou manifestação de vontade do participante, rompimento do vínculo empregatício ou desligamento do plano, mas, sim, de seu falecimento.[19]

Por isso, em havendo reversão de recursos para terceiros no âmbito da previdência complementar (complementação de pensão), Wagner Balera[20] lembra:

> os beneficiários são eleitos pelo próprio participante quando de sua adesão, ou poderão ser os dependentes que tenham legitimidade para receber as prestações de aposentadoria pagas pelo plano. Em ambos os casos, pressupõe-se o falecimento do participante, que, em regra, é o beneficiário original de tais recursos.

Disto se pode afirmar que o terceiro – beneficiário indicado contratualmente pelo participante titular do plano ou legalmente autorizado como sucessor – somente passa a deter um *crédito* em face da entidade de previdência complementar quando da morte do participante. Isto é, somente a partir deste momento a entidade passa a ter, perante o terceiro (beneficiário), um liame jurídico obrigacional.

Resta, portanto, saber se o objeto desta obrigação (entre o beneficiário eleito pelo participante e a entidade) é um bem, um direito (existente, adquirido) ou uma mera expectativa de direito.

---

18 BALERA, Wagner; MARTINS, Danilo Ribeiro Miranda. *Institutos obrigatórios na previdência complementar*. Disponível em: https://www.ipcom.org.br/uploads/news/anexos/artigo-institutos-obrigatorios-na-previdencia-complementar.pdf.

19 Por se tratar o resgate de instituto legal que somente pode ser exercido pelo participante (direito personalíssimo), diante das condições citadas, não será considerado para fins de incidência do ITCMD.

20 BALERA, Wagner. *Comentários à Lei de Previdência Privada*. São Paulo: Quartier Latin, 2005. p. 75.

Vale registrar, de antemão, que se está valendo do conceito anteriormente explorado de bem ou direito apreciáveis economicamente, *i.e.*, passíveis de quantificação monetária e que possam ser transmitidos a outrem, por integrarem o patrimônio do seu titular, nos moldes já explanados anteriormente.

Nesse contexto, a Lei de Introdução às Normas do Direito Brasileiro (Decreto-Lei nº 4.657, de 4.9.1942) atribui direito adquirido àquele que o titular possa exercer com termo prefixado ou condição preestabelecida inalterável pela iniciativa de outros.[21]

Depreende-se disto que, para que alguém tenha, perante a entidade, um direito adquirido, é preciso que as condições tenham sido prefixadas e as condições preexistentes tenham se configurado definitivamente – ou, nos termos da lei, sejam "inalteráveis".

É o que ocorre com o participante (titular do plano), ao se aposentar, adquirindo a condição de assistido, conforme estabelece a Lei Complementar nº 109/2001:

> Art. 8º Para efeito desta Lei Complementar, considera-se:
>
> I - participante, a pessoa física que aderir aos planos de benefícios; e
>
> II - assistido, o participante ou seu beneficiário em gozo de benefício de prestação continuada.

Neste caso, na condição de assistido, o direito adquirido se perfaz pelo preenchimento das condições para gozo do benefício previdenciário de complementação de aposentadoria. Confira-se do art. 68 da mesma lei:

> Art. 68. As contribuições do empregador, os benefícios e as condições contratuais previstos nos estatutos, regulamentos e planos de benefícios das entidades de previdência complementar não integram o contrato de trabalho dos participantes, assim como, à exceção dos benefícios concedidos, não integram a remuneração dos participantes.
>
> §1º Os benefícios serão considerados direito adquirido do participante quando implementadas todas as condições estabelecidas para elegibilidade consignadas no regulamento do respectivo plano.

Ora, se o ordenamento jurídico assegura direito adquirido (certo, inalterável) àquele que preenche as condições contratuais para seu gozo, há que se considerar que o beneficiário (indicado pelo participante ou legalmente, como seu sucessor) passa a ter um direito adquirido à complementação de pensão quando do falecimento do titular, que é a condição *sine qua non* necessária contratualmente para que o beneficiário possa receber rendimentos de um plano de benefícios.

Antes disso, o que há é mera expectativa de direito, como leciona Orlando Gomes:[22]

> [...] há direitos que só se adquirem por formação progressiva, de modo que a sua aquisição faz-se gradualmente. Se já ocorreram vários fatos idôneos à aquisição do direito, mas ainda faltam outros, ou outro, configura-se uma situação jurídica preliminar que se denomina

[21] "Art. 6º A Lei em vigor terá efeito imediato e geral, respeitados o ato jurídico perfeito, o direito adquirido e a coisa julgada. [...] §2º Consideram-se adquiridos assim os direitos que o seu titular, ou alguém por êle, possa exercer, como aquêles cujo comêço do exercício tenha têrmo pré-fixo, ou condição pré-estabelecida inalterável, a arbítrio de outrem" (grafia do original).

[22] KERTZMAN, Ivan. Leituras complementares de direito previdenciário. Salvador: JusPodivm, 2007. p. 52 *apud* GOMES, Orlando. *Introdução ao estudo do direito civil*. 2. ed. [s.l.]: [s.n.], 1965. p. 115-117.

expectativa de direito, em razão do estado psicológico daquele que nela se encontra. Se a expectativa recebe tutela jurídica, torna-se então, expectativa de direito.

Para mesma direção aponta José Oliveira Ascenção:[23]

> Há fatos constitutivos de direito e de realização simultânea ou de realização sucessiva. Neste último caso, há toda uma graduação entre a situação inicial de total inexistência do direito, e a situação final de sua perfeição. A expectativa de direito consiste na posição daquele a favor de quem se realizaram alguns dos pressupostos do direito, mas não todos, tutelados pelo direito.

Trata-se, pois, de um direito (adquirido) diverso daquele a que o participante fazia jus anteriormente ao seu falecimento. Isso porque o participante, em vida, somente teria uma *expectativa de direito* (na fase de acumulação, isto é, antes de implementadas as condições para usufruir da complementação de aposentadoria) ou um *direito adquirido à complementação de aposentadoria* – e não à complementação de pensão, como se verifica ser o direito que o beneficiário passará a ter quando do falecimento do participante titular.

Com efeito, o direito à complementação de pensão somente nasce quando do falecimento do participante do plano de benefícios, sendo este direito mera expectativa, enquanto este evento não ocorrer – tal como ocorre com o próprio participante enquanto não implementadas as condições para seu benefício previdenciário complementar.

Assim, se o que o participante detém, quando do seu falecimento, em relação ao plano de previdência complementar, é expectativa de direito (se na fase de acumulação) ou direito adquirido à complementação de aposentadoria (quando preenchidas as condições para seu recebimento), e, por outro lado, o que o beneficiário terá, quando do falecimento do participante, é direito adquirido à complementação de pensão, não há que se falar em *transmissão de direitos* – ainda que o participante falecido estivesse em gozo de benefício.

O direito à complementação de pensão do beneficiário que surge com o óbito do participante não corresponde a uma "transformação" do direito à complementação de aposentadoria. Há, entre esses, apenas vínculo condicional, na medida em que a segunda não se perfaz sem o esgotamento da primeira.

Vale dizer, a relação jurídica obrigacional que se forma entre o beneficiário do plano (indicado pelo participante) e a entidade de previdência complementar tem como condição (para que exista e deixe de ser mera expectativa de direito) o término da relação jurídica obrigacional anterior (entre o participante e a entidade). Não há cessão de direitos entre os credores (participante/beneficiário) já que o objeto obrigacional é outro.

Importa mencionar que o Código Civil rege a cessão de direitos ao tratar sobre a "Transmissão das Obrigações" e prescreve as duas faces da cessão de direitos: aquela em que a substituição é na pessoa do credor da obrigação ("cessão de crédito", arts. 286 a 298) e aquela em que é o devedor o substituído na relação obrigacional ("assunção de dívida", arts. 299 a 303). Em qualquer dos casos, porém, resta claro que o objeto da

---

23 KERTZMAN, Ivan. Leituras complementares de direito previdenciário. Salvador: JusPodivm, 2007. p. 51-52 *apud Enciclopédia Saraiva de Direito*, v. 35. p. 278-280.

obrigação (ou objeto da prestação obrigacional) não se altera, sob pena de caracterizar novação.

A novação, por seu turno, é tida pelo legislador civilista como o ato jurídico pelo qual há uma nova dívida, novo devedor ou novo credor, desde que inequívoco o ânimo de novar (art. 360, Código Civil). Tanto o é que o art. 361 estabelece que "não havendo ânimo de novar, expresso ou tácito, mas inequívoco, a segunda obrigação confirma simplesmente a primeira", formando-se nova relação jurídica autônoma.

Dito isso, não há, pois, como se caracterizar a cessão de direitos nos casos em que o beneficiário adquire direito sobre a reserva previdenciária mantida junto a plano de previdência complementar.

Com efeito, os benefícios previdenciários assegurados contratualmente aos beneficiários indicados pelo participante poderão corresponder a valores, prazos e condições diversos daqueles aplicáveis ao benefício previdenciário garantido ao participante, titular do plano – não raramente inferior, em termos financeiros e temporais.

Por isso, é possível dizer que a reserva previdenciária mantida junto a plano de benefícios de caráter previdenciário administrado por entidade não é, por si só, um bem ou direito do participante, até que implementados os requisitos contratuais e legais necessários à sua conversão em complementação de aposentadoria.

Mesmo neste caso – de cumprimento das condições para gozo do benefício de complementação de pensão –, o direito que o participante detém encerra-se com o seu falecimento, não sendo passível de transferência por sucessão. Isso porque, uma vez ocorrido o evento (morte do participante), o beneficiário (eleito no contrato ou, na sua falta, o sucessor legal do participante) goza de um direito diverso, qual seja o da complementação de pensão – cujos elementos econômicos e temporais não coincidem com aquele pertencente ao participante.

Assim, a reversão da reserva previdenciária em favor do beneficiário legal ou contratualmente eleito não se constitui transmissão de um bem ou direito do *de cujus* (participante), porque o beneficiário recebe como direito próprio.

5 Sucessão e ITCMD

A abordagem esposada acima, que tangencia a natureza jurídica dos benefícios de aposentadoria e de pensão, é relevante para que se compreenda também a razão de a reserva previdenciária não ser caracterizada como herança e, consequentemente, não configurar a materialidade para a incidência do imposto *causa mortis*.

Clovis Bevilaqua define o direito das sucessões como "o complexo dos princípios, segundo os quais se realiza a transmissão do patrimônio de alguém que deixa de existir. Essa transmissão constitui a sucessão; o patrimônio transmitido denomina-se herança; e quem o recebe se diz herdeiro".[24]

A transmissão sucessória, assim, tem por pressuposto que o bem ou direito fazia parte da esfera patrimonial do falecido, porque "suceder (*sub+cedere*) significa continuar

[24] BEVILAQUA, Clovis. *Direito das sucessões*. Campinas: Red Livros, 2000. p. 52.

em outrem uma relação jurídica que cessou para o respectivo sujeito".[25] Porém, como visto, não é o que ocorre na previdência complementar quando do falecimento do titular.

O direito ao qual o beneficiário faz jus (de complementação de pensão), apesar de surgir em razão do óbito do participante, não corresponde a uma transmissão do direito ao qual ele, participante, detinha (cuja natureza era de complementação de aposentadoria). As relações são distintas, as obrigações e o lime jurídico que nasce entre beneficiário e entidade são diversos, não havendo nem mesmo equivalência em termos financeiros e temporais dos recursos.

Não há, portanto e definitivamente, sucessão. Por isso que, inclusive, a terminologia "dispensa de inventário" empregada na Lei nº 11.196/2005[26] é imprópria, porque, não sendo considerada herança, não há, na verdade, a exigência do procedimento de inventário.

Diante desse fato, também não se verifica hipótese de incidência de imposto *causa mortis*. Isso porque referido tributo, de origem constitucional e de competência dos estados e Distrito Federal, tem por fator gerador justamente a transmissão de um bem ou direito do *de cujus*, o que não ocorre na previdência complementar por ocasião da reversão da reserva previdenciária em favor do beneficiário.

Vale lembrar que o Código Tributário Nacional, em seu art. 110, expressamente proíbe a alteração de definição, conteúdo e alcance de institutos, conceitos e formas de direito privado, utilizados, expressa ou implicitamente, pela Constituição Federal, pelas constituições dos estados, ou pelas leis orgânicas do Distrito Federal ou dos municípios, para definir ou limitar competências tributárias; porém, é o que se tem verificado em diversas legislações fiscais estaduais na ânsia de tributar a previdência complementar em questões sucessórias.

6 A insegurança jurídica em torno da previdência complementar

A discussão judicial, sobretudo no âmbito sucessório, envolvendo a previdência privada é relativamente nova e, por isso, ainda limitada à instância dos tribunais estaduais, que não têm decidido de maneira uniforme sobre o tema.

O entendimento jurisprudencial majoritário é ainda no sentido de respeitar a natureza previdenciária dos planos de previdência complementar. Contudo, no caso de planos de previdência aberta, tem-se notado decisões no sentido de considerá-las semelhantes aos seguros de vida,[27] aplicando-se, por analogia e subsidiariamente, as disposições legais previstas aos contratos securitários (por força do art. 73 da Lei

[25] TEPEDINO, Gustavo; BARBOSA, Heloisa Helena; MORAES, Maria Celina Bodin de. *Código Civil interpretado conforme a Constituição da República*. Rio de Janeiro: Renovar, 2014. v. IV. p. 529.

[26] "Art. 76. As entidades abertas de previdência complementar e as sociedades seguradoras poderão, a partir de 1º de janeiro de 2006, constituir fundos de investimento, com patrimônio segregado, vinculados exclusivamente a planos de previdência complementar ou a seguros de vida com cláusula de cobertura por sobrevivência, estruturados na modalidade de contribuição variável, por elas comercializados e administrados. [...] Art. 79. No caso de morte do participante ou segurado dos planos e seguros de que trata o art. 76 desta Lei, os seus beneficiários poderão optar pelo resgate das quotas ou pelo recebimento de benefício de caráter continuado previsto em contrato, *independentemente da abertura de inventário* ou procedimento semelhante" (grifos nossos).

[27] REsp nº 1.691.792/RS. Rel. Min. Antonio Carlos Ferreira, Quarta Turma, j. 23.3.2021. *DJe*, 29 mar. 2021; REsp nº 1.713.147/MG. Rel. Min. Nancy Andrighi, Terceira Turma, j. 11.12.2018. *DJe*, 13 dez. 2018.

Complementar nº 109/2001), embora já se verifiquem decisões que consideraram tais planos como investimento financeiro[28] e, consequentemente, todos os efeitos jurídicos que advêm desse reconhecimento ao direito de família e das sucessões.

Este entendimento minoritário, especialmente nas hipóteses de planos de previdência complementar aberta, poderá ganhar força a partir do resultado do julgamento, pelo E. Superior Tribunal de Justiça, do Recurso Especial nº 1.698.774/RS[29] que, apesar de ter tido como pano de fundo a discussão da previdência complementar no âmbito do direito de família, mais precisamente a comunicação entre cônjuges decorrente do regime de bens, decidiu que a natureza jurídica dos planos abertos se assemelharia à de um investimento financeiro "no período que antecede a percepção dos valores, ou seja, durante as contribuições e formação do patrimônio, com múltiplas possibilidades de depósitos, de aportes diferenciados e de retiradas, inclusive antecipadas".

Todavia, referida decisão do STJ, embora sem força vinculante e aplicação *erga omnes*, não sopesou as consequências jurídicas que essa interpretação pode resultar no âmbito do direito previdenciário e, mais que isso, ao sistema da seguridade social.

Adequadamente, a potencialidade desses riscos e efeitos jurídicos foi considerado pela mesma Corte por ocasião do julgamento do Recurso Especial nº 1.477.937/MG,[30] que deliberou a respeito da previdência complementar fechada, excluindo-a da comunhão de bens e consequente divisão em razão da dissolução de uma união.

O resultado do julgamento desses recursos intensificou ainda mais a diferenciação entre as entidades de previdência complementar fechadas e abertas e, reflexamente, impingiu tratamento diferente a uma gama de indivíduos sujeitos ao mesmo regime previdenciário constitucional.

Todavia, à luz da estrutura técnica que define as contribuições e, futuramente, o valor do benefício e/ou o saldo atualizado da provisão matemática de benefícios a conceder, incertezas jurídicas e imposição judiciais que impliquem alteração dos termos do contrato previdenciário poderão tornar extremamente onerosa ou até inviável a contratação desses planos, pois refletirão nos cálculos matemáticos atuariais, cujo fim é a geração de receita que, no futuro, será capaz de produzir o montante a ser pago ao titular do plano.

Vale dizer, segundo preceitos do contrato previdenciário firmado, regido, como dito, pelos preceitos do direito privado – como *pacta sunt servanda* e *rebus sic stantibus* –, a vontade das partes manifestada quando da contratação, de formar uma reserva para se precaver no futuro, poderá restar infrutífera por uma mera presunção de desvirtuamento do contrato firmado.

---

[28] REsp nº 1.880.056/SE. Rel. Min. Nancy Andrighi, Terceira Turma, j. 16.3.2021. *DJe*, 22 mar. 2021.

[29] Referido julgado, de relatoria da Ministra Nancy Andrighi, concluiu em síntese que, "no período que antecede a percepção dos valores, ou seja, durante as contribuições e formação do patrimônio, com múltiplas possibilidades de depósitos, de aportes diferenciados e de retiradas, inclusive antecipadas, a natureza preponderante do contrato de previdência complementar aberta é de investimento, razão pela qual o valor existente em plano de previdência complementar aberta, antes de sua conversão em renda e pensionamento ao titular, possui natureza de aplicação e investimento, devendo ser objeto de partilha por ocasião da dissolução do vínculo conjugal por não estar abrangido pela regra do art. 1.659, VII, do CC/2002" (STJ. Recurso Especial nº 1.698.774/RS, Terceira Turma, j. 1º set. 2020). No mesmo sentido, o julgamento do Recurso Especial nº 1.880.056/SE, Terceira Turma, j. 16.3.2021).

[30] STJ. Recurso Especial nº 1.477.937/MG. Rel. Min. Ricardo Villas Bôas Cueva, Terceira Turma, j. 27.4.2017.

É o que se verificará, por exemplo, no caso de imposição judicial de partilha *inter vivos* em razão do regime de casamento, na medida em que o capital acumulado será repartido antes de sua conversão em renda, desnaturando a intenção primaz do contrato, que é prover a complementação de aposentadoria ao seu contratante.

Desse modo, considerar a previdência complementar como investimento financeiro tão somente em razão da possibilidade de exercício do resgate – que é a própria rescisão do contrato, ainda que parcialmente, e não a essência e finalidade da previdência complementar – é esvaziar o instituto e a única forma de proteção complementar dos riscos sociais àqueles que a contratam.

Embora legítima a preocupação do Poder Judiciário de evitar que a previdência complementar seja ilicitamente utilizada como instrumento de fraude à meação e fraude à legítima, não se pode considerar que essa seja a regra. Não se pode conceber que uma situação anômala e patológica como a fraude possa ser tida como regra tampouco premissa para todo e qualquer caso ou para toda e qualquer situação.

Há que se verificar, como em todas as fraudes e desvirtuamento de institutos jurídicos, a caracterização ou indícios de que a previdência complementar esteja sendo utilizada com desvio de finalidade, para prejudicar a meação do outro cônjuge ou a legítima dos herdeiros necessários – para os quais o ordenamento jurídico brasileiro prevê mecanismos eficientes de combate.[31]

É preciso sopesar que existe um conteúdo intangível na reserva de previdência privada que está intimamente ligado a um propósito maior, que é tanto socorrer uma massa de brasileiros para os quais o regime geral da previdência social não ampara satisfatoriamente a manutenção do padrão de vida, quanto para alívio ao custeio estatal para amparar iniciativa de atendimento à saúde e assistência pública.

E é essa a premissa que deve nortear as decisões judiciais, a fim de conferir segurança jurídica à previdência complementar, porque a importância e o estímulo a essa proteção social dependem do nível de garantia que o próprio sistema confere ao instituto.

É de rigor, portanto, a segurança jurídica e o respeito ao sistema previdenciário constitucional, por meio da aplicação interdisciplinar do instituto, aos casos de direito de família e das sucessões, em harmonia com todo o sistema, e, em caso de utilização ilícita da previdência complementar, a análise casuística permitirá o combate à fraude.

7 Conclusão

A previdência complementar visa assegurar o porvir.

Apesar de, na sua essência, ser destinada à garantia de manutenção do próprio participante, por meio da complementação de renda para o período de inatividade profissional, o fato de assegurar benefício, em caso de falecimento do participante, às pessoas por ele eleitas, ou na falta delas, a seus sucessores legais, permite que a previdência complementar seja utilizada como relevante instrumento de planejamento sucessório justamente em casos de falta do titular, que é, muitas vezes, o provedor.

---

[31] A esse respeito, *vide* artigo DINAMARCO, Marina Pacheco Cardoso. Os mecanismos existentes para combate à fraude patrimonial sejam no divórcio, na dissolução da união estável, como em decorrência da morte. *In*: TEIXEIRA, Daniele Chaves (Coord.). *Arquitetura do planejamento sucessório*. Belo Horizonte: Fórum, 2021. p. 383-400.

No entanto, a insegurança jurídica que as decisões judiciais têm ocasionado por impingir à previdência complementar a natureza de mero investimento financeiro está a comprometer a coletividade e o próprio sistema da previdência que tem por objetivo proporcionar uma aposentadoria ou pensão justa quando do período de inatividade profissional ou falecimento do titular.

Há que se compreender melhor o instituto, especialmente as complexas relações que dele advêm, porque o objeto da obrigação e o liame jurídico que existe entre entidade e participante são distintos da relação que se estabelece entre a entidade e o beneficiário em caso de falecimento do titular do plano.

A reversão da reserva previdenciária em favor do beneficiário não caracteriza transmissão de direitos, porque o direito que o participante detém de complementação de aposentadoria é distinto do direito que o beneficiário passa a ter em razão do falecimento do participante, não havendo equivalência em termos financeiros e temporais.

Daí a razão para a previdência complementar não ser considerada herança e não estar sujeita à incidência do imposto *causa mortis*, sendo que o respeito e a observância às normas previdenciárias não significam, de maneira alguma, desrespeito às normas de direito sucessório, já que eventuais desvios de finalidade na utilização dos referidos planos podem e devem ser combatidos por meio das medidas legalmente previstas no ordenamento.

Referências

BALERA, Wagner. *Comentários à Lei de Previdência Privada*. São Paulo: Quartier Latin, 2005.

BALERA, Wagner; MARTINS, Danilo Ribeiro Miranda. *Institutos obrigatórios na previdência complementar*. Disponível em: https://www.ipcom.org.br/uploads/news/anexos/artigo-institutos-obrigatorios-na-previdencia-complementar.pdf.

BARREIROS, Carlos André Guerra. Previdência privada: vantagens de se aderir a este sistema. *Revista de Previdência*, Rio de Janeiro, n. 4, abr. 2006.

BEVILAQUA, Clovis. *Direito das sucessões*. Campinas: Red Livros, 2000.

CHAVES, Cristiano; ROSENVALD, Nelson. *Curso de direito civil*: parte geral. 13. ed. São Paulo: Atlas, 2015. v. 1.

DINAMARCO, Marina Pacheco Cardoso. Os mecanismos existentes para combate à fraude patrimonial sejam no divórcio, na dissolução da união estável, como em decorrência da morte. *In*: TEIXEIRA, Daniele Chaves (Coord.). *Arquitetura do planejamento sucessório*. Belo Horizonte: Fórum, 2021.

FACHIN, Luiz Edson. *Teoria crítica do direito civil*. 2. ed. Rio de Janeiro: Renovar, 2003.

FIUZA, Ricardo. *Novo Código Civil comentado*. São Paulo: Saraiva, 2003. v. 1.

GAUDENZI, Patrícia Bressan Linhares. *Tributação dos investimentos em previdência complementar privada* – Fundos de pensão, PGBL, VGBL, FAPI e outros. São Paulo: Quartier Latin, 2008.

KERTZMAN, Ivan. Leituras complementares de direito previdenciário. Salvador: JusPodivm, 2007 *apud Enciclopédia Saraiva de Direito*, v. 35.

MARTINEZ, Wladimir Novaes. *Comentários à Lei Básica da Previdência Complementar*. São Paulo: LTr, 2003.

MARTINS, Sergio Pinto. *Direito da seguridade social*. São Paulo: Atlas, 2005.

MONTORO, André Franco. *Introdução à ciência do direito*. 26. ed. São Paulo: Revista dos Tribunais, 2005.

PÓVOAS, Manuel Sebastião Soares. *Previdência privada*: filosofia, fundamentos técnicos, conceituação jurídica. São Paulo: Quartier Latin, 2007.

SAVIGNY, Friedrich Karl von. *Sistema del derecho romano actual, IV*. [s.l.]: [s.n.], [s.d.]. v. 1.

STOLZE, Pablo; PAMPLONA, Rodolfo. *Novo curso de direito civil*: parte geral. São Paulo: Saraiva, 2007. v. I.

TEPEDINO, Gustavo; BARBOSA, Heloisa Helena; MORAES, Maria Celina Bodin de. *Código Civil interpretado conforme a Constituição da República*. Rio de Janeiro: Renovar, 2014. v. IV.

Informação bibliográfica deste texto, conforme a NBR 6023:2018 da Associação Brasileira de Normas Técnicas (ABNT):

MOREIRA, Luana Maniero; GAUDENZI, Patricia Bressan Linhares; SALUSTINO, Marcio Alban. Previdência complementar: um resgate à natureza jurídica e seus efeitos diante do óbito do participante. *In*: TEIXEIRA, Daniele Chaves (Coord.). *Arquitetura do planejamento sucessório*. Belo Horizonte: Fórum, 2022. p. 479-493. Tomo III. ISBN 978-65-5518-291-0.

NOTAS SOBRE O TESTAMENTO PARTICULAR

LUCIANA MOTA

Introdução

Falar sobre a própria morte é um grande tabu. Há, no imaginário coletivo, a ideia supersticiosa de que falar sobre o fim da vida iria atrair e antecipar o temido evento. Este é um dos maiores motivos pelos quais o brasileiro não tem, ainda, a cultura de manifestar sua vontade por meio da elaboração de um testamento.

Além disso, preocupação com os custos, receio de complicações no momento da abertura da sucessão, vontade de beneficiar os integrantes do núcleo familiar de forma igualitária e até a existência de reduzido patrimônio são indicados como os maiores motivos pelos quais a sucessão legítima prevalece na maioria das partilhas de bens após a morte.

Justamente por isto, o testamento é um instituto de direito civil que ainda não é suficientemente debatido em sede de jurisprudência, sendo tímidas as decisões judiciais, sobretudo nos tribunais superiores, em que se discutem condições de validade e eficácia das várias modalidades de testamento.

No entanto, aparentemente, o cenário vem se alterando nos últimos tempos, ainda que timidamente. Segundo notícia publicada no dia 4.7.2021 no *site Globo.com*,[1] em razão da pandemia de Covid-19,[2] a procura por testamentos aumentou 41,7% em um ano no país no primeiro semestre de 2021, comparado com o mesmo período do ano passado. "São pessoas que anteciparam a vontade de fazer um testamento, estimuladas pelo medo generalizado causado pela onda de mortes provocadas pelo coronavírus", afirmou à reportagem Giselle Oliveira de Barros, tabeliã há 12 anos e presidente do Colégio Notarial do Brasil (CNB) – Conselho Federal.

---

1 Disponível em: https://g1.globo.com/sp/sao-paulo/noticia/2021/07/04/apos-pandemia-procura-por-testamentos-aumenta-417percent-em-um-ano-no-pais-sp-lidera-ranking-nacional.ghtml. Acesso em: 25 ago. 2021.

2 A Organização Mundial da Saúde (OMS) estima que a taxa de letalidade real da Covid-19 seja em torno de 0,6%. No Brasil, de acordo com notícia publicada no *site G1*, até o dia 1º.8.2021, o número de óbitos já ultrapassava quinhentos e cinquenta e seis mil pessoas (Disponível em: https://especiais.g1.globo.com/bemestar/coronavirus/estados-brasil-mortes-casos-media-movel/. Acesso em: 25 ago. 2021).

O presente artigo se propõe a estudar os requisitos formais essenciais de validade do testamento particular, modalidade mais comum no Brasil. Busca-se analisar em que medida e dentro de quais limites deve ser admitida a mitigação de suas formalidades, quando as circunstâncias específicas levam à conclusão de que não restam dúvidas sobre a última vontade do testador.

Conforme será observado, a partir da análise de algumas decisões judiciais sobre o assunto, a mitigação das formalidades legais deve ser pautada nas circunstâncias que envolvem o ato, que devem afastar qualquer dúvida pendente sobre a real vontade do testador.

Mitigação de regras formais como meio de preservação da vontade do testador

O saudoso jurista Zeno Veloso define testamento como "negócio jurídico pelo qual uma pessoa dispõe de seus bens, no todo ou em parte, ou faz determinações não patrimoniais para depois de sua morte".[3] Com efeito, o Código Civil de 2002 disciplina a sucessão testamentária no art. 1.857, *caput*, definindo que "toda pessoa capaz pode dispor, por testamento, da totalidade de seus bens, ou de parte deles, para depois da sua morte".

Portanto, mister reafirmar que o testamento é ato de última vontade da pessoa humana, considerado o mais puro negócio jurídico *causa mortis*, sendo certo que os seus efeitos só são produzidos, independentemente do tempo em que fora realizado ou de mudança concernente ao patrimônio do testador, a partir do óbito deste.

Aberta a sucessão do disponente, determina a lei que, para produção dos efeitos do negócio jurídico, deve ser iniciado procedimento de jurisdição voluntária, em que são ouvidos todos os interessados e o Ministério Público, a fim de que o magistrado examine os aspectos extrínsecos da disposição e determine, ou não, seu cumprimento (arts. 735 a 737, §2º do Código de Processo Civil).[4]

O testamento particular é dito hológrafo porque pode ser redigido pelo próprio testador sem a participação de tabelião ou qualquer funcionário do Estado. A palavra "hológrafo" vem do grego e significa "escrito por completo" ou "todo escrito".[5] Segundo Carlos Maximiliano, a figura remonta ao ano de 446, quando o Imperador romano Valentiniano III teria admitido, por ato de gentileza com duas damas virtuosas, "o testamento só escrito e assinado pelo disponente, sem o concurso de testemunha nem de oficial público".[6]

Trata-se da forma mais acessível de testamento, já que é a forma que apresenta a menor quantidade de formalidades, não sendo essencial a presença de notário ou tabelião para sua elaboração.

---

3 VELOSO, Zeno. *In*: SILVA, Regina Beatriz Tavares da (Coord.). *Código Civil comentado*. 6. ed. São Paulo: Saraiva, 2008. p. 1676.

4 CARVALHO, Luiz Paulo Vieira de. *Direito das sucessões*. 3. ed. São Paulo: Atlas, 2017.

5 SIMÃO, José Fernando *et al*. *Código Civil comentado* – Doutrina e jurisprudência. Rio de Janeiro: Forense, 2019. p. 1874.

6 MAXIMILIANO, Carlos. *Direito das sucessões*. Rio de Janeiro: Freitas Bastos, 1952. v. 1. p. 531.

Vale assinalar que apenas o próprio testador pode escrever o testamento particular, sendo considerado nulo o testamento particular escrito ou assinado a rogo, a pedido, em razão de vício de forma, nos termos do art. 166, inc. IV do Código Civil.[7]

Na hipótese em que seja elaborado por processo mecânico, o testamento particular não pode conter rasuras ou espaços em branco. Em qualquer hipótese, vale dizer, se escrito de próprio punho ou elaborado por processo mecânico, deve ser assinado pelo testador, depois de o ter lido na presença de, pelo menos, três testemunhas que o devem subscrever, conforme regra prevista no art. 1.876, §2º, do Código Civil.[8] A precaução do legislador se justifica: em matéria de sucessão testamentária, busca-se, a todo momento, preservar a real vontade do testador. A inclusão de rasuras ou espaços em branco poderia significar alteração da vontade manifestada. Ademais, exige-se que o testador faça a leitura do próprio testamento na presença das testemunhas, sendo vedado a terceiros que o façam em nome daquele.

Conforme bem assinala Luiz Paulo Vieira de Carvalho, nos termos do art. 1.801, inc. II do Código Civil, "as testemunhas do testamento particular não podem ser contempladas no testamento como herdeiras ou legatárias, sob pena de nulidade da disposição", sendo certo que "aplicam-se às testemunhas do testamento particular em geral as regras concernentes acerca das testemunhas do testamento público e do testamento cerrado, mormente em relação às proibições impostas no art. 228 do Código Civil atual, com as respectivas adaptações".[9]

Respeitável doutrina tem sustentado que, no momento da apresentação do testamento às testemunhas, a fim de que seja efetivada a leitura do escrito e as correspondentes assinaturas, todos deveriam estar presentes, vale dizer, o testador e, no mínimo, as três testemunhas, conjunta e simultaneamente, em unidade de contexto, sob pena de nulidade.[10]

No entanto, é possível observar que o Superior Tribunal de Justiça, já há muitos anos, vem flexibilizando o rigor das formalidades, admitindo a validade do testamento mesmo diante do não cumprimento de todos estes requisitos impostos pela lei, com o objetivo de se atender à finalidade do ato.[11] Logo, sendo inequívoca a vontade manifestada

---

7 "Art. 166. É nulo o negócio jurídico quando: IV - não revestir a forma prescrita em lei; [...]".

8 Justamente porque o testamento particular é feito de forma escrita pelo próprio interessado, que o deve ler na presença de testemunhas, Flávio Tartuce ressalta que não poderá ser elaborado por pessoa que não saiba ler e escrever nem mesmo por pessoa com deficiência visual. Em relação a este, prevê o art. 1.867 que "ao cego só se permite o testamento público, que lhe será lido, em voz alta, duas vezes, uma pelo tabelião ou por seu substituto legal, e a outra por uma das testemunhas, designada pelo testador, fazendo-se de tudo circunstanciada menção no testamento" (TARTUCE, Flávio. *Direito civil*: direito das sucessões. 10. ed. Rio de Janeiro: Forense, 2017. v. 6. p. 398).

9 CARVALHO, Luiz Paulo Vieira de. Testamento particular ordinário e holografo emergencial: características e aplicação nos tempos atuais. *Genjurídico.com.br*, 27 maio 2020. Disponível em: http://genjuridico.com.br/2020/05/27/testamento-particular-emergencial/. Acesso em: 26 ago. 2021.

10 VELOSO, Zeno. *In*: SILVA, Regina Beatriz Tavares da (Coord.). *Código Civil comentado*. 6. ed. São Paulo: Saraiva, 2008. p. 131.

11 "RECURSO ESPECIAL. TESTAMENTO PARTICULAR. VALIDADE. ABRANDAMENTO DO RIGOR FORMAL. RECONHECIMENTO PELAS INSTÂNCIAS DE ORIGEM DA MANIFESTAÇÃO LIVRE DE VONTADE DO TESTADOR E DE SUA CAPACIDADE MENTAL. REAPRECIAÇÃO PROBATÓRIA. INADMISSIBILIDADE. SÚMULA 7/STJ. I - A reapreciação das provas que nortearam o acórdão hostilizado é vedada nesta Corte, à luz do enunciado 7 da Súmula do Superior Tribunal de Justiça. II - Não há falar em nulidade do ato de disposição de última vontade (testamento particular), apontando-se preterição de formalidade essencial (leitura do testamento perante as três testemunhas), quando as provas dos autos confirmam, de forma inequívoca, que o documento

pelo testador, a jurisprudência do STJ tem se inclinado a dispensar o formalismo, dando prevalência à manifestação livre de vontade do testador.

Após aprofundada pesquisa de julgados proferidos pelos tribunais pátrios em demandas que buscavam o cumprimento de testamento particular, verifica-se que, em geral, o Poder Judiciário tem atuado com cautela e afastado a validade da deixa testamentária apenas quando presente qualquer dúvida a respeito de seu conteúdo.

A título de exemplo, no ano de 2018, o Tribunal de Justiça do Rio Grande do Sul julgou interessante caso envolvendo pedido de confirmação de testamento particular emergencial. Na hipótese, o testador havia feito um testamento no ano de 2014 beneficiando sua então companheira com 50% de seu patrimônio e um tabelião com os outros 50% de seus bens. Porém, em março de 2016, quando já se encontrava com cegueira bilateral irreversível, sob curatela provisória, e contava com 89 (oitenta e nove) anos de idade, o mesmo testador redigiu novo testamento afastando da sucessão tanto a companheira antes contemplada, com quem havia se casado há exatos 19 (dezenove) dias, como o tabelião também beneficiado.

De acordo com as testemunhas ouvidas no processo e provas colhidas, o testamento particular elaborado em 2016 teria sido escrito de próprio punho pelo testador, mas lido em voz alta pelo advogado deste e, embora o autor da herança tivesse um "português corretíssimo", teria errado a grafia do nome da própria esposa, levantando sérias suspeitas sobre a veracidade das informações ali contidas:

> Portanto, pelo exame dos depoimentos prestados pelas testemunhas signatárias do documento, o falecido possuía um português corretíssimo e era professor de matemática, mas os erros grosseiros contidos no testamento denotam, efetivamente, falta de discernimento, pois não é crível que ele cometesse o erro verificado no nome da sua esposa, com quem contraíra casamento dezenove dias antes e que era beneficiária de um testamento feito por ele poucos anos antes (em 2014), nem que dispusesse dos bens de forma tão equivocada e contraditória, tornando inexequível o cumprimento dos legados.[12]

Constatando que as provas indicavam a provável falta de discernimento do testador, que curiosamente teria excluído da sucessão testamentária sua recém-esposa, o Tribunal confirmou a sentença de primeiro grau que julgou improcedente o pedido de confirmação do segundo testamento particular.

Por outro lado, o Superior Tribunal de Justiça, em diversas oportunidades, tem relativizado a exigência de preenchimento de todos os requisitos formais do testamento particular, quando presente a segurança jurídica a respeito da real vontade do testador. A jurisprudência do Tribunal tem flexibilizado as formalidades prescritas em lei no tocante às testemunhas do testamento particular quando o documento tiver sido

---

foi firmado pelo próprio testador, por livre e espontânea vontade, e por três testemunhas idôneas, não pairando qualquer dúvida quanto à capacidade mental do de cujus, no momento do ato. O rigor formal deve ceder ante a necessidade de se atender à finalidade do ato, regularmente praticado pelo testador. Recurso especial não conhecido, com ressalva quanto à terminologia" (REsp nº 828.616/MG. Rel. Min. Castro Filho, Terceira Turma, j. 5.9.2006. *DJ*, 23 out. 2006. p. 313).

12 TJRS. Apelação Cível nº 70077224475. Rel. Sérgio Fernando de Vasconcellos Chaves, Sétima Câmara Cível, j. 30.5.2018.

escrito e assinado pelo testador e as demais circunstâncias dos autos indicarem que o ato reflete a sua vontade.

A despeito de o testamento ser um ato extremamente solene e ritualístico, o STJ estabeleceu uma gradação entre os vícios que podem atingir um testamento. Assim, sustenta a Corte, em seus julgados, que há defeitos de menor gravidade, puramente formais, que se relacionam essencialmente com aspectos externos do documento que formaliza o testamento, como é a hipótese, por exemplo, da inexistência de testemunhas na quantidade legal ou da ausência de leitura do testamento a todas elas de forma conjunta.

A título de exemplo, já decidiu a Corte Superior que, na hipótese de o testamento ter sido assinado por quatro testemunhas e confirmado em audiência apenas por três delas, não haveria razão para invalidação do ato. Conforme salientado pelo relator do recurso especial em questão, Ministro Luis Felipe Salomão, "ainda que seja imprescindível o cumprimento das formalidades legais a fim de preservar a segurança, a veracidade e legitimidade do ato praticado, deve se interpretar o texto legal com vistas à finalidade por ele colimada". Assim, concluiu o Tribunal que o ato de disposição de última vontade não poderia ser invalidado sob alegação de preterição de formalidade essencial, já que inexistiam dúvidas no sentido de que o documento fora firmado pela testadora de forma consciente e "no uso pleno de sua capacidade mental".[13]

De outro modo, o STJ vem entendendo que há defeitos de muito maior gravidade e que, apesar de se relacionarem inicialmente com a forma do ato de disposição, possuem aptidão para contaminar o seu próprio conteúdo, colocando em dúvida a sua exatidão e, como consequência, a sua validade. Entre estes vícios, que o próprio Tribunal Superior chama de formal-material, apresentam-se como exemplos a ausência de assinatura do testador ou a assinatura por terceiro a seu pedido.[14] Neste sentido, em decisão publicada no Informativo nº 551, entendeu o STJ que "será inválido o testamento particular redigido de próprio punho quando não for assinado pelo testador".

Por outro lado, em julgado mais recente, já decidiu o mesmo Tribunal Superior que é válido o testamento particular que, a despeito de não ter sido assinado de próprio punho pela testadora, contou com a sua impressão digital.[15] Como fundamentação, ressaltou-se:

---

13 "CIVIL E PROCESSUAL CIVIL. TESTAMENTO PARTICULAR. ASSINADO POR QUATRO TESTEMUNHAS E CONFIRMADO EM AUDIÊNCIA POR TRÊS DELAS. VALIDADE DO ATO. INTERPRETAÇÃO CONSENTÂNEA COM A DOUTRINA E COM O NOVO CÓDIGO CIVIL, ARTIGO 1.876, §§1º e 2º. RECURSO ESPECIAL CONHECIDO E PROVIDO. 1. Testamento particular. Artigo 1.645, II do CPC. Interpretação: Ainda que seja imprescindível o cumprimento das formalidades legais a fim de preservar a segurança, a veracidade e legitimidade do ato praticado, deve se interpretar o texto legal com vistas à finalidade por ele colimada. Na hipótese vertente, o testamento particular foi digitado e assinado por quatro testemunhas, das quais três o confirmaram em audiência de instrução e julgamento. Não há, pois, motivo para tê-lo por inválido, 2. Interpretação consentânea com a doutrina e com o novo código civil, artigo 1.876, §§1º e 2º. A leitura dos preceitos insertos nos artigos 1.133 do CPC e 1.648 CC/1916 deve conduzir à uma exegese mais flexível do artigo 1.645 do CC/1916, confirmada inclusive, pelo Novo Código Civil cujo artigo 1.876, §§1º e 2º, dispõe: 'o testamento, ato de disposição de última vontade, não pode ser invalidado sob alegativa de preterição de formalidade essencial, pois não pairam dúvidas que o documento foi firmado pela testadora de forma consciente e no uso pleno de sua capacidade mental'. Precedentes deste STJ. 3. Recurso especial conhecido e provido" (REsp nº 701.917/SP. Rel. Min. Luis Felipe Salomão, Quarta Turma, j. 2.2.2010. *DJe*, 1º mar. 2010).

14 REsp nº 1.444.867-DF. Rel. Min. Ricardo Villas Bôas Cueva, j. 23.9.2014.

15 REsp nº 1.633.254-MG. Rel. Min. Nancy Andrighi, Segunda Seção, por maioria, j. 11.3.2020. *DJe*, 18 mar. 2020.

> A regra segundo a qual a assinatura de próprio punho é requisito de validade do testamento particular, pois, traz consigo a presunção de que aquela é a real vontade do testador, tratando-se, todavia, de uma presunção juris tantum, admitindo-se, ainda que excepcionalmente, a prova de que, se porventura ausente a assinatura nos moldes exigidos pela lei, ainda assim era aquela a real vontade do testador.

Tratava-se de hipótese em que, a despeito da ausência de assinatura de próprio punho da testadora e de o testamento ter sido lavrado a rogo e apenas com a aposição de sua impressão digital, não havia dúvida acerca da manifestação de última vontade da testadora que, embora sofrendo com limitações físicas, não possuía nenhuma restrição cognitiva.

Na oportunidade, a demanda se referia à ação de abertura, confirmação, registro e cumprimento de testamento particular, lavrado em 5.4.2013, proposta pela beneficiária designada. Com efeito, a testadora veio a óbito cerca de dez meses após a lavratura do documento. Após a sentença de procedência, uma das herdeiras legítimas apresentou recurso de apelação, sustentando que a ausência de assinatura de próprio punho da testadora comprometeria a higidez da manifestação de vontade supostamente externada.

Restou demonstrado no processo que o testamento, apesar de não ter sido assinado pela própria testadora, que se encontrava hospitalizada à época, foi lido na presença de três testemunhas. Ainda assim, entendendo que a assinatura seria requisito essencial de validade, o Tribunal de Justiça de Minas Gerais julgou procedente o recurso de apelação interposto.

Como fundamento para reformar tal acórdão, o STJ afirmou que as detalhadas formalidades previstas na legislação civil devem ser interpretadas à luz da necessidade de preservação da manifestação de vontade do testador. Logo, não se pode, somente pela forma, prejudicar o conteúdo do ato de disposição quando inexistir dúvida acerca da própria manifestação de vontade do declarante.

Em oportunidade anterior, no julgamento do Recurso Especial 1.583.314,[16] a Terceira Turma do STJ reformou acórdão do Tribunal de Justiça de Minas Gerais, que havia confirmado sentença de primeiro grau julgando improcedente pedido de cumprimento de testamento. No caso, o documento havia sido lido apenas na presença de duas testemunhas. A terceira testemunha signatária do documento declarou em juízo não ter presenciado a leitura do testamento nem a declaração da vontade ou assinatura do termo pela testadora. Em razão disto, o magistrado de primeiro grau, entendendo não haver nos autos a apresentação de qualquer justificativa ou situação excepcional para que não fosse observada a exigência do art. 1.875, §2º, do CC/02 a esse respeito, julgou improcedente o pedido.

Em seu voto, a Ministra Nancy Andrighi, relatora do recurso especial, fundamentou a decisão alegando:

> o desrespeito à formalidade consubstanciada na ausência de leitura do testamento particular a uma das testemunhas, conjuntamente com as demais e com o próprio testador, isoladamente considerado, não se revela apto a viciar o próprio conteúdo do ato de disposição, tratando-se, assim, de um vício puramente formal. Some-se a isso, ainda, o fato de que não foram

[16] REsp nº 1.583.314/MG. Rel. Min. Nancy Andrighi, Terceira Turma, j. 21.8.2018. *DJe*, 23 ago. 2018.

suscitadas quaisquer dúvidas ou questionamentos acerca da capacidade civil do testador, nem tampouco sobre a sua real vontade de dispor de seus bens em favor do recorrente, consoante se depreende da uníssona narrativa das 02 (duas) testemunhas que presenciaram o ato de leitura

No ano de 2020, o STJ[17] julgou hipótese de testamento particular mecânico formalizado sem todos os requisitos exigidos pela legislação de regência, no caso, a leitura e a assinatura do documento pelo testador perante as testemunhas. O Tribunal de Justiça do Paraná havia reconhecido a invalidade do testamento e decidido no sentido de que a ausência de requisitos legais tornava duvidosa a manifestação de última vontade do testador, já que não procedida a leitura do documento às testemunhas, amigas do testador, que sequer o assinaram em conjunto e não sabiam com exatidão o teor do documento assinado. O Superior Tribunal de Justiça, por aplicação da Súmula nº 7/STJ, entendeu inviável rever a conclusão do tribunal estadual que, à luz da prova dos autos, decidiu no sentido de não ser possível verificar, de modo seguro, que o testamento exprime a real vontade do testador.

Ainda é possível encontrar decisões judiciais, de tribunais de justiça estaduais, que trazem forte apego aos requisitos formais e negam validade a testamento particular em razão da ausência de assinatura de testemunhas na cédula, a pretexto de se configurar formalidade inafastável:

TESTAMENTO PARTICULAR - Inexistência de assinaturas de testemunhas na cédula - Formalidade inafastável, no interesse da preservação da última vontade do testador e do patrimônio dos herdeiros - Inteligência do art. 1.876 do Código Civil - Tentativa posterior de transformá-lo em testamento público, o que não se realizou porque o testador não conseguiu reunir testemunhas - Justificativa inverossímil, tendo em vista a prática notarial - Sentença mantida - Recurso desprovido. (TJSP. Apelação Cível nº 0034216-96.2008.8.26.0554. Rel. Mendes Pereira, 7ª Câmara de Direito Privado, Foro de Santo André, 4ª Vara de Família e Sucessões, j. 14.8.2013, reg. 16.8.2013)

Testamento hológrafo emergencial simplificado

Ainda no que se refere ao testamento particular, a doutrina tem se dedicado a delimitar o alcance dos efeitos do denominado testamento hológrafo simplificado, introduzido no Código Civil de 2002, no art. 1.879.[18] O legislador trouxe a possibilidade de o juiz confirmar um testamento particular feito de próprio punho e assinado pelo testador sem testemunhas, em circunstâncias excepcionais.

Conforme ensina José Fernando Simão:

diversas são as situações em que é possível imaginar alguém impedido de testar normalmente, como, por exemplo, se alguém estiver correndo sério perigo de vida em razão de uma onda

---

[17] AgInt no AREsp nº 1.439.053/PR. Rel. Min. Ricardo Villas Bôas Cueva, Terceira Turma, j. 29.6.2020. *DJe*, 3 ago. 2020.

[18] "Art. 1.879. Em circunstâncias excepcionais declaradas na cédula, o testamento particular de próprio punho e assinado pelo testador, sem testemunhas, poderá ser confirmado, a critério do juiz".

de violência que atinge uma grande cidade; se estiver perdido na selva sem conseguir achar a civilização; ou, por fim, em sendo um náufrago perdido em uma ilha.[19]

Situação comum em que o instituto seria útil é a hipótese de pessoa que precisará se submeter a procedimento cirúrgico arriscado. Diante do receio de morte durante a cirurgia, solicita ao médico papel e caneta, redigindo seu testamento sem testemunhas. Luiz Paulo Vieira de Carvalho apresenta outras possíveis hipóteses de utilização do testamento particular emergencial:

> São circunstâncias excepcionais para esse fim, dentre outros motivos de força maior, p. ex., alguém se encontrar sequestrado, em cárcere privado, perdido em lugar ermo, cercado ou envolvido por incêndio, terremoto, inundação, epidemia, ou, até mesmo, internado, com fundado receio de sucumbir, por força de grave cirurgia iminente.[20]

Já Maria Helena Diniz cita como hipóteses de viabilização jurídica do testamento de emergência uma situação anormal, assim compreendida como incêndio, sequestro, desastre, internação em UTI, revolução, calamidade pública, ou uma situação em que se mostre impossível a intervenção de testemunhas para o ato.[21]

A dispensa de formalidades se justifica justamente em razão da situação emergencial vivida pelo testador, que se vê em situação de risco de morte iminente sem ter condições de testar de forma ordinária. Justamente em razão da total dispensa de formalidades, a prova da real situação de emergência deve estar cabalmente demonstrada para que o Poder Judiciário efetivamente confirme a disposição de última vontade.

Conforme bem ressaltado por Maria Berenice Dias, "é requisito de validade declinar o testador as circunstâncias excepcionais em que foi redigido o testamento". Embora o legislador não tenha expressamente indicado as hipóteses que podem ensejar esta forma simplificada de testamento, declara a autora que "devem ser extraordinárias, inesperadas e de grande urgência, ligadas à proximidade da morte e que impeçam por completo o testador de valer-se de alguma outra forma ordinária ou especial de testamento".[22]

Nesse sentido, o Superior Tribunal de Justiça não admitiu, em recente julgado, a confirmação de testamento particular realizado de próprio punho pelo testador sem a presença de testemunhas, pois inexistente a demonstração de circunstância excepcional que atraísse a incidência da regra do art. 1.879 do Código Civil de 2002, somado ao fato de que o Tribunal de origem, à luz da prova dos autos, concluiu que "a verdadeira intenção do testador revela-se passível de questionamentos, não sendo possível, portanto, concluir, de modo seguro, que o testamento exprime a real vontade do testador".[23]

O Tribunal de Justiça do Rio de Janeiro julgou, em sede de recurso de apelação,[24] ação de abertura, registro e cumprimento de testamento deixado por testadora falecida

[19] SIMÃO, José Fernando *et al. Código Civil comentado* – Doutrina e jurisprudência. Rio de Janeiro: Forense, 2019. p. 1494.

[20] CARVALHO, Luiz Paulo Vieira de. *Direito das sucessões*. 3. ed. São Paulo: Atlas, 2017. p. 620.

[21] DINIZ, Maria Helena. *Código Civil anotado*. 15. ed. São Paulo: Saraiva, 2010. p. 1324.

[22] DIAS, Maria Berenice. *Manual das sucessões*. 3. ed. São Paulo: Revista dos Tribunais, 2013. p. 373.

[23] REsp nº 1.639.021/SP, 3ª Turma, pub. 30.10.2017.

[24] Apelação nº 0020099-82.2020.8.19.0002. Des. JDS Maria Celeste Pinto de Castro Jatahy, Vigésima Sexta Câmara Cível, j. 4.2.2021.

em 13.5.2020. A autora anexou à demanda um testamento particular escrito de próprio punho em 6.2.2010, por meio do qual a testadora a teria contemplado com um imóvel e o valor de R$163.442,17 (cento e sessenta e três mil, quatrocentos e quarenta e dois reais e dezessete centavos), depositado em uma conta poupança junto à Caixa Econômica Federal.

Ao requerer o cumprimento do testamento, declarou que o imóvel apontado no testamento já lhe teria sido doado em vida pela testadora por escritura pública lavrada poucos meses após a elaboração do testamento e, por tal razão, o testamento deveria ser cumprido apenas em relação à quantia depositada junto à Caixa Econômica Federal.

O Juízo de primeiro grau constatou que, no referido testamento, não havia a assinatura de qualquer testemunha, justificando a requerente que a testadora não quis pedir a pessoas estranhas que assinassem o documento feito em um momento íntimo.

A sentença proferida nos autos do cumprimento de testamento indeferiu o pedido apresentado pela requerente beneficiada, por inobservância das disposições legais que regem o testamento particular. A autora apelou para o Tribunal de Justiça do Rio de Janeiro, argumentando ser amiga e prima da testadora, bem como que estaria demonstrado nos autos ser vontade da falecida que tanto o imóvel como o saldo bancário lhe fossem transferidos, tanto que recebeu o imóvel ainda em vida por doação, com reserva de usufruto, meses após a lavratura do testamento de próprio punho.

O Tribunal de Justiça confirmou a sentença de primeiro grau, considerando que "para a confirmação do testamento particular, sem a exigência das testemunhas, há necessidade de demonstração da circunstância excepcional, tais como sequestro, naufrágio, ou qualquer outra condição anormal na cédula".

Na hipótese em questão, não constava qualquer indicação de que a testadora teria escrito o testamento de próprio punho, sem testemunhas, em situação considerada excepcional. A própria requerente afirmou que só estariam presentes ela própria, beneficiada, e uma advogada, que não foi indicada na cédula como testemunha do ato.

Fundamentou ainda o Tribunal argumentando que não haviam provas seguras acerca da vontade da testadora em deixar também o saldo bancário para a requerente, já que, em relação ao imóvel, providenciou, em vida, lavratura de escritura pública de doação com reserva de usufruto meses após o testamento.

Apesar da importância prática do testamento emergencial simplificado, o legislador referiu-se a tal modalidade de testamento em um único artigo, sem apresentar solução para diversos problemas práticos que podem surgir.

Interessante debate, com imensa relevância prática, diz respeito à hipótese em que, embora presentes as condições ditas excepcionais, o testador sobrevive por longo tempo após a elaboração desta disposição de última vontade emergencial. Resta a dúvida: o testamento, elaborado de forma emergencial sem obediência às formalidades essenciais, deve ser cumprido, mesmo que o testador, tendo condições de testar posteriormente por alguma modalidade de testamento prevista na lei, não o faça?

Falecido em novembro de 2012 com uma fortuna estimada em 50 (cinquenta) milhões de Reais, o diretor de televisão Marcos Paulo não imaginava que a disputa envolvendo sua herança se tornaria uma das novelas da vida real mais comentadas dos últimos tempos.

Pouco tempo antes de falecer, acometido por grave doença e internado em hospital para tratamento de saúde, o diretor elaborou, de próprio punho, uma carta esclarecendo que deixava 60% de todos os investimentos financeiros que possuía para sua então companheira, a atriz Antônia Fontenelle.

"Eu era sabedor da existência dessa carta que deixava 60% do dinheiro para Antônia. Achei a decisão justa, uma vez que era o desejo dele. No dia do enterro do Marcos eu falei para as herdeiras que ele tinha escrito uma carta deixando parte do dinheiro para ela. Na hora, elas não ligaram e só se deram conta quando foram ao banco, viram o quanto ele tinha", disse, à época, Vicente Sesso, pai de Marcos Paulo, em entrevista para veículos de comunicação.

Fato é que o diretor de televisão elaborou o dito testamento emergencial, sem obediência aos requisitos legais de formalidade do testamento particular, mas sobreviveu por longo período após a sua celebração, sem ter manifestado, posteriormente, a vontade de revogá-lo ou de confirmá-lo.

A disputa pelo farto patrimônio de Marcos Paulo se acirrou pelo fato de que, no ano de 2005, o diretor havia feito testamento público beneficiando com toda a parte disponível de seu patrimônio as três filhas que possuía de relacionamentos anteriores.

Com o óbito de Marcos Paulo, em novembro de 2012, o litígio, já previsível, tomou conta de todos os jornais: quem teria direito ao recebimento da parte disponível da grande fortuna deixada pelo diretor: a companheira Antônia Fontenelle, beneficiada na carta de próprio punho, ou as três filhas, beneficiadas no testamento público anteriormente elaborado? A solução do litígio passaria, necessariamente, pelo reconhecimento, ou não, de validade do testamento particular feito de próprio punho pelo diretor no leito do hospital, bem como pela decisão acerca de este testamento ter ou não revogado o testamento público anterior.

Mariana Simões e Giulia Martins, filhas do diretor, promoveram ação judicial requerendo o reconhecimento da invalidade do testamento particular elaborado dentro do hospital, processo este que se arrastou perante o Poder Judiciário por, aproximadamente, 7 (sete) anos, tendo o STJ decidido que a companheira só concorreria na sucessão em relação à sua cota legítima, na qualidade de companheira sobrevivente. Assim, reconheceu-se a validade e eficácia do testamento público que atribuía 50% do patrimônio às filhas, determinando-se que a atriz Antônia Fontenelle teria direito apenas ao percentual correspondente a 12,5% da herança deixada por Marcos Paulo. Afastou-se, portanto, a produção de efeitos jurídicos do testamento particular, celebrado de forma emergencial.

O art. 1.886 do Código Civil prevê como hipóteses de testamentos especiais o testamento marítimo, o aeronáutico e o testamento militar. Ao tratar dos testamentos marítimo e aeronáutico, no art. 1.891,[25] o legislador prevê a caducidade destes se o testador não morrer na viagem nem nos noventa dias subsequentes ao seu desembarque em terra, onde possa fazer, na forma ordinária, outro testamento.

Em relação ao testamento militar, o art. 1.895 do Código Civil prevê, igualmente, que haverá caducidade, desde que, depois dele, o testador esteja, noventa dias seguidos,

[25] "Art. 1.891. Caducará o testamento marítimo, ou aeronáutico, se o testador não morrer na viagem, nem nos noventa dias subseqüentes ao seu desembarque em terra, onde possa fazer, na forma ordinária, outro testamento".

em lugar onde possa testar na forma ordinária, salvo se esse testamento apresentar as solenidades prescritas no parágrafo único do art. 1.894.

Parte da doutrina entende pela aplicação analógica dos arts. 1.891 e 1.895 do Código Civil ao testamento emergencial simplificado. Neste sentido, segundo Washington de Barros Monteiro, "O legislador é silente, mas essa forma de testamento, pela fragilidade instrumental de ato tão importante, deveria ser válida, como o testamento nuncupativo, apenas se seguindo de morte do autor da herança, que não teve oportunidade de o fazê-lo por outro meio".[26]

Neste mesmo sentido é o Enunciado nº 611 da VII Jornada de Direito Civil do Conselho da Justiça Federal, aprovado em setembro de 2015, que assim dispõe:

> O testamento hológrafo simplificado, previsto no art. 1879 do Código Civil, perderá eficácia se, nos 90 dias subsequentes ao fim das circunstâncias excepcionais que autorizam a sua confecção, o disponente, podendo fazê-lo, não testar por uma das formas testamentárias ordinárias.

Como justificativa para o enunciado, sustentou-se que as formalidades são flexibilizadas em função da excepcionalidade da situação em que se encontra o testador, autorizando-se que este exerça sua manifestação de última vontade. Verificado o desparecimento das mencionadas circunstâncias extraordinárias, não haveria razão para a subsistência do testamento elaborado com mitigação de solenidades.

Defensor deste mesmo entendimento, Flávio Tartuce assinala que, não havendo mais o contexto de excepcionalidade, o testamento hológrafo simplificado perde sua razão de ser, devendo o testador se utilizar de uma das formas testamentárias revestidas das devidas e necessárias solenidades.[27]

Segue o mesmo entendimento a Autora Maria Berenice Dias, para quem, se o testador não morrer, superadas as circunstâncias extraordinárias, deve-se reconhecer sua caducidade, tal como acontece com as outras formas de testamentos especiais. Acrescenta que "ainda que isto não esteja previsto na lei, não é razoável que se mantenha indefinidamente a forma privilegiada, excepcional, que foi utilizada em uma emergência".[28]

Adotando entendimento diametralmente oposto, Luiz Paulo Vieira de Carvalho sustenta que deva prevalecer o princípio do *in favor testamenti*, seja para que se atenda à vontade do testador, seja para atender aos interesses dos contemplados. Ressalva, o autor, a possibilidade de o magistrado entender, após oitiva do Ministério Público, ter havido fraude, o que ensejaria a recusa em cumprimento da disposição de última vontade.[29]

Conforme assinala Vieira de Carvalho, o ordenamento jurídico brasileiro não faz menção a qualquer prazo para que haja caducidade do testamento, ao contrário de diversas legislações estrangeiras, que preveem expressamente prazos de caducidade

[26] MONTEIRO, Washington de Barros. *Curso de direito civil*: direito das sucessões. 35. São Paulo: Saraiva, 2003. v. VI. p. 146.

[27] TARTUCE, Flávio. *Direito civil*: direito das sucessões. 10. ed. Rio de Janeiro: Forense, 2017. v. 6. p. 398.

[28] DIAS, Maria Berenice. *Manual das sucessões*. 3. ed. São Paulo: Revista dos Tribunais, 2013. p. 374.

[29] CARVALHO, Luiz Paulo Vieira de. *Direito das sucessões*. 3. ed. São Paulo: Atlas, 2017. p. 620.

desta modalidade de disposição de última vontade emergencial, à falta de testamento comum confirmatório.[30]

Segundo Zeno Veloso, o legislador deveria ter previsto um prazo de caducidade para o testamento emergencial, já que, caso o testador sobreviva, as circunstâncias excepcionais desaparecem, podendo ser utilizada uma forma ordinária de disposição de última vontade. No entanto:

> na falta de previsão expressa do legislador, ficará a cargo da jurisprudência decidir se um testamento particular feito em circunstâncias excepcionais será cumprido e terá eficácia, ainda que o testador tenha falecido muito tempo depois da cessação do evento que justificou a utilização da forma simplificada.[31]

Conclusão

Testamento é, por definição, disposição de última vontade, em que a pessoa, pautada pelo princípio da liberdade, dispõe de seus bens para depois da morte. Embora não haja, no Brasil, uma cultura de elaboração de testamentos, foi possível identificar, desde o início da pandemia de Covid-19, um interesse coletivo pelo instituto, surgido pelo medo provocado pelo grande número de mortos contaminados pelo novo coronavírus.

Dentro das modalidades testamentárias previstas no ordenamento jurídico, o testamento particular é a modalidade mais utilizada, em razão da simplificação das formalidades e dos menores custos para sua elaboração.

Apesar de ser a modalidade mais simples, o testamento particular apresenta diversos requisitos formais, exigindo a lei sua leitura e assinatura na presença de, pelo menos, três testemunhas, podendo ser escrito de próprio punho ou elaborado de forma mecânica.

A prevalência da vontade manifestada pelo testador tem levado o Poder Judiciário a mitigar as regras formais previstas para a elaboração do testamento, quando não restam dúvidas acerca da intenção da pessoa em dispor do seu patrimônio nos termos declarados na cédula. Em termos de interpretação das cláusulas testamentárias,[32] não por outro motivo, prevê o legislador que se deve buscar a forma interpretativa que assegure a observância da vontade do testador.

Nesse sentido, tem sido admitido, por exemplo, o cumprimento de testamentos particulares feitos com presença e assinatura de uma ou duas testemunhas apenas, bem como de instrumentos assinados a rogo, como impressão digital do testador impossibilitado fisicamente de assinar o documento.

O Código Civil prevê, ainda, modalidade simplificada de testamento particular, dito emergencial, para o qual se exige apenas que seja elaborado de próprio punho

---

[30] Como exemplos, o autor cita os códigos civis italiano e suíço. O Código italiano, em seu art. 610, prevê o prazo de 3 (três) meses após o fim da causa que impediu o testador de valer-se das formas ordinárias para que se implemente a perda da eficácia do ato. Já o Código suíço, em que o testamento emergencial é feito oralmente na presença de duas testemunhas, estabelece-se, nos arts. 506 a 508, o prazo de 14 (quatorze) dias para sua confirmação por outros meios, caso o testador sobreviva à situação excepcional.

[31] VELOSO, Zeno. Comentários ao Código Civil: Parte Especial - Direito das Sucessões. *In*: SILVA, Regina Beatriz Tavares da (Coord.). *Código Civil Comentado*. 6. ed. São Paulo: Saraiva, 2008. p. 146.

[32] "Art. 1.899. Quando a cláusula testamentária for suscetível de interpretações diferentes, prevalecerá a que melhor assegure a observância da vontade do testador".

pelo testador, quando se declara na cédula a circunstância excepcional que o motiva. Pode o juiz, nos termos do art. 1.879 do Código Civil, confirmar a disposição de última vontade e determinar o cumprimento do testamento.

Em relação a tal modalidade de testamento hológrafo simplificado, a jurisprudência tem se mostrado bastante rígida quanto à comprovação da situação dita emergencial, sobretudo porque a ausência total de testemunhas pode efetivamente gerar dúvidas a respeito do que seria, de fato, a vontade do testador.

Referências

CARVALHO, Luiz Paulo Vieira de. *Direito das sucessões*. 3. ed. São Paulo: Atlas, 2017.

CARVALHO, Luiz Paulo Vieira de. Testamento particular ordinário e hológrafo emergencial: características e aplicação nos tempos atuais. *Genjurídico.com.br*, 27 maio 2020. Disponível em: http://genjuridico.com.br/2020/05/27/testamento-particular-emergencial/. Acesso em: 26 ago. 2021.

DIAS, Maria Berenice. *Manual das sucessões*. 3. ed. São Paulo: Revista dos Tribunais, 2013.

DINIZ, Maria Helena. *Código Civil anotado*. 15. ed. São Paulo: Saraiva, 2010.

MAXIMILIANO, Carlos. *Direito das sucessões*. Rio de Janeiro: Freitas Bastos, 1952. v. 1.

MONTEIRO, Washington de Barros. *Curso de direito civil*: direito das sucessões. 35. São Paulo: Saraiva, 2003. v. VI.

SIMÃO, José Fernando *et al*. *Código Civil comentado* – Doutrina e jurisprudência. Rio de Janeiro: Forense, 2019.

TARTUCE, Flávio. *Direito civil*: direito das sucessões. 10. ed. Rio de Janeiro: Forense, 2017. v. 6.

VELOSO, Zeno. Comentários ao Código Civil: Parte especial – Direito das sucessões. *In*: SILVA, Regina Beatriz Tavares da (Coord.). *Código Civil comentado*. 6. ed. São Paulo: Saraiva, 2008.

Informação bibliográfica deste texto, conforme a NBR 6023:2018 da Associação Brasileira de Normas Técnicas (ABNT):

MOTA, Luciana. Notas sobre o testamento particular. *In*: TEIXEIRA, Daniele Chaves (Coord.). *Arquitetura do planejamento sucessório*. Belo Horizonte: Fórum, 2022. p. 495-507. Tomo III. ISBN 978-65-5518-291-0.

O *TRUST* E SUAS POTENCIALIDADES NO PLANEJAMENTO SUCESSÓRIO

LUCIANA PEDROSO XAVIER

1 Introdução

O presente artigo versa sobre o instituto do *trust* e sua potencial utilização e contribuição à realização de um planejamento sucessório eficiente, isto é, que dentro dos ditames da lei gere economia e atenda aos interesses buscados pelo(s) titular(es) – ou potencial(is) titular(es) – do patrimônio.[1] Inobstante o caráter de ordem pública de muitas das normas de direito das sucessões, tem-se percebido um crescente interesse pelo planejamento sucessório no Brasil, o que provoca a necessidade de a doutrina sucessionista e os profissionais da área jurídica militantes nesse ramo desenvolverem soluções que atendam, adequadamente, a esse escopo, sem extrapolar as balizas legais.

Para tanto, adota-se a premissa de que o planejamento sucessório consiste no conjunto de ações legalmente viáveis e necessárias à implementação de mudanças no modo de gerenciar o patrimônio, as quais visam satisfazer o intento de seu realizador, em geral no sentido de promover maior segurança, dinamicidade e economia, antevendo e, em algumas ocasiões, prevenindo conflitos, quando da transmissão dos bens a seus herdeiros e/ou legatários. Sua efetivação, via de regra, demanda o emprego de diversos institutos jurídicos (sejam eles específicos ou não do direito das sucessões) e o alinhamento harmônico entre as regras de diversas áreas jurídicas, sendo mais frequentes o direito civil, tributário, empresarial, previdenciário, entre outros.[2] Desse modo, o planejamento

---

[1] O presente artigo é um dos desdobramentos da tese de doutorado defendida pela autora. Para acesso ao conteúdo completo, consultar: XAVIER, Luciana Pedroso. *O direito brasileiro à procura de um conceito*: encontros e desencontros com o trust. 2016. 349 f. Tese (Doutorado) – Programa de Pós-Graduação em Direito, Setor de Ciências Jurídicas, Universidade Federal do Paraná, Curitiba, 2016. Disponível em: http://hdl.handle.net/1884/53523. Acesso em: 18 ago. 2021.

[2] Seja consentido remeter a XAVIER, Luciana Pedroso; XAVIER, Marília Pedroso. O planejamento sucessório colocado em xeque: afinal, o companheiro é herdeiro necessário? *In*: TEIXEIRA, Daniela Chaves (Coord.). *Arquitetura do planejamento sucessório*. 2. ed. 4. reimpr. Belo Horizonte: Fórum, 2019. t. I. p. 239-252.

sucessório deve ser consubstanciado como verdadeira "alfaiataria jurídica", de forma específica para cada caso concreto, a depender das particularidades apresentadas.

Justamente nesse crescente espaço da autonomia privada no âmbito do direito das sucessões é que o *trust* pode figurar como relevante alternativa a um adequado planejamento sucessório. Esta explanação é primordial diante da noção corriqueira do *trust* na sociedade brasileira, que transitou, muito rapidamente, do desconhecimento para uma exposição pública que enaltece e projeta sua imagem de maneira pejorativa, ligada a escândalos de corrupção e fraudes. Em outras palavras, em um curto período de tempo, o *trust* passou a ser tido como um receptáculo hábil e propenso – quando não, vocacionado – ao cometimento de crimes.

Ocorre que tal percepção sobre o *trust* é incorreta, de modo que inicialmente serão apresentados de forma sintética os principais marcos de sua origem e desenvolvimento, a fim de afastar pré-conceitos e preconceitos sobre o tema. Em prosseguimento, será abordada de modo sucinto a Convenção da Haia sobre a Lei Aplicável ao *trust* e ao seu Reconhecimento, a qual facilita a recepção do instituto mesmo por países que não fazem parte da tradição da *commom law*. Após, examinam-se os atos normativos e decisões no cenário brasileiro que trataram do *trust* e de seus efeitos, o que comprova uma paulatina inserção do tema, hodiernamente, já não totalmente alheio ao direito pátrio. Em seguida, são ilustradas as potencialidades do *trust* em situações concretas de planejamento sucessório, as quais apontam para sua expressiva versatilidade. Por fim, são tecidas considerações no sentido de que o *trust* não possui exata identificação com nenhum instituto da legislação brasileira, permanecendo como singular em sua origem, desenvolvimento, estrutura e funções que desempenha, sendo muito oportuna a sua recepção.

2 A gênese e o desenvolvimento do *trust*

O *trust* é um instituto originário da *common law* e pode ser receptáculo para o desempenho de inúmeras funções. Apesar de possuir um padrão estrutural, ele é extremamente versátil, admitindo inúmeras variantes. Uma primeira aproximação ao *trust*, não raro, evidencia dificuldades de sua compreensão. Isso porque, conforme pontua Philip H. Pettit, justamente por ser um instituto típico da tradição *common law* – a qual se configura como um sistema aberto,[3] no qual não há apego a conceitos – é fácil explicar o que é um *trust*, mas difícil o definir.[4]

Tendo em vista se tratar de um tema extremamente complexo, para que se possa ter uma noção elementar do *trust*, é preciso compreender que nele podem ser identificadas três figuras: o *settlor*, o *trustee* e o *beneficiary*. O *trust* configura-se quando o proprietário dos bens, que será o instituidor do *trust* (*settlor*), atribui a administração destes a um

[3] DAVID, René. *Os grandes sistemas do direito contemporâneo*. Tradução de Hermínio A. Carvalho. 5. ed. São Paulo: Martins Fontes, 2014. p. 440.

[4] PETTIT, Philip Henry. *Equity and the law of trusts*. 10. ed. Oxford; New York: Oxford University Press, 2006. p. 27.

terceiro (*trustee*), que deverá geri-los em prol dos interesses dos beneficiários (*beneficiary* ou *cestui que trust*) indicados pelo *settlor*.[5]

Historicamente,[6] o *trust* é fruto próprio do medievo inglês, não derivando de institutos do direito romano, canônico ou germânico.[7] Com a tomada do poder por Guilherme, o Conquistador, na batalha de Hastings em 1066, deu-se início à tradição *common law*, na qual, posteriormente, veio a surgir o *trust*. Ao se tornar rei, Guilherme I passa a ser proprietário de todo o solo inglês e o submete ao sistema feudal de suserania e vassalagem,[8] típico da sociedade medieval.[9] [10]

No que tange ao regime sucessório do sistema feudal, em razão das relações de suserania (*lord*) e vassalagem (*tenant*), os vassalos deviam pagar tributos quando havia transferência dos titulares do uso da terra em virtude de falecimento.[11] Em algumas situações, ainda, o suserano retomava a posse e a administração da terra até que o primogênito atingisse a maioridade.[12] Essa determinação trazia severos prejuízos aos herdeiros dos vassalos, que, além da perda do ente querido e da "carga tributária", ficavam privados da terra ou de sua administração.

Como forma de contornar o pagamento de tais tributos e evitar a perda da terra, os vassalos passaram a adotar a figura do *use of lands* (uso da terra), por meio do qual transferiam seus bens para uma pessoa de confiança, que os administraria em seu favor e, posteriormente, em benefício de seus herdeiros.

Ocorre que a aplicação rotineira do *use* se tornou prejudicial aos cofres públicos por ter diminuindo consideravelmente a arrecadação de tributos, que se tornaram insuficientes a suportar os gastos da Coroa, sobretudo no extravagante e opulento reinado de Henrique VIII. Nesse sentido, no ensejo de cercear o subterfúgio utilizado pelos vassalos, em 1535, o Rei Henrique VIII promulgou o *Statute of Uses*, pelo qual foi

---

5 MARTINS-COSTA, Judith. O trust e o direito brasileiro. *Revista de Direito Civil Contemporâneo*, São Paulo, v. 12, n. 4, p. 165-209, jul./set. 2017. p. 169-170.

6 Mister destacar que o desenvolvimento histórico não é linear, sendo a história viva e um verdadeiro processo de fluxos e influxos, avanços e retrocessos. Desse modo, o recorte histórico que aqui se traz é uma simplificação, com o levantamento das passagens mais relevantes para a devida compreensão do *trust*, e que se presta aos fins didáticos buscados no presente artigo, não se pretendendo, a qualquer momento, realizar um uso legitimador da história. Nesse sentido: "sem elas, o resgate histórico jurídico corre o risco de ser uma mera recuperação vazia e inócua de dados pretéritos. Ou, pior ainda, ao estabelecer uma continuidade muitas vezes artificial e sem mediações entre ontem e hoje, pode resultar num instrumento banal para demonstrar a inevitabilidade do presente, colocando-o como ponto de chegada natural e conseqüente de um curso histórico homogêneo, resultando numa celebração acrítica do presente e de suas instituições" (FONSECA, Ricardo Marcelo. *Introdução teórica à história do direito*. Curitiba: Juruá, 2010. p. 5). Para maiores complementações, consentido remeter a XAVIER, Luciana Pedroso. *O direito brasileiro à procura de um conceito*: encontros e desencontros com o trust. 2016. 349 f. Tese (Doutorado) – Programa de Pós-Graduação em Direito, Setor de Ciências Jurídicas, Universidade Federal do Paraná, Curitiba, 2016. Disponível em: http://hdl.handle.net/1884/53523. Acesso em: 18 ago. 2021.

7 MENEZES CORDEIRO, António Barreto. *Do trust no direito civil*. Coimbra: Almedina, 2014. p. 1.133.

8 Sobre o tema: RUHL, J. B. The tale of the fee tail in Downton Abbey. *Vand. L. Rev. En Banc*, v. 68. Disponível em: https://wp0.vanderbilt.edu/lawreview-new/wp-content/uploads/sites/278/2015/04/The-Tale-of-the-Fee-Tail-in-Downton-Abbey.pdf. Acesso em: 18 ago. 2021.

9 CORTIANO JÚNIOR, Eroulths. *O discurso jurídico da propriedade e suas rupturas*. Rio de Janeiro: Renovar, 2002. p. 22.

10 LOSANO, Mario G. *Os grandes sistemas jurídicos*: introdução aos sistemas jurídicos europeus e extra-europeus. Tradução de Marcela Varejão. São Paulo: Martins Fontes, 2007. p. 343.

11 CAMPOS, Diogo Leite de; TOMÉ, Maria João Romão Carreiro Vaz. *A propriedade fiduciária (Trust)*: estudo para a sua consagração no direito português. Coimbra: Almedina, 1999. p. 23.

12 CAMPOS, Diogo Leite de; TOMÉ, Maria João Romão Carreiro Vaz. *A propriedade fiduciária (Trust)*: estudo para a sua consagração no direito português. Coimbra: Almedina, 1999. p. 22.

estabelecido que, para os fins da lei, o beneficiário do *use* seria considerado o titular do bem, não importando em nome de quem o bem se encontrava. Prevaleceu a ideia, portanto, de que quem recebesse as vantagens seria o titular do *use of land* e responsável por arcar com seus tributos.

Contudo, mais uma vez, a força criativa encontrou um modo de transpor a determinação da lei para o fim de não incidir tributos.[13] A engenhosidade nesse segundo momento foi a de criar um *use upon use*, uma dupla transmissão em *use*, que não violava a lei e ainda impedia a incidência tributária – e que, posteriormente, desembocou no instituto do *trust*. Todavia, ainda remanescia um sério problema: seu cumprimento era desprovido de força jurídica, não passando de uma obrigação moral. Logo, caso o novo titular prometesse, mas não cumprisse a promessa de administrar o bem em prol dos beneficiários, em um primeiro momento não havia como juridicamente obrigá-lo a tal.

Somente a partir do século XV é que o instituto passou a ter reconhecimento jurídico e suas obrigações passaram a vincular o *trustee*. Isso ocorreu em decorrência de decisões proferidas pela *Court of Chancery*, na qual havia espaço para julgamentos morais pautados na *equity*.[14]

Note-se, portanto, que a gênese da figura do *trust* está absolutamente conectada com as noções de direito e de planejamento sucessório, não obstante, mais contemporaneamente, sua utilização tenha se expandido para outras áreas, tornando o *trust* um instituto global.

3 O *trust* como instituto global: a Convenção da Haia sobre a Lei Aplicável ao *trust* e ao seu Reconhecimento

Na feliz expressão de Camille Jauffret-Spinosi, o *trust* é considerado uma "concha hospitaleira",[15] em virtude das diversas funções que pode desempenhar e das inúmeras combinações que pode apresentar. Esse traço marcante do instituto propiciou sua utilização em países para além da *common law*, tornando-o conhecido e aplicado globalmente.

Entre as iniciativas existentes para estipulação de um conceito internacional de *trust*, destaca-se a Convenção da Haia sobre a Lei Aplicável ao *Trust* e ao seu Reconhecimento. Concluída em 1º.7.1985 e elaborada pela Conferência da Haia sobre Direito Internacional Privado a partir de sua 14ª Sessão, em 1980, a Convenção teve como escopo regular o instituto do *trust*, conhecido por alguns Estados integrantes da Conferência – em sua maioria de tradição *common law* –, mas desconhecido na maioria dos Estados de tradição *civil law*. Nesse sentido, a elaboração do texto da Convenção possuía a peculiar intenção de construir pontes e dialogar com as fontes entre as tradições.[16]

---

[13] HANBURY, Harold Greville; MARTIN, Jill E. *Modern equity*. 17. ed. London: Sweet & Maxwell, 2005. p. 9.

[14] HANBURY, Harold Greville; MARTIN, Jill E. *Modern equity*. 17. ed. London: Sweet & Maxwell, 2005. p. 8.

[15] JAUFFRET-SPINOSI, Camille. La Convention de la Haye relative à la lois applicable au trust et à sa reconnaissance (1er juillet 1985). *Journal du Droit International*, Paris, ano 114, n. 1, p. 23-55, 1987. p. 23-25.

[16] OVERBECK, Alfred E. von. Rapport explicative de M. Alfred E. von Overbeck. *In*: CONFÉRENCE DE LA HAYE DE DROIT INTERNATIONAL PRIVÉ. *Actes et documents de la Quinzième session*: Trust – loi applicable et reconnaissance. Haia: HCCH, 1984. t. II. p. 372.

A partir da Convenção da Haia, portanto, tornou-se possível o reconhecimento dos *trusts* nos países que antes os ignoravam,[17] ao mesmo passo em que foram fornecidos critérios, até então inexistentes – mesmo em países onde o *trust* já existia –, para a escolha da lei aplicável aos *trusts* instituídos internacionalmente, solucionando incompatibilidades oriundas da disparidade das regras de conflito de cada país.[18]

Destaca-se o artigo 2 da Convenção da Haia,[19] o qual apresenta uma definição sobre o que é um *trust*, fornecendo os elementos mínimos para o seu reconhecimento:

> Para os fins desta Convenção, o termo *trust* se refere às relações jurídicas criadas por uma pessoa, o *settlor* – por ato *inter vivos* ou *causa mortis* – quando os bens forem colocados sob controle de um *trustee* para o benefício de um beneficiário ou para um fim específico.
>
> O *trust* apresenta as seguintes características:
>
> a) os bens constituem um fundo separado e não são parte do patrimônio pessoal do *trustee*;
>
> b) a propriedade dos bens do *trust* está em nome do *trustee* ou de outra pessoa em benefício do *trustee*;
>
> c) o *trustee* tem poderes e deveres, estando em virtude deles responsável por gerenciar, empregar ou dispor dos bens sob os termos do *trust* e dos deveres especiais impostos ao trustee pela lei.
>
> O fato de o *settlor* reservar certos poderes ou o *trustee* possuir certos direitos na qualidade de beneficiário não exclui necessariamente a existência de um *trust*.

A definição proposta, portanto, é a de que será considerada pela Convenção da Haia como *trust* a operação por meio da qual o *settlor* – por ato *inter vivos* ou *causa mortis* – transferir bens para o controle de um *trustee*, que irá os administrar em favor do(s) beneficiário(s) (*cestui que trust*).

A primeira característica do *trust* indicada por esse dispositivo é a de que os seus bens constituem um fundo separado, o qual, embora seja de titularidade do *trustee*, não integra seu patrimônio pessoal. O acervo patrimonial pode estar formalmente em nome do *trustee* ou de outra pessoa em seu benefício. O *trustee* será o responsável legal pela gestão dos bens objeto do *trust*, devendo seguir as diretrizes estabelecidas pelo *settlor* e pela lei. Finalmente, é possível que o *settlor* reserve poderes relativos ao *trust* para si, bem como o *trustee* pode ser titular de certos direitos na qualidade de beneficiário.

Da maior relevância pontuar que a Convenção explicita que os bens do *trust* constituem um patrimônio autônomo e separado dos bens de titularidade dos sujeitos envolvidos na relação jurídica (*settlor*, *trustee* e *beneficiary*).[20] Nesse sentido, consoante previsto no artigo 11 da Convenção de Haia, (i) os credores de obrigações pessoais

---

[17] A lista dos países signatários da Convenção pode ser consultada em: https://www.hcch.net/pt/instruments/conventions/status-table/?cid=59. Acesso em: 18 ago. 2021.

[18] JAUFFRET-SPINOSI, Camille. La Convention de la Haye relative à la lois applicable au trust et à sa reconnaissance (1er juillet 1985). *Journal du Droit International*, Paris, ano 114, n. 1, p. 23-55, 1987. p. 26.

[19] No presente trabalho utiliza-se uma versão da tradução da Convenção desenvolvida e proposta pela autora em sua tese de doutorado, no Anexo 1: XAVIER, Luciana Pedroso. *O direito brasileiro à procura de um conceito*: encontros e desencontros com o trust. 2016. 349 f. Tese (Doutorado) – Programa de Pós-Graduação em Direito, Setor de Ciências Jurídicas, Universidade Federal do Paraná, Curitiba, 2016. Disponível em: http://hdl.handle.net/1884/53523. Acesso em: 18 ago. 2021.

[20] JAUFFRET-SPINOSI, Camille. La Convention de la Haye relative à la lois applicable au trust et à sa reconnaissance (1er juillet 1985). *Journal du Droit International*, Paris, ano 114, n. 1, p. 23-55, 1987. p. 29.

do *trustee* não podem alcançar os bens do *trust*; (ii) os bens do *trust* não comporão o patrimônio do *trustee* na hipótese de sua insolvência ou falência; (iii) os bens do *trust* não estão sujeitos ao regime de bens do *trustee* ou de seu cônjuge, tampouco integrarão o espólio do *trustee* quando de sua morte; e (iv) os bens do *trust* podem ser recuperados quando houver confusão patrimonial com os bens do *trustee* ou forem indevidamente alienados, podendo ser assegurado o direito de terceiro de boa-fé de acordo com a norma de direito interno aplicada no foro em questão.

Ainda que a Convenção não adote, expressamente, a expressão "patrimônio de afetação", menciona a expressão *separate fund*, que em português seria algo próximo de "fundo, conjunto de bens separados, apartados". Todavia, neste contexto, e a partir de estudos anteriores que procuraram conceituar o instituto "patrimônio" e "patrimônio de afetação", permite-se concluir que os bens objeto de um *trust* são uma modalidade de patrimônio de afetação.[21]

O enquadramento dos bens que compõem o *trust* como patrimônio de afetação é de suma importância, pois faz com que um de seus elementos nucleares seja perfeitamente compatível com os ordenamentos de *civil law*, o que torna muito mais fácil o seu reconhecimento e, quiçá, futuramente a sua inclusão no ordenamento jurídico de tais países.

Inclusive, necessário pontuar que, no próprio direito brasileiro, há a previsão de constituição de patrimônios de afetação, restando superada, inclusive, a tese da unicidade e indivisibilidade patrimonial trazida pela teoria clássica do patrimônio, sendo viável, no âmbito nacional, a criação de massas patrimoniais independentes unidas em torno da concretização da finalidade para a qual foram criadas. A formação desse patrimônio de afetação é primordial para assegurar que os bens do *trust* não sejam tomados em execução de dívidas pessoais do *trustee*. Sem essa distinção, pode-se dizer que não há *trust*.[22]

Apesar de a Convenção da Haia não ser isenta de críticas, é preciso concordar que ela representa um esforço crucial para a diminuição das diferenças entre a *common law* e a *civil law*, sendo bem-sucedida em estabelecer uma definição de *trust* que também abarca suas figuras análogas. A Convenção tornou precisos, ainda, o modo como seria a escolha da lei aplicável e suas consequências, o reconhecimento dos *trusts*, o modo de sua tributação, entre outras relevantes normativas, de sorte que são fornecidas as categorias fundamentais para que novos países possam recepcionar o instituto de maneira segura, sem que haja uma utilização desvirtuada, objetivando fraudar a lei nacional.

---

21 Seja consentido remeter à dissertação de mestrado da autora, na qual são examinados com profundidade as teorias do patrimônio e o instituto do patrimônio de afetação: XAVIER, Luciana Pedroso. *As teorias do patrimônio e o patrimônio de afetação na incorporação imobiliária*. 178 f. Dissertação (Mestrado em Direito das Relações Sociais) – Programa de Pós-Graduação em Direito, Universidade Federal do Paraná, Curitiba, 2011. Em consonância, Milena Donato Oliva afirma que: "Note-se que a expressão *separate fund*, utilizada pela Convenção na sua versão em inglês, ou, na língua francesa, masse distincte, deve ser entendida, no Brasil, como patrimônio separado, vez ser a categoria que melhor se conforma aos efeitos estabelecidos pela Convenção da Haia" (OLIVA, Milena Donato. *Patrimônio separado*: herança, massa falida, securitização de créditos imobiliários, incorporação imobiliária, fundos de investimento imobiliário, trust. Rio de Janeiro: Renovar, 2009. p. 333).

22 JAUFFRET-SPINOSI, Camille. La Convention de la Haye relative à la lois applicable au trust et à sa reconnaissance (1er juillet 1985). *Journal du Droit International*, Paris, ano 114, n. 1, p. 23-55, 1987. p. 39.

Nas palavras de Hans Van Loon, os países de *civil law* podem se beneficiar muito ao integrarem a Convenção da Haia diante da possibilidade de dar um primeiro passo em direção à recepção do *trust*. Essa recepção seria salutar para as relações jurídicas travadas no ramo do direito de família e do direito empresarial, com a vantagem de não desvirtuar os ordenamentos jurídicos que não preveem o *trust*.[23]

4 *Trust*: o direito brasileiro em busca de um conceito

Classicamente, a ciência do direito ligada à *civil law* se desenvolveu por meio de abstrações que buscavam compreender toda a realidade social a partir de determinados elementos de convergência. Isso foi feito mediante a construção de conceitos abstratos, organizados hierarquicamente em um sistema pautado em mecanismos lógico-formais.[24] Trata-se do pensamento conceitual, pelo qual uma entidade é subsumida a um conceito, em todos os seus elementos, sob pena de não enquadramento pelo juízo de não correspondência.[25]

Contudo, considerando a maleabilidade e flexibilidade da estrutura dos *trusts*, conforme mencionado, não é viável estabelecer um conceito único, mas uma mera noção, um tipo.[26]

O direito brasileiro, até o presente momento, não recepcionou expressamente o *trust*, inexistindo autorização ou proibição de sua instituição. Assim, hodiernamente, não é possível constituir um *trust* no Brasil. Todavia, isso não significa que a legislação pátria ignore o *trust*. Em realidade, verifica-se a regulação de certos efeitos do *trust*, inclusive para atribuir direitos e deveres aos seus participantes.

Exemplificativamente, a chamada Lei de Repartição de Divisas (Lei nº 13.254, de 13.1.2016) – a qual instituiu o Regime Especial de Regularização Cambial e Tributária (RERCT) de recursos, bens ou direitos de origem lícita, não declarados ou declarados incorretamente, remetidos, mantidos no exterior ou repatriados por residentes ou domiciliados no país, criada com finalidade eminentemente arrecadatória – reconhece expressamente a existência dos *trusts*.[27]

---

[23] VAN LOON, Hans. The Hague Convention of 1st July 1985 on the Law Applicable to Trusts and on their Recognition. *In*: PRÜM, André; WITZ, Claude (Org.). *Trust et fiducie*: la convention de la Haye et la nouvelle législation luxembourgeoise. Paris: Montchrestien, 2005. p. 33.

[24] LEONARDO, Rodrigo Xavier. O pensamento tipológico no direito civil e os tipos contratuais gerais. *Revista de Direito Civil Contemporâneo*, São Paulo, v. 16, p. 121-135, jul./set. 2018. p. 121-123.

[25] VASCONCELOS, Pedro Pais de. *Teoria geral do direito civil*. 3. ed. Coimbra: Almedina, 2005. p. 147.

[26] "A adoção do pensamento tipológico propõe a assimilação de um determinado número aberto de dados característicos a partir dos quais torna-se possível observar em que medida determinada realidade pode ser considerada típica. No caso dos tipos fluidos ou de transição – especialmente interessantes para referenciar casos mistos insuscetíveis de designação mediante conceitos –, essas notas dominantes são variáveis e passíveis de graduação. O pensamento tipológico, desse modo, justamente por reconhecer os contornos imprecisos daquilo que se pretende designar, procura estabelecer uma alternativa cognitiva mais maleável da realidade" (LEONARDO, Rodrigo Xavier. O pensamento tipológico no direito civil e os tipos contratuais gerais. *Revista de Direito Civil Contemporâneo*, São Paulo, v. 16, p. 121-135, jul./set. 2018. p. 121-123).

[27] Art. 4º da Lei nº 13.254/2016: "Para adesão ao RERCT, a pessoa física ou jurídica deverá apresentar à Secretaria da Receita Federal do Brasil (RFB) e, em cópia para fins de registro, ao Banco Central do Brasil declaração única de regularização específica contendo a descrição pormenorizada dos recursos, bens e direitos de qualquer natureza de que seja titular em 31 de dezembro de 2014 a serem regularizados, com o respectivo valor em real, ou, no caso de inexistência de saldo ou título de propriedade em 31 de dezembro de 2014, a descrição das condutas praticadas pelo declarante que se enquadrem nos crimes previstos no §1º do art. 5º desta Lei e dos respectivos bens

De modo semelhante, o próprio Banco Central do Brasil possui um tópico específico sobre os *trusts* em seu sítio oficial, especificamente no campo de "Perguntas Frequentes" acerca da declaração de bens existentes no exterior. Conforme as orientações contidas no Manual do Declarante, criado e divulgado pelo Departamento Econômico do Banco Central do Brasil para cumprimento da Carta Circular BC nº 3.574/2012, quando os beneficiários forem pessoas físicas ou jurídicas residentes no Brasil, os valores oriundos do *trust* devem ser declarados na Declaração de Capitais Brasileiros no Exterior no campo "Outros Ativos".[28]

Em 2020, por sua vez, foi emitida a Solução de Consulta Cosit nº 41/2020, na qual um contribuinte questionou a Receita Federal sobre a correta forma de tributação de valores advindos de um *trust* no exterior, especificamente acerca da incidência do imposto de renda sobre estes valores.[29]

Contudo, ainda assim, não há expressa recepção do instituto do *trust* no direito brasileiro. Como forma de suprir a lacuna sobre a matéria – que, em verdade, extrapola a mera ausência de previsão legal, abrangendo também uma má compreensão do funcionamento do instituto – existem projetos de lei que buscam introduzi-lo por meio da fidúcia.[30]

De início, o Projeto de Lei do Senado nº 487/2013 (Novo Código Comercial) trouxe em seu teor, especificamente nos arts. 540 a 553, a previsão do "Contrato Fiduciário", definido, no artigo inaugural, como

> instrumento pelo qual um instituidor transfere, em caráter de propriedade fiduciária, bens e direitos a um administrador, para que os administre na extensão dos poderes e deveres estabelecidos em contrato, para a realização de propósito específico, em proveito de um ou mais beneficiários.[31]

Observe-se que a estrutura muito se assemelha ao *trust*, tendo inclusive a formação de um "patrimônio autônomo, segregado do patrimônio geral do administrador, com

---

e recursos que possuiu. §1º A declaração única de regularização a que se refere o caput deverá conter: [...] V - na hipótese de inexistência de saldo dos recursos, ou de titularidade de propriedade de bens ou direitos referidos no caput, em 31 de dezembro de 2014, a descrição das condutas praticadas pelo declarante que se enquadrem nos crimes previstos no §1º do art. 5º desta Lei e dos respectivos recursos, bens ou direitos de qualquer natureza não declarados, remetidos ou mantidos no exterior ou repatriados, ainda que posteriormente repassados à titularidade ou responsabilidade, direta ou indireta, de *trust* de quaisquer espécies, fundações, sociedades despersonalizadas, fideicomissos, ou dispostos mediante a entrega a pessoa física ou jurídica, personalizada ou não, para guarda, depósito, investimento, posse ou propriedade de que sejam beneficiários efetivos o interessado, seu representante ou pessoa por ele designada".

28 Consultar em: https://www.bcb.gov.br/acessoinformacao/perguntasfrequentes-respostas/faq_cbe.

29 "Assunto: Imposto sobre a Renda de Pessoa Física - IRPF. RENDIMENTO RECEBIDO DE FONTE NO EXTERIOR. O recebimento de rendimentos oriundos do exterior por residente no País é fato gerador do imposto sobre a renda e sujeita-se à tributação mensal mediante a aplicação da tabela progressiva mensal (carnê-leão) e na Declaração de Ajuste Anual. Dispositivos Legais: Lei nº 5.172, de 25 de outubro de 1966, art. 43, Lei nº 9.250, de 26 de dezembro de 1995, arts. 7º e 8º, Lei nº 7.713, de 1988, art. 8º, Regulamento do Imposto sobre a Renda (RIR/2018) arts. 118, caput, 119 e 120, aprovado pelo Decreto nº 9.580, de 22 de novembro de 2018, e Instrução Normativa RFB nº 1.500, de 29 de outubro de 2014, arts. 53, inciso II, e 54".

30 Existem projetos de lei que visam à recepção do instituto do *trust* pelo direito brasileiro há décadas. Os projetos de lei tratados neste ponto, contudo, são os mais recentes e em tramitação até a conclusão do presente artigo.

31 Para consultar a tramitação e o texto atualizado, acessar: https://www25.senado.leg.br/web/atividade/materias/-/materia/115437.

contabilidade própria e registro específico no Cadastro Nacional de Pessoas Jurídicas", consoante estabelece o art. 544.[32]

Ademais, o Projeto de Lei nº 487/2013 traz previsões sobre a (i) disciplina contábil das operações em contratos fiduciários; (ii) a publicação do contrato fiduciário; (iii) as hipóteses e formas de substituição do administrador; e (iv) extinção do contrato fiduciário.

Não obstante já tenha sido um primeiro passo, a adoção do contrato fiduciário pelo Projeto de Lei nº 487/2013 limita sua aplicação ao lhe atribuir a natureza de contrato mercantil, estabelecer diversas exigências para sua constituição[33] e impedir sua instituição por prazo indeterminado.

Ademais, sendo norma inserida na discussão da reforma do Código Comercial de 1850, a sua aprovação resta condicionada à análise de todos os demais dispositivos do projeto de lei – objeto de severas críticas doutrinárias.[34] Em razão disso, após quase oito anos de tramitação, o projeto, protocolado em 22.11.2013 pelo Senador Renan Calheiros, ainda não foi votado até a finalização da elaboração deste artigo, encontrando-se, atualmente, na Comissão Temporária para Reforma do Código Comercial.[35]

Por sua vez, em 2020, foi proposto o Projeto de Lei nº 4.758, capitaneado pelo Professor Melhim Namen Chalhub e apresentado pelo Deputado Federal Enrico Misasi

---

32 Acerca da diferença entre a propriedade fiduciária (contrato fiduciário) e o *trust*, Rosângela Maria de Azevedo Gomes, contudo, afasta a natureza fiduciária do *trust* sob a justificativa de que "na relação fiduciária o patrimônio indicado ao fiduciário integra o todo proprietário, gerando propriedade resolúvel; já no Trust a separação patrimonial é primordial, pois é a razão da sua existência" (GOMES, Rosângela Maria de Azevedo. Trust e holding familiar: o planejamento sucessório de bens imóveis. *Revista Eletrônica OAB/RJ*. Disponível em: https://revistaeletronica.oabrj.org.br/wp-content/uploads/2020/10/TEXTO-Trust-e-Holding-Autora-Ros%c3%a2ngela-Gomes.pdf. Acesso em: 17 mar. 2021).

33 Art. 541 do PL nº 487/2013: "O contrato fiduciário deve conter: I - a identificação do instituidor, do administrador e dos beneficiários; II - o prazo de vigência, que não pode ser indeterminado; III - os elementos que permitam a identificação dos beneficiários, caso não se encontrem identificados na celebração do contrato; IV - o propósito a que se destina o patrimônio fiduciário; V - as condições ou termos a que estiver sujeito; VI - a identificação dos bens e direitos componentes do patrimônio fiduciário, bem como a indicação do modo pelo qual outros bens e direitos poderão ser incorporados; VII - a destinação do patrimônio fiduciário, quando do seu término; VIII - a extensão dos poderes e deveres do administrador na gestão do patrimônio fiduciário, em especial os de realizar e gravar os bens e direitos, com a enunciação dos requisitos a serem observados quando do seu término; IX - a forma pela qual se verificará, periodicamente, o cumprimento do objeto do contrato pelo administrador; X - os critérios de remuneração do administrador; XI - a destinação dos frutos e rendimentos do patrimônio fiduciário; XII - o regime de solução de situações de conflito de interesses; XIII - as hipóteses e as formas de substituição do administrador; XIV - as hipóteses de sua extinção, antes de cumprida a sua finalidade ou do advento do termo ou do implemento da condição a que estiver sujeito; XV - previsão sobre a possibilidade de o administrador contratar, por sua conta e risco, terceiros para exercer a gestão do patrimônio fiduciário, e de adotar estruturas financeiras ou societárias com o mesmo objetivo, mantidas, em qualquer caso, inalteradas as suas responsabilidades legais e contratuais; e XVI - previsão sobre a possibilidade de o instituidor, no caso de contrato fiduciário para constituição de garantia, oferecer em benefício do administrador ou de terceiro, em pagamento da correspondente obrigação, a totalidade ou parte do patrimônio fiduciário, e, se for o caso, o regime de sua implementação. Parágrafo único. Quando o contrato fiduciário tiver por objeto bem imóvel, é da essência do ato a sua celebração por escritura pública".

34 Nesse sentido: FRANÇA, Erasmo Valladão Azevedo e Novaes. Um novo Código Comercial "vai trazer uma insegurança jurídica enorme". *Gazeta do Povo*, 11 jul. 2013. Disponível em: http://goo.gl/4XX4vV. Acesso em: 10 ago. 2016; VERÇOSA, Haroldo Malheiros Duclerc. Crítica à concepção do projeto do novo Código Comercial sobre o Direito societário (i). *Migalhas*, 1º mar. 2012. Disponível em: http://goo.gl/uxO55N. Acesso em: 10 ago. 2016; MÜSSNICH, Francisco Antunes Maciel. A quem interessa um novo Código Comercial? *Revista RI*, fev. 2014. Disponível em: https://www.oabsp.org.br/comissoes2010/gestoes-anteriores/acompanhemento-novo-codigo-comercial-brasil/artigos/A%20quem%20interessa%20um%20novo%20codigo%20comercial.pdf. Acesso em: 18 ago. 2021.

35 Atualização da tramitação realizada em 18.8.2021. Para consulta do andamento acessar https://www25.senado.leg.br/web/atividade/materias/-/materia/115437.

(PV-SP), que propõe a regulação do "contrato de fidúcia" em lei específica. Em grande parte, o Projeto de Lei nº 4.758/2020 reproduz artigos do Projeto de Lei do Senado nº 487/2013, tendo aprofundado as disposições acerca da constituição e extinção do contrato fiduciário, em consonância às previsões da Convenção de Haia.[36]

Destaca-se, nesse sentido, a previsão de que o contrato de fidúcia é negócio jurídico que pode ser constituído por lei, contrato ou ato unilateral, inclusive testamento. Ademais, a lei reduz os requisitos do ato constitutivo do contrato de fidúcia – estes previstos no §1º do art. 4º – assim como estabelece normas referentes à eficácia da constituição do patrimônio autônomo perante terceiros, a partir de seu registro nos cartórios competentes.

Observe-se, ainda, que o próprio Projeto de Lei nº 4.758/2020 reconhece a maleabilidade funcional dos contratos fiduciários, negócios jurídicos civis que podem se apresentar para fins de garantia, manutenção de recursos de empresas em recuperação judicial e para fins sucessórios. Logo, houve um relevante avanço nesse ponto.

Entretanto, uma questão nevrálgica que passou despercebida em ambos os projetos de lei diz respeito à regulamentação fiscal-tributária dos *trusts*. A única disposição possivelmente aplicável ao tema está prevista no §5º do art. 4º do PL nº 4.758/2020, que estabelece: "a atribuição fiduciária, assim como as transmissões porventura dela decorrentes, submetem-se às normas aplicáveis à transmissão de bens e direitos em geral, ressalvadas as peculiaridades e limitações previstas nesta Lei". Contudo, a disposição não é suficiente para definir, por exemplo, se haveria incidência do ITCMD pela transmissão gratuita da propriedade ao patrimônio autônomo, se os rendimentos do *trust* são tributáveis pelo imposto de renda da pessoa física ou da pessoa jurídica; se o patrimônio autônomo do *trust* será considerado para cálculo do ITCMD, entre outros pontos. Tais questionamentos carecem de melhor definição, a fim de conferir viabilidade e segurança jurídica mínimas aos contratos fiduciários.

O Poder Judiciário brasileiro também já teve a oportunidade de se debruçar sobre o tema.[37] Em sede do julgamento do REsp nº 1.438.142/SP, o Superior Tribunal de Justiça definiu que o *trust*, no ordenamento brasileiro, não configura hipótese de afetação de patrimônio – afastando a aplicação do art. 2º da Convenção de Haia –, sob o fundamento de que inexiste previsão legal expressa no ordenamento positivo pátrio. Assim, em eventual falência do *trustee*, caso tenha ocorrido a transferência patrimonial (*e.g.*, contrato de conta corrente bancária), tais valores serão utilizados para o pagamento das dívidas, integrando o patrimônio do falido.[38]

---

[36] Consultar em: https://www.camara.leg.br/propostas-legislativas/2263549. Acesso em: 18.8.2021.

[37] Há mais julgados sobre o tema. Optou-se por mencionar o REsp nº 1.438.142/SP por ser o mais recente.

[38] "RECURSO ESPECIAL. FALÊNCIA. PEDIDO DE RESTITUIÇÃO. ART. 119, INCISO IX, DA LEI 11.101/2005. CONTRATO DE 'TRUST'. AUSÊNCIA DE PREVISÃO LEGAL. CONTA CORRENTE BANCÁRIA. ARRECADAÇÃO DE SALDO PELA MASSA FALIDA. CABIMENTO. INAPLICABILIDADE DA SÚMULA 417/STF. SUCUMBÊNCIA. 1. Controvérsia acerca da possibilidade de restituição de quantia em dinheiro que se encontrava depositada em conta corrente do banco falido, em razão de contrato de 'trust'. 2. Necessidade de previsão legal específica para se estabelecer patrimônios de afetação. Doutrina sobre o tema. 3. Ausência de amparo legal para atribuição de efeitos reais ao contrato de 'trust' no ordenamento jurídico brasileiro. 4. Inaplicabilidade do art. 119, inciso IX, da Lei 11.101/2005. 5. Validade da arrecadação do saldo em conta corrente em favor da massa falida do banco depositário, não obstante a condição de 'trustee'. 6. Inaplicabilidade ao caso da Súmula 417/STF, segundo a qual: 'pode ser objeto de restituição, na falência, dinheiro em poder do falido, recebido em nome de outrem, ou do qual, por lei ou contrato, não tivesse êle a disponibilidade'. Julgados desta Corte Superior. 7. Inocorrência de sucumbência recíproca, tendo em vista a total improcedência do pedido de restituição, não obstante a majoração,

Observe-se que o julgado não afasta a existência de um patrimônio autônomo através do *trust*, apenas afasta a possibilidade de sua constituição sem expressa previsão legal, em virtude do princípio da taxatividade dos patrimônios de afetação. Nesse sentido, extrai-se do voto condutor do Ministro Paulo de Tarso Sanseverino:

> Esse entendimento do Tribunal de origem sobre a taxatividade dos patrimônios de afetação está em sintonia com a melhor doutrina sobre o tema, pois a regra no direito pátrio é que o devedor responda com todo o seu patrimônio pelo cumprimento de suas obrigações [...]. Como consta na parte final desse enunciado normativo, as exceções à regra devem se [*sic*] estabelecidas em lei. [...] O contrato de "*trust*", porém, não tem previsão no ordenamento jurídico brasileiro, e, conquanto esteja previsto na Convenção de Haia sobre a Lei Aplicável aos *Trusts* e sobre o Reconhecimento Deles, assinada em 1985, o Brasil não é signatário dessa convenção.

Assim, percebe-se que o direito brasileiro, apesar de não permitir a constituição de *trusts*, reconhece sua existência e relevância, sendo a eles dirigidas regras legais e já tendo a jurisprudência se debruçado sobre o tema.

5 O *trust* e suas potencialidades como instrumento no planejamento sucessório

Como demonstrado, o *trust* teve sua gênese justamente em contexto de "planejamento sucessório". Ainda que obviamente ao tempo de seu surgimento não existisse uma delimitação teórica tal como a atual acerca desse(s) mecanismo(s) de condução dos bens no processo de sucessão, a sua criação partiu de genuína preocupação de patriarcas com o bem-estar de seus herdeiros e familiares, os quais, pela legislação da época, ficariam desprotegidos.

Mesmo hodiernamente, tratando-se de espaço-tempo bastante diverso, as inquietações de um titular de patrimônio em relação ao seu destino e seus destinatários continuam presentes. No que concerne ao ordenamento jurídico brasileiro, as regras atinentes ao direito das sucessões pouco se alteraram, sendo que, "em geral, o sistema atual das sucessões não atende aos anseios finais dos indivíduos".[39] Em paralelo, a composição das famílias foi bastante modificada. Constata-se hoje maior longevidade das pessoas, diminuição da taxa de natalidade e existência das famílias recompostas, de casais que optam por não ter filhos e de práticas como a de *sharenting*. Essa conjuntura complexifica o cenário sucessório, o que incentiva os sujeitos a refletirem sobre o destino de seus bens em caso de morte e a esboçarem quais as melhores alternativas em prol da proteção da família ou entes queridos.[40] E é precisamente nesse crescente espaço da

de ofício, do valor do crédito inscrito no quadro geral de credores. 8. RECURSO ESPECIAL DESPROVIDO" (REsp nº 1.438.142/SP. Rel. Min. Paulo de Tarso Sanseverino, Terceira Turma, j. 15.5.2018. *DJe*, 9 ago. 2018).

39 TEIXEIRA, Daniele Chaves. Noções prévias do direito das sucessões: sociedade, funcionalização e planejamento sucessório. *In*: TEIXEIRA, Daniele Chaves (Coord.). *Arquitetura do planejamento sucessório*. 2. ed. 4. reimpr. Belo Horizonte: Fórum, 2019. t. I. p. 30.

40 Ao tecer considerações críticas acerca do direito das sucessões, Otávio Luiz Rodrigues Jr. destaca o papel crescente da autonomia privada nesse ramo do direito civil: "O tempo dos institutos empoeirados e rigidamente controlados por uma suposta preservação de 'valores sociais' começa a partir, assim como a ideia de um nível de intervenção estatal crescente neste setor do Direito Privado. [...] Ainda assim, é incerto que ela seja exitosa porque

autonomia privada no âmbito do direito das sucessões que o *trust* pode figurar como alternativa, de forma isolada ou combinada, ao planejamento sucessório.

Em realidade, já há famílias brasileiras que escolhem o *trust* para a concretização de seu planejamento sucessório. Todavia, devido aos altos custos do envio de recursos ao exterior, o conhecimento específico necessário para sua constituição em país estrangeiro e a carga tributária incidente, essa opção é restrita àqueles que possuem patrimônio mais significativo, capaz de arcar com os custos fiscais e jurídicos da criação e gestão de um *trust* em outro país. As motivações mais frequentes para a manutenção de *trust* são a instabilidade política brasileira e a possibilidade de planos econômicos que alterem o lastro ou a própria moeda nacional.[41] Nessa conjuntura, manter recursos de forma legal no exterior proporcionaria, ao menos em tese, maior segurança.

Como já exaustivamente mencionado, o *trust*, por conta de sua maleabilidade, pode desempenhar inúmeras funções, sendo impossível enumerar todas as suas aplicações. Assim, a seguir são destacadas algumas funcionalidades que o *trust* poderia desempenhar caso fosse recepcionado no direito brasileiro (quer seja pela ratificação da Convenção da Haia, quer seja pela sua introdução ou do contrato fiduciário/de fidúcia na legislação pátria).

Uma das lacunas que o *trust* poderia colmatar é a da proteção às pessoas com deficiência. Ainda que o Estatuto da Pessoa com Deficiência (Lei nº 13.146/2015) tenha adotado o modelo social e preveja a possibilidade de curatela compartilhada,[42] é difícil encontrar pessoas que reúnam todos os predicados necessários para ser boas curadoras. Como bem explica Milena Donato Oliva:

> pode ocorrer de haver na família um irmão atencioso e dedicado, mas que é incauto na gestão financeira. De outra parte, é possível que aquele mais centrado nos aspectos patrimoniais não tenha afinidade com crianças ou adolescentes. Difícil congregar num mesmo sujeito todas as legítimas preocupações e anseios dos pais.[43]

Nessa linha, a curatela acaba impondo grande responsabilidade para que pessoas sem educação financeira realizem uma gestão patrimonial complexa, para a qual não têm expertise. Ainda que a codificação civil exija que o curador apresente balanços anuais e preste contas de dois em dois anos, caso esteja administrando mal ou mesmo agindo de má-fé e dilapidando os bens do curatelado, muitos prejuízos podem ocorrer, provavelmente irreversíveis. Outrossim, a circunstância de que a curatela é, em regra, temporária se torna certamente justificável, mas, dependendo do contexto familiar da pessoa com deficiência, pode gerar inseguranças. Pense-se, a título de exemplo, o caso

---

a complexidade das relações é cada vez maior no universo familiar e, por consequência, no plano sucessório. Não será exagero dizer que o Direito Civil se voltará para a antiga tradição romana de sucessão testamentária como regra e, dentro desse modelo, a autonomia privada possa ocupar espaços hoje bloqueados por normas cogentes da legislação civil" (RODRIGUES JR., Otávio Luiz. *Direito civil contemporâneo*: estatuto epistemológico, constituição e direitos fundamentais. 2. ed. Rio de Janeiro: Forense Universitária, 2019. p. 70-72).

[41] Nesse sentido, sugere-se consulta à obra CALDEIRA, Jorge. *História da riqueza no Brasil*. Rio de Janeiro: Estação Brasil, 2017.

[42] Art. 1.775-A do Código Civil: "Na nomeação de curador para a pessoa com deficiência, o juiz poderá estabelecer curatela compartilhada a mais de uma pessoa".

[43] OLIVA, Milena Donato. A proteção dos incapazes e a utilidade da incorporação do trust pelo direito brasileiro. *Revista dos Tribunais*, São Paulo, v. 102, n. 938, p. 59-76, dez. 2013. p. 59.

de deficiente filho único sem parentes próximos ou com parentes com os quais não tem afinidade. Ainda, pode-se pensar no caso de uma família monoparental cujo(a) filho(a) seja deficiente. A dificuldade em se encontrar um curador certamente poderia prejudicar a subsistência do deficiente.

De modo semelhante, o *trust* também apresenta vantagens na tutela dos relativamente e dos absolutamente incapazes em virtude da questão etária. Em caso de falecimento ou decretação de ausência dos pais, os filhos menores são submetidos à tutela, nos termos do art. 1.728 do Código Civil.[44] Mesmo que os pais em conjunto tenham exercido o direito de nomear um tutor, há a dificuldade em encontrar uma pessoa que reúna as qualidades necessárias para ser simultaneamente um bom educador e administrador. Outro inconveniente é o modo como o patrimônio deixado pelos pais é destinado aos tutelados quando atingem a maioridade. Ao se tornarem plenamente capazes, recebem todo patrimônio de uma só vez. Em virtude de sua inexperiência, é bem possível que um ex-tutelado não administre seus bens da maneira mais sensata, de modo que mais tarde faltem recursos para sua educação e subsistência.[45] Ainda que os pais instituíssem testamento em favor dos filhos, não teriam como transpor essa circunstância. Não seria possível, por exemplo, instituir uma fundação para zelar por esses bens, uma vez que o ordenamento jurídico brasileiro só permite a sua criação voltada ao atendimento das funções filantrópicas, educacionais e outras previstas no art. 62, parágrafo único, do Código Civil.

De outro lado, por meio de um *trust* é possível criar regras para quando, quanto e como a criança ou o adolescente (beneficiário) receberá os bens deixados pelos pais. É comum instituir como cláusula do *trust* que, com o atingimento da maioridade, haja o recebimento de apenas parte dos bens. O restante é recebido de modo fracionado ao longo da vida, seja pelo advento etário, seja por ocorrerem marcos importantes, tais como formatura em curso universitário, casamento, nascimento do primeiro filho, entre outros. Desde que não contrarie expressamente a lei, há ampla flexibilidade para se criar condições ou termos para o repasse dos bens. Destacam-se como condições bastante difundidas para o repasse de valores ao filho beneficiário que ele frequente determinada universidade, que obtenha resultado negativo para o consumo de drogas, que realize determinado trabalho filantrópico.[46]

O *trust* também seria proveitoso no caso de um pai ou uma mãe divorciado(a) querer proteger o seu patrimônio, o qual, ocorrendo seu falecimento, passará ao filho. O intento de preservação do patrimônio pode advir da desconfiança de que o ex-cônjuge não agiria efetivamente no melhor interesse da criança. Sobrevindo o falecimento da mãe, por exemplo, a regra geral da legislação seria que o filho ficasse na guarda do pai, que seria também usufrutuário e administrador de seus bens, conforme art. 1.689 do

---

[44] Art. 1.728 do Código Civil: "Os filhos menores são postos em tutela: I - com o falecimento dos pais, ou sendo estes julgados ausentes; II - em caso de os pais decaírem do poder familiar".

[45] SHARP, Ronald Farrington. *Living trusts for everyone*: why a will is not the way to avoid probate, protect heirs, and settle estates. New York: Allworth Press, 2010. p. 11-12.

[46] SHARP, Ronald Farrington. *Living trusts for everyone*: why a will is not the way to avoid probate, protect heirs, and settle estates. New York: Allworth Press, 2010. p. 13.

Código Civil.[47] Apenas o *trust* poderia evitar que o ex-cônjuge se torne usufrutuário e administrador de tais bens.

Igualmente, casos em que ocorrem acidentes fatais e por diferença de minutos o genitor divorciado falece antes dos filhos, o impedimento de que tal patrimônio seja destinado ao ex-cônjuge só seria possível por meio de *trust*.

Além disso, o *trust* vai além dos restritos limites da substituição fideicomissária prevista nos arts. 1.951 a 1.960 do Código Civil. Nesse sentido, Mário Luiz Delgado afirma:

> a utilização ampliada do fideicomisso no planejamento sucessório, permitindo-se, ainda, a indicação de pessoas jurídicas para a posição de fiduciário, permitiria ao autor da herança resguardar o patrimônio a ser transmitido aos herdeiros, beneficiando as gerações futuras de maneira mais segura, com redução dos impactos tributários e fomento das relações econômicas.[48]

Desse modo, uma das maiores vantagens do *trust* em relação às figuras existentes no direito brasileiro é o fato de que o *trustee* poderá exercer uma gestão profissional dos recursos transmitidos em seu favor pelo *settlor*, em prol do *beneficiary*. Nesse sentido, terá maior facilidade em gerir ativos, bem como em converter bens em prol do atingimento da finalidade para a qual foi criado, podendo promover maior rentabilidade.

Assim, a compreensão adequada do *trust* e de suas potencialidades exige a desconstrução de três equívocos bastante presentes no senso comum. Em primeiro lugar, o simples fato de um sujeito participar de um *trust* como *settlor*, *trustee* ou *beneficiary* não significa aprioristicamente estar fraudando a lei. Desde que respeitadas as formalidades legais, *a priori* deve ser considerado como ato decorrente de sua autonomia privada. Em segundo lugar, nenhum instituto, quer seja do direito pátrio, quer do direito comparado, tem o condão de oferecer "blindagem patrimonial". Essa expressão apresenta forte caráter persuasivo-publicitário e pode ensejar engano a pessoas desprovidas de formação jurídica. Planejar a sucessão não significa blindar o patrimônio, mas sim adotar expedientes legais que possam promover maior segurança e economia, dentro das balizas da lei. Por fim, o planejamento sucessório não é uma fórmula pronta ou um "produto jurídico" que possa ser aplicado em larga escala e de maneira indistinta. Infelizmente, proliferam atualmente nas redes sociais anúncios que configuram verdadeira "desinformação" à população brasileira e que desvirtuam o propósito do planejamento e de alguns de seus instrumentos, tal como o *trust*.

---

[47] Art. 1.689 do Código Civil: "O pai e a mãe, enquanto no exercício do poder familiar: I - são usufrutuários dos bens dos filhos; II - têm a administração dos bens dos filhos menores sob sua autoridade".

[48] DELGADO, Mário Luiz. O fideicomisso brasileiro e o trust anglo-saxão no planejamento sucessório. *Conjur*, 21 fev. 2021. Disponível em: https://www.conjur.com.br/2021-fev-21/fideicomisso-brasileiro-trust-anglo-saxao-sucessao#:~:text=O%20fideicomisso%20brasileiro%20e%20o%20trust%20anglo%2Dsax%C3%A3o%20no%20planejamento%20sucess%C3%B3rio&text=Muito%20se%20discute%20as%20aproxima%C3%A7%C3%B5es,nenhuma%20semelhan%C3%A7a%20ou%20afinidade%20haveria. Acesso em: 18 ago. 2021.

6 Considerações finais

Como se pretendeu demonstrar, o *trust* teve origem na Inglaterra pós-conquista normanda, em virtude de questões estreitamente ligadas ao direito sucessório. Ante a sua singularidade, tornou-se um instituto global e foi objeto de iniciativas que propiciassem a sua recepção por países não pertencentes à tradição da *common law*, como a Convenção da Haia sobre a Lei Aplicável ao *Trust* e ao seu Reconhecimento.

Em prosseguimento, verificou-se que o direito brasileiro não possui, em seu ordenamento, figura equivalente ao instituto do *trust*, não obstante reconheça o seu uso através de legislações e atos administrativos específicos, entre eles a Lei de Repartição de Divisas e a Solução Cosit nº 41/2020. A fim de suprir essa lacuna, diversos projetos de lei tramitaram no Legislativo nacional buscando inserir o *trust* ou figuras análogas – destacando-se, por serem mais recentes e estarem ativos, os projetos de lei nºs 487/2013 e 4.758/2020, que visam à positivação do contrato de fidúcia.

Por fim, em razão de sua maleabilidade, identificou-se que o *trust* pode contribuir sobremaneira ao planejamento sucessório, suprindo lacunas da legislação atual, entre elas: (i) otimização da proteção da pessoa com deficiência, estabelecendo-se um regime de administração profissional dos bens em seu favor; (ii) instituição de adequado gerenciamento dos bens do menor-herdeiro por terceiro profissional, assim como estipulação de condições específicas para a sucessão gradual dos bens, como forma de preservação da saúde patrimonial do sucessor; (iii) proteção do patrimônio em caso de divórcio; (iv) supressão das limitações da substituição fideicomissária prevista na codificação civil pátria. Em todas essas situações, o *trust* poderia conferir maior proteção patrimonial, redução da carga tributária e incentivo às relações comerciais e econômicas por parte dos sucessores.

Cabe ressaltar que, sobretudo prospectivamente, o *trust* deve ser compreendido a partir de suas próprias características e não a partir de outros institutos, uma vez que não possui identidade com nenhum outro pertencente ao direito brasileiro. Não se deve aplicar ao *trust* um "leito de procusto", enquadrando-o artificialmente em outros institutos já presentes no ordenamento pátrio, sob pena de se "decepar", justamente, seu aspecto versátil que o torna tão interessante ao planejamento sucessório.

Referências

BRASIL. Superior Tribunal de Justiça. REsp 1438142/SP. Rel. Min. Paulo de Tarso Sanseverino. Terceira Turma. *DJ*, 15 maio 2018; *DJe*, 9 ago. 2018. Disponível em: https://scon.stj.jus.br/SCON/GetInteiroTeorDoAcordao?num_registro=201400415913&dt_publicacao=09/08/2018. Acesso em: 18 ago. 2021.

CALDEIRA, Jorge. *História da riqueza no Brasil*. Rio de Janeiro: Estação Brasil, 2017.

CAMPOS, Diogo Leite de; TOMÉ, Maria João Romão Carreiro Vaz. *A propriedade fiduciária (Trust)*: estudo para a sua consagração no direito português. Coimbra: Almedina, 1999.

CORTIANO JÚNIOR, Eroulths. *O discurso jurídico da propriedade e suas rupturas*. Rio de Janeiro: Renovar, 2002.

DAVID, René. *Os grandes sistemas do direito contemporâneo*. Tradução de Hermínio A. Carvalho. 5. ed. São Paulo: Martins Fontes, 2014.

DELGADO, Mário Luiz. O fideicomisso brasileiro e o trust anglo-saxão no planejamento sucessório. *Conjur*, 21 fev. 2021. Disponível em: https://www.conjur.com.br/2021-fev-21/fideicomisso-brasileiro-trust-anglo-saxao-sucessao#:~:text=O%20fideicomisso%20brasileiro%20e%20o%20trust%20 anglo%2Dsax%C3%A3o%20no%20planejamento%20sucess%C3%B3rio&text=Muito%20se%20discute%20as%20aproxima%C3%A7%C3%B5es,nenhuma%20semelhan%C3%A7a%20ou%20afinidade%20haveria. Acesso em: 18 ago. 2021.

FONSECA, Ricardo Marcelo. *Introdução teórica à história do direito*. Curitiba: Juruá, 2010.

FRANÇA, Erasmo Valladão Azevedo e Novaes. Um novo Código Comercial "vai trazer uma insegurança jurídica enorme". *Gazeta do Povo*, 11 jul. 2013. Disponível em: http://goo.gl/4XX4vV. Acesso em: 10 ago. 2016.

GOMES, Rosângela Maria de Azevedo. Trust e holding familiar: o planejamento sucessório de bens imóveis. *Revista Eletrônica OAB/RJ*. Disponível em: https://revistaeletronica.oabrj.org.br/wp-content/uploads/2020/10/TEXTO-Trust-e-Holding-Autora-Ros%c3%a2ngela-Gomes.pdf. Acesso em: 17 mar. 2021.

HANBURY, Harold Greville; MARTIN, Jill E. *Modern equity*. 17. ed. London: Sweet & Maxwell, 2005.

JAUFFRET-SPINOSI, Camille. La Convention de la Haye relative à la lois applicable au trust et à sa reconnaissance (1er juillet 1985). *Journal du Droit International*, Paris, ano 114, n. 1, p. 23-55, 1987.

LEONARDO, Rodrigo Xavier. O pensamento tipológico no direito civil e os tipos contratuais gerais. *Revista de Direito Civil Contemporâneo*, São Paulo, v. 16, p. 121-135, jul./set. 2018.

LOSANO, Mario G. *Os grandes sistemas jurídicos*: introdução aos sistemas jurídicos europeus e extra-europeus. Tradução de Marcela Varejão. São Paulo: Martins Fontes, 2007.

MARTINS-COSTA, Judith. *A boa-fé no direito privado*. São Paulo: Revista dos Tribunais, 2000.

MARTINS-COSTA, Judith. O trust e o direito brasileiro. *Revista de Direito Civil Contemporâneo*, São Paulo, v. 12, n. 4, p. 165-209, jul./set. 2017.

MENEZES CORDEIRO, António Barreto. *Do trust no direito civil*. Coimbra: Almedina, 2014.

MÜSSNICH, Francisco Antunes Maciel. A quem interessa um novo Código Comercial? *Revista RI*, fev. 2014. Disponível em: https://www.oabsp.org.br/comissoes2010/gestoes-anteriores/acompanhemento-novo-codigo-comercial-brasil/artigos/A%20quem%20interessa%20um%20novo%20codigo%20comercial.pdf. Acesso em: 18 ago. 2021.

OLIVA, Milena Donato. A proteção dos incapazes e a utilidade da incorporação do trust pelo direito brasileiro. *Revista dos Tribunais*, São Paulo, v. 102, n. 938, p. 59-76, dez. 2013.

OLIVA, Milena Donato. *Patrimônio separado*: herança, massa falida, securitização de créditos imobiliários, incorporação imobiliária, fundos de investimento imobiliário, trust. Rio de Janeiro: Renovar, 2009.

OVERBECK, Alfred E. von. Rapport explicative de M. Alfred E. von Overbeck. *In*: CONFÉRENCE DE LA HAYE DE DROIT INTERNATIONAL PRIVÉ. *Actes et documents de la Quinzième session*: Trust – loi applicable et reconnaissance. Haia: HCCH, 1984. t. II.

PETTIT, Philip Henry. *Equity and the law of trusts*. 10. ed. Oxford; New York: Oxford University Press, 2006.

RODRIGUES JR., Otávio Luiz. *Direito civil contemporâneo*: estatuto epistemológico, constituição e direitos fundamentais. 2. ed. Rio de Janeiro: Forense Universitária, 2019.

RUHL, J. B. The tale of the fee tail in Downton Abbey. *Vand. L. Rev. En Banc*, v. 68. Disponível em: https://wp0.vanderbilt.edu/lawreview-new/wp-content/uploads/sites/278/2015/04/The-Tale-of-the-Fee-Tail-in-Downton-Abbey.pdf. Acesso em: 18 ago. 2021.

SHARP, Ronald Farrington. *Living trusts for everyone*: why a will is not the way to avoid probate, protect heirs, and settle estates. New York: Allworth Press, 2010.

TEIXEIRA, Daniele Chaves. Noções prévias do direito das sucessões: sociedade, funcionalização e planejamento sucessório. *In*: TEIXEIRA, Daniele Chaves (Coord.). *Arquitetura do planejamento sucessório*. 2. ed. 4. reimpr. Belo Horizonte: Fórum, 2019. t. I.

VAN LOON, Hans. The Hague Convention of 1st July 1985 on the Law Applicable to Trusts and on their Recognition. *In*: PRÜM, André; WITZ, Claude (Org.). *Trust et fiducie*: la convention de la Haye et la nouvelle législation luxembourgeoise. Paris: Montchrestien, 2005.

VASCONCELOS, Pedro Pais de. *Teoria geral do direito civil*. 3. ed. Coimbra: Almedina, 2005.

VERÇOSA, Haroldo Malheiros Duclerc. Crítica à concepção do projeto do novo Código Comercial sobre o Direito societário (i). *Migalhas*, 1º mar. 2012. Disponível em: http://goo.gl/uxO55N. Acesso em: 10 ago. 2016.

XAVIER, Luciana Pedroso. *As teorias do patrimônio e o patrimônio de afetação na incorporação imobiliária*. 178 f. Dissertação (Mestrado em Direito das Relações Sociais) – Programa de Pós-Graduação em Direito, Universidade Federal do Paraná, Curitiba, 2011.

XAVIER, Luciana Pedroso. *O direito brasileiro à procura de um conceito*: encontros e desencontros com o trust. 2016. 349 f. Tese (Doutorado) – Programa de Pós-Graduação em Direito, Setor de Ciências Jurídicas, Universidade Federal do Paraná, Curitiba, 2016. Disponível em: http://hdl.handle.net/1884/53523. Acesso em: 18 ago. 2021.

XAVIER, Luciana Pedroso; XAVIER, Marília Pedroso. O planejamento sucessório colocado em xeque: afinal, o companheiro é herdeiro necessário? *In*: TEIXEIRA, Daniela Chaves (Coord.). *Arquitetura do planejamento sucessório*. 2. ed. 4. reimpr. Belo Horizonte: Fórum, 2019. t. I.

Informação bibliográfica deste texto, conforme a NBR 6023:2018 da Associação Brasileira de Normas Técnicas (ABNT):

XAVIER, Luciana Pedroso. O trust e suas potencialidades no planejamento sucessório. *In*: TEIXEIRA, Daniele Chaves (Coord.). *Arquitetura do planejamento sucessório*. Belo Horizonte: Fórum, 2022. p. 509-525. Tomo III. ISBN 978-65-5518-291-0.

DO PLANEJAMENTO SUCESSÓRIO E TESTAMENTO: INTERPRETAÇÃO TESTAMENTÁRIA E CLÁUSULAS CONDICIONAIS. BREVES NOTAS

LUIZ PAULO VIEIRA DE CARVALHO

1 Introdução

Na dicção da Professora Daniele Chaves Teixeira, ilustre coordenadora da presente obra,

> o planejamento sucessório atende à procura por organização e permite que às pessoas enfrentem a dificuldade humana de lidar com a morte. [...] sendo importante destacar que esse planejamento sucessório é realizado em vida e que sua completa aplicabilidade de efeitos ocorrerá somente com a morte. É essencial para quem quer a realização da sua vontade após a sua morte e pode ser realizado por meio de instrumentos jurídicos diversos: o testamento é apenas um deles.[1]

Deste modo, o testamento se apresenta como uma das importantes ferramentas a serem utilizadas num planejamento sucessório, instrumento apto a realizar seus objetivos principais, em conjunto ou separadamente, podendo ser qualificado como o negócio jurídico por excelência, em que a vontade do seu autor atinge o máximo possível de relevância por força do respeito às determinações ali proferidas e realizadas para se projetarem *post mortem*, respeito este que se qualifica como um imperativo civilizacional, a marcar profundamente a disciplina da matéria em questão.[2][3]

Destarte, quando a manifestação decorre de um negócio jurídico unilateral, de última vontade, espontâneo, personalíssimo (pessoalíssimo), não receptício, gratuito, solene e essencialmente revogável, a ter por objeto principal a designação de herdeiros e/ou legatários, no todo ou em parte, da herança, ou disposições outras até mesmo de caráter

---

[1] TEIXEIRA, Daniele Chaves. *Arquitetura do planejamento sucessório*. 2. ed. 2. reimpr. Belo Horizonte: Fórum, 2020. p. 41.

[2] Dentro dessa perspectiva, na sempre precisa e inesquecível voz de Zeno Veloso, o testamento, além de representar e encerrar a voz, o desejo, a vontade de uma pessoa, "é como o tabernáculo em que se guarda a voluntas testatoris", pois "paradoxalmente, o último suspiro do testador é o sopro vivificador que dá definitividade e eficácia à mensagem que o documento contém" (AZEVEDO, Antônio Junqueira de (Coord.). *Comentários ao Código Civil*: parte especial, direito das sucessões, da sucessão testamentária, do inventário e da partilha. São Paulo: Saraiva, 2003. v. 21. p. 4).

[3] No entanto, a sucessão testamentária, utilíssima sede de planejamento sucessório, merece ser mais bem explorada no Brasil, haja vista que, especialmente devido à superstição, os brasileiros e brasileiras, em geral, não gostam de fazer testamento, achando que atrai a sombra da morte.

não *patrimonial*, com o fito de produzir efeitos após a morte do disponente, estaremos diante de um testamento, regulamentado, no Código Civil de 2002, nos arts. 1.857 e ss.[4]

Sob tais termos, o testador, através do seu ato de disposição de última vontade, poderá instituir herdeiros ou legatários, e/ou, p. ex., iniciar a deserdação de um herdeiro necessário (arts. 1.961 e ss. do CC), impor cláusulas restritivas aos sucessores (arts. 1.848 e 1.911 do CC), reconhecer filhos havidos fora da entidade familiar (art. 1.609, III do CC), perdoar o indigno (art. 1.818 do CC), instituir tutor para sua prole (parágrafo único, art. 1.729 do CC), dividir o monte, no todo ou em parte, em legados (arts. 1.990 e 1.789 do CC), preencher o quinhão de herdeiro com bens à sua escolha (art. 2.014 do CC),[5] entre outras possibilidades.

Por meio da facção testamentária, em âmbito patrimonial, a *uma*, na *falta* de herdeiros *necessários*, o testador pode dispor de toda a sua herança, desde que o futuro herdeiro testamentário beneficiado ostente legitimação passiva para tanto, sob pena de nulidade da deixa (art. 1.857, *caput*, c/c arts 1.801 e 1.802 do CC), ordenando que o indicado sucessor receba, ou toda a universalidade (art. 91 do CC), ou quota ideal desta, e/ou, a *duas*, determinar a entrega ao beneficiado de *bem* ou direito *individualizado*, apartado do monte (legado, art. 1.912 e ss. do CC), devendo sempre observar, *in concreto*, os limites da sua quota *disponível* (arts. 1.847 e 1.849 do CC), mantendo, assim, intangível sua quota *legítima*, imperativamente reservada (arts. 1.789, 1.845 e 1.857, parágrafo único, do CC).[6]

Assim, na conformidade do antes referido, a nomeação visa especialmente indicar herdeiros testamentários e/ou legatários, mas não impede, como igualmente já dito, que possa o testador determinar disposições outras, *não* patrimoniais.[7]

---

[4] CARVALHO, Luiz Paulo Vieira de. *Direito das sucessões*. 4. ed. São Paulo: Gen/Atlas, 2019. p. 620-621.

[5] Art. 2.014 do CC: "Pode o testador indicar os bens e valores que devem compor os quinhões hereditários, deliberando ele próprio a partilha, que prevalecerá, salvo se o valor dos bens não corresponder às quotas estabelecidas".

[6] Art. 1.845 do CC: "São herdeiros necessários os descendentes, os ascendentes e o cônjuge". Art. 1.879 do CC: "*Havendo herdeiros necessários, o testador só poderá dispor de metade da herança*" (grifos nossos). Art. 1.847 do CC: "Toda pessoa capaz pode dispor, por testamento, da totalidade de seus bens, ou parte dele, para depois da sua morte §1º A legítima dos herdeiros necessários, não poderá ser incluída no testamento". De muito pensamos também ser o companheiro sobrevivente herdeiro necessário, embora, à época, em posição minoritária. No âmbito do Poder Judiciário, os REs nºs 646.721 e 878.694, que realizaram a reequiparação dos direitos sucessórios do companheiro em relação ao cônjuge, assim não restou apontado. Contudo, nos REsps nºs 1.357.117 (STJ, 3ª Turma, j. 13.3.2018) e 1.337.420 (STJ, 4ª Turma, j. 22.8.2017), foi expressamente afirmado ser o companheiro herdeiro necessário. Aliás, nessa seara, estamos muito bem acompanhados com a conclusão a que chegaram os magistrados paulistas no I Encontro Estadual de Magistrados de Varas da Família e das Sucessões do Estado de São Paulo (11.2017, TJSP e EPM): "Enunciado n. 31: Ante a decisão do STF no RE 878.694, declarando inconstitucional o art. 1.790 do Código Civil, assentando que, à luz da Constituição, não é cabível distinção nos regimes sucessórios derivados do casamento e da união estável, o companheiro figura em igualdade de condições com o cônjuge: 1) na ordem da vocação hereditária; 2) *como herdeiro necessário*; 3) como titular de direito real de habitação; 4) no direito à quarta parte da herança na concorrência com os descendentes; 5) e na obrigação de trazer doações à colação (Código Civil, arts. 1.829, 1.845, 1.831, 1.832 e 2002/2003, respectivamente)" (grifos nossos).

[7] Da poderosa dicção do deveras admirado jurista e professor lisboeta Inocêncio Galvão Telles, ao comentar disposição assemelhada contida no art. 2.179 do Código Civil português, extraímos: "Quer isso dizer, em resumo, que, embora o testamento represente, em princípio um acto de disposição de coisas, ao serviço do *ter*, também pode constituir um acto de determinação de modos de agir, ao serviço do *ser*", afirmando, ainda, que, na hipótese de um testamento só conter disposições de caráter não patrimonial, "haverá testamento quanto à forma, mas não quanto ao conteúdo" (TELLES, Inocêncio Galvão. *Sucessão testamentária*. Coimbra: Coimbra Editora, 2006. p. 16 (grifos nossos).

2 Interpretação testamentária

A pessoa natural, quando testa, visa, como regra, dispor de seu direito de propriedade para o futuro, isto é, escolhe, dentro dos limites legais, quem vai ser seu sucessor em relação àquilo que amealhou em vida, na maioria das vezes, com o seu labor, esforço e inteligência, designação baseada em seu direito potestativo de realizar liberalidades *post mortem* e escolher, com base na afeição e no respeito, a favor daqueles herdeiros e/ou legatários que vão assumir o seu lugar nesse mesmo patrimônio, sabendo-se que, quando o ser humano é chamado ao mundo espiritual, vai só, e aquilo que construiu, fica. Pode, porém, conforme acima referido, confeccionar seu testamento, *não* para escolher sucessores, pois está satisfeito com a ordem vocacional determinada pelo legislador, mas sim para decidir questões outras por ele consideradas determinantes.

Para tanto, todo testamento deveria conter disposições *claras, inequívocas*.

Contudo, todos nós sabemos que nem sempre é assim que ocorre, porquanto o testador (ou mesmo o autor do codicilo, arts. 1.881 e ss. do CC),[8] inúmeras vezes, é um leigo na matéria, não tendo contado com o auxílio de um especialista para aclarar essa mesma vontade (obviamente um auxílio meramente profissional, não sendo admitida qualquer influência no querer interno ou externo do testador).

A função do intérprete, então, que se faz através dos diferentes modos de interpretação, quais sejam, filológico, histórico, lógico, sistemático e teleológico, é aclarar as verdadeiras intenções do autor do ato de última vontade, buscando, sempre, a realidade dos efeitos por esse pretendidos (princípio da preponderância da vontade do testador), efeitos a serem cumpridos desde que não ofendam a ordem pública, é claro.

Em tal dimensão, na expressão do inesquecível mestre Orozimbo Nonato, "o problema da interpretação jurídica alcança todos os atos suscetíveis da produção de efeitos jurídicos, a provisão do legislador e a do homem, os atos legislativos e os jurídicos privados", consistindo em desvelar o seu conteúdo, "o seu vero sentido, a sua exata significação". Após traz à tona as palavras de Toullier sobre a interpretação, quais sejam: "L'art de découvrir lês pensées qu'expriment les paroles e les écrits", arremata o aclamado autor, aduzindo ser esse pressuposto inafastável para que se possa reconhecer a extensão dos efeitos de qualquer ato jurídico, afirmando-a "leve de realizar-se quando ocorre concordância entre a mente e a expressão, penosa de ser levada a cabo, na hipótese contrária". Por fim, conclui com peculiar felicidade que sempre haverá interpretação, pois dela mesma é que decorre a verificação da concordância de seus elementos, sendo, assim, inexato o velho brocado: *in claris cessat interpretatio*, mesmo porque a clareza e simplicidade não a dispensam, apenas a tornam mais simples e fácil de ser realizada.[9]

Desde logo, faz-se cabível reafirmar que, conforme o entendimento atual da nossa melhor jurisprudência, em especial do Egrégio Superior Tribunal de Justiça, embora seja o testamento negócio jurídico essencialmente solene, as formalidades ditas essenciais,

---

[8] Art. 1.881 do CC: "Toda pessoa capaz de testar poderá, mediante escrito particular seu, datado e assinado, fazer disposições especiais sobre o seu enterro, sobre esmolas de pouca monta a certas e determinadas pessoas, ou, indeterminadamente, aos pobres de certo lugar, assim como legar móveis, roupas ou joias, de pouco valor, de seu uso pessoal".

[9] NONATO, Orozimbo. *Estudos sobre sucessão testamentária*. Rio de Janeiro: Revista Forense, 1957. v. II. p. 248-249.

atribuídas a cada um dos seus tipos, a serem realizadas sob pena de nulidade, por vezes, não necessitam ser seguidas de modo exacerbado.[10]

Isso porque o testamento deve ser encarado sob o ângulo do sempre lembrado e fundamental princípio da obediência à vontade do testador, já que esse, obviamente, após a abertura da sucessão, não poderá mais se manifestar. Aliás, cabível reafirmar consistir o objetivo maior do testamento em tornar viva a vontade do *de cuius*, cujas determinações, desde que não firam o ordenamento jurídico, devem ser seguidas rigorosamente pelos pósteros.

Nesse passo, a interpretação da disposição de última vontade deve ser feita de forma flexível, procurando-se respeitar ao máximo a última vontade do disponente (art. 1.899 do CC),[11] desde que não comprovada a sua incapacidade para testar (art. 1.860, *caput*, do CC),[12] pois, "não há que dar prevalência a expectativa de outrem ou a interesses do tráfego jurídico face à vontade do testador".

Há, ainda, outra distinção: no contrato, é cediço predominar o sentido usual e comum do lugar em que foi celebrado (art. 435 do CC), enquanto, no negócio jurídico testamentário, prevalece o fator *subjetivo*, sobrelevam as expressões usualmente utilizadas pelo testador no seu dia a dia (na maioria das vezes, leigo em direito), de acordo com as suas circunstâncias pessoais e a abranger os costumes de sua profissão, de seu meio social, da localidade onde escolheu para viver, que devem ser garimpadas dentro do princípio da preservação da obediência à sua vontade, sendo de se colmatar o emprego da literalidade do art. 112 do Código Civil: "Nas declarações de vontade se atenderá mais à intenção nelas consubstanciada do que ao sentido literal da linguagem". Destarte, interpretar testamento é, pois, levar em conta a *verdade real* do testador.

Não podemos nos esquecer também de que o trabalho interpretativo é realizado por outro especialista, o juiz de direito em exercício no juízo orfanológico, mormente quando sabemos que todo testamento deve ser mandado cumprir através de decisão estampada em procedimento de jurisdição voluntária, consoante os termos dos arts. 735 e ss. do Código de Processo Civil, com a indispensável oitiva do órgão do Ministério Público. Observe-se, todavia, que tal decisão pode não encerrar a matéria, pois é sabido que o contexto de fundo da cédula de última vontade pode ser, ainda, objeto de questionamento *a posteriori* (arts. 182, 1.859 e 1.909, parágrafo único, do CC – ação declaratória de nulidade total ou parcial do testamento, ação de decretação de sua anulabilidade total ou parcial ou declaração de sua ineficácia por virtude de revogação

---

[10] P. ex., trazemos: "CIVIL. SUCESSÃO. TESTAMENTO. FORMALIDADES. EXTENSÃO. O testamento é um ato solene que deve submeter-se a numerosas formalidades que não podem ser descuradas ou postergadas, sob pena de nulidade. Mas todas essas formalidades não podem ser consagradas de modo exacerbado, pois a sua exigibilidade deve ser acentuada ou minorada em razão da preservação dos dois valores a que elas se destinam – razão mesma de ser do testamento –, na seguinte ordem de importância: o primeiro, para assegurar a vontade do testador, que já não poderá mais, após o seu falecimento, por óbvio, confirmar a sua vontade ou corrigir distorções, nem explicitar o seu querer que possa ter sido expresso de forma obscura ou confusa; o segundo, para proteger o direito dos herdeiros do testador, sobretudo dos seus filhos. Recurso não conhecido" (STJ, 4ª Turma. REsp nº 302.767. Rel. Min. Cesar Asfor Rocha, j. 5.6.2001).

[11] Art. 1.899 do CC: "Quando a cláusula testamentária for suscetível de interpretações diferentes, prevalecerá a que melhor assegure a observância da vontade do testador".

[12] Art. 1.860 do CC: "Além dos incapazes, não podem testar os que, no ato de fazê-lo, não tiverem pleno discernimento. Parágrafo único. Podem testar os maiores de 16 (dezesseis) anos".

ou caducidade). Em resumo, a interpretação é obra importante de discernimento e experiência, bom senso e boa-fé.[13]

Em lição lapidar, ainda hoje de extrema valia, o imortal Pontes de Miranda reafirma o referido e fundamental preceito na matéria ora sob apreciação:

> A regra jurídica do art. 1.666[14] é interpretativa, mas é inegável que – intervindo questão de conversão ou de evitamento de nulidade – ressalta algo de cogente, porque diz com a validade mesma do disposto. As regras jurídicas interpretativas, são leis, regras positivas, tem conteúdo jurídico positivo. São leis, como as outras. O juiz que deixa de interpretar segundo o art. 1.666 comete infração da lei, como se deixasse de aplicar qualquer outra regra jurídica (F. STEIN, *Das private Wissen des Richter*, 48).

E conclui o saudoso mestre:

> O fato de serem regras interpretativas não lhes tira a substancialidade: são regras de direito material. Determinam efeitos jurídicos, criam direitos materiais: o juiz, aí, mediador aparente, é mero instrumento revelador. Os poderes, que os arts. 85 e 1.666 lhe conferem, são no sentido de revelar o querer. Ora, o querer é o que dá a parte mais material do ato jurídico.[15] [16]

Alguns afirmam que a interpretação do testamento deve fixar-se nos limites do seu conteúdo, não podendo, em regra, o intérprete utilizar-se de outros meios, tais quais cartas, declarações e documentos outros, mesmo porque não representam a real intenção do testador no exato momento da confecção da cédula testamentária, eis que a vontade do ser humano é, essencialmente, ambulatória, mutável. Contudo, é de se agasalhar, em tal seara, a seguinte lição:

> Não se pode perder de vista, além do que acima se disse, que ao fator psíquico da declaração testamentária não falta o elemento afetivo, em torno dela explodindo às vezes paixões e interesses em conflito. Outros subsídios, extraídos das relações pessoais, como de documentação privada, podem concorrer no esclarecimento, quando a análise da manifestação cartular se revela inoperante.[17]

Nessa direção, entre nós, e de modo expresso, encontramos a parte final do art. 1.903 do Código Civil:

> O erro na designação da pessoa do herdeiro, do legatário, ou da coisa legada anula a disposição, salvo se, pelo contexto do testamento, por outros documentos, ou por fatos inequívocos, se puder identificar a pessoa ou coisa a que o testador queria referir-se.

---

13 É de se destacar aqui a regra contida no art. 1.910 do CC, na seguinte direção, a contemplar, ao final, a invalidade testamentária por arrastamento: "A ineficácia de uma disposição testamentária importa as das outras que, sem aquela, não teriam sido determinadas pelo testador".

14 Hoje, art. 1.899 do CC/2002.

15 MIRANDA, Pontes de. *Tratado de direito privado*: parte especial. Rio de Janeiro: Borsoi, 1968. t. LVI. p. 383.

16 Revela, ainda, com acerto, o mestre que os legitimados para promover, discutir e recorrer em matéria testamentária são o testamenteiro, o curador em matéria testamentária, que é órgão do Ministério Público, as partes a que uma das interpretações possa aproveitar, o inventariante em matéria de inventariar e partir, e a Fazenda Pública (MIRANDA, Pontes de. *Tratado de direito privado*: parte especial. Rio de Janeiro: Borsoi, 1968. t. LVI. p. 386).

17 PEREIRA, Caio Mário da Silva. *Instituições de direito civil* – Direito das sucessões. 17. ed. rev. e atual. por Carlos Roberto Barbosa Moreira. Rio de Janeiro: Gen/ Forense, 2009. v. VI. p. 243.

Do exposto, extraímos que o emprego da hermenêutica nas disposições de última vontade deve concentrar-se num só fato: a pesquisa da verdade buscada, procurada pelo disponente por ocasião da feitura da cédula testamentária ou por ocasião da sua modificação.

Por fim e em resumo, apesar de todos os louváveis esforços da nossa melhor doutrina ao estabelecer princípios e revelar aforismos interpretativos, não é possível assegurar que tais fórmulas venham a afastar, do ato de interpretar, falhas e equívocos, mesmo porque, a uma, o disponente pode estabelecer pensamento impenetrável, não cabendo ao intérprete desenvolver uma interpretação construtiva do testamento por virtude das características próprias das disposições de última vontade; a duas, mesmo as regras lógicas arroladas pela doutrina, ao longo dos séculos, nem sempre traduzem a lógica do testador.

3 Das disposições testamentárias em geral

O testador poderá, na feitura do testamento ou do codicilo, realizar uma enorme variedade de cláusulas, disposições ou deixas testamentárias, consoante o disposto nos arts. 1.897 e ss. do Código Civil.[18] Tais disposições testamentárias, porém, devem ser contidas no limite do *lícito*, da *moral* e dos *bons costumes*, sob pena de nulidade da deixa.

Assim, por exemplo, são proibidas as chamadas disposições *captatórias*, a exsurgirem quando o testador deixa toda a sua herança ou parte dela sob a condição de ser aquinhoado no testamento daquele de que pretende se beneficiar, isto é, na base da troca de favores, de feição contratual proibida (o prefalado art. 426 do CC). Tal disposição é nula, nos moldes dos arts. 1.863[19] e 1.900, inc. I, do Código Civil em vigor, por implicar pacto sucessório proibido. Releva defender ainda, para finalizar, que a penalidade para a disposição testamentária suspensiva condicional captatória, embora o nosso legislador não o diga expressamente, tendo em vista a sua gravidade em relação ao objeto, é a nulidade de toda a disposição, nos termos do estatuído no Código Civil lusitano. Assim, lê-se no art. 2.231 do referido diploma: "(Condição captatória). É nula a disposição feita sob condição de que o herdeiro ou legatário faça igualmente em seu testamento alguma disposição a favor do testador ou de outrem". Nesse sentido, prescreve, igualmente, o Código Civil italiano: "Art. 635. Condizione di reciprocità. E' nulla la disposizione a titolo universale o particolare fatta dal testatore a condizione di essere a sua volta avvantaggiato nel testamento dell'erede o del legatario".

A chamada *captação* na sucessão testamentária pode ocorrer também quando as circunstâncias demonstram que o testador não teria manifestado tal disposição de última vontade se houvesse descoberto a intenção *dolosa* ou *culposa* daquele que o influenciou. Nesse patamar, entretanto, é de se ressalvar que, na vida, constantemente, as pessoas procuram, para beneficiar a si ou a terceiros, captar a vontade de uma ou outra pessoa, através de artifícios ou agrados, visando obter a benevolência do captado para conseguir

---

[18] Art. 1.897 do CC: "A nomeação de herdeiro, ou legatário, pode fazer-se *pura* e *simplesmente, sob condição*, para certo fim ou modo, ou por certo motivo" (grifos nossos).

[19] Art. 1.863 do CC: "É proibido o testamento conjuntivo, seja simultâneo, recíproco ou correspectivo".

uma liberalidade, o que nem sempre é proibido ou condenável. Assim, a captação, *por si só*, não é proibida no âmbito do direito das sucessões.[20]

Na hipótese de alguém, p. ex., agir com dolo ou culpa com o intuito de se beneficiar exclusivamente no contexto testamentário, afirmando inverdades sobre outros eventuais beneficiados, a gerar vício do consentimento, a disposição testamentária estará eivada de anulabilidade (art. 171, inc. II, do CC), por virtude de *dolo*, e não de nulidade.

3.1 Disposições testamentárias puras e simples

A primeira parte do art. 1.897 do Código Civil em vigor (art. 1.674 do Código Civil de 1916) dispõe que é possível a feitura de disposições testamentárias com a nomeação *pura* e *simples* de herdeiros e/ou legatários.

Quando o testador com plena capacidade testamentária ativa nomeia alguém como beneficiado, seja como herdeiro, seja como legatário, sem imposição de qualquer cláusula, obrigação, limitação ou modificação, a partir da abertura da sucessão e sendo a herança positiva, as disposições de última vontade produzirão desde logo os efeitos pretendidos pelo disponente (arts. 1.784, 1.857 e parágrafos e 1.923, CC).

Assim, transferir-se-á aos contemplados *ipso facto* o direito sucessório marcado na cédula testamentária, porém tais nomeações, primeiramente, devem estar revestidas de licitude, isto é, os beneficiados devem ter *legitimação passiva* para receber bens por testamento.

Se o contemplado for herdeiro testamentário, através da *saisina (le mort saisit le vif)*, *imediatamente* recolhe, sozinho ou com os demais coerdeiros (composse e condomínio hereditário, art. 1.791 e parágrafo único, CC), a propriedade, a posse, os direitos e as obrigações transmissíveis que pertenciam ao hereditando, nos termos do sempre lembrado art. 1.784 do Código Civil atual.

Tratando-se de legatário, se o legado não condicional suspensivo for de coisa infungível e existente no acervo inventariado, a propriedade desse bem singularizado se transfere para aquele no momento da abertura da sucessão, nos termos do art. 1.923, *caput*, do Estatuto Civil.

Contudo, tratando-se de legado condicional *suspensivo*, o legatário só terá direito ao legado quando e se a condição se operar; tratando-se de coisa fungível, numa deixa pura e simples, haverá o direito ao legado por ocasião da morte do testador, mas a sua titularidade só se opera com a entrega da coisa.

Já quanto à *posse* do bem legado (*res certa*, bem singularizado), é de ser pontuado que, salvo previsão expressa do testador ou mesmo através da iniciativa dos herdeiros ou do encarregado de cumprir o legado, o legatário só será possuidor do bem legado após a homologação ou a decisão de partilha, nos termos do §1º dos arts. 1.923 e 1.924 do mesmo diploma legal, ou, então, caso haja um só herdeiro, por ocasião da sentença de adjudicação, momentos em que o inventário se encontra pacificado. Admite ainda a doutrina, por analogia ao disposto no parágrafo único do art. 647 do CPC atual, seja requerido ao juízo orfanológico, o usufruto antecipado da coisa legada.

---

20 "De fato, a captação em si, não é defeito, nem o direito a poderia condenar, quando jejuna de fraude" (RODRIGUES, Silvio. *Direito civil*: direito das sucessões. 25. ed. atual. por Zeno Veloso. São Paulo: Saraiva, 2002. p. 152).

Todavia, tal disciplina não ocorrerá se, no momento da abertura da sucessão, o legatário já estiver na posse da coisa legada, sob outro título, p. ex., como locatário, comodatário etc., pois, nessa configuração, permanecerá na posse do bem, naturalmente, na qualidade de seu novo titular.

3.2 Disposições condicionais *inter vivos* e *causa mortis*

O mencionado art. 1.897 do CC admite ainda a oposição no testamento de *condição* (cláusula condicional) que, em sentido técnico e estrito, é um elemento declaratório de vontade, expresso através de cláusula acessória inserida livremente nos negócios jurídicos patrimoniais em geral, subordinando seus efeitos de maneira total ou parcial, à verificação de um evento *futuro* e objetivamente *incerto*, sendo cabível tanto nos negócios *inter vivos*, como também nos negócios *mortis causa*, como o testamento e o codicilo, apesar de a sua fundamentação legal ser encontrada especificamente, não no livro do Direito das Sucessões e, sim, na Parte Geral do nosso diploma substantivo civil.

Sob tal ângulo, passamos a discorrer sobre a condição nos atos *inter vivos* e sua aplicabilidade nos negócios jurídicos *causa mortis*.

A *condição*, uma vez aposta nos negócios jurídicos em geral, com base no princípio da autonomia da vontade dos disponentes ou do disponente, por ser uma cláusula inexa e não anexa, provoca incindibilidade entre o negócio e a disposição, formando *um só conjunto*, não sendo possível se dizer sobre a existência de duas declarações em separado. Também é costume denominar condição o próprio evento condicionante.

Já quanto aos sujeitos da situação jurídica condicional, diz-se "que o credor condicional é, na condição suspensiva, aquele que adquirirá o direito; na condição resolutiva, aquele que retomará o seu direito".[21]

De vez que situada no campo da autonomia da vontade, *ab initio*, é de se pontuar que nada impede a subordinação do negócio jurídico a *duas* ou *mais* condições, sendo necessária, então, a realização de todos os eventos para que ocorra a produção dos respectivos efeitos (disposição *conjuntiva*), como exemplo: "Dar-te-ei minha casa se Patrícia passar no concurso do Ministério Público e Letícia no concurso para a Defensoria Pública".

A disposição condicional, no entanto, poderá ser *disjuntiva*, quando o disponente menciona *dois ou mais eventos futuros e incertos* alternativamente, bastando que um deles venha a ocorrer: "A minha casa de Angra será sua se te formares engenheiro ou se vieres a correr a próxima maratona do Rio de Janeiro antes de chegares aos 35 anos".

Da leitura do art. 121 do Código Civil,[22] é possível observar que a condição possui algumas características ou pressupostos. São características da condição: (i) a voluntariedade; (ii) a incerteza; (iii) a futuridade; e (iv) a possibilidade, ressalvando-se que ela não se presume (*conditio non praesumitur*), devendo estar expressa, de forma inequívoca, tendo em vista que, na *dúvida*, entender-se-á *puro* e *simples* o negócio jurídico. Passemos à análise de cada uma das características.

---

21 VENCELAU, Rose Melo. O negócio jurídico e suas modalidades. *In*: TEPEDINO, Gustavo (Coord.). *A parte geral do novo Código Civil*: estudos na perspectiva civil-constitucional. Rio de Janeiro: Renovar, [s.d.]. p. 210.

22 Art. 121 do CC: "Considera-se condição a cláusula que, derivando exclusivamente da vontade das partes, subordina o efeito do negócio jurídico a evento futuro e incerto".

A condição, assim como os demais elementos acidentais do negócio jurídico, é uma cláusula que decorre da vontade efetiva e exclusiva da(s) parte(s) envolvidas no negócio, como ocorre nos contratos em geral (negócios bilaterais), no testamento, no codicilo ou na declaração unilateral de vontade (negócios unilaterais), derivada do poder de autorregulamentação dos interesses, em especial, privados, restringindo o alcance do pactuado ou assinalado.

Em alguns casos, *não* se admite a condição, estando vedada expressa ou implicitamente, já que a importância social de tais assuntos, a envolverem inclusive o estado civil das pessoas, os torna insuscetíveis de incerteza por sua própria natureza.

A mero título de ilustração, trazemos à baila alguns atos ou negócios insuscetíveis de oposição de condição: no casamento (art. 1.511 do CC), na emancipação voluntária (art. 5º, parágrafo único, inc. I, 1ª parte, do CC), na adoção (arts. 1.623 e ss. do CC), no reconhecimento de filiação (arts. 1.609 e 1.613 do CC), na *aceitação* e *renúncia* da *herança* (art. 1.808 do CC), na revogação de procuração judicial (art. 692 do CC), nas obrigações alternativas (art. 252 do CC), nos negócios relacionados ao direito da personalidade (arts. 1º, inc. III, 5º, incs. V e X, e §2º, da CRFB, e arts. 11 e ss. do CC) e naqueles envolvendo a legítima dos herdeiros necessários (art. 1.845 do CC). Cumpre assinalar que os títulos cambiais (art. 890, parte final), até mesmo por sua abstração, são insuscetíveis de condição, porém podem submeter-se a termo.[23]

Entretanto, caso haja condição inserida nesses atos ou negócios incondicionáveis (puros), em princípio, parece-nos devam ser estes considerados válidos, salvo disposição legal em contrário, até por força do princípio do aproveitamento dos atos jurídicos em geral, implícito nos arts. 170 e 184 do Código Civil atual, entendido o *elemento acidental* em questão como não escrito.[24]

Registrem-se respeitáveis opiniões em contrário, no sentido de que, em sendo introduzida cláusula condicional a tais atos, a regra será a nulidade de todo o ato[25] ou a desconsideração da cláusula, reputando-a como não escrita, a ocorrer nos atos relacionados ao direito da personalidade, ao reconhecimento de filiação, ao pacto antenupcial, à quota legitimária e ao poder familiar.

No direito brasileiro, se o evento previsto no negócio for *passado* ou *presente*, não se pode falar em condição, sendo considerado o negócio puro e simples e a cláusula como não escrita, já que a futuridade do evento é essencial para sua caracterização (*conditio in praeteritum vel in praesens collata*).

Assim, por exemplo, na declaração "Comprometo-me a adquirir o quadro pintado por Patrícia representando uma paisagem rural, se ele tiver sido aceito na Exposição Internacional de Paris ocorrida no mês passado", é irrelevante se o quadro foi aceito ou não na exposição, uma vez que, não chegando a ocorrer o período de pendência, é de se considerar a restrição como não aposta, e entendida a manifestação de vontade negocial como pura e simples, isto é, *incondicionada*.

---

23 VELOSO, Zeno. *Condição, termo e encargo*. São Paulo: Malheiros, 1997. p. 15-16, e AMARAL, Francisco. *Direito civil*: introdução. 5. ed. Rio de Janeiro: Renovar, 2003. p. 455.

24 No mesmo sentido, AMARAL, Francisco. *Direito civil*: introdução. 5. ed. Rio de Janeiro: Renovar, 2003. p. 456, excepcionando, porém, o casamento e a adoção que, acaso condicionados, até por sua própria natureza, restariam totalmente nulos.

25 ANDRADE, Manoel A. Domingues. *Teoria geral da relação jurídica*. Coimbra: Coimbra Editora, 1987. v. II. p. 365.

É requisito essencial do negócio subordinado à condição a *incerteza* do *acontecimento* futuro, objetivamente verificada, mesmo porque, se o acontecimento for certo, não haverá condição, e sim termo. Dessa forma, as denominadas condições *impróprias*, por fazerem referência a acontecimentos passados e presentes, não são condições, por faltar-lhes a incerteza.

A despeito de a subordinação dos efeitos de um negócio à morte de alguém ser considerada um termo, já que se trata de um acontecimento futuro e certo, tal evento poderá ser interpretado como condição, se as partes subordinarem os efeitos de determinado negócio ao tempo em que poderá ocorrer a morte. Por exemplo, se restar pactuado que Rodrigo dará em comodato seu apartamento para Renato se sua esposa vier a falecer até o fim de 2005, sabemos que a esposa do estipulante um dia morrerá, mas a estipulação contém limitação no elemento temporal, no sentido de que o falecimento deva ocorrer até o fim do ano, traduzindo-se, para a melhor doutrina, num evento futuro e incerto.

As condições devem ser *possíveis*. Havendo a certeza quanto à *impossibilidade* do acontecimento futuro, *não* haverá condição, pois ausente a incerteza. Veremos, adiante, as consequências da aposição de condições físicas e juridicamente impossíveis na designação de herdeiro testamentário e legatário.

3.3 Condições suspensivas e condições resolutivas

As condições classificam-se, quanto à produção dos efeitos ou modo de atuação, em *suspensivas* (art. 125 do CC) e *resolutivas* (arts. 127 e 128 do CC).

Condição *suspensiva* é aquela em que os efeitos do negócio jurídico estão *suspensos* até o implemento da condição, normalmente identificando-se com as expressões "se" e "desde que", tratando-se, portanto, de uma cláusula que subordina os efeitos do negócio jurídico à ocorrência de um evento futuro e incerto. Dessa forma, enquanto não ocorrer esse evento (fase de pendência ou incerteza), o negócio condicional será ineficaz (ineficácia em sentido estrito), ou seja, presentes os pressupostos legais e doutrinários, o negócio jurídico existirá e será válido ao nascer, porém ainda não estará produzindo completamente os efeitos pretendidos, porquanto inexigível a obrigação pactuada, dependente que é de um evento futuro e incerto.

Estaremos diante de uma condição *suspensiva*, se Lúcia se obrigar a transferir seu apartamento no Rio de Janeiro a Gisele se esta for aprovada no concurso para o Ministério Público, ou quando Pedro, empresário, doar para Samantha, professora de línguas, sua casa de Itaipava – Petrópolis, RJ, desde que esta lecione um curso completo de inglês a membros de determinada comunidade carente.

Assim, na condição *suspensiva*, em regra, o destinatário do direito condicional, quando da celebração do negócio, na denominada fase de incerteza ou espera (*pendet conditio*) e antes do implemento da condição (*impleta conditio*), tem apenas expectativa qualificada ou direito expectativo (para alguns, um direito eventual ou simples expectativa de direito).[26]

---

[26] PEREIRA, Caio Mário da Silva. *Instituições de direito civil* – Direito das sucessões. 17. ed. rev. e atual. por Carlos Roberto Barbosa Moreira. Rio de Janeiro: Gen/ Forense, 2009. v. VI. p. 564, e PINTO, Carlos Alberto da Mota. *Teoria geral do direito civil*. 3. ed. Coimbra: Coimbra Editora, 1990. p. 568-569.

Enquanto não houver ocorrido o evento condicional, o contemplado com o direito condicional não adquirirá, na sua inteireza, o direito pretendido, podendo apenas realizar atos ou ações com o intuito de conservá-lo (art. 130 do Código Civil). Em tal direção proclama o art. 125 do mesmo diploma,[27] que não se terá adquirido o direito enquanto não se verificar o evento futuro e incerto.

Nessa senda, somente com o preenchimento da condição (na fase da consolidação, em que o direito *condicional* se transforma em direito *puro*), o direito estará formado, concluído, incorporando-se definitivamente ao patrimônio do titular, desde a origem (*ab origine*), como se este fosse, sempre, puro e simples.[28]

Pode acontecer, todavia, alternativamente, a denominada condição falha, ou seja, a frustração ou não verificação do evento condicional, quando este não se suceder no prazo estabelecido, ou quando se obtiver a certeza de que não ocorrerá (*deficit conditio*). Em tal situação, não se produzirão os efeitos definitivos pretendidos, desaparecendo os efeitos provisórios ocorridos *medio tempore*.[29]

É sempre importante assinalar que a nossa melhor doutrina distingue a simples *expectativa* de direito do direito *expectativo* e do direito *expectado*, nos seguintes termos:

> É erro gravíssimo, de danosas consequências, baralhar o direito expectativo com a expectativa de direito. A expectativa de direito refere-se a um fato jurídico que ainda não ocorreu e que, se ocorrer, produzirá o efeito esperado. A expectativa é situação apenas fática, sem significação no mundo jurídico. O direito expectativo é a irradiação de efeito de negócio jurídico que já existe, pelo menos emanação de algum efeito, de efeitos mínimos, embora a aquisição do direito principal, a que visa o negócio jurídico a que ele se refere, esteja na dependência de ocorrer o evento futuro e incerto. No livro acima citado, em que desenvolvi o assunto, exemplifiquei: o filho cujo pai ainda vive tem mera expectativa de direito de vir a ser herdeiro deste; já o filho a quem o pai doou um bem, sob a condição (suspensiva) de tirar o primeiro lugar no curso, não tem simples expectativa de direito, mas é titular de um direito expectativo. O titular do direito expectativo é pré-titular de um direito expectado, tem um direito a adquirir direito, como expõe genialmente Pontes de Miranda (*Tratado de Direito Privado*, cit., t. V, 577, p. 286).[30]

Condição resolutiva, por sua vez, é aquela em que, no momento da celebração do negócio, já há a transferência imediata do direito objeto da declaração (direito adquirido), porém seus efeitos cessarão se e quando ocorrer o evento futuro e incerto.

Assim, pode-se afirmar que, na condição resolutiva, o negócio nasce produzindo seus efeitos até a verificação da condição, momento em que o negócio estará resolvido (cessação dos efeitos negociais), extinguindo-se a sua eficácia para o devedor condicional.

Nas condições resolutivas, normalmente, são utilizadas as expressões "até", "enquanto" ou "quando". Vejamos o exemplo: "Doo meu imóvel situado nesta cidade a Marcelo, enquanto ele estiver cursando a faculdade de Medicina".

Destarte, nesta última hipótese, Marcelo terá a propriedade resolúvel e restrita do bem, adquirindo-a, porém, desde o momento do registro da doação (arts. 1.245 e 1.359 do

27 Art. 125 do CC: "Subordinando-se a eficácia do negócio jurídico à condição suspensiva, enquanto esta se não verificar, não se terá adquirido o direito, a que ele visa".

28 VELOSO, Zeno. *Condição, termo e encargo*. São Paulo: Malheiros, 1997. p. 51.

29 PINTO, Carlos Alberto da Mota. *Teoria geral do direito civil*. 3. ed. Coimbra: Coimbra Editora, 1990. p. 571.

30 VELOSO, Zeno. *Comentários à Lei de Introdução ao Código Civil*: art. 1º ao 6º. Belém: Unama, 2005. p. 107.

CC). Todavia, quando obtiver o diploma do curso superior em questão, a propriedade para ele se extinguirá, retornando plenamente ao doador (ou aos sucessores deste, em caso de falecimento).

Outro exemplo: "Empresto-lhe gratuitamente meu automóvel até minha mulher encerrar seus estudos no exterior e retornar ao Brasil". Em tal caso, estará celebrado o contrato de empréstimo com a entrega da coisa (art. 587 do CC), podendo o mutuário utilizar-se do veículo desde logo, até o retorno da esposa do mutuante do exterior, quando terá o dever de devolvê-lo.

Na condição *resolutiva*, o titular do direito condicional pode exercitá-lo livremente, inclusive aliená-lo a terceiro, a título gratuito ou oneroso. Porém, o terceiro também ficará sujeito ao efeito resolutivo da sua eventual verificação, devendo, igualmente, observar o estado de pendência ou incerteza (*pendet conditio*) e os estados de implemento ou verificação (*impleta conditio*) ou de frustração ou não verificação (*deficit conditio*).

Tal condição, portanto, encontra-se em estado de *pendência* enquanto não se verificar a ocorrência do evento futuro e incerto. Contudo, ao contrário da condição *suspensiva*, observa-se que, enquanto não implementada a condição resolutiva, poderá o titular do direito exercitá-lo livremente, realizando atos de disposição e atos de administração, posto que já incorporado ao seu patrimônio (art. 127 do CC).

Por sua vez, verifica-se o implemento da condição se o evento futuro e incerto vem a se realizar. Nesse caso, o negócio jurídico sob condição resolutiva se desfaz, é destruído, como se nunca tivesse sido externado, ao menos em relação aos eventuais atos de disposição praticados pelo sucessor resolúvel (arts. 1.359 e 128 do CC).[31]

É de se ressaltar que se opera o estado de frustração ou malogro quando, por qualquer motivo, o evento condicional não mais puder ocorrer, estendendo-se ao negócio jurídico a ele subordinado como se fosse puro e simples desde a origem, consolidada em definitivo a situação jurídica do credor *sub conditione*.[32]

É cediço que, assim como qualquer outro negócio jurídico subordinado a uma condição, as disposições testamentárias também não fogem à regra segundo a qual pode ser subordinada a nomeação de herdeiro ou de legatário a uma condição suspensiva ou a uma condição resolutiva, conforme passamos a examinar.

Declara o art. 1.897 do Código Civil em vigor, posto já mencionado, ser possível a chamada designação testamentária condicional, que submete a eficácia da disposição de última vontade a um evento futuro e incerto, já que condição, em sentido técnico e restrito, como já apontado, é a cláusula inexa voluntariamente oposta, que subordina os efeitos do negócio jurídico a um evento futuro e incerto.

Lembramos que só será considerada condição (condição voluntária) a disposição futura e incerta que derivar exclusivamente da vontade do disponente. Se o evento futuro

---

[31] Art. 1.359 do CC: "Resolvida a propriedade pelo implemento da condição ou pelo advento do termo, entendem-se também resolvidos os direitos reais concedidos na sua pendência, e o proprietário, em cujo favor se opera a resolução, pode reivindicar a coisa do poder de quem a possua ou detenha". Art. 128 do CC: "Sobrevindo a condição resolutiva, extingue-se, para todos os efeitos, o direito a que ela se opõe; mas, se aposta a um negócio de execução continuada ou periódica, a sua realização, salvo disposição em contrário, não tem eficácia quanto aos atos já praticados, desde que compatíveis com a natureza da condição pendente e conforme aos ditames de boa-fé".

[32] PINTO, Carlos Alberto da Mota. *Teoria geral do direito civil*. 3. ed. Coimbra: Coimbra Editora, 1990. p. 572.

e incerto subordinante for derivado da própria lei, não haverá condição voluntária, e sim condição legal (*conditio iuris*), e a cláusula será considerada pura e simples, conforme dispõem o art. 117 do Código Civil de 1916 e o art. 121 do atual diploma legal.

Destarte, são exemplos de *conditio iuris* no campo do *direito sucessório* as seguintes disposições testamentárias: "Deixo um terço de meus bens para meu filho Antônio se ele for meu herdeiro legal"; "Deixo para José dois terços dos meus bens se ele tiver legitimação passiva para receber herança".

De início, em matéria de evento condicional *causa mortis*, pensamos que a lei a ser aplicada, quanto à licitude ou ilicitude, possibilidade ou impossibilidade da disposição testamentária, há de ser aferida ao tempo da *morte do disponente*, e *não* no *momento da lavratura do testamento*, aplicando-se, aqui, segundo Washington de Barros Monteiro,[33] a regra catoniana do direito sucessório romano.

Colhe-se, porém, na seara da apuração da *capacidade testamentária passiva* dos designados, isto é, na *falta* de *legitimação* para receber *herança* ou *legado*, que, se a disposição estiver subordinada à condição, *suspensiva* ou *resolutiva*, pensamos, na esteira do mesmo autor, deva ser aplicada a lei em vigor no momento do implemento da condição, *verbis*:

> No direito pré-codificado, sustentou GOUVEIA PINTO, secundado por TEIXEIRA DE FREITAS, que a capacidade para suceder por testamento deveria existir no momento em que se redigisse o testamento e no da morte do testador. Mas o Código Civil, perfilhando orientação mais generalizada, só exigiu a capacidade sucessória no instante que se abrisse a sucessão e aos herdeiros se deferisse a herança. Se porventura se subordina a instituição a alguma condição, suspensiva ou resolutiva, só por ocasião de seu implemento se apreciará a dita capacidade. A lei então em vigor regulará a sucessão.[34]

Como bem ainda ressalta alentada doutrina, apenas as disposições testamentárias são passíveis de condição, e não o testamento como um todo:

> Note-se bem: não é o testamento, como negócio jurídico, ou o ato testamentário, como um todo, que pode ser submetido a condições, a alguma causa ou a certo motivo. O testamento, no seu conjunto, não é vinculável a condições ou motivos de testar, e se aparecem alguns, não tem efeito jurídico.[35]

Faz-se importante esclarecer que, segundo exposição doutrinária *majoritária*, há importante diferença entre a condição suspensiva *inter vivos* e a condição *causa mortis*.

Quando a condição *suspensiva* tiver sido inserida como elemento subordinante de um evento *inter vivos*, já vimos que, a partir da realização do negócio jurídico condicional, o beneficiário da condição já tem direito eventual ou expectativo.

Nesse particular, o *beneficiário* de tal condição, embora ainda não seja titular de direito adquirido, tendo mero *direito expectativo*, poderá, no entanto, praticar atos

---

33 MONTEIRO, Washington de Barros. *Curso de direito civil*: direito das sucessões. 35. ed. Atualização de Ana Cristina Monteiro de Barros França Pinto. São Paulo: Saraiva, 2003. p. 161 *apud* NONATO, Orozimbo. *Estudos sobre sucessão testamentária*. Rio de Janeiro: Revista Forense, 1957. v. II.

34 MONTEIRO, Washington de Barros. *Curso de direito civil*: direito das sucessões. 35. ed. Atualização de Ana Cristina Monteiro de Barros França Pinto. São Paulo: Saraiva, 2003. p. 161 *apud* NONATO, Orozimbo. *Estudos sobre sucessão testamentária*. Rio de Janeiro: Revista Forense, 1957. v. II. p. 20.

35 VELOSO, Zeno. *Comentários ao Código Civil*: parte especial, direito das sucessões, da sucessão testamentária, do inventário e da partilha. São Paulo: Saraiva, 2003. v. 6. p. 191.

conservatórios a ele relacionados, como exemplo, notificações, interpelações, atos de interrupção de prescrição extintiva ou aquisitiva (art. 130 do CC/2002) e, até mesmo, ceder seu *direito expectativo* a título gratuito ou oneroso a terceiros.

Nessa trilha, salvo se houver a aludida cessão, numa disposição condicional *inter vivos*, como exemplo, numa doação sob condição suspensiva, se o donatário vier a falecer, o direito eventual de que era titular (direito expectativo) será, desde logo, transmitido a seus sucessores.

Sob *outra* perspectiva, segundo a posição preferida pelos especialistas, a cuja opinião aderimos, as obrigações condicionais *suspensivas causa mortis caducam*, isto é, caem por terra, se extinguem, perdem sua eficácia, se o beneficiado (herdeiro ou legatário) vier a falecer antes do implemento delas, não sendo transmitidas aos sucessores desse beneficiado.[36]

Isto porque, em verdade, o herdeiro ou legatário *condicional suspensivo* não era ainda *titular* nem mesmo de *direito eventual* ou *expectativo*, mesmo porque não era intenção do testador transferir algo a favor dos sucessores do contemplado, pois, se o quisesse, teria previsto tal conjuntura através de *substituição testamentária* expressamente referida na respectiva cédula (art. 1.947 e ss. do CC).

Assim, efetivamente havendo disposição *testamentária* sob *condição suspensiva*, enquanto não houver o seu implemento ou a sua frustração, os bens ligados a essa condição continuarão na posse dos demais herdeiros, sendo possível, porém, que o designado possa exigir desses uma garantia pessoal ou real de que tais bens serão entregues em perfeitas condições no futuro se vier a ocorrer o implemento da condição, salvo se essa formalidade for dispensada pelo testador.

Acontecendo o evento futuro e incerto, ou seja, a verificação da condição, essa produzirá efeitos *ex tunc* (retroativamente), considerando-se existente o direito do herdeiro ou legatário desde a abertura da sucessão, sendo possível ao beneficiado exigir os frutos que a coisa produziu.

Porém, frustrada a condição, ou seja, se não mais puder ser realizada, e não havendo *substituto* designado pelo testador, os bens correspondentes serão entregues de maneira

---

[36] OLIVEIRA, Itabaiana de. *Tratado de direito das sucessões*. São Paulo: Max Limonad, 1952. v. II. p. 487, p. ex., mensura o seguinte: "Portanto, subordinando-se a eficácia do ato à condição suspensiva, enquanto essa não se verificar, não se terá adquirido o direito a que ele visa. Por isso, a instituição e o legado condicionais somente gozam de eficácia jurídica depois do implemento da condição. Consequentemente, se o herdeiro, ou o legatário, falecer antes da condição se verificar, caduca a disposição, não se transmitindo direito algum aos sucessores do beneficiado, porque este ainda não o havia adquirido". No mesmo caminho temos BEVILÁQUA, Clóvis. *Direito das sucessões*: edição histórica. Rio de Janeiro: Editora Rio, 1978. p. 258, bem como Zeno Veloso, na sua pequena e sempre destacada obra-prima (pequena apenas em tamanho...), *Condição, termo e encargo* (São Paulo: Malheiros, 1997. p. 51), citando, em apoio, os termos do Código Civil português, art. 2.317, "b": "(Casos de caducidade) As disposições testamentárias, quer se trate da instituição de herdeiro, quer da nomeação de legatário, caducam, além de outros casos: [...] b) Se a instituição ou nomeação estiver dependente de condição suspensiva e o sucessor falecer antes de a condição se verificar". Todavia, minoritariamente, não pensa da mesma maneira SANTOS, J. M. de Carvalho. *Código Civil brasileiro comentado*. 5. ed. Rio de Janeiro/São Paulo: Livraria Freitas Bastos, 1953. v. XXIII. p. 434, ancorado em MIRANDA, Pontes de. *Tratado de direito privado*: parte especial. Rio de Janeiro: Borsoi, 1968. t. LVI, *verbis*: "A condição que suspenda a execução do legado não impede que o legatário tenha um direito adquirido, transmissível, por isso mesmo, aos próprios herdeiros. A respeito dessa questão, convém ouvir o sábio ensinamento de Pontes de Miranda: 'Somente quando a condição é suspensiva e toca à própria instituição é que se pode falar da inerdabilidade do direito do herdeiro. Se o direito a que visa a condição suspensiva não é a instituição de herdeiro, nem a qualidade do legatário, a herdabilidade é a regra, porque há um direito, uma posição jurídica perfeitamente atendível, que entrou no patrimônio do herdeiro".

definitiva aos herdeiros legais ou legítimos daquele, em consequência do princípio da sobra, insculpido no art. 1.788 do Código Civil em vigor.

Não constitui demasia esclarecer que, em concreto, é possível que haja malícia, má-fé, por parte de alguém que não tenha interesse no implemento da disposição testamentária condicional e, dolosamente, impeça esse implemento.

Como exemplo clássico, a cláusula em que o testador concede uma herança ou um legado a determinada pessoa se ela continuar trabalhando para a sua família e, imotivadamente, o cônjuge sobrevivente o despeça.

Nessa hipótese, em qualquer tipo de condição, mesmo na condição resolutiva, abordada mais adiante, aplica-se o hoje disposto no art. 129 do Código Civil[37] atual, ao advertir ser considerada implementada a condição, quando alguém maliciosamente impedir a ocorrência do evento futuro e incerto.

Nos moldes da segunda parte do mesmo art. 129, considera-se não implementada a condição quando houver malícia do próprio beneficiário da disposição a provocar sua verificação.

Vagando nessas águas, temos o conhecido exemplo segundo o qual um testador abastado afirma que deixa toda a sua quota disponível para o seu amigo Alfredo, caso venha a chover até três dias a partir do seu falecimento.

Destarte, se aberta a sucessão sem a incidência da chuva e, no terceiro dia, em "céu de brigadeiro", o herdeiro condicional contratar um piloto para que, a bordo de seu avião, coloque produto químico nas nuvens, e, assim, venha a provocar chuva antes da meia-noite, comprovadas as circunstâncias de tal evento, não se considera implementada a condição, e o designado nada receberá.

É possível também haver, embora em hipótese mais rara, testamento ou cláusula testamentária em que o testador indique herdeiro ou legatário sob condição resolutiva, nos moldes dos arts. 127 e 128 do Código Civil em vigor e do art. 119 do Código Civil de 1916.

Na condição resolutiva (art. 128 do CC), reitera-se, ao reverso da condição suspensiva, que o direito condicional se adquire desde logo e, tratando-se de sucessão testamentária, o direito sucessório, seja universal ou singular, é desde logo adquirido por ocasião do falecimento do autor da herança. Porém, a continuidade da eficácia negocial *mortis causa* para o vocacionado fica subordinada à ocorrência do evento condicional: se a condição vier a se implementar, seus efeitos terminam, tanto para o herdeiro, quanto para o legatário.

Por força da segunda parte da norma reproduzida – art. 128 do CC –, exsurge vibrante exposição doutrinária: "A condição resolutiva não impede a constituição da relação jurídica, mas opera sua extinção se vem a efetivar-se. Desta sorte, o herdeiro ou o legatário perderá a coisa, em se dando o implemento da condição. Em alguns sistemas jurídicos, somente os legados a comportam".[38] Em tais termos, efetivamente ocorrendo evento condicional, implementada, assim, a condição resolutiva, o direito daquele que foi

[37] Art. 129 do CC: "Reputa-se verificada, quanto aos efeitos jurídicos, a condição cujo implemento for maliciosamente obstado pela parte a quem desfavorecer, considerando-se, ao contrário, não verificada a condição maliciosamente levada a efeito por aquele a quem aproveita o seu implemento".

[38] PEREIRA, Caio Mário da Silva. *Instituições de direito civil* – Direito das sucessões. 17. ed. rev. e atual. por Carlos Roberto Barbosa Moreira. Rio de Janeiro: Gen/ Forense, 2009. v. VI. p. 237.

contemplado de início se resolve, se extingue, e, portanto, se o testador havia nomeado substituto (art. 1.947 do CC), esse será beneficiado, ou, então, recolherão a herança ou o legado a partir da resolução os herdeiros legais ou legítimos (art. 1.788 do CC).[39]

Exemplificando: "Deixo para José a parte disponível da minha herança até que Antônio venha a se casar". Do que acaba de ser exposto, resulta que, se o testamento for válido, a herança sob condição resolutiva a favor de José adquire-se no momento da abertura da sucessão do testador, porém se extingue caso ocorra o implemento da condição (com o casamento de Antônio) e, à falta de substituto nomeado, reverter-se-á a favor dos sucessores legais do *de cuius*.

É de se destacar que os efeitos do implemento da condição resolutiva são *ex nunc*, isto é, *para frente*, quanto aos atos de administração e os frutos da herança ou do legado, não cabendo ao herdeiro ou ao legatário condicional, uma vez operada a resolução, entregar ao novo adquirente os frutos que o objeto do legado produziu *medio tempore*, mesmo porque era titular da propriedade, embora resolúvel, em todos os seus poderes (uso, gozo e fruição), sendo a limitação apenas temporal, na modelação da segunda parte do art. 128 do Código Civil.

Registre-se, entretanto, que a primeira parte do mesmo art. 128 do Código Civil estabelece que, sobrevindo a condição resolutiva, extingue-se para todos os efeitos o direito a que ela se opõe. Nessa circunstância, faz-se possível se operar para trás, sendo *ex tunc* os efeitos da resolução.

Em tal dimensão, se bens que compõem a herança ou o legado, antes do implemento da condição, forem totalmente alienados a terceiros, estiverem gravados de direito real de garantia ou outro direito real menor, haverá incompatibilidade com o agora novo direito do proprietário puro (o beneficiado com a resolução), perdendo o eventual adquirente ou os contemplados com os direitos reais menores a titularidade que anteriormente obtiveram (art. 1.359 do CC).

Com efeito, ao contrário, se houver a *frustração* da condição (isto é, se caracterizar-se o seu não implemento, ainda no nosso exemplo, pela morte de Antônio sem que este tenha contraído bodas), a propriedade resolúvel do herdeiro (ou na hipótese, do legatário beneficiado), à falta de substituto nomeado, passa a ser propriedade irrestrita daquele, isto é, não mais sujeita à extinção.

3.4 Condições positivas e negativas

As condições classificam-se quanto à forma pela qual se exteriorizam, em *positivas* e *negativas*. As condições positivas são aquelas que têm o objetivo de alterar o estado atual das coisas, tendo por objeto um fato ao qual se vincula a manifestação de vontade, enquanto as condições negativas são aquelas que não visam a tal modificação (a não verificação de determinado evento). Nesse diapasão, temos, como condição positiva, a proposição que se segue: "Francisco será dono de meu imóvel situado no bairro da Gávea, no Rio de Janeiro, se vier a aprender a língua inglesa de maneira fluente"; e

[39] Na hipótese de substituição fideicomissária (art. 1.951 e ss.), aberta a sucessão com a morte do testador fideicomitente, a herança ou o legado vão ao fiduciário sob condição resolutiva e ao fideicomissário sob condição suspensiva, aguardando-se o implemento do evento resolutivo (que poderá ocorrer ou não), para que haja a reversão dos bens a favor do fideicomissário.

como condição negativa: "Francisco será dono de meu imóvel situado em Angra dos Reis, RJ, se jamais for à Índia".

Na última hipótese, estaremos diante de uma condição *potestativa negativa*. O melhor escólio pondera que o direito condicional suspensivo negativo sem limitação temporal somente poderá será adquirido por ocasião da morte daquele cuja vontade dependesse. Com o objetivo de resolver o impasse, de molde a viabilizar o direito do credor condicional, conta-nos o pranteado Ministro José Carlos Moreira Alves, a respeito da origem histórica da denominada *caução muciana*, em lição ainda em nossos dias perfeitamente aplicável, seja nos negócios jurídicos *inter vivos*, seja nos negócios jurídicos *causa mortis*. Assim:

> Para obviar esse inconveniente o jurista Quinto Múcio Cévola concebeu o seguinte meio, quando se tratasse de legado: o legatário, de cuja vontade dependia a não realização da condição potestativa negativa, adquiria de imediato o legado, desde que prometesse, sob caução (*cautio muciana*), ao herdeiro, restituí-lo, caso infringisse a condição. No direito clássico, essa cautio só era utilizada em relação ao legado; Justiniano estendeu a sua aplicação à instituição de herdeiro.[40]

Em tais termos, p. ex., Francisco prestará a suficiente caução real ou fidejussória, a título de garantia, de que jamais irá à Índia e adquirirá, desde logo, o direito de propriedade sobre tal bem.

No escólio do imortal Savigny, citado por Orlando Gomes, verificam-se as condições negativas por diferentes modos: "(a) se limitadas a tempo determinado, verifica-se logo se vença o prazo sem que o evento se realize; (b) quando morre a pessoa favorecida, sem se ter realizado o ato que se lhe havia proibido".[41]

3.5 Condições lícitas e condições ilícitas

De acordo com o art. 122 do novo Código Civil, as condições podem classificar-se, quanto à liceidade, em condições lícitas (arts. 122, 1ª parte, e 123, inc. II) e ilícitas (art. 122, 2ª parte, a *contrario sensu*, do CC).

Condições lícitas, em geral ou em sentido amplo são aquelas permitidas pelo ordenamento jurídico, ou seja, além de não ofenderem expressamente princípios imperativos e gerais de direito, não ofendem, expressa ou implicitamente, a lei, a ordem pública, a moral ou os bons costumes.

Por outro lado, através de uma interpretação, a *contrario sensu*, do art. 122, 2ª parte, do Código Civil, chega-se à conclusão de que as condições ilícitas são aquelas contrárias ao direito, por ofenderem, ainda que implicitamente, os princípios constitucionais, em especial o relacionado à proteção da dignidade da pessoa humana (art. 1º, inc. III, da CRFB), a lei em geral, a ordem pública, os princípios gerais de direito, a moral e os bons costumes.

---

40 ALVES, José Carlos Moreira. *Direito romano*. 13. ed. Rio de Janeiro: Forense, 2002. v. I. p. 164.

41 GOMES, Orlando. *Introdução ao direito civil*. 11. ed. Atualização de Humberto Theodoro Júnior. Rio de Janeiro: Forense, 1995. p. 393.

Via de consequência, determina o art. 123, inc. II, do Código Civil que os negócios jurídicos subordinados às condições ilícitas são *nulos*, ou seja, embora existentes, são considerados totalmente inválidos.

Destarte, será *nula* a disposição que institua herdeiro ou legatário sob a condição captatória de que esse disponha, também por testamento, em benefício do testador, ou de terceiros, por implicar pacto sucessório proibido, violando o princípio imperativo concernente ao respeito à vontade livre do testador.

Do mesmo modo, será ilícita a condição de "jamais contrair matrimônio", bem como a condição em que alguém se compromete a transferir a outrem certa quantia em dinheiro se este último matar desafeto do primeiro, por violação da livre escolha familiar e grave incentivo à ofensa do sagrado direito à vida, respectivamente.

Costuma-se dizer que são ilícitas as condições que restringem de forma absoluta determinados direitos individuais. Por exemplo, no campo sucessório, se o testador condicionar a entrega do bem legado à condição de o donatário "deixar de trabalhar pelo resto da vida" ou "mudar de religião", estaremos diante de uma condição ilícita.

Porém, se a restrição não for *absoluta*, isto é, se não afetar inteiramente a liberdade da pessoa a quem se dirige, havendo apenas limitação relativa (ex.: não trabalhar em determinada atividade ou não casar com determinada pessoa), muitos proclamam que, por tal motivo, a condição será válida.

Indaga-se, na doutrina e na jurisprudência, se é lícita a cláusula em que o marido, por testamento, ao contemplar sua esposa, a proíba de casar novamente. Há quem entenda que, se o marido quer que sua mulher permaneça viúva por motivos altruístas, de modo a permitir que ela se dedique exclusivamente à criação de seus filhos, a condição valerá. Se a motivação, no entanto, for gerada apenas por ciúmes, a condição, tendo em vista o sentimento marcadamente egoísta, não valerá.

Alguns sustentam ser válida a condição negativa de a viúva não se casar com pessoa determinada ou durante certo período, pois haveria, aqui, mera restrição relativa. No entanto, registrem-se manifestações no sentido de que tal condição permanece inválida, por violar o princípio da dignidade da pessoa humana, previsto na Constituição da República (art. 1º, inc. III).

Instigante questão se apresenta quando alguém dispõe a favor de seu cônjuge ou companheiro e, no momento da morte do disponente, o favorecido não mais ostenta o *status* de parceiro familiar do outro. Entendemos que, se na redação do ato de última vontade estiverem presentes as expressões "se" e "desde que", haverá indicativo de tratar-se de deixa condicional *suspensiva* e, assim, mesmo que não haja mais o mencionado *status* no momento em que o testamento passar a produzir seus efeitos (decesso do testador), haverá *frustação* da condição e, na falta de substituto testamentário, o referido quinhão passará para os sucessores daquele (art. 1.798 do CC, princípio da sobra). Se, no entanto, a deixa for *pura* e *simples*, incondicionada, em atenção ao antes referido *princípio* da *obediência* à *vontade* do *testador*, deverá ser mantida a disposição a favor do ex-cônjuge ou ex-companheiro, mesmo porque, em nosso ordenamento, não há regra expressa em contrário, sendo a herança considerado cláusula pétrea (art. 5º, XXX da CRFB), preservando-se, assim, intacto, o princípio da legalidade estampado igualmente na Carta Magna, art. 5º, II,[42] com a mesma classificação. Aliás, não é incomum que pessoas se divorciem ou extingam uniões estáveis e, entre elas, permaneça o carinho, a afeição, a solidariedade e o desejo de apoio futuro.

Como já apontado, as condições que determinam mudança de religião ou de não abraçar profissão alguma são consideradas ilícitas. Exemplos: "Deixo minha casa situada na Armação de Búzios, RJ, para Márcia se esta deixar de ser católica e passar a ser seguidora da religião protestante" (ofensa à liberdade de crença – art. 5º, inc. VI, da CRFB); "Deixo para José a quantia de duzentos mil reais, se ele parar de trabalhar ou jamais trabalhar" (ofensa à sociedade como um todo, por incentivar a ociosidade).

Cumpre assinalar que muitos, como nós, consideram lícitas as condições que beneficiam alguém se esse resolver abraçar certa profissão ou atividade, inclusive religiosa.

A título de exemplo, na primeira hipótese, Guilherme decide transferir *mortis causa* seu apartamento na Avenida Vieira Souto, RJ, para Patrícia se ela vier a se tornar defensora pública. Aqui, como a restrição é meramente *relativa*, é considerada lícita e, portanto, válida. Do mesmo modo, será lícita a cláusula condicional na qual Bruno decide legar a Marcos, ateu, R$500.000,00, se este vier a se tornar um frade franciscano. Para a maioria, essa condição é válida, uma vez que não restringirá nenhum direito individual, pois não está determinando nenhuma mudança de religião.

3.6 Condições quanto à fonte ou causas

Quanto à fonte ou às causas, as condições classificam-se em *perplexas* ou *contraditórias* (art. 122, 2ª parte, do CC), *potestativas* (art. 122, 3ª parte, do CC), *casuais* e *mistas*.

Condições *perplexas* são aquelas proibidas pelo art. 122, 2ª parte, do Código Civil, por serem absurdas ou contraditórias, uma vez que privam o negócio jurídico de produzir o efeito pretendido. Assim, será enquadrada a cláusula condicional em que Paula afirma que doará para Cristina um imóvel se esta doar o mesmo imóvel para Fábio.

Já condições *potestativas* são aquelas que subordinam a eficácia do negócio jurídico apenas à vontade de uma das partes: do disponente devedor (hipótese mais comum) ou do credor da condição, podendo o evento condicionante ocorrer ou não de acordo com a manifestação do interessado.

Essas condições dividem-se em: (i) condições *puramente* ou meramente potestativas ou, como preferem alguns, *próprias* ou *arbitrárias*; e (ii) condições potestativas simples, também denominadas na doutrina de não arbitrárias ou impróprias.

O hodierno Código Civil proíbe, no art. 122, *in fine*, apenas a condição *puramente* potestativa, sendo esta considerada *ilícita* e, portanto, *nula*, de acordo com os termos do art. 123, inc. II, do Código Civil, desde que *suspensiva*. Já a condição potestativa *simples* é válida, como logo veremos.

---

[42] Art. 5º da CRFB/88: "Todos são iguais perante a lei, sem distinção de qualquer natureza, garantindo-se aos brasileiros e aos estrangeiros residentes no País a inviolabilidade do direito à vida, à liberdade, à igualdade, à segurança e à propriedade, nos termos seguintes: [...] II - ninguém será obrigado a fazer ou deixar de fazer alguma coisa senão em virtude de lei; [...]".

Condição *puramente* potestativa é aquela contida na parte final do art. 122 do Código Civil,[43] ou seja, em que o evento futuro e incerto fica na dependência da vontade, do mero arbítrio de uma das partes do negócio jurídico, sem a influência de qualquer fator externo. Nesses casos, o negócio vem acompanhado, expressa ou implicitamente, das expressões "se me aprouver" e "se eu quiser" (*si voluero, si volueris*).

Do ponderado, temos, p. ex., como condição *puramente* potestativa: Patrícia se compromete a vender sua casa em Búzios para Letícia, se ela, *vendedora,* for jantar durante todos os dias de uma semana no Restaurante Le Blond, situado no Rio de Janeiro.

Destarte, é de se repisar, de acordo com o citado art. 122, parte final, do atual Código Civil, a mencionada condição é *ilícita,* a significar que a inserção dessa cláusula no negócio jurídico acarreta a *nulidade* total deste, nos moldes do plasmado no art. 123, inc. II, do mesmo diploma,[44] até porque demonstra a falta de seriedade que norteou a avença.

Já a condição *simplesmente* potestativa é aquela em que a eficácia da cláusula que subordina o negócio ao evento futuro e incerto depende não só da vontade de uma das partes, mas também de algum acontecimento ou circunstância exterior que escapa ao seu controle. Aqui, não haverá apenas o mero arbítrio, pois o evento resolutivo fica subordinado a um acontecimento que foge da simples vontade do declarante.

Por exemplo: "Meu imóvel situado em Petrópolis-RJ será transferido para Alberto se puder ir ao Japão, país que muito admiro, antes do meu decesso". Essa viagem não dependerá somente da vontade do declarante, mas de outras circunstâncias que escapam do mero arbítrio, como a obtenção de tempo ou soma considerável em dinheiro. Nessas hipóteses, ocorre a presença expressa ou implícita da cláusula "quando puder" ou "quando possível".

Ao inverso do que ocorre com a condição *puramente* potestativa, a condição *simplesmente* potestativa, a *contrario sensu* do art. 122, parte final, do Código Civil, é *válida,* pois sua realização depende não só da prática de algum ato por parte de um dos declarantes, normalmente o transmissor eventual de uma vantagem para outra parte, mas também de circunstâncias que podem escapar ao seu controle, influenciando a ocorrência ou não do evento condicional, a ela não se aplicando o art. 123, inc. II, do mesmo diploma.

Condições *casuais,* por sua vez, são as cláusulas inseridas no negócio jurídico em que a ocorrência do evento futuro e incerto escapa da vontade das partes, uma vez que depende do acaso, de fatores externos. Por exemplo: José dará cinco mil reais a Márcia, se no domingo chover o dia todo. Essa condição, não sendo vedada pelo ordenamento jurídico, é considerada válida.

Por fim, condições *mistas* são as cláusulas inseridas no negócio jurídico cuja eficácia fica subordinada não só à vontade do disponente, mas também ao consentimento de terceira pessoa ou a um acontecimento da natureza. Exemplos: Letícia compromete-se

---

[43] Art. 122 do CC: "São lícitas, em geral, todas as condições não contrárias à lei, à ordem pública ou aos bons costumes; entre as condições defesas se incluem as que privarem de todo efeito o negócio jurídico, ou o sujeitarem ao puro arbítrio de uma das partes".

[44] Art. 123 do CC: "Invalidam os negócios jurídicos que lhes são subordinados: I - as condições física ou juridicamente impossíveis, quando suspensivas; II - as condições ilícitas, ou de fazer coisa ilícita; III - as condições incompreensíveis ou contraditórias".

a transferir a Priscila um automóvel, se ela tiver aulas particulares de direito tributário com o Professor Petrúcio Malafaia durante um ano, ou, então, se vier a se casar com Guilherme. Da mesma forma que as condições *causais*, são consideradas *válidas*.

As condições, quanto à possibilidade, classificam-se em: (i) *fisicamente* possíveis, isto é, cuja possibilidade é aferida segundo as leis da natureza; e (ii) *juridicamente* possíveis, ou seja, cuja possibilidade se mede de acordo com o prescrito pelo ordenamento jurídico.

Ao reverso, a condição será fisicamente *impossível* quando o seu implemento é tolhido pela natureza das coisas ou do próprio ser humano, contrariando a ordem lógica exterior. Geralmente, deriva de erro, extravagância, pilhéria ou por insanidade do declarante, não sendo, na realidade, uma verdadeira condição, já que não subordina o ato a evento futuro e incerto. Em resumo, é aquela que não pode ser alcançada por todas as pessoas, levando-se em conta as circunstâncias normais da vida.

Nesse sentido, será fisicamente *impossível* a cláusula na qual Romeu decide legar sua casa de Angra dos Reis para Joana se esta der a volta ao mundo a pé em 24 horas, ou a cláusula na qual Ana decide deixar um milhão de reais para Adriana se essa tocar o dedo no céu (*si digito coelum tetigeris*).

Sob o império do Código Civil de 1916 (art. 116, 1ª parte), a condição *fisicamente* impossível era considerada *inexistente*, permanecendo o negócio jurídico como puro, incondicionado, fosse *suspensiva* ou *resolutiva, in verbis*: "Art. 116. As condições fisicamente impossíveis, bem como as de não fazer coisa impossível, têm-se por inexistentes. As juridicamente impossíveis invalidam os atos a ela subordinados".

À época, a doutrina já alertava que, quando ocorresse impossibilidade *relativa*, ou seja, existindo apenas para determinada pessoa a quem se impôs a condição, essa deveria ser tratada como se fosse hipótese de impossibilidade *absoluta*. Ex.: alguém afirma que realizará determinado benefício a favor de uma pessoa paraplégica, se esta correr a maratona do Rio de Janeiro.

Com mais técnica, na esteira das legislações alienígenas, agora dispõe o art. 123, inc. I, do Código Civil (anteriormente reproduzido) que a condição fisicamente *impossível*, quando *suspensiva*, *invalida* o ato, nulificando todo o negócio jurídico, porquanto o direito ainda não se incorporou definitivamente ao patrimônio do credor condicional: "Art. 123. Invalidam os negócios jurídicos que lhes são subordinados: I - as condições física ou juridicamente impossíveis, quando suspensivas".

Por sua vez, se a condição for fisicamente *impossível* e *resolutiva*, será considerada *inexistente* ou não escrita (*pro non scripta habetur*), porquanto, aqui, o direito incorporou-se desde logo ao patrimônio do adquirente, permanecendo eficaz o negócio a ela subordinado, de modo definitivo, nos termos do art. 124 do atual Código Civil, *in litteris*: "Têm-se por inexistentes as condições impossíveis, quando resolutivas, e as de não fazer coisa impossível".

Por sua vez, a condição *juridicamente* impossível é aquela que se apresenta em desconformidade com a ordem jurídica, só podendo ser considerada eficaz quando houver *mudança* na legislação. Assim, se o evento condicional a que se subordina o negócio jurídico for objeto de censura legal específica, estaremos diante de uma condição juridicamente impossível.

Haverá condição juridicamente *impossível*, p. ex., no negócio pelo qual Paulo declara pagar a viagem de Tereza à Europa, se esta vier a se casar com seu próprio irmão, Tício, ou, então, "te dou minha casa de campo, até que eu venha a ceder meu quinhão na herança de meu pai, que está vivo".

No primeiro caso, a condição ali inserida desrespeita a regra contida no art. 1.521, inc. IV, do Código Civil vigente (proibição de casamento entre irmãos, parentes de segundo grau na linha colateral), ao passo que, no segundo caso, há ofensa ao art. 426 (proibição do *pacta corvina*, ou seja, de contrato que tenha por objeto herança de pessoa viva).

Sob os ditames do diploma legal substantivo anterior, em sendo inserida, em determinado negócio, uma condição *juridicamente* impossível, *suspensiva* ou *resolutiva*, *todo* o *ato* seria considerado *nulo* (art. 116, 2ª parte, do CC/1916, antes transcrito).

Hodiernamente, em *novo* desenho, o Código Civil em vigor dispõe que se a condição for juridicamente *impossível*, desde que *suspensiva*, como o direito expectativo (o direito condicional suspensivo) ainda *não* se incorporou ao patrimônio do beneficiário, e estando presente ofensa à ordem pública, todo o negócio jurídico ou toda a cláusula subordinada à condição padecerá de invalidade. Trata-se de nulidade, nos termos do art. 166, inc. VII, e do antes mencionado art. 123, inc. I, do Código Civil/2002.

Este mesmo diploma ressalva, no art. 124, que é *inexistente* ou *não escrita* a condição juridicamente impossível (bem como a *fisicamente* impossível, ausente na norma a distinção), desde que *resolutiva*, mantendo-se o negócio como *puro* e *simples*, incondicional, uma vez que, nesse caso, o direito, desde logo, já se incorporou ao patrimônio do beneficiado.

Exemplos: "A minha casa de campo será sua até você se casar com sua sogra" (desrespeito à vedação do art. 1.521, inc. II, que proíbe o casamento entre afins em linha reta, sabendo-se que tal tipo de afinidade não cessa com o rompimento do vínculo matrimonial, nos termos do §2º do art. 1.595 do CC) ou, então, "É sua minha casa de praia até adquirires uma praça pública" (violação do art. 100 do CC, que veda a alienação de bens públicos, em especial os bens de uso comum do povo e os de uso especial, a não ser se houver desafetação e autorização legislativa nesse sentido).

Como a casa de campo passou a pertencer ao contemplado a partir do registro da liberalidade no registro de imóveis (art. 1.245 do CC), tal doação em si é considerada válida, porém a condição, por ser reprovada pelo ordenamento, é considerada *inexistente*. Assim preserva-se o ato negocial como puro e simples, homenageando-se o princípio do aproveitamento do negócio jurídico.

Conforme visto, sob o império do Código Civil de 1916, qualquer cláusula que subordinasse uma manifestação de vontade a um evento futuro e incerto que ferisse expressa ou implicitamente a legislação em vigor, a ordem pública, a moral e os bons costumes era tratada uniformemente e *considerada ilícita*. O legislador da época, nos arts. 115 e 116, não fazia a distinção conceitual entre as condições *ilícitas* e as *juridicamente impossíveis*, imputando-as, ambas, como *inválidas* (nulas, ofensivas à ordem pública).

Contudo, como já aqui declamado, com a entrada em vigor do diploma atual, o novel legislador, nos arts. 123, incs. I e II, e 124, acertadamente *diferenciou*, quanto à origem e aos efeitos, a condição juridicamente *impossível* da condição *ilícita*.

Reafirmamos surgir a condição *juridicamente impossível* quando o evento condicional está situado em desconformidade com a ordem jurídica vigente, ou seja, fora dos limites legais, sendo manifestamente contrária às regras jurídicas em vigor. Mais uma vez, detalhamos: a condição em que o testador deixa parte de seu patrimônio para alguém, se esse alguém vier a se tornar Rei do Brasil, ou, então, se o beneficiário for emancipado aos doze anos de idade, ou, por fim, se vier a casar no regime da comunhão universal com mais de setenta anos de idade, se enquadra nessa categoria.

Já a *condição ilícita* contém uma proibição e uma *reprovação*, fora dos limites da legislação ordinária, sendo, portanto, mais *abrangente* e mais *grave* que as condições juridicamente impossíveis, contendo ofensa, ainda que implícita, à ordem jurídica. Nessa esteira, a condição de jamais se casar é proibida, vez que, embora não haja nenhuma regra expressa proibindo-a, restringe a liberdade individual e a moral social. Igualmente, é proibida a cláusula em que alguém condiciona determinada liberalidade em favor de um terceiro se esse matar um desafeto do instituidor.

Destarte, na condição *juridicamente impossível*, o declarante fere disposição expressa prevista na lei, ao passo que, na condição *ilícita*, há violação daquilo que está por trás da lei, um preceito implícito, geralmente de ordem moral, ainda que não necessariamente retratado no ordenamento jurídico, mas, obrigatoriamente, perceptível no íntimo do declarante.

Resumindo, enquanto a presença de *condição ilícita* gera a *nulidade de todo o negócio jurídico*, seja ela suspensiva ou resolutiva (art. 123, inc. II, do CC), uma vez presente a condição *juridicamente impossível*, quando *suspensiva*, o negócio será igualmente todo *nulo* (art. 123, inc. I, do CC), porém, quando for *resolutiva*, ter-se-á por *inexistente* ou não *escrita* a condição, subsistindo o negócio como se fosse *puro* (art. 124 do CC).

De tudo decorre que, em *princípio*, à falta de *distinção legal*, são aplicáveis tais elementos acidentais condicionais tanto nos negócios jurídicos condicionais *inter vivos* como nos negócios jurídicos *mortis causa* (testamento ou codicilo).

Contudo, sob o ângulo sucessório, é importante enfatizar aguda construção doutrinária, *in casu*, por meio da advertência de dois dos mais notáveis juristas pátrios de todos os tempos, Caio Mário da Silva Pereira[45] e Orlando Gomes,[46] com a qual manifestamos concordância: segundo os ínclitos e saudosos autores, na esteira do aproveitamento máximo das *disposições testamentárias* (*in favor testamenti*), que, se tratando de negócio jurídico condicional *suspensivo mortis causa*, afigurando-se a condição, *ilícita* ou *impossível*, será esta considerada *não escrita* (*conditio impossibilis pro non scripta habetur*), e interpretado o negócio de última vontade como *puro* e *simples*, nos moldes do sempre citado princípio do respeito à vontade do testador (art. 1.666 do CC/1916 e art. 1.899 do CC/2002), salvo, se restar claro, no próprio contexto da facção testamentária, que não haveria a disposição singular sem a propalada *ilicitude* ou *impossibilidade*.

Ao adentrarmos no direito estrangeiro, encontramos dispositivos na mesma trilha.

---

45 PEREIRA, Caio Mário da Silva. *Instituições de direito civil* – Direito das sucessões. 17. ed. rev. e atual. por Carlos Roberto Barbosa Moreira. Rio de Janeiro: Gen/ Forense, 2009. v. VI. p. 238.

46 GOMES, Orlando. *Introdução ao direito civil*. 11. ed. Atualização de Humberto Theodoro Júnior. Rio de Janeiro: Forense, 1995. p. 154.

Assim, não é demasiado trazer à baila o art. 2.230 do Código Civil português de 1966, a ser visto com a ressalva do art. 2.186 do mesmo diploma:

> Art. 2.230º (Condições impossíveis, contrárias à lei ou a ordem pública ou ofensiva aos bons costumes). 1. A condição física ou legalmente impossível considera-se não escrita e não prejudica o herdeiro ou legatário, salvo declaração do testador em contrário. 2. A condição contrária à lei ou à ordem pública, ou ofensiva dos bons costumes, tem-se igualmente como não escrita, ainda que o testador haja declarado o contrário, salvo o disposto no art. 2.186º.
>
> Art. 2.186º (Fim contrário à lei ou à ordem pública, ou ofensiva dos bons costumes). É nula a disposição testamentária quando da interpretação do testamento resulte que foi essencialmente determinada por um fim contrário à ordem pública, ou ofensiva dos bons costumes.

4 Considerações finais

Vamos concluir estas breves notas, em retorno à *condição resolutiva*, observando os efeitos de uma cláusula que, de muito, por vezes vêm sendo inserida nos atos de última vontade, conhecida como cláusula *privatória* ou *cassatória*, qual seja, a determinação feita a um herdeiro ou legatário de *não atacar* o testamento, sob pena de perda do benefício testamentário correspondente, p.ex.: "se qualquer dos meus herdeiros aqui nomeados, vier a atacar qualquer das disposições contidas nesse testamento, de pleno direito, perderá o quinhão hereditário por mim conferido".

Questiona-se o alcance e a validade de tal disposição, uma vez que o direito à herança, relembramos, é cláusula pétrea (art. 5º, XXX do CRFB/88), sendo, porém, de se levar em conta, igualmente, o sempre recordado princípio da *obediência à vontade do testador* (art. 1.899 do CC), *ab initio* enquadrada a questão, pensamos, nos moldes consignados expressamente por legislador alienígena.[47]

A respeito, obtempera inicialmente o sempre lembrado especialista Carlos Maximiliano: "Muito comum é a cláusula *privatória* ou *cassatória*, que manda inutilizar a deixa, na íntegra ou em parte, ou comina uma pena, em caso do sucessor questionar por causa do testamento. Em *regra*, semelhante *condição* é lícita". Cumpre, entretanto, esclarecer a matéria, por meio de uma vista retrospectiva sobre o exposto. "Pode cada um, em ato *causa mortis*, derrogar só os preceitos legais – de *ordem privada*; alterar ou substituir o que estes prescrevem. Nenhuma faculdade se lhe reconhece, em contraste com as normas de ordem pública, os ditames da moral e os bons costumes [...]".[48]

Já Pontes de Miranda, igualmente inesquecível, após deduzir que a permissibilidade das cláusulas *privatórias* ou *cassatórias* se baseiam, em geral, no sentido de que o testador

---

[47] A citada cláusula pétrea quanto ao direito de herança, no entanto, entendemos possa ser relativizada nos mesmos moldes do contido no art. 14 da Constituição alemã (*Grundgesetz*, Lei Básica da República Federal da Alemanha, 1949): "Artikel 14 (1) Das Eigentum und das Erbrecht werden gewährleistet. Inhalt und Schranken werden durch die Gesetze bestimmt". "(1) Os direitos de propriedade e herança são garantidos. O *conteúdo* e as *limitações* são determinados pela *lei*" (grifos nossos). Em especial, defendemos caber ao intérprete observar com maior atenção as limitações quando advierem de regras de ordem pública, isto é, de conteúdo e alcance sociais, por consequência, imperativas em sua essência, que encontram campo fértil, tanto no direito de família, quanto no direito das sucessões, ambos, em sua maioria, recheados de tais disposições.

[48] MAXIMILIANO, Carlos. *Direito das sucessões*. 4. ed. Rio de Janeiro/São Paulo: Livraria Freitas Bastos, 1958. v. 2. p. 229 (grifos no original).

só quis proibir o pleito *contra* a sua vontade, isto é, a não constituir luta *contra* a vontade, mas *pela* vontade, leciona ainda que, em princípio, tais cláusulas são *válidas* consoante dispunha o art. 1.666 do CC/16 (hoje art. 1.899 do CC/2002), por albergarem o princípio da observância da vontade do testador, desde que concernentes às disposições em geral e não ao testamento em si.

Entretanto, o mestre avisa que a cláusula não se opera quando se tratar de *validade formal* e sendo somente este o fundamento da disputa ou, então, quando houver *incapacidade* do testador – porquanto se trata de assunto que interessa a ordem pública, bem como se a lide versar sobre a não *seriedade* do disponente ou *ilicitude*, discorrendo que, na primeira hipótese, cai todo o testamento (na atualidade, art. 1.860, parágrafo único do CC)[49] e, na segunda, cai a própria cláusula estando nela a ilicitude, ou, então, cai a disposição a que se refere. Alerta, igualmente, se a manifestação contrária for considerada *frívola, chicaneira* ou *sem* base jurídica, a tendência é sua *aplicabilidade*, discorrendo ainda que, em caso de *anulabilidade*, em que o interesse normalmente é privado (ex., "perderá o que eu lhe deixo, se tentar anular por erro ou dolo"), se o impugnante ficar *vencido*, a cláusula será *eficaz*; não porém, se ela continha interesse público e o autor da manifestação discordante *vencer* a demanda, invalidando-se, assim, parte da disposição de última vontade.[50]

Outro renomado *expert*, Orozimbo Nonato, ratifica e acentua que, se no testamento se insere cláusula vedadora de impugnação do ato testamentário em geral, é de se concluir por sua *validade*, dentro dos *limites* que ela se torna *lícita*, quais sejam, se se escora em preceitos de ordem privada, esclarecendo ainda que, amiúde, as regras que vedam impugnação ao testamento costumam encerrar expressamente cominação de pena para o caso de seu descumprimento, devendo tal pena ser considerada válida por razão lógica, desde que contida dentro dos já assinalados limites, pontuando tal afirmação com a lição de Larombière, *verbis*: "La stipulation d'une clause pénale peut avoir lieu dans um testament aussi bien que dans um contrat. La volonté du testador n'est pas plus gênnée dans son expression que celle d'contrat, et les príncipes que la régissent sont exactemant les mêmes" ("A estipulação de uma cláusula penal pode ser encaixada dentro de um testamento, como também num contrato. A vontade do testador não é diferente daquela contida na expressão contratual, e os princípios que a regem são exatamente os mesmos" – tradução livre).[51]

Esperamos, destarte, ter alertado ao profissional do direito, nestas breves linhas, acerca da importância de se observar, por ocasião da testificação, as inúmeras consequências e particularidades que envolvem a oposição de cláusulas condicionais na disposição de última vontade.

---

49 Art. 1.860 do CC/2020: "Além dos incapazes, não podem testar os que, no ato de fazê-lo, não tiverem pleno discernimento. Parágrafo único. Podem testar os maiores de dezesseis anos".

50 MIRANDA, Pontes de. *Tratado de direito privado*: parte especial. Rio de Janeiro: Borsoi, 1968. t. LVI. p. 359/361.

51 NONATO, Orozimbo. *Estudos sobre sucessão testamentária*. Rio de Janeiro: Revista Forense, 1957. v. II. p. 277.

Referências

ALVES, José Carlos Moreira. *Direito romano*. 13. ed. Rio de Janeiro: Forense, 2002. v. I.

AMARAL, Francisco. *Direito civil*: introdução. 5. ed. Rio de Janeiro: Renovar, 2003.

ANDRADE, Manoel A. Domingues. *Teoria geral da relação jurídica*. Coimbra: Coimbra Editora, 1987. v. II.

CARVALHO, Luiz Paulo Vieira de. *Direito das sucessões*. 4. ed. São Paulo: Gen/Atlas, 2019.

GAMA, Ricardo Rodrigues. *Direito das sucessões*. São Paulo: Edipro, 1996.

GOMES, Orlando. *Introdução ao direito civil*. 11. ed. Atualização de Humberto Theodoro Júnior. Rio de Janeiro: Forense, 1995.

MAXIMILIANO, Carlos. *Direito das sucessões*. 4. ed. Rio de Janeiro/São Paulo: Livraria Freitas Bastos, 1958. v. 2.

MIRANDA, Pontes de. *Tratado de direito privado*: parte especial. Rio de Janeiro: Borsoi, 1968. t. LVI.

MONTEIRO, Washington de Barros. *Curso de direito civil*: direito das sucessões. 35. ed. Atualização de Ana Cristina Monteiro de Barros França Pinto. São Paulo: Saraiva, 2003.

NONATO, Orozimbo. *Estudos sobre sucessão testamentária*. Rio de Janeiro: Revista Forense, 1957. v. II.

PEREIRA, Caio Mário da Silva. *Instituições de direito civil* – Direito das sucessões. 17. ed. rev. e atual. por Carlos Roberto Barbosa Moreira. Rio de Janeiro: Gen/ Forense, 2009. v. VI.

PINTO, Carlos Alberto da Mota. *Teoria geral do direito civil*. 3. ed. Coimbra: Coimbra Editora, 1990.

RODRIGUES, Silvio. *Direito civil*: direito das sucessões. 25. ed. atual. por Zeno Veloso. São Paulo: Saraiva, 2002.

SANTOS, J. M. de Carvalho. *Código Civil brasileiro comentado*. 5. ed. Rio de Janeiro/São Paulo: Livraria Freitas Bastos, 1953. v. XXIII.

TEIXEIRA, Daniele Chaves. *Arquitetura do planejamento sucessório*. 2. ed. 2. reimpr. Belo Horizonte: Fórum, 2020.

TELLES, Inocêncio Galvão. *Sucessão testamentária*. Coimbra: Coimbra Editora, 2006.

VELOSO, Zeno. *Comentários à Lei de Introdução ao Código Civil*: art. 1º ao 6º. Belém: Unama, 2005.

VELOSO, Zeno. *Comentários ao Código Civil*: parte especial, direito das sucessões, da sucessão testamentária, do inventário e da partilha. Coordenação de Antônio Junqueira de Azevedo. São Paulo: Saraiva, 2003.

VELOSO, Zeno. *Condição, termo e encargo*. São Paulo: Malheiros, 1997.

VENCELAU, Rose Melo. O negócio jurídico e suas modalidades. *In*: TEPEDINO, Gustavo (Coord.). *A parte geral do novo Código Civil*: estudos na perspectiva civil-constitucional. Rio de Janeiro: Renovar, [s.d.].

Informação bibliográfica deste texto, conforme a NBR 6023:2018 da Associação Brasileira de Normas Técnicas (ABNT):

CARVALHO, Luiz Paulo Vieira de. Do planejamento sucessório e testamento: interpretação testamentária e cláusulas condicionais. Breves notas. *In*: TEIXEIRA, Daniele Chaves (Coord.). *Arquitetura do planejamento sucessório*. Belo Horizonte: Fórum, 2022. p. 527-552. Tomo III. ISBN 978-65-5518-291-0.

CONCUBINATO E UNIÕES PARALELAS: BREVES ANOTAÇÕES AOS JULGAMENTOS DOS TEMAS Nºs 529 E 526 DO STF

MARIA RITA DE HOLANDA

1 Introdução

Em 21.12.2020, o Supremo Tribunal Federal em sede de repercussão geral decidiu um dos mais importantes temas da atualidade do direito existencial, sobre os efeitos previdenciários e familiares para as relações de fato paralelas (529). Em agosto de 2021, manteve o seu entendimento em segundo julgamento, seguindo os mesmos preceitos da repercussão geral anterior, sendo que agora para as relações de fato simultâneas ao casamento (concubinato), no Tema nº 526.

Por famílias simultâneas, segundo a melhor doutrina, estariam compreendidos os relacionamentos de fato paralelos a um casamento, e por uniões paralelas aquelas que, sendo ambas de fato, coexistem na simultaneidade. As famílias simultâneas seriam, portanto, o clássico *concubinato*, cuja expressão histórica remete a relações meramente sexuais em descumprimento do "dever " conjugal de fidelidade.

Os casos não foram provenientes de demandas "familiares", mas, sim, de direito previdenciário, na busca do rateio da pensão por morte deixada pelo segurado, em vista da dependência econômica.

Todo o debate nos argumentos do voto vencedor girou em torno de se reconhecer ou não os mesmos efeitos que são atribuídos ao casamento e à união estável a tais relações, que, embora fossem consideradas contínuas, duradouras, estáveis, notórias e pautadas por condutas ou elementos de constituição de família, obtinham como característica única e diferenciada a tal *simultaneidade*.

A jurisprudência majoritária no direito previdenciário até o ano de 2008 vinha considerando que tais relações não poderiam ser invisíveis ao direito, posto que existiam com a mesma intensidade que muitos casamentos ou uniões estáveis e, mais do que isso, o fato de serem apenas paralelas não poderia desamparar o indivíduo em sua dignidade, valorizando-se muito mais o *ser* do que a forma. Os diversos tribunais regionais federais adotaram a concepção de família de forma majoritária a partir da comprovada dependência econômica, determinando o rateio da pensão por morte entre as companheiras comprovadamente dependentes.

Contudo, a partir de 2008, o Supremo Tribunal Federal abriu precedente no julgamento do RE nº 397.762-8/BA, tendo como relator o Ministro Marco Aurélio, que procedeu com uma distinção entre união estável e *concubinato*, de forma a não reconhecer a este último a possibilidade de divisão da pensão, a partir do elemento formal da simultaneidade e do dever de monogamia.

Nesse ínterim, com a doutrina e jurisprudência de proteção à pessoa e na ideia de que o rol de entidades familiares expresso na Constituição Federal é exemplificativo, muitos relacionamentos paralelos e famílias simultâneas foram reconhecidos e muitos patrimônios e pensões foram partilhados.

Mas esse movimento libertário e inclusivo também sofreu críticas em nome da chamada segurança jurídica a ser observada a partir da máxima preceituada pela monogamia na sociedade. Nesse pensamento, a monogamia seria um princípio e, portanto, imposto a toda coletividade, sem concessões de autonomias concretas. Em outras palavras, o direito nunca proibiu condutas existenciais sexuais e afetivas, mas sempre estendeu o manto de proteção e reconhecimento de efeitos jurídicos apenas para algumas, no intuito de direcionar condutas e inibir outras.

A reflexão se faz necessária principalmente para revisitarmos o sentido do mundo dos fatos e do mundo jurídico, quando a opção por este não alcança a sua finalidade maior, que seria a justiça.

Para traçar as críticas iniciais, será muito importante relembrar o posicionamento da Suprema Corte na concepção de família adotada no ano de 2011, quando do julgamento da ADI nº 4.277 e da ADPF nº 132 e da concepção adotada a partir do ano de 2020, considerando inclusive que o termo inicial que deflagrou as teses ora criticadas, no ano de 2008, se deu anteriormente à primeira concepção adotada pelo Supremo.

Esse percurso cronológico é de extrema importância para a análise *quiçá* de alguns retrocessos característicos do contexto sociopolítico atual de crise e ataques a instituições e posturas democráticas.

Além disso, o precioso recorte de gênero tão bem destacado por Luciana Brasileiro[1] coloca a mulher como mais uma vez desprivilegiada em seu sustento e punida, uma vez que historicamente o adultério lhe gerava muito mais consequências do que ao homem, a partir do processo de colonização no Brasil.

Dessa forma, proceder-se-á com a análise das teses firmadas e principais fundamentos, suscitando dúvidas quanto aos critérios a serem considerados para tornar uma relação protegida e a outra invisibilizada pela ficção.

2 Teses de repercussão dos temas nºs 529 e 526 do STF

O Tema nº 529, primeiro a ser julgado no ano de 2020, teve como relator o Ministro Alexandre de Morais no Recurso extraordinário nº 1.045.273/Sergipe, cujo *leading case*

[1] BRASILEIRO, Luciana. *As famílias simultâneas e seu regime jurídico*. Belo Horizonte: Fórum, 2019. p. 34.

abrangeu a possibilidade de reconhecimento de união homoafetiva concomitante à outra relação de fato, para fins de rateio da pensão previdenciária. Neste julgamento restou firmada a seguinte tese:[2]

> A preexistência de casamento ou de união estável de um dos conviventes, ressalvada a exceção do artigo 1.723, §1º, do Código Civil, impede o reconhecimento de novo vínculo referente ao mesmo período, inclusive para fins previdenciários, em virtude da consagração do dever de fidelidade e da monogamia pelo ordenamento jurídico-constitucional brasileiro.

A hipótese revelou-se extremamente confusa, porque se estabeleceu analogia da concomitância de relacionamentos fáticos ao crime penal da bigamia, não obstante o princípio da tipologia no direito penal, haja vista a exigência da duplicidade de registro para essa caracterização.

Além disso, pautou-se na esfera concreta de que o primeiro relacionamento havia já sido reconhecido judicialmente como união estável, ao passo de que o segundo não, embora a segunda relação – a não reconhecida judicialmente – carregasse as mesmas características de estabilidade, continuidade e notoriedade, além da simultaneidade.

Da ementa, extrai-se uma das fundamentações:

> A existência de uma declaração judicial de existência de união estável é, por si só, óbice ao reconhecimento de uma outra união paralelamente estabelecida por um dos companheiros durante o mesmo período, uma vez que o artigo 226, §3º, da Constituição se esteia no princípio de exclusividade ou de monogamia, como requisito para o reconhecimento jurídico desse tipo de relação afetiva inserta no mosaico familiar atual, independentemente de se tratar de relacionamentos hétero ou homoafetivos.

Na ocasião, o Ministro Dias Toffoli solicitou vista, e emitiu voto acompanhando o relator, distinguindo a união estável do casamento, principalmente por decorrer este último do *poder indutor e diretivo do Estado enquanto a primeira emanaria da sociedade*. Importa em destacar que o julgador entendeu da mesma forma que o Ministro Marco Aurélio nos autos do RE no 590.779/ES e do RE nº 397.762/BA no ano de 2008, em julgamento da 1ª Turma, quando da distinção entre a união estável e o concubinato, reconhecendo que a unicidade exigida para o vínculo do casamento também deve se exigir para a união estável. Assim, o segundo vínculo fático concomitante no caso concreto seria equivalente a um *concubinato*.

A decisão do ano de 2008, portanto, influenciou de sobremaneira o julgamento de 2020, ocorrido 12 (doze) anos depois.

A concomitância de relacionamentos e o sentido atribuído à monogamia foi o principal fundamento para o não reconhecimento de efeitos jurídicos previdenciários, que possui natureza alimentar, tendo havido nessa ocasião o entendimento de que haveria similitudes entre o Tema nº 529 que estava sendo julgado e o Tema nº 526 ainda

[2] BRASIL. Supremo Tribunal Federal. *Recurso Extraordinário 1.045.273/Sergipe*. Disponível em: https://jurisprudencia.stf.jus.br/pages/search?classeNumeroIncidente=RE%201045273&base=acordaos&sinonimo=true&plural=true&page=1&pageSize=10&sort=_score&sortBy=desc&isAdvanced=true&origem=AP. Acesso em: 27 ago. 2021.

a ser julgado na ocasião, sendo que este último se referia à relação fática paralela ao casamento ou concubinato.

A relatoria do Tema nº 526 ficou com o Ministro Dias Toffoli, e foi julgado em 2021, seguindo o entendimento do Tema nº 529, propondo a adoção da seguinte tese:[3]

> É incompatível com a Constituição Federal o reconhecimento de direitos previdenciários (pensão por morte) à pessoa que manteve, durante longo período e com aparência familiar, união com outra casada, porquanto o concubinato não se equipara, para fins de proteção estatal, às uniões afetivas resultantes do casamento e da união estável.

O que se depreende é que o Supremo Tribunal Federal, em apertada votação do primeiro tema (529), firmou um entendimento que claramente privilegia a forma, em detrimento da pessoa, deixando claro implicitamente o reconhecimento de uma hierarquia entre o casamento – maior conferidor de segurança jurídica – e a união estável.

Importante destacar que o julgamento não apenas não foi unânime, como importou na "vitória" de uma concepção de família não condizente com o que já havia estabelecido este mesmo órgão quando do célebre julgamento de 2011, nos autos da Ação Direta de Inconstitucionalidade nº 4.277 e da Arguição de Descumprimento de Preceito Fundamental nº 132, de relatoria do Ministro Ayres Britto.

Não obstante haverem os votos vencedores do Tema nº 529 destacado que o não reconhecimento da união paralela nada teria a ver com o fato de ser homoafetiva, em razão do precedente no ano de 2011, o fato é que trouxe em seu contexto uma concepção de família formal apesar da realidade de dependência econômica, e de forma totalmente diferente da concepção de família espraiada em 2011, senão vejamos com o destaque do eminente jurista Paulo Lôbo:[4]

> ADPF 132 e na ADI 4.277 - Tratamento constitucional da instituição da família. Reconhecimento de que a Constituição Federal não empresta ao substantivo família nenhum significado ortodoxo ou da própria técnica jurídica. A família como categoria sociocultural e princípio espiritual. Direito subjetivo de constituir família. Interpretação não reducionista. Teoria do rol exemplificativo no art. 226 da CF/88 que admite entidades familiares implícitas.

O retrocesso é gritante, pelos fundamentos trazidos a partir de 2020, segundo o voto vencedor, que foram os seguintes, em resumo:

a) a conversibilidade da união estável em casamento coloca aquela no mesmo patamar deste, com exceção da solenidade, diferentemente do concubinato que não poderia ser convertido;
b) o dever de fidelidade (= lealdade) é instrumentado na monogamia para o casamento e união estável;
c) a pluralidade ressaltada pela CF/88 seria apenas qualitativa e não quantitativa – defesa da unicidade;

---

[3] BRASIL. Supremo Tribunal Federal. *Recurso Extraordinário 883168/SC*. Disponível em: http: //www.stf.jus.br/portal/jurisprudenciaRepercussao/verAndamentoProcesso.asp?incidente=4757390&numeroProcesso=883168&classeProcesso=RE&numeroTema=526. Acesso em: 27 ago. 2021.

[4] LÔBO, Paulo. *Direito civil*. Famílias. São Paulo: Saraiva Educação, 2021. p. 194.

d) a distinção entre união estável e concubinato em seus respectivos artigos no Código Civil;
e) o *concubinato* constitui-se em descumprimento na unicidade requerida pelo direito pátrio.

Portanto, é flagrante a contradição do Supremo Tribunal Federal em matéria de concepção de família em um espaço de aproximadamente 10 (dez) anos entre os respectivos julgamentos (2011 – 2020).

Para alguns doutrinadores, essa foi a decisão acertada, conforme explicita José Simão:[5]

> [...] com relação às pessoas maiores e capazes que mantém uma relação de afeto, com comunhão de vida, seja essa relação hétero ou homoafetiva, o Direito de Família, em tese, não tem qualquer aplicação, pois se trata de concubinato, expressamente excluído das formas de criação de família. A relação entre concubinos será regida pelo Direito das Obrigações, ou seja, mediante prova do esforço comum o patrimônio adquirido por um dos concubinos poderá ser partilhado.

O autor reconhece que o STF agiu acertadamente por que *reconduz o direito de família a suas bases jurídicas e sociais. Jurídicas porque a monogamia para todos os modelos familiares é um valor fundante da ordem jurídica brasileira.*

Porém, a desproteção da pessoa no caso concreto, principalmente no Tema nº 529, onde casamento não havia, é inaceitável. Isso porque a natureza alimentar da pensão previdenciária é incontroversa, e o Supremo Tribunal Federal terminou por regular mais do que os próprios casos trouxeram, estendendo a decisão aos efeitos de direito de família.

A respeito da monogamia, foi muito feliz a interpretação doutrinária de que, se princípio fosse, estaria restrita ao casamento dadas a sua natureza e a tutela constitucional de outras entidades que *refogem ao modelo matrimonial*. Para Paulo Lôbo, *monogamia significa interdição a outro casamento, mas não a outra entidade familiar*.[6]

Com a decisão, ficaram lacunas quanto aos critérios a serem utilizados na definição de qual seria a união estável entre as uniões paralelas para fins de se proteger uma e desproteger a outra, inclusive na hipótese de nenhuma das duas haver sido reconhecida judicialmente.

3 Planejamento sucessório antes e depois dos julgamentos

Já se destacou em outros escritos sobre a importância da valorização da pessoa, que não pode estar atrelada a formas como a monogamia, não obstante esta ser interesse da maioria da sociedade brasileira.

Isso porque, mais do que patrimonial, a importância é também existencial, máxime quando se refere à pensão previdenciária como valor voltado à subsistência.

---

5 SIMÃO, josé Fernando. Sim, eu tinha razão e o STF confirmou que não há famílias paralelas no Brasil. Disponível em: https://www.conjur.com.br/2020-dez-20/processo-familiar-stf-confirma-nao-familias-paralelas-brasil. Acesso em: 26/08/2021.

6 LÔBO, Paulo. *Direito civil*. Famílias. São Paulo: Saraiva Educação, 2021. p. 188.

Nessa esfera, importante o destaque de Daniele Teixeira de que o planejamento requer uma análise e preocupação sobe a autonomia e solidariedade.[7]

O direito sucessório deveria se destinar tanto aos cônjuges como também aos companheiros familiares nas uniões fáticas, seja união estável, união paralela ou o concubinato.

Portanto, aqui se defende o reconhecimento do *concubinato* e também de uniões paralelas como espécies de um companheirismo familiar e que, portanto, deve merecer a mesma proteção, observando-se sempre a máxima de se evitar o enriquecimento ilícito na divisão patrimonial.

Diante das expressas vedações legais, porém discriminatórias da legislação civil vigente, a doutrina percorreu caminhos na busca de uma proteção às famílias simultâneas e uniões paralelas. Quanto às primeiras, sempre houve empecilhos consideráveis nas vedações legais, como a doação e a deixa testamentária. Mesmo assim, há importantes críticas de interpretação sistemática para os dispositivos referentes aos arts. 550 e 1.801, III, do CCB.[8]

O art. 550 reproduz a redação do art. 1.177 do CCB/1916. Além disso, menciona "crime" descriminalizado no Brasil desde o ano de 2005, sugerindo que a possibilidade de revogação da doação se daria como punição civil à conduta criminosa. O destaque é que se conduta criminosa houvesse, esta não teria sido praticada pela *concubina*, única punida.

Já o art. 1.801 foi introduzido pelo CCB/2002. Ou seja, a vedação de deixa testamentária ao *concubino* pelo testador casado foi voltada para a família dos anos 70, dada a data do projeto do código vigente. Na mencionada regra sucessória há evidente confusão terminológica, na atribuição do termo *concubino* ao que também vive em união estável, ao tentar proteger o patrimônio dos que, embora casados, estiverem separados de fato há mais de cinco anos.[9]

Assim, o planejamento para as famílias simultâneas não pode ocorrer por testamento, mas na doação, tratando-se de nulidade relativa, a declaração de invalidade dependerá da iniciativa da outra parte.

Quanto à regra do seguro de vida, o CCB/2002 não repetiu a regra do art. 1.474 do CCB/16, que previa de forma expressa que *não se pode instituir beneficiário pessoa legalmente inibida de receber doação do segurado*. Na época, o Código se referia especificamente à concubina. Contudo, embora não possua artigo correspondente, possui uma regra afirmativa de proteção de companheiros no art. 793, que prevê a validade da instituição

[7] TEIXEIRA, Daniele Chaves. *Planejamento sucessório*. Pressupostos e limites. 2. ed. Belo Horizonte: Fórum, 2019. p. 25.

[8] Código Civil brasileiro de 2002: "Art. 550. A doação do cônjuge adúltero ao seu cúmplice pode ser anulada pelo outro cônjuge, ou por seus herdeiros necessários, até dois anos depois de dissolvida a sociedade conjugal. [...] Art. 1801. Não podem ser nomeados herdeiros nem legatários: [...] III - o concubino do testador casado, salvo se este, sem culpa sua, estiver separado de fato do cônjuge há mais de cinco anos; [...]".

[9] BRASILEIRO, Luciana; HOLANDA, Maria Rita. A proteção da pessoa nas famílias simultâneas. *In*: MENEZES; Joyceane Bezerra de; RUZYK, Carlos Eduardo Pianovski; SOUZA, Eduardo Nunes de (Org.). *Direito civil constitucional*: a ressignificação dos institutos fundamentais do direito civil contemporâneo e suas consequências. Florianópolis: Conceito Editorial, 2014. p. 495-508.

como beneficiário, mas impõe que, ao tempo do contrato, haja separação judicial ou separação de fato.[10]

O art. 792, *caput*, menciona a ordem de vocação hereditária, trazendo como beneficiários o cônjuge não separado de fato (ignora companheiro) e o "restante dos herdeiros do segurado", mas o seu parágrafo único aproxima-se da lógica do direito previdenciário: "Na falta das pessoas indicadas neste artigo, serão beneficiários os que provarem que a morte do segurado os privou dos meios necessários à subsistência".[11]

Como é possível perceber, o Código blindou as relações formadas pelo casamento, mantendo a tradição dele, mas ignorando, novamente, a vedação ao tratamento discriminatório.

Tais vedações podem terminar conduzindo os interessados a outras alternativas lícitas, como a formação de *holdings*, em que se definem as regras relacionadas à sucessão empresarial, considerando inclusive a aplicabilidade do art. 978, que autoriza o empresário casado a alienar bens da empresa, independentemente de outorga uxória. Esta autorização e maior liberdade concedida dentro das sociedades empresariais parece despontar como solução.

Na hipótese de se evoluir no fortalecimento da chamada "contratualização" das relações familiares, os pactos poderão vir a ser importantes instrumentos configuradores de boa-fé objetiva, inclusive para afastar qualquer efeito da regra de fidelidade.[12] Aliás, foi na boa-fé objetiva que se pautou o voto divergente no julgamento dos temas nºs 529 e 526, da lavra do Ministro Edson Fachin.

A esse respeito, na controvérsia, importante visualizar também que na autonomia privada se reconhecem normas de ordem pública no direito de família, à exemplo da impossibilidade de estabelecimento de multa em caso de infidelidade, como bem destacou Flávio Tartuce, que reconhece nulidade nesse tipo de cláusula.[13] A se manter essa perspectiva de intervenção do Estado, também se estaria garantindo segurança aos mais vulnerabilizados na relação.

O que se questiona aqui não seria a contratualização ou não das relações familiares nessa dimensão, mas a possibilidade de proteção à pessoa mais vulnerabilizada seja na interpretação do pacto, seja na interpretação da norma, o que é permitido pela ótica constitucional.

Há outros mecanismos de proteção que dependerão, contudo, do exercício da faculdade daquele que se relaciona com os demais, como a previdência complementar e o usufruto vitalício, seja para utilização de bem de propriedade de herdeiros seja de seus frutos civis.

---

[10] BRASILEIRO, Luciana; HOLANDA, Maria Rita. O planejamento sucessório no concubinato. *In*: TEIXEIRA, Daniele Chaves (Coord.). *Arquitetura do planejamento sucessório*. Belo Horizonte: Fórum, 2021. t. II. p. 258.

[11] BRASILEIRO, Luciana; HOLANDA, Maria Rita. O planejamento sucessório no concubinato. *In*: TEIXEIRA, Daniele Chaves (Coord.). *Arquitetura do planejamento sucessório*. Belo Horizonte: Fórum, 2021. t. II. p. 258.

[12] CARVALHO, Dimitre Braga Soares de. Contratos familiares: cada família pode criar seu próprio direito de família. *IBDFAM*. Disponível em: https://ibdfam.org.br/artigos/busca/. Acesso em: 27 ago. 2021.

[13] TARTUCE, Flávio. Autonomia privada e direito de família – Reflexões atuais. *Migalhas*, 25 ago. 2021. Disponível em: https://www.migalhas.com.br/coluna/familia-e-sucessoes/350602/autonomia-privada-e-direito-de-familia--a-reflexoes-atuais?U=55A5A487_188&utm_source=informativo_click&utm_medium=1884&utm_campaign=1884. Acesso em: 27 ago. 2021.

Mesmo diante do impacto dos julgamentos, resta à doutrina resistir e manter o seu papel enquanto fonte secundária e notadamente influenciadora de outras jurisprudências, que terminem por reclamar outro tratamento.

4 Decisões posteriores à repercussão dos temas

Diante do impacto dos julgamentos e visando observar atentamente como a jurisprudência preencheria as lacunas deixadas principalmente na ausência de critérios no julgamento do Tema nº 529 sobre as relações paralelas, pôde-se constatar duas coisas:

a) o trabalho hermenêutico complexo transferido aos julgadores; e
b) a resistência e valorização do poder social do direito na manutenção de rateio da pensão previdenciária.

Com relação ao primeiro item, registre-se a dificuldade na eleição de critérios na decisão estadual advinda do Tribunal de Justiça de São Paulo na Apelação Cível nº 1045772-02.2019.8.26.0002 – 2ª Câmara de Direito Privado do TJSP – 13.7.2021.[14]

> EMENTA: UNIÃO ESTÁVEL Reconhecimento de mais de uma união estável simultaneamente Impossibilidade Termo inicial e final de cada união delimitado pelo advento das respectivas proles Sentença parcialmente modificada Recurso parcialmente provido.
>
> ".......é bem provável que por um período as duas relações foram simultâneas, ou seja, Pedro Paulo matinha relacionamento com ambas. À míngua de dados mais seguros, há que se adotar, no presente caso, o nascimento dos filhos como indicativo do início de cada relação. Assim como adotado o nascimento da primeira filha para o termo inicial da união com Neydes, há que se adotar o nascimento da primeira filha com Marineide em 18 de dezembro de 2003 para os mesmos fins, reconhecendo-se, assim, tendo o falecido vivido em união estável com sua primeira companheira de 1984 a dezembro de 2002, e com a segunda de janeiro de 2003 até sua morte em 23 de janeiro de 2019. Ressalte-se que é muito provável que a união com Neydes tenha se estendido além de 2002 e que a relação com Marineide tenha se iniciado antes desta data, porém ante a impossibilidade legal de sobrepor ambas as convivências e se atribuiu efeitos jurídicos e patrimoniais concomitantemente a elas, *adota-se o advento da prole como termo inicial e final de cada convivência.*

Nota-se a dificuldade de se enquadrar os fatos no elemento formal eleito pelo STF sem que haja injustiças a serem perpetradas. Nesta decisão, não obstante reconhecer que houve longo período coincidente na convivência com ambas as companheiras, adotou-se o critério da prole.

Indaga-se qual seria o critério se prole não houvesse ou ainda não houvesse reconhecimento judicial de uma das uniões. Haveria que se buscar outros critérios, que seriam, portanto, totalmente variáveis a depender das especificidades dos casos.

De outro lado e em matéria previdenciária, decisão da 6ª Turma do TRF4 chama a atenção, por ter sido posterior à data do julgamento inclusive do Tema nº 526, no ano

---

[14] BRASIL. Tribunal de Justiça de São Paulo. *Consulta completa*. Disponível em: http://esaj.tjsp.jus.br/cjsg/resultadoCompleta.do. Acesso em: 26 ago. 2021.

de 2021, e manteve o rateio da pensão por morte entre três companheiras do segurado, mediante a prova material irrefutável da convivência e da dependência econômica.[15]

> *EMENTA:* PREVIDENCIÁRIO. PENSÃO POR MORTE. RELACIONAMENTOS ESTÁVEIS, PARALELOS E CONCOMITANTES. RATEIO DA PENSÃO ENTRE AS COMPANHEIRAS DO SEGURADO FALECIDO. TEMA 529/STF. DISTINÇÃO. 1. A concessão do benefício de pensão por morte depende da ocorrência do evento morte, da demonstração da qualidade de segurado do segurado falecido e da condição de dependente de quem objetiva o benefício. 2. O STF, em sede de repercussão geral, ao julgar o Tema 529 (RE1045273), firmou o entendimento de que "a preexistência de casamento ou de união estável de um dos conviventes, ressalvada a exceção do artigo 1.723, §1º, do Código Civil, impede o reconhecimento de novo vínculo referente ao mesmo período, inclusive para fins previdenciários, em virtude da consagração do dever de fidelidade e da monogamia pelo ordenamento jurídico-constitucional brasileiro". *3. Situação de fato que não se amolda à que foi objeto de análise no precedente, uma vez comprovada, por meio de prova material suficiente, corroborada por prova testemunhal, a manutenção, pelo segurado falecido, de três relações de união estável, em convivência pública duradoura, com dependência econômica ou mútua dependência, em períodos em parte concomitantes, mas em grande medida sucessivos, inclusive com mais de uma escritura pública a formalizar as uniões, impõe-se assegurar a proteção previdenciária, mediante o rateio da pensão por morte entre as companheiras.* (TRF4. AC nº 5003995-65.2017.4.04.7121, Rel. Taís Schilling Ferraz, Sexta Turma, juntado aos autos em 6.8.2021)

Há, portanto, uma notável resistência à elaboração traçada pelo STF em sede de direito previdenciário, máxime no que diz respeito a uniões paralelas, e isso se dá porque o poder social do direito será superior.

5 Notas conclusivas

1. O julgamento do Tema nº 529 pelo Supremo Tribunal deixa lacunas concretas na eleição de critérios quando da constatação de uniões paralelas, lacunas estas que serão inevitavelmente preenchidas pelo Judiciário, que optará ora pela exclusão e cometimento de injustiças, ora pela inclusão na proteção de todas.
2. A jurisprudência excludente contraria os preceitos máximos da ordem constitucional e coloca em risco o maior dos valores, que é a dignidade da pessoa humana na imposição da forma monogâmica ao caso concreto.
3. O julgamento do Tema nº 526 mantém a interpretação literal das regras de vedação à concubina no CCB/2002, reforçando conceitos descontextualizados da atualidade e estabelecendo clara hierarquia entre o casamento e as uniões fáticas em sentido amplo.
4. Ambos os julgamentos, além de desprotegerem pessoas em sua subsistência, formalmente foram além do que estava sendo pleiteado no rateio da pensão por morte, estendendo os seus efeitos ao direito de família e optando pelo antigo modelo da unicidade de relações e invisibilidade de outras.
5. A divergência aberta sobre o voto vencedor corresponde a 49% do entendimento da Corte, o que reflete uma grande divisão de pensamentos e interpretações

[15] BRASIL. Tribunal Regional Federal, 4ª Região. *Pesquisa de jurisprudência*. Disponível em: https://jurisprudencia.trf4.jus.br/pesquisa/resultado_pesquisa.php. Acesso em: 26 ago. 2021.

dos preceitos constitucionais, sugerindo breves e novas discussões em havendo novas especificidades surgidas.

6. O efeito dos julgamentos dificulta o tratamento já consolidado a respeito da possibilidade de planejamento sucessório à companheira paralela ou concubina, desestimulando a possibilidade de prevenção de conflitos judiciais na utilização de mecanismos autorizados pela melhor interpretação da lei, sujeitando qualquer proteção à faculdade daquele que mantinha mais de um relacionamento e, portanto, estimulando a exoneração de responsabilidades.
7. A metodologia civil constitucional, que viabiliza a interpretação do direito privado a partir da leitura dos princípios constitucionais, contribui para uma interpretação mais diversa, solidária e responsável das relações familiares em proteção aos membros que a compõem e não à forma dos arranjos, como optou o Supremo Tribunal Federal.
8. O Supremo Tribunal Federal, nos julgamentos de 2020 e 2021, apresenta franca contradição na concepção de família a ser adotada para todos os fins de direito, quando da comparação com o julgamento da ADPF nº 132 e na ADI nº 4.277, no ano de 2011, indicando forte retrocesso conservador.

Referências

BRASIL. Supremo Tribunal Federal. *Recurso Extraordinário 1.045.273/Sergipe*. Disponível em: https: //jurisprudencia.stf.jus.br/pages/search?classeNumeroIncidente=RE%201045273&base=acordaos&sinonimo=true&plural=true&page=1&pageSize=10&sort=_score&sortBy=desc&isAdvanced=true&origem=AP. Acesso em: 27 ago. 2021.

BRASIL. Supremo Tribunal Federal. *Recurso Extraordinário 883168/SC*. Disponível em: http: //www.stf.jus.br/portal/jurisprudenciaRepercussao/verAndamentoProcesso.asp?incidente=4757390&numeroProcesso=883168&classeProcesso=RE&numeroTema=526. Acesso em: 27 ago. 2021.

BRASIL. Tribunal de Justiça de São Paulo. *Consulta completa*. Disponível em: http://esaj.tjsp.jus.br/cjsg/resultadoCompleta.do. Acesso em: 26 ago. 2021.

BRASIL. Tribunal Regional Federal, 4ª Região. *Pesquisa de jurisprudência*. Disponível em: https://jurisprudencia.trf4.jus.br/pesquisa/resultado_pesquisa.php. Acesso em: 26 ago. 2021.

BRASILEIRO, Luciana. *As famílias simultâneas e seu regime jurídico*. Belo Horizonte: Fórum, 2019.

BRASILEIRO, Luciana; HOLANDA, Maria Rita. A proteção da pessoa nas famílias simultâneas. *In*: MENEZES; Joyceane Bezerra de; RUZYK, Carlos Eduardo Pianovski; SOUZA, Eduardo Nunes de (Org.). *Direito civil constitucional*: a ressignificação dos institutos fundamentais do direito civil contemporâneo e suas consequências. Florianópolis: Conceito Editorial, 2014.

BRASILEIRO, Luciana; HOLANDA, Maria Rita. O planejamento sucessório no concubinato. *In*: TEIXEIRA, Daniele Chaves (Coord.). *Arquitetura do planejamento sucessório*. Belo Horizonte: Fórum, 2021. t. II.

CARVALHO, Dimitre Braga Soares de. Contratos familiares: cada família pode criar seu próprio direito de família. *IBDFAM*. Disponível em: https://ibdfam.org.br/artigos/busca/. Acesso em: 27 ago. 2021.

LÔBO, Paulo. *Direito civil*. Famílias. São Paulo: Saraiva Educação, 2021.

SIMÃO, José Fernando. Sim, eu tinha razão e o STF confirmou que não há famílias paralelas no Brasil. *Conjur*, 20 dez. 2020. Disponível em: https://www.conjur.com.br/2020-dez-20/processo-familiar-stf-confirma-nao-familias-paralelas-brasil. Acesso em: 26 ago. 2021.

TARTUCE, Flávio. Autonomia privada e direito de família – Reflexões atuais. *Migalhas*, 25 ago. 2021. Disponível em: https://www.migalhas.com.br/coluna/familia-e-sucessoes/350602/autonomia-privada-e-direito-de-familia--a-reflexoes-atuais?U=55A5A487_188&utm_source=informativo_click&utm_medium=1884&utm_campaign=1884. Acesso em: 27 ago. 2021.

TEIXEIRA, Daniele Chaves. *Planejamento sucessório*. Pressupostos e limites. 2. ed. Belo Horizonte: Fórum, 2019.

Informação bibliográfica deste texto, conforme a NBR 6023:2018 da Associação Brasileira de Normas Técnicas (ABNT):

HOLANDA, Maria Rita de. Concubinato e uniões paralelas: breves anotações aos julgamentos dos temas nºs 529 e 526 do STF. *In*: TEIXEIRA, Daniele Chaves (Coord.). *Arquitetura do planejamento sucessório*. Belo Horizonte: Fórum, 2022. p. 553-563. Tomo III. ISBN 978-65-5518-291-0.

O CONTRATO DE NAMORO COMO INSTRUMENTO DE PLANEJAMENTO SUCESSÓRIO

MARÍLIA PEDROSO XAVIER

1 Introdução

Há pouco tempo, falar sobre os dois objetos deste artigo – contrato de namoro e planejamento sucessório – ensejava deslumbramento semelhante àquele narrado por Gabriel García Márquez em conhecida passagem: "[o] mundo era tão recente que muitas coisas careciam de nome, e para mencioná-las era preciso apontar com o dedo".[1] A ideia de planejamento sucessório[2] estava presa à lavratura de um testamento e o namoro era uma relação afetiva, quase pueril, sem qualquer eficácia jurídica.

As circunstâncias mudaram. Por um lado, a maior complexidade da sociedade atual exigiu o desenvolvimento de novos mecanismos de proteção e perpetuação patrimonial. De outro, a liquidez das relações e a progressiva – mas perigosa – equiparação do casamento à união estável jogaram luzes sobre o namoro como figura juridicamente relevante.

Partindo deste ambiente fértil, busca-se com o presente trabalho apresentar a intersecção entre planejamento sucessório e contrato de namoro, apontando o contrato de namoro como instrumento de planejamento sucessório. Para tanto, dividiu-se o texto em duas grandes partes. Na primeira, apresenta-se a caminhada do rechaço ao reconhecimento do contrato de namoro enquanto instituto jurídico lícito e relevante. Na segunda, enfrenta-se a delicada incerteza jurídica sobre a sucessão do companheiro e a utilidade do contrato de namoro enquanto instrumento de planejamento sucessório neste quadro de inseguranças. Ao final, resumem-se as conclusões dessas reflexões.

---

[1] GARCÍA MÁRQUEZ, Gabriel. *Cem anos de solidão*. Tradução de Eric Nepomuceno. Rio de Janeiro: Record, 2019. p. 1.

[2] Sobre a evolução das discussões do tema, ver por todos: TEIXEIRA, Daniele Chaves. *Planejamento sucessório*: pressupostos e limites. Belo Horizonte: Fórum, 2017.

2 O contrato de namoro: do vilanismo ao protagonismo

O tema do contrato de namoro sempre foi polêmico, desde a sua gênese. De fato, o próprio nome já desperta um misto de curiosidade e estranhamento. Não se sabe ao certo a quem atribuir o pioneirismo do termo. A expressão começou a figurar em reportagens nas revistas de grande circulação.[3]

Não demorou muito para que as primeiras reflexões doutrinárias viessem à lume, chamando à atenção o fato de que eram praticamente unânimes em alertar o leitor de que tais contratos atípicos eram eivados de nulidade, sendo que na prática em nada contribuíram para as partes que assim avençassem. O contrato de namoro era retratado como um verdadeiro vilão, fruto da criatividade da advocacia, mas maculado por má-fé e resquícios fraudulentos.

Exemplo era a doutrina de Pablo Stolze Gagliano, para quem tal contrato era "completamente desprovido de validade jurídica". Para o autor, o objeto contratual seria considerado "impossível", já que se prestaria a afastar "normas de natureza cogente, de ordem pública, indisponíveis pela simples vontade das partes". Concluindo o autor que tal contrato seria "somente uma írrita tentativa de se evitar o inevitável".[4]

Como se verá adiante, essa tese ganha força e relevo após uma decisão judicial reverberar em território nacional que o contrato de namoro seria, na realidade, um verdadeiro "aborto jurídico".

2.1 O contrato de namoro é um aborto jurídico?

Até o ponto em que se tem notícia, a primeira referência jurisprudencial sobre o contrato de namoro foi a Apelação Cível nº 70006235287, do Tribunal de Justiça do Rio Grande do Sul, julgada em 16.6.2004, pela Sétima Câmara Cível. Do voto do Des. Rel. Luiz Felipe Brasil Santos, extrai-se o seguinte excerto que dá nome a esta reflexão: "[...] contratos de namoro, esses abortos jurídicos que andam recentemente surgindo por aí [...]".

Importa ressaltar que foi a partir desse pronunciamento que vários escritos[5] passaram a afirmar com veemência que o contrato de namoro seria nulo de pleno direito, porque teria como única finalidade afastar de modo fraudulento normas jurídicas cogentes. Ocorre que esse não foi o prisma de análise do julgado. Lamentavelmente, o acórdão parece ter sido mais citado do que efetivamente lido e compreendido. Por isso, seu exame se faz importante até mesmo para desfazer falsas crenças.

Antes, porém, cabe uma importante advertência metodológica: o julgado em comento é extremamente rico em argumentação e fundamentação. As matérias foram

---

[3] OYAMA, Thais. Homens precavidos estão assinando contratos de não-compromisso com namoradas. *Revista Veja*, São Paulo, ed. 1746, 10 abr. 2002. Com a devida vênia à repórter, acredita-se que o título da matéria seja bastante equivocado, por reforçar estereótipos de gênero infelizmente comuns no passado, mas que não mais resumem a plural sociedade brasileira contemporânea.

[4] O texto pode ser encontrado em: GAGLIANO, Pablo Stolze. Contrato de namoro. *Jus.com.br*, maio 2006. Disponível em: https://jus.com.br/artigos/8319/contrato-de-namoro. Acesso em: 18 ago. 2021.

[5] Em homenagem aos ditames de elegância acadêmica e da pretensão de afastamento de qualquer espécie de "pessoalização" do debate, deixa-se de mencionar expressamente tais textos. Porém, é certo que o leitor não encontra dificuldade em localizá-los, eis que estabelecem verdadeira relação de causa e efeito entre o julgado e a tese de nulidade do contrato de namoro.

debatidas com rigor, após ampla dilação probatória e, como já se espera em temas sensíveis, o resultado foi proclamado por maioria (e não por unanimidade). Para além de todo o esmero dos eminentes magistrados, também ganhou destaque o trabalho dos advogados das partes. Nas palavras do Des. José Carlos Teixeira Giorgis: "[...] este é um processo como poucos, porque é raro encontrarmos num feito um trabalho tão profícuo, profundo e dedicado de ambos os advogados". E prossegue o desembargador: "[s]eja qual for o vitorioso, ambos merecem elogios pela dedicação à causa e pela produção do trabalho notável, o que, em contrapartida, também exige do julgador uma dedicação maior". Diante de tantos caminhos que poderiam ser percorridos para analisar o recurso de apelação, iremos nos concentrar na verticalização dos aspectos atinentes ao tema já enunciados no título.

A demanda aforada por Marinês pretendia declarar a existência de união estável com Carlos, decretar sua dissolução, partilhar os bens amealhados no período compreendido entre 1990 e 1999 e fixar alimentos. Em primeiro grau, a magistrada julgou procedente o pedido para reconhecer a união estável entre as partes pelo período de nove anos, determinando a partilha dos bens e estabelecendo alimentos em favor de Marinês.

Porém, em segundo grau foi dado provimento ao apelo para afastar o reconhecimento da união estável e os consequentes efeitos patrimoniais. Como já dito, o julgamento foi por maioria. Para o Des. Rel. Luiz Felipe Brasil Santos, cujo entendimento foi acompanhado pelo Des. José Carlos Teixeira Giorgis, é absolutamente inequívoco que as partes mantiveram um relacionamento afetivo de longa duração, mas que não se revestiu das características típicas de uma entidade familiar, não tendo havido comunhão plena de vidas.

Aqui, cabe lembrar que a união estável é reconhecida pela Constituição Federal de 1988, em seu art. 226, §3º, como entidade familiar. Já o art. 1.723 do Código Civil prevê que um relacionamento afetivo, para que seja considerado uma união estável, deverá preencher os seguintes requisitos: "convivência pública, contínua e duradoura e estabelecida com o objetivo de constituição de família".

Uma nota importante para a compreensão do caso: Marinês e Carlos eram solteiros, não havendo nenhuma lógica em cogitar se o relacionamento seria concubinário (nos moldes do art. 1.727 do Código Civil), uma vez que ambos eram plenamente desimpedidos para, querendo, se casar.

Os fundamentos que levaram os julgadores a afastar a constituição da união estável estão especialmente centrados na ausência de publicidade e de objetivo de constituir família. Quanto ao fato de a união ser contínua e duradoura, entendeu-se que apesar das alegações de terem existido períodos de afastamento, o relacionamento foi bastante longevo, alcançando quase uma década. No que toca à ausência de publicidade e de objetivo de constituir família, foi consignado que as partes nunca coabitaram, não mantiveram conta corrente ou poupança em conjunto, não figuraram como dependentes no imposto de renda ou plano de saúde do outro, não eram apresentadas na sociedade como companheiros em união estável e mantinham vidas independentes apesar do relacionamento afetivo. Nesse sentido, destaca-se um elemento probatório acostado aos autos: a declaração do pároco da igreja que Carlos frequentava por mais de vinte anos no sentido de que quando questionava o fiel sobre casamento, ouvia de Carlos que ainda não teria encontrado a mulher ideal para constituir família.

O que mais chama atenção no acórdão é o que serve, nas palavras do próprio Des. Luiz Felipe Brasil Santos, de "inspiração, norte e até de filosofia" no enfoque do "cipoal de provas deste processo". O relator afirma, com acerto, que examinará os autos a partir da seguinte mentalidade:

> [...] devemos, antes e acima de tudo, respeitar a opção pessoal das pessoas, a liberdade individual de cada um constituir a forma de relacionamento que melhor lhe aprouver, indagando, com muita cautela, as razões pelas quais essas pessoas teriam optado por não casar, podendo fazê-lo, mas não o fazendo. E, por isso, só reconhecendo a união estável em situações em que ela esteja palpitante na prova dos autos, nunca em situações dúbias, em situações contraditórias ou em situações em que a prova se mostre dividida, porque aí vamos estar fazendo como João Baptista Villela refere: casando de ofício quem não o fez *motu proprio*.

Baseado em tais premissas, reformou a decisão exarada em primeiro grau e afastou a caracterização da união estável ante a ausência da comunhão plena de vida e dos elementos constantes no art. 1.723 do Código Civil.

Pois bem, compreendidas as linhas mestras da decisão, cabe então indagar: as partes pactuaram contrato de namoro? O Tribunal de Justiça do Rio Grande do Sul considerou o instrumento como elemento de prova para entender pela não configuração da união estável?

A resposta para os questionamentos acima é não. O julgamento em comento não enfrentou a questão do contrato de namoro por uma razão bem simples e óbvia: as partes não o pactuaram. Em nenhum momento dos autos há qualquer menção sobre tal instrumento.

Ocorre que no afã de explicitar a cautela que deve guiar a magistratura em decisões como aquela, no sentido de evitar ao máximo uma indevida intromissão do Estado-Juiz na vida privada das pessoas, o julgador assim asseverou:

> É isso que não desejo realizar nunca, porque tenho certeza de que não estarei colaborando para o afeto, não estarei colaborando para a realização espontânea do amor, da autonomia de vontades; pelo contrário, estarei colaborando para a proliferação do medo, para o resguardo das pessoas sob a forma de *contratos de namoro, esses abortos jurídicos* que andaram recentemente surgindo por aí, que são nada mais do que o receio de que um namoro espontâneo, natural, simples e singelo, resultante de um afeto puro, acabe transformando-se em uma união com todos os efeitos patrimoniais indesejados ao início. (Grifos nossos)

A crítica feita pelo Des. Luiz Felipe Brasil Santos parece estar muito mais direcionada ao aludido receio de que as relações de namoro sejam transformadas em união estável de forma indevida, projetando consequências patrimoniais que não foram previamente e inequivocamente desejadas pelas partes.

Feitas essas considerações, voltemos então à pergunta que intitula este tópico: o contrato de namoro é um aborto jurídico?

Considerando a polissemia do termo "aborto" e, também, o neologismo semântico de "aborto jurídico" – aqui tomado como palavra ou expressão já existente e que ganha outro novo significado –, cabe perquirir o real alcance do que teria dito o julgador.

A partir de interpretação subjetiva formulada por esta autora, quer parecer que a expressão "aborto jurídico" foi empregada no julgado como sendo uma espécie de intervenção externa voluntária utilizada pelas partes com o objetivo de evitar que se dê vida aos efeitos jurídicos indesejados do relacionamento de namoro.

Nesse sentido, assiste razão ao julgador. É muito grave o fato de o instituto da união estável ter ganhado tentáculos tão extensos e numerosos a ponto de levar os interessados a promover a criação de instrumentos para evitar sua configuração. No fundo, a grande lição que se extrai aqui é que o instituto da união estável precisa urgentemente ser repensado.

Não se ignora que a união estável passou por um longo e tortuoso caminho até alcançar reconhecimento constitucional e *status* de família e, posteriormente, receber um regramento infraconstitucional. É fato, inclusive, que esse regramento quando vertido na codificação civil de 2002 padeceu de várias imprecisões e inconstitucionalidade já declarada. Esse caminho lembra um movimento pendular, que vai da sua negação, avança para a indenização por serviços prestados e pela sociedade de fato e aporta na família. Agora, porém, parece ter atingido o outro extremo da trajetória: alcançar relações amorosas e afetivas em que não há vontade expressa de ambas as partes para que a união estável se constitua.

Assim, o maior desafio do instituto hoje parece estar nucleado na definição de bases mais sólidas e concretas para sua constituição. Afinal, transformar qualquer relacionamento em união estável é, antes de tudo, banalizar essa forma tão digna de família.

Por essas razões, enquanto perdurar a extensa zona de penumbra que norteia o conceito jurídico da união estável, sua natureza jurídica e seus requisitos de constituição, parece pertinente, sim, pactuar contratos de namoro.

Nesse sentido, uma análise crítica e atenta do julgado permite retirar lições completamente diversas do que uma leitura apressada poderia sugerir. A intensa utilização pela doutrina da expressão "aborto jurídico" de forma descontextualizada induz em erro o leitor e gera perigosas incompreensões.

Na já denunciada abordagem negativa atribuída ao contrato de namoro, transformando-o em vilão, Zeno Veloso por muito tempo foi voz dissonante e isolada. Em suas palestras, sempre alertou para os perigos da zona tênue entre um namoro com ares contemporâneos e uma união estável. Foi em suas obras, inclusive, que o termo "namoro qualificado" ganhou destaque nacional.[6] As sementes de uma nova perspectiva já estavam bem lançadas pelo festejado e saudoso jurista.

[6] Ver: VELOSO, Zeno. É namoro ou união estável? *IBDFAM*, 20 jul. 2016. Disponível em: https://ibdfam.org.br/noticias/6060. Acesso em: 5 ago. 2021 e VELOSO, Zeno. A união estável e o chamado namoro qualificado no Brasil. *Revista Nacional de Direito de Família e Sucessões*, Porto Alegre, v. 18, p. 32-50, maio/jun. 2017.

2.2 Uma nova perspectiva: contrato de namoro – Amor líquido e direito de família mínimo

Como já observava San Tiago Dantas, no ramo do direito de família, "[...] mais do que em qualquer outro, sente-se o quanto as normas jurídicas são moldadas e determinadas pelos seus conteúdos sociais".[7] Essa é a premissa básica para compreender a mudança de perspectiva pela qual passou o contrato de namoro.

Ao analisar o cenário contemporâneo, Zygmunt Bauman aponta que no âmbito dos relacionamentos afetivos e amorosos há uma superação da perspectiva única do amor romântico e duradouro, substrato social do arcabouço do direito de família. É importante frisar que algumas relações de nossa época, chamada de modernidade líquida, se caracterizam por parcerias "frouxas e eminentemente revogáveis".[8]

Assim, em muitos casos, as pessoas querem se relacionar, viver uma paixão, um amor, mas sem que isso se torne algo sólido a ponto de trazer reflexos jurídicos cogentes na área de família e sucessões. Surge, portanto, um descompasso entre aquilo que a sociedade vive, seus novos comportamentos, seus novos costumes e aquilo que está cristalizado na lei e na mentalidade dos juristas. O vilanismo que atingiu o contrato de namoro, exposto anteriormente, é fruto desse descompasso.

Diante destas circunstâncias é que o direito de família, notadamente na esfera das conjugalidades, vem sofrendo uma diminuição da tutela estatal e uma ampliação da autonomia das partes. Sem se descurar da eventual vulnerabilidade de um dos cônjuges, a autonomia privada deve ser a regra geral no trato das situações havidas na conjugalidade, na medida em que o respeito à autonomia implica o respeito da vida digna. Daí a antológica anotação de João Baptista Villela no sentido de que "[o] casamento e a família só serão o espaço do sonho, da liberdade e do amor à condição de que os construam os partícipes mesmos da relação de afeto".[9] É a ideia de um direito de família mínimo, no qual o Estado deve se concentrar na proteção dos sujeitos presumidamente vulneráveis, não limitando indevidamente os demais.[10]

Outra circunstância que deve ser somada é a de que a própria noção de namoro foi radicalmente alterada com o transcurso do tempo. Os namoros de outrora, da época de elaboração do Anteprojeto do Código Civil na década de 1970, contavam com a supervisão da família para evitar que o casal tivesse intimidade sexual. Tudo isso porque o namoro era visto como um meio apto para atingir determinado fim: o casamento. Hoje, anos mais tarde, percebe-se que para muitos pares o namoro é uma espécie de fim em si mesmo. Não precisa levar a outra instância. Tem valor *per se* e talvez nunca evolua para uma intensificação relacional que gere a solidez típica de uma família, inclusive para fins jurídicos.

---

7 DANTAS, San Tiago. *Direitos de família e das sucessões*. 2. ed. Rio de Janeiro: Forense, 1991. p. 3.

8 BAUMAN, Zygmunt. *Amor líquido*: sobre a fragilidade dos laços humanos. Tradução de Carlos Alberto Medeiros. Rio de Janeiro: Zahar, 2004. p. 112.

9 VILLELA, João Baptista. Repensando o direito de família. *In*: PEREIRA, Rodrigo da Cunha (Coord.). *Repensando o direito de família*. Belo Horizonte: Del Rey, 1999. p. 19.

10 Nesse sentido, ver: MULTEDO, Renata Vilela. *Liberdade e família*: limites para a intervenção do estado nas relações conjugais e parentais. Rio de Janeiro: Processo, 2017.

Assim, não raro observamos casais que estão namorando por anos e anos. A relação longeva na sociedade de hoje, com mais permissividade pós-revolução sexual, faz com que esses casais viagem juntos, convivam com bastante intensidade e pernoites e se relacionem sexualmente.

Com isso, convencionou-se diferenciar um namoro mais fugaz de um namoro mais duradouro e intenso, chamando esse último de namoro qualificado. Sem dúvida, a grande valia de ter uma expressão própria para bem delinear esses relacionamentos vem a ser a delimitação conceitual. Logo, o namoro qualificado surge como uma instância intermediária entre o namoro e a união estável. Zeno Veloso bem explanou essa complexa zona cinzenta e seus reflexos jurídicos:

> Nem sempre é fácil distinguir essa situação – a união estável – de outra, o namoro, que também se apresenta informalmente no meio social. Numa feição moderna, aberta, liberal, especialmente se entre pessoas adultas, maduras, que já vêm de relacionamentos anteriores (alguns bem-sucedidos, outros nem tanto), eventualmente com filhos dessas uniões pretéritas, o namoro implica, igualmente, convivência íntima – inclusive, sexual –, os namorados coabitam, frequentam as respectivas casas, comparecem a eventos sociais, viajam juntos, demonstram para os de seu meio social ou profissional que entre os dois há uma afetividade, um relacionamento amoroso. E quanto a esses aspectos, ou elementos externos, objetivos, a situação pode se assemelhar – e muito – a uma união estável. Parece, mas não é! Pois falta um elemento imprescindível da entidade familiar, o elemento interior, anímico, subjetivo: ainda que o relacionamento seja prolongado, consolidado, e por isso tem sido chamado de 'namoro qualificado', os namorados, por mais profundo que seja o envolvimento deles, não desejam e não querem – ou ainda não querem – constituir uma família, estabelecer uma entidade familiar, conviver numa comunhão de vida, no nível do que os antigos chamavam de *affectio maritalis*. Ao contrário da união estável, tratando-se de namoro – mesmo do tal namoro qualificado –, não há direitos e deveres jurídicos, mormente de ordem patrimonial entre os namorados. Não há, então, que falar-se de regime de bens, alimentos, pensão, partilhas, direitos sucessórios, por exemplo.[11]

A diferenciação entre namoro qualificado e união estável também ganhou contornos significativos a partir de dois julgados do Superior Tribunal de Justiça: o REsp nº 1.263.015/RN,[12] de relatoria da Min. Nancy Andrighi, e o REsp nº 1.454.643/RJ,[13] de relatoria do Min. Marco Aurélio Bellizze. Ambos se debruçam sobre a necessária presença do ânimo de constituir família para a caracterização da união estável, dando ao namoro qualificado um delineamento diferenciador da união estável.[14] Especialmente no acórdão relatado

---

[11] VELOSO, Zeno. União estável e o chamado namoro qualificado no Brasil: equiparação entre cônjuges e companheiros. *In*: VELOSO, Zeno. *Direito civil*: temas. Belém: Anoreg/PA, 2018. p. 313-314.

[12] BRASIL. Superior Tribunal de Justiça. *REsp 1.263.015/RN*. Rel. Nancy Andrighi, Terceira Turma, j. 19.6.2012, pub. 26.6.2012.

[13] BRASIL. Superior Tribunal de Justiça. *REsp 1.454.643-RJ*. Rel. Marco Aurélio Bellizze, Terceira Turma, j. 3.3.2015, pub. 10.3.2015.

[14] Flávio Tartuce aponta tais decisões para demonstrar a utilização da expressão "namoro qualificado" "para denotar o namoro longo, em que não há a presença dos requisitos familiares de uma união estável". Nesse sentido, o autor cita trecho do acórdão da Ministra Nancy Andrighi: "Na relação de namoro qualificado os namorados não assumem a condição de conviventes porque assim não desejam, são livres e desimpedidos, mas não tencionam naquele momento ou com aquela pessoa formar uma entidade familiar. Nem por isso vão querer se manter refugiados, já que buscam um no outro a companhia alheia para festas e viagens, acabam até conhecendo um a família do outro, posando para fotografias em festas, pernoitando um na casa do outro com frequência, ou seja, mantêm verdadeira convivência amorosa, porém, sem objetivo de constituir família (BRASIL. Superior Tribunal de

pelo Ministro Bellizze, tem-se a análise do momento em que este ânimo é manifestado, se é no presente ou como projeto para o futuro, conforme trecho extraído da ementa:

> A só projeção da formação de uma família, os relatos das expectativas da vida no exterior com o namorado, a coabitação, ocasionada, ressalta-se, pela contingência e interesses particulares de cada qual, tal como esboçado pelas instâncias ordinárias, afiguram-se insuficientes à verificação da *affectio maritalis* e, por conseguinte, da configuração da união estável. 2.1 O propósito de constituir família, alçado pela lei de regência como requisito essencial à constituição da união estável – a distinguir, inclusive, esta entidade familiar do denominado "namoro qualificado" –, não consubstancia mera proclamação, *para o futuro*, da intenção de constituir uma família. É mais abrangente. Esta deve se afigurar *presente* durante toda a convivência, a partir do efetivo compartilhamento de vidas, com irrestrito apoio moral e material entre os companheiros. É dizer: a família deve, de fato, restar constituída. Tampouco a coabitação, por si, evidencia a constituição de uma união estável (ainda que possa vir a constituir, no mais das vezes, um relevante indício) [...]. (Grifos no original)

A partir de tal excerto, torna-se perceptível a dificuldade do Poder Judiciário de se imiscuir na análise dos detalhes cotidianos e, por vezes, íntimos, da vida do casal e de intentar extrair a (in)existência do ânimo de constituir família no momento presente.

Diante desse cenário, tivemos a oportunidade de analisar a dogmática do contrato de namoro sob novas luzes em trabalho acadêmico.[15] Em referido trabalho, o contrato de namoro é conceituado como "[...] uma espécie de negócio jurídico no qual as partes que estão tendo um relacionamento afetivo acordam consensualmente que não há entre elas objetivo de constituir família".[16]

Isso porque, adotando o posicionamento de Marcos Bernardes de Mello,[17] para quem a união estável é um negócio jurídico composto por manifestação de vontade e por um suporte fático que a complete, o contrato de namoro claramente impede a completude do seu suporte fático. Note-se, inclusive, que esta posição supera o argumento da nulidade do contrato de namoro por impossibilidade jurídica do pedido.

Logo, o contrato de namoro emerge como importante instrumento para externar de forma segura a vontade das partes no sentido de evitar que ocorram efeitos jurídicos indesejados. Esses efeitos, advindos de um enquadramento equivocado como união estável, podem se dar em vida, mas também *causa mortis*. É nesse sentido que o contrato de namoro passa a ser um importante instrumento de planejamento sucessório.

3 O contrato de namoro como instrumento de planejamento sucessório

O planejamento sucessório tem se tornado uma verdadeira necessidade para a população brasileira, a qual conta com os mais diversos arranjos familiares e afetivos,

---

Justiça. REsp 1.263.015/RN. Rel. Nancy Andrighi, Terceira Turma, j. 19.6.2012, pub. 26.6.2012)" (TARTUCE, Flávio. União estável e namoro qualificado. *IBDFam*, 28 mar. 2018. Disponível em: https://ibdfam.org.br/artigos/1265/Uni%C3%A3o+est%C3%A1vel+e+namoro+qualificado. Acesso em: 18 ago. 2021).

15 XAVIER, Marilia Pedroso. *Contrato de namoro*: amor líquido e direito de família mínimo. 2. ed. Belo Horizonte: Fórum, 2020.

16 XAVIER, Marilia Pedroso. *Contrato de namoro*: amor líquido e direito de família mínimo. 2. ed. Belo Horizonte: Fórum, 2020. p. 102-103.

17 MELLO, Marcos Bernardes de. Breves notas sobre o perfil jurídico da união estável. *Revista IBDFAM: Família e Sucessões*, v. 39, p. 138-164, maio/jun. 2020.

mas que em geral está submetida a uma única legislação já anacrônica e que dificilmente se adequa aos exatos anseios dos interessados.

No passado, diante da verificação de potenciais riscos de enquadramento de uma relação como união estável, a advocacia costumava indicar que o caminho mais seguro para as partes seria formalizar o relacionamento como união estável (ainda que não fosse) e escolher o regime da separação convencional de bens. Também, somava-se a isso a lavratura de testamento afastando a figura do companheiro como herdeiro.

A verdade é que essa solução nunca foi adequada. Isso por duas razões. A primeira é de cunho ideológico. É simplesmente absurdo aceitar com ares de normalidade o fato de namorados precisarem adentrar no terreno do direito de família e formar uma união estável quando não sentem que essa é a realidade efetivamente vivida. Tudo isso apenas para acessar um arcabouço jurídico que permita afastar direitos a partir da adoção de um regime de bens mais austero. A segunda é de cunho pragmático. Mesmo conjugando a adoção pelo regime da separação convencional e o testamento, muitos direitos que surgem do vínculo do companheirismo são de natureza cogente e não podem ser declinados por vontade das partes. O direito real de habitação é um importante exemplo, o qual tem efeitos tão significativos que chegam à vitaliciedade.

Nos últimos anos, a união estável ganhou contornos jurídicos ainda mais complexos a partir de uma tentativa sistemática de equiparação ao casamento. Baseado no discurso inicial de rechaçar qualquer tipo de hierarquização das formas de família, distinções legislativas entre união estável e casamento vêm sendo superadas, gerando tamanha aproximação entre os institutos a ponto de Mário Delgado denunciar que a união estável tem se tornado um verdadeiro "casamento forçado".[18]

Sem dúvida, o reconhecimento da inconstitucionalidade do art. 1.790 do Código Civil pelo Supremo Tribunal Federal trouxe mais insegurança jurídica para aqueles que temem uma confusão entre um namoro qualificado e uma união estável. Isso porque há quem defenda que após o julgamento dos recursos extraordinários nºs 878.694/MG[19] e 646.721/RS[20] o companheiro teria se tornado herdeiro necessário. Com isso, não seria possível o afastar em testamento, uma vez que faria jus a participar da reserva legítima de cinquenta por cento do patrimônio do companheiro falecido.

É importante rememorar que, até o julgamento dos referidos recursos, a jurisprudência apresentava três posições conflitantes sobre a adequação do art. 1.790 do Código Civil aos ditames constitucionais: (i) pela inconstitucionalidade integral; (ii) pela inconstitucionalidade parcial e (iii) pela constitucionalidade.[21]

Porém, mesmo com a fixação da tese sobre a inconstitucionalidade do art. 1.790 e a aplicação, tanto no casamento quanto na união estável, do regime do art. 1.829 do Código Civil, novas dúvidas surgiram. Como suscitado pelo IBDFAM nos embargos de

---

18 DELGADO, Mário Luiz. O paradoxo da união estável: um casamento forçado. *Revista Nacional de Direito de Família e Sucessões*, Porto Alegre, v. 1, n. 2, p. 5-21, 2014.

19 BRASIL. Supremo Tribunal Federal. *RE 878.694/MG*. Rel. Min. Luís Roberto Barroso, Tribunal Pleno, j. 10.5.2017, pub. 6.2.2018.

20 BRASIL. Supremo Tribunal Federal. *RE 646.721/RS*. Rel. Min. Marco Aurélio Mello. Red. acórdão Min. Luís Roberto Barroso, Tribunal Pleno, j. 10.5.2017, pub. 11.9.2017.

21 XAVIER, Luciana Pedroso; XAVIER, Marília Pedroso. O planejamento sucessório colocado em xeque: afinal, o companheiro é herdeiro necessário? *In*: TEIXEIRA, Daniele Chaves (Coord.). *Arquitetura do planejamento sucessório*. 2. ed. Belo Horizonte: Fórum, 2019. p. 243.

declaração opostos ao acórdão do Recurso Extraordinário nº 878.694/MG, na medida em que o art. 1.829 não esgota a disciplina da sucessão hereditária do cônjuge, graves questões de dogmáticas ficam abertas: como se dará a sucessão do companheiro em relação aos demais dispositivos legais que regulam o tema? Todos os artigos relacionados ao direito sucessório no casamento serão aplicados automaticamente ao companheiro? Haverá aplicação da regra insculpida no art. 544 do Código Civil aos companheiros ou só aos casados? Se o companheiro for considerado herdeiro necessário, ele receberá parte da reserva legítima? Ao companheiro aplicam-se as regras sobre outorga, estado civil e presunção de paternidade?

Infelizmente, os embargos foram rejeitados por unanimidade pelo STF, sob o fundamento de que a repercussão geral dizia respeito apenas à aplicabilidade do art. 1.829 do Código Civil às uniões estáveis. Com isso, o debate acerca do companheiro ser herdeiro necessário ou não ainda permanece inconcluso.

Em estudos anteriores, já registramos nossa posição de que, até esse momento, diante da ausência de manifestação expressa alterando a redação do art. 1.845 do Código Civil, não é possível sustentar que o companheiro é herdeiro necessário.[22] Porém, outra dúvida que permanece é de direito intertemporal: se futuramente o companheiro se tornar herdeiro necessário e, portanto, com direito à legítima, como ficam os testamentos lavrados anteriormente afastando sua posição? Serão rompidos? Haverá redução da disposição? A vontade do testador prevalecerá naquilo que couber?

Dessa forma, percebe-se que o contrato de namoro colmata lacunas jurídicas inquietantes. Ele alcança algo que nem mesmo outros instrumentos conjugados e/ou combinados podem oferecer. Daí extraímos sua indiscutível valia. Ao firmarem um contrato de namoro, as partes afastam a eventual configuração de união estável. E, *ipso facto*, todas as incertas consequências que esta última figura oferece contemporaneamente.

Por evidente, não se pode deixar de reconhecer que o contrato de namoro não é uma tábua de salvação. Sua utilização também apresenta algumas armadilhas. Não há modelo de contrato de namoro. Cada instrumento deverá corresponder fielmente à realidade vivida pelos namorados e aos respectivos anseios e interesses destes.

Nisto, frisa-se a importância do advogado, o qual tem papel relevantíssimo na identificação da conformação jurídica e orientação das partes acerca das repercussões sucessórias. Ademais, a atuação do advogado é de grande valia na elaboração do contrato em si, inclusive incentivando que este seja formalizado através de escritura pública.

A segurança do acompanhamento cartorial e a publicidade do registro são mecanismos importantes trazidos pela escritura pública para evitar futuras distorções na interpretação da vontade de membro do casal que falece na constância do namoro. Não é raro que, após o falecimento, surja um embate entre os familiares do falecido e o pretenso ex-companheiro justamente acerca da existência ou não do ânimo de constituir família por parte do *de cujus*. Este tipo de caso, que geralmente acaba acarretando disputas judiciais longas e exaustivas, poderia ser prevenido, eis que a vontade expressa

[22] XAVIER, Luciana Pedroso; XAVIER, Marília Pedroso. O planejamento sucessório colocado em xeque: afinal, o companheiro é herdeiro necessário? *In*: TEIXEIRA, Daniele Chaves (Coord.). *Arquitetura do planejamento sucessório*. 2. ed. Belo Horizonte: Fórum, 2019. p. 247.

no contrato de namoro seria considerada elemento de prova de que não havia intenção de constituir família.

Duas decisões de tribunais estaduais são reveladoras desta potencialidade do contrato de namoro. A primeira delas é do Tribunal de Justiça do Rio Grande do Sul,[23] em caso que versava sobre reconhecimento de união estável *post mortem* e que, diante da análise probatória, demonstrou a existência de união estável. O que chama a atenção no julgado é o seguinte trecho do voto do relator, Desembargador Ivan Leomar Bruxel:

> Destaco que tampouco se desincumbiu o falecido de evitar mal entendidos acerca de seu relacionamento com a autora, o que poderia ter feito, por exemplo, formalizando um contrato de namoro, que afastasse a hipótese de que estivesse vivendo em união estável.

Já a segunda é do Tribunal de Justiça de São Paulo.[24] Neste julgado é demonstrada a efetiva utilização do contrato de namoro como meio de prova, influenciando no convencimento do relator de que não havia união estável, conforme trecho do voto do Desembargador Rogério Murillo Pereira Cimino:

> É de se observar que, apesar de comprovada a habitação em comum por um curto período, tal fato não é elemento circunstancial, por si só, apto à caracterização da união estável. Nesse sentido, aliás, foi a prova produzida nos autos, que veio a corroborar as alegações da requerida, de modo a concluir que a relação, muito aquém de uma união estável, não passava de um namoro. Em especial, o contrato de namoro firmado pelas partes (fls. 41/43), que foi celebrado dentro dos ditames do artigo 104, do Código Civil, inexistindo patente vício de vontade que poderia ensejar, de plano, o reconhecimento de eventual nulidade. De tal sorte, é válido. Deste modo, não comprovada a alegada união estável, não há que se falar em meação quanto aos bens adquiridos pela recorrida.

Outro ponto que merece atenção é a inserção de cláusula para tutelar eventual evolução do relacionamento. Considerando o posicionamento consolidado do STJ,[25] no sentido da impossibilidade de reconhecimento de efeitos retroativos à escolha de regime de bens da união estável no momento de sua formalização, a cláusula que prevê uma eventual conversão futura de namoro em união estável ganha relevância pela possibilidade de já delimitar qual seria o regime de bens escolhido pelo casal. Com isso, se e quando houver a conversão de namoro em união estável, desde o início desta já estaria sendo aplicado o regime de bens declinado no contrato de namoro.

4 Conclusões

Dado o exposto, o contrato de namoro emerge como importante instrumento de planejamento sucessório. Além de fornecer segurança jurídica, é uma forma idônea de

---

[23] RIO GRANDE DO SUL. Tribunal de Justiça do Rio Grande do Sul. *AC 70075248823*. Rel. Ivan Leomar Bruxel, Oitava Câmara Cível, j. 10.5.2018, pub. 30.5.2018.

[24] SÃO PAULO. Tribunal de Justiça de São Paulo. *AC 1000884-65.2016.8.26.0288*. Rel. Rogério Murillo Pereira Cimino, 9ª Câmara de Direito Privado, j. 25.6.2020, pub. 25.6.2020.

[25] BRASIL. Superior Tribunal de Justiça. *AgInt no REsp 1.843.825*. Rel. Min. Moura Ribeiro, Terceira Turma, j. 3.8.2021, pub. 10.3.2021. O presente julgado é exemplo recente do posicionamento do STJ, conforme trecho da ementa: "[...] 2. Na linha da jurisprudência dominante no âmbito das Turmas que compõem a Segunda Seção do STJ, o regime de bens constante de escritura pública de união estável não tem efeitos retroativos".

garantir que as partes exerçam a sua autonomia privada e possam desenhar os exatos termos e efeitos de seus relacionamentos afetivos.

No momento atual, o conceito de união estável captado pelo art. 1.723 do Código Civil tem gerado muitos embates e decisões conflitantes que demandam uma postura ativa dos casais no sentido de se valer de instrumentos preventivos para aclarar suas reais vontades e anseios, em especial verificar se o relacionamento tem ou não o objetivo de constituir família.

É fundamental recordar que o momento presente é pródigo, em termos doutrinários e jurisprudenciais, em conferir cada vez mais direitos para a união estável. Dessa forma, resta clara a importância em afastar preventivamente a aplicação de suas normas quando as partes estiverem diante de um namoro.

Some-se a recente pandemia da Covid-19, que alterou radicalmente a vida em todo o mundo e trouxe significativos impactos para a vida em sociedade. Para além da notória crise experimentada no campo da saúde pública, é fato que o impacto na economia também foi brutal. Tudo isso redundou em significativas mudanças no campo do comportamento social, no estabelecimento de novas rotinas e, em última análise, no repensar de algumas dinâmicas familiares.

Nesse sentido, muitos casais de namorados passaram a residir em conjunto com o objetivo de poder exercer uma vida afetiva e sexual, sem serem afetados pela imposição de isolamento social e, em alguns casos, como forma de gerar economia.[26] Essa coabitação por si só não pode ser entendida como elemento caracterizador de união estável.[27] De modo coerente com o que já foi exposto nesse texto, o que deve nortear o enquadramento jurídico é a (in)existência do objetivo das partes de constituir família. A fragilidade da vida no momento pandêmico só reforça a importância do contrato de namoro.

Referências

BAUMAN, Zygmunt. *Amor líquido*: sobre a fragilidade dos laços humanos. Tradução de Carlos Alberto Medeiros. Rio de Janeiro: Zahar, 2004.

BRASIL. *Constituição da República Federativa do Brasil de 1988*. Disponível em: http://www.planalto.gov.br/ccivil_03/constituicao/constituicao.htm. Acesso em: 18 ago. 2021.

BRASIL. *Lei nº 10.406, de 10 de janeiro de 2002*. Institui o Código Civil. Disponível em: http://www.planalto.gov.br/ccivil_03/leis/2002/l10406compilada.htm. Acesso em: 18 ago. 2021.

BRASIL. Superior Tribunal de Justiça. *AgInt no REsp 1.843.825*. Rel. Min. Moura Ribeiro, Terceira Turma, j. 3.8.2021, pub. 10.3.2021.

BRASIL. Superior Tribunal de Justiça. *REsp 1.263.015/RN*. Rel. Nancy Andrighi, Terceira Turma, j. 19.6.2012, pub. 26.6.2012.

BRASIL. Superior Tribunal de Justiça. *REsp 1.454.643-RJ*. Rel. Marco Aurélio Bellizze, Terceira Turma, j. 3.3.2015, pub. 10.3.2015.

---

[26] TEIXEIRA, Ana Carolina Brochado; MATTOS, Eleonora G. Saltão de Q. A coabitação em tempos de pandemia pode ser elemento caracterizador de união estável? *In*: NEVARES, Ana Luiza Maia; XAVIER, Marília Pedroso; MARZAGÃO, Silvia Felipe (Coord.). *Coronavírus*: impactos no direito de família e sucessões. Indaiatuba: Foco, 2020. p. 77-81.

[27] CARVALHO, Felipe Quintela Machado de; MAFRA, Tereza Cristina Monteiro. A coabitação como elemento acidental e não essencial da sociedade conjugal e da união estável: a lição da pandemia da Covid-19. *Revista Brasileira de Direito Civil – RBDCivil*, Belo Horizonte, v. 26, p. 107-129, out./dez. 2020.

BRASIL. Supremo Tribunal Federal. *RE 646.721/RS*. Rel. Min. Marco Aurélio Mello. Red. acórdão Min. Luís Roberto Barroso, Tribunal Pleno, j. 10.5.2017, pub. 11.9.2017.

BRASIL. Supremo Tribunal Federal. *RE 878.694/MG*. Rel. Min. Luís Roberto Barroso, Tribunal Pleno, j. 10.5.2017, pub. 6.2.2018.

CARVALHO, Felipe Quintela Machado de; MAFRA, Tereza Cristina Monteiro. A coabitação como elemento acidental e não essencial da sociedade conjugal e da união estável: a lição da pandemia da Covid-19. *Revista Brasileira de Direito Civil – RBDCivil*, Belo Horizonte, v. 26, p. 107-129, out./dez. 2020.

DANTAS, San Tiago. *Direitos de família e das sucessões*. 2. ed. Rio de Janeiro: Forense, 1991.

DELGADO, Mário Luiz. O paradoxo da união estável: um casamento forçado. *Revista Nacional de Direito de Família e Sucessões*, Porto Alegre, v. 1, n. 2, p. 5-21, 2014.

GAGLIANO, Pablo Stolze. Contrato de namoro. *Jus.com.br*, maio 2006. Disponível em: https://jus.com.br/artigos/8319/contrato-de-namoro. Acesso em: 18 ago. 2021.

GARCÍA MÁRQUEZ, Gabriel. *Cem anos de solidão*. Tradução de Eric Nepomuceno. Rio de Janeiro: Record, 2019.

MELLO, Marcos Bernardes de. Breves notas sobre o perfil jurídico da união estável. *Revista IBDFAM: Família e Sucessões*, v. 39, p. 138-164, maio/jun. 2020.

MULTEDO, Renata Vilela. *Liberdade e família*: limites para a intervenção do estado nas relações conjugais e parentais. Rio de Janeiro: Processo, 2017.

OYAMA, Thais. Homens precavidos estão assinando contratos de não-compromisso com namoradas. *Revista Veja*, São Paulo, ed. 1746, 10 abr. 2002.

RIO GRANDE DO SUL. Tribunal de Justiça do Rio Grande do Sul. *AC 70006235287*. Rel. Des. Rel. Luiz Felipe Brasil Santos, Sétima Câmara Cível, j. 16.6.2004.

RIO GRANDE DO SUL. Tribunal de Justiça do Rio Grande do Sul. *AC 70075248823*. Rel. Ivan Leomar Bruxel, Oitava Câmara Cível, j. 10.5.2018, pub. 30.5.2018.

SÃO PAULO. Tribunal de Justiça de São Paulo. *AC 1000884-65.2016.8.26.0288*. Rel. Rogério Murillo Pereira Cimino, 9ª Câmara de Direito Privado, j. 25.6.2020, pub. 25.6.2020.

TARTUCE, Flávio. União estável e namoro qualificado. *IBDFam*, 28 mar. 2018. Disponível em: https://ibdfam.org.br/artigos/1265/Uni%C3%A3o+est%C3%A1vel+e+namoro+qualificado. Acesso em: 18 ago. 2021.

TEIXEIRA, Ana Carolina Brochado; MATTOS, Eleonora G. Saltão de Q. A coabitação em tempos de pandemia pode ser elemento caracterizador de união estável? *In*: NEVARES, Ana Luiza Maia; XAVIER, Marília Pedroso; MARZAGÃO, Silvia Felipe (Coord.). *Coronavírus*: impactos no direito de família e sucessões. Indaiatuba: Foco, 2020.

TEIXEIRA, Daniele Chaves. *Planejamento sucessório*: pressupostos e limites. Belo Horizonte: Fórum, 2017.

VELOSO, Zeno. A união estável e o chamado namoro qualificado no Brasil. *Revista Nacional de Direito de Família e Sucessões*, Porto Alegre, v. 18, p. 32-50, maio/jun. 2017.

VELOSO, Zeno. É namoro ou união estável? *IBDFAM*, 20 jul. 2016. Disponível em: https://ibdfam.org.br/noticias/6060. Acesso em: 5 ago. 2021.

VELOSO, Zeno. União estável e o chamado namoro qualificado no Brasil: equiparação entre cônjuges e companheiros. *In*: VELOSO, Zeno. *Direito civil*: temas. Belém: Anoreg/PA, 2018.

VILLELA, João Baptista. Repensando o direito de família. *In*: PEREIRA, Rodrigo da Cunha (Coord.). *Repensando o direito de família*. Belo Horizonte: Del Rey, 1999.

XAVIER, Luciana Pedroso; XAVIER, Marília Pedroso. O planejamento sucessório colocado em xeque: afinal, o companheiro é herdeiro necessário? *In*: TEIXEIRA, Daniele Chaves (Coord.). *Arquitetura do planejamento sucessório*. 2. ed. Belo Horizonte: Fórum, 2019.

XAVIER, Marilia Pedroso. *Contrato de namoro*: amor líquido e direito de família mínimo. 2. ed. Belo Horizonte: Fórum, 2020.

XAVIER, Marília Pedroso. O contrato de namoro é um aborto jurídico? *Migalhas*, 15 fev. 2021. Disponível em: https://www.migalhas.com.br/coluna/migalhas-contratuais/340315/o-contrato-de-namoro-e-um-aborto-juridico. Acesso em: 5 ago. 2021.

XAVIER, Marília Pedroso. *União estável, íntegra e coerente*. Tese (Doutorado) – Programa de Pós-Graduação em Direito, Universidade de São Paulo, São Paulo, 2015.

Informação bibliográfica deste texto, conforme a NBR 6023:2018 da Associação Brasileira de Normas Técnicas (ABNT):

XAVIER, Marília Pedroso. O contrato de namoro como instrumento de planejamento sucessório. *In*: TEIXEIRA, Daniele Chaves (Coord.). *Arquitetura do planejamento sucessório*. Belo Horizonte: Fórum, 2022. p. 565-578. Tomo III. ISBN 978-65-5518-291-0.

O FIDEICOMISSO COMO INSTRUMENTO DO PLANEJAMENTO SUCESSÓRIO

MÁRIO LUIZ DELGADO

1 Notas introdutórias: as substituições testamentárias

Na sucessão testamentária, um testador prevenido, ao instituir herdeiros ou legatários facultativos,[1] no exercício da sua liberdade testamentária, deve sempre se atentar para a escolha dos respectivos substitutos, que receberão a liberalidade no lugar daqueles, quando uns ou outros não quiserem, ou não puderem, aceitar a herança ou o legado. Isso, claro, na hipótese de o disponente não preferir que os bens integrantes da herança ou do legado prejudicados sejam destinados aos herdeiros legítimos, seguindo a ordem da vocação hereditária. Não havendo designação de substitutos aos beneficiários do ato de última vontade, é de se presumir que o testador tenha "nomeado" substitutos aos seus herdeiros legítimos, seguindo a previsão do art. 1.788 do CC.

Substituição, portanto, é a disposição ou verba testamentária, por meio da qual o testador chama, em lugar do herdeiro ou legatário, um substituto, para que assuma, no todo ou em parte, as mesmas vantagens e ônus que caberiam à pessoa cuja vocação cessou. Trata-se de uma manifestação de autonomia privada, em concretização ao princípio da prevalência da vontade do testador.

Já apontava Felício dos Santos, nos comentários ao seu célebre Projeto de Código Civil, não haver

> quem não queira que seus bens depois da sua morte sejam distribuídos conforme suas afeições, sentimentos filantrópicos ou religiosos. Pode acontecer que depois da morte do

[1] Por força do princípio da intangibilidade da legítima, não é possível a nomeação de substituto para herdeiro legitimário. Como bem explica Orozimbo Nonato, "se o herdeiro é meramente legítimo, nenhuma dúvida poderá haver porque o testador poderá livremente instituí-lo ou excluí-lo da herança; e nomeando-lhe substituto, entende-se que o instituiu em primeiro grau. Se, porém, o herdeiro é necessário, já não terá o testador direito de nomear-lhe substituto para a legitima, porque sobre esta sua vontade não se exerce, não lhe cabe direito de disposição" (NONATO, Orozimbo. *Estudos sôbre sucessão testamentária.* Rio de Janeiro: Revista Forense, 1957. p. 141).

testador não possam ou não queiram receber seus benefícios as pessoas lembradas no testamento, e nada mais conforme à razão que lhe permitir substituí-las por outras.[2]

Pode a substituição ser feita em qualquer espécie de testamento, público, particular ou cerrado e não exige o uso de fórmulas sacramentais. As formas sacramentais foram há muito abolidas e nem mesmo o vocábulo "fideicomisso" precisa constar do testamento. Basta que o testador mencione a sucessividade da transmissão, dizendo que por morte do primeiro beneficiário (fiduciário) os bens passarão para o segundo (fideicomissário).

O substituto é um personagem secundário, que somente sobe ao palco da sucessão quando o protagonista (herdeiro ou legatário) não deseja (renunciante) ou não pode (indignidade ou impedimento) suceder. Ele não é sucessor e se, nesta situação, se lhe verifica a morte, nada transmitirá aos seus próprios herdeiros, como bem destaca, novamente, Orozimbo Nonato:

> Nestas circunstâncias enquanto pende a condição, isto é, enquanto não chegue para o instituído a possibilidade de aceitar a herança, ou porque lhe é deferida puramente ou porque aconteceu a condição de que dependia pronunciar-se, não se abre para o substituto a sucessão. Mas, o direito de substituir transmite-se aos herdeiros do substituto se o testador falece antes dele e antes de recolher o instituído a liberalidade, ou melhor, antes de declarar sua aceitação.[3]

Ao assumir o lugar vago, o substituto recolherá a herança ou o legado na qualidade de sucessor do *de cujus*, e não do substituído.

Existem várias modalidades de substituição: a substituição vulgar, as substituições pupilar e quase pupilar e a substituição fideicomissária.

Na *substituição vulgar, comum, ordinária* ou *direta*, o testador elege outra pessoa para tomar o lugar do herdeiro ou do legatário nomeado, "para o caso de um ou outro não querer ou não poder aceitar a herança ou o legado, presumindo-se que a substituição foi determinada para as duas alternativas, ainda que o testador só a uma se refira" (CC, art. 1.947). O substituto é chamado a suceder em caráter alternativo no lugar do primeiro nomeado, que não pôde ou não quis aceitar a herança ou o legado. Consiste, assim, na designação pura e simples da pessoa que sucederá no lugar do primeiro instituído, sendo denominada direta porque a liberalidade vai direto do instituído ao seu substituto, não se interpondo ninguém entre o testador e o substituto.[4]

A substituição direta se subdivide em singular, coletiva e recíproca, podendo testador substituir uma pessoa por outra, substituir muitas pessoas a uma só, ou vice-versa, isto é, dar um substituto a vários instituídos, com ou sem reciprocidade. *Singular* quando houver um só substituto, e *coletiva* quando forem vários os substitutos, a serem chamados de maneira simultânea ou sucessiva.

Chamados simultaneamente, os substitutos dividirão a herança ou legado em partes iguais. Se os substitutos foram nomeados em ordem sucessiva, serão chamados na ordem prevista na verba, perdendo eficácia a nomeação sequencial assim que o

---

2. *Apud* NONATO, Orozimbo. *Estudos sôbre sucessão testamentária.* Rio de Janeiro: Revista Forense, 1957. p. 139.
3. NONATO, Orozimbo. *Estudos sôbre sucessão testamentária.* Rio de Janeiro: Revista Forense, 1957. p. 145.
4. O oposto da substituição direta é justamente a fideicomissária ou oblíqua.

primeiro substituto aceitar a herança ou o legado. Nesse caso não existe limitação ao número de substitutos, admitindo-se a substituição numa infinidade de graus. Pode o testador nomear Tício seu herdeiro ou legatário; na falta de Tício, Mévio; na falta de Mévio, o filho deste e, assim, sucessivamente.

A substituição será *recíproca* quando os herdeiros ou legatários forem nomeados substitutos uns dos outros. Se foram instituídos em partes iguais, entender-se-á que os substitutos recebem partes iguais do quinhão vago. Se forem desiguais os quinhões dos coerdeiros ou colegatários, em caso de substituição, os substitutos exercerão seus direitos na mesma proporção estabelecida na nomeação. A proporção entre as quotas fixadas na primeira instituição se presume também repetida na substituição. Ou seja, tomando agora por empréstimo as lições de Arthur Vasco Itabaiana de Oliveira:

> se os herdeiros ou legatários forem instituídos em partes desiguais, a proporção dos quinhões, fixada na primeira disposição, entender-se-á mantida na segunda. Exemplo: instituo meus herdeiros a Pedro, por um sexto da herança; a Paulo, por dois sextos, e a Sancho por três sextos, e substituo todos três entre si. No caso que faleça Pedro, ou não queira aceitar a herança, o seu quinhão será dividido da seguinte maneira: Paulo terá duas partes e Sancho três partes; porque a mesma proporção fixada na primeira disposição se guardará na segunda. Se, porém, com os herdeiros ou legatários instituídos em partes desiguais, fôr incluída mais alguma pessoa na substituição, o quinhão vago pertencerá em partes iguais aos substitutos. Exemplo – instituo meus herdeiros a Pedro, por um sexto da herança; a Paulo, por dois sextos e a Sancho por três sextos; e, se um dêstes três herdeiros não puder, ou não quiser aceitar a herança, instituo também meu herdeiro a Martinho, juntamente com os outros. Nesta hipótese, se Pedro falece, ou não quiser aceitar a herança, o seu quinhão será dividido em partes iguais por todos os outros herdeiros inclusive Martinho, que é um substituto vulgar e concorre com os substitutos recíprocos.[5]

A *substituição pupilar* e a *quase pupilar* foram desacolhidas pelo ordenamento jurídico brasileiro atual. Na substituição pupilar, o ascendente por testamento designa quem será o herdeiro do filho, para a hipótese de este falecer antes de atingir a capacidade testamentária ativa (16 anos). Na substituição quase pupilar, o ascendente nomeia herdeiro para o descendente que não disponha de pleno discernimento para o ato de testar e venha a morrer nesse estado. Caducará a substituição do filho se este adquirir a capacidade etária ou recuperar o discernimento.

Finalmente, na *substituição fideicomissária* ou *fideicomisso*, temos duas liberalidades sucessivas. A primeira em benefício do primeiro instituído, chamado de fiduciário ou substituído; e a segunda em proveito do substituto, chamado de fideicomissário.

O próprio enquadramento do fideicomisso no rol das substituições não é pacífico. Segundo Justino Adriano Farias da Silva:

> fideicomissário não sucede ao fiduciário, nem o substitui; vem, depois, *só no tempo*; herdeiro ou legatário do testador, e não do fiduciário; em virtude de instituição igual à do fiduciário, e não de substituição. Vem *após* o fiduciário o fideicomissário; e não *esse em um lugar daquele*.

5 OLIVEIRA, Arthur Vasco Itabaiana de. *Tratado de direito das sucessões*. 4. ed. São Paulo: Max Limonad, 1952. p. 587.

No fideicomisso, há dupla disposição testamentária, e não disposição testamentária a favor de alguém para o caso de outrem não querer ou não poder suceder.[6]

Idêntica a crítica de Pontes de Miranda, ao afirmar:

> num só capítulo, o Código Civil juntou dois institutos de natureza diversa, e só semelhantes na aparência: a substituição vulgar e o fideicomisso Naquela há, realmente, substituição – uma pessoa fica no lugar que tocava a outra: nesse, não: uma foi, ou é, até certo tempo, ou até certo fato, e depois outra lhe sucede na herança. Não se substitui, vem-lhe depois.[7]

Inobstante a discussão, o fato é que o legislador optou por incluir o tratamento legislativo do fideicomisso entre as modalidades de substituição testamentária, razão pela qual persistirei aqui nesse enquadramento, sem vedação a que o intérprete venha a ressignificar a natureza jurídica do instituto.

2 A substituição fideicomissária

À parte as discussões sobre a sua natureza jurídica de "substituição testamentária" ou não, o art. 1.951 do atual Código Civil chama de substituição fideicomissária a situação em que o testador, ao instituir herdeiros ou legatários, estabelece que, por ocasião de sua morte, a herança ou o legado se transmitirão, em confiança (fidúcia) a determinadas pessoas provisoriamente (propriedade resolúvel), mas que, após a morte destes ou após o advento de certo termo ou certa condição, a herança ou o legado passarão a outra pessoa, que vem a ser o verdadeiro destinatário da deixa testamentária.[8] Conforme tenha por objeto a herança ou legado, o fideicomisso chama-se universal ou particular.

São três os personagens do fideicomisso: o testador, chamado de *fideicomitente*; a pessoa escolhida por ele para conservar em benefício de outrem a herança ou legado, que se chama *fiduciário*; e o beneficiário final ou *fideicomissário*. Forma-se, assim, uma relação triangular ou tripartite. O testador, responsável pela instituição do fideicomisso, escolhe os demais vértices do triângulo. O primeiro a receber os bens, no momento

---

6 SILVA, Justino Adriano Farias da. Do fideicomisso. *In*: BRANDELLI, Leonardo (Coord.). *Direito civil e registro de imóveis*. São Paulo: Método, 2007. p. 133-134. Esse autor assim define o instituto: "O fideicomisso é uma relação fiduciária que se cria por um ato jurídico expresso, que não requer a existência de uma causa legal, através do qual o fideicomitente transfere a titularidade de uma coisa ou de um direito a uma instituição fiduciária, com o propósito de que esta exerça os direitos e obrigações derivados dessa titularidade em benefício de uma ou de várias pessoas denominadas fideicomissários, ou para a realização de um fim lícito".

7 MIRANDA, Pontes de. *Tratado de direito privado*. Rio de Janeiro: Borsoi, 1969. t. LVIII. p. 95.

8 Não posso deixar de aludir às semelhanças entre o fideicomisso e o negócio fiduciário, definido por Melhim Chalhub como "o negócio jurídico inominado pelo qual uma pessoa (fiduciante) transmite a propriedade de uma coisa ou a titularidade de um direito a outra (fiduciário), que se obriga a dar-lhe determinada destinação e, cumprido esse encargo, retransmitir a coisa ou o direito ao fiduciante ou a um beneficiário indicado no pacto fiduciário" (CHALHUB, Melhim Namem. *Alienação fiduciária* – Negócio fiduciário. 5. ed. Rio de Janeiro: Forense, 2017. p. 30). Uma das mais conhecidas espécies do gênero negócio fiduciário é o contrato de alienação fiduciária em garantia, na medida em que transmite, em fidúcia, uma coisa ou direito ao fiduciário, para garantir ou resguardar direitos, estabelecendo a obrigação do adquirente de devolvê-los ao alienante, após atender a um fim pretendido. Propicia a transferência do domínio resolúvel e da posse indireta da coisa alienada ao credor, em garantia do débito do devedor, resolvendo-se o direito do adquirente com o adimplemento da obrigação, ou seja, com o pagamento da dívida garantida. O credor fiduciário adquire a propriedade dos bens alienados, mas não é proprietário pleno. Apenas detém propriedade resolúvel, que, por sua vez, confere-lhe todos os direitos de dono, ainda que seja temporariamente.

da abertura da sucessão, inclusive por força da *saisine*, é o fiduciário, que adquire a propriedade da herança ou legado, mas restrita e resolúvel e ainda com a obrigação legal de proceder ao inventário dos bens gravados e de prestar caução de restituí-los se o exigir o fideicomissário. Este, a seu turno, também adquire a propriedade, porém sob condição suspensiva. Adquire um direito condicional ou ainda um direito expectativo.[9] O direito subjetivo do fiduciário se subordina à condição resolutiva, enquanto o direito do fideicomissário, à condição suspensiva.

Mesmo em se tratando de propriedade resolúvel, ela carrega todos os atributos do domínio, podendo o fiduciário usar, gozar e dispor dos bens. Contudo, os atos de disposição serão ineficazes em relação ao fideicomissário logo após a resolução da propriedade. Por isso, os bens imóveis gravados com fideicomisso, em razão do registro obrigatório, na prática, permanecem fora de circulação, eis que ninguém de boa-fé terá interesse em adquirir bens ou aceitar uma garantia real sobre os quais paire uma condição resolutiva. De qualquer forma, ao instituir o fideicomisso, é comum que o testador também clausule os bens transmitidos ao fiduciário com a cláusula de inalienabilidade, o que evitará esse tipo de discussão.

O fideicomisso, em oposição à substituição vulgar, caracteriza-se pela sucessividade da atribuição patrimonial *causa mortis*. Ou seja, os bens objeto do ato de última vontade são transmitidos, em um primeiro momento (quando da abertura da sucessão), ao fiduciário e, na sequência (cujo termo ou condição constam do instrumento), ao fideicomissário. Tanto o primeiro nomeado (fiduciário), como o segundo (fideicomissário) ocupam a posição de sucessores do testador, exercendo os respectivos direitos em épocas diferentes. A transmissão de posição do primeiro para o segundo é automática, operando por força da lei e da vontade do testador. Ambos, fiduciário e fideicomissário, são, assim, sucessores "em ordem sucessiva" do fideicomitente.

Não existe "transmissão" propriamente dita na passagem do patrimônio do fiduciário para o do fideicomissário, como bem coloca Justino Adriano Farias da Silva, pois "o fiduciário não transmite ao fideicomissário. A transmissão é feita pelo fideicomitente, pelo instituidor. O fiduciário apenas entrega". Daí propor o autor para o fideicomisso

> a seguinte conceituação: Fideicomisso é o instituto jurídico em razão do qual alguém adquire propriedade restrita e resolúvel com a inerente obrigação de conservar o recebido e, por sua morte, ou depois de certo tempo ou sob determinada condição, entregá-la a outra pessoa que não o antigo transmitente.[10]

Particularmente, não vejo com bons olhos a palavra "entregar", que se identifica com obrigação de dar coisa certa. O que ocorre é que a propriedade do fiduciário

---

[9] Não se confunda direito expectativo com a expectativa de direito. Enquanto a expectativa é uma situação sem significação no mundo jurídico, o direito expectativo é irradiação de efeito de negócio jurídico que já existe, como no caso do negócio subordinado à condição suspensiva, em que o titular já tem o direito (expectativo) de adquirir o direito objeto do negócio jurídico (direito expectado) assim que a condição se implementar. Em outras palavras, o direito expectativo é o direito (já adquirido, já incorporado ao patrimônio) de adquirir outro direito, chamado de expectado, que é o direito dependente de condição, termo ou encargo. Assim, quando falamos em direitos condicionais, estamos, na verdade, aludindo a dois direitos: o expectativo e o expectado (cf. DELGADO, Mário Luiz. *Novo direito intertemporal brasileiro*. São Paulo: Saraiva, 2014. p. 192-193).

[10] SILVA, Justino Adriano Farias da. Do fideicomisso. *In*: BRANDELLI, Leonardo (Coord.). *Direito civil e registro de imóveis*. São Paulo: Método, 2007. p. 133.

"se resolve" e, uma vez resolvida, o fideicomissário adquire o domínio e imite-se automaticamente na posse.

É como se o autor da herança não desejasse que seus herdeiros recebessem o que lhes era destinado, desde logo quando da abertura da sucessão, e, sim, em momento posterior, razão pela qual escolhe alguém de sua confiança para guardar e conservar a herança (em fidúcia), e depois transmiti-la a esse herdeiro. Essa primeira pessoa torna-se proprietário (fiduciário) dos bens até que chegue o momento em que o destinatário final adquire a posse e o domínio.

Pode acontecer, ainda, uma outra situação: o testador deseja efetivamente instituir o fiduciário como seu herdeiro ou legatário; porém, não gostaria que, por ocasião de sua morte (do fiduciário), aqueles bens se transmitissem aos sucessores deste, razão pela qual institui outra pessoa como fideicomissário para receber a herança após a morte do fiduciário.

Os arts. 1.954 a 1.960 do CC/2002 trazem regras sobre a execução do fideicomisso, a maioria delas a ser observada na ausência de disposição em contrário do testador. Assim, se o fiduciário renunciar à herança ou ao legado, defere-se ao fideicomissário o poder de aceitar, hipótese em que o bem será transmitido diretamente ao fideicomissário, que receberá, desde logo, a propriedade plena do bem. Em sendo incapaz, receberá por seus representantes legais. Em se tratando de concepturo, poderão aceitar os futuros pais da prole eventual.

Porém, se a renúncia vier do fideicomissário, o fideicomisso caduca, deixando de ser resolúvel a propriedade do fiduciário. Isso se não houver disposição contrária do testador, que poderia, por exemplo, haver instituído um substituto para o fideicomissário renunciante. É a chamada *substituição compendiosa*, sobre a qual tratarei em tópico seguinte.

Se o fideicomissário for incapaz, ou não houver sido concebido, a renúncia se fará pelos seus representantes legais ou pelos futuros pais, sempre com exigência de autorização judicial para tanto.

Após a aceitação pelo fideicomissário, ele receberá também todos os acréscimos verificados nos bens anteriormente transmitidos ao fiduciário. A partir daí, o fideicomissário passa a responder pelos encargos da herança que ainda restarem, ou seja, recebe ônus e bônus.

Se o fideicomissário morrer antes do fiduciário, ou antes de se realizar a condição resolutória do direito deste último, a hipótese é de caducidade do fideicomisso, consolidando-se a propriedade no fiduciário.

O Código Civil, desde a versão Bevilaqua, já proibia os fideicomissos além do segundo grau, de modo a evitar uma sequência infinita de transmissões, tornando permanente a fidúcia e imobilizando a propriedade. Não pode, assim, o testador determinar que o fideicomissário, após receber o que lhe fora destinado, transmita a um outro fideicomissário e assim por diante. No fideicomisso só podem existir dois graus: o do fiduciário e o do fideicomissário. Qualquer outro grau que venha a ser instituído será nulo, sem prejuízo da instituição original.

2.1 A limitação do fideicomisso pelo CC/2002

O Código Civil de 2002, em seu art. 1.952, trouxe indevida e desnecessária limitação para o fideicomisso, a partir de então somente admitido em favor do concepturo, vale dizer, o fideicomissário só pode ser pessoa não concebida ao tempo da instituição (prole eventual) e também não nascida ou concebida na data de abertura da sucessão. Se, ao tempo da morte do testador, já houver nascido ou sido concebido o fideicomissário, caduca o fideicomisso e ele se torna proprietário dos bens fideicometidos, convertendo-se em usufruto o direito do fiduciário (art. 1.952, parágrafo único, do CC). Em outras palavras: o que seria fideicomisso se transforma em usufruto.[11]

José Fernando Simão critica essa limitação, pois:

> desencoraja o fideicomisso, já que, na prática, grande será o risco de não surgir a prole eventual e caducar o fideicomisso no caso concreto. Ademais, deixar bens implica, normalmente, conhecer a pessoa e querer beneficiá-la. A prole eventual é um nada no momento do testamento. Querer beneficiar prole eventual é dizer que não se quer beneficiar ninguém com quem convive no momento. É um ato de desesperança quanto às pessoas com quem o testador convive e esperança de um futuro melhor (o qual o testador não estará vivo para ver).[12]

A restrição à livre instituição do fideicomisso foi inserida no Projeto Miguel Reale no bojo de uma série de medidas de redução da liberdade testamentária, em benefício dos herdeiros legítimos, como foi o caso da inserção do cônjuge entre os herdeiros necessários, da obrigatoriedade de declarar justa causa para aposição de cláusulas restritivas da legítima, entre outras. Entretanto, essa corrente doutrinária mais intervencionista restou superada pela realidade a partir de uma crescente conscientização social sobre a necessidade de se assegurar maior autonomia privada nas relações sucessórias. Por isso, Marcos Ehrhardt Júnior e Gustavo Andrade questionam:

> não teria chegado o momento de pensar num direito sucessório mínimo, sujeito à interferência estatal apenas quando estritamente necessário para a proteção de vulneráveis, com amplo espaço para que o titular dos bens decida qual o destino que pretende conferir ao seu patrimônio, quando aberta a sua sucessão?[13]

---

11 Segundo Rafael Ricardo Gruber, "em virtude desta tendência de redução da absoluta liberdade do testador, em prol da autonomia da vontade dos sucessores e da livre circulação dos bens, nosso Direito pós-moderno encontrou o equilíbrio limitando a utilização do fideicomisso: só pode em favor de pessoa não concebida; só na parte 'disponível' da herança; vedado fideicomisso sucessivo (só se admite uma substituição fideicomissária). Contudo, não vedou de maneira total o uso de fideicomisso, que apesar de muito desconhecido e pouquíssimo utilizado no Brasil atualmente, continua vivo, e apresenta-se como valioso mecanismo de planejamento sucessório" (GRUBER, Rafael Ricardo. Revisitação do fideicomisso e da partilha conforme vontade do autor da herança: planejamento sucessório e proteção post mortem do patrimônio familiar. *Revista Nacional de Direito de Família e Sucessões*, ed. 23, mar./abr. 2018).

12 SCHREIBER, Anderson; TARTUCE, Flávio; SIMÃO, José Fernando; DELGADO, Mário Luiz; MELO, Marco Aurélio Bezerra de. *Código Civil comentado*. Doutrina e jurisprudência. Rio de Janeiro: Forense, 2019. p. 1.592.

13 EHRHARDT JÚNIOR, Marcos; ANDRADE, Gustavo. A autonomia da vontade no direito sucessório: quais os limites para a denominada "sucessão contratual"? *Migalhas*. Disponível em: https://migalhas.uol.com.br/coluna/migalhas-contratuais/335429/a-autonomia-da-vontade-no-direito-sucessorio--quais-os-limites-para-a-denominada--sucessao-contratual. Acesso em: 20 nov. 2020). Ressaltam os autores que "no decorrer dos últimos anos, um movimento doutrinário fez despertar o debate em torno dos institutos do direito das sucessões. Em alguns ordenamentos jurídicos a discussão tem girado em torno da liberdade de testar, aproximando também nesse aspecto os dois grandes sistemas do direito contemporâneo, o da Common Law e o romano-germânico ou da Civil Law, em uma demonstração de que ambos dialogam em busca de segurança jurídica com um maior equilíbrio entre a proteção dos herdeiros necessários e a ampliação da autonomia do autor da herança quanto à destinação dos seus bens após a morte. No Brasil, para além da temática concernente à sucessão testamentária e, por consequência à possibilidade de flexibilização ou relativização da herança legítima, o debate assumiu dimensão mais larga para abranger uma série de institutos que se abrigam sob o espectro do que veio a se

O esgarçamento do vínculo de aderência social das normas restritivas da liberdade testamentária tem se tornado cada vez mais evidente no Brasil, não se justificando que a autonomia privada do autor da herança seja limitada sem qualquer razão minimamente justificável. Não se trata aqui de violação à legítima dos herdeiros necessários, mas de uma escolha pessoal do testador sobre como dispor do seu quinhão disponível, em relação ao qual a liberdade é a mais ampla possível, não encontrando limites na ordem pública, senão aqueles relacionados à proteção da dignidade da pessoa humana e à vedação a quaisquer formas de discriminação.

Por que razão a proibição a que o testador institua, como beneficiários sucessivos de seu patrimônio (disponível), duas pessoas já existentes? Por que razão o beneficiário final (fideicomissário) só pode ser uma pessoa natural inexistente e, consequentemente, completamente desconhecida do testador? Por que não se poderia indicar pessoas jurídicas para a posição de fiduciário ou de fideicomissário, considerando que os entes morais também detêm legitimidade passiva na sucessão testamentária?

Ora, o princípio da vontade soberana do testador, sublinha Carlos E. Elias de Oliveira, traduz o prestígio que deve ser dado à manifestação de vontade expressada no testamento, constituindo uma exacerbação do princípio da autonomia da vontade:

> Testamento versa sobre parte disponível e, por isso, a sua destinação deve ir para quem o testador quiser, independentemente do motivo. Não se deve emitir juízos de valor acerca da justiça ou da nobreza da vontade do testador. Tampouco se pode ousar desrespeitar a vontade do testador por conta de seu egoísmo ou de sua insensibilidade com outras pessoas mais vulneráveis financeira, social ou emocionalmente. Testamento é reino do egoísmo, império em que só se admitem limitações por regras textuais ou por ululantes desrespeitos a princípios.[14]

Sob esse prisma, não seria despropositado refletir sobre a inconstitucionalidade do art. 1.952 quando oposto, não apenas ao princípio da liberdade testamentária, mas também ao próprio direito fundamental garantido no inc. XXX da CF/88.[15] O texto constitucional é expresso ao assegurar, entre os direitos e garantias fundamentais, o direito *de* herança e não o direito à herança. A distinção não é meramente semântica e produz consequências decisivas no tocante ao âmbito de abrangência do direito fundamental, notadamente no que alude aos destinatários da proteção.

O direito *de* herança tem como titulares, não apenas os herdeiros (o que teria ocorrido se o constituinte houvesse mencionado o direito à herança), mas especialmente o autor da herança. O direito de herança é principalmente dele, que era o dono do patrimônio, sobre o qual podia dispor livremente em vida e deve poder dispor para depois de sua morte. Quando a lei infraconstitucional limita, sem justificativa razoável, o direito de disposição do testador, infringe, diretamente, o direito *de* herança do instituidor do

apresentar como 'planejamento sucessório'. Mais do que um simples pensar sobre como se dará a sucessão no estreito campo da divisão dos bens, o planejamento sucessório trouxe da experiência do direito empresarial, onde acontece com frequência, a práxis relacionada a uma intrincada rede de atos jurídicos que visam tornar mais rápida, mais fácil e dotada de maior efetividade a sucessão da pessoa física".

14 OLIVEIRA, Carlos E. Elias de. Princípio da vontade soberana do testador e o censurável "testamento magistral". *Conjur*, 21 set. 2020. Disponível em: https://www.conjur.com.br/2020-set-21/direito-civil-atual-principio-vontade-soberana-testador-censuravel-testamento-magistral. Acesso em: 20 nov. 2020.

15 "XXX - é garantido o direito de herança; [...]".

fideicomisso, não se podendo invocar, *a contrario sensu*, a justificativa da proibição na proteção do direito *de* herança de qualquer herdeiro.

2.2 Distinções entre fideicomisso e deixa direta ao concepturo e a inexistência de prazo certo para que seja concebido o fideicomissário

Questão que poderia suscitar alguma discussão diz respeito à existência ou não de um prazo para que o fideicomissário seja "concebido" após abertura da sucessão, nos casos em que o fideicomisso foi instituído em favor do concepturo. Em outras palavras, se, ao tempo da morte do testador, o fideicomissário ainda não estiver concebido, aplicar-se-ia o prazo previsto no art. 1.800, §4º?[16] Muitos entendem que sim, abrindo-se a divergência no tocante ao *dies a quo* do prazo: para Caio Mário da Silva Pereira, o prazo se inicia a partir do advento do termo ou do implemento da condição resolutiva do direito do fiduciário, e não da abertura da sucessão do próprio testador.[17]

E, nesse caso, a não concepção do fideicomissário implicaria a *caducidade* do fideicomisso, consolidando-se a propriedade na pessoa do fiduciário?

A resposta é negativa. Ainda que se afaste a inconstitucionalidade do art. 1.952 e se admita que o fideicomisso realmente só pode ser estabelecido em favor da prole eventual da pessoa designada pelo testador, não se aplicam à substituição fideicomissária as disposições atinentes à deixa direta ao concepturo, previstas no art. 1.800, especialmente o prazo estabelecido no §4º.

A questão foi bem exposta e sintetizada por Rafael Gruber em trabalho apresentado na nossa disciplina no programa de mestrado e doutorado da Fadisp:

> Ao decidir beneficiar pessoas ainda não concebidas, o testador pode optar por dois métodos jurídicos: a) nomeação direta do concepturo como herdeiro ou legatário, situação em que com a abertura da sucessão o quinhão (ou legado) do herdeiro esperado deve ficar reservado, sob administração de curador, não sendo transmitido aos demais herdeiros; b) utilização de fideicomisso (substituição fideicomissária), nomeando o herdeiro esperado como fideicomissário, situação em que com a abertura da sucessão os bens destinados ao concepturo são transmitidos desde logo, em caráter resolúvel, para uma pessoa viva – o fiduciário – que repassará os bens ao concepturo no momento indicado pelo testador.
>
> Os dois institutos têm regramento muito diferentes. A nomeação direta de herdeiro ainda não concebido é mais simples, e tem amparo no art. 1.799, I e no art. 1.800, §§3º e 4º do Código Civil,[18] e se for já concebido, nascituro, aplica-se a regra do art. 650 do Código de Processo Civil.[19] [...]

[16] "Art. 1.800. [...] §4º Se, decorridos dois anos após a abertura da sucessão, não for concebido o herdeiro esperado, os bens reservados, salvo disposição em contrário do testador, caberão aos herdeiros legítimos".

[17] PEREIRA, Caio Mário da Silva. *Instituições de direito civil* – Direito das sucessões. 15. ed. Atualização de Carlos Roberto Barbosa Moreira. [s.l.]: [s.n.], [s.d.]. v. VI. p. 301. n. 472.

[18] CC: "Art. 1.799. Na sucessão testamentária podem ainda ser chamados a suceder: I - os filhos, ainda não concebidos, de pessoas indicadas pelo testador, desde que vivas estas ao abrir-se a sucessão; [...] Art. 1.800. No caso do inciso I do artigo antecedente, os bens da herança serão confiados, após a liquidação ou partilha, a curador nomeado pelo juiz. §3º Nascendo com vida o herdeiro esperado, ser-lhe-á deferida a sucessão, com os frutos e rendimentos relativos à deixa, a partir da morte do testador. §4º Se, decorridos dois anos após a abertura da sucessão, não for concebido o herdeiro esperado, os bens reservados, salvo disposição em contrário do testador, caberão aos herdeiros legítimos".

[19] CPC/2015: "Art. 650. Se um dos interessados for nascituro, o quinhão que lhe caberá será reservado em poder do inventariante até o seu nascimento".

Só é possível ao testador fazer a nomeação direta de herdeiro ou legatário ainda não concebido se o herdeiro for realmente esperado em curtíssimo espaço de tempo, uma vez que o Código Civil determina que a reserva de bens ao concepturo fica limitada em 2 anos. Ou seja, na nomeação direta de concepturo como herdeiro ou legatário, não sendo este concebido no prazo máximo de 2 anos o patrimônio será partilhado entre os herdeiros legítimos, salvo se o testador, em tal caso, tiver definido substituição do herdeiro não concebido por outro. A opção do legislador em limitar em 2 anos o prazo para reserva do bem é razoável, uma vez que o bem reservado fica em uma situação transitória, de curatela, em que não se dá a plena destinação social e econômica ao bem, em vista da incerteza sobre o seu destino. [...]

Merece destaque que a regra que limita em dois anos o prazo de concepção do herdeiro esperado, prevista no art. 1.800, §4º do Código Civil, só é aplicável em caso de nomeação direta do concepturo pelo testador, sem uso do instituto do fideicomisso. O ordenamento jurídico brasileiro não submete a tal restrição de prazo o nascimento do herdeiro ou legatário instituído como fideicomissário. [...]

Quais os princípios devem ser levados em consideração para a hermenêutica entre a limitação do período temporal de 2 anos ou a não limitação? De um lado, a autonomia de vontade e liberdade do autor da herança, combinado com a dignidade da pessoa humana, que tem o direito de querer beneficiar, v.g., um descendente direto seu de futuras gerações ou um descendente de outra pessoa pela qual tenha apreço e que queira dar amparo e segurança financeira em longo prazo. De outro lado estaria o princípio da função social da propriedade, que impede que um bem fique "sem dono", "reservado", por longo lapso temporal, sem sua destinação econômica e social. O fideicomisso é o instituto que harmoniza os dois princípios em conflito. Se na simples "reserva" de quinhão para um herdeiro esperado o bem realmente fica em situação precária, de curadoria (sem dono e sem destinação), diferentemente, no fideicomisso o fiduciário recebe imediatamente a propriedade do bem, e usufruirá para si do bem enquanto não ocorrer a condição resolutiva, dando a destinação adequada enquanto não sobrevier o fideicomissário (e transmitirá o bem ao fideicomissário no momento estipulado pelo testador). Assim, estarão harmonizados os princípios conflitantes, razão pela qual, deve-se interpretar que a limitação temporal de 2 anos, a que se refere o art. 1.800, §4º do CC é aplicável ao herdeiro ou legatário nomeado diretamente pelo autor da herança, sem substituição. O prazo de 2 anos pode ser aplicável também, em tese, para que seja concebido o fiduciário; mas não é aplicável qualquer limite legal de prazo para nascimento do fideicomissário. [...]

Ao se diferenciar o instituto da "reserva de quinhão" do instituto da "substituição fideicomissária", percebe-se que a regra do art. 1.800, §4º se refere expressamente e tão somente aos bens "reservados" para transmissão direta à prole futura. Com efeito, não se aplica aos bens transmitidos indiretamente por meio da substituição fideicomissária.[20]

No mesmo sentido a doutrina de Guilherme Calmon Nogueira da Gama:

No âmbito da sucessão testamentária, o fideicomisso instituído tendo como fideicomissário a prole eventual do testador não se confunde com a designação testamentária direta do filho póstumo (CC, art. 1.798), tampouco com o caso de filho eventual de pessoa determinada e existente na época da abertura da sucessão (CC, art. 1.799, I).

Na substituição fideicomissária existe a pessoa do fiduciário que, tratando-se de pessoa designada como herdeira testamentária ou legatária, pode receber a herança ou o legado como novo proprietário dos bens que integram o acervo hereditário. Tal não ocorre na hipótese de designação direta testamentária do filho póstumo do testador, bem como no

[20] Artigo citado.

caso de sucessão testamentária em favor de filho eventual de pessoa existente e determinada no momento do falecimento do *de cujus*.

Outro ponto distintivo entre o fideicomisso em favor de filho póstumo do testador e a instituição testamentária em favor de filho eventual de pessoa determinada e existente na época da abertura da sucessão do testador diz respeito ao prazo para a concepção do sucessor testamentário. Enquanto no fideicomisso não há previsão de prazo para que ocorra a concepção após a morte do testador, na segunda hipótese há o prazo de 2 (dois) anos a contar da abertura da sucessão para a concepção (CC, art. 1.800, §4º). Ana Beraldo anota que tal distinção se revela importante para o caso no qual o testador deseja contemplar o filho póstumo independentemente do momento da sua concepção e seu nascimento, porquanto nesse caso o testador pode optar pela substituição fideicomissária, sem a limitação do prazo de 2 (dois) anos acima referido.[21]

De fato, não havendo o art. 1.952 estabelecido qualquer prazo para a concepção do fideicomissário, não cabe a sua integração analógica com a regra restritiva do §4º do art. 1.800, o que constituiria, novamente, indevida limitação da autonomia privada do testador em confronto com o seu direito fundamental *de* herança, sobre o qual já tratei.

Ademais, não existe lacuna alguma no dispositivo (art. 1.952) a atrair a aplicação analógica de outra disposição normativa.

Analogia é a aplicação, a um caso não "normado" diretamente, de um enunciado normativo previsto para uma hipótese semelhante, mas não idêntica àquele, fundando-se na identidade de motivos da norma e não na identidade do suporte fático. Resumindo, é aplicação de uma solução semelhante a um caso não previsto. A doutrina em geral menciona dois tipos de analogia: a que é suprida por outra disposição normativa já existente (*analogia legis*) ou a que demanda integração através de princípios jurídicos ou de todo o sistema (*analogia iuris*).

A existência da lacuna normativa é o pressuposto lógico e existencial para o recurso à analogia. No caso do art. 1.952, não é possível sustentar a possibilidade de suprimento, pelo intérprete, dessa aparente omissão do legislador, quanto ao prazo para concepção do fideicomissário, uma vez que não se trata de omissão ou lacuna, mas do chamado silêncio eloquente, o *beredtes Schweigen* do direito alemão, caracterizado pela opção do legislador em excluir propositadamente determinado comando normativo.[22]

O legislador não estabeleceu aqui prazo para concepção do fideicomissário porque não o quis fazer, e a ausência de previsão no dispositivo específico é a prova definitiva desse propósito de não fixar um prazo, como o fez na deixa direta ao concepturo. Em se tratando de silêncio eloquente da lei, não podem a doutrina ou a jurisprudência preencher esse vazio, sob pena de infringir diretamente o próprio texto legal.

---

21 GAMA, Guilherme Calmon Nogueira da. *Herança legítima ad tempus*: tutela sucessória no âmbito da filiação resultante de reprodução assistida póstuma? São Paulo: Revista dos Tribunais, 2017. p. 136.

22 Cf. LARENZ, Karl. *Metodologia da ciência do direito*. 3. ed. Tradução de José Lamego. Lisboa: Fundação Calouste Gulbenkian, 1997. p. 525.

2.3 Distinções entre fideicomisso e usufruto

Não se confundem usufruto e fideicomisso, não obstante, a depender da redação da cláusula testamentária, possa o intérprete ficar em dúvida se o testador quis instituir o usufruto ou a substituição fideicomissária.

Clóvis Bevilaqua, nos *Comentários ao Código Civil*, assim diferenciou os dois institutos:

> No fideicomisso, os sujeitos do direito, o fiduciário e o fideicomissário, aparecem sucessivamente, para exercê-lo cada um a seu tempo. No usufruto, que é direito real sobre a cousa alheia, aparecem, simultaneamente, dois sujeitos exercendo cada um o seu direito sobre o bem gravado: o usufrutuário que tem o uso e o gozo, e o nu-proprietário a quem pertence o bem, na sua substância.[23]

Entre os contemporâneos, Zeno Veloso também enfatiza, em rápidas linhas, essas distinções:

> [...] o usufruto é direito real sobre coisa alheia (*jus in re aliena*), e o usufrutuário tem o direito à posse, uso, administração e percepção dos frutos (art. 1.394), tirando, assim, as utilidades e os frutos da coisa, temporariamente, isto é, enquanto esse direito estiver desmembrado da propriedade. Usufrutuário e nu-proprietário têm direitos atuais, simultâneos, sobre a coisa. No fideicomisso, há um primeiro dono, e a propriedade será transmitida, depois, ao fideicomissário, havendo sucessividade. No usufruto, então, o direito do usufrutuário coexiste com o do nu-proprietário, cada um com o respectivo conteúdo e extensão; no fideicomisso, o direito do fideicomissário se realiza quando se extingue o do fiduciário. O fiduciário é dono, embora a propriedade seja restrita e resolúvel; o usufrutuário não é dono, cabendo-lhe o exercício de alguns direitos (ou poderes) inerentes à propriedade. O usufrutuário pode usar e gozar, mantida a substância da coisa (*salva rerum substantia*), mas não pode dispor, e o fiduciário pode alienar – se não houver proibição do testador –, sujeita a alienação à resolubilidade inerente ao instituto [...].[24]

Orozimbo Nonato destaca as divergências entre as posições jurídicas do fiduciário e do usufrutuário e do nu-proprietário e do fideicomissário:

> O titular do usufruto tem simples desmembramento da propriedade; o do fideicomisso é titular de propriedade, pôsto restrita e resolúvel, o que origina consequências importantes.
>
> Ao revés do fiduciário, não pode o usufrutuário alienar a coisa ou alterar-lhe a substância; falece-lhe (a não ser quanto ao nu-proprietário mesmo) o *ius disponendi* de seu direito, de que pode apenas ceder o exercício.
>
> Se antes de vencido o prazo ou preenchida a condição morre o fiduciário, a propriedade se transmite a seus herdeiros; morto o usufrutuário, extingue-se o usufruto.
>
> Por outro lado, o fideicomissário que tem a seu prol simples expectativa, não pode dispor dos bens; o nu-proprietário pode aliená-los, guardados os direitos do usufruário.
>
> Se o fideicomissário premorrer ao fiduciário, o fideicomisso se extingue. Se morre o nu-proprietário, não se extingue o usufruto: a nua-propriedade se transmite aos herdeiros do respectivo titular.[25]

---

[23] *Apud* SILVA, Justino Adriano Farias da. Do fideicomisso. *In*: BRANDELLI, Leonardo (Coord.). *Direito civil e registro de imóveis*. São Paulo: Método, 2007. p. 145.

[24] VELOSO, Zeno. *Código Civil comentado*. São Paulo: Saraiva, 2008. p. 2.130.

[25] NONATO, Orozimbo. *Estudos sôbre sucessão testamentária*. Rio de Janeiro: Revista Forense, 1957. p. 181.

Em outros termos: o aspecto divergente preponderante entre o usufrutuário e o fiduciário diz respeito à natureza do direito real atribuído a cada um: o primeiro é titular de direito real sobre coisa alheia, enquanto o segundo é titular de direito real sobre coisa própria. No usufruto ocorre um fracionamento dos poderes inerentes ao domínio, permanecendo o *jus disponendi* com o nu-proprietário enquanto os de usar, gozar e fruir são atribuídos ao usufrutuário. No fideicomisso todos os atributos passam, sucessiva e exclusivamente, ao fiduciário e depois ao fideicomissário. Em suma, fiduciário é proprietário pleno e, antes de implementada a condição resolutiva, pode alienar e gravar de ônus real o bem fideicometido, enquanto o usufrutuário tem apenas os poderes de usar e fruir, mas não o de dispor. No fideicomisso, o fideicomissário, antes de resolvida a propriedade do fiduciário, não tem direito real algum e, se pré-morrer ao fiduciário, seus herdeiros nada herdam, ao passo que, no usufruto, se morrer o nu-proprietário antes do usufrutuário, os herdeiros daquele herdarão a nua-propriedade.

Já esgotada a diferenciação, cabe-me destacar que, em não se exigindo formas sacramentais para a instituição do fideicomisso, pode acontecer de o testador, pretendendo dispor sobre a transmissão sucessiva dos seus bens, tenha nominado a deixa como usufruto, e o fiduciário como usufrutuário, situação que não tem o condão de converter em usufruto o fideicomisso, eis que sequer a palavra "fideicomisso" precisa constar na cláusula.

Assim, desde que a verba testamentária aluda à sucessividade da transmissão, ainda que o disponente tenha aludido a usufruto, é de se interpretar a deixa como fideicomisso.

3 Novos horizontes para o fideicomisso

3.1 Direito projetado

Existem várias propostas *de lege ferenda* para ampliação do fideicomisso. A mais recente delas é a que consta do PL nº 3.799/2019, limitada à revogação do art. 1.952 do CC/2002, para reintrodução da substituição fideicomissária em sua plenitude, como livre opção do testador. O fideicomisso não ficaria, assim, restrito, à deixa sucessiva em favor do concepturo, retomando-se a sistemática prevista no Código de 1916.

Outros projetos procuram, de forma mais ampla, regulamentar os contratos de fidúcia de um modo geral. O Projeto de Lei nº 4.758/20, por exemplo, oriundo de anteprojeto elaborado pelo advogado Melhim Chalhub e inspirado no *trust* anglo-saxão, cria o patrimônio de afetação do fiduciário, de modo a garantir que os bens do instituidor cheguem ao beneficiário final, e prevê regras para substituição do fiduciário e revogação da fidúcia. Segundo consta da justificação do projeto:

> do mesmo modo que no *trust*, os bens objeto do contrato de fidúcia são transmitidos ao fiduciário, mas ao invés de ingressarem no seu patrimônio, são alocados em um patrimônio separado, no qual permanecem afetados a determinada finalidade, vedada sua apropriação pelo fiduciário em proveito próprio. Na medida em que importa na transmissão da propriedade, ainda que restrita, o contrato de fidúcia se submete aos mesmos requisitos e restrições a que se submetem os demais negócios jurídicos de disposição ou oneração de bens. Assim, do mesmo modo que os contratos de hipoteca ou alienação fiduciária,

a afetação também pode ser considerada nula ou anulável, nos termos já devidamente regulamentados pelo Código Civil e pelo Código de Processo Civil.

Ressaltando a importância do instituto, Chalhub observa que a figura da fidúcia vem sendo frequentemente reconstruída sob a forma de fideicomisso, com o objetivo de alcançar efeitos semelhantes àqueles propiciados pelo *trust*.[26] No entanto, ainda que já exista disciplina legal "para situações específicas, sob a forma de contratos de transmissão de bens e direitos em garantia fiduciária, a partir da regulamentação da propriedade fiduciária atribuída a empresas administradoras dos fundos de investimento imobiliário (lei 8.668/1993), do regime fiduciário para securitização de créditos imobiliários e da cessão fiduciária de direitos creditórios (lei 9.514/1997), da segregação patrimonial de cada empreendimento na atividade da incorporação imobiliária (lei 10.931/2004), entre outras", o fato é que "o tratamento casuístico, errático e disperso limita o campo de aplicação desse importante mecanismo, dificulta sua compreensão e dá causa a dúvidas e incertezas, sendo de todo recomendável a sistematização das normas sobre a matéria em termos completos e abrangentes".[27]

Por isso, opinam Melhim Chalhub, Gustavo Alberto Villela Filho e Milena Donato Oliva:

> o PL 4.758/2020 sintoniza nosso direito positivo no contexto internacional, mediante adequada assimilação de certos elementos do *trust* e dos nossos próprios precedentes legislativos e jurisprudenciais, ao preconizar a instituição de um regime jurídico geral da fidúcia caracterizado como mecanismo de prevenção de riscos e limitação de responsabilidade. De fato, a experiência extraída do tratamento legal casuístico dado pelo direito positivo brasileiro e dos precedentes judiciais construídos em relação à sua aplicação prática dão mostras da efetividade desse mecanismo, e na medida em que se estreitam e se intensificam as relações internacionais, dão respaldo à instituição de um regime jurídico geral capaz de estimular os investimentos da iniciativa privada, inclusive no plano externo, mediante delimitação de riscos por meio da afetação patrimonial, conferindo maior segurança jurídica aos negócios.[28]

Porém, não obstante a inegável importância do projeto, outras propostas podem ser pensadas, para aplicação imediata, de *lege lata*. É perfeitamente viável que se proceda, por meio da interpretação, uma leitura menos rígida da lei, de maneira a possibilitar uma ampliação do instituto, devendo-se admitir-se a sua instituição até mesmo por ato *inter vivos*.

---

[26] CHALHUB, Melhim Namem. Afetação patrimonial no direito contemporâneo. *Revista Trimestral de Direito Civil*, v. 29, p. 111-147, jan./mar. 2007; CHALHUB, Melhim Namem. *Trust* – Perspectivas do direito contemporâneo na transmissão da propriedade para administração e garantia. Rio de Janeiro: Renovar, 2001. p. 42 e ss.

[27] CHALHUB, Melhim Namem; VILLELA FILHO, Gustavo Alberto; OLIVA, Milena Donato. Regime jurídico geral do contrato fiduciário. *Migalhas*, 8 out. 2020.

[28] CHALHUB, Melhim Namem; VILLELA FILHO, Gustavo Alberto; OLIVA, Milena Donato. Regime jurídico geral do contrato fiduciário. *Migalhas*, 8 out. 2020.

3.2 Fideicomisso contratual

A discussão sobre a possibilidade de instituição do fideicomisso por ato *inter vivos* não é nova, havendo prevalecido até hoje na doutrina o entendimento contrário. Entretanto, penso que é chegada a hora de revisitação dessa posição.

Autores como Eduardo Espínola, Carlos Maximiliano, Carvalho Santos, Jorge Americano, Aquiles Beviláqua, Levi Carneiro, Noé Azevedo, Caio Mário da Silva Pereira, Itabaiana de Oliveira e Pontes de Miranda tratam o fideicomisso, exclusivamente, como modalidade de substituição testamentária, não admitindo o fideicomisso *inter vivos*.

Para Carvalho Santos:

> com o advento do Código Civil, não deveria mais subsistir a controvérsia, dada a clareza do texto deste artigo, ora em estudo, segundo o qual o testador é quem pode instituir herdeiros ou legatários por meio de fideicomisso. Se intenção houvesse de que o doador também pudesse instituir o fideicomisso, naturalmente o Código teria expressamente isso permitido, assim como fez com relação à cláusula de inalienabilidade no art. 1.676, ao referir-se a testadores ou doadores, embora tratasse das disposições testamentárias em geral.[29]

Jorge Americano também se opõe à admissibilidade do fideicomisso por instrumento diverso do testamento, afirmando:

> O fideicomisso é substituição, e substituição só existe no direito sucessório. Não cabe, pois, em matéria especial, a analogia. Admito, porém, que uma combinação contratual qualquer chegue a revestir a forma de fideicomisso. Seria uma doação com pacto de reversão a favor de terceiro (estipulação a favor de terceiro). Mas não havendo meio de enquadrá-la na substituição, instituto exclusivamente sucessório, não constituiria propriedade limitada (Cod. Civil, art. 523), porém, só cláusula obrigacional, resultante da estipulação. Não cumprida, importaria em perdas e danos, não em resolução de propriedade (Cód. Civil., art. 647). Entretanto, só poderia existir a prazo, e não sob condição de morte.[30]

Por outro lado, entre os autores favoráveis ao fideicomisso contratual, destacam-se: Armando Dias de Azevedo, Justino Adriano Farias da Silva, Dias Ferreira, Lobão, Coelho da Rocha, Melo Freire, Gouveia Pinto, Teixeira de Freitas, Carlos de Carvalho, Lafayette, Estêvão de Almeida, A. M. Ribeiro da Costa, Dionísio Gama, Paulo de Lacerda, Afrânio Costa, Nelson Hungria, Temístocles Cavalcanti, Xenócrates Calmon de Aguiar, Adolfo Tácio da Costa Cirne, Duque Estrada Jr., Edmundo de Oliveira Figueiredo, Décio Pellegrini, Celso Afonso Soares Pereira, Samuel Figueiredo da Silva, Erasto Correa, Darcy Pinto, Augusto Loureiro Lima, Moreno Loureiro Lima, Manuel Maria de Serpa Lopes, Homero Martins Batista, Odilon de Andrade, Djalma Pinheiro Franco, Alvino Lima, Plínio Barreto, Azevedo Marques, Correia de Meira, Laudo de Camargo, Francisco Morato, Policarpo de Azevedo, Vieira Ferreira, Homero Brasiliense, Alfredo Bernardes da Silva, Ovídio Romeiro, Antão de Morais, Orlando Gomes, Romão Côrtes de Lacerda, Barros Barreto, Antonio Vieira, Mendes Pimentel, Manuel Vilaboím, Oliveira Pinto,

---

[29] SANTOS, João Manuel de Carvalho. *Código Civil brasileiro interpretado*. 11. ed. Rio de Janeiro: Freitas Bastos, 1981. p. 171. t. XXIV.

[30] AMERICANO, Jorge. Fideicomisso por atos entre vivos. *Revista Direito*, v. I, p. 159-161 *apud* OLIVEIRA, Arthur Vasco Itabaiana de. *Tratado de direito das sucessões*. 4. ed. São Paulo: Max Limonad, 1952. p. 589.

Agostinho Alvim, Adroaldo Mesquita da Costa, Camilo Martins Costa, Washington de Barros Monteiro, Filadelfo Azevedo, Orozimbo Nonato, Aníbal Freire, Arnold Wald, Vicente Ráo, José Luiz Martins Costa e Paulo Carneiro Maia.[31]

Os que se posicionam contrariamente partem de uma interpretação equivocada do art. 1.733 do CC/16,[32] ao aludir apenas ao testador (e não ao doador), quando a própria posição topográfica do dispositivo, no âmbito das substituições testamentárias, não permitiria que se tratasse ali de negócio jurídico diverso do testamento. Esse dispositivo, ao contrário de proibir a cláusula fideicomissária nas doações, apenas reforçava a ideia de que o fideicomisso sucessório somente se poderia instituir por testamento, e não por codicilo, como bem notou Paulo Carneiro Maia, rebatendo a ideia comum de que o próprio Clóvis se opunha ao fideicomisso *inter vivos*:

> Não é exato que CLÓVIS BEVILÁQUA tenha entendido de outro modo. Ele diz, com efeito em observações ao art. 1733, do Código Civil, que só por testamento se pode estabelecer fideicomisso. Mas, com isso o exímio jurista quer excluir a possibilidade de fideicomisso *causa mortis* por meio de codicilo, ou por outro modo, sem se ocupar aí da doação.[33]

Também se alega a invalidade do fideicomisso nas doações *inter vivos* diante da restrição do parágrafo único do art. 547 do CC/2002, que proíbe cláusula de reversão da doação em favor de terceiro.[34]

À luz do Código Civil de 1916, que não trazia essa regra restritiva, diversos autores defenderam o fideicomisso por ato *inter vivos*, especialmente na doação, também chamada "doação fideicomissária". Alvino Lima não enxergava qualquer óbice à doação feita ao donatário, com a cláusula fideicomissária a favor dos seus filhos ou sucessores:

> [...] as doações inter vivos comportam a cláusula fideicomissária em virtude dos princípios gerais que regem os atos jurídicos. [...]
>
> Ora, se as doações e os testamentos são atos de liberalidade, participando, portanto, da natureza jurídica das disposições a título gratuito em geral, os princípios reguladores das substituições fideicomissárias, como modalidades quer da doação, quer do testamento, devem ser aplicados a ambas as formas de liberalidades.
>
> Se o legislador pátrio regulou as substituições quando tratou da matéria relativa ao testamento, uma das modalidades das disposições a título gratuito, tais dispositivos, quando de caráter especial, devem ser aplicados, por analogia, às doações, que também são modalidades dos atos jurídicos a título gratuito.[35]

José Corrêa de Meira destaca ainda:

---

31 AZEVEDO, Armando Dias de. *O fideicomisso no direito pátrio*: doutrina, legislação, jurisprudência. São Paulo, Saraiva, 1973. p. 57.

32 "Art. 1.733. Pode também o testador instituir herdeiros ou legatários por meio de fideicomisso, impondo a um deles, o gravado ou fiduciário, a obrigação de, por sua morte, a certo tempo, ou sob certa condição, transmitir ao outro, que se qualifica de fideicomissário, a herança, ou o legado".

33 MAIA, Paulo Carneiro. *Substituição fideicomissária*. São Paulo: Revista dos Tribunais, 1967. p. 220.

34 "Art. 547. O doador pode estipular que os bens doados voltem ao seu patrimônio, se sobreviver ao donatário. Parágrafo único. Não prevalece cláusula de reversão em favor de terceiro".

35 LIMA, Alvino. Do fideicomisso nas doações inter-vivos. *Boletim da Faculdade de Direito da Universidade de Coimbra*, Coimbra, v. XXVIII, p. 216-233, 1933.

> O facto do Código só ter se ocupado com minúcias do Fideicomisso por testamento nada obsta, eis que [...] o Código só se ocupa daquilo que ocorre mais frequentemente. Acresce que esse mesmo Código manda no art. 7 da Introdução que nos casos omissos, se apliquem as disposições concernentes aos casos análogos; no art. 115 diz mais que, nos atos jurídicos, são lícitas em geral todas as condições que a lei não vedar expressamente e não há no Código disposição alguma proibindo-as. Finalmente, se o nosso Código, ao invés de repudiar as instituições fideicomissárias, expressamente as acolheu, razão alguma existe para que se deixe de admiti-las pela doação inter vivos, conforme a tradição do nosso direito como anteriormente vimos, citando inúmeros julgados dos nossos tribunais e as opiniões dos mais acatados civilistas do mundo.[36]

Na mesmo norte, Paulo Carneiro Maia, com apoio em Washington Barros Monteiro:

> A substituição constituída por atos dessa natureza não configura cláusula proibida, nem encerra pacto sucessório. Se o Código acolheu o instituto no direito das sucessões, não há motivo para excluí-lo do império dos atos inter vivos, visto não ocorrer qualquer razão de ordem legal na doutrinária contra a sua existência. A única restituição a fazer é a de que o fideicomisso por ato entre vivos se regerá pelos dispositivos do direito das obrigações.[37]

Justino Adriano Farias da Silva também se posiciona pela legitimidade da constituição do fideicomisso tanto na doação, como em outras relações contratuais:

> Os tribunais também têm entendido viável a sua constituição por atos inter vivos. Cite-se apenas o seguinte acórdão da corte de apelação do Rio de Janeiro, de 14 de fevereiro de 1935: "É valido o fideicomisso constituído por acto entre vivos; se os effeitos juridicos, de uma doação clausulada coincidem exactamente com os de um fideicommisso por testamento, a conclusão é que, embora omisso o Codigo Civil, quanto à doação fideicomissária, ella se legitima na aplicação, precisa de seus artigos".
>
> Ressalte-se, por oportuno, que a doação expressa do fideicomisso *inter vivos* pelos sistemas legislativos daria impulso significativo a este instituto, pois poderia servir para regular com maior segurança determinados negócios jurídicos civis e mercantis, ainda em vida do instituidor.
>
> De qualquer forma, mesmo não estando expressamente previsto no nosso ordenamento jurídico, não há qualquer impedimento legal para sua instituição por *atos inter vivos*, tanto nas doações como em outras relações contratuais.
>
> Parece-nos perfeitamente viável a instituição de fideicomisso em contrato de compra-e-venda com pacto adjecto fideicomissório.[38]

Partilho exatamente da mesma posição deste último autor, que conseguiu esgotar o tema em sua profunda pesquisa. Ainda que o direito positivo brasileiro só se refira ao fideicomisso como modalidade de substituição testamentária, a hipercomplexidade atual das relações sociais e econômicas impõe que se admitam outros usos ao instituto, inclusive para fins de garantia, de modo a corresponder às novas demandas da sociedade e do setor produtivo.

---

36 *Apud* SILVA, Justino Adriano Farias da. Do fideicomisso. *In*: BRANDELLI, Leonardo (Coord.). *Direito civil e registro de imóveis*. São Paulo: Método, 2007. p. 162.

37 MAIA, Paulo Carneiro. *Substituição fideicomissária*. São Paulo: Revista dos Tribunais, 1967. p. 223-224.

38 SILVA, Justino Adriano Farias da. Do fideicomisso. *In*: BRANDELLI, Leonardo (Coord.). *Direito civil e registro de imóveis*. São Paulo: Método, 2007. p. 163-164.

É preciso lembrar que o direito privado é o *locus* onde as permissões se sobrepõem às proibições. Aqui é permitido fazer quase tudo o que a lei não proíbe expressamente. E o fato de a disciplina do fideicomisso haver sido inserida no âmbito das substituições testamentárias não implica dizer que o testamento seja o único negócio jurídico a comportar a instituição do fideicomisso. Não existe proibição alguma a que outros negócios jurídicos diversos do testamento, incluindo aqueles entre vivos (*v.g.* compra e venda e doação), também possam se valer do instituto.

O próprio conceito do fideicomisso como o negócio jurídico por meio do qual uma pessoa física ou jurídica (fideicomitente) transfere a propriedade resolúvel e temporária de determinados bens ou direitos a outra pessoa (fiduciário) em favor de uma terceira pessoa (fideicomissário) deixa claro não se tratar exclusivamente de uma verba testamentária. Trata-se, na essência, da transmissão da propriedade em caráter resolúvel, até que se verifique determinada condição ou advenha certo termo, situação acolhida e disciplinada, tanto no Código atual, como no anterior.

O art. 1.359 do CCB/2002 estabelece:

> resolvida a propriedade pelo implemento da condição ou pelo advento do termo, entendem-se também resolvidos os direitos reais concedidos na sua pendência, e o proprietário, em cujo favor se opera a resolução, pode reivindicar a coisa do poder de quem a possua ou detenha.

É exatamente a situação do fideicomisso, em que o proprietário resolúvel é o fiduciário e "o proprietário, em cujo favor se opera a resolução", vem a ser o fideicomissário ou beneficiário final.

A resolução do domínio, ensina Marco Aurélio Bezerra de Melo:

> pode acontecer em favor do próprio alienante, como na compra e venda com reserva de domínio, em que o vendedor guarda a propriedade para si, até que o preço esteja integralmente pago (art. 521 do CC), mas também pode favorecer terceiro, como no fideicomisso, em que a propriedade, no próprio ato que a constituiu, está submetida a uma condição resolutiva para o fiduciário e suspensiva para o fideicomissário ainda não concebido ao tempo da morte do testador, conforme preconizam os arts. 1.951 e 1.952 do Código Civil. Pelo implemento da condição ou advento do termo, uma pessoa vê o seu direito perecer, enquanto outra o adquire. Sempre que a propriedade for resolúvel para um, estará sob condição ou termo suspensivo para outro, ainda que a resolução opere em favor do próprio alienante, como acontece na propriedade fiduciária.[39]

---

[39] SCHREIBER, Anderson; TARTUCE, Flávio; SIMÃO, José Fernando; DELGADO, Mário Luiz; MELO, Marco Aurélio Bezerra de. *Código Civil comentado*. Doutrina e jurisprudência. Rio de Janeiro: Forense, 2020. p. 1.029. Os autores apontam os seguintes modelos de propriedade resolúvel no ordenamento jurídico pátrio, entre os quais inserem o fideicomisso: "1. Compra e venda com reserva de domínio, em que uma pessoa vende um bem à prestação para outra, transferindo a posse direta e reservando-se a posse indireta e a propriedade do bem até que a obrigação seja totalmente cumprida. Enquanto a dívida não for paga, o proprietário do bem será o credor, e após a quitação, a propriedade deverá ser transmitida para o comprador. No caso, temos que a propriedade do credor é resolúvel, pois no momento em que a dívida for paga, a propriedade, para ele, se extinguirá, adquirindo-a o comprador que pagou integralmente o preço (art. 521 do CC). 2. Sucede na retrovenda que o vendedor reserva consigo o direito potestativo de recomprar o bem alienado no prazo máximo de decadência de três anos, observando os critérios de pagamento do preço previstos no art. 505 do Código Civil. O aspecto de realidade desse direito e de seu caráter de resolubilidade do domínio se encontra no art. 507 do Código Civil, o qual dispõe que 'o direito de retrato, que é cessível e transmissível a herdeiros e legatários, poderá ser exercido contra o terceiro adquirente'. 3. A doação com cláusula de reversão em relação ao donatário que, se falecer antes do doador, levará a que a propriedade se resolva e retorne ao doador, não sendo, por conseguinte, partilhada

Há uma inegável imbricação entre as matérias, prossegue o autor:

> pois a propriedade é resolúvel quando há incidência de uma condição ou termo resolutivo disciplinados nos arts. 127, 128 e 135 do Código Civil. Enquanto a condição ou o termo não acontece, o proprietário resolúvel concentra todos os poderes inerentes ao domínio, podendo, inclusive, vender ou dar em garantia.[40]

Por fim, ainda que o Código Civil atual consigne a proibição expressa, no parágrafo único do art. 547 do CC, que se preveja cláusula de reversão dos bens doados a terceiros, permitindo ao doador estipular que os bens doados voltem exclusivamente ao seu patrimônio, se sobreviver ao donatário, o que poderia, segundo alguns, impedir ou nulificar a cláusula fideicomissária nas doações *inter vivos*, penso não constituir tal argumento óbice algum ao fideicomisso contratual.

Primeiro porque no fideicomisso não existe reversão dos bens ao fideicomitente ou a terceiro. A transmissão se dará sucessivamente do instituidor (doador) ao fiduciário (donatário) e deste para o fideicomissário (beneficiário final). Ambos (fiduciário e fideicomissário) seriam donatários sucessivos, sendo que o primeiro será titular de propriedade resolúvel, enquanto o segundo será proprietário sob condição suspensiva (ou termo) e proprietário pleno, após implementados a condição ou o termo. O legislador não veda que se aponham elementos acidentais na doação (termo, condição ou encargo), podendo-se estipular a extinção do negócio jurídico pelo implemento da condição resolutiva ou pelo advento do termo final. Na síntese lapidar de Paulo Carneiro Maia, "sendo permitidas nas doações quaisquer cláusulas não proibidas, e não havendo disposição alguma que vede a cláusula de fideicomisso, não há razão para que seja ela rejeitada nas doações. Esta nos parece a melhor opinião".[41]

Segundo porque não constitui tal modalidade de negócio jurídico (a doação) o único vetor de inserção do fideicomisso contratual. Não se pode esquecer que o sistema jurídico atual prestigia também a formação de contratos atípicos, que são aqueles não disciplinados expressamente ou, ainda, contendo elementos de diversos outros tipos contratuais.[42] Desse modo, tanto poderíamos cogitar de doações "atípicas", como de outras relações contratuais, com transmissão gratuita de bens, ou mesmo com transmissão onerosa, como se daria com a instituição de fideicomisso em contrato de compra e venda com pacto adjeto fideicomissório.

Em resumo, o sistema do Código Civil, se interpretado de forma harmônica, com prevalência para a autonomia privada, cuja amplitude só encontra limites nas normas

---

entre os herdeiros, conforme dicção do art. 547 do Código Civil. 4. A propriedade fiduciária em relação ao credor a quem é transferida a propriedade resolúvel até que o devedor fiduciante pague as prestações devidas (art. 1.361). 5. O bem entregue em fideicomisso em relação ao fiduciário a quem se transfere a propriedade resolúvel, devendo transmiti-la ao fideicomissário mediante o implemento de uma condição ou o advento de um termo (art. 1.951). 6. No regime da superfície brasileiro em que o instituto é obrigatoriamente temporário, a propriedade do superficiário é resolúvel em relação ao fundeiro ou concedente, pois se extinguirá com o advento do termo ou no implemento da condição, conforme o caso (art. 1.369 do CC) (p. 1.030)".

[40] SCHREIBER, Anderson; TARTUCE, Flávio; SIMÃO, José Fernando; DELGADO, Mário Luiz; MELO, Marco Aurélio Bezerra de. *Código Civil comentado*. Doutrina e jurisprudência. Rio de Janeiro: Forense, 2020.

[41] MAIA, Paulo Carneiro. *Substituição fideicomissária*. São Paulo: Revista dos Tribunais, 1967. p. 222.

[42] CCB: "Art. 425. É lícito às partes estipular contratos atípicos, observadas as normas gerais fixadas neste Código".

de ordem pública, viabiliza que seja instituído fideicomisso em negócios jurídicos *inter vivos*, quer seja por meio de doação seja por meio de contrato atípico.

3.3 Fideicomisso como alternativa ao *trust* anglo-americano

A eliminação das restrições ao fideicomisso, por meio de controle difuso de constitucionalidade, aliada à admissão do fideicomisso contratual, como espécie do gênero negócio fiduciário, por atividade hermenêutica, ofereceria novos e adequados mecanismos para estruturação de um planejamento sucessório com mais segurança jurídica.

Atualmente, a se admitir como existentes as barreiras contra o negócio jurídico fiduciário, *causa mortis* ou *inter vivos*, chegaríamos ao paroxismo de restringir em demasia, ou mesmo inviabilizar, o exercício da autonomia privada no direito sucessório. Basta se ver o que tem ocorrido com a importação do *trust* nas operações de planejamento realizadas no Brasil, atraindo imprecações de nulidade com esteio na vetusta proibição do art. 426 do CC/2002.[43]

A utilização ampla do fideicomisso no planejamento sucessório, permitindo-se, ainda, a indicação de pessoas jurídicas para a posição de fiduciário, permitiria ao autor da herança resguardar o patrimônio a ser transmitido aos herdeiros, beneficiando as gerações futuras de maneira mais segura, com redução dos impactos tributários e fomento das relações econômicas, além de contribuir, nas palavras de Melhim Chalhub, Gustavo Alberto Villela Filho e Milena Donato Oliva:

> para a promoção de interesses existenciais, ao potencializar a proteção dos vulneráveis. Isso porque viabilizaria a atribuição a instituição especializada da gestão dos bens destinados aos menores e às pessoas com discernimento comprometido. Por esse meio, a instituição estaria investida no poder de administrar os bens para alcançar o melhor resultado econômico-financeiro possível, desde que em conformidade com as diretrizes previamente estabelecidas e no melhor interesse dos beneficiários.[44]

Com isso, alcançaríamos a verdadeira aproximação da figura jurídica do fideicomisso brasileiro com o *trust* do direito inglês e estadunidense, permitindo-se a transmissão de bens, por ato de última vontade ou ato entre vivos, a uma pessoa natural ou jurídica, para que esta os resguarde, sem deixar de usufrui-los, em benefício de outra. O transmitente dos bens, que no *trust* se chama *settlor*, equivale ao fideicomitente. O primeiro destinatário da propriedade chama-se *trustee* no instituto anglo-saxão, e fiduciário no fideicomisso, enquanto o destinatário final dos bens será o beneficiário final no *trust* e fideicomissário no fideicomisso.

---

[43] Tenho reiteradamente me manifestado em defesa de uma interpretação mais contemporânea do art. 426, de modo a somente se proibirem os pactos sucessórios quando tiverem por objeto a sucessão de um terceiro, vale dizer, os atos bilaterais *inter vivos* efetuados entre dois interessados, acerca da sucessão de uma pessoa viva, que permanece estranha ao acordo celebrado. Ver, por todos: DELGADO, Mário Luiz. Novos horizontes para os pactos sucessórios no Brasil. *Revista Nacional de Direito de Família e Sucessões*, ed. 28, jan./fev. 2019.

[44] CHALHUB, Melhim Namem; VILLELA FILHO, Gustavo Alberto; OLIVA, Milena Donato. Regime jurídico geral do contrato fiduciário. *Migalhas*, 8 out. 2020. Para os autores, a operação de fidúcia, no caso, reveste-se "de incomparável efetividade como mecanismo de segurança jurídica e de estímulo a investimentos".

Não defendo aqui que haja identidade entre *trust* e fideicomisso, mas algumas semelhanças que permitem que o fideicomisso possa alcançar os mesmos resultados do *trust*, especialmente na modalidade *inter vivos*. O fideicomisso contratual, como contrato atípico, poderia limitar direitos e prerrogativas do fiduciário, além de especificar de forma minudente os seus deveres, aproximando-o do *trustee* alienígena. Com isso, e pelo menos até que o negócio jurídico fiduciário venha a ser regulamentado entre nós, poderíamos fazer uso, no planejamento patrimonial, de um mecanismo legal já existente no ordenamento e cuja ampliação, no seu espectro de aplicação, depende exclusivamente da boa vontade, da visão prospectiva e da criatividade do intérprete que pode, perfeitamente, revigorar o instituto sem bater de frente com os textos normativos.

4 Conclusões

A partir das ponderações lançadas nos tópicos anteriores, apresento ao leitor as seguintes conclusões.

O fideicomisso disciplinado nos arts. 1.951 a 1.960 do Código Civil vigente constitui modalidade de substituição testamentária, por opção legislativa, não se podendo negar valor às críticas lançadas contra essa escolha do legislador, já que, a rigor, o fideicomissário não substitui o fiduciário. Os dois são sucessores do fideicomitente, em tempos diferentes: primeiro o fiduciário, depois o fideicomissário. Melhor seria classificar o fideicomisso como modalidade de negócio jurídico fiduciário.

Considero inconstitucional a limitação prevista no art. 1.952, no sentido de somente admitir o fideicomisso em favor do concepturo, ou seja, o fideicomissário só pode ser pessoa não concebida ao tempo da instituição e também não nascida ou concebida na data de abertura da sucessão. Não existem motivos razoáveis para a proibição a que o testador institua, como beneficiários sucessivos de seu patrimônio (disponível) duas pessoas já existentes. Por que razão o beneficiário final (fideicomissário) só pode ser uma pessoa natural inexistente e, consequentemente, completamente desconhecida do testador? Por que não se poderia indicar pessoas jurídicas para a posição de fiduciário ou de fideicomissário, considerando que os entes morais também detêm legitimidade passiva na sucessão testamentária? A inconstitucionalidade do art. 1.952 decorre da violação ao direito fundamental previsto no inc. XXX da CF/88 (direito *de* herança) que tem como titulares, não apenas os herdeiros (o que teria ocorrido se o constituinte houvesse mencionado o direito à herança), mas especialmente o autor da herança. O direito de herança é principalmente dele, que era o dono do patrimônio, sobre o qual podia dispor livremente em vida e deve poder dispor para depois de sua morte. Quando a lei infraconstitucional limita, sem justificativa razoável, o direito de disposição do testador, infringe, diretamente, o direito *de* herança do instituidor do fideicomisso, não se podendo invocar, *a contrario sensu*, a justificativa da proibição na proteção do direito *de* herança de qualquer herdeiro.

É perfeitamente possível a instituição do fideicomisso por ato entre vivos, quer como cláusula fideicomissária nos contratos de doação, quer como modalidade de contrato atípico previsto no art. 425 do Código Civil, por meio do qual uma pessoa física ou jurídica (fideicomitente) transfere a propriedade resolúvel e temporária de determinados bens ou direitos a outra pessoa (fiduciário) em favor de uma terceira pessoa (fideicomissário). O fato de a disciplina do fideicomisso haver sido inserida no âmbito das substituições testamentárias não implica dizer que o testamento seja o único negócio jurídico a comportar a instituição do fideicomisso. Não existe proibição alguma a que outros negócios jurídicos diversos do testamento, incluindo aqueles entre vivos, também possam se valer do instituto. A hipercomplexidade atual das relações sociais e econômicas impõe que se admitam outros usos ao fideicomisso, inclusive para fins de garantia, de modo a corresponder às novas demandas da sociedade e do setor produtivo.

A ampliação do fideicomisso serviria para incrementar a atribuição de maior segurança jurídica ao planejamento sucessório, permitindo-se a indicação de pessoas jurídicas para a posição de fiduciário, possibilitando ao autor da herança resguardar o patrimônio a ser transmitido aos herdeiros, beneficiando as gerações futuras de maneira mais segura, com redução dos impactos tributários e fomento das relações econômicas. Com isso, e pelo menos até que o negócio jurídico fiduciário venha a ser regulamentado entre nós, poderíamos fazer uso, no planejamento patrimonial, de um mecanismo legal já existe no ordenamento e cuja ampliação, no espectro de aplicação, depende exclusivamente da boa vontade, da visão prospectiva e da criatividade do intérprete que pode, perfeitamente, revigorar o instituto sem bater de frente com os textos normativos.

Informação bibliográfica deste texto, conforme a NBR 6023:2018 da Associação Brasileira de Normas Técnicas (ABNT):

DELGADO, Mário Luiz. O fideicomisso como instrumento do planejamento sucessório. *In*: TEIXEIRA, Daniele Chaves (Coord.). *Arquitetura do planejamento sucessório*. Belo Horizonte: Fórum, 2022. p. 579-600. Tomo III. ISBN 978-65-5518-291-0.

TESTAMENTO DIGITAL: O PROVIMENTO Nº 100/2020 DO CONSELHO NACIONAL DE JUSTIÇA – A NOVA ERA TECNOLÓGICA NOS TABELIONATOS BRASILEIROS

RITA BERVIG ROCHA

1 O Provimento nº 100/2020/CNJ: nasce a era digital nos tabelionatos brasileiros

O Provimento nº 100 de 2020 do Conselho Nacional de Justiça – CNJ,[1] publicado em 26.5.2020, dispôs sobre a prática de atos notariais eletrônicos através da videoconferência e assinatura por certificado digital ou certificado notarizado, autorizando o procedimento em todo o país pela plataforma e-Notariado. Através do Notarchain, uma rede *blockchain* exclusiva para tabeliães, em que cada tabelião atua como um pilar de sustentação do sistema de segurança e na troca de dados, esta nova tecnologia permite a salvaguarda dos dados em nuvem.

A criptografia assegura na rede a validade do documento eletrônico que é compartilhado entre os participantes, evitando que ocorram fraudes na lavratura do instrumento, ou seja, é possível detectar se algum dos documentos for alterado de forma fraudulenta. Ainda, todos atos públicos lavrados na plataforma contam com a aceitação do usuário colhida em videoconferência, isto é, além da assinatura digital do ato solicitado, todo o procedimento é armazenado em vídeo, perpetuando-se no tempo aquela manifestação de vontade no ato lavrado.

A estrutura técnica e operacional da plataforma vinha sendo desenvolvida há alguns anos pelo Conselho Federal do Colégio Notarial do Brasil – CNB, mas foi somente após a publicação do Provimento nº 100/2020/CNJ que, observando a necessidade da prestação dos serviços extrajudiciais e o fato de que os serviços notariais são essenciais

[1] CONSELHO NACIONAL DE JUSTIÇA. *Provimento n. 100, de 26 de maio de 2020*. Dispõe sobre a prática de atos notariais eletrônicos utilizando o sistema e-Notariado, cria a Matrícula Notarial Eletrônica-MNE e dá outras providências. Disponível em: https://atos.cnj.jus.br/files/original222651202006025ed6d22b74c75.pdf. Acesso em: 4 set. 2021.

para o exercício da cidadania, devendo ser prestados de modo eficiente, adequado e contínuo, mesmo que ante a ocorrência de força maior que impedisse a presença física dos usuários nas serventias, o e-Notariado passou a ser a via oficial para a prática de todos os atos públicos digitais.

Com o surgimento da pandemia da Covid-19, urgiu que os tabeliães de todo o país entregassem uma resposta rápida à população, possibilitando a lavratura de atos públicos 100% digitais e de forma remota, o que foi possível através do lançamento do e-Notariado em todo o Brasil. Atualmente é possível a lavratura de todos os instrumentos públicos, antes realizados apenas de forma presencial no tabelionato, são eles: escrituras públicas de compra e venda, doação, dação em pagamento, confissão de dívida, divórcio, união estável, procurações, reconhecimento de firmas, inventários, partilhas e, inclusive, testamentos.

O e-Notariado alcançou a marca de 50 mil atos eletrônicos lavrados desde a sua regulamentação, contando a plataforma com mais de 1,8 mil tabelionatos cadastrados como autoridades notariais e 43,6 mil certificados digitais e-Notariado emitidos. Em 10 meses de funcionamento foram lavradas mais de 37,5 mil escrituras por todo o Brasil, com 6.161 atos feitos apenas em março de 2021.[2]

Para realizar atos públicos pela internet o usuário deverá possuir um certificado digital, que servirá como identidade para realizar transações *on-line* e com a garantia da autenticidade e segurança dos dados na transação, o que é propiciado pela plataforma, servindo o certificado como uma verdadeira assinatura digital, uma vez que é requisito obrigatório para que os cidadãos possam realizar os atos notariais digitais.

Nos termos do Provimento nº 100/2021/CNJ, o cidadão deverá possuir um Certificado Notarizado ou Certificado Digital ICP-Brasil para a prática do ato na plataforma e-Notariado. O Certificado Digital e-Notariado ou notarizado é emitido sob a infraestrutura do sistema e-Notariado, conforme prevê o art. 10, §2º, da Medida Provisória nº 2.200-2/2001,[3] e será utilizado para que o usuário seja identificado, solicite e assine os atos notariais digitais. A emissão do certificado pode ser de forma presencial, diretamente no tabelionato, ou remota, por videoconferência, sendo nesta última necessário que o cidadão possua cadastro de assinatura, "firma aberta", em algum tabelionato do Brasil. A anuidade e a emissão do certificado notarizado são gratuitas em todos os tabelionatos no país que estejam cadastrados para a sua emissão.

O Certificado Digital ICP-Brasil é emitido sob a infraestrutura de chaves públicas brasileira (ICP-Brasil), nos termos do previsto no art. 10, §1º, da Medida Provisória nº 2.200-2/2001,[4] utilizado para que o seu titular seja identificado e assine todos os atos notariais digitais, bem como para poder acessar outras plataformas que exigem a ICP-Brasil. Entretanto, é um serviço que requer o pagamento de uma taxa que irá variar a depender se o usuário for pessoa física ou jurídica – muitos usuários deixam

---

[2] PLATAFORMA e-Notariado atinge marca de 50 mil atos lavrados em todo o país. *Notariado*, 30 mar. 2021. Disponível em: https://www.notariado.org.br/plataforma-e-notariado-atinge-marca-de-50-mil-atos-lavrados-em-todo-o-pais/. Acesso em: 5 set. 2021.

[3] BRASIL. *Medida Provisória n. 2200-2, de 24 de agosto de 2001*. Disponível em: http://www.planalto.gov.br/ccivil_03/mpv/antigas_2001/2200-2.htm. Acesso em: 3 set. 2021.

[4] BRASIL. *Medida Provisória n. 2200-2, de 24 de agosto de 2001*. Disponível em: http://www.planalto.gov.br/ccivil_03/mpv/antigas_2001/2200-2.htm. Acesso em: 3 set. 2021.

de adquirir em razão dos custos de emissão e renovações de anuidade, a depender do contratado pelo cliente.

Analisando o panorama mundial em termos de tecnologia, envolvendo negócios jurídicos, atos contratuais e de alienação, ainda não existia local do mundo em que transações imobiliárias fossem feitas por assinatura ficta, nem mesmo nos mais desenvolvidos países da Europa as assinaturas evoluíram tanto como no Brasil. Os notários brasileiros construíram um certificado digital capaz de unir uma assinatura segura com a captação de vontade da parte em celebrar o ato público por meio da videoconferência, armazenada permanentemente em nuvem.

Na prática, o certificado e-Notariado instalado no aparelho de celular do cliente, sendo pessoal e intransferível, inviabiliza, de regra, o empréstimo do certificado, tal como ocorrem com os certificados digitais armazenados em *token*, cartões, *links* etc. Após a colheita dos dados, biometria e foto para o cadastro, o usuário receberá um termo de titularidade do certificado, que será assinado através do aplicativo de celular e-Notariado, que pode ser adquirido de forma gratuita. O certificado notarizado tem validade de 3 anos, podendo ser renovado sem custos.

As tratativas sobre confecção de qualquer escritura pública digital, seja qual for a natureza, serão realizadas de forma usual, ou seja, por *e-mail*, telefone, presencialmente, aplicativo de mensagem, tal como já ocorre nos atos nos quais as partes comparecem no tabelionato. Após emitidas e pagas as guias de impostos, quando for o caso, a escritura já pode ser assinada pelo e-Notariado.

No dia e horário agendados para a assinatura da escritura digital, o cliente receberá em seu *e-mail* cadastrado um *link* de acesso à videoconferência e outro *link* para realizar a assinatura do ato. O cliente será recepcionado na videoconferência pelo tabelião ou colaborador autorizado, o qual fará a identificação e colheita da vontade da parte, a verificação do objeto e do valor do negócio pactuado, quando for o caso, declaração da data e horário da prática do ato notarial, indicando o livro, a folha e o tabelionato no qual está sendo lavrado o instrumento público. Após as manifestações de vontade, o ato será finalizado mediante a assinatura do usuário e do notário competente.

A solenidade da escritura digital é gravada na videoconferência e armazenada na nuvem, após um *download* da escritura pública assinada pelo notário, esta é encaminhada ao cliente em poucos instantes. O procedimento todo tem duração de 10 a 15 minutos, e os emolumentos da escritura serão apenas os previstos em lei, nos atos presenciais, ou seja, nada mais é devido pelo uso da plataforma.

1.1 Da validade e eficácia dos atos digitais pelo e-Notariado

Analisando as escrituras digitais sob os aspectos da validade e eficácia, é importante salientar que todos os atos cuja autenticidade seja conferida pela internet, diretamente na plataforma e-Notariado, "constituem instrumentos públicos para todos os efeitos legais e são eficazes para os registros públicos, instituições financeiras, juntas comerciais, Detrans",[5] nos termos art. 29 do Provimento nº 100/2020/CNJ. A produção de efeitos

[5] CONSELHO NACIONAL DE JUSTIÇA. *Provimento n. 100, de 26 de maio de 2020.* Dispõe sobre a prática de atos notariais eletrônicos utilizando o sistema e-Notariado, cria a Matrícula Notarial Eletrônica-MNE e dá outras

jurídicos perante a Administração Pública e entre particulares são exatamente os mesmos que os instrumentos assinados em papel. A certidão da escritura em meio físico, isto é, a via em papel da escritura digital pode ser disponibilizada ao cliente por simples solicitação e a qualquer momento.

O Conselho Nacional de Justiça, na edição das normas pertinentes à lavratura dos atos notariais digitais, tratou de proibir qualquer prática de ato notarial eletrônico ou remoto com recepção de assinaturas eletrônicas a distância sem a utilização da plataforma do e-Notariado. Ainda, estabeleceu regras de competência territorial a fim de evitar evasão de divisas, bem como conciliar na esfera digital os elencados nos arts. 8º e 9º da Lei nº 9.935/1994, os quais preceituam, respectivamente, que "é livre a escolha do tabelião de notas, qualquer que seja o domicílio das partes ou o lugar de situação dos bens objeto do ato ou negócio"[6] e que "o tabelião de notas não poderá praticar atos de seu ofício fora do Município para o qual recebeu delegação".[7]

Os arts. 19 e 20 do Provimento nº 100/2020/CNJ dispõem sobre regras especiais para a lavratura de atos digitais quanto aos limites territoriais e de competência de cada tabelião. Analisando os principais regramentos, inicialmente, quanto aos atos digitais envolvendo imóveis, "ao Tabelião do local do imóvel ou do domicílio do adquirente/comprador compete com exclusividade lavrar as escrituras eletronicamente, por meio do e-Notariado [...]",[8] e "quando houver um ou mais imóveis de diferentes municípios no mesmo ato notarial, será competente para a prática de atos remotos o Tabelião de quaisquer deles",[9] ainda, o "imóvel localizado na mesma UF do domicílio do adquirente/comprador, este poderá escolher qualquer Tabelionato de notas da unidade federativa para a lavratura do ato".[10] Em matéria de procurações digitais "caberá ao Tabelião do domicílio do outorgante ou do local do imóvel, se for o caso".[11] A competência das atas notariais competirá "ao tabelião de notas da circunscrição do fato constatado ou,

---

providências. Disponível em: https://atos.cnj.jus.br/files/original222651202006025ed6d22b74c75.pdf. Acesso em: 4 set. 2021.

6 BRASIL. *Lei nº 8.935/1994, 18 de novembro de 1994*. Regulamenta o art. 236 da Constituição Federal, dispondo sobre serviços notariais e de registro. Lei dos Cartórios. Disponível em: http://www.planalto.gov.br/ccivil_03/leis/l8935.htm. Acesso em: 6 set. 2021.

7 BRASIL. *Lei nº 8.935/1994, 18 de novembro de 1994*. Regulamenta o art. 236 da Constituição Federal, dispondo sobre serviços notariais e de registro. Lei dos Cartórios. Disponível em: http://www.planalto.gov.br/ccivil_03/leis/l8935.htm. Acesso em: 6 set. 2021.

8 CONSELHO NACIONAL DE JUSTIÇA. *Provimento n. 100, de 26 de maio de 2020*. Dispõe sobre a prática de atos notariais eletrônicos utilizando o sistema e-Notariado, cria a Matrícula Notarial Eletrônica-MNE e dá outras providências. Disponível em: https://atos.cnj.jus.br/files/original222651202006025ed6d22b74c75.pdf. Acesso em: 4 set. 2021.

9 CONSELHO NACIONAL DE JUSTIÇA. *Provimento n. 100, de 26 de maio de 2020*. Dispõe sobre a prática de atos notariais eletrônicos utilizando o sistema e-Notariado, cria a Matrícula Notarial Eletrônica-MNE e dá outras providências. Disponível em: https://atos.cnj.jus.br/files/original222651202006025ed6d22b74c75.pdf. Acesso em: 4 set. 2021.

10 CONSELHO NACIONAL DE JUSTIÇA. *Provimento n. 100, de 26 de maio de 2020*. Dispõe sobre a prática de atos notariais eletrônicos utilizando o sistema e-Notariado, cria a Matrícula Notarial Eletrônica-MNE e dá outras providências. Disponível em: https://atos.cnj.jus.br/files/original222651202006025ed6d22b74c75.pdf. Acesso em: 4 set. 2021.

11 CONSELHO NACIONAL DE JUSTIÇA. *Provimento n. 100, de 26 de maio de 2020*. Dispõe sobre a prática de atos notariais eletrônicos utilizando o sistema e-Notariado, cria a Matrícula Notarial Eletrônica-MNE e dá outras providências. Disponível em: https://atos.cnj.jus.br/files/original222651202006025ed6d22b74c75.pdf. Acesso em: 4 set. 2021.

quando inaplicável este critério, ao tabelião do domicílio do requerente compete lavrar as atas notariais eletrônicas".[12]

Percebe-se que, ao longo dos artigos previstos no Provimento nº 100/2020/CNJ, em matéria de competência territorial do tabelião para a lavratura de atos digitais, diferente de quando a transação envolve imóveis, deixou-se de explicitar especificidades no que tange aos atos digitais de caráter personalíssimo como o testamento, ou declaratórios como a união estável. Para estes atos observar-se-á a circunscrição territorial em que o tabelião recebeu sua delegação, bem como a possibilidade da livre escolha do tabelião por parte do usuário, nos termos dos arts. 8º e 9º da Lei nº 8.935/1994.[13] Importante salientar que também há entendimento no sentido de que, para tais lacunas, deve-se observar, por analogia, a regra constante nas procurações digitais, qual seja, caberá ao tabelião do domicílio do solicitante a lavratura do ato notarial digital, conforme o art. 20, parágrafo único do Provimento nº 100/2020/CNJ.[14]

Por fim, é salutar mencionar a previsão do ato notarial híbrido, previsto no art. 30 do Provimento nº 100/2020/CNJ,[15] o qual consiste na previsão da assinatura física de alguma das partes, no mesmo ato, combinada com a assinatura digital do outro signatário. Após colhida a assinatura física de uma das partes, será captada a manifestação de vontade da parte ausente na videoconferência, precedida da assinatura digital.

Os questionamentos, por parte da sociedade como um todo, quanto à definitividade das previsões sobre os atos notariais digitais trazidos pelo Provimento nº 100/2020/CNJ, são bastante comuns, visto a época da sua publicação ser contemporânea ao início da pandemia. Entretanto, as normativas expressas no Provimento nº 100/2020/CNJ vieram ao mundo jurídico com ânimo definitivo, sem prazo de duração. Por força do art. 38 do Provimento nº 100/2020/CNJ, aduziu-se que está revogada toda e qualquer disposição em contrário que constar de normas das corregedorias-gerais de justiça dos estados e do Distrito Federal que tratem sobre o tema ou qualquer outra forma de prática de ato notarial eletrônico, transmissão de consentimento e assinaturas remotas.[16]

A prerrogativa do sistema notarial de atribuição de fé pública e a possibilidade de exercício desta no meio digital, bem como a prática dos atos notariais previstos no Código Civil e na Lei nº 8.935/94, prestados por meio eletrônico, são regulados pelo

---

[12] CONSELHO NACIONAL DE JUSTIÇA. *Provimento n. 100, de 26 de maio de 2020*. Dispõe sobre a prática de atos notariais eletrônicos utilizando o sistema e-Notariado, cria a Matrícula Notarial Eletrônica-MNE e dá outras providências. Disponível em: https://atos.cnj.jus.br/files/original222651202006025ed6d22b74c75.pdf. Acesso em: 4 set. 2021.

[13] BRASIL. *Lei nº 8.935/1994, 18 de novembro de 1994*. Regulamenta o art. 236 da Constituição Federal, dispondo sobre serviços notariais e de registro. Lei dos Cartórios. Disponível em: http://www.planalto.gov.br/ccivil_03/leis/l8935.htm. Acesso em: 6 set. 2021.

[14] CONSELHO NACIONAL DE JUSTIÇA. *Provimento n. 100, de 26 de maio de 2020*. Dispõe sobre a prática de atos notariais eletrônicos utilizando o sistema e-Notariado, cria a Matrícula Notarial Eletrônica-MNE e dá outras providências. Disponível em: https://atos.cnj.jus.br/files/original222651202006025ed6d22b74c75.pdf. Acesso em: 4 set. 2021.

[15] CONSELHO NACIONAL DE JUSTIÇA. *Provimento n. 100, de 26 de maio de 2020*. Dispõe sobre a prática de atos notariais eletrônicos utilizando o sistema e-Notariado, cria a Matrícula Notarial Eletrônica-MNE e dá outras providências. Disponível em: https://atos.cnj.jus.br/files/original222651202006025ed6d22b74c75.pdf. Acesso em: 4 set. 2021.

[16] CONSELHO NACIONAL DE JUSTIÇA. *Provimento n. 100, de 26 de maio de 2020*. Dispõe sobre a prática de atos notariais eletrônicos utilizando o sistema e-Notariado, cria a Matrícula Notarial Eletrônica-MNE e dá outras providências. Disponível em: https://atos.cnj.jus.br/files/original222651202006025ed6d22b74c75.pdf. Acesso em: 4 set. 2021.

Provimento nº 100/2020/CNJ, o qual determina que todos os atos públicos digitais sejam obrigatoriamente executados pela plataforma. A vedação "da prática de atos notariais eletrônicos ou remotos com recepção de assinaturas eletrônicas a distância sem a utilização do e-Notariado",[17] observado o recolhimento dos selos de fiscalização dos Tribunais de Justiça, é asseverada ao fim do provimento, sob pena de nulidade dos atos.

2 Testamento: aspectos gerais

O direito das sucessões é dividido em duas modalidades de sucessão *mortis causa*, conforme aponta o art. 1.786 do Código Civil.[18] A primeira se dará através da lei, chamada sucessão legítima, a qual "enuncia a ordem de vocação hereditária, presumindo a vontade do autor da herança, é também denominada sucessão *ab intestato*, justamente por inexistir testamento".[19] A segunda modalidade é a sucessão testamentária, que tem origem em ato de última vontade do testador, através de "testamento, legado ou codicilo, mecanismos sucessórios para exercício da autonomia privada do autor da herança".[20]

Nas duas modalidades de sucessão, o regramento fundamental decorre do art. 1.784 do Código Civil,[21] que preceitua que, aberta a sucessão, a herança transmite-se desde logo aos herdeiros legítimos e testamentários. A morte do indivíduo titular do patrimônio faz com que, pela máxima do princípio da *detroit de saisine*, a herança transmita-se imediatamente aos sucessores, independentemente de qualquer ato dos herdeiros.

O direito brasileiro reconhecer esses dois tipos de sucessão *mortis causa* não significa dizer que a sucessão será somente legítima ou testamentária. Em determinadas circunstâncias, como no caso de o testamento não compreender todos os bens do testador ou de o testador dispor somente da metade da herança, por ter herdeiros necessários, a sucessão poderá ser, ao mesmo tempo, legítima e testamentária. A sucessão legítima regulará a situação dos bens que não foram mencionados no testamento, resolvendo sobre o que irá caber aos herdeiros necessários, respectivamente.[22]

Analisando a sucessão testamentária, percebemos que, diferentemente do seu antecessor, o Código Civil de 2002 deixou de apontar um conceito, propriamente dito, de testamento ao longo de seus artigos, prevendo apenas que toda pessoa capaz poderá dispor por testamento, da totalidade de seus bens ou parte deles, para depois de sua morte, nos termos do art. 1.857. O testamento é um ato personalíssimo, podendo ser

---

17 CONSELHO NACIONAL DE JUSTIÇA. *Provimento n. 100, de 26 de maio de 2020*. Dispõe sobre a prática de atos notariais eletrônicos utilizando o sistema e-Notariado, cria a Matrícula Notarial Eletrônica-MNE e dá outras providências. Disponível em: https://atos.cnj.jus.br/files/original222651202006025ed6d22b74c75.pdf. Acesso em: 4 set. 2021.

18 BRASIL. *Lei nº 10.406, de 10 e janeiro de 2002*. Institui o Código Civil. Disponível em: http://www.planalto.gov.br/ccivil_03/leis/2002/l10406compilada.htm. Acesso em: 6 set. 2021.

19 TARTUCE, Flávio. *Manual de direito civil*: volume único. 8. ed. rev., atual. e ampl. Rio de Janeiro: Forense; São Paulo: Método, 2018. p. 1645.

20 TARTUCE, Flávio. *Manual de direito civil*: volume único. 8. ed. rev., atual. e ampl. Rio de Janeiro: Forense; São Paulo: Método, 2018. p. 1645.

21 BRASIL. *Lei nº 10.406, de 10 e janeiro de 2002*. Institui o Código Civil. Disponível em: http://www.planalto.gov.br/ccivil_03/leis/2002/l10406compilada.htm. Acesso em: 6 set. 2021.

22 VELOSO, Zeno. Testamentos. *Noções gerais; formas ordinárias; codicilo; formas especiais*. Disponível em: http://www.flaviotartuce.adv.br/assets/uploads/artigosc/zeno_testamento.doc. Acesso em: 7 set. 2021.

mudado a qualquer tempo, pelo qual alguém, em conformidade com a lei, não só dispõe, para depois de sua morte, no todo ou em parte, do seu patrimônio, mas também faz outras estipulações de ordem não patrimonial.[23]

O art. 1.857, §2º, do Código Civil[24] prevê a validade das disposições testamentárias de caráter não patrimonial, ainda que somente a elas o testador tenha se limitado. É possível constar como disposição de última vontade questões não patrimoniais, como reconhecimento de filiação, deserdação de herdeiros, tutoria de filhos, entre outras, entretanto, é importante repisar que o reconhecimento de filhos é irrevogável, ainda que feito por testamento – art. 1.610 do Código Civil.[25]

Embora caiba ao testador dispor sobre questões de ordem econômica ou não, é imperioso destacar que o testamento é um negócio jurídico principalmente patrimonial, pois "é um ato de última vontade em que o testador faz disposições de bens, dá um destino ao seu patrimônio, nomeia herdeiros, institui legatários, e isso acontece, realmente, na grande maioria dos casos".[26] É comum o cidadão acreditar que, para se realizar um testamento, se faz necessário, anteriormente ao ato, possuir uma gama expressiva de patrimônios, bem como realizar recolhimento de impostos ou taxas vinculadas.

A capacidade para testar inicia para os maiores de dezesseis anos, não podendo fazê-lo aqueles que não estiverem com o seu pleno discernimento, conforme o art. 1.860 do Código Civil.[27] Não há um limite de idade para aqueles que desejam realizar um testamento, o que deverá ser permanentemente observado é a livre vontade daquele que dispõe, bem como a consciência e o discernimento sobre as consequências das testadas, uma vez que a legítima dos herdeiros necessários deverá ser preservada.

O Código Civil prevê formas ordinárias e especiais de testamento ao longo dos arts. 1.862 a 1.880 do Código Civil. Neste artigo, passaremos a tratar especificamente do testamento público.

2.1 Testamento público

O testamento público é aquele realizado pelo tabelião de notas em seu livro, nos termos do art. 7º, II, da Lei nº 8.935/94, colhidas as declarações do testador ou autor da herança, e depois lido em voz alta pelo oficial ao testador e a duas testemunhas idôneas, desimpedidas nos termos da lei, que deverão assistir à solenidade. De regra, pode o substituto do tabelião lavrar testamentos desde que esteja respondendo pelo serviço nas ausências ou impedimentos do tabelião titular.

---

[23] DINIZ, Maria Helena. *Curso de direito civil brasileiro*. 21. ed. São Paulo: Saraiva, 2007. p. 175.

[24] BRASIL. *Lei nº 10.406, de 10 e janeiro de 2002*. Institui o Código Civil. Disponível em: http://www.planalto.gov.br/ccivil_03/leis/2002/l10406compilada.htm. Acesso em: 6 set. 2021.

[25] BRASIL. *Lei nº 10.406, de 10 e janeiro de 2002*. Institui o Código Civil. Disponível em: http://www.planalto.gov.br/ccivil_03/leis/2002/l10406compilada.htm. Acesso em: 6 set. 2021.

[26] VELOSO, Zeno. Testamentos. *Noções gerais; formas ordinárias; codicilo; formas especiais*. Disponível em: http://www.flaviotartuce.adv.br/assets/uploads/artigosc/zeno_testamento.doc. Acesso em: 7 set. 2021.

[27] BRASIL. *Lei nº 10.406, de 10 e janeiro de 2002*. Institui o Código Civil. Disponível em: http://www.planalto.gov.br/ccivil_03/leis/2002/l10406compilada.htm. Acesso em: 6 set. 2021.

A forma pública de testar traz maior garantia para as partes envolvidas, no que o art. 1.864 do Código Civil[28] elenca seus requisitos essenciais, sob pena de nulidade do ato. São eles: (i) ser escrito por tabelião ou por seu substituto legal, conforme as declarações do testador, que pode se servir de minuta; (ii) ser lavrado o instrumento, lido em voz alta pelo tabelião ao testador e as duas testemunhas, a um só tempo, ou pelo testador se o quiser, na presença do tabelião e das testemunhas; (iii) ser o testamento, em seguida da leitura, assinado pelo testador, pelas testemunhas e pelo tabelião.

A redação do testamento público pode se dar de forma manual ou mecânica, a critério do tabelião de notas. Podem, ainda, ser inseridas declarações de vontade em partes impressas de livros de notas, desde que rubricadas todas as páginas pelo testador, conforme art. 1.864, parágrafo único, do Código Civil.[29]

Os cidadãos que puderem declarar de viva voz a sua vontade, e compreender, pela leitura, que esta foi consignada por escrito, poderão realizar testamento público. Na mesma linha, o indivíduo inteiramente surdo, sabendo, lerá o seu testamento e, se não souber, indicará quem o leia em seu lugar, na presença das testemunhas – art. 1.866, do Código Civil.[30]

Com relação aos indivíduos que não puderem ou não souberem assinar, é permitido que uma das testemunhas instrumentárias assine a seu rogo, declarado no ato, nos termos do art. 1.865 do Código Civil.[31]

Acima de tudo, o testamento público é a modalidade que traz ao testador maior segurança e garantia de que as suas disposições serão efetivamente cumpridas após a sua morte. Isso, pelo fato de que o testamento público – ao lado do testamento cerrado, modalidade cada vez menos utilizada – é ato de competência exclusiva do tabelião de notas, profissional dotado de fé pública que, além de assessorar juridicamente o testador, é o responsável por lavrar o ato, garantindo a sua autenticidade e, especialmente, a segurança jurídica, evitando conflitos e litígios posteriores.

Este é, na lição de Zeno Veloso, o principal aspecto positivo do testamento público, o fato de ser escrito por um "profissional de Direito, um delegado do Poder Público, em geral, pessoa instruída, altamente qualificada, experiente, que, até por dever de ofício, deve orientar, esclarecer, assessorar o testador [...]"[32] de maneira imparcial, sem se imiscuir ou interferir no conteúdo manifestado pela parte.

O saudoso jurista, que por muitos anos foi tabelião de notas, lembra de outro aspecto relevante no testamento público, que é a garantia de sua conservação. Diferentemente do que ocorre com os testamentos particular e cerrado, que ficam na posse do testador ou de quem confiar, sujeitos, assim, ao extravio, o testamento público fica perpetuamente registrado no livro de notas do tabelionato.

---

28 BRASIL. *Lei nº 10.406, de 10 e janeiro de 2002*. Institui o Código Civil. Disponível em: http://www.planalto.gov.br/ccivil_03/leis/2002/l10406compilada.htm. Acesso em: 6 set. 2021.

29 BRASIL. *Lei nº 10.406, de 10 e janeiro de 2002*. Institui o Código Civil. Disponível em: http://www.planalto.gov.br/ccivil_03/leis/2002/l10406compilada.htm. Acesso em: 6 set. 2021.

30 BRASIL. *Lei nº 10.406, de 10 e janeiro de 2002*. Institui o Código Civil. Disponível em: http://www.planalto.gov.br/ccivil_03/leis/2002/l10406compilada.htm. Acesso em: 6 set. 2021.

31 BRASIL. *Lei nº 10.406, de 10 e janeiro de 2002*. Institui o Código Civil. Disponível em: http://www.planalto.gov.br/ccivil_03/leis/2002/l10406compilada.htm. Acesso em: 6 set. 2021.

32 VELOSO, Zeno. Testamentos. *Noções gerais; formas ordinárias; codicilo; formas especiais*. Disponível em: http://www.flaviotartuce.adv.br/assets/uploads/artigosc/zeno_testamento.doc. Acesso em: 7 set. 2021.

Lembremos que este tipo de testamento se chama público por ser constituído por meio de uma escritura pública, documento que é dotado de fé pública e faz prova plena, nos termos do art. 215, *caput* do Código Civil. No que diz respeito à sua publicidade, no entanto, ele é ato privado, de conhecimento apenas do testador, do tabelião e de suas testemunhas, no que, salvo ordem judicial, a certidão com o seu conteúdo só pode ser expedida após a morte do testador.

A possibilidade de sua efetivação na forma digital, como a seguir se verá, traz à luz o fato de que o testamento, instituto jurídico citado na Lei das XII Tábuas, é ainda a forma mais segura e eficaz ao alcance de qualquer pessoa que queira que a sua vontade valha e seja cumprida após a sua morte, mesmo no mundo atual, onde a tecnologia se desenvolve rapidamente, alterando constantemente nossos hábitos e formas de viver.

2.2 Testamento digital

Desde o início da pandemia da Covid-19, mais precisamente em março de 2020, o direito privado passou a receber novas demandas sob o aspecto do direito sucessório. O Colégio Notarial do Brasil – CNB, Conselho Federal, publicou recentemente dados substanciais sobre o aumento na lavratura de testamentos públicos em todo o país.

A pesquisa revelou que o número de testamentos realizados nos tabelionatos de notas aumentou 41,7% no primeiro semestre de 2021, comparado com igual período do ano passado. Foram 17.538 testamentos públicos lavrados de janeiro a junho deste ano, contra 12.374 no mesmo período de 2020.[33]

Atribui-se a nova realidade da alta procura por testamentos, sem dúvida, aos milhões de mortes causadas pela pandemia do novo coronavírus. A idade do público que realizava testamentos anteriormente à pandemia variava entre 60 e 90 anos, e na maioria das vezes esses testamentos disciplinavam apenas questões de ordem patrimonial. Entretanto, atualmente, ainda no decorrer da pandemia, contamos com um novo público de usuários interessados em realizar testamento público – jovens com menos de 25 anos de idade estão disciplinando em testamento a curatela especial do patrimônio de menores, guarda de filhos, deixando orientações quanto ao modo de sustento e à custódia de animais domésticos, bem como dispondo de bens móveis de pouca monta.

A sucessão legítima *ab intestato*, isto é, sem testamento, sempre foi a mais utilizada no Brasil, a maioria dos usuários somente se aproximava da matéria quando diante da instrumentalização do inventário na prática, seja judicial ou extrajudicial, mas na qualidade de herdeiros ou inventariantes. As crenças de que para se realizar um testamento é necessário um volume expressivo de patrimônio ou de que, sucessivamente à disposição testamentária, então, será devido o imposto de transmissão a título oneroso ou gratuito, trataram de pôr em desuso a utilização deste instrumento de organização sucessória.

Conforme ilustra Paulo Lôbo, o testamento "teve sempre utilidade secundária e residual, não penetrando nos hábitos da população, como se vê na imensa predominância

33 POR causa da pandemia, procura por testamentos aumenta 41,7% em um ano no país; SP lidera ranking nacional. *Colégio Notarial do Brasil*, 5 jul. 2021. Disponível em: https://www.cnbsp.org.br/noticias/21324/g1-por-causa-da-pandemia-procura-por-testamentos-aumenta-417-em-um-ano-no-pais-sp-lidera-ranking-nacional?filtro=1. Acesso em: 7 set. 2021.

da sucessão legítima nos inventários abertos".[34] Assuntos envolvendo dinâmicas ou tarefas para após a morte de alguém ainda são um enorme tabu a ser enfrentado pelas famílias, como se ao falar sobre a morte poderia atrai-la para si ou para um ente querido.

A pandemia de Covid-19 trouxe mudanças no cenário da pouca utilização dos testamentos. Uma vez que passamos a ver a morte como algo real, possível de acontecer e independente da idade, ressalta-se a necessidade de entendermos a vontade do morto enquanto ainda viva a pessoa. Os regramentos sucessórios, bem como a aplicabilidade de alguns regimes de bens na prática, previstos pelo Código Civil de 2002, por vezes são insuficientes quando convocados a amparar os anseios daqueles que deveriam salvaguardar.

Diante desse quadro, é louvável a iniciativa do Conselho Nacional de Justiça mediante a edição do Provimento nº 100 de 2020, permitindo o início da realização de atos digitais nos tabelionatos do Brasil. É bem verdade que críticas são feitas ao ato normativo, no que muitos entendem que ele dispõe sobre temas que deveriam ser tratados por lei. Entretanto, não olvidemos da firme posição do Supremo Tribunal Federal de que o órgão criado pela Emenda Constitucional nº 45/2004 possui poder normativo. Conforme decisão exarada nos autos da Medida Cautelar em Ação Declaratória e Constitucionalidade nº 12-6/Distrito Federal, o Conselho Nacional de Justiça pode, com base na sua competência constitucional, editar atos normativos primários, isto é, atos com força de lei.

O testamento digital realizado por videoconferência é uma realidade no âmbito dos tabelionatos brasileiros, o que trouxe celeridade e segurança na lavratura dos instrumentos durante a pandemia.

O procedimento para requerer o testamento digital é o mesmo utilizado para a lavratura de um testamento presencial, ou seja, o testador ou advogado, a critério do primeiro, faz inicialmente contato com o tabelionato de notas e expõe como deseja realizar a partilha de seus bens após a sua morte, bem como sobre disposições de cunho não patrimonial. Após, o tabelião irá confeccionar uma minuta e submeter ao crivo do testador, podendo servir-se de apontamentos escritos fornecidos pela parte.

No que diz respeito à instrumentalização da minuta, devemos observar que "o documento elaborado pelo interessado, por si só, com a ajuda ou intervenção de juristas ou técnicos, mas sem função de autoridade, vem ser um documento privado [...]".[35] Por outro lado, quando "o documento a ser redigido está autorizado por notário, destinando-se, desde a sua criação, a integrar parte de um arquivo com outros documentos e por ele custodiados, é chamado de instrumento público notarial".[36] "O documento público possui todas essas garantias, graças a participação de um notário, titular de fé pública, reconhecida e preservada de acordo com o ordenamento jurídico existente".[37]

34 LÔBO, Paulo Luiz Netto. *Direito civil*: sucessões. São Paulo: Saraiva, 2013. p. 189.

35 CHAVES, Carlos Fernando Brasil; REZENDE, Afonso Celso Furtado de. *Tabelionato de notas e o notário perfeito*. 6. ed. Campinas: Millennium, 2010. p. 135.

36 CHAVES, Carlos Fernando Brasil; REZENDE, Afonso Celso Furtado de. *Tabelionato de notas e o notário perfeito*. 6. ed. Campinas: Millennium, 2010. p. 135.

37 CHAVES, Carlos Fernando Brasil; REZENDE, Afonso Celso Furtado de. *Tabelionato de notas e o notário perfeito*. 6. ed. Campinas: Millennium, 2010. p. 135.

Aprovada a minuta e recebidos os dados de qualificação das partes, bem como a cópia dos documentos pessoais do testador e das testemunhas, idôneas e livres de impedimentos para o ato, é conveniente que o tabelião realize uma entrevista pessoal com o testador, anteriormente à lavratura, a fim de averiguar se a vontade que será manifestada se encontra livre de eventuais vícios e o testador em plena capacidade.

A diferença entre o testamento público digital e o testamento público presencial se dará justamente no momento da assinatura, isto é, quando da lavratura do ato todos estiverem reunidos em videoconferência e, nesta reunião por vídeo, através da plataforma e-Notariado, serão feitas qualificação das partes, leitura da minuta do testamento, colheita da manifestação de vontade do testador e, por fim, realização das assinaturas eletrônicas por certificado digital notarizado ou certificado ICP-Brasil. A videoconferência será armazenada em nuvem, e o traslado digital do ato, em poucos minutos, é disponibilizado ao testador.

É importante repisar que o testamento público digital tem a mesma segurança e força probante do ato realizado de forma presencial. Ainda, tendo em vista a existência da gravação em vídeo de toda a solenidade do testamento, pode-se dizer que esta poderá contribuir e esclarecer casos em que, eventualmente em juízo, seja questionada a livre manifestação de vontade do testador.

O testamento público é personalíssimo por excelência, não admitindo nenhum tipo de representação, com isto, é importante que a entrevista, a leitura e a assinatura do testamento público pela via digital sejam organizadas pelas partes a fim de permitir que o tabelião capte de forma cristalina se há algum vício de vontade ou dúvida por parte do testador. Havendo dúvida ou indício de fraude envolvendo o testador, testemunhas ou terceiros, o tabelião deverá se negar a prosseguir com o ato.

Durante da pandemia, inúmeras foram as solicitações de pessoas acamadas em Unidades de Terapia Intensiva – UTI hospitalares, contaminadas pela Covid-19, impedidas de comparecer presencialmente no tabelionato, que solicitaram a realização do testamento público digital através do e-Notariado.

Conforme já visto, todas as tratativas iniciais sobre os detalhes envolvendo a minuta do testamento, entrega de documentos pessoais, dados de qualificação e esclarecimento de dúvidas, podem ser realizadas por *e-mail*, telefone e aplicativo de mensagens. No momento da videoconferência, o testador e as duas testemunhas recebem um *link* de acesso para cada um deles, ou seja, não precisam estar necessariamente no mesmo ambiente de forma presencial.

A nova era digital nos tabelionatos do Brasil chegou de forma definitiva, permitindo que qualquer interessado apresente ao tabelião, mesmo a distância, suas disposições de última de vontade, que estarão à sua disposição, na forma de documento público, contendo todos os requisitos de segurança e legalidade na tela do seu telefone celular, *tablet* ou computador.

Referências

BRASIL. *Lei nº 10.406, de 10 e janeiro de 2002*. Institui o Código Civil. Disponível em: http://www.planalto.gov.br/ccivil_03/leis/2002/l10406compilada.htm. Acesso em: 6 set. 2021.

BRASIL. *Lei nº 8.935/1994, 18 de novembro de 1994*. Regulamenta o art. 236 da Constituição Federal, dispondo sobre serviços notariais e de registro. Lei dos Cartórios. Disponível em: http://www.planalto.gov.br/ccivil_03/leis/l8935.htm. Acesso em: 6 set. 2021.

BRASIL. *Medida Provisória n. 2200-2, de 24 de agosto de 2001*. Disponível em: http://www.planalto.gov.br/ccivil_03/mpv/antigas_2001/2200-2.htm. Acesso em: 3 set. 2021.

CHAVES, Carlos Fernando Brasil; REZENDE, Afonso Celso Furtado de. *Tabelionato de notas e o notário perfeito*. 6. ed. Campinas: Millennium, 2010.

CONSELHO NACIONAL DE JUSTIÇA. *Provimento n. 100, de 26 de maio de 2020*. Dispõe sobre a prática de atos notariais eletrônicos utilizando o sistema e-Notariado, cria a Matrícula Notarial Eletrônica-MNE e dá outras providências. Disponível em: https://atos.cnj.jus.br/files/original222651202006025ed6d22b74c75.pdf. Acesso em: 4 set. 2021.

DINIZ, Maria Helena. *Curso de direito civil brasileiro*. 21. ed. São Paulo: Saraiva, 2007.

LÔBO, Paulo Luiz Netto. *Direito civil*: sucessões. São Paulo: Saraiva, 2013.

MIRANDA, Francisco Cavalcanti Pontes de. *Tratado de direito privado*. Rio de Janeiro: Borsoi, 1972. t. LVI.

PLATAFORMA e-Notariado atinge marca de 50 mil atos lavrados em todo o país. *Notariado*, 30 mar. 2021. Disponível em: https://www.notariado.org.br/plataforma-e-notariado-atinge-marca-de-50-mil-atos-lavrados-em-todo-o-pais/. Acesso em: 5 set. 2021.

POR causa da pandemia, procura por testamentos aumenta 41,7% em um ano no país; SP lidera ranking nacional. *Colégio Notarial do Brasil*, 5 jul. 2021. Disponível em: https://www.cnbsp.org.br/noticias/21324/g1-por-causa-da-pandemia-procura-por-testamentos-aumenta-417-em-um-ano-no-pais-sp-lidera-ranking-nacional?filtro=1. Acesso em: 7 set. 2021.

TARTUCE, Flávio. *Manual de direito civil*: volume único. 8. ed. rev., atual. e ampl. Rio de Janeiro: Forense; São Paulo: Método, 2018.

VELOSO, Zeno. Testamentos. *Noções gerais; formas ordinárias; codicilo; formas especiais*. Disponível em: http://www.flaviotartuce.adv.br/assets/uploads/artigosc/zeno_testamento.doc. Acesso em: 7 set. 2021.

Informação bibliográfica deste texto, conforme a NBR 6023:2018 da Associação Brasileira de Normas Técnicas (ABNT):

ROCHA, Rita Bervig. Testamento digital: o Provimento nº 100/2020 do Conselho Nacional de Justiça – A nova era tecnológica nos tabelionatos brasileiros. *In*: TEIXEIRA, Daniele Chaves (Coord.). *Arquitetura do planejamento sucessório*. Belo Horizonte: Fórum, 2022. p. 601-612. Tomo III. ISBN 978-65-5518-291-0.

USUFRUTO DE QUOTAS: DESAFIOS E PECULIARIDADES

ROBERTA MAURO MEDINA MAIA

Põe amor em tudo que fazes e as coisas terão sentido. Retira delas o amor, e elas tornar-se-ão vazias.
(Santo Agostinho)

Notas introdutórias

Segundo levantamento feito pela KPMG, conhecida empresa de auditoria, as empresas familiares representam 70% do PIB mundial.[1] Todavia, com base em pesquisa conduzida pela PricewaterhouseCoopers (PwC), 44% das empresas familiares no mundo não teriam plano de sucessão, o que talvez explique o fato de apenas 12% entre todas conseguirem manter o negócio ativo até a terceira geração.[2]

Diante desse quadro, no qual, por vezes, os sócios parecem não compreender que sua personalidade é distinta daquela da empresa, tratando os bens desta e os seus como ativos de um patrimônio único,[3] o desrespeito à função social por ela exercida e ao princípio que impõe sua prioritária preservação é frequente. Relativamente ao último, diz-se que "a subsistência da empresa é imprescindível, e esta não pode ficar condicionada aos interesses de determinados sócios ou credores".[4] Diante de sua importância para a sociedade, na qualidade de geradora de empregos, arrecadadora de tributos e promotora de valores constitucionalmente contemplados, como a livre

---

1 Disponível em: https://home.kpmg/br/pt/home/servicos/enterprise/empresas-familiares.html. Acesso em: 8 nov. 2020.

2 Levantamento disponível em: https://www.mundodomarketing.com.br/noticias-corporativas/conteudo/219612/segundo-pesquisa-44-das-empresas-familiares-no-mundo-nao-tem-plano-de-sucessao. Acesso em: 8 nov. 2020.

3 RONCONI, Diego Richard; BRAGA, Natan Ben-Hur. A propriedade de quotas societárias: alguns de seus desdobramentos jurídicos nas relações privadas. *Revista Eletrônica Direito e Política da Univali*, v. 11, n. 1, p. 354-376, 1º quadr. 2016. p. 357. Disponível em: https://pdfs.semanticscholar.org/6a9d/b6904ac76fd73d2b76b45a661cb45a8a9ab3.pdf. Acesso em: 3 nov. 2020.

4 BRASILINO, Fábio. *Bem jurídico empresarial*. Função social, preservação da empresa e proteção ao patrimônio mínimo empresarial. São Paulo: Gen//Método, 2020. p. 119.

iniciativa e o valor social do trabalho, a empresa é hoje vista como bem jurídico de caráter difuso, não se admitindo que o interesse individual sirva de óbice à sua preservação.[5]

Nesse contexto, a adoção de mecanismos aptos à condução de um planejamento sucessório eficiente extrapola os interesses patrimoniais que os sócios ou seus herdeiros possam ostentar individualmente, por ser instrumento inequívoco de promoção do princípio da preservação da empresa e da função social por ela ostentada. A esse respeito, é possível exemplificar, ainda, a preocupação legislativa em priorizar o interesse social em detrimento daquele dos sócios por meio do art. 156 da Lei nº 6.404/76 (Lei das Sociedades por Ações), que veda ao administrador

> intervir em qualquer operação social em que tiver interesse conflitante com o da companhia, bem como na deliberação que a respeito tomarem os demais administradores, cumprindo-lhe cientificá-los do seu impedimento e fazer consignar, em ata de reunião do conselho de administração ou da diretoria, a natureza e extensão do seu interesse.

A consciência de que há um núcleo ético comum a todo o ordenamento jurídico, descrito na Constituição da República, impõe aos sócios e administradores de empresas conduta diligente e leal a ser por eles ostentada com valores e interesses sociais como norte, não devendo sujeitar-se a variações decorrentes dos interesses pessoais de um administrador, sócio ou herdeiro de sócio.[6] Portanto, no âmbito das relações empresariais, o planejamento sucessório deve ser considerado cada vez mais "uma estratégia voltada para a transferência eficaz e eficiente do patrimônio de uma pessoa após sua morte",[7] sendo "essencial para a continuidade da empresa por muitas gerações".[8]

Partindo de tais premissas, o presente estudo se destina à análise da quota de sociedade limitada como bem jurídico de caráter mobiliário sobre o qual incidem interesses que transcendem aqueles de seu titular, sendo forçoso defender a instituição de usufruto sobre as quotas para fins de planejamento sucessório quando tal possibilidade não é vedada pelo contrato social. Para tanto, o primeiro tópico se destina à análise das características gerais do usufruto, enquanto o segundo evidenciará que as peculiaridades atinentes à quota imporão, eventualmente, um afastamento da tipologia descrita pelo legislador para o usufruto, atentando, ainda, para as características das sociedades limitadas. Por fim, serão analisados alguns desafios impostos pela adoção desta figura e seus possíveis desdobramentos.

1 Usufruto: conceito e características

O usufruto pode ser definido como espécie de direito real sobre coisa alheia que envolve, simultaneamente, dois sujeitos: o nu-proprietário, que detém o direito de dispor do bem, por ser seu dono, e o usufrutuário, a quem cabe usar e gozar da coisa, explorando

---

[5] BRASILINO, Fábio. *Bem jurídico empresarial*. Função social, preservação da empresa e proteção ao patrimônio mínimo empresarial. São Paulo: Gen//Método, 2020. p. 118.

[6] BARRETO, Julio. *O conflito de interesses entre a companhia e seus administradores*. Rio de Janeiro: Renovar, 2009. p. 122.

[7] TEIXEIRA, Daniele Chaves. *Planejamento sucessório*: pressupostos e limites. Belo Horizonte: Fórum, 2017. p. 57.

[8] VERSIANI, Fernanda Valle. *Usufruto de participações societárias* – Uma visão de planejamento sucessório em empresas familiares. Belo Horizonte; São Paulo: D'Plácido, 2020. p. 53.

todo seu valor econômico sem, no entanto, alterar sua substância. O instituto envolve a transmissão, pelo proprietário, dos direitos de uso e gozo sobre um bem a outrem, por prazo determinado ou indeterminado, não podendo este, no entanto, ultrapassar o tempo de vida do usufrutuário, caso seja pessoa física.[9] O usufruto extingue-se com sua morte, não sendo, portanto, transmissível aos herdeiros.

Toda pessoa capaz que detenha os poderes de uso, fruição e disposição de uma coisa poderá cedê-la em usufruto. É o caso do proprietário, seja sua propriedade plena ou resolúvel. Além das pessoas físicas plenamente capazes, a condição de usufrutuário pode destinar-se também às pessoas jurídicas, aos nascituros e aos incapazes. De todo modo, sua estrutura acaba por demonstrar seu caráter primordialmente assistencial, o que justifica seu uso predominantemente no âmbito das relações familiares.[10] Essa pressupõe a transferência da posse da coisa ao usufrutuário, pois a ele são atribuídos os direitos de uso, gozo, administração e percepção de frutos.[11] O traço típico mais marcante do usufruto é a ressalva da substância da coisa (*salva rerum substantia*), não cabendo ao usufrutuário qualquer ato de disposição. A impossibilidade prática de o usufrutuário alienar a coisa e o dever de respeitar sua integridade natural são reflexos do princípio da conservação da forma ou substância, acima mencionado.[12]

Suas características mais evidentes são: a) a conexão com o titular do direito, que traduz sua aderência ao usufrutuário; b) a relação com a coisa alheia; c) o caráter temporário do usufruto.[13] No que tange à primeira característica, podemos afirmar que o referido instituto é um direito real estabelecido em benefício de um indivíduo, que não poderá ser substituído em sua posição jurídica. Trata-se, portanto, de direito personalíssimo,[14] evidenciando-se, aí, o caráter alimentar deste direito real e a sua finalidade precípua, que é garantir meios de subsistência à pessoa do usufrutuário.[15]

Disso decorre, ainda, a sua inalienabilidade, pois, nos termos do art. 1.393 do Código Civil, não se pode transferir o usufruto por alienação, sendo possível somente ceder o seu exercício a título gratuito ou oneroso. O que se transfere é o exercício das faculdades atribuídas ao usufrutuário, sendo esta uma forma de explorar o bem. Pode-se ceder o exercício da faculdade de uso, da faculdade de fruição ou de ambas, constituindo-se direitos obrigacionais sujeitos aos mesmos limites que atingem o usufruto. Consequentemente, extinto o usufruto, extinguem-se todos os direitos aos exercícios de tais faculdades, que tenham sido adquiridos por terceiros.[16]

---

9 Quando instituído em favor de pessoa física, o usufruto poderá durar pelo prazo máximo de trinta anos, contados da data de seu início, nos termos do art. 1.410 do Código Civil.

10 GONÇALVES, Carlos Roberto. *Direito civil brasileiro* – Direito das coisas. 7. ed. São Paulo: Saraiva, 2012. v. 5. p. 479.

11 BEVILAQUA, Clovis. *Direito das coisas*. 4. ed. Rio de Janeiro: Forense, 1956. v. 1. p. 298.

12 PINTO, Alexandre Mota. Usufruto de acções. Análise em particular dos direitos do usufrutuário de acções. *Actualidad Jurídica Uría Menéndez*, p. 73-89. p. 76. Disponível em: https://www.uria.com/documentos/publicaciones/4365/documento/art04.pdf?id=5573. Acesso em: 11 nov. 2020.

13 TEPEDINO, Gustavo. *Usufruto legal do cônjuge viúvo*. Rio de Janeiro: Forense, 1990. p. 22.

14 DANTAS, San Tiago. *Programa de direito civil*. Rio de Janeiro: Ed. Rio, 1977. v. III. p. 345.

15 BESSONE, Darcy. *Direitos reais*. São Paulo: Saraiva, 1988. p. 349.

16 TEPEDINO, Gustavo; MONTEIRO FILHO, Carlos Edison do Rego; RENTERÍA, Pablo. *Fundamentos do direito civil*. Direitos reais. Rio de Janeiro: Gen/Forense, 2020. v. 5. p. 25.

A relação com a coisa decorre do fato de ser o usufruto um direito real. Consequentemente, atribui-se ao usufrutuário o direito de sequela, podendo buscar o bem nas mãos de quem injustamente o possua ou detenha. Trata-se de direito oponível *erga omnes*, cuja tutela se perfaz por meio das ações reais cabíveis. Por fim, o usufruto será sempre temporário, tendo como prazo máximo o tempo em que durar a vida do beneficiário, caso em que será vitalício. Poderá, ainda, vigorar durante prazo certo, tal como determinada idade, ou por condição a ser alcançada pelo usufrutuário. O usufruto, que é direito real sobre coisa alheia, não deverá servir de meio para a perda da propriedade, o que praticamente ocorreria em concreto se aquele se estendesse indefinidamente. A perpetuidade descaracterizaria o instituto, que se destina à proteção de pessoa determinada, não podendo, portanto, estender-se para além de sua morte.

Relativamente aos modos de constituição do usufruto, faz-se referência à lei, ao contrato, ao testamento, à usucapião e à decisão judicial. O art. 1.391 impõe o registro no cartório de registro de imóveis quando o usufruto não for resultante de usucapião e recair sobre bem imóvel. Independe de registro, além deste último caso, o usufruto imposto por lei, como se verá a seguir.

Conforme já mencionado, o referido direito real pode ser também instituído por lei, independentemente da vontade das partes, com o escopo de proteger certas relações familiares. Era o caso do usufruto legal do cônjuge viúvo, previsto no art. 1.611, §1º do Código Civil de 1916, que não encontra previsão correspondente no Código Civil de 2002. Como hipóteses de usufruto legal, é possível citar o decorrente de relações familiares, como o instituído em favor dos pais sobre os bens dos filhos (CC, arts. 1.689 e ss.), e o de um cônjuge para com os bens do outro (CC, art. 1.652, I). Quando decorrente da lei, o usufruto não estaria sujeito à transcrição no registro de imóveis.[17]

Há ainda o usufruto legal instituído em favor dos índios, sobre as terras que ocupam, nos termos do art. 231, §2º da CF. Trata-se de mecanismo relevante de tutela dos povos indígenas que, sobretudo nas áreas onde se encontram recursos minerais garimpáveis, viam ameaçado o seu direito de explorar as terras que ocupavam.

O usufruto voluntário ou convencional decorre, por sua vez, de ato *inter vivos*, podendo ser instituído pura e simplesmente, sob condição ou a termo. Normalmente, perfaz-se por meio de negócio a título gratuito, mas nada impede que se constitua por meio de negócio oneroso. O exemplo mais comum são as doações com reserva de usufruto, nas quais o proprietário transfere a propriedade do bem, mas reserva para si a condição de usufrutuário. Tal modalidade é mais frequentemente utilizada para a instituição do usufruto de quotas, como se verá oportunamente.

Configura igualmente modo voluntário de constituição do usufruto aquele instituído por testamento, podendo sê-lo por meio de legado, quando o ato terá disposição específica na qual se concede o usufruto de um bem determinado a uma pessoa, deixando-se a nua-propriedade para outra, ou por meio de herança, quando o testador poderá instituir o usufruto em parcela do ativo ou do patrimônio hereditário em sua integridade.[18] Em ambos os casos, a transcrição será indispensável à sua constituição.

---

[17] BEVILAQUA, Clovis. *Direito das coisas*. 4. ed. Rio de Janeiro: Forense, 1956. v. 1. p. 310.

[18] TEPEDINO, Gustavo. *Usufruto legal do cônjuge viúvo*. Rio de Janeiro: Forense, 1990. p. 27.

O usufruto poderá consumar-se também por meio de usucapião, quando o instituidor não for o verdadeiro proprietário da coisa. Vê-se, portanto, que o justo título é indispensável à hipótese, o que dificulta a possibilidade de ele se constituir por força de usucapião extraordinária, que independe de boa-fé e justo título.

Há, ainda, a possibilidade de o usufruto ser instituído em decorrência de decisão judicial, conforme disposto no art. 21, §§1º e 2º da Lei nº 6.515/77 (Lei do Divórcio). O juiz poderá determinar que a pensão alimentícia consista no usufruto de um ou mais bens do cônjuge devedor, seja por restar comprovada a possibilidade do não recebimento regular da pensão (§1º), ou em razão de o cônjuge credor assim preferir (§2º). No caso do devedor de alimentos, este poderá, em audiência, instituir usufruto vitalício que servirá ao pagamento dos alimentos vincendos.

Sem fornecer definição do instituto, o art. 1.390 atém-se à descrição daquilo que lhe pode servir de objeto ao usufruto, expondo que este "pode recair em um ou mais bens, móveis ou imóveis, em um patrimônio inteiro, ou parte deste, abrangendo-lhe, no todo ou em parte, os frutos e utilidades". A partir disso, extrai-se que o usufruto pode recair sobre qualquer bem que admita uso e fruição, podendo ser fungível ou infungível, corpóreo ou incorpóreo, individualmente considerado ou em conjunto (como as universalidades de bens, por exemplo).[19] Pode, ainda, estender-se a um patrimônio inteiro ou parte dele, inexistindo dúvida "acerca da possibilidade de incidência sobre direitos, desde que transmissíveis".[20]

Poderá incidir, ainda, sobre títulos de crédito (v. CC, art. 1.395) ou sobre ações de sociedades anônimas, hipótese na qual os dividendos delas decorrentes caberão ao usufrutuário. De igual modo, admite-se o usufruto de quotas de sociedades limitadas, amplamente adotado para fins de planejamento sucessório.

Ainda no que concerne ao objeto, o art. 1.392 determina que, salvo disposição em contrário, o usufruto estende-se aos acessórios da coisa e seus acrescidos. O §1º versa sobre o usufruto de coisas consumíveis, quase usufruto ou usufruto impróprio. Na verdade, os bens consumíveis não poderiam ser objeto de usufruto, já que, em tal caso, não haveria como dissociar o direito de frui-los do direito de dispor, sendo que o referido direito real não abrange este último em nenhuma hipótese, por ser a conservação da coisa da essência do usufruto. A hipótese demonstra que o próprio legislador, nessa oportunidade, afastou-se das características típicas atribuídas ao usufruto em virtude das peculiaridades do objeto em questão.

Assim, diante do dever que terá o usufrutuário de, findo o usufruto, restituir a coisa consumível ao proprietário em mesmo número, gênero e quantidade ou, não sendo possível, o seu valor estimado ao tempo da restituição (art. 1.392, §1º), o chamado "quase usufruto" se assemelharia mais ao contrato de mútuo do que ao usufruto propriamente dito.[21] Tal conclusão decorre do fato de que o bem consumível será transferido, na

[19] TEPEDINO, Gustavo *et alli*. *Código Civil interpretado conforme a Constituição da República*. Rio de Janeiro: Renovar, 2011. p. 805.

[20] TEPEDINO, Gustavo *et alli*. *Código Civil interpretado conforme a Constituição da República*. Rio de Janeiro: Renovar, 2011. p. 805.

[21] GOMES, Orlando. *Direitos reais*. 20. ed. Rio de Janeiro: Gen/Forense, 2009. p. 314.

prática, ao patrimônio do usufrutuário, cabendo-lhe o dever de restituir tais bens quando o usufruto se extinguir, nos termos do referido dispositivo legal.[22]

De todo modo, é possível perceber tratar-se de instituto que contraria a orientação de quem nega a possibilidade de direitos reais recaírem sobre bens incorpóreos. Relativamente ao usufruto, a possibilidade é indiscutível, como a análise daquele que recai sobre quotas de sociedades limitadas poderá demonstrar.

2 Sociedades limitadas e quota social

Algumas pessoas são capazes de, ao longo de sua vida, enxergar sua morte com certo pragmatismo, antevendo-a como evento certo, capaz de provocar disputas irracionais e infindáveis no seio de famílias que, até então, desenrolavam suas relações de maneira afetuosa e cordial. Nesses casos, alguns patriarcas ou matriarcas, ávidos por evitar a dilapidação de seu patrimônio e de sua família em virtude de uma disputa fratricida e interminável a ser travada em tribunais, optam por transferir, em vida, seus bens pessoais a empresas, das quais se tornarão sócios. Integralizam ou aumentam, com isso, o capital social da empresa com seus bens pessoais.

A respeito dessa transformação de proprietário de imóvel em proprietário de quotas (ou cotas), é imperioso observar que, no âmbito das sociedades limitadas, a "cada cotista caberão tantas cotas quantas se comportarem no montante de sua participação no capital".[23] Haverá, portanto, uma troca de ativos de caráter imobiliário por outra sorte de ativos – a quota decorrente de participação societária na empresa –, que integra a "classe dos bens móveis incorpóreos".[24] Todavia, é um equívoco achar que o planejamento sucessório restaria concluído em tal etapa. Como se pode perceber, quotas também são ativos patrimoniais, sujeitando-se à sucessão aberta e à transmissão por meio do processamento do inventário de todos os bens pertencentes ao *de cujus*.

É inconveniente, portanto, mantê-las como parte integrante do patrimônio de seu titular até sua morte, pois, nesse caso, deverão ser inventariadas, não livrando os herdeiros dos percalços de uma sucessão conduzida por juízes. Em tal cenário, resta reduzida a liberdade dos que gerem a empresa ou dos que enxergam numa eventual alienação das quotas a melhor forma de assegurar a preservação dela.

Daí a importância de se recorrer ao usufruto para que se opere uma transferência mais segura e racional de um bem com características tão específicas e cuja tutela, por vezes, extrapola o âmbito dos interesses pessoais e patrimoniais dos membros da família empresária. No lugar de manter a titularidade de suas quotas na empresa, o sócio pode doá-las em vida, reservando para si o usufruto incidente sobre elas.

Desse modo, seguirá percebendo os dividendos delas decorrentes e poderá, ainda, estipular a manutenção, consigo, do exercício do direito de voto. Quando vier a falecer, dado o caráter personalíssimo do usufruto, este se extinguirá, nos termos do art.

---

[22] TEPEDINO, Gustavo. *Usufruto legal do cônjuge viúvo*. Rio de Janeiro: Forense, 1990. p. 35.

[23] BORBA, Edwaldo Tavares. *Direito societário*. 17. ed. Rio de Janeiro: Gen/Atlas, 2019. p. 139-140.

[24] VERSIANI, Fernanda Valle. *Usufruto de participações societárias* – Uma visão de planejamento sucessório em empresas familiares. Belo Horizonte; São Paulo: D'Plácido, 2020. p. 85.

1.410, I, do Código Civil, consolidando-se a propriedade plena das quotas em favor do herdeiro – até então nu-proprietário – e dispensando-se a necessidade de inventariá-las.

Mas para que seja possível compreender em quais circunstâncias a instituição do usufruto de quotas se mostra viável e quais os percalços que dela poderão advir, é imperioso analisar previamente as características básicas das sociedades limitadas e das quotas, veículo de participação nesta modalidade societária.

Tais empresas eram tradicionalmente vistas como sociedades de pessoas, nas quais os sócios se uniriam em virtude de suas qualidades pessoais, razão pela qual a morte de um dos sócios, a princípio, acarretaria a dissolução do vínculo societário, não sendo as quotas sociais livremente cedíveis. Essas se contraporiam, portanto, às sociedades de capitais, nas quais apenas a contribuição dos sócios seria levada em consideração.[25]

Todavia, sustenta-se que as sociedades de caráter pessoal teriam perdido o seu enraizamento, sendo prova disso a disseminação de pessoas jurídicas que figuram como sócias de outras, atribuindo-se à sociedade limitada um caráter misto, por reunir preceitos daquelas de cunho pessoal e das de capital.[26] Ainda assim, na estrutura proposta pelo Código Civil, a sociedade limitada não deixou de ser modalidade empresária formada por sócios que se conheciam previamente.[27]

Tais considerações são relevantes porque, como se vê, o usufruto de quotas não será viável quando o vínculo entre os sócios for motivado por características pessoais por eles ostentadas, cenário no qual a sua substituição por outras pessoas, aí incluídos seus herdeiros, seria possivelmente vedada pelo contrato social. Acaso sejam essas as circunstâncias, a instituição do referido direito real sobre as quotas restaria inviável, porque não seria possível doá-las ao herdeiro, reservando-se o usufruto ao sócio doador. Portanto, quando a transferência da propriedade da quota a terceiro for vedada pelo contrato social, em caso de falecimento do sócio, deverá ser processada a sua liquidação.[28]

Pressupondo a prévia doação das quotas, o usufruto também não poderá ser instituído livremente quando a transferência daquelas estiver sujeita à aprovação do novo sócio pelos remanescentes.[29] A esse respeito, é importante ressaltar que, embora as quotas, na qualidade de bens de propriedade de seu titular, possam ser objeto de alienação gratuita ou onerosa, é possível que o contrato social imponha certas limitações a tais transferências, como, exemplificativamente, a transmissão das quotas a terceiros não sócios (art. 1.057, CC) ou a prévia observância de direito de preferência conferido a quem já compõe o quadro societário.[30]

Como se vê, a contratualidade pode eventualmente ser um óbice à adoção desse instituto para fins de planejamento sucessório. Conceito intimamente ligado às sociedades limitadas, a contratualidade revela a existência de um acordo de vontades "entre pessoas

25 ABRÃO, Nelson. *Sociedades limitadas*. 10. ed. São Paulo: Saraiva, 2012. *e-Book*, pos. 1203/8039.

26 ABRÃO, Nelson. *Sociedades limitadas*. 10. ed. São Paulo: Saraiva, 2012. *e-Book*, pos. 1203/8039.

27 ABRÃO, Nelson. *Sociedades limitadas*. 10. ed. São Paulo: Saraiva, 2012. *e-Book*, pos. 1296/8039.

28 BORBA, Edwaldo Tavares. *Direito societário*. 17. ed. Rio de Janeiro: Gen/Atlas, 2019. p. 142.

29 BORBA, Edwaldo Tavares. *Direito societário*. 17. ed. Rio de Janeiro: Gen/Atlas, 2019. p. 142.

30 RONCONI, Diego Richard; BRAGA, Natan Ben-Hur. A propriedade de quotas societárias: alguns de seus desdobramentos jurídicos nas relações privadas. *Revista Eletrônica Direito e Política da Univali*, v. 11, n. 1, p. 354-376, 1º quadr. 2016. p. 365. Disponível em: https://pdfs.semanticscholar.org/6a9d/b6904ac76fd73d2b76b45a661cb45a8a9ab3.pdf. Acesso em: 3 nov. 2020.

que se conhecem para um fim social que previram mediante uma colaboração ativa e consciente e contribuições de cada sócio para o fundo comum".[31]

A respeito do tema, é importante esclarecer que o contrato social, para além da função de constituir e caracterizar a sociedade limitada com o seu registro na junta comercial, é "pacto plurilateral por meio do qual duas ou mais pessoas ajustam a instituição de uma sociedade simples ou empresária. O contrato social define aspectos da relação entre os sócios, da relação deles com a sociedade e da relação de ambos com terceiros".[32]

Do ponto de vista do nu-proprietário, quando permitida a instituição do usufruto de quotas, é importante ter em conta as responsabilidades que assumirá na qualidade de sócio, já que o usufrutuário das quotas é titular apenas dos direitos de uso e gozo sobre estas, não sendo considerado sócio.

Segundo o regime jurídico proposto para as sociedades limitadas pelo Código Civil, a responsabilidade dos sócios deve ser limitada ao valor das quotas que formam o capital social da empresa.[33] Porém, cada sócio deve integralizar o montante do valor de sua quota e, caso seja posto em xeque o patrimônio social, seja em virtude de falência, liquidação ou execução singular, deverá completar o capital faltante, "sob pena de incorrer na ilimitação de sua responsabilidade patrimonial".[34]

Portanto, quando se tratar de empresa que não tenha capital social totalmente integralizado pelos sócios, é possível que a posição de nu-proprietário das quotas não seja conveniente para o sucessor, pois os riscos atinentes à posição de sócio recairão sobre os seus ombros, enquanto o usufrutuário fará jus ao lucro distribuído pela empresa, por corresponderem estes a frutos civis, atribuídos ao titular, no momento em que são percebidos, do direito de gozar ou fruir.

Antes de prosseguir no desenvolvimento do tema aqui exposto, é imperioso definir o que são quotas e como se caracteriza o lucro. Relativamente ao primeiro conceito, o art. 1.055 do Código Civil dispõe que o capital social se divide em quotas, iguais ou desiguais, cabendo uma ou diversas a cada sócio. Refletindo a ideia de parte de algo, a quota nada mais é "que uma parcela do capital social da empresa, entendendo-se por capital social a quantidade de investimento [...] necessário para que a sociedade possa funcionar".[35]

Cabe ao contrato social dividir o capital em quotas que podem ostentar valor igual ou desigual, atribuindo-se assim a cada sócio "parcelas distintas e identificadas do capital social".[36] A quota representa, portanto, o montante investido pelo sócio para a

---

[31] ABRÃO, Nelson. *Sociedades limitadas*. 10. ed. São Paulo: Saraiva, 2012. *e-Book*, pos. 1444/8039.

[32] RONCONI, Diego Richard; BRAGA, Natan Ben-Hur. A propriedade de quotas societárias: alguns de seus desdobramentos jurídicos nas relações privadas. *Revista Eletrônica Direito e Política da Univali*, v. 11, n. 1, p. 354-376, 1º quadr. 2016. p. 356. Disponível em: https://pdfs.semanticscholar.org/6a9d/b6904ac76fd73d2b76b45a661cb45a8a9ab3.pdf. Acesso em: 3 nov. 2020.

[33] ABRÃO, Nelson. *Sociedades limitadas*. 10. ed. São Paulo: Saraiva, 2012. *e-Book*, pos. 1909/8039.

[34] ABRÃO, Nelson. *Sociedades limitadas*. 10. ed. São Paulo: Saraiva, 2012. *e-Book*, pos. 1909/8039.

[35] RONCONI, Diego Richard; BRAGA, Natan Ben-Hur. A propriedade de quotas societárias: alguns de seus desdobramentos jurídicos nas relações privadas. *Revista Eletrônica Direito e Política da Univali*, v. 11, n. 1, p. 354-376, 1º quadr. 2016. p. 359. Disponível em: https://pdfs.semanticscholar.org/6a9d/b6904ac76fd73d2b76b45a661cb45a8a9ab3.pdf. Acesso em: 3 nov. 2020.

[36] BORBA, Edwaldo Tavares. *Direito societário*. 17. ed. Rio de Janeiro: Gen/Atlas, 2019. p. 139.

sua integralização, mas vale ressaltar que nas sociedades limitadas não necessariamente a distribuição de lucros estará atrelada à quantidade de quotas atribuída ao titular da participação societária, pois o contrato social pode ter previsão diversa.[37] Deve ser entendida como bem móvel incorpóreo, que assegura ao sócio certos direitos perante a sociedade – a distribuição de lucros, por exemplo –, impondo-lhe também obrigações.

Para que se possa compreender qual é o fruto atribuído ao usufrutuário quando o usufruto recai sobre quotas, deve-se observar que, enquanto o lucro representa a diferença entre receitas e despesas havidas pela sociedade, o dividendo representa parcela do lucro líquido distribuído aos sócios.[38] Assim, com a instituição do usufruto, o direito à percepção dos dividendos, que são frutos civis, é temporariamente deslocado para o usufrutuário.[39] Lucros não podem, consequentemente, ser entendidos como frutos enquanto não distribuídos.

É possível observar, a partir disso, uma primeira peculiaridade do usufruto incidente sobre quotas sociais em relação àquele que recai sobre coisas corpóreas: há, naquele, uma mediação na percepção de frutos que não ocorre nas hipóteses nas quais o instituto recai sobre bem tangível: para que se tornem dividendos e, portanto, frutos, os lucros precisam ser previamente distribuídos pela sociedade. No intuito de ilustrar tal assertiva, Alexandre Mota Pinto observa que não serão considerados frutos os montantes que, por deliberação, devam ser destinados à capitalização da empresa. O usufrutuário não terá direito a tais verbas contanto que seja deliberada a distribuição do montante originalmente reservado. Enquanto não distribuído, sobre tal montante o usufrutuário terá mera expectativa de direito.[40]

E aqui se emprega o termo "peculiaridade" porque, sendo o usufruto um direito real, integrando o rol *numerus clausus* (fechado) contido no art. 1.225 do Código Civil, está sujeito à observância de modelos pré-constituídos pelo legislador. Essa descrição prévia das características a serem ser ostentadas por determinado instituto jurídico reflete técnica legislativa conhecida como tipificação.[41]

A despeito disso, há especificidades atreladas ao usufruto de participação societária – do qual o que recai sobre quotas é espécie – que não são observadas quando este direito real sobre coisa alheia incide sobre bens corpóreos: a partir de sua existência será determinada a legitimação para o exercício de direitos ou poderes ligados ao *status* de sócio, bem como para o cumprimento de deveres ou ônus, "dentro da sociedade

---

[37] RONCONI, Diego Richard; BRAGA, Natan Ben-Hur. A propriedade de quotas societárias: alguns de seus desdobramentos jurídicos nas relações privadas. *Revista Eletrônica Direito e Política da Univali*, v. 11, n. 1, p. 354-376, 1º quadr. 2016. p. 359. Disponível em: https://pdfs.semanticscholar.org/6a9d/b6904ac76fd73d2b76b45a661cb45a8a9ab3.pdf. Acesso em: 3 nov. 2020. A esse respeito, o art. 1.007 do Código Civil determina que, "Salvo estipulação em contrário, o sócio participa dos lucros e das perdas, na proporção das respectivas quotas".

[38] VERSIANI, Fernanda Valle. *Usufruto de participações societárias* – Uma visão de planejamento sucessório em empresas familiares. Belo Horizonte; São Paulo: D'Plácido, 2020. p. 134-135.

[39] VERSIANI, Fernanda Valle. *Usufruto de participações societárias* – Uma visão de planejamento sucessório em empresas familiares. Belo Horizonte; São Paulo: D'Plácido, 2020. p. 138.

[40] PINTO, Alexandre Mota. Usufruto de acções. Análise em particular dos direitos do usufrutuário de acções. *Actualidad Jurídica Uría Menéndez*, p. 73-89. p. 82. Disponível em: https://www.uria.com/documentos/publicaciones/4365/documento/art04.pdf?id=5573. Acesso em: 11 nov. 2020.

[41] Sobre o tema, seja-nos consentido remeter a MAIA, Roberta Mauro Medina. *Teoria geral dos direitos reais*. São Paulo: Revista dos Tribunais, 2013. p. 129.

em relação à gestão coletiva do patrimônio social".[42] Demonstra-se, com isso, que no âmbito das relações societárias, a identificação do que será considerado poder de uso e gozo de quotas ou ações não é tão simples como se vê no usufruto incidente sobre coisa corpórea, conforme se extrai das lições de Fábio Konder Comparato, ao observar o fenômeno no âmbito das sociedades anônimas:

> No conjunto sistemático de prerrogativas, decorrente do estado de sócio, não encontramos apenas direitos de fruição ou de gozo, mas também poderes, vale dizer, direitos de intervenção na esfera jurídica alheia, como o de voto, de exame de livros, de acesso a informações que devem ser prestadas aos sócios, de impugnação de atos de administradores ou de deliberações de assembleias gerais. Ora, de um lado, tais poderes não são facilmente classificáveis como de simples administração ou de disposição, para o efeito de serem atribuídos ao proprietário ou ao titular do direito real derivado. Por outro lado, eles não são fracionáveis ou divisíveis. Não é concebível exercer "meio voto", ou "um quarto" de impugnação, ou "dois terços" de exame de livros, exatamente porque o objeto de tais poderes não é a soma de dinheiro ou um bem diretamente apreciável em dinheiro.[43]

Desse modo, por mais que as características típicas propostas pelo legislador codificado ao usufruto indiquem um desdobramento perfeito entre os poderes inerentes ao domínio, ficando o uso e o gozo (ou fruição) com o usufrutuário e o direito de dispor com o nu-proprietário, as peculiaridades impostas pela natureza do bem que serve de objeto ao usufruto de quotas fazem com que essa espécie de direito real sobre coisa alheia ceda espaço bem maior à autonomia da vontade que aquele proposto pelo Código Civil para o usufruto que recai sobre o imóvel. Como se verá, relativamente ao tema aqui estudado, para que o instituto em comento possa efetivamente servir a instrumento eficiente ao planejamento sucessório, é até esperado que as partes envolvidas discriminem pormenorizadamente como deve ser o exercício do direito de voto, o recebimento de dividendos e qual deve ser o destino das quotas caso o nu-proprietário faleça antes do usufrutuário.

3 Usufruto de quotas: percalços e perspectivas

Como se viu antes, há algumas especificidades decorrentes dessa modalidade de usufruto que merecem atenção especial de quem pretende adotá-lo para fins de planejamento sucessório. Primeiramente, é importante observar que a instituição do usufruto se dá por meio da previsão de cláusula disposta para tal fim no contrato de doação das quotas: com isso, os direitos de dispor e reavê-las ficarão com o nu-proprietário (donatário), que se tornará seu possuidor indireto, enquanto os de uso e gozo são atribuídos ao doador que, temporariamente, ostentará a posse direta, na qualidade de usufrutuário.[44]

---

42 COMPARATO, Fabio Konder. Ações ao portador – Inexistência de quase-usufruto – Limites ao exercício dos direitos do usufrutuário. *Revista dos Tribunais*, São Paulo, v. 507, p. 35-49, jan. 1978. p. 41.

43 COMPARATO, Fabio Konder. Ações ao portador – Inexistência de quase-usufruto – Limites ao exercício dos direitos do usufrutuário. *Revista dos Tribunais*, São Paulo, v. 507, p. 35-49, jan. 1978. p. 42.

44 VERSIANI, Fernanda Valle. *Usufruto de participações societárias* – Uma visão de planejamento sucessório em empresas familiares. Belo Horizonte; São Paulo: D'Plácido, 2020. p. 122.

Entretanto, por se tratar de direito real, irradiando eficácia *erga omnes*, o usufruto de quotas só produzirá seus regulares efeitos com o registro, na junta comercial, da alteração de contrato social que preveja a doação de quotas com reserva de usufruto para o antigo sócio. Tratando-se de ato de mera liberalidade e disposição de parcela patrimonial, no qual o doador se obriga a transferir bens gratuitamente, são indispensáveis a anuência do donatário no instrumento[45] e a vênia conjugal, nos termos do art. 1.647, IV, do Código Civil.

Além da hipótese de doador casado pelo regime da separação absoluta de bens, a autorização do cônjuge só não será necessária quando as quotas, mesmo antes da doação, já fossem gravadas com cláusula de incomunicabilidade. Em tal caso, em que pese o bem em si não seja considerado patrimônio comum – o que dispensaria a autorização marital ou a outorga uxória –, é importante ressaltar que os dividendos, por serem frutos civis gerados pela quota, são comunicáveis, com base no art. 1.669.

Como o usufruto é medida que se impõe para fins de planejamento sucessório, é recomendável que as quotas doadas com reserva de usufruto sejam também gravadas de incomunicabilidade. Assim, independentemente de qual seja o regime de casamento do donatário, afasta-se, com isso, a possibilidade de eventual ingresso de seu cônjuge no quadro societário da empresa em caso de divórcio do novo sócio (nu-proprietário).

Porque a morte extingue o usufruto, a esse respeito, é importante considerar a importância de se gravar as quotas de incomunicabilidade para impedir sua partilha não apenas em virtude de dissolução do vínculo conjugal, mas também para evitar que bens dessa natureza sejam partilhados em virtude da meação atribuída ao cônjuge na sucessão *causa mortis*.

Quando o instrumento é adotado para fins de planejamento sucessório, também não faz sentido algum que o nu-proprietário possa alienar livremente as quotas, permitindo-se, com isso, o ingresso de pessoas estranhas à família e ao quadro societário, hipótese que, no âmbito das sociedades limitadas, por razões antes vistas, nunca é trivial. Recomenda-se, portanto, que as quotas sejam gravadas não apenas com cláusula de incomunicabilidade, mas também inalienabilidade.

Outra preocupação a ser endereçada pelo doador que reserva o usufruto para si é a possibilidade de o donatário, o qual se torna nu-proprietário das quotas, vir a falecer primeiro. Por ser o efetivo sócio e titular das quotas, todo o esforço para a condução do planejamento sucessório por meio deste instrumento se tornaria inútil se este viesse a falecer antes do usufrutuário, pois, em tal cenário, a nua-propriedade das quotas seria inventariada.

No intuito de afastar tal risco, é recomendável que se recorra à cláusula de reversão no contrato de doação com reserva de usufruto.[46] Disposta no art. 547 do Código Civil, ela prevê que os bens doados voltem ao patrimônio do doador se esse sobreviver ao donatário. Ressalte-se que a principal inconveniência de se permitir que as quotas sejam inventariadas, além da demora no processamento do inventário, é a necessidade de se

---

45 TEPEDINO, Gustavo; KONDER, Carlos Nelson; BANDEIRA, Paula Greco. *Fundamentos do direito civil*. Contratos. Rio de Janeiro: Gen/Forense, 2020. v. 3. p. 195.

46 VERSIANI, Fernanda Valle. *Usufruto de participações societárias* – Uma visão de planejamento sucessório em empresas familiares. Belo Horizonte; São Paulo: D'Plácido, 2020. p. 123.

obter autorização judicial para alienar a participação societária em questão. Em alguns cenários, quando a família não tem êxito na condução do negócio, a inviabilidade da aquisição do controle societário por terceiros, por não se conseguir o alvará judicial que autoriza a alienação das quotas, pode significar a ruína da empresa.

Diversamente, quando o usufrutuário falece primeiro, extingue-se o usufruto, consolidando-se a propriedade plena das quotas, com todos os poderes que lhe são inerentes, nas mãos do nu-proprietário, não havendo necessidade de inventariá-las. A cláusula de reversão, como se vê, só será aplicada caso a morte do nu-proprietário ocorra primeiro, evitando-se, assim, o ingresso no quadro societário de herdeiros alheios à dinâmica do negócio ou sem perfil para suceder o nu-proprietário na empresa,[47] além do tortuoso inventário das quotas.

Na qualidade de "parte ideal representativa do quinhão do sócio da Sociedade Limitada, insuscetível de representação ou certificado",[48] a quota é bem imaterial que representa direitos e obrigações. O principal exemplo relativamente aos primeiros diz respeito à distribuição de lucros, que, quando o contrato social não dispuser em sentido contrário, será proporcional às quotas de cada sócio,[49] "deduzidos os eventuais prejuízos de anos anteriores, sob pena de incidir o art. 1.059 do CC".[50] Considera-se lucro líquido, passível de ser distribuído, o que é inescapável, ou seja, não representa mais mera eventualidade.[51]

A esse respeito, é importante observar que não serão considerados frutos os montantes que, em virtude de deliberação dos sócios, devam ser destinados à capitalização da empresa: o usufrutuário só terá direito a tais verbas se, ulteriormente, houver deliberação a respeito da distribuição do montante originalmente reservado. Antes disso, tratar-se-á de mera expectativa de direito.[52] Assim, é possível afirmar que enquanto dividendos são frutos civis – sendo definidos como a parcela de lucro líquido distribuída aos sócios –,[53] as reservas de lucro não o são, por não estarem ainda caracterizadas como renda periódica.[54]

E em que pese a opção em maior consonância com as características dispostas pelo Código Civil seja entender que só podem ser considerados frutos pertencentes ao usufrutuário os dividendos já distribuídos, é forçoso admitir a insuficiência do art. 1.398, o qual atribui a ele os frutos vencidos na data em que cessa o usufruto para esclarecer

47 VERSIANI, Fernanda Valle. *Usufruto de participações societárias* – Uma visão de planejamento sucessório em empresas familiares. Belo Horizonte; São Paulo: D'Plácido, 2020. p. 128.

48 ABRÃO, Nelson. *Sociedades limitadas*. 10. ed. São Paulo: Saraiva, 2012. *e-Book*, pos. 2064/8039.

49 Segundo o art. 1.007 do Código Civil, o sócio participa dos lucros e das perdas na proporção das respectivas quotas, ressalvada estipulação em contrário.

50 ABRÃO, Nelson. *Sociedades limitadas*. 10. ed. São Paulo: Saraiva, 2012. *e-Book*, pos. 3979/8039. O art. 1.059 do Código Civil dispõe que "os sócios serão obrigados à reposição dos lucros e das quantias retiradas, a qualquer título, ainda que autorizados pelo contrato, quando tais lucros ou quantias se distribuírem com prejuízo do capital".

51 ABRÃO, Nelson. *Sociedades limitadas*. 10. ed. São Paulo: Saraiva, 2012. *e-Book*, pos. 3979/8039.

52 PINTO, Alexandre Mota. Usufruto de acções. Análise em particular dos direitos do usufrutuário de acções. *Actualidad Jurídica Uría Menéndez*, p. 73-89. p. 82. Disponível em: https://www.uria.com/documentos/publicaciones/4365/documento/art04.pdf?id=5573. Acesso em: 11 nov. 2020.

53 VERSIANI, Fernanda Valle. *Usufruto de participações societárias* – Uma visão de planejamento sucessório em empresas familiares. Belo Horizonte; São Paulo: D'Plácido, 2020. p. 134.

54 VERSIANI, Fernanda Valle. *Usufruto de participações societárias* – Uma visão de planejamento sucessório em empresas familiares. Belo Horizonte; São Paulo: D'Plácido, 2020. p. 144.

o seguinte ponto: a quem se deve atribuir os dividendos apurados no exercício social no qual o usufruto ainda era vigente, mas distribuídos somente após a sua extinção?[55]

Analisando-se a hipótese à luz da legislação civil em vigor, a melhor opção seria pressupor que só serão considerados percebidos os frutos quando houver distribuição de dividendos. Assim, a sua apuração deve ser interpretada como fruto pendente, não sendo possível atribui-lo ao usufrutuário quando, na data da efetiva distribuição dessa parcela do lucro líquido aos sócios, o usufruto já havia cessado.

Ainda que o art. 1.396 faça referência apenas aos frutos naturais pendentes ao tempo em que cessa o usufruto, não há motivo que impeça a observância da mesma lógica relativamente a frutos civis, como os dividendos. Todavia, em virtude de a contratualidade ser da essência das sociedades limitadas, nada impede que os atos constitutivos do usufruto disponham de modo diverso.

Na verdade, as maiores controvérsias decorrentes do instituto aqui estudado referem-se ao exercício do direito de voto. Para além das questões apontadas por Fábio Konder Comparato, previamente transcritas,[56] dada a diversidade de matérias que podem ser objeto de deliberações societárias, é difícil afirmar, apenas com base nas características típicas do usufruto, a quem deveria ser atribuído o direito de voto durante a sua vigência. O tema se torna ainda mais controvertido quando se leva em consideração que, com frequência, nu-proprietário e usufrutuário terão interesses conflitantes: enquanto o primeiro tende a preocupar-se mais com a preservação da empresa no longo prazo, o usufrutuário é mais propenso a preocupar-se com questões que se desenrolam no curto prazo, "buscando o maior e mais rápido lucro possível".[57]

Ocorre que nem sempre o lucro apurado em balanços será destinado à distribuição aos sócios, podendo ser deliberada a sua capitalização pela maioria, acarretando-se um aumento de capital social, ou mesmo a sua destinação "à constituição de reservas voluntárias, conforme previsão contratual".[58] Considerando-se a diversidade de pautas passíveis de serem votadas e, sobretudo, diante da possibilidade de conflito de interesses do usufrutuário ou do nu-proprietário e da empresa no exercício do direito de voto, é imperioso analisar quais seriam as alternativas capazes de afastar a ocorrência dele, bem como a falta de entendimento entre as partes no que concerne às deliberações societárias.

A esse respeito, há importante diretriz fornecida pelo art. 114 da Lei nº 6.404/76 (LSA), segundo a qual "o direito de voto da ação gravada com usufruto, se não for regulado no ato de constituição do gravame, somente poderá ser exercido mediante prévio acordo entre o proprietário e o usufrutuário". Em que pese inexista orientação legal similar a respeito do usufruto de quotas, a solução proposta pelo dispositivo legal acima mencionado mostra-se adequada ao regramento do exercício do direito de voto nas sociedades limitadas, das quais a contratualidade é característica essencial.

---

[55] VERSIANI, Fernanda Valle. *Usufruto de participações societárias* – Uma visão de planejamento sucessório em empresas familiares. Belo Horizonte; São Paulo: D'Plácido, 2020. p. 139.

[56] V. nota 41.

[57] PINTO, Alexandre Mota. Usufruto de acções. Análise em particular dos direitos do usufrutuário de acções. *Actualidad Jurídica Uría Menéndez*, p. 73-89. p. 84. Disponível em: https://www.uria.com/documentos/publicaciones/4365/documento/art04.pdf?id=5573. Acesso em: 11 nov. 2020.

[58] ABRÃO, Nelson. *Sociedades limitadas*. 10. ed. São Paulo: Saraiva, 2012. *e-Book*, pos. 3993/8093.

Portanto, no intuito de evitar conflitos posteriores, recomenda-se que o ato constitutivo do usufruto de quotas mencione pormenorizadamente a quem será atribuído o direito de voto e em quais circunstâncias. Embora o doador/nu-proprietário tenda a manter tal prerrogativa integralmente consigo, é forçoso reconhecer que, por força de seu interesse imediato no lucro, há pautas a serem votadas que poderão colocá-lo em posição de conflito com os interesses sociais e com o princípio da preservação da empresa. A esse respeito, deve-se fazer referência às observações de Fernanda Versiani: "mesmo quando o titular do direito de voto for o usufrutuário, ele não pode exercê-lo para satisfazer exclusivamente interesses próprios, devendo fazê-lo no interesse social e sem causar prejuízo aos direitos do nu-proprietário".[59]

Ainda no que concerne ao direito de voto, é importante notar o quanto as peculiaridades atinentes a ele tornam desafiadora a perfeita observância das regras propostas pelo Código Civil ao usufruto. Observe-se que, como o art. 1.394 da codificação brasileira atribui ao usufrutuário os direitos à posse, ao uso, à administração e à percepção dos frutos, talvez fosse razoável concluir que o exercício do direito de voto, por ter relação direta com os rumos da administração da sociedade, deveria ser integralmente mantido com ele. No entanto, o que caberia ao usufrutuário seria a administração regular do objeto do usufruto – as quotas, portanto –, sendo por meio delas que se participa da gestão da sociedade limitada.

Como se não bastasse, dada a diversidade de matérias, nem todas as pautas a serem votadas envolverão a administração pura e simples da empresa. Veja-se, por exemplo, o disposto no art. 1.071, VI, do Código Civil, que prevê deliberações sobre a incorporação, a fusão e a dissolução da sociedade, ou a cessação do estado de liquidação. Com efeito, a referida hipótese ilustra circunstância na qual a própria essência de empresa seria alterada, ocorrendo o mesmo quando, hipoteticamente, se delibera acerca da alteração de seu objeto social. Em tal cenário, por força do respeito à substância do bem cedido em usufruto (*salva rerum substantia*), o direito de voto caberia, teoricamente, ao nu-proprietário.

Diante de tantas possíveis controvérsias, a melhor opção seria estipular previamente as atribuições de usufrutuário e nu-proprietário acerca do exercício do direito de voto, dividindo-o por pautas ou designando um terceiro neutro que possa participar das deliberações em nome de ambos, tendo como norte principal de suas decisões o princípio da preservação da empresa e o seu melhor interesse.

Por fim, caso a empresa seja operacional, não tendo a função exclusiva de veículo destinado ao planejamento sucessório, é recomendável que o imóvel destinado ao domicílio da família não seja transferido ao patrimônio da sociedade limitada, pois, em tal hipótese, perder-se-á o benefício do bem de família,[60] ficando o imóvel destinado à moradia exposto aos riscos empresariais.

---

59 VERSIANI, Fernanda Valle. *Usufruto de participações societárias* – Uma visão de planejamento sucessório em empresas familiares. Belo Horizonte; São Paulo: D'Plácido, 2020. p. 161.

60 RONCONI, Diego Richard; BRAGA, Natan Ben-Hur. A propriedade de quotas societárias: alguns de seus desdobramentos jurídicos nas relações privadas. *Revista Eletrônica Direito e Política da Univali*, v. 11, n. 1, p. 354-376, 1º quadr. 2016. p. 374. Disponível em: https://pdfs.semanticscholar.org/6a9d/b6904ac76fd73d2b76b45a661cb45a8a9ab3.pdf. Acesso em: 3 nov. 2020.

Conclusão

Diante dos ganhos sociais decorrentes da geração de empregos e da arrecadação de impostos, é possível considerar que o interesse na preservação das empresas extrapola o âmbito individual e familiar, dada a sua capacidade de servir de veículo de promoção da livre iniciativa e do desenvolvimento econômico. Por tal motivo, o planejamento sucessório nessa seara ganha relevância primordial, pois sua realização se impõe não apenas em prol dos benefícios que os familiares dos sócios teriam individualmente, mas também em razão de interesses de terceiros, merecedores de tutela, que acabam por incidir sobre a esfera societária, diante das razões antes vistas.

Nesse contexto, o usufruto de quotas desempenha papel primordial, por permitir que o sócio, ainda em vida, doe a nua-propriedade de suas quotas a seus herdeiros, reservando para si os direitos de uso e gozo do referido bem móvel de caráter imaterial, sendo o direito de dispor mantido com aqueles que, assumindo a posição de sócios por meio da doação com reserva de usufruto, tornam-se nu-proprietários.

Conforme foi possível observar, em que pese as características do usufruto dispostas no Código Civil se apliquem integralmente ao usufruto de quotas, é forçoso admitir que as peculiaridades decorrentes desse objeto específico – que, como antes se disse, é bem móvel imaterial – por vezes geram desafios para os quais a legislação em vigor não apresenta respostas. O principal deles é certamente o direito de voto, que não se enquadra perfeitamente nos direitos de uso, gozo, administração e percepção de frutos, atribuídos pelo Código Civil ao usufrutuário.

Como se não bastasse, o direito de voto poderá colocar nu-proprietário e usufrutuário em posição antagônica, eventualmente, sem contar o risco de conflito de interesses no qual estará o usufrutuário que delibera em prol da distribuição de lucros, quando o recomendável seria capitalizar a empresa. Diante de tal risco, é recomendável que se discrimine pormenorizadamente nos atos constitutivos do usufruto como deverá ser exercido o direito de voto e por quem.

Por ser a sociedade limitada uma figura tradicionalmente atrelada às pessoas dos sócios, é natural que, com base no princípio da contratualidade, o contrato social possa vedar o ingresso de terceiros estranhos ao quadro societário original – o que inviabilizaria a doação das quotas com reserva de usufruto – ou impor a aprovação prévia por quórum qualificado para que herdeiros possam eventualmente tornar-se sócios. Em tais hipóteses, ou bem o usufruto de quotas não poderá ser instituído ou ficará submetido à autorização dos demais membros da sociedade limitada.

Quando permitida a sua instituição, o direito à percepção de dividendos, que são frutos civis, será temporariamente deslocado para o usufrutuário. Vale observar, a esse respeito, que lucros não podem ser considerados frutos enquanto não forem distribuídos. Há, portanto, no usufruto de quotas, uma intermediação inevitável na percepção de frutos, pois, ao contrário do que acontece naquele que recai sobre bem imóveis, a figura aqui estudada demanda a prévia distribuição de lucros, a ser conduzida pela empresa. O direito de gozo não é, portanto, exercido diretamente pelo usufrutuário, como ocorre no usufruto incidente sobre imóveis.

Por fim, é recomendável que o instrumento de doação das quotas as grave com cláusula de inalienabilidade ou, visando-se restrição menos ampla, de incomunicabilidade.

Isso ocorre porque se o usufruto de quotas for utilizado para fins de planejamento sucessório, não faria sentido algum que se admitisse o eventual ingresso de cônjuges ou de terceiros por meio da alienação da nua-propriedade das quotas. Recomenda-se, ainda, que se preveja cláusula de reversão, caso o donatário e nu-proprietário venha a falecer antes do doador e usufrutuário.

Referências

ABRÃO, Nelson. *Sociedades limitadas*. 10. ed. São Paulo: Saraiva, 2012. *e-Book*.

BARRETO, Julio. *O conflito de interesses entre a companhia e seus administradores*. Rio de Janeiro: Renovar, 2009.

BESSONE, Darcy. *Direitos reais*. São Paulo: Saraiva, 1988.

BEVILAQUA, Clovis. *Direito das coisas*. 4. ed. Rio de Janeiro: Forense, 1956. v. 1.

BORBA, Edwaldo Tavares. *Direito societário*. 17. ed. Rio de Janeiro: Gen/Atlas, 2019.

BRASILINO, Fábio. *Bem jurídico empresarial*. Função social, preservação da empresa e proteção ao patrimônio mínimo empresarial. São Paulo: Gen//Método, 2020.

COMPARATO, Fabio Konder. Ações ao portador – Inexistência de quase-usufruto – Limites ao exercício dos direitos do usufrutuário. *Revista dos Tribunais*, São Paulo, v. 507, p. 35-49, jan. 1978.

DANTAS, San Tiago. *Programa de direito civil*. Rio de Janeiro: Ed. Rio, 1977. v. III.

GOMES, Orlando. *Direitos reais*. 20. ed. Rio de Janeiro: Gen/Forense, 2009.

GONÇALVES, Carlos Roberto. *Direito civil brasileiro* – Direito das coisas. 7. ed. São Paulo: Saraiva, 2012. v. 5.

MAIA, Roberta Mauro Medina. *Teoria geral dos direitos reais*. São Paulo: Revista dos Tribunais, 2013.

PINTO, Alexandre Mota. Usufruto de acções. Análise em particular dos direitos do usufrutuário de acções. *Actualidad Jurídica Uría Menéndez*, p. 73-89. Disponível em: https://www.uria.com/documentos/publicaciones/4365/documento/art04.pdf?id=5573. Acesso em: 11 nov. 2020.

RONCONI, Diego Richard; BRAGA, Natan Ben-Hur. A propriedade de quotas societárias: alguns de seus desdobramentos jurídicos nas relações privadas. *Revista Eletrônica Direito e Política da Univali*, v. 11, n. 1, p. 354-376, 1º quadr. 2016. Disponível em: https://pdfs.semanticscholar.org/6a9d/b6904ac76fd73d2b76b45a661cb45a8a9ab3.pdf. Acesso em: 3 nov. 2020.

TEIXEIRA, Daniele Chaves. *Planejamento sucessório*: pressupostos e limites. Belo Horizonte: Fórum, 2017.

TEPEDINO, Gustavo *et alli*. *Código Civil interpretado conforme a Constituição da República*. Rio de Janeiro: Renovar, 2011.

TEPEDINO, Gustavo. *Usufruto legal do cônjuge viúvo*. Rio de Janeiro: Forense, 1990.

TEPEDINO, Gustavo; KONDER, Carlos Nelson; BANDEIRA, Paula Greco. *Fundamentos do direito civil*. Contratos. Rio de Janeiro: Gen/Forense, 2020. v. 3.

TEPEDINO, Gustavo; MONTEIRO FILHO, Carlos Edison do Rego; RENTERÍA, Pablo. *Fundamentos do direito civil*. Direitos reais. Rio de Janeiro: Gen/Forense, 2020. v. 5.

VERSIANI, Fernanda Valle. *Usufruto de participações societárias* – Uma visão de planejamento sucessório em empresas familiares. Belo Horizonte; São Paulo: D'Plácido, 2020.

Informação bibliográfica deste texto, conforme a NBR 6023:2018 da Associação Brasileira de Normas Técnicas (ABNT):

MAIA, Roberta Mauro Medina. Usufruto de quotas: desafios e peculiaridades. *In*: TEIXEIRA, Daniele Chaves (Coord.). *Arquitetura do planejamento sucessório*. Belo Horizonte: Fórum, 2022. p. 613-628. Tomo III. ISBN 978-65-5518-291-0.

PLANEJAMENTO SUCESSÓRIO E EMPRESA: UMA REFLEXÃO NECESSÁRIA

SIMONE TASSINARI CARDOSO FLEISCHMANN
FERNANDO RENÉ GRAEFF

1 Introdução

De acordo com os dados do Cadastro Central de Empresas (Cempre),[1] havia, no ano de 2019, mais de 5 milhões de empresas formalmente constituídas em atividade no Brasil.[2] Essa expressiva quantidade de empresas decorre, entre outras razões, da necessidade de empreendedorismo (ante a crise econômica do país, que atinge diretamente as vagas de emprego) e da desburocratização nos procedimentos de abertura e registro de empresas (auxiliada pela introdução dos sistemas eletrônicos). Além disso, vem sendo cada vez mais frequente a constituição de *holdings* como instrumento para organização patrimonial e planejamento sucessório, o que também contribui para esse crescimento.

Nesse contexto, as interfaces entre as questões familiares e as questões empresariais estão cada vez mais presentes. Seja no momento de dissolução do casamento ou da união estável, na oportunidade em que se constituiu uma nova família, ou mesmo nos procedimentos de inventário e partilha, a presença de participações societárias no rol de bens a serem analisados, planejados e mesmo partilhados é crescente.

No campo específico da sucessão, diferentemente do que se verifica com outras espécies de bens, a transmissão dessas participações aos herdeiros possui alguns contornos específicos, notadamente por exigir a aplicação conjunta de normas atinentes ao direito sucessório, ao direito de família e ao direito empresarial.[3]

---

1 Cadastro formado por empresas e outras organizações formalmente constituídas, registradas no CNPJ, cuja atualização é realizada a partir das pesquisas econômicas anuais do Instituto Brasileiro de Geografia e Estatísticas (IBGE) nas áreas de indústria, comércio, construção e serviços, e de registros administrativos.

2 Disponível em: https://sidra.ibge.gov.br/pesquisa/cempre/quadros/brasil/2019.

3 É o caso, por exemplo, das questões envolvendo a possibilidade ou não do ingresso dos herdeiros na sociedade (herdar quotas não significa, necessariamente, herdar a condição de sócio), a forma de apuração e pagamento dos haveres aos sucessores (em que podem colidir os interesses dos herdeiros e a preservação da empresa), ou,

Tal complexidade que permeia o procedimento de inventário e partilha de participações societárias se soma, ainda, à inexistência de legislação clara e satisfatória para a transmissão dos bens em caso de falecimento, e, também, ao fato recorrente de haver conflitos entre os herdeiros (o que é ainda mais relevante no âmbito das famílias empresárias, na medida em que a continuidade dos negócios da família e, consequentemente, a manutenção do patrimônio familiar, muitas vezes, dependem de uma sucessão exitosa).

Todas essas circunstâncias vêm estimulando uma mudança cultural nas famílias brasileiras – especialmente as empresárias –, as quais têm passado a se preocupar cada vez mais em antecipar a organização da sucessão, fazendo-a ainda em vida, sendo muitas as vantagens que esta organização patrimonial e sucessória, se bem implementada, pode trazer. Trata-se de uma alteração na postura com relação à sucessão, com a responsabilidade de pensar sobre ela antecipadamente.

No presente artigo, será examinado como o planejamento sucessório pode auxiliar na prevenção ou na mitigação dos problemas mais comuns envolvendo partilha de participações societárias decorrente do falecimento de sócio, bem como as particularidades que devem ser observadas para que o planejamento alcance, ao final, um resultado satisfatório.[4] O artigo foi construído em três partes. Na primeira são apresentadas as principais situações envolvendo participações societárias que acabam por gerar litígios judiciais (para tanto, adotou-se como linha de corte as decisões de dois tribunais estaduais de duas regiões distintas do país – Rio Grande do Sul e São Paulo – e do Superior Tribunal de Justiça). Na segunda, analisam-se algumas das ferramentas jurídicas de planejamento sucessório que podem ser utilizadas para prevenir ou auxiliar na solução de tais conflitos judiciais que envolvam o falecimento do sócio. E, na terceira, serão elencados os principais aspectos e cuidados que devem ser observados pelos profissionais quando da elaboração de planejamento sucessório envolvendo participações societárias.

2 A complexidade da partilha causa mortis de participações societárias

São diversos os tipos de participação societária que podem ser objeto de partilha. Em razão do princípio da tipicidade adotado pelo Código Civil, a sociedade deve, obrigatoriamente, adotar um dos tipos societários previstos em lei. Os dois tipos mais largamente utilizados, e em relação aos quais, portanto, estão relacionados os impasses mais comuns envolvendo a partilha entre os sucessores, são a sociedade limitada e a sociedade anônima de capital fechado.[5]

---

ainda, da própria avaliação das participações para fins de recolhimento do imposto de transmissão (há critérios distintos para essa avaliação nos diferentes estados da Federação).

4 Ressalva-se, desde logo, que tal análise se restringirá às questões jurídicas envolvendo a partilha das participações sucessórias, não abrangendo, assim, as questões atinentes à transferência da atividade negocial para a geração seguinte (como exemplo, o papel que cada sucessor terá no caso de continuidade da empresa).

5 Segundo o mapa de empresas referentes ao primeiro quadrimestre de 2021, são efetivamente as sociedades limitadas e as sociedades anônimas as modalidades empresariais mais utilizadas (Disponível em: https://www.gov.br/governodigital/pt-br/mapa-de-empresas/boletins/mapa-de-empresas-boletim-do-1o-quadrimestre-de-2021.pdf).

Em apertada síntese, a sociedade limitada constitui-se por contrato social e tem capital dividido em quotas.[6] Recentemente, a Lei nº 13.874/2019[7] alterou o art. 1.052 do Código Civil, passando a permitir que a sociedade limitada seja constituída por uma só pessoa (até então, exigia-se pelo menos dois sócios).[8] A responsabilidade de cada sócio é restrita ao valor de suas quotas, mas todos respondem solidariamente pela integralização do capital social (o que significa dizer que, se um dos sócios não integralizar a sua parte do capital social, tal poderá ser exigido dos demais sócios). Como regra, ela é considerada uma sociedade de pessoas,[9] uma vez que os atributos pessoais costumam ser mais importantes do que a contribuição material.

Por sua vez, a sociedade anônima é constituída por estatuto social e seu capital é dividido em ações.[10] A responsabilidade de cada sócio ou acionista será limitada ao preço de emissão das ações subscritas ou adquiridas. A sociedade por ações pode ser aberta (quando as ações são negociadas no mercado de valores mobiliários – bolsa de valores) ou fechada (quando as ações não são negociadas no mercado de valores mobiliários). É, por sua natureza, classificada como de capital,[11] entendendo-se a contribuição material como mais importante do que os atributos individuais (tanto é assim que, em grandes companhias, um acionista desconhece quem são os outros acionistas). A exceção fica por conta de que algumas sociedades anônimas de capital fechado são, muitas vezes, compostas por grupos familiares, pelo que os atributos individuais dos acionistas acabam se sobrepondo, aplicando-se, em alguns casos, regras próprias das sociedades de pessoas (os tribunais vêm assegurando aos acionistas, por exemplo, o direito de retirada em caso de falta de *affectio societatis*,[12] [13] já havendo precedente no Superior Tribunal de Justiça nesse sentido).[14] [15]

---

6 Nas sociedades divididas em quotas, a quota social é a unidade representativa de uma fração do capital social, correspondendo a uma posição de direitos e deveres perante a sociedade (BORBA, José Edwaldo Tavares. *Direito societário*. 14. ed. São Paulo: Atlas, 2015. p. 44).

7 Que instituiu a Declaração de Direitos de Liberdade Econômica.

8 Importante destacar que está ainda em tramitação, no momento da escrita deste texto a MP nº 1.040/2021, que tem como proposta a extinção da Eireli.

9 "A constituição de uma sociedade pode ter como principal referência o mútuo reconhecimento entre seus sócios. São sócios porque se identificam e se aceitam reciprocamente. São sociedades *intuitu personae*, isto é, sociedades contratadas em função das pessoas" (MAMEDE, Gladston. *Direito societário* – Sociedades simples e empresárias. 11. ed. São Paulo: Atlas, 2019. p. 42).

10 Nas sociedades divididas em ações, a ação consiste em um valor mobiliário representativo de unidade do capital social (COELHO, Fábio Ulhoa. *Manual de direito comercial*: direito de empresa. 28. ed. rev., atual. e ampl. São Paulo: Revista dos Tribunais, [s.d.]. p. 183).

11 "Em oposição, há sociedades nas quais a identidade do sócio não tem tal relevância, importa o aporte de capital; justamente por isso, a transferência da participação societária é livre. São sociedades *intuito pecuniae*, ou sejam sociedades focadas no aporte do capital e não na pessoa dos sócios" (MAMEDE, Gladston. *Direito societário* – Sociedades simples e empresárias. 11. ed. São Paulo: Atlas, 2019. p. 42).

12 ROSSI, Alexandre Alves; SILVA, Fabio Pereira da. *Holding familiar*: visão jurídica do planejamento societário, sucessório e tributário. São Paulo: Trevisan, 2015. *e-Book*. p. 56.

13 MAMEDE, Eduarda Cotta; MAMEDE, Gladston. *Holding familiar e suas vantagens*: planejamento jurídico e econômico do patrimônio e da sucessão familiar. 11. ed. São Paulo: Atlas, 2019. p. 142.

14 REsp nº 1.303.284/PR. Rel. Min. Nancy Andrighi, Terceira Turma, j. 16.4.2013. *DJe*, 13 maio 2013.

15 "[...] III - É inquestionável que as sociedades anônimas são sociedades de capital (intuito pecuniae), próprio às grandes empresas, em que a pessoa dos sócios não têm papel preponderante. Contudo, a realidade da economia brasileira revela a existência, em sua grande maioria, de sociedades anônimas de médio e pequeno porte, em regra, de capital fechado, que concentram na pessoa de seus sócios um de seus elementos preponderantes, como sói acontecer com as sociedades ditas familiares, cujas ações circulam entre os seus membros, e que são, por isso, constituídas *intuitu personae*. Nelas, o fator dominante em sua formação é a afinidade e identificação

Independentemente do tipo de participação societária (quotas ou ações), é certo que, em caso de falecimento do sócio, ela acabará sendo transferida aos herdeiros do respectivo titular. E, nesse momento, são diversas as questões que, se não planejadas e organizadas de forma antecipada, podem se tornar uma grande fonte de dúvidas e conflitos.

A seguir, serão analisados os tópicos que, com base na prática profissional e na pesquisa jurisprudencial realizada, se apresentam como os maiores geradores de dúvidas e/ou conflitos judiciais. Muitos desses aspectos, aliás, são desconhecidos de quotistas/acionistas e seus familiares, sendo esta uma das razões – entre outras –[16] pelas quais acabam não sendo tratados de forma preventiva.

2.1 Destinação das quotas em caso de falecimento de sócio

A primeira grande dúvida que surge quando do falecimento de sócio é a quem será destinada sua participação societária. Em verdade, trata-se de dúvida que não se restringe propriamente a quotas e ações, mas ao patrimônio como um todo.

O ordenamento jurídico brasileiro contempla uma série de regras que estabelecem como deve ocorrer a transmissão do patrimônio em caso de falecimento. Todavia, estas regras, especialmente em face das alterações legislativas e dos recentes posicionamentos adotados pelos tribunais superiores sobre a matéria (muitos deles contrariando a própria legislação), não são capazes de oferecer segurança jurídica acerca da destinação do patrimônio em caso de falecimento.

No âmbito do direito de família, a principal questão passa pela definição de eventual meação do cônjuge ou companheiro sobre as participações societárias (que não se confunde com herança, mas que necessariamente deve ser considerada no caso de falecimento do sócio). Tal passa, fundamentalmente, pela comunicabilidade ou não das participações, o que dependerá do regime de bens adotado pelo casal. Não é demais ressaltar que, se nada diferente for regulado pelo quotista e seu cônjuge/companheiro, vigorará o regime da comunhão parcial de bens.[17]

Na esfera do direito sucessório, no caso de não haver regulação distinta em sede de planejamento sucessório, as participações societárias são destinadas de acordo com as regras dispostas nos arts. 1.829 e seguintes do Código Civil, sobre as quais, como ressabido, ainda pairam diversas dúvidas. As principais delas ainda giram em torno dos direitos hereditários do cônjuge/companheiro – que, além de meeiros, podem ser herdeiros –, podendo-se citar a condição ou não do companheiro como herdeiro necessário ou a definição dos quinhões hereditários no caso de filiação híbrida.

---

pessoal entre os acionistas, marcadas pela confiança mútua. Em tais circunstâncias, muitas vezes, o que se tem, na prática, é uma sociedade limitada travestida de sociedade anônima, sendo, por conseguinte, equivocado querer generalizar as sociedades anônimas em um único grupo, com características rígidas e bem definidas. Em casos que tais, porquanto reconhecida a existência da affectio societatis como fator preponderante na constituição da empresa, não pode tal circunstância ser desconsiderada por ocasião de sua dissolução. [...]" (EREsp nº 111.294/PR. Rel. Min. Castro Filho, Segunda Seção, j. 28.6.2006. *DJ*, 10 set. 2007, p. 183).

[16] Como a cultural (já em transformação nos últimos anos) relutância das pessoas em tratar antecipadamente das consequências patrimoniais do falecimento.

[17] No qual se comunicam (a) os bens adquiridos na constância do casamento/união estável por título oneroso; (b) os bens adquiridos por fato eventual (com ou sem o concurso de trabalho ou despesa anterior); (c) os bens adquiridos por doação, herança ou legado, em favor de ambos os cônjuges/companheiros; (d) as benfeitorias em bens particulares de cada cônjuge/companheiro; e (e) os frutos dos bens comuns, ou dos particulares de cada cônjuge/companheiro, percebidos na constância do casamento, ou pendentes ao tempo de cessar a comunhão.

Há opções de regular licitamente, de forma diferente, a destinação das participações societárias, seja no que tange à meação (que, como visto, depende do regime de bens adotado), seja no que se refere à divisão entre os herdeiros (havendo diversos instrumentos de planejamento sucessório que podem ser utilizados para tanto).[18]

2.2 Distinção entre condição de herdeiro/meeiro e condição de quotista/acionista

Por força do princípio da *saisine*, com a abertura da sucessão, a herança transmite-se, desde logo, aos herdeiros legítimos e testamentários (art. 1.784 do Código Civil).[19] Assim, sempre que ocorre o falecimento de um dos sócios, o direito às participações societárias é transmitido desde logo aos herdeiros.

Importante ressaltar, todavia, que a transmissão do direito às participações societárias não atribui aos sucessores necessariamente a condição de sócio.[20] [21] Isso ocorre porque, enquanto o direito às participações societárias do *de cujus* é regulado pelas regras do direito sucessório, o direito de ingresso na sociedade é regulado pelas regras do direito societário (empresarial).

Com efeito, o herdeiro somente adquirirá a condição de sócio se, por força da partilha, acabar por ingressar na sociedade (aliás, como se verá adiante, esta não é a regra) via alteração contratual. E o mesmo entendimento se aplica ao cônjuge/companheiro, que, no caso de ter direito à participação de sócio por conta do falecimento deste (seja a título de meação,[22] seja a título de herança), também não adquire a condição automática de sócio.[23]

São inúmeras as dúvidas e discussões que surgem em decorrência desta situação peculiar, uma vez que inexiste, no direito brasileiro, regulamentação específica quanto à situação dos sucessores até que ocorra a partilha *causa mortis* das participações societárias ou a apuração dos respectivos haveres.[24]

---

18 Cabe referir que as possibilidades jurídicas de aliar as regras do direito empresarial no planejamento sucessório devem atender a todas as limitações do direito de família e mesmo do direito sucessório. Importa salientar que este texto é fruto de pesquisa acadêmica e prática profissional – preservando-se o vértice axiológico estabelecido pela Constituição Federal e o princípio da legalidade.

19 Recentes reflexões epistemológicas trazidas por Daniel Bucar têm apresentado um questionamento específico com relação à existência efetiva da *saisine* no Brasil. Bem pontua o doutrinador que outros sistemas prescindem de recolhimento tributário antecipado e de procedimento próprio para arrecadação da herança. Trata-se de uma reflexão aprofundada de fato repetido seguidas vezes e, talvez, pouco verticalizado (BUCAR, Daniel. *Palestra proferida no Curso de Planejamento Patrimonial e Sucessório*. No prelo).

20 "[...] A transmissão da herança não implica a transmissão do estado de sócio [...]" (REsp nº 537.611/MA. Rel. Min. Nancy Andrighi, Terceira Turma, j. 5.8.2004. *DJ*, 23 ago. 2004, p. 230).

21 "[...] Transmissão da herança que não implica a aquisição da qualidade de sócio pelo herdeiro [...]" (TJSP. Apelação Cível nº 0158403-83.2008.8.26.0100. Rel. Luiz Antonio de Godoy, 1ª Câmara de Direito Privado, Foro Central Cível – 2ª Vara Cível, j. 19.6.2012, reg. 19.6.2012).

22 Nesse caso incidem as regras do art. 1.027 do Código Civil e do art. 600, parágrafo único, do CPC. Quanto ao ponto: "[...] Apesar do reconhecimento à meação sobre as quotas sociais, no divórcio, a apelada não ingressou automaticamente na sociedade - Esse direito (meação de quotas sociais em nome do ex-cônjuge) reconhecido no divórcio é patrimonial e está albergado no art. 1.027, do CC - Ausência de legitimidade ativa, para exigir contas da sociedade - [...]" (TJSP. Apelação Cível nº 1001468-71.2018.8.26.0609. Rel. Grava Brazil, 2ª Câmara Reservada de Direito Empresarial, Foro de Taboão da Serra – 1ª Vara Cível, j. 5.2.2021, reg. 5.2.2021).

23 "[...] As cotas de sociedade limitada, enquanto representando direito patrimonial de participar dos lucros e da partilha do acerto líquido, em caso de dissolução, integram, em princípio, a comunhão, nada importando que figurem em nome de um dos cônjuges. O que não se comunica é o status de sócio. [...]" (REsp nº 248.269/RS. Rel. Min. Eduardo Ribeiro, Terceira Turma, j. 2.5.2000. *DJ*, 19 jun. 2000, p. 146).

24 Os haveres são o *quantum* devido pela sociedade ao sócio falecido correspondente à quota deste em relação ao capital social. Para maiores detalhes, cf. COELHO, Fábio Ulhoa. *Manual de direito comercial*: direito de empresa. 28. ed. rev., atual. e ampl. São Paulo: Revista dos Tribunais, [s.d.]. p. 171-172.

Quanto ao ponto, há, por exemplo, decisões judiciais reconhecendo a impossibilidade de os herdeiros ou de o espólio, por não adquirem automaticamente a qualidade sócios, receberem pró-labore[25] (direito cabível a sócios que exercem atividade diretiva), convocarem reunião de quotistas,[26] postularem a exclusão de sócio[27] ou exercerem atos de ingerência na sociedade.[28] Excepcionalmente, em especial nos casos em que ficam claras a intenção e a possibilidade de os herdeiros ingressarem na qualidade de sócios por conta do falecimento, os tribunais admitem o direito de participarem de alguma forma da "vida societária" da empresa, podendo, por exemplo, ter acesso à documentação da sociedade.[29]

2.3 Possibilidade de ingresso ou não dos herdeiros na sociedade

Embora, como visto acima, o falecimento de sócio não transfira de forma automática a qualidade de sócio aos herdeiros, é possível, em alguns casos, que tal venha a ocorrer quando da partilha. Conforme a pesquisa realizada, a possibilidade ou não de ingresso dos herdeiros na sociedade se trata de uma das discussões mais recorrentes no Judiciário envolvendo falecimento de sócio. Para vislumbrar tal possibilidade, é fundamental distinguir sociedades de pessoas e de capital.[30]

Nas sociedades de capital (como é o caso das sociedades anônimas de capital aberto e de grande parte das sociedades anônimas de capital fechado), as qualidades pessoais dos sócios, em regra, não são o fator preponderante para seu ingresso na sociedade, mas sim o seu capital. Assim, não há, em tese, qualquer óbice ao recebimento de ações pelos herdeiros, os quais naturalmente passarão a figurar na condição de acionistas,

---

25 "[...] Herdeiros que pretendem o recebimento de 'pro labore' e a nomeação de administrador provisório – [...] Herdeiros que não são sócios [...]" (TJSP. Agravo de Instrumento nº 2169048-25.2020.8.26.0000. Rel. Fortes Barbosa, 1ª Câmara Reservada de Direito Empresarial, Foro Central Cível – 2ª Vara Empresarial e Conflitos de Arbitragem, j. 28.10.2020, reg. 4.11.2020).

26 "[...] Falecimento de um dos sócios. Inventário ainda não concluído. Herdeiros que, em princípio, não ostentam a condição de sócios, assim como o espólio respectivo. Convocação de reunião deliberativa inviável [...]" (TJSP. Agravo de Instrumento nº 0310848-90.2011.8.26.0000. Rel. Araldo Telles, 2ª Câmara Reservada de Direito Empresarial, Foro Central Cível – 39ª Vara Cível, j. 24.4.2012, reg. 25.4.2012).

27 "[...] Pleito de exclusão de sócio por falta grave que cabe aos demais sócios e à própria sociedade, em litisconsórcio necessário – Ilegitimidade ativa do espólio ou dos sucessores de sócio falecido, visto que jamais integraram a sociedade – [...]" (TJSP. Apelação Cível nº 1001662-15.2019.8.26.0681. Rel. Grava Brazil, 2ª Câmara Reservada de Direito Empresarial, Foro de Louveira – Vara Única, j. 30.6.2020, reg. 30.6.2020).

28 "[...] A simples abertura da sucessão não implica na transmissão da condição de sócio, sendo vedada a ingerência dos herdeiros nas atividades sociais, como sócios, sem a concordância dos sócios remanescentes. Não se pode conferir a condição de sócio ao espólio, uma vez que o espólio não possui personalidade jurídica, sendo desprovido de capacidade para prática de atos de vontade. [...]" (TJRS. Agravo de Instrumento nº 70067868794. Rel. Rinez da Trindade, Sexta Câmara Cível, j. 24. 3.2016).

29 "[...] Falecimento de sócio. Impedimento ao ingresso na sede empresa e de acesso à documentação quanto aos sucessores. Obrigação de fornecimento, pelo sócio remanescente, de balanço especial, cujo descumprimento não é causa para a atenuação do direito dos sucessores, que já manifestaram expressamente intenção de integrar a sociedade. Direito de acesso à sede e de participação na vida societária que deve ser resguardado ao espólio, enquanto pendente a indivisão no tocante às quotas transmitidas. [...]" (TJSP. Agravo de Instrumento nº 0175041-30.2013.8.26.0000. Rel. Fabio Tabosa, 2ª Câmara Reservada de Direito Empresarial, Foro de Santa Fé do Sul – 2ª Vara Cível, j. 9.12.2013, reg. 11.12.2013).

30 "Por isso, o regramento de substituição do sócio falecido por seus herdeiros deve considerar o vínculo societário existentes entre os sócios, se de pessoas ou de capital" (SILVEIRA, Marco Antonio Karam. *A sucessão causa mortis na sociedade limitada*: tutela da empresa, dos sócios e de terceiros. Porto Alegre: Livraria do Advogado, 2009. p. 52).

cabendo a eles, se desejaram se retirar da sociedade, alienar suas ações no mercado,[31] ou, alternativamente, postular sua retirada ou requerer a dissolução parcial nas restritas hipóteses cabíveis.[32] Não, há, assim, que se falar da apuração de haveres.[33]

Já nas sociedades de pessoas (como é o caso da maioria das sociedades limitadas), as qualidades pessoais dos sócios são o fator preponderante para seu ingresso, sendo determinante, para a constituição e a manutenção da sociedade, a presença da *affectio societatis*.[34] Nesse sentido, quanto às sociedades limitadas (e todas as sociedades por quotas), o Código Civil estabeleceu como regra que, no caso de morte de sócio, liquidar-se-á desde logo sua quota, como o pagamento dos respectivos haveres aos herdeiros. Todavia, há três exceções a esta regra geral, igualmente disciplinadas no diploma civil. A primeira é se o contrato social dispuser de modo diferente (estabelecendo, por exemplo, que a decisão do ingresso ou não na sociedade cabe aos herdeiros).[35] A segunda é se os sócios remanescentes optarem pela dissolução total da sociedade (com o encerramento das atividades). A terceira é se, por acordo com os herdeiros, se regular a substituição do sócio falecido.

Não se pode deixar de destacar ainda que algumas sociedades, em razão de sua atividade não permitir o exercício sem habilitação profissional própria, como é o caso de sociedade de médicos,[36] possuem uma exigência adicional para o ingresso de herdeiros. Com efeito, além de se enquadrar em uma das exceções elencadas no parágrafo anterior, os herdeiros deverão estar habilitados para o exercício da profissão.

Importante frisar que são duas alternativas prioritárias para destinação das participações societárias: a liquidação da participação, como pagamento de haveres entre os herdeiros, dissolvendo-se parcialmente a sociedade (que seguirá com suas atividades); ou a partilha da própria participação entre os herdeiros, como o ingresso destes na sociedade. Somente esgotadas tais possibilidades é que se cogita da dissolução da sociedade,[37] em consonância com o consagrado princípio da preservação da empresa.

---

31 "[...] A sociedade anônima não é obrigada a reembolsar o valor da ação em razão de morte do acionista – Cabe ao herdeiro negociar as ações no respectivo mercado mobiliário [...]" (TJSP. Apelação Cível nº 1015549-19.2015.8.26.0451. Rel. Silveira Paulilo, 21ª Câmara de Direito Privado, Foro de Piracicaba – 2ª Vara Cível, j. 22.11.2016, reg. 22.11.2016).

32 "[...] 6. A pretensão deduzida no recurso negligência uma diferença marcante entre as sociedades anônimas (geralmente de capital) e as sociedades limitadas (geralmente de pessoas, nas quais predomina a affectio societatis): nas sociedades anônimas, a lei dificulta o reembolso das ações ao acionista dissidente, incentivando a alienação das ações para que terceiros ingressem em seus quadros; [...]" (REsp nº 1179342/GO. Rel. Min. Luis Felipe Salomão, Quarta Turma, j. 27.5.2014. *DJe*, 1º ago. 2014).

33 "[...] APURAÇÃO DE HAVERES - Sociedade anônima - Desnecessidade, bastando 'a atribuição do valor das ações, pela cotação oficial da época em que foi aberta a sucessão' [...]" (TJSP. Agravo de Instrumento nº 9051350-35.2004.8.26.0000. Rel. João Carlos Saletti, 10ª Câmara de Direito Privado; São Paulo – Família – 4ª Vara Família, j. N/A, reg. 18.8.2005).

34 Intenção de ser sócio.

35 Ainda assim, poder-se-á entender que a ausência de *affectio societatis* impede o ingresso dos herdeiros: "[...] Sentença acolhendo a pretensão de sócio remanescente, após a morte do outro, impedindo os seus herdeiros do ingresso no quadro social – Embora haja previsão autorizada no contrato social, verificou-se a perda da affectio societatis entre parentes – [...]" (TJSP. Apelação Cível nº 0000360-58.2014.8.26.0449. Rel. Caio Marcelo Mendes de Oliveira, 2ª Câmara Reservada de Direito Empresarial, Foro de Piquete – Vara Única, j. 11.12.2017, reg. 11.12.2017).

36 "EMPRESARIAL. Sociedade simples de médicos Falecimento de sócio - Viúva e herdeiros não médicos, impedidos de ingressar na atividade negocial por faltar-lhes essa qualidade [...]" (TJSP. Apelação Cível nº 0003715-30.2007.8.26.0576. Rel. Helio Faria, 8ª Câmara de Direito Privado, Foro de São José do Rio Preto – 6ª Vara Cível, j. 27.2.2013, reg. 2.3.2013).

37 "[...] Morte de um dos sócios. Herdeiros pretendendo a dissolução parcial. Dissolução total requerida pela maioria social. Continuidade da empresa. Se um dos sócios de uma sociedade por quotas de responsabilidade limitada pretende dar-lhe continuidade, como na hipótese, mesmo contra a vontade da maioria, que busca a sua dissolução

Quanto ao ponto, vale destacar que com a possibilidade de sociedade limitada com apenas um sócio, restou solucionado um dos impasses que, em situação envolvendo o falecimento de quotistas, poderia levar à dissolução total.[38]

2.4 Não recebimento de quotas pelos herdeiros: direito ao recebimento de haveres

Como visto acima, a regra geral, nas sociedades por quotas, é a liquidação da participação do sócio falecido, com a respectiva apuração de haveres. Os parâmetros para essa apuração são estabelecidos pela legislação e delineados pela jurisprudência. Isso porque se trata de tema envolto de inúmeras peculiaridades e dificuldades de ordem prática, sendo comum disputas judiciais a respeito.

O Código de Processo Civil dispõe, em seu art. 604, que, para a apuração de haveres, o juiz: (a) fixará a data da resolução da sociedade; (b) definirá o critério de apuração dos haveres à vista do disposto no contrato social; e (c) nomeará o perito.

Quanto à data da resolução da sociedade, a legislação estipula que, para o caso de falecimento, será considerada a do óbito (art. 600, I, do CPC). Em regra, a jurisprudência adota esse parâmetro,[39] mas há certa flexibilização (que inclusive é possibilitada pelo art. 607 do CPC). Há decisões considerando como marco o momento em que os herdeiros demonstram não ter interesse em integrar a sociedade (não podendo ser beneficiados por sua inércia),[40] como notificação enviada à sociedade,[41] a citação em ação de dissolução parcial de sociedade[42] ou a citação em ação de prestação de contas.

---

total, deve-se prestigiar o princípio da preservação da empresa, acolhendo-se o pedido de sua desconstituição apenas parcial, formulado por aquele, pois a sua continuidade ajusta-se ao interesse coletivo, por importar em geração de empregos, em pagamento de impostos, em promoção do desenvolvimento das comunidades em que se integra, e em outros benefícios gerais [...]" (REsp nº 61.278/SP. Rel. Min. Cesar Asfor Rocha, Quarta Turma, j. 25.11.1997. *DJ*, 6 abr. 1998, p. 121).

38 "[...] A sociedade limitada de dois sócios pode ser dissolvida parcialmente, e continuar existindo com um sócio apenas, pelo prazo de cento e oitenta dias – A falta de pluralidade, desde que não seja recomposta naquele prazo, constitui fato obstativo da subsistência da sociedade, operando-se a dissolução total (artigo 1.033, inciso IV, do Código Civil) [...]" (TJSP. Apelação Cível nº 0004456-71.2002.8.26.0115. Rel. Ricardo Anafe, 13ª Câmara de Direito Público, Foro de Campo Limpo Paulista – 1ª Vara Judicial, j. 27.4.2016, reg. 27.4.2016).

39 "[...] Data-base para a resolução da sociedade que deve corresponder à data do óbito, afinal quando se encerrou o vínculo societário. Disposição do art. 605, I, do Código de Processo Civil de 2015. Haveres a apurar na forma do contrato social, como requerido e que se põe nos termos do art. 1.031 do CC. [...]" (TJSP. Apelação Cível nº 0002555-41.2015.8.26.0300. Rel. Claudio Godoy, 2ª Câmara Reservada de Direito Empresarial, Foro de Jardinópolis – 2ª Vara, j. 27.3.2018, reg. 27.3.2018).

40 "[...] Os herdeiros dos sócios falecidos demoraram mais de dez (10) anos para postularem seus direitos sucessórios em relação à sociedade, com apuração de haveres e liquidação das quotas dos sócios falecidos. Por conta disso, não podem se beneficiar com a realização do balanço de liquidação para apuração de haveres nas datas dos óbitos, pois seria premiar a inação e a omissão quando se sabe que o Direito não socorre quem dorme – ius non sucurrit dormientibus. Assim, a data base deve ser aquela mencionada na inicial, como o marco pretendido para a prestação de contas, ou seja, o exercício de 2014. [...]" (TJRS. Apelação Cível nº 70080949092. Rel. Niwton Carpes da Silva, Sexta Câmara Cível, j. 25.4.2019).

41 "[...] 3 As autoras manifestaram seu interesse de não ingressar na sociedade após a morte do sócio. Marco da retirada das sócias da missiva encaminhada aos réus. [...]" (TJSP. Apelação Cível nº 0015617-32.2008.8.26.0224. Rel. Carlos Alberto Garbi, 10ª Câmara de Direito Privado, Foro de Guarulhos – 10ª Vara Cível, j. 3.3.2015, reg. 5.3.2015).

42 "[...] Dissolução parcial de sociedade cumulada com apuração de haveres. Autores herdeiros do sócio falecido. Disposição contratual abrangeu a situação fática. Pagamento dos haveres conforme avençado deve sobressair. Data inicial para o que deve ser apurado é o momento em que os autores demonstraram não ter interesse em integrar a sociedade, ou seja, a citação. [...]" (TJSP. Apelação com Revisão nº 9192838-75.2004.8.26.0000. Rel. Natan Zelinschi de Arruda, 4ª Câmara de Direito Privado, Foro de Itajobi – Vara Distrital, j. N/A, reg. 26.6.2007).

Quanto ao critério para apuração dos haveres, valerá o que estipular o contrato, sendo que, em caso de omissão deste, o juiz definirá, como critério de apuração de haveres, o valor patrimonial apurado em balanço de determinação, tomando-se por referência a data da resolução e avaliando-se bens e direitos do ativo, tangíveis e intangíveis, a preço de saída, além do passivo, a ser apurado de igual forma (busca-se, portanto, auferir o valor real de mercado das quotas). Importante ressaltar que o critério de apuração de haveres pode ser revisto pelo juiz (art. 607 do CPC). Em sendo necessária a realização de perícia para a apuração dos haveres – o que ocorre de forma recorrente, mormente quando há divergência entre os valores indicados pela sociedade e pelos herdeiros –,[43] a nomeação do perito recairá preferencialmente em um especialista em avaliação de sociedades.

São inúmeras as controvérsias no que tange ao critério de apuração de haveres, havendo decisões que determinam: a observância do "valor patrimonial"[44] (afastando outros métodos como o de fluxo de caixa descontado, que considera projeção de rentabilidade futura e que se aplicaria apenas a outras situações);[45] a observância do "valor real" (afastando-se o valor meramente contábil);[46] a adoção do método de fluxo de caixa descontado (especialmente quando não há elementos suficientes para a avaliação por outros critérios);[47] a observância também de elementos incorpóreos e imateriais.[48]

---

43 "[...] Se uma das partes defende a correção da apuração de haveres, e a outra considera que a apuração não reflete a real situação financeira da empresa, tratando-se de matéria de ordem técnica, somente a realização de perícia contábil poderá solucionar a controvérsia. [...]" (TJRS. Apelação Cível nº 70067800136. Rel. Luiz Roberto Imperatore de Assis Brasil, Décima Primeira Câmara Cível. j. 7.12.2016).

44 "[...] Para apuração de haveres, ficou definido que o critério é o valor patrimonial à data da resolução (falecimento do sócio) – No caso vertente, não se aplicam os princípios da continuidade ou da perpetuidade financeira (projeção de rentabilidade futura trazida para o valor presente), tendo em vista que, com a morte do sócio, não mais se cogita de riscos do negócio ou sucesso da empresa, para fins de apuração de haveres [...]" (TJSP. Agravo de Instrumento nº 2110466-32.2020.8.26.0000. Rel. Sérgio Shimura, 2ª Câmara Reservada de Direito Empresarial, Foro Central Cível – 8ª Vara Cível, j. 18.1.2021, reg. 18.1.2021).

45 "[...] Dissolução parcial de sociedade – Apuração de haveres – Inclusão dos bens incorpóreos – Método de avaliação da empresa - Método do fluxo de caixa descontado apropriado para avaliação do valor econômico da empresa nos casos de trespasse, fusão, cisão ou incorporação – Método que contempla juros e riscos projetados para depois da saída do sócio – Cabimento do balanço especial de determinação (CC, art. 1.031, caput) para as hipóteses de dissolução parcial da sociedade – Método que, para apurar o valor do fundo de comércio, se utiliza da média histórica dos lucros operacionais líquidos, do lucro normal, da taxa de custo de capital próprio e da perpetuidade financeira – Impropriedade também da apuração com base somente no balanço patrimonial – Apuração de haveres que deveria ser feito mediante balanço especial de determinação, conforme pactuado no contrato social – Prejuízo material do espólio demandante comprovado – [...]" (TJSP. Apelação Cível nº 0018750-35.2009.8.26.0099. Rel. Ricardo Negrão, 2ª Câmara Reservada de Direito Empresarial, Foro de Bragança Paulista – 1ª Vara Cível, j. 6.4.2016, reg. 18.4.2016).

46 "[...] Ação de apuração de haveres – Falecimento do sócio [...] Determinação de perícia para avaliação de marca [...] – os chamados ativos intangíveis, desde que tidos como relevantes, merecem ser objeto de avaliação específica, deixado de lado o valor contábil, estabelecido um valor real, de maneira que a situação patrimonial do sócio diante da sociedade seja perfeitamente retratada [...]" (TJSP. Agravo de Instrumento nº 2246114-81.2020.8.26.0000. Rel. Fortes Barbosa, 1ª Câmara Reservada de Direito Empresarial, Foro Central Cível – 27ª Vara Cível, j. 28.4.2021, reg. 25.5.2021).

47 "DISSOLUÇÃO DE SOCIEDADE C.C. APURAÇÃO DE HAVERES - Ação movida por viúva, filhos e seus cônjuges em razão de falecimento do sócio - [...] Metodologia do 'Fluxo de Caixa Descontado' adotada justificadamente na perícia, dentre as várias possibilidades existentes, diante da falta de documentação e de balanço completo de responsabilidade dos réus, que deve-se ter como correta [...]" (TJSP. Apelação Cível nº 0002315-57.2006.8.26.0368. Rel. Alcides Leopoldo, 1ª Câmara de Direito Privado, Foro de Monte Alto – 2ª Vara Judicial, j. 1.10.2013, reg. 1.10.2013).

48 "[...] Apuração de haveres e a definição do valor a ser pago que deve levar em destaque a situação patrimonial da sociedade com base em um balanço especial de determinação - Inclusão dos elementos incorpóreos ou imateriais do fundo de empresa, ou seja, a um só tempo valores contábeis e de mercado para a precificação da empresa

Uma vez apurados, os haveres do sócio retirante serão pagos conforme disciplinar o contrato social e, no silêncio deste, a quota liquidada será paga em dinheiro, no prazo de noventa dias, contado a partir da liquidação. Aqui surge um outro problema recorrente: a depender do patrimônio da sociedade, pode ocorrer que o prazo de noventa dias para o pagamento do valor da quota se mostre inviável e prejudicial à sociedade. Há decisões judiciais entendendo que o pagamento de haveres não pode se sobrepor à sobrevivência da empresa,[49] o que poderia comprometer o próprio crédito dos herdeiros.[50]

Outra questão ainda relacionada à apuração dos haveres diz respeito ao juízo competente para tanto. Quanto ao tema, o art. 600, §1º do CPC determina que o juiz do inventário determinará que se proceda à apuração de haveres, se o autor da herança era sócio de sociedade que não anônima. Algumas decisões reconhecem a competência do juízo do inventário para tanto[51] (ainda que em autos apartados),[52] enquanto outras a do juízo cível[53] ou empresarial (quando houver juízo especializado).[54]

Por fim, outro tema de debate em ações diz respeito à possibilidade ou não de os herdeiros receberem lucros e dividendos em caso de não ingresso na sociedade. Quanto ao ponto, o art. 608 do CPC dispõe que até a data da resolução, integram o valor devido ao ex-sócio, ao espólio ou aos sucessores a participação nos lucros ou os juros sobre o capital próprio declarados pela sociedade e, se for o caso, a remuneração como administrador. Após a data da resolução, o ex-sócio, o espólio ou os sucessores terão direito apenas à correção monetária dos valores apurados e aos juros contratuais ou

---

Perito que deve levar em conta critérios próprios, como ativos intangíveis, participação relevante no mercado em que atue, portfólio de produtos, carteira de clientes, projeção de lucros a médio e longo prazo Aplicação da norma do artigo 1031 do Código Civil [...]" (TJSP. Apelação Cível nº 0003715-30.2007.8.26.0576. Rel. Helio Faria, 8ª Câmara de Direito Privado, Foro de São José do Rio Preto – 6ª Vara Cível, j. 27.2.2013, reg. 2.3.2013).

49 "[...] 4. O direito do sócio que se afasta da sociedade em receber os valores a que faz jus não se sobrepõe à continuidade e à sobrevivência da empresa. [...]" (TJRS. Apelação Cível nº 70038936951. Rel. Jorge Luiz Lopes do Canto, Quinta Câmara Cível, j. 27.10.2010).

50 "[...] Deve ser mantida a forma parcelada, pois o elevado valor (na ordem de R$10.000.000,00) se pago em parcela única, como pedem as recorrentes, interfere na consecução das atividades empresariais, em detrimento do próprio interesse das herdeiras no que diz com o êxito dos negócios. [...]" (TJRS. Agravo de Instrumento nº 70072809593. Rel. Luiz Felipe Brasil Santos, Oitava Câmara Cível, j. 8.2.2018).

51 "[...] O juízo do inventário é competente para a apuração de haveres. O resultado da apuração de haveres interessa à herança, posto que poderá servir de base para futura sobrepartilha. Preliminar afastada. [...]" (TJSP. Apelação Cível nº 9000011-62.2003.8.26.0100. Rel. Lineu Peinado, 7ª Câmara de Direito Privado, Foro Central Cível – 2ª Vara da Família e Sucessões, j. 7.11.2012, reg. 8.11.2012).

52 "[...] 7. A distribuição da apuração de haveres ao Juízo pelo qual se processou o inventário não ofende nenhuma norma de direito federal. Pelo contrário, a interpretação conjugada da legislação processual que trata especificamente da matéria leva à conclusão de que o procedimento adotado pelas instâncias ordinárias encontra-se hígido e em conformidade com as disposições legais. 8. O CPC determina que as questões decorrentes do inventário ou da partilha que demandarem 'alta indagação' ou 'dependerem de outras provas' sejam remetidas aos meios ordinários. Portanto, a 'remessa aos meios ordinários' significa, essencialmente, que o juiz deve processar o incidente pelos meios ordinários, em apartado dos autos do inventário. [...]" (REsp nº 1.438.576/SP. Rel. Min. Ricardo Villas Bôas Cueva, Terceira Turma, j. 23.10.2014. *DJe*, 21 nov. 2014).

53 "INVENTÁRIO - APURAÇÃO DE HAVERES - DISSOLUÇÃO DA SOCIEDADE PELA MORTE DO SÓCIO - COMPETÊNCIA DO JUÍZO CÍVEL PARA PROCEDER A LIQUIDAÇÃO - SALDO DAÍ DECORRENTE QUE DEVE SER TRAZIDO AO INVENTÁRIO - [...]" (TJSP. Feito não especificado nº 0123979-29.2005.8.26.0000. Rel. Eduardo Sá Pinto Sandeville, Órgão julgador não identificado, Foro de Santos – 1ª Vara Família, j. N/A, reg. 9.11.2006).

54 "COMPETÊNCIA. APURAÇÃO DE HAVERES DECORRENTE DE FALECIMENTO DE SÓCIO. MATÉRIA DE COMPETÊNCIA RESERVADA À CÂMARA DE DIREITO EMPRESARIAL. [...]" (TJSP. Apelação Cível nº 0027652-94.2011.8.26.0005. Rel. Coelho Mendes, 10ª Câmara de Direito Privado, Foro Regional V – São Miguel Paulista – 2ª Vara Cível, j. 2.10.2012, reg. 4.10.2012).

legais. O entendimento dos tribunais corrobora tal regra, afastando direito dos herdeiros ao recebimento de lucros[55] (e também de pró-labore)[56] após o falecimento do sócio.

2.5 Recebimento de quotas/ações pelos herdeiros

Em que pese regra geral, nas sociedades por quotas, ser a liquidação da participação do sócio falecido, há a possibilidade de ingresso dos herdeiros nas hipóteses previstas no inciso do art. 1.028 do Código Civil (assim como ocorre nas sociedades por ações). Neste caso, não há que se falar em apuração de haveres, mas, sim, de partilha da própria participação.[57]

Embora não seja cabível a apuração de haveres, a avaliação das participações societárias poderá ser necessária em alguns casos. Normalmente, tal se verifica no Judiciário em duas hipóteses: no caso de as participações não serem partilhadas de forma igualitária entre os herdeiros[58] (de maneira que sua valoração é fundamental para o estabelecimento de uma partilha justa),[59] e para fins de definição da base de cálculo do imposto de transmissão *causa mortis*[60] (para tanto, algumas decisões determinam a utilização do valor patrimonial,[61] outras a adoção do método de fluxo de caixa descontado,[62] não havendo óbice à realização de perícia para a avaliação).[63]

---

55 "[...] Reconhecido o direito à apuração de haveres em liquidação por arbitramento. Descabida a percepção de lucros posteriores ao óbito do quotista. [...]" (TJSP. Apelação Cível nº 1003020-44.2015.8.26.0361. Rel. Campos Mello, 2ª Câmara Reservada de Direito Empresarial, Foro de Mogi das Cruzes – 4ª Vara Cível, j. 11.5.2016, reg. 20.5.2016).

56 "EMPRESARIAL – Ação proposta por herdeiros de sócios falecido, visando o pagamento de 'pro labore' estabelecido com sociedades empresárias [...] – Ausência de providências dos sucessores do sócio pré morto para ingresso no quadro social – Verba a título de 'pro labore' que só seria devida, em princípio, aos que efetivamente exercessem atividades nas empresas – [...]" (TJSP. Apelação Cível nº 0008386-78.2010.8.26.0063. Rel. Caio Marcelo Mendes de Oliveira, 2ª Câmara Reservada de Direito Empresarial, Foro de Barra Bonita – 2ª Vara, j. 3.7.2017, reg. 4.7.2017).

57 "[...] Falecendo um dos sócios e prosseguindo a sociedade com seus herdeiros não é necessária a apuração de haveres. [...]" (TJRS. Agravo de Instrumento nº 70024174385. Rel. Rui Portanova, Oitava Câmara Cível, j. 2.10.2008).

58 Caso a partilha seja igualitária, é irrelevante o valor da participação: "[...] Decisão que indeferiu pedido buscando a realização de perícia, para levantamento dos bens e dos credores. Eventuais quotas sociais que não dependem de apuração de seu valor para partilha, já que podem ser distribuídas por unidades conforme o respectivo quinhão de cada herdeiro. Inventário que não se confunde com apuração de haveres. [...]" (TJSP. Agravo de Instrumento nº 2163887-68.2019.8.26.0000. Rel. Maria de Lourdes Lopez Gil, 7ª Câmara de Direito Privado, Foro de Campinas – 1ª Vara de Família e Sucessões, j. 8.10.2019, reg. 8.10.2019).

59 "[...] Havendo o acervo acionário da sociedade anônima sido descrito pelo valor nominal, discrepante dos balanços e lucros que são avultados, e tendo a empresa apreciável patrimônio, e ante a existência de legados para alguns familiares, para que se igualem os quinhões, obtendo-se uma partilha justa e equilibrada, impõe-se a indicação de perícia contábil para aferir o valor real do estoque de ações. [...]" (TJRS. Agravo de Instrumento nº 70005346556. Rel. José Carlos Teixeira Giorgis, Sétima Câmara Cível, j. 30.4.2003).

60 Trata-se de imposto de competência estadual, sendo que os estados da Federação utilizam critérios diferentes para tanto.

61 "[...] Sucessão de quotas de sociedade limitada – Base de cálculo – Valor patrimonial – Art. 14, §3º, da Lei nº 10.705/2000 – Divisão do patrimônio líquido pelo número de quotas sociais [...]" (TJSP. Apelação Cível nº 1001136-84.2020.8.26.0302. Rel. Ana Liarte, 4ª Câmara de Direito Público, Foro de Jaú – 3ª Vara Cível, j. 22.3.2021, reg. 25.3.2021).

62 "[...] Tributo devido a ser arbitrado em liquidação de sentença, onde será definido o valor de mercado da empresa e, por conseguinte, das quotas transmitidas, considerando-se o método contábil do fluxo de caixa descontado, amplamente utilizado em negócios desta natureza e com respaldo em entendimento firmado pelo Superior Tribunal de Justiça. [...]" (TJRS. Apelação Cível nº 70084406149. Rel. Marcelo Bandeira Pereira, Vigésima Primeira Câmara Cível, j. 2.12.2020).

63 "[...] ITCD MORTIS CAUSA. SOCIEDADE LIMITADA. QUOTAS. DOAÇÃO. NA AVALIAÇÃO DE QUOTAS DAS SOCIEDADES REGIDAS PELO CÓDIGO CIVIL, DEVE-SE ADOTAR O VALOR PATRIMONIAL, APURADO NA FORMA DO ART. 1.031, CAPUT, DO CC, COMBINADO COM O ART. 606 DO CPC. AFASTAMENTO

Além disso, é comum discussões envolvendo a eventual assunção de passivos da sociedade pelos herdeiros pelo fato de ingressarem na sociedade,[64] devendo tal risco (inerente a toda e qualquer atividade negocial, embora a regra geral de limitação da responsabilidade ao capital social aportado) ser considerado na tomada de decisão pelo ingresso ou não.

2.6 Legitimidade para pedir contas

São bastante recorrentes no Judiciário, também, conflitos envolvendo pedido de prestação de contas por parte do espólio ou dos herdeiros. Algumas decisões entendem que a legitimação é do espólio, e não dos herdeiros. Outras reconhecem a legitimidade concorrente.[65] Outras reconhecem, ainda, a legitimidade dos herdeiros apenas em alguns casos, como quando há previsão contratual de ingresso na sociedade[66] ou quando há algum conflito de interesse entre os herdeiros e o representante do espólio.[67]

Quando não há previsão de ingresso dos herdeiros na sociedade, a jurisprudência é bastante restritiva quanto à legitimidade ativa do espólio ou dos herdeiros,[68] reconhecendo-a, todavia, quando justificado o interesse.[69]

2.7 Representação da participação societária do sócio falecido

Havendo ou não a possibilidade de ingresso dos herdeiros na sociedade, o certo é que, enquanto não partilhadas as participações societárias – o que, especialmente em

---

DO CRITÉRIO PREVISTO NA IN Nº 45/98, DA SECRETARIA DA FAZENDA, BEM ASSIM DO CHAMADO MÉTODO DE FLUXO DE CAIXA. APURAÇÃO DO VALOR PATRIMONIAL EM LIQUIDAÇÃO, MEDIANTE PERÍCIA [...]" (TJRS. Apelação Cível nº 70084511351. Rel. Carlos Roberto Lofego Canibal, Primeira Câmara Cível, Red. Irineu Mariani, j. 5.3.2021).

64 "[...] Não sendo extinta a sociedade, os herdeiros assumem a posição do sócio falecido na empresa, podendo responder pelas obrigações contraídas, ainda que posteriores ao óbito. [...]" (TJRS. Agravo de Instrumento nº 70005460621. Rel. Claudir Fidelis Faccenda, Décima Sexta Câmara Cível, j. 18.12.2002).

65 "[...] Legitimidade concorrente entre o espólio e o herdeiro para a propositura da ação de prestação de contas [...]" (TJSP. Agravo de Instrumento nº 2094353-03.2020.8.26.0000. Rel. Sérgio Shimura, 2ª Câmara Reservada de Direito Empresarial, Foro Central Cível – 42ª Vara Cível, j. 15.7.2020, reg. 15.7.2020).

66 "[...] Hipótese dos autos em que o contrato social prevê a continuidade das atividades pelos herdeiros, exsurgindo a legitimidade da autora para exigir contas [...]" (TJSP. Agravo de Instrumento nº 2107339-23.2019.8.26.0000. Rel. Sérgio Shimura, 2ª Câmara Reservada de Direito Empresarial, Foro de Guararema – Vara Única, j. 27.8.2019, reg. 29.8.2019).

67 "[...] e, em segundo lugar, presume-se que uma das administradoras, que detém também a condição de inventariante do espólio que seria o titular da ação de prestação de contas, não demandaria contra si própria. Daí a legitimidade ativa excepcional, que, pretendem, se lhes há de reconhecer. [...]" (TJSP. Apelação Cível nº 1056734-52.2017.8.26.0100. Rel. Cesar Ciampolini, 1ª Câmara Reservada de Direito Empresarial, Foro Central Cível – 41ª Vara Cível, j. 13.3.2019, reg. 14.3.2019).

68 "[...] Direito de exigir contas que pressupõe vínculo obrigacional em torno da administração de interesses alheios, inexistente no caso. Resolução parcial de sociedade determinada pela morte de sócio que não implica a transmissão da condição de sócio, mas apenas da expressão econômica da participação societária outrora ostentada pelo autor da herança. [...]" (TJSP. Apelação Cível nº 1000504-44.2014.8.26.0698. Rel. Fabio Tabosa, 2ª Câmara Reservada de Direito Empresarial, Foro de Pirangi – Vara Única, j. 12.11.2018, reg. 12.11.2018).

69 "[...] Herdeiros que não titularizam direitos de sócio. Ilegitimidade, na qualidade de herdeiros, para postular ação de prestação de contas de período superveniente ao óbito de seu genitor. Hipótese, porém, em que há suspeita documentada acerca de desvio do patrimônio social, pelo sócio remanescente, para terceira pessoa jurídica. Temor de dilapidação do patrimônio social Interesse e legitimidade dos herdeiros, na qualidade de credores da sociedade, para pedir a prestação de contas ao sócio gerente, pois esse servirá ao pagamento das cotas sociais herdadas. Legitimidade ativa reconhecida. [...]" (TJSP. Apelação Cível nº 0138525-47.2009.8.26.0001. Rel. Ricardo Negrão, 2ª Câmara Reservada de Direito Empresarial, Foro Regional I – Santana – 9ª Vara Cível, j. 6.5.2013, reg. 8.5.2013).

casos de litígio, poderá demorar muitos anos –, estas estarão abarcadas pelo espólio, integrando um todo unitário e indivisível (herança), que é considerado bem imóvel por força de lei,[70] e ao qual se aplicam as regras do condomínio[71] (art. 1.791 do Código Civil). Durante todo o ínterim entre a abertura da sucessão e a partilha dos bens (a ser realizada através do procedimento de inventário e partilha), o espólio, ainda que não integre a sociedade,[72] deverá necessariamente ser representado nas sociedades em que o *de cujus* detinha participação, na medida em que o direito não admite vazio na gestão da herança.[73] Apenas com a partilha de bens é que deixa de existir o espólio, passando cada herdeiro a administrar seus próprios bens (já individualizados).[74]

Quanto a tal representação, o art. 1.797 do Código Civil (ratificado pelo art. 613 do Código de Processo Civil) estabelece que, até o compromisso do inventariante, a administração da herança caberá, sucessivamente: "I - ao cônjuge ou companheiro, se com o outro convivia ao tempo da abertura da sucessão; II - ao herdeiro que estiver na posse e administração dos bens, e, se houver mais de um nessas condições, ao mais velho; III - ao testamenteiro; IV - à pessoa de confiança do juiz, na falta ou escusa das indicadas nos incisos antecedentes, ou quando tiverem de ser afastadas por motivo grave levado ao conhecimento do juiz".

Após o compromisso do inventariante, este assume a representação do espólio ativa e passivamente, em juízo ou fora dele (art. 618, I, do CPC). Todavia, seus poderes não são absolutos, devendo ser observados não só os limites legais em sua atuação, como os interesses do espólio. Além disso, determinados atos exigem oitiva dos demais interessados e autorização judicial para sua realização, os quais estão previstos no art. 619 do Código de Processo Civil, a saber: "I - alienar bens de qualquer espécie; II - transigir em juízo ou fora dele; III - pagar dívidas do espólio; IV - fazer as despesas necessárias para a conservação e o melhoramento dos bens do espólio". Depreende-se, do referido dispositivo, que o inventariante deve conservar e zelar pelo patrimônio, de modo a garantir que o espólio não sofra decréscimo patrimonial até a efetivação da partilha. Dessa forma, toda vez que o ato praticado envolver alienação ou oneração do patrimônio, torna-se fundamental[75] e imprescindível[76] a autorização judicial, sob pena de ser considerado nulo,[77] nos termos do art. 166, IV e V do Código Civil.[78]

Uma das questões que traz questionamentos em relação à atuação do inventariante diz respeito à representação do espólio perante as sociedades nas quais o *de cujus* detinha participação. Isso porque não há, na legislação processual, um dispositivo expresso

---

[70] VENOSA, Sílvio de Salvo. *Direito civil*: direito das sucessões. 14. ed. São Paulo: Atlas, 2014. v. 7. p. 37.

[71] GONÇALVES, Carlos Roberto. *Direito civil brasileiro*: direito das sucessões. 10. ed. São Paulo: Saraiva, 2016. v. 7. p. 51-52.

[72] FREITAS, Douglas Phillips. Partilha e sucessão das quotas empresariais. *In*: FREITAS, Douglas Phillips; BARBOSA, Eduardo Lemos (Coord.). *Direito de família nas questões empresariais*. Florianópolis: Voxlegem, 2012. p. 97.

[73] LÔBO, Paulo Luiz Netto. *Direito civil*: sucessões. 2. ed. São Paulo: Saraiva, 2014. p. 63.

[74] GAMA, Guilherme Calmon Nogueira da. *Direito civil*: sucessões. 2. ed. São Paulo: Atlas, 2008. p. 245.

[75] CATEB, Salomão de Araújo. *Direito das sucessões*. 8. ed. São Paulo: Atlas, 2015. p. 350.

[76] RIZZARDO, Arnaldo. *Direito das sucessões*. 5. ed. rev. e atual. Rio de Janeiro: Forense, 2009. p. 626.

[77] DIAS, Maria Berenice. *Manual das sucessões*. 3. ed. rev., atual. e ampl. São Paulo: Revista dos Tribunais, 2013. p. 548.

[78] "Art. 166. É nulo o negócio jurídico quando: [...] IV - não revestir a forma prescrita em lei; V - for preterida alguma solenidade que a lei considere essencial para a sua validade; [...] VII - a lei taxativamente o declarar nulo, ou proibir-lhe a prática, sem cominar sanção".

que regule tal representação, acarretando incertezas não só em relação à necessidade de autorização judicial para a prática de determinados atos, como também em relação às consequências da atuação.

Tal representação, caso não seja bem endereçada, pode causar embaraços tanto em relação aos demais sócios (na medida em que a relação entre os sócios remanescentes e o inventariante dificilmente será a mesma mantida com o sócio falecido),[79] como em relação aos demais herdeiros (que podem discordar da postura adotada pelo inventariante perante a sociedade).

Especificamente quanto à representação do espólio em relação às participações societárias, a atuação do inventariante pode ser necessária e decisiva para as deliberações. Para esta análise, tomar-se-á como base a sociedade limitada e a sociedade anônima, as quais, como já referido, são os tipos societários mais amplamente utilizados no país.

A depender da matéria e da composição societária, o voto do espólio, através da pessoa do inventariante, poderá ser determinante para os rumos da sociedade, e, consequentemente, para o patrimônio a ser recebido pelos herdeiros. É possível, por exemplo, que o inventariante vote favoravelmente pela destituição dos administradores (mesmo que estes exerçam boa gestão), ou pela aprovação das contas (mesmo que tenha verificado irregularidades praticadas pelos administradores), ou, ainda, pela alteração do contrato social (com modificações substanciais, como a do objeto social), podendo causar prejuízos irreversíveis à sociedade.

Tanto na sociedade limitada como na sociedade anônima, são diversas as situações que podem gerar dúvida quanto à possibilidade de o inventariante representar o espólio sem oitiva dos demais interessados e sem autorização judicial. É o caso, por exemplo, da participação em reuniões ou assembleias de sócios ou da assinatura em alterações contratuais. Trata-se, com efeito, de questão complexa e de difícil solução, acarretando, com frequência, litígios judiciais.

Há, de um lado, decisões reconhecendo a possibilidade de o inventariante, em representação ao espólio, firmar alteração contratual[80] e participar de assembleias[81] [82] (para aprovar contas,[83] por exemplo). De outro lado, há decisões reconhecendo a

[79] "Os sócios da sociedade limitada, normalmente, participam do dia a dia da empresa. Comparece à sede nos dias úteis, inteiram-se dos negócios, controlam o movimento do caixa, conversam uns com os outros" (COELHO, Fábio Ulhoa. *Manual de direito comercial*: direito de empresa. 28. ed. rev., atual. e ampl. São Paulo: Revista dos Tribunais, [s.d.]. p. 155).

[80] "[...] considerando que a demora na solução da partilha e na divisão das quotas poderá trazer prejuízos aos interesses dos herdeiros, é viável a autorização para que a inventariante realize as alterações sociais postulada [...]" (TJRS. Agravo de Instrumento nº 70046914792. Rel. Rui Portanova, Oitava Câmara Cível, j. 22.5.2012).

[81] "[...] 1. Compete ao inventariante a representação do espólio perante assembléia geral de empresa de capital cujas ações pertencem ao espólio. Inviável partilha ideal das ações para dividir o direito hipotético de voto dos herdeiros. [...]" (TJRS. Agravo de Instrumento nº 70006266381, Sétima Câmara Cível. Rel. Sérgio Fernando de Vasconcellos Chaves, j. 18.6.2003).

[82] "Ação anulatória de ato jurídico. Assembléia Geral Extraordinária de Sociedade Anônima. [...] Comparecimento e voto de inventariante à AGE. Validade. Aplicação do disposto no artigo 991, I e II, do Código de Processo Civil. Desnecessidade de alvará judicial. [...] Aumento do capital social. Justificativa apresentada para tanto. [...]" (TJSP. Apelação com Revisão nº 9069083-14.2004.8.26.0000. Rel. Donegá Morandini, 3ª Câmara de Direito Privado, Foro Central Cível – 5ª Vara Cível, j. N/A, reg. 28.11.2006).

[83] "[...] Compete ao inventariante a representação do espólio perante assembléia geral de empresa de capital cujas ações pertençam ao espólio. No caso, ausente exigência de alvará judicial ao inventariante para participar de assembleia a fim de promover atos ordinários. As exigências de representatividade do espólio são suficientes ao atendimento das especificadas no código civil, quanto à nomeação da inventariante. Incontroverso que o inventário

impossibilidade de o inventariante, sem prévia autorização judicial, alienar bens da sociedade e alterar a natureza das ações e a estrutura societária,[84] alienar quotas,[85] subscrever ações e realizar integralização.[86]

O certo é que o inventariante, em representação do espólio perante a sociedade, não pode praticar atos que venham a prejudicá-lo,[87] tampouco agir contra o interesse do espólio[88] ou dos herdeiros.[89]

2.8 Administração da sociedade

Paralelamente à questão envolvendo a representação do espólio perante a sociedade, muito se discute acerca de como será a administração desta em caso de falecimento de sócio. Ressalta-se, aqui, que assim como o falecimento do sócio não transmite aos herdeiros a condição de sócios, a administração da sociedade (no caso de ser exercida pelo sócio falecido) igualmente não é transferida para os herdeiros ou para o inventariante.[90]

---

do sócio falecido está em curso e que a inventariante foi devidamente nomeada pelo juízo do inventário. Assim, apta a representar o interesse do espólio em assembléia da sociedade em que o objeto é prestação de contas. [...]" (TJRS. Apelação Cível nº 50113089220198210010. Rel. Liege Puricelli Pires, Décima Sétima Câmara Cível, j. 24.6.2021).

84 "[...] 2. Os poderes de administração do inventariante são aqueles relativos à conservação dos bens inventariados para a futura partilha, dentre os quais se pode citar o pagamento de tributos e aluguéis, a realização de reparos e a aplicação de recursos, atendendo o interesse dos herdeiros. 3. A atuação do inventariante, alienando bens sociais e buscando modificar a natureza das ações e a própria estrutura de poder da sociedade anônima, está fora dos limites dos poderes de administração e conservação do patrimônio. [...]" (REsp nº 1627286/GO. Rel. Min. Ricardo Villas Bôas Cueva, Terceira Turma, j. 20.6.2017. *DJe*, 3 out. 2017).

85 "AGRAVO DE INSTRUMENTO – Inventário – Decisão que indeferiu o pedido de expedição de alvará, sob o fundamento de que o inventariante não poderia dispor das cotas sociais da empresa pertencente ao espólio sem autorização do Juízo e dos demais herdeiros – [...] Recurso desprovido" (TJSP. Agravo de Instrumento nº 2064320-35.2017.8.26.0000. Rel. José Aparício Coelho Prado Neto, 9ª Câmara de Direito Privado, Foro Regional III – Jabaquara – 3ª Vara da Família e Sucessões, j. 4.12.2018, reg. 4.12.2018).

86 "[...] Inventariante - Representação do espólio, em assembléia de sociedade anônima, que independe de autorização judicial [...] Recurso parcialmente provido para vedar ao inventariante, sem a prévia oitiva dos interessados e expressa autorização judicial, subscrever ações, efetuar intagralização e responder por pagamentos em assembléia da sociedade anônima" (TJSP. Agravo de Instrumento nº 9043874-09.2005.8.26.0000. Rel. Waldemar Nogueira Filho, 3ª Câmara de Direito Privado, Foro de Pirassununga – 2ª Vara Cível, j. N/A, reg. 18.8.2005).

87 "Ação anulatória de reunião de sociedade empresária limitada na qual se deliberou pela destituição do autor, sócio, do cargo de diretor financeiro, a pretexto da redução do faturamento da sociedade. [...] indevida utilização, por cotista, da condição de inventariante do espólio detentor de relevante parte das cotas sociais para votar como de seu interesse pessoal. Administradora de bens de terceiros, da inventariante espera-se que aja com especial cautela ao tomar decisões que possam prejudicar os herdeiros do espólio. [...]" (TJSP. Agravo de Instrumento nº 2100509-75.2018.8.26.0000. Rel. Cesar Ciampolini, 1ª Câmara Reservada de Direito Empresarial, Foro Central Cível – 14ª Vara Cível, j. 23.10.2019, reg. 24.10.2019).

88 "Assembléia geral. Voto de inventariante em oposição aos interêsses dos co-herdeiros. Imprescindibilidade da outorga judicial para o exercício do voto, em nome da sucessão. [...]" (TJRS. Apelação Cível nº 3992. Rel. Moltke Germany, Primeira Câmara Cível, j. 19.11.1968).

89 "[...] 15. Oportuno ressaltar, ainda, que não é dado ao inventariante agir contrariamente ao interesse dos demais herdeiros, como ocorreu no caso em discussão, tendo em vista que o demandante, na condição de inventariante do espólio de Alfredo João Wesp, sob o pretexto de adequar o contrato social ao Novo Código Civil, procedeu à alteração daquele com o objetivo de restringir a entrada de seus irmãos na sociedade. 16. Dessa forma, a prática de ato por parte do inventariante contrário aos interesses dos demais sócios, importa na invalidade da alteração contratual levada a efeito. [...]" (TJRS. Apelação Cível nº 70030466130. Rel. Jorge Luiz Lopes do Canto, Quinta Câmara Cível, j. 26.8.2009).

90 "[...] Decisão autorizando a inventariante a exercer atos de administração da empresa em que o finado marido era sócio, ao lado da sócia remanescente. Inconformismo da sócia, aduzindo que a viúva não tem referido direito, não prevista a possibilidade, nem mesmo, no contrato social. Decisão, nesse ponto, reformada – Direitos sobre as cotas que não conferem à inventariante a possibilidade de administrar a sociedade [...]" (TJSP. Agravo de Instrumento nº 2018321-88.2019.8.26.0000. Rel. José Joaquim dos Santos, 2ª Câmara de Direito Privado, Foro de Guarujá – 2ª Vara da Família e das Sucessões, j. 29.4.2019, reg. 29.4.2019).

A questão envolvendo a administração da sociedade é regulada pelas regras do direito societário,[91] devendo ser observadas, quanto ao ponto, as disposições do contrato social e as deliberações da própria sociedade. Certo é que a sociedade não pode ficar acéfala por conta do falecimento de sócio,[92] cabendo, nos termos do art. 49 do Código Civil,[93] na falta de administrador, a nomeação de um provisório.

Quanto aos pronunciamentos judiciais a respeito do tema, há decisões entendendo que, com o falecimento de sócio, o sócio remanescente assume a administração.[94] Em alguns casos (como o que ocorreu o falecimento de sócio administrador que detinha 99% do capital social), admitiu-se a nomeação do inventariante como administrador.[95] Em outros, ante a animosidade entre os sócios remanescentes e os herdeiros, decidiu-se pela nomeação de administrador judicial.[96]

Outrossim, especificamente em sociedades que tenham como objeto a compra e venda de imóvel, entendimento é de que o sócio remanescente pode alienar tais bens,[97] eis que tal ato é considerado como ordinário de gestão (por força do art. 1.015 do Código Civil).[98]

2.9 Procedimento para a transferência das participações

Havendo ou não a possibilidade de ingresso dos herdeiros na sociedade por quotas, é certo que, em algum momento, se fará necessária alteração contratual para regularizar a participação do sócio falecido.

---

91 Lembrando que, nos termos do art. 1.013 do Código Civil, a administração da sociedade de quotas, nada dispondo o contrato social, compete separadamente a cada um dos sócios.

92 "[...] Contrato social que não é expresso em relação, especificamente, ao falecimento do sócio que também é administrador. Ausência de manifestação dos herdeiros. Administração que não pode permanecer acéfala. Nomeação da agravante como administradora provisória, com autorização para prática de atos pertinentes à gestão societária, nos termos do contrato social, sem prejuízo dos deveres inerentes ao cargo. [...]" (TJSP. Agravo de Instrumento nº 2062443-60.2017.8.26.0000. Rel. Carlos Dias Motta, 1ª Câmara Reservada de Direito Empresarial, Foro de Presidente Prudente – 2ª Vara Cível, j. 14.11.2017, reg. 14.11.2017).

93 "Art. 49. Se a administração da pessoa jurídica vier a faltar, o juiz, a requerimento de qualquer interessado, nomear-lhe-á administrador provisório".

94 "[...] Com efeito, falecendo um dos sócios da sociedade por cotas de responsabilidade limitada, compete ao remanescente a representação da sociedade, máxime quando existe no contrato de constituição cláusula prevendo, em decorrência do falecimento, o seguimento das atividades com os herdeiros ou sucessores. [...]" (TJSP. Apelação Cível nº 0004243-68.2014.8.26.0366. Rel. Maria de Lourdes Lopez Gil, 7ª Câmara de Direito Privado, Foro de Mongaguá – 2ª Vara, j. 15.1.2019, reg. 15.1.2019).

95 "[...] O de cujus era proprietário de 99% das quotas de uma empresa, e pelo contrato social era o único com poderes de gestão e administração. Logo, agora que ele faleceu, é de rigor nomear a inventariante como administradora, como forma de garantir a continuidade do funcionamento da empresa e de evitar prejuízos. [...]" (TJRS. Agravo de Instrumento nº 70023777675. Rel. Rui Portanova, Oitava Câmara Cível, j. 10.4.2008).

96 "[...] - a nomeação do administrador judicial se fez necessária ante a animosidade existente entre as partes, somada à dificuldade de se apurar os fatos controvertidos, notadamente, aqueles pertinentes à apuração de haveres decorrentes do falecimento de um dos sócios decisão. [...]" (TJSP. Agravo de Instrumento nº 0197761-25.2012.8.26.0000. Rel. Theodureto Camargo, 8ª Câmara de Direito Privado, Foro de Santos – 4ª Vara Cível, j. 29.5.2013, reg. 10.6.2013).

97 "[...] Empresa cujo objeto social é a compra e venda de bens imóveis - Falecimento do sócio – Possibilidade de a sócia remanescente alienar bens imóveis, o que é tido por ato ordinário de gestão – Artigo 1015 do CC – Herdeiros que são meros credores de direitos sobre a quota do capital social [...]" (TJSP. Apelação Cível nº 0014857-62.2012.8.26.0606. Rel. Mônica de Carvalho, 8ª Câmara de Direito Privado, Foro de Suzano – 2ª Vara Cível, j. 30.8.2017, reg. 30.8.2017).

98 "Art. 1.015. No silêncio do contrato, os administradores podem praticar todos os atos pertinentes à gestão da sociedade; não constituindo objeto social, a oneração ou a venda de bens imóveis depende do que a maioria dos sócios decidir".

Na hipótese da transferência da titularidade dos bens do *de cujus* aos herdeiros, a respectiva alteração junto aos órgãos competentes se dá ao final do procedimento de inventário de partilha, servindo os formais de partilha ou a escritura de partilha como documentos hábeis para tanto. Por sua vez, em processos de dissolução parcial de sociedade com apuração de haveres (como ocorre quando as participações societárias do sócio falecido são liquidadas), a alteração contratual igualmente costuma ocorrer ao final, após o trânsito em julgado e o pagamento dos haveres.

Todavia, especificamente em relação às sociedades (que têm personalidade jurídica própria), a demora de tais procedimentos pode causar embaraços. Daí porque é comum pedidos judiciais para alteração antecipada do contrato social, antes do término do procedimento de inventário e partilha ou da apuração e pagamento dos haveres.

Há decisões que determinaram que a alteração, em caso de liquidação da participação, somente poderia ocorrer depois de sentenciado o processo de dissolução parcial de sociedade[99] ou, ainda, depois de pagos os valores devidos aos herdeiros.[100] Outras, por sua vez, entenderam que uma vez definido o não ingresso dos herdeiros na sociedade (como exemplo, no caso de trânsito em julgado da decisão que determina a dissolução parcial),[101] já seria possível a alteração, ainda que pendente a regularização dos haveres.[102]

No caso de as participações serem partilhadas entre os herdeiros, entende-se necessário não só o procedimento de inventário (não sendo cabível mero pedido de alvará autônomo para tal fim),[103] como, em alguns casos, também aguardar a homologação da partilha.[104]

Não se pode deixar de mencionar, quanto ao ponto, a modificação procedimental trazida pela Instrução Normativa nº 55 do Departamento Nacional de Registro

---

99 "[...] O objeto da presente ação refere-se à dissolução parcial da sociedade e à apuração de haveres, sendo certo que, somente após sentença final, é que se poderá cogitar de alteração da natureza jurídica da sociedade e registro na Junta Comercial. [...]" (TJSP. Agravo de Instrumento nº 2269739-18.2018.8.26.0000. Rel. Sérgio Shimura, 2ª Câmara Reservada de Direito Empresarial, Foro Central Cível – 1ª Vara Empresarial e Conflitos de Arbitragem, j. 3.9.2019, reg. 3.9.2019).

100 "[...] 3. A alteração do contrato social depende da concordância do(s) interessado(s) e somente se perfectibilizará depois de indenizados os valores devidos" (TJRS. Apelação Cível nº 50162128520198210001. Rel. Isabel Dias Almeida, Quinta Câmara Cível, j. 30.6.2021).

101 "[...] Ação julgada procedente, para declarar a dissolução parcial e condenar a sociedade ao pagamento de haveres ao espólio. Sentença transitada em julgado, que deve, desde logo, surtir seus efeitos. Necessidade de se permitir à sociedade regularizar, desde logo, seu contrato social, sem prejuízo do processamento da fase de liquidação de haveres. [...]" (TJSP. Agravo de Instrumento nº 2209233-18.2014.8.26.0000. Rel. Teixeira Leite, 1ª Câmara Reservada de Direito Empresarial, Foro Regional III – Jabaquara – 1ª Vara Cível, j. 25.3.2015, reg. 30.3.2015).

102 "[...] Previsão no contrato social de que o ingresso de herdeiros dependeria da anuência do sócio remanescente. Falta de interesse do sócio em continuar a sociedade com os herdeiros do de cujus. Concessão da tutela antecipada para possibilitar a averbação da alteração do contrato social a fim de excluir o falecido dos quadros sociais. [...]" (TJSP. Agravo de Instrumento nº 2052345-11.2020.8.26.0000. Rel. Azuma Nishi, 1ª Câmara Reservada de Direito Empresarial, Foro Central Cível – 1ª Vara Empresarial e Conflitos de Arbitragem, j. 2.9.2020, reg. 3.9.2020).

103 "APELAÇÃO CÍVEL. Alvará judicial – Sentença de extinção do Feito, sem resolução do mérito, pela inadequação do procedimento utilizado - Inconformismo que não prospera – Transferência de quotas sociais em função de falecimento de sócia, genitora do Autor – Impossibilidade – Transferência de bens "causa mortis" que deve ser realizado em procedimento próprio, observando as regras pertinentes ao direito de sucessão [...]" (TJSP. Apelação Cível nº 1016212-86.2016.8.26.0562. Rel. Penna Machado, 10ª Câmara de Direito Privado, Foro de Santos – 3ª Vara de Família e Sucessões, j. 16.10.2019, reg. 16.10.2019).

104 "[...] Conforme o contrato social da empresa, a sociedade deve seguir com os herdeiros. Noutro aspecto, a transferência das quotas pressupõe a homologação da partilha para autorizar o procedimento. [...]" (TJRS. Agravo de Instrumento nº 70034398669. Rel. Alzir Felippe Schmitz, Oitava Câmara Cível, j. 21.1.2010).

Empresarial e Integração, em junho de 2021, que flexibilizou as alterações contratuais necessárias em decorrência de falecimento do sócio.[105]

2.10 Participações doadas aos herdeiros

Por fim, outra questão envolvendo a transmissão de participações societárias aos herdeiros que se mostrou bastante recorrente nas decisões judiciais analisadas diz respeito às consequências da transferência em vida, por doação.

As discussões mais comuns quanto ao tema envolvem: a não observância das limitações legais para a doação, tanto no que diz respeito a eventual meação do cônjuge, quanto no que tange à legítima (parcela do patrimônio assegurado aos herdeiros necessários);[106] a necessidade de colação das participações pelos herdeiros;[107] a definição dos direitos do nu-proprietário e do usufrutuário no caso de doação de participações societárias com reserva de usufruto;[108] a doação aos sucessores como mecanismo de fraude.[109]

---

[105] "I. Não havendo disposição em contrário no contrato social sobre a sucessão de sócio falecido, poderá haver a alteração contratual, com liquidação das quotas, sem qualquer participação de inventariante e/ou herdeiros do sócio falecido, cabendo apenas aos sócios remanescentes a alteração contratual; II. Havendo disposição contratual que permita o ingresso de herdeiros e sucessores, podem estes já ingressarem com alteração contratual assumindo sua posição, não sendo necessária a apresentação de alvará e/ou formal de partilha, em virtude de inexistência de previsão legal. III. Havendo cláusula que permita o ingresso de herdeiros e sucessores, e estes decidam que não querem ingressar na sociedade, pode ser feita alteração contratual, sem a necessidade de alvará ou formal de partilha. IV. Na hipótese de não existir interesse de continuidade da sociedade com os herdeiros, ou seja, de ser promovido a liquidação das quotas do falecido por deliberação dos sócios remanescentes, não é necessária a apresentação de alvará e/ou formal de partilha e, independe da vontade dos herdeiros do sócio falecido. Caberá, ainda, aos sócios remanescentes, após a liquidação da(s) quota(s) proceder com a redução do capital social ou suprir o valor da quota (art. 1.031, §1º, do CC), bem como promover o pagamento da quota liquidada, em dinheiro, no prazo de noventa dias, a partir da liquidação, salvo acordo ou estipulação contratual em contrário (art. 1.031, §2º, do CC). Enquanto não houver homologação da partilha, o espólio é representado pelo inventariante, devendo ser juntada a respectiva certidão ou ato de nomeação de inventariante ao documento a ser arquivado. No caso de alienação é indispensável a apresentação do respectivo alvará judicial ou escritura pública de partilha de bens específico para a prática do ato. Caso o inventário já tenha sido encerrado, deverá ser juntado ao ato a ser arquivado cópia da partilha homologada e certidão de trânsito em julgado. Nessa hipótese, os herdeiros serão qualificados e comparecerão na condição de sucessores do sócio falecido, podendo, no mesmo instrumento, haver o recebimento das suas quotas e a transferência a terceiros. No caso de extinção não é necessária a apresentação do alvará judicial ou escritura pública de partilha de bens, específico para a prática do ato, se os sócios remanescentes optarem pela dissolução da sociedade. Os sucessores poderão ingressar na sociedade e distratar no mesmo ato".

[106] "[...] 2.5 Configurado, portanto, o excesso no ato de liberalidade, seja por ter extrapolado a parcela disponível, seja pelo prejuízo à meação da companheira, afigura-se acertado o provimento exarado pelas instâncias ordinárias, no sentido de se reconhecer a nulidade das doações quanto ao que excedeu a 50% do patrimônio dos autores, no momento da liberalidade, a ser aferido em liquidação de sentença. [...]" (REsp nº 1519524/RS. Rel. Min. Marco Buzzi, Quarta Turma, j. 6.9.2016. *DJe*, 10 out. 2016).

[107] "[...] Doação de quotas de sociedade empresarial realizada pelo de cujus sem expressa e inequívoca determinação no sentido de que os bens sairiam da parte disponível da herança (art. 1.789 do CC/1916; art. 2.005 do CC/2002). Colação não efetivada pelo inventariante. [...]" (TJSP. Agravo de Instrumento nº 2135847-81.2016.8.26.0000. Rel. Rômolo Russo, 7ª Câmara de Direito Privado, Foro Central Cível – 2ª Vara da Família e Sucessões, j. 10.5.2017, reg. 11.5.2017).

[108] "[...] Usufruto que constitui restrição parcial ao direito de propriedade. Gravame que recai tão-somente sobre uma das utilidades das quotas sociais, qual seja, o direito de voto e veto, permitindo aos autores donatários, que permaneça, titulares dos direitos de disposição das mesmas, assim como do direito de fruição dos dividendos por elas gerados. [...]" (TJSP. Apelação Cível nº 1000519-29.2017.8.26.0400. Rel. Pedro de Alcântara da Silva Leme Filho, 8ª Câmara de Direito Privado, Foro de Olímpia – 1ª Vara Cível, j. 8.5.2019, reg. 10.5.2019).

[109] "[...] Indícios de blindagem patrimonial através de pessoa jurídica constituída pelos executados. Doação das quotas sociais dos executados para seus filhos, mas com cláusula de usufruto vitalício e, ainda, se mantendo

3 Importância e instrumentos de planejamento sucessório para famílias empresárias

Examinadas as principais situações envolvendo a transmissão das participações societárias aos herdeiros que acabam por gerar os mais frequentes litígios judiciais, resta indubitável a importância do planejamento sucessório para as famílias empresárias.

Conforme a definição de Daniele Chaves Teixeira, o planejamento sucessório consiste exatamente em "instrumento jurídico que permite a adoção de uma estratégia voltada para a transferência eficaz e eficiente do patrimônio de uma pessoa após a sua morte".[110] Com efeito, entre as inúmeras vantagens que um planejamento sucessório bem implementado pode trazer (como a preservação e a perpetuidade do patrimônio familiar,[111] a organização e a melhor gestão patrimonial[112] e a redução de custos),[113] destacam-se exatamente a simplificação do procedimento para a transferência dos bens em caso de falecimento e a prevenção de conflitos entre os herdeiros.

Ou seja, com a adoção de medidas visando ao planejamento da sucessão, é possível prevenir ou ao menos mitigar os conflitos comuns envolvendo a sucessão de participações societárias. Dessa forma, a organização da sucessão poderá gerar benefícios não só às partes envolvidas (otimizando a destinação das participações do sócio falecido) como ao próprio Judiciário (que não precisará se pronunciar acerca de litígios que muitas vezes poderiam ser evitados).

Nesse contexto, passa-se a analisar algumas medidas preventivas e algumas ferramentas jurídicas de planejamento sucessório que podem ser utilizadas para prevenir ou auxiliar na solução de tais conflitos judiciais envolvendo o falecimento do sócio.

3.1 Elaboração de atos constitutivos com previsões específicas e claras para o caso de falecimento de sócio

Conforme disciplina o art. 985 do Código Civil, é a partir do registro dos atos constitutivos que a sociedade adquire personalidade jurídica própria. A depender da forma de divisão do capital da sociedade (se em quotas ou ações), a espécie de ato constitutivo pode variar.

Especificamente em relação às sociedades limitadas, estas são constituídas mediante contrato escrito (particular ou público) que mencionará, obrigatoriamente: (a) qualificação dos sócios; (b) denominação, objeto, sede e prazo da sociedade; (c) capital da sociedade, expresso em moeda corrente, podendo compreender qualquer espécie

---

como administradores. [...]" (TJSP. Agravo de Instrumento nº 2061172-79.2018.8.26.0000. Rel. Roberto Maia, 20ª Câmara de Direito Privado, Foro Central Cível – 9ª Vara Cível, j. 22.10.2018, reg. 26.10.2018).

[110] TEIXEIRA, Daniele Chaves. Noções prévias do direito das sucessões: sociedade, funcionalização e planejamento sucessório. *In*: TEIXEIRA, Daniele Chaves (Coord.). *Arquitetura do planejamento sucessório*. Belo Horizonte: Fórum, 2019. p. 35.

[111] Conforme tivemos oportunidade de analisar em artigo anterior, *vide*: FLEISCHMANN, Simone Tassinari Cardoso; TREMARIN JUNIOR, Valter. Reflexões sobre holding familiar no planejamento sucessório. *In*: TEIXEIRA, Daniele Chaves (Coord.). *Arquitetura do planejamento sucessório*. Belo Horizonte: Fórum, 2019. p. 431.

[112] TEIXEIRA, Daniele Chaves. *Planejamento sucessório*: pressupostos e limites. 2. ed. Belo Horizonte: Fórum, 2019. p. 162.

[113] DIAS, Maria Berenice. *Manual das sucessões*. 3. ed. rev., atual. e ampl. São Paulo: Revista dos Tribunais, 2013. p. 393.

de bens, suscetíveis de avaliação pecuniária; (d) quota de cada sócio no capital social; (e) pessoas incumbidas da administração da sociedade, seus poderes e atribuições; (f) participação de cada sócio nos lucros e nas perdas; e (g) se os sócios respondem, ou não, subsidiariamente, pelas obrigações sociais.

Já no que se refere às sociedades por ações, sua constituição está condicionada à elaboração e à aprovação de um estatuto, o qual deve mencionar questões como: (a) objeto social; (b) valor do capital social; (c) número de ações em que se divide o capital social; (d) eventuais preferências ou vantagens que sejam atribuídas aos acionistas sem direito a voto; (e) forma das ações e conversibilidade de uma forma em outra.

É comum se deparar com contratos sociais e estatutos sociais formulados a partir de um modelo-padrão, os quais regulam de forma insuficiente questões de extrema importância para a sociedade e seus sócios.

Todavia, além dos itens obrigatórios acima descritos, o contrato social e o estatuto podem estabelecer uma série de outros regramentos que não contrariem a legislação. E é exatamente aqui que reside a possibilidade de que se regule com maior completude e clareza[114] algumas questões fundamentais decorrentes do falecimento de sócio. Vejamos algumas delas.

Primeiramente, é essencial que se estipule a possibilidade ou não de ingresso dos herdeiros na sociedade. Tal regramento é que prevalecerá em caso de falecimento de sócio, sendo que as decisões judiciais determinam de forma maciça o cumprimento do que foi estipulado pelos sócios em relação à matéria. Assim, se o contrato estipular que cabe aos sócios remanescentes a decisão acerca da admissão ou não dos herdeiros na sociedade, aqueles terão assegurada a prerrogativa de impedir tal ingresso.[115]

Outrossim, para aqueles casos em que não haja a possibilidade de ingresso dos herdeiros, cabendo a liquidação da participação do sócio falecido, é fundamental que se estabeleçam os regramentos quanto à apuração e ao pagamento de haveres, os quais, em regra, pela força vinculante do contrato, deverão ser respeitados pelos sócios.[116]

Quanto ao critério para a apuração dos haveres, os sócios podem estipulá-los desde logo, sendo recomendável que se evitem termos que possam dar margem a diferentes interpretações (como "balanço geral", que pode ser entendido como termo

---

114 A falta de clareza também pode ensejar disputas judiciais: "[...] Pretensão de assunção da administração das sociedades rés, sob o fundamento de que o autor recorrente é o único sócio após o falecimento do outro. Cláusula do contrato social que, em sede de cognição sumária, não determina a interpretação categórica de que os sucessores do falecido não integram as sociedades. [...]" (TJSP. Agravo de Instrumento nº 2064235-15.2018.8.26.0000. Rel. Azuma Nishi, 1ª Câmara Reservada de Direito Empresarial, Foro Central Cível – 2ª Vara Empresarial e Conflitos de Arbitragem, j. 4.7.2018, reg. 17.7.2018).

115 "[...] Falecimento de sócio que detinha 70% do capital social. Expressa previsão no contrato social, que permite a recusa do sócio remanescente que detém 30% do capital social à admissão como sócios dos filhos herdeiros do extinto. Licitude da estipulação contratual, que deve ser respeitada. [...]" (TJRS. Apelação Cível nº 70052158672. Rel. Ney Wiedemann Neto, Sexta Câmara Cível, j. 13.12.2012).

116 "[...] Apuração de haveres. Forma de pagamento. Previsão no contrato social. Dever de observância. Art. 604, §3º, CPC. Aplicação do princípio da força vinculante dos contratos. Autonomia da vontade decorrente dos pactos contratuais. [...]" (TJRS. Apelação Cível nº 70080993165. Rel. Luís Augusto Coelho Braga, Sexta Câmara Cível, j. 10.10.2019).

que engloba[117] ou não[118] os intangíveis). Há decisões[119] que entendem que tal estipulação não precisa observar os critérios estabelecidos pelo art. 606 do CPC (segundo o qual devem ser levados em consideração bens e direitos do ativo, tangíveis e intangíveis, a preço de saída, além do passivo também a ser apurado de igual forma).

Já em relação à forma de pagamento, o recomendável é que o pagamento seja definido em um formato que, a um só tempo, não comprometa a própria sobrevivência da sociedade (lembrando que, no caso de omissão do contrato, o pagamento deve ocorrer em até 90 dias), e não deixe os herdeiros desamparados (especialmente naqueles casos em que a renda familiar advém da participação societária do sócio). É possível, por exemplo, estipular parcelamento e regular a incidência ou não de correção e juros.[120]

Ainda quanto à apuração dos haveres, é possível a inclusão de mediação e/ou cláusula arbitral nos atos constitutivos, de modo a remeter a solução de eventuais conflitos para a autocomposição ou um juízo arbitral, afastando a interferência do Judiciário[121] (resolvendo, assim, o impasse acerca do juízo competente para a apuração dos haveres), além de resguardar ditos litígios com o sigilo inerente aos procedimentos autocompositivos e arbitrais. Em relação a esse tema, há importante precedente do Superior Tribunal de Justiça, o qual reconheceu:

> estabelecida no contrato social a cláusula compromissória arbitral, seus efeitos são, necessariamente, estendidos à sociedade, aos sócios — sejam atuais ou futuros —, bem como aos sucessores da quota social do sócio falecido, até que ingressem na sociedade na qualidade de sócios ou até que efetivem a dissolução parcial de sociedade, a fim de excluir, em definitivo, a participação societária daquele.[122]

Quanto à administração da sociedade, é fundamental que o contrato ou estatuto social preveja expressamente o que ocorrerá no caso do falecimento de um dos sócios/ou acionistas, especialmente quando ele ocupe o cargo de administrador. A jurisprudência

---

117 "[...] A interpretação da cláusula de contrato social que determina a realização do 'balanço geral' não contempla a exclusão dos ativos intangíveis desse cômputo, pretendida pela ré-executada. [...]" (TJSP. Apelação Cível nº 0317389-13.2009.8.26.0000. Rel. Piva Rodrigues, 9ª Câmara de Direito Privado, Foro Central Cível – 32ª Vara Cível, j. 16.8.2016, reg. 17.8.2016).

118 "[...] Pretensão do espólio à realização de balanço especial com a consideração do patrimônio imaterial da sociedade, em especial o fundo de comércio, com alusão à jurisprudência dominante. [...] Contrato social que, por seu turno, prevê tão somente o levantamento de balanço geral. [...]" (TJSP. Agravo de Instrumento nº 2116307-81.2015.8.26.0000. Rel. Fabio Tabosa, 2ª Câmara Reservada de Direito Empresarial, Foro de Sorocaba – 1ª Vara Cível, j. 21.10.2015, reg. 23.10.2015).

119 Como exemplo: "[...] No caso concreto, não há incidência das regras dos artigos 606 do CPC e 1.031 do CC, uma vez que o contrato social acostado ao feito de forma alguma é omisso quanto à apuração de haveres de sócio falecido e, pela autonomia das partes, deve prevalecer. [...]" (TJRS. Apelação Cível nº 70076166180, Quinta Câmara Cível. Rel. Lusmary Fatima Turelly da Silva, j. 28.3.2018).

120 "dissolução de sociedade limitada. Perda da *affectio societatis*. Apuração de haveres. [...] Pagamento conforme estatuto social, em quatro parcelas, sem a incidência de juros. Correção monetária pelo IGPM. [...]" (TJRS. Apelação Cível nº 70004634937, Segunda Câmara Especial Cível. Rel. Cláudia Maria Hardt, j. 7.8.2003).

121 "[...] Falecimento de sócia. Pagamento dos haveres devidos ao Espólio. Herdeiros que não integraram a sociedade como sócios. Apuração de haveres que deve ser submetida ao juízo arbitral. Incompetência da jurisdição estatal para exame da pretensão, de acordo com a cláusula compromissória avençada. Os herdeiros sucederam a sócia-falecida nos mesmos direitos e obrigações a ela conferidos e, por isso, a cláusula compromissória também se estende a eles, enquanto não definitivamente dissolvida a sociedade. [...]" (TJSP. Apelação Cível nº 1049317-82.2016.8.26.0100. Rel. Alexandre Marcondes, 2ª Câmara Reservada de Direito Empresarial, Foro Central Cível – 1ª Vara Cível, j. 24.9.2018, reg. 25.9.2018).

122 REsp nº 1727979/MG. Rel. Min. Marco Aurélio Bellizze, Terceira Turma, j. 12.6.2018. *DJe*, 19 jun. 2018).

é firme em reconhecer que a estipulação prevista no contrato ou estatuto social quanto ao tema tem plena validade e eficácia, devendo ser cumprida pelos sócios.[123] Com efeito, quanto à administração da sociedade, prevalecerão as regras do direito societário, e não do direito sucessório.[124]

Há ampla liberdade dos sócios quanto a esta regulação. É possível, por exemplo, que se estipule que os sócios remanescentes é que ficarão com a administração em caso de falecimento;[125] ou mesmo que herdeiros nomeiem um representante para administrar a sociedade de forma isolada ou conjunta com os sócios remanescentes.[126] O certo é que, quanto mais clara e completa a estipulação a respeito, menores serão as chances de a sociedade restar temporariamente acéfala ou de surgirem litígios judiciais envolvendo a administração da sociedade em decorrência do falecimento de sócio.

Por fim, quanto à representação do espólio perante a sociedade, já se admitiu como válido o estabelecimento de cláusula contratual estipulando a representação pelo inventariante até o término do inventário.[127] Neste caso, por certo, deverão ser observadas as regras específicas para a atuação do inventariante em representação do espólio.

3.2 Pactos parassociais

Para além dos atos constitutivos, é possível – e recomendável – que os sócios celebrem acordos entre si (acordo de quotistas nas sociedades por quotas e acordos de acionistas nas sociedades por ações), os quais são denominados *pactos parassociais*. Uma das principais vantagens dos referidos pactos é a de vincular também os sucessores que recebem a participação societária, podendo, inclusive, estabelecer regras que deverão ser cumpridas pelos herdeiros.[128] Além disso, tais acordos, em regra, dispensam

---

123 "[...] Como é sabido, a sucessão de acionista de sociedade empresária e as deliberações daí decorrentes são temas a serem dirimidos no âmbito da própria sociedade, na forma prevista do contrato ou estatuto social, ou, na sua omissão, nas normas legais aplicáveis ao tipo empresarial correspondente. No caso, havendo expressa previsão, em ata de assembleia geral, de que no caso de vagar, por morte, o cargo de um diretor, compete aos diretores remanescentes nomearem, interinamente, o seu substituto, tal procedimento deve ser observado pelos acionistas. [...]" (TJRS. Apelação Cível nº 70076689066. Rel. Luiz Felipe Brasil Santos, Oitava Câmara Cível, j. 19.7.2018).

124 "[...] III - Inaplicáveis, em se tratando de administração de empresa comercial por quotas de responsabilidade limitada, as disposições legais que regem o direito sucessório. [...] (TJRS. Apelação Cível nº 70002088144. Rel. Alzir Felippe Schmitz, Primeira Câmara Especial Cível, j. 20.12.2001).

125 "[...] Decisão indeferiu o pedido de nulidade dos atos processuais após a notícia do falecimento de um dos sócios da empresa. [...] Estatuto social estabeleceu que o falecimento de um dos sócios não dissolveria a sociedade, prosseguindo a representação por intermédio dos sócios remanescentes. Decisão mantida. [...]" (TJSP. Agravo de Instrumento nº 2040254-20.2019.8.26.0000. Rel. Silvia Maria Facchina Esposito Martinez, 10ª Câmara de Direito Privado, Foro de Praia Grande – 3ª Vara Cível, j. 9.4.2019, reg. 9.5.2019).

126 "Sociedade limitada - Falecimento de um dos sócios - Contrato que prevê a possibilidade de os herdeiros designarem representante para co-administrar a sociedade - Cumprimento da cláusula - Agravo provido para conduzir a inventariante à administração, em conjunto com o sócio remanescente. [...]" (TJSP. Agravo de Instrumento nº 0061493-81.2000.8.26.0000. Rel. Narciso Orlandi Neto, 4ª Câmara de Direito Privado, Foro Central Cível – 31ª Vara Cível, j. N/A, reg. 3.4.2001).

127 "[...] Cláusula prevendo que, na hipótese de falecimento de um dos sócios, até o encerramento do inventário, será representado perante a sociedade pelo inventariante do espólio respectivo - [...]" (TJSP. Agravo de Instrumento nº 2192388-95.2020.8.26.0000. Rel. José Joaquim dos Santos, 2ª Câmara de Direito Privado, Foro de Taubaté – 1ª Vara da Família e das Sucessões, j. 10.11.2020, reg. 11.11.2020).

128 GARCIA, Fátima. *Holding familiar*: planejamento sucessório e proteção patrimonial. Maringá: Viseu, 2018. *e-Book*. p. 237.

publicidade,[129] o que é relevante quando, por vezes, há questões inclusive de cunho familiar que são nele reguladas, podendo não ser de interesse dos sócios que se tornem de conhecimento de terceiros. A publicidade somente será exigida quando o objetivo for o de tornar o pacto oponível a terceiros.[130]

Tais pactos podem estabelecer diversos regramentos e obrigações entre os sócios. As possibilidades são muitas em face da autonomia privada, encontrando limitações apenas naquilo que a legislação proibir ou dispor de forma mandatória, bem como no próprio contrato ou estatuto social, que devem ser observados.[131]

São exemplos de regramentos a serem estabelecidos nos pactos parassociais: a vedação de contratação de parentes, limites e possibilidade de utilização dos bens da empresa, restrições na transferência de quotas (*quorum* mais elevado, direito de preferência), votação em bloco, cláusula arbitral, *tag along*,[132] *drag along*,[133] criação de um *quórum* específico para determinadas deliberações, ou, ainda, restrições à possibilidade de ingresso de cônjuges ou herdeiros na sociedade.

Portanto, os pactos parassociais podem ser muito úteis como ferramentas de prevenção ou de solução dos já examinados litígios recorrentes envolvendo sócios remanescentes de uma sociedade e os herdeiros do sócio falecido.

3.3 Mandato

Consoante preceitua o art. 653 do Código Civil, opera-se o mandato quando alguém recebe de outrem poderes para, em seu nome, praticar atos ou administrar interesses. A procuração é o instrumento do mandato.

Nesse sentido, uma das medidas que podem ser adotadas em sede de planejamento sucessório envolvendo participações societárias, e que pode auxiliar na continuidade das atividades da sociedade no caso de falecimento de sócio, é a outorga de procuração pela sociedade.

Isso porque, no caso de outorga de procuração pela sociedade, e não pela pessoa física do sócio, o mandato permanece surtindo todos os seus efeitos, mesmo no caso de

---

[129] BAGNOLI, Martha Gallardo Sala. *Holding imobiliária como planejamento sucessório*. São Paulo: Quartier Latin, 2016. p. 111.

[130] Nas sociedades anônimas, os acordos de acionistas, sobre a compra e venda de suas ações, preferência para adquiri-las, exercício do direito a voto ou do poder de controle deverão ser observados pela companhia quando arquivados na sua sede (art. 118 da Lei nº 6.404/1976).

[131] MAMEDE, Eduarda Cotta; MAMEDE, Gladston. *Holding familiar e suas vantagens*: planejamento jurídico e econômico do patrimônio e da sucessão familiar. 11. ed. São Paulo: Atlas, 2019. p. 155.

[132] O *tag along* consiste no direito assegurado aos acionistas de alienarem sua participação na sociedade em caso de alienação por outros acionistas, em condições idênticas ou semelhantes. Em que pese se admita a possibilidade de *tag along* inclusive no caso de alienação de ações por não controladores, tal mecanismo é, na prática, utilizado nas hipóteses de alienação de controle da sociedade, obrigando o acionista controlador a somente alienar suas ações para os interessados que se disponham a também adquirir as ações de titularidade dos não controladores. Quando estipulado nos acordos de acionistas, o *tag along* é denominado convencional, tratando-se de uma cláusula que estabelece que, no caso de venda das ações detidas por determinados signatários do acordo, os demais signatários terão o direito de aliená-las conjuntamente, regulando-se, ainda, em que condições esta venda conjunta deverá ocorrer.

[133] O *drag along* consiste na obrigação dos acionistas de alienarem sua participação na sociedade em caso de alienação por outros acionistas. Em que pese também se admita a possibilidade de *drag along* no caso de alienação de ações por não controladores, tal mecanismo é, na prática, utilizado nas hipóteses de alienação de controle da sociedade, obrigando o acionista não controlador a alienar suas ações para os interessados que desejem adquirir as ações de titularidade dos controladores. Por isso são também chamadas de cláusula de arraste.

falecimento do quotista/acionista,[134] ainda que tenha sido ele o subscritor da procuração.[135] Tal medida, com efeito, pode evitar o engessamento da atuação da sociedade na hipótese de falecimento repentino de um dos sócios. Embora não seja este o tema do trabalho, a hipótese de curatela do administrador também resta contemplada com a escolha de um mandatário.

3.4 Testamento

Através do testamento, toda pessoa capaz pode dispor da totalidade dos seus bens, ou de parte deles, para depois de sua morte. Desta forma, através deste instrumento, o titular da participação societária poderá, dentro de certos limites, estabelecer qual será o destino de tais participações em caso de seu falecimento.

Quanto a tais limitações, não se pode deixar de lembrar que, em havendo herdeiros necessários (pelo Código Civil, os descendentes, os ascendentes e o cônjuge; e, para parte da doutrina e da jurisprudência, também o companheiro em união estável),[136] o objeto do testamento, em razão de regra legal[137] segundo a qual aqueles não podem ser afastados totalmente da herança (salvo situações excepcionalíssimas),[138] poderá abranger apenas a metade do patrimônio do testador, sendo a outra metade partilhada conforme a ordem de vocação hereditária.

Ainda quanto às limitações do testamento, um interessante caso envolvendo participações societárias foi julgado pelo Tribunal de Justiça de São Paulo,[139] no qual o testador havia determinado a liquidação das quotas sociais em caso de seu falecimento. Entendeu o Tribunal que tal determinação caracterizaria conversão dos bens da legítima em outros de espécie diversa, o que é vedado pelo art. 1.848, §1º, do Código Civil.

A existência da legítima, todavia, não impede o direito do titular do patrimônio de indicar quais os bens que irão compor a parte de cada herdeiro,[140] na medida em que a

---

[134] "PRESTAÇÃO DE SERVIÇOS HOTELARIA REPRESENTAÇÃO DA PESSOA JURÍDICA ALEGAÇÃO DE NULIDADE EM RAZÃO DO FALECIMENTO DE UM DOS SÓCIOS GERENTES. [...] Estando regular o mandato outorgado na forma da lei pela pessoa jurídica executada, devidamente representada por um de seus sócios gerentes designados no Contrato Social, não há que se falar em nulidade" (TJSP. Agravo de Instrumento nº 0049379-56.2013.8.26.0000. Rel. Clóvis Castelo, 35ª Câmara de Direito Privado, Foro de Mogi das Cruzes – 2ª Vara Cível, j. 5.8.2013, reg. 9.8.2013).

[135] "[...] Falta de regularização do contrato social da autora. Mandato que persiste, mesmo com o falecimento do subscritor. Outorga do mandato que é da pessoa jurídica, e não da pessoa física que o assina. Posterior falecimento do sócio que subscreveu a procuração que não implica no não conhecimento do recurso e sua extinção, sem análise do mérito. Não há nulidade dos atos praticados, após a morte do subscritor da procuração que outorgou mandato em nome da sociedade empresária. [...]" (TJSP. Embargos de Declaração Cível 2006953-58.2014.8.26.0000. Rel. Peiretti de Godoy, 13ª Câmara de Direito Público, Foro de Taboão da Serra – 3ª Vara Cível, j. 8.10.2014, reg. 8.10.2014)

[136] A questão ainda não está pacificada. *Vide* decisões dos recursos extraordinários nºs 646.721 e 878.694.

[137] Art. 1.789 do Código Civil.

[138] Como é o caso da deserdação.

[139] "[...] Inventário. Testamento que determinou a liquidação das quotas sociais sobre as quais recai a legítima dos herdeiros necessários. Aplicação do art. 1.848, §1º, do Código Civil, que veda a cláusula de conversão dos bens da legítima em outros de espécie diversa. Lícita a conversão da legítima em bens da mesma espécie. Ordem de liquidação que deve se limitar às quotas sociais que compõem legados (6% das quotas da sociedade Holy Grail que integram o espólio). [...]" (TJSP. Agravo de Instrumento nº 2250120-10.2015.8.26.0000. Rel. Rômolo Russo, 7ª Câmara de Direito Privado, Foro Central Cível – 10ª Vara da Família e Sucessões, j. 23.11.2016, reg. 30.11.2016).

[140] Consoante previsão do art. 2.014 do Código Civil.

legítima se limita ao valor e não à natureza ou ao tipo de bem a ser transmitido.[141] Assim, no caso de participações societárias, é possível que elas sejam alocadas exclusivamente a determinado herdeiro, ou, ainda, que se aloquem participações de natureza distinta (algumas com direito a voto, outras com direitos a maiores proventos – o que pode definir, por exemplo, quem terá o controle da sociedade) a cada um dos herdeiros, sem que isso implique, necessariamente, violação à legítima.

O testamento é revogável a qualquer tempo, sendo possível a alteração das disposições testamentárias, com a realização de novo testamento. Tal revogabilidade permite que o titular da participação societária faça adequações necessárias ao seu planejamento sucessório, caso haja alterações em sua situação pessoal, profissional e financeira (o que, em se tratando de atividade negocial, é bastante comum que ocorra).

Assim, embora o testamento não resolva algumas das questões causadoras de litígios envolvendo a transmissão da participação societária aos herdeiros (já que a transferência ocorrerá apenas quando do falecimento), constitui-se instrumento extremamente útil e flexível para se evitarem dúvidas e se prevenirem disputas judiciais em relação à destinação de tais participações em caso de falecimento.

3.5 Transmissão de participação societária em vida

Como alternativa à transferência das participações societárias realizada apenas no momento do falecimento, pode o titular da respectiva participação antecipar sua transferência aos sucessores, desde que respeitadas as limitações e as regras impostas pela legislação.

A opção pela doação pode trazer diversas vantagens, notadamente a de permitir ao titular das quotas ou ações organizar antecipadamente a sucessão (o que pode ser fundamental para evitar conflitos entre os herdeiros), evitando, em alguns casos, que as participações societárias sejam objeto de discussão no procedimento de inventário e partilha. Tal não só tende a evitar os eventuais embaraços que o referido procedimento pode causar aos herdeiros – seja pela morosidade, seja pelo desgaste emocional e financeiro que usualmente ocasiona –, como também eliminar os custos a ele relacionados.

Além disso, em alguns estados, o imposto incidente sobre a doação é inferior ao imposto de transmissão *causa mortis*,[142] garantindo-se, ainda, o pagamento da alíquota vigente à época da doação (o que confere proteção e eventuais alterações legislativas estaduais que venham a majorar a alíquota do ITCMD).[143]

Ainda, há de se pontuar que, no caso de o titular da participação societária ou do donatário não ser casado e não conviver em união estável, a transmissão antecipada aos herdeiros poderá evitar que, em caso de posterior início de um relacionamento, as quotas ou ações não integrem eventual meação.

---

141 MAMEDE, Eduarda Cotta; MAMEDE, Gladston. *Holding familiar e suas vantagens*: planejamento jurídico e econômico do patrimônio e da sucessão familiar. 11. ed. São Paulo: Atlas, 2019. p. 98.

142 No estado do Rio Grande do Sul, por exemplo, a alíquota do imposto de transmissão *causa mortis* pode alcançar 6% (a depender do valor do quinhão transmitido), enquanto a alíquota do imposto de transmissão *inter vivos* está limitada a 4%.

143 PRADO, Roberta Nioac. Parte I. *In*: PRADO, Roberta Nioac (Org.). *Aspectos relevantes da empresa familiar e da família empresária*: governança e planejamento patrimonial sucessório. 2. ed. São Paulo: Saraiva Educação, 2018. p. 54.

Importante chamar a atenção para algumas questões que devem ser observadas (especialmente no bojo de um planejamento sucessório). A primeira é a de que é nula a doação de todos os bens sem reserva de parte, ou renda suficiente para a subsistência do doador (art. 548 do Código Civil), assim como também é nula a doação quanto à parte que exceder à que o doador, no momento da liberalidade, poderia dispor em testamento (art. 549 do Código Civil). A segunda delas é a de que a doação é irreversível, podendo ser revogada apenas na hipótese de ingratidão do donatário (nos casos previstos em lei – art. 557 do Código Civil), ou por inexecução do encargo (no caso de doação sujeita a encargo). A terceira é a de que a doação de ascendentes a descendentes importa adiantamento do que lhes cabe por herança (art. 544 do Código Civil) – salvo dispensa expressa por parte do doador em testamento ou no próprio título de liberalidade, conforme arts. 2.005 e 2.006 do Código Civil –, cabendo aos descendentes trazer à colação o valor das doações que dele em vida receberam, sob pena de sonegação (art. 2.002 do Código Civil).

Por outro lado, há uma série de mecanismos que pode ser utilizada pelo doador para auxiliar no planejamento sucessório.

Há a possibilidade de ser estipulado que os bens doados voltem ao patrimônio do doador se este sobreviver ao donatário (denominada cláusula de reversão – art. 547 do Código Civil). Tal estipulação pode ser de extrema utilidade em planejamentos sucessórios envolvendo participações societárias, uma vez que, inexistindo, elas serão destinadas aos sucessores do donatário em caso do falecimento deste, o que pode não corresponder ao desejo do doador ao antecipar a transferência da titularidade.

Há, também, a possibilidade de se realizar a doação com reserva de usufruto, na qual o doador permanece com direito à posse, uso, administração e percepção dos frutos. Trata-se, o usufruto, de direito real conferido a alguém de retirar, temporariamente, da coisa alheia, os frutos e utilidades que ela produz sem alterar a sua substância, conferindo ao seu titular o direito de posse, uso, administração e percepção dos frutos – durante certo tempo e sob certa condição – dos bens pertencentes a outra pessoa. No âmbito das participações societárias, trata-se de ferramenta extremamente útil, uma vez que permite ao doador que mantenha para si os direitos políticos (direito de voto, direito de fiscalização da administração, direito de oposição, direito de retirada, entre outros) e patrimoniais (lucro)[144] da participação, agindo, assim, como se sócio fosse.[145]

Todavia, tanto em quotas de sociedade limitadas, quanto em ações de sociedade anônima, há divergência quanto à titularidade do exercício dos direitos patrimoniais e políticos. Para evitar futuros litígios, é muito importante que, ao reservar o usufruto, se especifique, no respectivo instrumento, a quem cabe o direito de voto,[146] mormente em se tratando de sociedade anônima, pelo que prevê a Lei das S.A. em seu art. 114, ao estabelecer que "o direito de voto da ação gravada com usufruto, se não for regulado no

---

144 De acordo com o art. 1.394 do CC/02, o usufrutuário tem direito "à posse, uso administração e percepção dos frutos".

145 BAGNOLI, Martha Gallardo Sala. *Holding imobiliária como planejamento sucessório.* São Paulo: Quartier Latin, 2016. p. 51.

146 BAGNOLI, Martha Gallardo Sala. *Holding imobiliária como planejamento sucessório.* São Paulo: Quartier Latin, 2016. p. 53.

ato de constituição do gravame, somente poderá ser exercido mediante prévio acordo entre o proprietário e o usufrutuário".[147]

Há que se ponderar, todavia, que a antecipação da transferência das participações societárias aos herdeiros pode também trazer alguns inconvenientes, devendo ser avaliada caso a caso.

Nesse contexto, um primeiro inconveniente trazido pela transmissão em vida é retirar do titular da participação a livre disposição sobre elas. Isso porque, ainda que seja reservado o usufruto ao doador, todo e qualquer ato de disposição envolvendo as quotas ou ações, como a alienação, dependerá da anuência do nu-proprietário (donatário). E mesmo que não se cogite de qualquer possibilidade de negativa por parte dos herdeiros com tais atos de disposição, sempre é possível uma mudança de rumo ao longo do tempo, seja por novos interesses ou necessidades, seja por fatores externos, como o início de um relacionamento, por exemplo. Além disso, se não tomadas as devidas precauções nesse sentido, o transmitente das quotas pode ficar inclusive sem o controle do negócio, o que pode colocar em risco a própria sobrevivência da atividade empresarial.

Não se podem descartar, ainda, mudanças no contexto de vida de alguns dos envolvidos que podem causar impactos negativos em caso de antecipação. A título de exemplo, os próprios genitores que anteciparam a transmissão dos bens aos herdeiros podem vir a enfrentar algum tipo de problema que lhes deixe em situação de necessidade, como um infortúnio financeiro, o divórcio ou um problema de saúde. Da mesma forma, mudanças e infortúnios na vida dos herdeiros, como exemplo, a contração de dívidas, podem colocar em risco os negócios da família, que, por força da transmissão antecipada das quotas ou ações, poderão responder pelo passivo surgido.

3.6 Cláusulas restritivas

É também possível, tanto no caso de testamento, quanto no caso de doação, a inclusão de cláusulas restritivas sobre as quotas ou ações, as quais podem ser bastante úteis para se impedir o ingresso de terceiros na sociedade. São elas as cláusulas de inalienabilidade, impenhorabilidade e incomunicabilidade. Sobre a parte disponível, tais cláusulas podem ser instituídas sem qualquer justificativa. Já sobre a legítima, nos termos do art. 1.848 do Código Civil, só poderão ser instituídas com apresentação da justificativa. Já sobre a legítima, nos termos do art. 1.848 do Código Civil, tais cláusulas não podem ser instituídas, via testamento, se não houver justa causa – cabendo aqui a ressalva de que não foi atribuído pelo legislador o conceito de justa causa para tal fim.[148]

---

[147] "USUFRUTO. Participação acionária em sociedade por ações – Criação por testamento e acordo entre herdeiros e legatários – Hipótese em que nem um nem outro preveem o exercício do voto pelas usufrutuárias – Direito que só pode ser exercido mediante disposição expressa pelo instituidor do usufruto ou acordo prévio com o nu-proprietário nesse sentido – Art. 114 da Lei nº 6.404/76 – Restrições inseridas nesse sentido nas últimas declarações precedentes – Agravo provido" (TJSP. Agravo de Instrumento nº 2032785-20.2019.8.26.0000, 1ª Câmara de Direito Privado, publ. 21.2.2020).

[148] A doutrina vem entendendo que configuram justa causa circunstâncias que tornem provável a dilapidação da herança pelo herdeiro, como exemplo, prodigalidade ou incapacidade que comprometa o discernimento do herdeiro. Nesse sentido: NERY JUNIOR, Nelson; NERY, Rosa Maria de Andrade. *Código Civil comentado*. 10. ed. São Paulo: Revista dos Tribunais, 2013. p. 1.580-1.581.

A cláusula de inalienabilidade importa a vedação ao herdeiro de alienar, doar permutar ou dar em pagamento o bem recebido[149] e, uma vez imposta, implica também a impenhorabilidade e a incomunicabilidade do bem (art. 1.911 do Código Civil). Trata-se de cláusula bastante utilizada em planejamentos sucessórios envolvendo participações societárias, na medida em que obstaculiza o ingresso de terceiros na sociedade. No entanto, em se tratando especificamente de sociedade por ações, pode-se entender que a instituição de tal cláusula contraria a regra do art. 36 da Lei nº 6.404/1976, segundo a qual não se pode limitar por completo a negociação de ações.[150]

A cláusula de impenhorabilidade tem como objetivo proteger os herdeiros de eventuais credores.[151] Já a incomunicabilidade objetiva impedir que os bens recebidos por herança se comuniquem com o cônjuge ou companheiro do herdeiro.[152] Vale lembrar que o único regime de bens em que o patrimônio recebido por herança é comunicável é o da comunhão universal dos bens (art. 1.667 do Código Civil). Assim, a cláusula de incomunicabilidade se justifica apenas em tal situação (art. 1.668, I do Código Civil), sendo certo, todavia, que a incomunicabilidade não se estende automaticamente aos frutos, quando se percebam ou vençam durante a união (art. 1.669 do Código Civil).

Tais cláusulas se extinguem com o falecimento do herdeiro, não se transmitindo a restrição para a geração seguinte.[153] Além disso, mesmo antes do falecimento do herdeiro, a jurisprudência vem conferindo certa flexibilização à manutenção de tais cláusulas, autorizado o seu cancelamento, por exemplo, naqueles casos em que resta demonstrado que a restrição, ao invés de cumprir sua função de garantia de patrimônio aos descendentes, acaba acarretando lesão aos seus legítimos interesses.[154] Aliás, a própria legislação prevê a possibilidade de cancelamento da cláusula de inalienabilidade mediante autorização e havendo justa causa, embora determine a sub-rogação do ônus ao produto da venda (art. 1.848, §2º do Código Civil).

3.7 *Holding*

Atualmente, uma das principais ferramentas utilizadas para a implementação do planejamento sucessório é a constituição da *holding* familiar.[155] Trata-se, em suma, da formação de uma sociedade para a qual são transferidos bens de determinada(s) pessoa(s) (mediante integralização do capital social), que, em contrapartida, se torna(m) titular(es) de quotas ou ações da referida sociedade. Posteriormente, através de um ato

---

149 DIAS, Maria Berenice. *Manual das sucessões*. 3. ed. rev., atual. e ampl. São Paulo: Revista dos Tribunais, 2013. p. 291.

150 ROSSI, Alexandre Alves; SILVA, Fabio Pereira da. *Holding familiar*: visão jurídica do planejamento societário, sucessório e tributário. São Paulo: Trevisan, 2015. *e-Book*. p. 140.

151 DIAS, Maria Berenice. *Manual das sucessões*. 3. ed. rev., atual. e ampl. São Paulo: Revista dos Tribunais, 2013. p. 292.

152 DIAS, Maria Berenice. *Manual das sucessões*. 3. ed. rev., atual. e ampl. São Paulo: Revista dos Tribunais, 2013. p. 293.

153 BAGNOLI, Martha Gallardo Sala. *Holding imobiliária como planejamento sucessório*. São Paulo: Quartier Latin, 2016. p. 63.

154 Nesse sentido: REsp nº 1422946/MG. Rel. Min. Nancy Andrighi, Rel. p/ acórdão Min. Paulo de Tarso Sanseverino, Terceira Turma, j. 25.11.2014. *DJe*, 5 fev. 2015.

155 O tema é objeto de um dos capítulos do tomo II da obra *Arquitetura do planejamento sucessório* (TEIXEIRA, Daniele Chaves (Coord.). *Arquitetura do planejamento sucessório*. Belo Horizonte: Fórum, 2019).

inter vivos, ou por força do falecimento do titular da participação societária, as respectivas quotas ou ações são transmitidas aos herdeiros. Como resultado, em vez de os herdeiros receberem uma fração de diversos bens, recebem as quotas ou ações de uma sociedade (com personalidade jurídica própria) que, por sua vez, é a titular dos referidos bens.

Especificamente em relação às participações societárias, é comum a constituição de uma *holding* pura, que é aquela que tem como único objetivo ser titular de quotas ou ações de outra(s) sociedade(s). Se esta titularidade conferir o controle da sociedade operacional, é denominada *holding* de controle. Caso a titularidade de ações ou quotas não conferir o controle da sociedade operacional, é denominada *holding* de participação. A receita da sociedade advém dos resultados obtidos pelas sociedades operacionais.

Entre as diversas vantagens que pode gerar, a constituição de uma *holding* familiar pode ser decisiva não só para facilitar a transmissão do patrimônio (especialmente em decorrência da concentração dos bens), como também para reduzir e dirimir conflitos, na medida em que o âmbito societário oferece mecanismos jurídicos para a mediação da relação patrimonial entre os herdeiros (que, em regra, pode servir como anteparo à carga afetiva e emocional das relações familiares).

Com efeito, especialmente no contexto das famílias empresárias, a combinação de instrumentos societários com os institutos do direito de família e das sucessões torna possível a realização de um planejamento sucessório que facilita a manutenção dos negócios e do patrimônio ao longo do tempo.[156] Isso porque permite centralizar as participações societárias (evitando, assim, a pulverização[157] ou a fragmentação[158] dessas participações) ou organizar o controle e a gestão dos negócios,[159] o que pode favorecer a harmonização das estratégias,[160] a continuidade das atividades ao longo das gerações[161] e a própria administração dos negócios.[162]

Além disso, a constituição de uma *holding* pura pode representar uma camada lícita de proteção do patrimônio, já que o titular da participação na sociedade operacional será uma pessoa jurídica, e não as pessoas físicas. Dessa forma, em caso de insucesso na operação, as quotas da *holding* é que irão responder de forma preferencial, e não diretamente o patrimônio desta ou de seus sócios.

Outrossim, o fato de uma *sociedade* (dividida em quotas ou ações) ser a titular do patrimônio torna possível que a transmissão do patrimônio seja mais rápida e eficaz.[163]

---

[156] MAMEDE, Eduarda Cotta; MAMEDE, Gladston. *Holding familiar e suas vantagens*: planejamento jurídico e econômico do patrimônio e da sucessão familiar. 11. ed. São Paulo: Atlas, 2019. p. 101.

[157] BAGNOLI, Martha Gallardo Sala. *Holding imobiliária como planejamento sucessório*. São Paulo: Quartier Latin, 2016. p. 77.

[158] SANTOS, Ana Bárbara Moraes; VIEGAS, Cláudia Mara de Almeida Rabelo. Planejamento sucessório e societário: a holding familiar e a governança corporativa. *Revista dos Tribunais*, v. 988, p. 285-318, fev. 2018. p. 9.

[159] PRADO, Roberta Nioac. Parte I. *In*: PRADO, Roberta Nioac (Org.). *Aspectos relevantes da empresa familiar e da família empresária*: governança e planejamento patrimonial sucessório. 2. ed. São Paulo: Saraiva Educação, 2018. p. 54.

[160] TEIXEIRA, Daniele Chaves. *Planejamento sucessório*: pressupostos e limites. 2. ed. Belo Horizonte: Fórum, 2019. p. 161.

[161] BAGNOLI, Martha Gallardo Sala. *Holding imobiliária como planejamento sucessório*. São Paulo: Quartier Latin, 2016. p. 90.

[162] MAMEDE, Eduarda Cotta; MAMEDE, Gladston. *Holding familiar e suas vantagens*: planejamento jurídico e econômico do patrimônio e da sucessão familiar. 11. ed. São Paulo: Atlas, 2019. p. 70.

[163] SOUZA, João de. *Manual da holding familiar*. Vitória: Publiquese, 2017. *e-Book*. p. 12.

Isso porque, ainda que não torne desnecessário o procedimento de inventário dos bens, tal concentração patrimonial, no mínimo, se apresenta como um facilitador em diversos aspectos que envolvem a transmissão *causa mortis* (como a divisão dos bens, o recolhimento dos tributos etc.).

3.8 Estipulação de regime de bens distinto

Como visto, caso os cônjuges/companheiros não estipulem expressamente regime através de pacto antenupcial (no casamento) ou de contrato de convivência (na união estável), vigorará o regime da comunhão parcial de bens (razão pela qual, desde 1977, é denominado "regime legal").

Todavia, é lícito aos cônjuges/companheiros estipularem, quanto aos seus bens, o regime que lhes aprouver entre os regimes de bens previstos em lei[164] (sendo possível, ainda, que o casal estabeleça regras específicas para regular as questões patrimoniais).

Com efeito, a depender do regime de bens adotado pelo casal, a destinação das participações societárias, em caso de falecimento de sócio, poderá variar, fazendo o cônjuge/companheiro jus à eventual participação a título de meação ou herança.

Nesse sentido, não se pode deixar de considerar que o planejamento sucessório envolvendo participações societárias (e, também, outros tipos de bens) inicia com a adoção do regime de bens, cuja liberdade de escolha é prerrogativa extremamente importante para a organização patrimonial.

4 Aspectos práticos na elaboração de planejamento sucessório envolvendo participações societárias

O resultado de todo e qualquer planejamento sucessório depende de uma boa estruturação e implementação. Trata-se de um trabalho de alta complexidade, que exige muita dedicação, atenção e conhecimento técnico, sem falar na habilidade necessária para extrair os reais anseios e objetivos do cliente.

Na hipótese de o planejamento sucessório envolver participações societárias, a dificuldade é ainda maior, seja pela necessidade de expertise específica em questões de direito societário, seja pelo maior número de informações envolvidas (a sociedade é um ente com personalidade jurídica própria, tendo uma "vida própria"), seja, ainda, pela mistura de interesses envolvidos (patrimônio, família e o negócio em si). Daí porque a necessidade de cuidados redobrados em todos os passos do planejamento.

O ponto inicial do planejamento sucessório é a compreensão de qual o real objetivo do titular da participação societária com o planejamento. Ao buscar um profissional especializado para desenvolver esse trabalho, o interessado pode estar preocupado com diversas questões distintas. Sua motivação em buscar o planejamento pode estar relacionada a aspectos puramente sucessórios (ex.: pretende desde logo definir a destinação dos bens; quer evitar a realização de inventário; deseja prevenir conflitos entre os herdeiros); com os custos envolvidos com a transmissão do patrimônio aos

---

164 Regime de comunhão universal; regime da separação de bens (convencional ou obrigatório); regime da participação final nos aquestos; comunhão universal de bens.

herdeiros (ex.: carga tributária); ou com a questão da continuidade do negócio (ex.: quem será seu sucessor na administração da empresa); ou, ainda, pode ser que a preocupação seja com a proteção do patrimônio (ex.: eventuais passivos presentes ou futuros da atividade empresária).

Essa consiste, sem dúvida alguma, na etapa mais difícil do planejamento, seja porque, na maioria das vezes, nem o próprio ser humano que procura o planejamento conhece qual ou quais objetivos pretende alcançar, seja porque talvez ele tenha mais de um objetivo e não consiga definir sua prioridade. Nesse sentido, a realização de reuniões e entrevistas com os planejadores e com seus familiares é absolutamente indispensável. Aqui surge uma oportunidade interessante para a atuação de mediadores(as), uma vez que, como profissionais da facilitação do diálogo, contribuem para descortinar o que nem mesmo as partes conseguem enxergar em um primeiro momento.

O passo seguinte é compreender as características das pessoas e do patrimônio envolvidos. Tal passa não só pelo entendimento do histórico de cada pessoa e de cada bem (aqui, há nuances que podem auxiliar inclusive na compreensão dos objetivos pretendidos com o planejamento), como também pela análise da documentação relativa às pessoas e ao patrimônio (nem sempre o que é dito pelo cliente corresponde à real situação jurídica). No que concerne à participação societária, é indispensável que se analisem as características do negócio (ramo de atuação, se é familiar ou não, se há ativos ou passivos, se o negócio está prosperando ou está em crise etc.) e sua história (fundador, como a sociedade foi constituída, quem são os sócios etc.).

Especificamente em relação aos documentos, é necessário que sejam examinados não só das pessoas físicas de todos os envolvidos (entre os quais declarações de imposto de renda, certidões de nascimento/casamento e contratos de união estável) e de todos os bens (documentos que comprovam a titularidade dos bens, como matrículas de imóveis, documento único de transferência de veículos, escrituras ainda não registradas, contratos particulares), como também das pessoas jurídicas das quais o cliente detém participação (entre eles contrato/estatuto social e alterações, acordos de quotistas/acionistas, balanços patrimoniais, declarações de imposto de renda, demonstração de resultado do exercício, relação de bens, atas, eventuais ajustes e combinações entre os sócios, eventuais contratos particulares de transferência de quotas/ações entre os sócios).

Ultrapassada esta etapa, será necessário um estudo detalhado dos fatos, dos documentos e das questões jurídicas envolvidas. É que a definição da estratégia precisa levar em consideração o domínio técnico das diferentes áreas do direito e de conhecimento envolvidas. Quando o planejamento sucessório envolve empresa, invariavelmente surgirão questões de direito de família, de direito das sucessões, de direito empresarial, de direito contratual e de direito tributário (além de outras áreas que podem estar relacionadas, como o direito do trabalho e o direito imobiliário). Isso sem falar em questões contábeis que, em algum momento, irão demandar certo conhecimento, sendo comumente necessário reuniões com os contadores das empresas envolvidas no planejamento.

O ideal é que, concluída a etapa de estudos, sejam apresentadas ao planejador as alternativas possíveis (que irão variar de acordo com os objetivos pretendidos), de forma que, em conjunto com ele, seja definida a estratégia a ser adotada e a forma de execução. Não se pode descartar que, em alguns casos, a melhor alternativa será a de não estruturar qualquer planejamento sucessório.

Importante, ainda nesta etapa, alertar o cliente, de forma clara e transparente, sobre quais são as vantagens e desvantagens de cada uma das alternativas, assim como os riscos que sua implementação pode gerar. Nesse momento, deverão ser sopesadas as regras e limitações legais de cada instrumento jurídico (como exemplo, o acordo de quotistas), de modo a evitar futuros questionamentos quanto à sua licitude e validade.

Por fim, a implementação do planejamento propriamente dita, com a elaboração dos atos necessários para tanto, deverá ser realizada com todo o zelo necessário para o atendimento das formalidades legais exigidas. No caso de uma alteração contratual, por exemplo, é fundamental que seja realizado o devido registro no órgão competente, sob pena de não gerar efeitos contra terceiros. No caso da outorga de mandato, é imprescindível verificar se o ato outorgado exige instrumento público ou não. Com efeito, mais uma vez haverá a necessidade de conhecimento de distintas áreas do direito, incluindo aspectos de ordem bastante prática.

Recomenda-se, por fim, que todos os dados analisados (questões fáticas, questões jurídicas e documentos) sejam arquivados, preferencialmente com o relatório escrito dos elementos e das razões que foram considerados para a definição da estratégia adotada pelo planejador. Tal pode ser fundamental no caso de haver algum questionamento futuro acerca da opção por certos atos que foram ou não implementados.

5 Conclusões

Foi demonstrado, no presente estudo, que o tema envolvendo a sucessão de participações societárias possui características próprias, de forma que a realização de planejamento sucessório envolvendo empresa possui peculiar complexidade, exigindo estudo aprofundado sobre o tema.

Essa complexidade restou constatada a partir de pesquisa jurisprudencial realizada em três tribunais do país, a qual demonstrou serem inúmeros os conflitos judiciais decorrentes do falecimento de sócio. As discussões mais recorrentes giram em torno (a) da destinação das quotas em caso de falecimento de sócio; (b) da distinção entre condição de herdeiro/meeiro e condição de quotista/acionista; (c) da possibilidade de ingresso ou não dos herdeiros na sociedade; (d) do direito dos herdeiros ao recebimento de haveres; (e) da partilha das próprias participações societárias entre os herdeiros; (f) da legitimidade dos herdeiros e do espólio para requerente prestação de contas por parte da sociedade; (g) da representação da participação societária do sócio falecido; (h) da administração da sociedade após o falecimento; (i) do procedimento para regularização do contrato social para a exclusão/substituição do sócio falecido; (j) das participações doadas aos herdeiros.

Verificou-se que, para a prevenção, mitigação ou solução destes conflitos judiciais, há diversas ferramentas de planejamento sucessório que podem ser utilizados, notadamente: (a) atos constitutivos com previsões específicas e claras para o caso de falecimento de sócio; (b) pactos parassociais; (c) mandato; (d) testamento; (e) transmissão de participação societária em vida; (f) cláusulas restritivas; (g) *holding*; (h) regime de bens distinto do legal.

Restou demonstrado, por fim, que seja qual for o instrumento a ser utilizado, o planejamento sucessório envolvendo empresas, para que seja bem-sucedido, deve ser estruturado e implementado não só com observância aos procedimentos de praxe, mas também com adoção de cuidados adicionais. Tal passa pela compreensão de qual o real objetivo do(a) titular da participação societária como o planejamento; pelo exame das características das pessoas e do patrimônio envolvidos, em especial da empresa; pelo exame completo e acurado de documentos das pessoas físicas, dos bens e da pessoa jurídica; pelo estudo detalhado dos fatos, dos documentos, e das questões jurídicas envolvidas; pela apresentação das alternativas; pela adoção da estratégia a ser adotada em conjunto com cliente; e pela execução dos atos necessários para a implementação do planejamento com a observância dos procedimentos legais e burocráticos para que não haja questionamento quanto à sua regularidade.

Referências

BAGNOLI, Martha Gallardo Sala. *Holding imobiliária como planejamento sucessório*. São Paulo: Quartier Latin, 2016.

BARBIERI, Elisa Morganti Bertaso. *A batalha das herdeiras na empresa familiar*. Porto Alegre: Sagra: DC Luzzatto, [s.d.].

BARUFALDI, Alexandre. *Apuração de haveres dos sócios*: diretrizes jurídicas. Porto Alegre: Livraria do Advogado, 2021.

BORBA, José Edwaldo Tavares. *Direito societário*. 14. ed. São Paulo: Atlas, 2015.

BUCAR, Daniel; TEIXEIRA, Daniele. As armadilhas do planejamento sucessório. *Conjur*, 17 jul. 2020. Disponível em https://www.conjur.com.br/2020-jul-17/bucar-teixeira-armadilhas-planejamento-sucessorio. Acesso em: 5 ago. 2021.

CATEB, Salomão de Araújo. *Direito das sucessões*. 8. ed. São Paulo: Atlas, 2015.

COELHO, Fábio Ulhoa. *Manual de direito comercial*: direito de empresa. 28. ed. rev., atual. e ampl. São Paulo: Revista dos Tribunais, [s.d.].

DIAS, Maria Berenice. *Manual das sucessões*. 3. ed. rev., atual. e ampl. São Paulo: Revista dos Tribunais, 2013.

FLEISCHMANN, Simone Tassinari Cardoso; TREMARIN JUNIOR, Valter. Reflexões sobre holding familiar no planejamento sucessório. *In*: TEIXEIRA, Daniele Chaves (Coord.). *Arquitetura do planejamento sucessório*. Belo Horizonte: Fórum, 2019.

FONSECA, Priscila M. P. Corrêa da. *Dissolução parcial, retirada e exclusão de sócio*. São Paulo: Atlas, 2002.

FONSECA, Priscila M. P. Corrêa da. *Manual do planejamento patrimonial das relações afetivas e sucessórias*. São Paulo: Atlas, 2002.

FRANÇA, Erasmo Valladão Azevedo e Novaes; GONÇALVES NETO, Alfredo de Assis. *Tratado de direito empresarial*. Coordenação de Modesto Carvalhosa. São Paulo: Revista dos Tribunais, 2016. v. 2.

FREITAS, Douglas Phillips. Partilha e sucessão das quotas empresariais. *In*: FREITAS, Douglas Phillips; BARBOSA, Eduardo Lemos (Coord.). *Direito de família nas questões empresariais*. Florianópolis: Voxlegem, 2012.

GAMA, Guilherme Calmon Nogueira da. *Direito civil*: sucessões. 2. ed. São Paulo: Atlas, 2008.

GARCIA, Fátima. *Holding familiar*: planejamento sucessório e proteção patrimonial. Maringá: Viseu, 2018. *e-Book*.

GONÇALVES, Carlos Roberto. *Direito civil brasileiro*: direito das sucessões. 10. ed. São Paulo: Saraiva, 2016. v. 7.

HOOG, Wilson Alberto Zappa. *Resolução de sociedades & Avaliação do patrimônio na apuração de haveres*. 2. ed. 2. tir. Curitiba: Juruá, 2006.

LÔBO, Paulo Luiz Netto. *Direito civil*: sucessões. 2. ed. São Paulo: Saraiva, 2014.

MAMEDE, Eduarda Cotta; MAMEDE, Gladston. *Holding familiar e suas vantagens*: planejamento jurídico e econômico do patrimônio e da sucessão familiar. 11. ed. São Paulo: Atlas, 2019.

MAMEDE, Gladston. *Direito societário* – Sociedades simples e empresárias. 11. ed. São Paulo: Atlas, 2019.

MAMEDE, Gladston. *Empresas familiares*: o papel do advogado na administração, sucessão e prevenção de conflitos entre os sócios. 2. ed. São Paulo: Atlas, 2014.

MUCILO, Daniela de Carvalho. O usufruto como instrumento de planejamento sucessório. *In*: TEIXEIRA, Daniele Chaves. *Arquitetura do planejamento sucessório*. Belo Horizonte: Fórum, 2019.

NERY JUNIOR, Nelson; NERY, Rosa Maria de Andrade. *Código Civil comentado*. 10. ed. São Paulo: Revista dos Tribunais, 2013.

PRADO, Roberta Nioac. Parte I. *In*: PRADO, Roberta Nioac (Org.). *Aspectos relevantes da empresa familiar e da família empresária*: governança e planejamento patrimonial sucessório. 2. ed. São Paulo: Saraiva Educação, 2018.

RIZZARDO, Arnaldo. *Direito das sucessões*. 5. ed. rev. e atual. Rio de Janeiro: Forense, 2009.

ROSSI, Alexandre Alves; SILVA, Fabio Pereira da. *Holding familiar*: visão jurídica do planejamento societário, sucessório e tributário. São Paulo: Trevisan, 2015. *e-Book*.

SANTOS, Ana Bárbara Moraes; VIEGAS, Cláudia Mara de Almeida Rabelo. Planejamento sucessório e societário: a holding familiar e a governança corporativa. *Revista dos Tribunais*, v. 988, p. 285-318, fev. 2018.

SILVEIRA, Marco Antonio Karam. *A sucessão causa mortis na sociedade limitada*: tutela da empresa, dos sócios e de terceiros. Porto Alegre: Livraria do Advogado, 2009.

SOUZA, João de. *Manual da holding familiar*. Vitória: Publiquese, 2017. *e-Book*.

TEIXEIRA, Daniele Chaves. Noções prévias do direito das sucessões: sociedade, funcionalização e planejamento sucessório. *In*: TEIXEIRA, Daniele Chaves (Coord.). *Arquitetura do planejamento sucessório*. Belo Horizonte: Fórum, 2019.

TEIXEIRA, Daniele Chaves. *Planejamento sucessório*: pressupostos e limites. 2. ed. Belo Horizonte: Fórum, 2019.

TOIGO, Daiille Costa. *Planejamento sucessório empresarial* – Proteção patrimonial nacional e internacional. São Paulo: AGWM Editora, 2016.

VENOSA, Sílvio de Salvo. *Direito civil*: direito das sucessões. 14. ed. São Paulo: Atlas, 2014. v. 7.

VERSIANI, Fernanda Valle. *Usufruto de participações societárias*: uma visão de planejamento sucessório em empresas familiares. 1. ed. 2. reimpr. Belo Horizonte; São Paulo: D'Plácido, 2020.

Informação bibliográfica deste texto, conforme a NBR 6023:2018 da Associação Brasileira de Normas Técnicas (ABNT):

FLEISCHMANN, Simone Tassinari Cardoso; GRAEFF, Fernando René. Planejamento sucessório e empresa: uma reflexão necessária. *In*: TEIXEIRA, Daniele Chaves (Coord.). *Arquitetura do planejamento sucessório*. Belo Horizonte: Fórum, 2022. p. 629-662. Tomo III. ISBN 978-65-5518-291-0.

SOBRE OS AUTORES

Alexandre Miranda Oliveira
Mestre em Direito pela Universidade de Deusto/ES. Professor de Direito Processual Civil da PUC Minas. Advogado.

Ana Carolina Brochado Teixeira
Doutora em Direito Civil pela UERJ. Mestre em Direito Privado pela PUC Minas. Especialista em Direito Civil pela Escuola di Diritto Civile – Camerino, Itália. Professora do Centro Universitário UNA. Coordenadora editorial da *Revista Brasileira de Direito Civil – RBDCivil*. Advogada.

Ana Luiza Maia Nevares
Doutora e Mestre em Direito Civil pela UERJ. Professora de Direito Civil da PUC-Rio. Vice-Presidente da Comissão de Estudos Constitucionais da Família do IBDFAM. Diretora Acadêmica do IBDFAM/RJ. Membro do IBDCIVIL e do IAB. Advogada.

Ana Paula de Oliveira Antunes
Especialista em Direito Processual Civil pela Universidade Federal de Santa Catarina – UFSC (2012). Pós-Graduada em Direito de Família e Sucessões pela Faculdade Cesusc. Professora da Pós-Graduação do curso de Direito da Faculdade Cesusc. Advogada atuante na área Direito de Família, Sucessões e Direito Civil. Vice-Presidente do Instituto de Direito de Família de Santa Catarina – IBDFAM/SC. Membro da Comissão de Sucessões do Instituto Brasileiro de Família de Família – IBDFAM. Vice-Presidente da Comissão de Direito de Família da OAB/SC. Membro do Instituto dos Advogados de Santa Catarina – IASC.

Anderson Schreiber
Professor titular de Direito Civil da UERJ. Professor da Fundação Getúlio Vargas. Membro da Academia Internacional de Direito Comparado. Advogado.

André Luiz Arnt Ramos
Doutor e Mestre em Direito das Relações Sociais pela Universidade Federal do Paraná – UFPR. Pesquisador visitante junto ao Instituto Max Planck para Direito Comparado e Internacional Privado. Membro do grupo de pesquisa Virada de Copérnico. Associado ao Instituto Brasileiro de Estudos em Responsabilidade Civil – Iberc e ao Instituto dos Advogados do Paraná – IAP. Professor na Universidade Estadual de Ponta Grossa. Advogado.

Camila Bandel N. Pinheiro
Pós-Graduada em Direito Tributário pela Pontifícia Universidade Católica do Rio Grande do Sul – PUCRS/IET. Pós-Graduada em Direito de Família Contemporâneo e Mediação de Conflitos pela Faculdade de Desenvolvimento do Estado do Rio Grande do Sul – FADERGS. Especialista em Direito Civil e Processo Civil pelo Instituto de Desenvolvimento Cultural – IDC. Pós-Graduanda em Direito Tributário pelo Instituto Brasileiro Estudos Tributários – Ibet. Advogada. *E-mail*: camila.tpadv@gmail.com.

Carolina Ducci Maia Barcelos
Advogada que atua na área de planejamento patrimonial, família e sucessões. Experiência de 18 anos em escritórios de grande e médio porte com profundo conhecimento em direito de família e sucessões e foco em planejamento patrimonial, assessorando empresas familiares e

seus respectivos negócios. Expertise em direito societário, imobiliário e tributário. Reconhecida como "Associates to watch" pelo Chambers High Net Worth 2021 (Private Wealth Law) e pelo Who's Who Legal 2018, 2019, 2020 e 2021 Latin Lawyer (Private Client) entre os *top* 10 advogados pelo atendimento a clientes nacionais e internacionais, nas questões de planejamento sucessório. Mestre com distinção em Direito Civil pela Universidade de São Paulo – USP (2020). Curso de Extensão em Planejamento Sucessório, Societário e Tributário na Fundação Getúlio Vargas – GVLaw (2012). Especialização em Direito Processual Civil na Pontifícia Universidade Católica de São Paulo (2008). Graduada em Direito pela Universidade Presbiteriana Mackenzie (2005).

Carolina Fiorini Ramos Giovanini
Graduanda em Direito pela Universidade Federal de Juiz de Fora – UFJF. Pesquisadora no Núcleo de Estudos Avançados em Pessoa, Inovação e Direito (Neapid-UFJF).

Caroline Pomjé
Mestra em Direito Privado pela Universidade Federal do Rio Grande do Sul – UFRGS. Pesquisadora do Núcleo de Estudos e Pesquisa em Direito Civil-Constitucional, Família, Sucessões e Mediação de Conflitos (UFRGS) e do Núcleo de Estudos em Direito Civil-Constitucional (grupo Virada de Copérnico – UFPR). Advogada.

Cláudio Tessari
Doutorando em Direito pela Pontifícia Universidade Católica do Rio Grande do Sul – PUCRS. Mestre em Direito pelo Centro Universitário Ritter dos Reis – UniRitter Laureate International Universities. Especialista em Gestão de Tributos e Planejamento Tributário Estratégico pela PUCRS. Professor visitante de vários cursos de pós-graduação. Coordenador científico de Direito Tributário da Escola Virtual de Altos Estudos em Direito (EVAED.ORG). Sócio do Instituto de Estudos Tributários – IET. Membro da Comissão Especial de Direito Tributário da OAB/RS. Advogado tributarista. *E-mail*: tessari@tpadv@gmail.com.

Conrado Paulino da Rosa
Advogado especializado em Direito de Família e Sucessões. Pós-Doutor em Direito pela UFSC. Doutor em Serviço Social pela PUCRS. Mestre em Direito pela UNISC, com a defesa realizada na Università Degli Studi di Napoli Federico II, em Nápoles, Itália. Professor da Graduação e do Mestrado em Direito da Fundação Escola Superior do Ministério Público (FMP/RS). Coordenador da Pós-Graduação *lato sensu* em Família e Sucessões EAD e presencial na FMP/RS. Presidente da Comissão Especial de Direito de Família e Sucessões da OAB/RS (triênio 2019/2021). Membro da Diretoria Executiva do Instituto Brasileiro de Direito de Família (IBDFAM/RS). Autor de livros sobre Direito de Família e Sucessões.

Daniel Bucar
Doutor e Mestre em Direito Civil pela UERJ. Especialista em Direito Civil pela Scuola di Specializzazione in Diritto Civile pela Università degli Studi di Camerino – Itália. Pesquisador visitante do Max Planck Institut für Ausländisches und Internationales Privatrecht – Alemanha. Professor adjunto de Direito Civil da UERJ e titular de Direito Civil do IBMEC/RJ. Procurador do Município do Rio de Janeiro.

Daniela de Carvalho Mucilo
Mestre em Direito das Relações Sociais pela Pontifícia Universidade Católica de São Paulo (PUC-SP). Especialista em Direito Civil pela Università degli Studi di Camerino, Itália. Especialista em Direito de Família e das Sucessões pelo Centro de Extensão Universitária de São Paulo (CEU/SP). Professora e Coordenadora de cursos de Pós-Graduação em Direito de Família e Sucessões. Secretária da Comissão de Direito de Família da OAB/SP. Advogada.

Daniele Chaves Teixeira
Doutora e Mestre em Direito Civil pela UERJ. Pesquisadora bolsista no Max-Planck-Institut für auslandisches und internationales Privatrech. Especialista em Direito Civil pela Università degli Studi di Camerino, na Itália. Especialista em Direito Privado pela PUC-Rio. Professora de cursos de pós-graduação em Direito. Advogada e Parecerista. Coordenadora da obra *Arquitetura do Planejamento Sucessório*®, do congresso Arquitetura do Planejamento Sucessório® e do curso Planejamento Patrimonial e Sucessório.

Danielle Tavares Peçanha
Mestranda em Direito Civil da Faculdade de Direito da Universidade do Estado do Rio de Janeiro – UERJ. Advogada.

Felipe Quintella Machado de Carvalho
Doutor, Mestre e Bacharel em Direito pela UFMG. Professor dos cursos de Graduação e de Mestrado da Faculdade de Direito Milton Campos. Professor do IBMEC/BH. Presidente do Instituto Brasileiro de Direito Contratual – IBDCONT, em Minas Gerais. Membro do Instituto Brasileiro de Direito de Família – IBDFAM, do Instituto Brasileiro de Estudos em Responsabilidade Civil – Iberc e do Instituto Brasileiro de Direito Civil – IBDCIVIL. Sócio-Fundador do Quintella & Righetti Advocacia e Consultoria, escritório especializado em planejamento patrimonial.

Felipe Ribas
Mestre e Doutorando em Direito Civil pela UERJ. Ex-Professor Substituto de Direito Civil da Faculdade Nacional de Direito – UFRJ. Advogado.

Fernanda Borghetti Cantali
Doutoranda em Direito pela Unisinos. Mestre em Direito pela PUCRS. LLM em Direito Empresarial pelo CEU Law School. Professora do curso de Graduação em Direito da Unisinos. Professora da Esmafe – Escola Superior da Magistratura Federal. Advogada.

Fernanda Rosa Coelho
Advogada. Mestranda em Direito Processual pela Universidade de São Paulo – USP. Especialista em Direito de Família e Sucessões pela Fundação Escola Superior do Ministério Público – FMP/RS. Graduada pela FMP. Pesquisadora do grupo de estudos Família, Sucessões, Criança e Adolescente e Direitos Transindividuais, coordenado pelo Prof. Dr. Conrado Paulino da Rosa, vinculado ao PPGD/FMP.

Fernando René Graeff
Doutor e Mestre em Direito Privado pela Universidade Federal do Rio Grande do Sul. Especialista em Direito de Família pela Pontifícia Universidade Católica do Rio Grande do Sul. Advogado e Professor atuante nas áreas de Direito de Família e Sucessões e de Direito Empresarial há mais de 15 anos.

Francisco José Cahali
Professor, Advogado e Consultor Jurídico em São Paulo e Brasília. Mestre e Doutor em Direito Civil pela Pontifícia Universidade Católica de São Paulo – PUC-SP. Coordenador do Núcleo de Direito Civil do programa de Pós-Graduação da PUC-SP. Presidente da Comissão de Direito de Família da OAB/SP (2021). Autor de vários artigos e livros.

Gabriel Honorato
Advogado. Mestre em Direito pela UFPB. Pós-Graduado em Direito Civil pela ESA/PB. Diretor Tesoureiro do IBDFAM/PB. Vice-Diretor e Coordenador da Pós-Graduação em Direito das Famílias e Sucessões da ESA/PB. Membro da Comissão Nacional de Direito de Família e Sucessões do CFOAB. Contato: gabrielhonoratoadv@gmail.com.

Giselda Maria Fernandes Novaes Hironaka
Professora titular de Direito Civil da Faculdade de Direito da Universidade de São Paulo. Coordenadora titular do Programa de Pós-Graduação *stricto sensu* da Faculdade Autônoma de Direito de São Paulo – Fadisp. Diretora Nacional do IBDCIVIL, para a Região Sudeste. Fundadora e Diretora Nacional do IBDFAM, para a Região Sudeste. Ex-Procuradora Federal.

Gustavo Henrique Baptista Andrade
Pós-Doutor em Direito Civil pela Universidade do Estado do Rio de Janeiro – UERJ. Mestre e Doutor em Direito Civil pela Universidade Federal de Pernambuco – UFPE. Vice-Presidente do Instituto Brasileiro de Direito de Família – Secção Pernambuco – IBDFAM/PE. Membro do grupo de pesquisa Constitucionalização das Relações Privadas (Conrep) UFPE-CNPq. Procurador do Município do Recife. Advogado. *E-mail*: gustavo@gustavoandrade.adv.br.

João Ricardo Brandão Aguirre
Professor de Direito Civil da Faculdade de Direito da Universidade Presbiteriana Mackenzie. Doutor em Direito Civil pela Faculdade de Direito da Universidade de São Paulo – USP. Presidente do Instituto Brasileiro de Direito de Família em São Paulo – IBDFAM/SP. Advogado.

Joyceane Bezerra de Menezes
Doutora em Direito pela Universidade Federal de Pernambuco. Professora titular da Universidade de Fortaleza. Programa de Pós-Graduação *stricto sensu* (Mestrado/Doutorado) em Direito da Universidade de Fortaleza. Professora associada da Universidade Federal do Ceará. Coordenadora do grupo de pesquisa CNPq Direito Civil na Legalidade Constitucional. Editora da *Pensar – Revista de Ciências Jurídicas*. Advogada. *E-mail*: joyceane@unifor.br.

Karin Regina Rick Rosa
Advogada. Mestre em Direito. Especialista em Direito Processual Civil. Professora de Direito Civil e Direito Notarial e Registral. Acadêmica ocupante da Cadeira nº 38 da Academia Notarial Brasileira. Vice-Presidente da Comissão de Direito Notarial e Registral do IBDFAM. Professora convidada da Associação dos Juízes do Rio Grande do Sul – Ajuris. Professora convidada da Pós-Graduação da Faculdade do Ministério Público do Rio Grande do Sul – FMP. Professora convidada da Pós-Graduação da Faculdade 8 de Julho. Autora de livros e artigos.

Laís Machado Lucas
Doutora em Direito pela UFRGS. Mestre em Direito pela PUCRS. Coordenadora adjunta da Especialização em Direito Empresarial da PUCRS. Professora dos cursos de Graduação em Direito da PUCRS e da Unisinos. Professora titular do Mestrado Profissional em Direito da Empresa e dos Negócios da Unisinos. Advogada.

Leandro Reinaldo da Cunha
Professor titular-livre de Direito Civil da Universidade Federal da Bahia (Graduação, Mestrado e Doutorado). Pós-Doutor e Doutor em Direito pela Pontifícia Universidade Católica de São Paulo – PUC-SP. Mestre em Direito pela Universidade Metropolitana de Santos – Unimes. Pesquisador científico. Coordenador científico da Seção Brasil e Investigador da Rede Visões Cruzadas sobre a Contemporaneidade (Rede VCC). Associado titular do Instituto Brasileiro de Estudos de Responsabilidade Civil (Iberc). Líder dos grupos de pesquisa Conversas Civilísticas e Direito e Sexualidade. Orcid: https://orcid.org/0000-0003-2062-2184. *E-mail*: leandro.reinaldo@ufba.br.

Luana Maniero Moreira
Especialista em Direito Civil-Constitucional pela Universidade Estadual do Rio de Janeiro. Bacharel pela Universidade Presbiteriana Mackenzie. Advogada especialista em Direito de Família e Sucessões. Sócia da Girardi Sociedade de Advogados.

Luciana Mota
Defensora Pública do Estado do Rio de Janeiro. Mestre em Direito Civil pela Universidade do Estado do Rio de Janeiro. Professora de cursos preparatórios para concursos públicos de carreiras jurídicas.

Luciana Pedroso Xavier
Professora de Direito Civil da Universidade Federal do Paraná. Doutora e Mestre em Direito das Relações Sociais pelo Programa de Pós-Graduação da Faculdade de Direito da UFPR. Presidente da Seccional Paraná do Instituto Brasileiro de Direito Contratual – IBDCONT. Advogada e Mediadora. Contato: luciana@pxadvogados.com.br.

Luiz Paulo Vieira de Carvalho
Advogado, Consultor jurídico, Parecerista, Árbitro. Professor e Conferencista emérito da Escola da Magistratura do Estado do Rio de Janeiro – EMERJ. Presidente da Comissão de Direito de Família e Sucessões do Instituto dos Advogados Brasileiros – IAB. Vice-Presidente da Comissão Nacional de Direito das Sucessões do Instituto Brasileiro de Direito de Família – IBDFAM. Membro do Fórum Permanente de Direito de Família da Escola da Magistratura do Estado do Rio de Janeiro – EMERJ. Membro do Fórum Permanente de Direito Civil da Escola da Magistratura do Estado do Rio de Janeiro – EMERJ. Professor coordenador dos cursos de extensão de Direito de Família e de Direito das Sucessões da Escola da Magistratura do Estado do Rio de Janeiro – EMERJ. Mestre e Pós-Graduado em Ciências Jurídicas pela Faculdade de Direito da Universidade Clássica de Lisboa (Portugal). Ex-Defensor Público-Geral do Estado do Rio de Janeiro. Autor das obras: *Direito civil – Questões fundamentais e controvérsias na parte geral, no direito de família e no direito das sucessões* (4. ed., Impetus) e *Direito das sucessões* (4. ed., Gen/Atlas), além de inúmeros ensaios.

Maici Barboza dos Santos Colombo
Doutoranda em Direito Civil pela USP. Mestre em Direito Civil e Especialista em Direito Civil Constitucional pela UERJ. Advogada e Professora.

Marcelo Coletto Pohlmann
Doutor e Mestre em Contabilidade pela Universidade de São Paulo – USP. Especialista em Integração Econômica e Direito Internacional Fiscal pela Escola de Administração Fazendária – ESAF/Fundação Getúlio Vargas – FGV)/Universidade de Münster, Alemanha. Professor adjunto da Escola de Negócios da Pontifícia Universidade Católica do Rio Grande do Sul – PUCRS. Coordenador do curso de Especialização em Gestão de Tributos e Planejamento Tributário Estratégico da PUCRS. De setembro de 1993 a fevereiro de 2020, exerceu o cargo de Procurador da Fazenda Nacional. Sócio do Instituto de Estudos Tributários – IET. Advogado tributarista e Contador. *E-mail:* pohlmann.tpadv@gmail.com.

Marcio Alban Salustino
Graduado em Direito pelo Centro Universitário Jorge Amado (2011). Pós-Graduado em Direito Processual Civil pela UFBA (2013). Atualmente é advogado associado – Linhares & Advogados Associados. Tem experiência na área de Direito, com ênfase em Direito Processual Civil, Direito Civil, Direito do Consumidor e Previdência Complementar.

Marcos Ehrhardt Junior
Doutor em Direito pela Universidade Federal de Pernambuco (UFPE). Professor de Direito Civil da Universidade Federal de Alagoas (Ufal) e do Centro Universitário Cesmac. Editor da *Revista Fórum de Direito Civil – RFDC*. Vice-Presidente do Instituto Brasileiro de Direito Civil – IBDCIVIL. Presidente da Comissão de Enunciados do Instituto Brasileiro de Direito de Família – IBDFAM. Membro-Fundador do Instituto Brasileiro de Direito Contratual – IBDCONT e do Instituto Brasileiro de Estudos de Responsabilidade Civil – Iberc. Advogado. *E-mail*: contato@marcosehrhardt.com.br.

Maria Goreth Macedo Valadares
Doutora e Mestre em Direito Privado pela PUC Minas. Professora da PUC Minas e do IBMEC. Vice-Presidente da Comissão de Sucessões da OAB/MG. Vice-Presidente do IBDFAM/MG.

Maria Rita de Holanda
Advogada. Mestre em Direito das Relações Sociais pela PUC-SP. Doutora em Direito Privado pela UFPE. Pós-Doutora pela Universidad de Sevilla. Professora adjunta I da Universidade Católica de Pernambuco. Presidente do IBDFAM/PE. Pesquisadora do grupo de pesquisas Constitucionalização das Relações Privadas da UFPE.

Marília Pedroso Xavier
Professora da Graduação e da Pós-Graduação *stricto sensu* da Faculdade de Direito da Universidade Federal do Paraná (UFPR). Doutora em Direito Civil pela Universidade de São Paulo (USP). Mestre e Graduada em Direito pela UFPR. Coordenadora de Direito Privado da Escola Superior de Advocacia do Paraná. Membro da Diretoria Paranaense do Instituto Brasileiro de Direito de Família. Diretora do Instituto Brasileiro de Direito Contratual (IBDCONT). Advogada. Mediadora. Autora da obra *Contrato de namoro: amor líquido e direito de família mínimo*, publicada pela Editora Fórum.

Mário Luiz Delgado
Doutor em Direito Civil pela USP. Mestre em Direito Civil Comparado pela PUC-SP. Membro da Academia Brasileira de Direito Civil – ABDC. Presidente da Comissão de Direito de Família e das Sucessões do Instituto dos Advogados de São Paulo – IASP. Presidente da Comissão de Assuntos Legislativos do Instituto Brasileiro de Direito de Família – IBDFAM. Advogado, Professor e Parecerista.

Patricia Bressan Linhares Gaudenzi
Advogada, sócia de Linhares & Advogados Associados, com experiência de mais de 20 anos em consultoria jurídica para o segmento de previdência complementar. Graduada pela Universidade Mackenzie – SP. Mestre em Direito Público pela PUC-SP. Pós-MBA em Conselho de Administração pela Saint Paul Escola de Negócios. *Extension in Business* – European School of Management and Technology (Alemanha). Membro do Instituto Brasileiro de Direito Tributário – IBDT e do International Association of Privacy Professional – IAPP. Conselheira certificada pelo Instituto Brasileiro de Governança Corporativa – IBGC e árbitra da Cames – Câmara de Mediação e Arbitragem Especializada. Professora de Direito Tributário e Previdência Complementar da Faculdade Baiana de Direito e de diversos cursos no Brasil em Direito Tributário. Autora de livros e artigos sobre previdência complementar e coordenadora da Comissão Técnica de Assuntos Jurídicos Nordeste da ABRAPP.

Patricia Ferreira Rocha
Doutoranda na Universidade do Minho, Portugal. Mestre em Direito Civil pela UFPE. Professora de Direito das Famílias e Sucessões. Pesquisadora do Grupo de Pesquisas Constitucionalização das Relações Privadas – Conrep/UFPE. Vice-Presidente do IBDFAM/AL. Advogada e Conselheira Seccional da OAB/AL. *E-mail*: patriciarochamcz@hotmail.com.

Patrícia K. de Deus Ciríaco
Doutoranda pelo Programa de Pós-Graduação *stricto sensu* em Direito (PPGD) da Universidade de Fortaleza (Conceito Capes 6) e Bolsista pelo Programa de Excelência Acadêmica – Proex/Capes. Mestre em Ciências Jurídico-Políticas (Menção em Direito Constitucional) pela Universidade de Coimbra, Portugal. Professora e Advogada. E-*mail*: patricia@ciriacoeoliveira.adv.br. Orcid: https://orcid.org/0000-0002-2739-9213.

Paula Moura Francesconi de Lemos Pereira
Doutora e Mestre em Direito Civil pela Universidade do Estado do Rio de Janeiro (UERJ). Pós-Graduada em Advocacia Pública pelo Centro de Estudos e Pesquisa no Ensino do Direito da Universidade do Estado do Rio de Janeiro – Ceped-UERJ. Pós-Graduada em Direito da Medicina pelo Centro de Direito Biomédico da Universidade de Coimbra. Professora da Universidade Católica do Rio de Janeiro – PUC-Rio. Advogada. *E-mail*: paula@francesconilemos.com.br.

Raphael Arnaud
Advogado. Professor de Direito Civil dos programas de Graduação e Pós-Graduação do IDP – Instituto Brasiliense de Direito Público e da UCB – Universidade Católica de Brasília. Mestre e Doutorando em Direito e Ciências Jurídicas Civis pela Faculdade de Direito da Universidade de Lisboa. Contato: raphael.arnaud@santosnovelli.com.br.

Renata Vilela Multedo
Doutora e Mestre em Direito Civil pela Universidade do Estado do Rio de Janeiro. MBA em Administração de Empresas pela PUC-Rio. Professora titular de Direito Civil do Centro Universitário IBMEC. Professora dos cursos de Pós-Graduação *lato sensu* da PUC-Rio. Advogada e Mediadora de conflitos. Docente do Instituto Brasileiro de Práticas Colaborativas – IBPC. Membro efetivo do IAB, IBDFAM, IBDCIVIL, Iberc, IBPC e IACP – International Academy of Collaborative Professionals.

Rita Bervig Rocha
Professora de Direito Notarial e Registral em cursos de especialização. Aprovada no Mestrado em Direito da Universidade Federal Fluminense do Rio de Janeiro – UFF. Especialista em Direito Processual Civil (UFRGS). Especialista em Direito Público (Ucam/RJ). Membro do Conselho Deliberativo da Fundação Escola Notarial e Registral do Rio Grande do Sul – Enore/RS (2021-2022). Membro da Diretoria Executiva do Colégio Notarial do Brasil – Seção Rio Grande do Sul (2020-2022). Ex-Oficial de Registro Civil das Pessoas Naturais de Salvador/BA. Tabeliã do 7º Tabelionato de Notas de Porto Alegre/RS.

Roberta Mauro Medina Maia
Mestre e Doutora em Direito Civil pela UERJ. Professora dos cursos de Graduação e Pós-Graduação da PUC-Rio. Advogada.

Sergio Marcos Carvalho de Ávila Negri
Professor Adjunto do Departamento de Direito Privado da Faculdade de Direito da UFJF. Membro do corpo docente permanente do Programa de Pós-Graduação *stricto sensu* em Direito e Inovação da UFJF. Doutor e Mestre em Direito Civil pela UERJ. Especialista em Direito Civil pela Università degli Studi di Camerino (Itália). Coordenador do Núcleo de Estudos Avançados em Pessoa, Inovação e Direito (Neapid-UFJF).

Silvia Felipe Marzagão
Mestranda em Direito Civil pela PUC-SP. Extensão em Direito Processual Civil pela PUC-SP. Diretora do Instituto Brasileiro de Direito de Família – IBDFAM/SP. Secretária da Comissão de Direito de Família do Instituto dos Advogados de São Paulo – IASP. Advogada especializada em Direito de Família e das Sucessões.

Simone Tassinari Cardoso Fleischmann
Membro permanente do Programa de Pós-Graduação da Universidade Federal do Rio Grande do Sul (Mestrado e Doutorado). Doutora e Mestre em Direito pela Pontifícia Universidade Católica do Rio Grande do Sul. Mediadora.

Thais Câmara Maia Fernandes Coelho
Mestre em Direito Privado pela PUC Minas. Professora do UNIBH e UNA. Presidente da Comissão de Sucessões da OAB/MG. Membro da Diretoria da Comissão Especial de Família e Sucessões da OAB Nacional. Membro da Diretoria do IBDFAM/MG. Coordenadora da Pós-Graduação em Advocacia de Família e Sucessões da OAB/MG.

Virgínia Viana Arrais
32ª Tabeliã de Notas do Rio de Janeiro. Professora e fundadora dos Cursos Virginia Arrais. Professora em curso de Pós-Graduação. Ex-Coordenadora da Escola de Escreventes do Colégio Notarial Brasileiro/RJ. Doutoranda em Direito. Mestre em Direito. Especialista em Direito Notarial e Registral. MBA em Poder Judiciário pela FGV/Law. Cursou Negócios Internacionais na Universidade da Califórnia de Berkeley/USA. Autora de diversos artigos publicados em revistas e em livros especializados. Exerceu as seguintes atividades: Tabeliã de Notas e de Protesto de Títulos no Estado de São Paulo, Registradora Civil das Pessoas Naturais no Estado de São Paulo, Juíza de Direito, Integrante de Deloitte, Touche, Tohmatsu/SP, Integrante de Trench, Rossi & Watanabe Advogados (escritório em São Paulo de Baker & McKenzie).

Vitor Almeida
Doutor e Mestre em Direito Civil pela Universidade do Estado do Rio de Janeiro (UERJ). Professor adjunto de Direito Civil da Universidade Federal Rural do Rio de Janeiro (ITR/UFRRJ). Professor de Direito Civil da PUC-Rio. Professor dos cursos de especialização do Ceped-UERJ e da EMERJ. Advogado.

Viviane Girardi
Doutora em Direito Civil pela USP. Mestre em Direito das Relações Sociais pela UFPR. Especialista em Direito Civil pela Universidade de Camerino, Itália. Advogada. Professora e atual Presidente da Associação dos Advogados de São Paulo.

Waldirene Dal Molin
Advogada colaborativa e Mediadora. Mestre em Direito Econômico e Social pela PUCPR e em Filosofia pela UFPR. Diretora e Docente do Instituto Brasileiro de Práticas Colaborativa – IBPC e da Pós-Graduação em Gestão de Conflitos da Universidade Tuiuti. Membro efetivo do IBDFAM, IBPC e IACP – International Academy of Collaborative Professionals.

Esta obra foi composta em fonte Palatino Linotype, corpo 10
e impressa em papel Offset 63g (miolo) e Supremo 250g (capa)
pela Artes Gráficas Formato.